Inhalt

Leihgeber

Sammlung Ensmann, München
Rijksmuseum Amsterdam
Staatliche Museen Preußischer Kulturbesitz, Kunstbibliothek mit Museum für Architektur, Modebild und Graphik-Design, Berlin
Staatliche Museen Preußischer Kulturbesitz, Kupferstichkabinett, Berlin
Staatsbibliothek Preußischer Kulturbesitz, Berlin
Kunsthalle Bremen
Museum für Kunst und Kulturgeschichte der Stadt Dortmund
Bundesarchiv, Außenstelle Frankfurt am Main
Kunstsammlung der Universität Göttingen
Niedersächsische Staats- und Universitätsbibliothek, Göttingen
Städtisches Museum Göttingen
Hamburger Kunsthalle
Museum für Kunst und Gewerbe, Hamburg
Wilhelm-Busch-Museum Hannover
Münchner Stadtmuseum
Staatliche Graphische Sammlung, München
Westfälisches Landesmuseum für Kunst und Kulturgeschichte Münster
Germanisches Nationalmuseum Nürnberg
Dervish International, Patrice Ricord, Paris
Historisch Museum Rotterdam, Atlas van Stolk
Stadtarchiv Worms im Raschi-Haus
sowie Leihgaben aus ungenanntem Privatbesitz

Hinweise zum Katalog

Maßangaben in Millimeter, Höhe vor Breite. Die Vergleichsabbildungen sind im Katalogteil durchgehend numeriert, innerhalb der Textbeiträge werden sie getrennt gezählt. Querverweise auf Katalognummern und Vergleichsabbildungen werden durch die Abkürzungen »Kat.« und »Abb.« angezeigt. – Die abgekürzt zitierte Literatur findet sich im Literaturverzeichnis.

Autorenkürzel

S. B.-A.	Susanne Bosch-Abele
H. D.	Hartmut Döhl
J. D.	Jürgen Döring
V. v. H.-W.	Vera von Harrach-Wahle
M. H.	Max Hasse
U. J.	Ulrich Joost
E. K.	Eva Krabbe
T. M.	Thomas Matuszak
G. U.	Gerd Unverfehrt
K. H. V.	Kim Henry Veltman
E. Z.	Elga Ziechmann

Mittel und Motive der Karikatur in fünf Jahrhunderten
Bild als Waffe

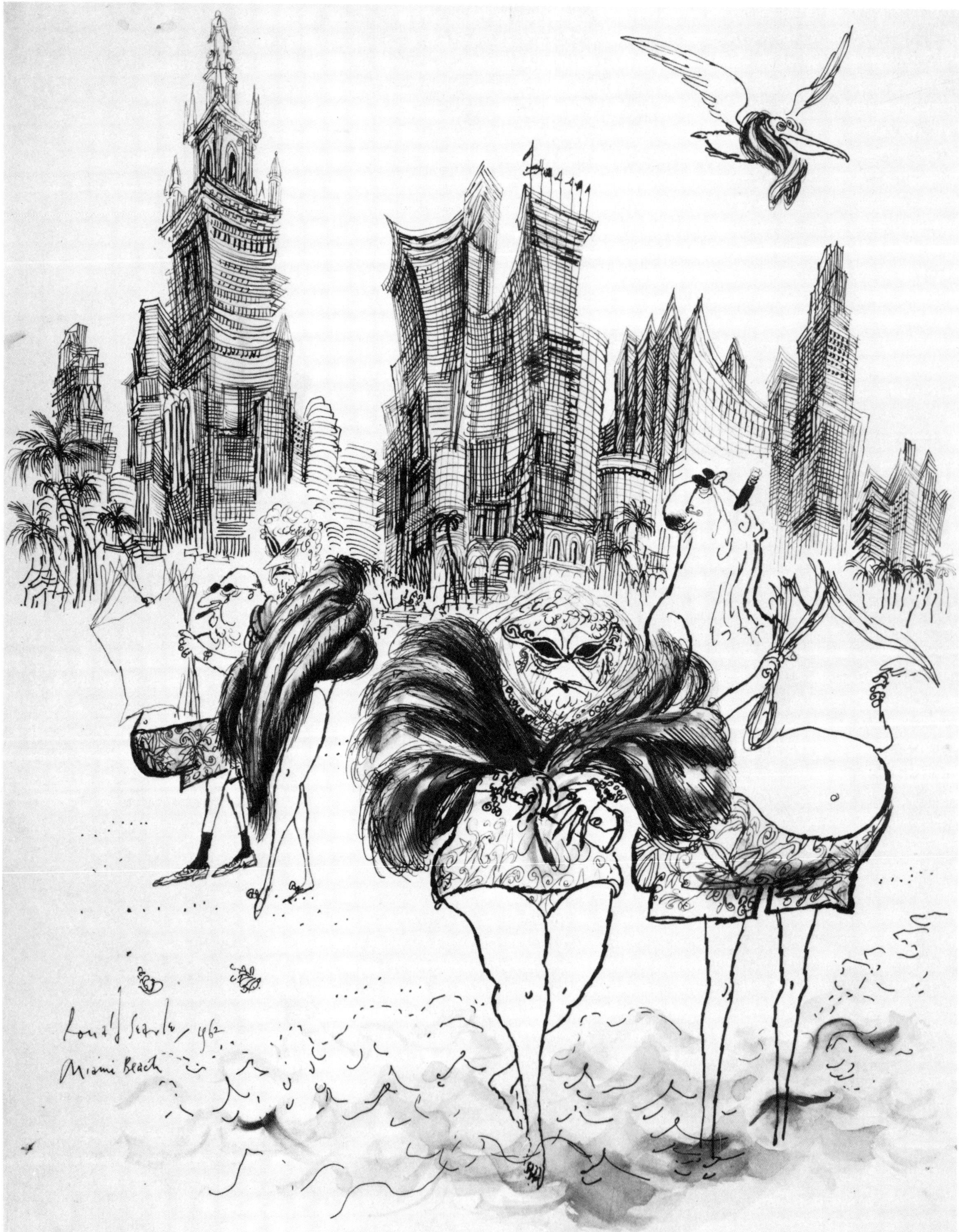
Ronald Searle, 1962
Miami Beach

Mittel und Motive der

Karikatur

in fünf Jahrhunderten

Bild als Waffe

Herausgegeben von

Gerhard Langemeyer, Gerd Unverfehrt,
Herwig Guratzsch und Christoph Stölzl

Mit Beiträgen von

Monika Arndt, Max Hasse, Kurt Koszyk,
Gerd Unverfehrt und Gertrud Vowinckel-Textor

und Essays von

Ernst H. Gombrich und Werner Hofmann

Katalog bearbeitet von

Jürgen Döring

Prestel-Verlag München

Das vorliegende Buch entstand anläßlich der Ausstellung im Wilhelm-Busch-Museum, Hannover (7. Oktober bis 16. Dezember 1984), im Museum für Kunst und Kulturgeschichte der Stadt Dortmund (18. Januar bis 10. März 1985), der Kunstsammlung der Universität und des Kunstvereins Göttingen (17. März bis 30. April 1985), und des Münchner Stadtmuseums (9. Mai bis 28. Juli 1985).
Der Verlag hat Herrn Rudolf Ensmann, München, für seine Unterstützung bei der großzügigen Illustrierung und Ausstattung zu danken.

Auf dem Umschlag: David Levine, *John D. Rockefeller* (Kat. 101)
Frontispiz: Ronald Searle, *Miami Beach* (Kat. 233)

CIP-Kurztitelaufnahme der Deutschen Bibliothek:

Bild als Waffe: Mittel und Motive der Karikatur in fünf Jahrhunderten; [Wilhelm-Busch-Museum Hannover, 7. Oktober – 16. Dezember 1984; Museum für Kunst und Kulturgeschichte der Stadt Dortmund, 18. Januar – 10. März 1985; Kunstsammlung der Universität und Kunstverein Göttingen, 17. März – 30. April 1985; Münchner Stadtmuseum, 9. Mai – 28. Juli 1985] / herausgegeben von Gerhard Langemeyer, Gerd Unverfehrt, Herwig Guratzsch und Christoph Stölzl. Mit Beiträgen von Monika Arndt, Max Hasse, Kurt Koszyk, Gerd Unverfehrt und Gertrud Vowinckel-Textor und Essays von Ernst H. Gombrich und Werner Hofmann. Katalog bearbeitet von Jürgen Döring und anderen. – München: Prestel, 1984.

Dieses Buch wurde aus der ›Garamond Antiqua‹ der Fa. D. Stempel AG,
Frankfurt/Main gesetzt (System Linotron 202).
Satz und Druck: Universitätsdruckerei Dr. C. Wolf & Sohn, München
Reproduktionsarbeiten: Karl Dörfel, München
Bindung: R. Oldenbourg Graphische Betriebe GmbH, München
Printed in Germany

ISBN 3 7913 0685 5

Gerhard Langemeyer

Einleitung

1. Karikaturen lassen sich nicht einfach auf einen Begriff bringen

Aktuell und situationsbezogen, vielseitig in ihren Ausdrucksmöglichkeiten, reagieren Karikaturen auf politische und gesellschaftliche Zustände, charakterisieren Persönlichkeiten und werden als Kampfmittel eingesetzt. Die Karikaturisten nutzen dazu ein breitgefächertes Instrumentarium, das sich im Laufe der Jahrhunderte herausgebildet hat. Die Ausstellung zeichnet die Geschichte der Karikatur nach, untersucht exemplarisch ihre künstlerischen Mittel und Bildmotive.

Als Erfinder der Karikatur gelten in der Kunstgeschichte allgemein die Brüder Carracci. Sie haben Porträtkarikaturen gezeichnet, die als scherzhafter Zeitvertreib entstanden. Eine enge Definition des Begriffes Karikatur setzt bei diesem Beispiel an, bezieht sich auf die Bedeutung des Wortes ›caricare‹ (übertreiben, überladen) und beschränkt den Begriff auf jene Porträtkarikaturen, die aus der Übertreibung von Körperteilen ihren Witz gewinnen.

Auch Werner Hofmann geht in seinem Buch *Die Karikatur von Leonardo bis Picasso* von der engen Definition aus, erweitert sie aber auf jene Bilder, die ähnlich Form und Inhalt zuspitzen: »Wir nehmen also alle Darstellungen auf, in denen die Erscheinung des Menschen bewußt übersteigert, physiognomisch intensiviert wird, gleichgültig, ob es sich um ein Porträt, die Erfindung eines Typus oder um einen indiskreten Ausschnitt aus der Welt des Alltäglichen handelt. Ausgeschieden wurde hingegen das älteste Mittel der Bildsatire, das schon im alten Ägypten geübt wurde: die Vertauschung des Menschen mit dem Tier. Dieses Verfahren verzichtet auf das Zerrbild, indem es einfach die Formen auswechselt.«[1] An anderer Stelle heißt es dann: »Die Karikatur ist eine verletzende, aggressiv satirische Abart der Wesensforschung und -enthüllung.«[2] Eduard Fuchs sah in der Karikatur mehr das Ergebnis einer Abstraktion: »Karikieren heißt somit zusammengefaßt: bewußtes Hervorheben des Charakterisierenden einer Erscheinung, Abstrahieren von dem Nebensächlichen, dem Allgemeinen.«[3] Der heutige Sprachgebrauch ist ungenau, bezeichnet mit Karikatur ebenso die physiognomische Porträtkarikatur wie das unverbindliche Scherzbild in der Sonntagsbeilage der Tageszeitung. Er umfaßt den angelsächsischen ›cartoon‹ (den eher intellektuellen Bildwitz) wie auch den ›editorial cartoon‹ (den gezeichneten Leitartikel), der als pointierender Bildkommentar oft Aufmacher einer Zeitungsseite ist.

Unseres Erachtens kritisiert Karikatur Wirklichkeit, die sie in Bildern übersteigert, verzeichnet, überzieht und zuspitzt. Mitunter sind die Tatsachen jedoch selbst so schlagend, daß ihre bloße Wiedergabe im gezeichneten Bildbericht als Kritik gelten darf, es zum Kampfbild, zur Karikatur werden läßt. Als 1672 französische Truppen in die Niederlande einfielen (die französische Majestät beleidigende Karikaturen wurden übrigens u.a. als Kriegsgrund benannt), informierte der Kupferstecher Romeyn de Hooghe mit einer Serie von Reportagebildern die Bevölkerung über die von den Franzosen in Bodegraven und Zwammerdam verübten Greueltaten (Abb. 1).[4] Da bedurfte es keiner satirischen Verkleidung mehr, das Grauen selbst sprach für sich. Goyas *Desastres de la Guerra* und Daumiers *Rue Transnonain* gehören zur gleichen Kategorie. Goya konzentriert etwa durch die Wahl des Bildausschnitts die Aufmerksamkeit auf das unsagbare individuelle Leid.[5] Daumiers *Rue Transnonain* wird bereits vom Verleger entsprechend annonciert: »Das ist keine Karikatur, sondern eine blutgetränkte Seite

1 Erstmals als Buch erschienen Wien 1956, für diese Ausgabe vom Verfasser durchgesehen und leicht gekürzt. Hier S. 355ff., das Zitat aus Hofmann 1956, S. 33f.

2 Werner Hofmann, *Grundlagen der modernen Kunst*, Stuttgart 1966, S. 253.

3 Eduard Fuchs, *Die Karikatur der europäischen Völker*, München (4) 1921, Bd. 1, S. 4. – Zu Eduard Fuchs: Walter Benjamin, »Eduard Fuchs, der Sammler und der Historiker«, *Zeitschrift für Sozialforschung* 6 (1937), S. 346–380. – *Ästhetik und Kommunikation*, Heft 25, September 1976.

4 Frederik Muller, *De Nederlandsche Geschiedenis in platen*, Amsterdam 1863–1882, Nr. 2439. – G. van Rijn, *Catalogus van den Hist. Atlas van Stolk te Rotterdam*, Amsterdam – s'Gravenhage 1895–1935, Nr. 2491.

5 Kat. *Goya. Das Zeitalter der Revolutionen*, Kunsthalle Hamburg 1980, S. 117ff. Kat. *Goya. Zeichnungen und Druckgraphik*, Frankfurt 1981, S. 90ff. (jeweils mit weiterführenden Hinweisen).

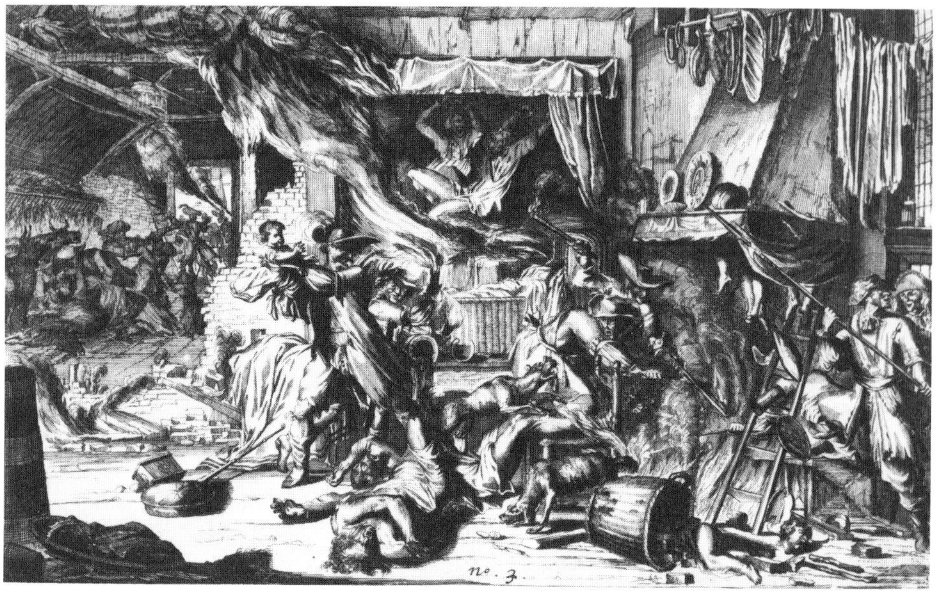

Abb. 1 Romeyn de Hooghe, *Greueltaten in Bodegraven und Zwammerdam*, 1672

unserer Geschichte.«[6] Im Wilhelm-Busch-Museum in Hannover hat sich dafür auch der Name ›Kritische Graphik‹ eingebürgert.

Karikatur verfolgt eine Absicht, kritisiert, klärt auf, schafft überraschende Verknüpfungen, weckt Nachdenklichkeit. Die Form, die sie wählt, ist abhängig von der Zeit ihrer Entstehung, dem Anlaß, der gewünschten Aussage und ihrem Publikum. So gesehen umfaßt sie auch den Bereich der Bildsatire, etwa im Flugblatt der Reformationszeit (Kat. 109–120). Der Begriff Bildsatire bezeichnet ein Moment der Bildaussage, nicht deren Form. Satire spricht, so kann man sagen, mitunter die Sprache der Karikatur. Das Satirische ist deshalb an der Bildgestalt nicht unmittelbar ablesbar, sondern wird erst erkannt, wenn das Bild in den entsprechenden historischen, politischen und ikonographischen Kontext gestellt ist.

Karikatur ist heutzutage ein Verabredungsbegriff für eine Vielzahl von Erscheinungsformen, für ein Feld der Bildpublizistik oder für eine Methode. Klaus Herding etwa versteht Karikatur ganz allgemein »als ein Mittel zu begreifen, durch bildliche Zuspitzung eine psychische Bewegung auszulösen«.[7] »Wir können heute nicht mehr von einer Gattung Karikatur, sondern nur noch von einem karikaturistischen Verfahren sprechen, dessen Grundmerkmale – Überspitzen und Reduzieren – teilweise voneinander getrennt neue mediale Verbindungen eingegangen sind.«[8]

Die folgenden Untersuchungen gehen deshalb nicht von einer neuen oder alten Definition aus. Durch differenzierte Einzelinterpretationen werden künstlerische Mittel, Anlässe und Reaktionen, Traditionen und Aktualisierungen exemplarisch analysiert. Die anschließenden Beiträge vertiefen das Thema, eingeleitet von einer Begriffsgeschichte, die zugleich den Weg der Erforschung des Mediums Karikatur skizziert (von Gerd Unverfehrt, S. 345ff.), und den bereits klassisch zu nennenden Essays von Werner Hofmann[9] und Ernst H. Gombrich[10], denen wir für die Genehmigung zum Wiederabdruck überaus dankbar sind.

2. Karikatur ist aktuell

Zur Karikatur gehört der Anlaß, aus dem sie entsteht, das Ziel, das sie trifft, und das Publikum, das sie anspricht. Nur selten ist Karikatur lebendiger als ihr Anlaß. Sie teilt meist das Schicksal des Journalismus, für den nichts so alt ist wie eine Zeitung von gestern. Karikatur reagiert auf Ereignisse, spielt mit Anspielungen, die nur dem informierten Zeitgenossen geläufig sind. Sie lebt gewissermaßen von dem System, das sie angreift, spiegelt im satirischen Gegenbild die offizielle Sprache.

Der wilhelminische Denkmalskult zum Beispiel wird in der Karikatur ad absurdum geführt (dazu der Beitrag von Monika Arndt, S. 431ff.), der Triumphzug erhält im satirischen Schandzug ein Gegenbild (Kat. 144–156).

6 Text aus *La Caricature* vom 2. Oktober 1934. – Jan Bialostocki, *Stil und Ikonographie*, Dresden 1965, S. 115, 163. – Kat. *Honoré Daumier und die ungelösten Probleme der bürgerlichen Gesellschaft*, Neue Gesellschaft für Bildende Kunst, Berlin 1974, S. 180. – Kat. *Honoré Daumier 1808–1879, Bildwitz und Zeitkritik*, Münster 1978, S. 10.

7 Klaus Herding, »Karikaturen – Perspektiven«, Klaus Herding, Gunter Otto (Hrsg.), *Nervöse Auffangsorgane des inneren und äußeren Lebens. Karikaturen*, Gießen 1980, S. 368.

8 Herding (Anm. 7), S. 358.

9 Vgl. S. 355ff.

10 Vortrag an der Duke University: »The cartoonist's Armory«, publiziert in *Meditations on a Hobby Horse*, London 1963, deutsch unter dem Titel *Meditationen über ein Steckenpferd*, Wien 1973. – Taschenbuchausgabe Frankfurt 1978 (hier S. 223–248): »Das Arsenal der Karikaturisten«, vgl. S. 384ff. in diesem Katalog.

Die Politik verwendet seit der Antike das Instrument des Triumphs zur Verherrlichung der Herrscher, zur Festigung und Verklärung der Macht oder als Drohgebärde, um Gegner einzuschüchtern. Dabei nutzt die Politik die Aura des Triumphes und damit Irrationales und Metaphysisches. Vordergründig ist Triumph ein Fest für das Volk, zugleich aber Herrschaftspropaganda. Dementsprechend zeigt das Geschichtsbild, das im Triumph zum Vorschein kommt, die Geschichte als Geschichte der Sieger.[11] Die Antwort der Karikaturisten ist der ›Schandzug‹, ein Rahmenthema der Bildsatire.[12] Geschildert werden – so scheint es – Triumphzüge, die Einzelelemente aber stehen im Kontrast zur Erwartung. Schwein und Esel ersetzen das Pferd als Reittier, das Beiwerk gibt die Dargestellten der Lächerlichkeit preis. Die Bildsatire spricht die Sprache der höfischen Allegorie, die Sprache der offiziellen Staatskunst und trifft gerade deshalb deren Nerv.[13]

Das Reportagebild – heute als Pressephoto wichtiges Informationsmedium – vermag nur Ereignisse abzubilden, besagt nichts über Hintergründe und Motivationen. Auskünfte darüber liefert meist der schriftlich hinzugesetzte Kommentar. Kommentare lassen sich allerdings auch in Bildform verfassen. Voraussetzung dafür ist eine Bildsprache, die auch abstrakte Begriffe darzustellen vermag, die Bildsprache der Allegorie. Die Bildsatire verwendet Bildzeichen des allegorischen Repertoires und liefert so mit einem Schlag eine Fülle von Hintergrundinformationen. Der Nachteil liegt allerdings in dem, was sie voraussetzt: der Kenntnis der Bildsprache.

In der deutschen Wochenzeitung *Die Zeit* vom 3.2.1949 charakterisiert Mirko Scewczuk die Situation im Europa der Nachkriegsjahre, indem er eine junge Frau auf einer Konservendose (mit der Aufschrift »Corned beef«) reitend zeichnet (Abb. 2).[14] Den eigentlichen Witz dieser Karikatur versteht man nur, wenn man sich an die antike Erzählung erinnert, wonach sich Zeus der Europa in Gestalt eines Stieres genähert hat, eine Geschichte, die die Karikatur zeitgemäß umformuliert: 1949 kommt der Stier als Konserve, als Corned beef über den Atlantik. Diese Konservendose erinnert an die zahlreichen amerikanischen Lebensmittelpakete, die damals in vielen Teilen Europas die Not linderten, ist aber zugleich auch ein Symbol der modernen Zivilisation, die nicht mehr die Sprache der Mythologie, sondern die der Warenproduktion und des Konsums spricht. Die Karikatur blickt gleichsam von der ›hohen Warte des Abendlandes‹ auf die ›Niederungen des American way of life‹.

Es ist kein Zufall, daß trotz der Beliebtheit des Mediums Karikatur die Erforschung ihrer Geschichte nach wie vor unzulänglich ist. Selbst versierten Historikern fällt es oftmals schwer, das vielfältige und differenzierte Beziehungsgeflecht zu entwirren, das im Moment ihres Erscheinens Aktualität und Wirksamkeit der Karikatur begründete. Das gilt auch für heutige Karikaturen. Was im angelsächsischen Sprachraum mit seinem spezifischen Humor, mit seiner Vorliebe für das Absurde und Surrealistische sofort Heiterkeitsausbrüche auszulösen vermag, trifft in Deutschland auf Irritation und Unverständnis. Der Erfolg satirischer Publikationen wie *Punch* (dazu Max Hasse, S. 424ff.) und *The New Yorker* (dazu Gertud Vowinckel-Textor, S. 441ff.) hat in der Qualität ihrer satirischen Zeichner, aber auch in der spezifisch nationalen Komponente seine Begründung. Die seltener gestellte – weil schwieriger zu beantwortende – Frage nach dem Publikum der Karikatur sollte deshalb in der künftigen Karikaturforschung beachtet werden.[15] Das Verhältnis des Angegriffenen zur Karikatur läßt sich dagegen leichter demonstrieren. Auf weite Strecken ist die Geschichte der Karikatur eine Geschichte des Kampfes zwischen politischer Kritik, politischer Aufklärung und der Zensur. Kurt Koszyk schildert in seinem Beitrag (S. 415ff.) ein deutsches Beispiel vor dem Hintergrund der Revolution von 1848.

3. Karikatur ist Kunst

Man kann Zitate von Charles Baudelaire[16] anführen oder auf Werner Hofmanns programmatische Namensnennung *von Leonardo bis Picasso* verweisen: Karikatur ist Kunst, hohe Kunst zumal, wenn künstlerische Qualität vom Range eines Goya

11 Walter Benjamin, »Über den Begriff der Geschichte« (ca. 1940), *Gesammelte Schriften* Bd. I, Frankfurt a. M. (2) 1974, S. 696.

12 Gerhard Langemeyer, *Aesopus in Europa, Bemerkungen zur politisch-satirischen Graphik des Romeyn de Hooghe (1645–1706)*, Diss. Münster 1974, S. 142ff.

13 »Die Opposition der Kunstwerke gegen die Herrschaft ist Mimesis an diese. Sie müssen dem herrschaftlichen Verhalten sich angleichen, um etwas von der Welt der Herrschaft qualitativ Verschiedenes zu produzieren. Noch die immanent polemische Haltung der Kunstwerke gegen das Seiende nimmt das Prinzip in sich hinein, dem jenes unterliegt und das es zum bloß Seienden entqualifiziert; ästhetische Rationalität will wiedergutmachen, was die naturbeherrschte draußen angerichtet hat.« Theodor W. Adorno, »Paralipomena«, *Ästhetische Theorie, Gesammelte Schriften* Bd. 7, Frankfurt 1970, S. 430. – Ein Beispiel für die Demaskierung der Staatsallegorie ist die Karikatur Thackerays auf Rigauds Porträt Ludwigs XIV. Abb. in: Ernst H. Kantorowicz, *The King's Two Bodies*, Princeton 1957, Abb. 26.

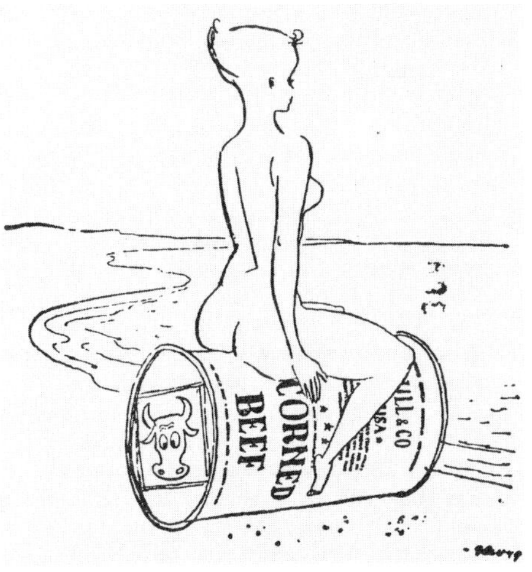

Abb. 2 Mirko Scewczuk, *Europa und der Stier*, 1949

14 Erich Bliesener, *Europäische Integration als Thema der Karikatur*, Heidelberg und Berlin 1962, S. 19.

15 Beispiel für Publikumsforschung: *Pardon und seine Leser, Ergebnisse einer qualitativen Untersuchung*, Divo-Institut Frankfurt a. M. 1964.

16 Charles Baudelaire, »Über das Wesen des Lachens und das Komische in der Kunst im allgemeinen«, *Intime Tagebücher und Essays*, München 1978, S. 78.

oder Daumier im Spiel ist. Gleichwohl hat die Kunstgeschichtswissenschaft lange das Gebiet der Karikatur anderen überlassen: dem Sammler, der an kulturgeschichtlichem Material interessiert ist, dem Literaturwissenschaftler oder Historiker, der die Bildsatire als Illustration nutzt, ohne deren mediale Eigenleistung zu würdigen.[17] Karikatur gibt Stoff für zahlreiche Bilderbücher, aber nur selten Anlaß zu systematischer Forschung.

Karikatur ist in gewissem Sinne angewandte Kunst, steht im Widerspruch zur ›Autonomie des Kunstwerks‹, steht im Gegensatz zur seit dem 18. Jahrhundert oft erhobenen Forderung an die Kunst, ›funktionsfrei‹ zu sein. Aber nicht der Kunstcharakter der Karikatur, sondern die These von der Autonomie des Kunstwerks ist in Frage zu stellen, denn die Konsequenz dieser Forderung würde ja alle Auftragskunst ausgrenzen.[18] Jahrzehntelang hat beispielsweise die Kritik versucht, den Künstler Daumier gegen den Karikaturisten Daumier auszuspielen,[19] doch liegt in beiden Tätigkeiten ein nur scheinbarer Gegensatz. Auch eine locker in wenigen Strichen gesetzte Karikatur erfordert ein hohes zeichnerisches Können, das auf dem gleichen Ausbildungsweg gewonnen wird wie die Fähigkeit zur Gestaltung großformatiger Historienbilder.

Karikatur gewinnt ihre komische Wirkung vielfach durch ihren Gegensatz zum Ideal klassischer Kunstausübung. Um so mehr fordert sie vom Karikaturisten Versiertheit im Umgang mit dem klassischen Repertoire. Das künstlerische Experiment der Karikatur gedeiht besonders gut – die Brüder Carracci sind ein Beispiel dafür – auf dem sicheren Fundament üblicher künstlerischer Tätigkeit.[20]

Was als Definition guter Karikatur gelten darf – inhaltliche und formale Zuspitzung, Konzentration auf das Wesentliche, schlagbildartige Ausdrucksweise –, gilt gemeinhin auch als Indiz für künstlerische Qualität. Die bildschöpferische Kraft des Karikaturisten ist gefordert: Man erwartet von ihm, daß er schematisiert, leicht faßliche Zeichen benutzt, zugleich aber komplexe Situationen auf eine einfache Bildformel bringt. So schätzt man die plakativ pointierten, formal hervorragend durchgestalteten Blätter der *Simplicissimus*-Zeichner ebenso wie die Erfindung der Karikatur *Der Lotse geht von Bord* von John Tenniel im *Punch* 1890,[21] die zum geläufigen Symbol geworden ist (S. 389, Abb. 11).

Der Katalog belegt durch mehrere Motivreihen (Teil 3), daß die Bildsprache erstaunlich traditionell ist. Der Rückgriff auf Bildtraditionen ist aber kein Mangel an Originalität oder ein Gegensatz zum aktuellen politischen und gesellschaftlichen Bezug. Ein Karikaturist kann nicht täglich ein neues Vokabular erfinden, sondern muß das gegebene nutzen, wenn er verstanden werden will.

4. Karikatur ist Waffe

Im Journalismus fällt der Karikatur oft die Funktion des Aufmachers zu. Sie soll Augen öffnen, Aufmerksamkeit erregen. Die Titelseite der *Zeit* etwa verzichtet seit Jahrzehnten auf das Pressephoto und setzt auf die Wirkung des ›editorial cartoon‹, früher von Paul Flora, jetzt von Luis Murschetz gezeichnet. Auch die Werbung macht sich gelegentlich die Karikatur zunutze,[22] signalisiert positive Heiterkeit oder Liberalität und versucht so, in der Konkurrenz der visuellen Kommunikation zu bestehen. In den Karikaturen ist noch die alte Funktion von Bildern in Kraft: komplexe Zusammenhänge anschaulich zu machen, Prozesse punktuell festzuhalten. Karikatur will belehren, überzeugen, wirbt für eine Aussage. Getreu der alten Forderung des Horaz nach dem »docere et delectare« verbindet sie den lehrhaften Charakter mit unterhaltsamem Humor.[23]

Karikatur ist Mittel oppositioneller Kritik, aber auch Medium politischer Propaganda. Der Schlagabtausch der Reformationszeit wurde mit Kampfbildern ausgetragen (Kat. 109–120).[24] Die beleidigten Majestäten Ludwig XIV.[25] und Napoleon reagierten mit Gegensatiren auf Angriffe. Zum genau kalkulierten Mittel psychologischer Kriegsführung wurden sie aber erst im späten 19. und vor allem im 20. Jahrhundert. Die Karikatur wurde zum kriegerischen Nebenschauplatz. Der deutsch-französische Krieg 1870/71, der Erste und der Zweite Weltkrieg gaben Anlaß genug. Mit antithetischen Kampfbildern[26] schuf beispielsweise die national-

17 Vgl. Herding (Anm. 7), S. 374.

18 *Autonomie der Kunst, zur Genese und Kritik einer bürgerlichen Kategorie.* Mit Beiträgen von Michael Müller, Horst Bredekamp, Berthold Hinz, Franz-Joachim Verspohl, Jürgen Fredel, Ursula Apitzsch, Frankfurt a.M. 1972.

19 Michel Melot, »Daumier in der Kunstkritik«, Kat. Münster 1978, (Anm. 6), S. 37–55.

20 »Die Karikatur ist der Gegenwurf des Ideal-Schönen, sie ist dessen vollkommene Verneinung und in ihrer Art ebenso eine Veränderung der Wirklichkeit (durch die subjektive Vorstellungskraft des Künstlers) wie deren Sublimierung und Idealisierung im Werke Raffaels.« Hofmann, hier S. 359.

21 Kat. *Ereignis Karikaturen. Geschichte in Spottbildern 1600–1930*, Westfälisches Landesmuseum Münster 1983, Nr. 371.

22 Anton Sailer, *Die Karikatur, ihre Geschichte und ihr Einsatz in der Werbung*, München 1969. – Loriots Scharlachberg-Reklame, aber auch Kampagnen von Alka Seltzer, Diners Club und anderen sind ein Versuch, positive Signale zu setzen, sich vom Stil der übrigen Werbung abzuheben. Auch im Fernsehen (Mainzelmännchen im ZDF) haben Karikaturen oft die Funktion zu unterhalten, abzulenken und damit jeweils neu die Aufnahmefähigkeit für den folgenden Werbespot aufzubauen.

23 Karikatur als Anschauungsmittel ist vielseitig einsetzbar. Eduardo del Rio, genannt Rius, erläutert mit zeichnerischem Witz komplexe Theorien: Marx ist für Anfänger in dieser Form leichter verdaulich.Rius, *Marx für Anfänger,* Reinbek 1979. In der Serie der Sach-Comics erschienen weitere Titel unter Beteiligung verschiedener Karikaturisten u.a. zu Mao, Lenin, Einstein, Freud, Trotzki, zu Atomkraft und Kapitalismus. Mit dem Energiespar-Kalender 1980 warb das Bundeswirtschaftsministerium für sparsamen Energieverbrauch. Kritische Zeichner wie Chlodwig Poth, Tomi Ungerer, Hans Traxler, Horst Haitzinger und andere waren daran beteiligt.

24 Hartmann Grisar und Franz Heege, *Luthers Kampfbilder,* Freiburg i.Br. 1921–23.

25 André Blum, »Louis XIV et l'imagerie satirique pendant les dernières années du XVIIe siècle«, *Archives de l'Art français,* 1913, S. 272–86.

26 Kurt Reumann, *Das antithetische Kampfbild in der Karikatur,* Diss. Berlin 1966.

sozialistische Propaganda klare Feindbilder (vgl. Kat. 169). Bereits fünfzehn Stunden nach der Kriegserklärung gegen Deutschland am 3. September 1939 begann die Royal Air Force Großbritanniens damit, über deutschem Gebiet Flugblätter mit Karikaturen abzuwerfen. Im Gegenzug flogen deutsche Karikaturen mit der V 1 gegen englische Ziele.[27]

Lächerlichkeit tötet, sagt man. Karikatur ist Angriff, bewußte Verzerrung der Form. Die psychischen Momente, die Entstehung und Wirkung der Karikatur bestimmen, sind bislang nur ansatzweise analysiert. Sigmund Freud[28] und nach ihm Ernst Kris und Ernst H. Gombrich[29] haben sich damit beschäftigt. Es kommt auf den eigenen Standpunkt an, ob eine Karikatur Lachen erzeugt oder Wut auslöst. Karikatur ergreift Partei, ist meist aggressiv. Darauf zielt die Formulierung *Karikatur – Bild als Waffe*. Sie ist nicht ganz neu. Andere Autoren haben ähnliche Wendungen gewählt.[30] Gleichwohl haben wir uns entschlossen, sie als Unterzeile zum Titel *Mittel und Motive der Karikatur in fünf Jahrhunderten* zu setzen, um ein wichtiges Moment des Mediums Karikatur hervorzuheben.

5. Die Karikaturensammlung Ensmann

Ausstellung und Katalog wären nicht zustande gekommen, hätte nicht von Anfang an ein Sammler und Mäzen das Unternehmen angeregt, mit großem Engagement und persönlichem Einsatz begleitet und unterstützt: Rudolf Ensmann. Er hat seine Sammlung als Grundstock für die Ausstellung geöffnet, den wissenschaftlichen Mitarbeiter Jürgen Döring für die Zeit der Ausstellungsvorbereitung finanziert, durch einen beachtlichen Druckkostenzuschuß die Herstellung des Kataloges ermöglicht. Die Herausgeber bzw. Direktoren der ausstellenden Museen sind Herrn Ensmann zu überaus großem Dank verpflichtet. Sie sind sich bewußt, daß dürre Dankesworte nur unzureichend aufwiegen können, was von ihm eingebracht wurde, hoffen aber, daß das Ergebnis der gemeinschaftlichen Bemühungen die Erwartungen des Initiators erfüllt.

Es spricht für die Weitsicht und Uneigennützigkeit des Sammlers, daß er von Anbeginn an nicht einer Selbstdarstellung seiner Sammlung, sondern einer wissenschaftlich fundierten Ausstellung zur Geschichte des Mediums Karikatur den Vorzug gab. Dabei hätte die Qualität der Karikaturensammlung Ensmann ein nur sie darstellendes eigenes Ausstellungsunternehmen durchaus gerechtfertigt.

Unter Mitwirkung von Günther Schlötzer hat Rudolf Ensmann Blätter herausragender Karikaturisten aus fünf Jahrhunderten gesammelt und thematisch gruppiert, beispielsweise unter Stichworten wie Politik, satirische Porträts, Soziales, Militär, Klerus, Polizei und Justiz, die Frau, Bayern und Preußen usw.

Was diese Sammlung von anderen zur Geschichte der Karikatur unterscheidet, ist ihre Konzentration auf Zeichnungen, auf die Vorlagen graphischer Vervielfältigung. Gewissermaßen als Belegstücke dafür, daß Karikatur Kunst ist, demonstrieren sie künstlerische und thematische Vielfalt.

Durch den Vorrang der Handzeichnungen ist vielfach eine künstlerische Qualität sichtbar, die angesichts der heute oft mangelhaften Reproduktionssorgfalt, beispielsweise in Tageszeitungen, zum Teil verlorengeht. Einige Schwerpunkte sind auszumachen: die Münchener Zeichner, vor allem des *Simplicissimus*, sind sämtlich mit guten Beispielen vertreten, ebenso englische Karikaturisten aus der Zeit um 1800. Hervorragend sind die über dreißig Aquarelle des im Westen völlig unbekannten Wssjewolshskij, der das Hof- und Theaterleben des zaristischen Rußland um 1890/1900 porträtierte. Größere Werkgruppen gibt es von Heinrich Kley, Rudolf Kriesch, Rolf Peter Bauer, Ronald Searle, Puig Rosado und Jean-Pierre Desclozeaux. Die Zeichner des *New Yorker* sind ebenso vertreten wie italienische karikierende Skizzen des 17. Jahrhunderts, französische Blätter der Großmeister des 19. Jahrhunderts und solche der zeitgenössischen politischen Karikatur.

Die Sammlung, zu der eine beachtliche Spezialbibliothek gehört, wird weiter ausgebaut. Günther Schlötzer, der sich als Betreuer der Sammlung darum große Verdienste erworben hat, sei an dieser Stelle für seine Mitarbeit ebenfalls gedankt.

27 Klaus Kirchner, *Flugblätter. Psychologische Kriegsführung im Zweiten Weltkrieg in Europa*, München 1974 (= Reihe Hanser 170); O. Buchbender, *Das tönende Erz. Deutsche Propaganda gegen die Rote Armee im Zweiten Weltkrieg*, Stuttgart 1978 (= Militärpolitische Schriftenreihe Bd. 13); *Flugblattpropaganda im II. Weltkrieg*, Kat. der Ausst. Historisches Museum Hannover 1980.

28 Sigmund Freud, »Der Witz und seine Beziehung zum Unbewußten«, *Studienausgabe* Bd. 4, Frankfurt a.M. 1970, S. 9–219.

29 Ernst Kris und Ernst H. Gombrich, *Caricature*, London 1940. – Dazu auch Herding (Anm. 7), S. 378ff.

30 1938 publizierte Ludwig Schulte-Strathaus ein Buch mit dem Titel *Das Bild als Waffe. Die französische Bildpropaganda im Weltkrieg*; 1982 Robert Philippe *Political Graphics. Art as a Weapon*. Peter-Klaus Schuster faßt die Reformationssatire unter dem Titel »Kunst als Waffe«, in Kat. *Luther und die Folgen für die Kunst*, hrsg. v. Werner Hofmann, Hamburger Kunsthalle 1983, S. 152ff.

6. Zur Entstehung und Konzeption der Ausstellung

Angesprochen vom Sammler Rudolf Ensmann, hat Herwig Guratzsch vom Wilhelm-Busch-Museum, Hannover, den Kontakt zu Gerd Unverfehrt (Göttingen), Christoph Stölzl (München) und mir hergestellt und den Herausgeberkreis gebildet. In Gesprächen mit Herrn Ensmann wurde das Ziel des Vorhabens formuliert. Die Beteiligten meinten, eine Ausstellung zur Geschichte der Karikatur sei nur sinnvoll, wenn die Auswahl repräsentativ, der wissenschaftliche Zugriff aber neuartig, Perspektiven eröffnend sei.

Anspruch und Zielsetzung für Ausstellung und Katalog leiten sich ab aus dem Forschungsstand.[31] Nach den großen Materialsammlungen, wie sie Eduard Fuchs um die Jahrhundertwende vorgelegt hat,[32] einer Vielzahl von Einzeluntersuchungen und einigen brillanten Essays hat es auch größere Ausstellungen gegeben,[33] die teils die geschichtliche Entwicklung des Mediums, teils den historischen Kontext[34] als Ausgangspunkt nahmen oder wie beim *Simplicissimus*[35] monographisch verfuhren. Verworfen wurde das Konzept einer chronologischen Materialsammlung, aber auch das Konzept panoramaartiger Vorstellung von Meisterleistungen der Karikatur. Ebenso wenig schien es richtig, vordergründig thematisch zu gruppieren oder von den Anlässen der Karikatur, den Ereignissen und Personen auszugehen.

Gerd Unverfehrt und ich schlugen vor, einen systematischen Ansatz zu wählen und nach dem Prinzip einer argumentierenden Ausstellung exemplarisch künstlerische Mittel und Motivreihen zu untersuchen. Karikatur als Kunst sollte mit kunsthistorischen Methoden analysiert, der von Ernst H. Gombrich vorgezeichnete Weg zur Deutung der Bildsprache beschritten werden, ohne den dokumentarischen Wert der Blätter zu vernachlässigen. Der Wiederabdruck der Texte von Werner Hofmann und Ernst H. Gombrich ist somit Programm.

Die durch Rudolf Ensmann bereitgestellten Mittel erlaubten es, am Kunstgeschichtlichen Seminar der Universität Göttingen eine Arbeitsstelle zur Vorbereitung von Ausstellung und Katalog einzurichten. Als wissenschaftlicher Mitarbeiter konnte Jürgen Döring gewonnen werden. Er hat die anvisierte Konzeption konkretisiert, die Abschnitte der Ausstellung bestimmt, die Beispiele ausgewählt und zum großen Teil für den Katalog bearbeitet. Ihm sowie den anderen Autoren der Katalogtexte und ergänzenden Beiträge sei hiermit gedankt.

Dank gebührt den Leihgebern, den privaten und öffentlichen, ohne deren großzügige Unterstützung das Projekt undurchführbar gewesen wäre; Dank gilt dem Prestel-Verlag und seinen Mitarbeitern, die so ausgezeichnet sich um den Katalog verdient gemacht haben. Ebenso danken möchten wir Dr. Eva Bliembach, Berlin, Dr. Tilo Brandis, Berlin, Dr. Peter Dreyer, Berlin, Dr. Hans Haase, Wolfenbüttel, Dr. Klaus Hänel, Göttingen, Dr. Max Hasse, Lübeck, Dr. Axel Janeck, Nürnberg, Ulrich Joost, Göttingen, Dr. Ruth Malhotra, Hamburg, Dr. Eckhard Schaar, Hamburg, Sabine und Ernst Scheffler, Berlin, Klaus Schmidt, Göttingen, Dr. Rainer Schoch, Nürnberg, Dr. Jürgen Schultze, Bremen, Dr. Gretel Wagner, Berlin, und Dr. Annemarie Winther, Bremen.

Vorhaben einer Größenordnung wie dieser zwingen zur Kooperation und Arbeitsteilung. Von den Herausgebern haben sich deshalb Herwig Guratzsch und Jürgen Döring mit den Leihverhandlungen und der Organisation befaßt, hat Christoph Stölzl mit seinen Mitarbeitern für Blickpunkte in der Ausstellung gesorgt, während Gerd Unverfehrt und ich inhaltlich verantwortlich kritisch die Entstehung der Katalogmanuskripte begleitet haben.

Mancher wird in einer fünf Jahrhunderte umgreifenden Ausstellung Wichtiges vermissen, aber jede Ausstellung ist auf eine Auswahl angewiesen. Entscheidend sind die Kriterien. Das hier gewählte systematische Konzept erlaubt die Zuspitzung auf exemplarische Positionen. Die Objekte der Ausstellung leiten die Diskussion des Mediums ein. Folgerichtig stehen sie am Anfang des Katalogs. Die Begriffsgeschichte markiert dann Stationen der Erforschung des Mediums. Die Essays und einige für diesen Katalog geschriebene Beiträge vertiefen dann einzelne Aspekte. Ausstellung und Katalog zeichnen ein umfassendes Bild des Mediums, allerdings in der Erwartung, daß Kenntnis den Spaß an der Karikatur nicht verschüttet, sondern eher weckt, denn Interesse wächst oft mit der Kenntnis.

31 Die Begriffsgeschichte von Gerd Unverfehrt, hier S. 345 ff., aber auch die Beiträge und Katalogartikel setzen sich mit dem Forschungsstand auseinander.
32 Vgl. Anm. 3.
33 Kat. *Karikaturen – Karikaturen?*, Kunsthaus Zürich 1972. – Kat. *Bizarr – Grotesk – Monströs. Karikaturen der Zeitgenossen*, Kestner-Gesellschaft Hannover 1978.
34 Kat. Münster 1983 (Anm. 21). Dazu kritisch Max Hasse, in *Kunstchronik*, Januar 1984, S. 6–10.
35 Im Haus der Kunst, München 1978.

Jürgen Döring

Zum Katalog

I

Auf einem um 1470 entstandenen Holzschnitt sind Kaiser Friedrich III. und Papst Paul II. als Ringkämpfer dargestellt (Abb. 1). Über 500 Jahre später liefern sich auf einer Zeitungskarikatur Andropow und Reagan – wie einst Kaiser und Papst die ›mächtigsten Männer der Welt‹ – ein Revolverduell (Abb. 2). Die Blätter sind in formaler und stilistischer Hinsicht denkbar unterschiedlich, und doch handelt es sich in beiden Fällen um satirische Allegorien, die die Machtkämpfe der Herrscher mit körperlichem Kräftemessen vergleichen.[1]

Die heute schwer verständliche Bildsprache des alten Holzschnitts bedarf einer Erläuterung. Der Ringkampf findet auf dem Staatsschiff statt. Während der Papst sicher mit einem Bein auf dem Mastkorb steht und seinen Gegner im Klammergriff umfängt, ist die Position des Kaisers ungünstiger; er hat nur den kleinen burgundischen Löwen als Stütze. Zahlreiche Inschriften, Tiere, Wappen und andere Symbole verweisen auf europäische Fürsten und deren Parteinahme für Kaiser oder Papst. Das zerbrochene und mit dem Schriftband »rex bohemie« versehene Zepter gibt den Anlaß der Karikatur an: Ende 1469 suchte Friedrich III. den Papst in Rom auf, um mit ihm unter anderem über die Thronfolge in Böhmen zu verhandeln. Der Holzschnitt zeigt deutlich die aussichtslose Lage des Kaisers und weist auf den zunehmenden Machteinfluß des Papstes auch nördlich der Alpen hin.[2]

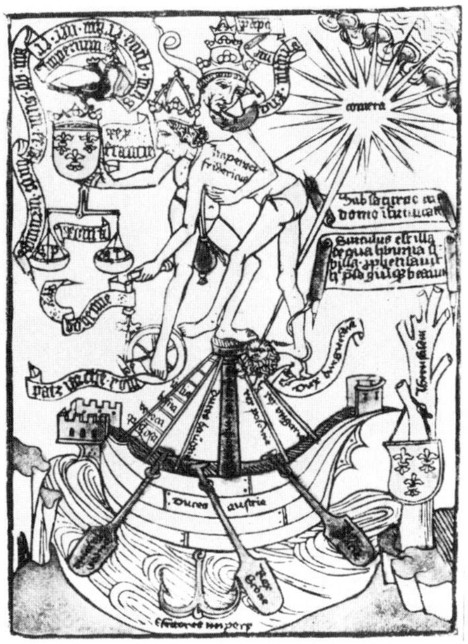

Abb. 1 Deutsch, *Spottbild auf Kaiser und Papst,* um 1470

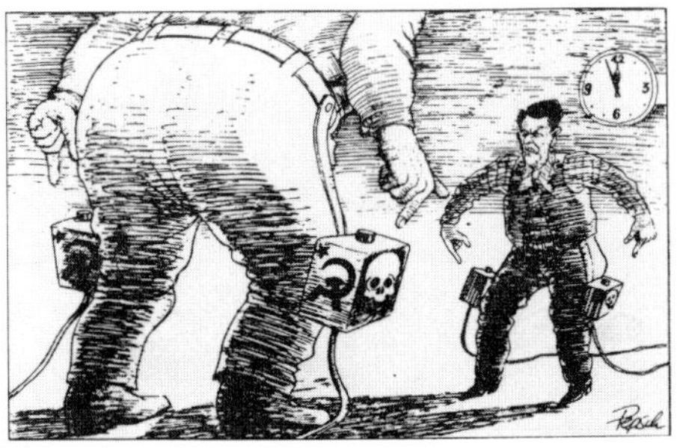

Abb. 2 Pepsch Gottscheber, ohne Titel, *Vorwärts* vom 9.6.1983

Die Zeichnung von Pepsch Gottscheber dagegen ist schnell zu erfassen. Doch auch sie arbeitet mit ikonographischen Verweisen, die nur deshalb einfach scheinen, weil sie heute geläufig sind. Der Karikaturist verwendet Vergleiche, Symbole und Anspielungen unterschiedlichster Herkunft. Man muß Hollywood-Western gesehen haben, um die Pose der Duellanten zu verstehen. Die Kenntnis von Flaggenemblemen – Hammer und Sichel, Sternenbanner – wird ebenso vorausgesetzt wie zwei Redewendungen: »auf den Knopf drücken« und »es ist fünf vor zwölf«. Auch die allgemeine politische Lage, die Möglichkeit des atomaren Weltuntergangs, den die beiden Kontrahenten durch einen Knopfdruck auslösen könnten, muß bekannt sein, und das Wissen um Reagans Leinwand-Vergangenheit verleiht dem Motiv des Revolverduells zusätzlichen Witz. In 500 Jahren – falls bis dahin noch keiner auf den Knopf gedrückt hat – wird diese Karikatur offensichtlich, wie heute der alte Holzschnitt, eine ausführliche Erläuterung benötigen.

Beide Blätter setzen also in hohem Maße symbolische Zeichen ein. Der Vergleich der Machtkämpfe der ›mächtigsten Männer der Welt‹ mit einem Ringkampf einerseits und einem Revolverduell andererseits ist bereits genannt worden. Der Umgang mit den Herrschenden ist respektlos und beleidigend: Kaiser und Papst tragen nur knappe Unterhosen, und auch die Darstellung der amerikanischen und russischen Staatsoberhäupter als schießwütige Cowboys ist wenig schmeichelhaft. Die Identifikation der Personen geschieht jeweils durch attributive Beigaben. Papst und Kaiser sind durch Tiara und Reichskrone kenntlich gemacht, Andropow und Reagan durch die Flaggenembleme, Reagan zusätzlich durch sein karikiertes Porträt.

Die Gegenüberstellung des Holzschnitts von 1470 und der Zeitungskarikatur von 1983 hat gezeigt, daß trotz aller Unterschiede in Form und Stil die satirischen Mittel oder Methoden weitgehend die gleichen geblieben sind.

1 André François zeichnete um 1965 ebenfalls einen körperlichen Wettstreit zweier antagonistischer Mächte, vertreten durch Engel und Teufel (Kat. 51). Doch enthält sein Cartoon im Gegensatz zu den beiden Karikaturen keine an der Realität ansetzende Kritik.

2 *Die Frühzeit des Holzschnitts,* Ausstellungskatalog Staatliche Graphische Sammlung München 1970, Nr. 50; *Fifteenth Century Woodcuts and Metalcuts in the National Gallery of Art,* Ausstellungskatalog Washington 1965, Nr. 282. Dieses Blatt erfuhr mehrere Auflagen, wie 4 bekannte deutsche Holzschnittfassungen und 2 venezianische Stiche zeigen, wobei offen bleibt, ob eine deutsche oder eine italienische Bilderfindung vorliegt.

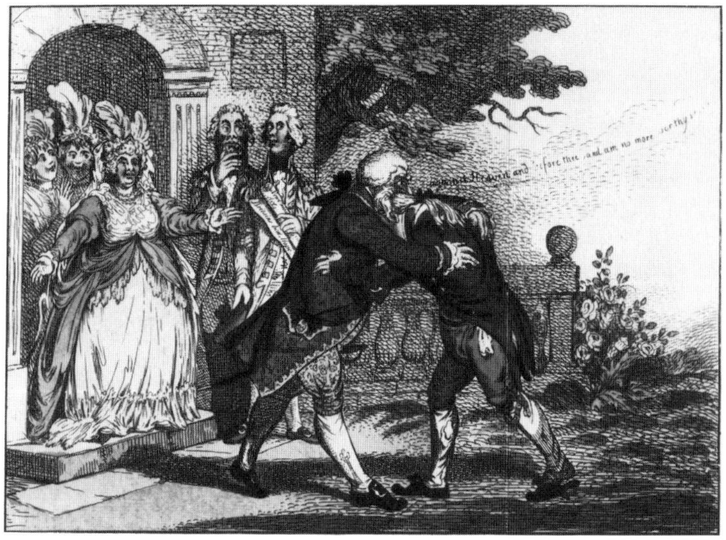

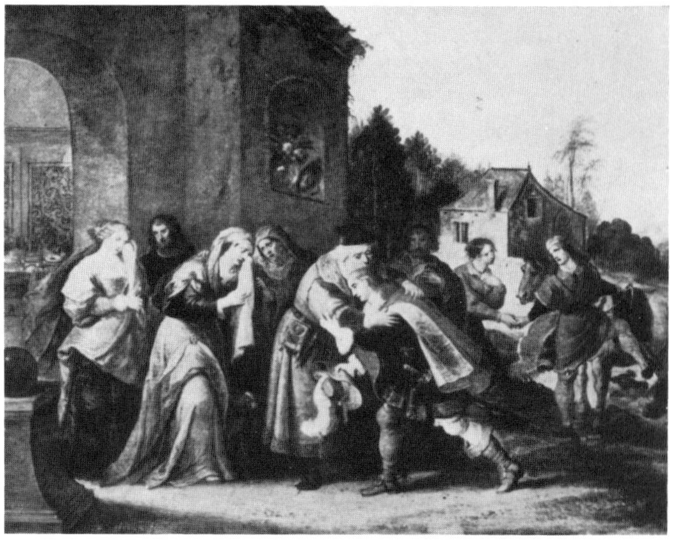

2

Abb. 3 nach James Gillray, *The Reconciliation*, 1804

Abb. 4 Frans Francken II., *Rückkehr des verlorenen Sohns* (Ausschnitt), 1633

Karikaturisten haben sich im Lauf der Zeit ein anscheinend unbegrenztes Reservoir an Ausdrucks- und Anspielungsmöglichkeiten geschaffen, das zwar ständig erweitert wird, aber auch erstaunlich beständige Formen aufweist. Sie greifen auf traditionelle Kompositionsschemata zurück, auf literarische Vorlagen oder aus dem Alltag bekannte Szenen, und sie kleiden ihre Themen in diese aus anderen Zusammenhängen bekannten Vorbilder. Es gibt Motive, die sich über Jahrhunderte halten, ohne an Ausdruckskraft zu verlieren.[3]

James Gillray radierte 1804 *The Reconciliation* (Abb. 3). Der Karikatur gingen Zeitungsmeldungen voraus, nach denen der englische König Georg III. sich mit seinem auf Abwegen befindlichen Sohn versöhnt hätte.[4] Gillray kommentiert das Geschehen mit Hilfe eines traditionellen Themas, auf das er in der Bildunterschrift ausdrücklich verweist: Zugrunde liegt das Gleichnis vom verlorenen Sohn. Er bedient sich des aus Historiengemälden geläufigen Kompositionsschemas der *Rückkehr des verlorenen Sohns* (Abb. 4), verändert es aber in entscheidenden Details. So gerät die väterliche Umarmung des reuigen Sohns zu einem Ringkampf, in dem einer den anderen fortzuschieben versucht, und die Familienangehörigen nehmen das Spektakel eher skeptisch bis belustigt als ergriffen zur Kenntnis.

1797 fand ein Treffen zwischen der englischen Prinzessin Charlotte und ihrem Verlobten Friedrich von Württemberg statt (Abb. 5).[5] Gillray übertreibt die Leibesfülle des allerdings in der Tat korpulenten Paares und läßt so ihre Umarmung in eine Farce ausarten. Die Karikatur hat keinen Zusammenhang mit dem Gleichnis vom verlorenen Sohn; von dem Rahmenthema der Versöhnung bleibt lediglich das Motiv der Umarmung,[6] dessen Wahl anläßlich einer Verlobung naheliegt. – Als sich 1818 Zar Alexander I. und Ludwig XVIII. trafen, griff der englische Karikaturist William Heath wieder auf das Motiv zurück, um die unehrlichen Freundschaftsbezeugungen der beiden Staatsoberhäupter zu entlarven (Abb. 6).[7] Ihre Umarmung gerät durch die konträren Körperformen zur Groteske, und ihre Feindschaft wird in den Sprechblasen offen ausgesprochen. Genauso hinterhältig und scheinheilig sind die Umarmungen Louis-Philippes und seiner Minister auf einer Karikatur Daumiers von 1834 (Abb. 7). Er läßt die Partner sich von hinten in die Taschen greifen und stellt sie damit rundheraus als Diebe und Betrüger dar.[8]

Dieser Blick auf das Motiv der Umarmung macht den satirischen Umgang mit allgemein geläufigen Gesten oder Posen deutlich. Die Geste der Umarmung als Ausdruck der Freundschaft und Zuneigung zweier Personen wird durch die negative Charakterisierung der Partner – sei es mittels körperlicher Übertreibung, durch beigefügte Texte oder den Griff in die Tasche des anderen – als falsch und unehrlich herausgestellt. Die von den Partnern zur Schau getragene Freundschaft wird entlarvt.

Ein weiteres hier vorzustellendes Motiv ist anderer Art. Im späten Mittelalter entstand, als eine allegorische Darstellung des Blutopfers Christi, das Bildthema

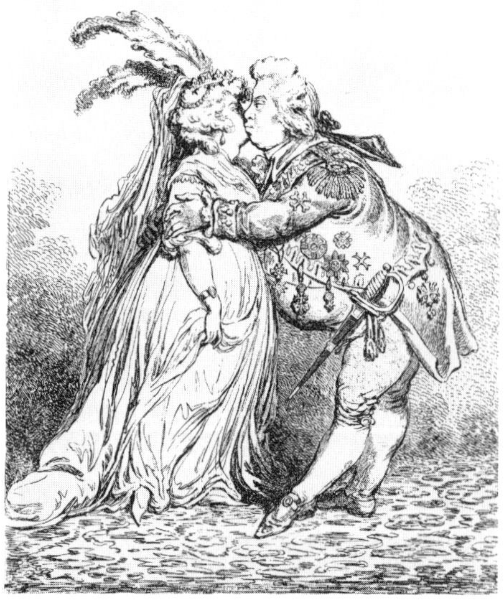

Abb. 5 James Gillray, *Le Baiser a la Wirtembourg*, 1797

3 Ein offensichtliches Beispiel dafür ist das Reiten einer überlegenen Person auf einem geknechteten Menschen. So wie früher Künstler den von der Hofdame Phyllis tyrannisierten Aristoteles unter ihr kriechen ließen (S. 315, Abb. 181), so setzen noch heute Karikaturisten dem kleinen, schwachen Arbeiter einen fetten Unternehmer auf die Schultern. Vgl. z.B. Philippe 1982, S. 17.

4 Dazu den ausführlichen Kommentar in *London und Paris* Bd. 14, 1804, S. 75ff.

5 BM VII, Nr. 9006; Hill 1976, Nr. 51. Das gleiche Motiv verwendet Gillray wieder 1803: *The First Kiss in Ten Years*, BM VIII, Nr. 9960; Hill 1965, Abb. 120.

6 Vgl. hierzu auch Gombrich 1962, S. 226f.; in diesem Katalog S. 386f.

7 BM IX, Nr. 13007.

8 Delteil 95; Balzer 1965, Nr. 99; Kat. Münster 1978, Nr. 37. Es gibt eine deutsche Kopie des mittleren Paares auf Daumiers Lithographie,

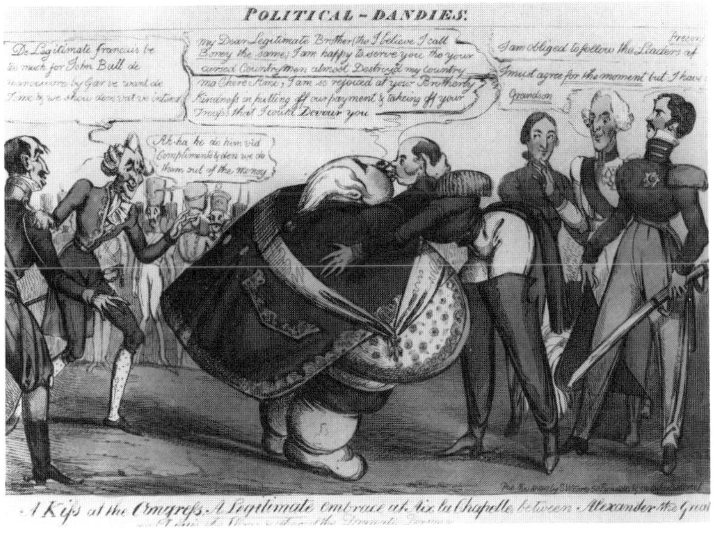

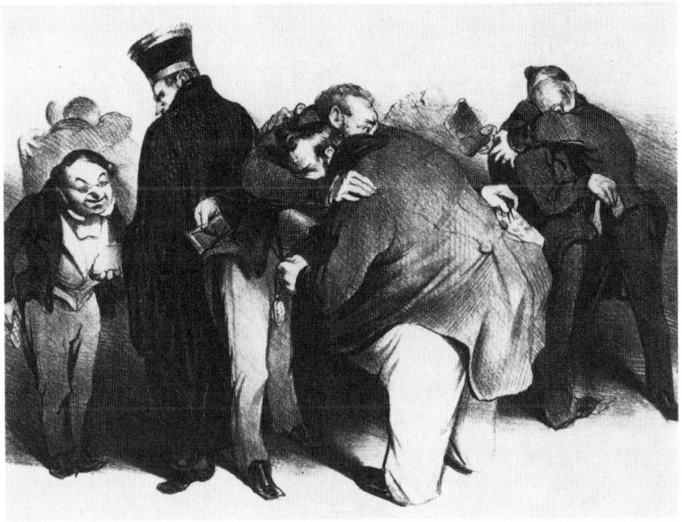

Abb. 6 William Heath, *A Kiss at the Congress. A Legitimate embrace at Aix la Chapelle between Alexander the Great and Louis the Large*, 1818

Abb. 7 Honoré Daumier, *Wir sind alle Ehrenmänner, umarmen wir uns!*, 1834

von *Christus in der Kelter*. Christus als Schmerzensmann stellt sich zwischen die Balken einer Weinkelter, um mit seinem herausgepreßten Blut die Menschheit zu erlösen (Abb. 8).[9] Thomas Murner nahm 1522 in seine grobe Verssatire *Von dem großen Lutherischen Narren* (Kat. 111) eine Illustration auf, die das christliche Motiv satirisch umdeutet. Murner, der in Narrenkleidung selbst die Kelter bedient, hat einen feisten Narren eingespannt, um diesem seine lutherische Narretei auszutreiben: Der Leib platzt auf und ein kleiner Narr entfleucht (Abb. 9). Die Identifizierung der Personen und ihrer Rollen ist nur über den Text möglich. Auf einem französischen Stich des 17. Jahrhunderts haben zwei Frauen einen elegant gekleideten Mann zwischen die Balken der Kelter gepreßt. Während die Ältere an der Kurbel den Druck erhöht, fängt die Jüngere zusammen mit der heraussprudelnden Flüssigkeit das Geld des Mannes auf: Der leichtsinnige Stutzer wird ausgenommen (Abb. 10).[10] Seit dem 17. Jahrhundert wird die Weinkelter zumeist durch eine Druckerpresse ersetzt,[11] deren Mechanik jedoch die gleiche Funktion erfüllt. Daumier wählte 1833 eine Lithographiepresse, um die Macht des republikanischen Journalismus gegenüber dem Bürgerkönig Louis-Philippe zu demonstrieren (Abb. 11).[12] Fast 150 Jahre später vertauscht der Franzose Siné die Rollen; hier bringt der Polizist als Vertreter der Staatsgewalt die freie Presse zum Schweigen (Abb. 12).[13] Jüngst posierten auf der Titelseite des *Zeit-Magazins* die Kabarettisten Dieter Hildebrandt und Gerhard Polt an einer nostalgischen Wäschemangel, mit der sie Arbeitsminister Blüm, Bundeskanzler Kohl und Innenminister Zimmermann ›in die Mangel nehmen‹ (Abb. 13).[14]

Die Maschinen haben sich mit der Zeit verändert, doch ihre Funktion innerhalb der Karikaturen ist die gleiche geblieben. Ihr Mechanismus wird zweckentfremdet und preßt Menschen aus, sei es, um sie mundtot zu machen (Abb. 11, 12), sie um ihr Geld zu erleichtern (Abb. 10) oder von ihrer Narretei zu befreien (Abb. 9, 13). Zwei Parteien stehen einander gegenüber: Die Überlegene bedient die Presse, die Schwache wird ›ausgenommen‹. Die Identifikation der Parteien und ihre Qualifizierung als gut oder böse geschieht nicht automatisch durch die Rollenverteilung, sondern durch Attribute, Beschriftungen oder physiognomische Merkmale. Dabei können sowohl die ›Guten‹ an der Kurbel stehen und ihre machtlosen Gegner verhöhnen (Abb. 9, 11, 13) als auch die ›Bösen‹ (Abb. 10, 12). Im zweiten Fall haben die Karikaturen einen anklagenden Charakter, der auf die Ungerechtigkeit des Geschehens hinweist.

3

Fragt man, wie es in diesem Katalog vorrangig geschieht, nach den »Mitteln und Motiven der Karikatur«, so erlauben die beiden vorgestellten Motivreihen einige Feststellungen, die für viele Bildsatiren und Karikaturen gelten:

die 1849 den dänischen König einen deutschen Politiker unehrlich umarmen läßt; *Rührende Abschiedsszene. Satirische Zeitbilder* Nr. 12, Hamburg 1849 (die Numerierung der Serie bei Wolf 1982, S. 64, ist inkorrekt). – Das Motiv ist auch noch im 20. Jahrhundert anzutreffen. Verwiesen sei beispielsweise auf eine Lithographie von Kees van Dongen in *L'Assiette au beurre* von 1902 (numéro special, hors série: *Les Empoissonneurs Patentés. Les Falsificateurs du lait*, S. 6) und auf eine Karikatur von Thomas Theodor Heine im *Simplicissimus* Nr. 32, 16. Jg., 6. 11. 1911. – H.G. Rauch greift in seiner Zeichnung *Volksvertreter, handelseinig*, die in der *Zeit* Nr. 39, 24. 9. 1982 erschien, ebenfalls auf das Motiv zurück.

9 Kat. Nürnberg 1983, Nr. 465. A. Weckwerth, »Christus in der Kelter. Ursprung und Wandel eines Bildmotivs«, *Festschrift J.H.R. Rosemann*, München 1960. – Auf einem Holzschnitt des 15. Jahrhunderts ist als Symbol des in der Liebe Gefangenseins (vgl. Abb. 10) ein Herz in eine aus zwei Brettern bestehende Presse eingeklemmt. Die Verwendung des Motivs ist rein allegorisch, verweist aber in der abgekürzten Zitatform bereits auf den späteren Umgang mit dem Motiv in der Karikatur. W.L. Schreiber, »Frau Venus und der Verliebte. Ein Holzschnitt des 15. Jahrhunderts«, *Zeitschrift für Bücherfreunde*, 11. Jg. 1907/08, S. 380f.; Farbabb. Brückner 1975, S. 26.

10 Kahn 1907, Abb. 198.

11 Beispiele in Kat. Münster 1983, Nr. 37, 42; in diesem Katalog Nr. 164.

12 Delteil 71; Balzer 1965, Nr. 65; Kat. Göttingen 1980, Nr. 72, ebd. auch zwei weitere Beispiele für das Motiv: Kat. 19, Abb. 45 auf S. 185.

13 Bornemann 1974, Abb. S. 127. Ebd. ein gleichfalls in die Motivreihe gehöriges Aquarell von W.A. Töpffer. – Sinés Zeichnung dürfte auf die Pariser Studentenunruhen vom Mai 1968 anspielen.

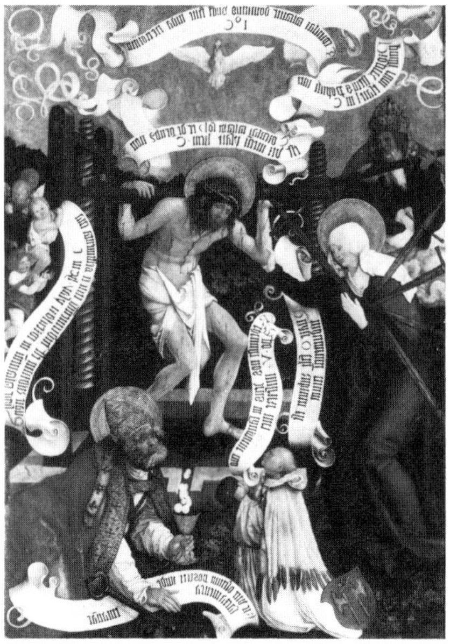

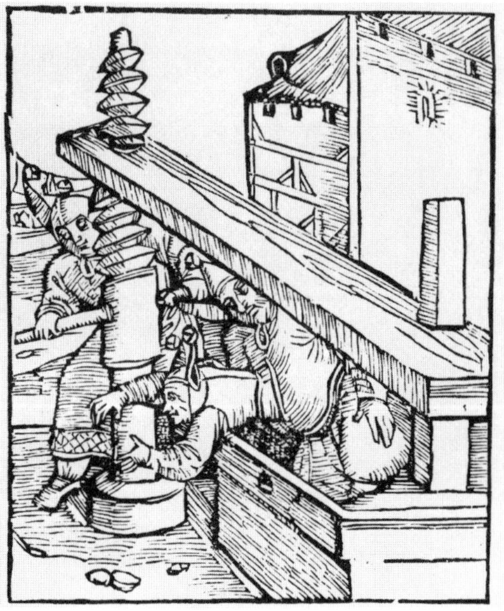

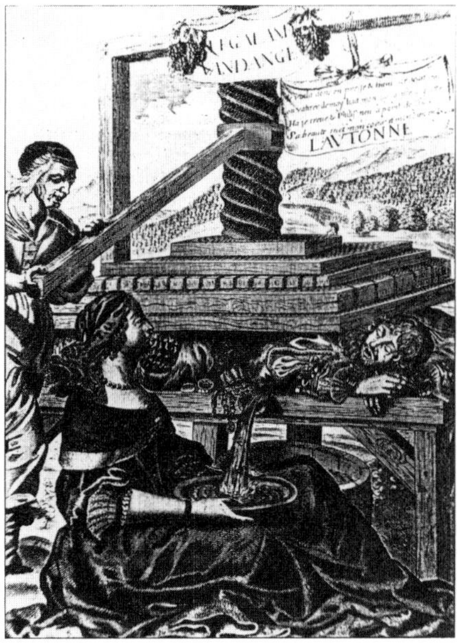

Abb. 8 Albrecht Dürer, Werkstatt, *Christus in der Kelter,* 1505/10

Abb. 9 Thomas Murner, aus *Von dem großen Lutherischen Narren,* 1522

Abb. 10 Lagniet (?), *Der ausgepreßte Liebhaber,* aus einer Folge der ›Vier Jahreszeiten‹, Mitte 17. Jh.

– Zunächst zeugen die ausgewählten Motive von einer erstaunlich traditionellen Bildsprache, deren sich Künstler bedienen, um ihre Kritik auszudrücken.
– Die Motive an sich haben im allgemeinen noch keinen satirischen Charakter. Dieser entsteht erst durch die überraschende Verbindung eines oft traditionellen Bildmotivs mit einem neuen und aktuellen Thema. Bekannte Personen der Zeitgeschichte bekommen ungewöhnliche und wenig ehrenvolle Rollen zugeteilt.
– Um die kritische Tendenz, die Zielrichtung von Karikaturen oder Bildsatiren, deutlich zu machen, werden satirische Mittel eingesetzt. Sie dienen vornehmlich dazu, Personen negativ zu charakterisieren, ihnen unziemliche Verhaltensweisen oder ein häßliches Aussehen beizumessen. Die dargestellten Personen werden der Lächerlichkeit preisgegeben, wobei die Bandbreite der Möglichkeiten vom harmlosen, gutgemeinten Scherz über den hämischen Spott bis zur diffamierenden Verleumdung reicht. Die satirischen Mittel weisen den Personen Eigenschaften zu, die einer offiziellen, repräsentativen Darstellungsweise widersprechen und Distanz zu ihr schaffen.[15]

Es ist das erklärte Ziel von Karikaturen oder Bildsatiren, die Bloßstellung von Mißständen zu erreichen, seien sie politischer, sozialer, allgemein menschlicher oder persönlicher Art. Karikaturen üben auf satirische Weise Kritik an bestimmten Sachverhalten oder Personen.[16] Ihre Kritik äußert sich in der Übertreibung oder auch nur Betonung von häßlichen, schlechten, unschicklichen und allgemein negativen Erscheinungsformen des jeweiligen Themas. Eine wichtige Rolle spielt dabei die Komik, die auf verschiedene Weise hervorgerufen werden kann und die dem Dargestellten die Würde nimmt. Dabei ist es typisch für Karikaturen, daß sie sich nicht an herkömmliche Kunstregeln halten, sondern diese häufig mißachten bzw. bewußt verletzen, seien es perspektivische Regeln, ein Schönheitskanon, stilistische Eleganz oder eine glaubwürdige Handlung.[17]

Karikaturen haben häufig einen agitatorischen und amimetischen Charakter; die Wirklichkeit wird absichtsvoll verzerrt. Dies führt oft zu Darstellungsformen, die auf erklärende Hinweise angewiesen sind.[18] So gehört die erläuternde oder satirische Bildunterschrift zum gewohnten Erscheinungsbild von Karikaturen.

4

Der Katalog unternimmt den Versuch, einige der wichtigsten »Mittel und Motive der Karikatur« in einzelnen Kapiteln vorzustellen. Auf eine durchgehende chronologische Anordnung der besprochenen Blätter und die Gliederung in historische Epochen wird deshalb verzichtet. Gleichfalls werden stilkritische Fragen zwar nicht vernachlässigt, sie stehen aber nicht im Mittelpunkt. Die Kommentare zu den

14 *Zeit-Magazin* Nr. 21, 18. 5. 1984, dazu ein Artikel »Kohl – ein Kanzler fürs Kabarett. Über den Aufschwung auf deutschen Brettl'n«. – Weitere Beispiele für das Motiv bei Humann 1980, S. 69; Heller 1981, S. 147.

15 Dazu Werner von Koppenfels, »Swifts *Tale of a Tub* und die Tradition satirischer Metaphorik«, *Deutsche Vierteljahrsschrift* 51, 1977, S. 30: Es ist ein für die »satirische Metaphorik bezeichnender Sachverhalt, daß das Bild [hier: die satirischen Mittel und Vergleiche] seinem Gegenstand keinen Zuwachs an Relevanz oder Würde mehr verleiht, sondern allenfalls komische Scheinwürde. (...) Im Sinn der klassischen Rhetorik, die die Tropen dem Ornatus zuordnet, ist das satirische Bild Antimetapher, denn es dissoziiert, statt zu verbinden, und schmückt, um bloßzustellen. Indem es auf die Inkongruenz zwischen Anmaßung und Substanz zielt, vereint es in sich die beiden Grundphasen der satirischen Handlung, Inflation und Deflation.«

16 Dieses Verständnis von Karikaturen geht von ihrer Intention und nicht von formalen oder thematischen Kriterien aus. Der Wille zur Kritik scheint das verbindende Element zwischen Reformationssatiren, satirischen Flugblättern des 17. Jahrhunderts und den Karikaturen des 18. Jahrhunderts bis heute zu sein.

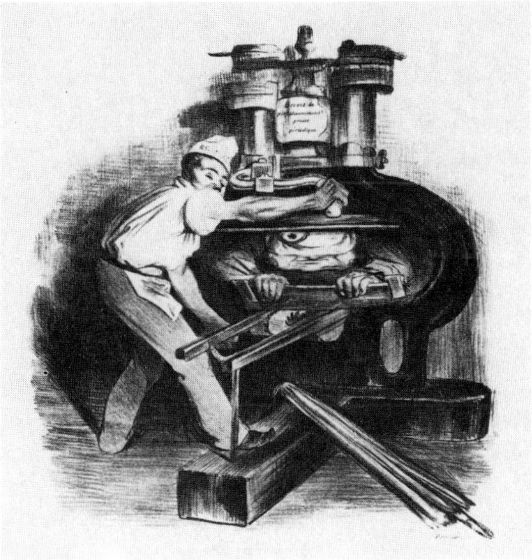

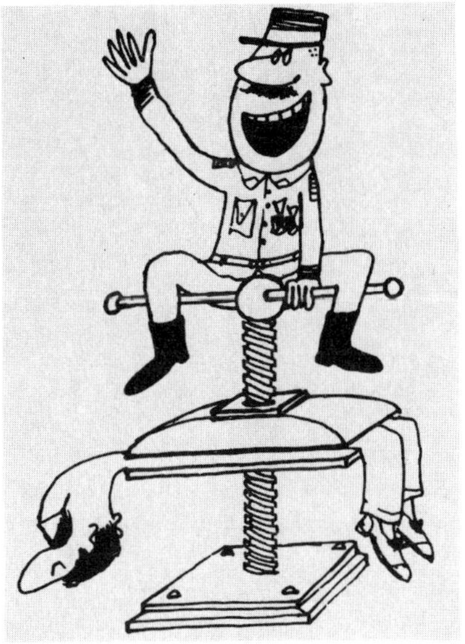

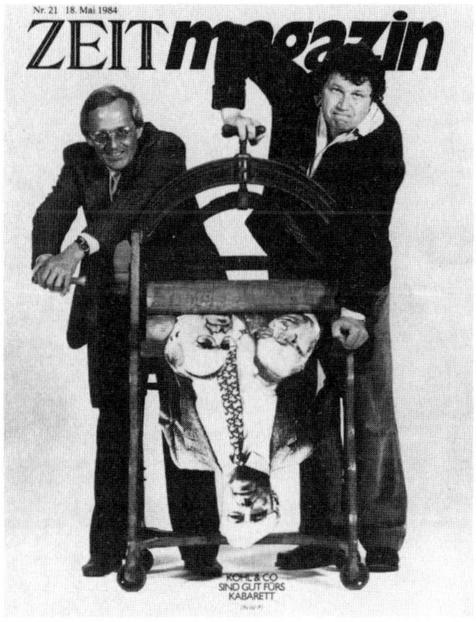

Abb. 11 Honoré Daumier, *Ah! Du willst dich mit der Presse anlegen!!*, 1833

Abb. 12 Siné, ohne Titel, aus *Siné-massacre*

Abb. 13 Titelbild des *Zeit-Magazin* Nr. 21, 1984

Katalognummern umreißen kurz die historischen Hintergründe und gehen vorrangig auf die vom Künstler eingesetzten satirischen Mittel und auf Motivtraditionen ein. Kurztexte zu Beginn der Kapitel ermöglichen eine schnellere Orientierung, während Einleitungen zu den einzelnen Abschnitten versuchen, mit Vergleichsabbildungen und zusammenfassenden Texten das notwendigerweise ausgewählte Ausstellungsmaterial in seinen kunsthistorischen Kontext zu stellen.

Zentrales Thema der Karikatur ist der Mensch in seinen Schwächen und Verfehlungen. »Verformungen der Figur« können auf sinnfällige Weise Kritik am Menschen im Bild ausdrücken. Die drei Kapitel des ersten Teils stellen exemplarisch drei Möglichkeiten vor: die groteske Formerfindung von Körpern und Köpfen, die Übertreibung von Gestalten am Beispiel des zu dicken Bauches und die Vereinfachung von Körperformen durch den sparsamen, abkürzenden Zeichenstil. Der zweite Teil – »Porträtkarikaturen« – beschäftigt sich mit der Anwendung satirischer Mittel bei der Darstellung von Individuen. Während die »satirische Porträtgalerie« mit fast fünfzig Beispielen die kunstgeschichtliche Entwicklung über 360 Jahre verfolgt, stehen in Kapitel 2.3. drei einzelne Persönlichkeiten im Mittelpunkt: Martin Luther als die erste Person, die in größerem Umfang in der Graphik angegriffen wurde, Napoleon, dessen Politik und Kriegszüge eine Flut von Karikaturen gegen ihn heraufbeschworen, und Franz Josef Strauß, den zahlreiche Karikaturisten der Gegenwart aufs Korn nahmen und nehmen. Der dritte Teil stellt »komponierte Bild-Satiren« vor, vom Bildaufbau her zumeist aufwendige und mehrfigurige Blätter. Die fünf Kapitel dieses Teils untersuchen aus jeweils unterschiedlicher Position die Möglichkeiten von Bildsatiren: Bei den »Schandzügen« handelt es sich um ein Rahmenthema, »Weltkugel und Landkarte« dienen als Beispiel für den satirischen Umgang mit Symbolen, das Bild der »Spinne« bzw. des Spinnennetzes vertritt den satirischen Mensch-Tier-Vergleich, und der »Gegensatz von Groß und Klein« zeigt, wie Hierarchien und Abhängigkeitsverhältnisse schlagend im Bild ausgedrückt werden können. »Bildzitat und Wortzitat« schließlich beschäftigen sich mit dem in Karikaturen so häufigen Rückgriff und der satirischen Umdeutung von bekannten Kunstwerken, von Literatur, redensartlichen Wendungen und anderem mehr. Der vierte Teil stellt in zwei eher thematisch als formal hiervon abzugrenzenden Kapiteln beispielhaft das große Gebiet der Gesellschaftssatire vor: Karikaturen auf die Mode und gegen die Frauen.

Bei den ausgewählten Karikaturen wurde eine möglichst große Vielfalt angestrebt. Unbekanntes steht neben Bekanntem, und volkstümliche Äußerungen haben ihren Platz neben großen Meistern wie Daumier oder Gillray.

17 An dieser Stelle sei auf die Charakteristika der geschriebenen Satire hingewiesen, wie sie Johann N. Schmidt, *Satire: Swift und Pope*, Stuttgart 1977, S. 16, aufführt: »Satire ist eine Schreibweise mit Tendenzcharakter. Ihre Intention gründet auf der negativen Wertung der von ihr aufgegriffenen Objekte oder Sachverhalte. – Es liegt ihr eine meist aggressive Überredungsstrategie zugrunde, die den Leser zur Annahme der negativen Wertung bringen soll (...). – Die vom Satiriker vorgenommene Wertung setzt eine ideale Norm voraus, die freilich selten direkt, meist nur ex negativo zum Ausdruck kommt. – Das Ästhetische ist in der Satire nicht Selbstzweck, sondern dient der wirkungsvolleren Vermittlung der Tendenz. – Satire stellt Wirklichkeit nicht dar, sondern impliziert diese nach Maßgabe der zu erzielenden Tendenz auf amimetische Weise.«

18 Dazu Rudolf Wittkower: »Unsere Willigkeit und Fähigkeit (...) sind vergeblich, sogar einfachste Vorstellungen nachzuvollziehen, wenn die Abbildungszeichen unzulänglich sind. Aus verschiedenen Gründen schaffen Künstler solche Bedingungen, vielleicht am offensichtlichsten in Scherzbildern, bei optischen Täuschungen und visuellen Spielereien. Aber (...) deren Verständlichkeit ist gesichert, wenn der Schlüssel dazu geliefert wird.« R. Wittkower, »Die Interpretation visueller Symbole in der bildenden Kunst«, *Ikonographie und Ikonologie, Bildende Kunst als ein Zeichensystem*, Bd. I, hrsg. von E. Kaemmerling, Köln 1979, S. 235.

Teil 1

Verformung der menschlichen Figur: drei Möglichkeiten

Karikatur übertreibt, verformt, erfindet Phantasiegestalten und tritt damit bewußt in Gegensatz zu gängigen Schönheitsidealen. Die Deformierung einer Person in ihrer äußeren Gestalt sagt etwas über die Qualität des Dargestellten bzw. über dessen Fehler. Mißgestalten wirken komisch, weil sie dem Üblichen widersprechen und als Normverletzung erfahren werden – Lächerlichkeit tötet.

Die groteske Phantasiegestalt oder das freie Spiel mit dem menschlichen Kopf, die Übertreibung einzelner Körperteile wie etwa der zu dicke Bauch oder aber das formale Mittel der Reduktion auf einfache, sparsame Striche sind Beispiel für die gezielte Verformung der menschlichen Figur. Diese formale Spielerei wird aber erst dort zur Karikatur, wo das Verfahren auf konkrete, wieder erkennbare Personen und Sachverhalte bezogen wird und eine satirische Absicht erkennbar ist.

1.1. Groteske: Körper und Köpfe

Fabelwesen und Zwerge, Tiermenschen und Wundergeburten, satanische Erfindungen und die Wissenschaft von menschlichen Proportionen und manches andere mehr fand als formales Muster in Bildsatire und Porträtkarikatur Verwendung, ohne selbst Karikatur zu sein oder satirische Absichten zu besitzen. Aus künstlerischen Traditionen der Antike und des Mittelalters sowie aus neuzeitlichem Forscherdrang entstand ein Gemenge grotesker Formen, deren an den Betrachter gerichtete ›Botschaft‹ zwischen ernster Mahnung zu gottgefälligem Tun und der Aufforderung zu heiterem Genuß, zwischen Naturerkenntnis und Spiel schwankt.

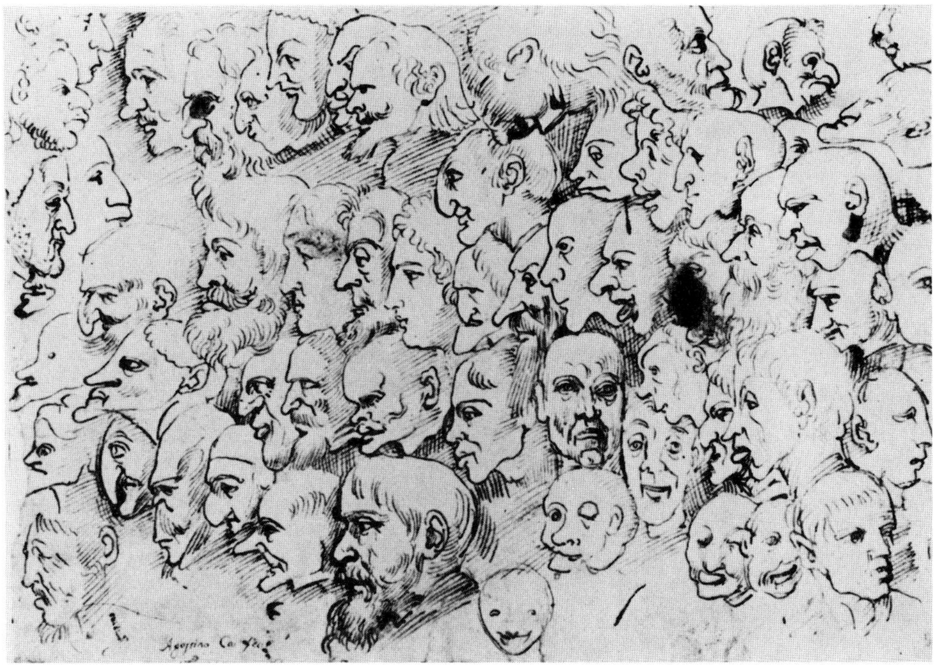

Abb. 1 Agostino Carracci, *Groteske Köpfe und Karikaturen*, 1594

Das Wort Karikatur und die Kunstform, die es bezeichnet, stammen aus Italien. Das Verb ›caricare‹ meint ›übertreiben, überladen‹. Ursprünglich und wohl schon in den letzten Jahrzehnten des 16. Jahrhunderts in der Verbindung ›ritrattini carichi‹ (übertriebene Bildnisse) durch den bolognesischen Maler Annibale Carracci (1557–1602) genutzt, waren Porträts gemeint, in denen der Künstler vorhandene Mißbildungen, Mißproportionen, auffällige Züge eines Gesichts oder auch die Formen eines Körpers übertreibend wiedergibt. Das Ziel dieser ›ritrattini carichi‹ war die Erzeugung perfekter Häßlichkeit im Gegensatz zur abbildhaft naturalistischen Wiedergabe oder gar zur idealisierenden Glättung der in der Natur vorgefundenen Formen.[1] Erste Beispiele nachweislich übertriebener, nach lebendem Modell geschaffener Bildnisse finden sich im zeichnerischen Werk von Annibales Bruder Agostino (1560–1609; Abb. 1).[2]

Es mag sein, daß bereits im früheren 16. Jahrhundert übertriebene Bildnisse, kurz: Karikaturen, gezeichnet wurden. Zu belegen ist dies nicht, und so gelten die Künstlerbrüder Carracci, im ›Hauptberuf‹ Maler bedeutender religiöser Historien und aufwendiger Raumdekorationen, als die Begründer der Kunstform Karikatur sowie ihrer Theorie.[3] Über die weitere Geschichte des ins Häßliche übertriebenen Bildnisses sowie seine sich wandelnden Formen vom harmlosen Spaß bis zur Hinrichtung im Bildnis unterrichten die folgenden Kapitel des Kataloges.

Die Formensprache der vom lebenden Modell abgenommenen übertriebenen Bildnisse – in diesem engen Sinne wurde der Begriff Karikatur bis weit ins 18. Jahrhundert genutzt – ist jedoch in der älteren, der ›vorkarikaturalen‹ Kunst vorbereitet. Verzerrungen von Körpern und Köpfen begegnen bereits in der

1 Agostino Carraccis Theorie der Karikatur ist durch Massani 1646 überliefert (vgl. in diesem Katalog S. 345ff. sowie Mahon 1971, S. 260ff. m. Anm. 45).
2 Hierzu Wittkower 1952, S. 18; Posner 1971, S. 67; Boschloo 1974, S. 40f.; Hofmann 1956, S. 14 (in diesem Katalog S. 358); Unverfehrt 1982, S. 142ff.
3 Zur Kunst der Carracci vgl. vor allem Posner 1971 und Boschloo 1974.

Antike. Beschränken wir uns auf das den Carracci vorausgehende Jahrhundert, so bieten auch spätes Mittelalter und Renaissance zahlreiche Beispiele körperlicher und physiognomischer Deformation. Sie unterscheiden sich von Karikaturen als einer Sonderform der Porträtkunst wesentlich dadurch, daß sie nicht der beobachteten Wirklichkeit, sondern der künstlerischen Einbildungskraft entstammen. Die erfundenen Formen grotesker Körper und grotesker Köpfe bereiten die Kunst des Karikierens vor.

Bevor wir uns den grotesken Körpern und Köpfen zuwenden, ist eine weitere Begriffserklärung notwendig. Wie ›Karikatur‹ entstammen auch ›Groteske‹ oder ›grotesk‹ dem Italienischen. Ende des 15. Jahrhunderts wurden in Rom und anderwärts in Italien bei Ausgrabungen antike Paläste und Thermen entdeckt, die mit bis dahin der Neuzeit unbekannt gebliebenen dekorativen Wandmalereien geschmückt waren. In Anlehnung an ihren unterirdischen Fundort wurden die Malereien ›grottesca‹ (von ital. ›grotta‹, Grotte, Höhle) genannt.[4] Es handelt sich hierbei um flächige und streng symmetrische Ornamente aus dicht miteinander verwobenen Motiven. Der Architekt und Kunstschriftsteller Vitruv, ein Zeitgenosse der Groteskenmaler, beschrieb um 20 v. Chr. diese Kunstform als eine schlechte Mode: »Denn an die Wand malt man jetzt lieber Monstren als klare Abbilder der dinglichen Welt. Statt der Säulen malt man geriefelte Stengel mit krausen Blättern und Voluten. Aus Wurzeln wachsen sich ein- und ausrollende zarte Blumen, auf denen dann ganz sinnlos Figürchen sitzen. Und schließlich tragen die Stengelchen gar Halbfiguren, die einen mit Menschen-, die anderen mit Tierköpfen. Solches Zeug aber gibt es nicht, wird es niemals geben und hat es auch nie gegeben.«[5]

Die antiken Malereien wurden sofort nach ihrer Auffindung Vorbild einer neuzeitlichen Ornamentform, der ornamentalen Groteske (Abb. 2).[6] Noch im 16. Jahrhundert, in Johannes Fischarts *Geschichtsklitterung* (1575) etwa, erfuhr der Begriff Groteske/grotesk eine Bedeutungserweiterung. Er meinte nun auch Monstrositäten jeglicher Art, im besonderen den Mangel an Natürlichkeit, gestalterische Willkür, Verzerrungen, die Kombination entlegener Dinge, aber auch das Unheimliche, das Närrische, den Nonsense.[7] Als Monstrositäten zwischen unbeschwert heiterer Formspielerei und bedeutungsschwerem Zeichen seien auch die grotesken Körper und Köpfe im ersten Abschnitt dieser Ausstellung verstanden.

Die christliche Bildtradition kannte eine Ästhetik des Häßlichen, in der Häßlich als Böse galt. Die in die menschliche Welt eindringenden Teufel – gleich der ornamentalen Groteske aus verschiedenartigen Elementen zu scheinbar lebensfähigen Wesen von abstoßendem Äußeren kombiniert – führten die Hölle als Gegenwelt zur Schönheit der göttlichen Schöpfung vor Augen (Abb. 3). Auch der böse, Christus feindlich gesonnene Mensch konnte, wie auf Hieronymus Boschs Genter *Kreuztragung* (um 1510), erschreckende Fratzen erhalten, die seine seelische Verkommenheit äußerlich widerspiegeln sollten (Abb. 4; Kat. 12).

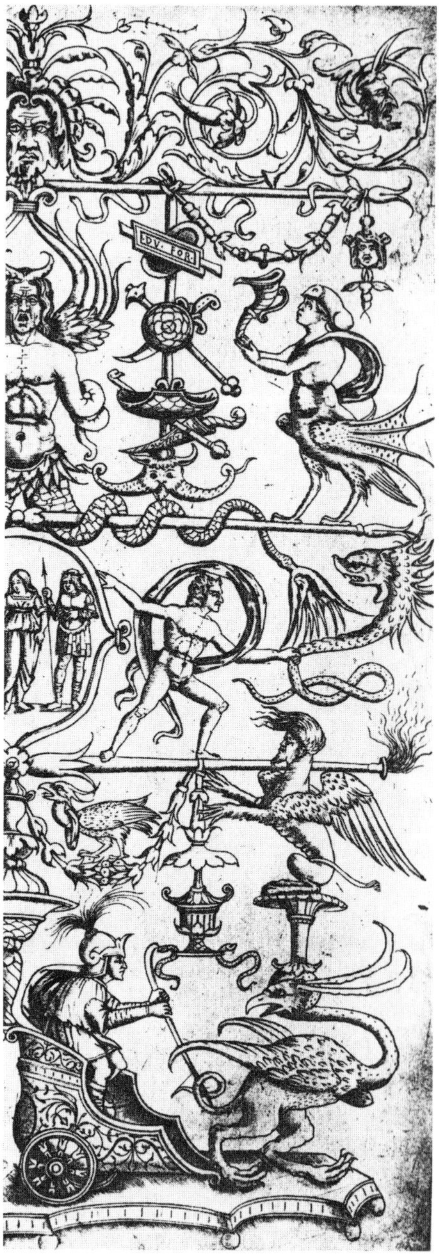

Abb. 2 Giovanni Antonio da Brescia, *Groteskes Vorlageblatt,* frühes 16. Jahrhundert.

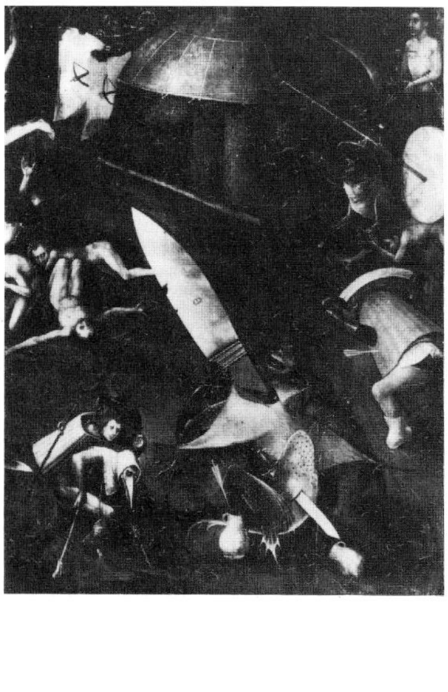

Abb. 3 Hieronymus Bosch, *Jüngstes Gericht* (Detail), um 1500

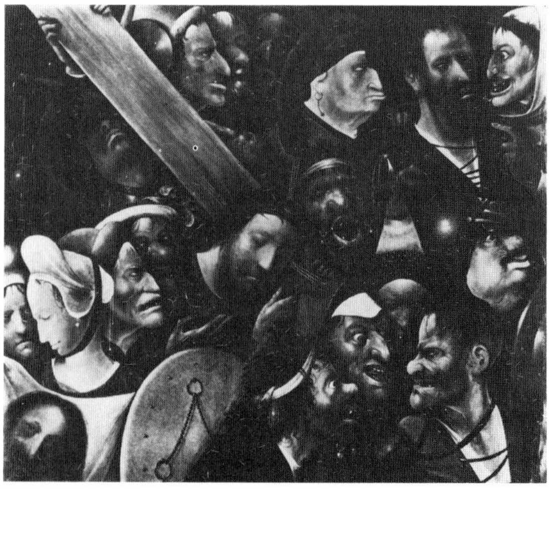

Abb. 4 Hieronymus Bosch, *Genter Kreuztragung,* um 1510

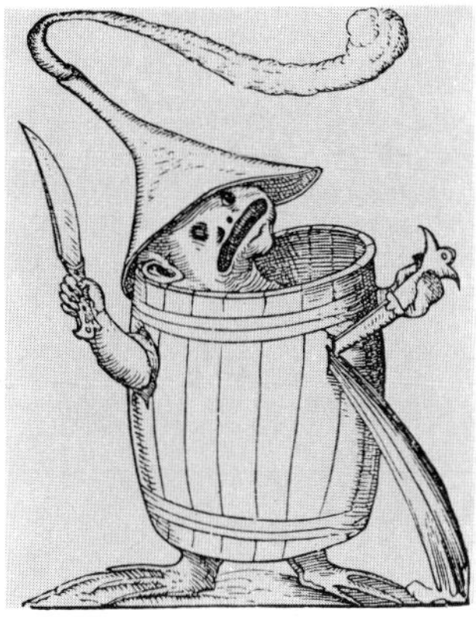

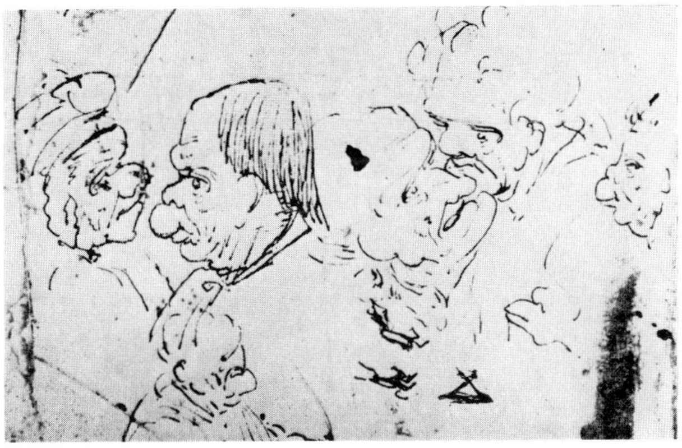

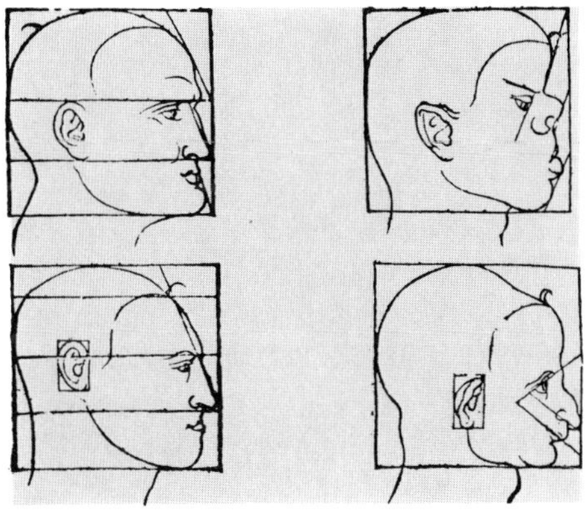

Abb. 5 Faßwesen aus den *Songes drolatiques de Pantagruel,* 1565

Abb. 6 Leonardo da Vinci, *Groteske Köpfe,* 1489

Abb. 7 Albrecht Dürer, *Konstruktion häßlicher Köpfe,* 1528

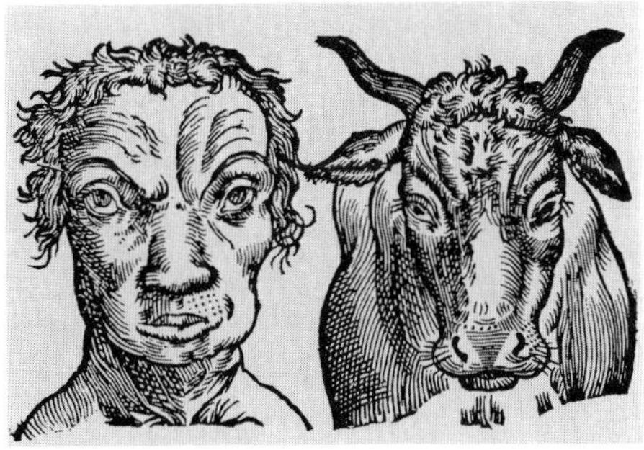

Abb. 8 Giambattista della Porta, *Kuh-Mensch,* 1586

Die spätmittelalterlich-christliche Tradition wurde im Laufe des 16. Jahrhunderts verweltlicht.[8] Gleich Briefmarken in ihrem Album versammelte ein Künstler aus dem Bruegel-Kreis um 1570 Dämonen in der Art Boschs, die inschriftlich als »Drollen«, als spaßige Erfindungen ausgewiesen sind (Kat. 1). Zur Belustigung des Betrachters, und zu nichts anderem, dienten auch die gleichfalls aus dem Formenschatz spätmittelalterlicher Teufelsbilder abgeleiteten *Songes drolatiques de Pantagruel* von 1565 (Abb. 5). Pantagruels drollige Träume fanden schon bald, erstmals 1598, moralisierende Auslegungen (Kat. 3), und noch vor 1650 konnte ein pantagruelisches Wesen, der *Capitain Schuriguges,* zum Motiv der aktuellen politischen Bildsatire werden (Kat. 4).

Profanisiert wurde auch die zweite Form spätmittelalterlich-christlicher Kennzeichnung des Bösen, nämlich das verzerrte menschliche Antlitz. Leonardo da Vinci stellte ganze Familien absonderlicher Physiognomien als Varianten eines Typs zusammen (Abb. 6 und Kat. 13, 14).[9] Dürer suchte in seinen zeichnerischen Experimenten zur *Proportionslehre* (Erstdruck 1528) die natürlichen Gesetze zu finden, nach denen Körper und Antlitz als ›schön‹ erscheinen, und er entwickelte im Gegenzug mit gleichsam geometrischer Genauigkeit Konstruktionsverfahren zur Herstellung häßlicher Köpfe (Abb. 7, 49).[10] Die neuzeitlichen Physiognomiker wiederum, allen voran der neapolitanische Arzt Giambattista della Porta in seinem 1586 erschienenen Lehrbuch *De humana physiognomia Libri IV,* spürten in systematischen Vergleichen Ähnlichkeiten zwischen Menschen und Tieren nach, aus denen sie auf Charakter und Wesen zu schließen suchten: Wie eine Kuh träge ist und einen breiten Kopf besitzt, so ist ein Mensch mit breitflächigem Antlitz faul (Abb. 8, 48).[11] Leonardo, Dürer, della Porta wandten sich dem menschlichen Antlitz mit jeweils eigenem, aber durchaus wissenschaftlichem Interesse zu. Das Sammeln von Typen, die Suche nach den Gesetzmäßigkeiten von Schön und Häßlich, die Wesensdeutung physiognomischer Formen brachte zwar keine Karikaturen hervor, wohl aber vorbildliche und über Jahrhunderte wirksame Gestaltungsmuster. Leonardos groteske Köpfe fanden stets Aufmerksamkeit (Kat. 13, 14). Dürers Konstruktionsverfahren begegnet um die Mitte des 17. Jahrhunderts etwa bei dem römischen Karikaturisten Mola (Kat. 36) und diente noch 1788 in Francis Grose' *Lehrbuch für das Karikaturenzeichnen* der Formfindung (Abb. 50).[12] Insbesondere der physiognomische Mensch-Tier-Vergleich, von Aristoteles, Galen und anderen bereits in griechischer Vergangenheit entwickelt und durch della Porta lediglich zusammengefaßt, diente seit der Reformation der Verunglimpfung des Gegners und wurde zur scharfen satirischen Waffe zugeschliffen (Abb. 55, Kat. 79, 91, 92, 98).

Dokumentation und Sensation, Lust am Ungewöhnlichen, ja Erschreckenden und ernste Mahnung zugleich verbinden sich in jenen Flugblättern, mit denen seit dem frühen 16. Jahrhundert Wundergeburten bekannt gemacht wurden. Siamesische Zwillinge, ein dreibeiniges Kind (Abb. 9) oder eine achtbeinige Sau erregten weithin Aufmerksamkeit, aber nicht nur dies: Die ungewöhnliche Erscheinung galt als mahnendes Vorzeichen für Krieg oder Pest oder eine andere Strafmaßnahme, mit der Gott die sündige Menschheit züchtigen wollte.[13] Die Wundergeburt eines Kalbes, dessen Fell an Mönchshabit und Tonsur denken läßt, wurde zum

4 Vgl. ausführlich N. Dacos, *La Découverte de la Domus Aurea et la Formation des Grotesques à la Renaissance,* London / Leiden 1969 (Studies of the Warburg Institute 31).
5 Vitruv zit. n. W. Kayser, *Das Groteske in Malerei und Dichtung,* Reinbek 1960, S. 14 (rowohlts deutsche enzyklopädie 107).
6 Vgl. vor allem die Arbeit von N. Dacos (wie Anm. 4) und dies., *Le Logge di Raffaello,* Rom 1977, sowie Warncke 1979 (jeweils mit weiterer Literatur).
7 Vgl. Kayser 1960 (wie Anm. 5), passim.
8 Vgl. grundsätzlich Unverfehrt 1984.
9 Wichtige Hinweise zu Leonardos ›Karikaturen‹ bei Gombrich 1976, S. 57ff.
10 Zur Proportionslehre unter Einbezug Dürers vgl. E. Panofsky, »Die Entwicklung der Proportionslehre als Abbild der Stilentwicklung«, in: *Sinn und Deutung in der bildenden Kunst,* Köln 1975, S. 68ff.
11 Vgl. die knappen Überblicke bei Baur 1974 und Langemeyer 1982.
12 Zu Grose' *Rules for Drawing Caricaturas* vgl. S. 348ff.
13 Zum Thema Wundergeburt und Wunderzeichen vgl. zusammenfassend E. Holländer, *Wunder, Wundergeburt, Wundergestalt,* Stuttgart (2) 1922; B. Weber, *Wunderzeichen und Winkeldrucker,* Zürich 1972; zu wunderbaren Himmelserscheinungen vgl. den Ausstellungskatalog des Germanischen Nationalmuseums Nürnberg: *Zeichen am Himmel* (1982).

satirischen Beweismittel innerhalb der reformatorischen Auseinandersetzungen, ebenso das angeblich 1496 am Tiberufer gefundene Monstrum, das als *Papstesel* sich zu einem der beliebtesten Motive des lutherischen Bilderkampfes entwickelte (Kat. 112).

Körperliche Defekte, wenn auch in den Straßen des 16. Jahrhunderts sicher keine ungewöhnliche Erscheinung, fanden vielfach künstlerische Aufmerksamkeit (Abb. 14). Nicht Mitleid mit Behinderten spricht sich aus; vielmehr galt der Krüppel als wegen seiner Schlechtigkeit von Gott gestraft, als Sinnbild der Lüge und des Betruges.[14] Auch in diesen Fällen diente, wie bei den dämonischen Gestalten, die Deformation des Körpers zur Kennzeichnung des Bösen. Vor allem das biblische Motiv des blinden Blindenführers (Matth. 15, 14) wurde in Bildsatire und Porträtkarikatur aufgegriffen. Pieter Bruegels neapolitanisches Gemälde von 1568, das in mehreren Stichvarianten Verbreitung fand (Abb. 10), war letzlich und bis heute das Muster für zahlreiche sinnbildliche Gestaltungen des unfähigen – weil blinden – Staatsführers, dessen Weg im Unglück endet (Abb. 11).[15]

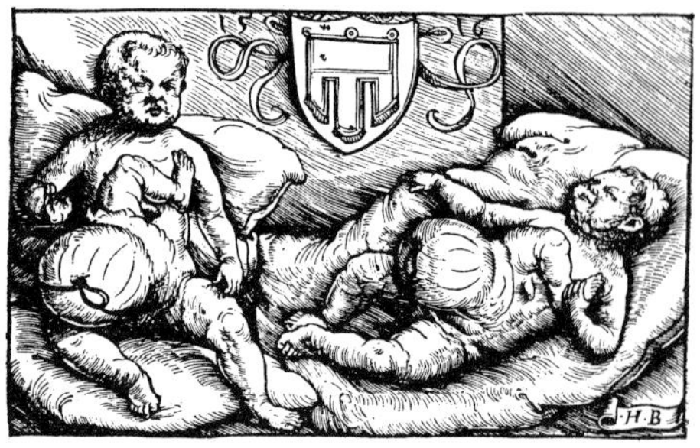

Abb. 9 Hans Burgkmair, *Das mißgeborene Kind von Tettnang,* 1516

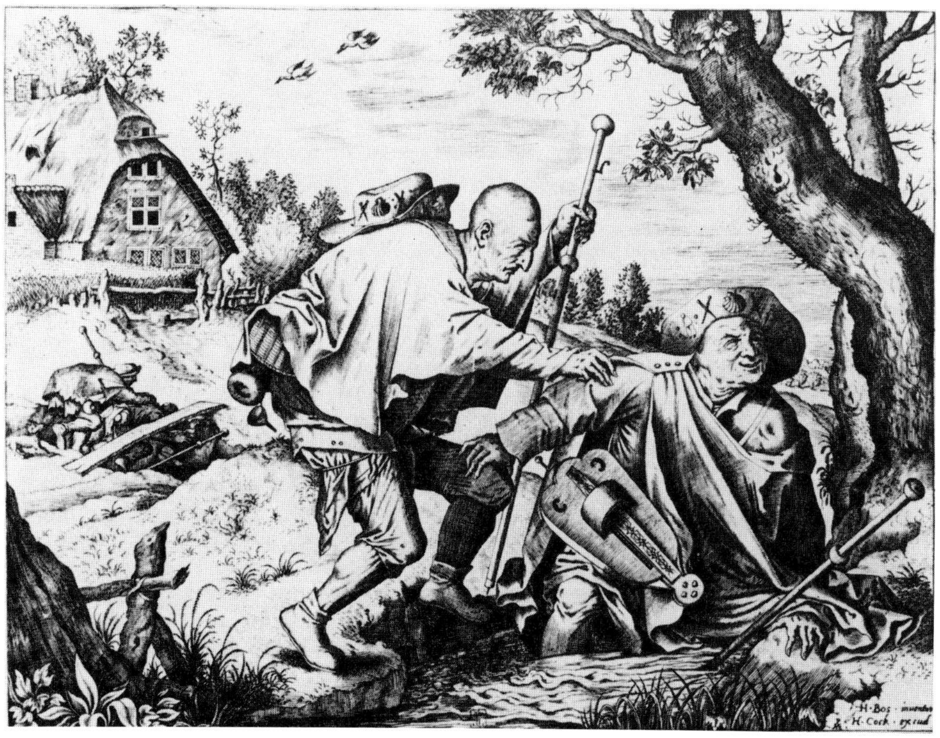

Abb. 10 Pieter van der Heyden, *Blindensturz,* um 1560

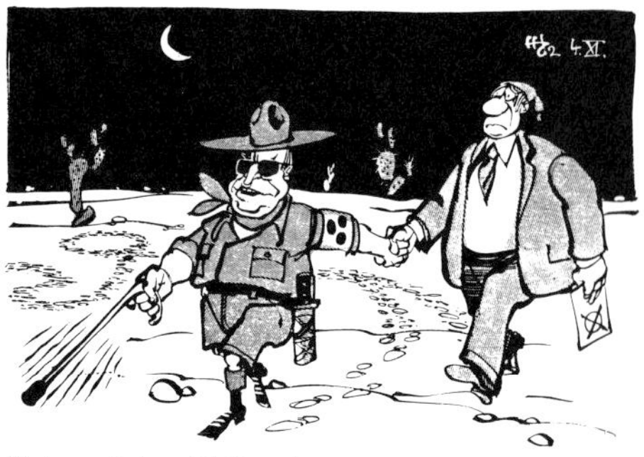

Abb. 11 Horst Haitzinger, *Der Bundeskanzler sucht den Weg zu Neuwahlen,* 1982

Anders als Krüppeln und Blinden war den Zwergwüchsigen nicht von vornherein eine negative Bedeutung beigegeben.[16] Als fürstliche Unterhalter seit dem Mittelalter hoffähig und als heitere Groteskfiguren etwa in die *Songes drolatiques* von 1565 aufgenommen, bleiben Zwerggestalten ein beliebtes Motiv der Formspielerei. Von besonderem Einfluß waren Jacques Callots bucklige Zwerge, die *Gobbi,* die um 1622 in einer Serie von 20 Radierungen erschienen (Kat. 5). Callots Zwerggestalten, die zahlreiche Nachfolger fanden (Kat. 6–9), stehen auf der Grenze zwischen grotesker Figurenerfindung und Wiedergabe der Wirklichkeit. Akteure öffentlich aufgeführter Zwergentheater mögen die Vorbilder der Callotschen Figuren gewesen sein, die der Zeichner jedoch zu großköpfigen Wesen mit kleinem Rumpf stilisierte. Formal nehmen sie in mancher Hinsicht die ›Großköpfe‹ vorweg, die in der Porträtkarikatur vor allem des 19. Jahrhunderts beliebt waren (Kat. 10, 81, 102).

Zusammen mit den ›Großköpfen‹ sind auch die Grylloi zu bedenken, rumpflose Kopffüßler, an den fernen Enden der Welt wohnend und angeblich durch den ägyptischen Maler Antiphones im 4. Jahrhundert v. Chr. erstmals im Bild festgehalten.[17] Die Grylloi (Abb. 12) gehören zu den grotesk gestalteten Bewohnern jener Fabelländer, die menschliche Phantasie vor Jahrtausenden ersann und die mit

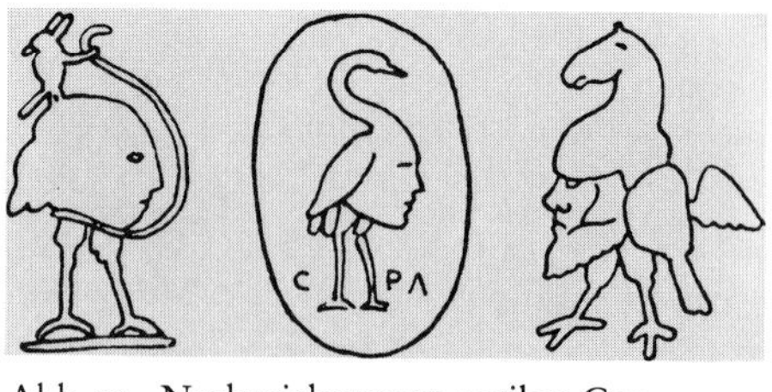

Abb. 12 Nachzeichnungen antiker Gemmen mit *Grylloi*

14 Hierzu: Pauw-de Veen 1979, S. 153, sowie K. Renger, »Bettler und Bauern bei Pieter Bruegel d.Ä.«, in: *Sitzungsberichte der Kunstgeschichtlichen Gesellschaft zu Berlin,* NF Heft 20 (1971/72), S. 9ff.

15 Das Motiv wurde u.a. durch Goya *(Desastres de la Guerra)* und Desperret (1833 in der Zeitschrift *La Caricature* genutzt; vgl. die Kommentare in Kat. Göttingen 1976, Nr. 93, und Kat. Göttingen 1980, Nr. 65.

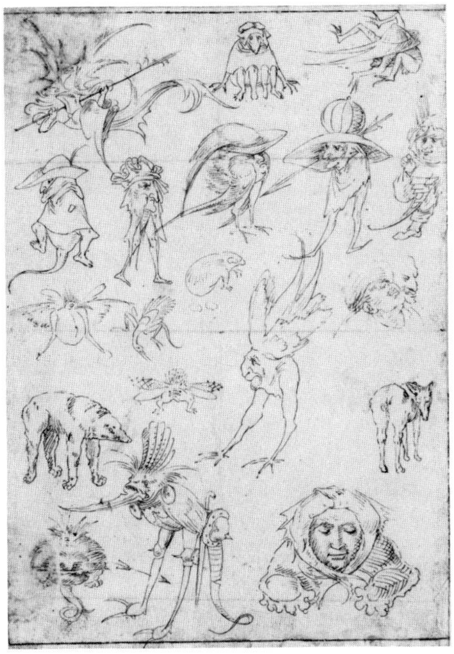

Abb. 13 Nachfolger des Hieronymus Bosch, *Oxforder Musterblatt*, um 1520

künstlerischem Geschick von der mittelalterlichen Dämonenwelt (Abb. 13 und Kat. 1) bis zum intelligenten Nonsense unseres Jahrhunderts (Kat. 11) am Leben erhalten wurden.

Grylloi und Zwerge, Tiermenschen und Wundergeburten, satanische Erfindungen und die Wissenschaft von menschlicher Proportion und manches andere mehr fand als formales Muster in Bildsatire und Porträtkarikatur Verwendung, ohne selbst Karikatur zu sein oder satirische Absichten zu besitzen. Aus künstlerischen Traditionen der Antike und des Mittelalters sowie aus neuzeitlichem Forscherdrang entstand ein Gemenge grotesker Formen, deren an den Betrachter gerichtete ›Botschaft‹ zwischen ernster Mahnung zu gottgefälligem Tun und der Aufforderung zu heiterem Genuß, zwischen Naturerkenntnis und Spiel schwankte. Vermittelt an spätere Künstlergenerationen wurden die grotesken Erfindungen des späten 15. und des 16. Jahrhunderts durch gezeichnete oder gestochene Musterblätter, auf denen jeweils eine Vielzahl von Motiven versammelt sind (Abb. 1, 13, 14; Kat. 1, 7, 8). Im Druck erschienene Bildserien (Kat. 3, 5, 9, 12, 14) und Bücher (Abb. 7, 8, 48) sorgten weiterhin für die Verbreitung grotesker Körper und Köpfe. Das in den frühen Beispielen herrschende Prinzip ungeordnet scheinender Ansammlung grotesker Formen lebte fort. Hogarth' *Charaktere und Karikaturen* von 1743 unterscheiden sich weniger formal als vielmehr durch ihren theoretischen Anspruch von Agostino Carraccis Zeichnung aus dem Jahre 1594 (Abb. 1; Kat. 15). Auch Boillys *Grimassen* (1824/25) folgen dem alten additiven Schema, ordnen aber Zusammengehöriges zusammen: Gauner zu Gaunern, Brillenträger zu Brillenträgern, und so fort (Kat. 17). Eine andere Möglichkeit, groteske Physiognomien zu ordnen, bot deren szenischer Zusammenschluß zum Theaterpublikum. Hogarth, Rowlandson, A. Paul Weber und viele andere nutzten dieses Verfahren (Abb. 24; Kat. 16, 18), mit dessen Hilfe groteske Einzelformen zu einer Bilderzählung verschmolzen werden konnten.[18] Der einleitende Ausstellungsteil deutet insofern, beschränkt auf Bilderfindungen, die im strengen Sinne nicht oder noch nicht Karikatur sind, auch die Entwicklung von der grotesken Einzelfigur zur komponierten Groteske an. G. U.

16 Zum Thema allgemein: Tietze-Conrat 1957.
17 J. Baltrušaitis, *Le moyen age fantastique*, Paris 1955.
18 Vgl. das reichhaltige Bildmaterial bei Kindermann 1975.

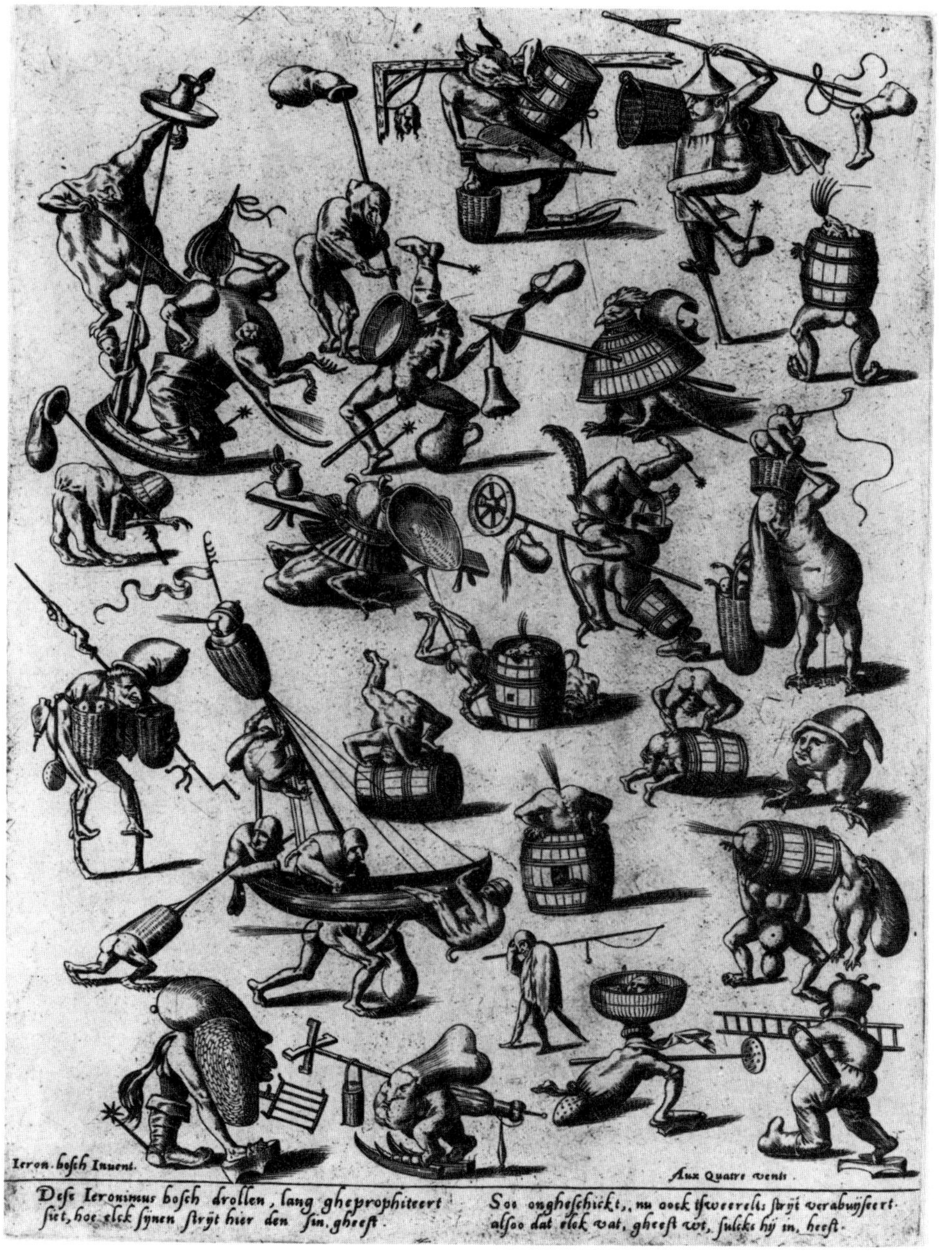

1

Antwerpen, um 1570

Ieronimus bosch drollen

Kupferstich, 295 x 214. Bez. u. l. *Ieron. bosch Inuent.*, u. r. *Aux Quatre vents.*
Kunsthalle Bremen.

Als Drollen – spaßhafte, drollige Erfindungen – benennt die Unterschrift das im Bild Gezeigte: Nahezu 30 mißgestaltete Wesen in phantastischer Ausstattung breiten sich ohne Handlungszusammenhang in der Fläche aus. Die grotesken Wesen haben ihren Ursprung in der spätmittelalterlichen Dämonenwelt des inschriftlich als Bilderfinder genannten Hieronymus Bosch (um 1450–1516), ohne jedoch genaue Kopien zu sein.

Waren Boschs oft ähnlich gestaltete Dämonen (Abb. 3) Ausdruck religiös begründeten Wissens um die Existenz des Teufels und von entsprechend teuflischer Häßlichkeit, so trat im Lauf des 16. Jahrhunderts ein Bedeutungswandel ein.[1]

Nicht als Abbild eines wirklichen Höllenspuks wollen die nach Bosch kopierten oder – wie hier – ihm nachempfundenen Wesen verstanden sein, sondern als skurrile Erfindungen zur Erheiterung und Unterhaltung des Betrachters. So etwa wurde Pieter Bruegel nach Auskunft Karel van Manders (1604) auch seiner Spukbilder wegen Pieter der Drollige genannt.

Im weiteren Kreis um Bruegel ist die Erfindung des vorliegenden, wohl um 1570 entstandenen Blattes zu vermuten. Die Angabe »Aux Quatre vents«, Zu den Vier Winden, nennt den gleichnamigen Antwerpener Verlag des Hieronymus Cock, für den Bruegel als Entwurfszeichner tätig war. Bruegel hatte sich intensiv mit Erfindungen des Hieronymus Bosch auseinandergesetzt, wovon das in der Ausstellung vertretene Blatt mit den großen Fischen, die die kleinen fressen, Zeugnis ablegt (Kat. 194 und S. 402 ff.). Auch lassen sich in seinem Werk den *Ieronimus bosch drollen* verwandte Motive finden. Trotz dieser Indizien erscheint die Zuschreibung der *Drollen* an Bruegel als zweifelhaft.[2]

Interpretationsprobleme bietet auch die vierzeilige Inschrift. Die in verschlüsselter Rederijker-Sprache abgefaßten Verse lauten auf deutsch[3]:

»Seht in diesen Grotesken des Hieronymus Bosch die von jeher bekannte Lehre (Weisheit), wie ein jeder sich abmüht mit seinem Kummer, ganz umsonst, da nunmehr auch das Elend dieser Welt in die Irre führt, so daß jedes Faß nur das hergibt, was es enthält.«

Gemeint ist also die vergebliche Mühe, das irdische Elend zu bessern – vergeblich wie das Schöpfen aus einem leeren Faß. Zwar hantieren einige der Groteskwesen mit Fässern, doch reicht diese motivische Analogie nicht aus, die Aussage des Textes durch das Bild sinnlich zu vermitteln. Es bleibt der Eindruck einer Sammlung von Drollen, denen später ein Hintersinn gegeben wurde.

Die *Ieronimus Bosch drollen* und verwandte Darstellungen (vgl. Abb. 5) sind, wie das Gegenstück mit *Bettlern* (Abb. 14), keine Karikaturen im modernen Sinn, doch ihre Zeichner entwickelten am Beispiel verweltlichten Höllenspuks Spielformen der Verzerrung und Entstellung, die manche groteske Züge späterer Gesellschaftssatire und Porträtkarikatur vorzubereiten scheinen. Drollen in der Art Boschs waren bis ins 18. Jahrhundert beliebt (Kat. 7, 8). G. U.

1 Vgl., auch für das Folgende, ausführlich Unverfehrt 1980 und 1984.
2 Die Datierung stützt sich vor allem auf die Verlagsangabe »Aux Quatre vents« ohne den Namen des Verlegers Cock, der bis zu seinem Tode 1570 regelmäßig begegnet. Seine Witwe führte das Unternehmen weiter; auf den nach Cocks Tod erschienenen Blättern findet sich nur die reine Verlagsadresse. Vgl. hierzu sowie zu Zuschreibung und Deutung des Gegenstücks mit Bettlern (Abb. 14) Pauw-de Veen 1979.
3 Ich danke Prof. Dr. H. Vekeman, Köln, für die Übersetzung sowie für den Hinweis, daß die Wendung des Schlußsatzes bereits in *Des Coninx Summe* (ed. Tinbergen, § 475) begegnet: »Want uten vate en comt anders niet dan daer in is.«

Lit.: Hollstein Bd. 3, Bosch Nr. 35; T. Riggs, *Hieronymus Cock. Printmaker and Publisher in Antwerp at the Sign of the Four Winds,* Ann Arbor 1972, Nr. 20; Lavin 1981, S. 45 f.; Unverfehrt 1984 (im Druck).

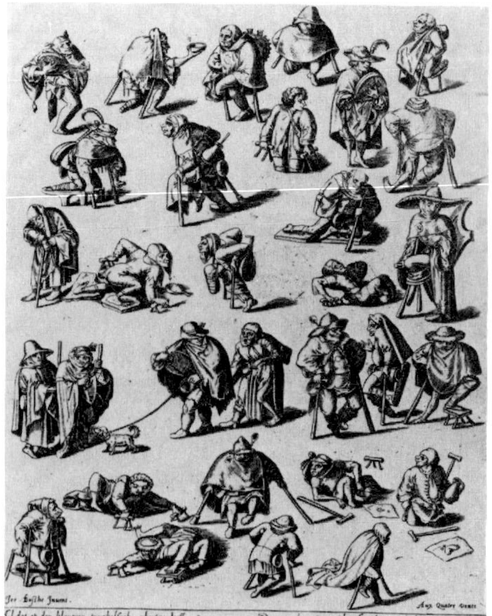

Abb. 14 Bruegel-Kreis, *Bettler*, um 1570

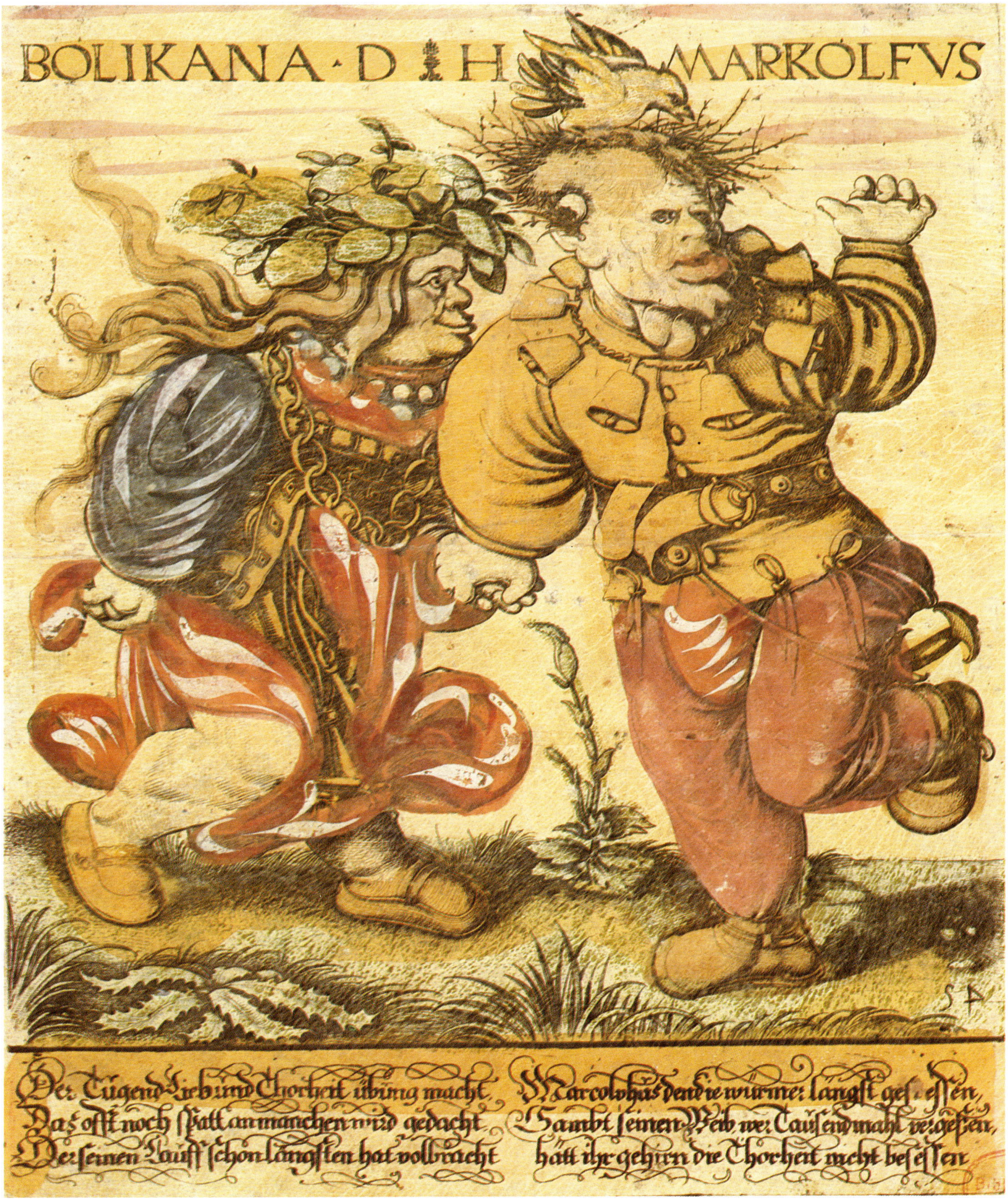

2
Daniel Hopfer (um 1470–1536)
Markolfus und Bolikana, um 1520
Kolorierte Eisenradierung und gravierter Text, 238 x 223, monogrammiert *DH*.
Staatsbibliothek Preußischer Kulturbesitz, Berlin.

Dieses Paar ist dem beliebten Motivkreis tanzender Bauern einzugliedern.[1] Häßlich und etwas verrückt anmutend mit dem Blättergestrüpp bzw. Vogel auf dem Kopf,[2] dem Glockenkranz um den Hals (Fastnachtssymbol), verbirgt sich hinter diesem Paar jedoch eine große, volkstümliche Gestalt der Narrenliteratur. Markolfus, mit seinem Weib Bolikana, besaß neben der Torheit auch die Dreistigkeit, als heruntergekommener Bauer vor König Salomon zu erscheinen. Mit seinen dumm-schlauen Sprüchen gelang es ihm, die abgeklärte Weisheit des biblischen Königs zu übertrumpfen und sich ein Auskommen an dessen Hof zu erwerben (Abb. 15).

Die Figur und ihre Geschichte war Stoff vieler zunächst lateinischer, dann deutscher Spruchge-

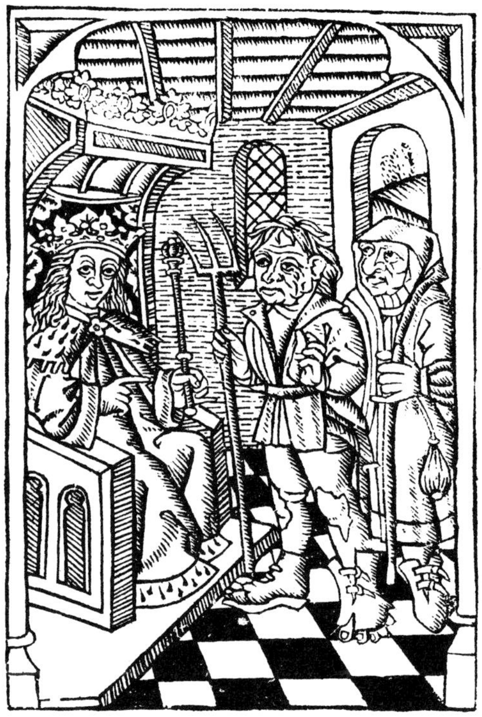

Abb. 15 *Markolfus und Bolikana vor König Salomon,* Titelholzschnitt, 1492

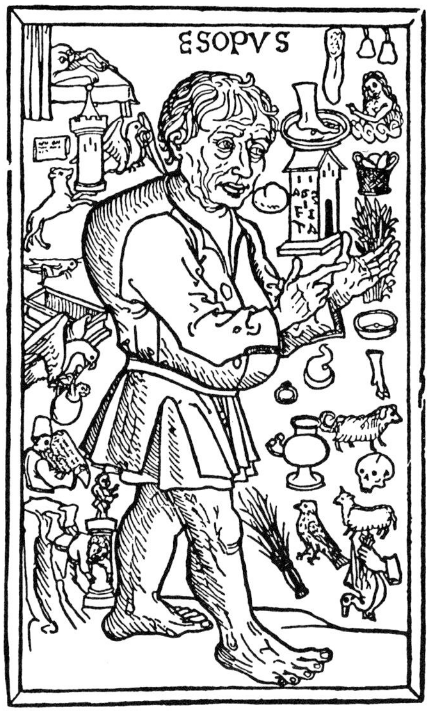

Abb. 16 *Äsop,* Titelholzschnitt vom Ulmer Meister, um 1476

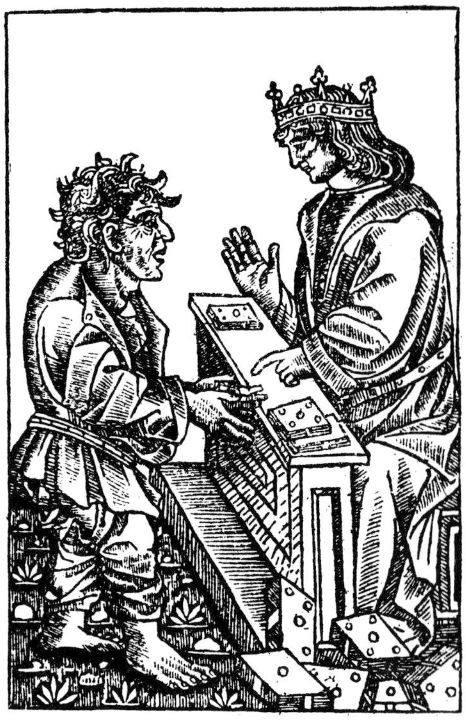

Abb. 17 *Markolfus vor König Salomon,* Holzschnitt, 15. Jahrhundert

dichte und Fastnachtsspiele.[3] Der Anfangsszene ist jedesmal eine ausführliche Personenbeschreibung der beiden eingefügt. Die Gestalt des Markolfus wird als kurz und gedrungen, mitunter auch verwachsen geschildert. Er habe platte Füße und breite Hände mit kurzen, mitunter auch verstümmelten Fingern. In dem häßlichen, eselhaften Gesicht werden die dicke Nase, die Triefaugen, die runzeligen hängenden Wangen und insbesondere die Unterlippe betont, die lang herabhinge, wie bei einem alten Gaul. Seine Haare stünden wie Igelstacheln oder Schweineborsten ab, und auch aus den Ohren wüchsen ihm ganze Büschel. Bolikana wird als ebenso häßlich beschrieben; sie sei nur noch kleiner und viel dicker. Wie seine, so sei auch ihre zerknitterte Kleidung von den schändlichsten Farben. Überdies schmücke sie sich mit eisernen Ringen. Die Haare beider werden in einem lateinischen Text als blond beschrieben und das ihrige als buschartig bezeichnet. Wie bei grotesken Köpfen üblich, ist Bolikanas Gesicht im Profil gezeigt, so daß der dümmliche Ausdruck ihrer affenartig aufgeworfenen Lippen besser zur Geltung kommt.

Das Äußere und die Wahl des Dreiviertelprofils für Markolfus stellt ihn in die Tradition der Äsop-Darstellungen. Beide Männer waren klein, häßlich, verwachsen und von niedrigem Stand. Äsop kam als Schweinehirt an den Hof zu Athen, wo er, ähnlich wie Markolfus, seinem König Dienste erwies und ebenfalls durch seinen Charakter in Mißkredit geriet.

Wie Markolfus wird auch Äsop zum Tode verurteilt, jedoch – im Gegensatz zum gerissenen Markolfus – wird bei ihm das Urteil vollstreckt: auf der Ulmer Äsop-Illustration (Abb. 16) ist am Rand gezeigt, wie der Dichter vom Felsen ins Meer gestürzt wird.[4] Die literarische Darstellung beider Figuren fand eine Entsprechung im Bild. In einem Holzschnitt, der ins 15. Jahrhundert datiert, ist Markolfus in größter Übereinstimmung mit dem gängigen Äsop-Typus dargestellt (Abb. 17); der Kittel ist der gleiche, die Stellung der nackten Füße und die Handhaltung sind dieselben, nur der Kopf ist ins Profil gekehrt.[5]

E. Z.

1 Vgl. *Die Kirchweih von Mögeldorf,* Barthel Beham u. Erhard Schön, Holzschnitt 1527, Kat. Nürnberg 1976, Nr. 26; Geisberg 144-149; zahlreiche Varianten und Kopien: Geisberg 256-261. – *Tanzendes Bauernpaar,* A. Dürer, Kupferstich 1514.

2 »coman habebat spinosam« (in der Fassung von Andreas Gaertner); »coma, ae f« kann neben lockigem Haar und »Wolle« auch »Blätter« und »Laub« bedeuten. So kann Hopfer in seiner Haargestaltung der Bolikana durch eine Übersetzungsungenauigkeit des sehr verbreiteten Gaertnerschen Textes veranlaßt worden sein.

3 J. J. Eschenburg, »Salomon und Marcolphus«, *Denkmäler altdeutscher Dichtung,* Bremen 1799, S. 147-208; W. Benary, »Salomon et Marcolfus«, *Sammlung mittellateinischer Texte,* Bd. 8, Heidelberg 1914. – Die frühesten, bis ins 12. Jahrhundert zurückreichenden Salomon-Markolfus-Bearbeitungen waren Sammlungen von Sprüchen, die dem König zugeschrieben wurden und denen sich die Markolfusgeschichte anschloß. Weitere Literatur in *Kindlers Literaturlexikon,* Bd. IV, 1964, Sp. 2043 ff.

4 Siehe Kat. Wolfenbüttel 1983, S. 34-49 (Chr. L. Küster) u. S. 88-104 (Katalog).

5 Abgebildet in G. Duff, *The Dialogue or Communing between the Wise King Salomon and Marcolphus,* London 1892.

Lit.: Kat. Providence 1971, Nr. 1; Geisberg 1108 (Kopie); Brückner 1975, Abb. 44, Kommentar S. 204 (spätere Kopie).

3

Gabriel Bodenehr der Ältere (1673–1766)

Die emsige Spinn-Ursel, Monsieur de l'Yurognerie, um 1700

Zwei kolorierte Radierungen mit gravierten Versen, je 218 x 145/46, ausgestellt sind zwei Blatt der vierten Ausgabe (zu den früheren Ausgaben vgl. Warncke 1979, Anm. 318).
Germanisches Nationalmuseum, Nürnberg.

Wie Kat. 1 gehören *Die emsige Spinn-Ursel* und *Monsieur de l'Yurognerie* zu den letztlich durch Hieronymus Bosch angeregten Drollen. Sie erschienen um 1700 im Verlag des Augsburger Stechers Gabriel Bodenehr als Teil der 50 Blätter umfassenden Serie *Grotesche Capricciose: oder Neueröffnete Carnevals Redoutte.*

Der dem Bild zugehörige Text stellt die *Spinn-Ursel,* ein erschreckend häßliches Weib am Spinnrocken, als Beispiel weiblicher Trunksucht vor. Bodenehrs Auslegung des Motivs ist neu. Seine *Spinn-Ursel* nämlich ist als genaue Kopie den 1565 bei Richard Breton in Paris erschienenen *Songes drolatiques de Pantagruel* (Die drolligen Träume des Pantagruel) entnommen, die trotz ihres Titels mit Rabelais' Roman nichts zu tun haben. 120 seitengroße, aus jeglichem Handlungszusammenhang gelöste Groteskfiguren sind versammelt. In der Mehrzahl sind sie dämonischen Motiven Boschs nachempfunden. Jeglicher Kommentar fehlt. Ein kurzes Vorwort

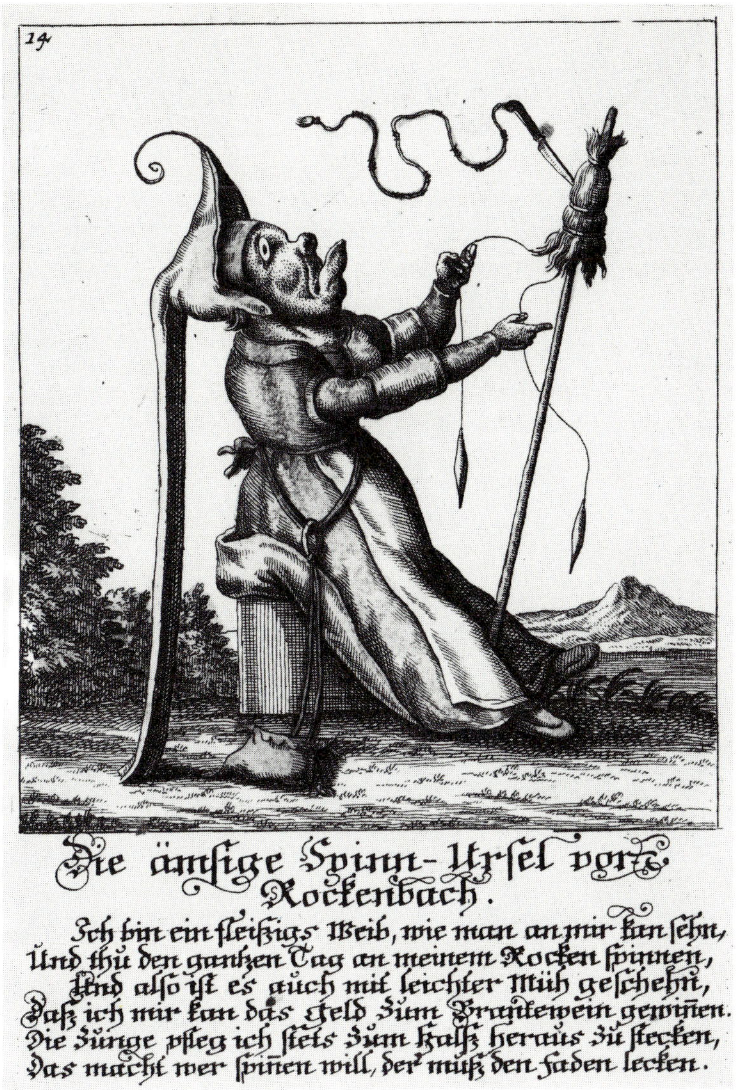

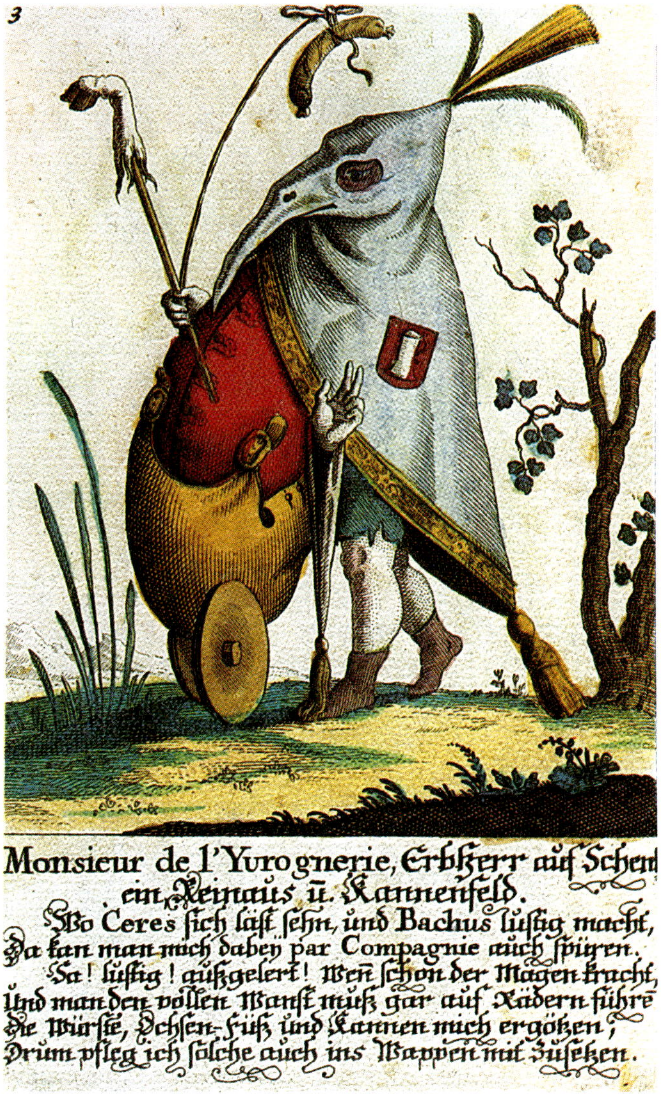

nennt als einzige Zweckbestimmung des Bilderbuchs die »récréation des bons esprits« und damit die Unterhaltung des Betrachters. Ein tieferer Sinn wird sogar ausdrücklich verneint.[1]

1598 gab der Augsburger Verleger Dominicus Custos 26 Blätter der *Songes drolatiques* in Kopie heraus, dabei auch das spinnende Weib.[2] Hinzugefügt ist ein Vierzeiler des Inhalts, daß die Ehe mit einer schönen Frau wie eine goldene Fessel sei, während niemand eine Häßliche haben wolle. Bodenehr schließlich spricht nicht von der körperlichen Erscheinung, sondern von schuldhaftem Fehlverhalten. Ohne daß er ausdrücklich moralisiere, erhält doch die ins Bild gesetzte physiognomische Verzerrung gemeinsam mit dem auslegenden Text eine satirisch-kritische Note.

Die *Spinn-Ursel* steht somit beispielhaft für die durch Textzufügung bewirkte Wandlung eines vorsatirisch harmlosen Bildspaßes zur – zaghaft vorgetragenen – Kritik an menschlichem Verhalten. Ein halbes Jahrhundert später, 1751, erfuhr die Trunksucht mit William Hogarth' *Gin-Lane* eine ihrer schärfsten und bedrückendsten bildnerischen Verurteilungen.[3]

Monsieur de l'Yurognerie[4] wird in der Bildunterschrift als gewaltiger Fresser und Säufer vorgestellt, der seinen »vollen Wanst muß gar auf Rädern führen«. Als Wappen trägt er auf dem maskierenden Umhang einen Bierkrug. Obwohl im Ganzen getreue Kopien nach dem entsprechenden Blatt der *Songes drolatiques* (Abb. 18), sind in Bodenehrs Nachstich mit Rücksicht auf das im Text geschilderte Laster der Völlerei doch einige Änderungen vorgenommen. So wird statt des gewaltigen Phallus nun der herabhängende Bauch von einem Räderpaar getragen (zu diesem Motiv vgl. Abb. 25; Kat. 20, 120), den gleich einem Zepter gehaltenen Stäben ist eine Wurst zugefügt worden, und an die Stelle der drei heraldischen Schindeln ist ein Bierkrug getreten, der im Sinne eines Spottwappens Aufschluß über die Fehler des Wappeninhabers gibt (zum Typus des Spottwappens vgl. Kat. 76). Das Bildzitat hat also einige Änderungen erfahren, durch die es der nachträglich unterlegten Deutung – den *Songes drolatiques* fehlte jegliche Erklärung – angepaßt wurde. G. U.

1 Zu den *Songes drolatiques* vgl. W. Fraenger, *Die trollatischen Träume des Pantagruel*, München 1922; J. Porcher, *Les Songes drolatiques de Pantagruel*, Paris 1959. – Zum Nachleben vgl. Warncke 1979, Bd. I, S. 71 ff., sowie Unverfehrt 1984 (im Druck).

2 Zur Ausgabe des Dominicus Custos vgl. Warncke 1979, Bd. 1, S. 71 m. Anm. 317 sowie Abb. 628-652. *Die spinnende Frau* ist Abb. 650.

3 R. Paulson 1970, Nr. 176. – Kat. Göttingen 1974, Nr. 29b. – Kat. Berlin 1980, Nr. 102. – B. Hinz, *William Hogarth. Beer Street and Gin Lane*, Frankfurt 1984.

4 Verballhornt aus frz. ›ivrognerie‹, Trunksucht.

Lit.: Warncke 1979, Bd. 1, S. 71 und Abb. 661-672.

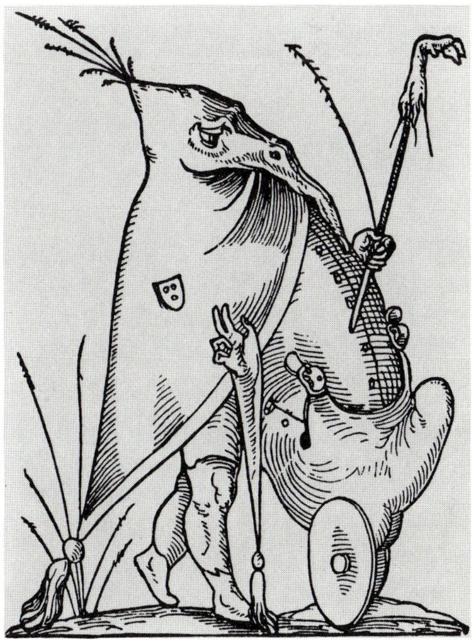

Abb. 18 Figur aus den *Songes drolatiques de Pantagurel*, 1565

4
Deutsch, zwischen 1637 und 1648
Capitain Schuriguges aus Kardellia
Holzschnitt und Letternsatz, 449 x 361.
Staatsbibliothek Preußischer Kulturbesitz, Berlin.

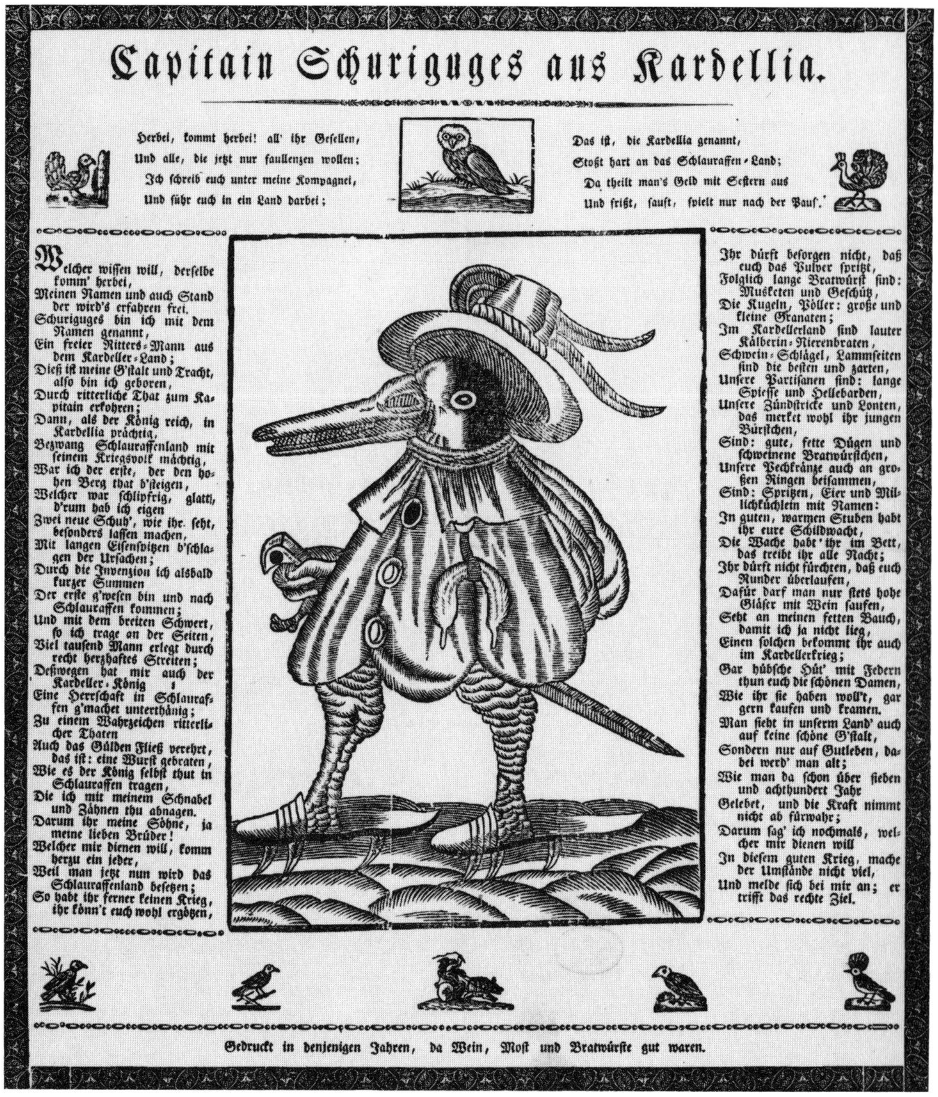
Capitain Schuriguges aus Kardellia.

Herbei, kommt herbei! all' ihr Gesellen,
Und alle, die jetzt nur faullenzen wollen;
Ich schreib euch unter meine Kompagnei,
Und führ euch in ein Land darbei;

Das ist, die Kardellia genannt,
Stoßt hart an das Schlauraffen-Land;
Da theilt man's Geld mit Sestern aus
Und frißt, sauft, spielt nur nach der Pauf.

Welcher wissen will, derselbe komm' herbei,
Meinen Namen und auch Stand der wird's erfahren frei.
Schuriguges bin ich mit dem Namen genannt,
Ein freier Ritters-Mann aus dem Kardeller-Land;
Dieß ist meine G'stalt und Tracht, also bin ich geboren,
Durch ritterliche That zum Kapitain erkohren;
Dann, als der König reich, in Kardellia prächtig,
Bezwang Schlauraffenland mit seinem Kriegsvolk mächtig,
War ich der erste, der den hohen Berg that b'steigen,
Welcher war schlipfrig, glatt, d'rum hab ich eigen
Zwei neue Schuh', wie ihr seht, besonders lassen machen,
Mit langen Eisenspitzen b'schlagen der Ursachen;
Durch die Invenzion ich alsbald kurzer Summen
Der erste g'wesen bin und nach Schlauraffen kommen;
Und mit dem breiten Schwert, so ich trage an der Seiten,
Viel tausend Mann erlegt durch recht herzhaftes Streiten;
Deßwegen hat mir auch der Kardeller-König
Eine Herrschaft in Schlauraffen g'machet unterthänig;
Zu einem Wahrzeichen ritterlicher Thaten
Auch das Gülden Fließ verehrt, das ist: eine Wurst gebraten,
Wie es der König selbst thut in Schlauraffen tragen,
Die ich mit meinem Schnabel und Zähnen thu abnagen.
Darum ihr meine Söhne, ja meine lieben Brüder!
Welcher mir dienen will, komm herzu ein jeder,
Weil man jetzt nun wird das Schlauraffenland besetzen;
So habt ihr ferner keinen Krieg, ihr könn't euch wohl ergötzen,

Ihr dürft besorgen nicht, daß euch das Pulver spritzt,
Folglich lange Bratwürst sind: Musketen und Geschütz,
Die Kugeln, Pöller: große und kleine Granaten;
Im Kardellerland sind lauter Kälberin-Nierenbraten,
Schwein-Schlägel, Lammseiten sind die besten und zarten,
Unsere Partisanen sind: lange Spiesse und Hellebarden,
Unsere Zündstricke und Lonten, das merket wohl ihr jungen Bürschchen,
Sind: gute, fette Dügen und schweinene Bratwürstchen,
Unsere Pechkränze auch an großen Ringen beisammen,
Sind: Spritzen, Eier und Milchküchlein mit Namen:
In guten, warmen Stuben habt ihr eure Schildwacht,
Die Wache habt' ihr im Bett, das treibt ihr alle Nacht;
Ihr dürft nicht fürchten, daß euch Runder überlaufen,
Dafür darf man nur stets hohe Gläser mit Wein saufen,
Seht an meinen fetten Bauch, damit ich ja nicht lieg,
Einen solchen bekommt ihr auch im Kardellerkrieg;
Gar hübsche Hüt' mit Federn thun euch die schönen Damen,
Wie ihr sie haben woll't, gar gern kaufen und kramen.
Man sieht in unserm Land' auch auf keine schöne G'stalt,
Sondern nur auf Gutleben, dabei werd' man alt;
Wie man da schon über sieben und achthundert Jahr
Gelebet, und die Kraft nimmt nicht ab fürwahr;
Darum sag' ich nochmals, welcher mir dienen will
In diesem guten Krieg, mache der Umstände nicht viel,
Und melde sich bei mir an; er trifft das rechte Ziel.

Gedruckt in denjenigen Jahren, da Wein, Most und Bratwürste gut waren.

Capitain Schuriguges aus Kardellia wird in derbem Holzschnitt als Vogelwesen in verfremdet menschlicher Kleidung vorgestellt. Die häßliche Erscheinung ist im begleitenden Text begründet: »Man sieht in unserm Land' auch auf keine schoene G'stalt, Sondern nur auf Gutleben, dabei werd' man alt.«

Aus Fressen und Saufen besteht denn auch die Arbeit der Kardellianer.

Formal schließt das Mischwesen an Erfindungen in der Art der *Songes drolatiques* an (vgl. Abb. 5, 18). Doch waren dies erklärtermaßen Bildspäße ohne ›tieferen Sinn‹, denen erst später moralisierende Bedeutung unterlegt wurde (Kat. 3). Auch beim *Capitain Schuriguges* könnte die Bild-Text-Beziehung – ein Mischwesen aus Mensch und Vogel rühmt sich seiner Völlerei – einen mahnenden Unterton vermuten lassen, galten doch in der Emblematik Mischwesen aus Mensch und Vogel (Abb. 19) sowie die langgeschnäbelte Kropfgans als Sinnbilder des lasterhaften Schlemmers.[1]

Text und Bild verweisen jedoch über allgemeine moralische Absichten hinaus auf aktuelle politische Umstände. *Capitain Schuriguges* stammt aus dem fiktiven Land Kardellia, dessen Endung -ell(i)a spanischer Herkunft ist. Er ist, mit gefiedertem Hut und kurzem Mantel, zudem in spanische Tracht gekleidet. Sein Name Schuriguges ist von dem seit 1613 nachweisbaren deutschen Verb ›schurigeln‹, quälen, abgeleitet.[2] Es handelt sich also um einen aus Spanien stammenden Offizier namens Quäler. Der Text gibt weitere Auskunft. Danach steht Schuriguges/Quäler im Dienst des Königs von Kardellia/Spanien, dessen »Kriegsvolk maechtig« das »Schlauraffenland« bezwungen hat. Der König hat ihm als Lohn für seine kriegerischen »Thaten / Auch das Guelden Fließ verehrt, das ist: eine Wurst gebraten, / Wie es der Koenig selbst thut in Schlauraffen tragen«. Tatsächlich erinnert die mit herabgebogenen Enden am Mantel des Schuriguges hängende Wurst an das Juwel des Ordens vom Goldenen Vlies, ein Schaffell. Der Orden wurde seit 1559 von den spanischen Königen aus dem Hause Habsburg regiert – erneut ein Hinweis auf die iberische Halbinsel. Zur Entstehungszeit des Blattes, das aus stilistischen Gründen ins 2. Viertel des 16. Jahrhunderts zu datieren ist[3], stand Philipp IV. von Spanien (1605–1665) dem Orden vor. In ihm ist der König von Kardellia zu sehen. Doch auch der König des von Kardellia eroberten Schlauraffenlandes ist dem Text zufolge Mitglied des Ordens. Es kann sich nur um den österreichischen Infanten Ferdinand handeln, der 1624 in den Orden vom Goldenen Vlies aufgenommen und 1637 zum römisch-deutschen Kaiser gekrönt wurde.[4]

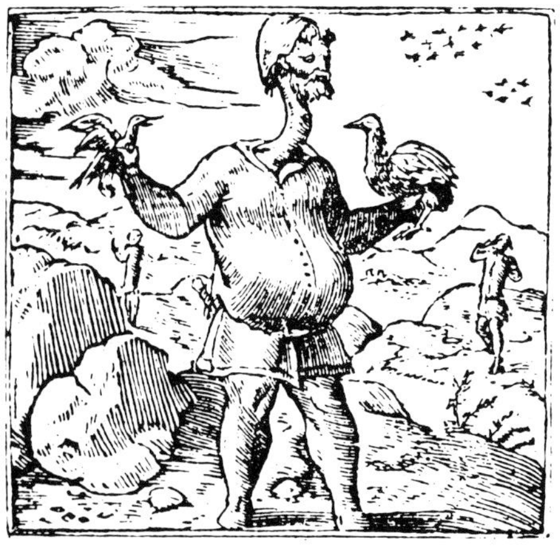
Abb. 19 Andreas Alciatus, *Emblem der Völlerei*, 1550

Aus diesen Bild und Text zu entnehmenden Informationen läßt sich die satirische Absicht des Blattes bestimmen: Es wendet sich gegen die spanische Soldateska und deren Wirken in Deutschland während des Dreißigjährigen Krieges. Schuriguges ist als lasterhafter Eroberer gezeichnet, der die Bevölkerung des deutschen Reiches unterdrückt und zu ihren Lasten ein ausschweifendes Leben führt.

Am Beispiel des Blattes läßt sich die Wendung vom harmlosen Bildspaß zum politischen Kampfbild gut nachvollziehen. Die im Text erwähnten historischen Umstände erlauben eine Datierung in die Zeit zwischen der Krönung Ferdinands 1637 und dem Westfälischen Frieden 1648. G. U.

1 Vgl. Andreas Alciatus, *Emblemata*, 1550 (Henkel/Schöne 1967, Sp. 836 und 1125). Grand-Carteret 1888, S. 9, bildet ein französisches Flugblatt von 1605 mit einer menschlichen Mißgestalt ab, auf deren Laster u. a. Vogelhals und Krähenfuß hinweisen.
2 Im Sinne von ›quälen‹, ›verdrießen‹, ist ›schurigeln‹ bereits 1613 bezeugt (vgl. F. Kluge/A. Götze, *Etymologisches Wörterbuch*. Bearb. v. W. Mitzka, Berlin (20) 1967, S. 684). – Auch die Endung -(g)es läßt an spanische Namensformen denken (Rodri*gues*, Cervant*es*).
3 Böhmer 1974, Nr. 53, datiert eine zweite, geringfügig veränderte Fassung um 1630 und nennt Augsburg als Entstehungsort; Alexander/Strauss 1977, S. 793, nennen *Schuriguges* sehr allgemein und ohne weitere Datierung einen Kriegsgewinnler des Dreißigjährigen Krieges. – Gegenüber dem ausgestellten Blatt fehlen der Böhmerschen Fassung die Vignetten; das Rahmenornament weicht ab, und der Text weist geringfügige orthographische Änderungen auf.
4 Vgl. die Liste der Ordensmitglieder in *Het Gulden Vlies*, Katalog der Ausstellung Groeningemuseum Brügge 1962, S. 44.

Lit.: Böhmer 1974, Nr. 53 (Variante); Alexander/Strauss 1977, S. 793.

5
Jacques Callot (1592/93–1635)
Gobbi, um 1622
Radierungen, ca. 63 x 87.
Kunsthalle Bremen.

Varie figure di Gobbi nannte Jacques Callot seine um 1622 erschienene Serie von 20 – zu deutsch – ›Verschiedenen Bildern buckliger Zwerge‹. Acht der Radierungen sind ausgestellt.

Einige der jeweils als Einzelfiguren gegebenen *Gobbi*, wie etwa der *Bratrostgeiger*, erinnern an die grotesken Gestalten der *Songes drolatiques.*[1] Doch anders als in den phantasievollen Spielformen des älteren Anonymus spiegelt sich in den *Gobbi* die Realität. Der aus dem französischen Nancy stammende Callot hatte sich zwischen 1612 und 1620 für einige Jahre in Florenz aufgehalten. Von florentinischem Zwergentheater ist aus diesen Jahren ebenso berichtet wie von zwergenwüchsigen Hofnarren, die, oft im Zustand der Trunkenheit, dem Hofstaat Cosimos II. de' Medici zur Unterhaltung dienten.[2] Die teils musizierenden, teils in theatralischer Gebärde begriffenen *Gobbi* (von denen einige Masken der Commedia dell'arte tragen) mögen daher reale Eindrücke des Künstlers wiedergeben, zumal die Vorzeichnungen um 1616 und damit während Callots Florentiner Aufenthalt entstanden.[3] Dennoch bleibt die Grenze zwischen der Wiedergabe beobachteter Wirklichkeit und deren mit künstlerischen Mitteln weitergetriebener Deformation fließend. Im Einzelfall kann nicht entschieden werden, ob es sich bei den *Gobbi* im engeren Sinne um Porträtkarikaturen handelt. Dies gilt um so mehr, als das in grotesker Verzerrung gegebene ›Idealbild‹ des Kleinwüchsigen zu den beliebten Themen vor allem der italienischen Karikatur des 17. und frühen 18. Jahrhunderts zählt (vgl. Kat. 6, 8, 9, 37, 38). G. U.

1 Vgl. Unverfehrt 1984, Abb. 5 und 7. – Zu den *Songes drolatiques* vgl. Nr. 3 in diesem Katalog.
2 Hierzu H. Diane Russell, *Jacques Callot. Prints and Related Drawings.* Katalog der National Gallery of Art, Washington 1975, S. 77 (mit Belegen). – Zum Bildmotiv des Hofnarren allgemein vgl. Tietze-Conrat 1957.
3 Einige der *Gobbi*-Zeichnungen abg. bei Th. Schröder, *Jacques Callot. Das gesamte graphische Werk,* Bd. 1. München 1971, S. 28 ff. Vgl. ferner D. Ternois, *Jacques Callot. Catalogue complet de son œuvre dessiné,* Paris 1962, S. 40 f.

Lit.: J. Lieure, *Jacques Callot. Catalogue de l'œuvre gravé,* Paris 1924/27, Nr. 279 und 407-426; Russell 1975 (wie Anm. 2), S. 77 f. und Nr. 104-111; Edouard Meaume, *Récherches sur la vie et les ouvrages de Jacques Callot,* Paris 1860, Nr. 759-767. Grundlegend: D. Ternois, *L'art de Jacques Callot,* Paris 1962, passim.

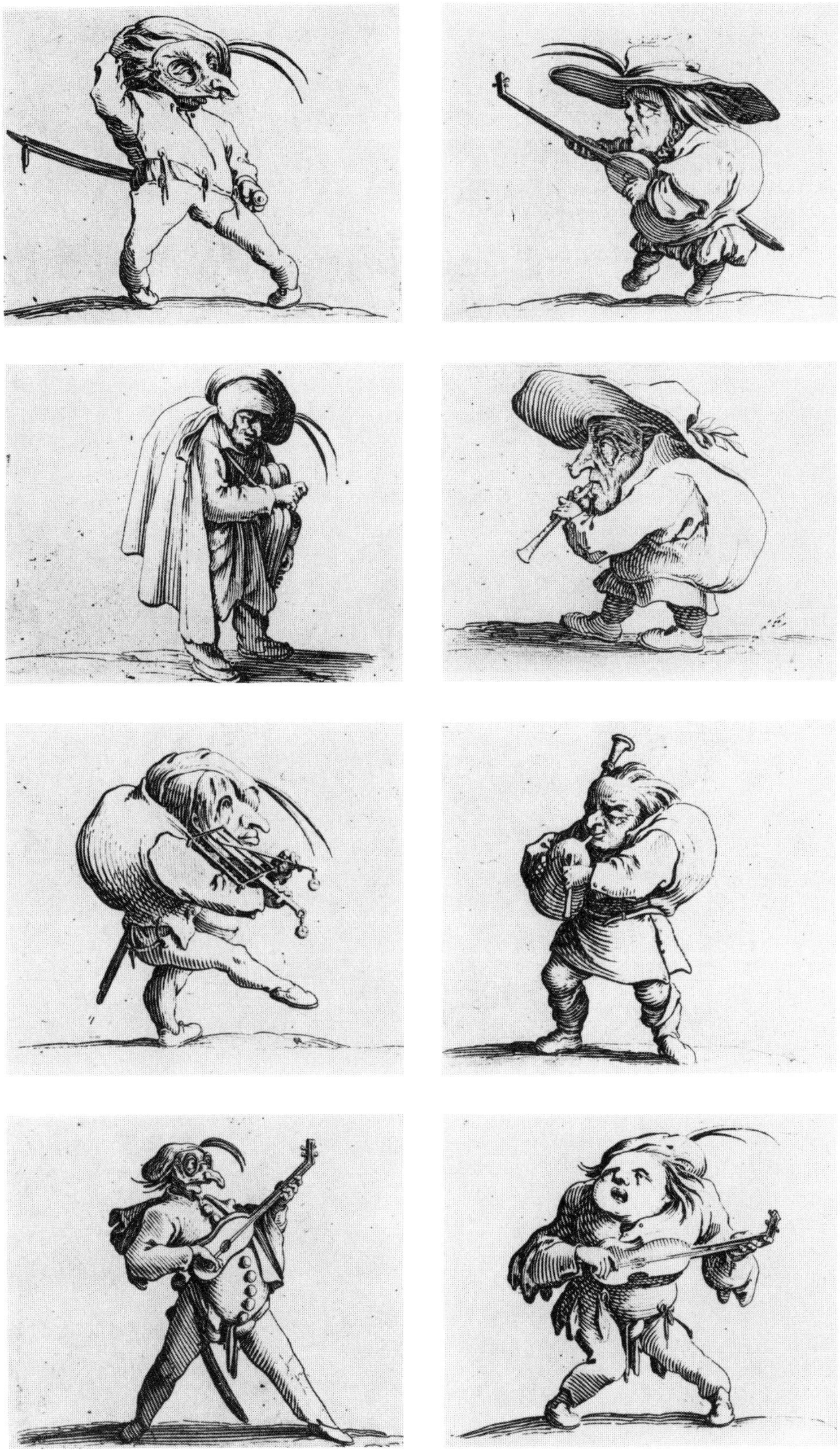

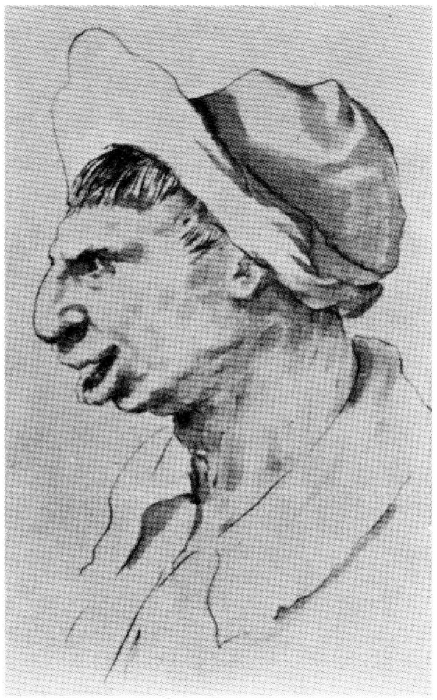

Abb. 20 Guercino, *Porträtkarikatur,* um 1650

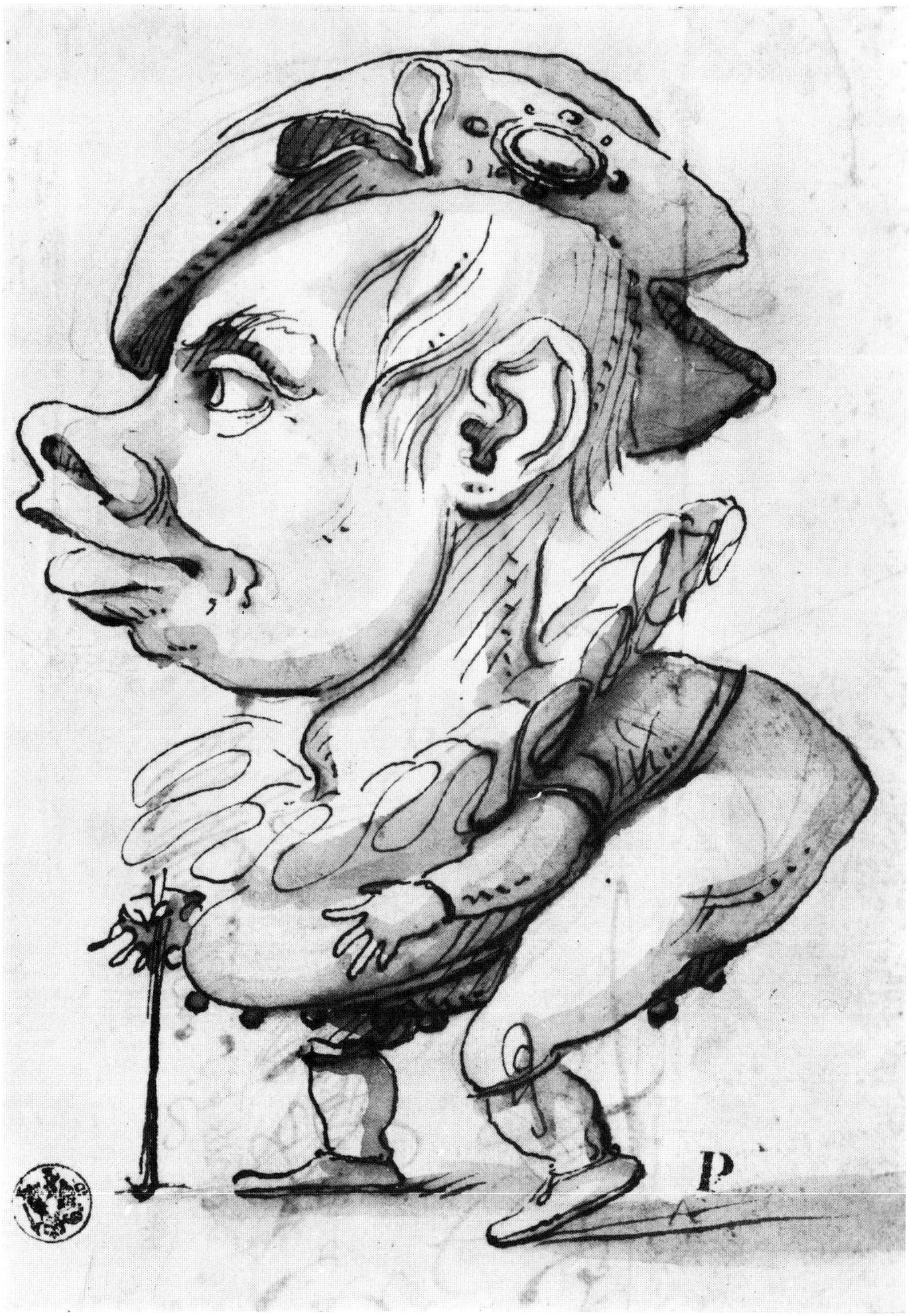

6

Oberitalienisch, 3. Viertel 17. Jahrhundert

Enten-Kavalier

Feder in Braun, laviert; 169 x 117. Aus der Sammlung Pacelli (Lugt Nr. 2057).
Staatliche Museen Preußischer Kulturbesitz, Kupferstichkabinett, Berlin.

Der einem Entenkörper nachempfundene und in Kavalierskleidung gehüllte menschliche Leib trägt ein gewaltiges Haupt, das seinerseits von einer gleich einem Entenschnabel vorspringenden Mund- und Nasenpartie beherrscht wird.

In geschickter Kombination sind zwei traditionelle Techniken der Verformung miteinander verschmolzen, und zwar der Mensch-Tier-Vergleich (Abb. 8, 48) mit dem Typus des zwergwüchsigen Großkopfes (Kat. 5).

Der *Enten-Kavalier* gehört mit Kat. 7 und 13 zu einer Serie von Zeichnungen, die versuchsweise Giacinto Brandi (1623–1691) zugeschrieben wurden, einem in Rom tätigen Maler biblischer Historien.[1] Stilistisch steht das Blatt jedoch den lavierten Umrißkarikaturen oberitalienischer Herkunft nahe, etwa den um die Jahrhundertmitte entstandenen Arbeiten des in Bologna tätigen Carracci-Schülers Guercino (1591–1666; Abb. 20). Als äußeres Indiz für die oberitalienische Herkunft sowie für die Datierung ins 3. Viertel des 17. Jahrhunderts mag zudem die handschriftliche Adresse oder Widmung dienen, die sich auf der Rückseite mehrerer Blätter findet: »Illmo Rev.^{mo} Patrone Card.^{e} d'Este a Modena«. Es kann sich hierbei nur um den Kardinal Rinaldo d'Este handeln, der sein Amt 1641–1672 innehatte und im nahe Bologna gelegenen Modena lebte.[2]

G. U.

1 So eine neue Bleistiftnotiz auf dem Untersatzbogen. – Zu Brandi vgl. Thieme/Becker IV, S. 531, sowie H. Voss, *Die Malerei des Barock in Rom,* Berlin 1924, passim.

2 Für diesen Hinweis ist Dr. Peter Dreyer, Berlin, zu danken. – Juynboll 1934, S. 89, der die Inschrift zwar kannte, ohne die gemeinte Person identifiziert zu haben, behandelte die Serie unter den Florentiner Karikaturen und datierte sie zu früh (1. Hälfte des 17. Jahrhunderts).

Lit.: Juynboll 1934, S. 89f.

7

Oberitalienisch, 3. Viertel 17. Jahrhundert

Drei Groteske Szenen und ein Kopf

Vier Federzeichnungen in Braun, laviert und auf gemeinsamen Untersatz montiert; 139 x 216 (oben); 48 x 65 (Kopf); 115 x 258 (Mitte); 134 x 244 (unten). Aus der Sammlung Pacelli (Lugt Nr. 2057).
Staatliche Museen Preußischer Kulturbesitz, Kupferstichkabinett, Berlin.

Versammelt sind drei figürliche Szenen sowie ein grotesker Kopf im Profil. Die von der gleichen Hand und aus der gleichen Serie wie Kat. 6 und 14 stammenden Zeichnungen zeigen oben zwei Kavaliere, die anscheinend über die Regeln des Jeu de paume (eine Frühform des Tennis) in Streit geraten sind; tatsächlich ist der Rettich, den der linke Spieler hält, als Schläger denkbar ungeeignet. Darunter ein Zug Dämonen, deren Umrisse z.T. kalligraphisch aufgelockert sind, sowie rechts ein verzerrter Kopf. Ganz unten drei Krüppel, von zwei Passanten betrachtet.

Erneut ist der Einfluß niederländischer Vorbilder greifbar. Bruegels Bettler (Abb. 14) und Boschs Dämonen (Abb. 3; Kat. 1), die der Maler und Kunstschriftsteller Giorgio Vasari 1550 als »cosa fantastica e da ridere«, als phantastische und spaßhafte Sachen beschrieb, waren in Italien wohlbekannt und als Vorbilder grotesker Gestalten beliebt (vgl. auch Kat. 8).[1] Darüber hinaus versammelte der Zeichner der Berliner Serie Motive Jacques Callots (Kat. 5) wie auch Leonardos und anderer italienischer Karikaturisten und stellte somit ein frühes Musterbuch physiognomischer und körperlicher Verformungen zusammen. Zu Lokalisierung und Datierung vergleiche Kat. 6. G.U.

1 G. Vasari, *Le vite de' più eccellenti pittori, scultori e architettori* (ed. P. della Pergola u.a.), Bd. 5, Mailand 1964, S. 220. – Zum Einfluß Boschs und Bruegels auf die italienische Karikatur vgl. Juynboll 1934, passim.
2 Juynboll 1934, S. 89f.

Lit.: Juynboll 1934, S. 89f.

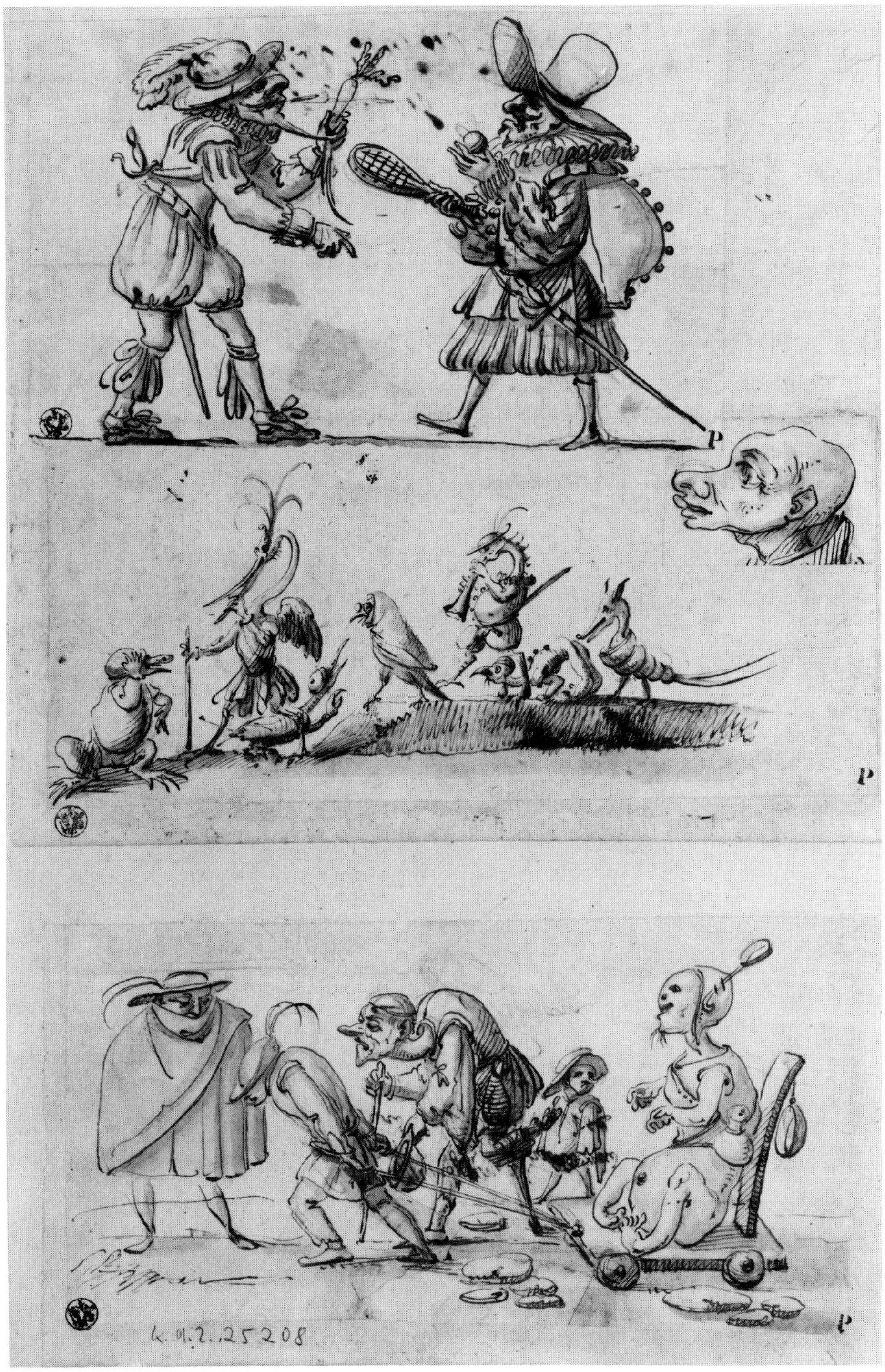

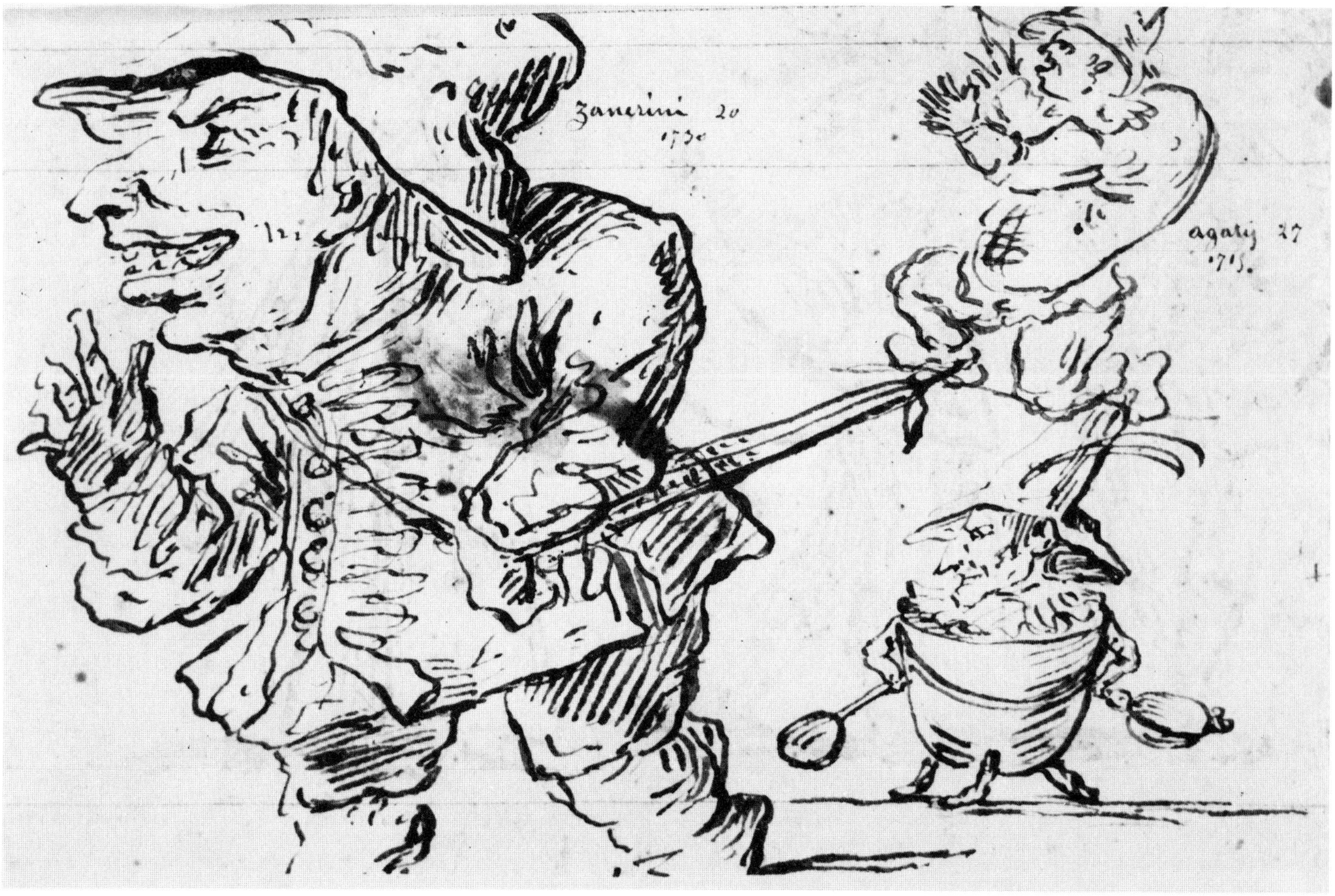

8

Italienisch, 2. Viertel 18. Jahrhundert

Schauspieler (?)

Federzeichnung in Schwarz, Inschriften in Rot (Zanerini 20 1730; Agaty 27 1715; Asserbini 13; Bacelli 12); 134 x 200, beschnitten.
Sammlung Ensmann, München.

Drei Gestalten sind versammelt: Links, die ganze Höhe des beschnittenen Blattes durchmessend, ein großköpfiger Zwerg in Schrittstellung und Redegestus, die linke Hand an den Degengriff gelegt; rechts oben ein in die Knie gesunkener Buckliger, die Arme wie bittend erhoben; darunter ein Mischwesen mit scharf profiliertem Antlitz und aus einem Kochkessel gebildeten Körper, das in seinen in die Kesselseiten gestemmten Händen Tiegel und Schöpfkelle hält.

Die Motive sind vertraut. Der lebhaft agierende Zwerg links läßt an Vorbilder in der Art von Callots *Gobbi* (Kat. 5) denken, ebenso der Bittende rechts oben. Das Kesselwesen dagegen ruft Erinnerungen an die aus Mensch und Gegenstand konstruierten Mischwesen in der Art der *Drollen* (Kat. 1) wach und somit letztlich an die Dämonenwelt Boschs und Bruegels, die in Italien gut bekannt war. Belegt wird in jedem Fall die Zählebigkeit eines alten, wenn auch aus seinem ursprünglichen Sinnzusammenhang gerissenen Formenschatzes. Wie bei Kat. 6, 7, 14 bediente sich der Zeichner nach Belieben unterschiedlicher Traditionen.

Die von gleicher Hand ausgeführte Rückseite (Abb. 21) stellt einen szenischen Zusammenhang vor Augen. Von rechts tritt eine Frau mit Fruchtkorb auf zwei Musikanten zu, doch bleibt das genaue Geschehen unklar. Die auf Vorder- und Rückseite in roter Tinte (durch einen Sammler?) hinzugefügten Namen und Zahlen helfen nicht weiter. Künstler der hier genannten Namen (Agaty, Asserbini, Bacelli und Zanerini) waren nicht nachzuweisen, und auch die Vermutung, daß es sich angesichts der in theatralischer Aktion gegebenen Figuren um karikierte Schauspielerporträts handele (vgl. Kat. 5, 9), fand bisher keine weitere Bestätigung. Ebenso rätselhaft bleiben die Zahlen, von denen nur zwei – 1715 und 1730 – als Jahresangaben zu bestimmen sind. Obwohl, der abweichenden Tinte wegen, die Jahreszahlen nicht von der Hand des Zeichners stammen dürften und somit von geringem Wert für die Datierung des Blattes sind, deutet die vergleichsweise detaillierte Binnenzeichnung auf eine späte Entstehung. So sind die kräftigen Parallelschraffen des großköpfigen Zwerges der Vorderseite dem Karikaturenstil Ghezzis (Kat. 64, 65) verwandt. G. U.

Lit.: Unveröffentlicht.

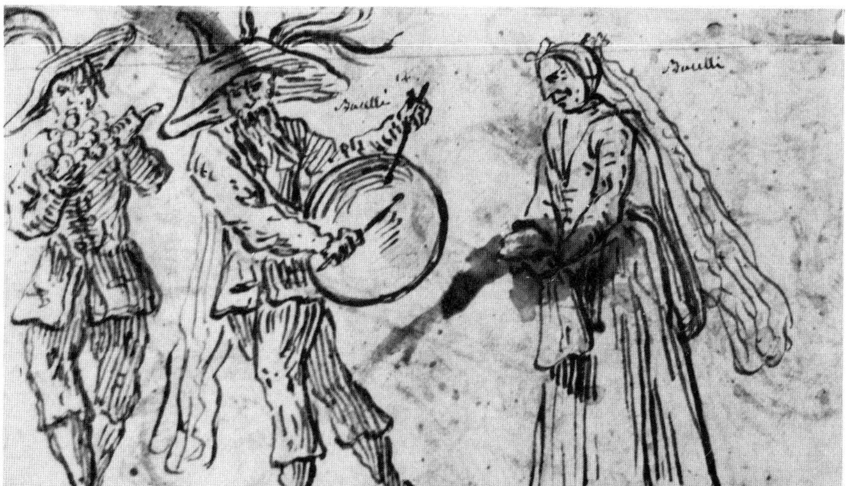

Abb. 21 Italienisch, *Theaterszene* (?), 2. Viertel 18. Jahrhundert

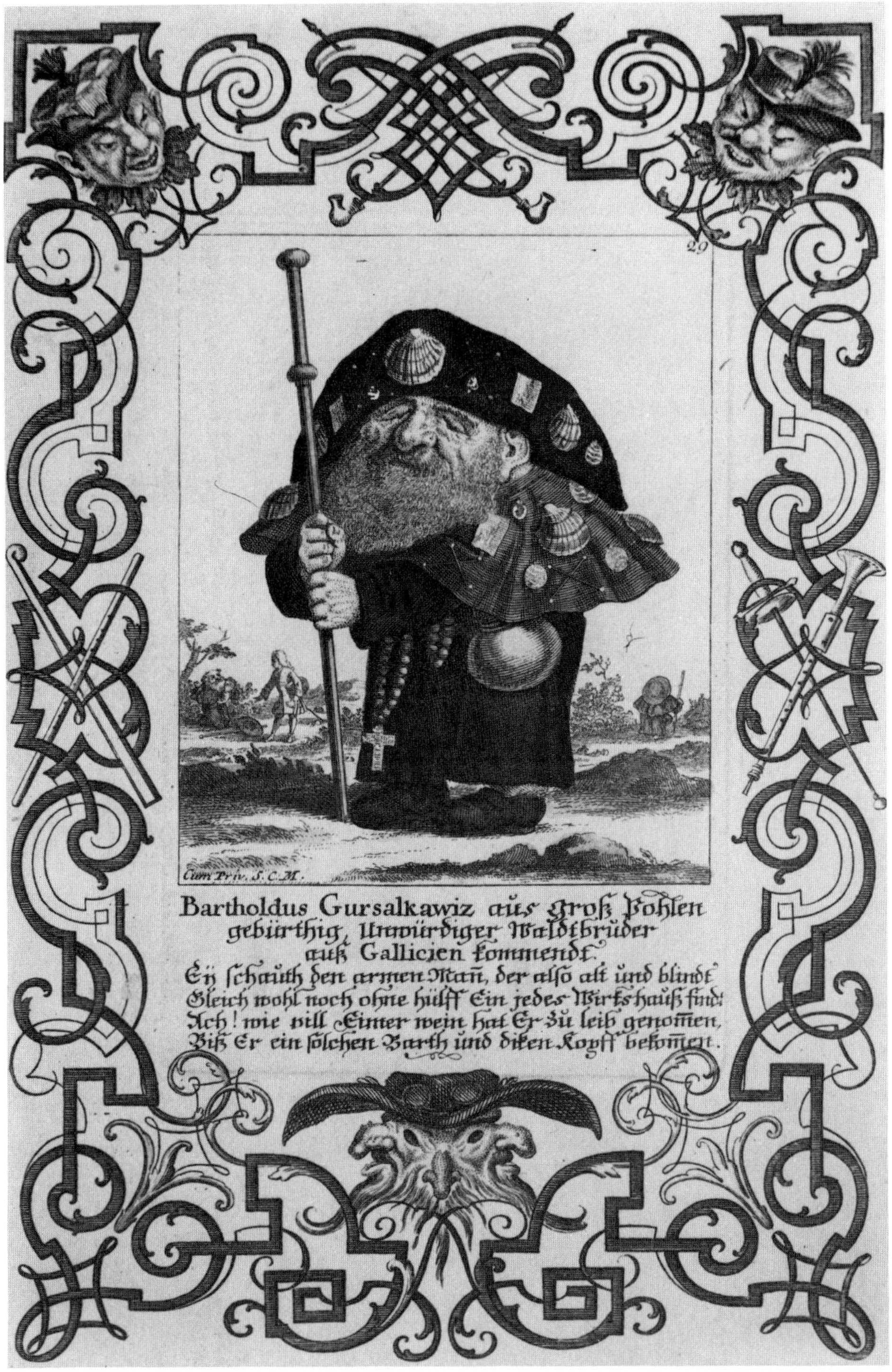

9
Wien/Augsburg, um 1710

Bertholdus Grusalkawiz aus Groß Pohlen gebürthig, Unwürdiger Waldbruder auß Gallicien kommendt

Kupferstich, koloriert und mit Gold gehöht. Plattengröße der Darstellung 169 x 110, des gesondert gedruckten Rahmens 275 x 170, bezeichnet *Cum Priv. S.C. 11.*
Privatbesitz.

Nr. 29 aus der 50 Blatt umfassenden Folge *Il Calotto resuscitato oder Neu eingerichtetes Zerchen Cabinet.* Ein Zwerg als Pilger gekleidet; im Hintergrund kniet er betend und bittend vor einem Herren, der ihm eine Münze in seinen Hut wirft; auf der anderen Seite der Waldbruder auf der Wanderschaft.

Die Serie *Varie Gobbi* (Kat. 5) von Callot, auf die sich der Titel bezieht, stellt Zwerge dar, die mit grotesken Auftritten ihr Publikum unterhalten. Es handelt sich also um berufsmäßige Spaßmacher. Auch hinter dem neueingerichteten Zwergenkabinett steht offenbar das Theater, doch sind hier 50 verschiedene Typen dargestellt; der Akzent hat sich zum Physiognomischen hin verschoben. Die Zwergengestalt soll die Auftritte spaßhafter erscheinen lassen. Die *Gobbi* Callots gehörten noch in das Vorfeld der Karikatur, die Großköpfe des Zwergenkabinetts sind echte Karikaturen.

Komische Typen aus aller Herren Länder werden uns präsentiert. Sie schneiden auf, bramarbasieren, raspeln Süßholz, heucheln Frömmigkeit, schimpfen wie die Türken usw. Das ist eine Gesellschaft, wie sie damals das volkstümliche Theater verlangte. Der Verfasser der Verse kannte sich in allen deutschen Dialekten aus, bevorzugte jedoch den Zungenschlag der Österreicher, der Bayern und der Schweizer. Die Ausländer radebrechen zumeist schlecht und recht Deutsch. Nur ein Franzose und ein Italiener dürfen sich in ihrer Landessprache ausdrücken. Das Zentrum des hier vorgeführten Völkergemischs war Wien. So konnte Otto Rommel nachweisen, daß in dem »berühmten Zahnluken-Architekt« (Nr. 34) der damals hochgeschätzte Wiener Schauspieler Stranitzki in seinem gewohnten Aufzug dargestellt ist. In seiner Jugend hatte sich Stranitzki als Zahnarzt betätigt! Nr. 41 stellt seinen Kumpan Ripl »vom oltn Rieplgschlecht« dar. Der Mann, der die Verse schrieb, und wohl auch der Zeichner – oder waren beide ein und dieselbe Person – dürften dem Wiener Theatermilieu angehört haben. Gestochen wurden die Blätter in Augsburg oder von einem in Augsburg geschulten Meister, nicht aber von Elias Baeck.

Elias Baeck hat um 1720 eine Folge von Bauern und Bäuerinnen in Zwergengestalt entworfen, die von Albrecht Schmidt gestochen wurde (Kunstbibliothek Berlin). Im Hinblick auf diese Folge hat man auch die Blätter des *Neu eingerichteten Zwergenkabinetts* Baeck zugeschrieben. Die Entwürfe Baecks erreichen jedoch nicht annähernd die abgestufte Charakterisierungskunst des Zeichners des *Zwergenkabinetts.*

Die Folge kam zunächst in sechs und später in zwölf verschiedenen Rahmungen heraus. Schon die Amsterdamer Kopie von 1716 kannte die zwölf Rahmen. Daß die Amsterdamer Folge eine Kopie sein muß, geht – wie schon Braun erkannte – aus den sehr anders gearteten Blättern hervor, die diese Folge ergänzen. 1720 erschien in Amsterdam eine zweite kleinere Serie. Freiere Kopien kamen auch in England (*The Humors of the Liliputans* in mehreren Auflagen) und in Italien heraus.

Die Wirkung dieser Blätter war außerordentlich. In zahlreichen Stichen wurde diese komische Zwergenwelt variiert, so etwa in der Augsburger Serie *Kuriöse Jägereien* (um 1730, Abb. 105). Sehr beliebt waren diese Darstellungen auch als Vorlagen für Gartenskulpturen sowie für Fayence- und Porzellanfiguren. (s. auch Kat. 254) M. H.

Lit.: RDK, Suchwort »Callotfiguren« (Braun); Otto Rommel, *Die Alt-Wiener Volkskomödie,* Wien 1952 S. 222ff.; Die bibliophilen Taschenbücher Nr. 262, Dortmund 1981 (im Nachwort werden noch im wesentlichen die alten Thesen vertreten, die Amsterdamer Ausgabe sei das Original und Elias Baeck der Stecher).

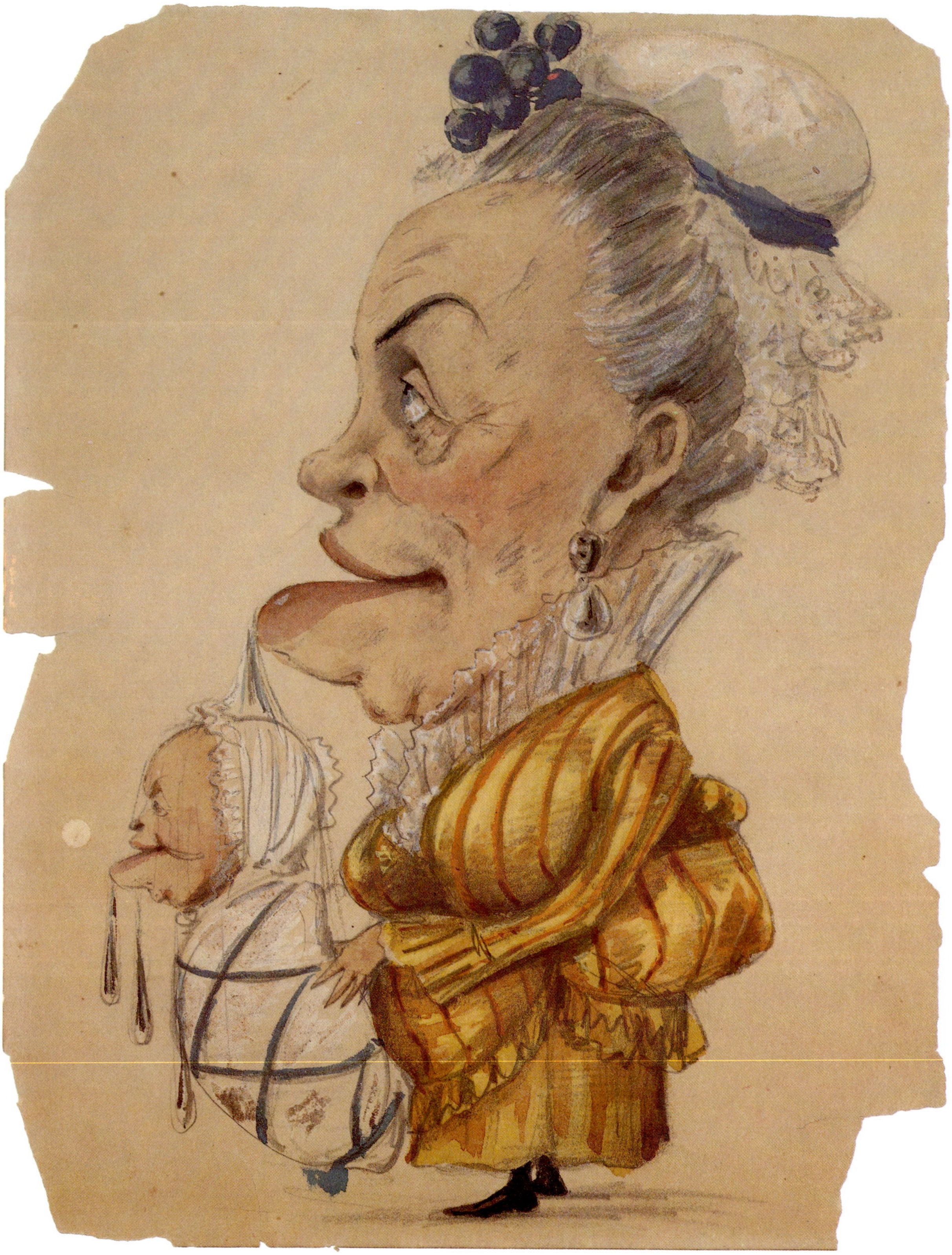

10
Iwan Alexander Wssjewoloshskij (1835–1909)
Ältere Frau mit einem Wickelkind, 1880/90
Aquarell und Bleistift, 312 x 235, unbezeichnet, auf der Rückseite die Porträtkarikatur eines älteren Mannes mit Bart.
Sammlung Ensmann, München.

Das grotesk verformte Gesicht dieser Frau macht die Entscheidung, ob es sich um eine bestimmte Person oder um eine Phantasiegestalt handelt, schwierig. Doch lassen bestimmte Züge, z. B. die genau ausgearbeitete und wohl auf Beobachtung beruhende Augenpartie, an ein lebendes Vorbild denken. Hinzu kommt, daß dieses Blatt offensichtlich zu einer Serie von Porträtkarikaturen gehört, die gegen Ende des 19. Jahrhunderts entstand und Mitglieder des Zarenhofes zeigt (vgl. Kat. 90, 230).

Der Kopf der Frau ist größer als ihr Körper und fällt vor allem durch die weit vorspringende Unterlippe auf. Die Ähnlichkeit zu ihrem kleinen, vor dem Körper gehaltenen Kind – es scheint gleichzeitig am Schleim ihrer Unterlippe zu hängen – wird durch dessen ebenfalls übergroße Lippe mit dem fliehenden, verfetteten Kinn betont. Die starre Profilansicht und die Art der Verformung rücken die Karikatur in die Nähe traditioneller physiognomischer Studien.

J. D.

11

Albert Schäfer-Ast (1890–1951)

Im Land der Phantasten, um 1930

Feder in Schwarz, 186 x 124, signiert *Ast*, fünf Gedichtzeilen mit Schreibmaschine getippt, die letzte, durchgestrichene, hieß ursprünglich: »Sowas gibts Gott sei Dank nur bei AST'en.« Publikationsort unbekannt.
Sammlung Ensmann, München.

»Es lebten im Land der Phantasten
Mann, Frau und zwei Kinder vom Fasten
Ohne Bauch, Milz und Herz
Ohne Lust ohne Schmerz
JA – JA – sowas gibt es bei ASTen«

Ein Familienspaziergang, möchte man meinen: Der Vater rauchend und mit Zylinder geht voran, die Frau einen Schritt dahinter, das kleine Mädchen marschiert brav mit, während der ältere Sohn im Hintergrund Rollschuh läuft. Die harmlose Alltäglichkeit des Geschehens überlagert fast den grotesken Körperbau dieser Familie: Ihre Köpfe sitzen direkt über den Beinen, Hals, Brust und Unterleib fehlen. Dennoch sind sie durch typische Attribute als ›normale‹ bürgerliche Familie ausgewiesen. Die Strumpfbänder und Stöckelschuhe, die gestreiften Hosenbeine, die Ringelstrümpfe und die hohen Stiefel entsprechen den Erwartungen an ihre Rolle.

Der Limerick unter der Zeichnung liefert mit dem Hinweis auf das Fasten nur scheinbar eine Erklärung für die absonderlichen Mißgestalten. Nicht reale Vorstellungen – Abmagern führt schließlich nicht zum Verlust des halben Körpers –, sondern das bis zu seinem Endpunkt getriebene ›Suppenkaspar-Prinzip‹ der ständigen Abnahme bis zur Rumpflosigkeit ist hier in Bild und Text spielerisch dargestellt.

Die formale Übereinstimmung des nur scheinbar einfachen Limerick mit der einfachen, ungezwungenen Strichführung, die wie selbstverständlich diese ›Kopffüßler‹[1] entstehen läßt, erzeugt eine absurde Logik, die wiederum ihre Entsprechung in dem grotesken Thema findet. Der Bezug zur Realität ist unwichtig in diesem *Land der Phantasten,* das seine Existenz, wie die letzte Zeile ausdrücklich betont, allein der Erfinderlaune eines Schäfer-Ast und seinem gekonnten Spiel mit Strichen und Worten verdankt. J. D.

1 Der Kopffüßler ist ein alter Topos der grotesken Formfindung; er erscheint in der nachantiken Kunst beispielsweise auf gotischen Chorgestühlen oder bei Hieronymus Bosch; vgl. Hofmann 1956, Abb. S. 26; George 1959, Bd. 1, pl. 58; Kat. 1. Zur fast kindhaft naiv wirkenden Strichführung vgl. Kap. 1.3.

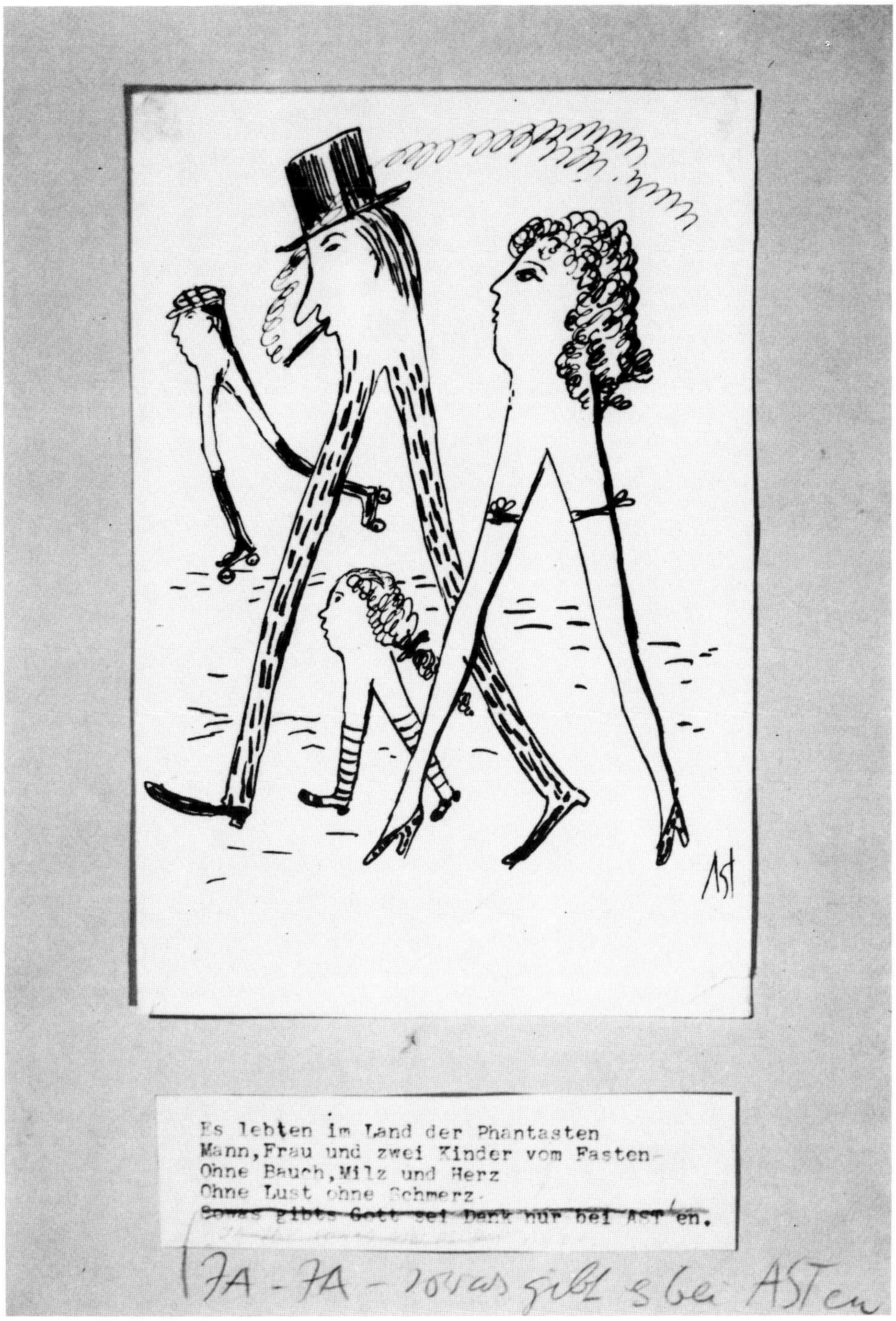

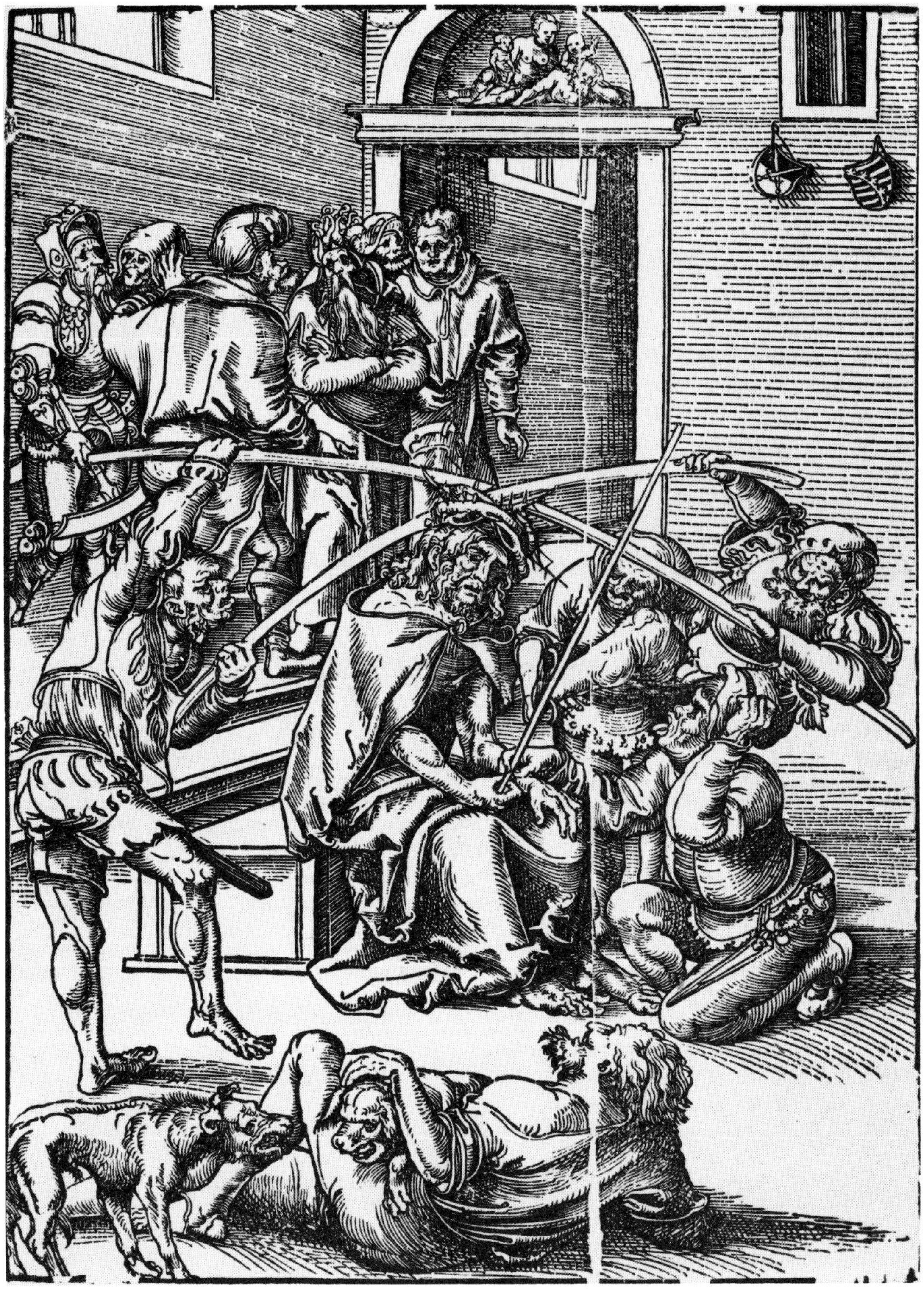

12

Lukas Cranach d. Ä. (1472–1553)

Dornenkrönung, 1509

Holzschnitt, 246 x 172.
Kunstsammlung der Universität Göttingen.

Vertritt Kat. 1 die aus dem Mittelalter überkommene dämonische Häßlichkeit, so zeigt Lucas Cranachs Holzschnitt von 1509 böse Menschen in körperlicher Deformation. Das Blatt mit der *Dornenkrönung* gehört zu einer Serie von 14 Passionsdarstellungen, auf denen dem still leidenden Christus grimassierende Peiniger in oft gesuchten Körperhaltungen und Bewegungsmotiven zugeordnet sind. Häßlichkeit soll in der Nacherzählung der biblischen Leidensgeschichte nicht zum Lachen reizen. Mit den Fratzen wurde vielmehr »den Schönheiten des Himmels, des Glaubens und der Tugend eine entsprechend umfangreiche Gegenwelt des Teufels, des Unglaubens und des Lasters gegenübergestellt«.[1] Hieronymus Boschs *Genter Kreuztragung* (Abb. 4) ist das eindrucksvollste Beispiel für die Darstellung antichristlicher Affekte mit Hilfe der physiognomischen Verzerrung. Zwar keine Karikaturen, so werden in derartigen Werken die gleichen formalen Mittel zur Kennzeichnung des Gegners benutzt, die bis heute zum Arsenal der Karikaturisten zählen. Die reformatorische Bildsatire nutzte dieses spätmittelalterliche Verfahren erstmals gezielt zur Verunglimpfung des konfessionellen und politischen Gegners (vgl. Kapitel 2.3., Martin Luther). In der äußeren Verformung spiegeln sich jeweils moralische Häßlichkeiten wider.[2] G. U.

1 P.-K. Schuster/Chr. Noll, in: Kat. Göttingen 1975, S. 10; Unverfehrt 1982, S. 138.
2 P.-K. Schuster, in: Kat. Hamburg 1984, S. 122.

Lit.: Vgl. die Zusammenfassung der Forschungslage bei Koepplin/Falk 1976, S. 470ff.

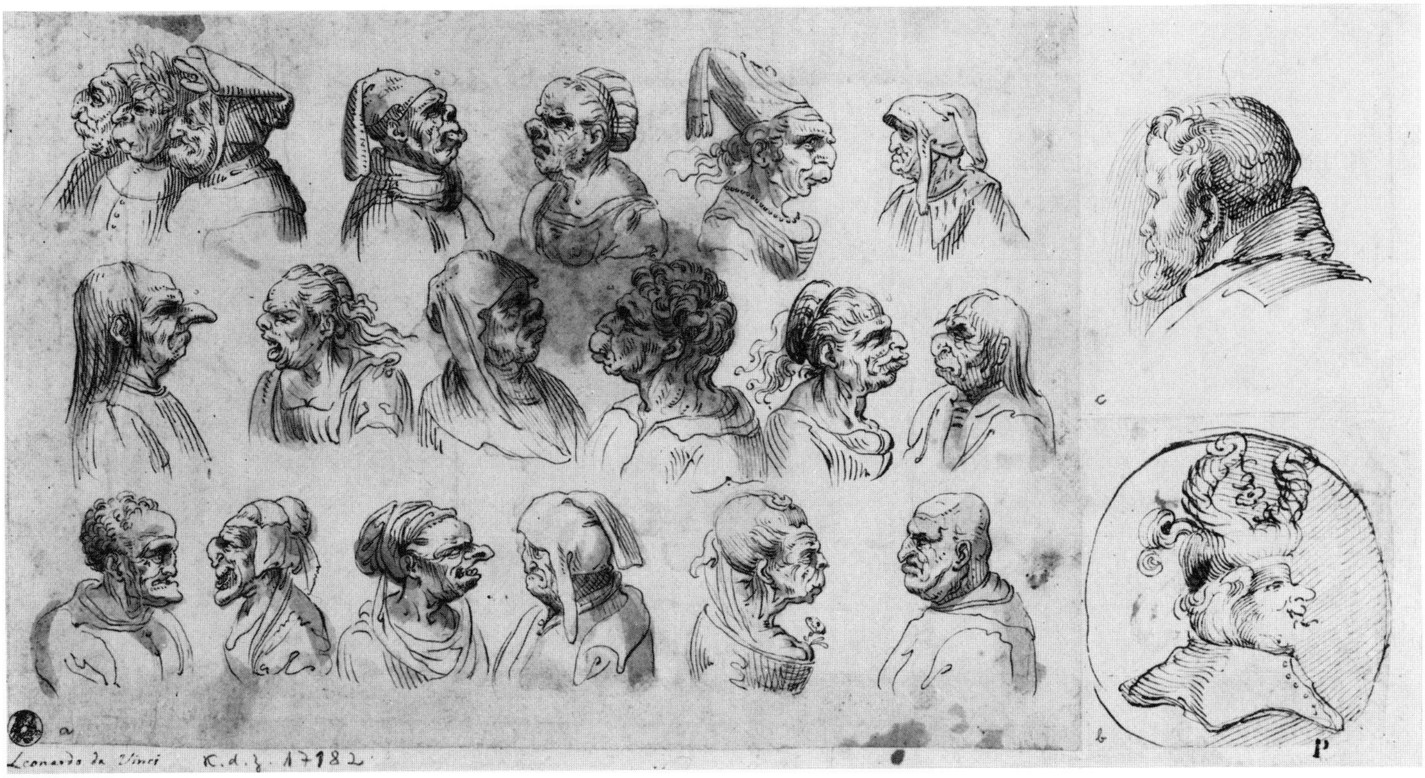

13

Oberitalienisch, 3. Viertel 17. Jahrhundert

Groteske Köpfe nach Leonardo da Vinci

Feder in Braun, laviert, 209 x 306, 115 x 89 (oben rechts), 93 x 87 (unten rechts), mit Feder beschriftet *Leonardo da Vinci.*
Staatliche Museen Preußischer Kulturbesitz, Kupferstichkabinett, Berlin.

Bei Leonardo da Vincis grotesken Köpfen handelt es sich wohl weniger um Karikaturen im üblichen Sinn, die von Porträts bekannter Personen ausgehen, sondern eher um Studien über die Vielfalt des menschlichen Charakters und Ausdrucks. Einige Figuren entstammen dem alltäglichen Leben[1], andere medizinischen Studien[2], wieder andere gehen auf römische Münzen zurück.[3] Ältere Männer und Frauen in verärgerter Stimmung, böse oder auch lachend, werden bevorzugt.

Aus Quellen des 16. Jahrhunderts sind wir über physiognomische Beobachtungen Leonardos unterrichtet. Vasari teilt mit, wie erfreut Leonardo war, wenn er merkwürdige Köpfe sah, stark behaart oder bärtig, und wie er jedem, der seine Aufmerksamkeit auf sich gezogen hätte, den ganzen Tag gefolgt sei.[4] Lomazzo erzählt, daß Leonardo Bauern in sein Haus einlud, ihnen Witze erzählte und dann ihre lachenden Gesichter festhielt.[5]

Im Mittelalter gab es Spiele mit abstrakten geometrischen Formen (de ludo geometrico). Leonardo entwickelt daraus eine dreidimensionale Umsetzung von Formen, Figuren und Gesichtern. Darüber hinaus schlägt er vor, aus Teilen wirklicher Tiere neue, fiktive Gestalten zu kreieren. Gelegentlich verbindet er auch tierische und menschliche Körperteile.

Viele von Leonardos grotesken Köpfen sind klein, nur ein bis zehn cm hoch, und sie waren im *Codex Atlanticus* mitten zwischen technische Angaben zur Mechanik eingerückt. Eine Anzahl davon zog die Aufmerksamkeit Pompeo Leonis auf sich, der sie ausschnitt und sie als Fragmente der heutigen Sammlung in Schloß Windsor zufügte.[6] Einzelne und besonders interessante Beispiele wurden paarweise und einander zugewandt gruppiert.[7] Schüler Leonardos, wie beispielsweise Francesco Melzi, legten Blätter mit zwei Paaren oder einer Serie solcher Figuren an.[8] Ein Blatt in der Ambrosiana in Mailand enthält 16 Figuren.

Im 16. und 17. Jahrhundert bildeten sich zwei Traditionen heraus: eine, die die Figuren als einzelne Studien veröffentlichte (vgl. Kat. 14), und eine zweite, die mehrere groteske Köpfe nebeneinander auf einem Blatt versammelte (Abb. 22).

Dieser zweiten Tradition gehört die ausgestellte Zeichnung eines oberitalienischen Künstlers nach der Mitte des 17. Jahrhunderts an (vom gleichen Zeichner auch Kat. 6, 7). Sie enthält drei nach links gerichtete Figuren und acht einander zugewandte Paare, fast ausschließlich ältere Männer und Frauen, verstimmt oder böse; nur eine Figur scheint ausgesprochen fröhlich (untere Reihe, 2. v. l.). Manche der Figuren sind auch aus anderen Sammlungen bekannt.[9]

Die verbleibenden Figuren haben in den großen europäischen Sammlungen von Leonardo-Zeichnungen kein Vorbild. Diese Feststellung zeigt die Komplexität der Verbreitung von Leonardos grotesken Köpfen. Der oberitalienische Meister des vorliegenden Blattes, aber auch Wenzel Hollar (Kat. 14) oder der Comte de Caylus[10] hatten zu verschiedenen Sammlungen oder unterschiedlichen Kombinationen gezeichneter Groteskköpfe Zugang. K. H. V.

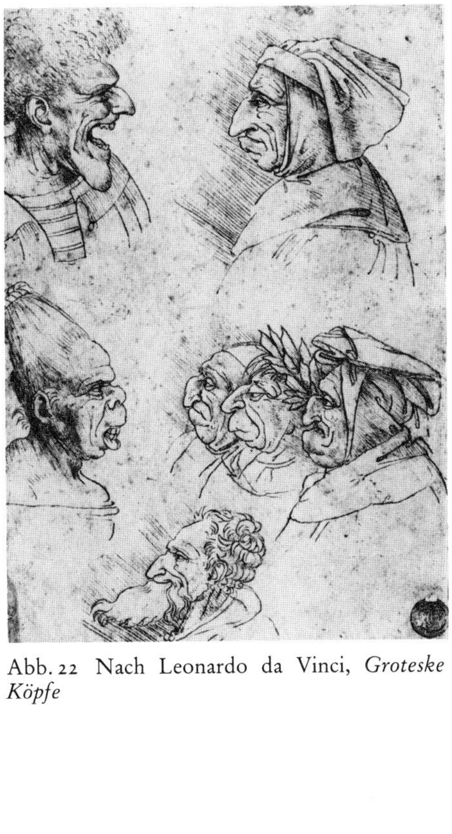

Abb. 22 Nach Leonardo da Vinci, *Groteske Köpfe*

1 Vgl. K. Clark, *The Drawings of Leonardo da Vinci at Windsor Castle,* London 1968, Nr. 12489 r (hiernach zitiert als W).
2 Vgl. W 12494 und 19012 v.
3 Vgl. W 12489 r und 12328 v sowie Gombrich 1976, S. 57ff.
4 Giorgio Vasari, *Lives of Painters, Sculptors and Architects,* Bd. 2, London 1963, S. 160.
5 G. P. Lomazzo, *Trattato dell'arte della pittura,* Mailand 1584, S. 106f. Vgl. auch C. Pedretti, *The Literary Works of Leonardo da Vinci.* Commentary, Bd. 2, London 1977, S. 259.
6 W 12432 bis 12488, vgl. C. Pedretti, *Fragments at Windsor Castle from the Codex Atlanticus,* London 1957.
7 Vgl. W 12490.
8 Vgl. W 12493, 12491.
9 Fig. 1 auch in der Ambrosiana, Mailand, der Academia, Venedig, und bei Caylus, Nr. 12 und 13; Fig. 5 in der Ambrosiana; Fig. 6 in der Ambrosiana und auf W 12491; Fig. 8 und 17 in der Accademia und bei Caylus, Nr. 12 und 13; bei Caylus ferner Versionen von Fig. 7 (Nr. 5), 9 (Nr. 36), 10 (Nr. 35), 11 (Nr. 17), 12 (Nr. 18), 14 (Nr. 4) und 16 (Nr. 6). Die Zählung der Köpfe von oben links nach unten rechts.
10 M. Le Comte de Caylus, *Recueil de testes de charactères & de charges,* Paris 1730.

Lit.: Unveröffentlicht.

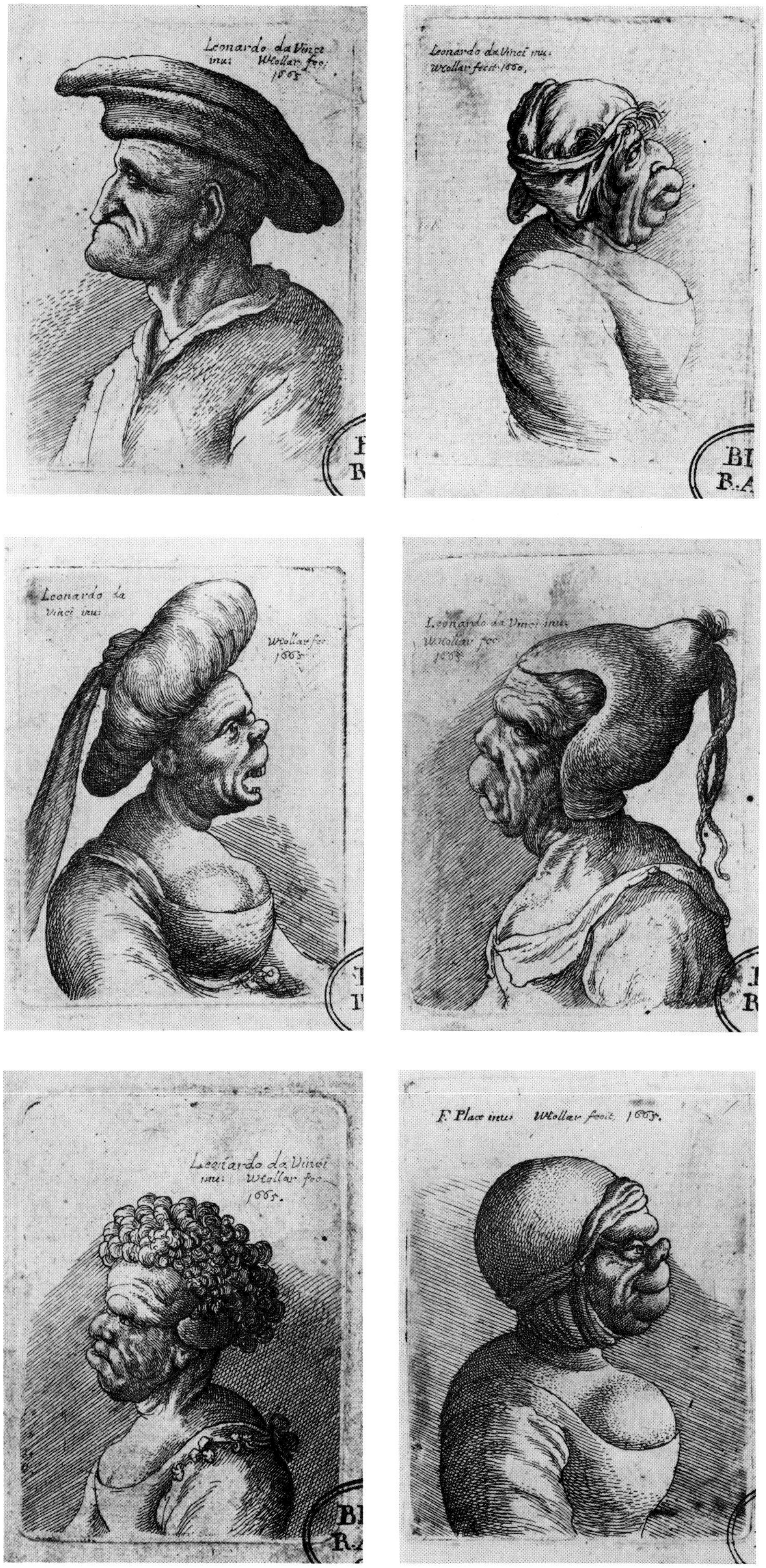

14

Wenzel Hollar (1607–1677)

Groteske Köpfe nach Leonardo da Vinci, 1660/65

6 Radierungen, je 65-68 x 46-50.
Kunstsammlung der Universität Göttingen.

Das Blatt zeigt sechs zwischen 1660 und 1665 zu datierende Figuren, von denen eine auf F. Place zurückgeht (unten rechts) und fünf auf Leonardo. Von diesen ist die bösartige Frau (Mitte links) auch von anderen Kopien bekannt (z. B. aus dem Blatt in der Akademie in Wien und de Caylus Nr. 22). Der verärgerte Mann (oben links) steht einem Fragment in Windsor Castle nahe (Abb. 23).[1] Die verbleibenden drei Figuren haben keine direkten Entsprechungen in den Sammlungen in Mailand, Venedig, Windsor, Caylus oder des Duke of Devonshire. K. H. V.

1 W 12475 r. Vgl. Kat. 13, Anm. 1.

Lit.: G. Parthey, *Wenzel Hollar. Beschreibendes Verzeichnis seiner Kupferstiche*, Berlin 1853, S. 358ff.

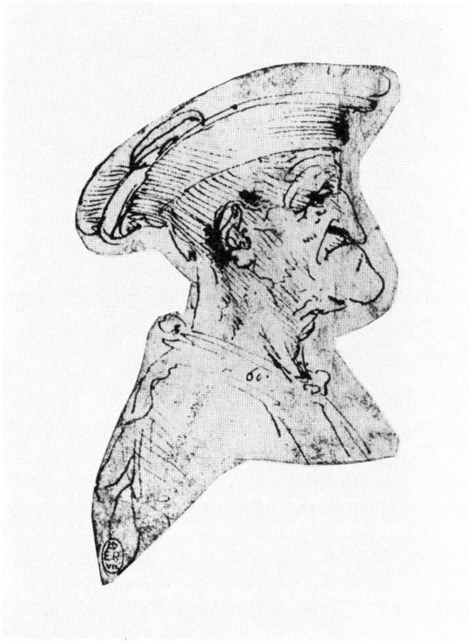

Abb. 23 Leonardo da Vinci, *Alter Mann im Profil*

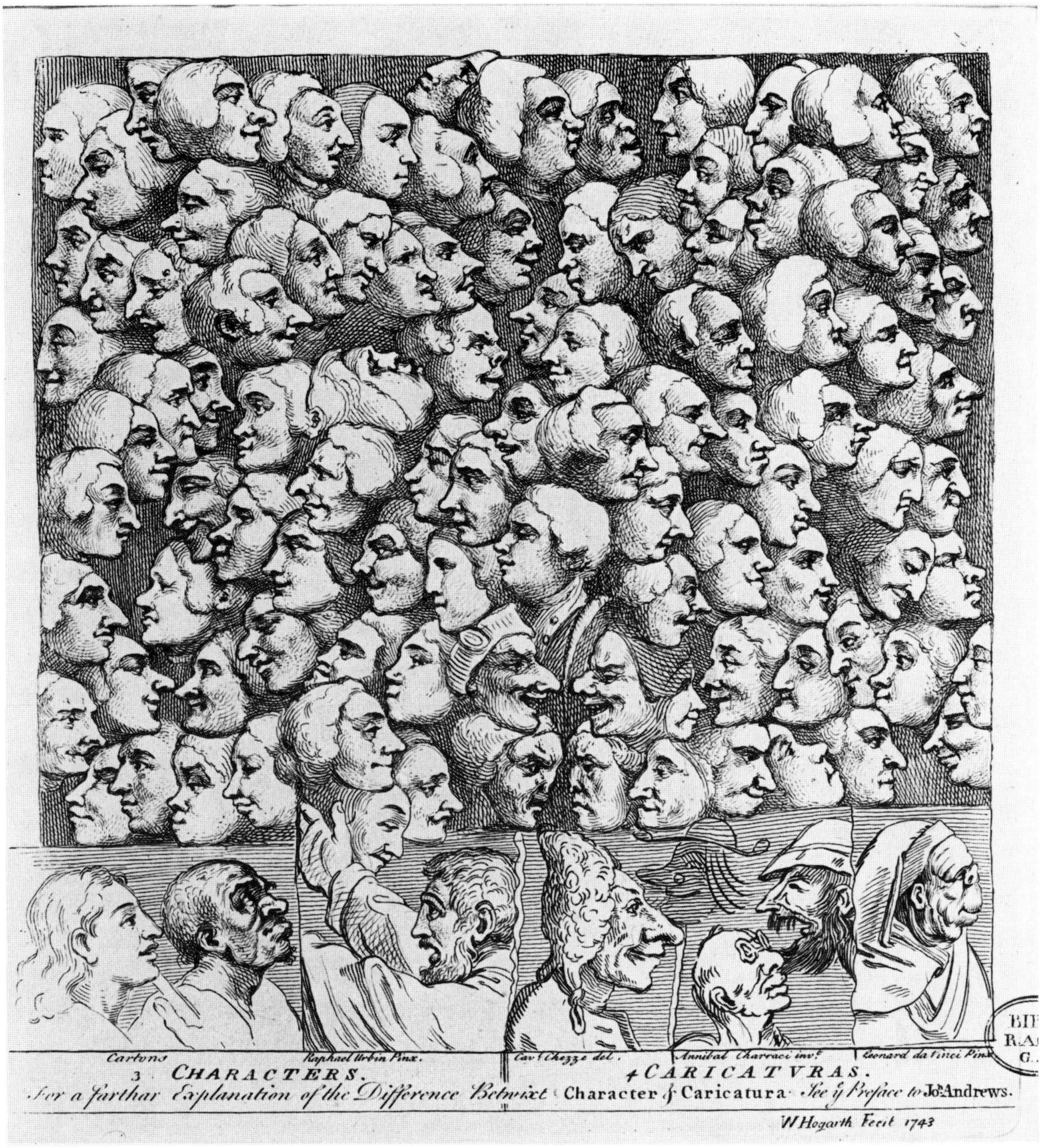

15

William Hogarth (1697–1764)

3 Characters – 4 Caricaturas, 1743

Radierung, 230 x 206, signiert *W. Hogarth Fecit 1743*.
Niedersächsische Staats- und Universitätsbibliothek Göttingen.

Charaktere und Karikaturen – mit dieser Unterscheidung wehrt Hogarth sich gegen den von ihm als Schimpf verstandenen Vorwurf, seine Kunst würde aus Karikaturen bestehen. 1742 schrieb sein Freund Henry Fielding im Vorwort zu *Joseph Andrews:* »Das wahre Können des Malers von komischen Historien (comic history-painter) (...) besteht in der genauesten Kopie der Natur, dergestalt, daß ein kritisches Auge sofort jegliche Übertreibung (outré) zurückweist. (...) Dahingegen geben wir der *caricatura* alle Freiheiten: Ihr Ziel ist es, Monster vorzustellen, nicht Menschen; alle Verzerrungen und Übertreibungen gehören hierher.«

In den sieben Köpfen der unteren Bildleiste zeigt Hogarth den Gegensatz auf: Die drei linken Profilköpfe sind den berühmten Teppichkartons Raffaels entnommen und damit über jeden Zweifel erhaben, wobei auch hier – und dies ist Hogarth offensichtlich wichtig – Häßlichkeit neben jugendlicher Schönheit steht. Die vier Köpfe auf der rechten Seite weisen dagegen eindeutig physiognomische Abnormitäten auf: eine Porträtkarikatur nach Ghezzi (vgl. Kat. 64, 65), zwei Karikaturen in der Art der Carracci und ein grotesker Kopf nach Leonardo (vgl. Kat. 13, 14). Der als Kinderkritzelei zu deutende Kopf im Hintergrund legt nahe, daß Hogarth »Caricaturas« auch in zeichnerischer Hinsicht als minderwertig erachtete (vgl. Kapitel 1.3.).

Den überwiegenden Teil des Blattes nehmen 101 ›Charakterköpfe‹ ein, die Hogarth als Beispiele seiner eigenen Naturbeobachtung zeigt und deren Profile er in offensichtlich müheloser Vielfalt neben-, über- und hintereinander gruppiert. Der Übergang zur Karikatur ist zwar aus heutiger Sicht fließend, doch besteht ein deutlicher Unterschied zu den »Caricaturas« rechts unten, deren physiognomische Verzerrungen einige Grade stärker sind. Des Künstlers Absicht, seine eigene Kunst in die Tradition der Charakterköpfe Raffaels – wie er sie bezeichnet – zu stellen, wird durch den Vergleich offensichtlich.

Die Radierung erschien 1743 als Subskriptionsblatt für den Zyklus *Marriage à la Mode,* in dem Hogarth in durchaus ernst gemeinter moralischer Absicht den Niedergang einer Geldheirat schildert. Der Vorwurf, er würde ›lediglich‹ Karikaturen zeichnen, traf ihn gerade deshalb schmerzlich, weil dies seine »comic history-paintings« und seine »modern moral subjects« in der damaligen Hierarchie der Kunstgattungen noch weiter abgewertet hätte. J. D.

Lit.: Paulson 1970, Nr. 162; Paulson 1971, Bd. 1, S. 468ff.; George I, S. 111f.; Kat. Providence 1971, Nr. 47; Kat. Göttingen 1974, Nr. 19; Kat. Berlin 1980, Nr. 111; Unverfehrt 1982, S. 148ff. – Vgl. auch Kat. 40.

16

Thomas Rowlandson (1756–1827)

Theaterpublikum, 1807

Kolorierte Radierung, 398 x 259, bezeichnet *Comedy in the Country/Tragedy in London/ Rowlandson Scul. Pub. May 29th 1807 by Tho. Tegg N° 111 Cheapside – One Shilling coloured.* Hamburger Kunsthalle.

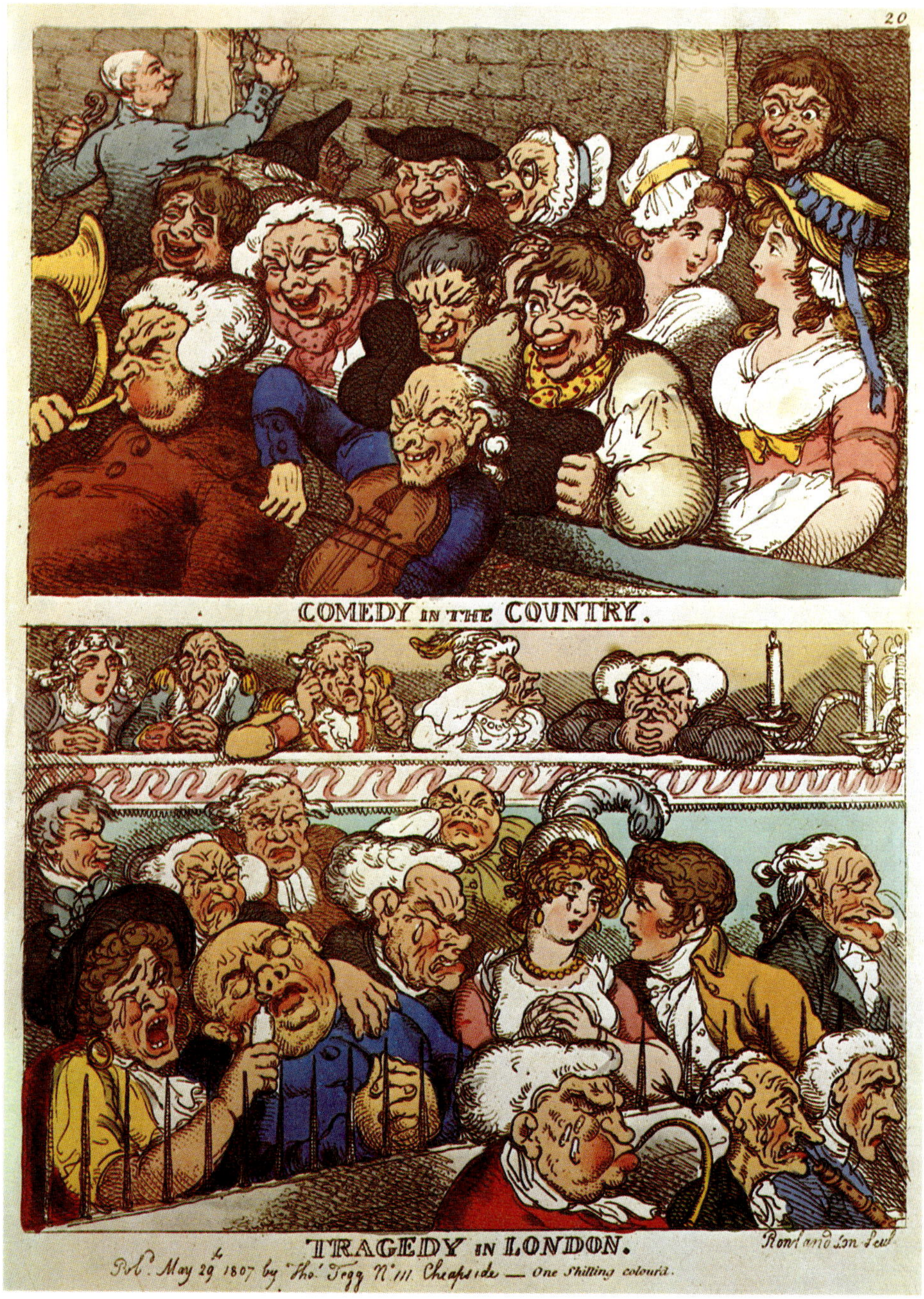

Thomas Rowlandson schildert die Reaktionen von Theaterbesuchern auf das ihnen gebotene Schauspiel: Auf dem oberen ›Rang‹ Landbevölkerung in Betrachtung einer Komödie, unten großstädtische Londoner als Besucher einer Tragödie. Vereint sind 31 Brustbilder zumeist erschreckend häßlicher Menschen. Dichtgedrängte Reihungen verzerrter Physiognomien begegnen bereits in den Anfangsjahren der Bildniskarikatur (Abb. 1). Auf Musterblättern (Kat. 13, 14) und in Stichfolgen (Kat. 3, 5) wurden vorbildliche Erfindungen grotesker Typen versammelt und an nachfolgende Künstler vermittelt. William Hogarth nutzte das gleiche Verfahren 1743 zur Darstellung des Unterschiedes zwischen *Charakteren und Karikaturen* (Kat. 15).

Von diesen älteren Beispielen unterscheidet sich Rowlandsons Darstellung insofern, als er die vorgestellten Typen in den erzählerischen Zusammenhang ›Theaterpublikum‹ einbindet. Auch dieser Kunstgriff ist vorbereitet, etwa durch Hogarth' *Lachendes Publikum* (1733; Abb. 24), und er begegnet wiederholt auch in Rowlandsons Schaffen (vgl. auch Kat. 18).[1]

Die auf der Bühne vorgeführten heiteren und traurigen Affekte spiegeln sich im Verhalten der Zuschauer wider. Höllisches Gelächter bei jenen, die eine Komödie sehen, Langeweile, ja Schlaf bei den Zuschauern der Tragödie. Ausgenommen vom Spektakel oben sind zwei ins Gespräch vertiefte junge Frauen, von der Trostlosigkeit unten ein junges Paar, das zarte Bande anzuknüpfen scheint. Ihnen fehlt jegliche physiognomische Verzerrung, die Zuschauer wie Musiker ansonsten auszeichnet. Die Deutung des Blattes als Versammlung grotesker Köpfe greift daher offensichtlich zu kurz.

Heinz Kindermann ordnete das durch Rowlandson verbildlichte Geschehen in einen konkreten theatergeschichtlichen Zusammenhang.[2] Das ins Bild gesetzte Gegeneinander der Wirkung von Tragödie und Komödie entspricht demnach gegensätzlichen Positionen von bürgerlich sentimentalem Trauerspiel einerseits, das als Folge der Shakespeare-Renaissance seit der Mitte des 18. Jahrhunderts seine Blüte hatte, und andererseits der drastischen Komik, die Oliver Goldsmith und andere gleichzeitig auf die Bühne brachten. Auch äußerlich unberührt vom Theaterstreit, unverzerrt und weder zu lauten Gefühlen animiert noch eingeschlafen, bleiben nur die beiden miteinander beschäftigten jungen Paare.

G. U.

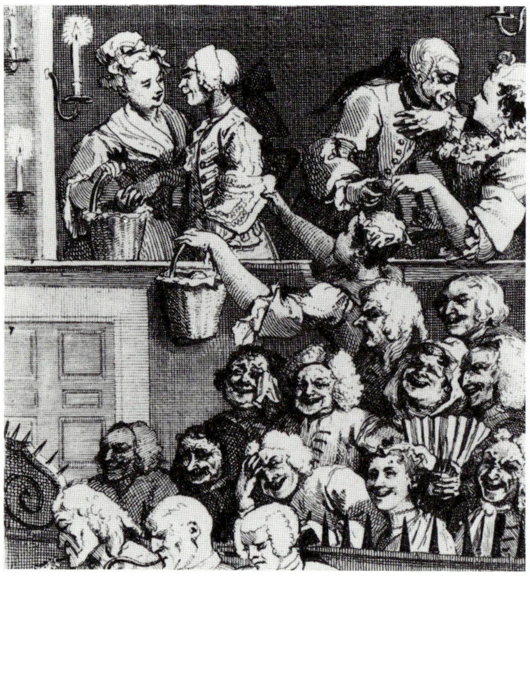

Abb. 24 William Hogarth, *Lachendes Publikum*, 1733

1 Zu Hogarth vgl. Paulson 1970, Nr. 130; Kat. Göttingen 1974, Nr. 5; Kat. Berlin 1980, Nr. 48. – Zu Rowlandson vgl. z.B. Grego 1880, Bd. 1, S. 217f. (*Tragedy Spectators – Comedy Spectators*) m. Abb., sowie Kat. Göttingen 1975, Nr. 96 *(Pidgeon Hole)* m. Abb. – Zum Typus des Theaterpublikums in der Karikatur ausführlich Kindermann 1975.

2 Kindermann 1975, S. 14f. – Kindermann bildet eine Variante des ausgestellten Blattes ab, der bei sonstiger genauer Übereinstimmung die Jahreszahl (1807) fehlt und die er ohne Begründung 1789 datiert. (nicht bei Grego).

Lit.: Grego 1880, Bd. 2, S. 74. – Kindermann 1975, S. 14f.

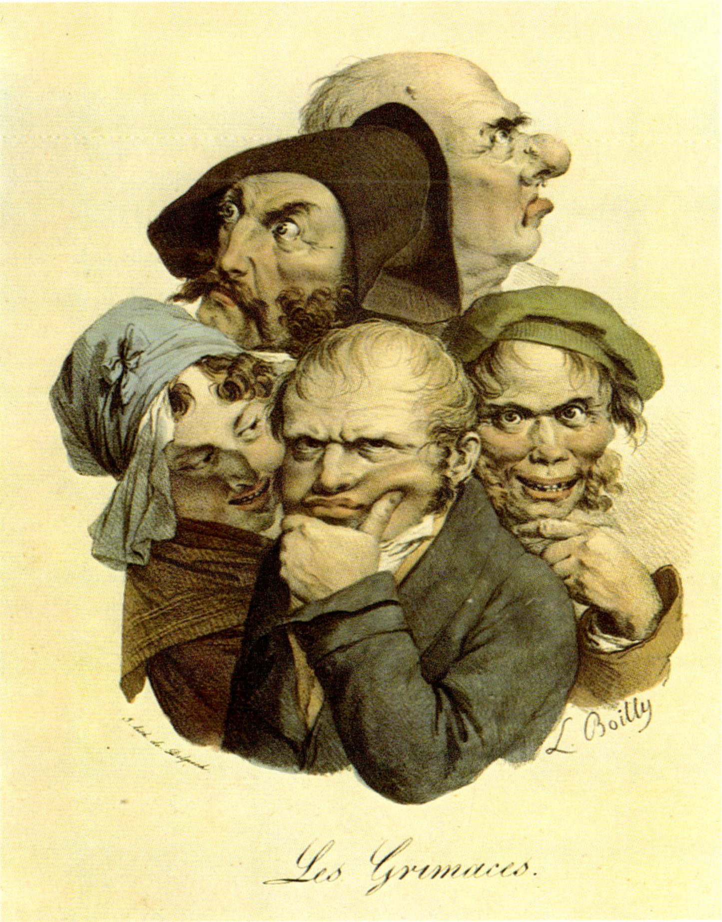

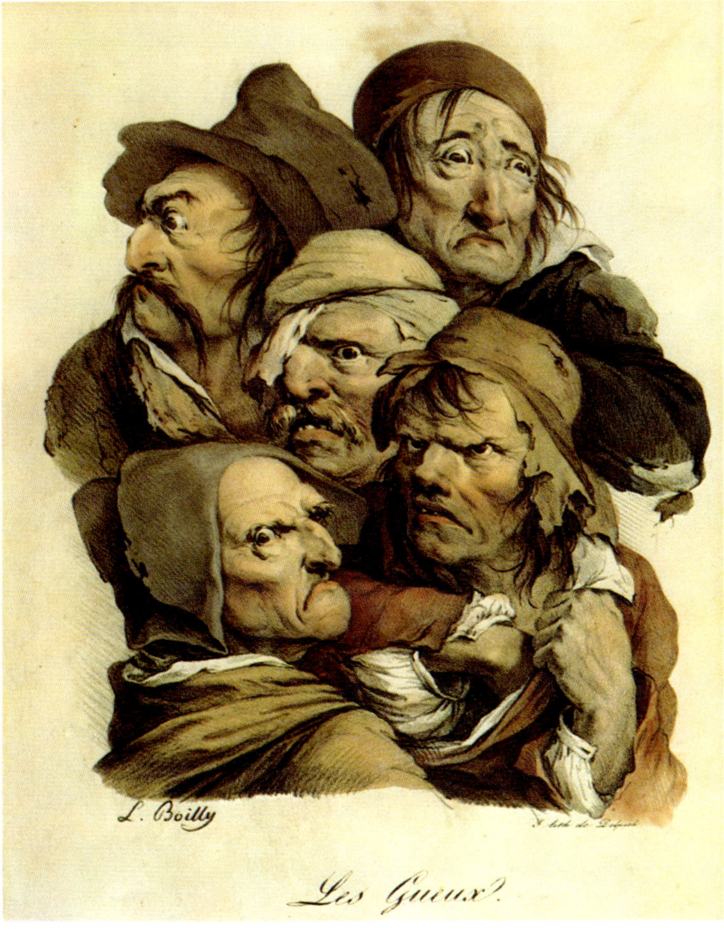

17

Louis Boilly (1761–1845)

Les Grimaces, 1824/25

a) Les Grimaces (Die Grimassen): kolorierte Lithographie, 326 x 235, bezeichnet *L. Boilly / I. lith. de Delpech.*

b) Les Gueux (Die Gauner): kolorierte Lithographie, 289 x 209, bezeichet: *L. Boilly / I. lith. de Delpech.*

Kunstsammlung der Universität Göttingen.

Ab 1823 veröffentlichte Boilly seine umfangreiche Serie der *Grimassen.*[1] Die meist sorgfältig kolorierten Lithographien zeigen fünf – seltener vier oder sechs – Köpfe auf einem Blatt, die ohne jede Handlung nur durch ihre grimassierenden Gesichtszüge auffallen. Die unteren Figuren sind mit Brustansatz dargestellt und die oberen Köpfe direkt übereinander gestaffelt. Mitunter dominiert ein Gesicht und wird dann von den übrigen gerahmt. Wie alt das Schema ist, mag ein Blick auf Leonardos *Studienblatt mit fünf Köpfen* zeigen (S. 361, Abb. 8). Die Zusammenstellung der Köpfe konnte nach verschiedenen Themen – die »Mediziner«, die »Brillenträger«, die »Fünf Sinne« – oder nach physiognomischen Merkmalen – die »Rundnasen«, die »Schnurrbärte« – erfolgen oder einfach auf Kontrastwirkung abzielen. Die hier ausgewählten *Gauner* haben alle die gleichen schiefen Visagen, wobei sich die Einzelformen, etwa die herabgezogenen Mundwinkel, durchaus wiederholen. Auf der anderen Lithographie sind fünf unterschiedliche Typen versammelt: Lüsterne, grübelnde oder irre lachende Physiognomien stehen unvermittelt nebeneinander. Beide Blätter zeigen, daß Boilly nicht auf klischeehafte Formeln verzichtete.

Der Erfolg von Boillys *Grimassen* ist nur vor dem Hintergrund der in Frankreich gerade im 19. Jahrhundert äußerst breiten Begeisterung für die Physiognomie als Wissenschaft und als unterhaltendes Thema zu verstehen.[2] Spätere Kritiker urteilten freilich unterschiedlich über Boilly. Während Grand-Carteret schreibt, daß er »meistens im Banalen verbleibt, nur die Oberfläche sucht und nichts außer dem Effekt sieht«, lobt Eduard Fuchs »den Götterfunken Humor. . . von dem jedes seiner Blätter durchleuchtet ist.«[3]

J. D.

1 Die Datierung erfolgt meistens auf die Jahre 1824–27, doch bildet Fuchs I, S. 442, ein auf 1823 datiertes Blatt ab. Der Verleger Aubert gab 100 Blätter unter dem Titel *Groupes physionomiques connus sous le titre de Grimaces* gesammelt heraus; Grand-Carteret 1888, S. 624.

2 Vgl. dazu Melot 1975, S. 51f.

3 Grand-Cateret 1888, S. 143; Fuchs I, S. 228.

Lit.: Kat. Providence 1971, Nr. 79, mit weiteren Angaben.

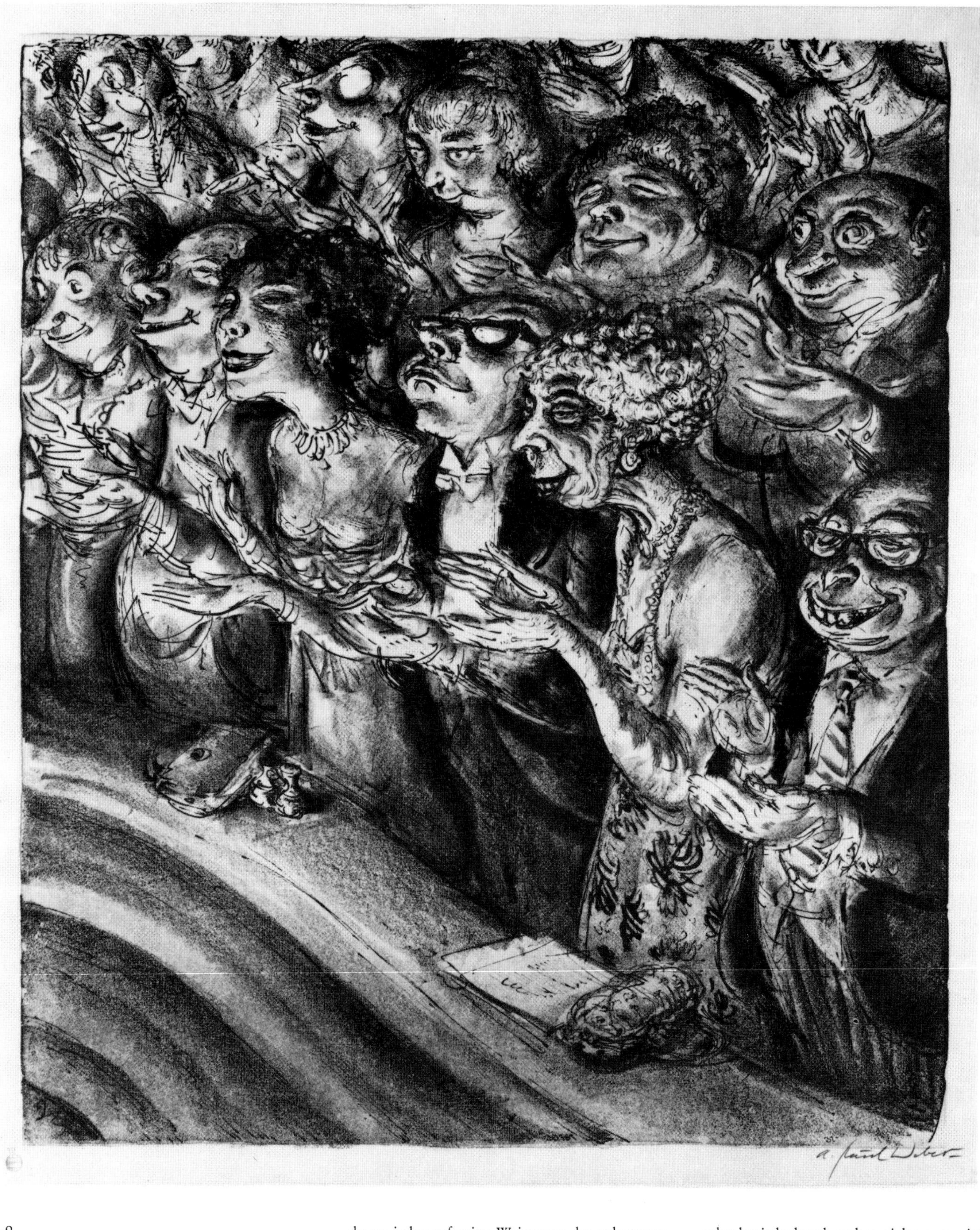

18

A. Paul Weber (1893–1980)

Premiere, um 1960

Lithographie 609 x 538, monogrammiert im Stein *W*, signiert mit Blei *A. Paul Weber*. Wilhelm-Busch-Museum, Hannover.

A. Paul Weber gestaltete häufig Publikumsszenen mit zahllosen enggedrängten Köpfen, von denen jeder auf seine Weise von der gebotenen Darstellung fasziniert ist.[1] Bei dem vorliegenden Blatt reizt ihn die dichte Reihung dümmlicher Wohlstandsbürger-Physiognomien. Die Köpfe vorgebeugt, lachend oder grinsend, haben sich die Premierenbesucher zum stehenden Applaus erhoben, sichtlich zufrieden mit dem Kunstgenuß. Das Blatt lebt von den Gegensätzen der Gesichter; rund und breit die einen, spitz die anderen. Jung und alt, versunken hingerissen oder breit lachend, stehen sich unvermittelt gegenüber; schmuckbehängt und eitel frisiert die Damen, mit Brillen und im Frack die Herren. Die starken Helldunkel-Kontraste und die abwechslungsreiche Verbindung von Feder- und Kreidelithographie verleihen dem Blatt eine bewegte Spannung, die den lebhaften Charakterisierungen des Publikums entspricht. J. D.

1 Reinhardt 1980, Nr. 43, 68, 179, 183, 185.

1.2. Übertreibung: dicke Bäuche

Die Übertreibung der Körperformen, der Kontrast von Dick und Dünn sind für die Karikaturisten ein beliebtes Darstellungsmittel. Die körperliche Unzulänglichkeit gestattet es dem Betrachter, sich überlegen zu fühlen. Was von der Norm abweicht, gilt oft als lächerlich. Leibesfülle kann aber positiv und negativ gedeutet werden, etwa als Zeichen für behäbige Selbstzufriedenheit oder für das Laster der Völlerei.

Es gibt zu viele dicke Menschen auf Karikaturen, als daß dies Zufall oder gar bloße Freude an runden Formen sein könnte. Vielmehr stecken hinter den zahlreichen Darstellungen betont dicker Bäuche Absichten, die sich zwar im Lauf der Zeit und oft auch von Fall zu Fall änderten, die jedoch immer auf die Steigerung einer komischen Wirkung abzielten.

Die bloße Darstellung eines dicken Bauches allein enthält noch keine negativen Aussagen oder satirischen Tendenzen. Im Morgenland etwa wird Dicksein als schön und angenehm empfunden. Auch im europäischen Kulturkreis kann ein mächtiger Leibesumfang durchaus auf Amt und Würde seines Besitzers verweisen, wie zahlreiche höfische und auch bürgerliche Porträts vor allem des 16. und 17. Jahrhunderts belegen. Man denke etwa an Cranachs Bildnisse der sächsischen Fürsten, auf denen die kostbar umwandete Leibesfülle geradezu den Rang eines Statussymbols einnimmt.

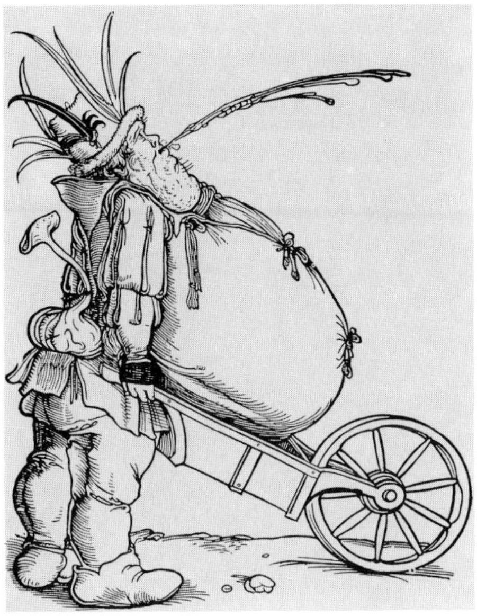

Abb. 25 Hans Weiditz, *Der Weinschlauch*, um 1521

Die augenscheinlichste Methode, dem dicken Bauch eine komische oder abwertende Bedeutung beizugeben, ist die der Übertreibung. Um 1525 erfand der süddeutsche Holzschneider Hans Weiditz eine ins Groteske reichende Darstellung des dicken Bauches (Abb. 25). *Der Weinschlauch* muß zur Fortbewegung seinen Bauch mit einer Schubkarre abstützen. In ironischen Versen freut er sich über seinen »feisten Bauch«, bedauert aber zugleich seine Zukunft, in der er die Folgen seiner Verschwendungssucht zu büßen haben wird:

»Ich hab mir zogen ein faysten bachen
Und mag mir sein yetz wol gelachen
Im alter aber wirds mir schweer
Weñ mir mein grosser wamst steet leer
Und ist alls durch den Ars gefaren
Das muß ich waynen in alten Jaren.«

Das Motiv des *Weinschlauchs* erfreute sich großer Beliebtheit, wie die häufigen Wiederaufnahmen zeigen (Kat. 3, 20, 120).

Trotzdem stellt der ›Schubkarrenbauch‹ im Grunde genommen einen Sonderfall dar. Sehr viel öfter begegnen betont dicke Personen, deren auffällige Statur erst im Zusammenhang mit der jeweiligen Situation oder Bildunterschrift ihre spezifische Aussage bekommt. Wird der Leibesumfang nicht bis ins Groteske übertrieben, so bedarf es weiterer Verweise, um die beabsichtigte Wirkung zu erzielen.

Die Komik zahlloser Karikaturen beruht auf dem Kontrast von Dick und Dünn; die Magerkeit des einen betont die Fülle des anderen. Häufig verbinden sich mit diesem Gegensatzpaar Charakterisierungen, die einer behäbigen, oft gutmütigen Selbstzufriedenheit des Dicken eine agile Gerissenheit oder gar Hinterhältigkeit des Dünnen gegenüberstellen. Doch enthält offensichtlich bereits der bloße betonte Kontrast von dick und dünn ein komisches Potential, aus dem Karikaturisten seit Jahrhunderten schöpfen (Abb. 26). Nicht selten verbindet sich mit diesem Gegensatz derjenige von groß und klein; der Typ des langen Dünnen steht dem des kurzen Dicken gegenüber. Die berühmtesten derartiger Gegensatzpaare machten Literatur- und Filmgeschichte: Don Quixote und Sancho Pansa, Pat und Patachon, Dick und Doof.

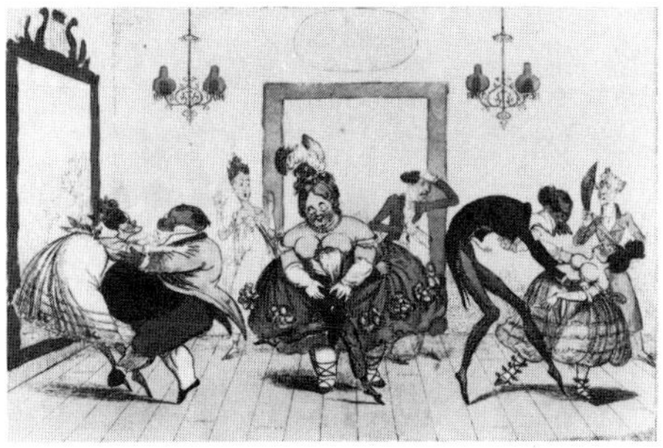

Abb. 26 George Cruikshank, *Inconvenient Partners in Waltzing*, 1817 (?)

Die Kontrastwirkung von Dick und Dünn ist allerdings nicht ausschließlich auf ein Gegensatzpaar angewiesen, sondern läßt sich auch bereits an einer einzelnen Person ausdrücken, indem einer ansonsten hageren Gestalt mit spitzen Gesichtszügen ein dicker Bauch ›angehängt‹ wird. Der gesamte Körper erscheint dadurch unproportioniert, und der Bauch wirkt unnatürlich übertrieben (Kat. 19).

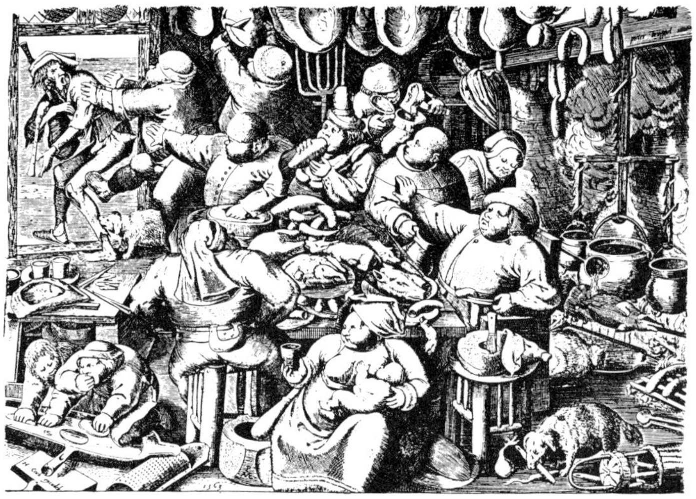

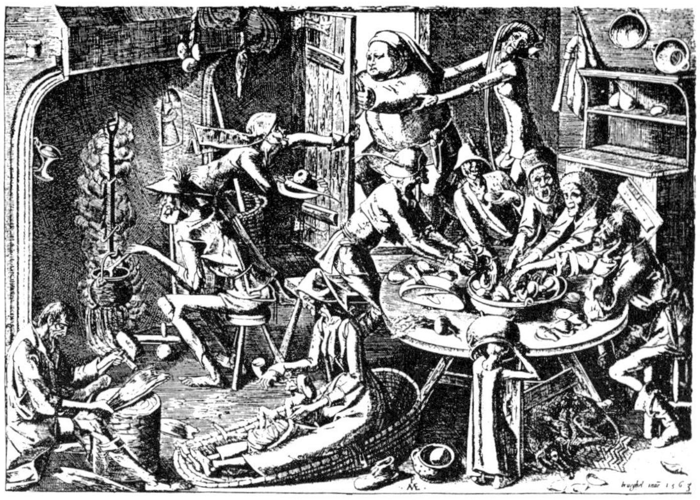

Abb. 27 Pieter van der Heyden nach Pieter Bruegel d. Ä., *Die fette Küche,* 1563

Abb. 28 Pieter van der Heyden nach Pieter Bruegel d. Ä., *Die magere Küche,* 1563

Im Mittelalter galt übermäßiges Fressen und Saufen als eine der sieben Todsünden. Darstellungen der *Völlerei* (gula) betonen natürlich häufig den prallen Bauch der Sünder. 1563 erschien das bekannte, nach Zeichnungen von Pieter Bruegel d. Ä. angefertigte Kupferstichpaar der fetten und der mageren Küche. In der *fetten* oder *reichen Küche* (Abb. 27) drängeln sich vollgestopfte, runde Männer und Frauen in bäuerlicher Kleidung um einen mit Fleischwaren überladenen Tisch. Doch trotz ihres offensichtlichen Überflusses jagen sie den hageren ›Magermann‹ mit einem Fußtritt aus der Tür und zeigen damit deutlich ihr sündhaftes Verhalten. Sie verstoßen gegen das christliche Gebot der Nächstenliebe und stellen sich in die Nachfolge des reichen Mannes, der den armen Lazarus vor seiner Tür hungern ließ und dafür in die Hölle verstoßen wurde.

Doch Bruegel stellt diese feisten Prasser nicht nur als Sünder heraus, die der Völlerei und dem Geiz erliegen, sondern er gibt sie auch der Lächerlichkeit preis, indem er ihre Gier und ihre fetten Gesichter und Körper karikierend übertreibt; sogar die Haustiere – und offensichtlich auch das Mobiliar – leiden bei ihm unter Fettsucht. Es ist übrigens bezeichnend für Bruegels satirischen Ansatz, daß er auch bei den armen Hungerleidern der *mageren Küche* (Abb. 28), die trotz ihrer Not dem fetten Besucher nicht die Tür weisen, vor Übertreibungen und karikierten Physiognomien nicht zurückscheut. Er setzt sich damit keinesfalls über christliche Wertvorstellungen hinweg – er bezieht sich schließlich ausdrücklich auf sie –, sondern gestattet sich künstlerische Freiheiten, die dem Thema neue Ausdruckskraft verleihen. Dies unterscheidet ihn von früheren Darstellungen, in denen Gut gleich Schön und Böse gleich Häßlich ist.

Eine ähnliche moralische Bewertung wie für die Dicken in Bruegels *reicher Küche* trifft auch für den Großteil der Darstellungen mit fetten Mönchen zu. Ihr dicker Bauch ist als äußeres Anzeichen für einen losen Lebenswandel zu verstehen und zeigt, daß sie das ihnen auferlegte Gebot der Mäßigung mißachten. Das Thema ist alt und erfreut sich bis heute großer Beliebtheit, wobei jedoch die politische Brisanz, die es etwa während der Reformationszeit hatte, einem humorvollen, schadenfrohen Lächeln über die Fehlbarkeit auch der von Amts wegen Unfehlbaren gewichen ist (Kat. 21, 35).

Das Thema der dicken Mönche gehört bereits zum großen Bereich der Ständesatire. Ähnlich wie bei den Mönchen hat sich in der Karikatur für den katholischen Priester das Bild des wohlgenährten, satt von seiner Pfründe lebenden Geistlichen durchgesetzt – ganz im Gegensatz zu vielen Darstellungen evangelischer Pfarrer, die meistens einen asketischeren, abgehärmten Eindruck machen. Bei Gastwirten oder Köchen nimmt der dicke Bauch fast den Charakter eines berufstypischen Attributs an. Dagegen herrscht bei Schulmeistern die Vorstellung vom dürren, langen Körper vor. Ebenfalls in vornehmlich dünner Gestalt treten seit dem 19. Jahrhundert viele Intellektuelle und natürlich die hungerleidenden Künstler, die unerkannten Genies, auf. Zu dieser Zeit kommt auch der Typ des dicken Industriellen auf, dessen Bauch als Kennzeichen seines Reichtums und Erfolgs

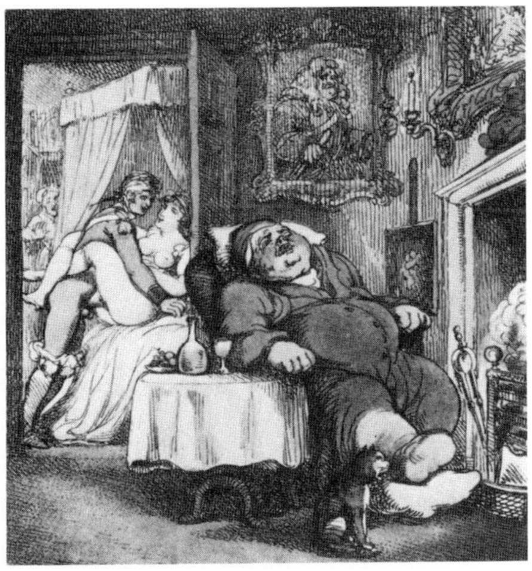

Abb. 29 Thomas Rowlandson, *Gichtkranker wird von seiner jungen Frau betrogen*, um 1790/1800

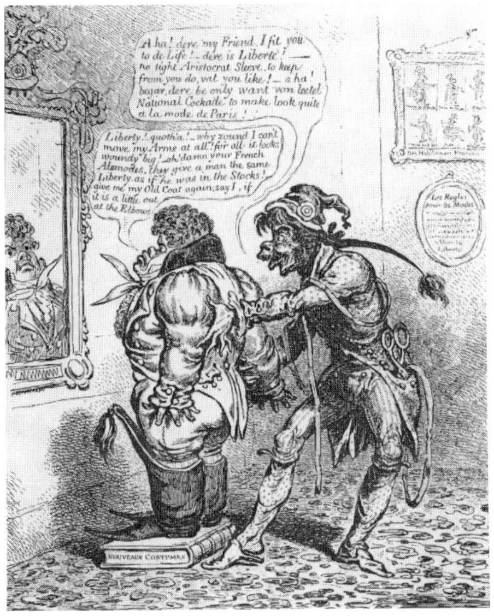

Abb. 30 James Gillray, *French Taylor, fitting John Bull with a Jean de Bry*, 1799

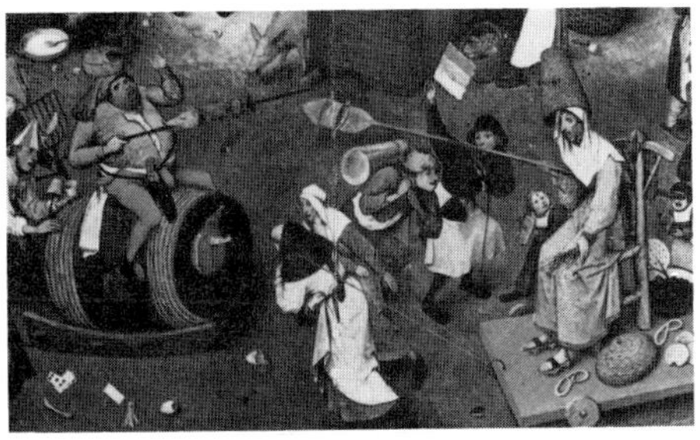

Abb. 31 Pieter Bruegel d. Ä., *Kampf des Karnevals mit dem Fasten* (Detail), 1559

dient (Kat. 30). Karikaturisten stilisieren den Kapitalisten und Ausbeuter zum klassenkämpferischen Feindbild, mit einem Leibesumfang, der nicht selten in dem Maße wächst, wie derjenige der von ihm Ausgebeuteten abnimmt. In den zwanziger Jahren unseres Jahrhunderts sind es die Kriegsgewinnler und Schieber, die in den Bildern von Grosz, Arnold oder Heartfield ihre feisten Gestalten ausbreiten (Kat. 32, 33).

Doch die meisten Karikaturen mit dicken Bäuchen sind nicht auf moralische oder soziale Verunglimpfungen aus, sondern benutzen diese eher für humorvolle Pointierungen.

Geradezu Hochkonjunktur haben ›die Dicken‹ in der englischen Karikatur um 1800. Das Bürgertum der Zeit Georgs III. (1760–1820 König) gefällt sich in ironischen, behäbigen Selbstdarstellungen, in denen leibliche Fülle als Zeichen der Zufriedenheit gelten kann. Allerdings sind Dicke mitunter mit hochgelegtem und verbundenem Gichtfuß gezeigt (Abb. 29). Gicht, ›die Krankheit der Könige‹, wird in diesen Fällen als ein Zeichen lasterhafter Völlerei angesehen. Ins Positive gewandt kann die Leibesfülle auch Wohlstand und Gesundheit andeuten, so etwa schon auf Hogarth' Bildpaar *Beer Street and Gin Lane* von 1751. Auch das Wohlbefinden John Bulls, der Personifikation Englands, wuchs proportional mit seinem Leibesumfang. Geradezu als Gegenbild dazu ist das des mageren, dürren Franzosen konzipiert, dessen Hunger ihn Frösche fressen läßt und – als Jakobiner – zum Kannibalismus treibt (Abb. 30).

Ebenfalls großer Beliebtheit erfreuen sich die Dicken bei den Zeichnern des seit 1896 in München erscheinenden *Simplicissimus*. Sie verkörpern dort vor allem den kraftstrotzenden, urgesunden Bayern, den mit seiner Hofbräuhaus-Mentalität so schnell nichts aus der Ruhe bringt (Kat. 28). Wieder gibt es als Gegenbild, von schmächtiger, schwächlicher Statur, den Preußen (Kat. 29, 200). Sehr häufig sind auch die vom äußeren Erscheinungsbild her relativ belanglosen Karikaturen, auf denen sich Dick und Dünn ohne Handlung als Gesprächspartner gegenüberstehen. Der Witz beruht dann auf den Bildunterschriften, die in kurzen Dialogen behäbige, selbstsichere Gelassenheit einerseits und eine eher besorgte, fast ängstliche Haltung andererseits ausdrücken und damit die geläufigen Charakterisierungen des Gegensatzpaares zum Sprechen bringen (Kat. 29, 34). In den zwanziger Jahren erschien in der Serie der *Simpl-Bücher* ein Sonderband, der ausschließlich dicke Typen vorstellt. Sein Titel *Völlerei* weist auf die lange Tradition und die Anfänge des Motivs vom dicken Prasser zurück (vgl. Kat. 32).

Dieser kurze Überblick hat gezeigt, daß die Übertreibung der Leibesfülle nicht von ihrem Gegensatz, der zu dünnen Gestalt, zu trennen ist. Nicht nur formal, sondern meistens auch inhaltlich sind sie als antithetische Paare konzipiert. An diesem Punkt hat auch die Frage nach der Ursache der komischen Wirkung des dicken Bauches einzusetzen.

Zu dick und zu dünn – beides sind Extreme, die von dem Üblichen, dem ›Normalen‹ abweichen. Sie verstoßen gegen Schönheitsideale, die sich seit der Renaissance mehr oder weniger eng an antiken Vorbildern orientieren und die den wohlproportionierten Körper propagieren. Doch scheint weniger ihre Häßlichkeit eine Herausforderung darzustellen als allgemein die Tatsache der Normverletzung. Die körperliche Unzulänglichkeit gestattet es dem Betrachter, auf die offensichtlichen Mißgestalten herabzusehen und die eigene Überlegenheit festzustellen. Ihre extremen Formen stellen die Dicken – und auch die Dünnen – außerhalb oder zumindest an den Rand des gesellschaftlichen Rahmens. Schon mittelalterliche Volksbräuche wiesen ihnen komische Funktionen zu, wie sie sich beispielsweise in dem *Kampf des Karnevals mit dem Fasten* äußern (Abb. 31). Der eine dick ausgestopft, wie Bacchus auf einem Faß thronend, der andere hager und zu lang, so symbolisieren sie in der Form des Jahrmarktspiels oder des Umzugs den Übergang von der Karnevals- zur Fastenzeit, vom Überfluß zur Not. Sie verkörpern damit aufs Treffendste grundsätzliche, existentielle Lebenserfahrungen, übertreiben sie bis zur Absurdität und nehmen ihnen dadurch ihren Ernst. Karikaturisten schließen hier an, wenn sie die Körperformen bis ins Extreme dehnen. Das ihnen geläufige Mittel der Übertreibung kann gerade beim Beispiel von Dick und Dünn auf tief wurzelnde soziale Erfahrungen zurückgreifen. J. D.

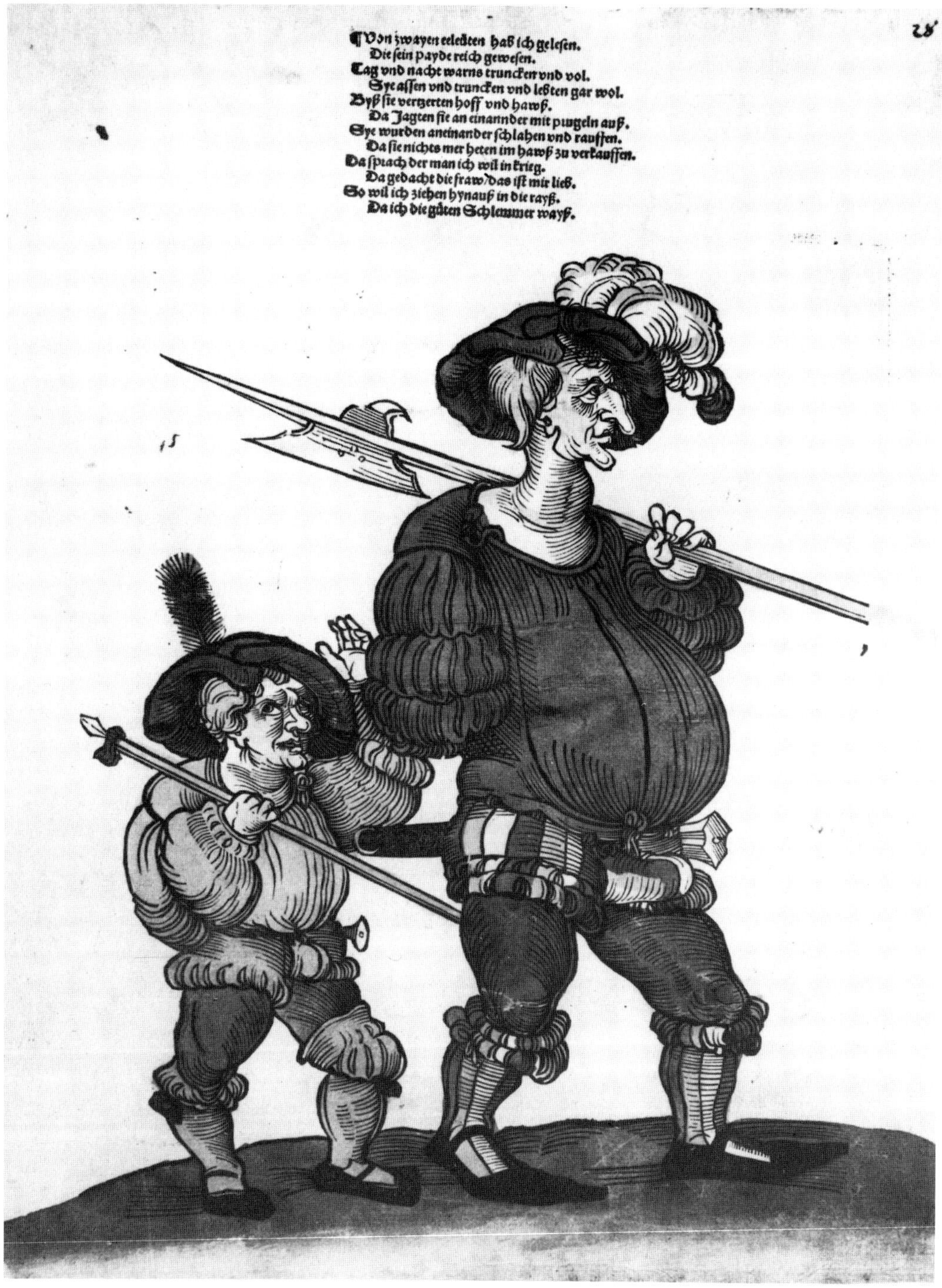

19

Hans Weiditz (vor 1500 – um 1537)

Landsknecht und Troßbube, um 1521

Kolorierter Holzschnitt mit Letternsatz, 335 x 216, Faksimile nach dem Unikat in Gotha aus Meuche/Neumeister 1975.

In modischer Aufmachung, mit geschlitzten Pumpärmeln und federgeschmückten Schlapphüten ziehen ein Landsknecht und sein Troßbube ihres Weges. Hellebarde und Speer haben sie geschultert, dem vorausschreitenden Landsknecht ist allerdings der Schwertgriff bereits abhanden gekommen. Doch nicht nur die Waffen, auch die Gestalten machen keinen frischen Eindruck mehr. Der große Hängebauch des Landsknechts und sein ausgemergeltes Gesicht mit der langen Nase und dem spitzen Kinn zeugen von einer ausschweifenden Vergangenheit, deren nähere Umstände der Text schildert: Zusammen mit seinem Weib hat der Landsknecht Haus und Hof verpraßt, sich dann mit ihr zerstritten und hofft nun, als herumziehender Soldat sein Schlemmerleben fortführen zu können.

Plündernde Soldatenheere wurden in der Zeit, als dieser Holzschnitt entstand, als allgemeine Plage empfunden (vgl. auch Kat. 4). Hans Weiditz greift dieses aktuelle Thema auf und karikiert mit allen ihm zu Gebote stehenden Mitteln zwei seiner typischen Vertreter. Der dicke Bauch und auch der Text verweisen auf die Todsünde der Völlerei. Die geckenhafte Aufmachung, bis zur Pfauenfeder auf dem Hut des Kleinen, betonen die Eitelkeit der beiden – gleichfalls eine Todsünde. Körperliche Deformierungen – der Zwergenwuchs des Troßbuben und das verformte Gesicht des Landsknechts – zeugen von ihrem lasterhaften Treiben und geben sie der Lächerlichkeit preis. Der Holzschnitt ist, zusammen mit einer Reihe weiterer Blätter dieses Künstlers, ein frühes Beispiel für die gezielte Übertreibung und Verformung der menschlichen Gestalt in satirischer Absicht. Weiditz weist nicht nur moralisch auf das Fehlverhalten der Landsknechte hin, sondern darüber hinaus stellt er sie als lachhafte Mißgestalten bloß.

Weiditz schuf ein Pendant zu diesem Holzschnitt, auf dem ein ganz ähnlich angelegtes weibliches Paar seiner Wege zieht.[1] J. D.

1 Geisberg 1509, *Frau mit einem Hahn und Magd*, 1521.

Lit.: Geisberg 1513; Meuche/Neumeister 1975, B 31, mit weiterer Literatur.

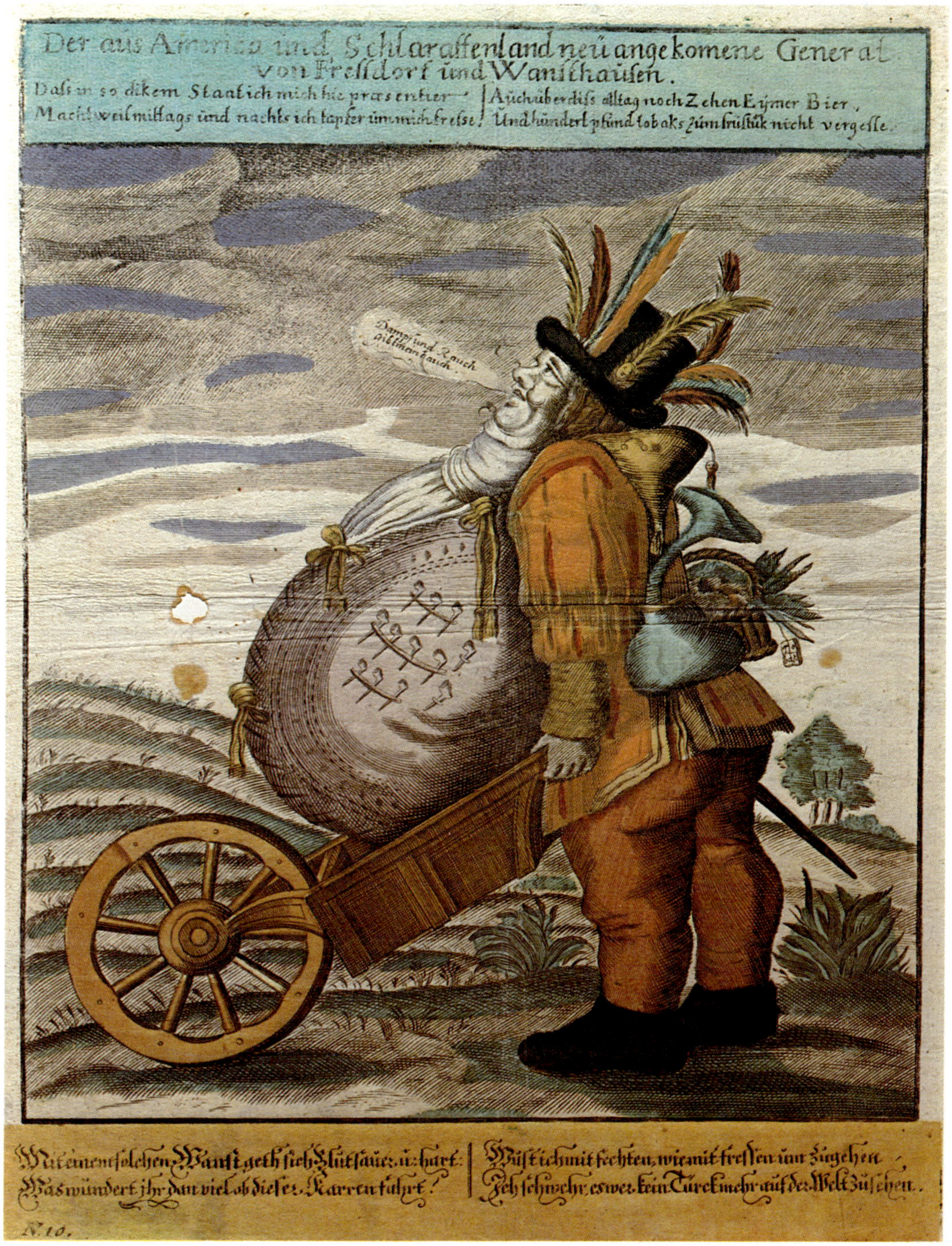

20

Deutsch, 2. Hälfte 17. Jahrhundert

General von Fressdorf

Kolorierte Radierung, 385 x 317.
Germanisches Nationalmuseum, Nürnberg.

Der merkwürdige Reisende hat einen so gewaltigen Bauch, daß er eine Schubkarre zum Transport benötigt, die unter der sackartigen Last fast vollständig verschwindet. So verschmelzen der Mann, sein Bauch, das Rad zu einer groteskmonströsen Einheit. Er nennt sich *General von Fressdorf,* aus Amerika und Schlaraffenland kommend. Damit verbinden sich zwei Laster, die der Dargestellte verkörpert. Der *General von Fressdorf* ist eine seitenverkehrte und inhaltlich erweiterte Wiederholung des Hans Weiditz zugeschriebenen *Weinschlauchs* (Abb. 25). Wie auch beim *Weinschlauch,* der befürchtet, im Alter werde sein großer Wanst leerstehen, handelt es sich beim *General* um eine witzige Darstellung der Todsünde der Völlerei.[1] Wie die vier Reime erklären, frönt der General neben übermäßigem Biertrinken auch dem gerade zur Mode gewordenen Tabaksgenuß. Im Bilde bestätigen dies eine Rauchwolke und gleichzeitige Sprechblase aus seinem Mund, der Korb auf dem Rücken und, in starker Übertreibung, die Pfeifensammlung an seinem Jackett. In Flugblättern vom Anfang des 17. Jahrhunderts gilt das Rauchen als angeberische Narretei. Der als »Hasenhirn« verspottete »Tabakstrinker« verraucht sein Geld und hat am Ende nichts als Kopfweh und Erbrechen davon.[2] So ist mit dem *General* weniger eine Verkörperung der Laster als ein mehrfacher Narr dargestellt, ein Angeber (Tabakstrinker), und ein »Schlauraffe« d.i. ein Narr (Affe) und Faulenzer (sluder).[3] Sein geckenhaftes Auftreten wird durch den übertrieben mit Hahnenfedern geschmückten Hut vervollständigt. Die in bunten Farben volkstümlich kolorierte Radierung wird aus stilistischen Gründen in die 2. Hälfte des 17. Jahrhunderts datiert, wozu der in den Versen gegebene Hinweis auf Türkenkriege paßt, ohne eine konkretere zeitliche Eingrenzung zu ermöglichen.

E. Z.

1 Zur Motivwanderung vgl. Coupe 1966, S. 189, Anm. 198. Vgl. Abb. 25.
2 G. Hirth, *Kulturgeschichtliches Bilderbuch aus vier Jahrhunderten,* München 1881–90, Nr. 1712, *Tabacologia;* Nr. 1718, *Der teutsche Tabackstrinker,* 1630.
3 Vgl. Kat. Nürnberg 1976, Nr. 59, S. 45 (Illustration von Erhard Schön zum *Schlaraffenland* von Hans Sachs).

21

Robert Brichet zugeschrieben

Die Trunksüchtigen Mönche – Le Frère Robinet, um 1775

Zwei Radierungen, aquarelliert, je 209 x 150. Privatbesitz.

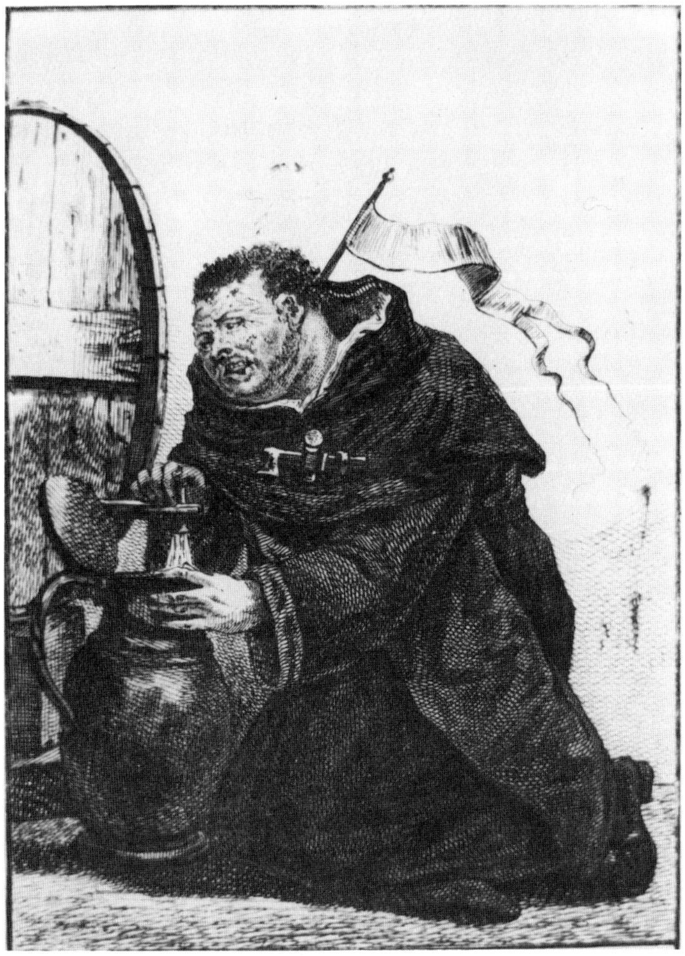

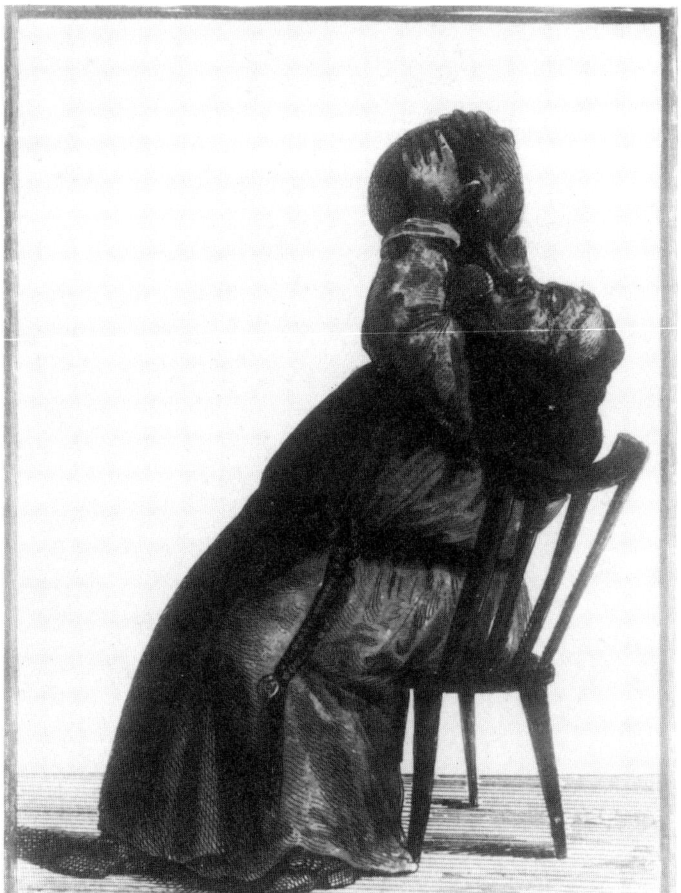

Die beiden Mönche sind als dem Trunke verfallene Fettwänste charakterisiert. Das Gesicht des Mönches, der den Wein in eine Kupferkanne abfüllt, ist von Gier und Vorfreude auf den ersehnten Trunk gezeichnet. Am Rock trägt er einen zweiten Faßhahn. Die Mönche, die durch ihre Ordensregel zur Mäßigkeit verpflichtet sind, werden hier als bedenkenlose Sünder bloßgestellt, sehr anders als in England, wo etwa gleichzeitig (1784) Rowlandson einen fetten, beschwipsten Vikar mit viel Verständnis für den Zustand des feucht-fröhlichen Dicken seinem Publikum vorstellte (Abb. 32).

Die beiden trunksüchtigen Mönche gehören zu einer mindestens 46 Darstellungen umfassenden Folge von geistlichen Heuchlern, Freßsäken, Geizkragen, Erbschleichern usw. In das für die Beschriftung bestimmte Feld sind bei mehreren Figuren auf der Rückseite (!) bedruckte Kapitelüberschriften geklebt wie *La Simonie, L'Avarice* oder *L'Insatible.* Der fette Mönch vor dem Weinfaß ist auf der Rückseite bezeichnet *Le Frère Robinet.* Den Reigen eröffnen zwei Bettelmönche, *Le Roy du Carneval* und *Le Père Jacques, Roy l'année passée.* Die Radierungen sollten offenbar ein antiklerikales Buch illustrieren. Ein entsprechender Band konnte jedoch nicht festgestellt werden.

Das erste Blatt ist mit *RB,* offenbar dem Monogramm Robert Brichets, bezeichnet. Die antiklerikale Haltung würde zu Brichet passen. 1778 besuchte er Voltaire in Fernay und radierte auch sein Bildnis. 1782–84 hielt er sich in Augsburg auf, um die Entwürfe des Freiherrn J. von Göz für dessen Werk *Exercices d'imagination de différents caractères et formes humaines – Die heut sichtbare Körperwelt* zu radieren. Den größten Teil der achtziger Jahre verbrachte er in St. Petersburg, kehrte aber nach Ausbruch der französischen Revolution nach Paris zurück.

M. H.

Lit.: Unveröffentlicht.

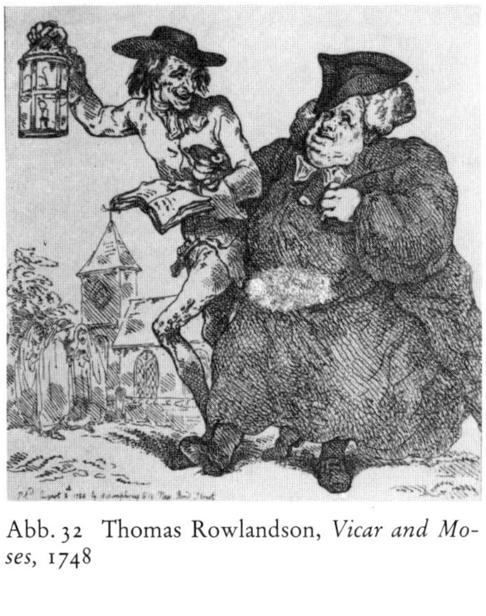

Abb. 32 Thomas Rowlandson, *Vicar and Moses*, 1748

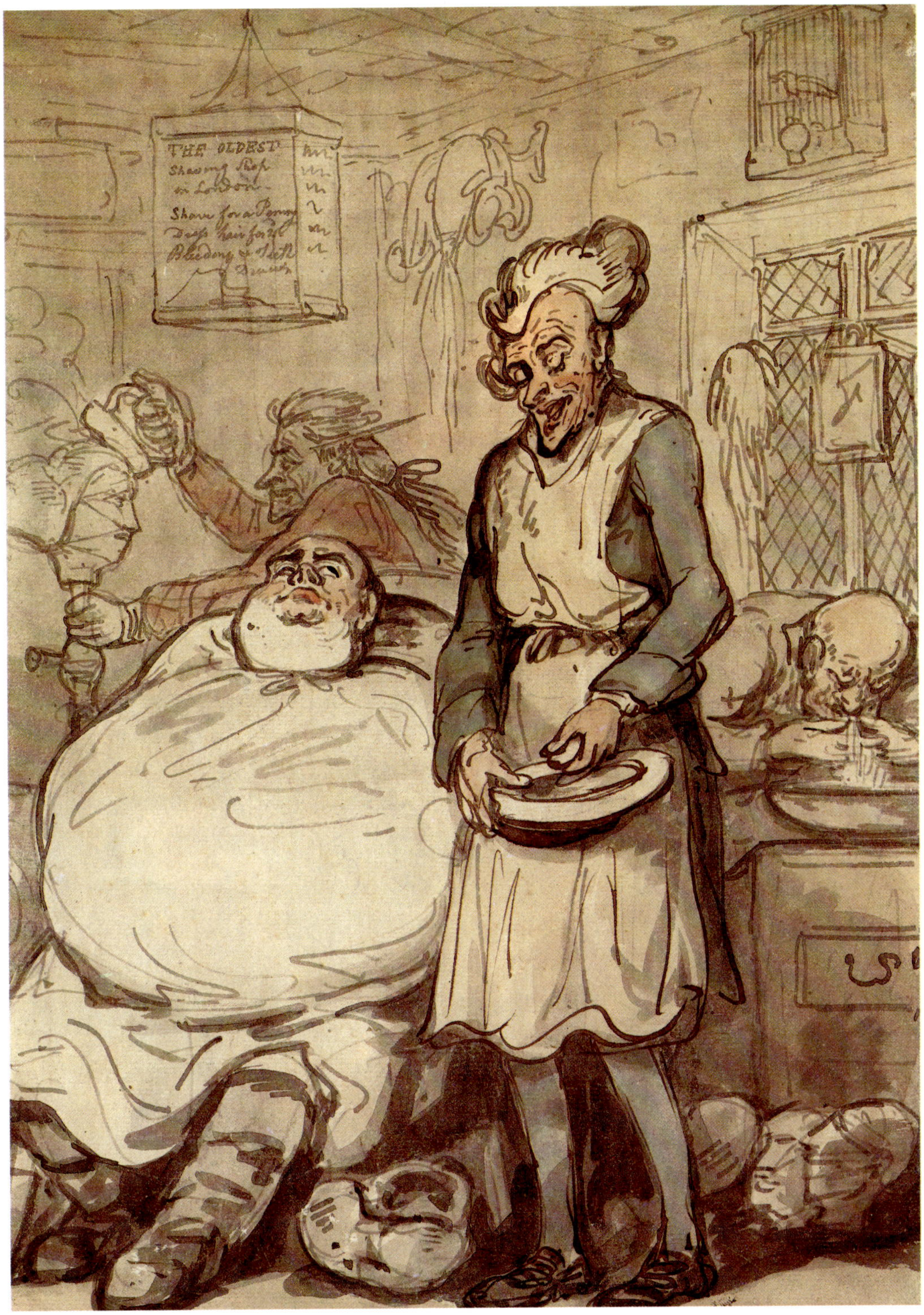

22

Thomas Rowlandson (1756–1827)

A Penny Barber, 1789

Feder in Braun und Grau, aquarelliert, 327 x 227, unbezeichnet.
Sammlung Ensmann, München.

Ein feister und kahlköpfiger Mann erwartet sitzend seine Rasur, das riesige Doppelkinn bereits eingeschäumt. Arme, Schultern und vor allem der unförmige Bauch verbinden sich unter einem weißen, unter dem Hals zusammengebundenen Schutztuch zu einer unförmigen, runden Masse. Rechts vor dem Kunden steht der Barbier und hält über einer Schüssel ein Stück Seife. Sein Mund ist redend geöffnet, der Kopf leicht gebeugt und die Perücke auf dem kahlen, spitzen Schädel verrutscht. Im Hintergrund bügelt ein Gehilfe eine Perücke, weitere Perücken hängen an der Wand oder liegen auf dem Boden. Rechts spült ein glatzköpfiger Mann eine Wunde über einer Wasserschüssel. Ein Vogelkäfig hängt über dem Fenster, und auf dem rechteckigen, papiernen Lampenschirm sind unterhalb des Ladennamens die Preise angegeben: »The Oldest Shaving Shop in London. Shave for a Penny, Dress hair for 2 p«.

Rowlandson deutet mit schneller Feder das stimmungsvolle Interieur einer alten Londoner Barbierstube an. Dabei arbeitet er vor allem den Barbier im Vordergrund sorgfältiger aus, während unwichtigere Details nur summarisch angegeben sind. Wesentlich für die Wirkung ist der Kontrast des unförmig dicken Kunden zum dünnen, abgehärmten Barbier. Die typisierenden und zum Teil übertreibenden Physiognomien bringen weitere karikierende Momente in das Blatt.

Die Zeichnung diente als Vorlage für eine Aquatintaradierung, die Rowlandson mit nur wenigen Änderungen 1789 durch William Holland veröffentlichen ließ.[1] Mit dem Thema der Barbierstube griff er ein Motiv auf, das in der englischen Karikatur um 1800 sehr beliebt war.[2]

J. D.

1 BM VI, Nr. 7605.
2 Siehe den ›Index of Selected Subjects‹ der Bände des *British Museum Catalogue* unter dem Stichwort ›Barber‹.

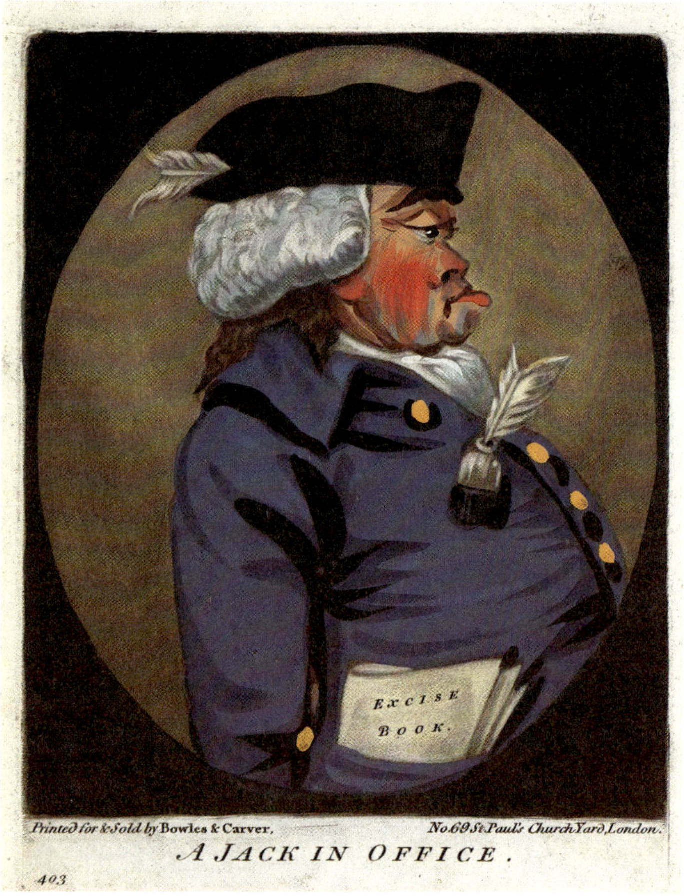

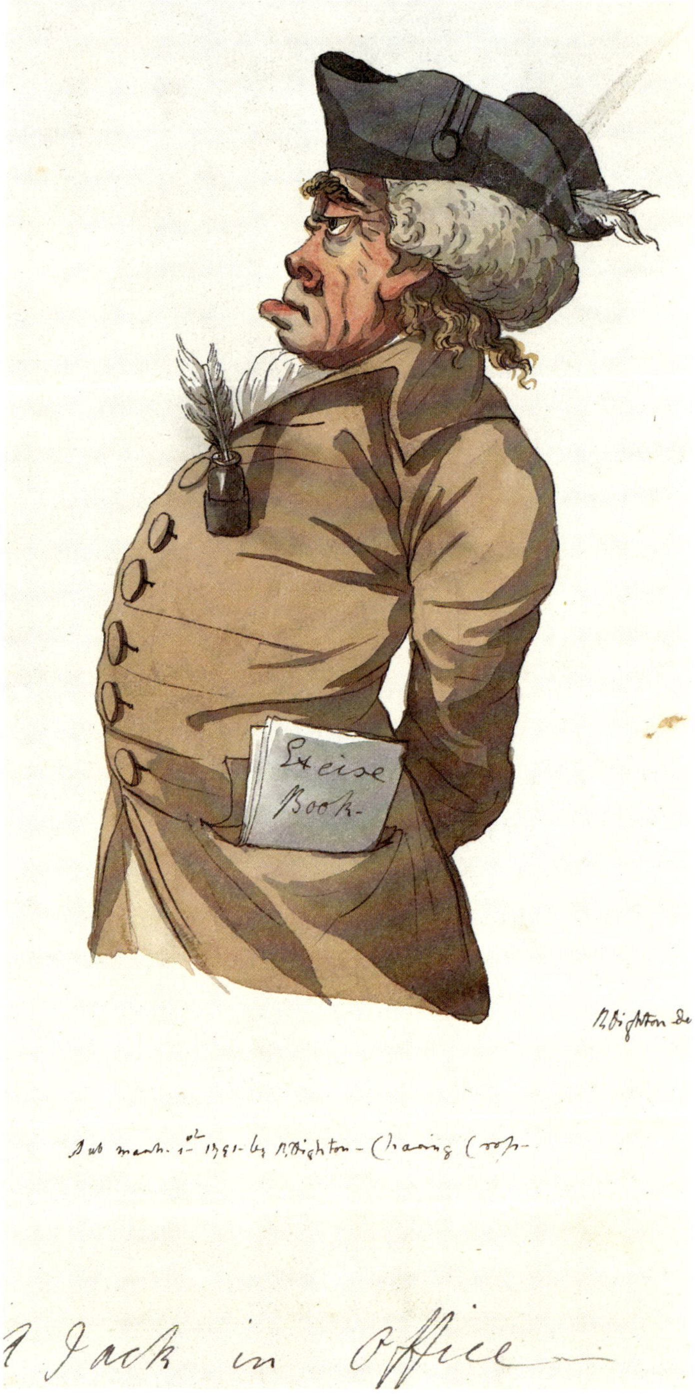

23
Robert Dighton (um 1752–1814)

A Jack in Office – Ein Wichtigtuer im Amt, 1791

a Feder und Aquarell, 259 x 155; signiert *R. Dighton del.*,bezeichnet *Pub March 1st – 1791 by R. Dighton Charing Cross.*
b Mezzotinto, koloriert, 164 x 138; bezeichnet *Printed & Sold by Bowles & Carver No. 69 St. Pauls Churchyard, London.*
Sammlung Ensmann, München.

Dighton zeichnet einen häßlichen Mann in mittlerem Alter, der die Insignien seines Amtes, das »Excise Book« zum Notieren der einzunehmenden Verbrauchssteuern und das Tintenfaß mit der Feder, in den Taschen seiner knapp sitzenden Jacke vorzeigt. Mit reichlich geschwellter Brust, der Perücke – unter der allerdings noch der zottelig natürliche Haarwuchs hervorschaut – und dem vorsätzlich kritischen Blick versucht er, die nötige Würde herzustellen. Doch verraten die übertrieben steif-stolze Körperhaltung und die ins Groteske spielende Physiognomie mit der weit vorspringenden Unterlippe den sich aufblähenden Wichtigtuer. Dighton verwendet die für Karikaturen gern benutzte reine Profilansicht, um die Abnormitäten zu betonen.

Das Schabkunstblatt weicht vor allem mit seinen in die Breite verschobenen Proportionen von der gezeichneten Vorlage ab; aus der ursprünglich vorgestreckten Brust wird dadurch ein dicker Wanst, und die differenzierte Charakterisierung wird zugunsten des Klischees vom feisten Amtsinhaber aufgegeben. Auch die Gesichtszüge sind vereinfacht. Besonders die starke Farbigkeit verleiht dem Schabkunstblatt eine grobe und plakative Wirkung, die es von den feineren Nuancen des Aquarells absetzt.

Dighton schuf 1791 mehrere Schabkunstblätter für die Verleger Bowles & Carver, deren opake Kolorierung gleichfalls weitgehend seine Zeichenweise überdeckt.[1] Auch die Thematik der anderen Blätter ist im englischen Alltagsleben angesiedelt.[2]

J. D.

1 BM VI, S. XXX.
2 Ebd., Nr. 8048 ff. Das vorliegende Blatt ist dort nicht aufgeführt.

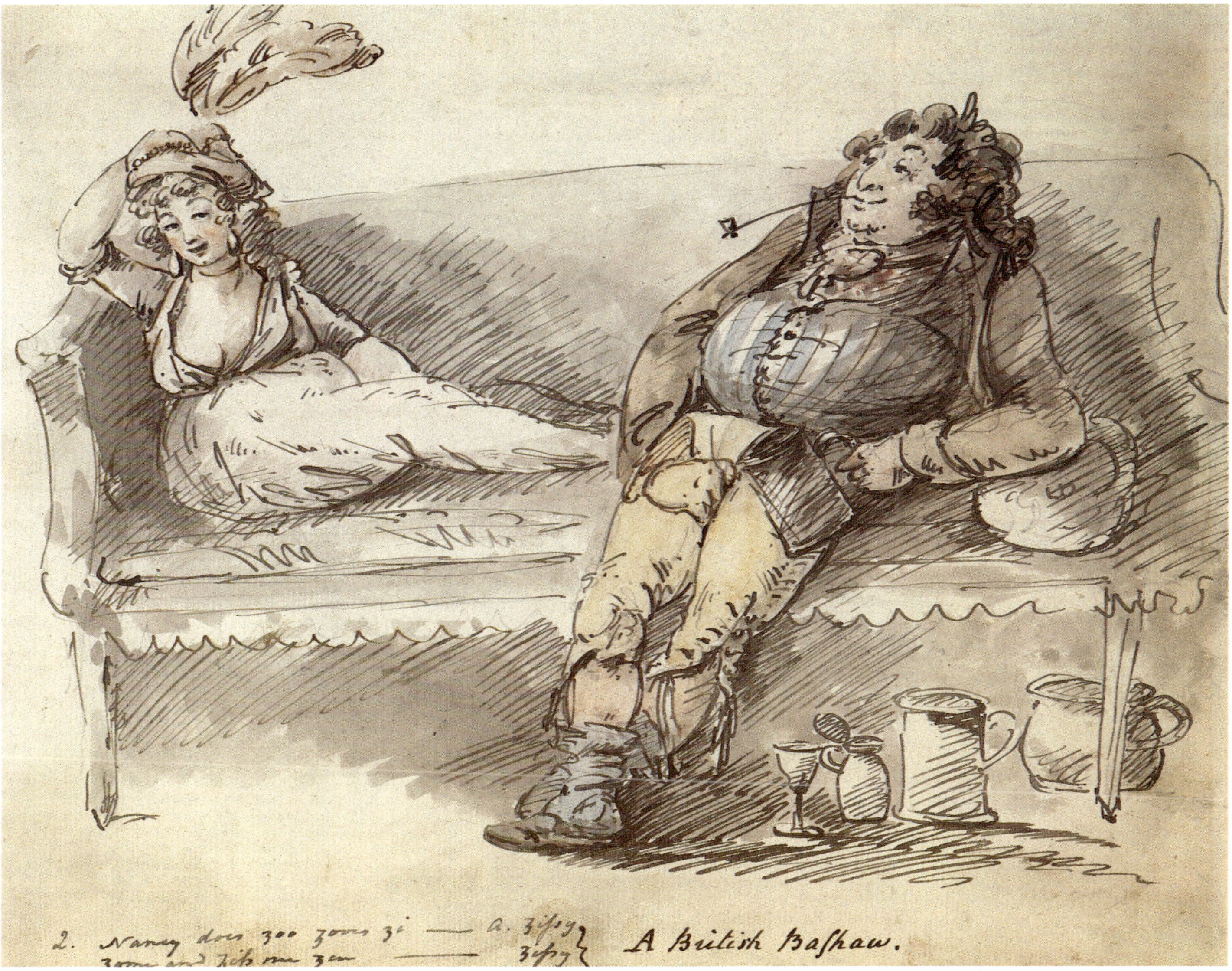

24

Isaac Cruikshank (1762–1811)

A British Bashaw, um 1790/95

Feder in Schwarz und Braun, aquarelliert, 246 x 319, nicht signiert, bezeichnet *A British Bashaw. 2. Nancy does zoo zooo zi a. . . . (?)*
Sammlung Ensmann, München.

Zufrieden auf seinem Sofa zurückgelehnt, schmaucht der *britische Pascha* seine Pfeife. Schmunzelnd blickt er zu seiner offenherzigen Partnerin Nancy hinüber. Sein zuversichtlicher, genüßlicher Gesichtsausdruck, vor allem aber der Griff seiner rechten Hand lassen weitergehende Avancen für den späteren Abend vermuten. Doch zunächst stellt den *Pascha* der große Bierkrug in seiner Hand vollauf zufrieden. Die sich steigernde Reihe der Gefäße unter dem Sofa, vom kleinen Glas über Kanne und Krug bis zum Nachttopf deuten auf exzessiven Genuß hin. Die straff gespannte Jacke droht über dem runden Wanst zu platzen. Nancy scheint bereits, wie die Bildunterschrift nahelegt,[1] die Fähigkeit zur klaren Aussprache verloren zu haben. – Die Zuschreibung an Isaac Cruikshank erscheint aufgrund stilistischer Vergleiche als zutreffend.[2]

J.D.

1 Der mit schneller Feder geschriebene Text konnte nicht ganz entziffert werden; es ist möglich, daß eine dritte Zeile abgeschnitten wurde.

2 Vgl. die Abbildungen in Krumbhaar 1966, bes. Nr. 238, 1092. Das vorliegende Blatt ist sorgfältiger und detailreicher ausgeführt als die meisten bei Krumbhaar abgebildeten und von Cruikshank als Entwurfsskizzen für Radierungen gedachten Zeichnungen. Der handschriftliche Text scheint jedoch eindeutig von Cruikshank zu stammen. Das vorliegende Blatt ist bei Krumbhaar nicht enthalten. – Die Datierung ergibt sich aus der Kostümierung Nancys, dem tief ausgeschnittenen Kleid und dem kleinen Hut mit den Straußenfedern.

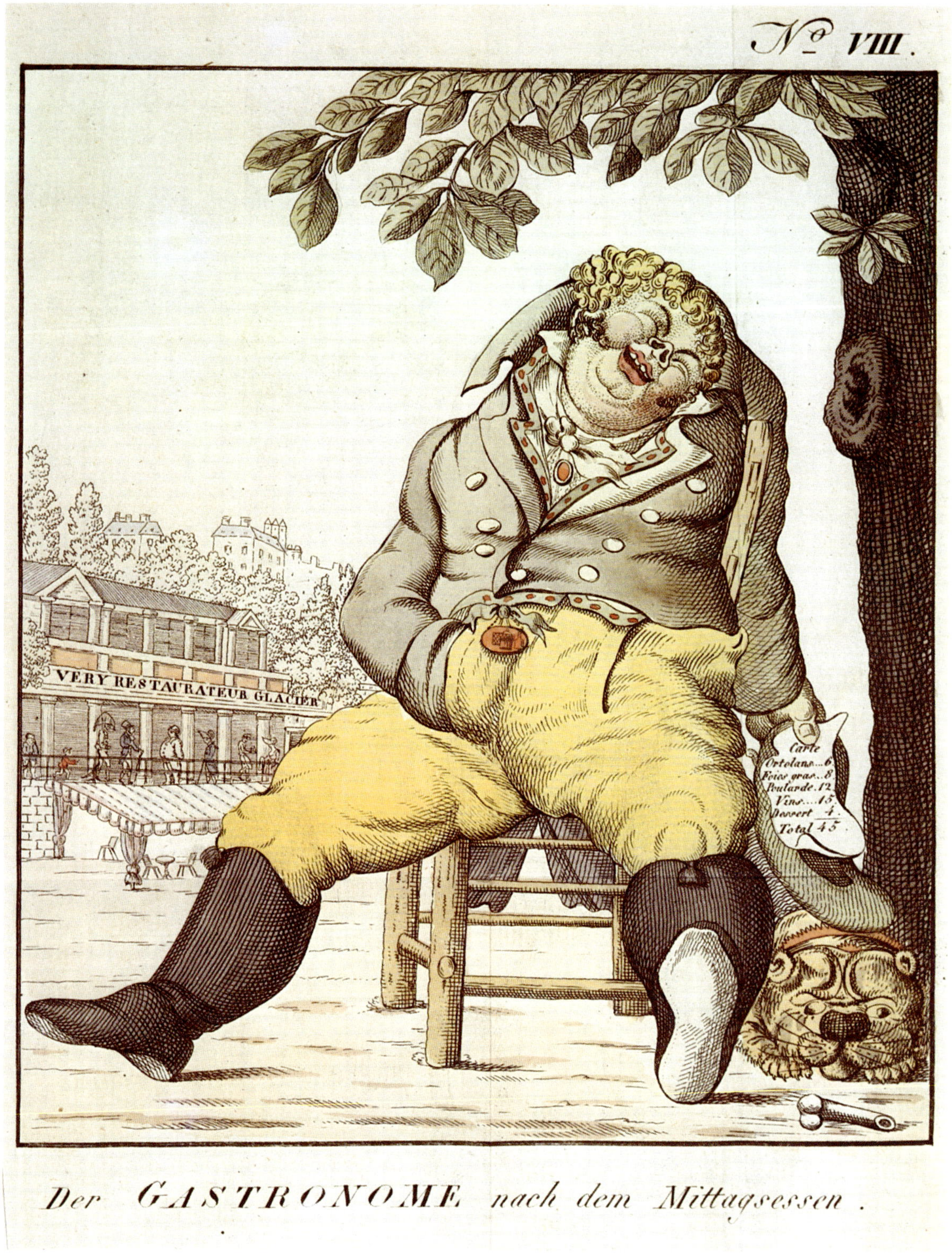

25
Deutsche Kopie nach einer französischen Karikatur

Der Gastronome nach dem Mittagsessen, 1805

London und Paris Bd. 15, 1805, Tafel 8. Kolorierte Radierung, 191 x 162.
Niedersächsische Staats- und Universitätsbibliothek Göttingen.

Ein praller junger Mann nimmt, lässig auf einem Stuhl zurückgelehnt, seinen offensichtlich hochverdienten Verdauungsschlaf. In der Hand hält er noch die Rechnung des Restaurants »Very«, einem seinerzeit in Mode gekommenen Schlemmerlokal in den Tuilerien.[1] Sein Menü bestand aus Fettammern, gespickten Lebern, Masthuhn, Dessert, reichlich Wein und kostete die erkleckliche Summe von 45 Francs. Der Hund rechts unten scheint es seinem Meister sowohl im Fraß als auch in den runden Formen nachgetan zu haben; für den phallischen Knochen vor sich hat er allenfalls noch ein müdes Auge übrig.

Der Körper des Mannes, und damit auch die enganliegende Kleidung, scheint bis zum Platzen gefüllt. Das gewaltige Doppelkinn hat den Kragen bereits gesprengt und aus dem geöffneten Mund meint man das Schnarchen zu hören. Die breitbeinige, ungenierte Haltung bekommt durch die in den Hosenlatz gesteckte Hand einen obszönen Akzent, wenn auch der modisch hochgezogene Latz damals ganz allgemein als Tasche diente.[2] Die Tendenz der Karikatur ist eher erheiternd denn moralisierend, wenn auch die öffentliche Schaustellung seiner Unpäßlichkeit den sicherlich eitlen Mann zunächst bestraft. Doch nicht die verwerfliche Völlerei ist hier das Thema, sondern der erheiternde Anblick eines überfressenen und unter den Qualen der Verdauung leidenden Stutzers. J. D.

1 Vgl. den deutschen Kommentar zu der Karikatur, *London und Paris*, Bd. 15, 1805, S. 388f.
2 *London und Paris*, Bd. 6, 1800, S. 178; vgl. Kat. 220.

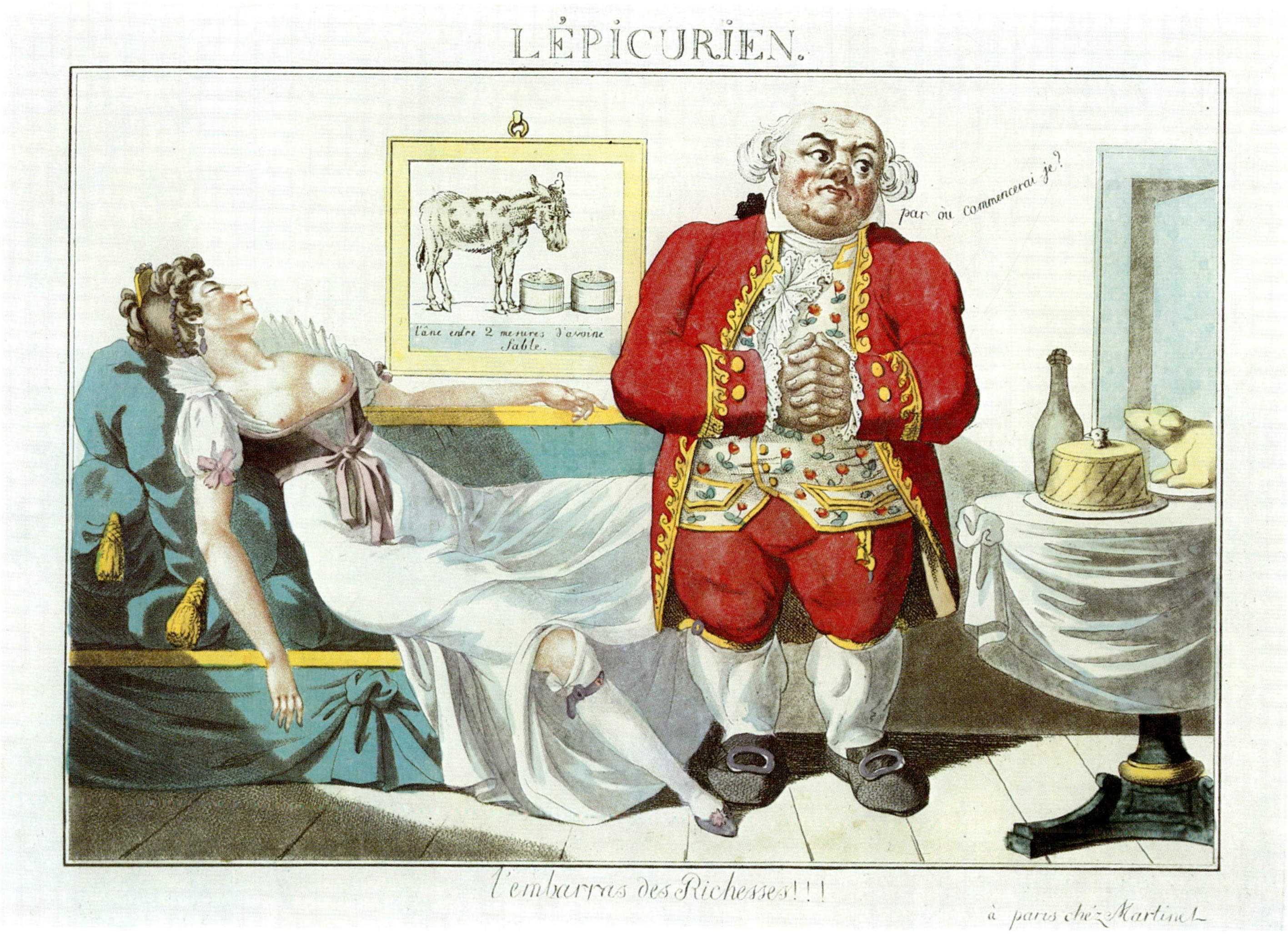

26
Debucourt (1755–1832) zugeschrieben
L'Epicurien, um 1800–05

Radierung mit Punktierstich kombiniert auf grünlichem Papier, ungewöhnlich sorgfältig koloriert; die punktierte Platte wurde in Braun und Rosabraun eingefärbt, die radierte Platte in Dunkelbraun, 199 x 262, bezeichnet *à paris chez Martinet.*
Privatbesitz.

In der Mitte ein dicker, reicher Mann, ein überzeugter Jünger Epikurs, unschlüssig zwischen einem hingebungsvoll auf einem Diwan ausgestreckten jungen Mädchen und einem gedeckten Tisch; über dem Diwan eine Illustration der Fabel von dem Esel, der zwischen zwei Futtertrögen zu wählen hatte und sich nicht entscheiden konnte. Als Unterschrift: »l'embarras des Richesses!!!« (die Schwierigkeit der Wahl). Der dicke Bauch als Statussymbol des reichen Mannes.

Das Blatt dürfte eine Arbeit Debucourts sein.[1] Debucourt berichtet, daß er sich vorübergehend von englischen Karikaturen habe anregen lassen. Der Dicke erinnert in der Tat an englische Karikaturen. Debucourt war bis in die neunziger Jahre des 18. Jahrhunderts hinein in Paris der unumstrittene Meister des Farbstiches. Als die aufwendigen, von zahllosen Platten gedruckten Blätter keine Käufer mehr fanden, mußte er sich mit einfacheren, im wesentlichen handkolorierten Arbeiten begnügen und sich als Reproduktionsstecher verdingen. M. H.

1 Von der Darstellung gibt es eine derbe deutsche Wiederholung; Fuchs I, Abb. 245.

Lit.: Nicht bei Fenaille.

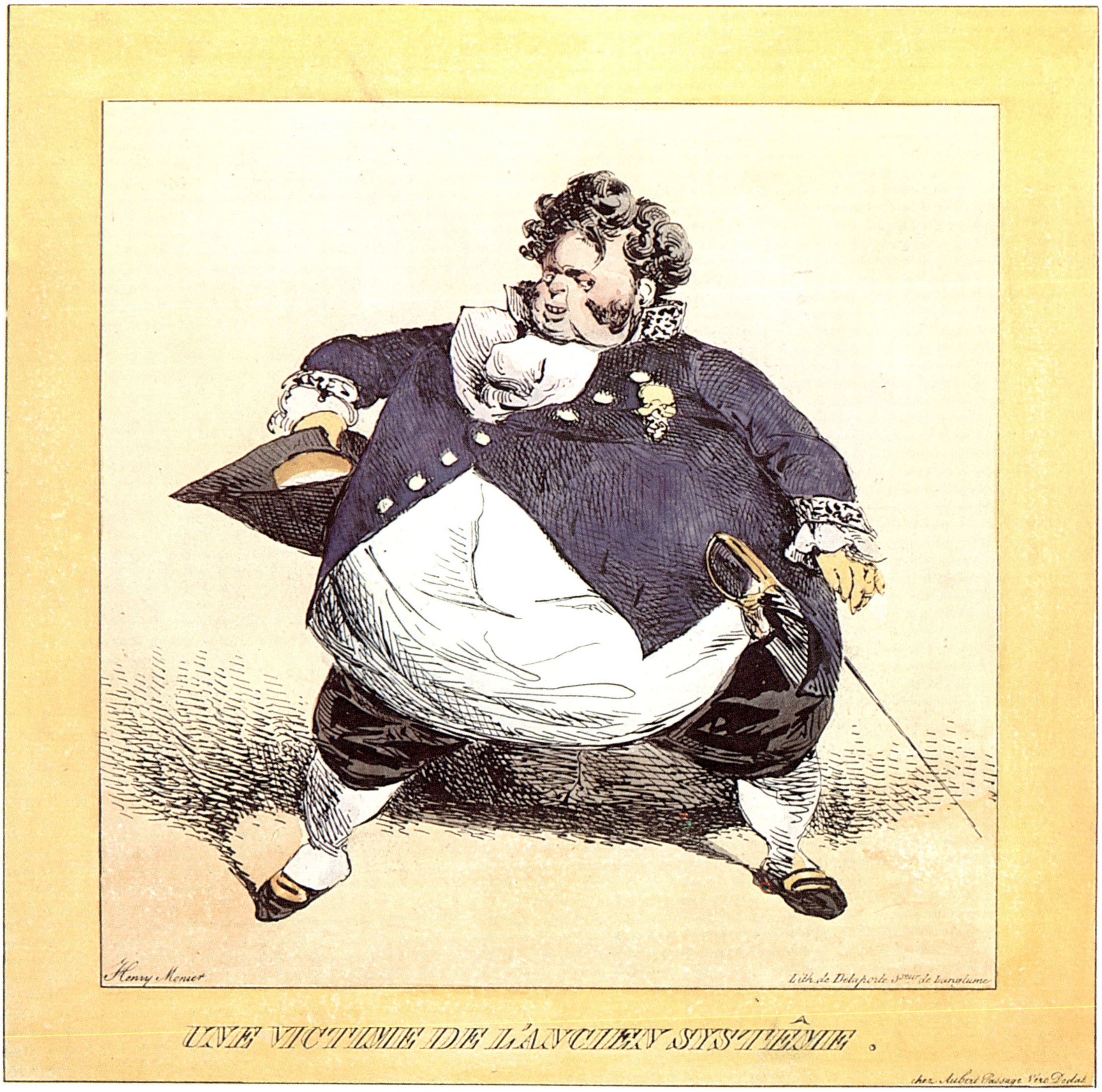

27
Henry Monnier (1805–1877)
Ein Opfer der früheren Regierung, 1830
Tafel 1 aus *La Caricature*, Nr. 1 vom 4. 11. 1830; kolorierte Lithographie, 271 x 356, signiert *Henry Monier.*
Kunstsammlung der Universität Göttingen.

Monnier präsentiert die feiste, aus allen Nähten platzende Gestalt eines Adligen. Wie die Legende ironisch andeutet, sieht dieser sich als Opfer des ehemaligen Systems, nämlich der durch die Juli-Revolution gestürzten Regierung Karls X. Seine überquellenden Körperformen zeigen jedoch deutlich, wie gut er die Zeit der Restauration überstanden hat. Sein Opportunismus wird durch sein Aussehen entlarvt. Die Fettleibigkeit wird hier als Zeichen für Reichtum und Wohlergehen eingesetzt. S. B.-A.

Lit.: Champfleury 1889, S. 343.

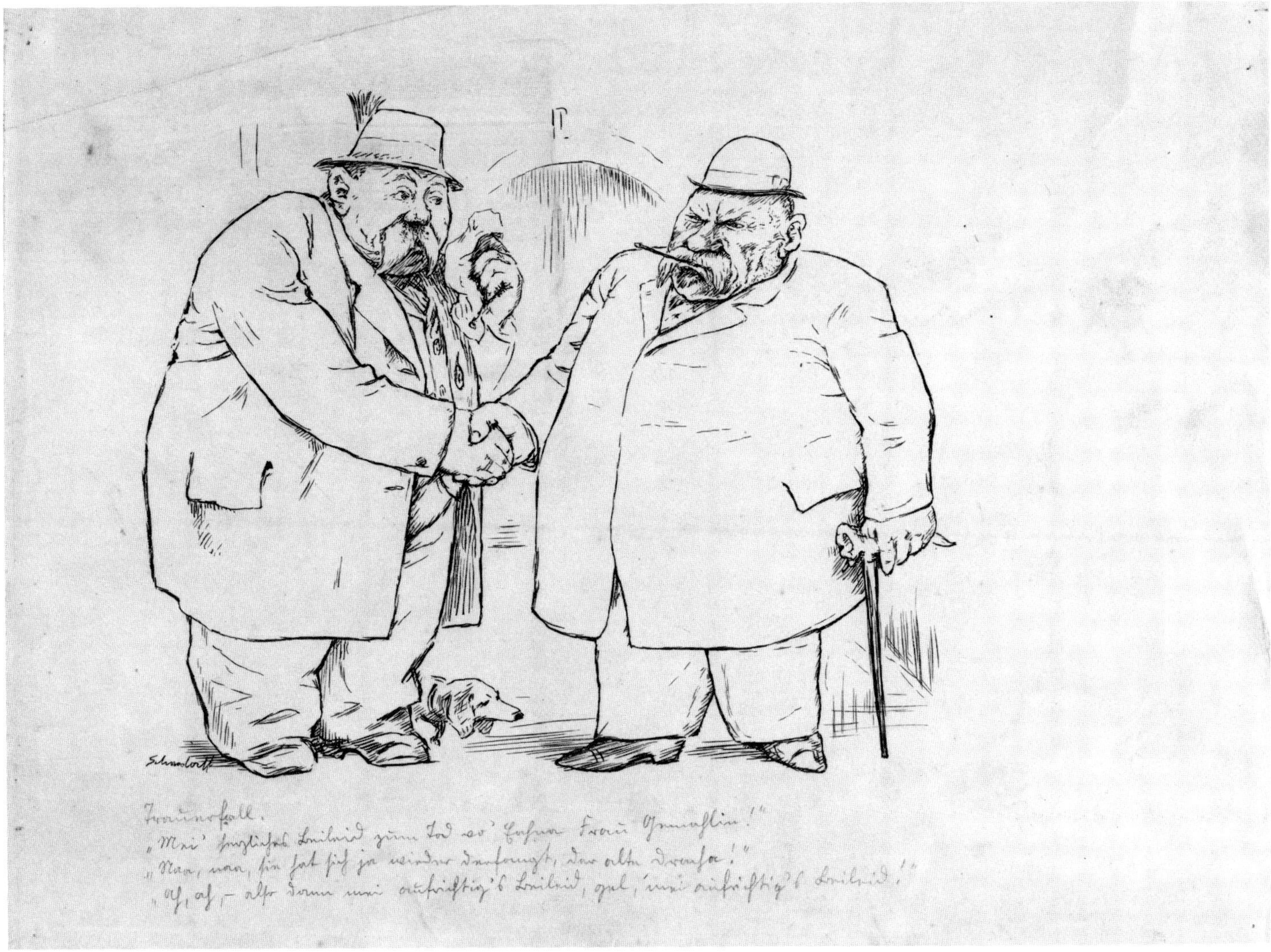

28

Paul Schondorff

Trauerfall, um 1900

Feder in Schwarz, 253 x 330, signiert *Schondorff*. Sammlung Ensmann, München.

»Mei herzliches Beileid zum Tod vo' Eahna Frau Gemahlin! – Naa, naa, sie hat sich ja wieder deafangt, der alte Dracha! – Ah, ah, – also dann mei aufrichtig's Beileid, gel', mei aufrichtig's Beileid!«

Die Bildunterschrift scheint in ihrem oberflächlichen Tonfall nicht ganz zu der Zeichnung zu passen. Der linke, trauernde, der beiden alteingesessenen Münchner hat sein Schnupftuch gezogen, während sein Gegenüber einen eher unberührten und wenig ergriffenen Eindruck macht. Es ist anzunehmen, daß die Zeilen nicht vom Künstler selbst stammen, sondern von Redakteuren der – unbekannten – Zeitschrift herrühren, in der das Blatt wahrscheinlich veröffentlicht wurde.

Die Charakterisierungen dieser typischen Bayern sind bis zur Karikatur vorangetrieben. Untersetzt, stiernackig und wohlbeleibt bis zur Unbeweglichkeit lassen sie an die ewig Bier trinkenden und durch nichts aus der Ruhe zu bringenden Hofbräuhäusler denken. Die runden Köpfe mit den imposanten Schnauzbärten und den knolligen Nasen drücken sich tief zwischen die breiten Schultern.

Paul Schondorff, über den kaum etwas bekannt ist, bevorzugte bayrisch-volkstümliche Themen.[1] Die vorliegende Zeichnung schließt stilistisch und auch motivisch eng an Arbeiten des *Simplicissimus*-Mitarbeiters Josef Benedikt Engl an, dessen bieder-humorvolle Szenen den bayrischen Alltag gutmütig aufs Korn nehmen.

J. D.

1 Hollweck 1973, S. 158. Nicht nur die Lebensdaten Schondorffs sind ungewiß, sondern sogar über seinen Vornamen scheint Unklarheit zu bestehen; in Kat. München 1978, S. 472, wird er fälschlich als Peter Schondorff geführt.

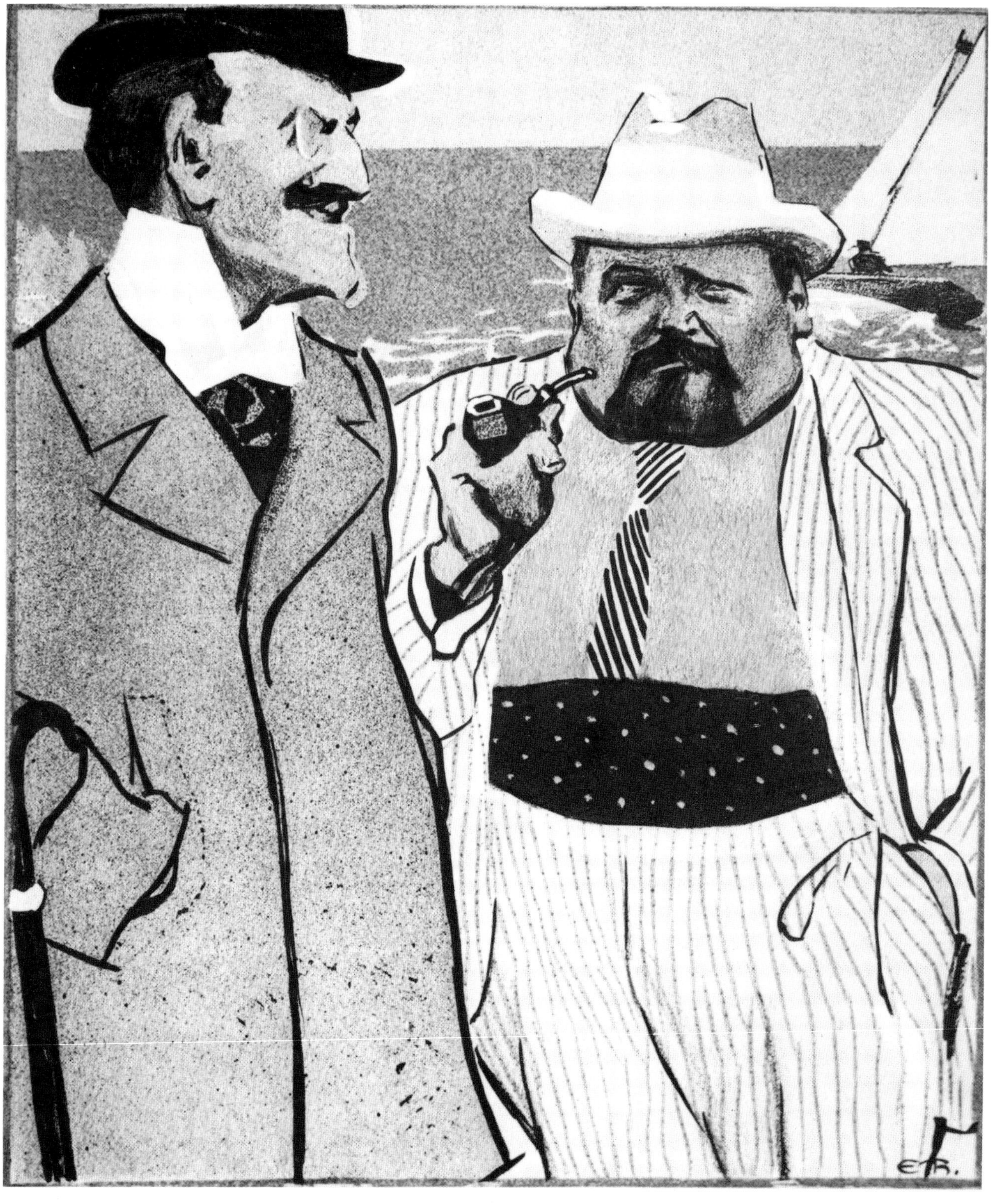

29
Eduard Thöny (1866–1950)
Der Prinzgemahl, 1901
Simplicissimus, 6. Jg. Nr. 22, 1901, S. 169 (Titelblatt). Pinsel in Schwarz und Blau, gespritzt, 385 x 327, signiert *E Th.*
Sammlung Ensmann, München.

Der extrem knapp gewählte Bildausschnitt führt dem Betrachter zwei Männer in Halbfigur vor Augen, die vor dem Hintergrund einer Meereslandschaft sich in einem Gespräch befinden. Mit ihren kontrastierenden Gestalten veranschaulichen sie zwei in der Karikatur beliebte Gegensatzpaare. Schlank und groß, den oberen Bildrand überragend, der eine Herr, sein Gesprächspartner dagegen ist kleiner, gedrungener und korpulenter. Seine Gesetztheit, Neigung zu Geruhsamkeit oder Freude am Genuß werden durch das Pfeiferauchen noch betont.

Der Text des Blattes bezieht sich auf die Hochzeit der niederländischen Königin Wilhelmina mit dem Herzog Heinrich von Mecklenburg-Schwerin im Jahre 1901, der aufgrund seines ausgiebigen Nachtlebens hinlänglich bekannt war: »Nun, wie gefällt Ihnen denn der Prinzgemahl? Wie macht er sich?« – »Soweit ganz gut, wir haben nur eine Sorge: wir wissen nicht, wie wir ihn am Tage beschäftigen sollen.«

Die Zeichnung dürfte zu den Darstellungen gehören, die ohne feste Themenvorgabe entstanden sind; erst in den wöchentlichen Redaktionssitzungen des *Simplicissimus* erhielten diese dann die entsprechende Unterschrift, die allein den aktuellen satirischen Bezug des wohl aus der Beobachtung zweier unterschiedlicher Typen entstandenen Blattes gewährleistete. T. M

Lit.: Kat. München 1977, Nr. 104, S. 160.

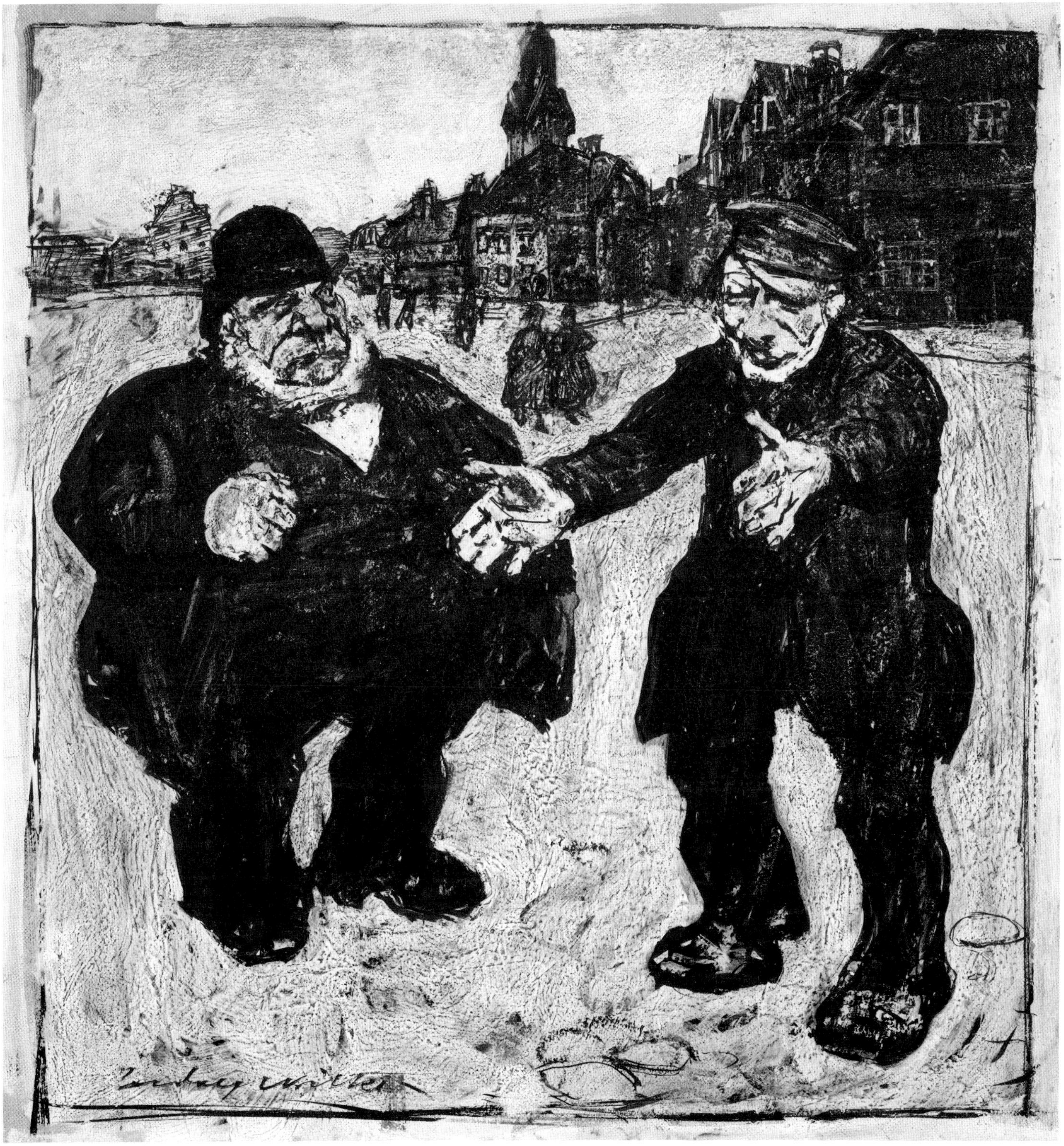

30
Rudolf Wilke (1873–1908)

Guter Rat, 1902

Simplicissimus, 7. Jg. Nr. 39, 1902, S. 309
Gouache, 282 x 255, signiert *Rudolf Wilke.*
Sammlung Ensmann, München.

»Sagt der Mann, ich soll ihm Geld geben. Warum? frage ich. Weil ich 'ne kranke Frau habe, sagt er, die ich ernähren muß. Na, da kann ich Ihnen helfen, sag ich. Ich danke Ihnen, sagt er. Nee, sag ich, nich mit Geld, aber mit Rat; lassen Sie sich scheiden.«

Ein kleinstädtischer Marktplatz bildet die Kulisse für die Diskussion zwischen einem Industriellen und dem von ihm abhängigen Arbeiter, der jenem gestenreich seine prekäre finanzielle und soziale Not schildert. In ihrem Äußeren sind sie eindeutig charakterisiert: Fett und einen Bowler tragend der mißmutige Kapitalist, von abwartender, ja angesichts der Bitte um finanzielle Unterstützung zurückweichender Haltung; ihm gegenüber der Arbeiter mit Schirmmütze und von eher schmaler Statur. Sein Blick geht aus dem Bildfeld ins Ungewisse, gleichsam als Ausdruck der Hoffnungslosigkeit. Im Gegensatz zur Zeichnung, auf der der Arbeiter eine Bitte vorträgt, wird die Situation im zugehörigen Text rückblickend aus der Sicht des Unternehmers geschildert. Sein zynischer Rat mag am Stammtisch die Lacher auf seiner Seite haben. Wird in der äußeren Dickleibigkeit das Erscheinungsbild des Kapitalisten karikiert und zum Typen erhoben, so legen Titel und Unterschrift dessen Menschenverachtung bloß. T. M.

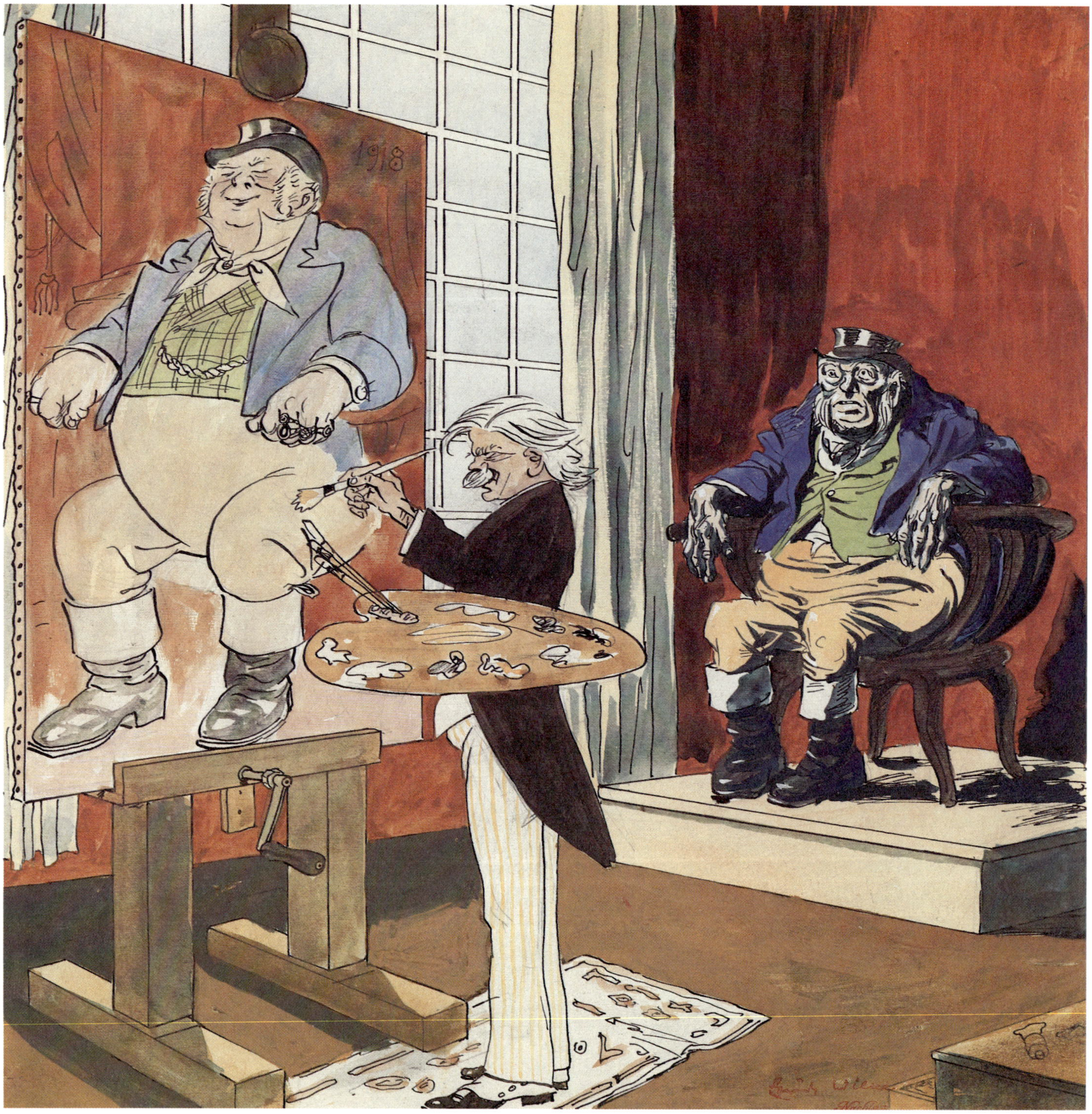

31
Erich Wilke (1879–1936)
Porträtähnlichkeit, 1918
Feder und Aquarell, 352 x 342, signiert: *Erich Wilke 18.*
Sammlung Ensmann, München.

Das traditionelle Thema der Atelierszene findet in der Karikatur häufig Verwendung. Bietet das Thema üblicherweise die Möglichkeit, in einem Bild zugleich das Porträt des Auftraggebers wie auch das Selbstbildnis und Selbstverständnis des Künstlers zu vereinen, so erzeugt hier die Diskrepanz von Modell und ausgeführtem Werk eine entlarvende Spannung.

In diesem Falle hat sich John Bull im Atelier, dessen Bildraum durch geschickt eingesetzte Helldunkel-Zonen und akzentuierende Vertikalen sowie Diagonalen gegliedert ist, eingefunden, um sich porträtieren zu lassen. Er sitzt zusammengesunken, mit tief herabhängenden Schultern und Händen auf einem Stuhl. Sein Gesichtsausdruck zeugt von Not und Verzweiflung. Die Kleidung ist ihm zu groß und verweist auf bessere Tage. Dem entgegengesetzt ist sein Bildnis auf der Leinwand: Den Kopf hält er lächelnd erhoben, bewußt einen Ausdruck voller Zuversicht zur Schau tragend; die Hände umfassen kraftvoll die Stuhllehnen, und der mehr als gutgenährte Körper sitzt nun stramm in den Kleidern. Man scheut sich, noch von Porträtähnlichkeit zu sprechen; der Künstler hat den Auftrag erfüllt, mit der Kunst des schönen Scheins die gründlich heruntergewirtschaftete Lage des englischen Imperiums zu kaschieren.

Ohne Kenntnis des Bildtextes und der möglicherweise identifizierbaren Person des Porträtisten läßt sich angesichts der Datierung in das Jahr 1918 zumindest sagen, daß in dieser Karikatur das Wunschdenken Deutschlands zum Ausdruck kommt, der Kriegsgegner England möge es nötig haben, sich in dieser die Tatsachen entstellenden Weise der Öffentlichkeit zu präsentieren. Im Sinne der Gegenpropaganda wird das starke England als schwach und verwahrlost dargestellt. Freilich geht der patriotische Schuß nach hinten los: Man lügt sich in die eigene Tasche, denn nicht England bedarf der Kompensation durch nach außen gerichtete Glorifizierung des nur scheinbar zukunftsvollen nationalen Zustandes, sondern das Deutsche Reich, welches am Vorabend seiner Niederlage im 1. Weltkrieg steht. T.M.

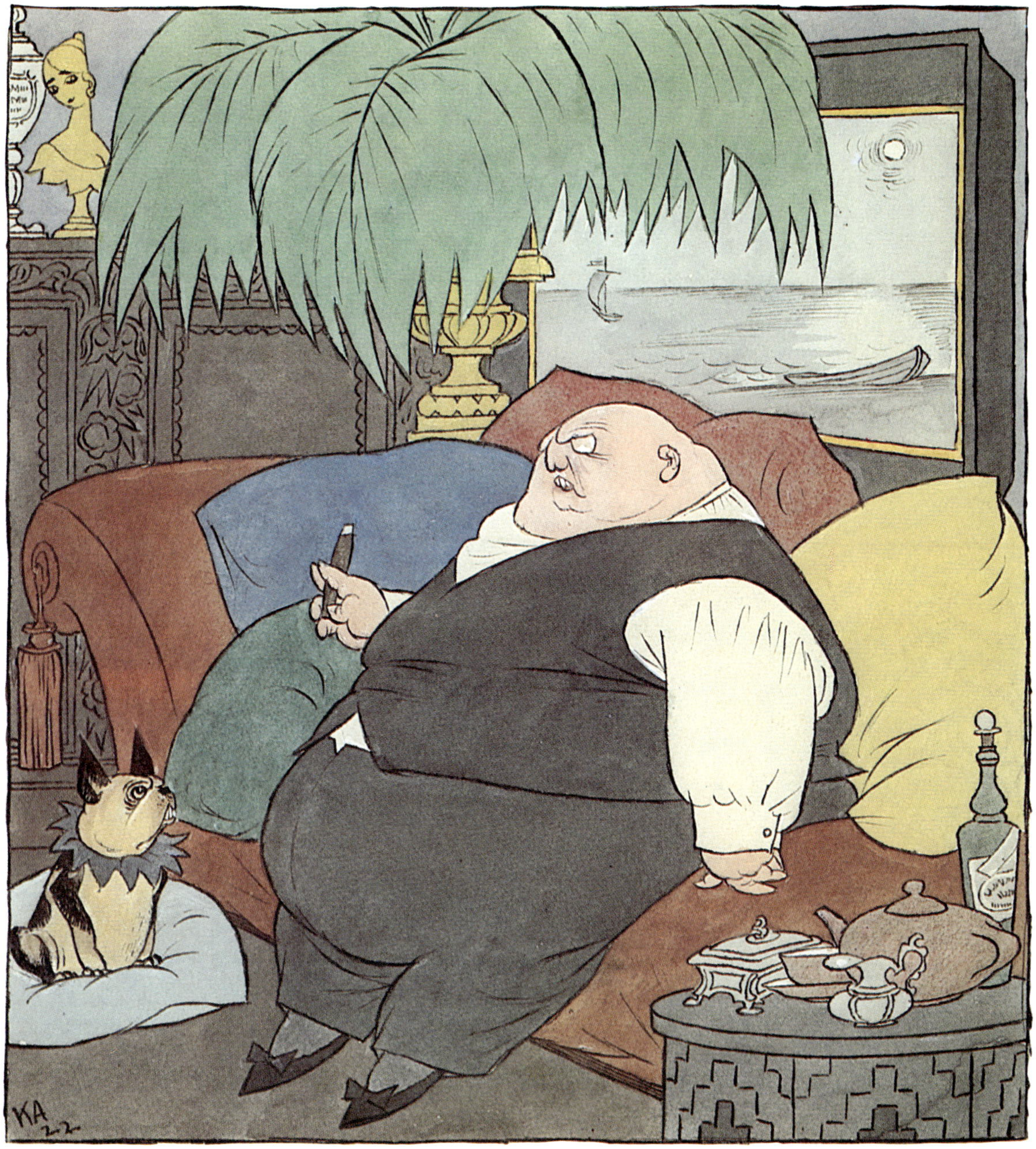

32
Karl Arnold (1883–1953)

Der Bauch, 1922

Simplicissimus, 27. Jg. Nr. 20, 1922, S. 288. Tuschfeder, Aquarell, 226 x 200, signiert: *KA 22.* Privatbesitz.

»Ach wie lange hab' ich meine kleinen Beinchen nicht gesehen!« Auf engstem Raum drängen sich eine Vielzahl von Requisiten: ein großes Sofa mit füllig gestopften bunten Kissen; massiver Bildschmuck an der Wand; ein Vertiko nebst Nippes-Figuren; eine Palme entfaltet ihre mächtigen Wedel im oberen Bildraum; vom Vordergrund beschnitten schließlich ein Teegeschirr und eine Likörflasche auf einem kleinen runden Tisch. Ebenso ›überladen‹ und füllig wirken der auf dem Sofa sitzende und Zigarre rauchende Herr des Hauses wie sein Pendant, ein auf einem weiteren Kissen am Boden hockendes Schoßhündchen mit Halskrause, das zu ihm aufblickt. Die Technik der Überschneidung, an allen vier Seiten des Blattes genutzt, betont das Ausschnitthafte, das auf diese Weise dem Betrachter unmittelbar vor Augen geführt wird. Mit ausgesprochen süßlich wirkenden Farben wird die Dekadenz hervorgehoben. Nicht Völlerei und Prunksucht als Laster im Sinne der christlichen Lehre sind Angriffsziel dieser Zeichnung, sondern die unsozialen und ausbeuterischen Praktiken der Kriegs- und Valutagewinnler, der Schieber. Er lebt auf Kosten der Kriegsgeschädigten und sozial Schwachen. Deutlicher kommt die soziale Stoßrichtung des Themas auf Karikaturen zum Ausdruck, die kontrastierend neben den ›Dicken‹ arme Hungerleidende darstellen (Abb. 33).[1]

Im Druck wurde das Blatt für den *Simplicissimus* auf Braun- und Grauwerte reduziert, was ihm viel von seiner auch auf der Farbigkeit beruhenden Wirkung nimmt.[2] T. M.

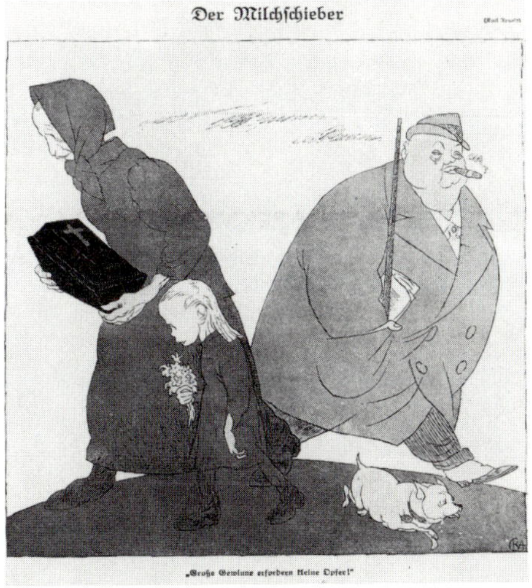

Abb. 33 Karl Arnold, *Der Milchschieber,* 1920

1 *Der Milchschieber* von Karl Arnold, erschienen im *Simplicissimus,* 25. Jg. Nr. 7, 1920, S. 99.
2 Das Blatt ist ferner im zweiten Sonderband der *Simpl-Bücher,* der unter dem Thema *Völlerei* erschien, auf Seite 1 abgebildet (München, o.J.). – Farbig reproduziert ist es im Band *Karl Arnold, Leben und Werk,* München 1977, S. 37.

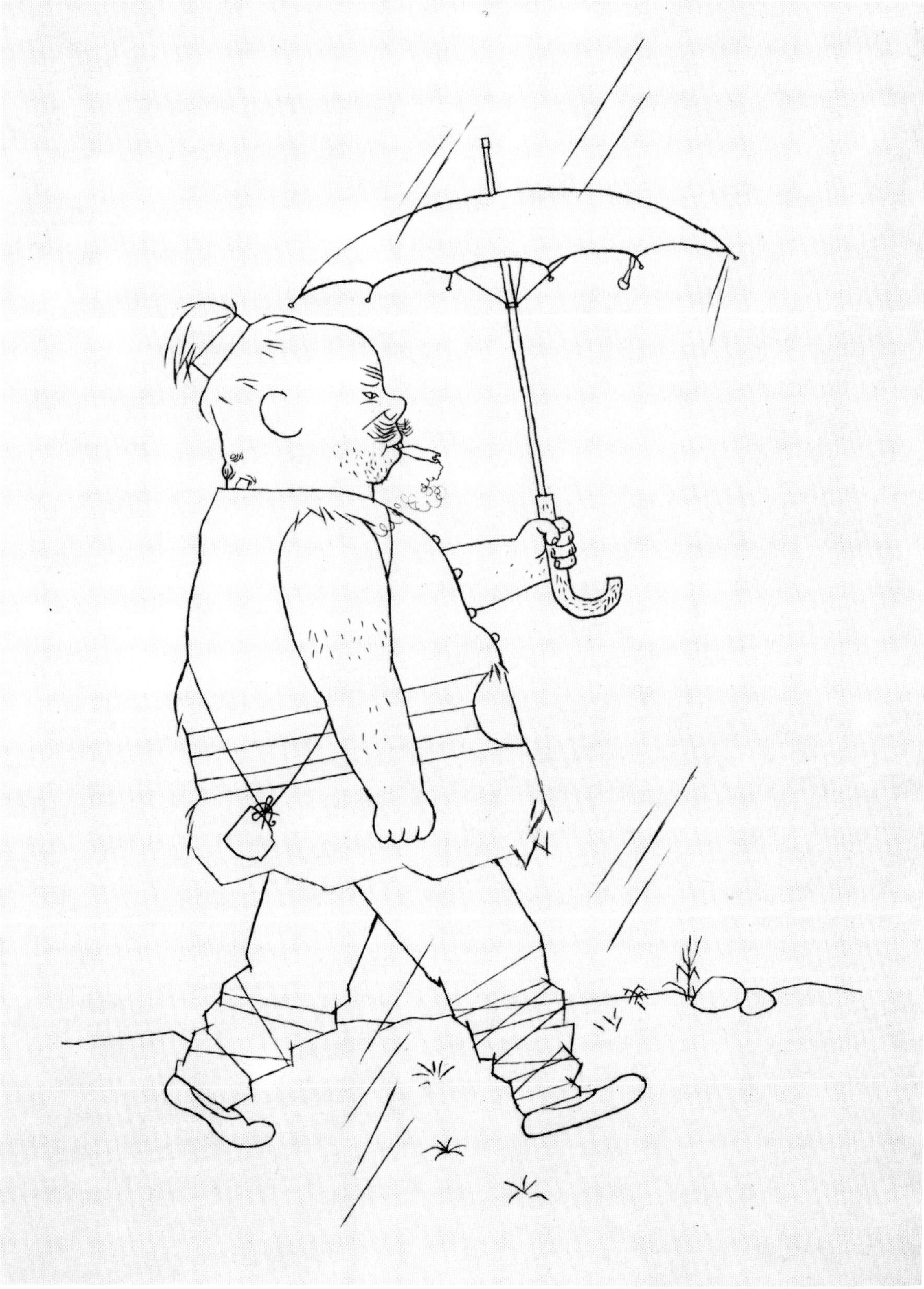

33
George Grosz (1893–1959)
Robinson, um 1920/25
Feder in Schwarz, 430 x 309, unbezeichnet.
Sammlung Ensmann, München.

Kurzer Fellumhang, Sonnenschirm und hochgeschnürte Sandalen sind die äußeren Kennzeichen des Defoeschen Romanhelden Robinson Crusoe. Doch der Robinson, den George Grosz hier selbstbewußt einhermarschieren läßt, paßt mit seiner feisten Gestalt viel eher in das Bonzen- und Schiebermilieu, das Grosz so häufig mit einer »zähnefletschenden Bissigkeit« zeichnete.[1] Durchaus hurmorvoll dagegen wird hier der reiche Großstädter in die ihm so ferne Inselwelt versetzt. Der Rollentausch erweist sich bei näherem Hinsehen als bloß oberflächliche Verkleidung. Die prallen Arme und Beine, der dicke Bauch und vor allem der stiernackige Kopf mit Warzen, kleinen Schweinsaugen, struppigem Schnäuzer und Bartstoppeln verraten den wahren Charakter dieses Möchtegern-Einsiedlers. Der neckisch hochgebundene Haarschopf, der moderne Regenschirm und der qualmende Zigarrenstumpen – ein eklatanter Stilbruch – lassen die Verkleidung nicht nur komisch, sondern geradezu lächerlich erscheinen. – Die mißlungene Robinsonade mag in den Kontext eines Kostümfestes gehören und damit in den Bereich der von Grosz oft angeprangerten Vergnügungssucht der zwanziger Jahre. J. D.

1 *George Grosz,* Ausstellungskatalog Akademie der Künste, Berlin 1962, S. 21.

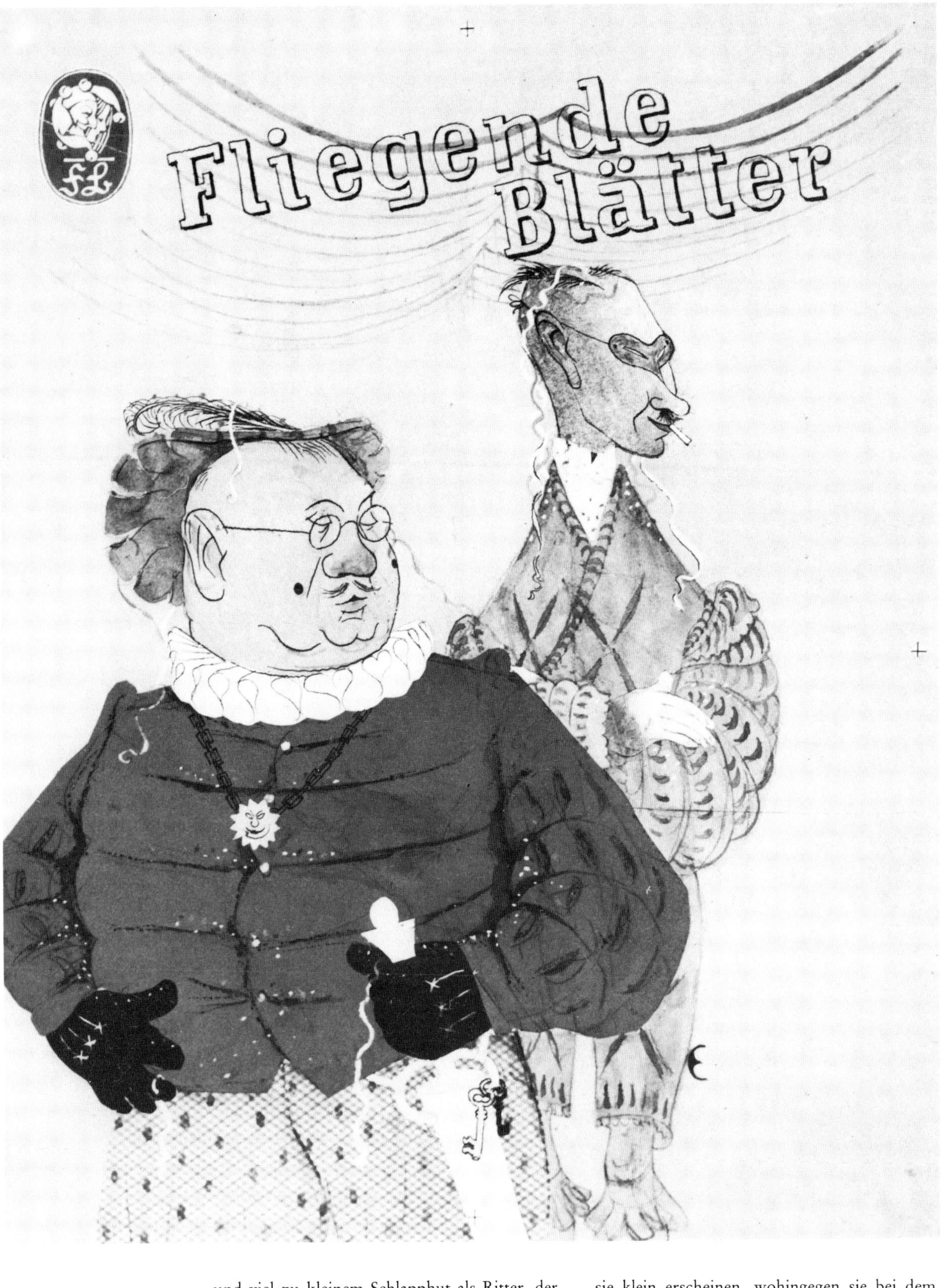

34
Eugen Croissant (1898–1976)
Kostümfest, 1935
Mischtechnik: Collage, Feder, Aquarell, 363 x 272, unbezeichnet, oben der Titelkopf der *Fliegenden Blätter* mit Namenszug und Signet *FB*. Sammlung Ensmann, München.

In historisierenden Kostümen präsentieren sich zwei offensichtlich betuchte Geschäftsleute: der eine mit Schwert, knallroter Jacke, Halskrause und viel zu kleinem Schlapphut als Ritter, der andere mit Kniehosen und großen, hängenden Puffärmeln an seinem Übergewand wohl als ein Edelmann. Der Gegensatz zwischen dem kurzen Dicken und dem langen Dünnen setzt sich auch in den Charakterisierungen der Gesichter fort. Während der Dicke genießerisch die Augen schließt und die kleinen Lippen spitzt, beobachtet der Lange mit süffisantem Lächeln durch seine schlitzäugige Maske einen Vorgang außerhalb des Bildes. Die Silhouette des dicken Kopfes umrundet die einzelnen Gesichtszüge und läßt sie klein erscheinen, wohingegen sie bei dem Dünnen prominent vorspringen, obwohl beide Köpfe in der gleichen Vierteldrehung nach rechts gegeben sind. – Das Blatt entstand als Vorlage für das Titelbild der *Fliegenden Blätter* vom 18. 10. 1935. J. D.

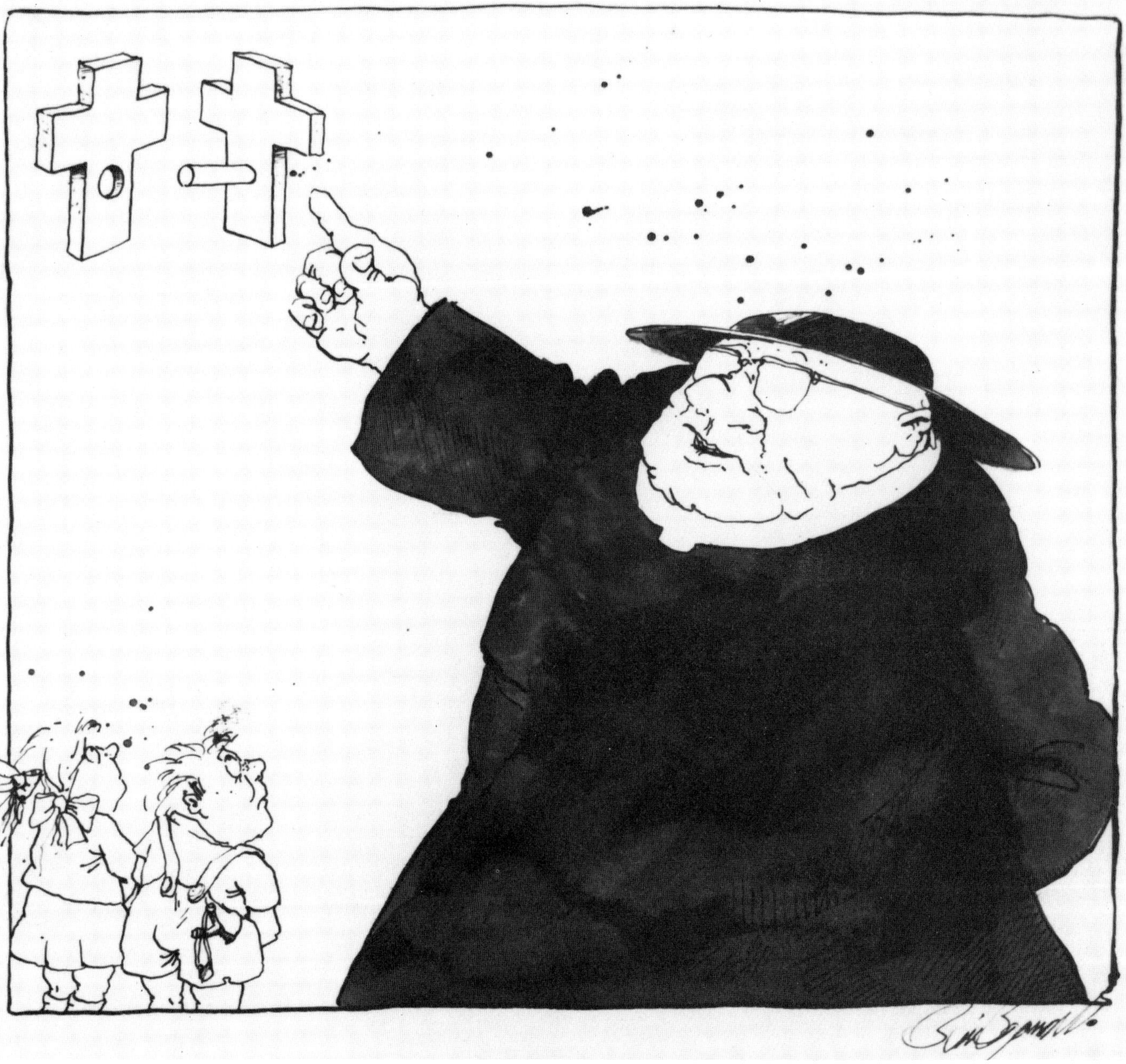

35
Brian Bagnall (geb. 1943)
Sexualkunde, katholisch, um 1980
Feder in Schwarz und Rot, laviert, 274 x 348, signiert *Brian Bagnall.*
Sammlung Ensmann, München.

Bagnall greift hier das traditionelle Thema des dicken Priesters auf und erweitert es um eine ironisch-anzügliche Zutat: einem kleinen Kinderpaar zeigt der Geistliche zwei Holzkreuze, das eine mit einem Stab, der in das Loch des anderen paßt. Die Anspielung ist eindeutig und geziemt einem Priester wenig, erst recht nicht gegenüber Kindern. Der Priester wird als alter Lüstling hingestellt, dessen feistes Gesicht und fetter Körper, durch die Soutane noch unförmiger und schwarzgefleckt erscheinend, von seinen Ausschweifungen zeugen. J. D.

Abbildung: *Brian Bagnall-Cartoons,* Ausstellungskatalog Cartoon-Caricature-Contor, München 1981, S. 99.

1.3. Vereinfachung: sparsame Striche

Die meisten Karikaturen sind Zeichnungen, leben von der Linie und ihrer Ausdruckskraft. Sparsame Linien können die Darstellung vereinfachen, die Aufmerksamkeit auf das Wesentliche oder Typische konzentrieren. Karikatur verfährt oft plakativ, ist auf schnelle Identifizierbarkeit aus und schematisiert.

Das Zeichnen ist Hauptelement künstlerischer Ausbildung, Mittel zur Aneignung akademischer Normen. Diese Normen werden von einigen Karikaturen bewußt verletzt: Ein ›Kritzel-Stil‹ wird zur Methode, deren Verwendung bereits satirische Absichten signalisieren kann. Im Unterschied zur ungelenken Kinderzeichnung ist dieses ›Kritzeln‹ nur scheinbar naiv; eher wird es bewußt eingesetzt, um Lächerlichkeit zu erzeugen.

»Was für eine Sudelei ist das? Soll das Goethe gelobt haben? Ich traue meinen Augen kaum, so, gerade so waren ja unsere kindischen Striche, als wir im Seminar die Knaben-Phantasie in närrischen Fratzen übten! So willkürlich gingen wir mit der Gestalt um, so verloren irrten die Züge, gleichgültig, ob die Linie zwischen Mund und Nase, Bein und Rumpf sich vereinigte . . . Unfehlbar derselbe Styl, wie in der damals unter uns Knaben blühenden Malerschule, von welchen die Annalen der Kunstgeschichte unzweifelhaft für ewig schweigen werden!«

Friedrich Theodor Vischer, einer der bedeutendsten Ästhetiker des 19. Jahrhunderts, äußerte sich überrascht und zunächst scheinbar skeptisch über die *Komischen Bilderromane* des Genfers Rodolphe Töpffer (Kat. 43), deren erster Gesamtausgabe er diese Zeilen in einem längeren Vorwort vorausschickte.[1] Doch er fährt fort:

»Aber ich sehe genauer hin, ich blättere weiter, und siehe da, diese gesetzlosen Linien, diese willkürlichen Mittel treten zur bestimmtesten, in strengster Folge gehaltenen Charakteristik zusammen, diese ganz verrückte, lotterhafte Zeichnung wird zum wohlerwogenen, planmäßigen Organe in der Hand eines Mannes, der im Unsinn sinnvoll, im Delirium weise ist und nach den Gesetzen verborgener Berechnung sein tolles Pferd zum sicheren Ziele geleitet. Man meint, es springe allein; nicht so, es sitzt ein Kutscher auf dem Bock, man sieht ihn nur nicht.«

Das stilistische Phänomen, das Friedrich Theodor Vischer hier bildhaft umschreibt, ist der Karikatur wahrscheinlich seit ihren Anfängen geläufig. Das Erscheinungsbild vieler Karikaturen erinnert zunächst an ungelenke Kinderkritzeleien. Vergleichsweise wenige und unbeholfen anmutende Striche umreißen das Motiv und wirken mit ihrer unregelmäßigen, oft an- und absetzenden Linienführung willkürlich. Doch was auf den ersten Blick nach Unfähigkeit aussieht, gibt sich bei näherem Hinsehen als stilistische Methode zu erkennen. Da der scheinbar unkontrollierte Zeichenstil meistens wenig mehr als die Umrisse angibt und oft auch diese noch auf ein Minimum beschränkt, überträgt sich seine kritzelhafte Linienführung auf die äußere Gestalt des Dargestellten. Die Personen oder Gegenstände verlieren ihre gewohnte Form und erscheinen deformiert. Dadurch hat das ›Kritzeln‹ direkte Auswirkungen auf den Inhalt.[2]

Man kann geradezu von einer Travestie der herkömmlichen, akademischen Zeichenkunst reden, da diese im allgemeinen sorgfältig versucht, ihren Gegenständen plastische oder in den Umrissen präzise Präsenz auf dem Blatt zu verleihen.[3] Anders dagegen der ›Kritzelstil‹ der Karikatur: Hier nehmen die Linien den Formen gezielt ihre Eleganz; sie werden bis zur Plumpheit vereinfacht oder durch unregelmäßige Striche verzerrt.

Der einfache Zeichenstil bewirkt zugleich eine Reduzierung der Formen, die einer plakativen Wirkung und raschen Lesbarkeit dient. Viele Holzschnitte der populären Flugblattgraphik des 17. bis 19. Jahrhunderts verwenden absichtlich eine grobe Linienführung mit dicken, festen Strichen, die sich von Blättern für ein gehobenes Publikum absetzt.[4] Hogarth ließ 1751 seine Folge *Four Stages of Cruelty* sowohl in sorgfältigen Radierungen reproduzieren wie auch, für ärmere Bevölkerungsschichten, als Holzschnitte mit einer vereinfachten Formensprache verbreiten.[5] Johann Michael Voltz, heute vor allem für seine Napoleon-Karikaturen bekannt, war ein geübter Reproduktionsgraphiker, doch in seinen Karikaturen

1 Vischer 1845, S. 1. Goethe hatte durch Eckermann 1830 von den *Komischen Bilderromanen* erfahren und sie in den *Unterhaltungen Goethes mit Soret* sehr gelobt: »Das ist ja toll, der Künstler sprüht ja von Talent und Geist«, »Töpffer ist Original durch und durch«. Ab 1833 erschienen die ersten, zunächst nur mit französischen Unterschriften versehenen Ausgaben.

2 Es ist anzuzweifeln, daß der Kritzelstil an sich bereits eine komische Wirkung hat (wie es bei Brauer/Wittkower 1931, S. 180, und Melot 1975 S. 39ff., mehrfach durchklingt), oder ob es sich nicht vielmehr so verhält, daß er die vorgenommenen Übertreibungen deutlicher zur Geltung bringt. Ein mit wenigen Strichen entworfener Kopf würde ohne Übertreibung und Deformierung einzelner Gesichtszüge lediglich stilisiert, aber noch nicht komisch oder lächerlich wirken.

3 »Von der bildenden Kunst verlangt man deutliche, klare, bestimmte Vorstellung«, schreibt Goethe in »Über die Gegenstände der Bildenden Kunst«. Zitiert nach Hofmann, *Daumier,* 1956, der das »klassische Kunstprogramm« in seinen hier interessierenden Bereichen ausführlich darlegt.

4 Vgl. die Gegenüberstellungen bei Duchartre 1944, S. 3ff.

5 Paulson 1970, Abb. 278/79. Die Holzschnittausgabe blieb unvollendet, nur die beiden letzten Blätter erschienen.

beschränkte er sich auf vereinfachende, feste Umrißlinien, um deren Wirksamkeit zu erhöhen (Kat. 126, 203).

Wilhelm Busch verwendet in seiner *Anleitung zu historischen Porträts* ebenfalls das Stilmittel der Schematisierung, allerdings in anderer Weise (Abb. 34, Kat. 82). Nach Art der Vorlagebücher und Zeichenschulen zerlegt er die Entstehung eines Porträts in Einzelschritte. Der scheinbar naive Anfang seiner Folge enthüllt sich als virtuos und treffsicher pointiert (Abb. 34). Im Fall der Folge über Napoleon I. (Kat. 82) zeigt sich, daß auch in wenigen, einfachen Grundformen Grundelemente der Porträtkarikatur enthalten sind: Die Person ist identifizierbar durch Beischrift und Hut, die Abfolge der Zeichnungen kommentiert den historischen Zusammenhang. Busch rückt mit diesem Karikaturenkurs nach dem Motto »Punkt Punkt Komma Strich, fertig ist das Mondgesicht« die Karikatur in die Nähe der Kinderzeichnung.

Eine Zeichnung des 1968 verstorbenen Franzosen Chaval erhebt das kindliche Kritzeln zu ihrem Thema (Abb. 35).[6] Ein völlig schief und krumm gezeichnetes kleines Häuschen steht zwischen zwei normalen, geraden Gebäuden und wird von einem der beiden Betrachter mit den Worten entschuldigt: »Man muß berücksichtigen, daß der Architekt nur vier Jahre alt war.« Die Bildunterschrift nimmt die Kritzelei für bare Münze, indem sie sie als ein getreues Abbild auslegt. Die Nachahmung einer Kinderzeichnung erstreckt sich nur auf das mittlere Haus, das sich deutlich von den Nachbarhäusern abhebt. Allerdings ist auch bei den Männern im Vordergrund die Stilisierung bis zur Plumpheit fortgeschritten.

Der deutsche Zeichner Hans Georg Rauch arbeitet ebenfalls mit extrem unterschiedlichen Zeichenweisen auf ein und demselben Blatt. In der Karikatur *Die Alternativen* nutzt er die mit dem Kritzeln verbundenen Vorstellungen von Kindlichkeit und Naivität, um zu zeigen, daß die Alternativen die fein gezeichneten Maschen der bürgerlichen Gesellschaft wie die Fäden einer Wolljacke auftrennen (Abb. 36).[7] Während bei Chaval das Spiel mit dem Kritzeln ein Scherz im Bild bleibt, überträgt Rauch die stilistischen Gegensätze auf aktuelle politische Zustände. Beide Zeichner bauen ihre Aussagen auf dem Gegensatz der Zeichenstile auf. Das kindhafte Kritzeln allein, ohne einen sich durch relative Sorgfalt abhebenden Kontrast, findet sich in der Karikatur nur selten. Zu groß wäre die

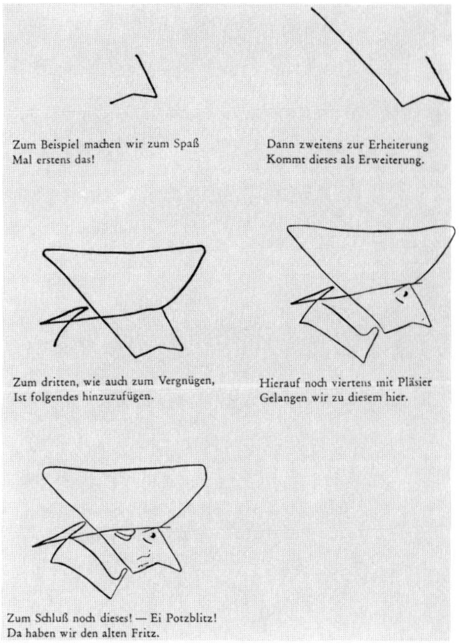

Abb. 34 Wilhelm Busch, *Anleitung zu historischen Porträts*, 1874

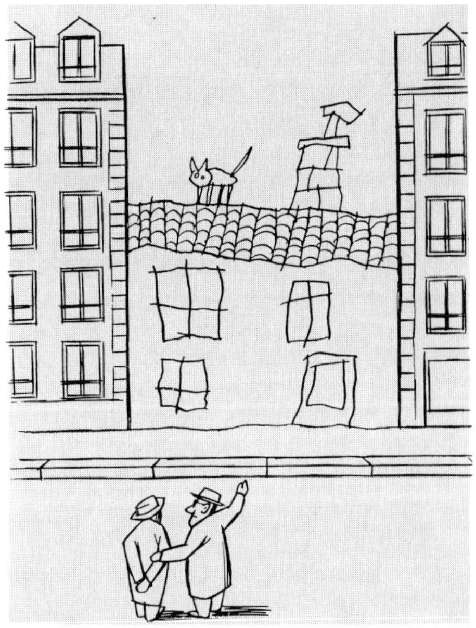

Abb. 35 Chaval, *Il faut tenir compte du fait que l'architecte n'a que quatre ans*, vor 1968

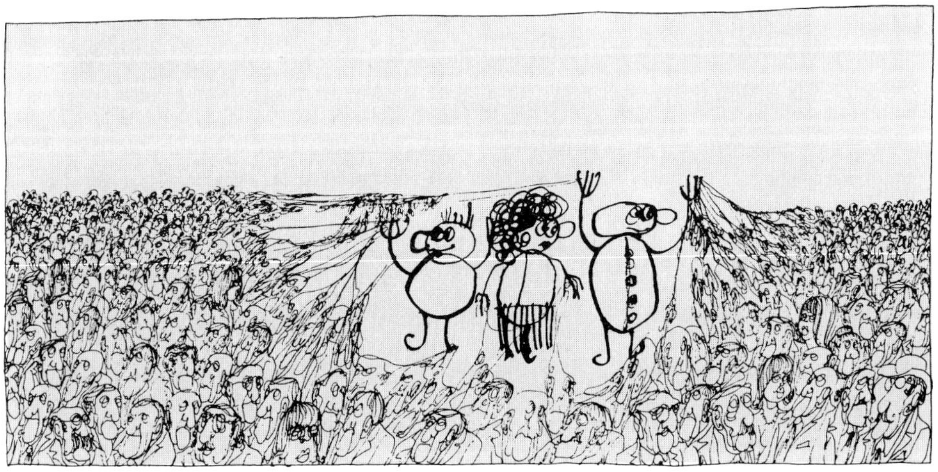

Abb. 36 Hans Georg Rauch, *Die Alternativen*, 1980

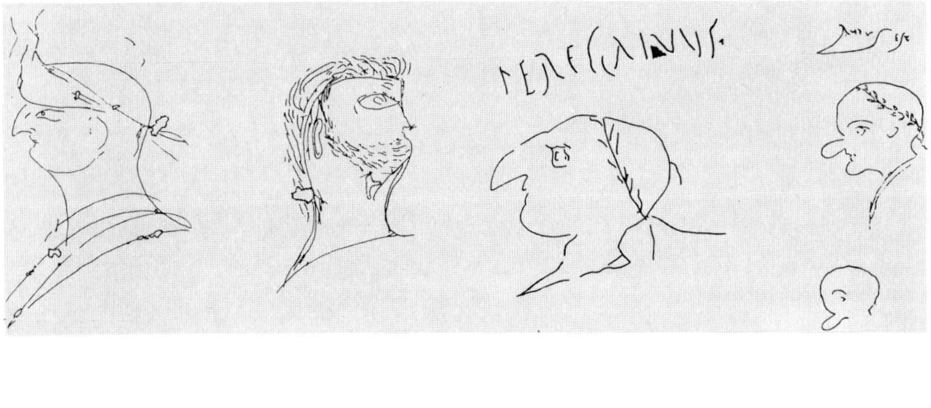

Abb. 37 *Antike Graffiti aus Rom und den Vesuvstädten*

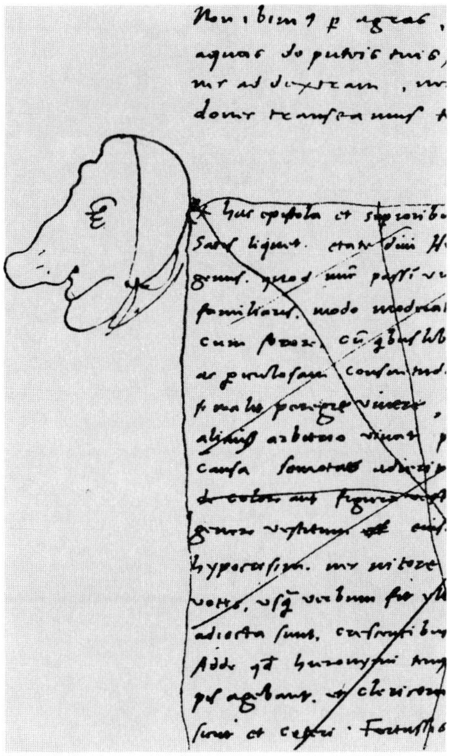

Abb. 38 Erasmus von Rotterdam, *Manuskriptseite*, vor 1521

Gefahr, tatsächlich als kindlich, naiv und unfähig hingestellt und beiseite geschoben zu werden.[8]

Die ersten Beispiele des grob vereinfachenden, fast wie gekritzelt anmutenden Zeichenstils finden sich bereits in der Antike (Abb. 37). In Rom und in den Vesuvstädten haben sich einige in Häuserwände geritzte Köpfe erhalten, die mit ihren absichtlich verzerrenden und vereinfachenden Strichen bereits sehr der modernen Karikatur ähneln.[9] Auch wenn aus den folgenden weit über tausend Jahren fast alle derartigen Zeugnisse fehlen, ist es undenkbar, daß nicht weiterhin auf Wände, Möbel und überhaupt alle erreichbaren und mehr oder weniger öffentlichen Flächen geritzt, gekritzelt oder geschrieben wurde. So wie heute die mit Spraydosen produzierten Parolen und Symbole schnellstmöglich wieder entfernt werden, so dürfte auch alle ältere Graffiti als lästige Schmiererei empfunden und beseitigt worden sein. Auf einigen Gemälden des 16. und 17. Jahrhunderts sind derartige Wandkritzeleien meist humorvollen oder auch satirischen Charakters zu erkennen.[10]

Direkte Belege in dieser Richtung lassen sich im Mittelalter nur vereinzelt in Klosterhandschriften als Randkritzeleien nachweisen, wobei nicht zu unterscheiden ist, ob sie auf die Schreiber der Manuskripte oder auf spätere Leser zurückgehen.[11] Auf gesicherteren Boden führt erst wieder die Zeit um 1500. Von Erasmus von Rotterdam sind eine Reihe von kleinen, wie nebenbei hingeworfenen Köpfen bekannt, so der hier abgebildete mit dem grotesk zerfließenden Profil (Abb. 38). Er steht direkt neben einer durchgestrichenen Textstelle und mag selbstironisch den Irrtum des Autors reflektieren.[12] Auch von Michelangelo und Dürer sind kleine figürliche Kritzeleien in Briefen oder neben Gedichten bekannt.[13]

Unter Leonardos ›grotesken Köpfen‹ befinden sich nicht wenige, deren absonderliche Formen durch den äußerst knappen Zeichenstil noch betont werden (Abb. 6, 39). Doch ist es wahrscheinlich, daß Leonardo diese oft miniaturhaft kleinen Zeichnungen lediglich als eine Art Gedankenskizzen ansah, die er sich zur späteren Ausarbeitung vorbehielt.[14] Trotzdem führt von Leonardos Experimenten, deren Ziel vorrangig in der Findung neuer Formen liegt, gerade in stilistischer Hinsicht ein Weg zu den wenigen erhaltenen Blättern mit Karikaturen des Agostino Carracci, von dessen Bruder Annibale die ersten theoretischen Äußerungen über Karikaturen stammen. Auf einem Skizzenblatt des Agostino Carracci steht ein junger Mann mit breitem Gesicht und großen Segelohren, dessen Kopf mehrfach wiederholt wird, um schließlich in den wenigen Federzügen rechts oben seine endgültige Formulierung zu finden (Abb. 40).[15] Hier ist also die vereinfachte, mit wenigen Strichen hingeworfene Form das gesuchte Ergebnis und nicht, wie noch bei Leonardo, der Ausgangspunkt. Frühe theoretische Äußerungen über Karikaturen betonen wiederholt diese stilistische Besonderheit, die entschieden zur frappierenden Wirkung von Porträtkarikaturen beitrage.[16]

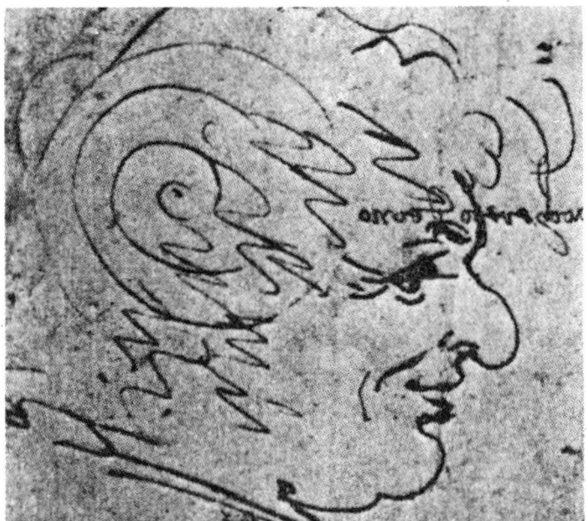

Abb. 39 Leonardo da Vinci, *Kopf*, um 1478

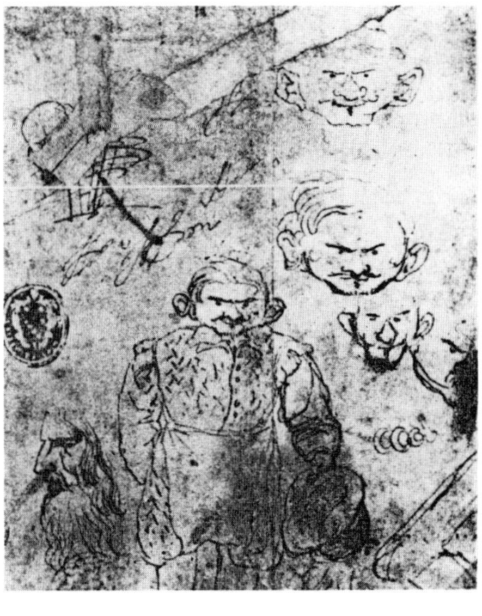

Abb. 40 Agostino Carracci, *Studienblatt*, um 1590 (Detail)

6 Tafel aus: Chaval, *L'Homme*, 1970; Abb. Melot 1975, S. 96.
7 H.G. Rauch, *Handzeichnungen, Radierungen. Retrospektive*, Ausstellungskatalog Wilhelm-Busch-Museum, Hannover 1981, Nr. 86, Abb. S. 74.
8 Vgl. Kat. 42. – Picasso allerdings soll angesichts einer Kinderzeichnung gesagt haben: »Mein ganzes Leben habe ich versucht, so zu zeichnen« (Melot 1975, S. 97).
9 Lavin 1981, S. 31 (mit Anm. 22), Abb. 15.
10 Dazu Beispiele bei Lavin 1981, S. 34ff.
11 Bernhard Degenhart, »Autonome Zeichnungen bei mittelalterlichen Künstlern«, *Münchner Jahrbuch der Bildenden Kunst*, 1950, S. 93ff. Zu einer kleinen, naiv anmutenden Mönchskarikatur schreibt er: »Die Datierung ist bei derlei Laienzeichnungen schwierig, ebenso wie Karikaturen oft schwer datierbar sind: Eine Mönchskarikatur von Mönchshand in einem Cassinensischen Ms. des 11. Jahrhunderts (Ms. 147 JJ, fol. 583) könnte ebensogut von Cocteau sein« (S. 116).
12 William S. Heckscher, »Reflections on Seeing Holbein's Portrait at Longford Castle«, *Essays in the History of Art Presented to Rudolf Wittkower*, New York 1967, S. 135. Heckscher hält den Narrenkopf des Erasmus für das erste humoristische Selbstporträt.
13 Hierzu ausführlich Lavin 1981, S. 31ff.
14 Gombrich 1976, S. 66f. Gombrich gelangt zu dieser Annahme anhand erhaltener Kopien, die einerseits den Eindruck vergleichsweise getreuer Wiedergaben machen, andererseits aber ein viel elaborierteres Erscheinungsbild aufweisen.
15 Kat. Providence 1971, Nr. 14; Wittkower 1952, S. 117f.

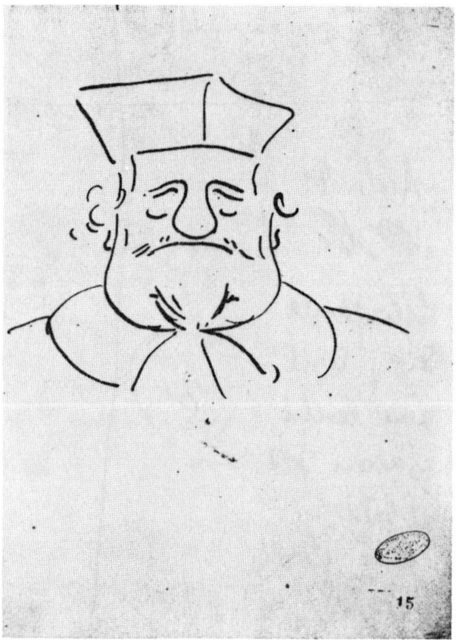

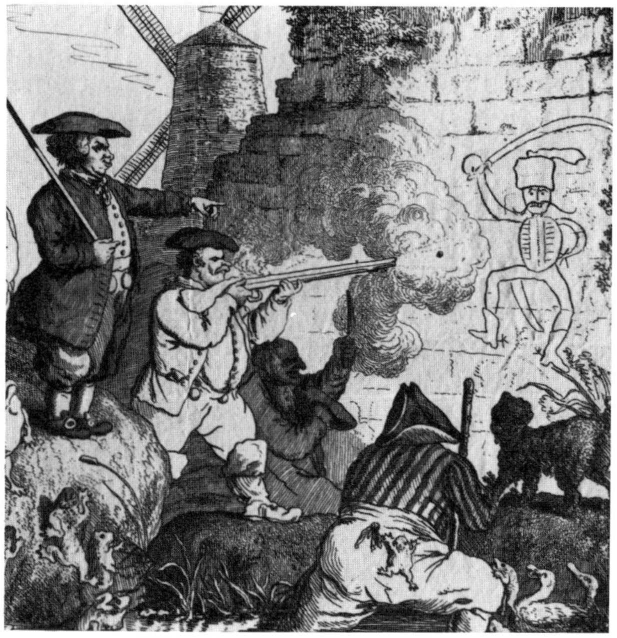

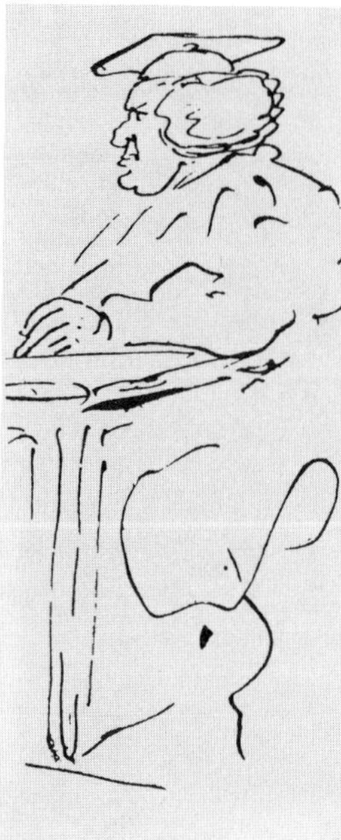

Abb. 41 Gianlorenzo Bernini, *Karikatur des Kardinals Scipione Borghese,* um 1650

Abb. 42 Johann Heinrich Ramberg, *Rehearsal/ Die Probe,* 1787 (Detail)

Abb. 43 Johann Heinrich Ramberg, *Disputierende Kandidaten,* um 1790 (Detail)

»Bei Bernini schließlich ... ist dieser eigentümliche formale Zug, der absichtlich unsichere, kritzelige Strich, der der improvisierten Gesamtform wesensmäßig entspricht, ... schon fertig ausgebildet.«[17] Zeitgenössische Kommentatoren bewundern seine einzigartige Kühnheit und Freiheit im Strich, die sich vor allem in seinen Karikaturen zeige.[18] Berninis berühmte Karikatur des Kardinals Scipione Borghese (Abb. 41) besteht aus wenig mehr als einem Dutzend längerer Federstriche und einer etwas größeren Anzahl von kleinen Kringeln und Pünktchen, obwohl neben allen entscheidenden Gesichtszügen auch der Kardinalshut und der Mantel erkennbar angegeben sind. Augenbrauen und Nase werden mit einer einzigen Linie zusammengefaßt und machen einen durch die Symmetrie noch betonten Eindruck besonderer Plumpheit. An der linken Schläfe klaffen die Gesichtskonturen weit auseinander; schon Vischer fiel dieser Effekt in seinen eingangs zitierten Bemerkungen zu Rodolphe Töpffer befremdend auf. Die Meisterschaft Berninis zeigt sich gerade darin, daß trotz der Reduzierung eines Porträts auf wenige und zudem auch noch stark verfremdete Details die dargestellte Person weiterhin zu erkennen bleibt.

Bei Berninis Karikaturen handelt es sich eindeutig nicht mehr um Skizzen, auf denen tastende Linien nach einer festen Form suchen.[19] Seine entschiedenen und endgültigen Striche bilden durch ihre Auslassungen, ihre Zusammenziehungen und ihren scheinbar willkürlichen Umgang mit den Einzelformen neue und in ihrer Plumpheit komisch wirkende Gestalten. Bernini verleiht dieser in ihrem Äußeren zunächst unscheinbaren Art von Karikaturen erst ihren eigentlichen Wert, indem er sie isoliert und selbständig auf ein ansonsten freies Blatt setzt.[20]

Seit der Mitte des 17. Jahrhunderts erlangt der Kritzelstil in Italien und vor allem in Bologna – von hier war er durch die Carracci ausgegangen – weitere Verbreitung und wird geradezu zum Erkennungszeichen von Karikaturen. Künstler wie Guercino (Abb. 20), Pier Francesco Mola (Kat. 36), Giuseppe Maria Mitelli und im 18. Jahrhundert beispielsweise Anton Maria Zanetti (1680–1767) bedienen sich der stark vereinfachenden Zeichenmethode. Da gerade das beabsichtigte Kritzeln die eigene Handschrift versteckt und stilistische Vergleiche nahezu unmöglich macht, sind die meisten derartigen Karikaturen heute nicht mehr bestimmten Künstlern zuzuschreiben (Kat. 37, 38).

In den Jahrzehnten um 1700 wird zusammen mit den Zeichnungen der Italiener auch der Terminus ›caricatura‹, von Annibale Carracci ursprünglich für die individuelle Porträtkarikatur geprägt, im Ausland bekannt.[21] Dabei verbindet sich mit ihm neben der Vorstellung der grotesken, absonderlichen Form vor allem des menschlichen Körpers gleichzeitig die stilistische Besonderheit des scheinbar Gekritzelten. Wie bereits in Italien praktizieren auch in England Amateure die

16 Mahon 1971, S. 259, Anm. 43. – Der in der italienischen Kunstliteratur geläufige Terminus ›sprezzatura‹ – er meint eine freie, treffsichere Eleganz – bezeichnet ein verwandtes Phänomen, legt jedoch die Betonung mehr auf die virtuose Schnelligkeit und Sicherheit in der Federführung; vgl. Luigi Grassi, Mario Pepe, *Dizinario Critica d'Arte,* Bd. II, Turin 1978, S. 559f. – Joseph Meder, *Die Handzeichnung, ihre Technik und Entwicklung,* Wien (2) 1923, S. 39ff, gibt Beispiele manieristischer Zeichenweisen in Oberitalien im späten 16. und 17. Jahrhundert, die das Feld der stilistischen Möglichkeiten in alle Richtungen weiten. Einige Künstler mögen mit ihrer betont lockeren, freien Strichführung Voraussetzungen für den auch theoretisch reflektierten ›Kritzelstil‹ in Karikaturen des 17. Jahrhunderts geliefert haben.

17 Boeck 1968, S. XVI. Boeck schlägt von Bernini über Töpffer und Busch einen Bogen zu »einer unübersehbaren Zahl von Witzzeichnern in ihrem Gefolge« (S. XVII).

18 Berninis erster Biograph Filippo Baldinucci spricht von einer »franchezza di tocco« (*Vita del Cavaliere Gio. Lorenzo Bernini ...,* Rom 1682), zit. nach Lavin 1981, S. 27.

19 Dazu Melot 1975, S. 39: »Im Gegensatz zur Skizze, die sich als Andeutung ausgibt, wirkt die komische Zeichnung vollständig. Sie gibt vor, die Wirklichkeit in ihrem ganzen Umfang darzustellen.«

20 Brauer/Wittkower 1931, S. 182.

neue Kunstform, zu der es dem äußeren Anschein nach keiner großen zeichnerischen Vorbildung bedarf.[22] Übertreibung und Dilettantismus veranlassen Hogarth in der Mitte des 18. Jahrhunderts dazu, sich von dem Begriff ›caricatura‹ ausdrücklich zu distanzieren. Er will weder im Ruf eines Erfinders grotesker Geschichten noch in dem eines zeichnerischen Anfängers stehen (Kat. 15, 40). Doch soll ihm dies wenig helfen; Friedrich Schiller beispielsweise signiert seine humorvollen, fast kindhaften Zeichnungen zu den *Aventuren des neuen Telemachs* demonstrativ mit »Hogarth« und ernennt diesen damit zu seinem Vorläufer (Kat. 42). Gegen Ende des 18. Jahrhunderts gilt Hogarth als der Vater der englischen Karikatur, deren Blüte seinen soliden Anfängen zu verdanken sei – eine Einschätzung, die ihm sicherlich nicht behagt hätte.[23]

Der erste ›hauptberufliche‹ Karikaturist jedoch, der Römer Pierleone Ghezzi, übernimmt die stilistische Methode des Kritzelns nur bedingt. Über Jahrzehnte porträtiert er nicht nur die römischen Würdenträger, sondern auch viele der hochgestellten Besucher der heiligen Stadt. Nachstiche von Arthur Pond und Matthias Österreich sorgen für internationale Verbreitung.[24] Ghezzis Karikaturen sind zeichnerisch sorgfältiger und vergleichsweise aufwendig ausgeführt. Lediglich die betont grobe Schraffur und die zusammenfassenden Gesichtskonturen erinnern an den Kritzelstil. Vielleicht macht der Künstler Zugeständnisse an seine Kunden, die nicht bereit gewesen sein mögen, für nur drei oder vier Striche zu zahlen. Ghezzis Karikaturen arbeiten daher vornehmlich mit physiognomischer Verzerrung – besonders bei den Nasen- und Mundpartien seiner Profilköpfe gelingen ihm treffende Übertreibungen – und häufig auch mit der Mißproportionierung der ganzen Gestalt (Kat. 64, 65).

Allerdings gibt es auch ganz anders geartete Karikaturen von seiner Hand, die einen freien, virtuos zusammenfassenden Stil aufweisen, der sich offensichtlich an Bernini orientiert. Diese Blätter haben einen viel intimeren Charakter; man könnte vermuten, daß es sich nicht um offizielle Auftragsarbeiten handelt, zumindest nicht in dem Maße wie die beiden hier ausgestellten Beispiele.

Diese Zweiteilung in stilistischer Hinsicht – einerseits die für die private Sphäre bestimmten ›gekritzelten‹ Karikaturen, andererseits die zeichnerisch aufwendigeren Arbeiten für ein größeres Publikum – wird richtungsweisend für die weitere Entwicklung. Die Kunstgattung Karikatur beginnt sich zu etablieren und vollzieht eine stilistische Angleichung an die ›hohe Kunst‹.

Die großen englischen Karikaturisten um 1800, allen voran Gillray und Rowlandson, nutzen eine detailreichere Zeichenweise, deren oft grobes Erscheinungsbild einer expressiven Ausdruckssteigerung dient (Kat. 41). Hierfür mag der italienische ›Kritzelstil‹ Voraussetzungen geliefert haben, doch handelt es sich nicht mehr um das gleiche Phänomen. In diesem Zusammenhang ist von Bedeutung, daß die Karikaturen sich nicht mehr auf das Medium der Zeichnung beschränken, sondern zumeist von vornherein als Radierungen konzipiert werden. Diese Technik erlaubt nicht die gleiche Spontaneität wie die unmittelbare, rasche Federzeichnung. Zwar gibt es auch unter den englischen Karikaturen der Zeit stark vereinfachende und fast an das Kritzeln erinnernde Blätter – so beispielsweise von Richard Newton (Kat. 73, 148) oder manchmal von Isaac Cruikshank (Abb. 97, 153) –, doch machen diese häufig einen dilettantischen und mitunter sogar unfreiwillig komischen Eindruck.

Auf Johann Heinrich Rambergs Radierung *Rehearsal/Die Probe* von 1787 zielen holländische Patrioten auf einen preußischen Husaren (Abb. 42). Dieser ist mit groben Umrißlinien wie eine harmlose Pappfigur an die Wand gekritzelt und hebt sich stilistisch denkbar extrem von seiner Umgebung ab.[25] Ramberg amüsiert sich mit herkömmlichen physiognomischen Methoden über den ›Mut‹ der Holländer und verzichtet im Grunde genommen gänzlich auf die Kritzelmethode, denn der primitive Stil des Husaren findet seine besondere Erklärung als Bild im Bilde durch das Geschehen.

Doch gibt es auch von Ramberg viele offensichtlich spontan hingeworfene Federzeichnungen, die sich der Kritzelmethode bedienen und die stilistisch eng an die italienische Porträtkarikatur des 17. Jahrhunderts anschließen (Abb. 43).[26] Sie sind nicht zu verwechseln mit Amateurzeichnungen, wie sie beispielsweise George

21 Mahon 1971, S. 261f., Anm. 45.
22 Einige der in dem sogenannten Münchner Carracci-Album enthaltenen Blätter muten sehr amateurhaft an (Boeck 1968, Tafel 20–22). Der bekannteste englische Amateur dürfte George Townshend sein, der mit einigen seiner Blätter großen Erfolg hatte; vgl. Harris 1974. Zu weiteren Amateurkarikaturisten in England vgl. Williams 1952, S. 230ff.
23 In der Weimarer Zeitschrift *London und Paris* gibt es mehrfach Äußerungen in dieser Hinsicht (Bd. 14, 1804, S. 5; Bd. 18, 1806, S. 7). Dazu auch Harris 1974, S. 3. – Im *Journal des Luxus und der Moden* heißt es 1797 über französische Karikaturen: »Noch will es mit unsern Caricaturen nicht so recht in Gang kommen. Es fehlt ein großer Künstler, der, wie Hogarth, Meisterwerke zur Nachahmung aufstelle« (Bd. 12, S. 244).
24 Der Engländer Pond veröffentlichte 1736–47 25 Radierungen in Faksimilequalität nach italienischen Karikaturen, darunter über die Hälfte nach Vorbildern von Ghezzi; Hake 1922, S. 328. Der Dresdener Österreich gab 1750 ein Album mit 24 Ghezzi-Karikaturen heraus, die er auf einer vorhergehenden Italienreise kennengelernt haben wird; Kat. Providence 1971, Nr. 29.
25 Forster-Hahn 1963, S. 178, Abb. S. 36. – Auch bei Hogarth gibt es das an die Wand gekritzelte, verhöhnte Feindbild: *The Invasion*, Blatt 2; Paulson 1970, Nr. 203. Vgl. auch Kat. 256. Auch in *La Caricature* gibt es das Motiv: Auf Tafel 225/226 ist ein Denkmalssockel mit satirischen Symbolen der Julimonarchie beschmiert, und auf Tafel 258 kritzeln Gassenjungen Birnen an eine Hauswand.
26 Ferdinand Stuttmann, *Johann Heinrich Ramberg*, Hannover 1929, Tafel 27.

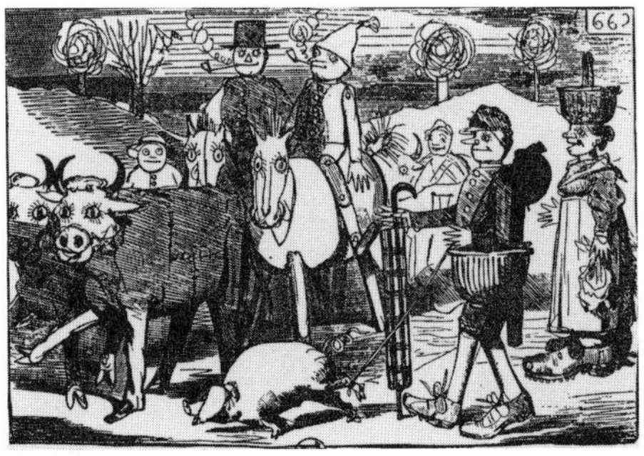

Abb. 44 Bertall, *Die Rückkehr der Bauern vom Markt*, aus ›Le journal pour rire‹, 7.5.1851

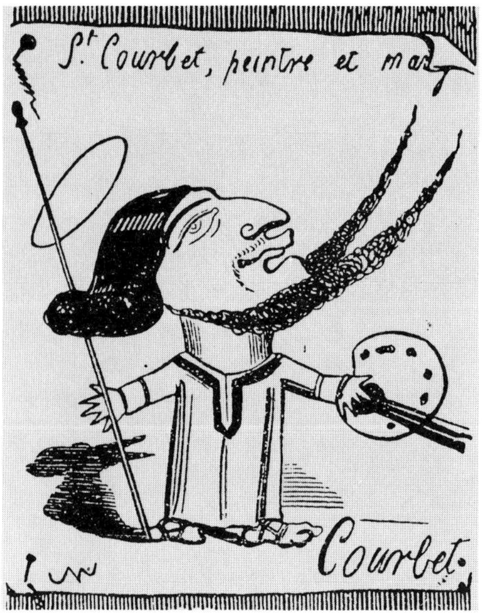

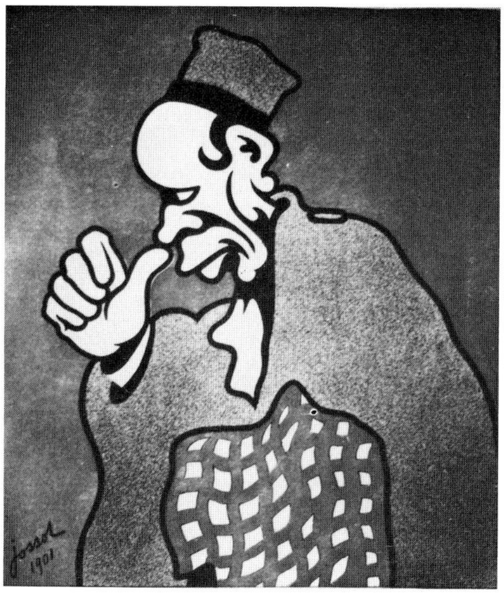

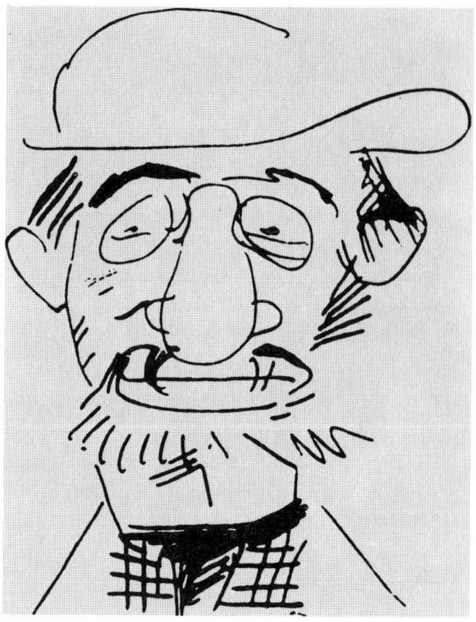

Abb. 45 Nadar, *Wahrhaftiges Porträt des heiligen Courbet, Maler und Märtyrer,* aus ›Le journal pour rire‹, 1857

Abb. 46 Jossot, *Les tapinophages No. 1,* aus ›L'assiette au beurre‹ Nr. 1, 1901

Abb. 47 Henri de Toulouse-Lautrec, *Selbstkarikatur,* nach 1891

Townshend schuf (Kat. 68). Ramberg, der von 1781–89 in London lebte, ist kein Einzelfall in der englischen Karikatur um 1800. Nicht nur bei ihm, sondern auch bei anderen bedeutenden Karikaturisten seiner Zeit bekommt die ›gekritzelte‹ Karikatur wieder den Stellenwert einer Skizze, der die ausgearbeitete, radierte und häufig kolorierte Karikatur gegenübersteht.

Die großen Karikaturisten des 19. Jahrhunderts, allen voran Daumier,[27] greifen nur vergleichsweise selten auf den Kritzelstil zurück, und wenn, dann fast ausschließlich im privaten Rahmen. Einige bemerkenswerte Ausnahmen bilden Kunstkarikaturen – Karikaturen auf Kunstwerke –, deren überdeutlich steifer, ungelenker Stil sich gegen avantgardistische Kunstwerke, vor allem gegen die realistischen Gemälde Courbets, richtet.[28] Der Kritzelstil dient hier nicht nur zur betonten Deformierung der Formen, sondern er verhöhnt auch direkt das Können der angegriffenen Künstler, indem er deren Malerei als gleichermaßen hölzern und naiv hinstellt (Abb. 44, 45).

Während auf dem Gebiet der Karikatur die scheinbar gekritzelte Zeichnung im 19. Jahrhundert nur eine Nebenrolle spielt, kommt sie auf einem verwandten Feld voll zur Geltung: Bei den komischen Bildergeschichten eines Rodolphe Töpffer, eines Edward Lear oder Wilhelm Busch – und man mag hier Friedrich Schillers *Aventuren des neuen Telemachs* als einen frühen Vorläufer ansehen – erhält die Methode einen geradezu konstituierenden Stellenwert. Durch die ständige Wiederholung der gleichen Figuren und Motive wird sie als gekonnt angewandtes Stilmittel erkennbar (Kat. 42–46).

Die Jahre um 1900 bringen in stilistischer Hinsicht für die Kunstgeschichte umwälzende Neuerungen mit sich. Für die Karikatur ist vor allem der Jugendstil mit seinem dekorativen Linienspiel von Bedeutung. Viele der Illustrationen in den satirischen Zeitschriften dieser Zeit offenbaren mit ihren vereinfachenden, aber sorgfältig gezogenen Umrißlinien die stilistische Nähe zum Jugendstil. Die Personen auf den Karikaturen von Caran d'Ache, Th. Th. Heine, Olaf Gulbransson und ungezählter anderer sind oft ganz in der Fläche gehalten und von entschiedenen Linien umrissen (Abb. 46). Körperproportionen und Gesichter können mitunter in starkem Maße deformiert werden, ohne daß dabei die Eleganz der Linie verlorengeht. Der Kritzelstil verliert seine scheinbar unkontrollierte Zufälligkeit, er wird sozusagen kultiviert.

Weniger für die Öffentlichkeit bestimmt sind die von vielen großen Künstlern der Jahrhundertwende wie zum Zeitvertreib rasch hingeworfenen Karikaturen, die in ihrer Treffsicherheit eine virtuose Beherrschung des Zeichenstifts verraten (Abb. 47) und die direkt in der mittlerweile alten Tradition des Kritzelstils stehen (vgl. auch Kat. 93).

Die stilisierte, stark vereinfachende Zeichnung erhebt die amerikanische Zeitschrift *The New Yorker* geradezu zu ihrem Markenzeichen (Kat. 48, 49, 50). Auf

27 Zur »graphischen Gestaltungsweise« von Daumier vgl. Hofmann, *Daumier,* 1956.
28 Dazu die Aufsätze von Peter-Klaus Schuster und Klaus Herding in dem Ausstellungskatalog *Courbet und Deutschland,* Hamburg und Frankfurt 1978/79, S. 494ff.
29 Dazu Reumann 1966, S. 234f.

den *New Yorker* geht ein eigener Beitrag in diesem Katalog noch ausführlicher ein (S. 441 ff.). Als nach dem Zweiten Weltkrieg der Stil des *New Yorker* in Europa bekannt wird, schließen sich ihm zahlreiche Zeichner, zunächst in Frankreich, an (Kat. 51–54).

Auch die moderne Zeitungskarikatur, häufig als »editorial cartoon« bezeichnet,[29] ist ohne das Vorbild des *New Yorker* nicht zu denken. Mit wenigen, durch ihre Knappheit die Deformierungen betonenden Strichen wird das politische Geschehen pointiert kommentiert (Kat. 99, 100, 135, 156). Das unprätentiöse, auf den ersten Blick einfache Äußere vieler dieser Karikaturen setzt ein hohes zeichnerisches Können voraus. J.D.

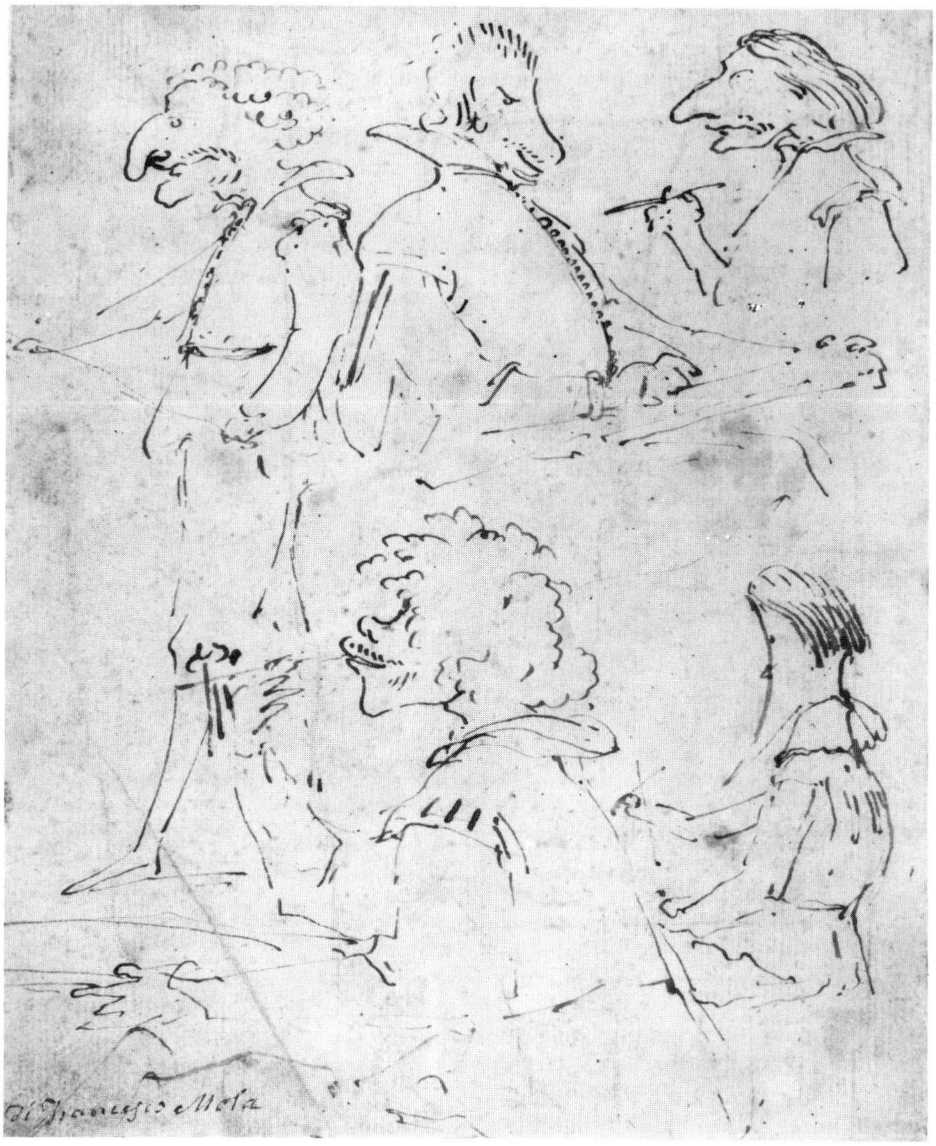

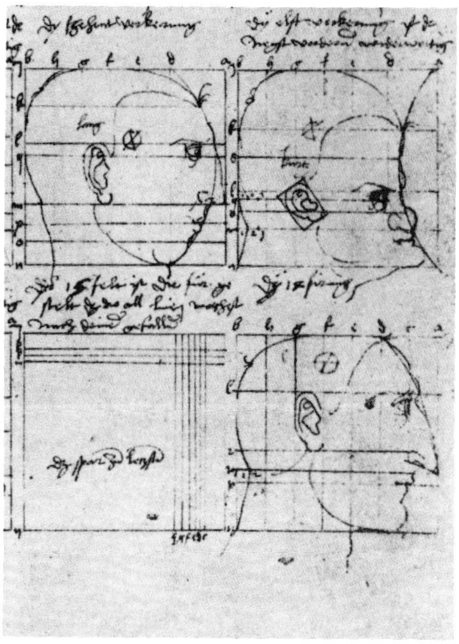

Abb. 49 Albrecht Dürer, *Konstruktion häßlicher Köpfe,* 1528

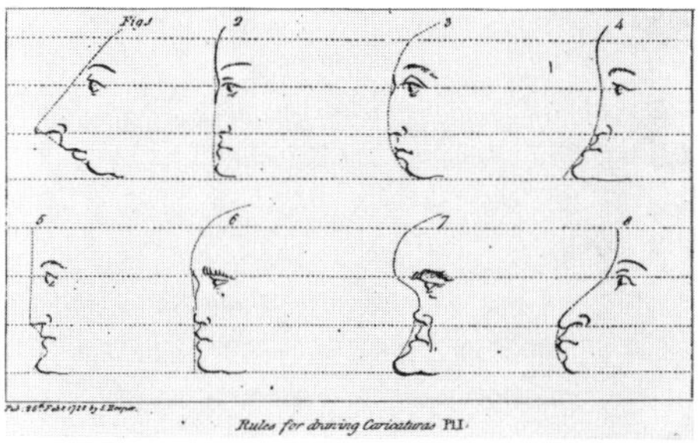

Abb. 50 Francis Grose, aus *Rules for Drawing Caricaturas,* 1788

36

Pier Francesco Mola (1612–1666)

Fünf Zeichner, um 1650

Feder in Braun, 220 x 176, bezeichnet *di Francesco Mola.*
Hamburger Kunsthalle.

Die alte Inschrift nennt den römischen Maler Pier Francesco Mola als Urheber der versammelten *Fünf Zeichner bei der Arbeit.* Die ganze Aufmerksamkeit des Künstlers gilt deren ins Profil gesetzten Köpfen. Nichts deutet auf karikierte Porträts. Vielmehr scheint Mola sich des physiognomischen Kunstgriffs bedient zu haben, durch charakteristische Überzeichnungen im menschlichen Antlitz tierische Formen wachzurufen. So erinnert das Haupt des Zeichners oben links mit seiner scharf gezogenen Nase an den Kopf eines Greifvogels; nach Auskunft der Wissenschaft von der Physiognomik, wie sie etwa in Giambattista della Portas verbreitetem und einflußreichem Traktat *De humana physiognomia* (1586, Abb. 8, 48) niedergelegt ist, wäre dieser Mensch demnach kühn wie ein Adler.[1] Sein Nebenmann läßt an ein Schaf denken, derjenige unten links an einen Affen. Abweichend vom physiognomischen Mensch-Tier-Vergleich ist die Gestalt rechts unten gebildet. Ihr Gesichtsprofil schmiegt sich einem konvexen Linienzug an und wirkt gleichsam geometrisch konstruiert. Die Zurückführung der physiognomischen Erscheinung auf geometrische Grundformen ist ein altes Anliegen der Proportionslehre. So konstruierte bereits Dürer in seinen Proportionsstudien mißgestaltete Köpfe (Abb. 49) und nutzte dabei ein Verfahren, das noch Francis Grose 1788 als Hilfsmittel für das Zeichnen von Karikaturen empfahl (Abb. 50).[2]

Von Mola, bekannt als Maler biblischer und mythologischer Landschaften,[3] werden noch im 18. Jahrhundert zahlreiche Karikaturen in der Art der Carracci erwähnt.[4] Heute können nur noch wenige Blätter mit seinem Namen verbunden werden, und auch dies ohne letzte Sicherheit. Die kleine Gruppe der ›Mola‹-Karikaturen, zu denen auch das ausgestellte Blatt zählt, ist durch einen nervösen, nur lockere Formgrenzen schaffenden Strich ausgewiesen.[5] Auf Binnenzeichnung ist weitgehend verzichtet. Diese Stilmerkmale verbinden die Zeichnungen Molas sowohl mit den Karikaturen seines römischen Zeitgenossen Gianlorenzo Bernini (Abb. 41) als auch mit denen von Agostino Carracci (Abb. 1, 40). G.U.

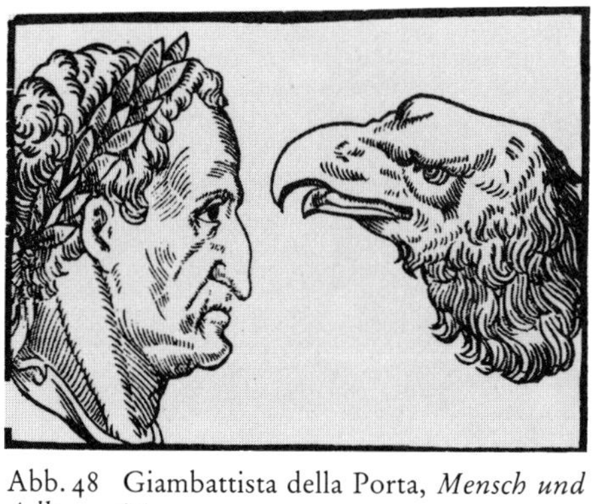

Abb. 48 Giambattista della Porta, *Mensch und Adler,* 1586

1 Vgl. Baur 1974, vor allem S. 35ff.
2 Zu Dürers Proportionsstudien vgl. E. Panofsky, *The Life and Art of Albrecht Dürer,* Princeton 1955, S. 269ff. – Über zeichnerische Konstruktion von Physiognomien allgemein: E. H. Gombrich, *Kunst und Illusion,* Köln 1967, S. 174ff. – Francis Grose' *Rules for Drawing Caricaturas* sind im Anhang S. 348 ff. kommentiert.
3 R. Cocke, *Pier Francesco Mola,* Oxford 1972. – Zu Mola als Karikaturist vgl. vor allem Juynboll 1934, S. 140ff.
4 Vgl. E. Arslan, »Disegni del Mola a Stoccolma«, *Essays in the History of Art Presented to Rudolf Wittkower,* London (2) 1969, S. 198 m. Anm. 17.
5 Vgl. etwa P. Ward-Jackson, *Italian Drawings II.* Katalog Victoria & Albert Museum London 1980, Nr. 773; J. Bean, *17th Century Italian Drawings.* Katalog Metropolitan Museum New York 1979, Nr. 291, 293; A. Macandrew, *Catalogue of Drawings III: Italian Schools, Supplement,* Ashmolean Museum Oxford 1980, Nr. 915 A–C.

Lit.: Unveröffentlicht.

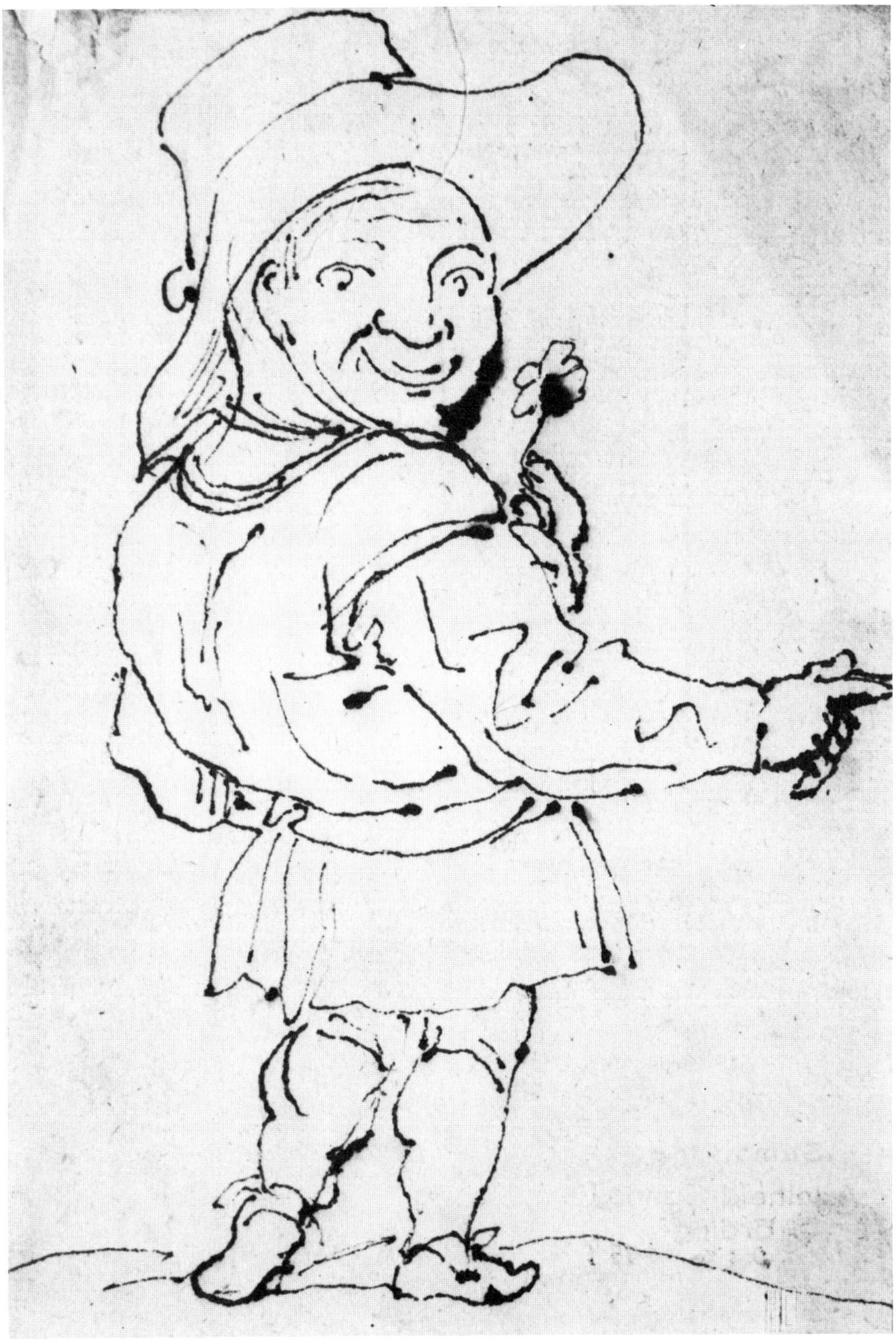

37
Italienisch, 2. Hälfte 17. Jahrhundert

Zwerg mit Blume

Feder in Braun, 181 x 122, unbezeichnet.
Sammlung Ensmann, München.

Ein buckliger Zwerg, in der linken Hand eine Blume haltend und die rechte weisend ausgestreckt, wendet sich mit belustigter Miene dem Betrachter zu. Das Motiv erinnert entfernt an die *Gobbi* (Kat. 5), wenn auch Callot Bucklige in heftigerer Aktion zeigt.

Die anonyme Zeichnung steht stilistisch wie motivisch ferner einigen Blättern des in der Münchner Graphischen Sammlung bewahrten Klebebandes mit 120 Karikaturen nahe.[1] Der Münchner Karikaturenband ist, wie schon Juynboll feststellte, aus Zeichnungen mehrerer Künstler der bolognesischen und römischen Schule zusammengestellt worden.[2] Neuere Versuche, einzelne Zeichnungen namentlich bekannten Künstlern zuzuschreiben[3], blieben unbefriedigend. Auch der *Zwerg mit Blume,* wie die Zeichnungen des Klebebandes in der 2. Hälfte des 17. Jahrhunderts entstanden[4], verharrt in doppeltem Sinne in der Anonymität: Weder ist sein Zeichner festzustellen noch die gezeichnete Person. Es ist ohnehin anzunehmen, daß der Zeichner den Typus des Verwachsenen statt ein bestimmtes Individuum wiedergibt.

Stilistisch steht der *Zwerg mit Blume,* gemeinsam mit dem *Kurzbeinigen* (Kat. 38), in der Tradition des locker skizzierenden Karikaturenstils, wie er durch Agostino Carracci begründet (Abb. 40) und durch Pier Francesco Mola (Kat. 36) sowie Gianlorenzo Bernini (Abb. 41) aufgegriffen und ans spätere 17. Jahrhundert vermittelt wurde. G.U.

1 Vgl. Boeck 1968, Tf. 16 und 23.
2 Juynboll 1934, S. 107ff.
3 Boeck 1954, S. 154ff., und Boeck 1968.
4 Vgl. Wittkower 1952, S. 18. Wittkower revidierte hier seine frühere Ansicht, das Münchner Album vereinige Zeichnungen Annibale Carraccis (Brauer/Wittkower 1931, S. 182, Anm. 6).

Lit: Unveröffentlicht.

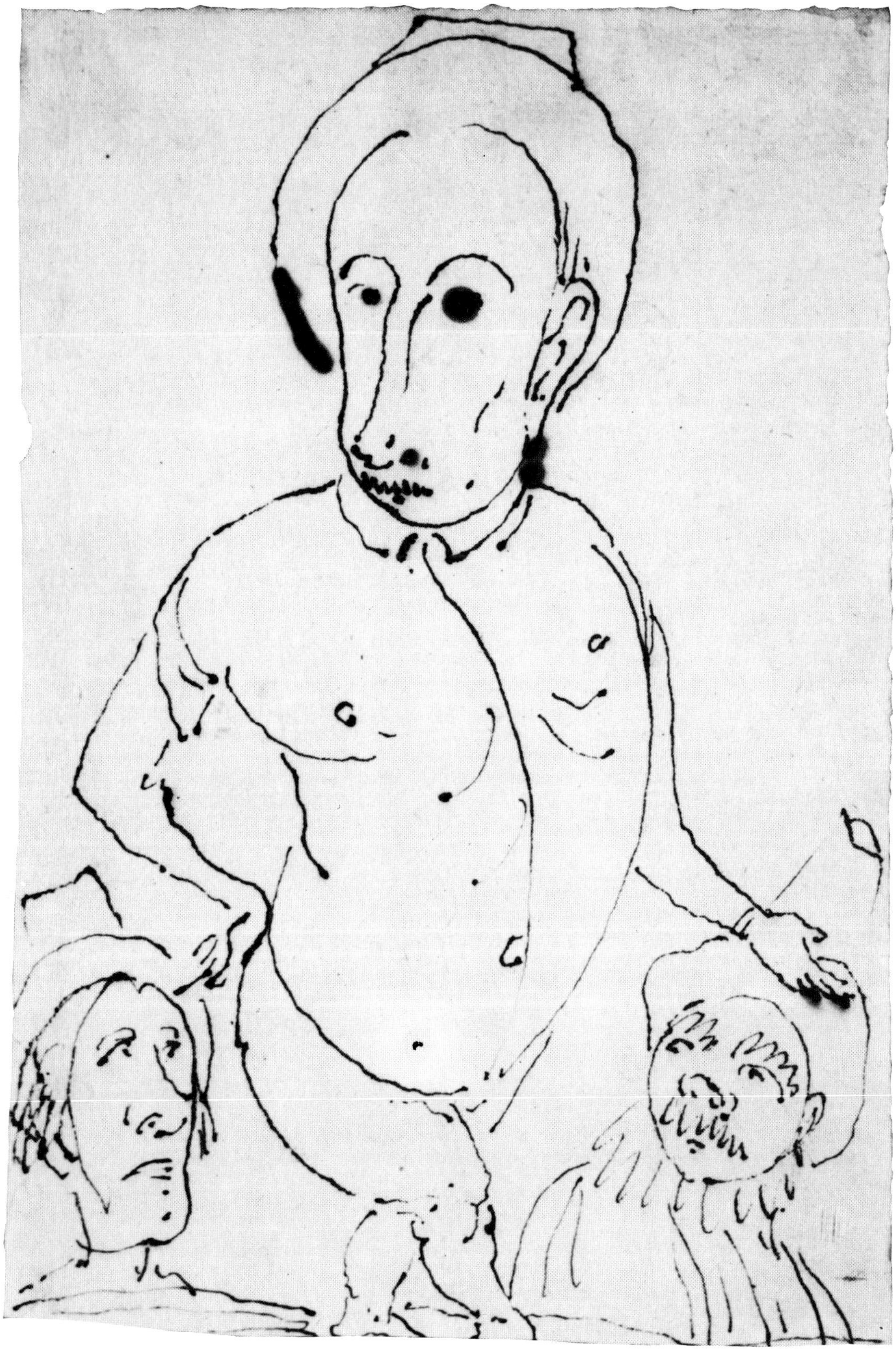

38
Italienisch, 2. Hälfte 17. Jahrhundert

Kurzbeiniger und zwei Köpfe

Feder in Braun, 216 x 144, unbezeichnet.
Sammlung Ensmann, München.

Die anonyme Zeichnung ist dem *Zwerg mit Blume* (Kat. 37) stilistisch verwandt, doch mit noch sparsameren Mitteln gestaltet. Die zittrige, durch wiederholtes Ansetzen der Feder ›offene‹ Linienführung rückt das Blatt in die Nähe einiger Karikaturen des Münchner Klebebandes[1] und damit in die späte Nachfolge Agostino Carraccis. Vgl. im übrigen die Bemerkungen zu Kat. 37.

G. U.

1 Vgl. vor allem Fol. 85; Boeck 1968, Tf. 23.

Lit.: Unveröffentlicht.

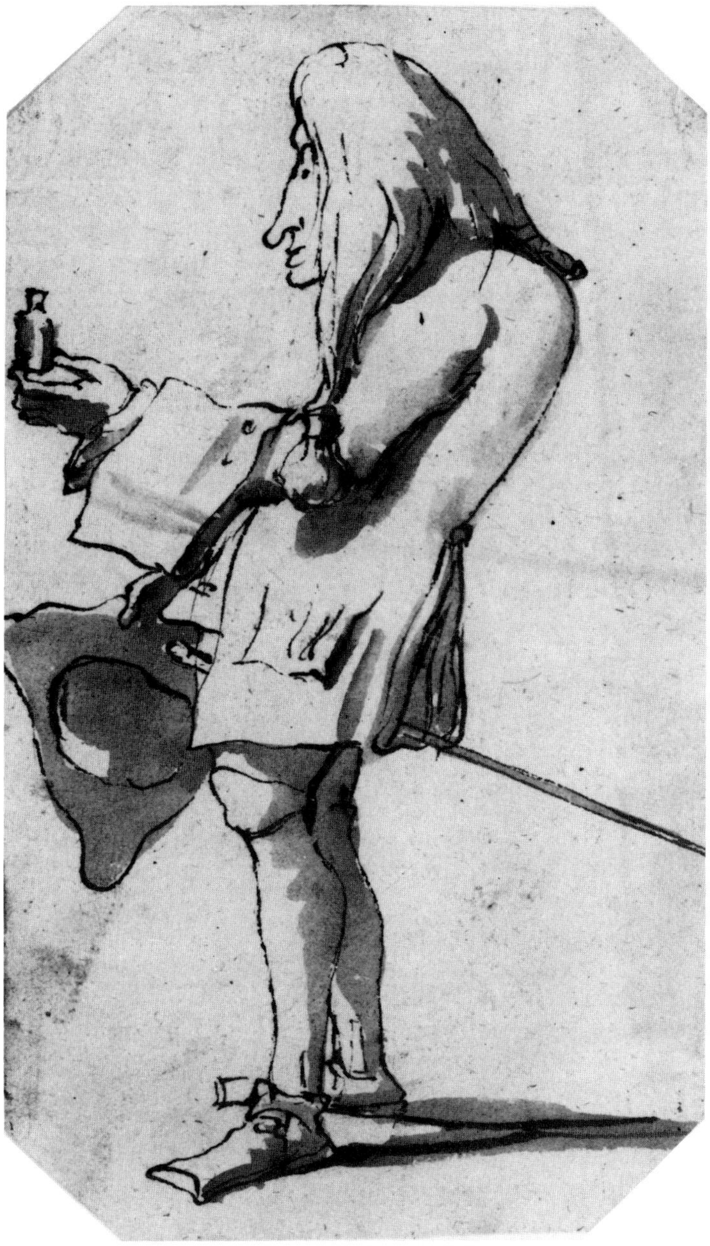

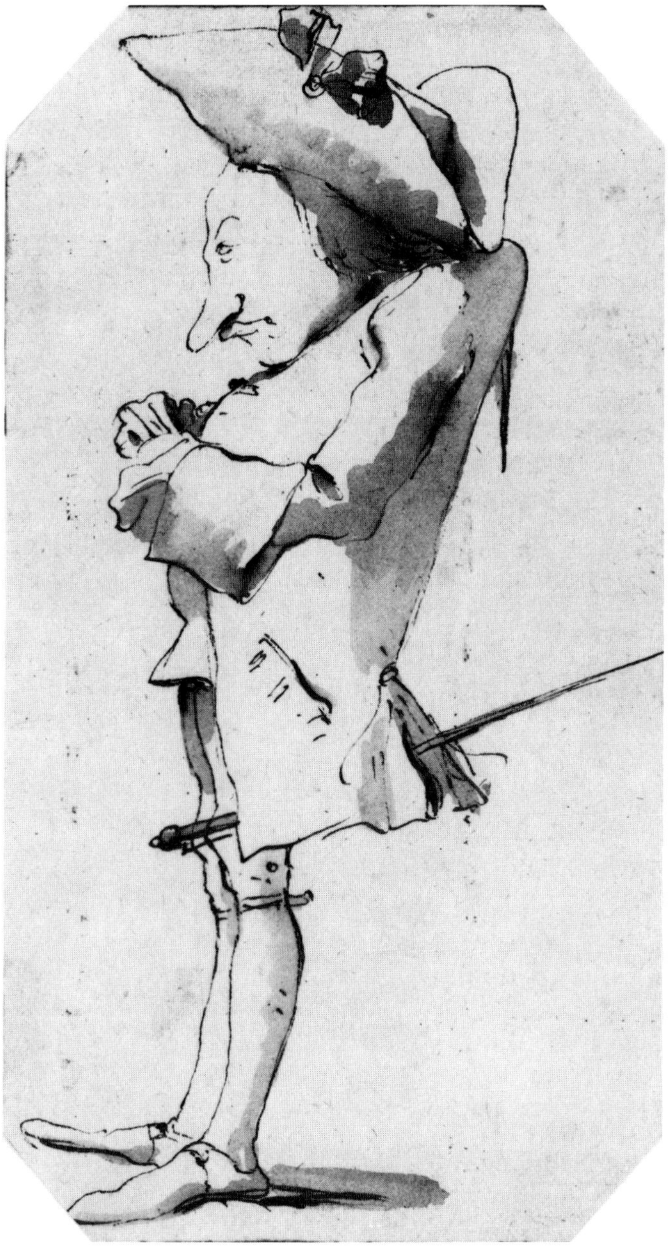

39

Giovanni Battista Tiepolo (1696–1770)

Zwei Bucklige mit Dreispitz, um 1750

Feder, laviert, 177 x 94 und 164 x 93.
Beide Blätter sind beschnitten.
Hamburger Kunsthalle.

Giovanni Battista Tiepolo ist berühmt als Maler umfangreicher spätbarocker Bildprogramme wie den Fresken im Treppenhaus der Würzburger Residenz (1750–53). Von seiner Hand sind heute etwa 300 Karikaturen bekannt, wohl nur ein Ausschnitt aus diesem Teil seines Schaffens.[1]

Die von Tiepolo karikierten Männer und Frauen bleiben stets in der Anonymität. Nicht die Großen seiner Zeit hielt er im ›übertriebenen Porträt‹ fest; Händler, Mönche, Bürger, gelegentlich auch Vagabunden und Edelleute waren seine Modelle, immer als Einzelfiguren und meist im Profil gezeichnet. In sicherer und rascher Umrißzeichnung sind die Gestalten erfaßt. Für seine Karikaturen benutzte Tiepolo ausschließlich die Feder; die Binnenformen gliederte er stets durch mit dem Pinsel aufgetragene Lavierungen. Die flächige Modellierung unterscheidet Tiepolos Zeichnungen grundsätzlich vom strengen Linienstil römischer Karikaturen (Abb. 41; Kat. 64, 65) und verbindet sie zugleich mit der durch Guercino (Abb. 20) in Bologna eingeleiteten Angleichung des knappen karikierenden Kritzelstils an die zeichnerische Formensprache der ›Hochkunst‹, wie auch Ghezzi es mit anderen Mitteln versuchte (vgl. Kat. 64, 65). Die Hamburger Zeichnungen stehen stilistisch den Karikaturen in einem heute aufgelösten Album mit karikierten Ganzfiguren von der Hand Tiepolos nahe (*Tomo terzo di caricature*), dessen Entstehung in die Jahre 1740–1762 datiert wird.[2] G. U.

1 Zu Tiepolo als Karikaturist vgl. grundlegend Max Kozloff, »The Caricatures of Giambattista Tiepolo«, *Marsyas* 10/1960–61, S. 13ff., sowie Kat. Providence 1971, Nr. 34–36, jeweils mit weiterer Literatur. – Zum Karikaturenstil Tiepolos vgl. auch Juynboll 1934, S. 209f.

2 Vgl. die Diskussion in Kat. Providence 1971, Nr. 34.

Lit.: Unveröffentlicht.

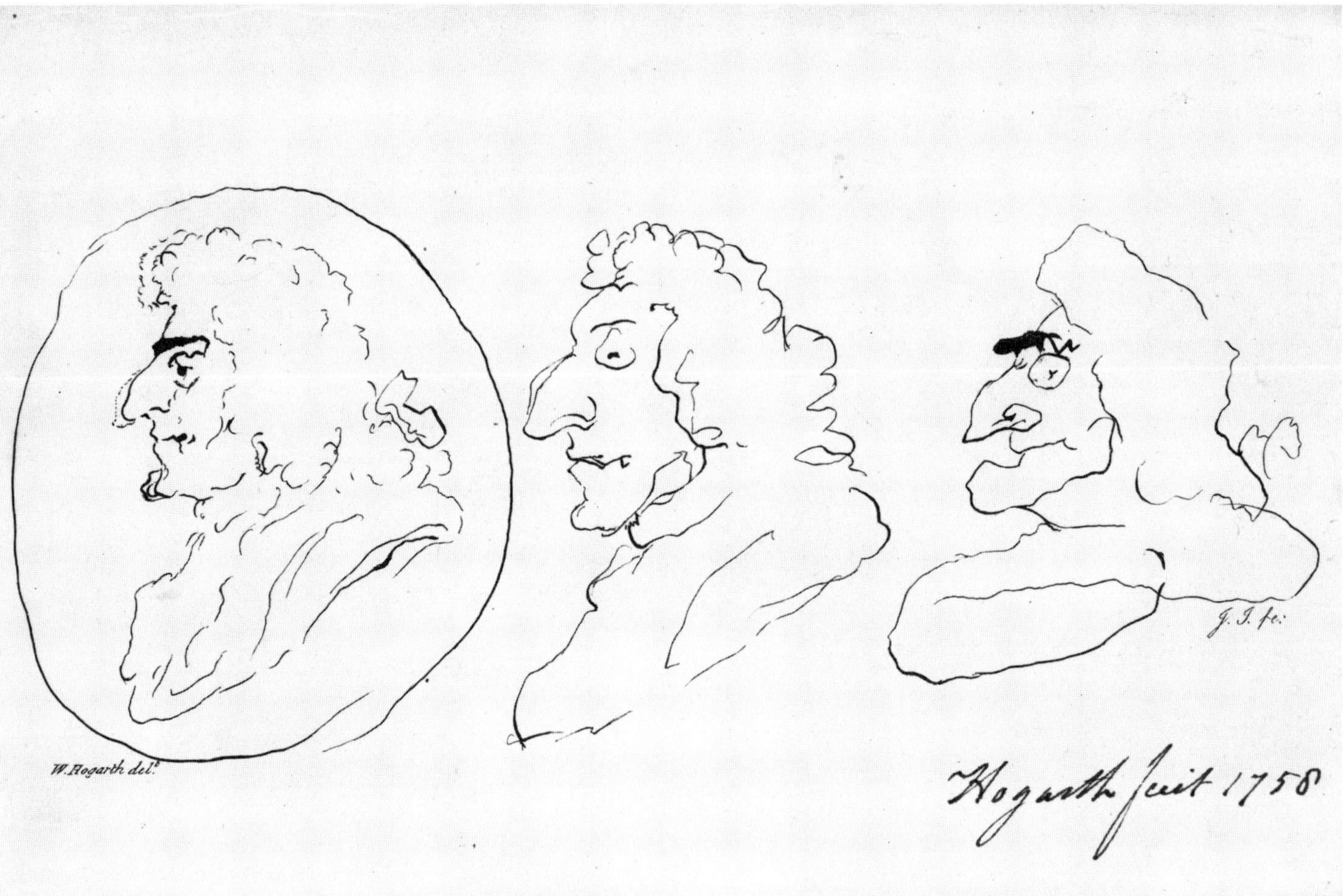

40
nach William Hogarth (1697–1764)
Character and Caricatura, 1758

Radierung, 157 x 229, bezeichnet *J(ane) I(reland) fec,* mit Feder *Hogarth fecit 1758.* Enthalten in: Ireland 1794, Tafelband (unpaginiert). Niedersächsische Staats- und Universitätsbibliothek Göttingen.

Der Hogarth-Verehrer John Ireland veröffentlichte 1794 diese heute verschollene Federzeichnung[1] als Faksimileradierung. Er zitiert dazu in seinem Begleittext einen Brief, der ihre Entstehung erläutert: Hogarth beantwortete mit dieser Skizze die Frage eines Freundes, »was er denn meine mit Character and Caricatura«.[2]

Links befindet sich in ovaler Medaillonrahmung ein männliches Porträt im Profil, Haare und Brustansatz sind nur angedeutet, während die Gesichtskontur klar durchgezogen ist.[3] Beim mittleren Kopf fallen Details völlig weg, und einzelne Gesichtszüge, vor allem Nase und Auge, sind stark übertrieben. Diese Tendenz setzt sich rechts weiter fort: Aus dem edlen Männerprofil links ist ein zahnloser Greis mit grotesk vorspringender Nase und derbem Kinn geworden.

Gemeinsam mit den übertriebenen Formen bewirkt auch die Linienführung den Eindruck der Lächerlichkeit. Bei dem Porträt links handelt es sich um eine typische Skizze, rasch und mit kurz angesetzter, suchender Feder aufs Papier gebracht. Rechts dagegen sind vergleichsweise wenige Linien derart krumm und schief geführt, daß geradezu von einer Parodie auf den ersten Zeichenstil gesprochen werden kann. Die in vermeintlichen Umrissen angegebenen Formen werden unkenntlich – die Haarschleife – oder nehmen eine absurde Gestalt an. Die Reduzierung auf wenige Linien bewirkt zugleich eine Schematisierung – dies wird besonders beim Auge deutlich. J. D.

1 Oppé 1948, Nr. 108, Abb. 45. Die zugefügte Bezeichnung »Hogarth fecit 1758« befindet sich dort an anderer Stelle.
2 Ireland 1794, S. 167. Vgl. hierzu Kat. 15.
3 In den kleinen zusätzlichen Linien am Kinn und vor allem in der punktierten zweiten Nasenkontur sind offensichtlich schon Beispiele einer möglichen Übertreibung zu sehen.

41
James Gillray (1757–1815)
The national assembly petrified – The national assembly revivified, 1791

Radierung, Plattengröße 410 x 305; r. u. bez. *Pub.^{d} June 28.th 1791 by S. W. Fores N.º 3 Piccadilly;* Abzug von 1851 (damals wurden die überkommenen Platten, bevor sie eingeschmolzen wurden, noch einmal für das Werk von Wright und Evans über Gillray abgezogen. Diese Exemplare sind im Gegensatz zu den älteren braunen Abzügen in Schwarz gedruckt. Auch sind die Blätter beidseitig bedruckt). Privatbesitz.

Die beiden Darstellungen der französischen Nationalversammlung – einmal versteinert bei der Nachricht, der König sei entflohen, und dann wiederbelebt, als man hörte, der König sei ergriffen – sind Musterbeispiele für die in der Karikatur angelegten expressiven Tendenzen. Lange Gesichter bei der Schreckensnachricht, breites Lachen bei der Freudenbotschaft! Selten hat Gillray die Radiernadel so frei und ungestüm gehandhabt wie hier. Mit diesem Blatt setzte sich das ›lange Gesicht‹ und das ›breite Lachen‹ als wirksames Mittel, starke Gefühlsausbrüche anschaulich zu machen, allgemein durch. Auch Goya dürfte diese Radierung Gillrays gekannt haben. Eine solche Darstellung macht auch deutlich, daß Karikaturen nach ihren eigenen Gesetzen beurteilt werden müssen. Zerrbilder werden von den Karikaturisten nicht willkürlich verwendet.

In der oberen Darstellung ist die Nationalversammlung noch als ein Gremium aufgefaßt, in dem auch der Adel (durch den Mann mit den drei Lilien am Hut) wie der Klerus (durch den Bischof) vertreten sind. Allerdings beherrscht der dritte Stand die Szene, im unteren Bild sogar uneingeschränkt. Der Mann, der im Freudentaumel eine Prise nimmt, ist nebenbei durch die drei Frösche an seinem Gürtel als ›frogeater‹, als Froschesser und damit als typischer Franzose verspottet.

Die Radierung ist auf den 28. Juni datiert. Ludwig XVI. war am 20. geflohen, am 22. ergriffen und am 25. nach Paris zurückgebracht worden. Diese Daten machen deutlich, wie schnell die Karikatur auf das aktuelle Geschehen reagierte. M. H.

Lit.: BM VI, Nr. 7884

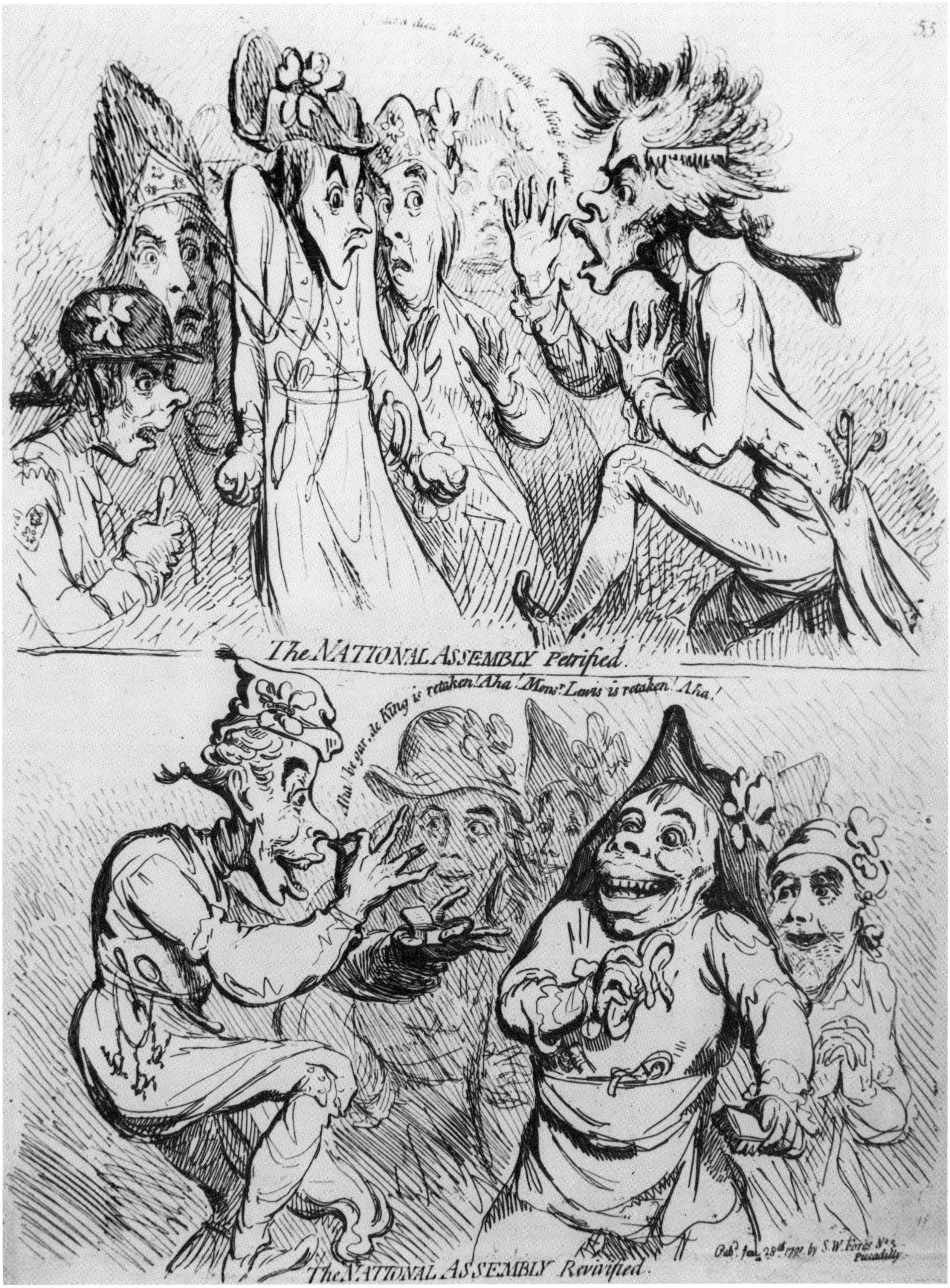
55
The NATIONAL ASSEMBLY Petrified.
Ah! be gar, de King is retaken! Aha! Monsr. Louis is retaken! Aha!
The NATIONAL ASSEMBLY Revivified.
Pubd. Jan. 28th 1791. by S.W. Fores No. 3 Piccadilly

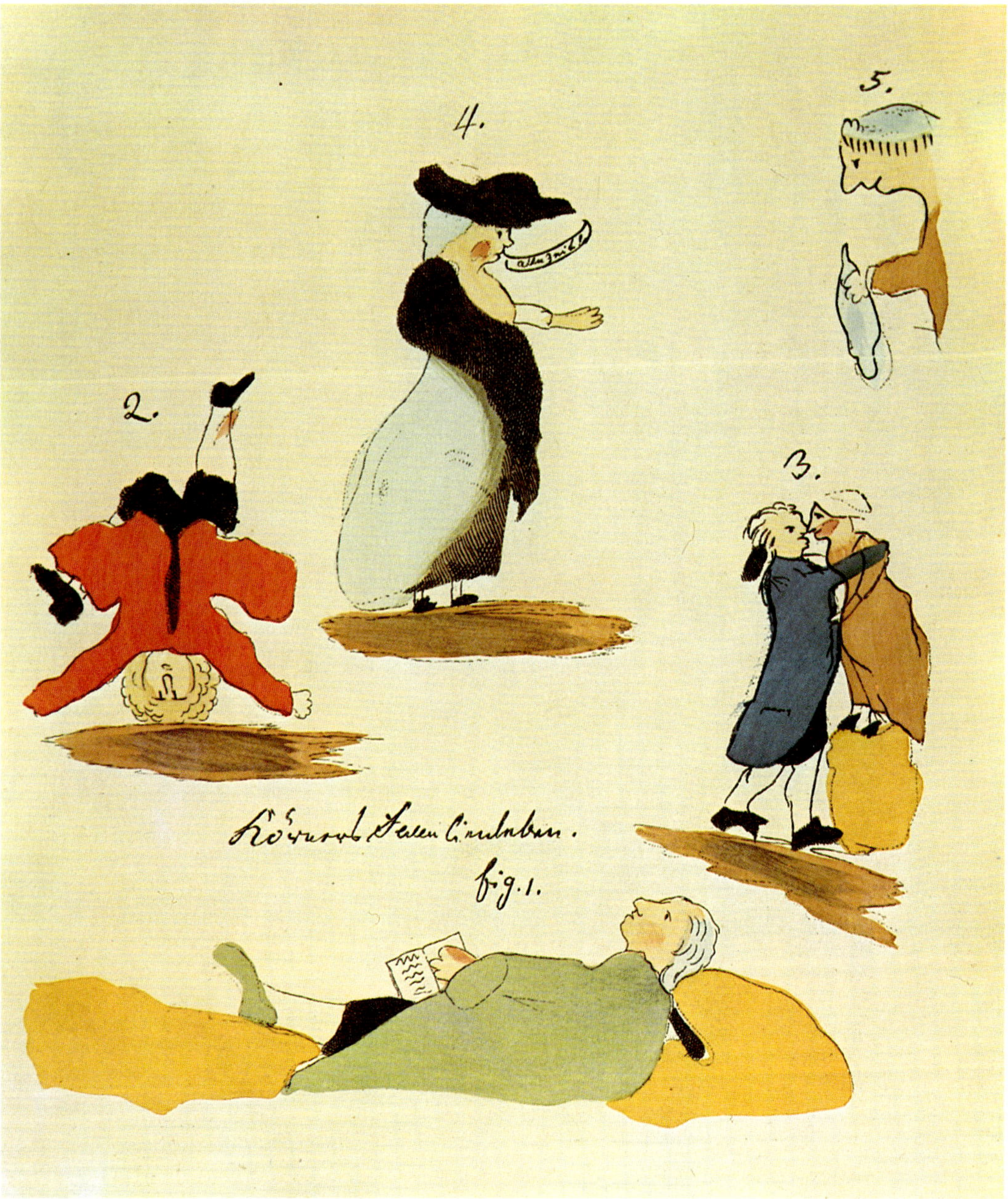

42
Friedrich Schiller (1759–1805)

Aventuren des neuen Telemachs, 1786

Photomechanischer Nachdruck (vgl. Anm. 2), 295 x 220.
Niedersächsische Staats- und Universitätsbibliothek Göttingen.

William Hogarth' Darstellungen des englischen Gesellschaftslebens sind allein durch den enormen Beziehungs- und Anspielungsreichtum so hermetisch, daß zu seiner Graphik zahlreiche Kommentare erschienen, lange bevor Georg Christoph Lichtenberg (vgl. Kat. 71) solche Erklärungen seit 1784 zunächst anonym in den Folgen seines *Göttinger Taschen Calenders* publizierte – und bevor Friedrich Schiller und Ludwig Ferdinand Huber sich zu einer Parodie auf diese Art der Kunstbeschreibung und -exegese verbündeten: *Aventuren des neuen Telemachs oder Leben und Exsertionen* [= Enthüllungen] *des decenten, consequenten, piquanten etc. von Hogarth in schönen illuminirten Kupfern abgefaßt und mit befriedigenden Erklärungen versehen von Winkelmann. Rom 1786.*[1]

Ein Geschenk besonderer Art war das, zu Gottfried Körners 30. Geburtstag am 2.7.1786 verfertigt. Hervorgegangen ist es aus der Geselligkeit des kleinen Freundeskreises um Körner und seine Frau Minna Stock sowie deren mit Huber verlobte Schwester Dora, die den jungen Schiller nach Dresden geholt hatten. Angeblich hatte Schiller bei Gelegenheit einer Porträtsitzung bei Anton Graff eine Zeichenstunde genommen,[2] bevor er als ›Hogarth‹ die große Tradition des Erziehungsromans und des Fürstenspiegels mit dem Hinweis auf Fénelons *Les aventures du Télémaque* (1712) travestierte. Die Bildkommentare verfaßte Huber. Er bezog sich dabei nicht weniger passend auf den Begründer der Kunstbeschreibung und Wiederentdecker der Antike, Johann Joachim Winckelmann – dessen pathetischen Beschreibungsstil er indessen nicht nachgeahmt hat, sondern er imitierte barocke Sprache. Der launige Gesellschaftsspaß steht mit der komischen Camouflage der Künstlernamen in einer Reihe mit Matthias Claudius' grotesker ›Raphael‹-Kritzelei, ist zugleich ein hübscher Vorläufer von Mörikes ähnlicher Geselligkeit entstammenden *Wispeliaden*[3] – und als Meisterstück der Verlesekunst fast ebenbürtig der Jean Paulschen *Erklärung der Holzschnitte unter den 10 Geboten des Katechismus* (im Anhang zum *Kampaner Thal,* 1797).[4]

Hier ausgestellt sind Blatt 5 und 12. Das erste, *Körners Familienleben,* zeigt Körner (Figur 1), der sich damals leidenschaftlich in Kants Schriften vertieft hatte (über seine Kantverehrung vgl. Körners Brief an Schiller vom 7.9.1787). Der rothaarige »Adoptivsohn« (Fig. 2) ist der unverkennbar ausgelassene Schiller selbst, dessen Handstand man aber noch nicht mit seiner damaligen beruflichen Ziellosigkeit in Verbindung bringen sollte. Ihm gegenüber werden der lange Huber und die etwas verwachsene Dora Stock in ihrer zärtlichen Umarmung (Fig. 3) mißbilligend von Minna Körner (Fig. 4) beobachtet. Sie ist an ihrem Lieblingsausdruck „allezeit" kenntlich, der nach Schillers etwa gleichzeitig entstandener Posse *Körners Vormittag* (auch: *Ich habe mich rasieren lassen*)[5] den Sinn hat von ›immer‹ oder ›schon wieder‹. Ihr Leibesumfang zeigt den fortgeschrittenen Zustand ihrer Schwangerschaft: Ende Juli wurde Johann Eduard Körner, Schillers Patenkind, geboren. Die Klistierspritze, mit der ihre Köchin sie »an ihre Menschlichkeit erinnert«, erklärt Schiller selbst in einem Brief an Körner vom 24.4.1786: »Ich hatte Lust, der Minna die Klystiermaschine nach Meißen entge-

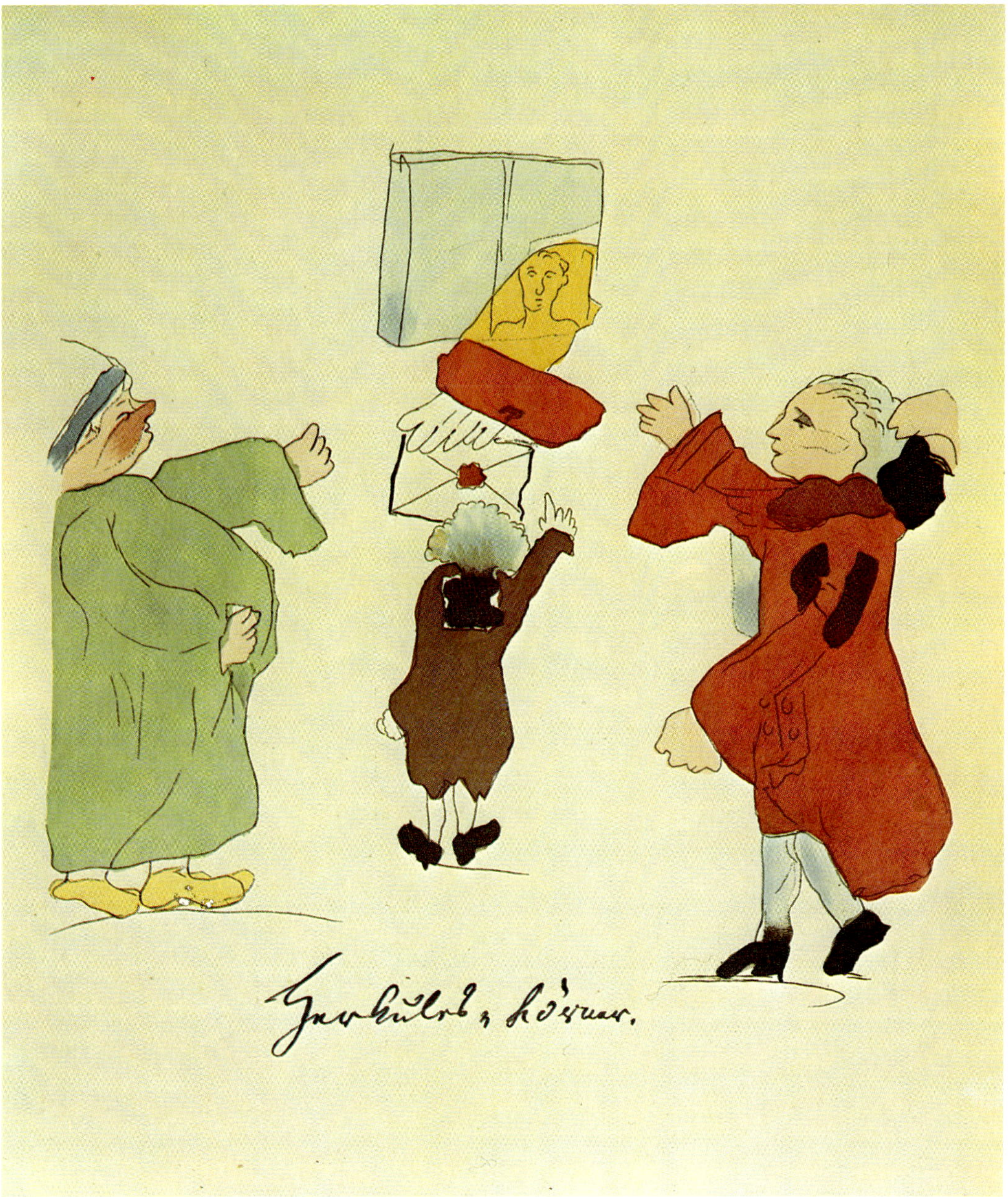

genzuschicken, weil ich sie nach der Zerbsterreise für ein notwendiges Moeuble halte, aber ich besorge, daß man sie auf der Briefpost nicht annimmt.«

Das andere Blatt, *Herkules=Körner*, bietet eine kühne Umdeutung der Heraklessage: Herakles entschied sich nach Xenophons *Memorabilien des Sokrates* (2,2) bei der Wahl zwischen Tugend und Wollust für den Weg der Tugend.[6] Körner hingegen läßt seine Vorgesetzten, den Oberkonsistorialpräsidenten Friedrich Gottlob von Berlepsch und den Minister Friedrich Ludwig von Wurmb, beide außer acht, sobald er nur einen Brief Minnas überbracht erhält. Natürlich ist das Bild Minnas nicht auf des Postillions Arm, sondern war von Hogarth-Schiller ursprünglich als zum Fenster hereinsehend gedacht.

Der Schilleriana-Sammler Carl Künzel hatte diese Scherzzeichnungen zusammen mit der Posse *Körners Vormittag* 1837 von Körners Witwe Minna erhalten, mit deren dringender Bitte freilich, es nicht zu publizieren. Erst 19 Jahre nach ihrem Tod, 1862, hat Künzel sich über diese Bedenklichkeiten hinweggesetzt und die beiden Scherze herausgegeben. Seine Sammlung wurde 1896 versteigert; seitdem galt dieses Beispiel von Schillers Doppelbegabung als verschollen.[7] Es soll kürzlich in der Yale Collection of German Literature (New Haven, Connecticut) wieder aufgefunden sein, ist aber wohl noch nicht wieder zugänglich. In Ermangelung des Originals entstammen also die hier ausgestellten Blätter dem Abdruck Künzels, der sich von jenem vermutlich durch schärfere Kontraste unterscheiden dürfte; auch könnte es sein, daß der Strich in Hubers Text (»Fig. 4«) für eine Auslassung steht, wie Künzel dies mit Sicherheit beim hier nicht gezeigten Blatt *Körners Schriftstellerei* getan hat.[8]

U. J.

1 »Nach den Original=Zeichnungen Friedrich von Schillers und der Original=Handschrift L. F. Hubers im Einverständnisse mit deren Familien zum ersten Male herausgegeben von Carl Künzel.“ Leipzig. Englische Kunst-Anstalt von A. H. Payne (1862). – Ob Schiller und Huber etwa Lichtenbergs (damals anonyme) Hogarth-Kommentare kannten, wissen wir nicht; es ist aber wohl möglich. Überhaupt sind wir für die Entstehung mangels brieflicher Zeugnisse sehr auf Vermutungen angewiesen.

2 Photomech. Nachdruck von Künzel (1862): Hermann Seyboth, Stuttgart 1955 (mit 8 S. Nachwort ohne Quellenangaben); hier S. 3.

3 Zu Claudius: 1772 erschien im *Wandsbecker Boten* das ›Porträt‹ des *President Lars. Raph. inv. Rembr. Sc.* (Raphael erfand es, Rembrandt hat es gestochen). Abgedruckt z. B. in *M. Claudius, Werke*, hrsg. von Urban Roedl, Stuttgart 1954, S. 71. – Zu Mörike: Vgl. u. a. Otto Günter, *Mörike als Zeichner*, Stuttgart 1930, oder Herbert Meyer, *E. M. Zeichnungen*, München 1952.

4 M. E. ist diese Jean Paulsche Erklärung eine Parodie auf Lichtenbergs Hogarth-Kommentar.

5 Schiller, *Sämtliche Werke*, hrsg. von G. Fricke und H. G. Göpfert, Bd. 2, München 1958, S. 1076ff.

6 Zum Thema vgl. insbesondere E. Panofsky, *Herkules am Scheidewege*, Leipzig und Berlin 1930, und W. Harms, *Homo viator in bivio*, München 1970.

7 Vgl. zur Sammlungs- und Editionsgeschichte Seyboth 1955 (wie Anm. 2), S. 7, sowie Eduard Castle, *Carl Künzels Schilleriana*, Wien 1955, S. 7–9 (Sitzungsberichte der Österreichischen Akademie der Wissenschaften 229, 3).

8 Freundl. Mitteilung Walter Schefflers vom 18. 5. 1984.

Lit.: Wie Anm. 2 und 7.

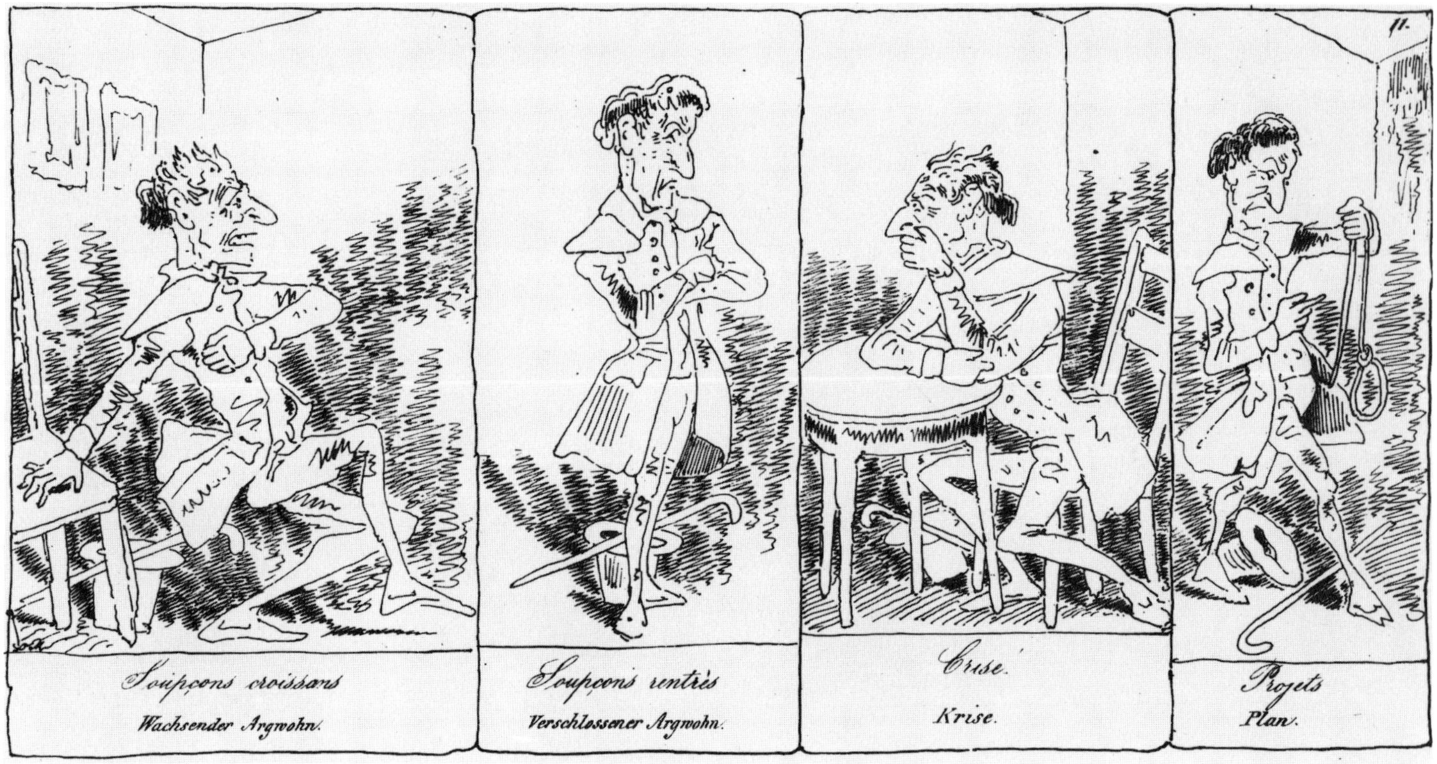

43
Rodolphe Töpffer (1799–1846)

Les Amours de Mr Vieux Bois, 1839

Lithographie, 177 x 279. Das ausgestellte Blatt stammt aus Band VI der fünften Auflage, *Mr Vieux Bois, Collection des Histoires en Estampes de R. Toepffer,* Genf: I. Kessmann und Leipzig: Bernhard Hermann 1846. Für diese Auflage wurden die Lithographien von Bode in Stuttgart umgezeichnet, um die Übersetzung der französischen Bildunterschriften ins Deutsche unterbringen zu können. Töpffer steuerte das für alle sechs Bände gültige Titelblatt bei sowie eine Anzeige für die sechs Bände.
Germanisches Nationalmuseum, Nürnberg.

Töpffers Bildergeschichten werden von Männern durchgestanden, die sich, von Konkurrenten und Besserwissern bedrängt, auf der Jagd nach dem Glück oder der Flucht vor dem Verhängnis mit bizarren Einfällen zu helfen suchen. Diese unerschütterlichen Helden sind dabei ständige Verlierer. Doch immer wieder fällt ihnen ein Spielzug ein, der sie für einen Moment triumphieren läßt. Aber schnell verstolpern sie ihr Glück oder werden von einer Katastrophe überrascht. Erst mit dem letzten Abenteuer finden sie den ersehnten Frieden.

Meist gleiten diese Narrenspiele leicht dahin, doch können auch unfaßbare Geschehnisse den Fortgang der Handlung bestimmen. Wie in den Lügengeschichten des Freiherrn von Münchhausen werden unglaubhafte Kapriolen präsentiert, als wären sie das Natürlichste der Welt. Nebenbei wird auch immer den Zeitgenossen eins ausgewischt, den Gelehrten, die starrköpfig auf eine Theorie eingeschworen sind, oder den Obrigkeitsgläubigen, die stur einer Uniform folgen, gleichgültig, wer sie trägt.

In seinen Zeichnungen deutet Töpffer nur an, was unbedingt zum Verständnis der Situation notwendig ist. Auslassen alles Unwesentlichen ist Trumpf! Ohne modellierende Schraffuren wirken seine Zeichnungen, als seien sie in großer Hast niedergeschrieben. Diese Schnellschrift geht als Ausdrucksmittel in die Bildfolgen ebenso mit ein wie der Rhythmus, mit dem die Darstellungen bald schnell – mehrere Darstellungen auf einer Seite –, bald breitgelagert aufeinander folgen. Die Figuren sind durch ihre Umrisse und ihre sparsame Binnenzeichnung aus einer wabernden Umwelt von bald locker, bald enger gesetzten Strichfolgen leicht erkennbar herausgehoben.

Töpffers Figuren haben ständig das Bedürfnis, ihre Gefühle in Aktionen umzusetzen. Sie jauchzen und schwärmen, sie weinen und krümmen sich vor Schmerz, sie rasen oder brechen ohnmächtig zusammen oder springen vor Freude in die Luft. Dabei bedient sich Töpffer gern solcher Gesten, die unseren gewohnten Sprachbildern verwandt sind. Seine Personen überschlagen sich vor Ergebenheit, schwellen vor Stolz, fliegen in Eile dahin, sind niedergedrückt, versinken in tiefes Nachdenken, stehen wie angewurzelt da, bekommen den Mund nicht zu vor Staunen oder Schrecken oder platzen sogar vor Wut. Zu diesen überdeutlich herausgestellten Erregungszuständen kommt noch der ständige Wechsel grotesker Situationen.

Wie Heinrich Hoffmanns *Struwwelpeter* und Edward Lears *A Book of Nonsense* (Kat. 45) waren Töpffers Bildergeschichten ursprünglich nicht zur Veröffentlichung bestimmt gewesen. Nur darum konnte Töpffer sich so unbekümmert über alle Konventionen hinwegsetzen und sich gänzlich seinem Spieltrieb überlassen. Erst dem Drängen seiner Freunde nachgebend und ermuntert durch das Lob Goethes, wagte er es, seine Bildergeschichten der Öffentlichkeit vorzulegen.

Mit seiner Zeichentechnik öffnete Töpffer wieder den Weg zu einer Ausdruckskunst jenseits des gewohnten Kunstbetriebes. Vergleichbare Versuche hat es schon früher gegeben (Kat. 42). Arbeiten des späten Thomas Rowlandson wie *The Three Tours of Doctor Syntax* hat Töpffer sicher gekannt.

Die skurrile Idee, die Handlung von Unglück zu Unglück, von Mißerfolg zu Mißerfolg weiterzutreiben, erwies sich als ein geniales Rezept, konnte man doch so die Geschichte nach Belieben fortspinnen. Rodolphe Töpffers Bildergeschichten sind die ersten wirklichen Comic Strips. M.H.

Lit.: Immer noch gültig die Einleitung Friedrich Theodor Vischers zur fünften Auflage der Bildergeschichten (ab Band drei); Rodolphe Töpffer, *Œvres complètes,* Genf 1943; Gisela Corleis, *Die Bildergeschichten des Genfer Zeichners Rodolphe Töpffers,* Diss. München 1973.

44
Auguste von Gabelentz (1827–1890)

Histoire de Mr de Vertpré et de sa Ménagère aussi, 1843

Ein Band mit 26 von 27 Zeichnungen und einer Schlußvignette; auf dem mit einer Zeichnung geschmückten Buchdeckel wie auf der Schlußvignette die Jahreszahl 1843. Feder in Braun, Blattgröße 210 x 332; auf dem Vorsatzblatt von späterer Hand der Vermerk *von Großmama Auguste von Gabelentz gezeichnet für Alexander.*
Privatbesitz.

Bilderposse mit französischem Text in enger Anlehnung an die Bildergeschichten Rodolphe Töpffers (Kat. 43). Zeichnungen und Text schildern die Mißhelligkeiten, denen der Pensionär Vertpré (Grünwiese) bei seinem Landaufenthalt ausgesetzt ist: Beim Angeln beißt nur eine Kröte an, sein Jagdhund holt sich die Beute vom Hühnerhof, Besuch bringt das gesamte Hauswesen in Unordnung, ein Lausbube hängt sein Hündchen auf. Als er sich darauf bissige Köter anschafft, versperren ihm diese den Zugang zu seinem Schlafzimmer und entlaufen schließlich mit der Haube seiner erschreckten Frau und dem Hahn des Hofes.

Wie bei Töpffer und später bei Wilhelm Busch folgt ein Unglück, folgt ein Mißerfolg dem anderen. Da bei unvorhergesehenen Zwischenfällen die Menschen ihre mühsam gewahrte Fassung verlieren und daher komisch wirken, waren Unglücksfälle für die Karikaturisten ein beliebtes Thema. Man ging dabei rein vom Visuellen aus und berücksichtigte in keiner Weise die möglichen Folgen eines solchen Unfalles. Diese ›Rücksichtslosigkeiten‹ haben diesen Zeichnern gelegentlich das Verdikt heutiger Moralisten eingetragen.

Auguste von Gabelentz war nach Auskunft des *Gotha* 1843 sechzehn Jahre alt. Töpffer hat bis 1845 ein Pensionat für Sprachschüler unterhalten. Es ist nicht ganz abwegig anzunehmen, Auguste von Gabelentz habe in Genf bei Töpffer Französisch und Zeichnen gelernt und mit diesem Band den Erfolg ihrer Studien unter Beweis gestellt. Da sich Karikaturisten gern spontaner Ausdrucksweisen bedienen, gelangen oft auch Dilettanten überraschend wirkungsvolle Karikaturen (Kat. 42). M. H.

Lit.: Unveröffentlicht.

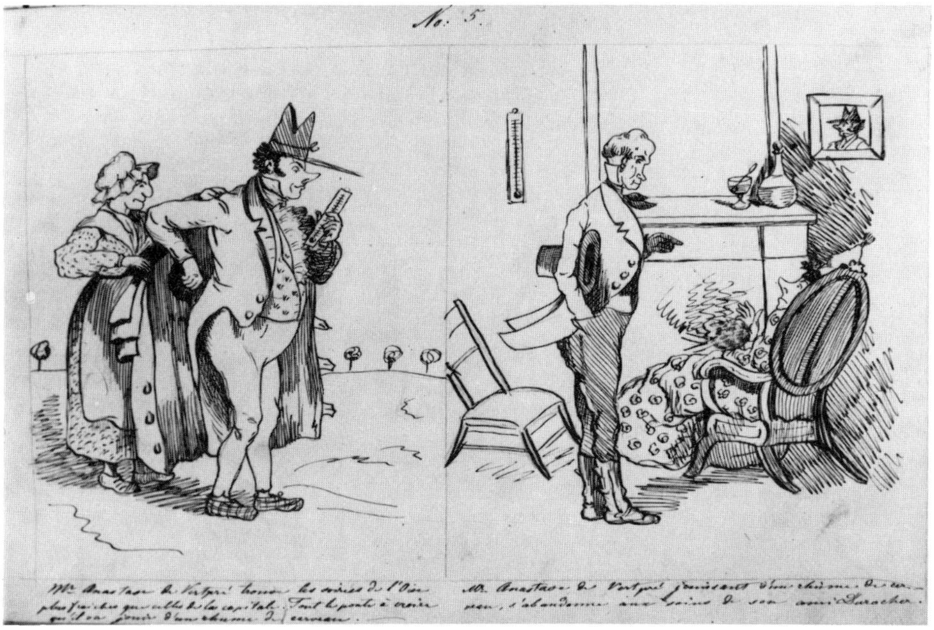

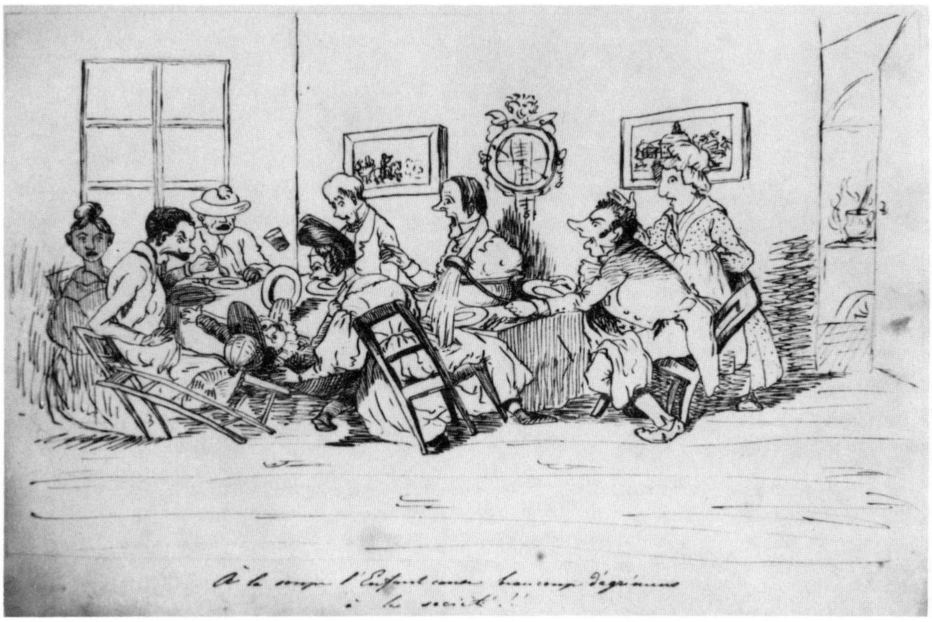

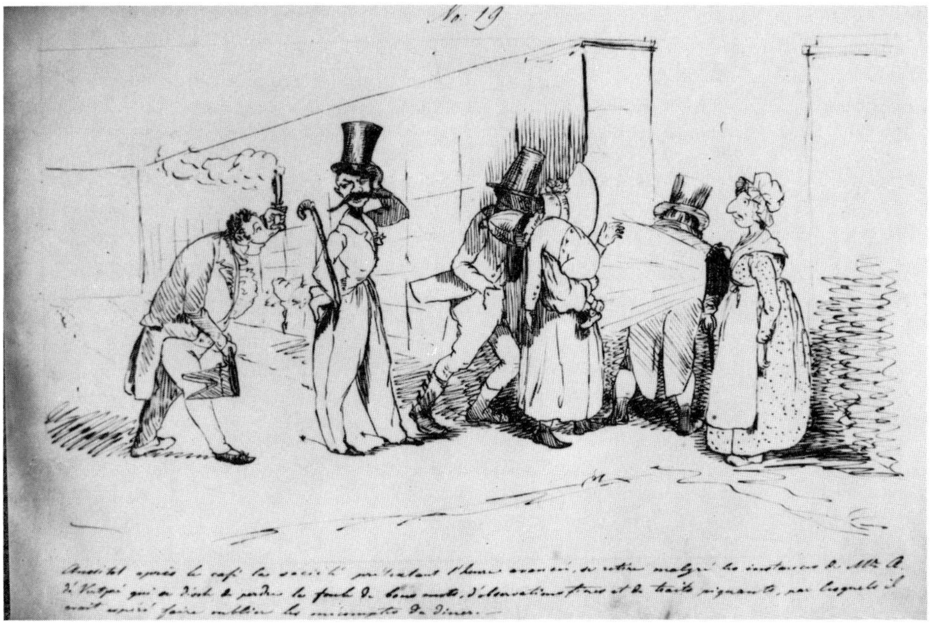

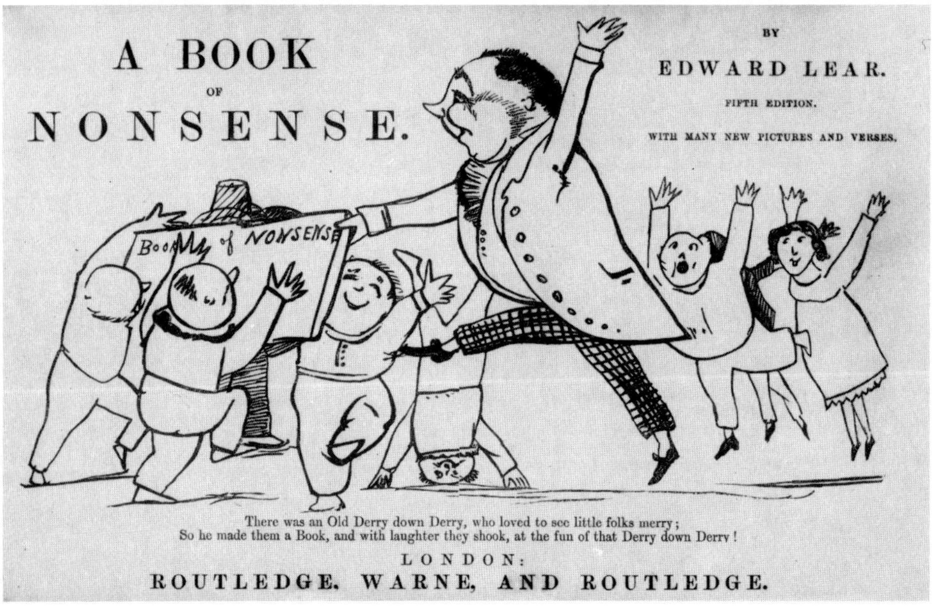

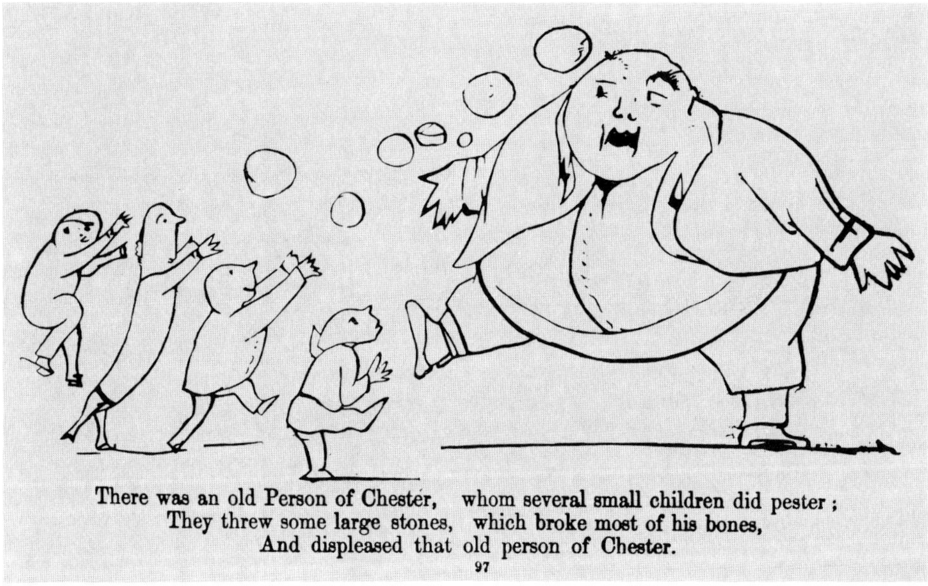

45
Edward Lear (1812–1888)

A Book of Nonsense, 1846 und später

Fünfte Auflage, ein Titelholzschnitt und 112 Holzschnitte mit Limericks, auf Nr. 20 *There was an Old Man of Peru* der handschriftliche Vermerk *this is evidently a portrait of 2^d Stanley* (also eines Familienmitgliedes von Lears Gönner).
Privatbesitz.

Unter dem Pseudonym »Derry down Derry« brachte Edward Lear 1846 in zwei Heften 67 seiner Nonsensgeschichten heraus. Er veränderte und erweiterte die Sammlung mehrfach.[1] Der Siegeszug von *A Book of Nonsense* begann mit der Holzschnittausgabe von 1862.

Auf dem Titelblatt hat sich Lear als »Old Derry down Derry« selbst dargestellt. Die gleiche Figur taucht noch einmal auf Blatt 75 auf, dem einzigen Holzschnitt, der Lears Initialen trägt. Diese Geschichte eines Däumlings, der von einem Hund verschlungen wird, weist unmittelbar auf den tragischen Hintergrund des Learschen Humors hin. Lear war ein unglücklicher, kranker Mann, der sein Auskommen unter Leuten finden mußte, die im Überfluß lebten. In seinen Nöten verschafften ihm offenbar seine kuriosen Verse und Zeichnungen, mit denen er die Kinder seines Gönners erfreute, Erleichterung. Seiner Mitwelt und der Nachwelt schenkte er damit eines der unkonventionellsten und im eigentlichen Sinne des Wortes befreiendsten Bücher. Der Rang von *A Book of Nonsense* ist in der angelsächsischen Welt längst festgeschrieben.

Lear hat mit seinen fünfzeiligen Versspielen eine Formel eines älteren Spaßmachers aufgegriffen. In der ersten Zeile wurde die Person vorgestellt, in den zwei nächsten Zeilen das Abenteuer beschrieben und in der vierten Zeile die Summe gezogen. Lear verzichtete gewöhnlich auf die Pointe und wiederholte in der letzten Zeile die erste, mit gutem Grund, denn Lears Jecken sind so sehr auf ihren Spleen fixiert, daß es sinnlos wäre, nach einem Sinn zu fragen. Diese Bindung an ein festes Schema, das man später Limerick nannte, begründete den Erfolg der verrückten Geschichten. Mit dem ersten Vers »There was and Old Person of Buda« oder »There was a Young Lady of Turkey« ist dem Hörer bereits signalisiert, jetzt folgt eine unglaubliche Geschichte, und er kann sich auf den Kitzel einstellen, den diese alle Realitäten sprengenden Bilder auslösen werden.

Lears Jecken sind meist heilige Narren, Glückskinder, die über ihrem Wahn alle Kümmernisse der Welt vergessen haben. Manchmal ist auch einer dabei, den sein Gram nicht losläßt, oder ein Unglücksrabe, den man, als wäre es das Natürlichste der Welt, in den Ofen schiebt; Tiere aller Gattungen werden in die skurrilen Spiele einbezogen, die Vögel meist als freundliche Gesellen, die Insekten als Quälgeister.

Die Verse sind wohl weniger zum Lesen als zum Vorlesen gedacht. Erst im Vortrag kann man den Sprachwitz voll auskosten. Über das Vorlesen kamen auch die Erwachsenen, ohne sich schämen zu müssen, zu ihrem Vergnügen. Darüber wurde schließlich der Limerick zu einem der beliebtesten Gesellschaftsspiele der angelsächsischen Welt.

Wie bei Wilhelm Busch verschmelzen bei Lear Verse und Bild zu einer untrennbaren Einheit. Dem *Book of Nonsense* wäre ohne die Bilder in der bilderhungrigen Welt des 19. Jahrhunderts kein Erfolg beschieden gewesen. Man muß zunächst einmal gesehen haben, wie sich diese unglaublichen Geschichten im Bilde ausnehmen. Um seinen närrischen Helden gerecht zu werden, griff Lear auf die Zeichenweise der Kinder zurück. Details waren ihm unwichtig. Die Arme mit ihren Händen sehen aus wie dicke Stöcke mit Fransen daran. Lear, der seinen Lebensunterhalt mit genau ins einzelne gehenden Darstellungen fristete, entdeckte hier die ungeheure Kraft, die Deutlichkeit, die einer auf einfachste Linien zurückgeführen Darstellungsweise innewohnte. Das naive Schema verband er mit der exzessiven Ausdruckskraft englischer Karikaturen. Im Gegensatz zu den eigentümlich statischen Darstellungen der Naiven erreichte Lear mit lebensvollen Bewegungen und einem beredten Linienspiel höchste Unmittelbarkeit des Ausdrucks. Dank seiner Zeichenkunst wurden auch ganz alltägliche Geschichten zu komischen Erlebnissen, so der Mann, der ins Wasser fiel und ertrunken aufgefunden wurde. Im Wasser wirkt er mit seinen Rockschößen unter den Fischen wie eine riesige Flunder.

In England unterscheidet man streng zwischen Karikaturisten und Humoristen. Lear ist dort als Humorist eingestuft. M. H.

1 Er hatte seine Zeichnungen und Verse auf Stein gezeichnet, auf eigene Kosten drucken lassen und dem Londoner Verleger MacLean zum Vertrieb übergeben. Gegen 1856 erschien bei demselben Verleger eine zweite Auflage. Lear hatte alle seine Bildergeschichten noch einmal auf Stein übertragen, dabei einige ausgelassen, einige neue hinzugefügt und kam so auf 72 Lithos, einschließlich des Titelblattes auf 73. Die dritte Auflage von 1861 vermehrte er um 40 Geschichten. Unmittelbar darauf ließ er von seinen Lithos Holzschnitte anfertigen, setzte auf das Titelblatt nun seinen Namen und verkaufte die Holzschnitte und das Copyright für 125 Pfund an den Verlag Routledge Warne and Routledge. 1871 und 1872 brachte Lear zwei weitere Nonsensbücher heraus. Der Band *More Nonsense* von 1872 enthielt noch einmal 100 Nonsensgeschichten nach dem Muster von *A Book of Nonsense*.

Lit.: Hermann W. Libert, *Lear in the Original*, New York 1975; *The Complete Nonsense of Edward Lear*, hrsg. von Holbrock Jackson, London 1947; Gordon N. Ray, *The Illustrator and the Book in England from 1790 to 1914*, New York 1976; *Edward Lears kompletter Nonsens*, Inseltaschenbücher Frankfurt a.M. 1977/1980 (die Verse sind Erfindungen von Hans Magnus Enzensberger, die Daten zur Entstehung von *A Book of Nonsense* sind meist falsch).

46

Wilhelm Busch (1832–1908)

Maler Klecksel, 1884

Feder in Schwarz, jeweils 182 x 113, unbezeichnet, die Blattnummerierung jeweils oben rechts in roter Feder.
Wilhelm-Busch-Museum, Hannover.

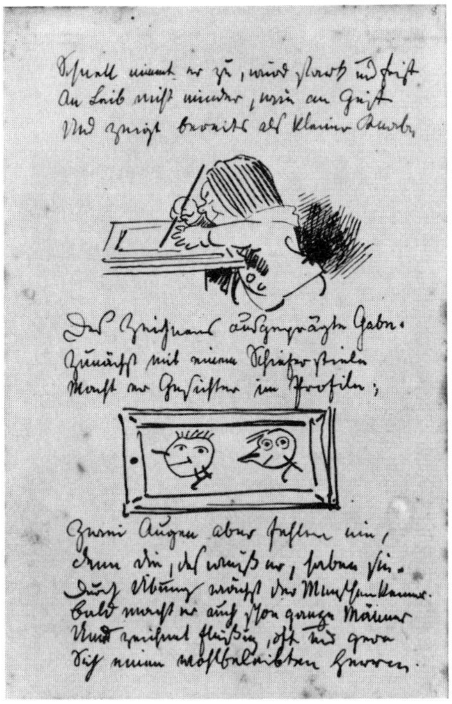

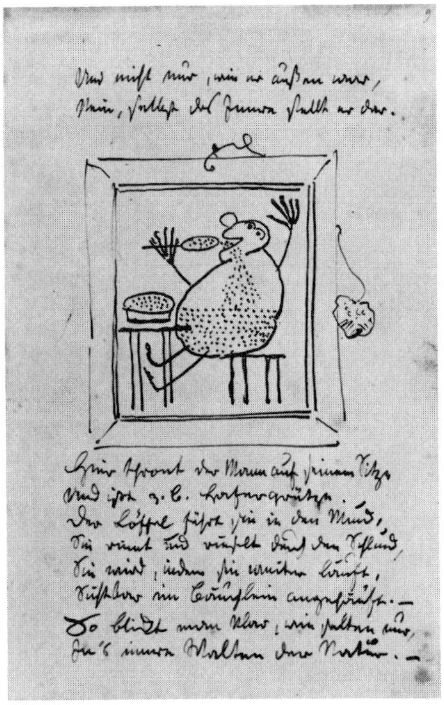

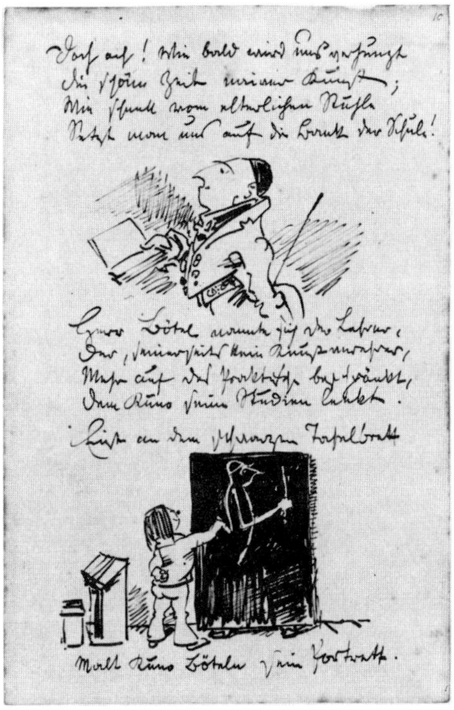

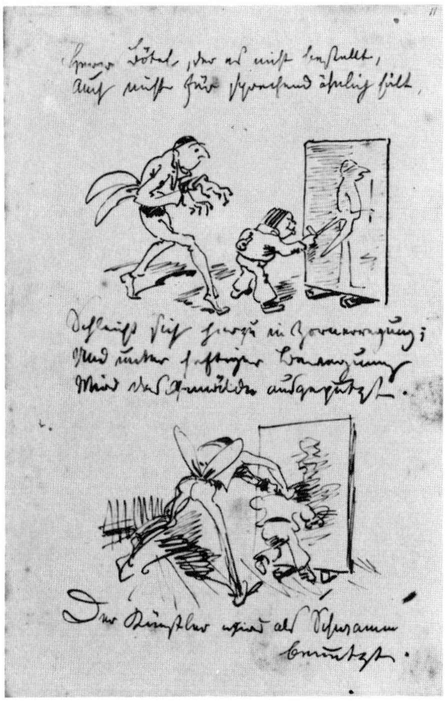

Maler Klecksel, 1884 veröffentlicht, ist die letzte der großen Bildergeschichten Wilhelm Buschs, die seit 1865, angefangen mit *Max und Moritz,* erschienen. Busch beginnt den Werdegang von Kuno Klecksel, dem mißratenen, aber kunstbegabten Jüngling, im Säuglingsalter und läßt ihn seine künstlerischen Ambitionen schließlich zugunsten der gesicherten und behäbigen Existenz eines Gastwirts und Familienvaters aufgeben.

Die ausgestellten vier Blätter der Handschrift zeigen Klecksels erste künstlerische Versuche: »Zunächst mit einem Schieferstiele/Macht er Gesichter im Profile« (Blatt 8). Dann zeichnet er einen »wohlbeleibten Herrn./Und nicht nur, wie er außen war,/Nein, selbst das Innre stellt er dar« (Blatt 9). »Doch ach! Wie bald wird uns verhunzt/Die schöne Zeit naiver Kunst.« Kuno muß in die Schule zu Lehrer Bötel. »Einst an dem schwarzen Tafelbrett/Malt Kuno Böteln sein Portrett« (Blatt 10). »Herr Bötel, der es nicht bestellt,/Auch nicht für sprechend ähnlich hält,/Schleicht sich herzu in Zornerregung;/Und unter heftiger Bewegung/Wird das Gemälde ausgeputzt./Der Künstler wird als Schwamm benutzt« (Blatt 11).[1]

Die sieben kleinen Bildchen auf den vier Blättern sind sehr unterschiedlich konzipiert: Die Vorstellung der beiden jeweils als Halbfigur gegebenen Personen wird von zwei Belegen der Zeichenkunst des kleinen Kuno unterbrochen; anschließend folgt ein kurzer Handlungsablauf, der schon in der dritten Szene im Desaster endet. Busch konzentriert sich dabei auf die Personen und bezieht nur die notwendigsten Gegenstände mit ein – Pult und Tafel oder das aufgeschlagene Buch in der Hand des Lehrers. Der hagere Lehrer und der freche Lausbub entsprechen klischeehaften Vorstellungen, die Busch mehrfach aufgriff und sicherlich entscheidend mitprägte: Noch heute werden sie auf Anhieb verstanden.

Busch geht sparsam und zielstrebig mit dem Zeichenstift um. Seine Profilköpfe bestehen nur aus wenigen Strichen, die den Umriß mitteilen. Auch Körper und Kleidung beschränken sich auf die nötigsten Angaben. Hintergründe werden durch großzügige Schraffuren angedeutet. Die Federführung ist rasch und sicher und gleicht sich dem jeweiligen Thema an: übertrieben kritzelnd bei den Kinderzeichnungen, entschieden und fest bei Gegenständen oder statuarischen Posen und schließlich virtuos fließend in der bewegten Schlußszene. Busch scheut weder vor abstrahierten Vereinfachungen – Hände und Gesicht des heranschleichenden Lehrers – zurück, noch zögert er, die heftige Bewegung in der letzten Szene durch ein Wirrwarr sich überlagernder Striche zu steigern. Die ausgewählten sieben Bildchen bieten zusätzlich den Kontrast zwischen knapp angegebenem kindlichem Profilkopf und naiv gekritzelten Köpfen und auch, mit Klecksels Bötel-»Portrett« an der Tafel, die ausdrückliche Karikatur eines bereits aufs Wesentliche beschränkten ›Typus‹. Die von Busch schon pointiert stilisierte Gestalt des Lehrers gerät zu einem schematisierten Strichmännchen mit trotzdem weiterhin charakteristischem Profil und typischen Attributen. Die Ähnlichkeit der einander gegenübergestellten Formen bewirkt bei steigender Vereinfachung und Übertreibung eine zusätzliche Komik.

Busch fertigte nach dieser ›Handschrift‹ eine sogenannte ›Reinschrift‹ an, die dann photomechanisch auf Holzstöcke übertragen und vervielfältigt wurde.[2] Die ›Reinschrift‹ ist sorgfältiger und gleichmäßiger in der Linienführung, verliert dabei aber viel von der spontanen Unmittelbarkeit und dem zeichnerischen Reichtum der ›Handschrift‹ (Abb. 51). J. D.

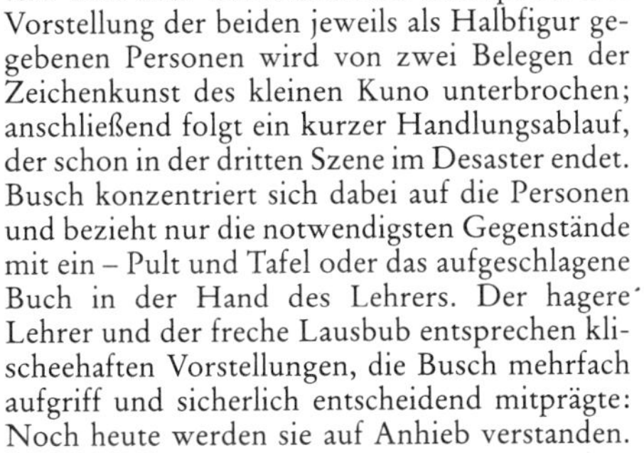

Abb. 51 Wilhelm Busch, aus *Maler Klecksel,* 1884

1 Bohne 1959, Bd. IV, S. 87–90.
2 Vgl. Wolfgang Stubbe, »Der Holzschnitt, geschätzt und gehaßt vom Zeichner Wilhelm Busch«, Kat. Hannover 1982, S. 1ff.

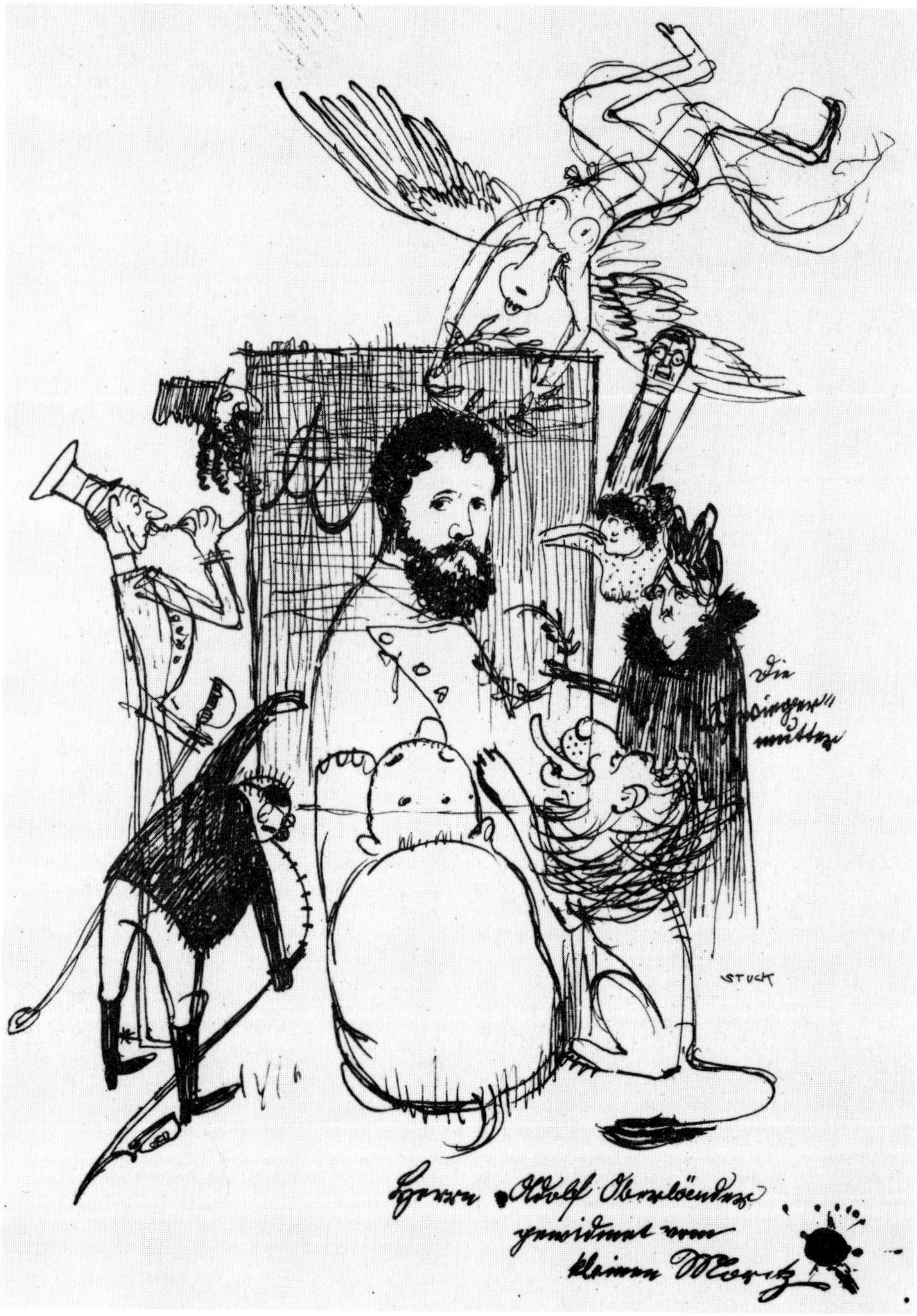

47

Franz von Stuck (1863–1928)

Herrn Adolf Oberländer gewidmet vom kleinen Moritz, 1889

Allotria Kneipzeitung, 30. 3. MDCCCLXXXIX, S. 8, Lithographie, 365 x 274, signiert *Stuck*. Hamburger Kunsthalle.

Die Münchner Künstlergesellschaft *Allotria*, zu der auch arrivierte Künstler wie Böcklin, Lenbach, Makart oder Defregger gehörten,[1] veranstaltete am 30. März 1889 einen Oberländer-Abend, vielleicht aus Anlaß der zwanzigjährigen Mitarbeit Oberländers an den *Münchner Bilderbogen* oder seinen seit zehn Jahren erscheinenden *Oberländer-Alben*. Für die hierfür herausgegebene *Allotria Kneipzeitung* zeichnete Franz von Stuck diese Huldigung an den neben Wilhelm Busch wohl bedeutendsten deutschen Humoristen und Satiriker des 19. Jahrhunderts. Die Leinwand mit dem Brustbildnis des Künstlers ist von seinen Geschöpfen umgeben, die ihm zuwinken oder sich verneigen.[2] Selbst die skeptische »Schwiegermutter« rechts reicht ihm einen Lorbeerkranz. Von oben stürzt ein geflügelter Genius herab und bekrönt ihn mit einem weiteren Lorbeerkranz. Die meisten der Gestalten sind Oberländers *Randzeichnungen aus dem Schreibheft des kleinen Moritz* entnommen, die mit großem Erfolg in den *Fliegenden Blättern* erschienen.[3] Turbulente Szenen aus Elternhaus und Schule werden aus der Sicht des »kleinen Moritz« geschildert. Oberländer nutzt den fiktiven kindlichen Verfasser für ein doppeltes Versteckspiel, indem er hinter einem betont kindhaften Kritzelstil sein Können scheinbar verbirgt und das er dazu nutzt, direkte, aber als naiv getarnte Aussagen über die ernste Erwachsenenwelt zu machen. Der Humor Franz von Stucks hat engere Grenzen. Stuck beschränkt das Kritzeln auf die umgebenden Gestalten und zeichnet den Künstler selbst in korrekter, wenn auch knapper Manier. J. D.

1 Dazu Hollweck 1973, S. 113 ff.; das vorliegende Blatt ist dort auf S. 117 abgebildet.

2 Diese Kompositionsform lehnt sich eng an die Titelseiten der *Oberländer-Alben* an, auf denen sich an der Stelle des Porträts der Namenszug befindet; Abb. in Melot 1975, S. 146; Hermann 1901, S. 87.

3 Vgl. Hofmann 1956, S. 137; Hermann 1901, Abb. S. 83.

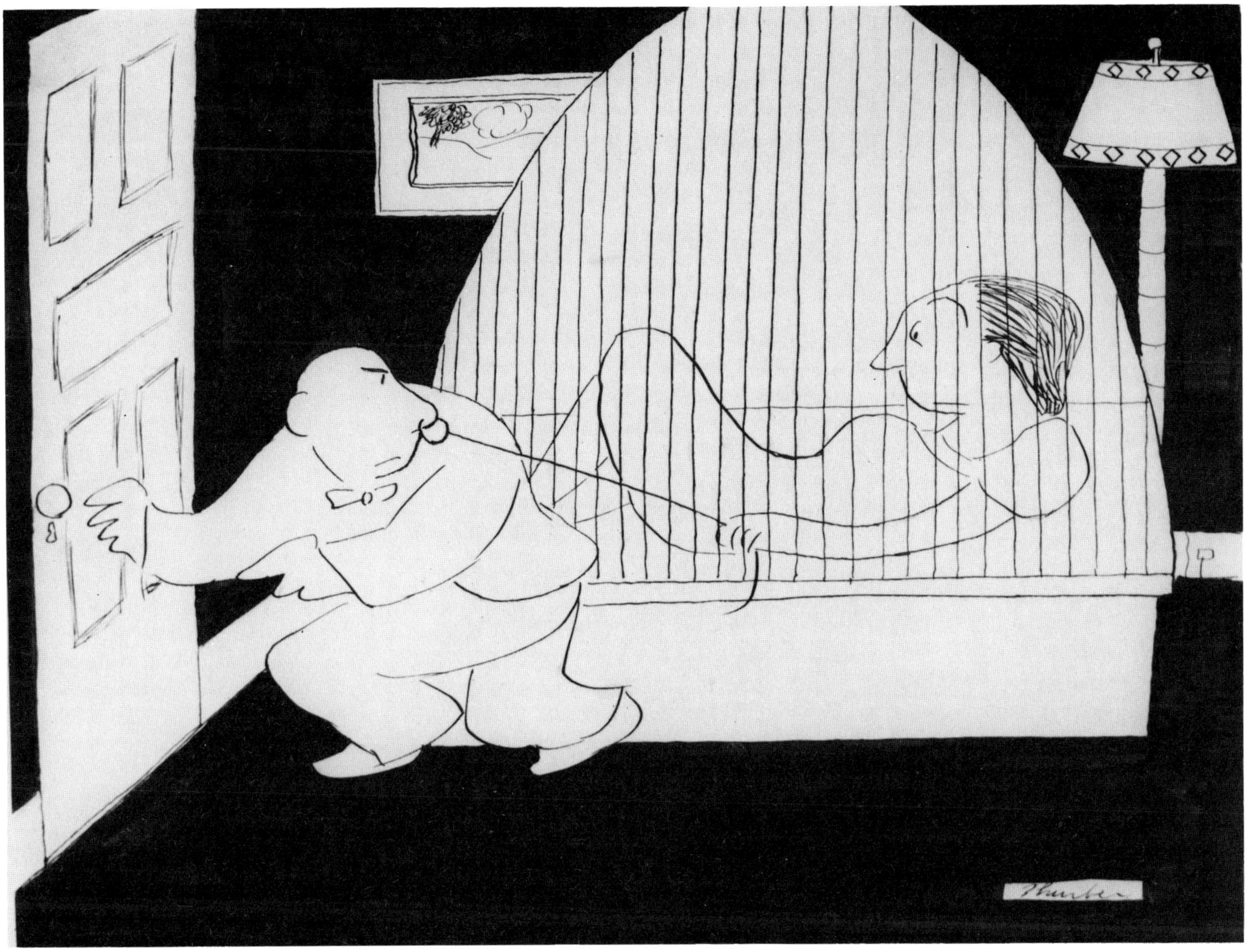

48

James Thurber (1894–1961)

Frau im Käfig und Mann an der Leine, um 1930/40

Feder und Pinsel in Schwarz, 209 x 268, signiert *Thurber.*

Sammlung Ensmann, München.

Es heißt, viele der Illustrationen Thurbers für den *New Yorker* seien innerhalb weniger Sekunden als Nebenprodukte bei Telefongesprächen entstanden. Mag dies auch nicht immer zutreffen, so weist es doch auf ein entscheidendes Merkmal seiner Zeichnungen hin: Sie werden mit nur wenigen raschen Strichen entworfen. Dünne, aus schneller Feder fließende Linien umreißen die Gestalten und beschränken sich bei der Wiedergabe auf einzelne markante Züge. Das vorliegende Blatt ist mit seinen schwarz ausgefüllten Boden- und Wandflächen untypisch. Im allgemeinen entfallen bei Thurber fast alle Angaben zum Hintergrund, der ohne Rahmung und weiß wie die Figuren in die Fläche des Blattes übergeht.

Die Rollenverteilung von Mann und Frau ist das zentrale Thema Thurbers und gerät bei ihm zu einem Kampf der Geschlechter, in dem nur selten die Frauen unterliegen (vgl. auch S. 447, Abb. 10, 11). Hier sind Mann und Frau in einer Situation der gegenseitigen Gefangenschaft gegeben. Die liegende Frau hinter den nur symbolisch zu verstehenden Gitterstäben, die ihre Gebundenheit an den Haushalt andeuten, hält den nach draußen eilenden Mann am Gängelband.[1] Das feindselige, mit knappen, treffenden Strichen ausgedrückte Mienenspiel der beiden läßt anstatt auf eheliches Glück auf einen ständigen, ausweglosen Kampf schließen. J. D.

1 Der Nasenring oder das an der Nase befestigte Band taucht als Motiv öfter in der Karikatur auf; vgl. etwa Kat. Göttingen 1980, Nr. 35; Feaver 1981, S. 167. Siehe auch Kat. 122. Die an dieser empfindlichen Stelle gegängelten Personen werden dadurch mit gebändigten wilden Tieren verglichen.

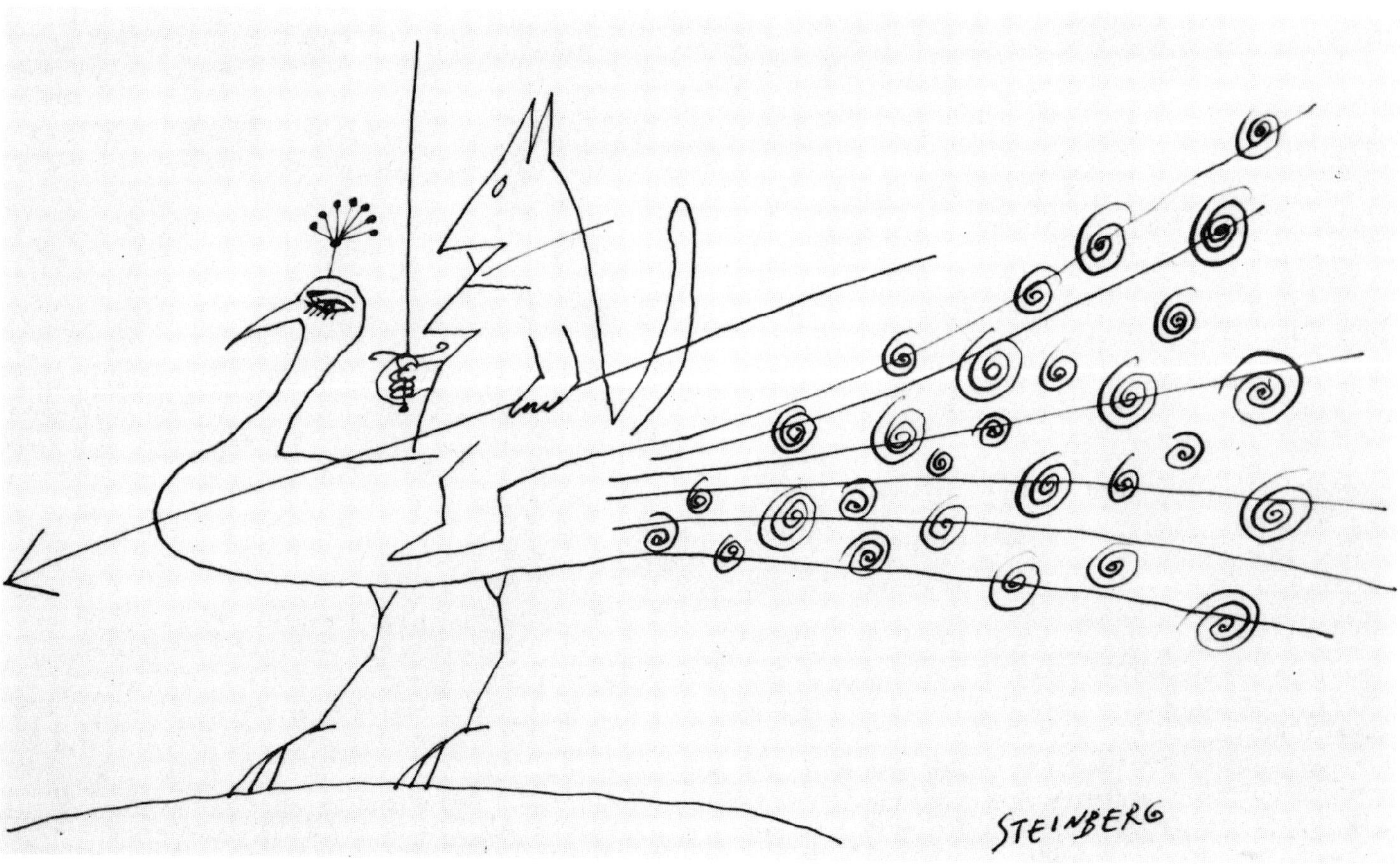

49
Saul Steinberg (geb. 1914)

Cat Man on Peacock, 1957

Feder in Schwarz, 291 x 367, signiert *Steinberg*, datiert *12 57*.
Sammlung Ensmann, München.

Mit sparsamsten Mitteln zeichnet Steinberg ein groteskes Paar von Reiter und Reittier. Jede Linie, jedes Pünktchen hat seinen Sinn in dieser Zeichnung, die durch die Strich-Waffen in der Hand des Katzenmenschen vordergründig als Teil einer Kampfszene gedeutet werden könnte. Doch die einzelnen Striche bleiben weitgehend abstrakt und lassen bekannte Formen lediglich erahnen. Die Konturen von Pfau und Reiter sind stark vereinfacht und jeweils in eins durchgezogen. Die Linien gehen, wo es angebracht erscheint, von einer Form in die nächste über, so von der obersten Schwanzfeder in das Bein des Reiters. Eckige, vorspringende Konturen, wie beim Kopf des Katzenmenschen, mögen auf Entschlossenheit hindeuten und die runden, zierlichen Linien beim Pfau – der neckische Kopfputz, die Spiralen als Pfauenaugen – auf die traditionelle Eitelkeit dieses Tieres. Doch so, wie sich bewaffneter Kampf und herausgeputzte Eitelkeit widersprechen, so verbietet diese Zeichnung im Grunde genommen jede weiterführende Interpretation.

Das Blatt ist keine Karikatur, da weder konkrete Personen noch Zustände ins Visier genommen sind. Zwar handeln hier Tiere und Menschen, ob sie aber reinem Spiel der Phantasie entspringen oder eine unbekannte Fabel illustrieren, bleibt unausgesprochen. So bleibt es beim meisterhaften Spiel mit sparsamen Linien, das sich beim Betrachter in assoziierende Gedankenspiele umsetzt. J. D.

Lit.: enthalten in dem Sammelband: Saul Steinberg, *Labyrinth*, New York 1959. (Zu Steinberg vgl. S. 448 f).

50
Peter Arno (1904–1968)

In der Galerie, 1953

Veröffentlicht in *The New Yorker* vom 26. 12. 1953. Pinsel in Schwarz, laviert, Deckweiß, 554 x 380, signiert *Peter Arno*, beschriftet *His spatter is masterfull, but his dribbels lack conviction. (D. 13) 9/23/61.*
Sammlung Ensmann, München.

Vier wohlbetuchte, gesetzte Geschäftsleute stehen in einer Galerie vor Gemälden im Stil von Jackson Pollock. Als handle es sich um alte Kleinmeister, betrachten sie die Gemälde aus der Nähe und äußern sich in gewählten Worten über den Malstil: »Seine Spritzer sind meisterhaft, doch sein Tröpfeln entbehrt der Überzeugung.« Der Sprecher ist durch seinen weit geöffneten Mund charakterisiert. Mit dicken, geraden Pinselstrichen gibt Peter Arno die Konturen seiner Gestalten an, die dadurch eckig und steif erscheinen. Die Gesichter sind stark verformt und vereinfacht. Die groben Pinselstriche bringen treffend die blasierte Selbstsicherheit der Galeriebesucher zum Ausdruck, so daß deren Kritik an Pollocks Malerei auf sie zurückfällt.

Ausstellungsbesucher und Bildbetrachter sind ein beliebtes Thema der Karikatur.[1] Die Konfrontation mit den Kunstwerken an der Wand bringt unterschiedliche Reaktionen hervor, die von überheblicher Dummheit bis zu grenzenloser Bewunderung reichen, und sie dient dazu, durch Überteibung typischer Verhaltensweisen die Betrachter bloßzustellen.

Peter Arno war seit der Gründung des *New Yorker* dessen Mitarbeiter und wurde neben James Thurber und Saul Steinberg richtungsweisend für die stilistische Entwicklung dieser einflußreichen Zeitschrift (vgl. S. 441 ff.). J. D.

1 Richard W. Eichler, *Die tätowierte Muse, eine Kunstgeschichte in Karikaturen*, 1925; Kat. London 1973.

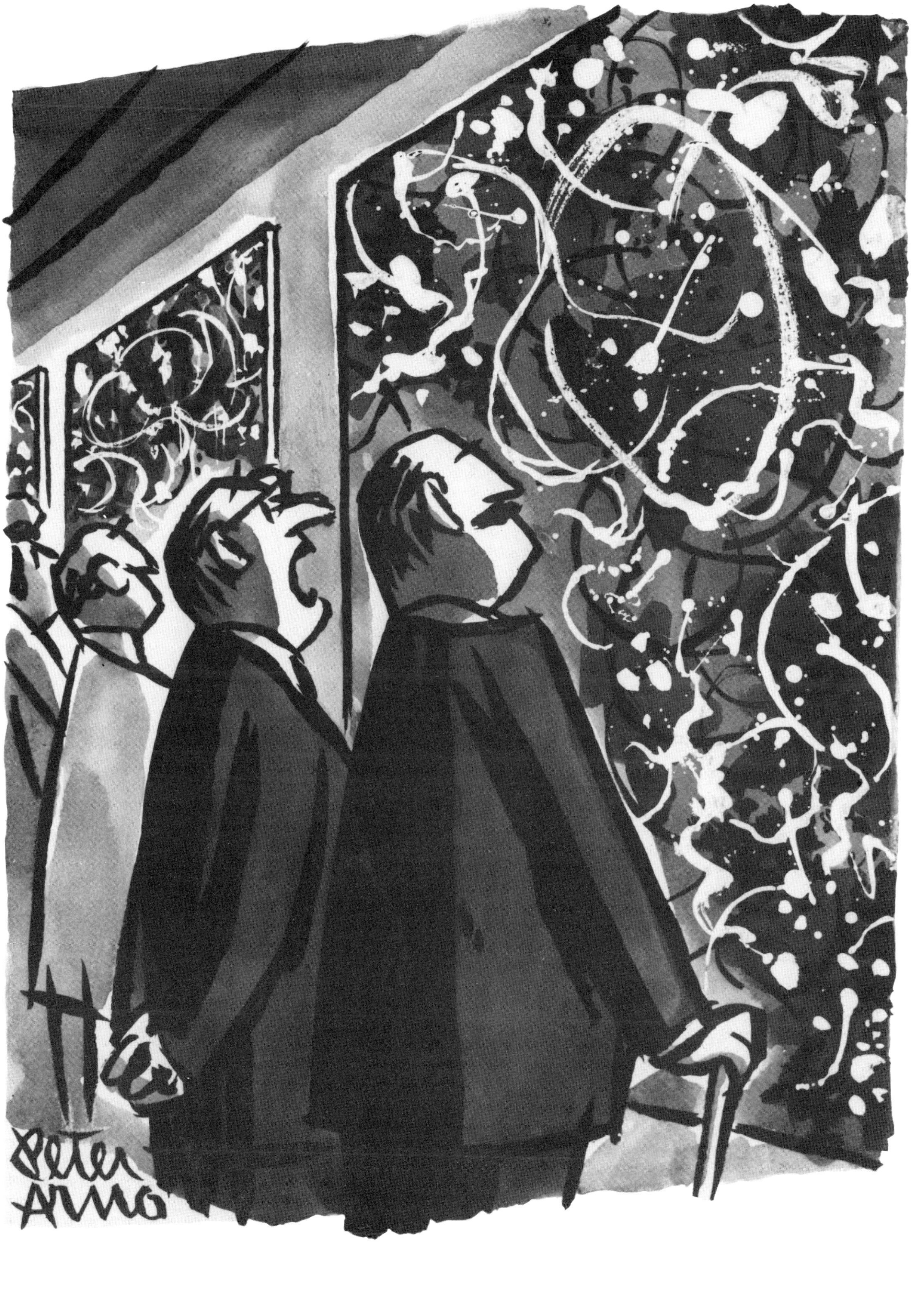
Peter Arno

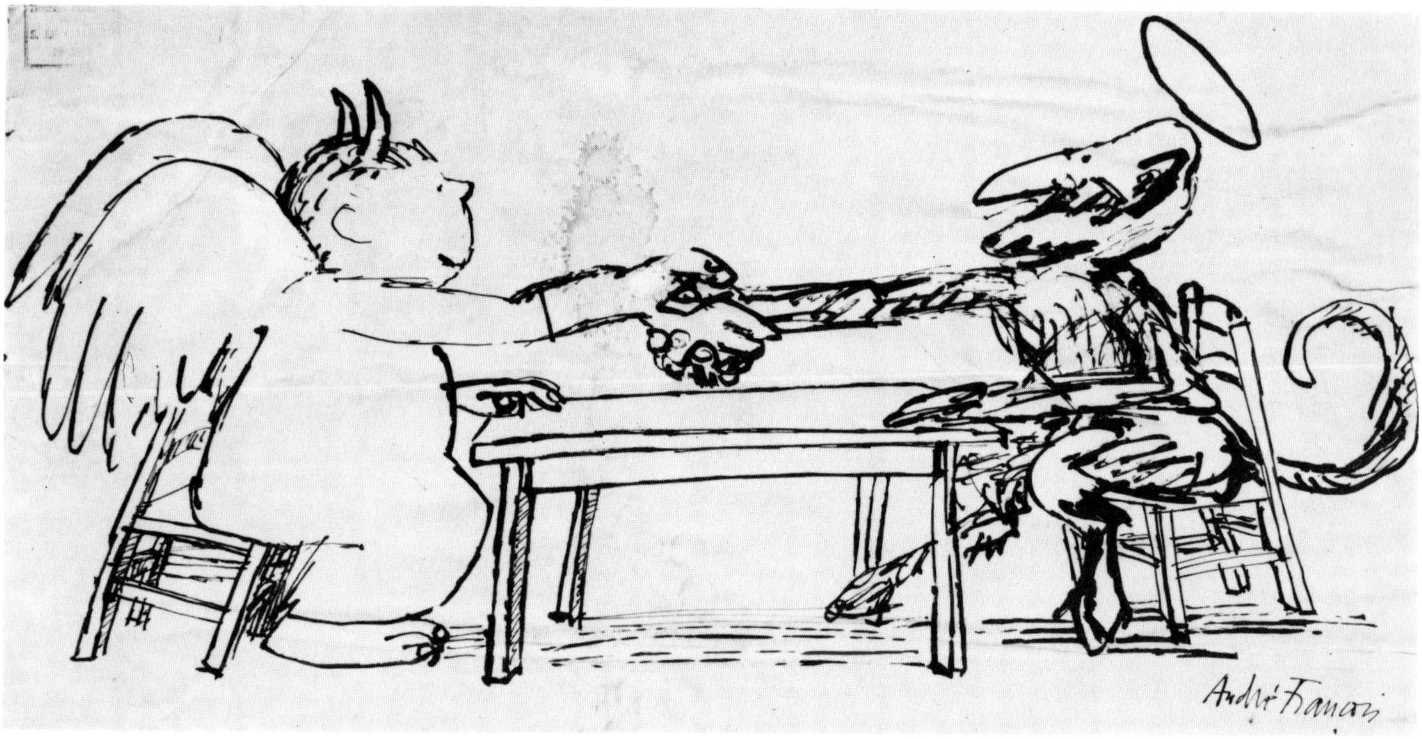

51

André François (geb. 1925)

Engel und Teufel, um 1965

Pinsel und Feder in Schwarz, 296 x 550, signiert *André François.*
Wilhelm-Busch-Museum, Hannover.

Engel und Teufel sitzen sich gegenüber und versuchen, jeweils den anderen an der ausgestreckten Hand über den Tisch zu ziehen. Ihre Attribute, Heiligenschein und Hörner, sind respektlos vertauscht und heben ironisch die Gegensätze von Himmel und Hölle auf. Die traditionellen Protagonisten von Gut und Böse sind zu Stammtischlern geworden, die in Freundschaft ihre Kräfte messen.

Engel und Teufel sind nicht nur durch die üblichen Beigaben – Flügel auf der einen, Hufe und Schwanz auf der anderen Seite – gekennzeichnet, sondern durch ein ganzes Instrumentarium traditioneller Charakterisierungsmethoden voneinander abgesetzt. Sie verkörpern ein klassisches dick-dünnes Gegensatzpaar; Jugend und Alter werden kontrastiert; Unschuld und Bosheit äußern sich in den Physiognomien: Dem runden, unschuldigen Puppengesicht mit Stupsnase steht der Kopf eines kahlköpfigen Alten mit breitem Grinsen, überlanger Nase und vorspringendem Kinn gegenüber. Die Pinselführung ist beim Teufel wild und scheinbar unkontrolliert und gibt beim Engel nur wenig mehr als die Umrisse an.

Eine gezielte Unbeholfenheit in der Linienführung und die puppenhafte Form deuten auf die naive Unschuld des Engels, während der Teufel einen ›schmutzigen‹, halt schwarzen Eindruck macht. Meisterhaft und unprätentiös arbeitet André François die Gegensätze heraus, um sie dann durch die Handlung und durch die Vertauschung der Attribute wieder aufzuheben.

J. D.

Lit.: *André François,* Wilhelm-Busch-Museum, Hannover 1967, Nr. 7; Kat. Hannover 1982, Nr. 75.

52
Bosc (1924–1973)
»Alles, bloß das nicht«, um 1965
Pinsel in Schwarz, Retuschen mit Deckweiß, 320 x 248, signiert *Bosc,* rückseitig beschriftet *Distribution de médailles (2e version).*
Sammlung Ensmann, München.

Dem altbekannten und viel variierten Thema der Ordensverleihung fügt Bosc hier eine weitere Version hinzu: Für 1 Neuen Franc sind Orden für jedermann am Automaten erhältlich. Dem Soldaten – durch die Uniform mit der typischen Schirmmütze sofort als Franzose erkennbar – scheint dies zuzusagen; willig und lächelnd beugt er sich vor, um die Auszeichnung in Empfang zu nehmen.

Man meint, die Striche zählen zu können, mit denen Bosc das Thema umreißt. Dabei täuscht die einfache Linie über die Sorgfalt und Überlegung hinweg, die alles Überflüssige verbannt und die beispielsweise in den Retuschen deutlich wird. So befand sich die Signatur zunächst etwas niedriger und wurde dann näher an den Automaten herangerückt, um nicht so frei auf dem Blatt zu stehen. Die Zeichentechnik – Pinsel anstatt Feder – trägt mit der unregelmäßig an- und abschwellenden Strichstärke dazu bei, den Eindruck des scheinbar Zufälligen und Ungekonnten hervorzurufen. Die Linien treffen sich nicht an den Schnittstellen, sondern hören jeweils kurz zuvor auf. Das Gesicht beschränkt sich auf die Angabe von Nase – in der für Bosc typischen, riesigen Kolbenform –, der vorgeschobenen und im Mundwinkel hochgezogenen Unterlippe und dem Ohr. Sie sind mit jeweils nur einer ungleichmäßigen Linie gezogen, die jede für sich genommen keinen Sinn ergäbe. Diese fast völlige Abstraktion im Detail löst sich im Zusammenspiel der nur vier Striche des Gesichts zu einem ebenso gekonnten wie das Thema kennzeichnenden Ausdruck der dümmlichen Gutmütigkeit auf.
J. D.

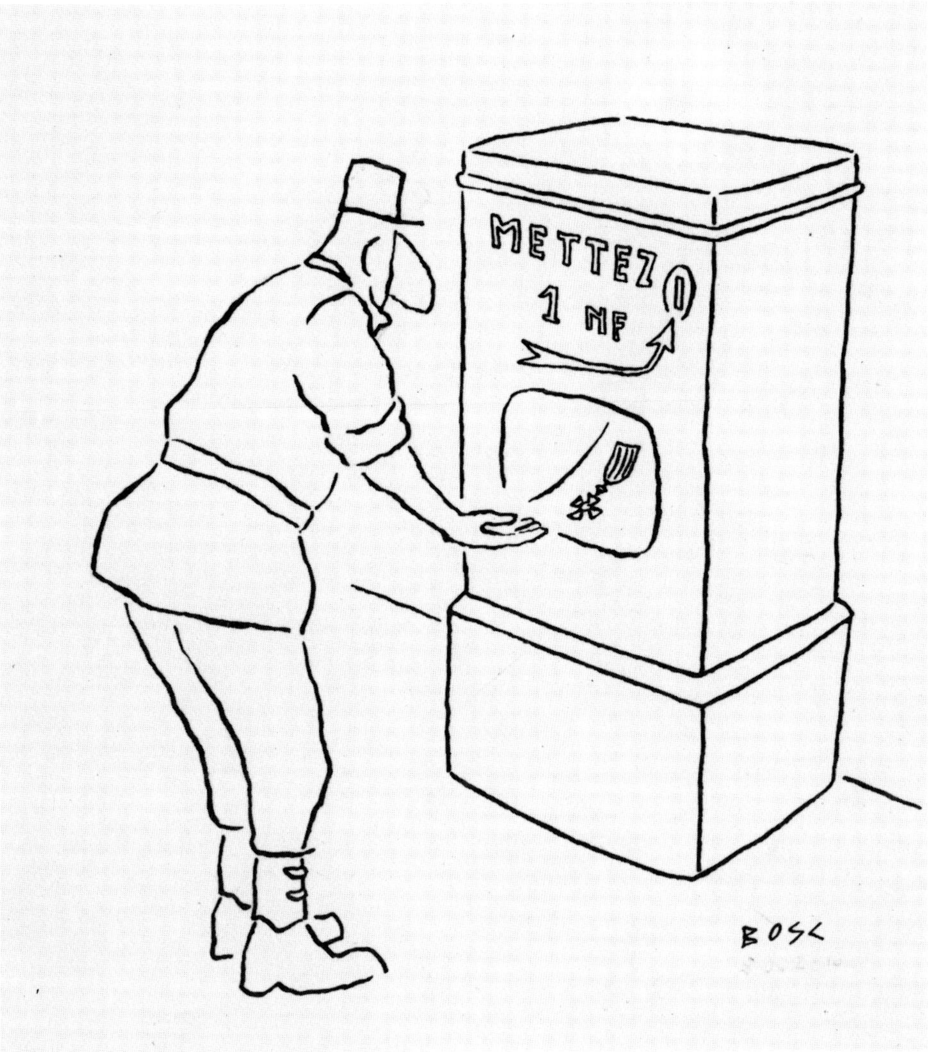

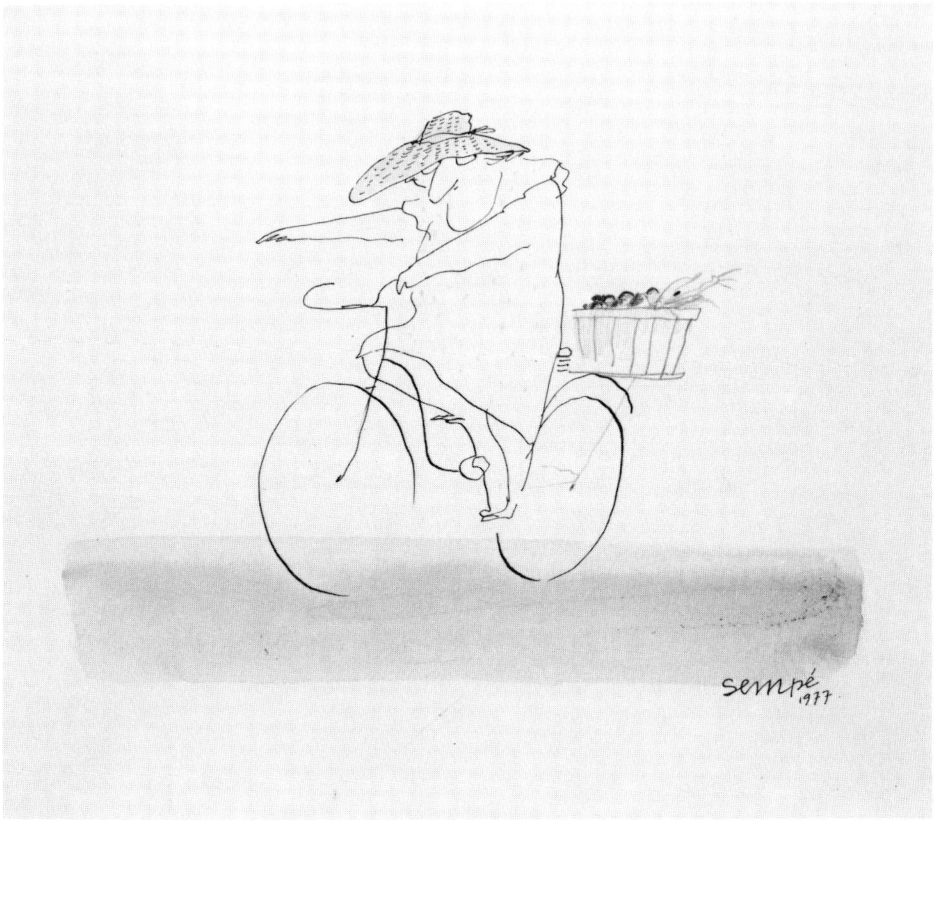

53
Sempé (geb. 1932)
Radfahrerin, 1977
Feder, Blei, Aquarell, farbige Kreiden, 410 x 338, signiert *Sempé 1977.*
Sammlung Ensmann, München.

Mit schneller Feder zeichnet Sempé eine Radfahrerin, die ihren rechten Arm ausstreckt, um einen Wechsel in der Fahrtrichtung anzuzeigen, während sie gleichzeitig in die entgegengesetzte Richtung blickt. So kurz, wie damit eine Verkehrssituation angedeutet wird, so knapp sind auch die zeichnerischen Formangaben. Die Darstellung beschränkt sich auf die wesentlichsten Umrisse, wobei die Aussparungen gleichermaßen Bedeutung erlangen – etwa beim Vorderrad, wo der fehlende Viertelkreis die Radumdrehungen anzudeuten scheint. Manche Formen verkümmern zu schnörkeligen Linien – die Füße –, während andere, wie Nase und Kinn, monströse Gestalt annehmen. Nebensächliche Einzelheiten – die Sprungfeder unter dem Sattel, das Gemüse im Korb – sind zum Teil präziser ausgeführt als das Gesicht oder überhaupt die ganze Person. Der äußerst sparsame Einsatz der schwarzen, mit Feder gezeichneten Linien kontrastiert mit der vergleichsweise aufwendigen Kolorierung. – Der erste Eindruck einer flüchtigen Skizze macht dadurch dem einer beabsichtigten Zufälligkeit Platz, deren Widersprüche die inhaltliche Anspruchslosigkeit ausgleichen. J. D.

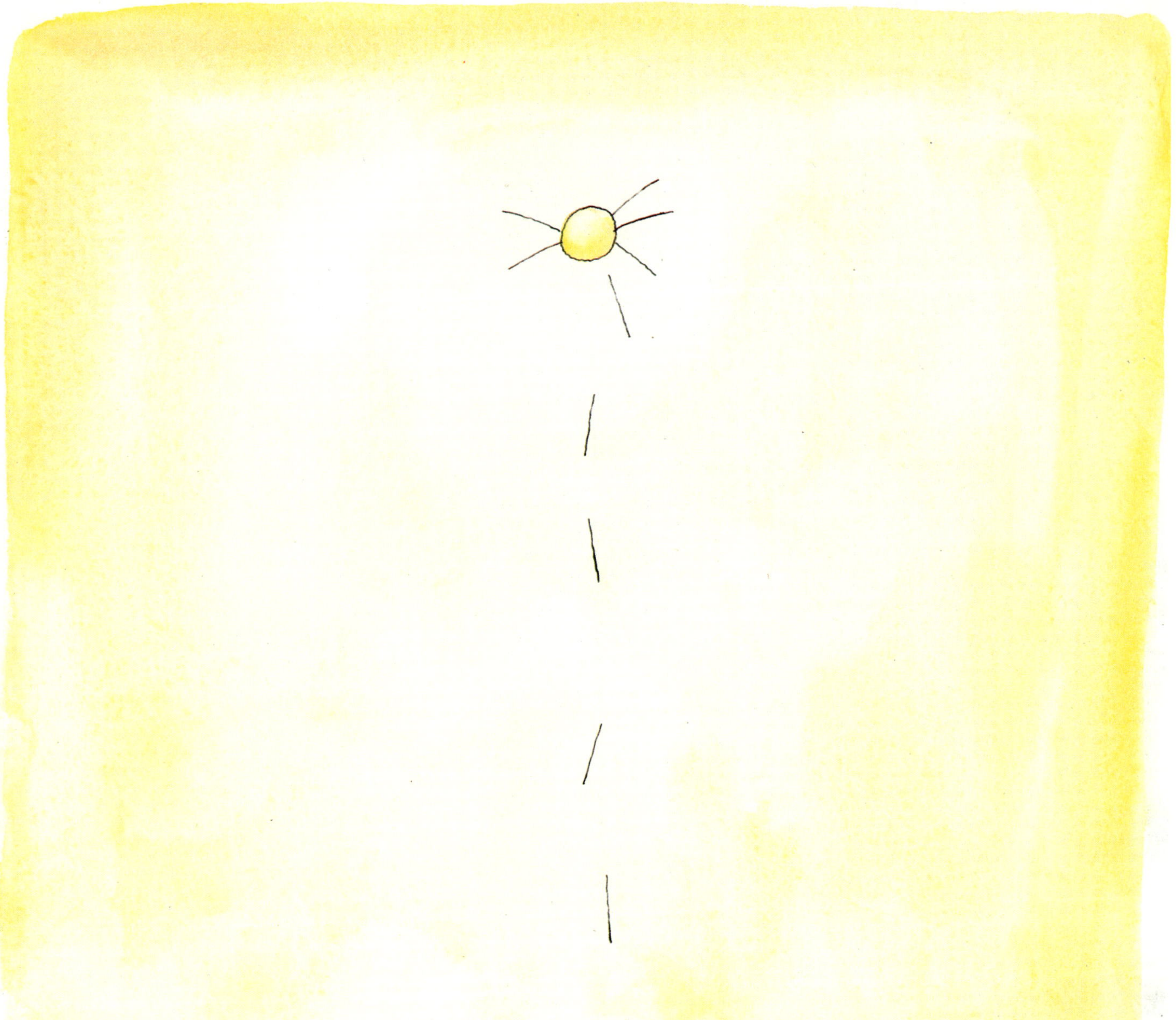
desclozeaux

54
Jean Pierre Desclozeaux (geb. 1938)

La fin de l'été, um 1980

Feder und Aquarell, 269 x 220, signiert *desclozeaux*, rückwärtig bezeichnet *La fin de l'été N° 6.* Sammlung Ensmann, München.

Das Ende des Sommers – die Sonnenstrahlen fallen wie Herbstlaub auf den Boden und werden von arbeitsbeflissenem Dienstpersonal zusammengekehrt. Der Verlust der Strahlen symbolisiert die geringere Wärmeausstrahlung der Sonne im Herbst. Desclozeaux geht von der kindlich-naiven Darstellungsweise der Sonne als einem Kreis und ihren Strahlen als Strichen aus und läßt diese Strahlen-Striche nun die symbolische Handlung vollziehen: Wie von der Schwerkraft der Erde angezogen, fallen sie herab, um dann auf dem Boden liegend Schatten zu werfen. Die helle, bonbonfarbene Kolorierung und der unbekümmerte Gesichtsausdruck der kleinen Männchen verleihen dem absurden Vorgang eine verblüffende Selbstverständlichkeit. – Die grotesk deformierten Männchen mit den kahlen Schädeln und riesigen runden Nasen sind das Markenzeichen der nach außen hin anspruchslosen, aber wohldurchdachten und reizvollen Zeichnungen Desclozeaux'. J. D.

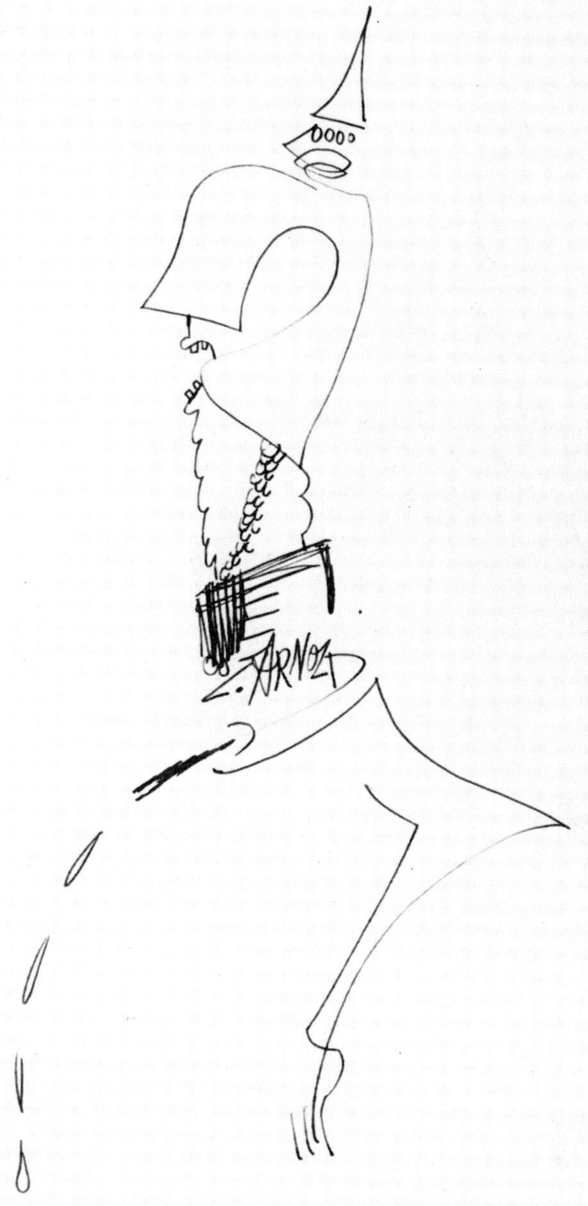

55
Claus Arnold (geb. 1919)

Militär, 1983

Feder in Schwarz, 380 x 262, signiert *C. Arnold.* Im Besitz des Künstlers.

»Stillgestanden! Die Augen« – wohin? – »geradeaus!«; auch wenn der ins bärtige Gesicht gerutschte Pickelhelm jede Kontrolle des ergangenen Kommandos von vornherein zum Scheitern verurteilt. Dafür kommt der Appell aus vollem Halse. Mit wenigen locker hingeworfenen Strichen nimmt Claus Arnold ein beliebtes Sujet der Satire aufs Korn: den im Befehlen erprobten und sich selbst gefallenden Militarismus, hier in preußisch-wilhelminischer Kostümierung. Ein Blick auf den Kasernenhof zeigt jedoch, daß Dekor und Uniform sich zwar im Laufe der Zeit geändert haben, verändert hat sich der geistige Habitus aber nicht.

Lächerlich gemacht und lächerlich wirkend – Claus Arnolds Einsatz der Zeichenfeder versucht mit einfachen, ökonomisch und treffsicher hingesetzten Strichen und Linien den Militarismus zu entlarven. T. M.

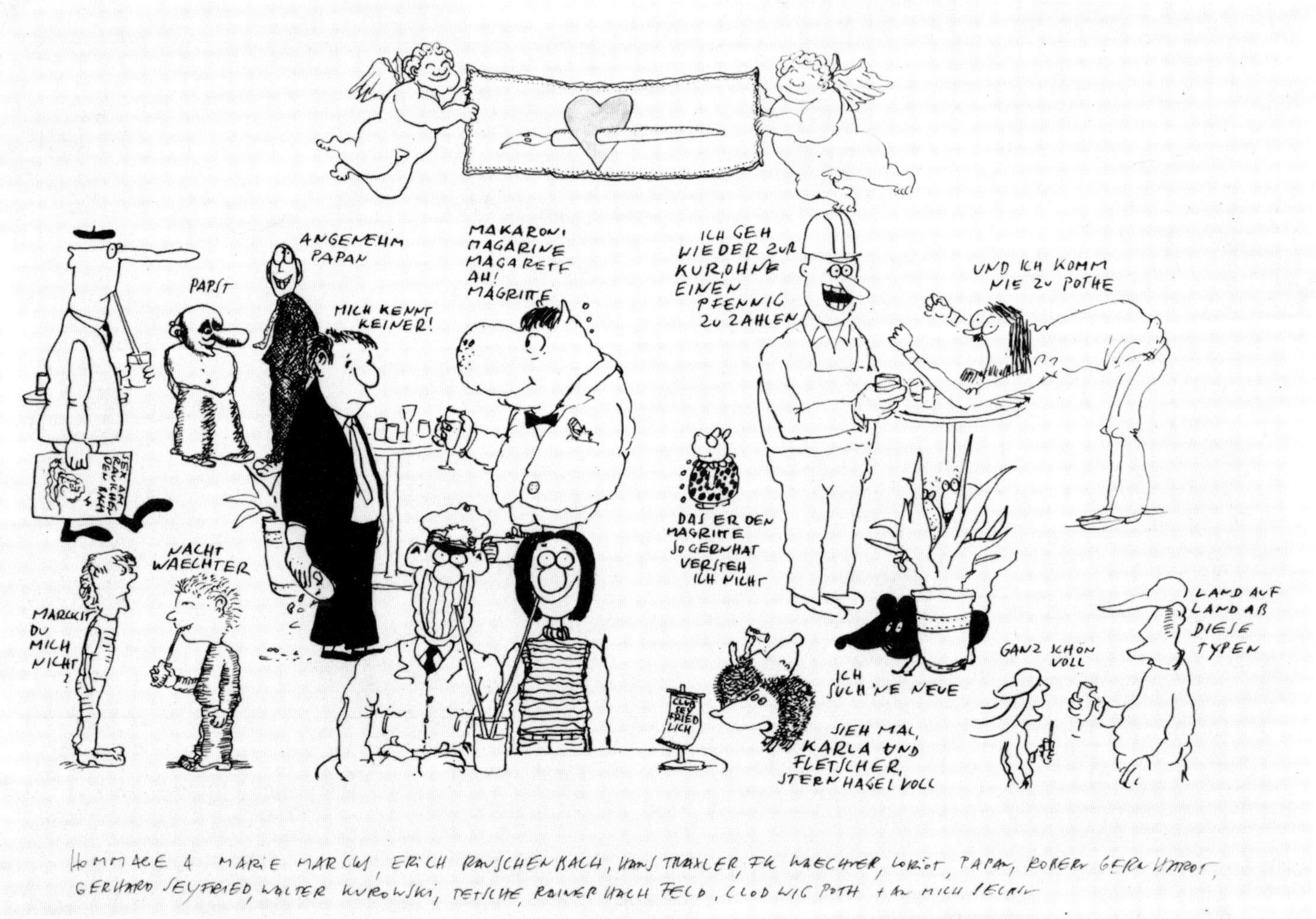

56
Ernst Volland (geb. 1946)
Hommage, 1978

Siebdruck, koloriert (das Herz), 625 x 879, signiert *EA Volland,* beschriftet mit Filzstift *Hommage à Marie Marcks, Erich Rauschenbach, Hans Traxler, FK Waechter, Loriot, Papan, Robert Gernhardt, Gerhard Seyfried, Walter Kurowski, Tetsche, Rainer Hachfeld, Clodwig Poth + an mich selbst.*
Privatbesitz.

Auf diesem großformatigen Blatt versammelt der Berliner Ernst Volland zwölf seiner bundesdeutschen Kollegen, indem er die von ihnen erfundenen ›Typen‹ nebeneinander aufreiht. Es handelt sich dabei um die folgenden Zeichner: Erich Rauschenbach, Hans Traxler, Papan (Manfred von Papen), Loriot (Vicco von Bülow), Robert Gernhardt, Walter Kurowski, Chlodwig Poth (obere Reihe), Marie Marcks, F. K. Waechter, Gerhardt Seyfried, Tetsche (Fred Tödter), Rainer Hachfeld und schließlich, rechts unten, Volland selbst.[1] Diese Typen oder Figuren tauchen in den Karikaturen, Cartoons und Bildergeschichten der Zeichner immer wieder auf, so daß sie häufig die Funktion eines Markenzeichens erfüllen. Die Anspielungen auf die Namen der Zeichner in den kurzen Beischriften erübrigen sich dadurch fast.

Wie sehr das Bestreben der einzelnen Zeichner dahin geht, einen markanten Protagonisten ihrer Cartoons zu schaffen, macht die Kennzeichnung der Typen durch physiognomische Absonderlichkeiten deutlich. Während die kreisrunden Augen sich häufig wiederholen, scheint der Erfindung unterschiedlicher Nasenformen keine Grenzen gesetzt zu sein. Eine Typisierung im gesellschaftlichen Sinn findet eher durch Attribute statt: der Kleinbürger mit der Baskenmütze bei Rauschenbach, der Arbeiter mit dem Schutzhelm bei Kurowski, der Intellektuelle mit den strähnigen Haaren bei Chlodwig Poth. J. D.

1 Es würde zu weit führen, die zahlreichen Veröffentlichungen dieser Zeichner aufzuführen; erwähnt sei jedoch Fecht 1974, der auf Hachfeld, Kurowski, Poth und Volland näher eingeht. In den *Nürnberger Nachrichten* erschien 1982/1983 eine Artikelserie »Unser Cartoonisten-Porträt«, in der u. a. Papan, Poth, Rauschenbach, Tetsche und Waechter vorgestellt werden.

Lit.: Abb. in Volland 1979 (unpaginiert).

Wer sein Porträt in Auftrag gibt, erwartet vom Porträtisten in der Regel, daß nicht nur die Ähnlichkeit getroffen und die Vorzüge des Dargestellten herausgestrichen werden, sondern daß das ganze Repertoire künstlerischer Verschönerungsmittel eingesetzt wird. Vom fein drapierten Gewand bis zur Würdeform des Hintergrundes und der Attribute hat sich im Laufe der Zeit für die Porträtdarstellung ein fester Kanon herausgebildet, der bis in die Porträtphotographie unseres Jahrhunderts hineinreicht.

Bei Porträtkarikaturen ist die Ähnlichkeit nur ein Mittel zum Zweck. Hervorgehobene charakteristische Einzelheiten, die es erlauben, auf weitere Details zu verzichten, dienen der Identifizierung. Das Ziel von Porträtkarikaturen ist die durch gezielte Verfremdung erreichte Beleidigung oder die wie auch immer geartete Kritik an der einzelnen Person. Dazu verwendet sie Mittel, wie sie in Teil 1 der Ausstellung exemplarisch vorgestellt werden.

Die äußeren Formen und Methoden der Porträtkarikatur haben sich im Laufe der Jahrhunderte gewandelt. Die älteren arbeiten vornehmlich noch mit allegorischen Verweisen, sie vergleichen die Person mit niederen Tieren, stellen sie mit dem Teufel gleich und ähnliches mehr. Moderne Porträtkarikaturen, seit dem späten 16. Jahrhundert in Italien aufkommend, verformen gezielt einzelne Gesichtszüge oder den Körper, ohne daß dabei die Ähnlichkeit verlorengeht. Die Möglichkeiten und Methoden haben sich seitdem grundsätzlich nicht verändert, sondern lediglich verfeinert und erweitert.

Die »satirische Porträtgalerie« hebt in einem chronologisch angeordneten historischen Überblick zeittypische Beispiele hervor. Dem ist ein zweites Kapitel gegenübergestellt, in dem drei Personen aus unterschiedlichen Epochen von jeweils mehreren Karikaturisten ihrer Zeit auf's Korn genommen sind.

Je höher die soziale Stellung des Modells, um so mehr bemüht sich der Porträtist, die Darstellung zu verschönern oder zu idealisieren (Abb. 52). Der italienische Maler und Kunstschriftsteller Lomazzo schrieb 1584: »Kaisern sollte, mehr noch als allen anderen Königen oder Prinzen, ein majestätisches Aussehen verliehen werden, sie sollen einen ehrwürdigen und feierlichen Eindruck machen, der ihrer Bedeutung im Leben entspricht, ... auch wenn sie von Natur aus gar nicht so sind.«[1] Der Künstler hat sich an Konventionen zu halten und untersteht zudem oft dem Einfluß des Auftraggebers. Nicht selten werden Bildnisse von unzufriedenen Kunden zurückgewiesen, wobei das Argument der verfehlten Ähnlichkeit oft nur ein Vorwand ist.

Das offizielle Porträt beschränkt sich auf die Darstellung des ernsten Ausdrucks. Laute Affekte – Lachen, Weinen, Zorn – sind ausgeschlossen. Deutlich wird dieser Sachverhalt an den collageartigen Veränderungen, die von unbekannter, aber geübter Hand im 18. Jahrhundert an einem Bildnis des englischen Dichters William Hamilton of Bangour (1704–54) vorgenommen wurden (Abb. 53). Der traditionelle, idealisierte Kopf des Dichters ist auf fünf weiteren Exemplaren der Radierung von Gesichtern aus einer Serie von physiognomischen Ausdrucksstudien ganz oder teilweise überklebt.[2]

Offizielle Porträts sind in der Regel Auftragskunst und idealisieren ihr Modell. Der Karikaturist, der nur selten im Auftrag des Dargestellten arbeitet, steht dem Porträtierten eher kritisch gegenüber. Bei Porträtkarikaturen ist der Auftraggeber nur im Ausnahmefall mit dem Modell identisch. Porträtkarikaturen vermitteln ein negatives oder zumindest erheiterndes, aber auf keinen Fall würdevolles Bild des Dargestellten. Sie suchen »die Ähnlichkeit im Häßlichen und Lächerlichen«, wie Bernini es 1665 formulierte.[3] Der ›bildliche Angriff‹ der Porträtkarikatur richtet sich gegen die individuelle, einzelne Person und setzt an deren äußerer Erscheinung an.

In einem Manuskript des Giulio Mancini (1558–1630) ist in einer Passage über Annibale Carracci von »lustigen Porträts« (ritratti ridicoli) die Rede, »zum Scherz mit zwei Strichen« von Personen gezeichnet, die durch ein äußeres Merkmal auffielen.[4] Diese vielleicht älteste schriftliche Erwähnung von Porträtkarikaturen im modernen Sinn weist auf zwei ihrer entscheidenden Kriterien hin: Äußerliche Fehler von Personen werden absichtlich festgehalten – und nicht, wie üblicherweise, verschönt –, und der Zeichenstil ist äußerst knapp, d.h. er vereinfacht die

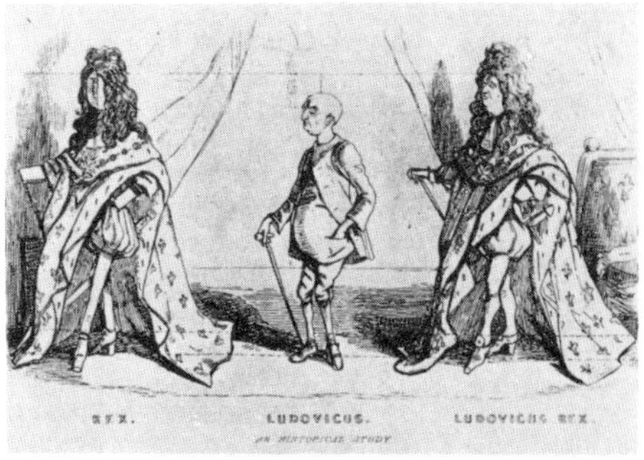

Abb. 52 William Thackeray, *Ludwig XIV., A Historical Study. Rex – Ludovicus – Ludovicus rex,* Frontispiz zum ›Paris Sketch Book‹, 1840

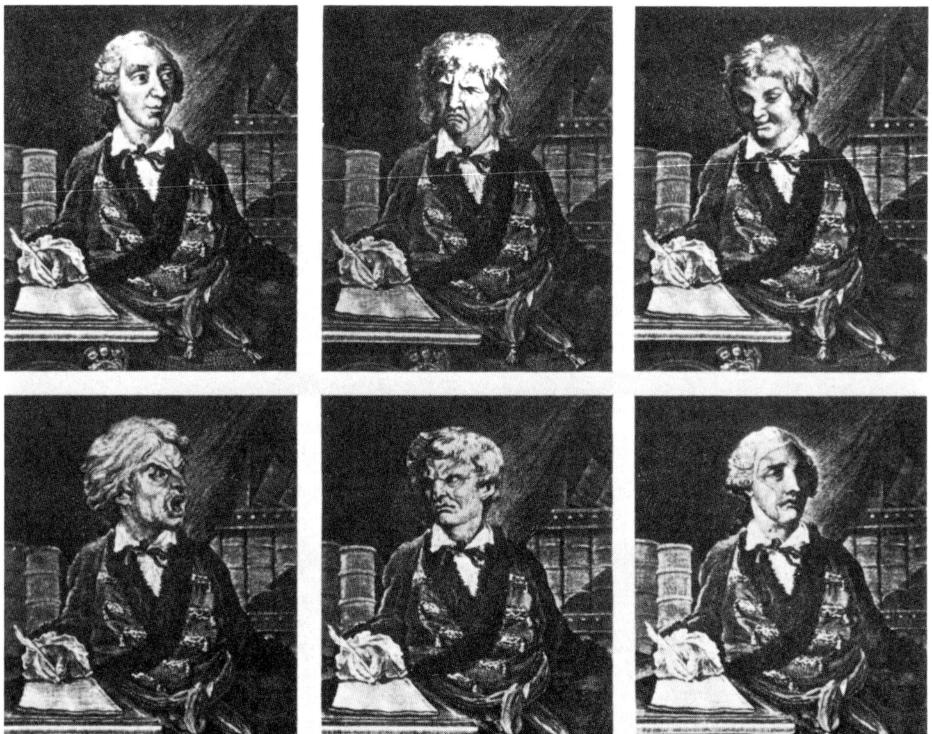

Abb. 53 Robert Strange nach Gavin Hamilton, *William Hamilton of Bangour* (1704–1754), Mitte 18. Jh., 2.–6. Blatt mit Veränderungen von unbekannter Hand

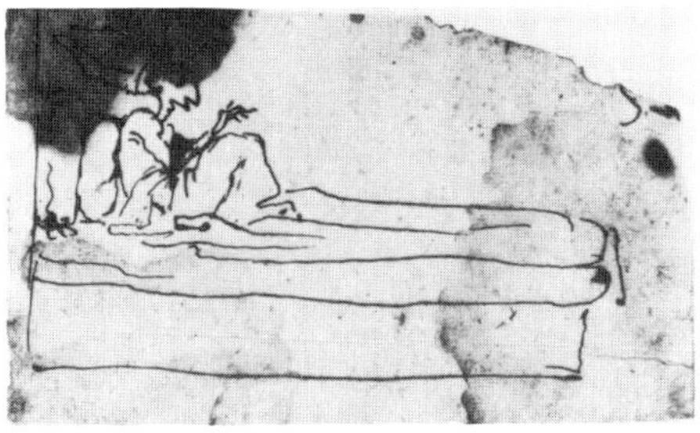

Abb. 54 Gianlorenzo Bernini, *Papst Innozenz XI.*, 1676/80

Formen. Derartige Zeichnungen sind im privaten Rahmen entstanden und dienten, als ›Atelierscherz‹, zur Unterhaltung der Künstler. Erst Bernini trat ab etwa 1630 mit seinen Karikaturen vor ein gehobenes Publikum, das es als Ehre empfand, von dem Meister karikiert zu werden und diese Zeichnungen sammelte.[5] Die wenigen erhaltenen Karikaturen Berninis zeigen jeweils nur ein Porträt auf einem Blatt, meist im knappen Brustausschnitt gegeben (Abb. 41). Mit sparsamen, auf den ersten Blick unbeholfenen Strichen werden die Gesichtsformen grob zusammengezogen und verformt (zum Zeichenstil vgl. Kapitel 1.3.) Die Köpfe sind ins Profil gedreht oder frontal gesehen; auf die elegantere Dreiviertelansicht wird verzichtet, wohl weil die sich daraus ergebenden Überschneidungen der Gesichtszüge die starken Vereinfachungen und Übertreibungen in der Wirkung beeinträchtigt hätten. Reine Profil- und Enface-Ansichten werden bis heute in der Karikatur bevorzugt.

Die Komik von Berninis Karikaturen beruht auf der Deformierung der äußeren Formen und der Übertreibung charakteristischer Merkmale, sie verzichtet auf weitere Anspielungen. Eine Ausnahme stellt in dieser Hinsicht die bitterböse Karikatur auf Innozenz XI. dar, entstanden zwischen 1676, dem Amtsantritt des Papstes, und Berninis Tod 1680 (Abb. 54). Aus dem päpstlichen Gesicht ist ein groteskes, vogelartiges Profil geworden, das kaum noch menschliche Züge aufweist und lediglich durch die Tiara zu identifizieren ist.[6]

Der vielseitige Bernini schrieb unter anderem auch satirische Komödien im Stil der *Commedia dell'arte*, die gespickt waren mit Seitenhieben auf hochstehende Persönlichkeiten. Bei den Aufführungen, die meist im Haus des Bildhauers stattfanden, nahmen es die anwesenden Würdenträger humorvoll und fast geehrt auf, von Bernini geistreich und scharf verspottet zu werden. In einem Fall wird allerdings von einer heftigen Reaktion berichtet. Der spanische Botschafter am Vatikan, Kardinal Gaspare Borgia, hatte einen Stier als Wappentier und war äußerst erbost, als Bernini 1634 auf der Bühne einen Stier verprügeln ließ, denn die Anspielung auf sein Wappentier war im Kontext der Komödie eindeutig.[7]

Mit diesen beiden zuletzt aufgeführten Beispielen der satirischen Ausdrucksweisen Berninis ist der Bereich der scherzhaften Verspottung, wie sie die bloße Übertreibung der Gesichtsformen darstellt, verlassen und gleichzeitig die Verbindung zu älteren Traditionen und Formen des bildlichen Angriffs auf einzelne Personen hergestellt. Mensch-Tier-Vergleich und Wappenschändung begegnen in der Karikatur bereits lange vor dem 17. Jahrhundert.

Die wohl älteste, seit dem alten Ägypten bis heute geläufige Form des bildlichen Angriffs ist der Mensch-Tier-Vergleich.[8] Ein Holzschnitt der Reformationszeit stellt die Gegner Luthers in feierlicher Reihung in einer Loge als halbe Tiere vor: Thomas Murner als Katze (vgl. Kat. 111), Hieronymus Emser als Ziegenbock, Papst Leo X. als Löwe, Johannes Eck als Schwein und Johannes Lemp als Hund (Abb. 55). Die Halbfiguren sind durch ihre Kleidung charakterisiert und über ihren Tierköpfen beim Namen genannt. Im zeitgenössischen Verständnis entlarvte diese Darstellung die Gegner Luthers als gottlose Ketzer.[9] Doch verzichtet diese Form des Mensch-Tier-Vergleichs, die die menschlichen Köpfe durch tierische ersetzt, völlig auf den Einsatz von Porträts.

1 Giovanni Paolo Lomazzo, *Trattato dell'arte della pittura*, 1584; zit. nach Stevenson 1976, S. 5. Ebd. auch ein Zitat aus Jonathan Richardson, *Essay on the Theory of Painting*, 1715: »Wenn ein Teufel sein Porträt in Auftrag gibt, so muß der Maler von dessen Bosheit Abstand nehmen und ihn frappierend gut malen.« Vgl. Stevenson 1976, S. 5ff., und Gombrich 1977, S. 10f., auch für das Folgende.
2 Stevenson 1976, S. 9, Abb. 12.
3 Die Bemerkung diente als Erklärung des Begriffs Karikatur gegenüber Ludwig XIV. und wurde in dem Tagebuch des Chantelou, des Betreuers Berninis, auf dessen Frankreichreise festgehalten. Zit. nach Unverfehrt 1982, S. 146.
4 Zit. nach Mahon 1971, S. 259, Anm. 43; das Zitat findet sich auf S. 347 in diesem Katalog. Von Annibale haben sich keine eigenhändigen Porträtkarikaturen erhalten, doch ist es gut möglich, daß Mancini an ähnliche Zeichnungen dachte, wie sie später in den *Arti di Bologna* veröffentlicht wurden; vgl. S. 346f.
5 Lavin 1981, S. 36; Brauer/Wittkower 1931, S. 180ff.; Kat. Providence 1971, Nr. 19, 20.
6 Lavin 1981, S. 40, bewertet das Profil als »immediately recognizable«, doch lassen sich zwischen ihm und den in der Tat spitzen Gesichtszügen Innozenz XI. an keiner Stelle konkrete Übereinstimmungen feststellen; die Übertreibung ursprünglich vorhandener Charakteristika ist bis zur Unkenntlichkeit forgeschritten. Ohne die Tiara wäre die Person nicht benennbar. (Lavin gibt denn auch weiter unten (S. 44) zu, »the exaggeration is so extreme that the figure scarcely resembles a human being at all.«)
7 Lavin 1981, S. 37. Lavin führt die ungewöhnliche Reaktion Gaspare Borgias lediglich auf dessen bekanntermaßen sturen und taktlosen Charakter zurück und geht nicht auf die besondere Form des Berninischen Angriffs ein.
8 Zum Mensch-Tier-Vergleich allgemein vgl. Baur 1974. In diesem Katalog auch Kat. 59, 83, 91, 92, 98, 101 und Kapitel 3.3.
9 Kat. Nürnberg 1983, Nr. 283.

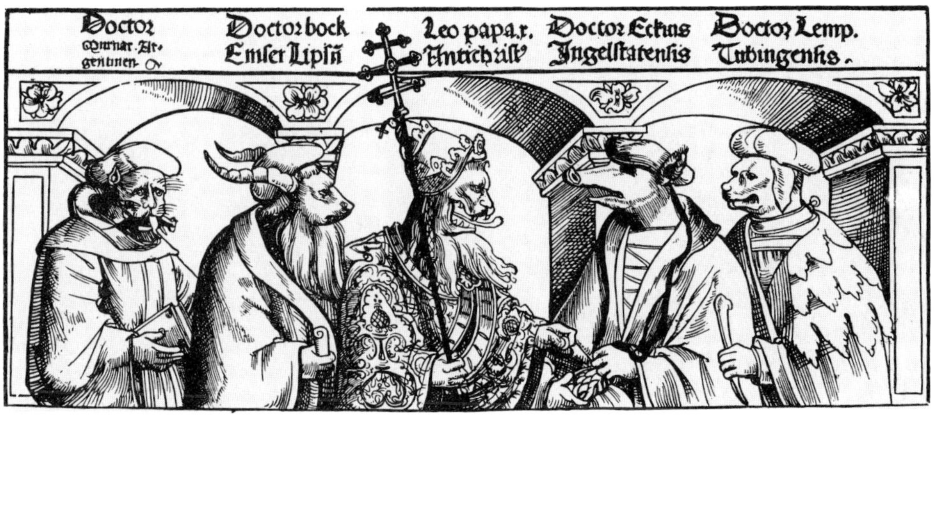

Abb. 55 *Luthers Gegner als Tiere*, Holzschnitt um 1521

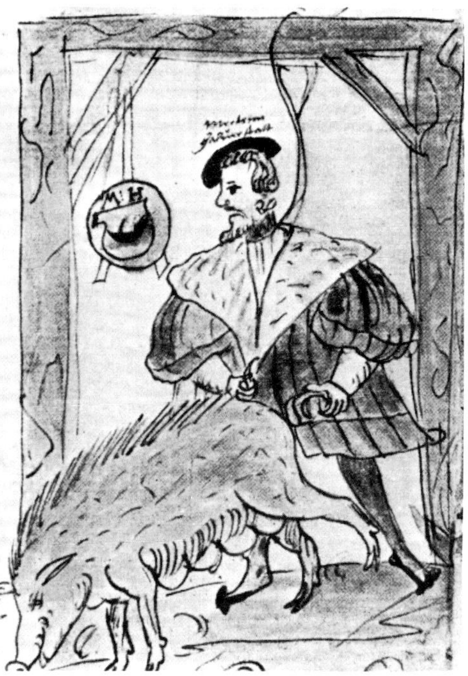

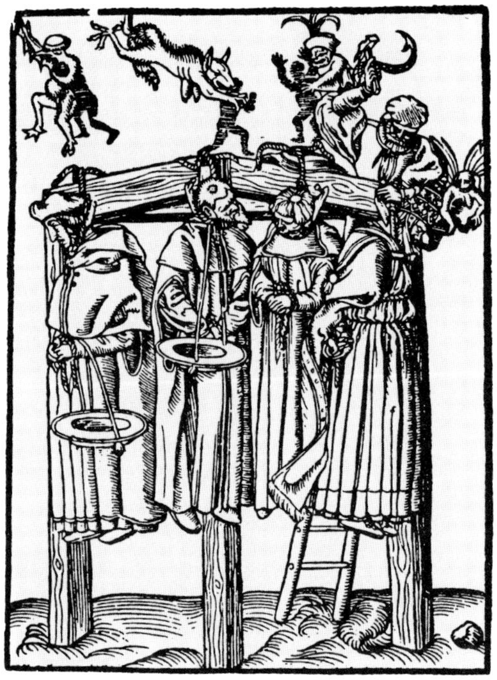

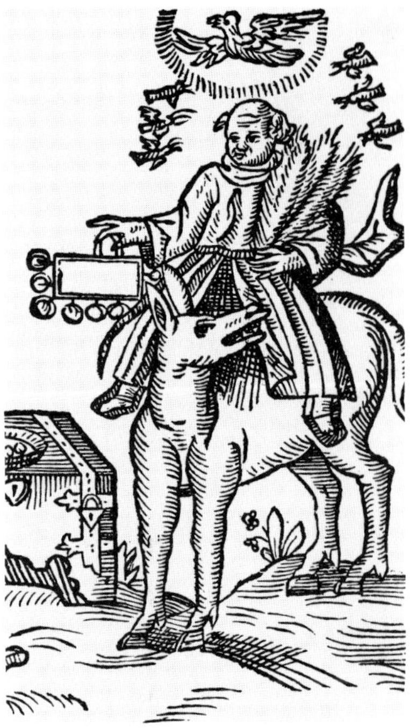

Abb. 56 *Schmähbrief auf einen adligen Schuldner,* 1546

Abb. 57 Cranach-Werkstatt, *Der Papst und drei Kardinäle am Galgen,* 1545

Abb. 58 *Ablaßverkäufer Tetzel auf einem Esel,* Holzschnitt 16. Jahrhundert (Detail)

Im späten Mittelalter bildeten sich Rechtsbräuche heraus, bei denen bildliche Darstellungen eine wichtige Rolle spielten. Unter anderem gab es sogenannte Schelt- oder Schmähbriefe, die häufig den Gegner zusammen mit seinem Wappen am Galgen hängend zeigten. Derartige Schandbriefe waren Bestandteil einer juristischen Praxis, deren Wirksamkeit auf der Verletzung »rechtlich sozialer Realitäten wie Ehre und Standesbewußtsein« beruhte.[10] Ein Schmähbrief von 1546 zeigt einen adeligen Schuldner mit der Schlinge um den Hals und seinem deutlich erkennbaren Siegel am Galgen hängend. Zudem drückt er seinen Siegelring einer Sau unter den Schwanz (Abb. 56).[11] Der ungeübte Zeichner drückt mit den herabgezogenen Mundwinkeln den Jammer des Geschmähten aus, doch dürfte kaum eine Porträtähnlichkeit angestrebt sein. Die eindeutige Identifizierung geschieht durch Wappen bzw. Siegel und den beigegebenen Text.

Beides, sowohl die Erhängung des Gegners im Bild wie auch die Verspottung seines Wappens, geht seit der reformatorischen Bildpropaganda in die Karikatur ein (Abb. 57) und begegnet dort bis ins 20. Jahrhundert.[12]

Auch eine weitere, im Volks- und Rechtsbrauch verankerte Praxis findet Eingang in die Karikatur. Hochstehende Verbrecher wurden in öffentlichen Schandzügen dem Volksspott ausgeliefert (dazu ausführlich Kapitel 3.1.). So reitet beispielsweise auf protestantischen Holzschnitten des 16. Jahrhunderts der Papst auf einem Schwein oder der Ablaßverkäufer Tetzel auf einem Esel (Abb. 58). Trotz der groben Ausführung enthält der Kopf Tetzels eindeutig porträthafte Züge.[13] Doch handelt es sich hierbei um einen Ausnahmefall, da Karikaturen im 16. Jahrhundert nur selten Porträtähnlichkeit anstreben, sondern die Personen im allgemeinen durch Beschriftungen und Attribute benennen (Abb. 55). Wenn tatsächlich eine erkennbare Ähnlichkeit vorhanden ist, dann erfolgt der bildliche Angriff, wie auf dem Tetzel-Holzschnitt, über beleidigende Attribute oder entehrende Handlungszusammenhänge. Die Gesichtszüge werden nicht entstellt. Dies bleibt noch im 17. Jahrhundert die Regel (Kat. 57, 60, 62) und ändert sich erst im 18. Jahrhundert unter dem Einfluß der italienischen Porträtkarikatur (Kat. 66, 68, 70, 71).

Doch wurden bereits im 16. Jahrhundert eigenständige Formen entwickelt, die es ermöglichten, Einzelfiguren ohne szenische Zusammenhänge zu verspotten, und die im Hinblick auf die spätere Entwicklung als experimentelle Vorstufen angesehen werden könnten: Die Rede ist von den sogenannten Wendeköpfen, Arcimboldesken und Klappbildern.

Bei den Wendeköpfen befindet sich unter dem Porträt, um 180° verdreht, ein zweiter Kopf mit närrischen, teuflischen oder tierischen Merkmalen.[14] Die Arcim-

10 Brückner 1966, S. 223. Er weist Zusammenhänge dieses Rechtsbrauchs mit bildmagischen Vorstellungen scharf zurück: »Nicht Leib und Leben der geschmähten Personen sollen hiermit getroffen werden, weder magisch noch juristisch, sondern ihre Rechtspersönlichkeit wird einem massiven Angriff ausgesetzt« (S. 220).

11 Brückner 1966, S. 220, Abb. 11; auf Otto Hupp, *Scheltbriefe und Schandbilder. Ein Rechtsbehelf aus dem 15. und 16. Jahrhundert,* München 1930, verweisend. – Vgl. auch Scribner 1981, S. 78, mit Abbildung.

12 Zum Spottwappen vgl. Scribner 1981, S. 78ff.; Kat. Hamburg 1984, Nr. 39; siehe auch Kat. 76, 4 in diesem Katalog. – Die Scheltbriefe sind von der juristischen Praxis des Executio in effigie zu unterscheiden, bei der es sich um die ersatzweise Hinrichtung oder Bestrafung eines Bildnisses – Puppe oder auch Gemälde – des Täters handelt; vgl. Brückner 1966, S. 262ff. – In der Karikatur könnte der Begriff Executio in effigie allenfalls für Darstellungen verwandt werden, die eine fiktive Hinrichtung zeigen (Kat. 84), ohne daß dies jedoch eine Gleichsetzung mit dem Rechtsbrauch bedeutet.

13 Vgl. die Abbildungen bei Schreckenbach/Neubert 1916, S. 77.

14 Kat. 59, 113. Weitere Wendeköpfe bei Unverfehrt 1982, S. 142, Anm. 19.

15 Kat. 126; Unverfehrt 1982, S. 142f., Kat. Hamburg 1984, Nr. 3.

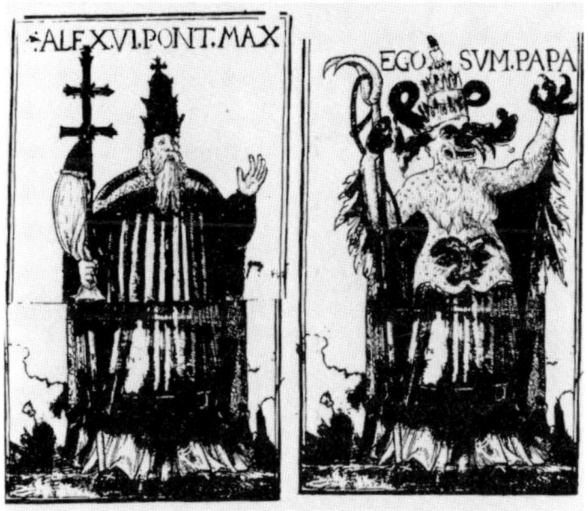

Abb. 59 *Papst Alexander VI.*, Klappbild, Anfang 16. Jahrhundert

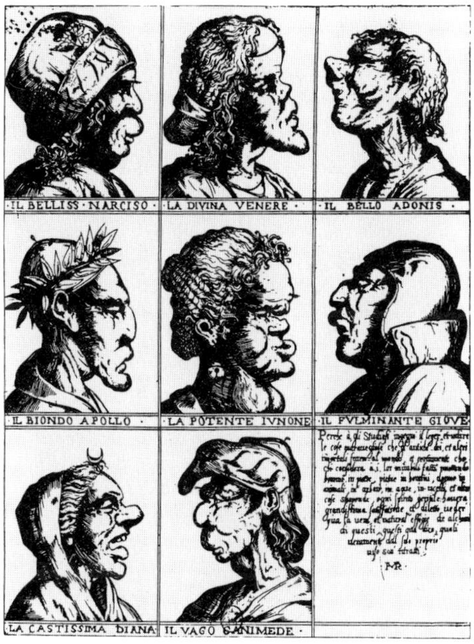

Abb. 60 Martino Rota, *Heidnische Götter*, vor 1583

boldesken, so benannt nach ihrem ›Erfinder‹, dem Prager Hofmaler Giuseppe Arcimboldi, füllen die Umrisse des Kopfes oder Körpers mit Gegenständen aus, die Hinweise auf die Person geben.[15] Bei den Klappbildern sind zwei Blätter aufeinandergeklebt, wobei das obere mit dem Porträt die darunter befindliche, entehrende Darstellung abdeckt. Erst wenn der Betrachter das obere Blatt hochhebt, erkennt er die ›wahre Natur‹ der Person; so wird beispielsweise Alexander VI. als Teufel entlarvt (Abb. 59).[16]

Wendeköpfe, Arcimboldesken und Klappbilder mögen als Vorstufen von Porträtkarikaturen im engeren Sinn angesehen werden; sie teilen mit diesen die Absicht, die isolierte Person durch die Art der Darstellung zu kritisieren. Doch lassen sie das Bildnis in seiner äußeren Gestalt unangetastet.

Das Spiel mit übertriebenen und grotesken Gesichtsformen kann eine lange Tradition aufweisen und wurde auch in der satirischen Graphik angewandt (siehe Kapitel 1.1.), ohne allerdings auf konkrete Individuen übertragen zu werden. Auf einer Radierung des Martino Rota (gest. 1583) sind acht mißgestaltete Köpfe versammelt, die durch die Bildunterschriften als antike Götter ausgewiesen werden (Abb. 60).[17] Sie stehen in der Tradition der grotesken Köpfe Leonardos, und ihr Aussehen läßt in keiner Weise auf die alten Götter schließen; die Verbindung wird ausschließlich durch die Beschriftungen hergestellt.

Die erste datierte Porträtkarikatur findet sich auf einer Zeichnung des Agostino Carracci von 1594 mit fast sechzig grimassierenden, grotesken, aber auch ideal gestalteten Köpfen (Abb. 1). Das abgehärmte bärtige Antlitz links unten dagegen erscheint mehrfach auf Zeichnungen der Carracci und meint offensichtlich eine bestimmte Person.[18] Das interessante Blatt weist nicht nur mit seinem Zeichenstil, der sich gerade bei den am stärksten verunstalteten Gesichtern auf knappe Umrißlinien beschränkt, auf die weitere Entwicklung,[19] sondern stellt auch die Porträtkarikatur in den Kontext der älteren grotesken Köpfe. Auch bei Pier Francesco Mola (Kat. 36) oder den Zeichnern des sogenannten Münchner Carracci-Albums (vgl. Kat. 37, 38) verbinden sich Phantasiegestalten mit Porträtkarikaturen. Erst Bernini konzentriert sich darauf, Porträts »zum Scherz zu deformieren, jedoch nur in jenen Teilen, wo die Natur selbst auf irgendeine Weise gefehlt hatte, und ohne seinem Vorbild die Ähnlichkeit zu nehmen.«[20]

Der internationale Siegeszug der Porträtkarikatur beginnt im 18. Jahrhundert und hält bis heute ungebrochen an.[21] Einen entscheidenden Anstoß für die Verbreitung stellte sicherlich die ungewöhnliche Produktivität des Römers Pier Leone Ghezzi in der ersten Hälfte des 18. Jahrhunderts dar (Kat. 64, 65). Die herausragenden Leistungen der Karikatur kommen in der Folgezeit nicht mehr aus Italien, sondern, in den Jahrzehnten um 1800, aus England und später, zu Daumiers Zeiten, aus Frankreich.

Das Vokabular der Porträtkarikaturen stand seit dem 17. Jahrhundert im wesentlichen fest. Neben die Verzerrung und Vereinfachung der Gesichtsformen ist schon früh die Verformung der ganzen Figur getreten. Die Körper werden mißproportioniert, verwandeln sich zu Zwergen und Buckligen oder bekommen übertrieben dicke Bäuche (Kapitel 1.2.). Vorbilder lieferten groteske Phantasiegestalten, seit dem 16. Jahrhundert in der Graphik verbreitet (Kapitel 1.1.), deren absonderliche Formen schon bald auf bestimmte Personen übertragen werden (vgl. Kat. 5, 9). Beliebt ist die Verbindung von übergroßen Köpfen mit kleinen, schwächlichen Körpern (Kat. 5, 8, 10); derartige ›Großköpfe‹ bilden bis heute eine Standardformel der Porträtkarikatur (Kat. 81, 90, 102). Diese körperlichen Deformierungen werden oft durch eine unziemliche oder gar entehrende Gestik oder Körperhaltung unterstrichen (Kat. 58, 62, 67, 74).

Der Mensch-Tier-Vergleich, der in seiner älteren Spielart auf das Porträt verzichtete und menschliche Formen durch tierische ersetzte, erlangt seit dem späten 16. Jahrhundert auch für die eigentliche Porträtkarikatur Bedeutung, indem das menschliche Gesicht lediglich teilweise mit animalischen Merkmalen versehen wird (Abb. 20). Man kann hierbei vom ›physiognomischen‹ Mensch-Tier-Vergleich sprechen, der vielleicht schon von Annibale Carracci auf bestimmte Personen angewandt wurde[22] und der bis in die Gegenwart reiche Nachfolge findet (Kat. 92, 98, 101). Die Physiognomik, die der Schweizer Johann Caspar Lavater

16 Zu dem Blatt vgl. Harms II, Nr. 13; Scribner 1981, S. 134f. Siehe auch Kat. 252; Kat. Münster 1983, Nr. 2; Kat. Göttingen 1980, Nr. 3; Kahn 1907, S. 211. – Das Prinzip des Klappbildes lebt noch heute in scherzhaften Büchern fort, deren waagerecht zerschnittene Seiten oben beispielsweise Politikerköpfe aufweisen, die mit den Darstellungen auf den darunter getrennt zu blätternden Seitenteilen beliebig zu kombinieren sind.

17 Posner 1971, S. 69, Abb. 66; Unverfehrt 1982, Anm. 37 auf S. 145; Melot 1975, S. 133, schreibt die Radierung Ambrosius Brambilla zu. – Zu übertriebenen Gesichtsformen vgl. auch Kat. 19; Scribner 1981, Abb. 48; Kat. Hamburg 1984, Nr. 144.

18 Posner 1971, Bd. I, S. 66f., Abb. 56-60.

19 Der sparsame, die Formen vereinfachende Zeichenstil wird zum Markenzeichen italienischer Karikaturen des 17. Jahrhunderts; vgl. Kapitel 1.3. Er ist aber als ein eigenständiges, von Porträtkarikaturen zu trennendes Phänomen zu betrachten.

20 Bernini 1713; zit. nach Brauer/Wittkower 1931, S. 182.

21 Einen guten Überblick gibt Feaver 1981, der sich in seinen Abbildungen fast ausschließlich auf Porträtkarikaturen beschränkt.

(1741–1801) in seinen *Physiognomischen Fragmenten* (1775–79) erneut wissenschaftlich zu untermauern versuchte,[23] spielt für die Karikatur dagegen keine entscheidende Rolle. Karikaturen wehren sich gegen eine systematische Interpretation ihrer Übertreibungen, Verformungen und Anspielungen, wie sie die Physiognomik, auf den Gesichtsausdruck bezogen, propagierte.[24] Doch hat die Physiognomik sicherlich den Blick der Künstler für die Ausdrucksmöglichkeiten des menschlichen Gesichts und ihrer Bewertung geschärft.

Die große Publikationsdichte, die Karikaturen beispielsweise in England um 1800, in Frankreich in den Jahren 1830–35 und seit der zweiten Hälfte des 19. Jahrhunderts in zahlreichen Karikaturjournalen und Tageszeitungen erlangt haben, gestattet es den Künstlern, ihre karikierten Porträts auf wenige markante Merkmale zu reduzieren. Das Publikum, an die ständigen Wiederholungen und zunehmenden Abstraktionen gewöhnt, lernt, bereits minimale Hinweise zu registrieren (Kat. 100). Wilhelm Scholz, der Zeichner des wöchentlich erscheinenden *Kladderadatsch* reduzierte 1881 Bismarck auf drei einsame Haare auf einem kahlen Schädel (Kat. 88). Und von dem späteren ›Finanzgnom‹ Hitlers, Hjalmar Schacht, blieb auf Karikaturen vom Beginn der dreißiger Jahre lediglich ein steifer Kragen als Erkennungszeichen (Abb. 61).[25] Der Kragen ersetzt, wie bei Bismarck die drei Haare, als Pars pro toto die Person.[26]

Diese Übersicht über die Entwicklung der Porträtkarikatur und ihre Methoden darf nicht den Blick auf die Tatsache verstellen, daß Porträtkarikaturen, die vornehmlich die einzelne Person zum Objekt ihrer Kritik erheben, zu fast allen Zeiten zahlenmäßig gegenüber szenischen Karikaturen weit in der Minderheit sind. Die in Italien seit dem späten 16. Jahrhundert entwickelte Methode, Personen durch die Verformung ihres Äußeren komisch erscheinen zu lassen, wird seit dem 18. Jahrhundert, offensichtlich zunächst in England, als ein wirksames, zusätzliches Mittel in bestehende Kompositionsformen von Karikaturen übernommen.[27] Die bloße äußere Verformung, die porträthafte Züge an entscheidender Stelle beibehält, geht nur selten über eine komische Wirkung hinaus. Verletzende, beleidigende Karikaturen benötigen weitergehende, inhaltliche Anspielungen, die dem Menschen seine Würde nehmen, sei es, daß sie ihn zum Tier erniedrigen oder ihn in entehrende Zusammenhänge stellen (Kapitel 3.1.; vgl. Kat. 101 mit 102, Kat. 95 mit 96).

Die »satirische Porträtgalerie« umfaßt über fünfzig Porträtkarikaturen aus einem Zeitraum von etwa 350 Jahren. Die Bezeichnung als »Galerie« erscheint doppelt gerechtfertigt, nicht nur durch die bloße Ansammlung karikierter Bildnisse, sondern auch, weil erstaunlich viele der hier ausgestellten Blätter innerhalb von Serien erschienen sind. Sie wurden als zusammengehörige Einzelblätter (Kat. 59, 61, 73, 78, 84–89, 91, 92, 94, 95) oder als fortgesetzte Folge in Zeitschriften publiziert (Kat. 76, 77, 79, 80, 81, 95). Wie in einer fürstlichen Ahnen- oder Schönheitsgalerie sind die Blätter in ihrer äußeren Aufmachung jeweils einander angeglichen, und die Karikierten werden als Gleichgesinnte, als Komplizen nebeneinandergestellt. Im boshaften Fall werden sie als eine verabscheuungswürdige Clique gebrandmarkt oder aber es werden scherzhaft, wie in Olaf Gulbranssons *Galerie berühmter Zeitgenossen* (Kat. 95), die kleinen Eitelkeiten und Schwächen der geistigen Elite miteinander verglichen. J.D.

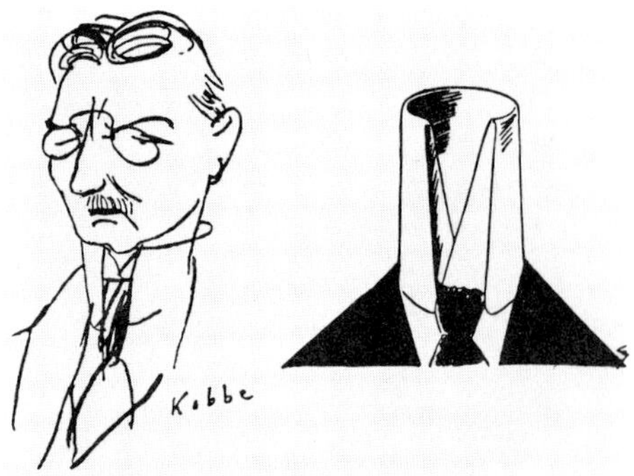

Abb. 61 *Hjalmar Schacht*, links aus ›Der Montagmorgen‹, 10.3.1924, rechts aus ›8 Uhr Abendblatt‹, 13.6.1932

22 Eine diesbezügliche Bemerkung findet sich am Ende von Mosinis Bericht über die Karikaturen der Carracci; vgl. S. 346.

23 Kat. Providence 1971, Nr. 102, mit weiterer Literatur. Dazu auch Gombrich 1977, passim.

24 Selbst ein so anregendes Werk wie der *Essay de physiognomonie*, 1845 von Rodolphe Töpffer veröffentlicht, übte auf die Porträtkarikatur allenfalls einen indirekten Einfluß aus. Töpffers *Essay* »ist weniger eine korrekte Abhandlung über Physiognomik als eine Beschreibung seiner eigenen Zeichenmethode« (Kat. Providence 1971, S. 55). Wenn auch ungleich geistreicher als die *Rules for Drawing Caricaturas* (1788) von Francis Grose (vgl. S. 350f.), steht es doch mit diesen in einer Tradition. Beide versuchen, wie beispielsweise vor ihnen schon Dürer (Abb. 7, 49) oder Lebrun (Gombrich 1977, Abb. 2), von schematischen, formelhaften Verkürzungen des Gesichts Regeln für die Darstellung verschiedener Gemütszustände aufzustellen. Ein Beispiel für derartige Zeichenanleitungen ist die *Karikaturen-Zeichenschule* von Walter Sperling, um 1935 in Leipzig erschienen.

25 Gombrich 1977, S. 21f., mit Abbildung. Gombrich spricht von einer »Maske«, die das Gesicht verschlingt.

26 Zum Pars pro toto vgl. Unverfehrt 1982, S. 157.

27 Beispiele derartiger »komponierter Bild-Satiren« stellen die Kapitel 3.1. – 3.5. vor.

57
Heidelberg, 1632

Der arme Pilgrimirende Nimmer-Till

Radierung und Letternsatz, 357 x 266
Druckvermerk: *Heidelberg 1632.*
Staatsbibliothek Preußischer Kulturbesitz, Berlin.

Vor dörflicher Landschaft, in ausgreifendem Schritt auf eine Anhöhe gestellt, der kaiserliche Generalissimus Johann Tserclaes, Reichsgraf von Tilly (1559–1632). Ihm war nach der Absetzung Wallensteins 1630 der Oberbefehl über die kaiserlichen Truppen übertragen worden. Zwar hatte Tilly 1623/24 Hildesheim, Minden, Osnabrück und Halberstadt genommen und rekatholisiert, 1631 auch Magdeburg, doch währte sein Kriegsglück als Generalissimus nur kurz: 1631 wurde er durch Gustaf Adolf bei Breitenfeld nahe Leipzig geschlagen, am 15. 4. 1632 bei Rain am Lech tödlich verwundet.

Der Text des Flugblattes – eine monologische Selbstbezichtigung Tillys – spielt einleitend auf den nahen Tod des Generalissimus an.[1] Im folgenden wird sein zu *Nimmer-Till* (nimmer: nie wieder, nie) abgewandelter Name mehrfach variiert: Nimmer-Gott, Nimmer-Fürst, Nimmer-Starck, Nimmer-Trew, Nimmer-Reich, Nimmer-Gast, Nimmer-Mann, Nimmer-Klug, Nimmer-Fromm, Nimmer-Fest, Nimmer-Streng, Nimmer-Werth.

Allen irdischen Ansehens und Besitzes beraubt, irrt *Nimmer-Till* durch die Welt. Kenntlich jeweils am in der Hand gehaltenen Hut, erbittet er im rechten Mittelgrund ein Almosen, links wird er vom Hof verjagt. Er selbst nennt den Grund seines Elends: »Des Luthers Teutsche Trew behelt die Ehren-Kron«. Der Text entspricht in seinem Anspielungsreichtum der satirischen Auslegekunst, wie sie auf Flugblättern des 16. und 17. Jahrhunderts begegnet. Anders das Bild: Die monumentale Ganzfigur, noch dazu in deutlicher Porträtähnlichkeit gegeben (Abb. 62), ist in der Bildsatire zwischen Reformation (Kapitel 2.3. Martin Luther) und Dreißigjährigem Krieg nur wenig vorbereitet. Gelegentlich begegnet in der satirischen Flugblattgraphik die Einzelfigur als Typus etwa des marodierenden Soldaten (Kat. 4, 19); benennbare Individuen, Fürsten und Feldherrn, sind zumeist in umfangreich allegorische Kompositionen eingebunden.[2]

Die ganzfigurig bildbeherrschende Gestalt Tillys ist dagegen auf satirischen Flugblättern der Jahre 1631/32 mehrfach nachzuweisen, sei dies – wie auf dem ausgestellten Blatt – als einsamer Wanderer, sei dies als Lautenspieler, auf einer Trommel sitzend (Abb. 63).[3] Im Bilde des *Lautenschlägers* verschmelzen satirisches Porträt und satirische Allegorie: Vom Himmel herab stürzt Ikarus, ein altes Sinnbild der Überheblichkeit.[4] Im Bild des *Nimmer-Till,* der mit zurückgewandtem Kopf eine dörfliche Siedlung verläßt, klingt ein vertrautes Thema der christlichen Kunst nach – der verlorene Sohn, der den Ort seiner Erniedrigung verläßt –, doch fehlen die üblichen und eindeutigen ikonographischen Merkmale (Schweineherde, Bordell). G. U.

1 Rechts neben dem Bild Nahum 3, 19 in späterer Handschrift: »Niemand wird um Deinen Schaden Trauren noch sich um Deine Plage Krenken sondern alle die solches von Dir hören werden mit ihren Händen über dich Klappen über wehm ist nicht deine Bohßheit ohne unterlaß gegangen.«
2 Zur Darstellung Tillys im Flugblatt vgl. Lang 1974 sowie Coupe 1966, passim. Ferner: Harms II, Nr. 227-291, Kat. Coburg 1983, Nr. 78, 81, 94, 98.
3 Zum Wanderer Coupe 1966, S. 185, Abb. 112. Coupe untersucht das Motiv im Zusammenhang des Landstreichers und Hausierers. Das Bild Tillys als *Lautenschläger* erschien mit mehreren Textvarianten, vgl. Harms II, Nr. 288/289 (mit Verzeichnis weiterer Fassungen) sowie Kat. Münster 1983, Nr. 25. In der ausführlichen Textfassung (Harms II, Nr. 288) wird die Laute als ein italienisches (katholisches) Instrument vorgestellt, dessen zwei gerissene Saiten (im Bild nur eine) die militärischen Niederlagen Tillys angeben.
4 Zur späteren satirischen Verwendung des Ikarus-Motivs vgl. etwa Kat. Göttingen 1975, Nr. 36, und 1980, Nr. 112.

Lit.: Coupe 1966, S. 77, 185; Lang 1974, S. 60f., Nr. 9.

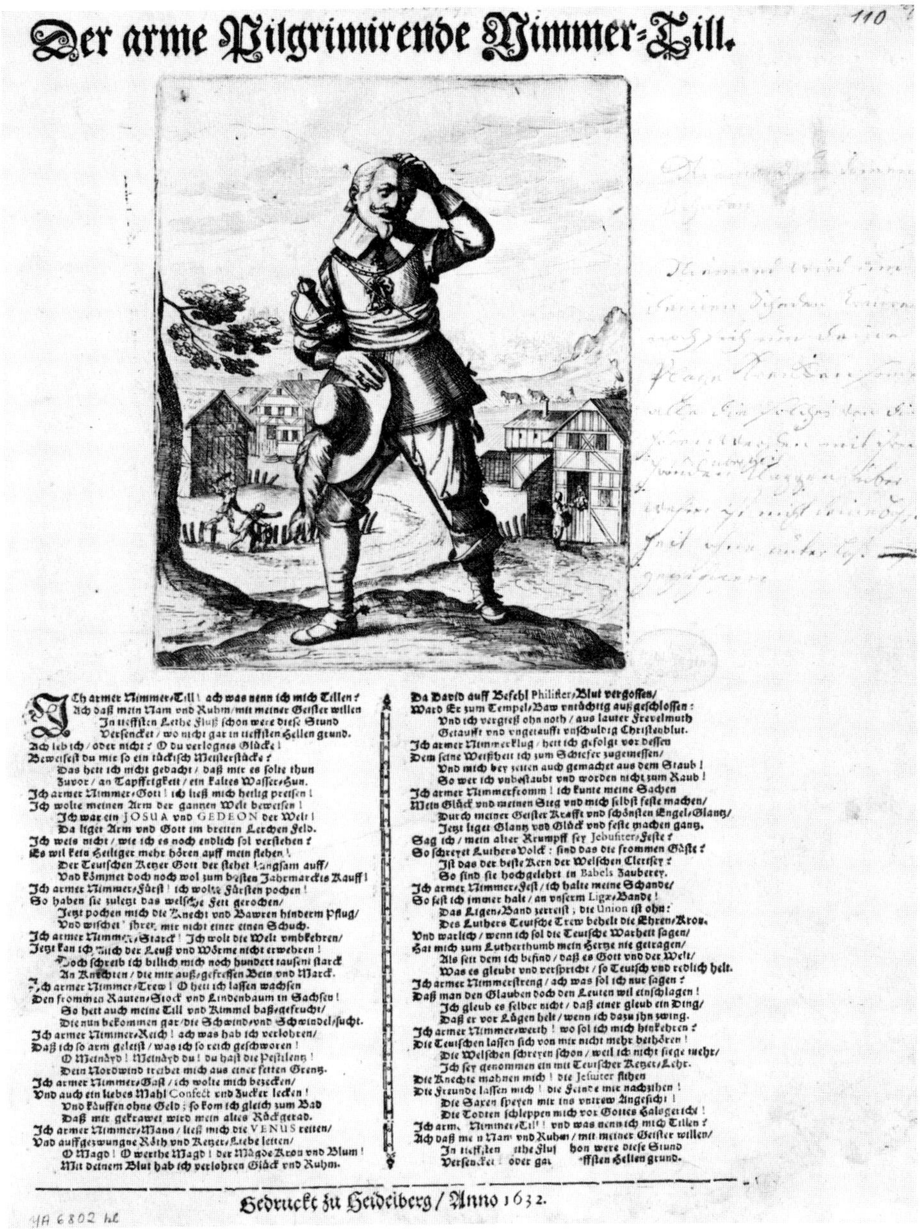

Der arme Pilgrimirende Nimmer-Till.

Ich armer Nimmer-Till! ach was nenn ich mich Tillen?
Ach daß mein Nam vnd Ruhm/ mit meiner Geister willen
In tieffsten Lethe Fluß schon were diese Stund
Versencket/ wo nicht gar in tieffsten Hellen grund.
Ach leb ich/ oder nicht? O du verlognes Glücke!
Beweisest du mir so ein tückisch Meisterstücke?
Das hett ich nicht gedacht/ daß mir es solte thun
Zuvor/ an Tapfferkeit/ ein kaltes Wasser-Hun.
Ich armer Nimmer-Gott! ich ließ mich heilig preisen!
Ich wolte meinen Arm der gantzen Welt beweisen!
Ich war ein JOSUA vnd GEDEON der Welt!
Da liget Arm vnd Gott im breiten Lerchen Feld.
Ich weis nicht/ wie ich es noch endlich sol verstehen?
Es wil kein Heiliger mehr hören auff mein flehen!
Der Teutschen Ketzer Gott der stehet langsam auff/
Vnd kömmet doch noch wol zum besten Jahrmarckts Kauff!
Ich armer Nimmer-Fürst! ich wolte Fürsten pochen!
So haben sie zuletzt das welsche Fett gerochen/
Jetzt pochen mich die Knecht vnd Bawren hinderm Pflug/
Vnd wischet ihrer mir nicht einer einen Schuch.
Ich armer Nimmer-Starck! Ich wolt die Welt vmbkehren/
Jetzt kan ich mich der Leuß vnd Wörme nicht erwehren!
Doch schreib ich billich mich noch hundert tausent starck
An Knechten/ die mir auß-gefressen Bein vnd Marck.
Ich armer Nimmer-Trew! O hett ich lassen wachsen
Den frommen Rauten-Stock vnd Lindenbaum in Sachsen!
So hett auch meine Till vnd Kimmel baß-gefrucht/
Die nun bekommen gar/ die Schwind- vnd Schwindel-sucht.
Ich armer Nimmer-Reich! ach was hab ich verlohren/
Daß ich so arm geleist/ was ich so reich geschworen!
O Meinäyd! Meinäyd du! du hast die Pestilentz!
Dein Nordwind treibet mich aus einer fetten Grentz.
Ich armer Nimmer-Gast/ ich wolte mich bezecken/
Vnd auch ein liebes Mahl Confect vnd Zucker lecken!
Vnd käuffen ohne Geld; so kom ich gleich zum Bad
Daß mir gekrawet wird mein altes Rückgerad.
Ich armer Nimmer-Mann/ ließ mich die VENUS reiten/
Vnd auffgezwungne Röth vnd Ketzer-Liebe leiten/
O Magd! O werthe Magd! der Mägde Kron vnd Blum!
Mit deinem Blut hab ich verlohren Glück vnd Ruhm.
Da David auff Befehl Philister-Blut vergossen/
Ward Er zum Tempel-Baw vntüchtig außgeschlossen:
Vnd ich vergieß ohn noth/ aus lauter Frevelmuth
Getaufft vnd vngetaufft vnschuldig Christenblut.
Ich armer Nimmerklug/ hett ich gefolgt vor dessen
Dem seine Weißheit ich zum Schiefer zugemessen/
Vnd mich bey zeiten auch gemachet aus dem Staub!
So wer ich vnbestaubt vnd worden nicht zum Raub!
Ich armer Nimmerfromm! ich kunte meine Sachen
Mein Glück vnd meinen Sieg vnd mich selbst feste machen/
Durch meiner Geister Krafft vnd schönsten Engel-Glantz/
Jetzt liget Glantz vnd Glück vnd feste machen gantz.
Sag ich/ mein alter Krumpff sey Jebusiter-Feste?
So schreyet Luthers Volck: sind das die frommen Gäste?
Ist das der beste Kern der Welschen Clerisey?
So sind sie hochgelehrt in Babels Zauberey.
Ich armer Nimmer-Fest/ ich halte meine Schande/
So fest ich immer halt/ an vnserm Ligæ-Bande!
Das Ligen-Band zerreist; die Union ist ohn:
Des Luthers Teutsche Trew behelt die Ehren-Kron.
Vnd warlich/ wenn ich sol die Teutsche Warheit sagen/
Hat mich zum Lutherthumb mein Hertze nie getragen/
Als seit dem ich befind/ daß es Gott vnd der Welt/
Was es gleubt vnd verspricht/ so Teutsch vnd redlich helt.
Ich armer Nimmerstreng/ ach was sol ich nur sagen?
Daß man den Glauben doch den Leuten wil einschlagen!
Ich gleub es selber nicht/ daß einer gleub ein Ding/
Daß er vor Lügen helt/ wenn ich dazu ihn zwing.
Ich armer Nimmer-werth! wo sol ich mich hinkehren?
Die Teutschen lassen sich von mir nicht mehr bethören!
Die Welschen schreyen schon/ weil ich nicht siege mehr/
Ich sey genommen ein mit Teutscher Ketzer-Lehr.
Die Knechte mahnen mich! die Jesuiter fliehen
Die Freunde lassen mich! die Feinde mir nachziehen!
Die Saxen speyen mir ins vntrew Angesicht!
Die Todten schleppen mich vor Gottes Halsgericht!
Ich armer Nimmer-Till! vnd was nenn ich mich Tillen?
Ach daß mein Nam vnd Ruhm/ mit meiner Geister willen/
In tieffsten Lethe Fluß schon were diese Stund
Versencket/ oder gar in tieffsten Hellen grund.

Gedruckt zu Heidelberg/ Anno 1632.

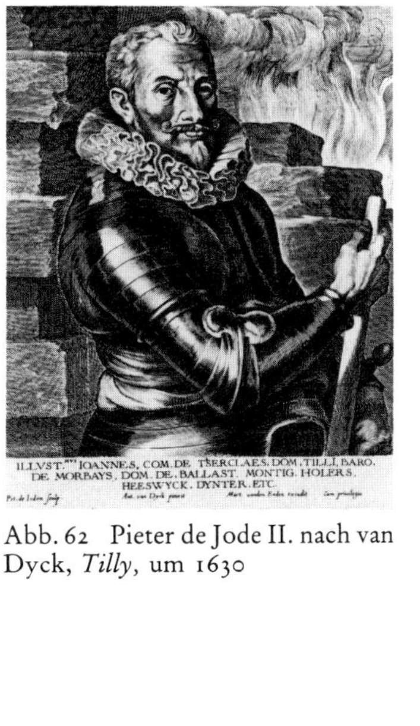

Abb. 62 Pieter de Jode II. nach van Dyck, *Tilly,* um 1630

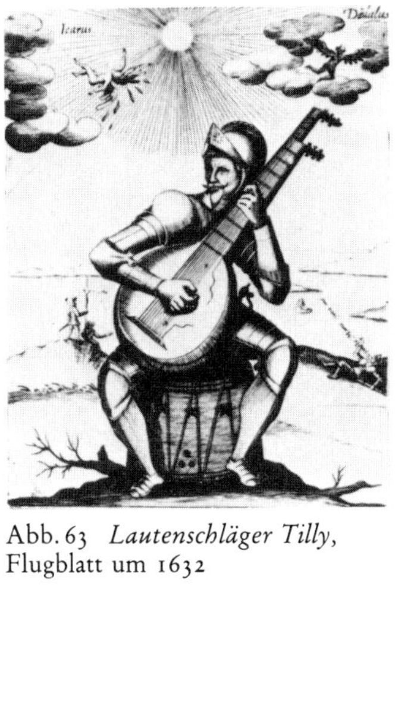

Abb. 63 *Lautenschläger Tilly,* Flugblatt um 1632

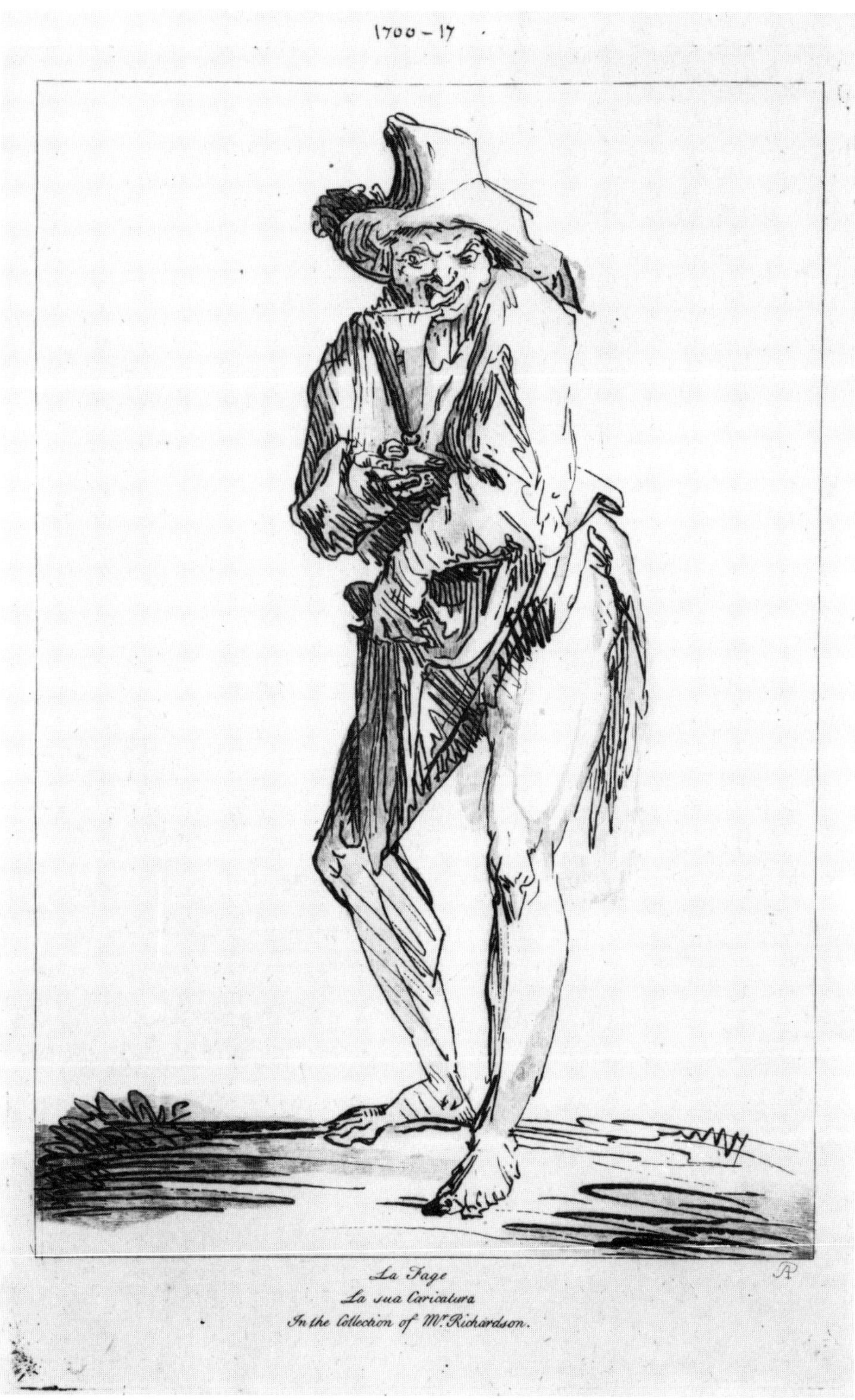

58

Arthur Pond nach Raymond La Fage (1656–84)

La sua Caricatura

Radierung in Braun, 276 x 174, beschriftet *La Fage /La sua Caricatura / In the Collection of Mr. Richardson*, monogrammiert *AP*.
Staatliche Graphische Sammlung, München.

Der abseits vom französischen Hof zumeist in Toulouse tätige La Fage war von italienischen Vorbildern, unter anderen auch von den Carracci, beeinflußt. So wird es verständlich, daß er bereits im 17. Jahrhundert Karikaturen im Stil der Italiener zeichnete.[1]

Ein spärlich bekleideter Mann macht einen Schritt auf den Betrachter zu und beugt sich ihm entgegen. Sein Gesicht ist grimassierend verzerrt. Mit aufgerissenen Augen starrt er in das halbvolle Glas, das seine Rechte an die weit herausgestreckte Zunge führt. Mit der linken Hand rafft er seinen schäbigen kurzen Umhang in fast obszöne Höhe. Die Drastik der Darstellung ist erstaunlich für ein Selbstporträt, selbst für ein karikiertes.[2] Die Zeichnung geht weit über expressive Ausdrucksstudien hinaus, wie sie beispielsweise von Rembrandt bekannt sind (Abb. 64). Nicht nur die häßlichen, gierigen Gesichtszüge, sondern auch die entehrende Gestik und der betont ärmliche Aufzug lassen die *Selbstkarikatur* zu einer entblößenden Selbstdarstellung geraten, die über den Bereich des Komischen hinausgeht.

Die Zeichnung ist durch eine sorgfältige, auch die stilistischen Besonderheiten des Künstlers festhaltende Faksimile-Radierung überliefert, die der Engländer Arthur Pond zwischen 1736 und 1747 schuf. Sie erschien zusammen mit 24 weiteren Blättern, die ebenfalls italienische Karikaturen, zumeist nach Ghezzi (vgl. Kat. 64, 65), reproduzieren.[3]

J. D.

1 Nathan T. Whitman, »Four Related Drawings by Raymond Lafage«, *The Art Quarterly*, 18, 1955, S. 185-191, mit vier Abbildungen.
2 Die Beschriftungen Arthur Ponds sind im allgemeinen zuverlässig; so dürfte auch hier die Bezeichnung als Selbstkarikatur, so erstaunlich es erscheint, zutreffen. Zu grimassierenden Selbstporträts vgl. Siegmar Holsten, *Das Bild des Künstlers. Selbstdarstellungen*, Hamburg 1978, S. 44ff.
3 Hake 1922, S. 328.

Lit.: Hake 1922, Nr. 88; Hofmann 1956, S. 76.

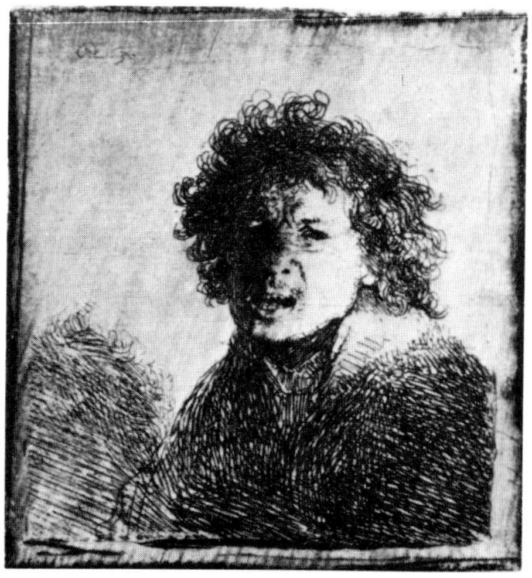

Abb. 64 Rembrandt, *Selbstporträt mit geöffnetem Mund*, 1630

59

Romeyn de Hooghe (1645–1706)

Sechs Wendeköpfe: Wilhelm III. von Oranien und seine Gegner, 1672

Radierungen, ursprünglich auf einem Bogen und ausgeschnitten; je etwa 108 x 114
Staatliche Graphische Sammlung, München.

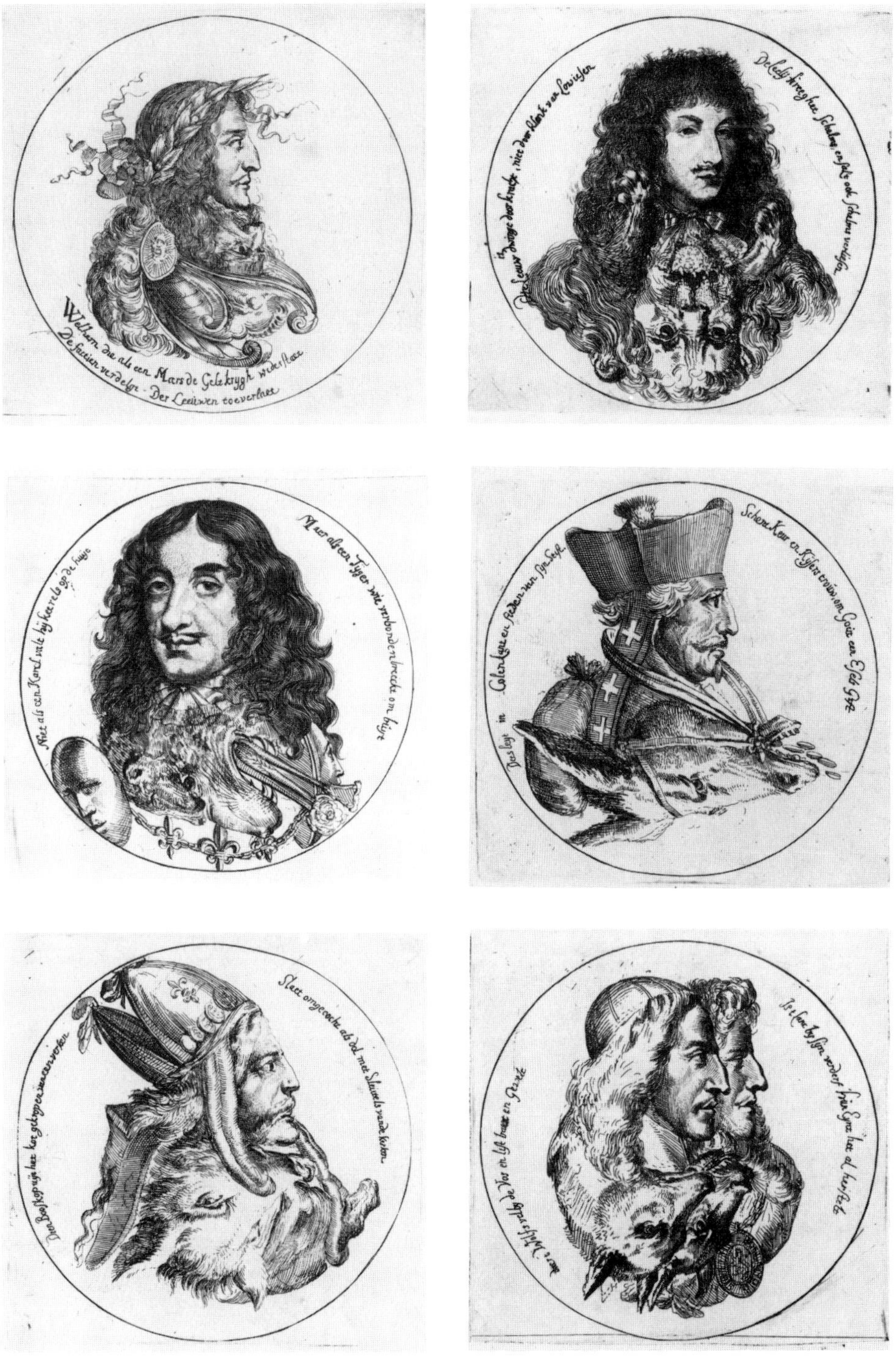

1672 radierte der holländische Maler und Illustrator Romeyn de Hooghe sechs Wendeköpfe mit den Porträts Wilhelms III. von Oranien und sechs illustrer Zeitgenossen.[1] Keines der Bildnisse weist merkliche Verzerrungen auf; sie scheinen daher aus dem Bereich der Porträtkarikatur herauszufallen. Doch werden die gleich einem Medaillon eingefaßten Bildnisse um 180° gedreht, so enthüllt sich ihre satirische Absicht. Einzig Wilhelm III. von Oranien (a) behält in der spielerischen Formwandlung ein menschliches Antlitz; Ludwig XIV. (b) wird zum zahnlosen Löwen, Karl II. von England (c) zum gierigen Tiger, Maximilian Heinrich, Erzbischof von Köln (d), zum Esel, Bernhard von Galen, Bischof von Münster (e), zum Eber, und die Brüder de Witt (f) schließlich verwandeln sich zu Fuchs und Wolf. Die anamorphotische Wandlung enthüllt das in Romeyn de Hooghes Augen wahre Antlitz der Porträtierten. Während Wilhelm III. von Oranien als bärtiger und behelmter Krieger erscheint – einer traditionellen Bildformel für den Kriegsgott Mars nachgebildet[2] –, sind die weiteren als Tiere gegeben: blutgierig wie Tiger und Wolf, dumm und faul wie der Esel, geil und voll Schmutz wie der wilde Eber, listig wie der Fuchs. Als zahnloser und damit ungefährlicher Löwe wird Ludwig XIV. verspottet.[3]

Romeyn de Hooghe nimmt ersichtlich Partei. 1672 begann Ludwig XIV. seinen zweiten Eroberungskrieg gegen die Niederlande. Als Alliierte hatte er England sowie die Bistümer Köln und Münster gewonnen. Die calvinistischen Niederlande standen also einer katholischen Koalition gegenüber. England, im ersten Eroberungskrieg Ludwigs XIV. (1667/68) noch Verbündeter der Niederlande, hatte – wörtlich – seine ›Maske fallen gelassen‹. Im Innern wandte sich der Zorn gegen Jan de Witt, der als Ratspensionär die Staatsgeschäfte führte, und gegen dessen Bruder Cornelis, wie Jan ein strenger Gegner der Oranier und Vertreter einer Friedenspolitik mit Frankreich. Nach ihrer Ermordung am 20. 8. 1672 trat Wilhelm III. von Oranien als neuer Statthalter an die Spitze der Generalstaaten.

Diese Situation stellt Romeyn de Hooghe dar: Wilhelm, bedrängt von äußeren und inneren Feinden. Er nutzt, überraschend, nicht die übliche Form der satirisch-politischen Allegorie (vgl. zum gleichen Thema Kat. 60), sondern eine Folge von Porträts.[4] Die besondere Technik der satirischen Entlarvung, der ›Wendekopf‹, wurde schon als Waffe im reformatorischen Bilderkampf angewandt (Kat. 113) und begegnet als Mittel der Karikatur noch heute.[5] G. U.

1 Die Zuschreibung an Romeyn de Hooghe ist nicht letztlich gesichert. Die Blätter fügen sich jedoch nach Thema und Qualität ohne stilistische Brüche in sein Werk. Vgl. auch Langemeyer 1974, S. 83.

2 Vgl. W. Schöne, »Rembrandts Mann mit dem Goldhelm«, *Jahrbuch der Akademie der Wissenschaften in Göttingen* 1972, S. 36ff.

3 Die Bildinschriften lauten in Übersetzung:
Wilhelm III.: Wilhelm, der wie ein Mars dem Geldkrieg widersteht, vernichtet seine politischen Feinde. Er ist der Löwen (=der Niederlande) Zuversicht.
Ludwig XIV.: Der Löwe ist durch Kraft bezwungen, nicht durch den Klang von Geld. Als Schurke errang er die Lilie (=den französischen Thron), und als Schurke wird er sie verlieren.
Karl II.: Er kämpft nicht gegen Kerle wie ein Karl (=der Große), sondern wie ein Tiger, der im Rudel (=Union mit Frankreich, verbildlicht durch Tudor-Rose und fleur-de-lis) nach Beute giert.
Erzbischof von Köln: Er bringt Elend über das Kölner Land und die Städte seines Stifts und verletzt Kur- und Kaisers Treue um Gold, ein Eselsgeschenk.
Bischof von Münster: Der Bischof (wörtl.: Booskop, Bösewicht), geboren aus dem Kot eines Schweines, schlägt bestochen wie toll mit Schlüsseln der Kirche.
Gebrüder Witt: Wo das Wolfsfell sich dem Fuchs zugesellt, dort wird Gewalt geboren und das Land in sein Verderben gestoßen. Ihr Ende hat alles wieder hergestellt.

4 Beispiele der satirisch-politischen Allegorie auf die Situation der Niederlande 1672 etwa bei Langemeyer 1972 und 1974 sowie in Kat. Münster 1983, Nr. 35–44.

5 Zur Tradition der satirischen Wendeköpfe vgl. Langemeyer 1974, S. 83f., und Unverfehrt 1982, S. 142 m. Anm. 19.

Lit.: Nicht bei Hollstein; nicht bei Landwehr 1973; Muller Nr. 2327; van Rijn Nr. 2486; Kat. Providence 1971, Nr. 41; Langemeyer 1974, S. 83f.

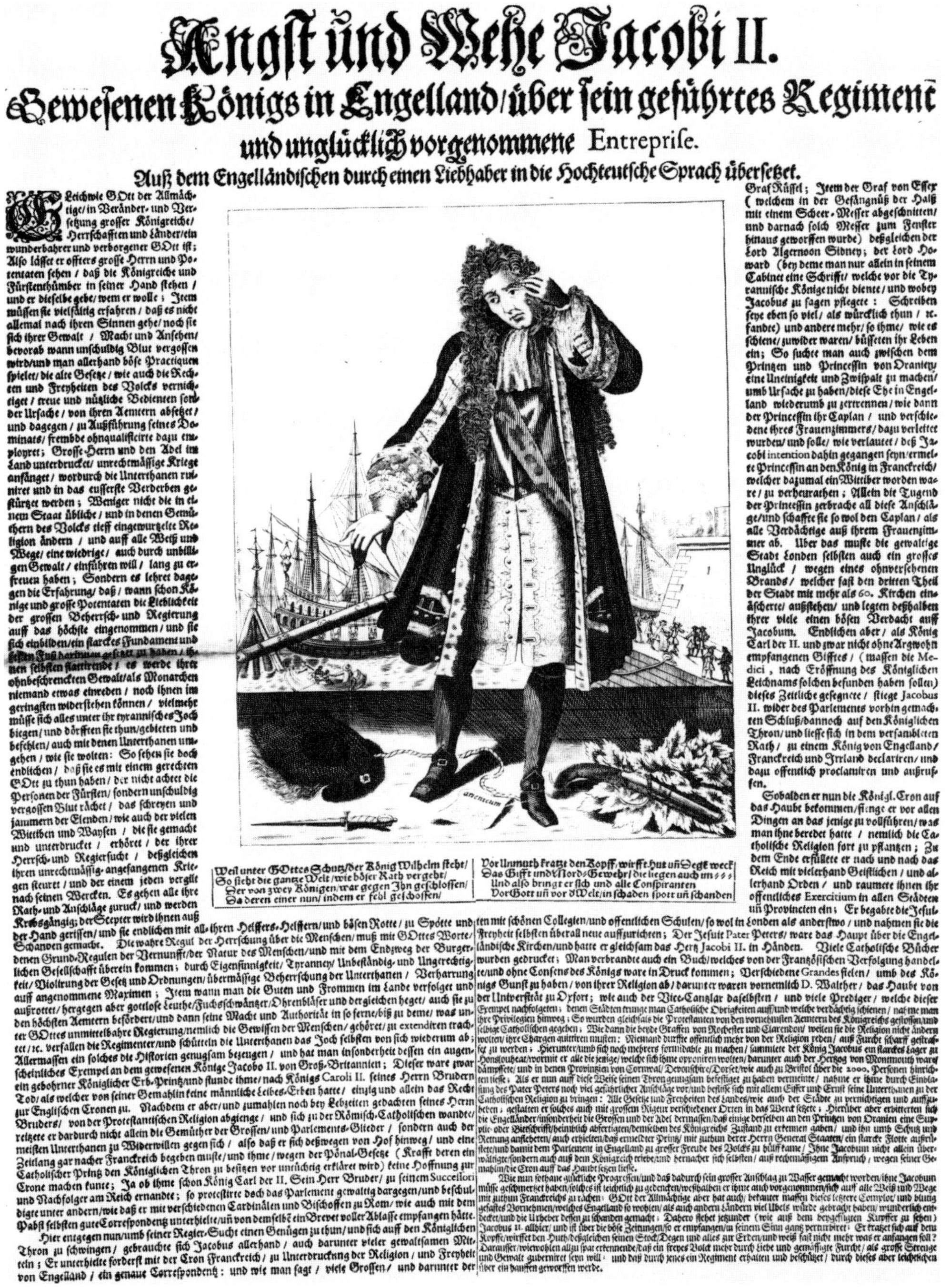

60

Deutsch, 1690

Angst und Wehe Jakobs II.

Kupferstich und Letternsatz, 432 x 311
Germanisches Nationalmuseum, Nürnberg.

Dreiseitig von einem massiven Textspiegel umfaßt, gibt die Illustration das ganzfigurige Porträt eines vornehm gekleideten Mannes. Ohne ihn und die besonderen Umstände zu kennen, signalisiert doch der seitlich geneigte und zugleich gesenkte Kopf, zu dem die Linke nachdenklich oder auch erschrocken geführt ist, tiefe Niedergeschlagenheit. Zu Füßen des Mannes sein zu Boden geworfener Hut sowie Messer und Pistole, Strick und ein Briefchen Arsen – Instrumente des Selbstmordes oder, wie der Text sagt, Handwerkszeug des Mörders.

Der Grund für Angst und Wehe erhellt gleichfalls der Text. Jakob II. von England ist gezeigt, der Verbündete Ludwigs XIV. gegen die Niederlande (vgl. Kat. 62). Seine Rekatholisierungsversuche stießen auf Widerstand im eigenen Lande. 1688 unternahm Wilhelm III. von Oranien auf Ersuchen der anglikanischen Bischöfe eine Invasion. Ohne nennenswerten Widerstand rückte er gegen London vor; Jakob II. floh nach Versailles. Die durch Wilhelm von Oranien ausgelöste »Glorreiche Revolution« setzte nicht nur die anglikanische Kirche in ihre alten Rechte, sie brachte dem Oranier, der mit Jakobs Tochter Mary verheiratet war, 1689 auch die englische Königskrone. 1690 versuchte Jakob in der Schlacht am irischen Boney-Fluß vergeblich, die Krone zurückzugewinnen. Auf diese »unglücklich vorgenommene Entreprise« sowie auf ihre Vorgeschichte bezieht sich der Text des Flugblattes.

Soweit die historische Situation, die von dem anonymen Kupferstecher in der monumentalen Ganzfigur des vertriebenen Königs gebündelt wurde. Entwicklungsgeschichtlich markiert das Blatt gemeinsam mit Romeyn de Hooghes *Wendeköpfen* (Kat. 59) und Cornelis Dusarts *Helden der Liga* (Kat. 61) eine wichtige Neuerung der Bildsatire: War bisher die karikierte Einzelfigur mit wenigen Ausnahmen Gegenstand privaten Vergnügens gewesen und hatten die Haupt- und Staatsaktionen in vielfigurig allegorischen Kompositionen ihren Niederschlag gefunden (vgl. zum gleichen Thema Kat. 147),[1] so erlangte gegen Ende des 17. Jahrhunderts das karikierte Einzelporträt von Personen öffentlicher Bedeutung auch zunehmend öffentliches Interesse. Im Abbild ihrer realen Gestalt gleichsam zur Schau gestellt, konnte der Betrachter ohne mühseliges Entschlüsseln verwickelter Bedeutungszusammenhänge die Executio in effigie vollziehen, die Hinrichtung im Bildnis. G. U.

1 Zu weiteren allegorischen Satiren auf das gleiche Ereignis vgl. Harms II, Nr. 383/84; Kat. Coburg 1983, Nr. 73; Kat. Münster 1983, Nr. 56/57.

Lit.: Nicht nachgewiesen.

61

Cornelis Dusart (1660–1704)

Die Helden der Liga, 1691

4 Blatt aus der Serie *Les Héros de la Ligue ou la Procession Monacale Conduitte par Louis XIV pour la Conversion des Protestants de son Royaume* (Amsterdam 1691). Mezzotinto; je etwa 145-150 x 110
Hamburger Kunsthalle.

Wie Romeyn de Hooghe mit seinen *Wendeköpfen* (Kat. 59), so greift auch der Haarlemer Maler und Zeichner Cornelis Dusart den Gegner im Bildnis an: *Helden der Liga* führt er vor, nennt sie allesamt beim Namen, entstellt ihre Gesichter zu boshaften Fratzen. Die Runde ist erlaucht: Ludwig XIV. gehört zu ihr, seine Mätresse Madame de Maintenon, der Bischof von Meaux (a), der königliche General Louis François Boufflers (b), der Kriegsminister François Michel Le Tellier, Marquis de Louvois (c), Père Peters, der Beichtvater des im französischen Exil lebenden Jakob II. (d; vgl. Kat. 60).[1] Sie alle spielten bei der Verfolgung der französischen Protestanten nach der 1685 erfolgten Aufhebung des Edikts von Nantes, das seit 1598 den reformierten Konfessionen Religionsfreiheit garantiert hatte, eine unrühmliche Rolle. Durch Dragonaden[2] – hierauf spielt der Boufflers gegebene Titel an – und andere Zwangsmittel sollten die Protestanten zur Konversion oder zur Emigration getrieben werden.

Auf die französische Protestantenverfolgung reagiert ein Künstler der calvinistischen Niederlande, die sich ohnehin von den Eroberungs- und Rekatholisierungsplänen Ludwigs XIV. bedroht sahen (vgl. Kat. 60, 62). Dusart steckt die Vorkämpfer der französischen Gegenreformation unangesehen ihres tatsächlichen Standes ins geistliche Gewand, zeichnet sie als lasterhaft und bigott in »einer Schärfe, die an Grausamkeit reicht«.[3]

Gleich nach Aufhebung des Edikts von Nantes 1685 hatte Dusart in rascher Folge 25 gleichartig angelegte und mit ähnlichen Verzerrungen gearbeitete, namenlose Phantasiebildnisse erscheinen lassen.[4] Gezeigt sind die Zerstörer der christlichen Moral, Mönche und Nonnen, wollüstig und versoffen, fanatisch, ungezügelt, gotteslästerlich – gemeint ist der französische Hof. Bei formaler Übereinstimmung ist der Unterschied zwischen der früheren Folge und den *Helden der Liga* doch unübersehbar: Aus verachtenswerten, aber austauschbaren Typen werden nun gleichermaßen verachtenswerte, doch bestimmte Individuen. Wie bei Romeyn de Hooghes *Wendeköpfen* und auf dem Flugblatt mit dem wehklagenden Jakob II. (Kat. 59, 60) richtet sich das Interesse des Satirikers weniger auf das Ereignis als auf die auslösenden Personen, die im karikierten Bildnis getroffen werden sollen. G. U.

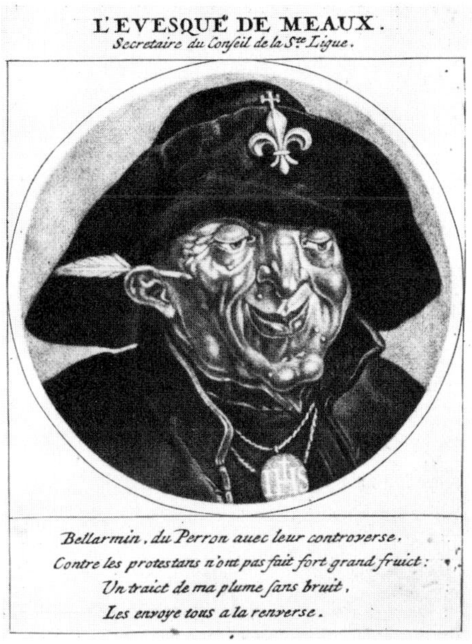

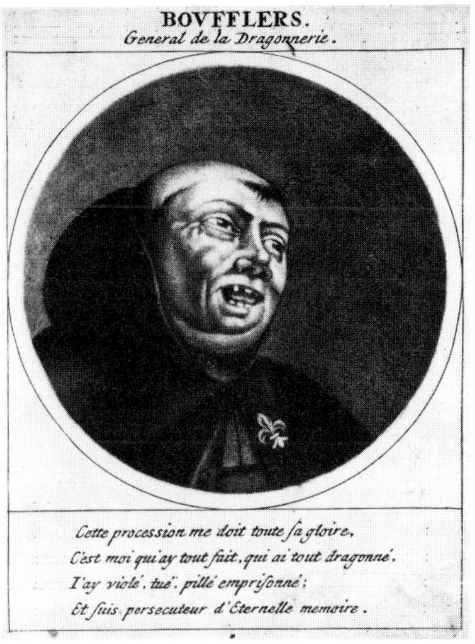

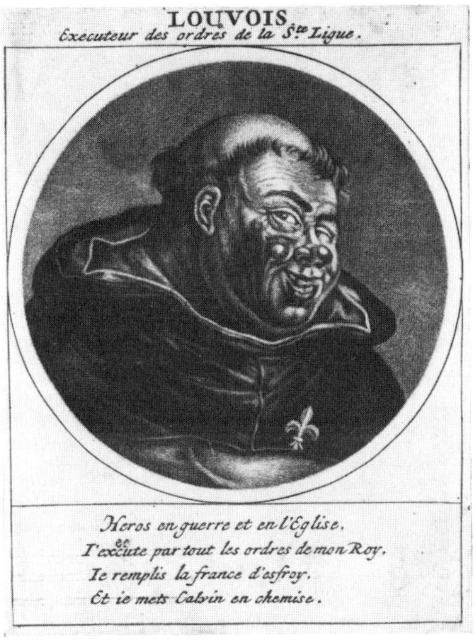

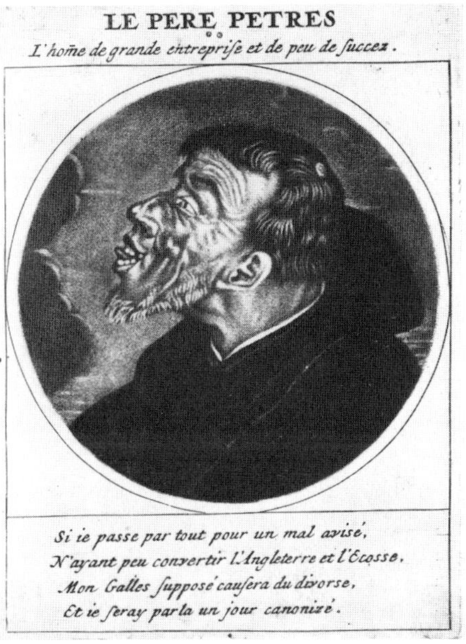

1 *Les Héros de la Ligue* (...) erschienen in Amsterdam 1691 mit der fiktiven Verlagsangabe »A Paris chez Père Peters à l'Enseigne de Louis le Grand«; der Beichtvater Jakobs II. ist also als Verleger genannt. Ausgeführt sind die von Dusart entworfenen Blätter wohl durch Jacob Gole (Hollstein VII, Gole Nr. 352-375), P. Picart und C. Dusart. – Die unter die Bilder gesetzten Vierzeiler lauten in Übersetzung:
Der Bischof von Meaux: Bellarmin und Du Perron haben mit ihren Kämpfen gegen die Protestanten keine großen Gewinne gemacht: Mit einem Strich meiner Feder lege ich sie alle ohne Lärm aufs Kreuz. Robert Bellarmino (1542–1621) und Jacques Davy Du Perron (1556–1618) waren führende Vertreter der italienischen bzw. französischen Gegenreformation.
Boufflers: Diese Prozession schuldet mir alle Ehre. Ich war's, der alles tat, der alles dragonierte [vgl. Anm. 2]. Ich habe Gesetze gebrochen, getötet, geplündert, eingesperrt: Und mich verfolgt die ewige Erinnerung.
Louvois: Helden des Krieges und der Kirche, ich führe vor allem anderen die Order meines Königs aus. Ich setze Frankreich in Schrecken, und ich stecke Calvin in den Sack (?, frz.: chemise).
Père Peters: Wenn ich ein Bösewicht wäre, hätte ich kaum England und Schottland (zum katholischen Glauben) bekehren können. Auch mein Wales wird wohl konvertieren, und ich werde deshalb eines Tages heilig gesprochen werden.

2 Als Dragonaden werden die seit 1681 gelegentlich und seit 1685 regelmäßig vorgenommenen Einquartierungen von Dragonern bei Protestanten bezeichnet; den Soldaten waren Plünderungen und Mißhandlungen gestattet.

3 Piltz 1976, S. 57. Vgl. auch Unverfehrt 1982, S. 147.

4 Um 1690 zusammengefaßt unter dem Titel *Renversement de la Morale Chrétienne par les désordres du Monarchisme. Première Partie.* Die Blätter messen etwa 120 x 80 und sind in Mezzotinto ausgeführt. – Vgl. Kat. Providence 1971, Nr. 44 (mit weiterer Literatur).

Lit.: Hollstein VI, Dusart Nr. 63-88; Landwehr 1970, Nr. 77; Kat. Providence 1971, Nr. 44; Piltz 1976, S. 57f.; Unverfehrt 1982, S. 147.

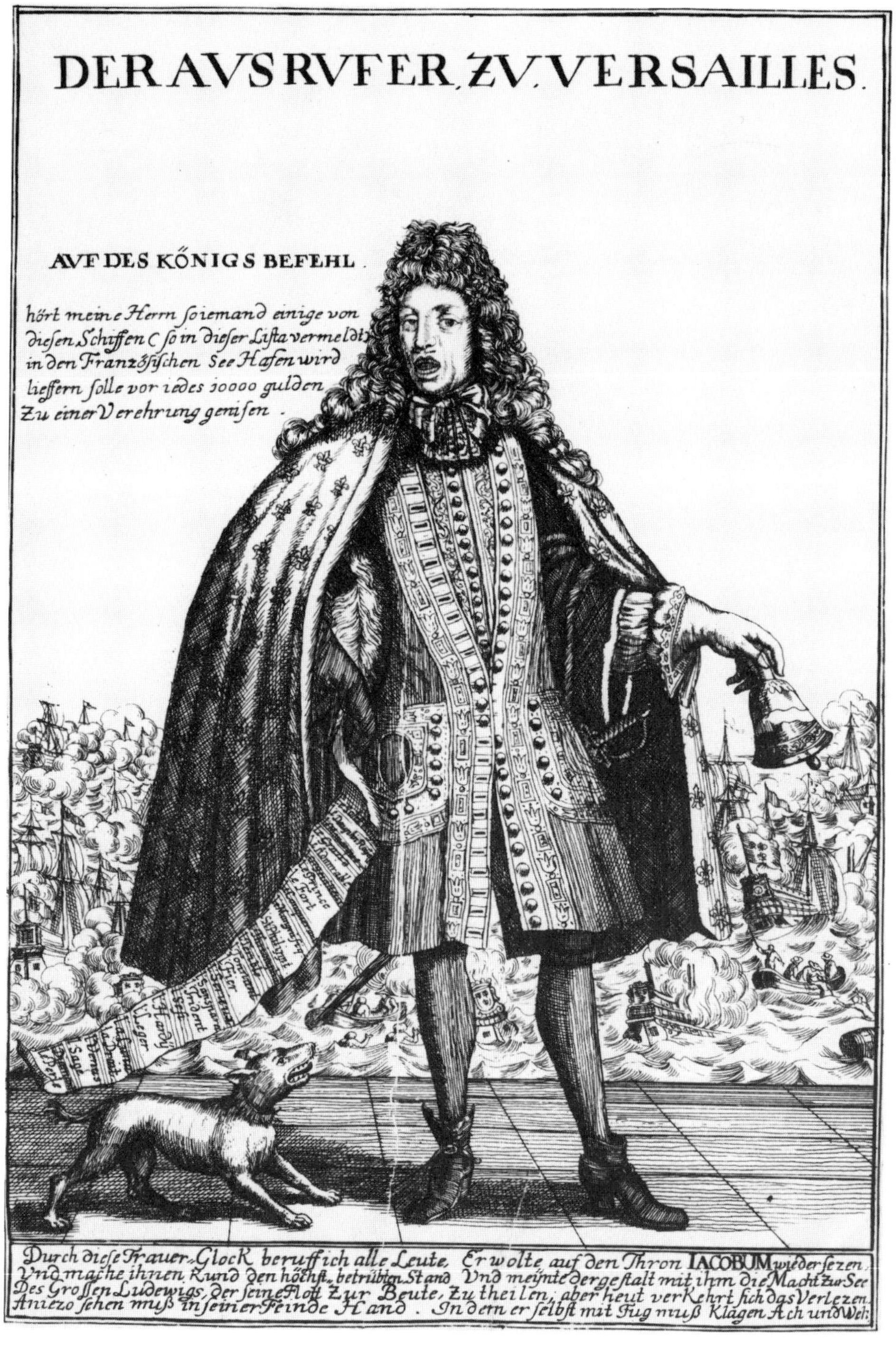

62

Deutsch, 1702

Der Ausrufer zu Versailles

Radierung mit graviertem Text, 297 x 184
Staatsbibliothek Preußischer Kulturbesitz, Berlin.

Der *Ausrufer zu Versailles* – es ist Ludwig XIV. – bietet ein aufschlußreiches Beispiel für Bildzitat, Persiflage eines Kunstwerks samt seinem Anspruch und Kopistenmißverständnis zugleich.

Zuvor der historische Anlaß des Flugblattes: Am 23. 10. 1702 wurde die unter französischer Deckung segelnde, von Amerika heimkehrende spanische Silberflotte nahe der galizischen Hafenstadt Vigo von einem englisch-niederländischen Schiffsverband teils versenkt, teils gekapert. Dieses Ereignis beklagt der *Ausrufer zu Versailles,* und er setzt zudem für jedes an Frankreich zurückgelieferte Schiff die eher bescheidene Summe von 10000 Gulden aus.

Der erläuternde Text vergleicht die französisch-spanische Niederlage bei Vigo mit der vergeblichen Unterstützung Jakobs II. durch Ludwig XIV. (vgl. Kat. 60). Die literarische Parallele wird bildlich bestätigt: Wie der wehklagende Jakob auf dem Flugblatt von 1690, so steht auch Ludwig XIV. auf einem schmalen Streifen befestigten Landes vor maritimer Kulisse mit heftig tobender Seeschlacht. Der kompositorische Rückgriff erhält eine zusätzlich satirische Zuspitzung. Der *Ausrufer zu Versailles* trägt den lilienbesetzten Krönungsmantel; den linken Arm mit der Aufmerksamkeit heischenden Glocke hält er vom Körper abgespreizt, die rechte Hand, darin eine Liste mit den fiktiven Namen der verlorenen Schiffe, ist in die Hüfte gestemmt. Mit – zwar seitenverkehrter – Armhaltung und mit dem Krönungsmantel zitiert der anonyme Radierer ein berühmtes Vorbild, nämlich Hyacinthe Rigauds ein Jahr zuvor, 1701, gemaltes Staatsporträt Ludwigs XIV. (Abb. 65). Der französische König wird also mit den Mitteln seiner eigenen glorifizierenden Hofkunst angegriffen, wobei ihm statt des Zepters als Zeichen herrscherlicher Gewalt die Ausruferglocke in die Hand gegeben ist. Der absolutistische Herrscher wandelt sich zum verspotteten Verlierer.[1]

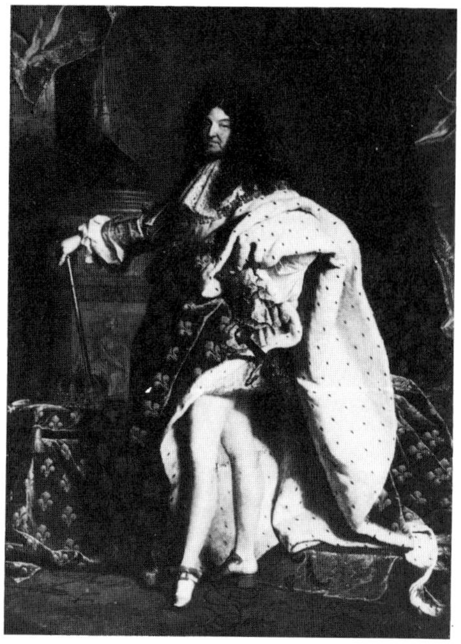
Abb. 65 Hyacinthe Rigaud, *Ludwig XIV.*, 1701

Eine nur wenig später entstandene weitere Flugblattfassung des gleichen Themas nutzt zwar mit einigen kleinen Änderungen die frühere Komposition, ›korrigiert‹ sie jedoch in einem entscheidenden Detail (Abb. 66): Nun ist auch Ludwigs rechter Arm vom Körper abgespreizt.

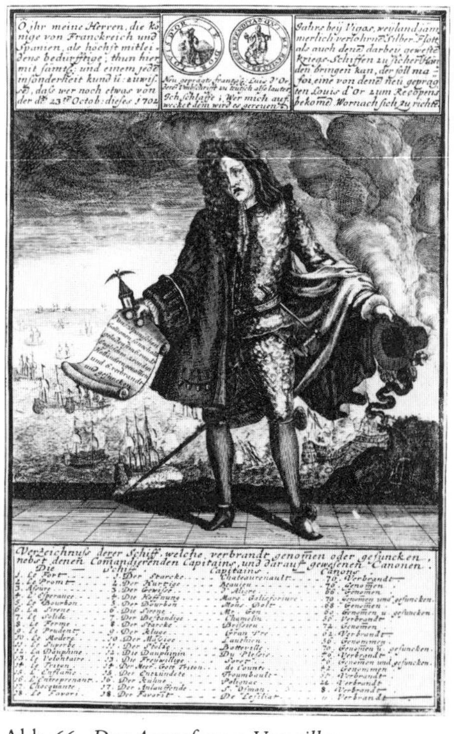
Abb. 66 *Der Ausrufer zu Versailles*

Der Sinn dieses Eingriffs wird gewesen sein, die zuvor wie nebenbei in der eingestemmten Hand gehaltene Klageschrift dem Betrachter demonstrativ entgegenzuhalten.[2] Der neue Gestus mag glaubhafter sein als der des *Ausrufers;* die Pointe eines mit den bildnerischen Waffen des Feindes geführten Gegenschlages geht jedoch verloren.

G. U.

1 Eine zum ausgestellten Exemplar seitenverkehrte (und daher mit Rigauds Gemälde übereinstimmende) sowie mit französischem Text versehene, ansonsten identische Fassung in der Kunstbibliothek Berlin (Radierung, 315 x 212; Lipperheide 1002, 11). Die Entstehungsfolge ist auch unter Berücksichtigung der Druckumkehrungen nicht zu bestimmen. Das mit französischem Text versehene Blatt ist wahrscheinlich holländischen Ursprungs und für den Export nach Frankreich bestimmt gewesen.

2 Germanisches Nationalmuseum, Nürnberg (Inv. Nr. HB 23807).

Lit.: Nicht nachgewiesen.

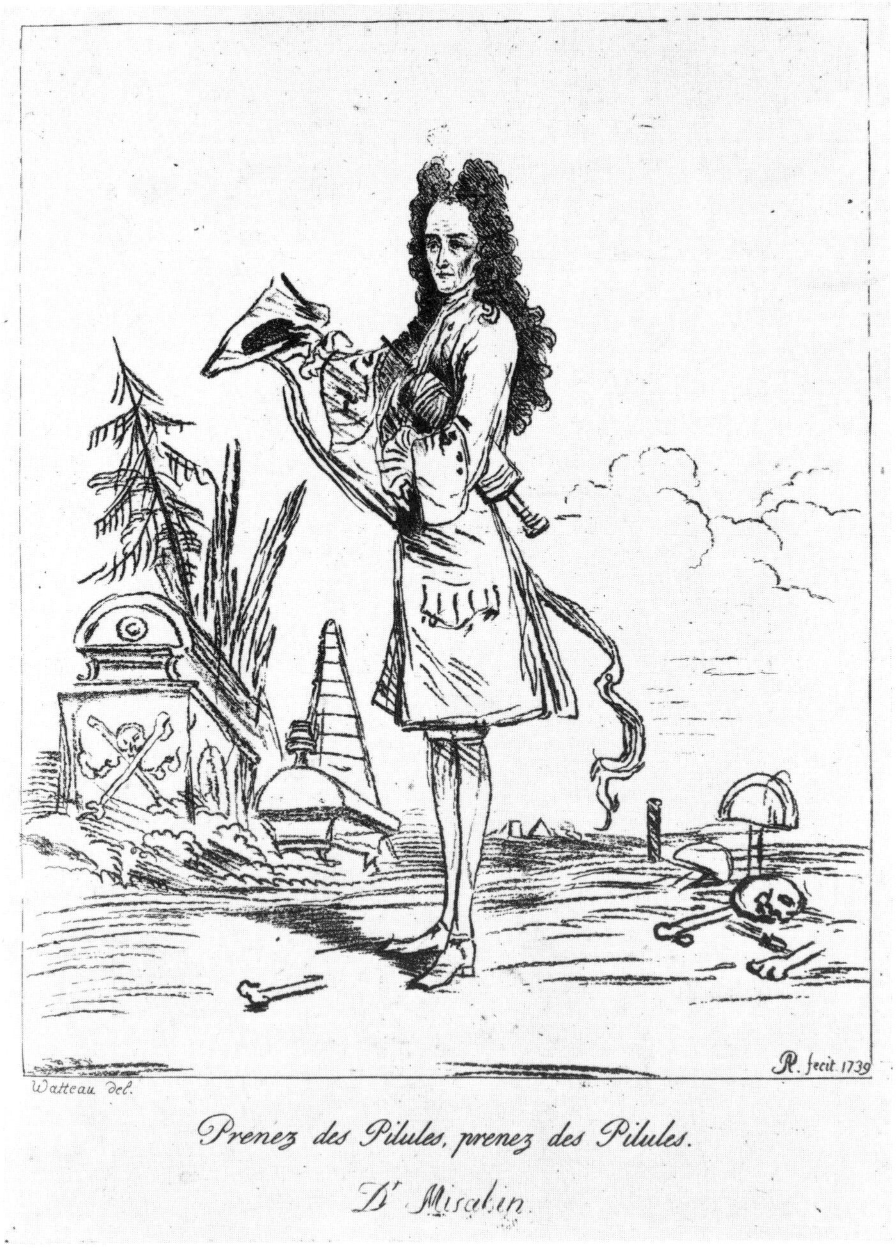

63

Arthur Pond nach Antoine Watteau (1684–1721)

Dr. Misaubin, 1719/20

Radierung, 321 x 242, bezeichnet *Watteau del. AP. fecit 1739.*
Hamburger Kunsthalle.

Der französische Quacksalber Dr. Misaubin (gest. 1734), der zeitweise in London praktizierte, ist in der zeitgenössischen Satire kein Unbekannter. Henry Fielding und dessen Freund William Hogarth nehmen sich mehrfach seiner an.[1] Georg Christoph Lichtenberg (vgl. Kat. 71) schreibt in seinen *Hogarth-Erläuterungen* über ihn, daß er »eine etwas zu große Idee von einem gewissen Pulver und gewissen Pillen« habe, »wovon er eine Fabrik im Hause hatte«.[2] Die Bildunterschrift auf Arthur Ponds Radierungen nach Watteau, »Prenez des Pilules«, spielt auf seinen Spitznamen M. de la Pilule an.[3]

Antoine Watteau reiste 1719/20 nach London und könnte zu diesem Zeitpunkt den dort ansässigen Arzt karikiert haben.[4] Der spindeldürre, große Mann steht mit einem Klistier unter dem Arm auf einem Friedhof – die Sarkophage und der Obelisk links bezeichnen den Ort – und zieht grüßend seinen Hut. Ist das Klistier als Attribut seiner Tätigkeit anzusehen, so zeugt der Schauplatz von deren Ergebnissen. Schädel und Knochen geben der harmlosen Gestik einen makabren und für den Ruf des Arztes tödlichen Beiklang.

Arthur Pond versuchte mit seiner Radierung von 1739 die Vorlage, wahrscheinlich eine Kreidezeichnung, möglichst genau wiederzugeben (vgl. Kat. 58). Der scheinbar unbeholfene Stil wird faksimilegetreu reproduziert.

J. D.

1 Antal 1961, S. 103; Oppé 1948, Nr. 19, mit Abb.; Paulson 1970, Nr. 125, 230; Henry Fielding, *Tom Jones*, 5. Buch, 7. Kapitel.

2 Lichtenberg, *Ausführliche Erklärung der Hogarthischen Kupferstiche,* hrsg. von Wolfgang Promies, München 1972, Bd. III, S. 789, Kommentarband, München 1974, S. 371.

3 Kat. Berlin 1980, S. 130.

4 Die Zeichnung selbst ist offensichtlich nicht mehr bekannt, doch wird Watteaus Urheberschaft nicht angezweifelt; vgl. Parker/Mathey 1957, Nr. 919.

Lit.: Hake 1922, Nr. 94; Antal 1962, Abb. 36b; Parker/Mathey 1957, Nr. 919.

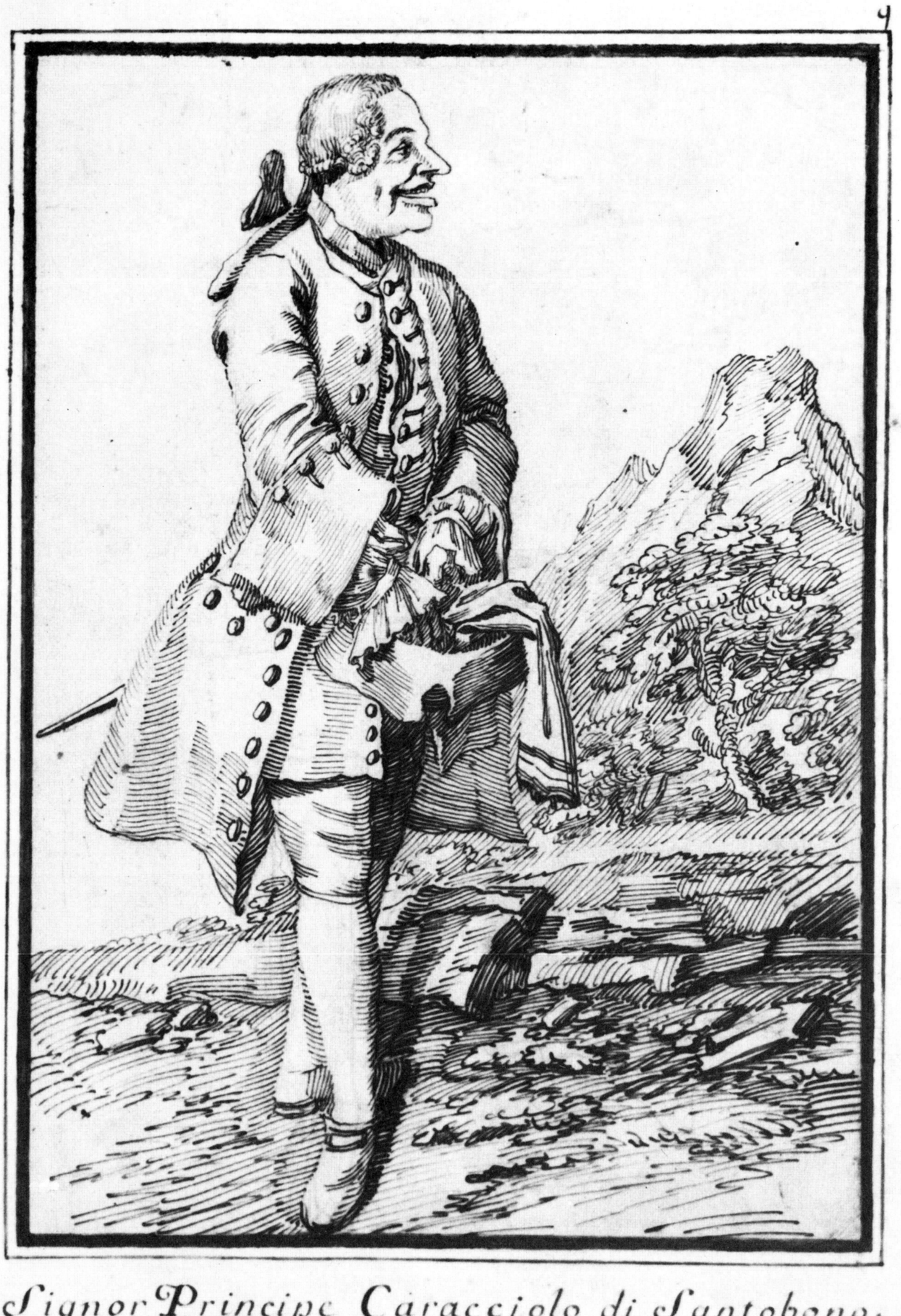

Signor Principe Caracciolo di Santobono.

64

Pier Leone Ghezzi (1674–1755)

Signor Principe Caracciolo di Santobono, um 1720

Feder über Blei, 301 x 211. Zur Provenienz (spanisches Königshaus, Joseph Bonaparte, Duke of Wellington) sowie zu weiteren Zeichnungen aus dem gleichen Album vgl. J. B. Shaw, *The Italian Drawings of the Frits Lugt Collection,* Bd. 1., Paris 1983, S. 186f.
Sammlung Ensmann, München.

Der römische Zeichner Pier Leone Ghezzi (vgl. Kat. 66) darf als erster Berufskarikaturist gelten. Nahezu dreitausend seiner Porträtkarikaturen sind überliefert[1], zumeist – wie hier – in ganzer Gestalt gegebene Einzelfiguren, seltener auch Paare (Kat. 65). Ghezzis Karikaturen, die zumeist von den Porträtierten selbst in Auftrag gegeben wurden, nutzten die Möglichkeiten der physiognomischen Verzerrung und Übertreibung nur zurückhaltend. So ist sein Bildnis des *Principe Caracciolo di Santobono* nur durch wenige kleine Eingriffe von einem ›ernsthaften‹ Bildnis unterschieden: Überaus stark ist der linke Fuß zur Steigerung des eleganten Standmotivs abgewinkelt, überaus weit scheint der Mund unter kräftig vorspringender Nase in das Gesicht eingeschnitten zu sein. Wie Ghezzis weitere Karikaturen auch, vertritt dieses Blatt den Typus des heiteren, ohne Spott oder gar Denunziation vorgetragenen Bildnisses. Von Dankschreiben mancher Dargestellten wird berichtet.[2]

Stilistisch sind Ghezzis Blätter weit von dem betont einfachen Umrißstil der frühen bolognesischen und römischen Karikaturen entfernt (vgl. Kat. 36, 37, 38). Er nutzt einen trockenen, ganz auf Licht-Schatten-Lagen abgestellten Schraffenstil, dessen Strichlagen an Kupferstiche erinnern. Es bleibt unklar, ob Ghezzi die stilistischen Eigenheiten des repräsentativen Porträtstichs bewußt zeichnerisch faksimilierte. Daß seine Linienführung der graphischen Reproduktion entgegenkam, belegen zahlreiche Reproduktionsstiche nach Zeichnungen seiner Hand, die leichten Zugang zu seinen Erfindungen erlaubten.[3] Insbesondere die englische Porträtkarikatur ist seit dem frühen 18. Jahrhundert nachhaltig durch seinen Zeichenstil beeinflußt (vgl. Kat. 68, 70).[4] G. U.

1 Vgl. die Zusammenstellung bei Juynboll 1934, S. 169f. – Zu Ghezzi allgemein ebenda, S. 168-183; sowie Kat. Providence 1971, Nr. 25-28 (mit weiterer Literatur) und Pampalone 1979.
2 Vgl. Juynboll 1934, S. 176.
3 Reproduktionsstiche nach Karikaturen Ghezzis wurden u.a. durch Arthur Pond 1736–1747 in England, Matthias Oesterreich 1750 in Deutschland, Benoît Farjat (1646 – um 1720) und Girolamo il Rossi 1749 in Italien herausgegeben. Vgl. Hake 1922; Juynboll 1934, S. 187f.; Kat. Providence 1971, S. 8 und Nr. 29.
4 Zum Einfluß Ghezzis auf die englische Karikatur vgl. Juynboll 1934, S. 187ff.; George 1959, Bd. 1, S. 11ff.; Atherton 1974, S. 34.

Lit.: Unveröffentlicht.

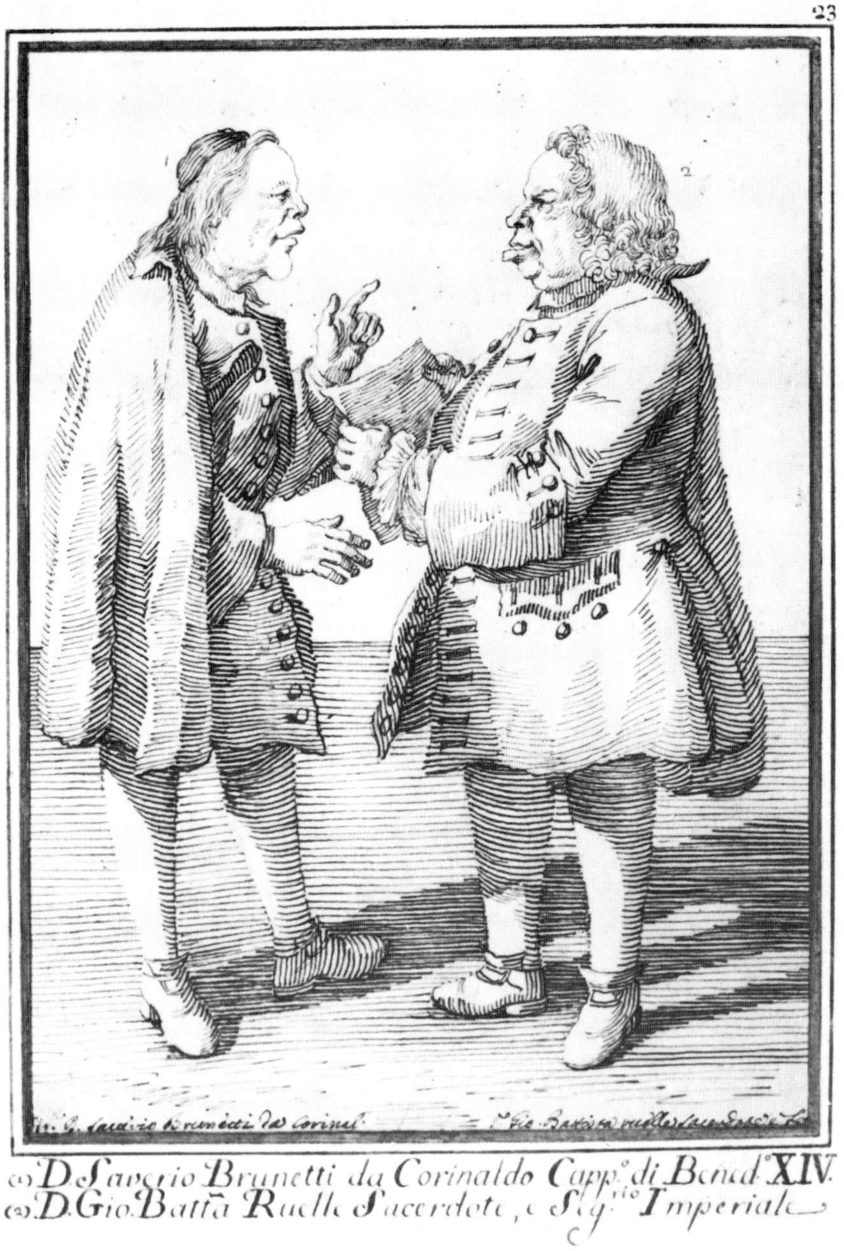

65

Pier Leone Ghezzi (1674–1755)

Don Saverio Brunetti da Corinaldo und Don Giovanni Battista Ruelle, um 1720.

Feder über Blei, 277 x 200. Zur Provenienz vgl. Kat. 64.
Sammlung Ensmann, München.

Vergleiche die Bemerkungen zu Kat. 64

Lit.: Unveröffentlicht.

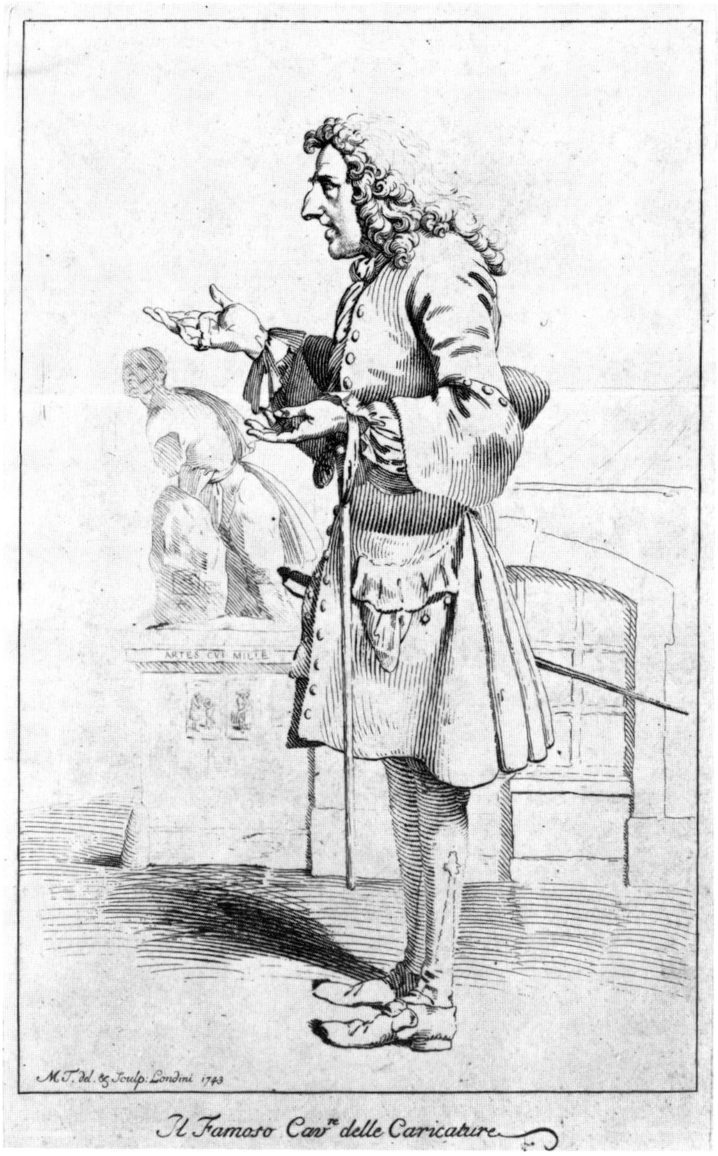

66

Marcus Tuscher (1705–1751)

Pier Leone Ghezzi, 1743

Radierung, 354 x 215, bezeichnet *Il famoso Cav^re delle Caricature, M. T. del. & sculp: Londini 1743.*
Hamburger Kunsthalle.

Mit diesem Stich liegt sowohl eine zurückhaltende Karikatur als auch ein durch Zusätze ›erläutertes‹ Porträt vor, wie wir es im 18. Jahrhundert recht häufig finden.

Ghezzi selbst, dessen Zeichenweise durch Marcus Tuscher exakt nachgeahmt wird (vgl. Kat. 64, 65), hat in seinen Zeichnungen mehrfach die Archäologen seiner Zeit aufs Korn genommen; berühmt ist seine Zeichnung der römischen Antiquare um den Baron Philipp von Stosch (1725) in der Albertina.[1]

So verwundert es nicht, daß man ihm in unserem Stich den berühmten *Pasquino* gegenüberstellt, den verstümmelten Torso einer antiken Statuengruppe, ein durch Künstler des 16. Jahrhunderts hoch gefeiertes Werk, von dem mehrere antike Wiederholungen erhalten sind. Die Gruppe stellt einen stehenden Krieger dar, der seinen tödlich verwundeten Gefährten zu stützen versucht. Seit ihrer Deutung durch E. Q. Visconti 1788 erkennt man in ihnen Menelaos und Patroklos (Homer, *Ilias,* Buch 17). Das Vorbild entstand wohl in hochhellenistischer Zeit (2. Jh. v. Chr.).[2]

Die verstümmelte römische Gruppe war schon gegen Ende des 15. Jahrhunderts bekannt, wurde aber erst 1501 vom Kardinal Oliviero Caraffa an der Ecke des von ihm bewohnten Palazzo Orsini in der Nähe der Piazza Navona aufgestellt. Nach 1790 wurde dieser Palast abgerissen und von Morelli für den Herzog von Braschi neu aufgebaut.

Der *Pasquino* wurde am neuerbauten Palazzo Braschi (heute Museo di Roma) wieder aufgestellt.[3] Die bei Tuscher wiedergegebene Architektur zeigt also den nicht mehr existierenden Palazzo Orsini. Die ehemalige Aufstellung ist seit Mitte des 16. Jahrhunderts durch mehrere Stiche überliefert (Abb. 67).[4]

Die Mehrzahl dieser frühen Stiche läßt erkennen, daß der *Pasquino* im römischen Alltag noch eine andere Bedeutung hatte als die eines Kunstwerkes: Er diente als ›Zettelwand‹. Bei diesen Zetteln handelt es sich um kurze Spottgedichte, satirische Epigramme oft von politischem Charakter, um sogenannte Pasquillen.[5] Der *Pasquino* (und die dahinter liegende Hauswand) war freilich nicht die einzige Stelle in Rom für solche anonymen Schmähschriften, aber vielleicht die berühmteste. Viel zitiert ist ein am *Pasquino* angebrachter Spottvers auf Papst Urban VIII. aus der Familie der Barberini, nachdem dieser 1632 Teile vom Dach des Pantheon zum Guß von Kanonen verwendet hatte: »Quod non fecerunt barbari, fecerunt Barberini« (Was die Barbaren nicht geschafft haben, das haben die Barberini geschafft).

Der *Pasquino* ist also ein Symbol für die spöttische Satire, die Alltagszustände politischer, kirchlicher und allgemeiner Art geißelt. Von daher paßt er als Erläuterung vorzüglich zum Porträt Pier Leone Ghezzis. Daß bei dem Stich in besonderem Maße auf den Karikaturisten Ghezzi gezielt wird, läßt sich daran erkennen, daß anstelle der schriftlichen Epigramme dem *Pasquino* Karikaturen angeheftet sind sowie der Lobspruch »artes cui mille [sunt]«, zu deutsch: Tausend Kniffe stehen ihm zur Verfügung. Sowohl der *Pasquino* als auch Ghezzi, der den Kavaliersdegen rechts trägt, sind in der Radierung seitenverkehrt gegeben. H. D.

1 Zu Ghezzis Archäologen-Karikaturen: L. Montalto Tentorini, »Scoperte archeologiche del secolo XVIII nella Vigna di San Cesareo«, *Rivista del Reale Istituto d'Archeologia e Storia dell'arte* 6/1937–38, S. 289ff.; R. Kanzler, *Un congresso di archeologi nell'anno MDCCXXVII,* Rom 1900. – Zu Ghezzi als Antikenzeichner: L. Guerrini, *Marmi antichi nei disegni di Pier Leone Ghezzi,* Città del Vaticano 1971.

2 Zur antiken Gruppe: B. Schweitzer, Das *Original der sog. Pasquino-Gruppe,* Leipzig 1936; A. Nitsche, »Zur Datierung des Originals der Pasquino-Gruppe«, *Archäologischer Anzeiger* 1981, S. 76ff.

3 Zur Geschichte des Pasquino: E. Platner/C. Bunsen/E. Gerhard, *Beschreibung der Stadt Rom,* Bd. III, 3, Stuttgart/Tübingen 1842, S. 399ff.; O. Waser, »Pasquino. Schicksal einer antiken Marmorgruppe«, *Neue Jahrbücher für das klass. Altertum* 4/1901, S. 598ff.

4 Zur künstlerischen Rezeption vgl. H. Ladendorf, *Antikenstudium und Antikenkopie,* Berlin (2) 1958, S. 37, 100 m. Anm. 41, Abb. 101 (Nicolo van Aelst). Ferner Stiche von Salamanca (1542, abgeb. in *Bolletino d'Arte* 9/1929, S. 148, Abb. 3), Lafreri (1550) u. a. sowie Abbildungen in Guiden, etwa P. M. Felini, *Trattato nuovo della cosa meravigliosa dell'alma Città di Roma (...),* Rom 1610, Abb. S. 342.

5 Zu den Pasquillen vgl. Waser (wie Anm. 3) sowie F. Gregorovius, *Geschichte der Stadt Rom im Mittelalter,* Bd. 3, München 1978, S. 332ff.

Lit.: Erwähnt in Thieme/Becker XXIII, S. 504.

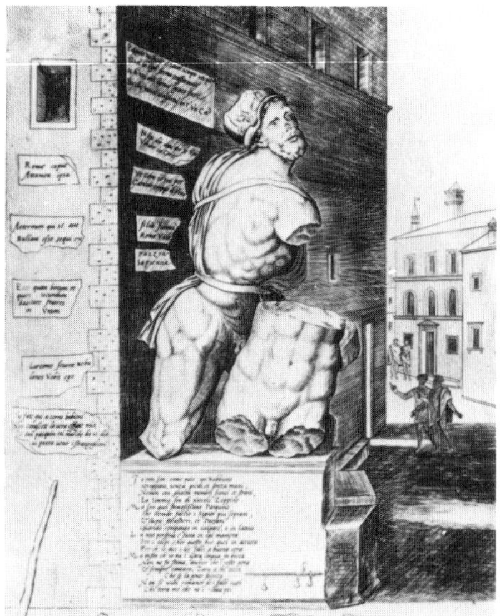

Abb. 67 Antonio Lafreri, *Pasquino,* 1550

67

William Hogarth (1697–1764)

Simon Lord Lovat, 1746

Radierung, 363 x 234, bezeichnet *Drawn from the Life and Etch'd in Aquafortis by Will.*[m] *Hogarth. Price 1 Shilling. Publish'd according to Act of Parliament August 25*[th]*. 1746.*
Niedersächsische Staats- und Universitätsbibliothek Göttingen.

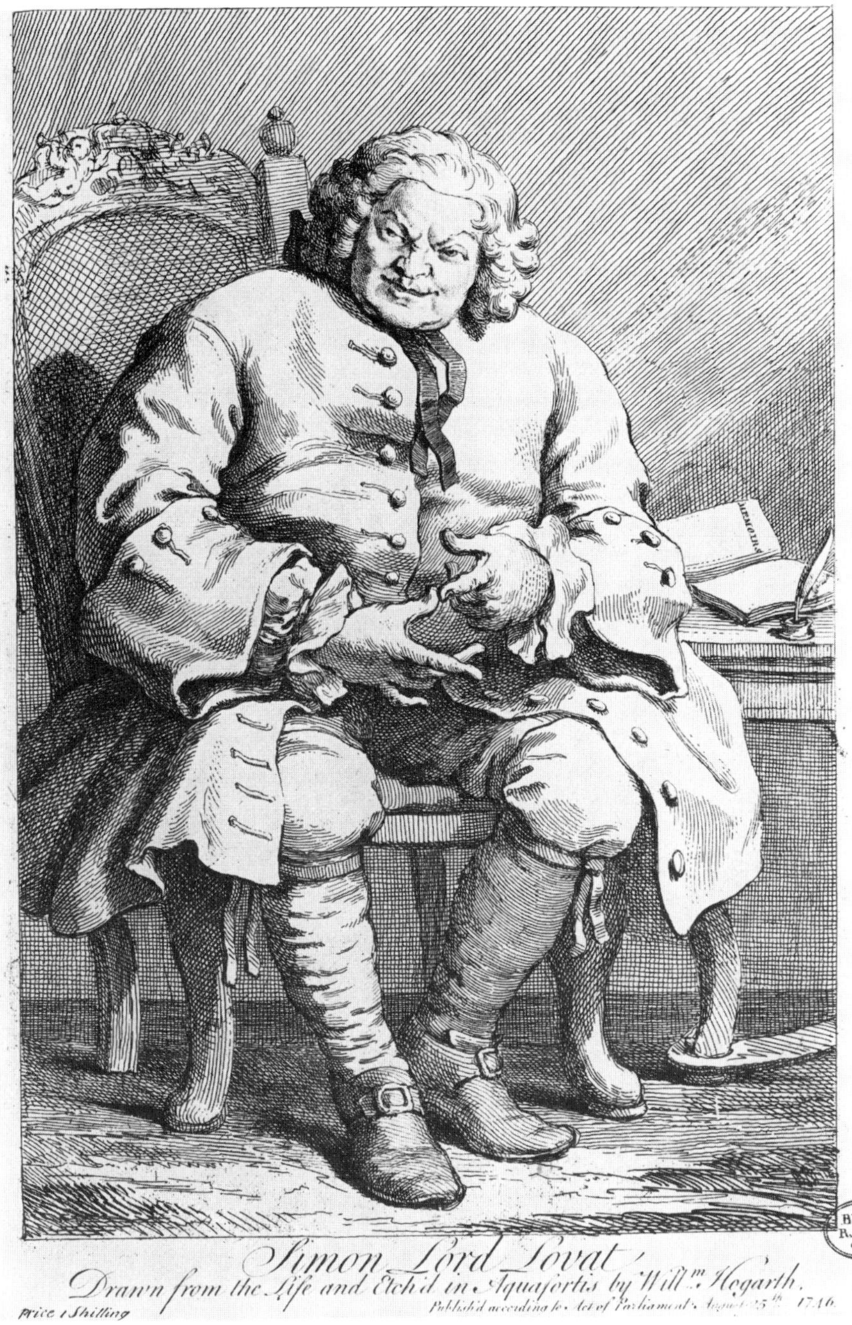

Als Lichtenberg 1787 die Gesichtsveränderungen seines gerade verstorbenen Lehrers Hollmann aus dem Gedächtnis zeichnete, ähnelte dieses Porträt keineswegs dem des Göttinger Professors (Abb. 68): Er hatte vielmehr, um die »so sehr für das saure überwiegende natürliche Anlage« zu treffen,[1] vielleicht sogar ohne es selbst zu bemerken, Hogarth' Kupferstich *Simon Lord Lovat* zum Muster genommen.

Ihm mochte es auch weniger auf eine Ähnlichkeit der individuellen Erscheinung Hollmanns angekommen sein; eher wollte er einen Gemütszustand herausarbeiten. Den eben, den Hogarth 40 Jahre vorher mit dem ›Typ‹ Lovat abbildete.[2]

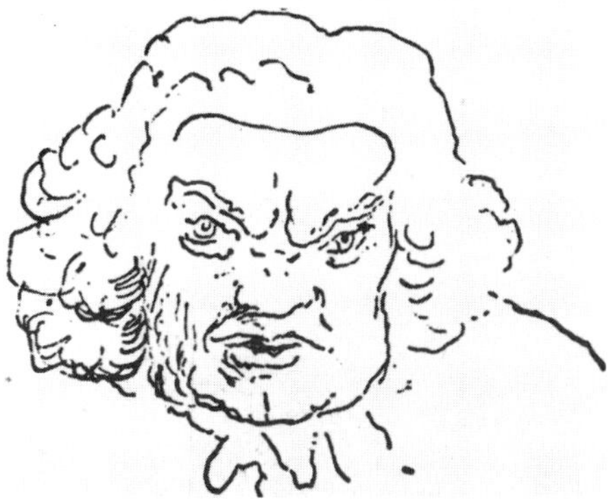

Abb. 68 Georg Christoph Lichtenberg, *Professor Hollmann,* 1787

Simon Fraser, 12. Lord Lovat (1667–1747), war wegen Hochverrats angeklagt und kurz nachher zum Tode verurteilt worden, als Hogarth mit seinem Porträt einen seiner einträglichsten und populärsten Kupferstiche – angeblich 10000 Exemplare – schuf.[3] Der in seinem politischen Verhalten zweideutige, intrigante Parteigänger des Kronprätendenten Charles Edward fiel der brutalen ›Säuberung‹ des Herzogs von Cumberland nach der von den schottischen Jakobiten verlorenen Schlacht bei Culloden Moor zum Opfer: Der Achtzigjährige wurde in seinem Versteck ergriffen und nach London geschafft. Bis zum letzten Augenblick bewahrte er äußerste Standhaftigkeit, und so hat ihm Hogarth hier denn auch ein nur Respektspersonen zukommendes Ganzporträt gewidmet. Der Legende nach zählt er gerade die Mitverschwörer an den Fingern auf. Die auf dem Tisch aufgeschlagenen *Memoirs,* die man demnach damals schon erhoffte oder befürchtete, wurden erst 1795 gedruckt. Beziehungsreich sind die beiden eine Krone tragenden Engel im Schnitzwerk der Stuhllehne: Ein ›Königsmacher‹ sitzt hier.

Viel weniger bekannt als dieses ist das ungleich aggressivere postume, von Hogarth' Biographen Samuel Ireland gestochene ›Porträt‹ *Lovat's Ghost on Pilgrimage* (Abb. 69). Antischottisch durch den antikatholischen Charakter und dabei doch aufgebaut wie ein Emblem der Erbauungsliteratur, zeigt es den mit einer neuartigen Köpfmaschine hingerichteten Lord in Mönchskutte, mit Rosenkranz, Kreuz und Pilgerstab, den Kopf unter dem Arm und auf den Schultern einen Pilgerhut: »With weary steps I seek my Native Home.«[4] U.J.

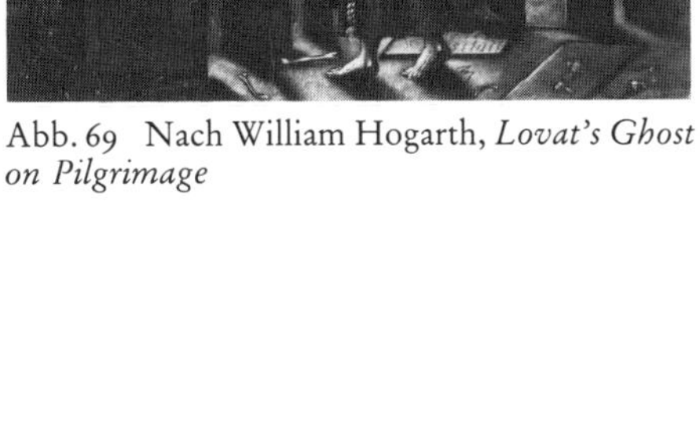

Abb. 69 Nach William Hogarth, *Lovat's Ghost on Pilgrimage*

1 Brief Lichtenbergs an Johann Friedrich Blumenbach, hier nach: *Lichtenberg, Briefe,* hrsg. von Albert Leitzmann und Carl Schüddekopf Bd. 3, 1904, S. 253; danach auch die Abbildung. Das Original, von Blumenbach Goethe geschenkt für dessen Autographensammlung und 1904 noch im Goethe-Schiller-Archiv in Weimar, ist heute verschollen.

2 Vgl. etwa Hollmanns Porträt in: Max Voit, *Bildnisse Göttinger Professoren,* Göttingen 1937, Nr. 16. Daß Lichtenberg gar nicht Hollmann zeichnete, sondern Lovat, entdeckte Busch 1977, S. 183.

3 Vgl. Paulson 1965, Bd. 1, S. 193; Kat. Göttingen 1974 Nr. 23; Kat. Berlin 1980, Nr. 140. Sie alle fußen mehr oder minder genau auf Samuel Ireland, *Hogarth Illustrated,* T. 3, 1798, S. 293. Vgl. auch Lichtenberg, *Vermischte Schriften,* Bd. 13, Göttingen 1853, S. 55 ff. (dieser Kommentar stammt freilich nicht von Lichtenberg!).

4 Die Unterschrift übersetzt: »Das Leben hindurch verkleidet, ein Laie auf dem Richtblock / Nimmt meinen kopflosen Rumpf nun die Mönchskutte ein. / Verurteilt, für meine Verbrechen auf Pilgerschaft umherzuziehen, / Suche ich mit müden Schritten mein Geburtsland, / Wo Eitelkeit das Grab meiner Väter bezeichnet, / Aber Gerechtigkeit meinem Kadaver nun Raum verweigert.«

Lit.: Wie Anm. 3.

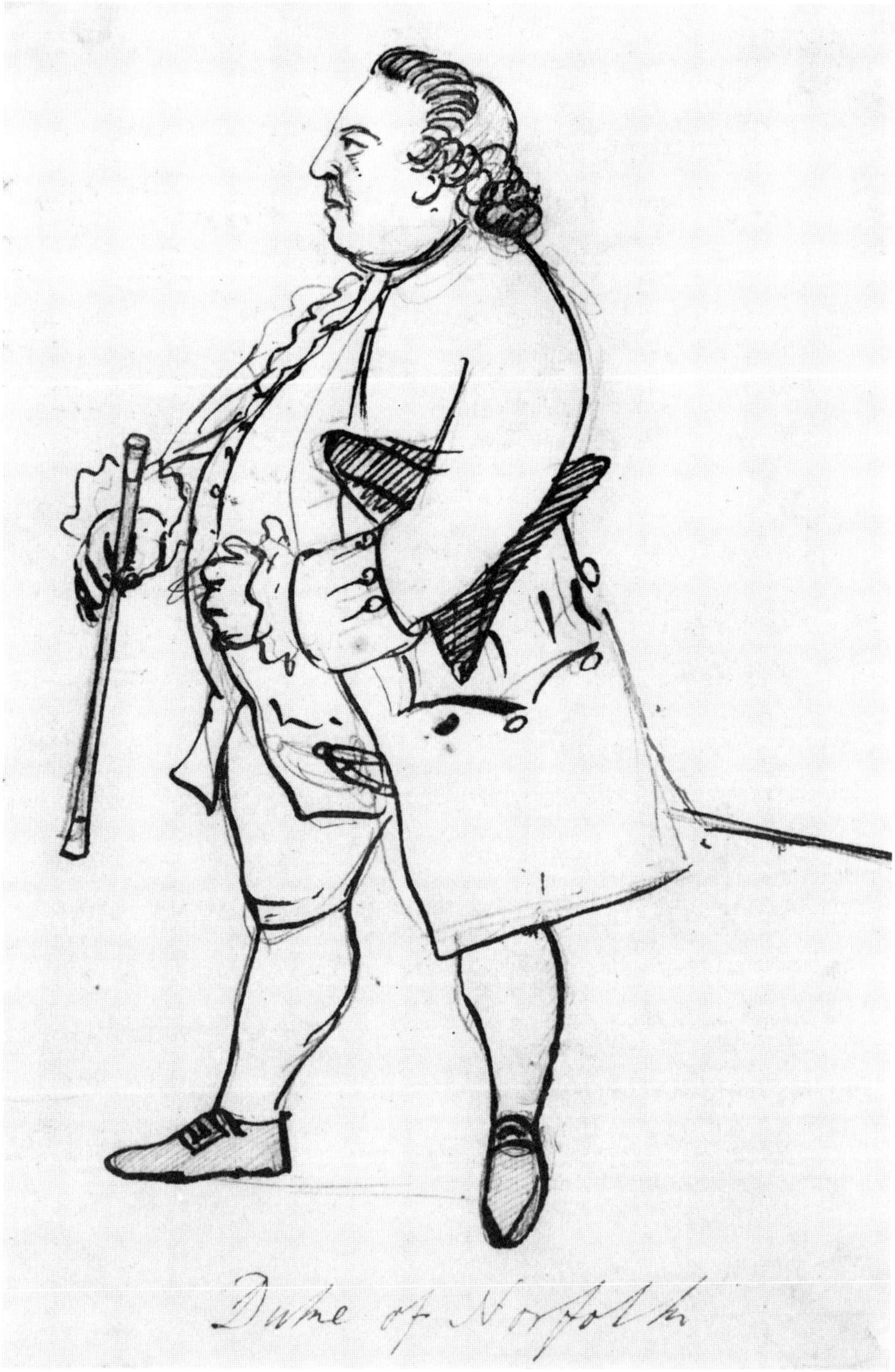

68

George Townshend (1724–1807)

Duke of Norfolk, um 1760/70

Feder in Braun über Blei, 222 x 144, beschriftet *Duke of Norfolk.*
Sammlung Ensmann, München.

Der zehnte Herzog von Norfolk (1720–86) war Mitglied des englischen Oberhauses. Breitbeinig stehend, aber bereits zu einem Schritt ansetzend, wendet er sich nach links. Der Kopf mit der kurzen Perücke und den knapp angegebenen Gesichtszügen ist ins Profil gedreht. In der Rechten hält er einen Marschallstab, und unter den linken Arm hat er seinen Dreispitz geklemmt, während sich die linke Hand in die Weste schiebt, deren Knopfreihe den enormen Leibesumfang zusätzlich betont. Unter dem Mantel schaut ein Degen hervor. Kniehosen und flache Schuhe ergänzen das Bild des moderat gekleideten, aber sich seiner Würde bewußten Parlamentariers.

Norfolk ist aus einer ungünstigen Perspektive gesehen, die seine breite und untersetzte Gestalt betont. Das Gesichtsprofil – ganz abgesehen von dem griesgrämigen Ausdruck – wirkt mit der zusammengezogenen Linie von Stirn und Nase übertrieben vereinfacht. Die entschiedenen Federstriche, die sich über die Bleistiftskizze legen, schematisieren absichtlich die Formen.

Die Zeichnung ist George Townshend, dem berühmtesten Amateurkarikaturisten seiner Zeit in England, zugeschrieben worden.[1] In der Körperhaltung und im Zeichenstil, soweit derartige Karikaturen überhaupt stilistische Vergleiche erlauben, entspricht der *Duke of Norfolk* weitgehend gesicherten Blättern Townshends,[2] wenn auch hier die Übertreibungen, vor allem im Gesicht, nicht so drastisch sind. J. D.

1 Williams 1952, Abb. 368, mit der kurzen Provenienzangabe, daß das Blatt aus der Sammlung L. G. Duke stamme.

2 Vgl. Harris 1974, v.a. Nr. 25, 32, 33, 37, 60. Das Schriftbild des Namenszuges unten entspricht eigenhändigen Beschriftungen auf anderen Blättern Townshends; vgl. Feaver 1981, S. 43.

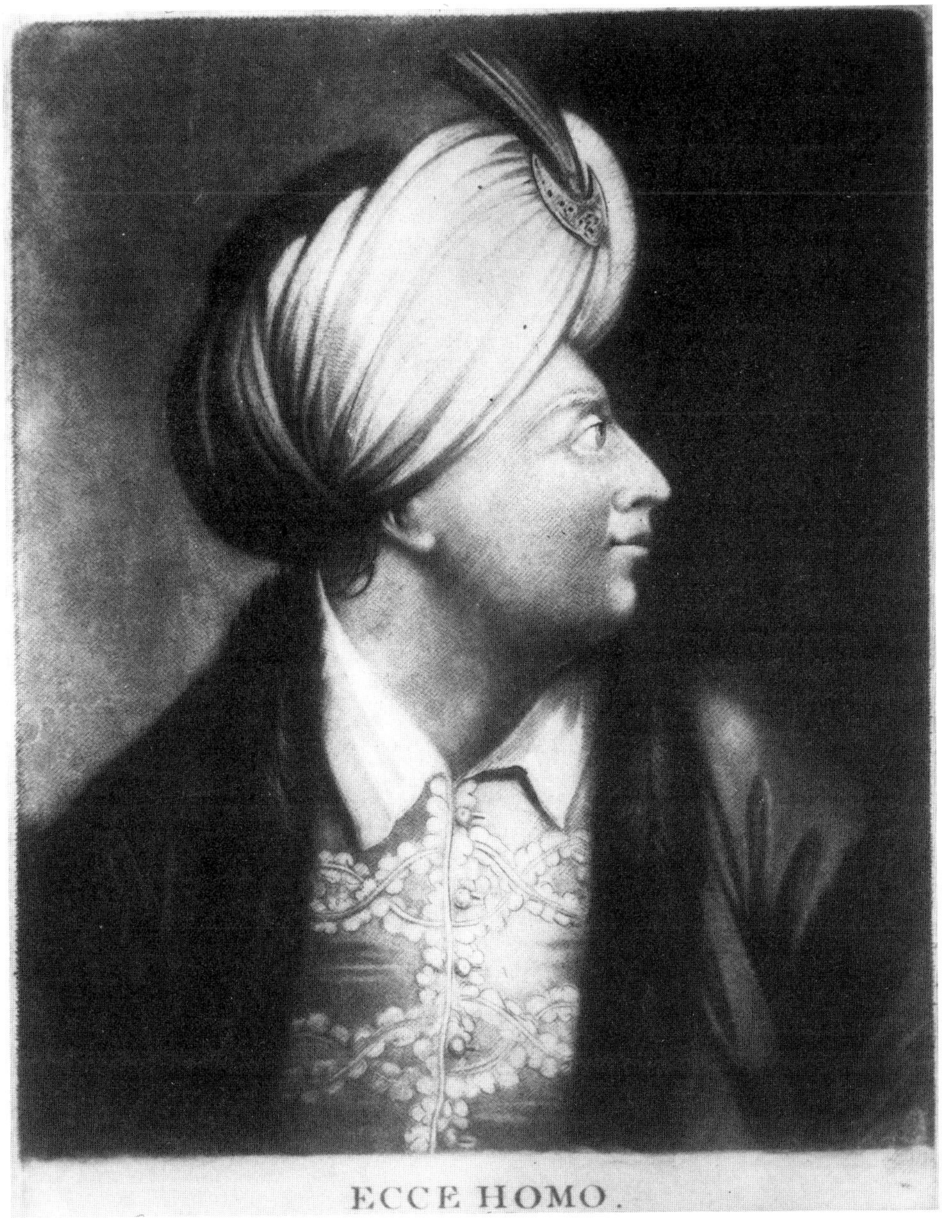

69

London, um 1780

Ecce Homo (Georg III)

Punktierstich in Braun gedruckt, 152 x 114
Privatbesitz.

Brustbild des englischen Königs aus dem Hause Hannover als türkischer Sultan. Der Turban mit dem Halbmond wird für das sonst eher gefällige Bildnis zum Kainsmal.

Von diesem Bildnis haben sich vier Varianten erhalten, eine mit der Unterschrift *The Patriot*, eine mit der Unterschrift *Ecce Homo* und zwei mit der englischen Übersetzung des Bibelwortes *Behold the man,* außerdem noch eine spätere Kopie von Rowlandson.[1] Der autoritär regierende Monarch hatte sich eine ältere Schrift Lord Bolingbrokes, *The Patriotic King,* zum Vorbild genommen. Dieses Traktat kam seiner Vorstellung vom Gebrauch königlicher Macht besonders entgegen. Die Unterschrift *The Patriot* spielt also auf die von Georg III. so geschätzte Schrift an.[2] Da die Masse diese Zusammenhänge kaum kennen konnte, ersetzte man *The Patriot* durch das Bibelzitat *Ecce Homo* oder durch die englische Übersetzung des Bibelwortes. Pilatus hatte Christus mit diesem Wort vor dem Vorwurf der Juden schützen wollen, er spiele sich als König der Juden auf. Die Unterschrift läßt wohl absichtlich in der Schwebe, ob Georg III. wie ein Gottkönig auftrete oder ob vielmehr dieser König ein Mensch wie jeder andere sei. M. H.

1 BM V, Nr. 5545 (Ecce Homo); Nr. 5544 (The Patriot); Nr. 5546/47 (Behold the man); BM VI, Nr. 6608 (Rowlandson).
2 Zur Vorliebe Georgs III. für *The Patriotic King* H. Ulrich Straub, *Staatsmann oder Politiker, Die Repräsentanten der englischen Geschichte des 18. Jahrhunderts,* Wiesbaden 1973, S. 115.

Lit.: BM V, Nr. 5545

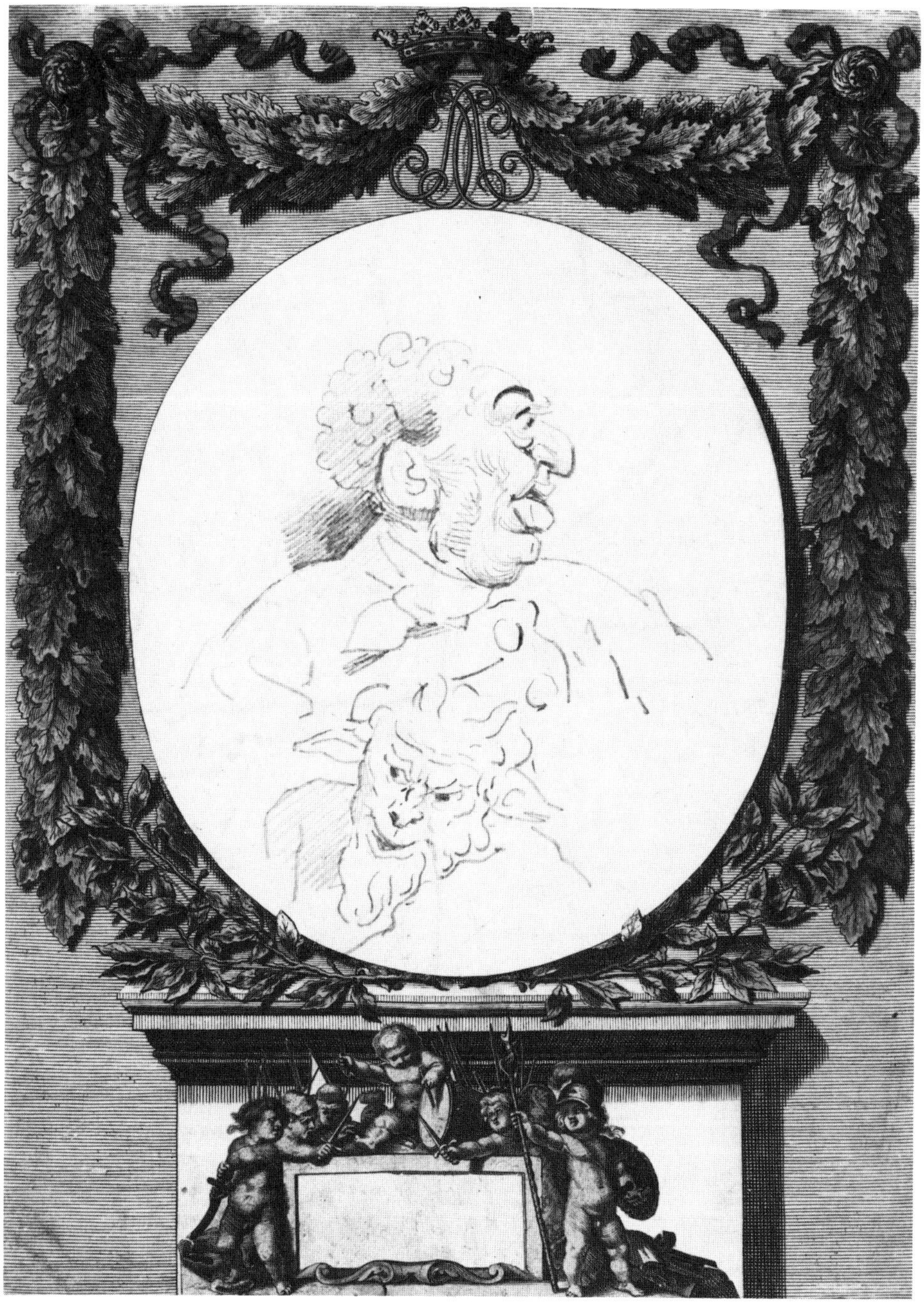

70

Johann Heinrich Ramberg (1763–1840)

Charles James Fox, um 1785

Bleistiftzeichnung im Oval, 178 x 152; Der Kupferstichrahmen ist noch durch eine Puttengruppe bereichert, Blätter und Bänder sind koloriert, Größe des Rahmens 300 x 210.
Privatbesitz.

Brustbild in einen Silen übergehend; dargestellt ist der Oppositionsführer im britischen Parlament, der Führer der liberalen Whigs Charles James Fox. Fox war in den beiden letzten Jahrzehnten des 18. Jahrhunderts die meist karikierte Person des öffentlichen Lebens. Mit seinem feisten Gesicht, den wulstigen Lippen und dem Kraushaar war er ein ideales Modell.

Der Silen war nach Hogarth ein besonders niedriges Wesen: »Die menschliche Natur kann schwerlich mehr erniedrigt werden als in dem Charakter des Silen.«[1] Zwischen 1783 und 1786 wurde in England den karikierten Figuren gern ein Silen beigestellt.[2] Mit der feierlichen Kupferstichumrahmung, wie sie für die damals so beliebten Scherenschnitte üblich war, ist, um die satirische Wirkung des Blattes zu verstärken, so getan, als handele es sich um ein ernstzunehmendes Porträt.

Die Zuschreibung an Ramberg wird durch seine Radierung aus dem Jahre 1786, *Sublime Oratory – a Display of it,* unterstützt.[3] Auch dort wird Fox von einem Silen begleitet. Ramberg hielt sich von 1781–1788 als Stipendiat in London auf. Für seine Karikaturen nahm er sich vor allem Gillray und Rowlandson zum Vorbild.

M. H.

1 William Hogarth, *Analysis of Beauty,* Kapitel 15.
2 Hill 1965, S. 24f.
3 Forster-Hahn 1963, Abb. 9. Der Silen gleicht zudem einem Teufelchen auf einer signierten und 1788 datierten Zeichnung, *Die Beichte,* gleicher Herkunft.

Lit.: Unveröffentlicht.

71

Göttingen, vor 1799

Georg Christoph Lichtenberg

Photo nach verschollener Bleistiftzeichnung, Maße unbekannt, mit Feder beschriftet *Lichtenberg*.
Universitätsarchiv Göttingen.

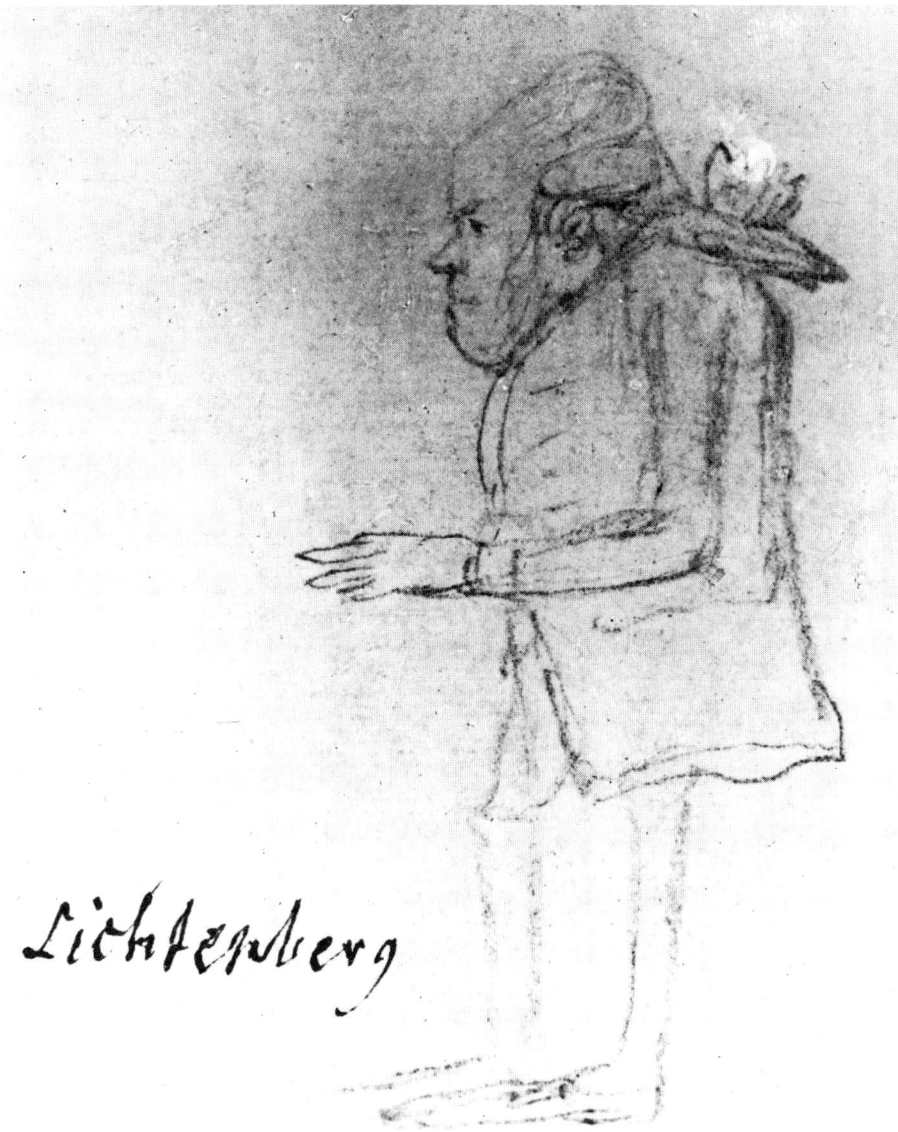

Selbst leidenschaftlicher Liebhaber von Karikaturen, der Lichtenberg (1742–1799) war, hätte er doch diese Zeichnung seiner Gestalt schwerlich geschätzt. Denn zwar hatte er sich von England alle ihm erreichbaren Stiche von Hogarth mitgebracht (Kat. 15 und 67 dieser Ausstellung stammen aus seiner Sammlung) und ihn später auch kommentiert, hatte vor allem immer selbst Karikaturen gekritzelt[1] –, aber er beschrieb eben auch eine ›ihm bekannte Person‹ (die eigene nämlich): »Ihr Körper ist so beschaffen, daß ihn auch ein schlechter Zeichner im Dunkeln besser zeichnen würde, und stände es in ihrem Vermögen, ihn zu ändern, so würde sie manchen Teilen weniger Relief geben.«[2] Andere Beobachter hatten da weniger Delikatesse: Ein »unansehnlicher Mann, klein, höckericht, krumm an Füßen, mit einem sehr dicken Kopf, aber lebhaften Augen« sei er; oder jemand fand, er habe »ein Freß- Sauf- Huren- und Ehebrecher-Kinn und Mund«.[3]

Das ist wohl auch der Grund dafür, daß von Lichtenberg kein Kniestück oder Ganzporträt überliefert ist – selbst das Modellsitzen zu Brustbildern hat er als »eine Art von chirurgischer Operation« angesehen.[4] Um seinen Buckel in der Öffentlichkeit zu verbergen, wird berichtet, habe er sich im Hörsaal mit dem Rücken an der Wand entlang bewegt, und ins Freie ging er in späteren Jahren so gut wie nie mehr.[5]

Sein unbekannter Porträtist hatte es also gar nicht nötig, sonderlich zu übertreiben – man vergleiche nur die ausgestellte Karikatur mit dem ganz entsprechenden literarischen Denkmal, welches Lichtenbergs Freund Johann Gottwerth Müller ihm unter dem Schlüsselnamen »Hellberg« in seinem Roman *Ferdinand* postum gesetzt hat: »Der erste Gelehrte in der Stadt war ein kleiner lahmer [...] Apotheker, vier Fuß [= rd. 1,20 m] hoch, dessen Brust mit einem Vorgebirge, so wie der Rücken mit einem hohen Gewölbe belastet war.« Er böte, heißt es dann, den »Anblick eines Menschenkopfes auf einer wandelnden Masse, die in der That von der äußersten Exkrescenz [= Auswuchs] zwischen den Schulterblättern eine um drey Fünftheil längere Linie gab, als wenn man sie von einer Extremität der Schultern bis zur andern maß, und deren Arme bis zu den Knien hinabgiengen«: Eine »Figur, die nur auf allen vieren hätte gehen dürfen, um einer Schildkröte ähnlicher zu sehen, als einem Menschen«.[6]

Über die Entstehung und den Künstler dieser Zeichnung sind wir nicht orientiert; zu denken wäre als Ort der Verfertigung an Lichtenbergs Hörsaal. Die Namensbeschriftung »Lichtenberg« stammt mit einiger Sicherheit von der Hand Georg Heinrich Wilhelm Blumenbachs (1780–1855), dessen Vater, der Göttinger Naturforscher Johann Friedrich Blumenbach, mit Lichtenberg befreundet war. Ob der junge Blumenbach auch der Zeichner ist, müssen wir dahingestellt sein lassen: Nicht einmal Lichtenberg selbst, so unwahrscheinlich das auch sein mag, ist völlig auszuschließen. Publiziert hat das Blatt erstmals 1953 Paul Requadt: Es befand sich damals im Besitz der Nachfahren Blumenbachs.[7] Wolfgang Promies' Abdruck[8], dem die meisten späteren Reproduktionen entsprechen, beruht auf einer in den Umrissen schärferen photographischen Platte (aufgenommen um 1940) im Besitz des Universitätsarchivs Göttingen bzw. (als Originalabzug davon) in der Niedersächsischen Staats- und Universitätsbibliothek Göttingen.

U. J.

1 Lichtenbergs Hogarth-Erklärungen erschienen zuerst im *Göttinger Taschen Calender* 1784ff., dann in Buchform unter dem Titel *Ausführliche Erklärung der Hogarthischen Kupferstiche* 1794ff. Vollständig gesammelt z.B. in *Vermischte Schriften,* Bd. 9–14, Göttingen 1850–1853. Die wichtigsten Serien sind in zahlreichen Neuausgaben verbreitet, z.B. Lichtenberg, *Schriften und Briefe,* hrsg. von W. Promies, Bd. 3, München 1972, S. 657ff. – Zu Lichtenbergs Karikaturen vgl. U. Joost, »Lichtenberg als Zeichner«, *Photorin* 5, 1982, S. 63ff.

2 »Charakter einer mir bekannten Person«, in Lichtenbergs *Sudelbuch* B 81 (*Schriften und Briefe,* Bd. 1, München 1968, S. 67).

3 Christoph Friedrich Rinck am 19.2.1884 (*Studienreise,* hrsg. von M. Geyer Altenburg 1897, S. 208). – Johann Caspar Häfeli an Johann Georg Müller 1780. In: Eduard Haug, »Aus dem Lavater'schen Kreis II«, *Beilage zum Jahresbericht des Gymnasiums Schaffhausen* 1897, S. 46.

4 Brief an Ludwig Christian Lichtenberg, 4.8.1794.

5 So berichten Johann Bernhard Hermann 1789 an Jean Paul (*Wahrheit aus Jean Pauls Leben,* Bd. 4, Breslau 1829, S. 149) und Theodor Poppe in seinen Erinnerungen von 1798/9 (gedr. *Deutsche Rundschau* 1901, S. 473).

6 J. G. Müller, *Ferdinand,* Bd. 2, Altona 1802, S. 193, 209.

7 In der 3. Aufl. seiner Lichtenberg-Auswahl *Aphorismen Briefe Schriften,* Stuttgart 1953, bei S. 336.

8 *Lichtenberg,* Reinbek 1964 (^{2}1979), S. 9.

Lit.: Mehrfach abgebildet; bisher nicht besprochen.

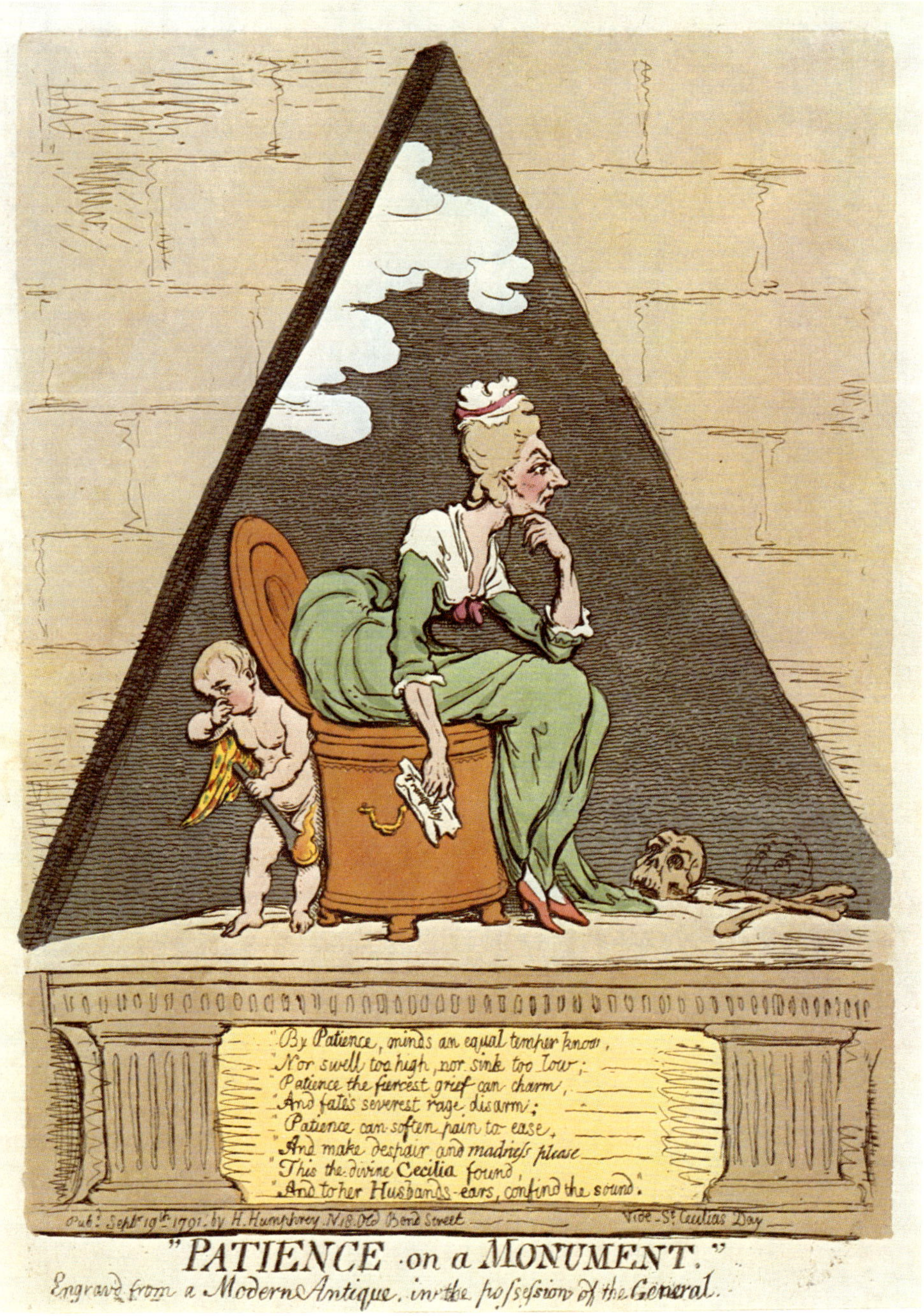

72

James Gillray (1757–1815)

Patience on a Monument, 1791

Radierung, aquarelliert, 325 x 205, am unteren Rand des Grabmals *Pub.d Sept.r 19.th 1791 by H. Humphrey N.18. Old Bond Street.* Privatbesitz.

Lady Cecilia Johnston im Rahmen eines grabmalartigen Aufbaues auf einem Nachtstuhl sitzend, hinter ihr ein Putto mit, wie in Grabmälern üblich, einer gesenkten Fackel in der Hand, mit der anderen Hand hält er sich die Nase zu. Die musikliebende Dame hat mehrfach den Spott Gillrays über sich ergehen lassen müssen (Kat. 240). Hier denkt die ›göttliche Cecilia‹ – die heilige Cecilie war die Schutzpatronin der Musiker – offenbar darüber nach, wie sie mit Geduld ihren erzürnten Gatten entwaffnen kann.

Grabmäler tauchen in der Karikatur mehrfach auf. Bekanntestes Beispiel ist das Epitaph auf *Madam Geneva* von 1736, nach dem Verbot, Gin auszuschenken.[1] Gillray dagegen vermengt Erfahrungen aus scheinbar unvereinbaren Erlebnisbereichen miteinander: geduldiges Ausharren, das zu größter Gelassenheit zwingt – Grabesruhe – stilles Örtchen. Der strenge pyramidale Aufbau des Grabmals erlaubt ihm dabei, den banalen Vorgang als feierlichen Akt zu präsentieren. Selbst auf dem Nachtstuhl weiß sich die Dame in Positur zu setzen, doch macht ihre peinliche Lage erst recht deutlich, daß zwischen Anspruch und Wirklichkeit eine unüberbrückbare Kluft liegt. Das Loblied auf die Zauberkraft der Geduld ironisiert noch ein weiteres Mal die Situation. Mit der Unterschrift »Engraved from a Modern Antique« leistet sich Gillray noch einen Seitenhieb auf den Klassizismus.

Wie fast alle Radierungen Gillrays ist dieses Blatt sorgfältig nach einem Muster des Meisters koloriert. Um den Auftrag der Farben zu erleichtern, pflegte Gillray die einzelnen Partien durch kräftige Umrißlinien voneinander abzusetzen. Seine Radierungen sind also, von einigen Ausnahmen abgesehen, von vornherein auf farbige Wirkung hin konzipiert. Damit die Linien nicht zu sehr in Erscheinung traten, wurden seine Blätter zu seinen Lebzeiten in Sepia gedruckt. M. H.

1 BM III, 1, Nr. 2279. Vgl. auch Abb. 70; Kat. Göttingen 1980, Nr. 122.

Lit.: BM VI, Nr. 7971

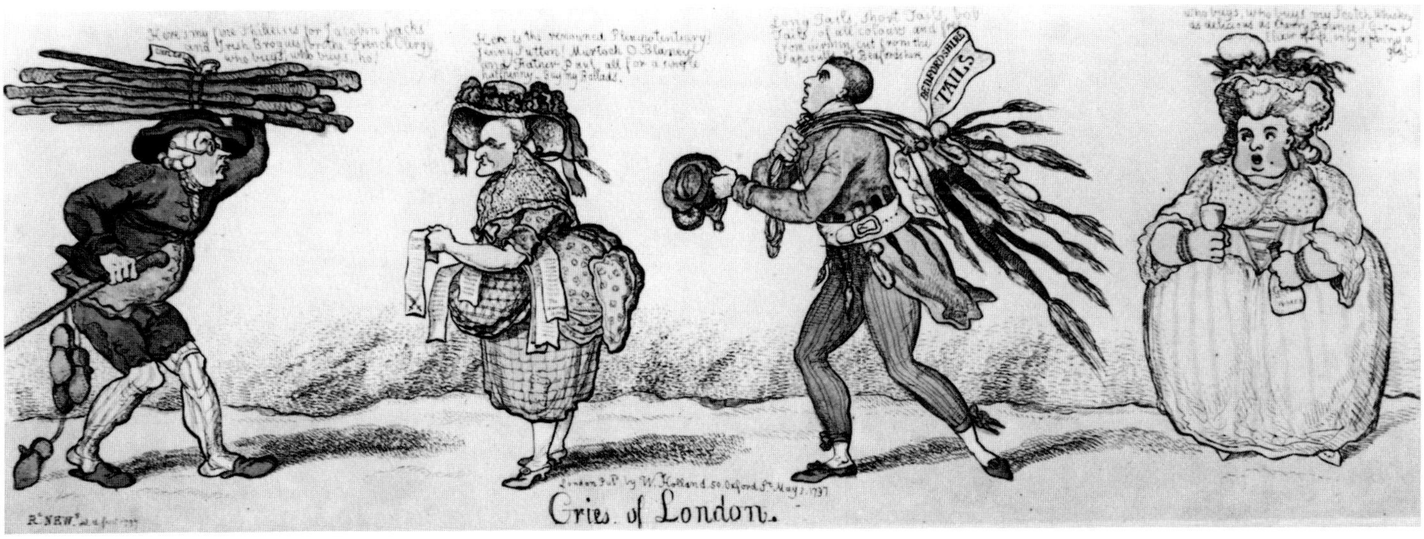

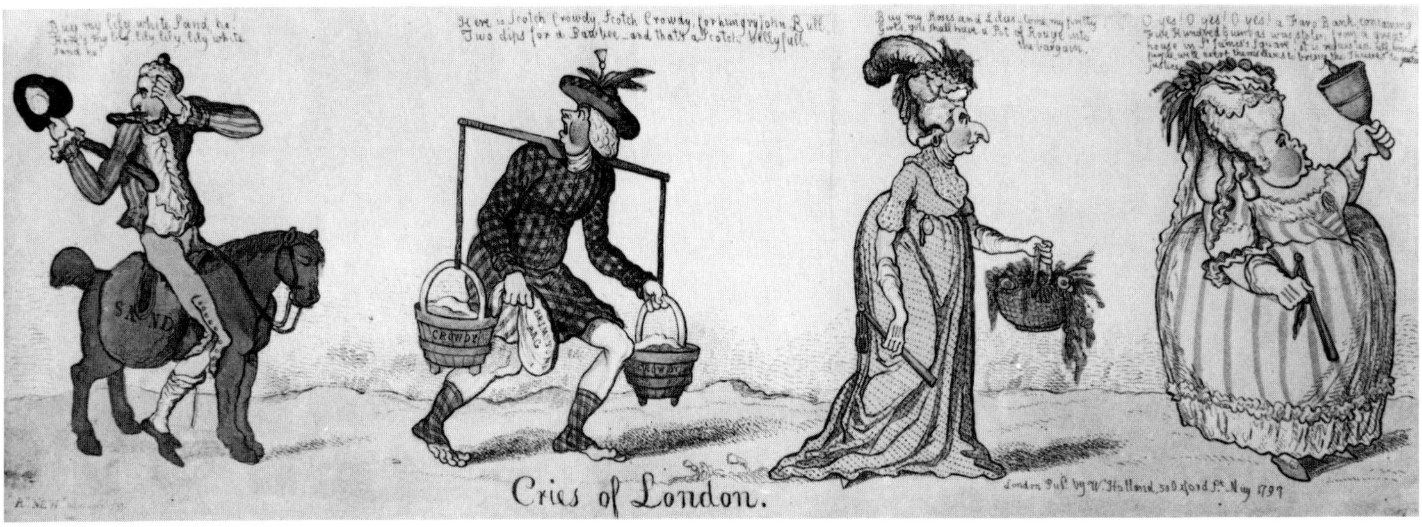

73
Richard Newton (1777–1798)

Cries of London, 1797

Radierungen aquarelliert, 212/16 x 583/93, alle signiert *R.^{d} New.^{n} del.et fecit* (oder *sculpsit) 1797*, bezeichnet *London Pub.^{d} by W. Holland (50) Oxford S.^{t} may 1797*.
Privatbesitz.

Schon zu Anfang des 16. Jahrhunderts hatte man begonnen, die für einzelne Städte charakteristischen Ausrufer in Holzschnitten und Kupferstichen festzuhalten. Seit dem Beginn des 17. Jahrhunderts interessierten sich dann auch die Künstler für das Anderssein dieser so ungezwungen sich gebenden Menschengruppe. Sie entdeckten in diesen Gestalten eine Gegenwelt zu jenen Leuten, mit denen sie im allgemeinen umgingen.

Richard Newton hat den Sachverhalt in seinen drei Blättern umgekehrt und die Spitzen der Londoner Gesellschaft zu Ausrufern ihrer Parolen gemacht. Die Reihe beginnt mit dem Premierminister William Pitt, der blutige Nachrichten aus Irland sowie vom Kampf gegen die Jakobiner zu melden hat. Ihm folgt der finster dreinblickende Oppositonsführer James Fox (s. Kat. 70), dem man, seit er sich für die Ideale der französischen Revolution eingesetzt hatte, allenthalben dunkle Machenschaften nachsagte. Mit dem dritten der Reihe dürfte Sheridan gemeint sein, ebenfalls ein Liberaler, der als beredter Politiker wie als Theatermann gleichermaßen bekannt geworden war. Auch Lord Norfolk, der hier Fleischknödel anbietet, gehörte der Opposition an.

In der zweiten Reihe begegnen wir zunächst Edmund Burke, einem bedeutenden Staatsphilosophen. Er hatte sich anfangs als Liberaler engagiert, bekämpfte aber seit dem Ausbruch der französischen Revolution erbittert die Jakobiner, daher die Prügelstöcke für die Jakobiner. Als gebürtiger Ire hatte er sich um den Ausgleich Englands mit den irischen Katholiken bemüht. 1796 hatte sich das englische Parlament genötigt gesehen, den Iren ein Priesterseminar zuzugestehen. Bis dahin waren die Priester in dem nun versperrten Frankreich ausgebildet worden. Auf dieses Ereignis beziehen sich die irischen Schuhe, die Burke den französischen Geistlichen verkaufen will. Die Dame, die eine Ballade über Jenny Sutton anpreist, darf wohl mit Lady Jersey identifiziert werden, der damaligen Geliebten des Prince of Wales. Der Duke of Bedford war wieder ein Liberaler. Er hatte durch Zuchterfolge in der Viehwirtschaft von sich reden gemacht. Gewiß zu Unrecht wird ihm hier unterstellt, er trage alte Zöpfe zu Markte. Die Reihe beschließt Lady Jane Duchess of Gordon. Sie hätte zu gern eine ihrer Töchter dem Duke of Bedford verheiratet. Die dritte Reihe beginnt mit einem stadtbekannten Original, dem Colonel George Hangar, der auf seinem schottischen Pony durch Londons Straßen zu reiten pflegte. Mit dem Wasserträger im Schottenrock ist Dundas gemeint, der spätere Lord Melville, der einzige Schotte, der es damals in London zu hohen Staatsämtern gebracht hatte. Den Schluß bilden Lady Archer und Lady Buckinghamshire (s. Kat. 240), zwei Damen, die als Glücksspielerinnen in Verruf gekommen waren. Alle diese Personen haben auch den Spott Gillrays über sich ergehen lassen müssen. M. H.

Lit.: Nicht im BM. Karen Beal, *Kaufrufe der Straßenhändler*, Hamburg 1975, E 23, jedoch ohne den besonderen Charakter dieser Folge zu erkennen.

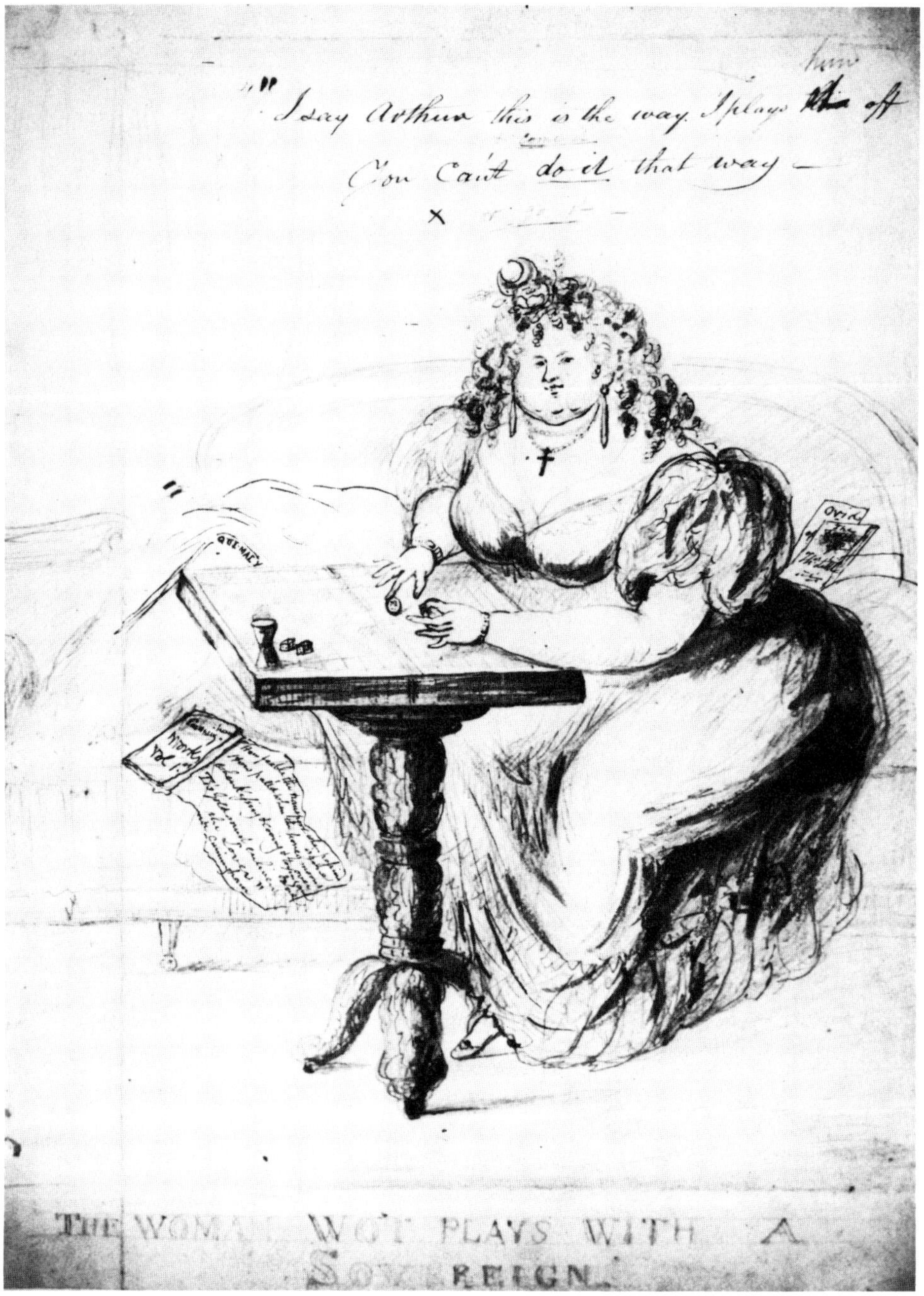

74

William Heath (1795–1840)

The Woman Wot Plays with a Sovereign, um 1829

Bleistift, grau aquarelliert, Feder, 360 x 258
Sammlung Ensmann, München.

Als dicke Matrone sitzt Lady Conyngham, die Gattin von Henry, Marquis of Conyngham (1766–1832), vor einem kleinen Spieltisch, im Begriff, ein Geldstück, das sie mit ihrem rechten Zeigefinger hält, mit den Fingern der Linken fortzuschnippen. Die Doppelbedeutung des englischen »Sovereign« – Goldstück und Herrscher – macht die Stoßrichtung des Blattes deutlich: Lady Conynghams großer Einfluß auf den in seinen letzten Regierungsjahren äußerst schwierigen Georg IV. (1762–1830) wird angegriffen und damit gleichzeitig der König kritisiert, der sich willfährig fremden Einflüssen überläßt.[1] Das fiktive Zitat »I say Arthur this is the way I plays him off – You can't do it that way« (Ich sag' dir Arthur, so werd' ich mit ihm fertig – Das kannst du so nicht machen)[2] zeugt mit seiner groben Sprache von dem respektlosen Umgang der Lady mit ihrem Herrscher. Das kurze Gedicht links auf dem Sofa zielt auf die Schwächen des alternden Königs:[3] Nachdem das jugendliche Feuer ausgebrannt ist, muß das Geld die Leidenschaft entfachen.

Der Umgangston und die falsche Rechtschreibung entsprechen dem vulgären Aussehen der Lady, deren aufgedunsene Körpermassen stark mit ihren kleinen Händen und Füßen und den fast zierlichen Gesichtszügen kontrastieren. Die Mondsichel im Haar deutet – als traditionelles Attribut der Venus – ihre Eitelkeit an, wie überhaupt die ganze Haltung als Parodie eines offiziellen Porträts verstanden werden kann.

Das Blatt sollte offensichtlich als Vorlage für eine Radierung dienen, die aber nicht bekannt ist. Im April 1829 erschien eine vergleichbare Karikatur von Heath, deren Titel *The Guard Wot Looks After the Sovereign*[4] eng mit dem vorliegenden Blatt zusammenhängt. Lady Conyngham tritt dort als pralle, eitle und herrschsüchtige Uniformträgerin auf. J. D.

1 Georg IV. galt als leicht von Frauen zu beeinflussen und war wegen seiner Affären und vor allem wegen seiner von ihm vorangetriebenen Scheidung von der Königin 1821 beim Volk sehr unbeliebt. Mehrfach hatte er auf seinen politischen Einfluß verzichtet, um mit den Geldabfindungen seinen teuren Lebensstil finanzieren zu können.

2 Mit »Arthur« ist wahrscheinlich der Duke of Wellington (1769–1852) gemeint, der ebenfalls dem Charme Lady Conynghams erlegen sein soll. BM X, Nr. 15733.

3 »Cunningham Works Vol. 1st: How feeble the transport when passion is gone / How pallid when the honeymoon ist over / When kissing & cooing & toying over and done / This Gold must enliven the lover / vide Cunningham.«

4 BM X, Nr. 15733.

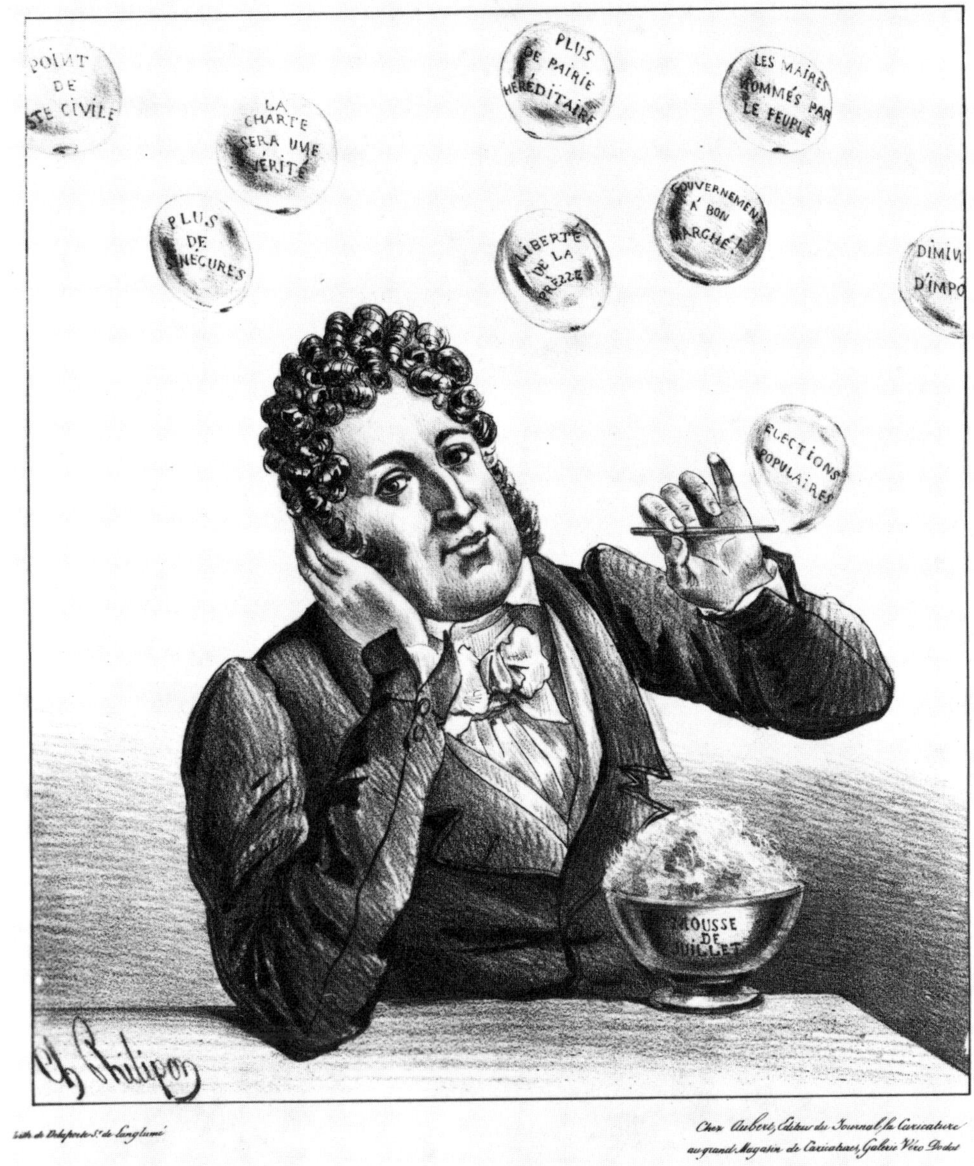

75
Charles Philipon (1806–1862)

Bulles de savon – Seifenblasen, 1831

Lithographie, 364 x 274, signiert *Ch. Philipon*, bezeichnet *Lith de Delaporte (...) Chez Aubert, Editeur du Journal de la Caricature (...)*
Hamburger Kunsthalle.

Nach der Julirevolution 1830 wurde in Frankreich eine konstitutionelle Monarchie errichtet, an deren Spitze man den ›Bürgerkönig‹ Louis-Philippe berief. Dieser versprach zunächst eine allgemeine Liberalisierung und Demokratisierung, doch sollte sich schon bald seine konservative und monarchistische Gesinnung herausstellen, die ihn hart gegen jede Opposition vorgehen ließ.

Der engagierte Republikaner Philipon gab seit November 1830 die satirische Zeitschrift *La Caricature* heraus, die aufmerksam in Text und Bild die zunehmend restaurativen Tendenzen der Julimonarchie kritisierte und bald hart von der staatlichen Zensur bedrängt wurde.[1] Philipon stellt Louis-Philippe als bürgerlich gekleideten jungen Mann dar, der nachdenklich hinter einem Tisch sitzt und mit Seifenblasen spielt. Das königliche Porträt ist in keiner Weise verzerrt, allenfalls die Tätigkeit mag einem König wenig geziemen. Der Zündstoff liegt in den Beschriftungen auf den Seifenblasen. Dort sind die wichtigsten Versprechen aufgezählt, die der Bürgerkönig im Juli 1830 machte: allgemeine Wahlen (»élections populaires«), Pressefreiheit (»liberté de la presse«), die Bürgermeister werden vom Volk gewählt (»les maires nommés par le peuple«), Verfassungstreue (»la Charte sera une vérité«) und anderes mehr. Die Seifenschüssel trägt die Aufschrift »Julibrei« (»mousse de Juillet«) und läßt keinen Zweifel am Wert der königlichen Versprechen: Sie haben nie viel getaugt und werden wie Seifenblasen in der Luft zerplatzen.

Das Motiv der Seifenblasen entstammt der barocken Vanitasallegorik und versinnbildlicht die Vergänglichkeit alles Menschlichen. Es fand schon früh Eingang in die populäre Flugblatt-Graphik und war auch im 19. Jahrhundert noch lebendig.[2] Anscheinend nutzte Gillray 1788 das Seifenblasen-Motiv als erster für eine politische Karikatur. Weite Verbreitung fand eine auf Johann Michael Voltz zurückgehende anti-napoleonische Karikatur dieses Themas.[3]

Wie gut die Aussage 1831 verstanden wurde, bezeugt die Reaktion des Staatsanwalts: Die Lithographie wurde wegen Majestätsbeleidigung beschlagnahmt, mußte aber wieder freigegeben werden, da ein entsprechendes Pressegesetz erst kurz darauf erlassen wurde. »Diese bösartige Skizze, der die richterliche Strenge einige Bedeutung verliehen hat« (Philipon), wurde daraufhin unter großem Zulauf im Verlagshaus Aubert in Paris ausgestellt. Der Staatsanwalt untersagte allerdings bald darauf die weitere Verbreitung der Karikatur und leitete ein Strafverfahren gegen Philipon wegen Majestätsbeleidigung ein.[4]

J. D.

1 Vgl. Kat. Göttingen 1980. Die vorliegende Lithographie erschien als Einzelblatt außerhalb der Zeitschrift.

2 Kat. Braunschweig 1978, Nr. 41; ein Flugblatt mit dem beschreibenden Titel *Betrachtung von Zergenglichkeit des Menschlichen Lebens, welches verglichen wirdt einer Blumen, Wasserblasen, Schatten und Rauch* befindet sich in der Herzog-August-Bibliothek, Wolfenbüttel (38.25 Aug. 2° fol.660). Noch 1808 radierte H. Sintzenich einen traditionellen, Seifenblasen produzierenden Putten, wie er seit Hendrik Goltzius bekannt und beliebt ist (Kat. Mannheim 1983, Nr. 145).

3 Hill 1976, Tafel 17 (BM VI, Nr. 7342); Schulze 1916, Nr. 38f.; Broadley II, S. 331, Nr. 700. Bis in unsere Tage taucht das Motiv wiederholt auf, vgl. z.B. Humann 1980, S. 149.

4 Kat. Göttingen 1980, S. 31f.

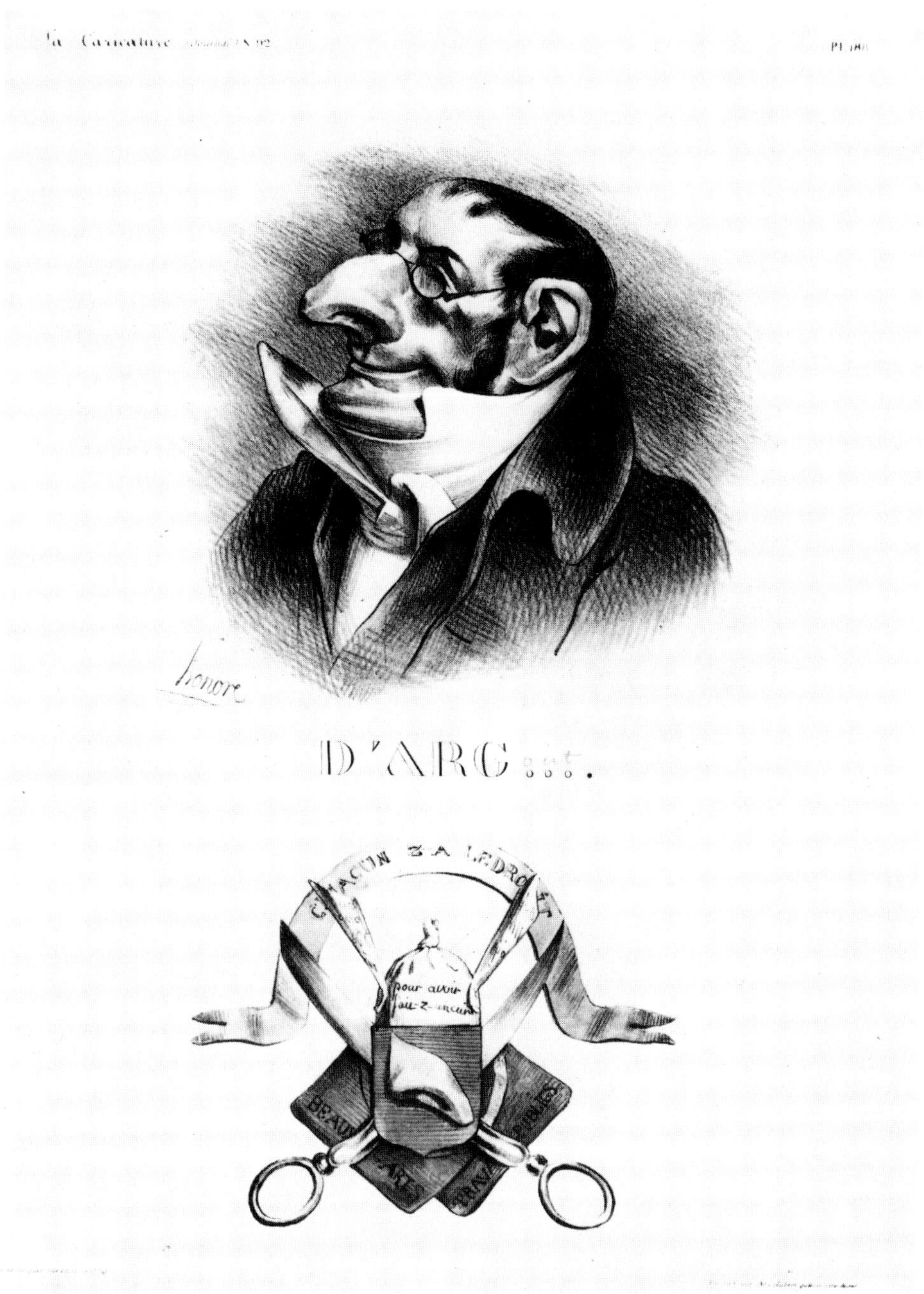

76

Honoré Daumier (1808–1879)

Porträt und Spottwappen des Ministers Graf d'Argout, 1832

Tafel 188 aus *La Caricature* Nr. 92 vom 9.8.1832; kolorierte Lithographie, 363 x 272, signiert *honoré*.
Kunstsammlung der Universität Göttingen.

Ein kantiger Schädel mit niedriger Stirn, kurzsichtige Augen hinter Brillengläsern, ein freundlich verzogener Mund sowie vor allem eine übertrieben große gebogene Nase prägen Daumiers Porträt des Ministers für öffentliche Arbeiten und schöne Künste Graf d'Argout. Die leicht wiederzuerkennende riesige Nase machte d'Argout zum beliebten Opfer der Wort- und Bildsatire. Als sein Markenzeichen erscheint sie noch einmal auf dem Schild des unter dem Porträt angebrachten Spottwappens, dem außerdem seine Minister-Portefeuilles, eine Zensorschere und eine Eselsmütze für häufige Aussprachefehler angefügt sind. Das Blatt gehört zu einer Porträtserie von fünf Lithographien, die unter dem Titel *Célébrités de la Caricature* ab April 1832 in der Zeitschrift *La Caricature* erschienen ist. Eine

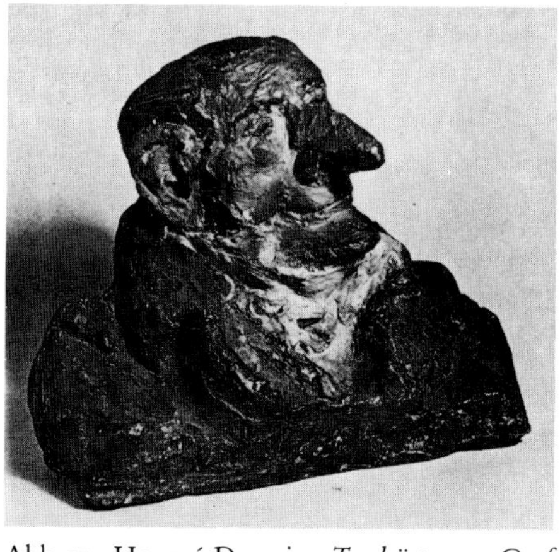

Abb. 70 Honoré Daumier, *Tonbüste von Graf d'Argout,* 1832

Besonderheit stellt die Tatsache dar, daß Daumier die Porträts dieser fünf Politiker sowie zahlreicher anderer Persönlichkeiten zunächst in Ton modellierte (Abb. 70).[1] Dieses Vorgehen bleibt in der skulpturalen Auffassung der Zeichnung sichtbar. Der Kopf wird aus unterschiedlich hellen und dunklen Flächen modelliert, wodurch eine intensive dreidimensionale Wirkung erzielt wird. Das Verhältnis von Büste und Porträtlithographie ist in diesem frühen Fall noch besonders eng; später setzte Daumier die plastischen Vorbilder freier um.[2] Spottwappen als Mittel der Herabwürdigung haben in der Bildsatire eine lange Tradition.[3] Ein erster Höhepunkt wurde in der Reformation erreicht. Als Beispiel sei hier ein gegen den Papst gerichtetes satirisches Wappen aus der Cranach-Schule genannt, dessen erläuternder Text Luther zugeschrieben wird (Abb. 71).[4] S. B.-A.

1 Insgesamt sind 36 Büsten erhalten; zum Thema Daumier-Plastik vgl. Wassermann 1969.
2 Wassermann 1969, S. 36.
3 Vgl. Coupe 1966, S. 59ff.; Coupe nennt neben Beispielen aus dem 17. Jahrhundert auch einige frühe Blätter.
4 Kat. Coburg 1983, Nr. 20. Vgl. auch Kat. 4

Lit.: D. 48; Wassermann 1969, S. 44ff.; Kat. Münster 1978, Nr. 8.

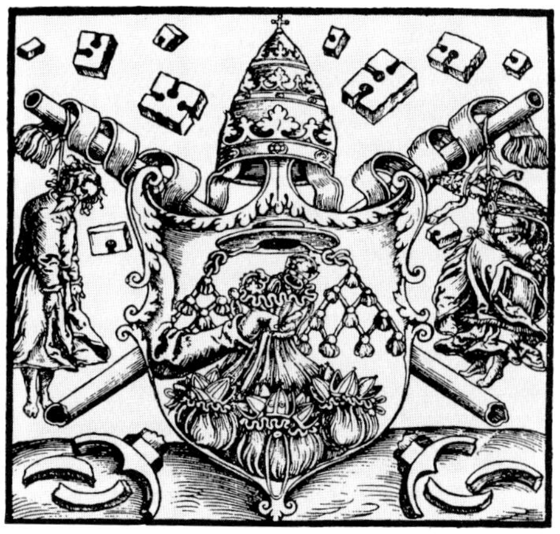

Abb. 71 Cranach-Werkstatt, *Das Spottwappen des Papstes,* 1538

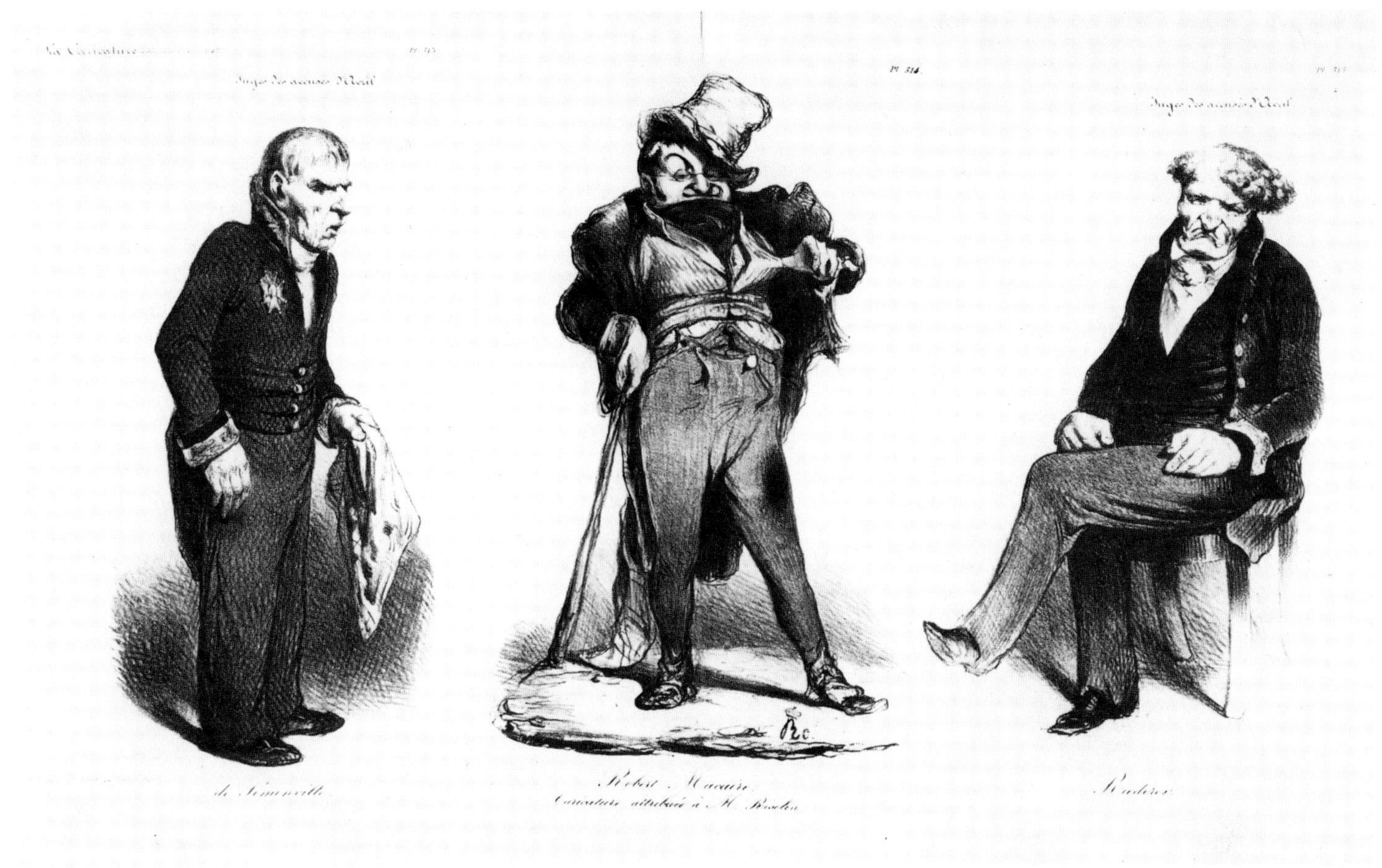

77
Honoré Daumier (1808–1879)
Drei Aprilrichter, 1835
La Caricature, Tafel 513–515, Nr. 247 vom 30.7.1835, Lithographie, 366 x 557, signiert *Ro.* (für Rogelin, ein Pseudonym Daumiers).
Kunstsammlung der Universität Göttingen.

Wegen großer sozialer Not der Arbeiterschaft in Lyon kam es dort Anfang April 1834 unter republikanischer Führung zu einem Aufstand, der wenig später auf Paris und andere größere Städte übergriff. Nach der Niederschlagung des Aufstandes durch Militär und Nationalgarden wurde die Pairskammer (Oberhaus) zum zuständigen Gerichtshof erklärt, da die Aktion als Attentat auf die Sicherheit des Staates gewertet wurde[1]. Der mit großem Aufwand vorbereitete sogenannte April-Prozeß begann am 5. Mai 1835; ab Ende Mai veröffentlichte die republikanisch orientierte satirische Zeitschrift *La Caricature* Porträts der »Aprilrichter«. Die Senilität der Pairs wurde dabei besonders herausgestellt, um sie als Angehörige einer überlebten Generation und Vertreter rückschrittlicher Tendenzen zu kennzeichnen. Zwischen den beiden Pairs Sémonville und Roederer erscheint auf diesem Blatt der damalige Innenminister Adolphe Thiers im abenteuerlichen Kostüm des Schurken Robert Macaire. Bei Robert Macaire[2] handelt es sich um eine Bühnenfigur aus dem Melodram *L'Auberge des Adrets,* das 1823 uraufgeführt wurde.[3] Die zunächst eher langweilige Gestalt eines Mörders, der am Ende des Stückes als reuiger Sünder stirbt, wurde von dem Schauspieler Frédérick Lemaître im Laufe der Zeit zu einem schlitzohrigen und skrupellosen Gauner umgedeutet, dem Stück damit ein zunehmend komischer Charakter verliehen. Zusätzliche Popularität erreichte die Figur durch ein im Juni 1834 uraufgeführtes Ergänzungsstück *Robert Macaire,* das die geldorientierte Gesellschaft der Julimonarchie attackierte. Der Name Robert Macaire wurde zum Synonym für Gauner, Schwindler, Betrüger; entsprechend wurde die Gestalt ab 1834 in der Karikatur auch zur Charakterisierung politischer Persönlichkeiten eingesetzt.

Wegen der Darstellung Thiers' als Robert Macaire wurde ein großer Teil der Auflage des vorliegenden Blattes beschlagnahmt.[4]

Der große Publikumserfolg der Gestalt veranlaßte den Herausgeber von *La Caricature* und des *Charivari,* Philipon, mit Daumier eine ganze Macaire-Serie zu produzieren[5], die von 1836–1838 unter dem Titel *Caricaturiana* im *Charivari* erschien.[6] S. B.-A.

1 Thureau-Dangin 1897, S. 241 ff.
2 Vgl. Stanislav Osiakovsky, »History of Robert Macaire and Daumier's Place in it«, *The Burlington Magazine* 100, 1958, S. 388–392; Hilda Laura Norman, *Swindlers and Rogues in French Drama,* 1928 (Reprint Port Washington 1968), S. 135 ff.
3 Die Autoren waren: Benj. Antier, Saint-Amand und Paulyanthe.
4 *La Caricature* Nr. 248, Sp. 1975.
5 Daumier zeichnete die vorwiegend gesellschaftskritischen Blätter, Philipon schuf die Legenden.
6 Vergleiche Adhémar 1954, S. 25. Vergleiche den Nachdruck der *Caricaturiana,* Dortmund 1979 (Bibliophile Taschenbücher).

Lit.: D. 124; Ramus 1978, S. 123 f.

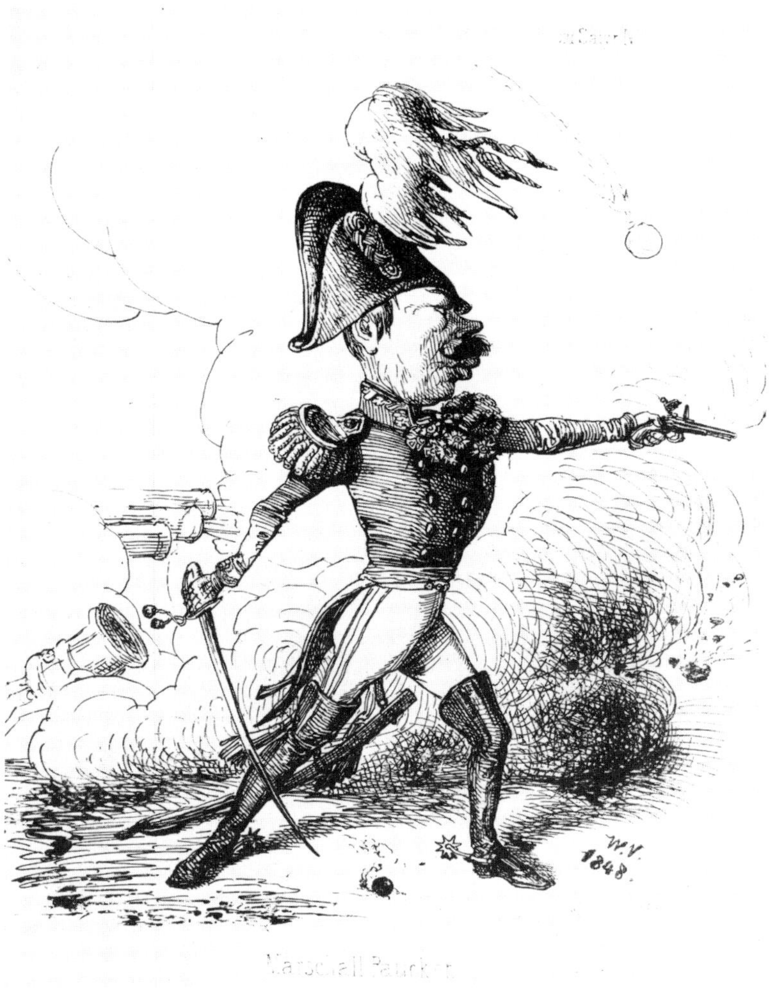

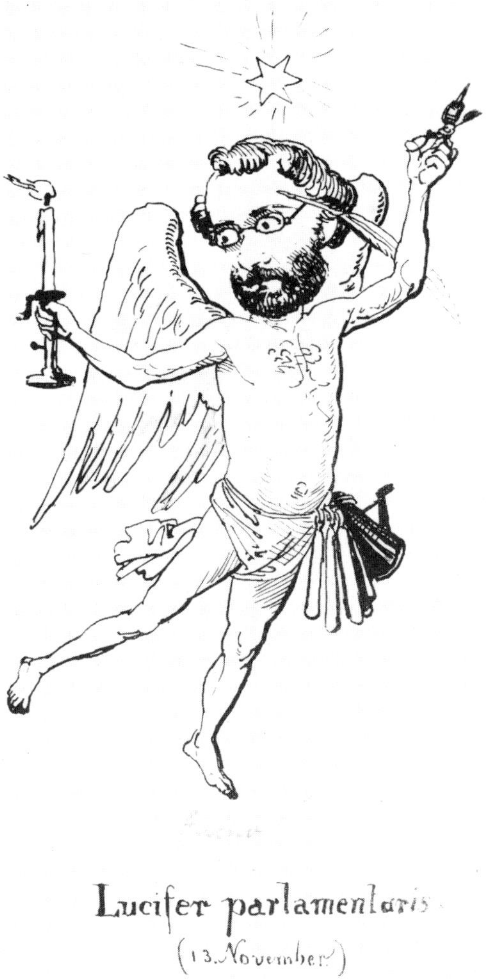

78

Wilhelm Völker (1812–1873)

Marschall Paucker – Lucifer Parlamentaris, 1848

Lithographien, zwei Blatt, 273 x 216 und 330 x 215, bezeichnet *Marschall Paucker. zu Satyr N. 3a / gedr. v. Ed. Gust. May in Frankfurt a M,* monogrammiert und datiert *W. V. 1848.; Lucifer parlamentaris. (13. November)* beschriftet mit Feder *Jucho.*
Bundesarchiv, Außenstelle Frankfurt/Main.

Die beiden Lithographien sind typische Beispiele der zahlreichen Karikaturen auf die Abgeordneten der Frankfurter Nationalversammlung (vgl. auch Kat. 175). Die 1848 für kurze Zeit aufgehobene Pressezensur führte innerhalb weniger Monate zu einem Höhepunkt der deutschen politischen Karikatur.[1] Als *Marschall Paucker* tritt Eduard von Peucker (1791–1876) an der Spitze und vor noch qualmenden Kanonenrohren einem unsichtbaren Feind mit Degen und Pistole bewaffnet entgegen. Die draufgängerische, theatralische Pose kontrastiert mit dem schmächtigen Körper und den übertrieben spitzen Gesichtszügen; auch die übergroßen Epauletten und der Zweispitz mit dem imposant wehenden Federsturz verhelfen nicht zu zusätzlicher Würde. – Peucker war im Juli 1848 nach steiler militärischer Karriere zum Kriegsminister der provisorischen Zentralgewalt berufen worden und bekämpfte auf Wunsch des Königs 1848 den Septemberaufstand in Frankfurt. Wahrscheinlich spielt die Karikatur auf dieses Ereignis an.

Der »parlamentarische Teufel« ist der Jurist und Frankfurter Abgeordnete Friedrich Jucho (1805–1884), der dem linken Zentrum, dem sogenannten ›Württemberger Hof‹ angehörte. Als geflügelter, fast nackter Genius schwebt er in den Lüften, über ihm ein strahlender Stern. Der überproportionierte Kopf entspricht weitgehend einem nicht verfremdeten Porträt. In der Rechten hält er einen Kerzenhalter, dessen brennende Kerze er jedoch mit dem Dochtstutzer in der linken Hand auszulöschen droht. Die brennende Kerze ist ein häufig verwandtes Symbol der Freiheit, demgegenüber der Kerzenlöscher als Attribut der Reaktion einzustufen ist.[2]

V.v.H.-W.

1 Zu den 1848er-Karikaturisten vgl. Coupe 1967, II; Wolf 1982; Kat. Karlsruhe 1984 und den Beitrag von Kurt Koszyk in diesem Katalog.

2 Zum Motiv des Dochtstutzers oder Löschhütchens siehe Schrenk 1976, S. 223ff.; Kat. Göttingen 1980, Nr. 52.

Lit.: Wolf 1982, S. 69, Nr. 5, Abb. S. 93; S. 80, Nr. 39.

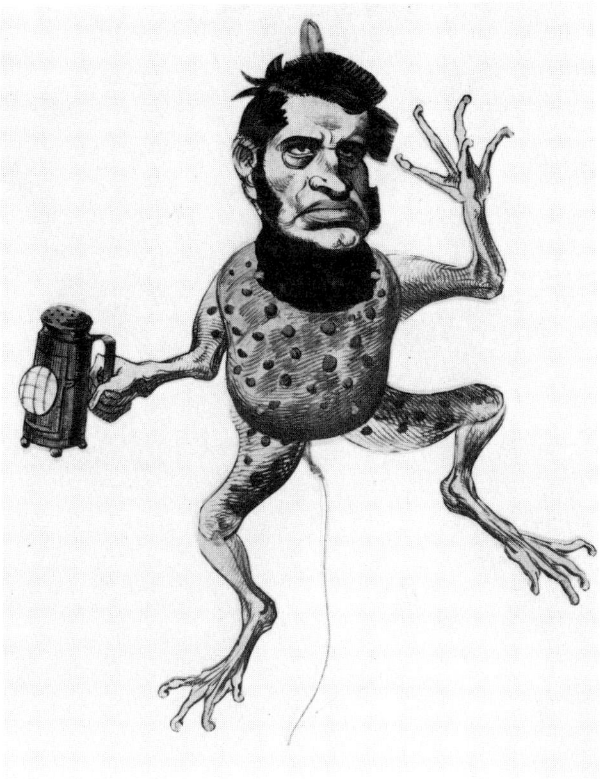

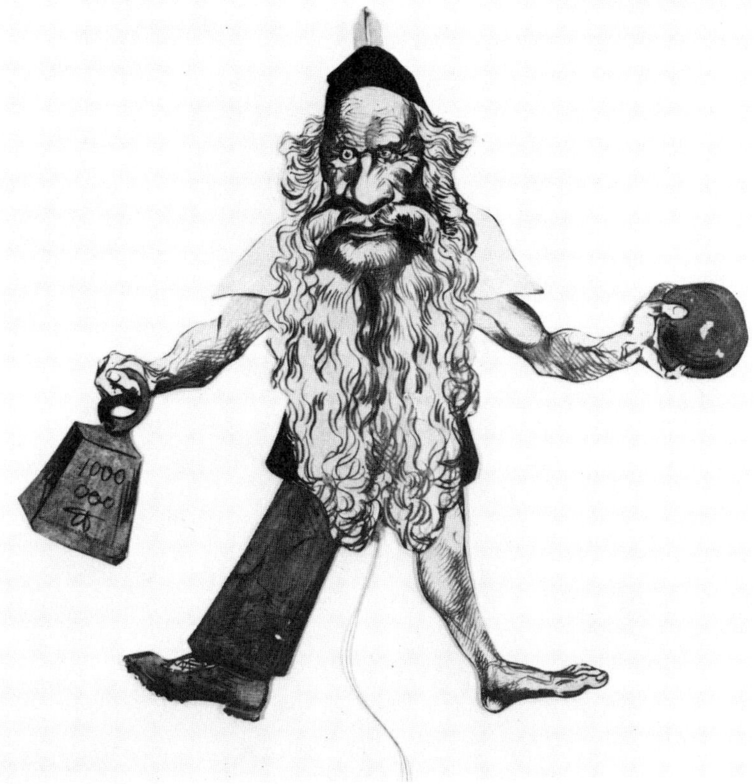

79
Frankfurt, 1849

Friedrich Christoph Dahlmann als Hampelmann

Kolorierte Lithographie, auf Karton aufgezogen und beweglich mit Bindfäden montiert, ca. 37 cm hoch, bezeichnet *Verlag u. Eigenthum von E. G. May zu Frankfurt!*
Staatsbibliothek Preußischer Kulturbesitz, Berlin.

Der liberale Politiker und Historiker Friedrich Christoph Dahlmann (1785–1860), auch als Mitglied der ›Göttinger Sieben‹ bekannt, setzte sich 1848 als Abgeordneter im Frankfurter Bundestag für preußische Belange ein. Er vertrat die grundsätzliche Auffassung von Preußens leitender Rolle im deutschen Staatenwesen und befürwortete die bundesstaatliche Einigung. Weiterhin setzte er sich öffentlich für das absolute Veto ein und sprach sich für die Erblichkeit der Kaiserwürde in der Verfassung aus. Diese Einstellungen hatten zur Folge, daß Dahlmann sich einerseits gegen die weiterstrebenden Radikalen durchsetzen mußte und andererseits auch gegen die ängstlichen Konservativen.

Dahlmann wird als Kröte mit menschlichem Kopf dargestellt, wobei seine wulstigen, zu einem Froschmaul geformten roten Lippen auffällig überzeichnet sind. Der gelbe Krötenkörper ist mit roten Punkten ausgemalt. Rechts hält Dahlmann eine Öllampe, seine Linke ist vom Körper abgespreizt.

Der Verlag Eduard Gustav May gab zahlreiche 1848er-Karikaturen heraus und zählte einige der besten deutschen Karikaturisten der Zeit zu seinen Mitarbeitern, darunter Wilhelm Völker (Kat. 78), Gerhard Malß oder den Abgeordneten Alfons von Boddien.[1] Unter dem Titel *Michels Märzerrungenschaften. Spielzeug von rechts und links für Jung und Alt* werden über zwanzig der Frankfurter Abgeordneten als Hampelmänner vorgestellt (Abb. 72). Ihre politischen Absichten werden damit, gleich welcher Fraktion sie ange-

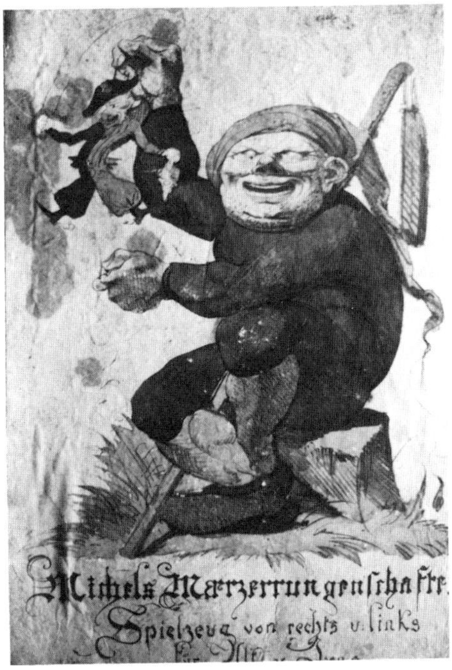

Abb. 72 *Michels Märzerrungenschaften*, 1849

hören, als Spiegelgefechte abgetan; sie geraten zu Marionetten in der Hand des deutschen Michels. Die kolorierten Lithographien sind ausgeschnitten, auf Karton aufgezogen und mit Bindfäden versehen, so daß die ›Hampelmänner‹ tatsächlich als Kinderspielzeug dienen können.[2] V.v.H.-W.

1 Zum Verlag E. G. May vgl. Christa Pieske, »Katalog der lithographischen Anstalt Eduard Gustav May«, *Anzeiger des Germanischen Nationalmuseums*, 1967; Wolf 1982, S. 50, 69ff.

2 Politiker werden in Karikaturen häufiger zu Marionetten oder Hampelmännern; vgl. z.B. Kat. Hannover 1983, Nr. 67; Kat. Göttingen 1980, Nr. 97.

80
Frankfurt, 1849

Turnvater Jahn als Hampelmann

Kolorierte Lithographie, auf Karton aufgezogen und beweglich mit Bindfäden montiert, ca. 39 cm hoch, bezeichnet *Verlag u. Eigenthum E. G. May zu Frankfurt.*
Staatsbibliothek Preußischer Kulturbesitz, Berlin.

Der als ›Turnvater Jahn‹ berühmt gewordene Friedrich Ludwig Jahn (1778–1852) sah in den Jahren um 1816 seine Hauptaufgabe in der Förderung des Patriotismus durch die Entwicklung des Turnens. Die Turnerschaften, die sich aufgrund seiner Initiative gebildet hatten, galten besonders nach dem Krieg als staatsgefährlich, da sie sich durch ihre patriotische Begeisterung den Unmut der Reaktionäre zuzogen. Viele von ihnen wurden als Demagogen verhaftet. Unter ihnen auch Jahn, der von 1819–1825 inhaftiert war. 1848 wurde Jahn siebzigjährig als Mitglied in das Frankfurter Parlament gewählt.[1]

In der gelb und orange kolorierten Lithographie erscheint der Greis als Sportler, der mit links ein 1 000 000 Pfund schweres Gewicht hebt und rechts eine steinerne Kugel hält. Das Gesicht ist martialisch und faltenreich; besonders auffällig ist sein mächtig wallender Bart, der den Körper wie ein Kleidungsstück verhüllt.[2] Sein linkes, nacktes Bein verweist auf den Sportler, das rechte steckt in einer schwarzen Hose, die die von Jahn bevorzugte ›altdeutsche Tracht‹ zitiert.

Zu der Serie der ›Hampelmänner‹ vgl. die vorhergehende Katalognummer. V.v.H.-W.

1 Zu Jahn vgl. Böhmer 1968, S. 59ff.; Eduard Fuchs, »Noch einige Jahnkarikaturen«, *Zeitschrift für Bücherfreunde*, 1897/98, Bd. II, S. 582ff.

2 Auf einer weiteren 1848er-Karikatur, *Vorsündfluthliche Überreste eines Urdeutschen*, wird Jahn allein durch seinen charakteristischen Bart dargestellt; Fuchs II, Abb. 58.

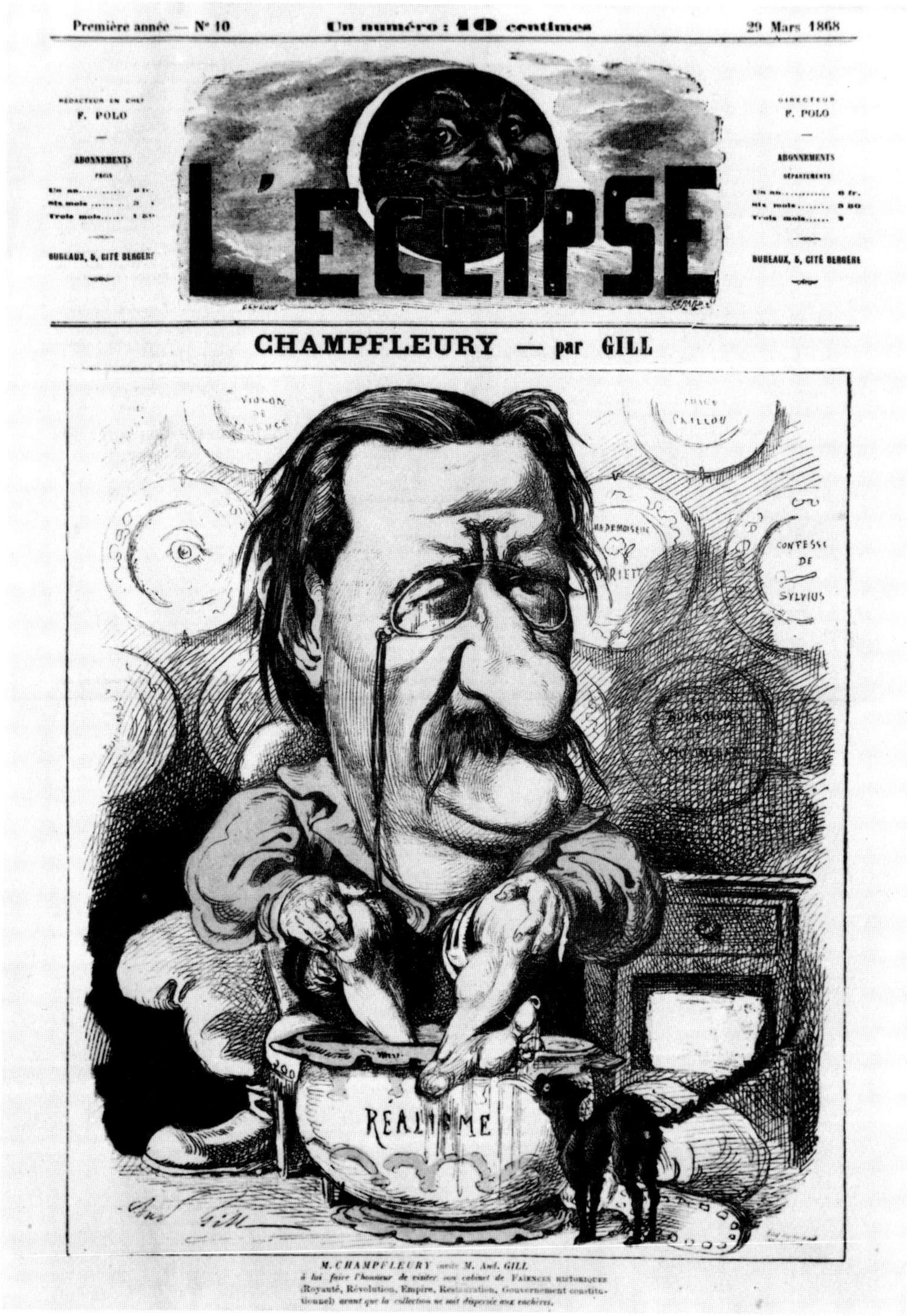

81
André Gill (1840–1885)

Champfleury, 1868

Gillotage, aquarelliert; Blattgröße 472 x 326. Privatbesitz.

Champfleury, der beredte Vorkämpfer für den Realismus Courbets und seiner Zeitgenossen, nimmt in einem Topf mit der Aufschrift »Realisme« ein Fußbad. Der Körper des Mannes ist zwergenhaft klein, der Kopf riesig.

In den sechziger Jahren des 19. Jahrhunderts bildete sich in Frankreich die Gewohnheit heraus, berühmte Zeitgenossen und solche, die es gern gewesen wären, dem Publikum auf den Titelseiten der Zeitschriften in derartigen Karikaturen vorzustellen. Die Bildnisse sind meist nur leicht überzogen. Aufreizend wirkt die zwergenhafte Erscheinung – ein altbewährtes Mittel (vgl. Kat. 5) – und das anzügliche Beiwerk. André Gill war der unbestrittene Meister dieses Genre. Ihm standen die Titelseiten der Zeitschrift *La Lune* (Der Mond) und, nachdem diese ihr Erscheinen einstellen mußte, der im gleichen Format sich präsentierenden Nachfolgerin *L'Eclipse* (Mondfinsternis) zur Verfügung. Die mit großer Treffsicherheit gezeichneten Porträts wußte er mit attributiven Beigaben so zu umgeben, daß sich das Arrangement bei aller disparaten Vielfalt zu einem eingängigen Ornament zusammenschloß. Das Bildnis blieb beherrschend. Die Attribute zielten, wenn es Gill gut mit dem Dargestellten meinte, auf verzeihliche menschliche Schwächen wie auf die Liebe zum Tabak oder auf die Freude an gutem Essen ab. Scheinbar auszeichnende Beigaben wie ein Heiligenschein oder Weihrauch waren ironisch gemeint. Wenn es gegen die Preußen ging, konnte Gill auch gehässig sein. Zur Verdeutlichung wurden die Fleischpartien und einige Details in zwei oder drei Farben herausgehoben.[1]

Gill, eigentlich Louis Gosset de Guines, gab sein Bestes in diesen Titelblättern. Die Zeitschrift *L'Eclipse* stellte während der Belagerung von Paris durch die Preußen ihr Erscheinen ein. Champfleury, eigentlich Jules Francois Felix Husson, genannt Fleury, war der festen Überzeugung, der Realismus sei speziell ein Ausdruck demokratischer Gesinnung. Er hat als erster eine Geschichte der ›populären Graphik‹ geschrieben.[2]

M. H.

1 Zu Gill vgl. Valmy-Baysse, *André Gill*, Paris 1927; Bornemann 1974, S. 176f.

2 *Courbet und Deutschland*, Ausstellungskatalog Hamburger Kunsthalle 1978, Nr. 228.

82

Wilhelm Busch (1832–1908)

Wie man Napoliums macht, 1870

Deutsche Latern. Humoristisch-satyrisches Wochenblatt. Herausgegeben von Friedrich Stolze. Probenummer 1, Frankfurt a.M., Sonntag den 23. October 1870. 1. Jahrg. Holzstich und Letternsatz, 329 x 253, bezeichnet *Stix sc.* Wilhelm-Busch-Museum, Hannover.

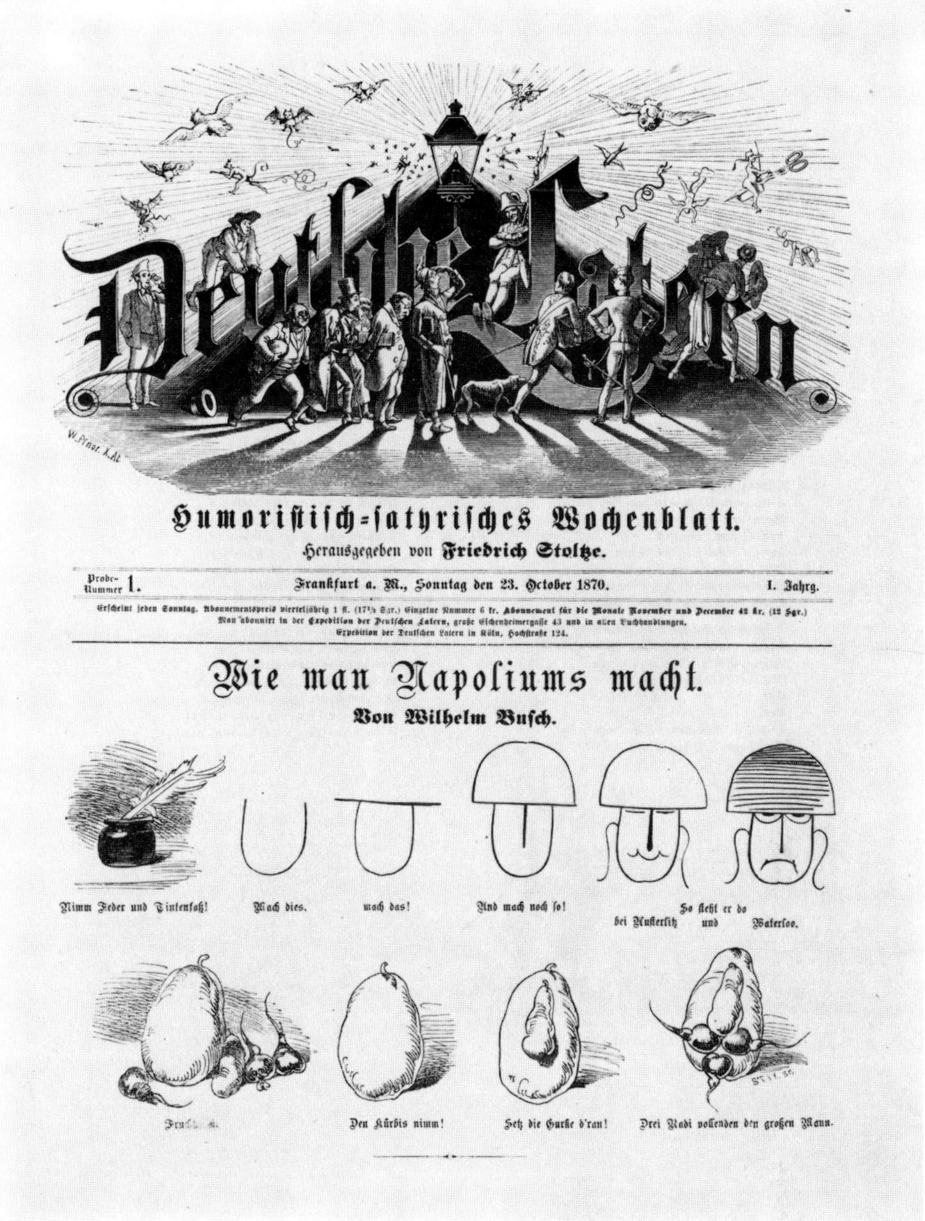

Wilhelm Busch hat nur wenige ausdrückliche Karikaturen gezeichnet; er sah sich nicht in der Rolle des Kritikers, der bestimmte Personen oder tagespolitische Ereignisse kommentiert.[1]

Wie man Napoliums macht erschien auf der Titelseite der *Deutschen Latern* im Oktober 1870. Zu diesem Zeitpunkt war der deutsch-französische Krieg bereits entschieden, und Napoleon III. befand sich in preußischer Gefangenschaft (vgl. die folgenden Katalognummern). Der Titel und die beiden kurzen Bildfolgen erwecken zunächst den Eindruck einer Karikaturen-Zeichenschule: So leicht läßt sich Napoleon karikieren. Doch der aktuelle politische Hintergrund legt eine zweite Interpretation nahe: So leicht, wie »Napoliums« ›gemacht‹ werden – beide Kaiser haben sich selbst ernannt –, so leicht sind sie auch zu entmachten.

In der oberen Reihe wird in vier Phasen aus abstrakten Grundformen ein völlig schematisierter Kopf entwickelt, der ohne die Beschriftungen schwerlich als Napoleon I. zu identifizieren wäre. Selbst das Halbrund auf dem Kopf ist weit von dem charakteristischen Zweispitz entfernt (vgl. Kat. 122, 125, 129). In den letzten beiden Gesichtern genügt die leichte Veränderung der für Mund und Augen stehenden Striche, um aus dem Sieger von Waterloo einen Verlierer zu machen. Trotz der denkbar großen Abstrahierung und Reduktion der Formen demonstriert Busch, wie einfach sich die konträren Gemütszustände ausdrücken lassen.[2]

In der unteren Reihe entsteht aus einem »Fruchtstück« – einem Stilleben mit Früchten – Napoleon III.: »Den Kürbis nimm! Setz die Gurke dran! Drei Radi vollenden den großen Mann.« Die umgangssprachliche Doppeldeutigkeit von ›Kürbis‹ und ›Gurke‹ verleiht der Wahl dieser Früchte zusätzliche Schlagkraft, und die drei Radieschen eignen sich vortrefflich, den charakteristischen Bart darzustellen. Der fertige Kopf kommt dem Bild, das französische Karikaturisten zur gleichen Zeit von ihrem geschlagenen Kaiser entwerfen (Kat. 83), erstaunlich nahe, und Busch kann auf persönliche Anspielungen im Text verzichten.

Busch nahm nur leicht verändert diese beiden Bildreihen, zusammen mit einer ähnlich angelegten über Friedrich den Großen (Abb. 34), unter dem Titel *Anleitung zu historischen Porträts* 1874 in sein Album *Dideldum* auf.[3]

Die phasenhafte Entstehung oder Verfremdung von Köpfen ist eine Methode, die häufiger in der Karikatur vorkommt. Am bekanntesten sind die *Birnenskizzen* von Charles Philipon, der das Porträt Louis-Philippes in eine Birne verwandelt (Abb. 117). Busch läßt dagegen seine »Napoliums« aus wenigen Strichen oder aus Früchten entstehen. Indem zwischen Ausgangspunkt und Endprodukt Übergangsstufen eingeschoben werden, entsteht ein nachvollziehbarer Prozeß, der es ermöglicht, zwischen den einander im Grunde völlig fremden Anfangs- und Endformen vernichtende Vergleiche zu ziehen (vgl. auch Kat. 88). J. D.

1 Wilhelm Busch, »Was micht betrifft«, *Frankfurter Zeitung,* 10.10.1886: »Die Veröffentlichung der dort [im Münchner Künstlerverein] verübten Späße, besonders der persönlichen Verhohnhacklungen, ist mir unerwünscht. Was hilft's? Dummheiten, wenn auch vertraulich in die Welt gesetzt, werden früher oder später doch leicht ihren Vater erwischen, mag er's wollen oder nicht.« Zit. nach *Wilhelm Busch, Sämtliche Werke,* hrsg. von Otto Nöldecke, München 1943, Bd. I, S. 17.

2 Zu diesem Phänomen vgl. Gombrich 1977 und ders., »Das Experiment der Karikatur«, *Kunst und Illusion,* Köln und Berlin 1967. Dazu auch Hofmann 1956, S. 28f.

3 Bohne 1959, Bd. II, S. 445ff.

Lit.: Bohne 1959, Bd. II, S. 154f.; Kat. Providence 1971, Nr. 110; Grünewald 1979, Abb. S. 153.

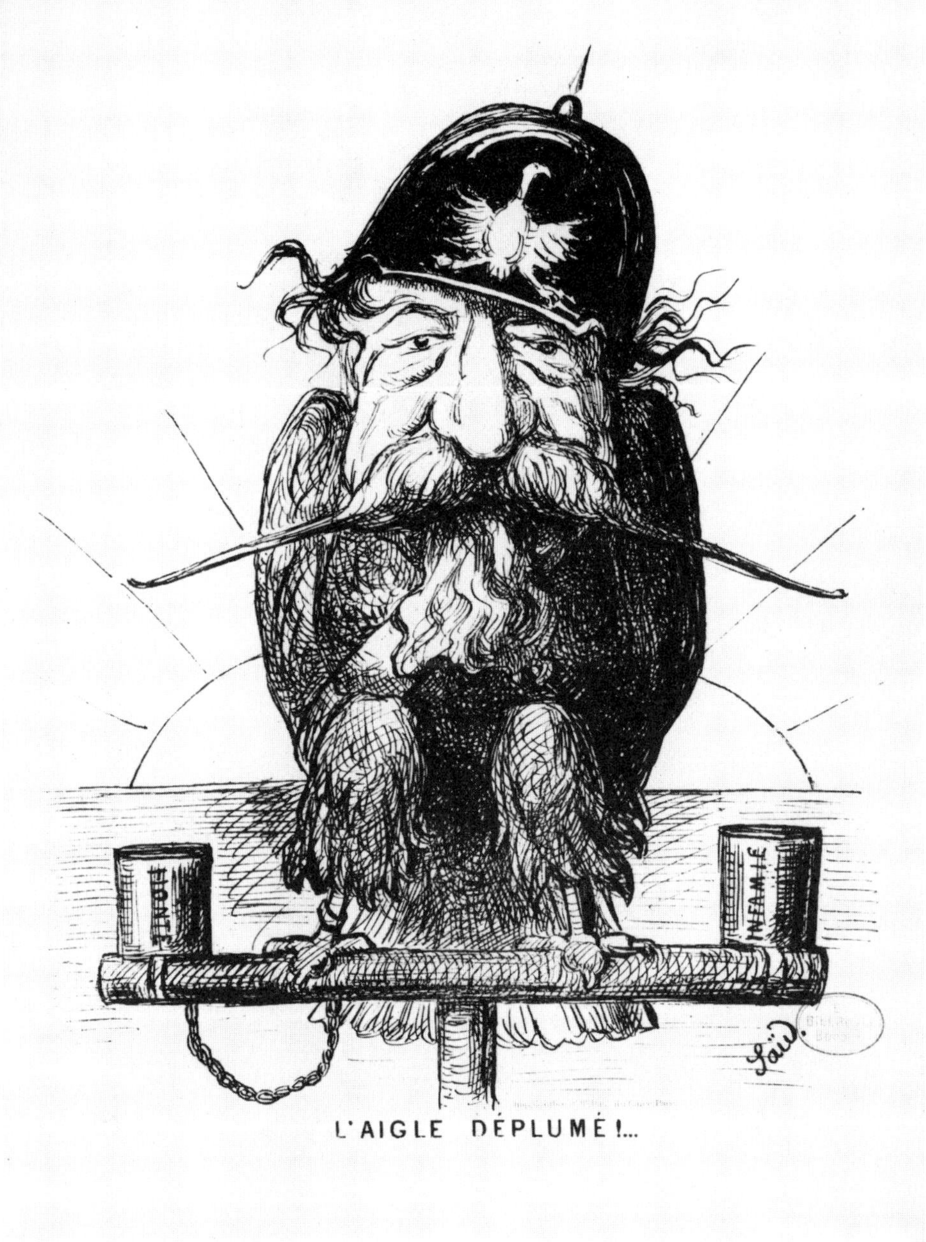

83

Saïd (1843–1918)

L'aigle déplumé! . . ., 1870

Lithographie, 335 x 281, signiert *Saïd*, bezeichnet *Imp. Coulbœuf, 97 Pass. du Caire, Paris.* Staatsbibliothek Preußischer Kulturbesitz, Berlin.

Frankreich empfand die Bismarcksche Politik als Provokation und erklärte Preußen im Juli 1870 den Krieg. Doch die französischen Armeen wurden schon bald vernichtend geschlagen, und, was als größte Schmach angesehen wurde, der französische Kaiser kapitulierte im September bei Sedan und begab sich in die preußische Gefangenschaft nach Kassel. Napoleon III. (1808 bis 1873) wird zum Verräter an seiner Nation erklärt und in zahlreichen, zum Teil haßerfüllten Karikaturen verspottet.

Hier sitzt er, in der Gestalt seines Wappentieres, auf einer kurzen Vogelstange, im Hintergrund die untergehende Sonne. Die beiden Futternäpfe zu seinen Seiten lassen ihm die Wahl zwischen Schmach (»honte«) und Ehrlosigkeit (»infamie«). Die kleine Kette scheint nicht nötig zu sein, um ihn zu halten; sein Gesicht drückt Resignation und Passivität aus, Eigenschaften, die ihm schon zu Zeiten seiner Herrschaft vorgeworfen wurden. Willig fügt sich der »gerupfte Adler« in sein Dasein unter der preußischen Pickelhaube, deren Emblem, ebenfalls ein Adler, triumphierend mit den Flügeln schlägt.[1]

Die Pariser Karikaturisten gaben den Kampf gegen die Deutschen nicht so schnell auf wie ihr Kaiser und verhöhnten nun diesen zusammen mit den Preußen, allen voran deren König Wilhelm und Bismarck (vgl. die folgenden Katalognummern). J. D.

1 Napoleon III. wird mehrfach als ›entarteter‹ Adler karikiert (z. B. Kat. London 1971, Nr. 5, 40), ähnlich wie vor ihm Louis-Philippe als Papagei. Im Bildmotiv sehr ähnlich ist eine kleine Vignette des *Charivari* von vor 1835, die den königlichen Papageien ebenfalls zwischen seinen Futternäpfen zeigt; Abb. Grand-Carteret 1888, Fig. 112.

Lit.: Abbildungen in Berleux 1890, S. 162; Kat. London 1971, Titelbild.

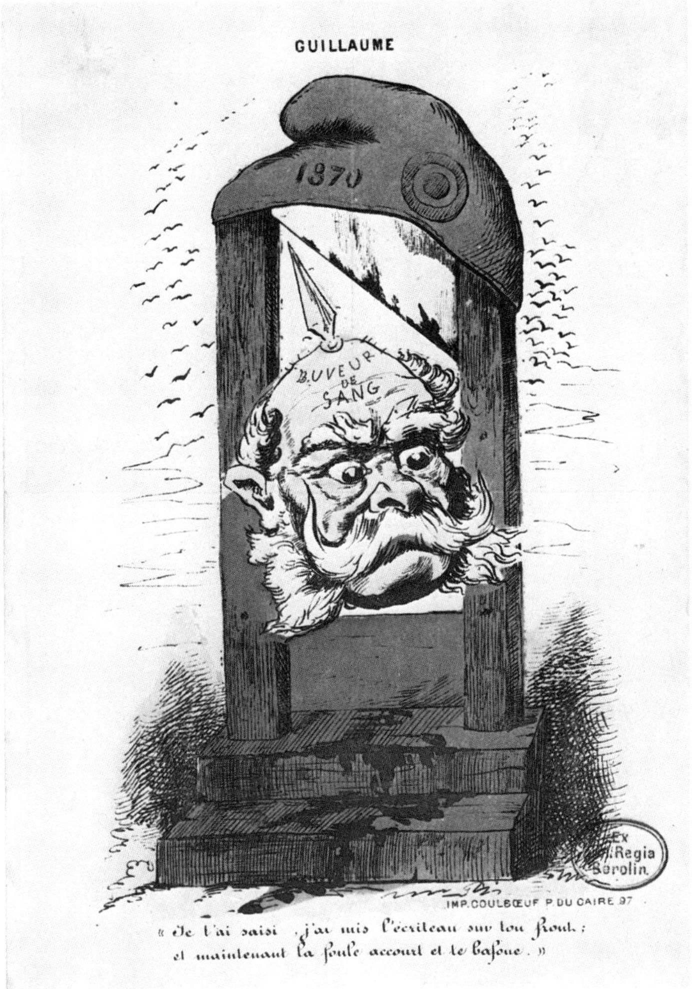

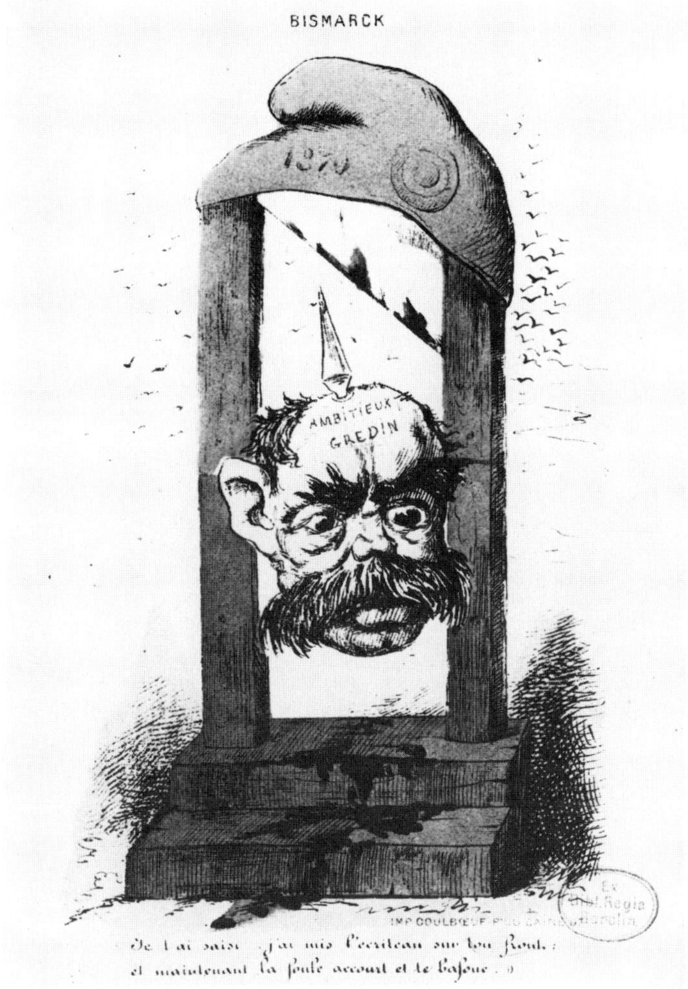

84

Faustin (1847– nach 1910)

Les Guillotinés: Guillaume, Bismarck, 1870

Kolorierte Lithographien, zwei Blatt, je 269 x 172, bezeichnet *Imp. Coulbœuf P. du Caire 27.* Staatsbibliothek Preußischer Kulturbesitz, Berlin.

Die beiden Lithographien gehören zu einer von Faustin herausgegebenen sechsteiligen Serie *Les Guillotinés*, in der der republikanische Künstler u.a. auch Napoleon III. enthauptete.[1] Die Serie dürfte Ende 1870, nach der Kapitulation Napoleons III., entstanden sein.[2]

Die Köpfe von Wilhelm – zu der Zeit nur König von Preußen – und Bismarck schweben übergroß zwischen den beiden Balken einer Guillotine. Riesige Jakobinermützen mit Kokarden und der Jahreszahl 1870 bedecken die hochgezogenen, aber schon blutbefleckten Fallbeile. Die noch sehr lebendigen Gesichter der Preußen machen mit ihren struppigen Bärten einen heruntergekommenen Eindruck. Die Pickel der preußischen Helme sind ihnen direkt in die Stirn eingepflanzt. Mit aufgerissenen Augen blicken sie starr und anscheinend ängstlich nach unten. Die Erklärung hierfür liefern die gleichlautenden Bildunterschriften: »Je t'ai saisi, j'ai mis l'écriteau sur ton front; et maintenant la foule accourt et te bafoue« (Ich habe dich gefangen, ich habe deine Stirn mit der Inschrift gezeichnet; und jetzt kommt das Volk gelaufen und verhöhnt dich).

Faustin inszeniert eine regelrechte Hinrichtung im Bilde, wobei er seinen Feinden ihre Verbrechen wie Brandzeichen auf die Stirn schreibt: Bismarck ist ein »ehrgeiziger Lump« (»ambitieux gredin«) und Wilhelm ein »Bluttrinker« (»buveur de sang«). Mit der Abfassung der Bildunterschrift in der ersten Person ernennt der Künstler sich selbst zum Richter und verstärkt den Charakter des Executio in effigie. Die Guillotine erscheint in Karikaturen meistens als Attribut eines Terrorsystems, auf dessen Greueltaten sie hinweist.[3] Wenn Faustin sie hier positiv, als Instrument des durch die Jakobinermützen als revolutionär gekennzeichneten Volkszorns einsetzt,[4] so stellt er eine Verbindung zur französischen Revolution von 1789 her, zu einer Zeit, in der schon einmal königliche Köpfe rollten.

J. D.

1 Berleux 1890, S. 63; Abb. in Wendel 1925, S. 100. – Faustin schuf später noch ein weiteres Blatt, auf dem die Guillotine mit dem großen Haupt Napoleons III. von den kleinen Köpfen Wilhelms I., Bismarcks, Oliviers, Petris und General Fleurys umgeben ist; Ducatel 1973, S. 81.

2 Ducatel 1973, S. 83 (Abb. von *Guillaume*), datiert ohne Angabe von Gründen auf 1871; dies widerspricht den Jahreszahlen auf den phrygischen Mützen, in denen sich noch die Hoffnung auf einen Sieg des französischen Volks ausdrückt, das sich, im Gegensatz zu seinem Kaiser, noch nicht geschlagen gibt.

3 Z.B. Kat. Göttingen 1975, S. 6, 24, 30f.; Ducatel 1973, S. 113. Kat. Hannover 1983, Nr. 104. Vgl. auch Berleux 1890, Abb. S. 132; Malhotra 1980, S. 97.

4 Pilotell offerierte etwa zur gleichen Zeit eine große, monumental ins Bild gesetzte Guillotine mit der Unterschrift: »Offert par la Caricature à l'Assemblée Nationale pour l'exécution des membres de la trahison nationale«; Abb. Ducatel 1973, S. 72.

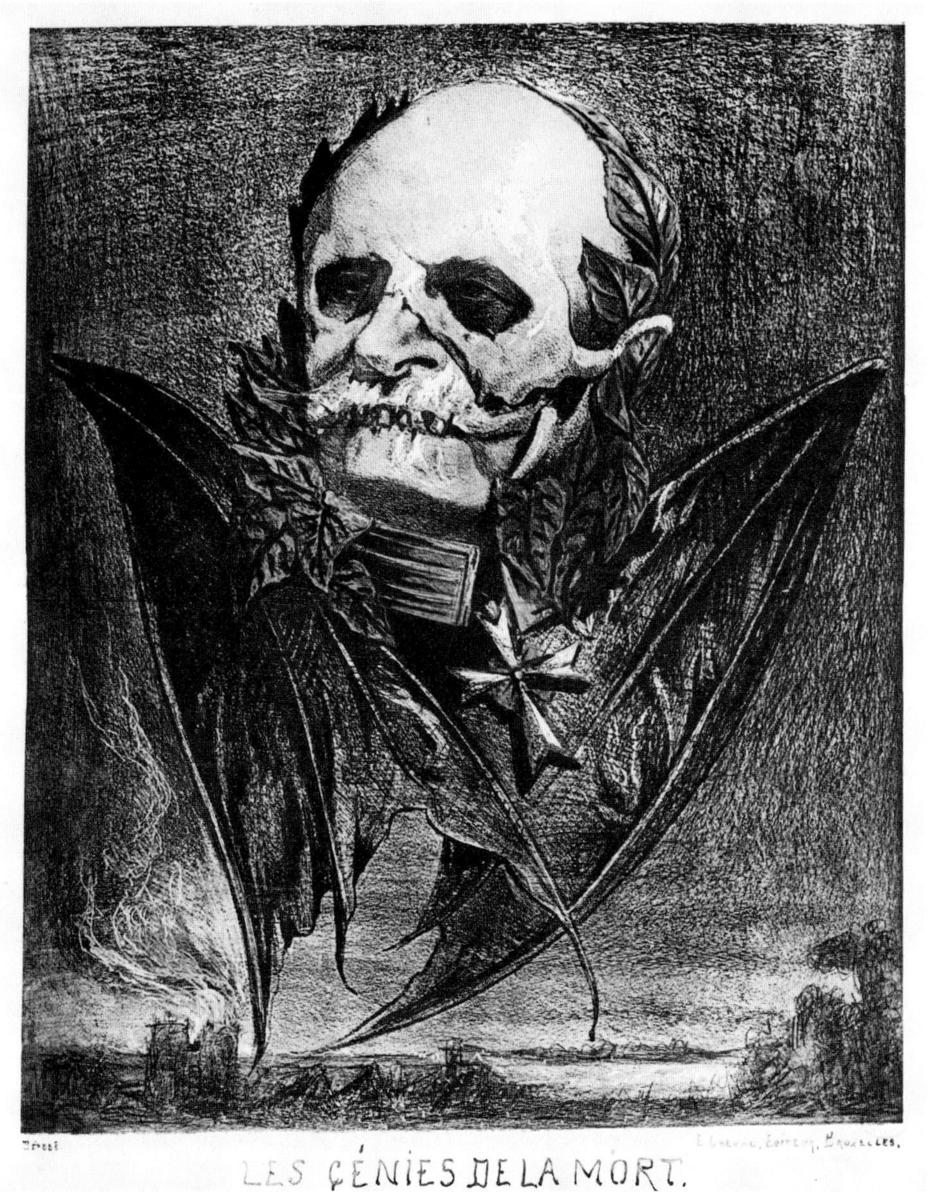

86

Edmond Guillaume

Les génies de la mort: Bismarck, 1870

Kolorierte Lithographie, 612 x 471, beschriftet *E. Cheval, Editeur, Bruxelles, Déposé. Les génies de la mort.*
Staatsbibliothek Preußischer Kulturbesitz, Berlin.

Preußische Pickelhaube, Totenschädel, Reichsadler und porträthafte Züge Bismarcks verschmelzen zu einer eindringlichen Vision, die todbringend über einem brennenden Dorf schwebt. Giftige, zum Teil abgebrochene Blätter umfangen den schwarzen Helm wie ein Lorbeerkranz. Der Adler hebt seine Flügel auf der knochigen Stirn und trägt eine merkwürdige Krone; in seinen Klauen hält er Zepter und Reichsapfel. Menschliche Züge weisen vor allem die tiefen Augenhöhlen auf, aber schon die Nase ist bis auf die Knochen verwest, und der schmal geöffnete Mund mit seinen bleckenden Nagetier-Zähnen hat kaum noch Menschliches an sich. Die frontale, den Betrachter fixierende Ausrichtung ist entscheidend für die eindringliche Wirkung dieser grauenhaften Erscheinung. J. D.

Lit.: Nicht veröffentlicht. Zur Serie *Les génies de la mort* vgl. Kat. 85.

85

Edmond Guillaume

Les génies de la mort: Guillaume, 1870

Kolorierte Lithographie, 641 x 479, beschriftet *Déposé E. Cheval, Editeur, Bruxelles. Les génies de la mort.*
Staatsbibliothek Preußischer Kulturbesitz, Berlin.

Der preußische König Wilhelm (1797–1888) – er wurde am 18. Januar 1871 in Versailles zum deutschen Kaiser proklamiert – hatte im deutsch-französischen Krieg 1870/71 den Oberbefehl über das siegreiche deutsche Heer und wurde naturgemäß zum Hauptziel der französischen Karikaturisten.

Hier schwebt er als riesenhafter *Genius des Todes* über einer verwüsteten, brennenden Stadtlandschaft. Der lorbeerbekrönte Kopf verwandelt sich teilweise in einen Totenschädel mit tief verschatteten Augen und vorstehenden Zähnen. Er wird von zwei gigantischen Fledermausflügeln getragen. Uniformkragen und Ordensstern verweisen auf seine militärische Rolle.

Die großformatige Lithographie gehört zu einer Serie von vier Blättern, die neben Wilhelm und Bismarck (Kat. 86) auch Napoleon III. und Papst Pius IX. als Elend und Not bringende Genien des Todes brandmarkt.[1] Über den offensichtlich in Brüssel tätigen Künstler ist wenig bekannt.[2] J. D.

1 Die Staatsbibliothek Berlin besitzt alle vier Blätter (Signatur YC 5106). Ducatel 1973, S. 190: Abb. von Pius IX.

2 Es gibt einen Pariser Architekten gleichen Namens (1826–1894), der aber, wie sein Lebenslauf im Thieme-Becker vermuten läßt, nicht als Verfasser dieser Karikaturen in Frage kommt.

Lit.: Abb. Berleux 1890, S. 204/05.

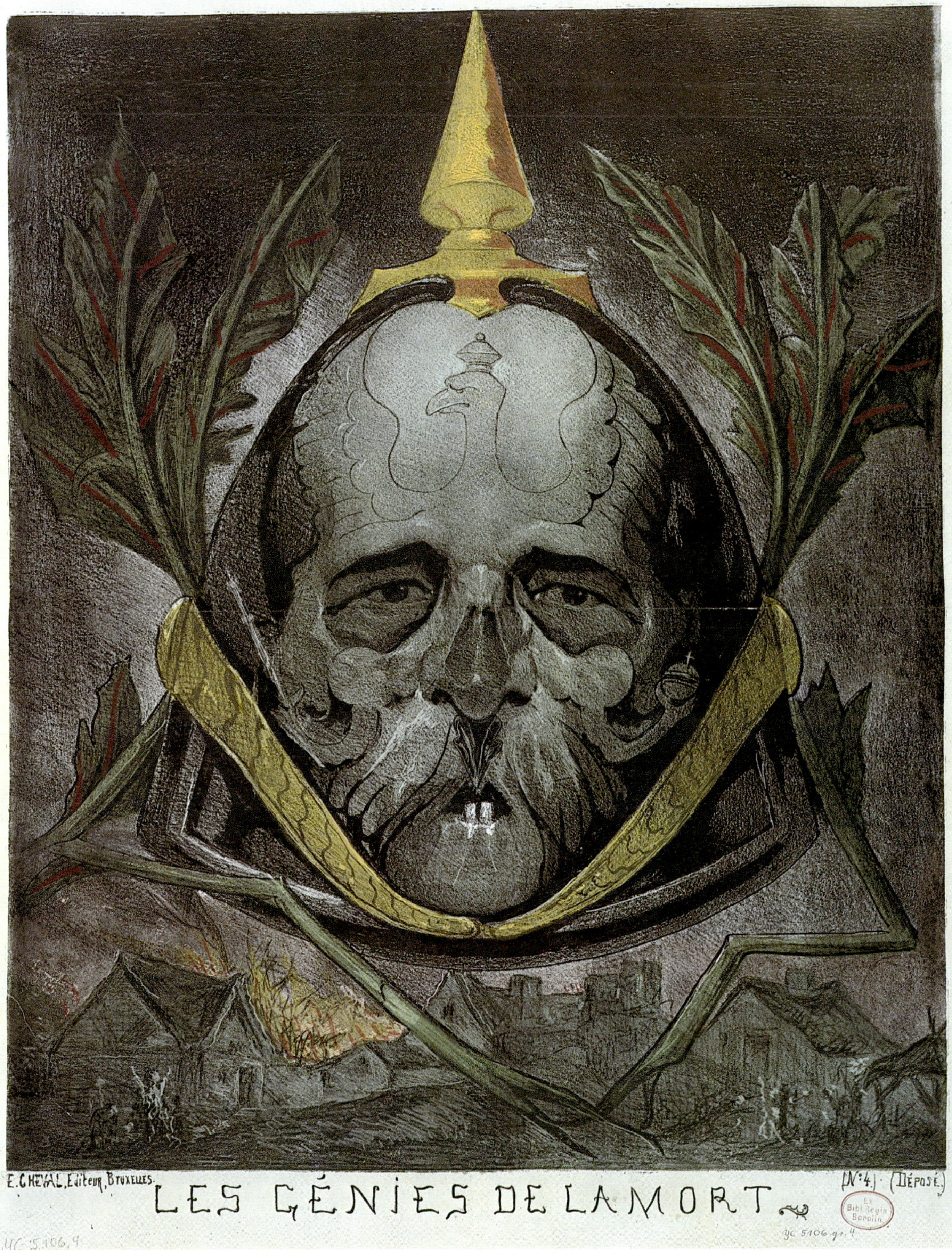
E. CHEVAL, Editeur, Bruxelles.
LES GÉNIES DE LA MORT.
(N°4.) (DÉPOSÉ.)

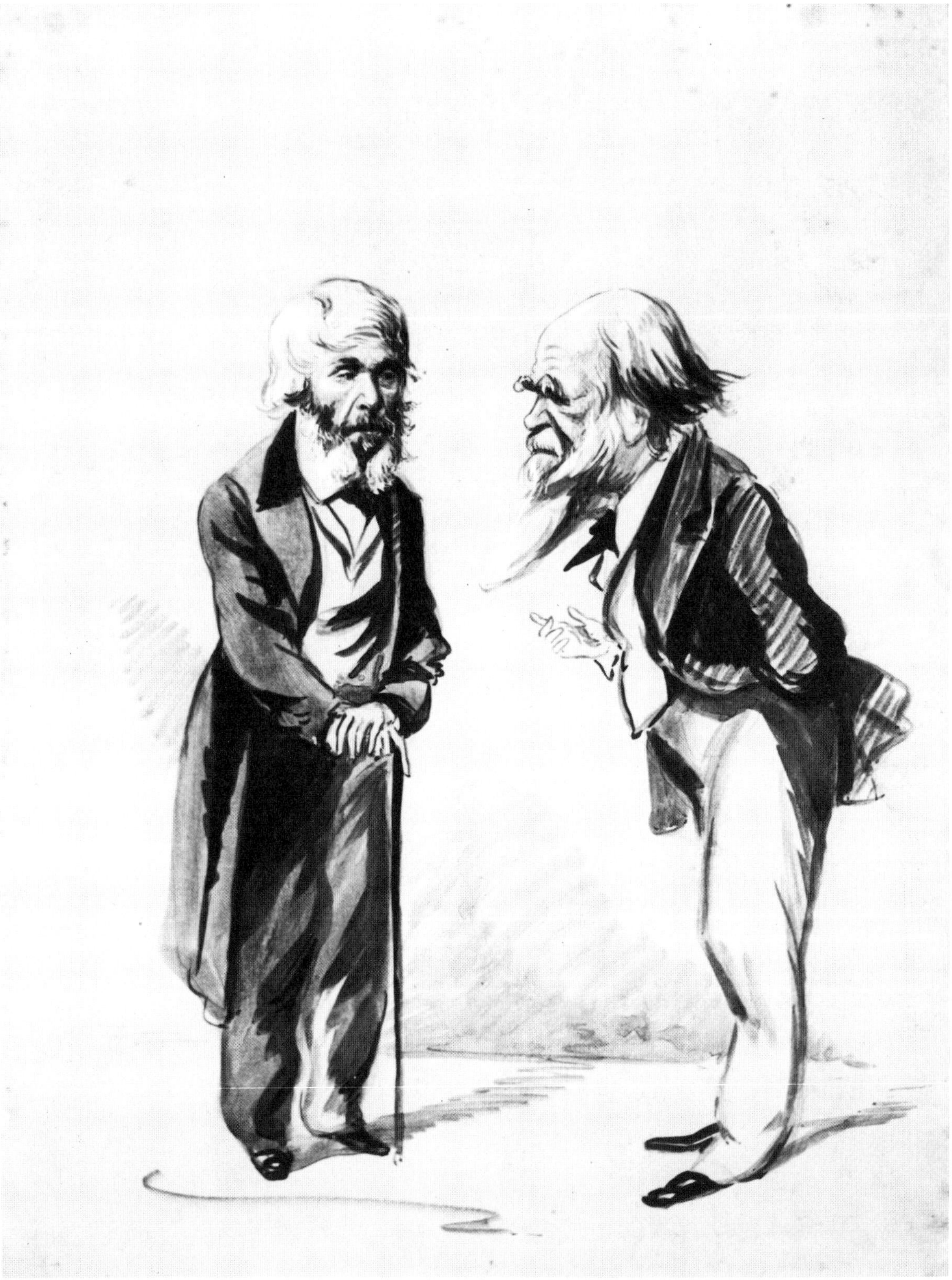

87
Alfred Bryan (1852–1899)
Carlyle und Darwin, um 1875
Pinsel in Braun über Blei auf getöntem Karton, der Effekt von Weißhöhung wird durch Einritzen der oberen dunklen Papierschicht erreicht, 381 x 280, unbezeichnet
Sammlung Ensmann, München.

Zwei der geistigen Größen Englands stehen sich als alte Männer im Gespräch gegenüber. Thomas Carlyle (1795–1881), einer der einflußreichsten Schriftsteller und Historiker Englands im 19. Jahrhundert, stützt sich auf seinen Stock und lauscht leicht nach vorn gebeugt den Ausführungen seines Gegenübers. Der Naturforscher Charles Darwin (1809–1882), der mit seinem Werk *Über den Ursprung der Arten* (1859) weltberühmt wurde, lehnt sich ihm entgegen, die eine Hand unter den Frackschoß gesteckt und mit der anderen vor der Brust seine Worte unterstreichend. Während Carlyles zerfurchtes Altersgesicht kaum karikiert erscheint, wirkt Darwins markiger Profilkopf mit den buschigen Augenbrauen und dem gewaltigen Bart übertrieben und droht den kleinen Körper durch seine Übergröße aus dem Gleichgewicht zu bringen. Eine leichte Ironie steckt auch in der Betonung des Alters dieser beiden Männer, deren wissenschaftliche Höhepunkte bereits Jahrzehnte zurückliegen und die sich hier im Selbstbewußtsein ihrer Größe als honorige Greise präsentieren. Das Blatt gehört zu einer Serie ähnlicher Bildnisse bedeutender Männer, die jeweils nur leicht und humorvoll karikiert werden. Es ist ein typisches Beispiel der gutmütigen englischen Porträtkarikatur, die in der zweiten Hälfte des 19. Jahrhunderts sehr beliebt war. J.D.

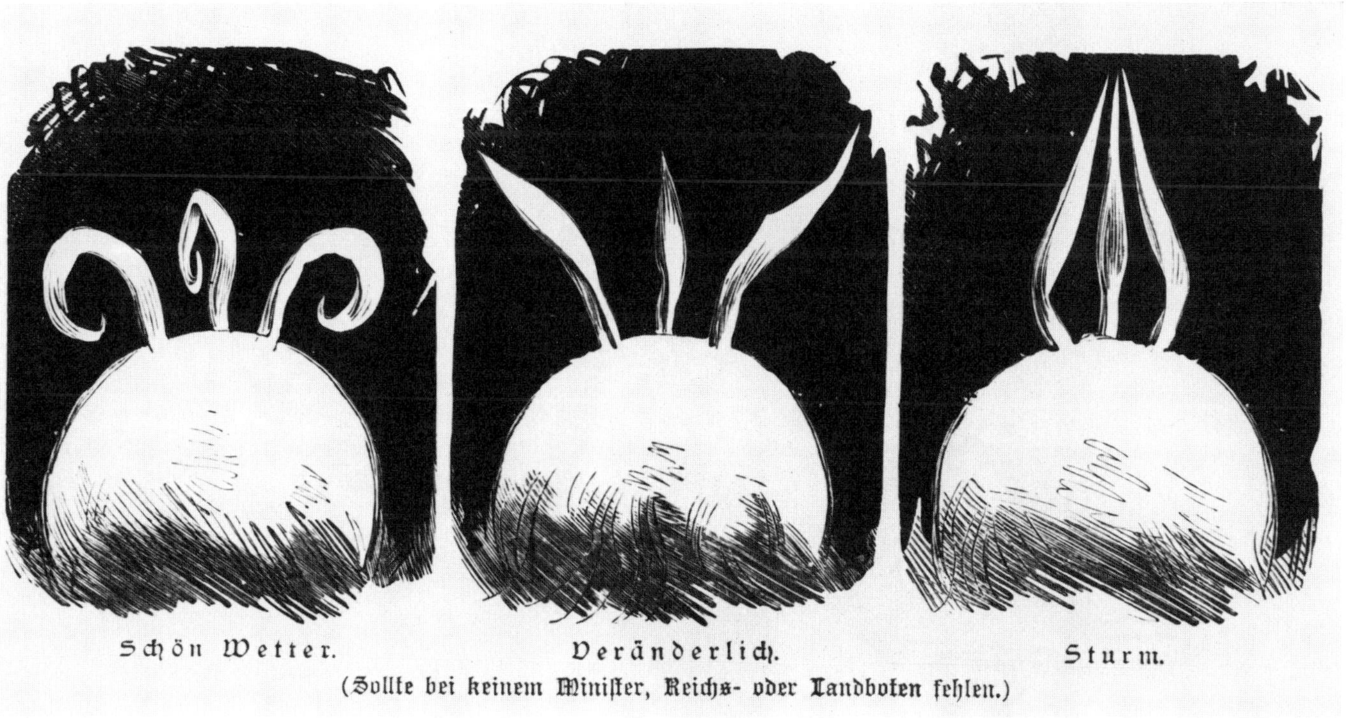

88

Wilhelm Scholz (1824–1893)

Bismarck-Barometer. – Das Auge, welches wir stets auf Frankreich haben, 1881/1887

Zwei Holzstiche aus dem *Bismarck-Album des Kladderadatsch,* »nach den Original-Holzstökken wiedergegeben«, sie erschienen ursprünglich im *Kladderadatsch* 1881 bzw. 1887, 73 x 118 und 109 x 168 (Bildgröße), monogrammiert *S.* Privatbesitz.

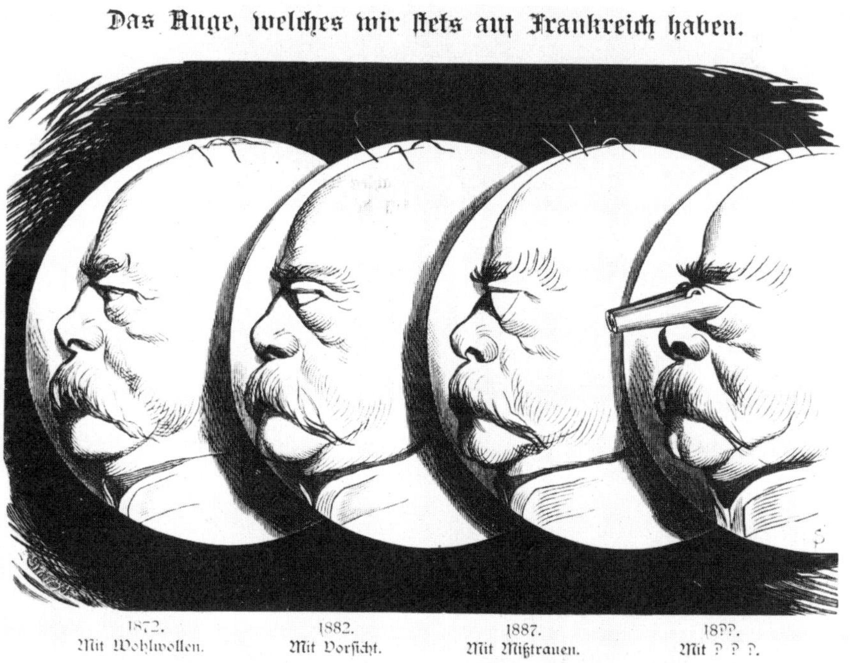

Mehrere Sammelbände geben Zeugnis von den zahlreichen Karikaturen aus ganz Europa, die Person und Politik des preußischen Ministers und deutschen Reichskanzlers Bismarck kommentieren.[1] Besonderes Interesse verdienen die Bismarck-Karikaturen des *Kladderadatsch*-Zeichners Wilhelm Scholz, von denen eine repräsentative Auswahl in dem *Bismarck-Album des Kladderadatsch* zusammengestellt ist. Das Album erschien 1890 »in der Absicht, dasselbe zum fünfundsiebzigsten Geburtstag des Reichskanzlers dem deutschen Volke als eine Festgabe darzubieten«.[2] Die Karikaturen sind, wie diese Widmung nahelegt, durchaus nicht regierungsfeindlich eingestellt, vielmehr huldigen sie dem Reichskanzler als kraftvollem Politiker und Symbol deutscher Macht.[3] Doch will dies nicht heißen, daß sie unbedingt respektvoll mit Bismarck umgehen; sie stecken ihn in Frauenkleider, geben ihm Tiergestalt oder lassen ihn vertrauliche Gespräche mit der dumm-dreisten Personifikation des *Kladderadatsch* führen. Allerdings werden Bismarcks Gegner immer eine Nummer kleiner und lächerlicher dargestellt, so daß kein Zweifel an der Wertung aufkommt.

Nachdem Scholz zunächst den damals noch preußischen Minister durch die direkt auf die Glatze gepflanzte Spitze der preußischen Pickelhaube charakterisiert hatte,[4] kam er 1863 auf die Idee, den spärlichen Haarwuchs durch drei einzelne, prononciert auf die Mitte des Schädels gesetzte Haare aufzubessern. Die »drei Haare« – auch in den begleitenden satirischen Texten ist oft von ihnen die Rede – werden zum Kennzeichen Bismarcks und erlauben es, ihn in der absonderlichsten Gestalt wiederzuerkennen. Sie vertreten als Pars pro toto die Person.[5] Die hier ausgestellten Beispiele verwenden zudem eine weitere Methode der Karikatur, die Phasenverschiebung: In den einzelnen Bildsequenzen verändern sich markante Details – die »drei Haare« und das Auge – und bringen die sich wandelnde Stimmung pointiert zum Ausdruck.[6] Die drei Schönwetter-Locken versteifen sich und nehmen die Form der Spitze auf der preußischen Pickelhaube an, und *das Auge, welches wir auf Frankreich haben,* verändert sich vom Wohlwollen bis zur Gewaltandrohung mit einem plötzlich hervorsprießenden Kanonenrohr. J.D.

1 Vgl. die Literaturangaben in Herding/Otto 1980, S. 405.
2 Scholz 1890, Vorwort zur zweiten Auflage. Das *Bismarck-Album* hatte einen außergewöhnlichen Erfolg; noch im Erscheinungsjahr gab es über zehn Auflagen, 1900 erschien die 27. Auflage.
3 Bismarck wußte dies zu danken; so ließ er 1864 eine Gefängnisstrafe des *Kladderadatsch*-Redakteurs Ernst Dohm verkürzen, die dieser wegen eines satirischen Gedichts auf die Fürstin Caroline von Reuß erhalten hatte; Scholz 1890, S. 26.
4 Scholz 1890, S. 10–14.
5 Vgl. Unverfehrt 1982, S. 157. Er verweist auf Gombrich 1977, S. 21f., der von einem markanten »Etikett zur Wiedererkennung« spricht.
6 Dazu Unverfehrt 1982, S. 156f., Anm. 102; weitere Beispiele in Fuchs II, Abb. 67f., 85ff., 94.

Lit.: Scholz 1890, S. 128, 174; Unverfehrt 1982, S. 156f.

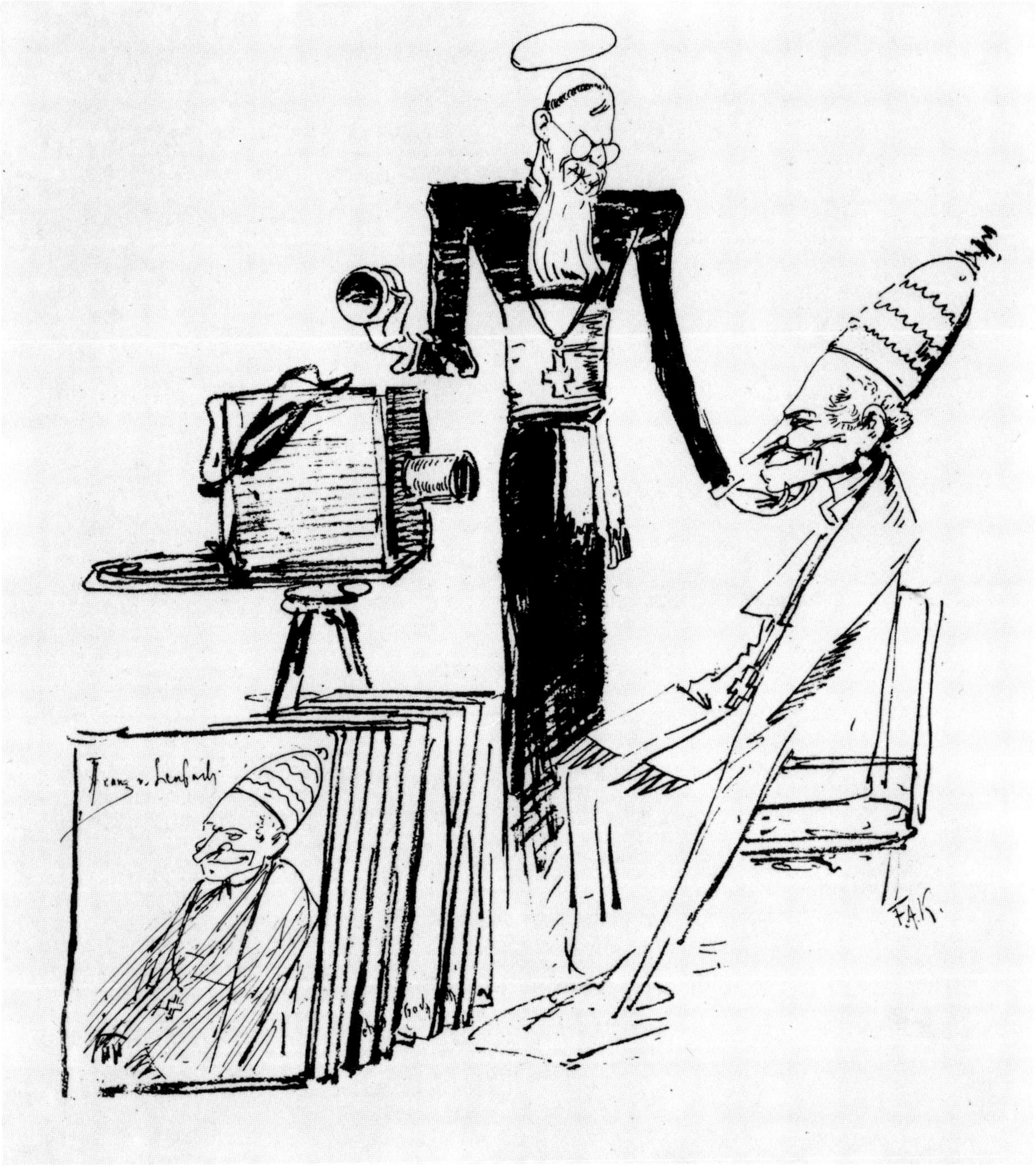

89

Friedrich August von Kaulbach (1850–1920)

Lenbach porträtiert Papst Leo XIII., 1883

Allotria-Kneipzeitung, zum zehnjährigen Stiftungsfest 31.3.1883, S. 8. Lithographie, 361 x 278, monogrammiert *F.A.K.*
Hamburger Kunsthalle.

Kaulbach hat den Malerfürst Franz von Lenbach (1836–1904) in einer ganzen Reihe von Zeichnungen und Lithographien karikiert. Die beiden waren befreundet, und diese *Lenbachiade*[1] erschien als Huldigung seit 1877 in den verschiedenen Vereinszeitschriften der Münchner Künstlergesellschaft *Allotria*, deren Präsident Lenbach war.[2]

Lenbach war einer der gesuchtesten Porträtisten der wilhelminischen Zeit; Kaiser Wilhelm, Bismarck, Moltke, Wagner und zahllose weitere Fürsten und Künstler standen ihm Modell. Dabei hat sich Lenbach häufig selbst um Porträtsitzungen bemüht, um seine »Galerie berühmter Zeitgenossen«[3] zu vervollständigen. So verhielt es sich auch im Fall Papst Leo XIII., der Lenbach 1884 eine einstündige Audienz zu diesem Zweck gewährte.[4] Der Künstler handelte sich scharfe Kritik damit ein, daß er oft seine Modelle photographierte, um die Porträtsitzungen abzukürzen.

Die Lithographie Kaulbachs karikiert nicht nur die Person Lenbachs,[5] sondern auch dessen Vorgehensweise beim Porträtieren. Lenbach krault den Papst unterm Kinn, während er mit der anderen Hand den Deckel von der Linse des Photoapparats nimmt und die Platte belichtet. Das Ergebnis ist ein ganzer Stapel freundlich lächelnder Papstporträts, alle deutlich sichtbar signiert. Der eigentliche Malvorgang findet nicht statt; der für seine Virtuosität gerühmte Malerfürst wird zum Photographen. Um sein Modell freundlich zu stimmen, erscheint der Künstler im kirchlichen Ornat und mit Tonsur. Der Heiligenschein erhebt ihn zum ›Apostel‹ der Porträtmalerei. J. D.

1 Die Bezeichnung geht auf ein Gedicht des ›*Allotria*-Hausdichters‹ Gustav Majers zurück, das Kaulbach illustrierte; Hollweck 1973, S. 116. Weitere *Lenbachiaden* abgebildet bei Rosenberg 1910, Abb. 18; Hollweck 1973, S. 115; Lehmann/Riemer 1978, S. 267; Kat. Hamburg 1984, Nr. 409.

2 Zur *Allotria* vgl. Eduard von Berlepsch in: *Die Kunst für Alle,* 1.10.1893; Rosenberg 1910, S. 40ff.; Hollweck 1973, S. 113ff.; Lehmann/Riemer 1978, S. 232ff. Vgl. auch Kat. 47.

3 Der Ausdruck findet sich bei Rosenberg 1899, S. 82.

4 Zu den Papstporträts Lenbachs vgl. Rosenberg 1899, S. 81ff., Abb. 40, 41; Kat. Hamburg 1984, Nr. 409. – Die hier ausgestellte, 1883 entstandene Lithographie Kaulbachs karikiert also bereits die Absicht Lenbachs, ein Papstporträt anzufertigen.

5 Eine kurze Beschreibung der von Kaulbach karikierten Gestalt Lenbachs findet sich in Hermann 1901, S. 67, mit besonderem Verweis auf die »große, goldene Brille mit den kreisrunden Gläsern«, die ihn auf allen Blättern der *Lenbachiade* begleite.

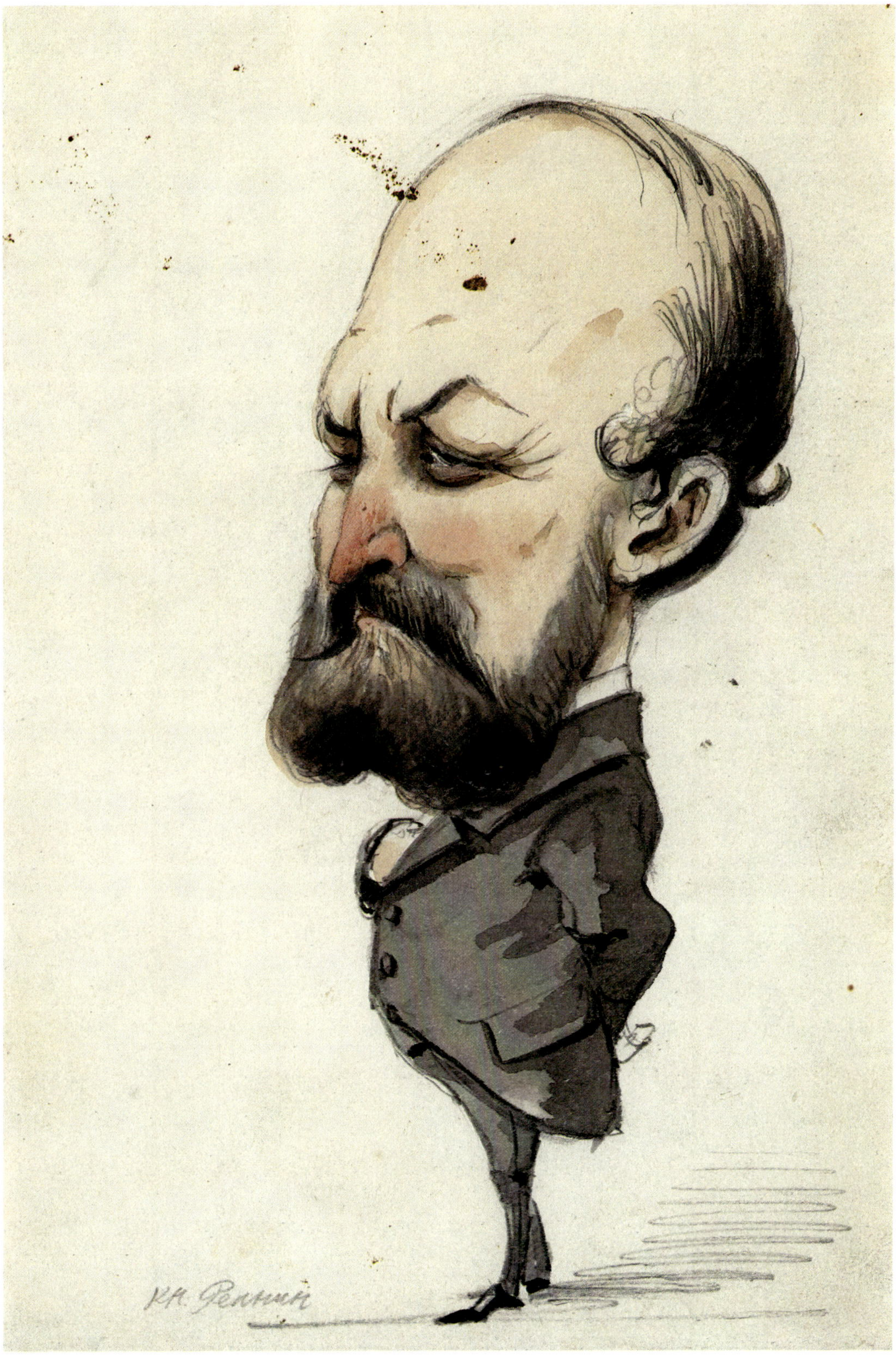

90
Iwan Alexander Wssjewoloshskij (1835–1909)

Minister Repnin, um 1880/90

Aquarell über Blei, 254 x 172, bezeichnet *Repnin* (kyrillisch), signiert auf der Rückseite in Kyrillisch.
Sammlung Ensmann, München.

Über die Person des Dargestellten konnte nichts Sicheres ermittelt werden. Nach Auskunft des Vorbesitzers, eines russischen Emigranten, handelt es sich bei »Repnin« um einen Minister am Zarenhof. Vielleicht gehörte er dem Fürstengeschlecht der Repnin an, die im 18. und 19. Jahrhundert in der russischen Politik eine Rolle spielten. Das Aquarell gehört zu einer Serie von über dreißig Porträtkarikaturen – im Besitz der Sammlung Ensmann –, die Wssjewoloshskij zwischen 1880 und 1890 von Angehörigen des Zarenhofes, seiner Gäste und Schauspieler (unter anderem auch Sarah Bernhardt) schuf (vgl. Kat. 10, 230).

Minister Repnin steht nach links gewandt, mit viel zu großem Kopf (vgl. Kat. 5, 9, 81, 102). Der Gesichtsausdruck ist mißmutig und fast zornig, den hochgezogenen Augenbrauen und scharf nach links blickenden Augen entsprechen die abwertend nach unten gezogenen Mundwinkel. Die kleine spitze Nase ist auffällig rot, und die stark in die Höhe getriebene Stirn wird von nur wenig Haaren eingefaßt. Übertreibungen und genau beobachtete Details halten sich in dieser Porträtkarikatur offensichtlich die Waage. J. D.

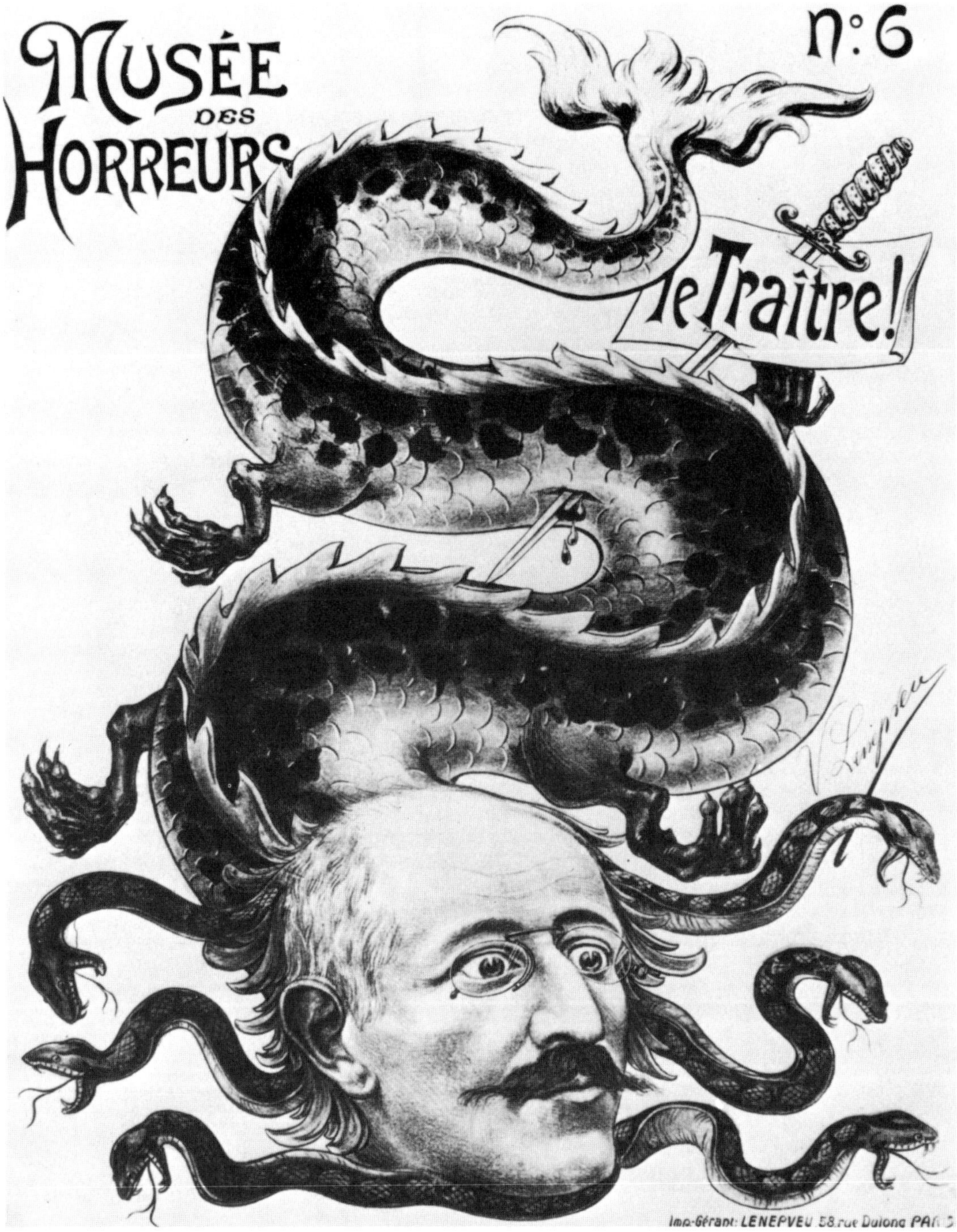

91

V. Lenepveu (Pseudonym)

Alfred Dreyfus, 1899

Musée des Horreurs No. 6: Le Traitre (Museum des Schreckens Nr. 6: Der Verräter); kolorierte Lithographie, 630 x 480, signiert *V. Lenepveu.* Museum für Kunst und Gewerbe, Hamburg.

Der französische Artilleriehauptmann Dreyfus (1859–1935) wurde der Spionage für Deutschland beschuldigt und 1894 von einem Militärgericht in die lebenslängliche Verbannung auf die Teufelsinsel geschickt. Nachdem seine Unschuld immer offensichtlicher wurde, strengten liberale Kreise – darunter Emile Zola und Clemenceau – ein Revisionsverfahren an, das 1899 zu einer zweiten Verurteilung führte. Trotz der darauf erfolgten Begnadigung durch den Präsidenten wurde Dreyfus erst 1906 rehabilitiert.

Die ›Affäre Dreyfus‹ rief in der Karikatur ein äußerst lebhaftes Echo hervor.[1] Die über fünfzig Plakate der Serie *Musée des Horreurs* erschienen erst seit dem Herbst 1899 – also nach der Begnadigung – bis weit ins nächste Jahr hinein. Sie diffamieren haßerfüllt und mit einem stark antisemitischen Unterton die Parteigänger der ›Revisionisten‹ als Affen, Hunde oder Schweine (Zola), die die Ehre der Nation beschmutzt hätten.[2]

Dreyfus erscheint als Hydra mit drachenähnlichem Leib und sechs kleinen Schlangenköpfen, die den Kopf rahmen. Das Porträt selbst ist in keiner Weise verzeichnet, allenfalls die starr aufgerissenen Augen fallen auf. Die Verbindung der dunklen blaugrünen Hydra mit dem hell in Ocker getönten Kopf ist nicht organisch geglückt, auch kontrastiert der harmlose, ruhige Gesichtsausdruck zu sehr mit dem wild schlängelnden Tierkörper. – Die Hydra wird von Herkules in seiner zweiten Heldentat überwunden. Als Symbol des Bösen ist sie häufiger in der Bildsatire anzutreffen. Meistens wird jedoch ihre Vielköpfigkeit treffender genutzt, um mehrere Gegner als Teile des einen Ungeheuers hinzustellen.[3]

J. D.

1 Vgl. John Grand-Carteret, *L'Affaire Dreyfus et l'image,* Paris 1898; *Dreyfus-Bilderbuch,* Berlin 1899. Es erschienen sogar zwei Karikaturenzeitschriften, die sich der ›Dreyfus-Affäre‹ annahmen; vgl. Melot 1975, S. 151ff.

2 Malhotra 1980, mit weiterer Literatur und ausführlicher Kommentierung der ganzen Serie. Vgl. auch Kat. Münster 1983, Nr. 275.

3 Z.B. Scribner 1981, S. 161, 170ff.; Harms II, Nr. 103, 105, 265; Kat. Göttingen 1980, Nr. 60; Ducatel 1973, S. 107; Drews 1905, S. 76. – Häufig besteht eine äußere Ähnlichkeit des Ungetüms mit dem siebenköpfigen Drachen aus der Apokalypse des Johannes, wie ihn schon Dürer 1498 in seiner Holzschnittfolge veröffentlichte. Vgl. auch Kat. 114.

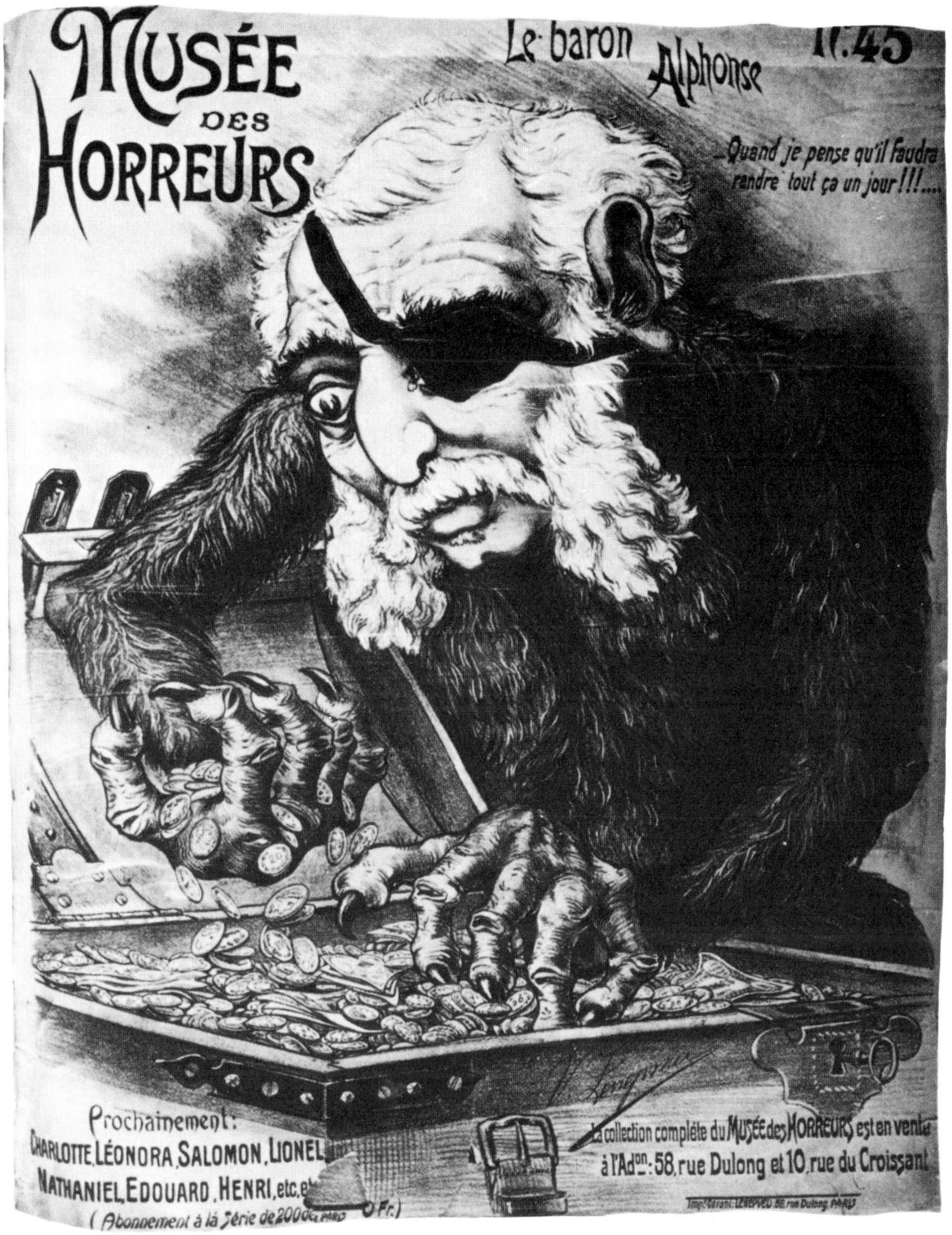

92

V. Lenepveu (Pseudonym)

Baron Alphonse de Rothschild, 1900

Musée des Horreurs No. 45 (Museum des Schreckens Nr. 45); kolorierte Lithographie, 633 x 471, signiert *V. Lenepveu.*
Museum für Kunst und Gewerbe, Hamburg.

Die Rothschild galten mit ihren sagenhaften Reichtümern als Prototypen des jüdischen Bankiers und mußten häufig als Angriffsziel antisemitischer Hetzkampagnen herhalten. Im *Musée des Horreurs* (Kat. 91) werden gleich sieben Mitglieder der Familie als Hunde, Affen oder Ziegen dargestellt. Baron Alphonse de Rothschild (1827–1905) leitete das französische Haus und war zugleich Vorsitzender der Banque de France.[1]

Mit behaartem, affenähnlichem Körper beugt er sich über einen offenen Geldkoffer und wühlt in dessen Inhalt.[2] Seine klauenartigen Finger ähneln mit ihren großen Krallen noch am ehesten denen eines Raubvogels.[3] Die Augen, das eine von einer Piratenbinde verdeckt, das andere weit aufgerissen und gierig auf die Goldstücke starrend, entstellen zusammen mit der großen, gebogenen – ›typisch jüdischen‹ – Nase das Gesicht.

Dem Zeichner ist es hier sehr viel besser als bei dem früheren Dreyfus-Plakat (vgl. die vorhergende Kat.-Nr.) gelungen, den Kopf mit dem Tierkörper zu verbinden. Das liegt vor allem daran, daß der wild behaarte Leib in Haltung und Körperbau menschliche Maßstäbe annimmt. Rothschild ist weniger als Affe dargestellt denn als Mensch, der durch seine Geldgier zum Tier wird. J. D.

1 Malhotra 1980, S. 30, 116.
2 Das Geld und das beigegebene Zitat – »Quand je pense, qu'il faudra rendre tout ça un jour!« (Wenn ich daran denke, daß ich das alles eines Tages wieder hergeben muß!) – enthalten eine Anspielung: Rothschild hatte kurz zuvor eine russische Staatsanleihe auf dem französischen Kapitalmarkt untergebracht; dies wird ihm nun als persönliche Bereicherung ausgelegt (Malhotra 1980, S. 30).
3 Zur Fingerform und der Handhaltung vgl. Kat. 101 (mit Vergleichsabbildung).

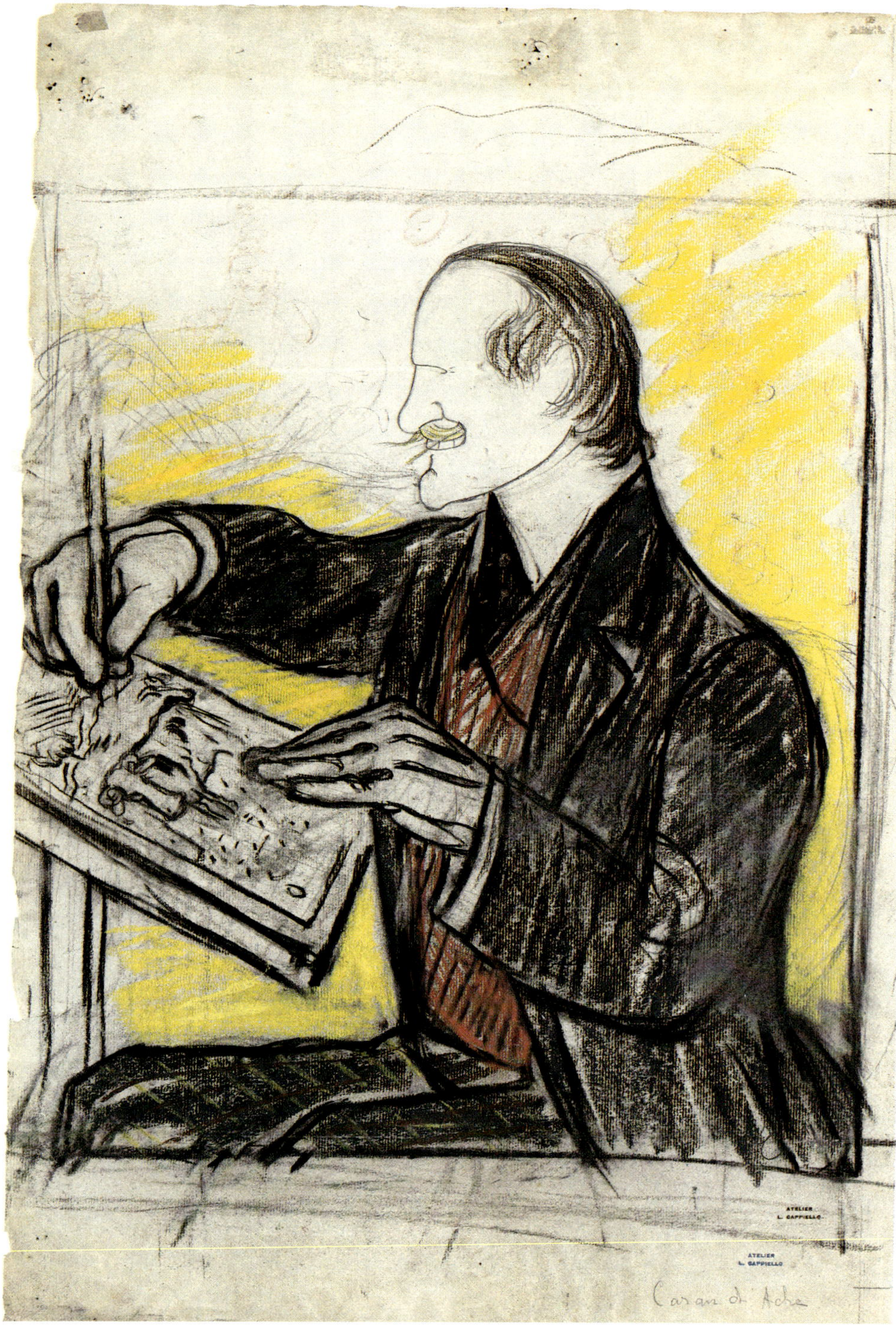

93
Leonetto Cappiello (1875–1945)

Caran d'Ache, um 1900

Kohle und Pastell, Blei, 620 x 415, beschriftet *Caran d'Ache,* mit dem Stempel *Atelier L. Cappiello* versehen.
Sammlung Ensmann, München.

Caran d'Ache (1858–1909), mit bürgerlichem Namen Emmanuel Poiret, war einer der bekanntesten und humorvollsten Karikaturisten im Frankreich der dritten Republik. Er zeichnete lange Zeit für den *Chat noir,* wechselte in den neunziger Jahren aber gegen eine extrem gute Bezahlung zum *Figaro.* Seine konservative politische Haltung verleitete ihn dazu, 1898/99 zusammen mit Forain das gegen Dreyfus (vgl. dazu Kat. 91) gerichtete Hetzblatt *Psst . . .!* herauszugeben.[1]

Cappiello gibt seinen Kollegen sitzend, als Zeichner nach der Natur, der mit plumpen, großen Händen den Hintergrund seiner Zeichnung, *Landschaft mit Kuh,* ausfüllt. Die Kleidung des Künstlers stimmt allerdings mit seinem ländlichen Sujet nicht überein: ein dunkler Anzug – vielleicht sogar Frack – mit gestreifter Hose, rote Weste und Krawatte, weiße Handschuhe – dies spricht von einer modebewußten Eleganz, der nichts ferner liegt als eine banale, den Zeichner zudem noch anschauende Kuh. Der Widerspruch spiegelt sich auch in den beiden kontrastierenden Zeichenweisen: Während Kleidung und Hände mit derben Kohlestrichen skizziert sind, wird die Gesichtskontur nur von einer feinen und stilisierten Bleistiftlinie angegeben. Das Porträt wird durch diese einander widersprechenden Elemente genauso zur Karikatur wie durch den indifferent grinsenden Gesichtsausdruck und die leichte Übertreibung der Mund-Kinn-Partie.

Der farbige Druck nach dieser Vorlage ist in zweifacher Hinsicht verändert: Aus der Kuh auf der Zeichnung wurde ein Hund, der einen Mann anbellt, und die Wiedergabe der Kleidung wurde auf Umrißlinien beschränkt, die mit gedämpften Farbtönen – Braun für den Frack, die Weste grau und die Krawatte rot – ausgefüllt sind.[2] J. D.

1 Piltz 1976, S. 175; Melot 1975, S. 151ff.; Fuchs II, passim.
2 Abb. in Melot 1975, S. 61; Feaver 1981, S. 126. – Zu Cappiello vgl. den Ausstellungskatalog *Cappiello 1875–1942,* Grand Palais, Paris 1981.

94

Rudolf Wilke (1873–1908)

Alfred Kerr, 1903

Schwarze Tusche, Kohle, Deckweiß, 344 x 200, monogrammiert *W.*
Sammlung Ensmann, München.

Alfred Kerr war einer der bedeutendsten Kritiker und Feuilletonisten zu Beginn unseres Jahrhunderts. Die Karikatur erschien im *Simplicissimus* mit der Unterzeile »Der Berliner Schriftsteller, wo hat gemacht berühmt den Ibsen.«[1] Dies spielt auf Kerrs Engagement für den norwegischen Dichter an, der mit seinen sozialkritischen und emanzipatorischen Stücken im kaiserlichen Deutschland auf heftige Kritik stieß. Mit seinen Theaterkritiken, die 1916 gesammelt in fünf Bänden erschienen, übte Kerr großen Einfluß auf die Entwicklung des deutschen Schauspiels aus.

Die Hände in den Hosentaschen und mit unterwürfiger Haltung blickt Kerr frontal aus dem Bild. Abstehende Ohren und der schwarze Hut rahmen das schmale und von der hohen Stirn nach unten gedrückte Gesicht. Tiefliegende Augen zwischen dunklen Brauen und großen Tränensäcken, die lange, gebogene und fast bis auf den Mund reichende Nase, die fleischige vorstehende Unterlippe – dies ergibt das Bild des ›typischen Juden‹, wie er häufig in der Karikatur erscheint.[2]

In stilistischer Hinsicht ist das 1903 entstandene Blatt äußerst erstaunlich. Mit raschen Pinselstrichen und dem betonten Verzicht auf ein sorgfältiges ›Finish‹ erreicht Wilke eine plakative und durch den Schwarzweißkontrast sehr eindringliche Wirkung. Die Kontur hat nicht mehr die Eleganz des Jugendstils, sondern dient der Ausdruckssteigerung. J. D.

1 *Simplicissimus* Nr. 10, 8. Jg. 1903, S. 80.
2 Vgl. die zahlreichen Abbildungen in Fuchs 1921.

Lit.: Spies 1973, Nr. 30; Kat. München 1977, Nr. 522 (jeweils mit differierenden Maßangaben).

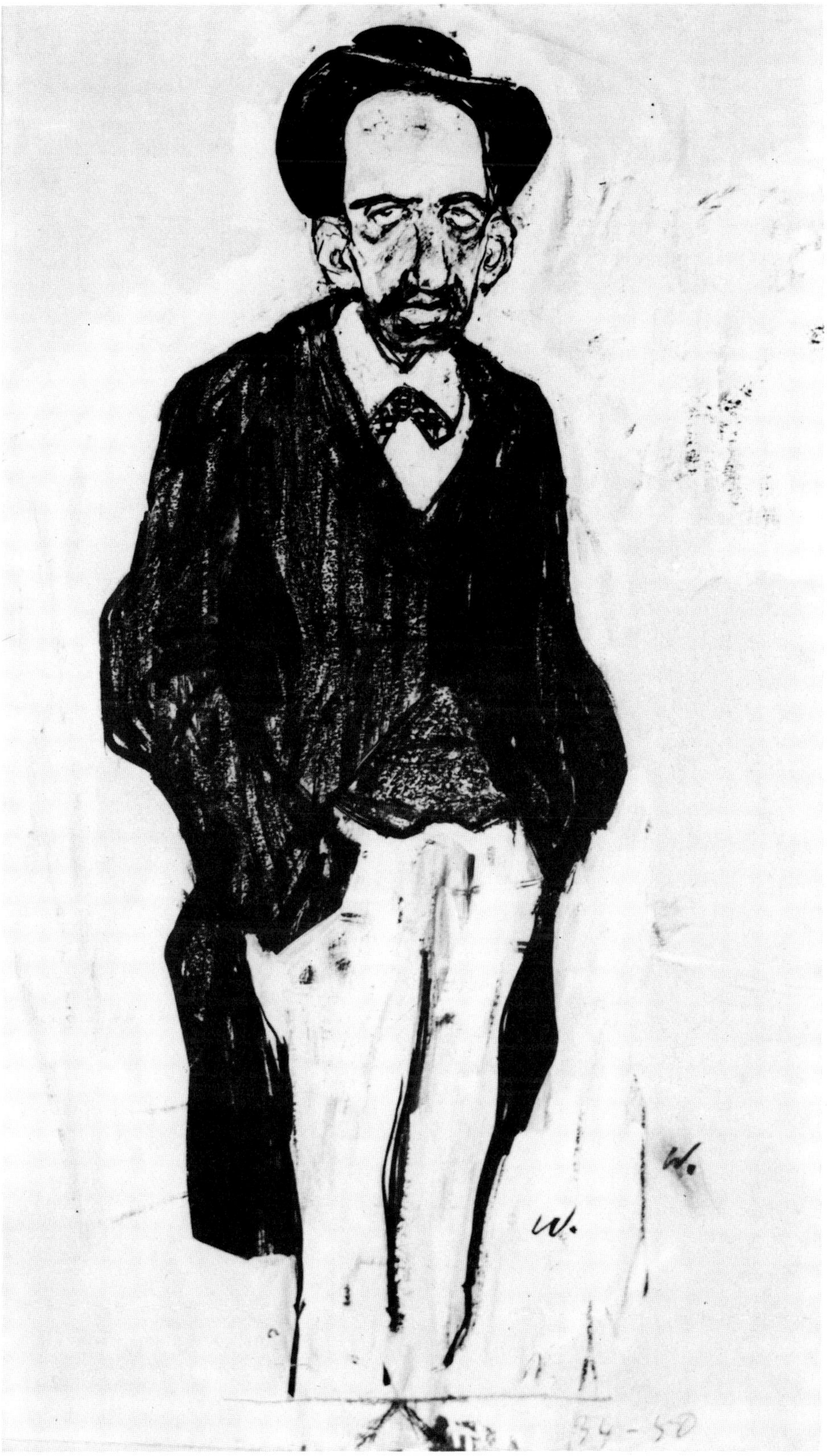

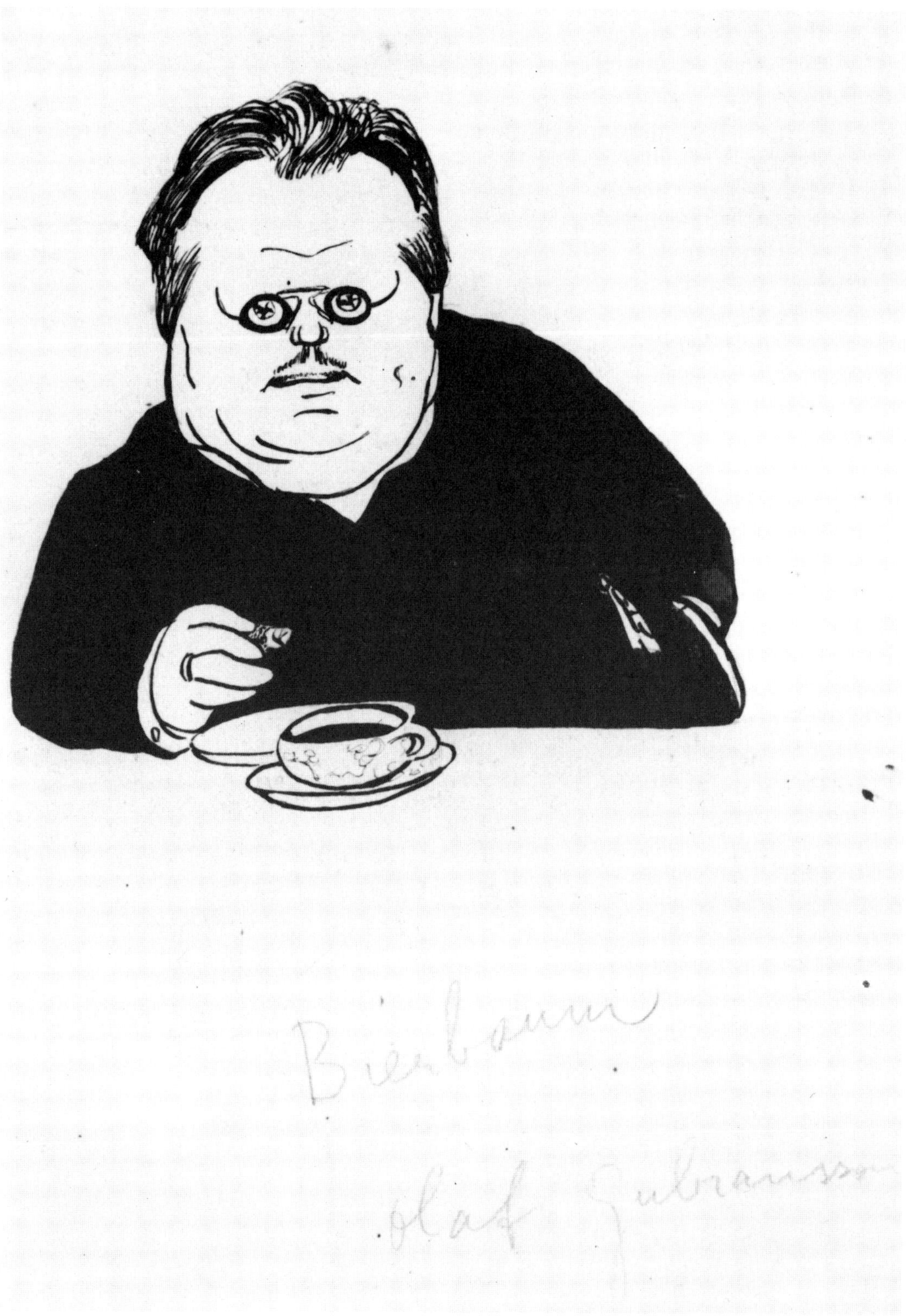

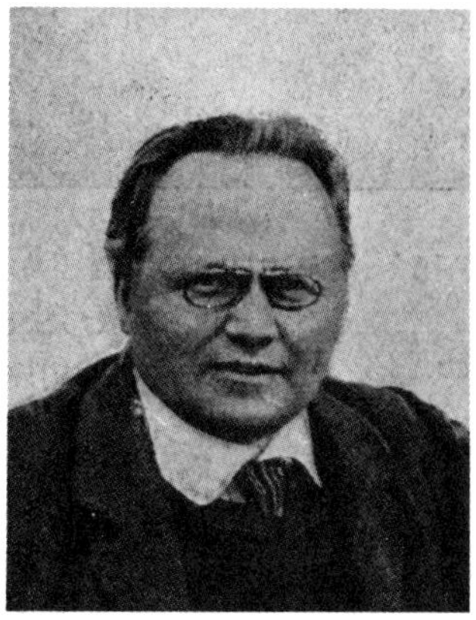

Abb. 73 Otto Julius Bierbaum, zeitgenössisches Photo

95

Olaf Gulbransson (1873–1958)

Otto Julius Bierbaum, 1903

Feder und Pinsel in Schwarz, 346 x 251, bezeichnet in Blei *Bierbaum, Olaf Gubransson* (sic). Sammlung Ensmann, München.

Der Schriftsteller und Publizist Bierbaum (1865–1910) wurde vor allem als Mitherausgeber der beiden Jugendstil-Zeitschriften *Pan* (ab 1895 in Berlin) und *Die Insel* (ab 1899 in München) bekannt. Als Literat trat er mit mehreren burlesken Romanen in Erscheinung.

Bierbaum sitzt als dicker kleiner Mann vor einer Kaffeetasse, den Zigarrenstumpen in der aufgestützten Hand. Mund, Nase und die Augen hinter der dicken Hornbrille verschwinden in den fleischigen Gesichtsmassen. Die hohe Stirn und die lässige Haltung deuten den Intellektuellen an. Gulbransson verzichtet auf die Übertreibung einzelner Züge, dafür macht er durch eine leichte Verzerrung der Proportionen aus dem avantgardistischen Dichter einen harmlosen alten Mann. Wie treffend es ihm dennoch gelang, die Züge des Schriftstellers wiederzugeben, mag der Vergleich mit dem nur wenig späteren Photo zeigen (Abb. 73).

Seit Ende 1903 veröffentlichte Gulbransson im *Simplicissimus* mit großem Erfolg seine Galerie der *Berühmten Zeitgenossen.* Bereits zwei Jahre später erschienen dreißig der Porträtkarikaturen in einem Tafelband, darunter auch ein Bildnis Bierbaums, das mit der Zeichnung in der Sammlung Ensmann weitgehend übereinstimmt. J. D.

Lit.: Kat. München 1977, S. 118 (Abb.), 123; Olaf Gulbransson, *Berühmte Zeitgenossen,* München 1905, S. 4. – In der Sammlung Ensmann befindet sich auch Gulbranssons Karikatur von Gemma Bierbaum, der Gattin des Dichters. Die Karikatur von O. J. Bierbaum erschien im *Simplicissimus* Nr. 38, 8. Jg. 1903, S. 298.

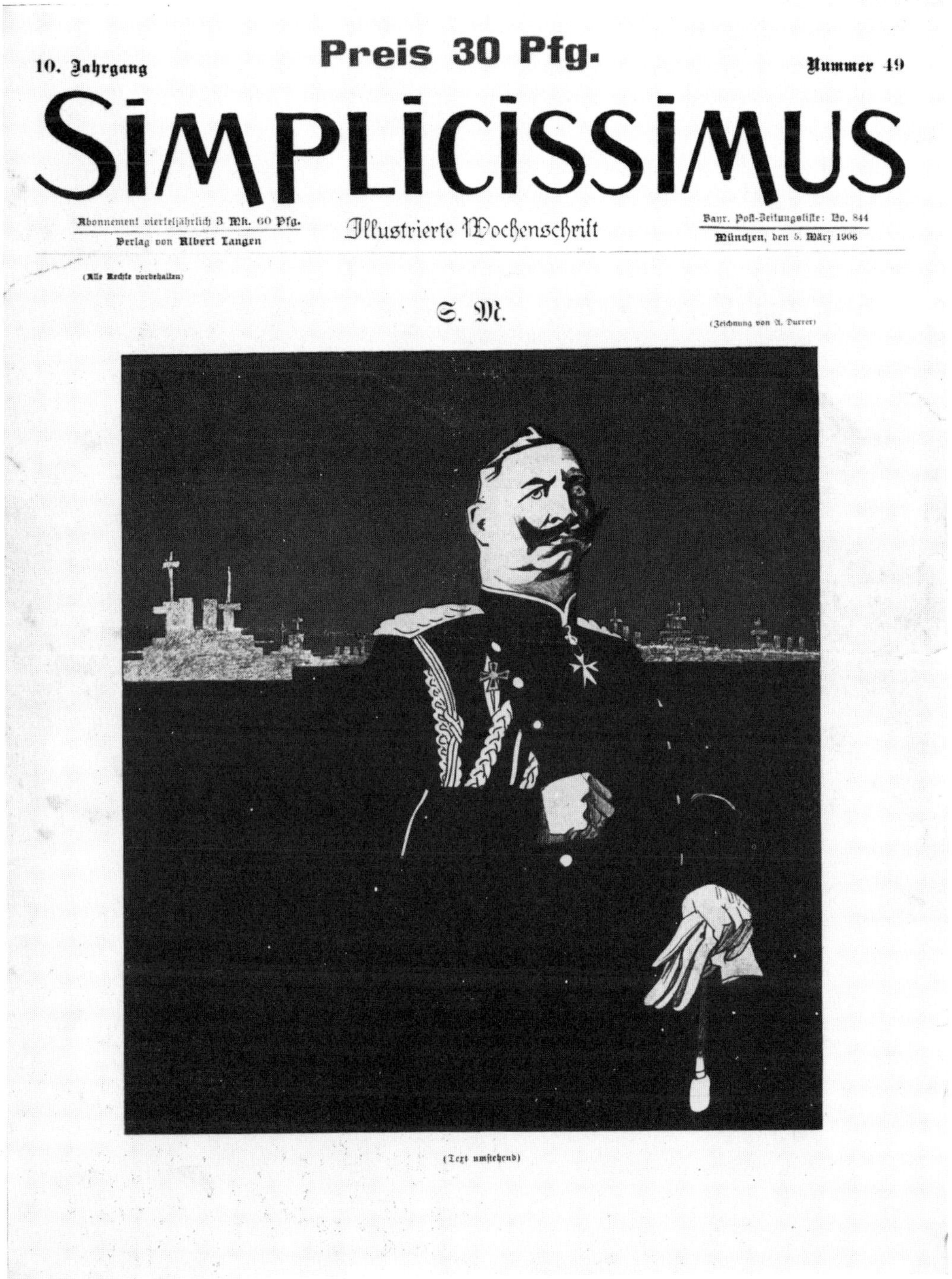

10. Jahrgang **Preis 30 Pfg.** Nummer 49

SIMPLICISSIMUS

Abonnement vierteljährlich 3 Mk. 60 Pfg.
Verlag von Albert Langen
Illustrierte Wochenschrift
Bayr. Post-Zeitungsliste: No. 844
München, den 5. März 1906

(Alle Rechte vorbehalten)

S. M.

(Zeichnung von A. Durrer)

(Text umstehend)

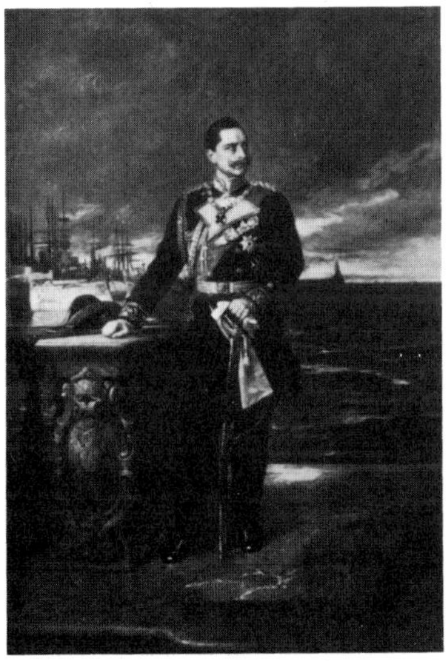

Abb. 74 Friedrich August von Kaulbach, *Kaiser Wilhelm II.*, 1898

96

Olaf Gulbransson (1873–1958)

S. M., 1906

Flachdruck in Schwarz, Gelb und Violett, Bildgröße 232 x 201, monogrammiert *AD 1906; Simplicissimus* Nr. 49, 10. Jg., 5.3.1906, Titelbild.
Privatbesitz.

Die Rechte vor der ordensbehängten Brust zur Faust geballt, steht »Seine Majestät« vor dem Meer, auf dem die deutsche Kriegsflotte naht. Wilhelm II. trieb mit ehrgeizigen Plänen den Ausbau der Flotte voran; ihre Größe wurde zu einer persönlichen Prestigeangelegenheit.

Das kantige, grimmige Gesicht ist kaum verzeichnet. Die Karikatur, angelegt als Dreiviertelfigur in Unteransicht vor fernem Horizont, ist als Parodie auf ein offizielles Staatsporträt zu verstehen. »Dies Bild nimmt einen höheren Schwung / als Ausdruck einer Huldigung«, heißt es ironisch in dem gereimten Kommentar.[1] Das hier zum Vergleich abgebildete lebensgroße Kaiserbildnis von F. A. von Kaulbach (Abb. 74) entstand 1898 und mag als Beispiel zeigen, wie eng sich Gulbransson an derartigen Auftragswerken orientierte.[2] Sicherlich veranlaßte ihn dazu auch der Gedanke an die staatliche Zensur, die bei Porträtkarikaturen auf den Kaiser hart durchzugreifen pflegte und die hier angesichts der geschickten, hinterhältigen Übertreibung von Pose und Kopf kaum den Grund zur Beanstandung öffentlich nennen konnte.[3] Die Karikatur erschien zudem unter dem Pseudonym »A Durrer«, das Gulbransson mehrfach verwandte, wenn ihm Vorsicht vor der Zensur angebracht erschien.[4]

J. D.

1 Das Gedicht ist umseitig abgedruckt (10. Jg., S. 582). Es spielt im Fortlauf auf einen Zensurfall an und erschien anonym. Der Titel des Gedichts, *Lui*, könnte auf den gleichnamigen Bildband Grand-Carterets von 1905 anspielen; vgl. Anm. 3. Siehe auch das Frontispiz in diesem Katalog.

2 Rosenberg 1910, Abb. 89. Von der Auftraggeberseite hieß es damals: »Es sollte ein Porträt in großem historischen Stile, in monumentaler Auffassung werden, und als Hintergrund sollte das Element dienen, auf dem nach dem Ausspruche des Monarchen Deutschlands Zukunft liegt.« (ebd., S. 98)

3 »Wilhelm im Bildnis darzustellen, dem bloßen Auge sichtbar, ist sogar in der harmlosesten satirischen Form fast eine Unmöglichkeit. Wie in Rußland ist die kaiserliche *Ikone* sozusagen geheiligt.« Grand-Carteret 1905, S. 43. Beim Durchblättern der dort abgebildeten deutschen Karikaturen auf Wilhelm II. (S. 43–58) wird deutlich, wie weit Gulbransson sich mit *S.M.* vorwagte. – Vgl. auch Friedrich Wendel, *Wilhelm II. in der Karikatur*, Dresden 1928.

4 Der *Simplicissimus* hatte mehrmals Ärger mit der Zensur, vgl. Kat. München 1977, S. 41 ff.; dazu auch ebd., Nr. 40. Der fiktive Name ist wohl als eine mit markig gerolltem ›R‹ zu sprechende Verballhornung von ›Dürer‹ zu verstehen.

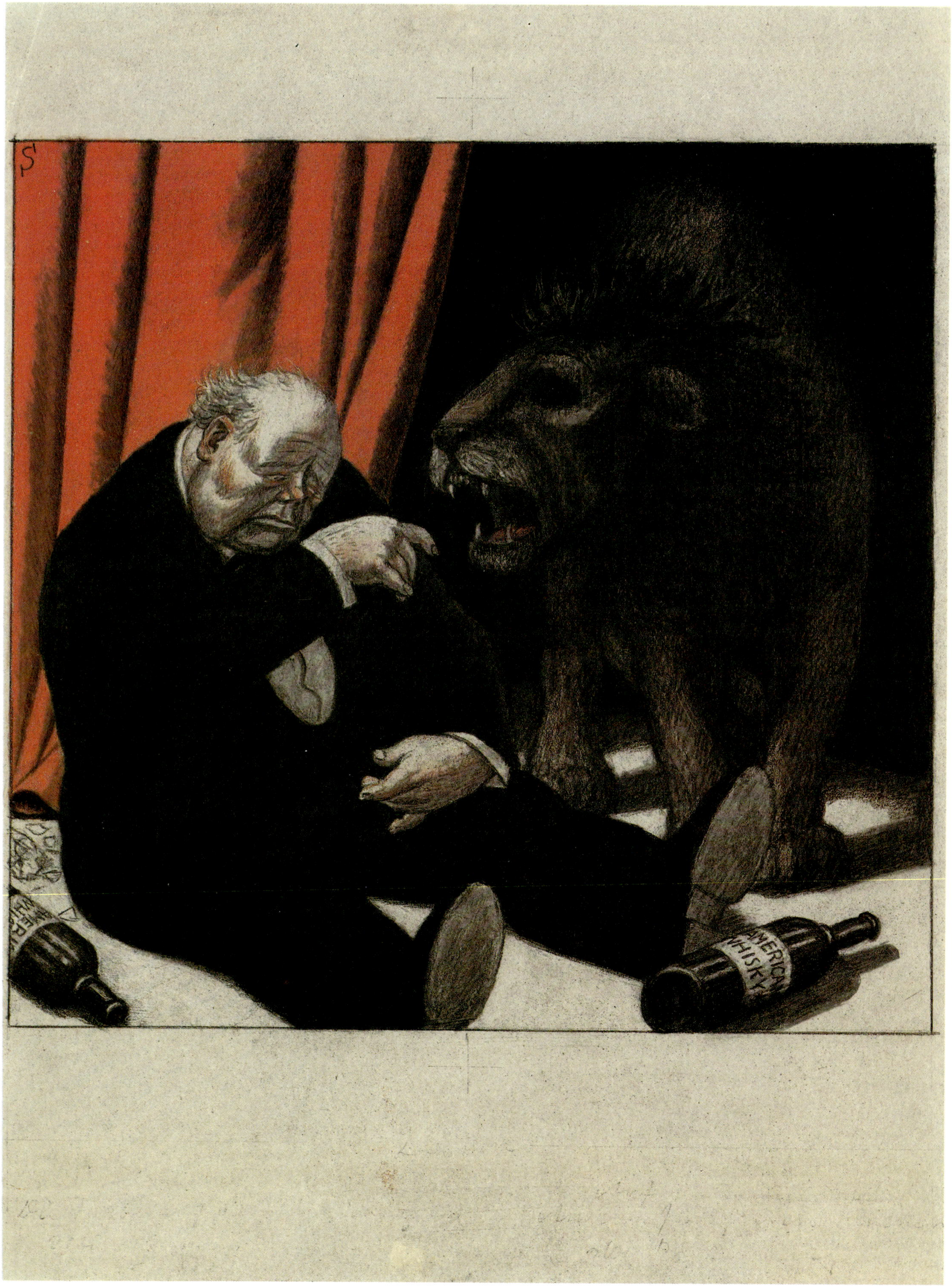
AMERICAN WHISKY

97
Erich Schilling (1885–1945)
Churchill am Neujahrsmorgen, 1942
Schwarze und rote Kreide über Feder und Blei, 411 x 339, monogrammiert *S.*
Sammlung Ensmann, München.

Die Zeichnung erschien am 30. Dezember 1942 als farbige Titelillustration des *Simplicissimus:* »Bist du noch der Britenlöwe, oder . . . schon der große amerikanische Kater?« Churchill sitzt in offensichtlich trunkenem Zustand auf dem Boden und gestikuliert unbeholfen mit den plumpen Händen. Von rechts kommt drohend ein fauchender Löwe aus dem Dunkel hinter einem Vorhang hervor. Der britische Premier leidet unter den Folgen des »American Whisky« – die leeren Flaschen liegen noch auf dem Boden – und verwechselt das stolze englische Wappentier mit seinem ›Kater‹. – Die Argumentationsweise dieses Blattes ist der Kriegspropaganda zuzurechnen, versucht es doch das Verhältnis der beiden Alliierten als gefährlich für die Briten darzustellen. Die Karikatur greift Churchill weniger mit physiognomischen Verzerrungen an – obwohl die bekannt-grimmigen Gesichtszüge hier eher ängstlich und hilflos wirken – als durch die entwürdigende Situation, in die der Engländer hineinversetzt wurde. J. D.

Lit.: Kat. München 1977, Nr. 324.

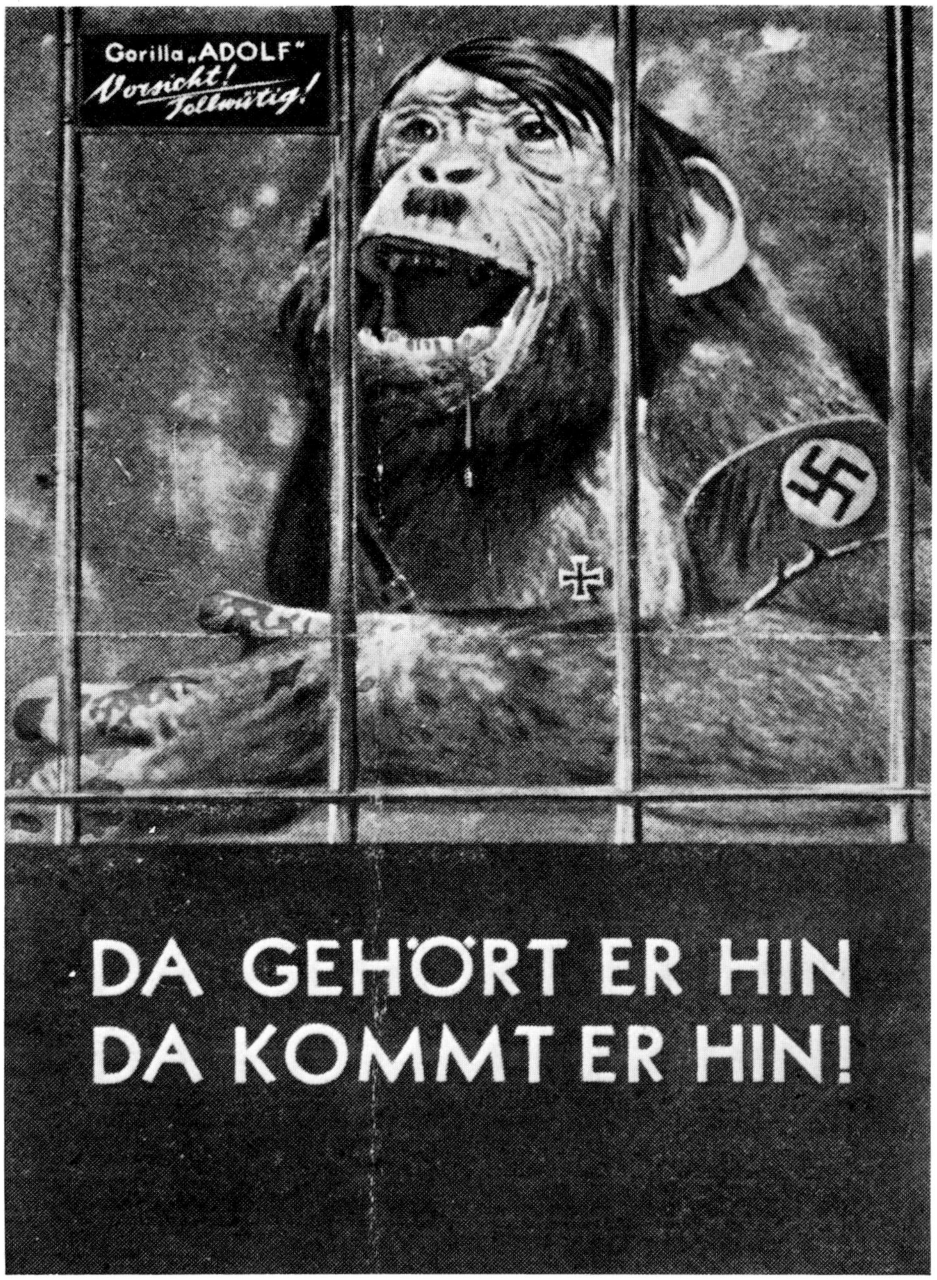

98
Kukryniksy (Pseudonym)
Gorilla »Adolf«, 1941
Rasterdruck in Schwarz und Rot, 144 x 103
Staatsbibliothek Preußischer Kulturbesitz, Berlin.

Gorilla »Adolf« sitzt in einem Käfig, dessen an den Gitterstäben aufgehängte Beschriftung ihn zusätzlich als tollwütig ausweist. Physiognomische Ähnlichkeit mit Hitler ist nur ansatzweise angestrebt worden, doch sind der kleine rechteckig gestutzte Schnurrbart und die schräg über die Stirn fallenden Haarsträhnen hinreichend charakteristisch;[1] zudem werden sie durch das Attribut der Hakenkreuz-Armbinde ergänzt. Die aufrechte Körperhaltung des Affen bekommt durch den aufgestützten Arm und die leichte Kopfneigung einen gewissermaßen menschlichen, beredten Charakter. Die blutbefleckten Zähne in dem aufgerissenen Mund und die ebenfalls blutroten Finger an der gewaltigen Pranke betonen dagegen seine bestialische Gefährlichkeit und rechtfertigen die Gitterstäbe.

Die russische Propagandapostkarte wurde 1941, im ersten Jahr des Rußlandfeldzuges, über deutschen Stellungen abgeworfen.[2] Hitler wird auf traditionelle Weise – Karikaturisten haben schon Napoleon als wildes Tier hinter Gitter gesteckt[3] – als gefährlich und blutrünstig hingestellt. Die Rückseite ist mit der fiktiven Verlagsangabe »Bibliographisches Institut A. G. Leipzig« wie eine Feldpostkarte aufgemacht. J. D.

1 Zur satirischen Methode des Pars pro toto vgl. Gombrich 1977, S. 21f.; in diesem Katalog Abb. 61.
2 Vgl. Klaus Kirchner, *Flugblätter. Psychologische Kriegsführung im 2. Weltkrieg in Europa,* München 1974, S. 183ff.; Ortwin Buchbender und Horst Schuh, *Heil Beil! Flugblattpropaganda im 2. Weltkrieg,* Stuttgart 1974, S. 68f., Abb. 70: *Gorilla »Adolf«* gehörte zu einer Postkartenserie, die aber ihre propagandistische Wirkung wahrscheinlich verfehlte, da die damals noch siegreichen deutschen Truppen eine derartige Verunglimpfung Hitlers negativ aufgenommen haben dürften. Die Serie entstand im Atelier der Künstler Kuprijanow, Krylow und Sokolow, die unter dem gemeinsamen Pseudonym »Kukryniksy« arbeiteten; Piltz 1976, S. 251.
3 Broadley II, Abb. S. 129. Krumbhaar 1966, Nr. 203. – Vgl. auch Fuchs II, Tafel zw. S. 80/81.

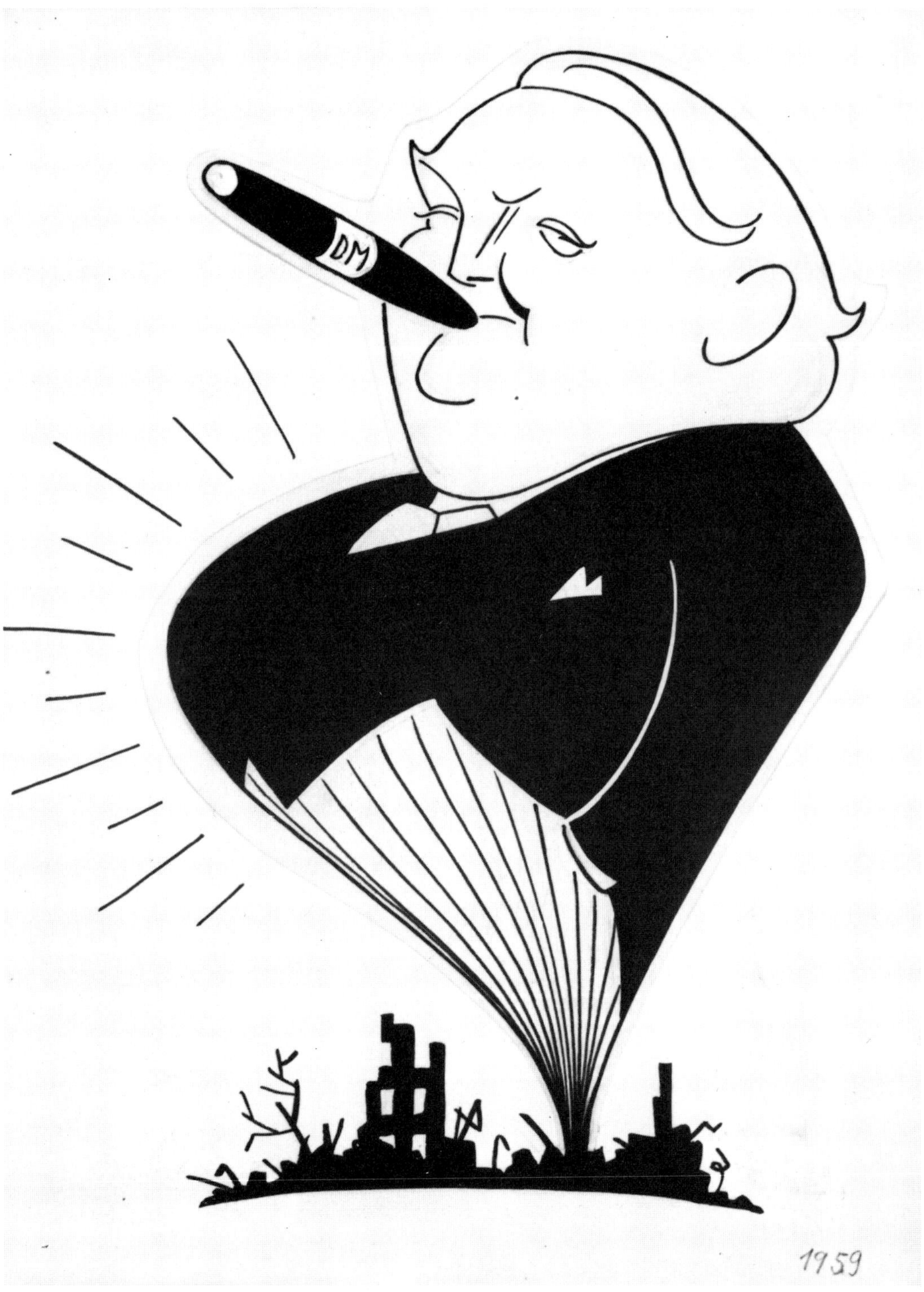

99
Rolf Peter Bauer (1912–1960)
Ludwig Erhard, 1959
Feder und Pinsel in Schwarz, Deckweiß, 221 x 159, datiert *1959*.
Sammlung Ensmann, München.

Ludwig Erhard (1897–1977), Mitglied der CDU, war 1949–63 Bundeswirtschaftsminister und anschließend drei Jahre Bundeskanzler. Der wirtschaftliche Aufschwung der Bundesrepublik brachte ihm den Ruf eines »Vaters des deutschen Wirtschaftswunders« ein.

Bauers Karikatur von 1959 zeigt Erhard auf dem Höhepunkt seines Erfolgs. Aus angedeuteten Ruinen wie ein Phönix aus der Asche aufsteigend, trägt er selbstbewußt seine Leibesfülle und die obligatorische schwere Zigarre, hier mit einem DM-Etikett, zur Schau. Der mächtige, mit wendigen, sorgfältigen Linien stilisierte Kopf ruht auf dem aufgeblasenen, schwarzbefrackten Leib. Der Gesichtsausdruck ist schmunzelnd und verschmitzt, ein Eindruck, den vor allem das zugekniffene eine Auge mit der hochgezogenen Augenbraue darüber hervorruft. Kritik könnten allenfalls die Strahlen vor dem ballonartigen Wirtschaftswunder-Bauch enthalten, die sein baldiges Platzen andeuten mögen, doch machen sie gleichzeitig aus ihm eine leuchtende Sonne und drücken so den Stolz über den neuen Reichtum aus.

Erhard verkörperte mit seinem Auftreten und seiner Statur aufs Treffendste den wirtschaftlichen Aufstieg in den fünfziger Jahren. Dazu Heinz Schönfeld, Karikaturist der *Bild-Zeitung*, 1974: »Er war das Symbol der freien Marktwirtschaft. Die freie Marktwirtschaft ist ja nicht auf seinem Mist gewachsen, sondern sie stammt von Herrn Müller-Arnack, seinem ehemaligen Staatssekretär. Aber . . . wäre Herr Müller-Arnack das Symbol gewesen, hätte jeder gesagt, ›der sieht ja eigentlich gar nicht so aus‹. Erhard war also genau die Personifizierung dessen, was man sich unter Reichtum, Konsum, wirtschaftlicher Freiheit und ähnlichem praktisch vorgestellt hat.«[1]

J. D.

1 Fecht 1974, S. 250f. – Zum Typus des fetten Unternehmers mit Zigarre vgl. »Das Bild vom Unternehmer«, Fecht 1974, S. 222ff.; Herding Otto 1980, S. 357.

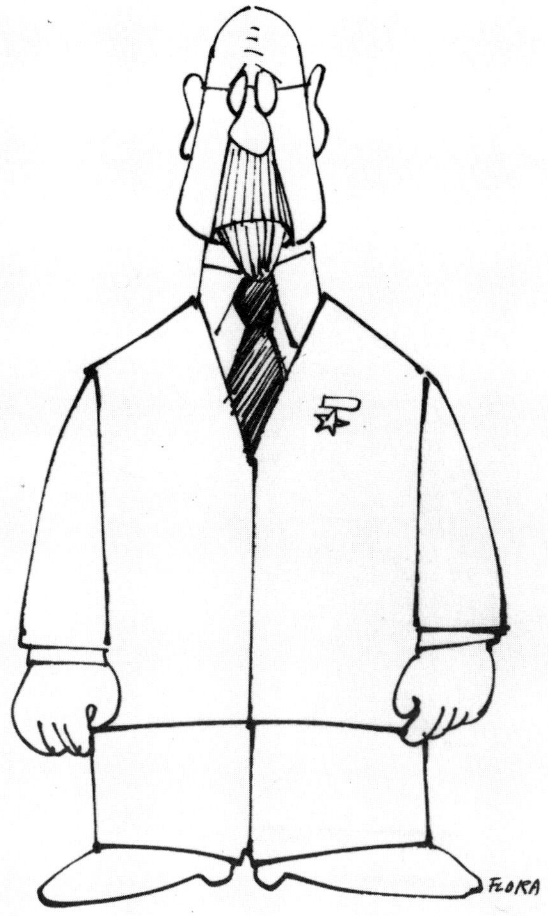

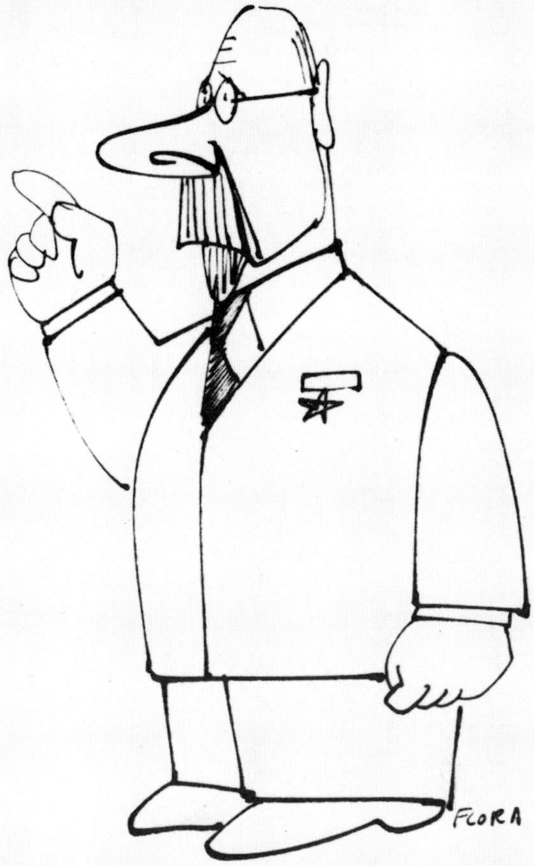

100
Paul Flora (geb. 1922)

Walter Ulbricht, 1971

Feder in Schwarz, zwei Blatt, jeweils 210 x 297, signiert *Flora*.
Wilhelm-Busch-Museum, Hannover.

Walter Ulbricht (1893–1973), seit 1927 führendes KPD-Mitglied, war 1946 einer der Mitgründer der SED und blieb bis zu seinem Rücktritt 1971 der führende DDR-Politiker.

Flora stilisiert den greisen Politiker mit wenigen festen Strichen. Sein Körperbau ist untersetzt, die Beine sind viel zu kurz, und in dem Profilbildnis ist die Nase zu lang. Porträthafte Züge sind auf ein Minimum beschränkt. Ohne den charakteristischen ›Ziegenbart‹ wäre Ulbricht schwerlich zu identifizieren. Die beiden Blätter sind offensichtlich in engem Zusammenhang, vielleicht aus Anlaß von Ulbrichts Rücktritt, entstanden. Sie machen deutlich, wie formelhaft Flora mit Körperformen und Gesichtszügen umgeht.[1] Der Zeichner[2] konnte dabei auf ein Publikum bauen, das seine Gestalten an wenigen Hinweisen erkannte. Als Mitarbeiter der *Zeit* 1957–71 hatte er wöchentlich die Mächtigen der Welt auf wenige Striche reduziert und den Lesern sein Personenvokabular vertraut gemacht.[3]

J. D.

1 Vgl. Kat. Hannover 1984, Nr. 134, S. 97; siehe auch Kat. 135.
2 Flora selbst sieht sich nicht gern als »Karikaturist«: »Ich habe mich als Karikaturist betätigt, aber ich habe mich immer als Zeichner verstanden und fand es gleichgültig, was ich zeichnete, sofern es Qualität hatte.« Kat. Hannover 1984, S. 137. Für ein Beispiel des »Zeichners« Flora siehe Kat. 162.
3 Dazu die Äußerungen in Floras kurzer Autobiographie, ebd., S. 136f. – Auch die vorliegenden Blätter dürften zu den letzten gehören, die Flora im Auftrag der *Zeit* anfertigte.

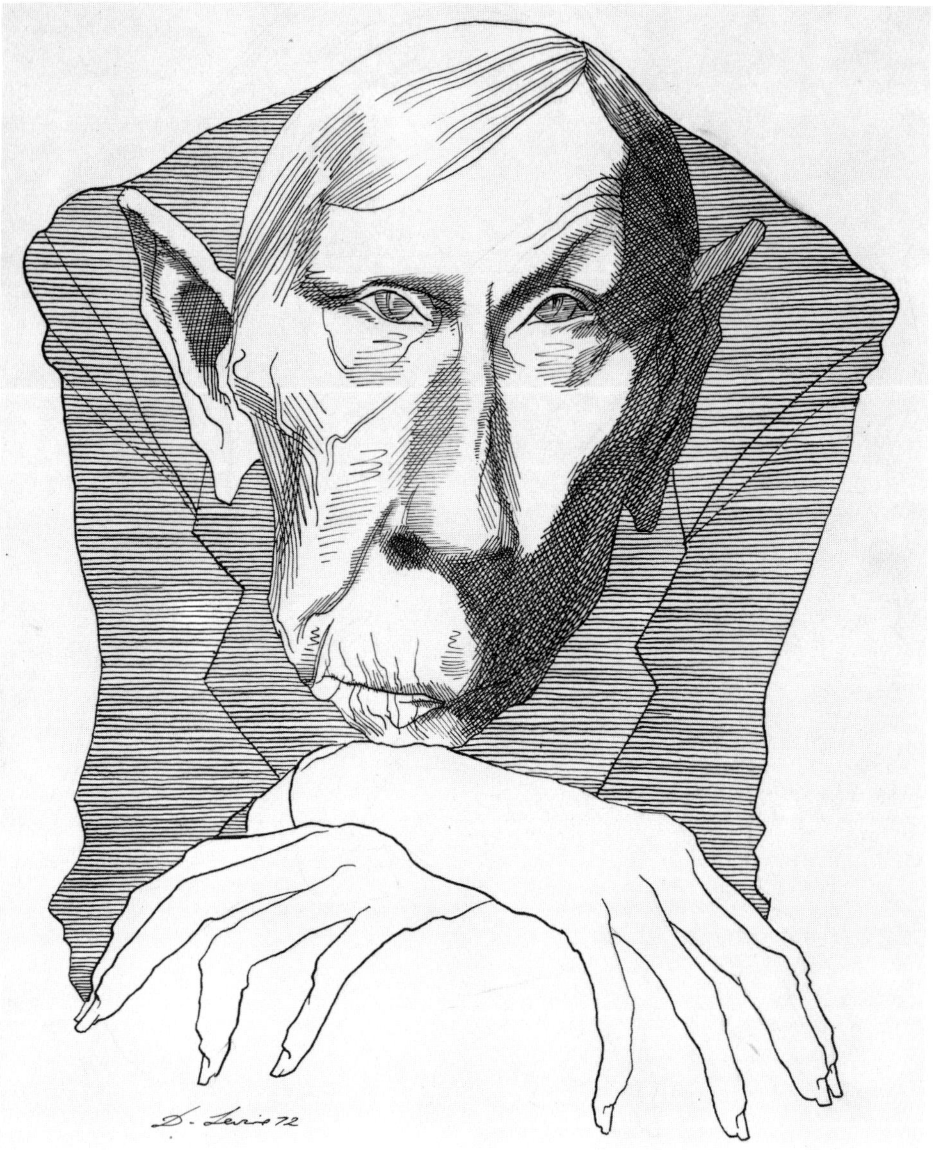

101

David Levine (geb. 1926)

John D. Rockefeller, 1972

Feder in Schwarz, 348 x 279, signiert
D. Levine 72.
Sammlung Ensmann, München.

John D. Rockefeller (1839–1937) gilt nach wie vor als Inbegriff des amerikanischen Millionärs, der mit Rücksichtslosigkeit und Energie sagenhafte Reichtümer und Macht aufhäuft. Die von ihm gegründete *Standard Oil Company* kontrollierte gegen Ende des 19. Jahrhunderts fast vollständig das amerikanische Raffineriegeschäft und machte ihn zum damals reichsten Mann der Welt. Nach 1896 widmete Rockefeller sich ausschließlich seinen Stiftungen, darunter vor allem die *Rockefeller Foundation,* nach wie vor eine der größten privaten Stiftungen der Welt.

Die postume Karikatur von David Levine verbindet in eindringlicher Weise porträthafte Züge mit physiognomischen Übertreibungen. Die schütteren weißen Haare, die eingefallene, faltenreiche Haut und die lange Nase mit den dünnen, zusammengekniffenen Lippen darunter ermöglichen hinreichend ein einwandfreies Erkennen. Teile der einen Gesichtshälfte sind in harte Schatten getaucht und machen die asymmetrische Kopfform noch schiefer. Schulter und Arme rahmen als einheitlich horizontal schraffierte Fläche den Kopf und lassen ihn plastisch hervortreten. Ihre kantigen Konturen werden unten durch die in reiner Umrißzeichnung gegebenen, übereinandergelegten Hände wirkungsvoll abgeschlossen. Die dünngliedrigen Finger mit den langen Nägeln greifen ins Leere.

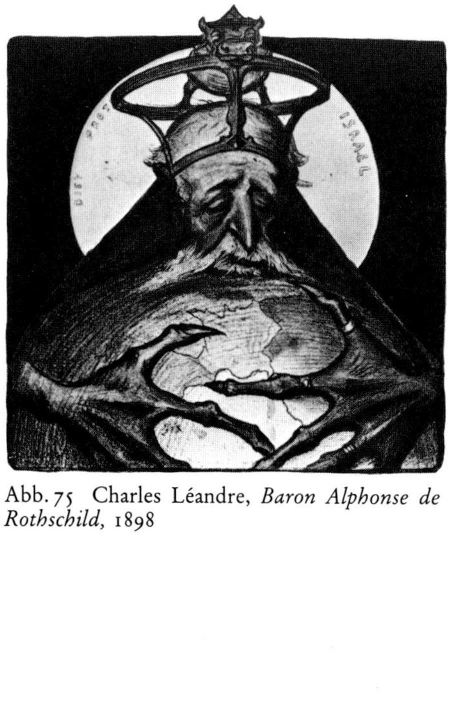

Abb. 75 Charles Léandre, *Baron Alphonse de Rothschild,* 1898

In einer 1898 entstandenen Karikatur läßt der Franzose Charles Léandre den Baron Alphonse de Rothschild (Kat. 92) mit seinen klauenartigen Fingern den ganzen Erdball umklammern (Abb. 75).[1] Levines Rockefeller-Karikatur verzichtet auf alle Attribute, doch zitiert sie mit den ausgreifenden, nagelbewehrten Fingern durchaus dieses im Zusammenhang mit Geldgier häufig gebrauchte Motiv des Raffens. Noch an einer zweiten Stelle geht Levine über die bloße Verzerrung der Gesichtszüge hinaus und bezieht einen ikonographischen Verweis mit ein: Die senkrechten Pupillenschlitze sind nicht menschlich, sondern katzenartig. Es entsteht, zusammen mit dem zwischen die Schultern gesenkten Kopf und den lauschend abstehenden, spitzen Ohren der Eindruck eines auf seine Beute lauernden Raubtiers. Ähnlich wie bei dem Motiv der geöffneten langen Finger, deutet Levine den Mensch-Tier-Vergleich nur leise an und wahrt zunächst den Anschein eines Porträts. Meisterhaft hinterhältig werden in dem Bildnis eines honorigen Greises die Eigenschaften eines lauernden, gierigen Raubtiers verborgen. J. D.

1 Fuchs II, Tafel bei S. XII. – Ein goldenes Kalb krönt den Kopf Rothschilds, verweist auf seine jüdische Herkunft und stellt ihn als einen von Gott Abtrünnigen heraus. – Zum Motiv des Geldraffens vgl. beispielsweise Malhotra 1980, Nr. 10, 42, 45.

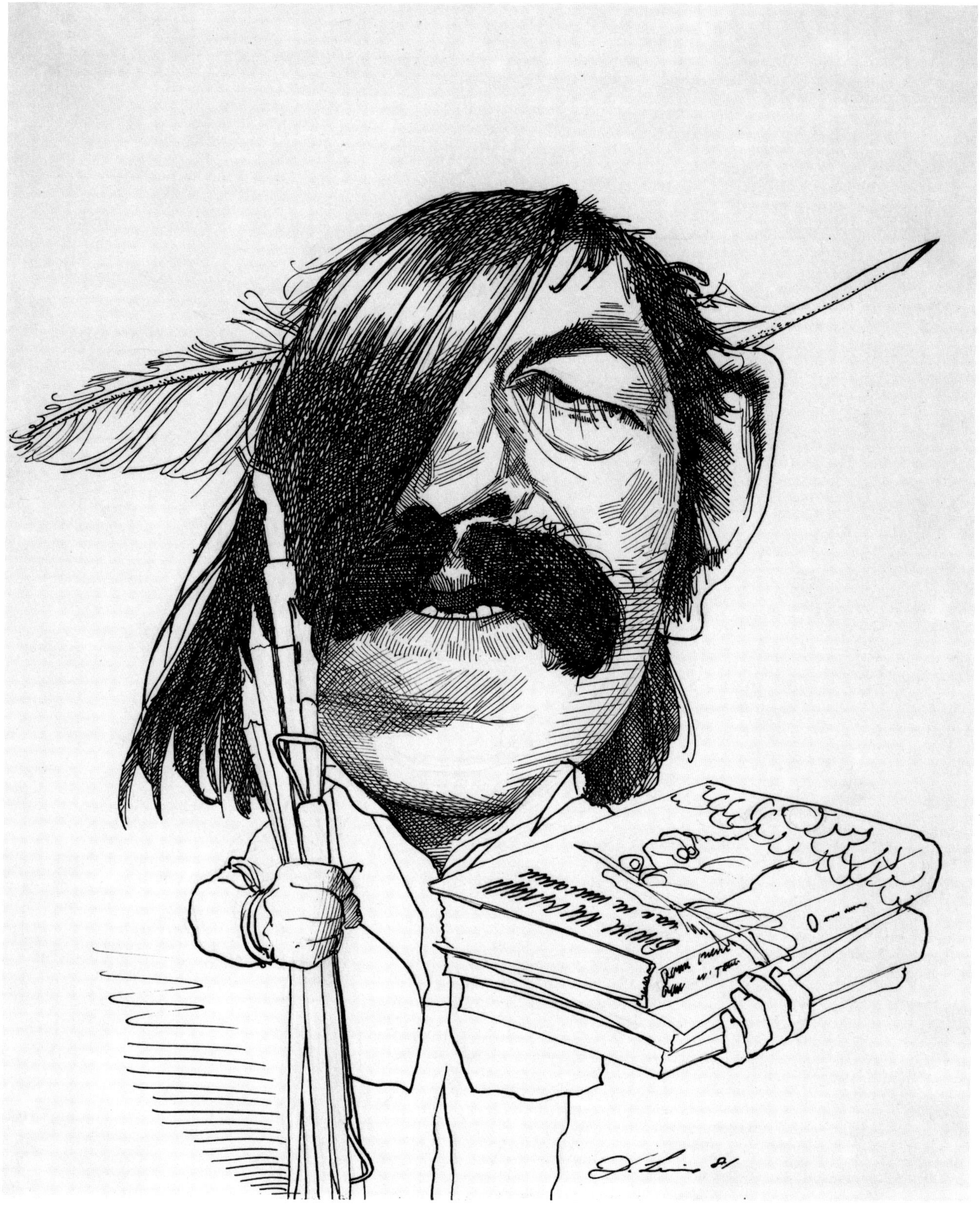

102
David Levine (geb. 1926)

Günter Grass, 1981

Feder in Schwarz über Vorzeichnung in Blei, 349 x 280, signiert *D. Levine 81*, rückseitig beschriftet *Gunther Grasse.*
Sammlung Ensmann, München.

Günter Grass (geb. 1927), einer der bedeutendsten deutschen Nachkriegsschriftsteller, wurde vor allem durch seine Romane *Die Blechtrommel* (1959) und *Hundejahre* (1963) bekannt. Später trat er auch als Dramatiker hervor und engagierte sich politisch im Sinne eines demokratischen Sozialismus. Die Radiernadel stellt für ihn ebenso ein wichtiges Ausdrucksmittel dar.

Levine zeichnet den Schriftsteller stehend in Dreiviertellänge, allerdings mit einem unverhältnismäßig großen Kopf, der ihn in den alten Topos der ›Großköpfe‹ einreiht (vgl. Kat. 5, 9, 81, 90, 99). Die große Kielfeder, am Hinterkopf quer durchs Haar gesteckt, gibt attributiv den Berufsstand des Dichters an. In seinen Händen hält er links einen Stapel Bücher und rechts einige Zeichen- und Schreibinstrumente. Beides wird demonstrativ vorgezeigt und unterstreicht den herausfordernden Gesichtsausdruck. Das breite Kinn ist vorgestreckt und der Mund unter dem imposanten Schnauzer redend geöffnet. Eine gewaltige Haarsträhne verdeckt große Teile der rechten Gesichtshälfte, und auch das freibleibende Auge ist halb geschlossen, so daß der in der Kinn- und Mundpartie ausgedrückten Sprachgewalt eine nur beschränkte Sehfähigkeit gegenübersteht.

J. D.

2.2. Typen der Gesellschaft

Karikatur schematisiert, weist Rollen zu, erleichtert Unterscheidungen durch die Kreation von Leitbildern, vor allem durch gezielte Setzung von Feindbildern. Verhaltensweisen und Erscheinungen werden auf das Typische reduziert. Wie Berufsdarstellungen die Gesellschaft in Schichten, Klassen und Stände unterteilen, karikiert deren satirisches Gegenbild ›typische‹ Verhaltensweisen und gesellschaftliche Rollen. An die Stelle des individuellen Porträts tritt so das typisierte: der Anwalt, der heruntergekommene Alte, der Invalide, der Sonntagsjäger, der Grundbesitzer, der Adlige, der Kleinbürger, der Offizier ...

Für das Nebeneinander von politischer Porträtkarikatur und porträtierten Typen gibt es gerade bei Honoré Daumier zahlreiche Beispiele. Ein Attentatsversuch auf den Bürgerkönig Louis-Philippe im September 1835 führte zu weitgehenden Einschränkungen der bürgerlichen Freiheiten. Verboten und von der Zensur verfolgt waren Bildkommentare zur Tagespolitik und direkte Angriffe auf die Machthaber.

Daumier nutzte von nun an unter anderem die Hauptfigur des 1823 in Paris uraufgeführten Theaterstücks *L'Auberge des Adrets*, Robert Macaire (vgl. Kat. 77), und erfindet später den Monsieur Prudhomme.

In der Einleitung zur Serie *Robert Macaire* begründet Philipon, der Herausgeber des *Charivari*, Funktion und Bedeutung dieser Figur: »Da die Zensur uns die Satire auf die politischen Robert Macaires verbietet, zwingt sie uns, die sozialen Robert Macaires zu nehmen.« Was Philipon über die Macaire-Karikaturen sagt, gilt ebenso für den großen Bereich der Sitten- und Gesellschaftskarikaturen.

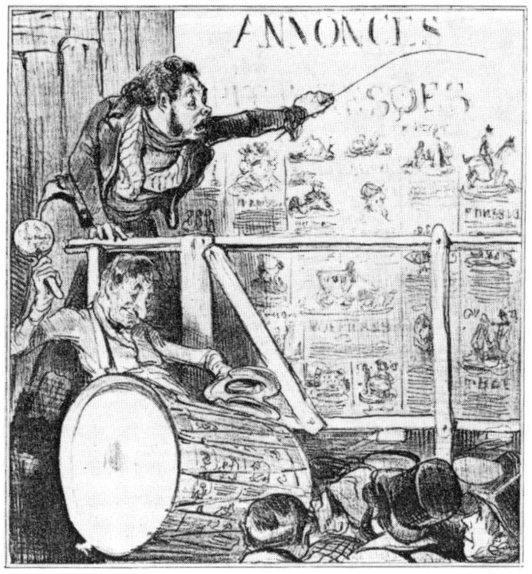

Abb. 76 Honoré Daumier, *Robert Macaire*, ›Le Charivari‹, 20. 5. 1838

Akteur jener Serie ist Robert Macaire (Abb. 76) als typischer Betrüger, Repräsentant des Finanzwesens, als in den verschiedensten Berufen begegnender Opportunist – unumstrittener Hauptdarsteller einer Vielzahl anderer Serien aber ist der zeitgenössische Kleinbürger, der ›Bon Bourgeois‹, den Daumier als Typ erfaßt, im häuslichen Bereich, in Ehe und Familie, in der Stadt und auf dem Lande beobachtet. Das französische Kleinbürgertum, das sich erst unter der Julimonarchie zu seiner vollen gesellschaftlichen Größe entfaltete, glaubte durch die zeitweiligen Phasen wirtschaftlichen Aufschwungs in der Zeit des Bürgerkönigtums seine Existenz gesichert. Sein Lebensstandard und seine Lebensgewohnheiten orientierten sich zwar an denen des Großbürgertums, doch wirkte das daraus sich ergebende Gehabe angesichts der tatsächlichen Möglichkeiten der Kleinbürger leicht lächerlich. Daumier entdeckt den Punkt, in dem Öffentliches und Privates aufeinandertreffen, und wird so fähig, das eine anzugreifen, indem er das andere schildert.

Der menschliche Alltag scheint auf in den Typen der Gesellschaft. Betrachtet man jene Gattung der Malerei, deren Bildgegenstand vor allem das Alltagsleben ist, das Genre, so wird deutlich, daß die Grenze zwischen der Karikatur und dem Genrebild gelegentlich fließend ist. Schon seit dem 17. Jahrhundert – man denke etwa an Gemälde von Adriaen Brouwer – entstehen Genrebilder mit stark karikierenden Elementen. Dem stehen sittenschildernde Karikaturen etwa von Abraham Bosse, Giuseppe Maria Mitelli und Jacques Callot gegenüber. Daß auch Daumier auf das Repertoire der Genremalerei zurückgreift, zeigt schon seine Serie der *Fünf Sinne*, mit der er ein Standardthema der niederländischen Malerei des 17. Jahrhunderts aufnimmt.

Der Rückgriff auf das Genre war – wenn auch von den Zensurbestimmungen mit verursacht – kein Rückzug aus der Politik, sondern eine Ausweitung. Dazu äußert sich 1857 Baudelaire: »Robert Macaire war der erste und entscheidende Schritt zur Sittenkarikatur. (...) Von da an schlug die Karikatur eine neue Richtung ein und war nicht mehr nur ausgesprochen politisch. Sie wurde eine Satire auf alle Bürger.«[1]

E. K.

1 Charles Baudelaire, *Quelques Caricaturistes Français*, 1857, Übersetzung: Charles Andres, *Aufsätze*, in Goldmanns Gelbe Taschenbücher, 1960, zitiert nach Kat. Berlin 1974, S. 171.

103
Honoré Daumier (?) (1808–1879)
Ein Anwalt

Bronzeguß, 254 mm hoch, auf dem Sockel der Stempel der Gießerei *Valsuani*, numeriert *8/30*. Sammlung Ensmann, München.

Richter und Anwälte, ihre Arroganz und Bestechlichkeit, sind eines der beständigen Themen Daumiers. Von seinen Anfängen als Mitarbeiter der Zeitschrift *La Caricature* (vgl. Kat. 76, 77) bis zu seinem Lebensende erschienen die im allgemeinen negativ charakterisierten ›Leute von der Justiz‹ immer wieder in seinen Lithographien, Aquarellen und Zeichnungen.[1] Am bekanntesten ist die 1845 erschienene Serie *Les gens de la justice.* Aus dem plastischen Œuvre Daumiers ist neben der hier ausgestellten Statuette eines Anwalts nur eine weitere Figurine dieses Themas bekannt.[2]

Der Anwalt lehnt sich zufrieden zurück, die Hände in den Hosentaschen. Das Profil des Kopfes wird von der prominenten Nase und dem vorschwingenden Barett bestimmt. Die zurückgeschlagene Robe gibt den Blick auf den stattlichen Bauch frei. Sie reicht im Rücken bis zum Boden und geht dort in eine nicht näher zu bestimmende Form über, die an die Stützen antiker römischer Statuen erinnert. Die Oberflächenbehandlung ist summarisch und im Vergleich zu den anderen Statuetten flächiger und gleichmäßiger.

Die Bronze wurde wahrscheinlich erst in den siebziger Jahren gegossen, da sie, wie auch die wohl zugrundeliegende Tonplastik, in den Skulpturen-Katalogen von Gobin und Wasserman nicht enthalten ist.[3] Die Urheberschaft der Figurinen ist, im Gegensatz zu den karikierten Porträtbüsten (Abb. 70), umstritten und wird überwiegend abgelehnt.[4]

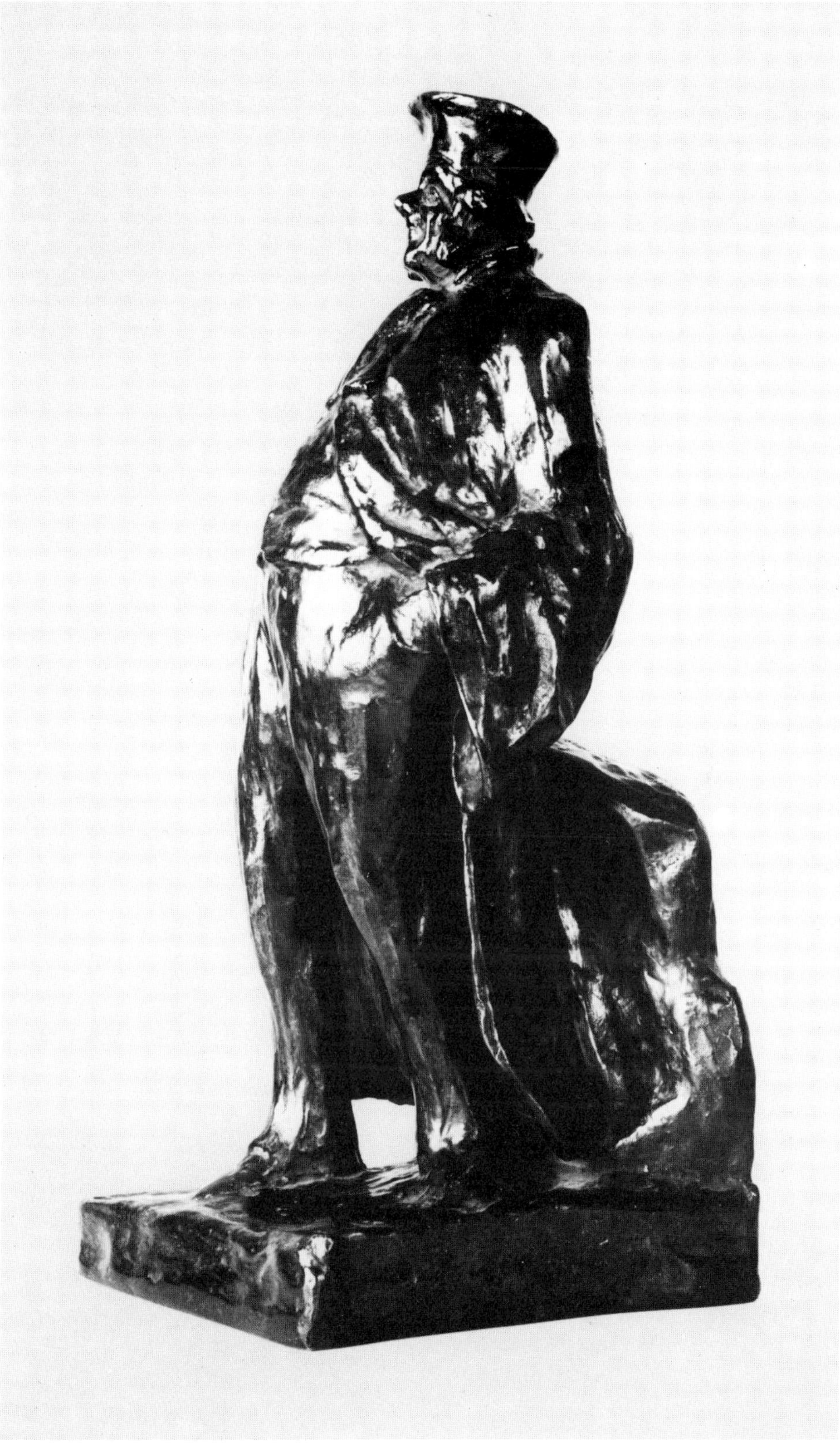

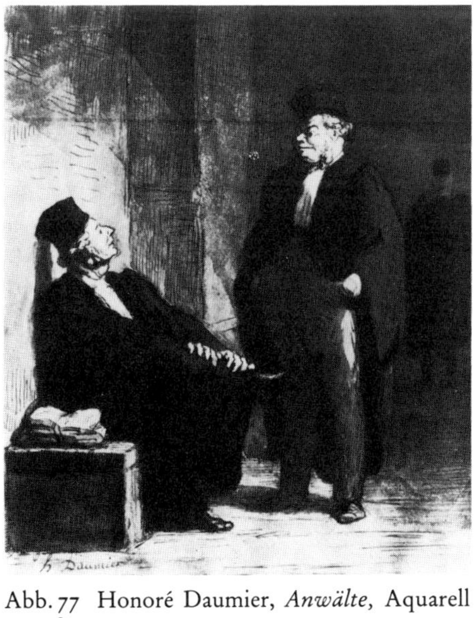

Abb. 77 Honoré Daumier, *Anwälte,* Aquarell um 1850

Die Statuette dieses zurückgelehnt stehenden Anwalts findet keine exakte Entsprechung im zeichnerischen Werk Daumiers. Am nächsten steht sie einem um 1850 entstandenen Aquarell (Abb. 77)[5], doch erscheint der gleiche Typ auch mehrfach auf Lithographien.[6] Die von Daumier geschaffenen Typen Robert Macaire und M. Prudhomme nehmen ebenfalls häufig eine ähnlich selbstzufriedene und herausfordernde Haltung an. J.D.

1 Überblicke bieten: Anne Sabot, »Justitia mit den verbundenen Augen«, Kat. Berlin 1974, S. 39ff.; Kat. Münster 1978, Nr. 47ff. Etwa ein Sechstel der von Maison zusammengetragenen Zeichnungen haben Anwälte zum Thema; Maison 1968, Nr. 558–687.
2 Gobin 1952 und Wasserman 1969, Nr. 46.
3 Sie ist als Nr. 21 abgebildet auf dem von Susanne Bosch verfaßten Faltblatt »Daumier-Skulpturen«, das 1980 zur Ausstellung *La Caricature* im Westfälischen Landesmuseum Münster erschien (= Kat. Göttingen 1980).
4 Maison 1968, Bd. I, S. 36, schreibt: »I cannot believe that the sculptor of the ingenious and powerful little ›Deputés‹ busts could, between 1840 and 1862, have been responsible for these figurines which at best are no more than superior bric-à-brac.« Auch Wasserman 1969, S. 205ff., klingt sehr ablehnend, obwohl sie die Frage nicht endgültig entscheiden möchte. Die Statuette d'Argouts, die unserem Anwalt stilistisch und motivisch sehr nahesteht, wird von ihr als Werk Daumiers zurückgewiesen (S. 251f.). Vgl. auch ihre Überlegungen zu einer zweiten Dupin-Büste; S. 254f. Eindeutige Zustimmung finden die Figurinen dagegen bei Gobin 1952, der lediglich einige sichere Fälschungen ausscheidet.
5 Maison 1968, Bd. II, Nr. 597, Tafel 219.
6 Z.B. Delteil 937, 2061.

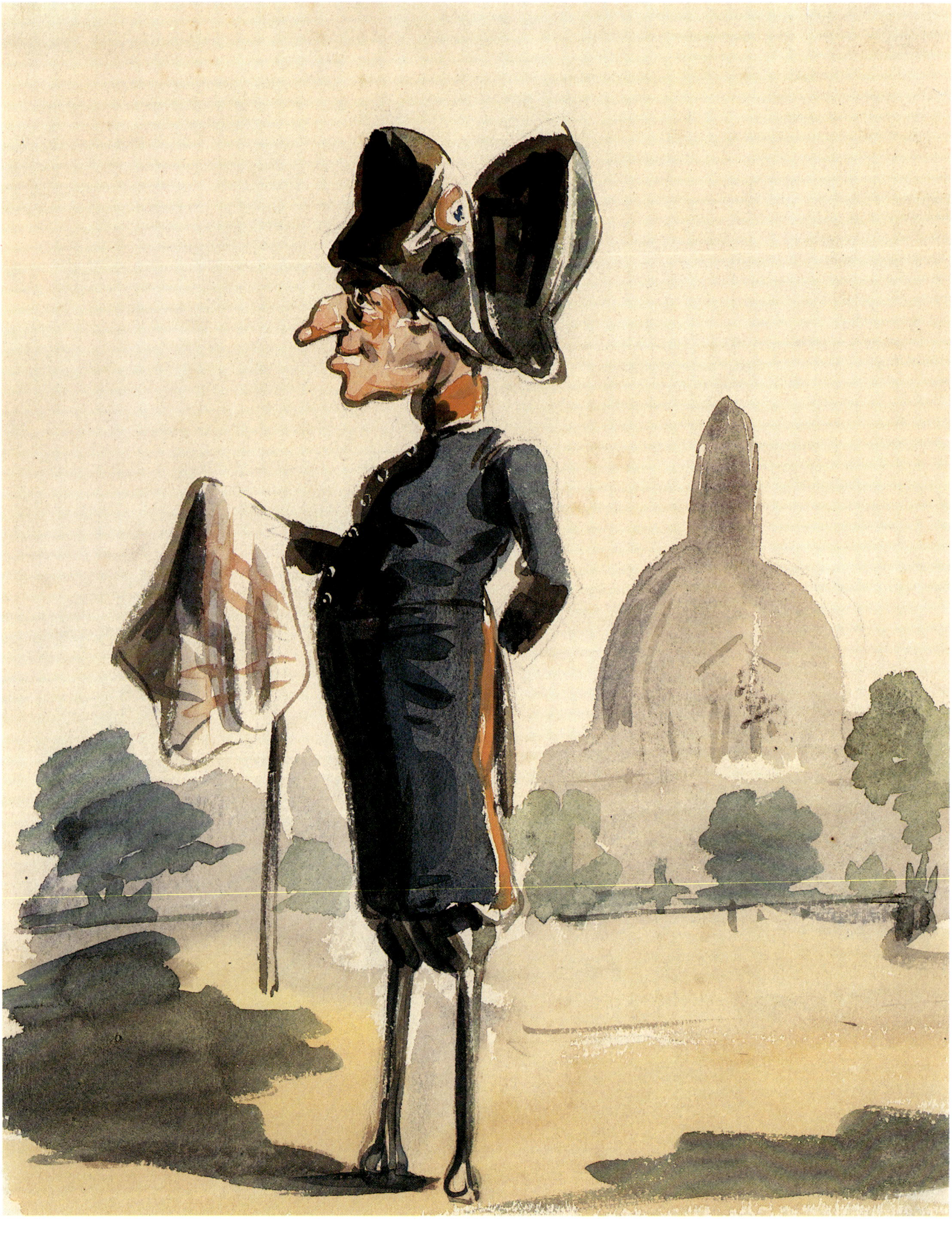

105
Gavarni (1804–1866)
Der Invalide, um 1850
Aquarell, 256 x 198, unbezeichnet
Sammlung Ensmann, München.

Scheinbar mühelos steht ein älterer Mann auf den zwei Holzstümpfen, die seine Unterschenkel ersetzen. Ein blauer Uniformrock und der übergroße Zweispitz mit Kokarde verraten seine Teilnahme an den napoleonischen Kriegen. Als verletztem Veteran steht ihm das Recht zu, in dem unter Ludwig XIV. geschaffenen Hôtel des Invalides in Paris, einem Veteranenheim, unterzukommen; die Silhouette des von Hardouin-Mansart ab 1667 errichteten Invalidendoms ist im Hintergrund zu erkennen.

Der Invalide versucht mit hinter dem Rücken angewinkeltem Arm und vorgestreckter Brust noch militärische Forschheit auszudrücken, doch macht dies das große Schnupftuch zunichte. Das Gesicht ist ins Profil gerückt, und die monströse Nase wird zusätzlich von einer dunklen Pinsellinie, die gleichzeitig die Mundpartie umzieht, betont. Die Höckerform der Nase und die vorgeschobene Unterlippe entsprechen wie die leicht verschobenen Proportionen von Kopf und Körper traditionellen Schemata der Karikatur.

Dies macht die Annahme wahrscheinlich, daß es sich nicht um eine Porträtkarikatur handelt, sondern daß der ›Typ‹ des Invaliden gemeint ist, der allerdings als Einzelfigur mit ausgeprägten Gesichtszügen eine gewisse Individualität erlangt. Der heitere Gesichtsausdruck läßt vielleicht auf ein historisches Ereignis als Hintergrund schließen: 1848 kamen durch die Wahl Napoleons III. zum Präsidenten der Republik die Bonapartisten wieder zum Zuge. J. D.

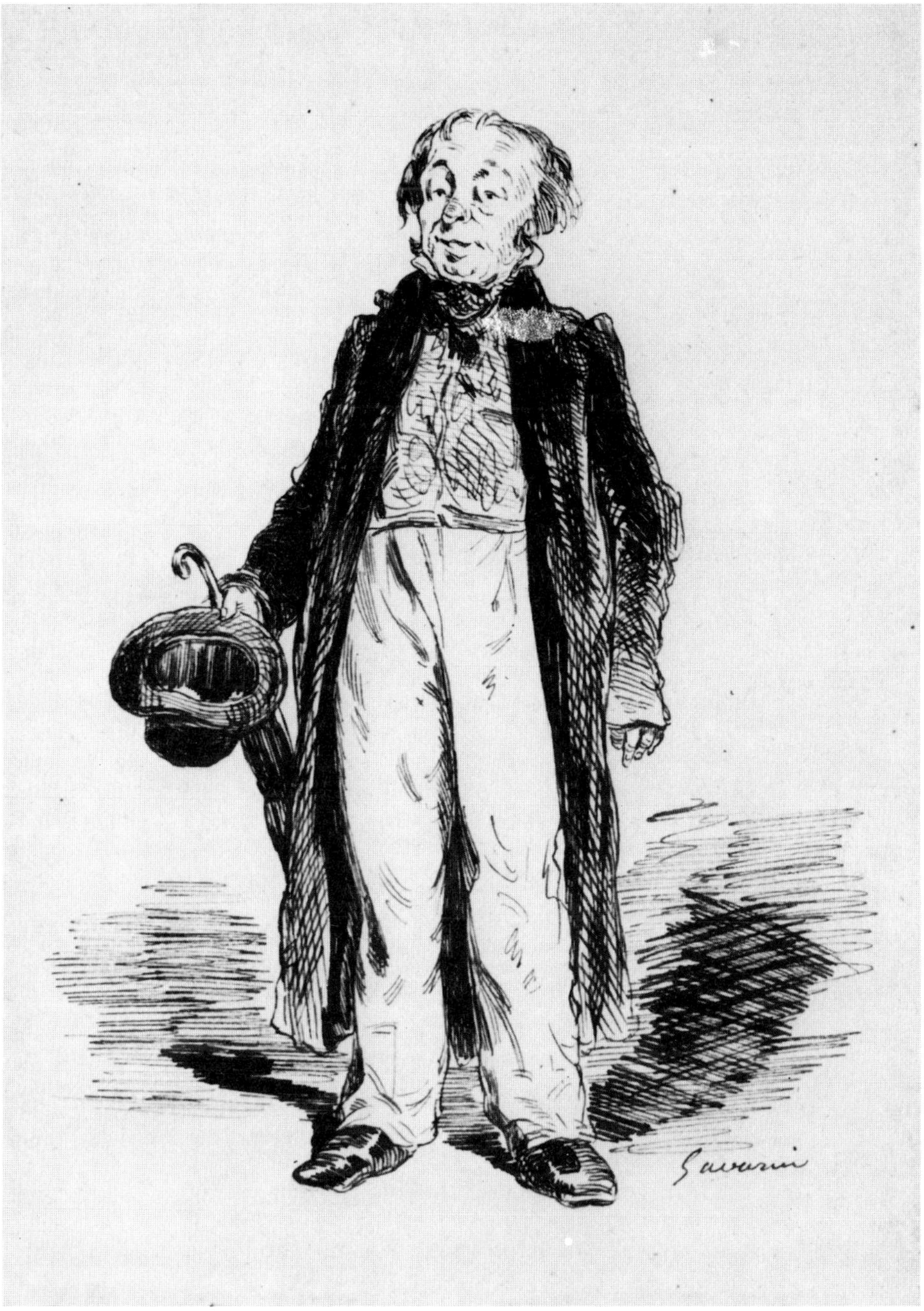

105
Gavarni (1804–1866)
Les gens de Paris, 1845/46
Feder in Schwarz, 170 x 119, signiert *Gavarni*
Sammlung Ensmann, München.

Die Federzeichnung entstand im Zusammenhang mit der Serie *Les gens de Paris* und wurde in dem Zyklus *Le diable à Paris* zusammen mit 211 weiteren Holzstich-Tafeln 1845/46 veröffentlicht.[1]

Gavarni verwirklicht in seinen zahlreichen Sammelmappen so etwas wie eine Bestandsaufnahme der Pariser Bevölkerung. Dabei steigt er genauso in die Höhen der bürgerlichen Gesellschaft hinauf wie in die Niederungen der Halbwelt hinab (vgl. auch Kat. 245). Der ältere Mann, der hier mit gezogenem Hut vor dem Betrachter steht, hat seine besten Tage bereits hinter sich. Hose und Mantel hängen lose und ausgebeult am Körper, seine Haare sind unfrisiert, und die Haltung sucht vergeblich eine längst verlorene Selbstsicherheit und Würde auszudrücken. Die dunkel verfärbte Nase scheint auf regelmäßigen Weingenuß hinzudeuten.

Die Federzeichnung ist nicht als Porträt im strengen Sinn anzusehen, auch wenn ihr sicherlich genaue Beobachtung vorausging. Vielmehr charakterisiert Gavarni hier, wie in so vielen anderen seiner Blätter, mit wenigen treffenden Hinweisen einen Typ, wie er im damaligen Paris häufig anzutreffen war. J. D.

1 Béraldi VII, S. 66f.

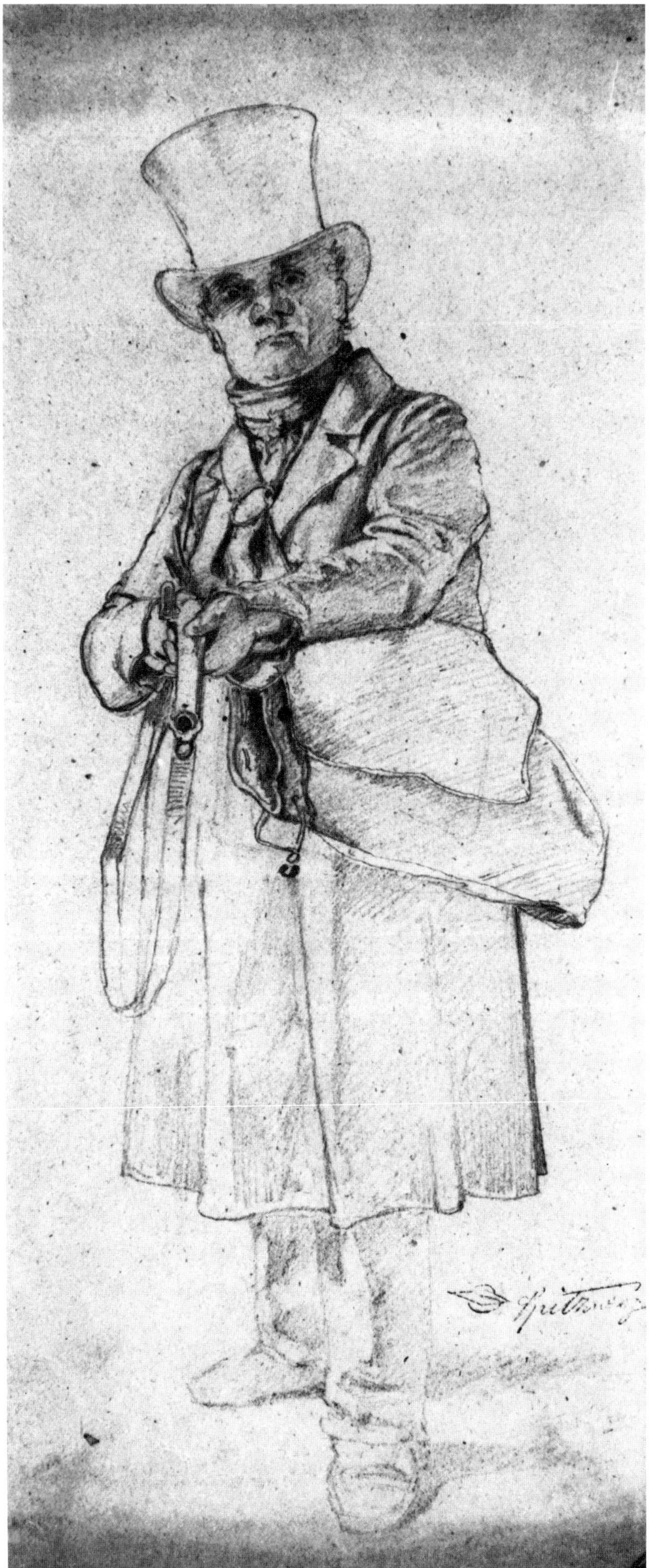

106

Carl Spitzweg (1808–1885)

Der Sonntagsjäger, um 1845/50

Bleistift, 387 x 156, signiert *Spitzweg*
Kunstsammlung der Universität Göttingen.

Spitzwegs Zeichnung eines *Sonntagsjägers,* der den Betrachter gleich seinem Jagdwild angespannt fixiert, bereitet das gleichnamige, in drei Fassungen bekannte Gemälde vor (Abb. 78).[1] Die Zeichnung mag nach lebendem Modell entstanden sein; sie weist keinerlei karikierende Züge auf und ist als Abbildung zögerlicher Entschlossenheit allenfalls von milder Komik. Die Verwertung der Figur im Gemälde zeigt, daß es Spitzweg mit der Zeichnung weniger um ein individuelles Porträt als vielmehr um einen allgemeinen Typ ging. Auf dem Gemälde wirkt der *Sonntagsjäger* ausgesprochen dümmlich, ein Eindruck, der durch die undurchsichtig scheinende und somit die Sehfähigkeit des Jägers keineswegs erhöhende Brille verstärkt wird. Auch Regenschirm und Brotzeitpaket, die auf der Zeichnung noch fehlen, unterstreichen die Harmlosigkeit dieses Waidmannes, der den Typ des in der Natur hilflosen Städters illustriert.[2]

G.U.

1 Vgl. G. Roennefahrt, *Carl Spitzweg. Beschreibendes Verzeichnis seiner Gemälde, Ölstudien und Aquarelle,* München 1960, Nr. 426–428. – Abgeb. ist die Fassung in der Staatsgalerie Stuttgart.
2 Zu verwandten *Sonntagsjägern* bei Daumier vgl. Kat. Münster 1978, Nr. 227–234.

Lit.: *Zeichenkunst von der Goethezeit bis zur Gegenwart,* Kat. der Universitätskunstsammlung Göttingen 1967, Nr. 79; A. Winkler, *Carl Spitzweg,* München 1968, S. 81; *Carl Spitzweg und sein Freundeskreis,* Kat. der Ausstellung Haus der Kunst, München 1968, Nr. 148; *Carl Spitzweg,* Kat. der Ausstellung Albertina, Wien 1968, Nr. 20.

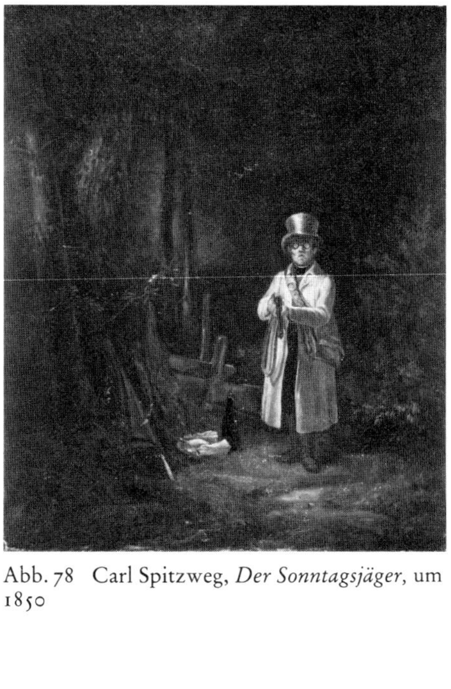

Abb. 78 Carl Spitzweg, *Der Sonntagsjäger,* um 1850

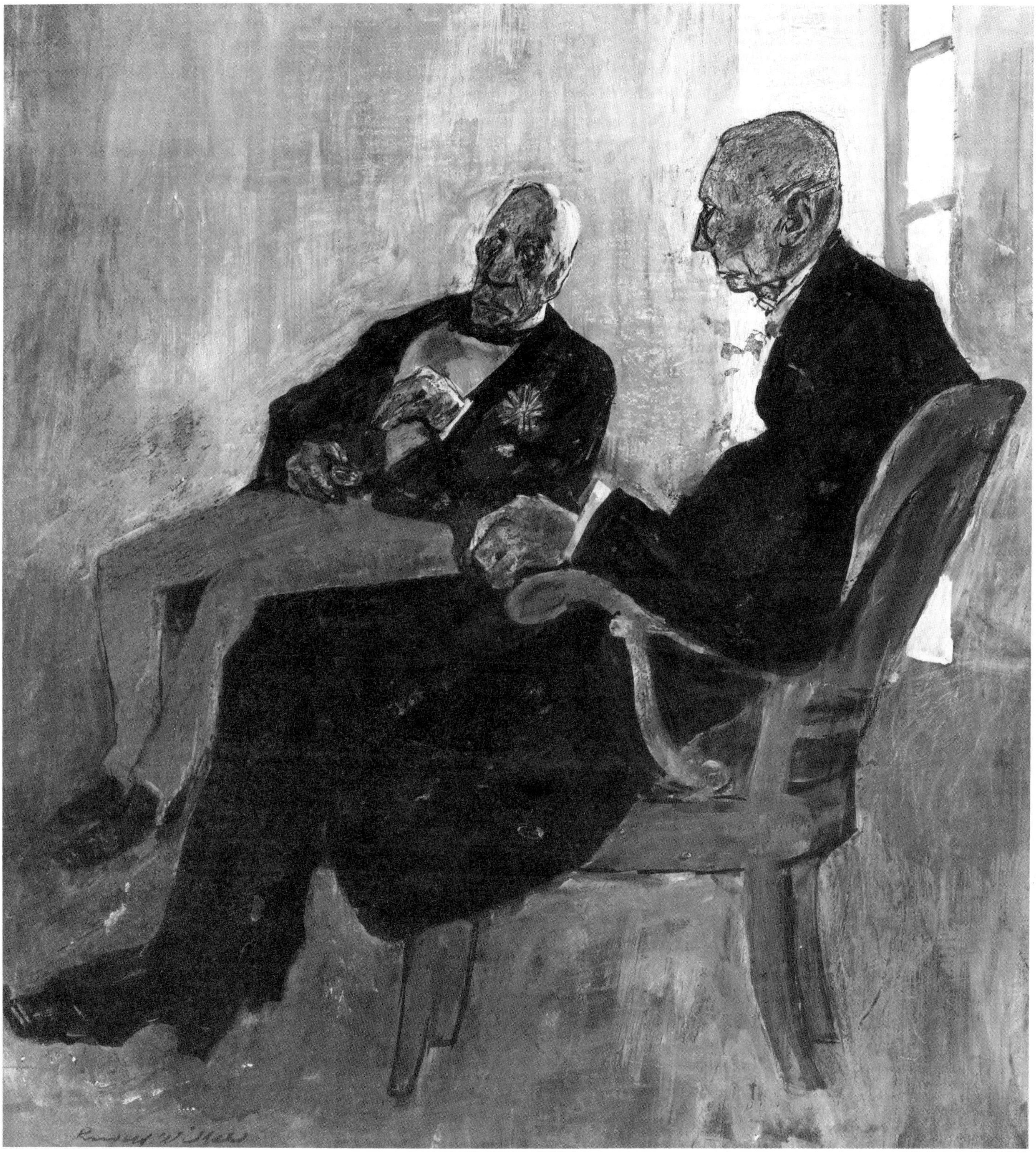

107
Rudolf Wilke (1873–1908)
Gespräch, um 1900
Gouache, 345 x 307, signiert *Rudolf Wilke*
Sammlung Ensmann, München.

Entspannt unterhalten sich in ihren Lehnstühlen zwei alte distinguierte Herren. Gutsbesitzer könnten es sein, vielleicht von Adel. Eventuell handelt es sich auch um emeritierte Professoren; für pensionierte Offiziere dagegen sind ihre Gesichtszüge zu weich. Vornehm gekleidet, den Ordensstern auf der Brust, sind sie in Ehren ergraut.

Wilkes Arbeit, die die malerischen Qualitäten eines Ölbildes erreicht, dürfte für den *Simplicissimus* angefertigt sein, für den er seit 1900 tätig war. Eine Bildunterschrift ist nicht bekannt. Die Texte entstanden häufig erst in der Redaktion und gaben den allgemeinen Charakterisierungen auf den Zeichnungen eine gezielte Stoßrichtung. Derartige Karikaturen mit ›Typen‹ erschienen regelmäßig im *Simplicissimus,* zumeist auf den inneren Seiten. Das Titelbild blieb üblicherweise politischen Themen vorbehalten, und die Schlußseite zeigte dagegen mit Vorliebe reine Unterhaltungsblätter. J. D.

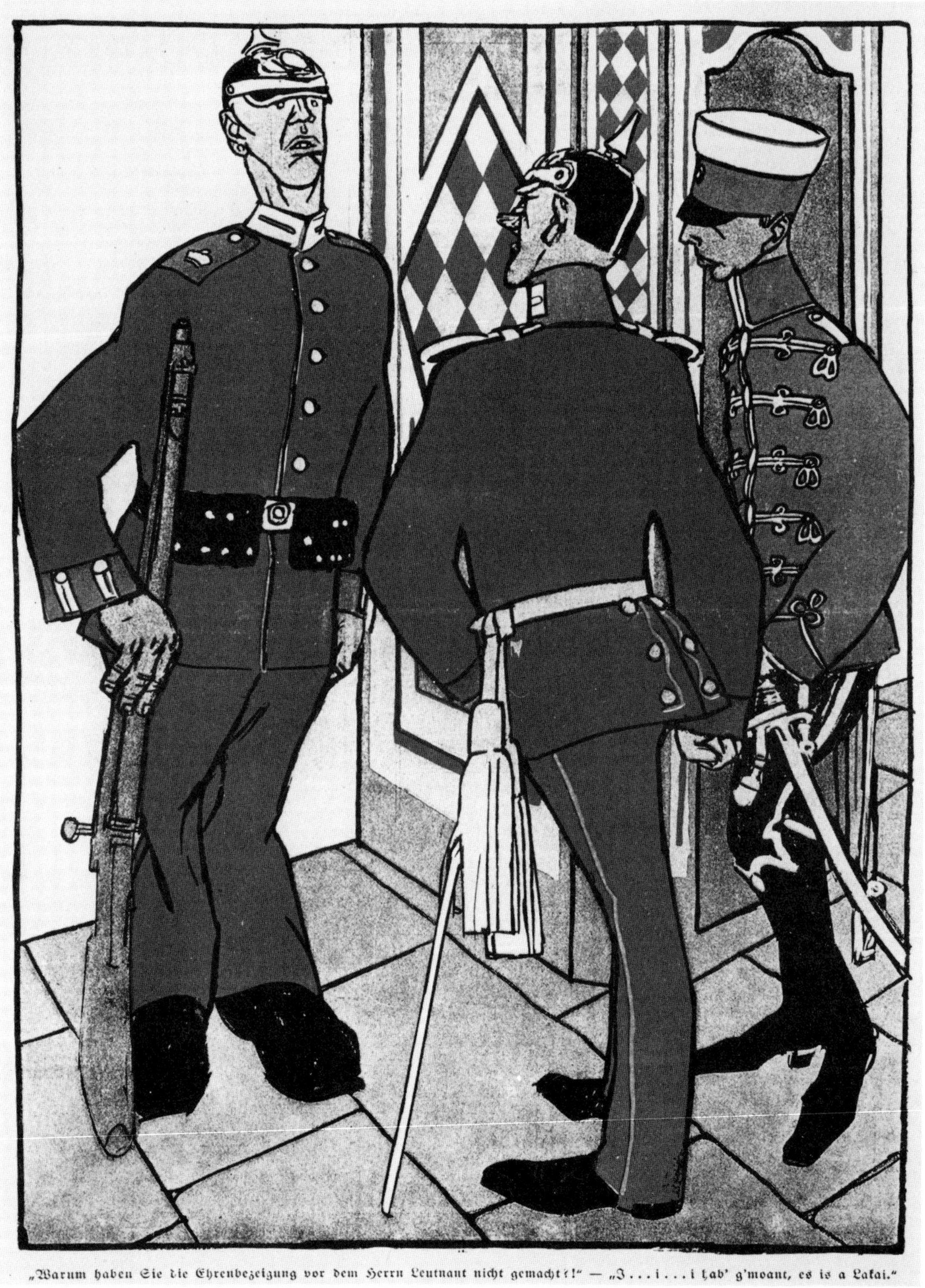

108

Bruno Paul (1874–1968)

Der verkannte Husar, 1906

Simplicissimus, 11. Jg. Nr. 23, 3.9.1906; Farbdruck (Farben Rot und Blau), 287 x 200 (Bildgröße), beschriftet *Zeichnung von Bruno Paul.* Privatbesitz.

»Warum haben Sie die Ehrenbezeigung vor dem Herrn Leutnant nicht gemacht?! – I . . . i . . . i hab' g'moant, es is a Lakai.« Ein Blick auf das verdutzte Gesicht des strammstehenden Soldaten mit dem Gewehr bei Fuß zeigt, daß er zu größeren Denkanstrengungen nicht in der Lage ist, dafür aber in seiner Beschränktheit ehrlich genug, seine peinliche Verwechslung zuzugeben. Gleichzeitig wird die prächtige Husarenuniform verspottet, die ihre Träger wie herausgeputzte Lakaien erscheinen läßt.

Die Kritik am Militär und seinen Auswüchsen in der wilhelminischen Zeit war eins der Generalthemen des *Simplicissimus.* „Der Geist von Unterordnung, Drill und Gedankenarmut . . . mußte den Widerspruch herausfordern.«[1] Vor allem Bruno Paul und Eduard Thöny lieferten regelmäßig Karikaturen, die die bornierte Arroganz des adeligen Offizierskorps und die Dummheit der gemeinen Soldaten verhöhnen. Die Fähigkeit ihrer Soldaten liegt im Salutieren und Marschieren, nicht im Denken. Sie stehen auf klobigen Füßen, ihre plumpen, grobschlächtigen Hände halten die Gewehre, ihre sowieso schon kleinen, stirnlosen Köpfe verschwinden zudem zur Hälfte unter den Pickelhauben. Die groben Gesichtszüge sind mit wenigen Pinselstrichen angegeben. Die linkische Haltung, besonders deutlich an den nach hinten durchgeknickten Beinen, macht alle Ansätze einer militärisch-forschen Stellung zunichte. Der gleiche Soldatentyp ist zur selben Zeit in den Karikaturen des Leal de Camara, der für die *Assiette au Beurre* arbeitete, anzutreffen. J.D.

1 Kat. München 1977, S. 162.

2.3. Getroffen von vielen Seiten: Luther, Napoleon und ein Politiker der Gegenwart.

Die Bandbreite der Porträtkarikatur läßt sich an drei Beispielen verdeutlichen. Sie zeigt die Verschiedenartigkeit der formalen Möglichkeiten, mit denen das jeweils gleiche Ziel ins Visier genommen ist.

Luther hat, wie kein anderer vor ihm, graphische Bildsatiren ausgelöst, Napoleon eine Welle von Karikaturen in England und auf dem Kontinent provoziert. Mit beiden sind wichtige Stationen der Geschichte der Karikatur markiert. Für den karikierten Politiker der Gegenwart ist Franz Josef Strauß das Beispiel. Erstaunlich traditionell sind hier die satirischen Mittel und Motive.

Luther im Bilderkampf

1517 schlug Luther die 97 Thesen an die Tür der Schloßkirche zu Wittenberg. Als 1520 die drei programmatischen Schriften des Reformators erschienen, bildete dies den Auftakt zu einem heftigen Bilderkampf, der sich über die nächsten Jahrzehnte erstreckte, seinen Höhepunkt aber bereits in den ersten Jahren nach 1520 erreichte. In eben diesen Jahren vollzog sich in Deutschland die Reformation, sicherlich nicht wenig durch das wirksame Propagandamittel der Bilder gefördert.

Reformatorische Kampfbilder erschienen auf Flugblättern und in Flugschriften, als Titelholzschnitte und Illustrationen der Bücher. Tatkräftige Künstler unterstützten die Reformation: allen voran Lukas Cranach d. Ä., der in engem Kontakt mit Luther arbeitete,[1] die Brüder Beham und Georg Pencz als die drei »gottlosen Maler«,[2] Erhard Schoen und Peter Flötner, die Holzschnitte zu Flugblattexten des Hans Sachs lieferten,[3] neben vielen anderen namentlich oder als Monogrammisten bekannten Künstlern und Formschneidern. Ein großer Teil graphischer Kampfbilder der Reformationszeit blieb jedoch anonym.

Die Hauptphase des Bilderkampfes dauerte von etwa 1520 gut zwei Jahrzehnte bis zu Luthers Tod 1546. Die Bilder dienten der Selbstdarstellung und der Verunglimpfung des Gegners. Protestantische Kampfbilder stellen Luther überhöht und die Gegner, oft mit Tierköpfen versehen, erniedrigt dar; vor allem aber greifen sie den Papst als Antichrist und Ausgeburt der Hölle an. Die Vielfalt der Mittel reicht von der kontrastierenden Antithese[4] bis zur diffamierenden Schmähung. Die antithetische Bildform, die den Betrachter zur eigenen Urteilsfindung auffordert, erweist sich als vielseitig verwendbar und geeignet zur Darstellung komplizierter theologischer Inhalte. Andere, aufgrund ihrer drastischen und unflätigen Motive wirksame Bildsatiren sind gekennzeichnet von dem ungezügelten Willen zur Beleidigung.

Die Zeit nach Luthers Tod ist von innerprotestantischen Lehrstreitigkeiten, dem Vordringen des Calvinismus und von der einsetzenden Gegenreformation geprägt. Motive aus der ersten Zeit des Bilderkampfes werden aufgegriffen, neu kombiniert oder umgedeutet. Mitunter werden Bildsatiren inhaltlich überfrachtet, denn neben der klar definierten Frontstellung Luthertum und Papsttum verstärkt sich eine differenzierte Gegnerschaft zwischen einzelnen Richtungen und Personen. Zunehmend verlagert sich das Gewicht des satirischen Kampfes auf das Flugblatt. Der Vorrang des Bildes vor dem Text beginnt, sich auszuprägen.

Auf die Kampfbilder der ersten Phase, d. h. die zu Lebzeiten Luthers entstandenen Arbeiten, ist in der Ausstellung der Schwerpunkt gesetzt. Zwei Bildsatiren der Zeit nach Luthers Tod und ein Spottbild vom Anfang des 17. Jahrhunderts sind ergänzend hinzugenommen.

Während sich die meisten Bildsatiren der Reformationszeit gegen den Papst und seine Anhänger richten, sind solche gegen die Protestanten äußerst rar. Nach der erhaltenen und in schriftlichen Quellen bezeugten Bildpolemik zu schließen, wird der Anteil von katholischer Seite weniger als fünf Prozent betragen haben. Die Bildsatire war also spezielles Kampfmittel der Protestanten, deren publizistische Wirksamkeit Luther als erster in vollem Umfang erkannt und genutzt hat.

1 Die *Kampfbilder* bearbeiten Grisar/Heege 1921–23; Warnke 1984 weist nach, wie das Luther-Porträt von Cranach den entsprechenden Situationen des reformatorischen Kampfes angepaßt gestaltet wird.
2 Zschelletzschky 1975.
3 Kat. Nürnberg 1976, insbesondere S. 23–31 (M. Mende) über Hans Sachs und die Reformation: »Seine Fähigkeit, komplizierte Sachverhalte in schlichte und einfache Sätze aufzulösen, hat der jungen Bewegung großen Nutzen gebracht.« (S. 28)
4 Hoffmann 1978, besonders S. 189–192.

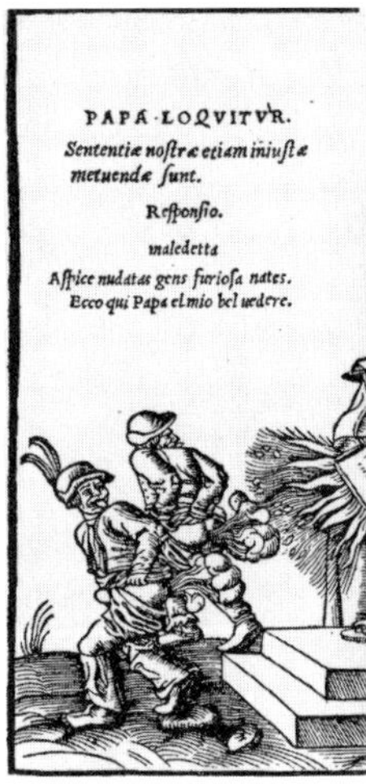

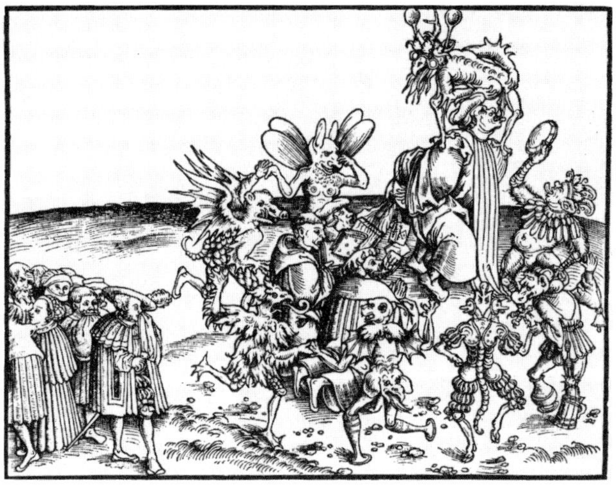

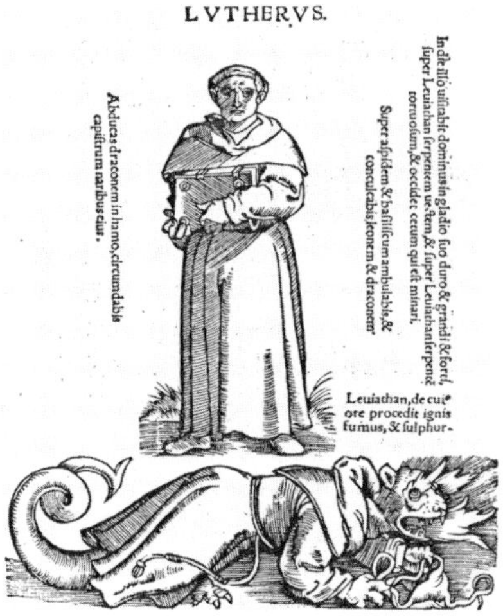

Abb. 79 Lukas Cranach d. Ä., *Verunglimpfung des päpstlichen Bannes*, 1545

Abb. 80 Lukas Cranach d. Ä., *Merterer und Jungfraw*, Bildsatire auf Cochläus, 1530

Abb. 81 *Murnarus Leviathan*, Satire auf Murner, Straßburg 1521

So entstand 1521, von ihm geduldet, das *Passional Christi und Antichristi*, eine Holzschnittfolge von Cranach (Abb. 130).[5] Auf dreizehn Doppelseiten befindet sich je ein Gegensatzpaar, in dem Szenen aus dem Leben Christi mit dem prunkvollen Auftreten des Papstes verglichen werden. Der Kontrast stellt die weite Entfernung des Papstes von seinem Vorbild dar und entlarvt ihn als Antichrist. Den satirischen Gehalt erhöhen die Kommentare, in denen Verordnungen des kanonischen Rechts mit Bibelstellen konfrontiert werden.

Selbst in der Bibel setzt Luther den Bilderkampf »dem Papst zum Verdrieß, Schmach und Verletzung mit lästerlichen Figuren, Gemälden, Worten und Deutungen öffentlich«[6] fort. In den Illustrationen zur Apokalypse von 1522 und der Vollbibel von 1534 wird der Papst auch motivisch mit dem Antichrist gleichgesetzt, denn das grauenvolle siebenköpfige Tier ist ebenso wie die Hure Babylon mit der Tiara gekrönt.[7]

In den folgenden Jahren veranlaßt Luther die *Deutung der zwei greulichen Figuren, Papstesel* und *Mönchskalb* (vgl. Kat. 112), und regt zu Einblattholzschnitten an, wie dem *Spottwappen des Papstes* (Abb. 71).[8]

Ein Höhepunkt reformatorischer Papstpolemik ist in der 1545, ein Jahr vor Luthers Tod von ihm herausgegebenen Schmähschrift *Wider das Papsttum zu Rom, vom Teufel gestifftet* und der Bilderfolge *Abbildung des Papsttums* erreicht.[9] Der überwiegende Teil der neun Holzschnitte benutzt zur Verhöhnung des Papstes drastische skatologische Motive (Abb. 79). Eine andere Illustration zeigt in rückhaltloser Schärfe die Erhängung des Papstes und seiner Kardinäle sowie die Annagelung ihrer Zungen an den Galgen als Anprangerung ihrer Falschheit (Abb. 57).[10]

Die Zeitgenossen nannten diese Bilder »Schandgemel« oder »lästerliche Figuren« und » scharpffe gemelde«[11], und Luther mußte wegen der »bösen Bilder«, wie er sie bezeichnete, sogar Kritik aus den eigenen Reihen hinnehmen.[12] Bei vielen seiner Anhänger wirkte Luther jedoch mit diesen in engster Zusammenarbeit mit Cranach bzw. seiner Werkstatt entstandenen Bildsatiren anregend und vorbildhaft. Der Reformator forderte seine Mitstreiter auf, nicht nachzulassen in der Bildpolemik gegen Papst- und Mönchstum: »Es meynen wol etliche man solle nu auffhören, das Bapstum und geystlichen stand zu spotten. [...] Mit denen hallt ichs nicht, sondern wie die Apocalypsis sagt: Man muß ›der roten huren‹ [...] vol und wol eynschenken usw. Drumb, lieben freunde, last uns auch auffs new widder anfahren, schreiben, tichten, singen, malen und zeygen das edle götzen geschlecht, wie sie verdient und werd sind. Unselig sey, der hie faul ist.«[13]

Dieser Aufforderung entsprechend, dehnten die Lutheraner ihre Bildsatiren in gezielten Einzeldarstellungen auf Gegner aus, die ihrerseits Luther wirksam mit polemischen Mitteln angegriffen hatten.

Johannes Cochläus, der sich anfangs enttäuscht über die ausbleibende sachliche Reaktion auf seine antireformatorischen Schriften äußerte, verleumdet und verspottet Luther 1529 mit der Bildsatire des *Martinus Luther Siebenkopff* (Kat. 114).

5 Grisar/Heege I; Bernhard 1972, S. 555–583. In dieser Folge spiegelt sich hussitische Bildtradition, die in ihrem Kampf gegen Papst und Mönchstum ebenfalls Bildantithesen verwandte (vgl. Kat. Nürnberg 1976, Nr. 74).

6 So kommentiert Hieronymus Emser 1521 das *Septembertestament;* Grisar/Heege II, S. VII.

7 In der zweiten Wittenberger Ausgabe (Dezember 1522) mußten, wohl aufgrund eines fürstlichen Dekrets, die Papstkronen zu einer einfachen reduziert werden, erschienen in der Vollbibel aber wieder dreifach. Grisar/Heege II; Bernhard 1972, S. 717–746.

8 Grisar/Heege IV; Harms II, 2; Scribner 1981, S. 80, Abb. 58.

9 Grisar/Heege IV; Harms II, 78–86 (spätere Ausgabe).

10 »Executio in effigie«, Hinrichtung der Feinde im Bild. Nach mittelalterlichem Rechtsbrauch konnten nichtzahlende Schuldner auf diese Weise bildlich entehrt werden. Solche an öffentlichem Ort angebrachte Blätter hießen »Scheltbrief«, »Schändebrief« oder »Schandgemälde«; Zschelletzschky 1975, Anm. 70; vgl. Einleitung zur Satirischen Porträtgalerie Kap. 2.1 – Von hier wurde der zuletzt genannte Begriff offensichtlich übernommen und auf spätere Bildsatiren übertragen.

11 Aus dem Jahr 1464 ist der Begriff »schendliche Gemälde« belegt, mit dem der Breslauer Stadtschreiber Eschenloher hussitische Bildsatiren beschreibt; Grisar/Heege I, S. 3–4, 13 u. Anm. 6. – 1524 wird der Maler Hans Greiffenberg vom Rat der Stadt Nürnberg wegen »Schandgemälde wider päpstliche heiligkeit« verwarnt; Zschelletzschky 1975, S. 26. – Der Lutherschüler Joh. Mathesius (1504–1565) zur *Abbildung des Papsttums:* »Darauff ließ er viel scharpffer Gemelde abreyssen, darin er den leyen, so nicht lesen kondten, des Antichrists Wesen und Grewl fürbilden.« nach G. Loersche, *Luthers Leben in Predigten*, 1898.

Im Gegenzug verunglimpft ein Flugblatt von vermutlich 1530 Cochläus und seine Schriften in unflätiger Deutlichkeit (Abb. 80).[14] Der Holzschnitt zeigt ihn, umringt von heteromorphen Teufeln, wie er die Ausscheidungen eines ihm auf den Schultern stehenden Dämons aufnimmt und in Form von Büchern wieder von sich gibt. Sich abwendend oder die Nase zuhaltend, ist eine Gruppe von Bürgern Zeuge des Vorgangs. Bei dem charakteristischen männlichen Kopf am linken Rand, der seinen Blick aus dem Bild heraus auf den Betrachter richtet, handelt es sich vermutlich um ein Selbstporträt des Zeichners; die offensichtliche Ähnlichkeit mit Bildnissen Cranachs d. Ä.[15] läßt dessen Urheberschaft vermuten. Vergegenwärtigt man sich den allegorischen Gehalt dieser Bildsatire auf Cochläus, so ist die Verarbeitung zweier bekannter Schmähbilder zu erkennen: die der *Judensau*[16] und der *Herkunft der Mönche*, einer teuflischen Aftergeburt von Mönchen und Papst.[17]

Ein höhergestecktes Ziel und eine andere Arbeitsweise charakterisieren ein Kampfbild gegen den sehr aktiven Luthergegner Thomas Murner (Abb. 81).[18] Mit seinem reich illustrierten Buch *Von dem großen Lutherischen Narren* (Kat. 111) hat er die bedeutendste Satire auf Luther geschaffen. In der vorangehenden Fehde wird Murner durch die Verdrehung seines Namens zu »Murr-Narr« und die bildliche Darstellung als Mönch mit Katzenkopf und -schwanz verhöhnt.[19] In einer Steigerung bilden ihn seine Gegner als feuerspeienden, am Boden kriechenden Drachen ab, an dessen Menschsein nur noch die Kutte erinnert. Über ihm erscheint – schwebend und doch feststehend – Luther mit der Bibel im Arm. Die monumentale Wirkung, die der Darstellung des über seinen Gegner triumphierenden Luther hier anhaftet, ist durch Montage, das Übereinandersetzen zweier getrennter Druckstöcke erreicht, die ursprünglich als Einzelbilder konzipiert waren und auch gedruckt worden sind.[20]

Beide, Cochläus und Murner, versuchten sich gegen diese Schandbilder mit Hilfe der Zensur zu wehren – freilich erfolglos. Cochläus war an einer Verschärfung der Zensurgesetze interessiert und veröffentlichte im Hinblick auf den Reichstag zu Augsburg von 1530 entsprechende Verordnungen. Demnach sollten die Landesherren durch Zensoren die Druckereien und »Buchführer« kontrollieren, »das hinfurter nichts news/ vnd sonderlich schmeeschrift/ gemeels oder dergleichen/ weder offentlich noch heimlich/ gedicht/ gedrugkt/ oder feylgehabt werde«.[21] In den Büchern sollte der Name des Druckers sowie der Druckort angegeben werden. Prinzipiell enthält dieses Zensurgesetz nichts Neues; ähnliche Verordnungen waren auf dem Wormser Reichstag von 1521 ergangen. Obwohl Cochläus als nächst höhere Instanz das »kaiserlich Cammergericht« angibt, also eine weltliche Behörde, erklärt er nicht die städtischen Obrigkeiten als für die Zensur zuständig, obwohl diese de facto die einzigen waren, die sie wirksam ausüben konnten.

An den Rat der Stadt Straßburg hatte Murner 1521 eine Beschwerde wegen der gegen seine Person gerichteten polemischen Schriften und Bilder gesandt und um Unterdrückung ersucht.[22] Da in den reformatorischen Städten die neue Lehre vom Stadtrat eingeführt bzw. anerkannt worden war, verwundert es nicht, daß sich der reformatorische Rat von Straßburg als nicht unparteiisch erwies. So griff Murner zur Selbsthilfe. Als Plakatanschlag brachte er an zwölf Stellen der Stadt eine »Protestation« an, in der er versicherte, nicht unrechtmäßig gegen Luther vorgegangen zu sein.[23] Als Murner selbst seine Gegner in einer Vielzahl polemischer Schriften beleidigend angriff, schritt der Rat ein. Das erhoffte Druckverbot richtete er jedoch gegen Murner mit der Begründung, dieser sei der eigentliche Unruhestifter. Als Murners Drucker 1522 mit der Verlegung des *Lutherischen Narren* den Ratserlaß unter Berufung auf ein kaiserliches Druckprivileg zu umgehen versuchte, ließ der Stadtrat alle erreichbaren Exemplare des Buches einziehen und verbrennen. In der folgenden Zeit war Murner gezwungen, sich eine kleine Druckerei in seinem Kloster einzurichten.

Die geringe Wirksamkeit katholischer Zensurmaßnahmen zeigt sich bei den Illustrationen der Lutherbibel, deren Erscheinen in ihrer das Papsttum verunglimpfenden Form nur für kurze Zeit verhindert werden konnte (s. Anm. 7). Häufiger ist eine protestantische Selbstzensur zu beobachten, wie beim Nürnberger Rat, der die Verbreitung einiger protestantischer Kampfbilder unterband, um

12 *Luthers Werke*, Weimar 1883ff., Briefe XI, S. 71.

13 Luther 1526, *Das Bapstum in seinen Gliedern gemalet und beschrieben*, zit. n. Grisar/Heege II, S. 2–3.

14 *Johannes Cochläus: Des heiligen Bebstlichen stuels geborener Apostel: Prophet: Merterer vnd Jungfraw.* Flugblatt nach 1529; Scribner 1981. S. 85, Abb. 62; Piltz 1983, Taf. 72.

15 Z. Vgl. bieten sich an: *Selbstbildnis* von um 1530, Schloß Stolzenfels; Schade 1974, Abb. Frontispiz, s. auch Taf. 52 (Selbstbildnis in der *Heiligen Sippe*, um 1510, Wien) u. Taf. 217 (*Bildnis Cranachs d. Ä.*, gemalt von Cranach d.J. um 1550, Florenz).

16 Kunzle 1973, S. 24; Fuchs I, S. 36, Abb. 40.

17 Harms II, 7; Laube/Steinmetz 1974, Abb. S. 168.

18 Titelholzschnitt zu Matthias Gnidius, *Murnarus Leviathan vulgo dictus Geltnarr*, Straßburg 1521. Kat. Nürnberg 1983, Nr. 284.

19 Vgl. Scribner 1981, Abb. 18.

20 Der *Murnarus Leviathan*, gerahmt von ins Bild gesetzten, quergedruckten Textzeilen: in dieser Flugschrift; der *Luther* als Titelholzschnitt der *Passion D. Martins Luthers*, abgebildet in H. Boehmer, *Der junge Luther*, Leipzig 1931.

21 Joh. Cochläus, *Summarium des kaiserlichen Abschieds im nechsten Reichstag zu Augspurg (...) 1530*, Dresden 1531, aus dem Kapitel »von der Drugkerey«.

22 In der Hauptsache ist damit der *Karsthans*, Straßburg 1521, gemeint. Kat. Nürnberg 1983, Nr. 314.

23 Vgl. die ausführliche Darstellung der Auseinandersetzung Murners mit dem Straßburger Rat bei P. Merker, *Thomas Murner, Vom großen Lutherischen Narren*, Straßburg 1918, S. 22–43.

der neuen Bewegung nicht zu schaden.[24] Als erstes weltliches Pressegesetz gilt die Verordnung Kaiser Karls V. für Flandern von 1540, die sich ausführlich mit den auf den Index gesetzten reformatorischen Schriften befaßt, Druckgraphik, die den Bildersturm darstellt, verbietet und harte Strafen androht.[25]

Aus Ehrfurcht vor den Glaubensinhalten, um die in der Reformationszeit gestritten wurde, lehnte die katholische Kirche verunglimpfende Bilder in Büchern generell ab.[26] Bilder, die Luther, den Ketzer, verherrlichen und wie einen Heiligen darstellen, werden empört zurückgewiesen.[27] Die groben und skatologischen Darstellungen waren mit der Würde der Papstkirche und den Werten, die sie vertrat, nicht vereinbar.[28] Dadurch blieb der katholischen Seite nur ein begrenzter Rahmen, bildpolemisch zu wirken. Erst in der zweiten Hälfte des Jahrhunderts, einhergehend mit dem Wiedererstarken und der inneren Reform der katholischen Kirche, überwanden einige wenige diese Zurückhaltung (Kat. 118, 119). So sind Bilder, die Luther angreifen, Raritäten; neben den ausgestellten werden die übrigen aus der Reformationszeit bekannten ebenfalls vorgestellt und abgebildet, so daß hier eine dem heutigen Kenntnisstand entsprechende Zusammenstellung von etwa 20 Bildsatiren auf Luther erfolgt. Nicht inbegriffen sind drei weitere, gegen die Lutheraner gerichtete Blätter, die den Reformator selbst nicht abbilden (vgl. auch Abb. 161).

Das zunächst wirksamste und am häufigsten benutzte Mittel, Luther anzugreifen, ist die Verteufelung. Sie wird am einfachsten durch den ›Ohrenbläser‹ erreicht, einen Teufel, der dem Betreffenden auf der Schulter sitzt oder über seinem Kopf schwebt und satanische Beeinflussung anzeigt. So entsteht aus einer unpolemischen Abbildung zweier prophetischer Mönche, dem Titelholzschnitt eines vorreformatorischen Buches, durch den in Tinte hinzugefügten Teufel sowie die Namensangaben nachträglich ein Spottbild auf Luther und Melanchthon (Abb. 82).[29]

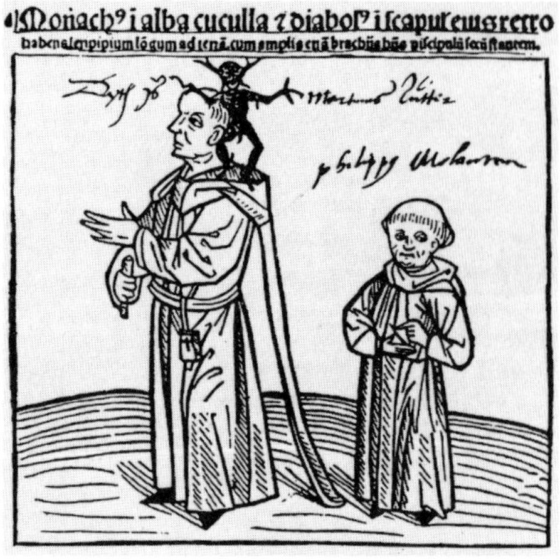

Abb. 82 *Die ›weissagunge‹ Johannes Lichtenbergers*, Mainz 1492, Titelholzschnitt mit späteren Hinzufügungen

In den meisten gegen Luther gerichteten Bildsatiren des 16. Jahrhunderts ist Luther als Mönch oder im Predigertalar dargestellt. Zur Identifizierung ist sein Name danebengedruckt. Nur wenige der Karikaturen, die zu Luthers Lebzeiten erscheinen, bemühen sich um Porträtähnlichkeit und erreichen auch dann selten mehr als die Wiedergabe eines allgemeinen Typs, was angesichts der großen Verbreitung von Luthers Porträt erstaunen mag.[30] So gibt Murner dem *Lutherischen Narren* (Kat. 111) ein markantes, jedoch nicht porträtähnliches Gesicht. Im *Ketzerspiel* (Kat. 109) ist die Frisur des ›Junker Jörg‹ zitiert. Ähnlichkeit mit dem Bildnis ist im *Septiceps* (Kat 114) erreicht, im *Biceps* (Kat. 115) dagegen geht sie verloren. Allein aufgrund der Porträtähnlichkeit wären diese Karikaturen Luthers also nicht zu identifizieren.

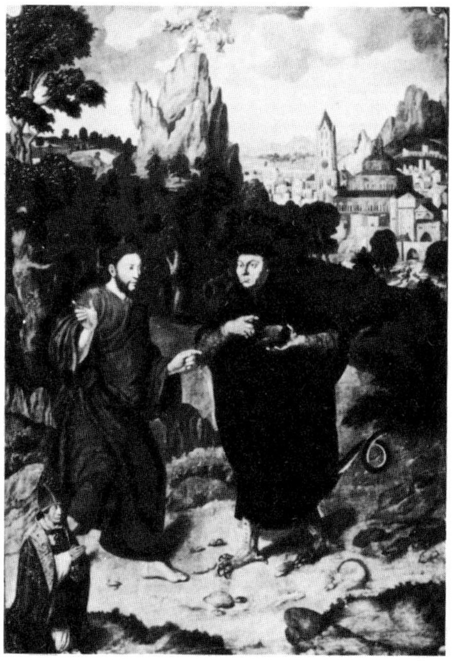

Abb. 83 Bartholomäus Bruyn, *Luther als Versucher Christi*, um 1547

Anders verhält es sich bei einem Gemälde Bartholomäus Bruyns von ca. 1547 mit der *Versuchung Christi* (Abb. 83),[31] wo der an Vogelklauenfüßen und Drachenschwanz kenntliche Teufel die Kleidung und die Gesichtszüge Luthers trägt. Jedoch ist das Gemälde nicht primär eine Lutherkarikatur, sondern sein Maler nutzt das Thema der Versuchung Christi, den Teufel mit einem Kryptoporträt Luthers zu versehen.[32] Dieses Prinzip des ›heimlichen Porträts‹, in die graphische Bildpolemik übertragen – wo es dann einen offensichtlicheren Charakter und eine Hauptfunktion erlangt –, findet sich in den ersten Jahrzehnten der Reformation nur bei Künstlern, die zugleich als Tafelmaler tätig waren. So haben in der *Verunglimpfung des päpstlichen Bannes* von Cranach (Abb. 79) die Gesichtszüge des Papstes zwar Ähnlichkeit mit denen des regierenden Papstes Paul III.; bei den beiden Kardinälen sind jedoch die echten Porträts der deutschen Kardinäle Otto Truchseß' von Waldburg und Albrechts von Brandenburg verwandt worden.[33] Die von unbekannter Hand stammende Bildsatire *Luther und Lutzbers Vereinigung* (Kat. 117), die für das Gesicht Luthers sein Bildnis verwendet, ist eine Ausnahme, die sich durch die enge formale und inhaltliche Verwandtschaft zur Porträtmalerei erklärt.

Neben den ausgestellten sind drei weitere gegen Luther gerichtete und ihn abbildende Holzschnitte aus der Frühzeit der Reformation bekannt, in denen er durch die Namensbeischrift gekennzeichnet ist (Abb. 84, 85, 86). Ein Problem tritt bei ihnen besonders zutage, das als generelle Eigenschaft einem Großteil der

24 So beim *Spottwappen des Papstes*, s. Anm. 8; bei Hans Baldungs Lutherporträt mit der Taube des hl. Geistes, 1522, Kat. Hamburg 1984, Nr. 27; vgl. auch Zschelletzschky 1975, S. 247.

25 In Nachdrucken und Übersetzungen kursierte das Gesetz auch in Deutschland. Petzold, *Catalogus Indicis Librorum*, Dresden 1859.

26 Vgl. Eberlin von Günzburg, *Mich wundert, daß kein Geld im Land ist*, 1523, Figur des Zingk; in A. E. Berger, *Ausgewählte Flugschriften der Jahre 1520–25*, Leipzig 1931.

27 S. Klage des päpstlichen Nuntius Aleander, 1521; Warnke 1984, S. 32–33.

28 Offenbar galt dies nicht für die häufig sehr drastischen schriftlichen Äußerungen.

29 Titelholzschnitt zu Joh. Lichtenbergers *weissagunge*, Mainz 1492. Exemplar der Staatsbibliothek Hamburg, Kat. Hamburg 1983, S. 12, Abb. 4.

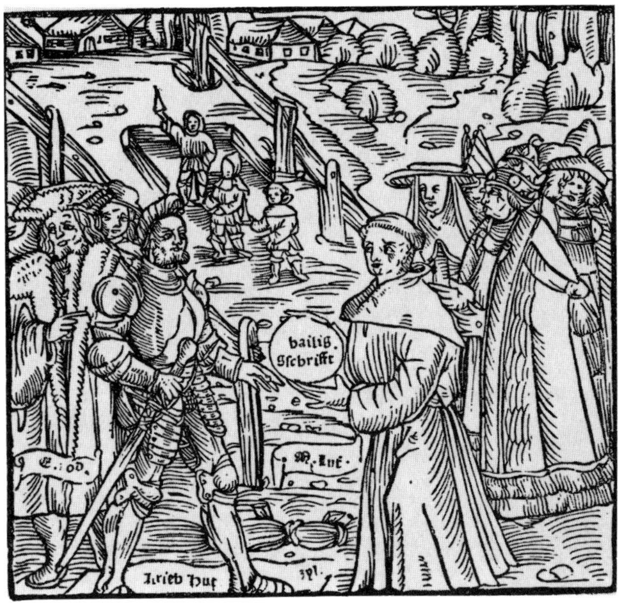

Abb. 84 *Kegelspiel,* Titelholzschnitt einer Schweizer Flugschrift, 1522

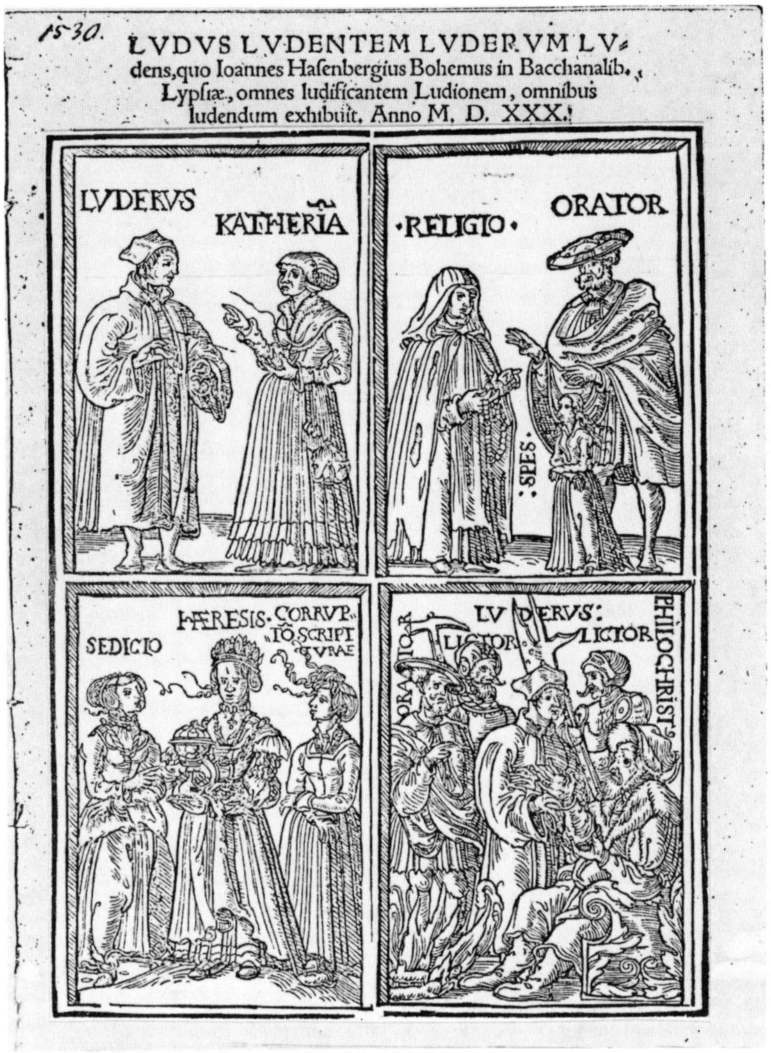

Abb. 85 Meister der Jakobsleiter, *Illustration eines Fastnachtsspiels,* 1530

Reformationssatire anhaftet: Auch wenn der polemische Gehalt eines Bildes offensichtlich ist, gibt erst der Text zuverlässig die Zielrichtung an. Das *Kegelspiel* ist eine anonyme schweizerische Schrift gegen Luther. Sie wurde offensichtlich bereits von seinem Verleger, der protestantische Schriften druckte, nicht als antilutherisch erkannt.[34] Der Titelholzschnitt (Abb. 84) zeigt eine Wiese mit einer Kegelbahn, auf der Kegeljungen die drei Kegel hochhalten. Im Vordergrund macht sich Luther, aufgefordert von Hutten, zum Wurf bereit: Er kegelt mit dem Papst um die Auslegung der Heiligen Schrift, wie auf der Kugel steht. Das Kegelspiel an sich war Teufelswerk und ist hier in ähnlichem Sinn benutzt wie »das Würfeln um Gottes Wort«, eine Umschreibung für die willkürliche Auslegung der Bibel (vgl. Kat. 118).

Nahezu eine Inhaltsangabe, einer volkstümlichen Moritatentafel ähnlich gestaltet, ist der Holzschnitt, der einem gegen Luther gerichteten Fastnachtsspiel vorangestellt ist (Abb. 85).[35] Seine vier Bildfelder entsprechen den vier Akten des Stückes; getrennt, als Einzelbilder, werden sie bis auf das erste in dem entsprechenden Akt jeweils wiederholt. Luther ist zweimal dargestellt. Das linke obere Bildfeld, auf dem er mit Katharina diskutiert, verweist auf den ersten Akt, in dem ihr Eheleben satirisch verhöhnt wird. Während die beiden folgenden Teilbilder theologische Personifikationen vorstellen, die ebenfalls im Spiel agieren, zeigt das Bild zum letzten Akt, wie Luther zum Ketzertod verurteilt wird.

Ein sehr verbreitetes, mehrfach zur Polemik gegen Luther genutztes Bildchen stellt ihn im Disputationsgestus einem Bauern gegenüber (Abb. 86).[36] Das Bild selbst richtet sich in nichts gegen Luther. Die völlig wertfreie Darstellung knüpft an verbreitete Holzschnitte an, die sich zumeist auf Titelblättern von Büchern befinden und den Verfasser mit seinem Diskussionspartner vorführen.[37] Bei der

30 Von Luther sollen fast 500 Bildnisse überliefert sein, Warnke 1984: Joh. Fischer, »Die Bildnisse Luthers aus der Zeit seines Lebens«, *Lutherjahrbuch* 16, 1934.
31 Bonn, Rheinisches Landesmuseum, 184 x 119; H.-J. Tümmers, *Die Altarbilder des älteren Bartholomäus Bruyn,* 1964, S. 107; Kat. Nürnberg 1983, Nr. 639.
32 R. Dölling, *Das Bildnis in christlichen und mythologischen Darstellungen,* Diss. Leipzig 1957
33 Grisar/Heege IV, S. 22–23.
34 *Kögel spil gebracttiziert auß dem yeczigen zwytracht des glaubens,* 1522, Druck: Melchior Ramminger, Augsburg. Hrsg. v. A. Götze in C. Clemen, *Flugschriften aus den ersten Jahren der Reformation,* Leipzig 1909, Bd. 3, S. 221–260.
35 Joh. Hasenberg, *Lvdvs Lvdentvm Lvdervm Lvdens,* Leipzig 1530. Der Holzschnitt wird dem Meister der Jakobsleiter zugeschrieben. Geisberg Nr. 311; Thulin 1967, Abb. S. 57.
36 Titelblatt zu Joh. Fundling, *Anzaigung zwayer falscher zungen des Luthers,* Flugschrift, Landshut 1526, Laube/Steinmetz 1974, Abb. S. 309.
37 So im für Luther positiven Sinn auf Flugschriften zum Wormser Reichstag, Luthers Rede enthaltend: Laube/Steinmetz 1974, Abb. S. 141 und Scribner 1981, S. 23, Abb. 13.
38 *Da steht ein armer verderbter Bawerßmann,* Flugblatt des Johann Nas, Ingolstadt 1570, Harms II, 48.
39 *Ursprung vnd anfang des funfften Wittenbergischen Euvangeliums,* Flugblatt von 1562, Drews 1905, Abb. 37.

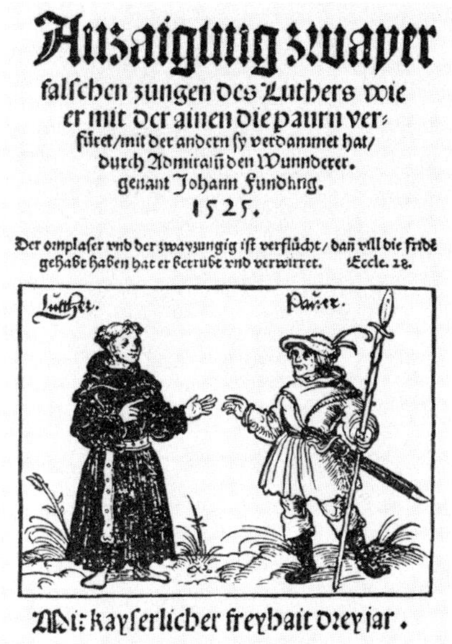
Anzaigung zwayer
falschen zungen des Luthers wie
er mit der ainen die paurn ver-
füret/mit der andern sy verdammet hat/
durch Admiralium den Wunnderer.
genant Johann Fundling.
1525.

Der oripläser und der zwayzungig ist verflücht/ dann vill die fride gehabt haben hat er betrübt und verwirret. Eccle. 28.

Mit kayserlicher freyhait drey jar.

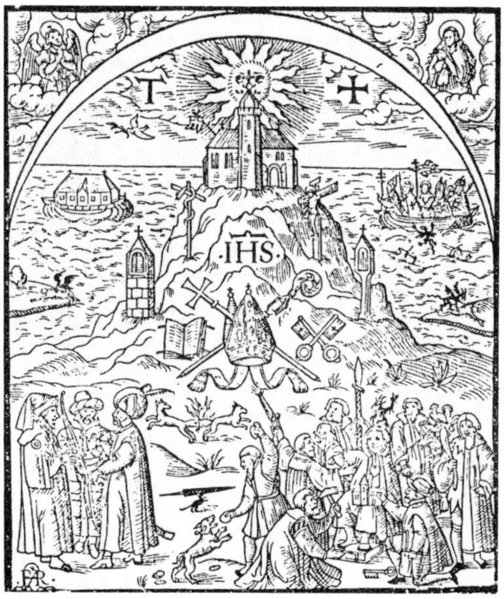

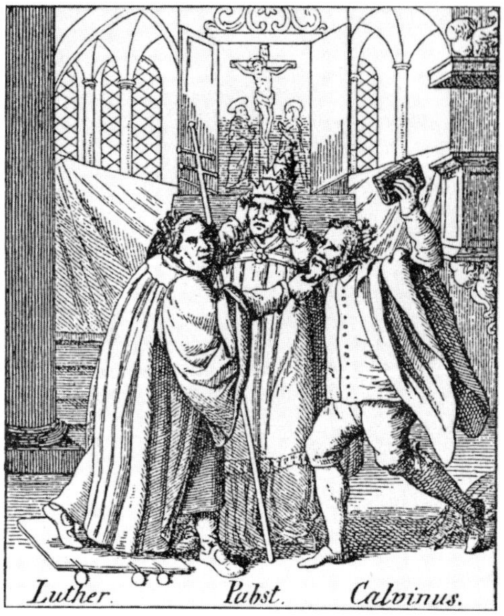

Abb. 86 *Luther im Gespräch mit einem Bauern,* Titelholzschnitt einer Schmähschrift gegen Luther, 1530

Abb. 87 Monogrammist PAR, *Katholische Weltbilddarstellung,* Flugblatt, Ende 16. Jh.

Abb. 88 *Geistlicher Raufhandel,* Karikatur aus dem 17. Jh.

Abbildung *Luther im Gespräch mit einem Bauern* verrät der Titel der Flugschrift die antilutherische Kritik. Das Bild wurde mit geänderten Texten im Flugblatt zweimal wiederverwandt. In einer der Fassungen[38] vertritt der rückkonvertierte und Luther überlegene Bauer den Standpunkt der katholischen Kirche; beim anderen Flugblatt,[39] einer polemischen Lebenstafel Luthers, soll der Bauer – als Vertreter der Volksmeinung – den Autor verkörpern.

In einem gegen die Lutheraner gerichteten Flugblatt vom Ende des 16. Jahrhunderts stellt sich die katholische Kirche selbst dar (Abb. 87).[40] Das christlich-allegorische Weltbild mit der Stadt Gottes im Zentrum ist antithetisch aufgebaut. Die obere, positiv gewertete Bildhälfte ist der Papstkirche vorbehalten, während sich unten im Vordergrund die Feinde der Christenheit befinden. Rechts stehen in einer kleinen Gruppe ein Jude und ein Türke, links befindet sich die viel größere Versammlung der Protestanten, die sich um das Erbe Luthers streiten. Er selbst sitzt mit allegorischen Attributen versehen in ihrer Mitte. Sein Ketzertum ist durch den Teufel auf seinem Kopf (vgl. Kat. 110) in traditioneller Weise versinnbildlicht.[41]

In nachreformatorischer Zeit, während des Dreißigjährigen Krieges und später, wird die satirische Wiedergabe und Wertung komplizierter theologischer Inhalte seltener.[42] Die Herausgeber der Flugblätter setzen sich oftmals über konfessionelle Parteilichkeit hinweg, wodurch die Kritik an Schärfe verliert. So sitzen auf einem niederländischen Kupferstich der Papst, der lautespielende Luther und Calvin gemeinschaftlich speisend am Tisch und werden von der personifizierten ›Ratio‹ bedient.[43] Das Blatt ist ein Aufruf an die Konfessionen zur gegenseitigen Toleranz.

Nur noch in wenigen Spottbildern wird Luther als konkrete historische Person angegriffen, wie mit den Flugblättern *D. M. Luthers Jubelglas* und seinen Varianten, die zur Hundertjahrfeier des Thesenanschlags erschienen.[44] In solchen Spottbildern wird er zumeist einfach, aber wirksam als dem Laster der Völlerei Ergebener, als Säufer dargestellt (Kat. 120)[45] oder, im Rückgriff auf frühere Bildsatiren, als jemand, der sich dem Teufel verschrieben hat.[46]

Eine Karikatur von 1619 (Abb. 88)[47] greift die Konfessionen personifiziert in den Gestalten ihrer geistigen Väter an und veranschaulicht ihre ausweglose Zerstrittenheit. Die Distanz zu den vehement geführten Auseinandersetzungen der Reformationszeit hat dazu geführt, das Motiv des persönlichen Kampfes, das im 15. Jahrhundert in schärfster Form als Ringkampf zwischen Kaiser und Papst gestaltet worden war (S. 13, Abb. 1), zu einer kleinen Prügelszene zwischen ehrwürdigen Kirchenführern zu verharmlosen, die sich gegenseitig an den Haaren reißen.

E. Z.

40 *Der zweiflenden zanck von der waren kirchen Gottes,* Flugblatt mit Holzschnitt des Monogrammisten PAR, Harms 1983, Nr. 35.

41 Vgl. den großen Einblattdruck *Kampf der Konfessionen* von 1553 in London; Strauss 1975, S. 1240/41.

42 S. *Fischerey deren Newen Apostlen,* Flugblatt, Kupferstich vom Anfang des 17. Jhs.; Harms II, 169.

43 *Ay Pap ist met schillen gekooct,* um 1590; Kat. Coburg 1983, Nr. 28; Variante, seitenverkehrt und mit deutschem Text: Harms II, 60.

44 Kat. Coburg 1983, Nr. 32; Harms II, 118 u. 119, Varianten als *Catechismus M. Lutheri.*

45 So das *Saufduell zwischen Luther und Agricola,* in dem das *Jubelglas* bildmotivisch zitiert wird; Drews 1905, Abb. 49, vgl. auch Abb. 52.

46 *Martinus Lutherus ein Doctor der Gottlosigkeit,* Flugblatt von 1730; Drews 1905, Beilage 2.

47 *Geistlicher Raufhandel,* Flugblatt. Fuchs I, S. 74, Abb. 74. In Kat. Coburg 1983 Variante, mit einem zweiten Bild antithetisch kombiniert, das den nicht konfessionsgebundenen, ›einfältigen‹ Glauben verherrlicht. Harms II, 148.

109
Deutsch, 1520 (?)

Luthers Ketzerspiel

Flugblatt, Holzschnitt und Letternsatz, 412 x 296.
Staatsbibliothek Preußischer Kulturbesitz, Berlin.

Text- und Bildteile greifen auf diesem Flugblatt in ihrer altertümlichen Anordnung stark ineinander. Die einem Titel entsprechenden Eingangsverse sind in keiner Weise typographisch hervorgehoben: »Das ist des Lothers ketzers spill/ Davon kumbt aufrur vnd jammers vil/ Der Gottesdinst ist worden still.« Luthers aktives Vorgehen ist als Kochszene dargestellt, bei der die heimliche Rezeptur und die Mithilfe des Teufels aufgedeckt wird. Dem fratzenbesetzten Teufel links des großen Kessels steht rechts Luther gegenüber, der ohne Porträtähnlichkeit mit Kutte, Tonsur und einem gewaltigen Schnurrbart gezeichnet ist. Unter starker Dampfentwicklung brauen sie etwas zusammen. Zwei weitere Teufel schüren das Feuer, ein vierter und fünfter zwischen den Schrifttafeln oben machen Musik.

Die Schrifttafeln unter oder über den handelnden Figuren haben die Aufgabe moderner Sprechblasen: So rühmt sich der Teufel, daß er »Gall vnd Gift« in den Topf hineinrührt, und Luther bekennt, daß er ihm skrupellos »Falsch vnd trug« entnimmt. Über den Inhalt geben die emporzüngelnden Dampfschwaden Auskunft. Zu den Aufschriften wie »Falsch[heit], Unglaub, Ketzery, Unkeusch[heit], Zerrutung« etc. schrieb vermutlich der erste Besitzer des Flugblattes mit Tinte auf den Kesselrand: »ungotsfurcht, aygennützgkeit, unerbarkeit«. Die Verstexte in den Kolumnen über dem Kessel und am unteren Bildrand schildern in klagendem Ton das Unheil, das aus Luthers Lehre entstehen wird, »Groß aufrur vnd blut vergiessen, Zanck vnd Hader wurd darauß fliessen. . .«. Der Sprecher, der sich auch als ›Maler‹ des Blattes angibt, bezeichnet sich als Propheten Gottes, der jedoch hofft, daß seine unheilvollen Vorhersagen nicht eintreten. Um seiner Warnung vor Luther zusätzliches Gewicht zu verleihen, tritt der Verfasser scheinbar aus seiner Anonymität heraus, indem er sagt, er sei der »[ge]trw[e] Eckart«.

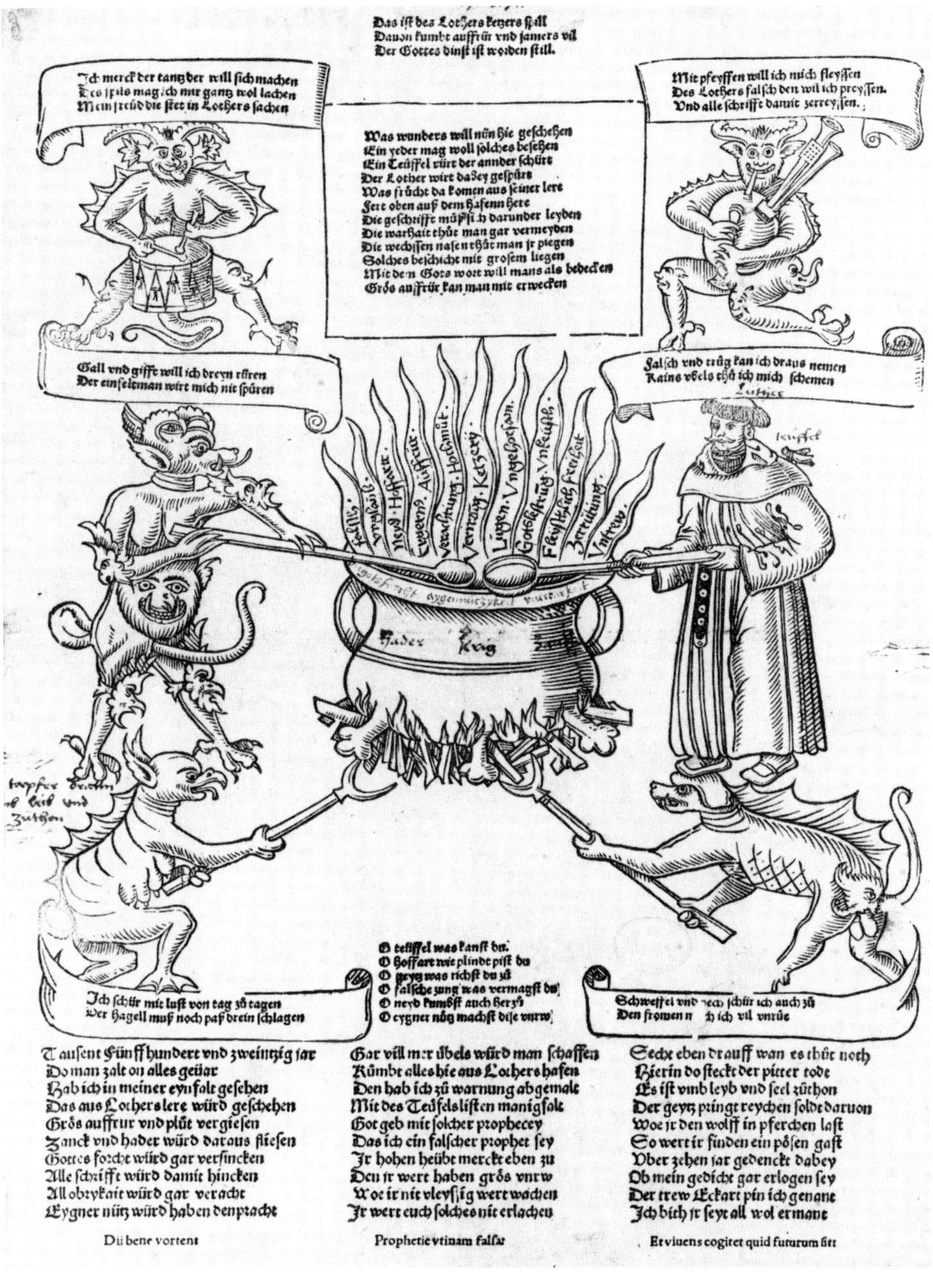

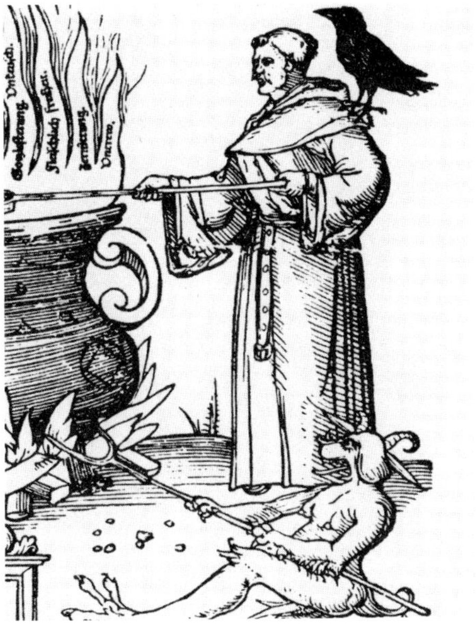

Abb. 89 *Luther mit dem Raben,* Ausschnitt aus einer Variante des *Ketzerspiels*

Als guter Geist eilt diese deutsche Sagengestalt warnend den alles zerstörenden Unholden der wilden Jagd voraus.

Die im Text ausgeschriebene Zahl 1520 galt zunächst als Entstehungsjahr des Blattes. Mit den Anklängen in Luthers Frisur an die Haartracht, die er 1521 als ›Junker Jörg‹ auf der Wartburg trug, ist ein Terminus ante quem gegeben und das Flugblatt in die Zeit der Reichsritteraufstände (1523/24) und des Bauernkriegs (1524/25) zu datieren. Das Jahr 1520 wird als Ausgangspunkt genommen, da in ihm die drei großen, das Geschehen der folgenden Jahre beeinflussenden Reformationsschriften Luthers erschienen waren. Die Kriegsjahre nach 1520 stellen sich dadurch bereits als eine Erfüllung der Prophezeihung dar.[1]

Dieses Blatt ist die künstlerisch weniger bedeutende, in Text und Ikonographie fast unveränderte Variante des heute bekannteren Züricher Exemplars.[2] Allein die Figur Luthers erfuhr erwähnenswerte Veränderungen (Abb. 89). Erscheint er in dem älteren Druck in Mönchskutte und mit vorhandenem, jedoch nicht auffallendem Schnurrbart,[3] so ist dieser im zweiten Exemplar sehr vergrößert worden, und auch die Tonsur ist deutlich vorhanden. Anstelle eines Rabens sitzt ihm hier eine Heuschrecke auf der Schulter. In Tinte mit »teüpfel« beschriftet, dokumentiert sie Luthers Zugehörigkeit zum höllischen Betrieb auf biblische Weise.[4] E.Z

1 In Kat. Nürnberg 1983, Nr. 286 spricht K. Hoffmann von einer »Rückdatierung«.
2 Zürich, Zentralbibliothek; Abb. 286 in Kat. Nürnberg 1983.
3 Anlehnung an die Porträtauffassung Luthers von 1521/22 als ›Junker Jörg‹ von Cranach; Geisberg Nr. 30; Bernhard 1972, Abb. 405.
4 Während Rabe und Krähe mehr dem volkstümlichen Bereich der Hexen und Propheten angehören (Bächthold-Stäubli VII, S. 435 ff.), war die Heuschrecke im Mittelalter Symboltier für Teufel (Apok. Joh. 9, 1 ff.; vgl. Kat. 119) und Dämon (Bächthold-Stäubli III, Sp. 1824/25). – 1523 erschien – möglicherweise als Reaktion auf *Luthers Ketzerspiel* – auf der antipäpstlichen Flugschrift *Ein frischer Combiszt vom Papst und den Seinen* ein dem *Ketzerspiel* sehr ähnlicher Holzschnitt, in dem anstelle Luthers der Papst einen Teufelsbrei anrührt. Piltz 1983, S. 66, Abb. 50.

Lit.: Kat. Nürnberg 1983, Nr. 286; Scribner 1981, S. 229, Abb. 181 (Züricher Exemplar).

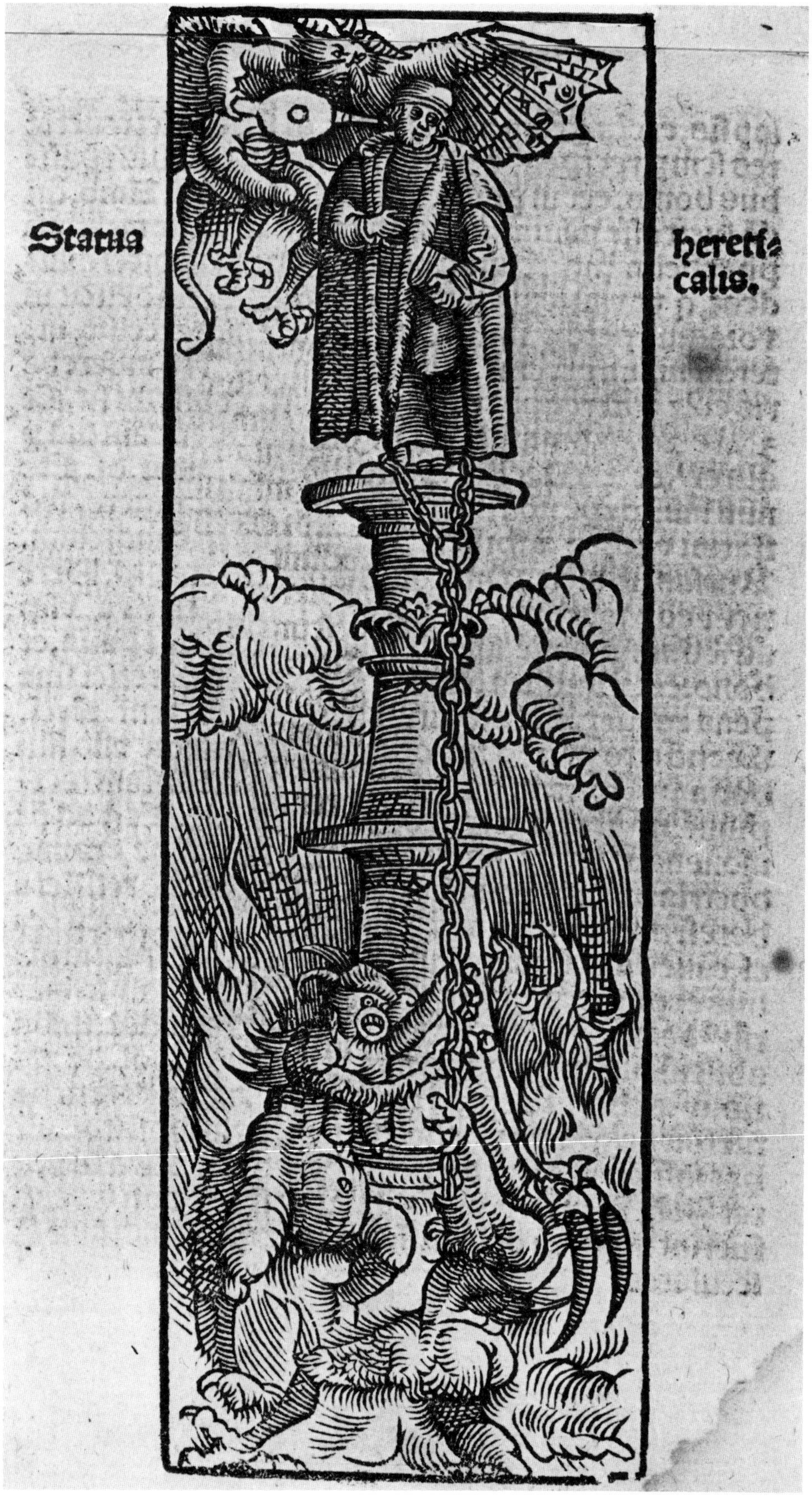

Die *Statua hereticalis* erschien als einzige Illustration eines lateinischen Büchleins, dessen Hauptteil ein alphabetischer Ketzerkatalog ist.[1] Der Einleitungstext behandelt das Ketzertum allgemein, während ein umfangreicher Schlußteil sich mit Luther und seinen Anhängern befaßt. Der kleine Holzschnitt zeigt einen mit Talar, Buch und ›Doktorhut‹ ausgestatteten Gelehrten, der hoch über den Wolken auf einer Säule steht. Am Fuß der Säule halten zwei Teufel – ein weiblicher mit einem Kuhkopf und ein bocksköpfiger mit phallusförmiger Nase – das Ende einer Kette, die um die Füße des Gelehrten geschlungen ist, bereit, ihn in die Flammen hinabzustürzen. Ein fliegender Teufel veranschaulicht als ›Ohrenbläser‹ die abtrünnige Gesinnung des Dargestellten.

Obwohl die Abbildung mit den Kleidungsattributen und dem charakteristischen Fingerzeig auf die Bibel eindeutig auf Luther bezogen ist, befindet sich der Holzschnitt im Einleitungsteil und illustriert den auf der nebenstehenden Seite gedruckten Text: Zwischen Bibelzitaten aus dem Alten Testament, die den Untergang der Ketzer beschwören, geht der Verfasser in seinen Erläuterungen detailliert auf das Bild ein. Demnach versinnbildlicht es zunächst die »durch gewandtes Reden« als »goldenes Idol errichtete falsche Lehre«. In einer zweiten Deutung stellt es den Ketzer selbst dar, an dessen »stolzen Käppchen« der Leser »Hochmut und Ehrgeiz« erkennen könne. In einer weiteren Auslegung ist die Kette eine Allegorie auf die »Fesseln der Finsternis«, mit denen die Häretiker an die Hölle und die Macht der Finsternis auf ewig gebunden sind.[2] Nach dieser Sinnlegung ist das Standbild ein errichtetes Symbol des Ketzertums: Der Ketzer ist ein nutzbringendes Werkzeug in den Händen der Teufel, die ihm die falsche Lehre ›einblasen‹, deshalb reißen sie ihn erst beim Weltuntergang mit der Kette herab.

Die Konzeption des Buches, das sich den Anschein eines theologisch und historisch fundierten Werkes gibt, impliziert die konkrete, gegenwartsbezogene Übertragung auf Luther als den gelehrten Doktor, der sich und seine Lehre aus Überheblichkeit zum Götzenbild erhob. Das Buch schließt mit einem polemischen Reimgedicht, das die rhetorische Frage stellt, woher Luther seine Irrlehre habe, womit auf das Bild zurückverwiesen wird.

Der Schöpfer dieser Bildsatire konnte bei seinen Lesern mit zahlreichen Assoziationen rechnen. Das Motiv der von einer Figur bekrönten Säule findet sich im dekorativen Bereich des Buchschmucks, als Darstellung heidnischer Götzenbilder und als Brunnenfiguren weitverbreitet in der zeitgenössischen Graphik.[3] E.Z.

1 Abgesehen von dem außerhalb des Textbezugs stehenden Marienbild hinter der letzten Buchseite (bez. mit TW). – Bernardus de Lutzenburgo, Professor der Theologie, gehörte dem Predigerorden an. Er war Prediger am Hof zu Jülich und zugleich Großinquisitor der Diöcese Köln, wo er 1535 starb. AdB Bd. 2, S. 456.

2 Der Verfasser verweist auf die apokryphen Sprüche Salomos, Sap. 17, 2.

3 Dürers sogenannte *Bauernkriegssäule,* auf der ein erstochener Bauer sitzt, erschien 1525; Kat. Hamburg 1984, Nr. 56, vgl. auch Nr. 16, 2 (Abb. 2a); H.-E. Mittig, *Dürers Bauernkriegssäule,* Frankfurt 1984.

110

Deutsch, 1522

Statua hereticalis – Das Ketzerstandbild

Bernhard Lutzenburg, *Catalogus hereticorum,* Köln 1522; ausgestellt ist die zweite erweiterte Auflage vom Nov. 1523 mit der Holzschnittillustration der Erstausgabe.

Holzschnitt mit Letternsatz, 150 x 95 (Blatt), 140 x 45 (Holzschnitt) (Exemplar am oberen Rand leicht beschnitten).

Niedersächsische Staats- und Universitätsbibliothek, Göttingen.

Lit.: Scribner 1981, S. 231, Abb. 182; Warnke 1984, Abb. 42.

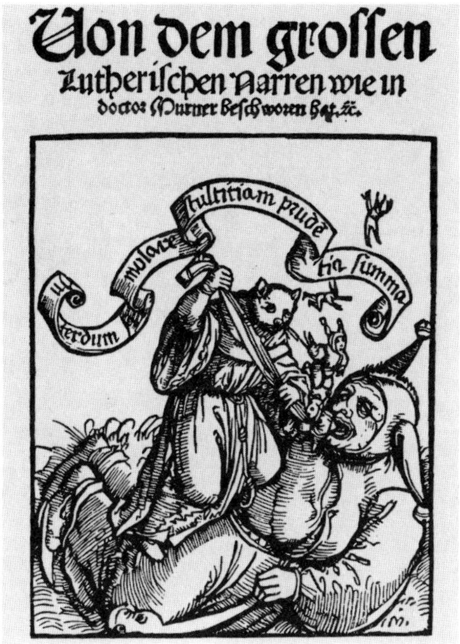

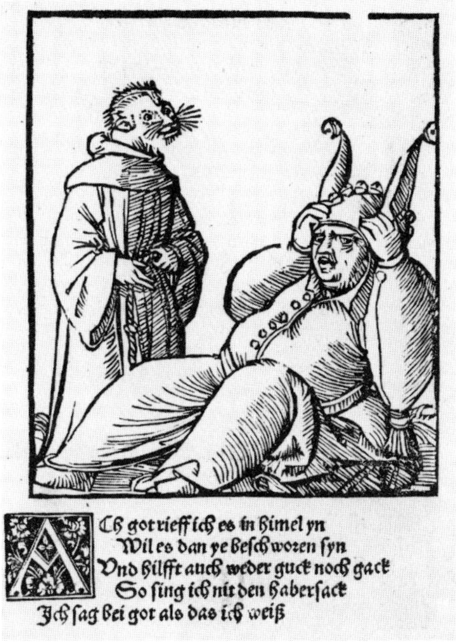

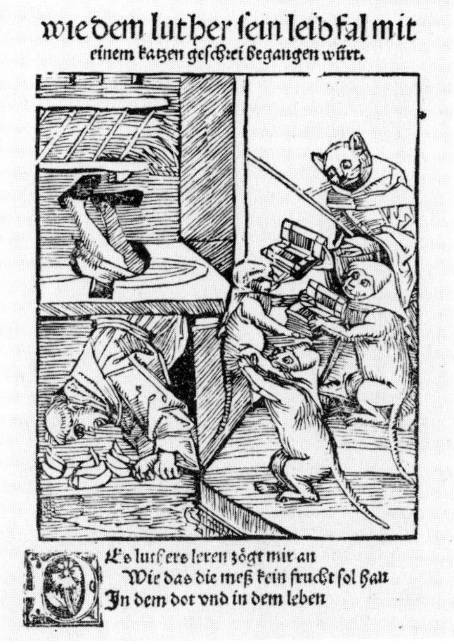

111

Thomas Murner (1475–1537)

Von dem großen Lutherischen Narren, 1522

Thomas Murner, *Von dem großen Lutherischen Narren wie in doctor Murner beschworen hat,* Straßburg 1522.
Abgebildet: Titelholzschnitt, Holzschnitt zum Kapitel »was narren dem großen narren in dem haupt sitzen« und zum Kapitel »wie dem Luther sein leibfal mit einem katzengeschrei begangen würt«; ca. 92 x 115
Staatsbibliothek Preußischer Kulturbesitz, Berlin.

Um den Schmähbildern und -schriften, die seine Gegner gegen ihn richteten, etwas Wirkungsvolles entgegenzusetzen, veröffentlichte Murner 1522 seine umfangreiche Satire, die in drei verschiedenen, durch das übergeordnete Thema der Narrenbeschwörung zusammengehaltenen Erzählbereichen Luther und seine Anhänger lächerlich macht.[1] Die über 50 Holzschnitte, die das Buch gleichmäßig und sehr textnah illustrieren, sind von Murner selbst entworfen.[2] Auf das Wesentliche konzentriert, zeigen sie zumeist die beiden Hauptfiguren als Antagonisten: Luther in der allegorischen Gestalt des großen Narren, beziehungsweise zum Schluß auch in eigener Person, und den ebenfalls im Stück auftretenden Murner als Mönch mit dem Katzenkopf – genauso wie ihn die protestantischen Gegner darzustellen pflegten. Mit dem Aufgreifen dieses satirischen Bildelements sucht Murner die Wirksamkeit des Katzenmotivs zu brechen und in sein persönliches ›Markenzeichen‹ oder Wappentier positiv umzudeuten.

Im ersten Teil soll Murner den *großen Lutherischen Narren* auf dessen Bitten von seiner Besessenheit heilen. Das Kapitel *was narren dem großen narren in dem haupt sitzen/ vnd im fast we thun* illustriert der hier in der Mitte abgebildete Holzschnitt, der den abwartenden Murner zeigt und den prallen, übergroßen *Lutherischen Narren,* der wehklagend auf der Erde sitzt. Schließlich drücken ihn die Narren nicht nur im Kopf, sondern auch im Bauch und in den Beinen, wie die folgenden Kapitel darlegen.

Die Absicht, einen satirischen Angriff mit demselben Motiv zu parieren, zeigt sich auch in der Titelillustration (links), eine Narrenbeschwörung, bei der Murner auf dem am Boden liegenden *großen Lutherischen Narren* kniet und ihm an einem Stoffband eine Schar kleiner Narren aus dem Mund befördert.[3]

Gegen Ende des Buches läßt sich Murner zu einer Polemik hinreißen, die das übliche Maß weit überschreitet. Mit dem *leibfal* ist die Beerdigung Luthers – und nicht die des *großen Narren* gemeint. Luther, nicht im Narrenkostüm sondern als Mönch mit Tonsur dargestellt, starb im Kapitel davor »ohn all sacrament«. Deshalb läßt Murner auf dem Holzschnitt den Leichnam wie ein Aas in die Abortgrube werfen:

»Nun hat er lo[h]n der bösen Dingen/
Als [dann] ins scheißhuß mit dem man/
Der kein sacrament wil han.«

In der Illustration ist, zweigeteilt, links mit einem Schnitt durch das erwähnte Gebäude der *leibfal* in aller Anschaulichkeit vorgeführt, während Murner rechts die Katzenmusik nach (Noten-)Büchern dirigiert. Die Katzen, die er dazu laut Text von der Straße zusammenruft, entstammen einem Kloster, wie ihre Hauben verraten.[4]

Das Buch *Von dem großen Lutherischen Narren* fiel beim Straßburger Rat unter die härtesten Zensurmaßnahmen: Die fertig gedruckte Auflage wurde weitgehend eingezogen. Die wenigen Exemplare, die in die Hände der Gegner gelangten, riefen kaum Resonanz hervor, da man seinem Verfasser den Widerstand des Ignorierens entgegensetze. E.Z.

1 Thomas Murner (1475–1537), elsässischer Franziskanermönch, Doktor der Theologie und der Rechtswissenschaften, wurde 1505 von Kaiser Maximilian zum Dichter gekrönt. In seinen volkstümlich-satirischen Narrendichtungen geißelt er die Torheiten und Laster seiner Zeit, wobei er den geistlichen Stand nicht verschont. In den zwanziger Jahren verfaßte er zunehmend schärfer werdende polemische Schriften gegen Luther und seine Anhänger. AdB Bd. 23, S. 67–76. – Vgl. Einleitungstext.

2 Im Gegensatz zu seinen vorangegangenen Illustrationen der *Narrenbeschwörung,* die weitgehend nach denen aus Sebastian Brants *Narrenschiff* gearbeitet sind, befinden sich unter denen des *Lutherischen Narren* selbständige und z.T. sehr ausgeprägte Bildgestaltungen.

3 Dieses Stück Stoff wird an zentraler Stelle im Buch erwähnt: Bei der Hochzeitsfeier ist es im Kuchen eingebacken und wird von den arglosen Gästen hinuntergewürgt. Luther denkt, es sei »ein tüffels hut«, es ist aber »die bruch«, eine Unterhose. – Auf die Weise rächt sich Murner an seinen Gegnern, die ihn zuvor mit der Bruch in der Hand als Zeichen seiner galanten Abenteuer abgebildet hatten; noch dazu auf dem Nachdruck eines seiner eigenen Bücher: *History von den fier ketzers Prediger ordens,* Nachdruck Straßburg 1521. Vgl. P. Merker, *Thomas Murner, Vom großen Lutherischen Narren,* Straßburg 1918, S. 291/92; abgebildet bei Laube/Steinmetz 1974, S. 162; Scribner 1981, S. 26, Abb. 18.

4 Vgl. die *Klosterkatze* des Petrarcameisters; Hoffmann 1978, S. 195f., Abb. 11.

Lit.: Scribner 1981, S. 235–239; Kat. Nürnberg 1983, Nr. 285.

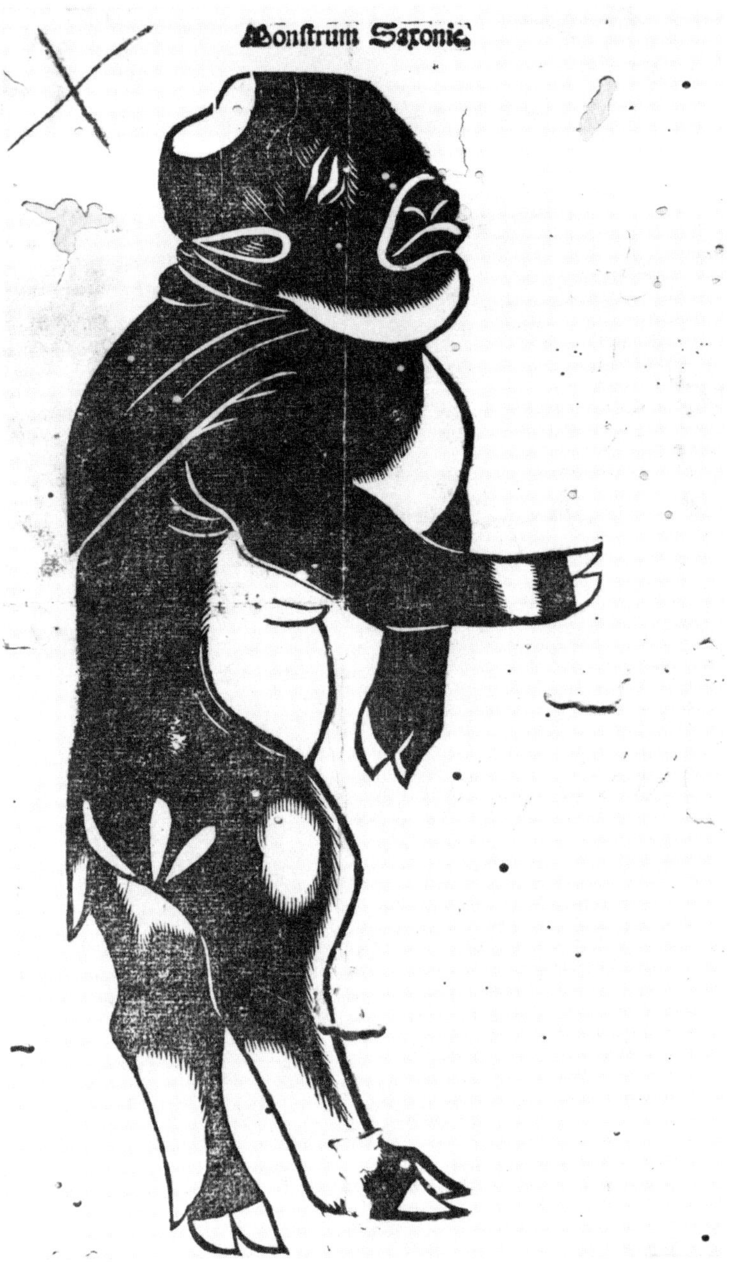

112
Deutsch, 1522/23

Das Monstrum Saxonie

Flugblatt, Holzschnitt und Letternsatz, 295 x 160
Stadtarchiv Worms.

Am 8. Dezember 1522 war in Sachsen ein mißgestaltetes Kalb geboren worden. Mißgeburten brachte man allgemein ein großes Interesse entgegen. So wurden davon vermutlich gleich mehrere Holzschnitte verbreitet, die zunächst der reinen Information dienten, wie der mit *Sächsisches Monster* überschriebene ausgestellte Einblattdruck.[1] Sie zeigen das Kalb von der Seite, mit dem hellen Fleck auf dem Kopf, in dem man allgemein eine Tonsur erkannte, und mit der langen Hautfalte am Rücken, in der man die Kapuze einer Mönchskutte sah. Die authentischste Wiedergabe der Mißgeburt ist ein Holzschnitt, der das Kalb noch in natürlicher Haltung, als stünde es auf seinen drei nach unten gerichteten Beinen, zeigt (Abb. 90).[2] Bei dem ausgestellten großen Einblattdruck ist der entscheidende Schritt zur endgültigen polemischen Fassung getan. Das Blatt wird aus dem Querformat ins Hochformat gedreht, und dem nun aufrechten Kalb sind die Hinterbeine lang ausgezogen und so der menschlichen standweise angeglichen.

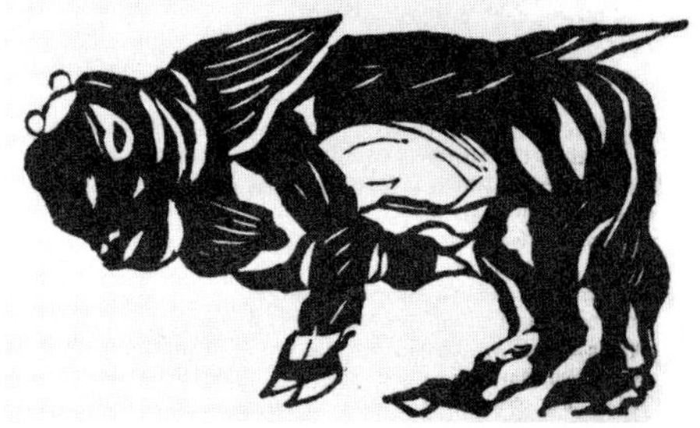

Abb. 90 Abbildung der Mißgeburt von Fryberg in einer Flugschrift von 1523

Das *Mönchskalb* (Abb. 91) – sowohl von Luther satirisch gedeutet als auch gegen ihn verwandt – gehört zusammen mit dem *Papstesel* (Abb. 92) zu den populärsten Karikaturen der Reformationszeit. Sie erschienen zusammen als illustrierendes Holzschnittpaar im Frühjahr 1523 unter dem Titel *Deutung der czwo grewlichen Figuren, Bapstesel zu Rom vnd Munchskalb zu Freyberg*. Analog zu Melanchthons Auslegung der im Tiber gefundenen Mißgestalt, die er satirisch auf den Papst bezieht, deutet Luther die Kalbsmißgeburt als Abbild des moralisch verfallenen Mönchtums. Er steht damit in einer älteren Tradition des Aberglaubens, die eine monströse Mißgeburt als warnendes Vorzeichen sieht und deshalb in ihrer negativen Verkörperung auszudeuten versucht.

Die Haltung der Vorderbeine, die nicht verändert wird, kommt deutlicher heraus und wirkt spontan als »geperde eins predigers« (Luther). Die von Luther edierte und Cranach zugeschriebene Fassung erfuhr ihre entscheidende Veränderung durch die hinzugefügte Landschaft, in der das Kalb eine monumentale Größe zwischen Himmel und Erde erhält. Die Gestalt des Mönchskalbs wird nur noch ausgearbeitet und verfeinert, so daß sie für die Auslegung Luthers mehr bildliche Belege bietet. So wird die Zunge erst von Cranach eingefügt, die Luther als Zeichen des »eyttel unnutz geschwetz« der Mönche erklärt.[3]

Luther ist zu seiner *Deutung* offensichtlich durch eine vorangegangene, auf ihn bezogene, veranlaßt worden. Sie soll aus »einigen Versen« bestanden haben und ist nicht erhalten: Der Markgraf von Brandenburg hatte einen Astrologen in Prag – wohl mit einem Holzschnitt wie dem ausgestellten – zu einer Auslegung der Kalbsmißgeburt angeregt, nicht aber zu deren

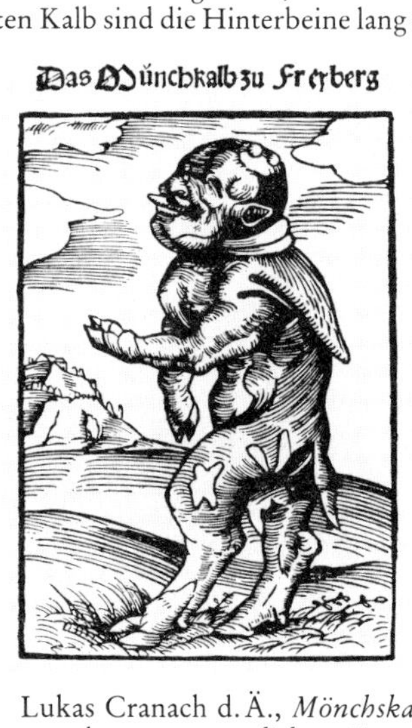

Abb. 91 Lukas Cranach d. Ä., *Mönchskalb* aus der *Deutung der czwo grewlichen Figuren* der Erstausgabe 1523

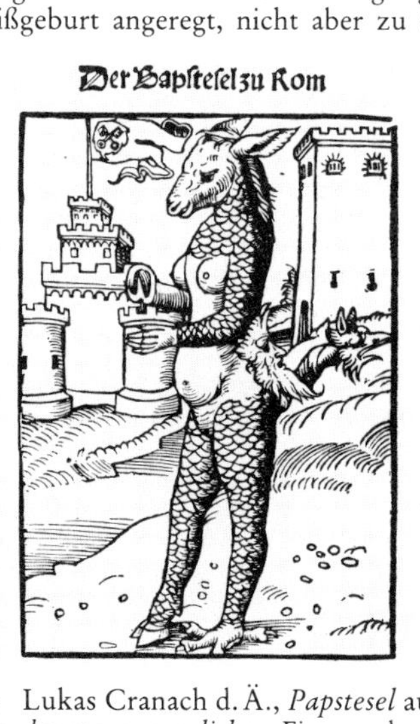

Abb. 92 Lukas Cranach d. Ä., *Papstesel* aus der *Deutung der czwo grewlichen Figuren* der Erstausgabe 1523

Drucklegung. Er ließ die kleine Schmähschrift, soweit noch erreichbar, vernichten.[4] Ein wesentlicher Grund für Luther, eine eigene Deutung des *Mönchskalbs* vorzulegen, wird also darin bestanden haben, der hier gegen ihn gerichteten Polemik Einhalt zu gebieten. Das ist ihm nicht gelungen; die Namen und Schriften mindestens vier seiner Gegner sind bekannt, die Luther in den folgenden Jahren mit dem Mönchskalb identifizieren.[5] Luther äußert sich dazu nicht direkt, läßt aber der *Deutung der czwo grewlichen Figuren* kontinuierlich auflegen, wobei die Holzschnitte mehrfach ersetzt werden müssen und durch den Vorgang des Kopierens mitunter auch spiegelverkehrt erscheinen. E.Z.

1 Zu dieser Gruppe gehört die bei Geisberg Nr. 1592 abgebildete Variante und der kolorierte Einblattdruck in Gotha (Meuche/Neumeister 1975, Nr. 37), der von demselben Druckstock stammt.
2 München, Staatsbibliothek. Holzschnitt, Illustration einer Flugschrift, 4°. 4Bll. Unnabhängig von Luther wird hier die Mißgeburt ebenfalls als *Mönchskalb* gedeutet. – »Der Holzschnitt führt das Tier in einer Form vor, die (. . .) auf das Original [d.i. die Mißgeburt selbst] oder die ursprünglich verbreitete Abbildung zurück [geht].« Grisar/Heege III, S. 17, Abb. 4.
3 Zur völlig negativen Darstellung des Mönchtums kommt Luther aus scheinbar sachlicher Beobachtung. So gilt ihm die Hautfalte im Nacken als Zeichen der Verstocktheit, die hellen Flecken im Fell bedeuten Uneinigkeit und Aufsplitterung zu einzelnen Mönchsorden. Wie das Kalb die »irrige Meinung« hege, Gott mit seiner Kutte dienen zu können, so würde mit diesem Zeichen der Mißgeburt bald offenbar werden, »wie die ganze Muncherey und Nonnerey nichts andres sey denn ein falscher lugenhafter Schein.« Luther fährt mit der Aufforderung an Mönche und Nonnen fort, die Klöster zu verlassen.
4 Erhalten sind der Brief des Markgrafen, mit dem er sich bei Luther entschuldigt, und ein Brief Luthers, in dem er darauf eingeht. (Vgl. Grisar/Heege III, S. 14)
5 Mehrfach Cochläus, *Adversus cucullam Minotaurum Wittenbergensem*, 1523; Spahn 1898, Nr. 5 a, b; Bartholomäus Arnoldi, Andreas Crisius und Matthäus Conrovius; Grisar/Heege III, S. 14, Anm. 2. – Ein Holzschnitt von 1523 macht die kontroverse Deutung des *Mönchskalbs* zum Thema, indem der Papst, vor dessen Thron es erscheint, die Mißgeburt zunächst von seinem Klerus, dann von seinem Narren auslegen läßt. Staatsbibliothek Zürich; Scribner 1981, S. 128–30, Abb. 96; Kat. Hamburg 1984, Abb. 49. Siehe auch Kat. 119.

Lit.: Koepplin/Falk 1974, S. 361ff.; Grisar/Heege III, S. 14–23; Meuche/Neumeister 1975, Nr. 37.

CAPVT LVTERANORVM
PRAEDICABILIVM,

SI quæris Lector præsens quid monstret imago,
Ex hac Luteri noscere dogma potes,
Nam velut aspectu primo est tibi præco colendus,
Inuersus vero nil nisi stultus adest.
Splendida sic primo præcones verba Loquuntur.
Quæ tamen in sese nil nisi stulta tenent.

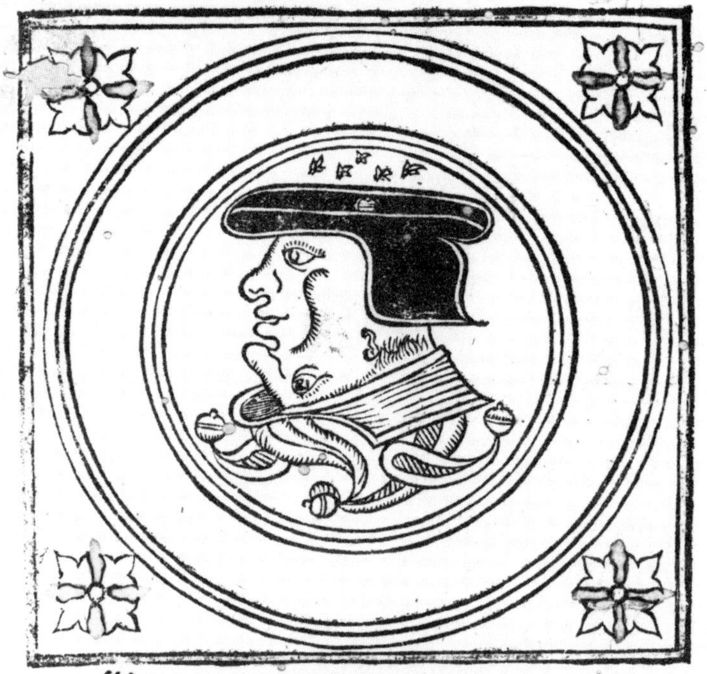

WEnn nach der Heyligen schrifft Lehr/
Fleisch fressen Euangelisch wer/
Vnnd man schezt für gut/ Ehr/ vnnd recht/
Das ich andern vmb das sein precht/
Dörfft mich Raubens nit beschemen/
München/ Pfaffen/ Das ihr nemen/
Nit Beichten/ Betten oder Fasten/
An Fraw Venus ärmlein rasten/
So woldt ich alhie auff Erden/
Zeitlich zu einem Engel werden/
Vnd faren jn den Himel hoch/
Gleich wie ein Khü jn ein Mauß loch.

113
Deutsch, 1520/22

Caput luteranorum – Wendekopf Luther-Narr

Flugblatt, Holzschnitt und Letternsatz, 265 x 160
Stadtarchiv Worms.

Das mit lateinischen und deutschen Versen versehene Flugblatt mit dem ironischen Titel *Das rühmenswerte Haupt der Lutheraner* bewahrt in seiner Satire eine reizvolle Distanz zur Person Luthers, macht ihn aber als Verfechter einer undurchführbaren Idee lächerlich. Die Abbildung zeigt ihn gleich zweimal im Profil, wobei die Kinnlinie des einen Kopfes in die Nase des anderen einläuft. An entsprechende Spottmedaillen erinnernd, [1] ist der Wendekopf in einen Kreis gesetzt, dessen doppelte Einfassungslinien Raum für einen möglichen Schriftzug ließen. Der Kopf, der einmal ein gewöhnliches Barett, das andere Mal die Narrenkappe trägt, wird durch die kunstvollen lateinischen Distichen erklärt und auf Luther bezogen:

»Wenn Du, Leser, fragst,
was für ein monströses Bild hier vorliegt/
Aus ihm kannst Du
die Lehre Luthers erfahren/
Denn wie Dir beim ersten Anblick
der verehrte Prediger erscheint/
Erscheint umgewendet in Wahrheit
nichts anderes als ein Narr/
Aufs Beste verkünden so
die Prediger glänzende Worte/
die doch nichts
als Narrheiten enthalten.«

Die vierte Zeile ist – dem Narrenkopf entsprechend – auf dem Kopf stehend gedruckt. Die scheinbare Ernsthaftigkeit des »ersten Anblicks« wird spöttisch reduziert durch die den Hut umschwirrenden Hornissen. Ein Motiv, das Auskunft über ein wirres und aufrührerisches Gemüt gibt.[2] Symbolisiert ein zweiköpfiges Monster (Kat. 115) die Mehrdeutigkeit eines Charakters, so zeigt der Wendekopf das falsche und das wahre Bild: Schein und Sein.[3] – Unter dem Wendekopf kommt die Ablehnung reformatorischer Neuerungen in volkstümlichen deutschen Knittelversen zum Ausdruck, in denen das Brechen der Fasten- und anderer Gebote als Maßnahmen der Lutheraner zur Erlangung des Seelenheils verspottet wird. Leichtigkeit, Humor und Maß zeichnen dieses Flugblatt aus sowie eine einfache Bildidee. Im Lateinischen verpflichtete sich der Verfasser den Versformen klassischer Elegien; er wird dem humanistischen Lager angehört und sein Flugblatt in der Frühzeit der Reformation herausgegeben haben. E.Z.

1 Vgl. Kat. Nürnberg 1979, Abb. 158: *Papst-Teufel* und *Kardinal-Narr*, und sehr ähnlich: Thulin 1967, Abb. 33 (Peter Flötner).
2 S. Kat. 114, *Martinus Luther Siebenkopff*, Kopf des »Schwirmers«. In der Emblematik der 2. H. d. 16. Jhs. werden Bienen und Wespen als Zeichen für Aufruhr übernommen; Henkel/Schöne 1967, Nr. 924, Nr. 929.
3 Zu reformatorischen Wendeköpfen vgl. Kat. Hamburg 1984, Nr. 36.

Lit.: Abgebildet bei Scribner 1981, Abb. 186 und Schreckenbach/Neubert 1916, Abb. 100.

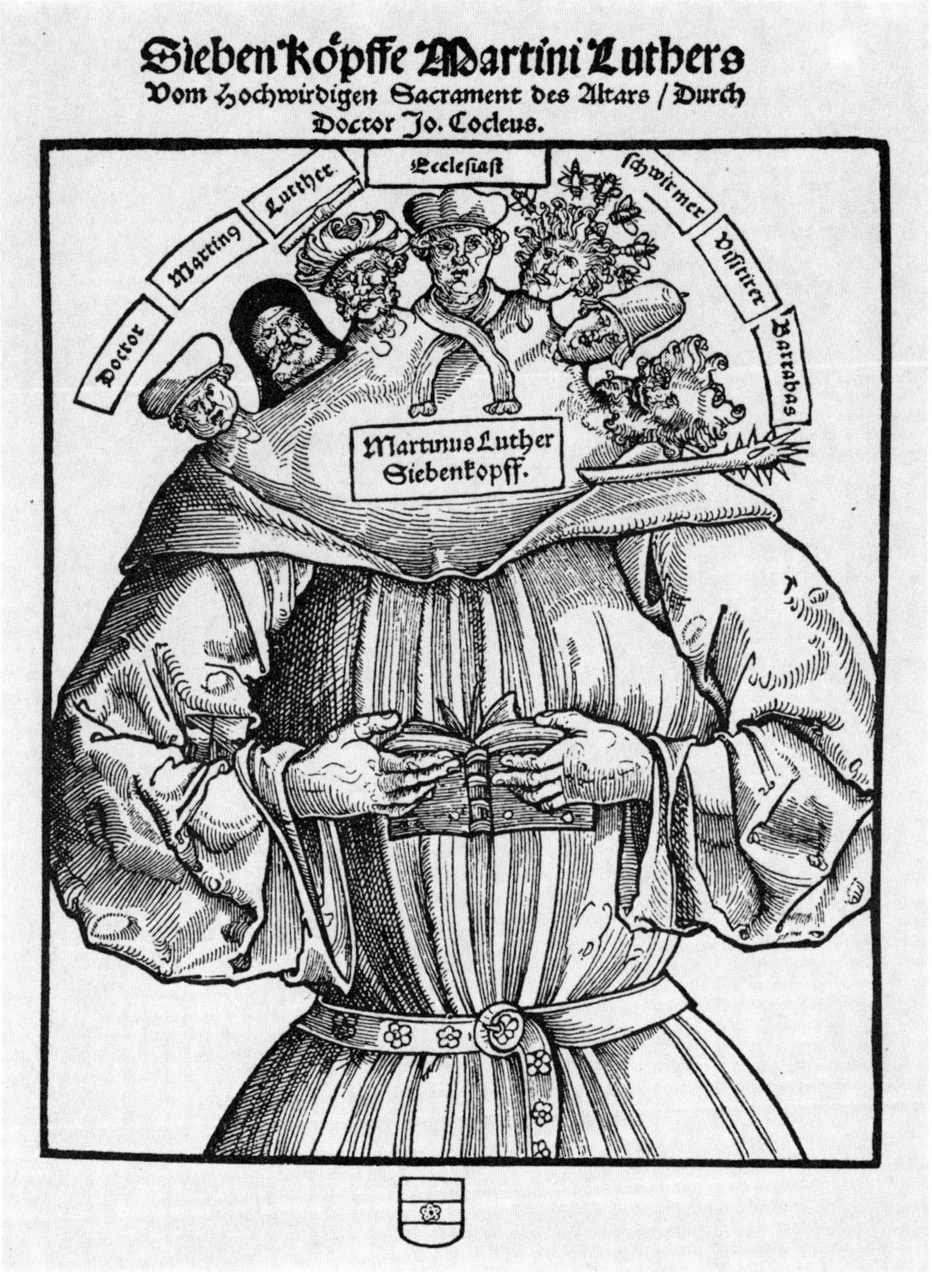

114

Hans Brosamer (?) (um 1500–1552?)

Martinus Luther Siebenkopff, 1529

Johannes Cochläus, *Sieben Köpffe Martini Luthers,* Leipzig 1529. Titelholzschnitt und Letternsatz, 189 x 149
Niedersächsische Staats- und Universitätsbibliothek, Göttingen.

Johannes Cochläus,[1] der über 200 Schriften gegen die Reformation verfaßt haben soll, läßt 1529 gleich drei verschiedene Ausgaben seiner Schmähschrift gegen Luther herausgehen: eine lateinische, *Septiceps Lutherus, ubique sibi, suis scriptis,* und zwei deutsche Teilübersetzungen. Alle tragen auf dem Titelblatt die Darstellung Luthers als Monster mit sieben Menschenköpfen.[2] Angetan mit der Mönchskutte, hält er eines der von ihm verfaßten Bücher in den Händen. Entsprechend der darin vertretenen und von Cochläus als widersprüchlich herausgestrichenen Meinungen zitiert und diskutiert Luther mit seinen verschiedenen Köpfen den Inhalt. Mit diesem »siebenköffícht gesprech« will der Verfasser des Pamphlets »anzeigen/wie vnbestendig vnd widerwertig der Münch in seiner lere ist«. In dem Blatt addieren sich die einzelnen Aussagen der mit Schildchen bezeichneten Köpfe zu einem Charakterbild, das Luther zwar als gelehrt, aber selbstherrlich erscheinen läßt, der der Christenheit nur Unordnung und Aufruhr bringt:

Der »Doctor«, ein normales Gesicht, bezeichnet mit dem ›Doktorhut‹ Luthers theologische Gelehrsamkeit. Der bärtige Kopf in Mönchskutte wird als ironische Erinnerung an seinen Namenspatron, einen Bischof, und als Hinweis auf seinen aufgegebenen Mönchsstand verstanden. Der mit »Lutther« bezeichnete Kopf ähnelt mit der Kopfbedeckung einem Türken, in welchem man den personifizierten Unglauben und Kämpfer gegen das Christentum sah (vgl. Kat. 116). Der in der Mitte befindliche Hauptkopf, der »Ecclesiast«, weist eine gewisse Porträtähnlichkeit mit Luther auf. Nach Cochläus' Text predigt dieser Kopf dem Volk nur das, was es hören will. Der »Schwirrmer« soll ihn als gefährlichen Phantasten entlarven; die aufrührerischen Gedanken im Kopf sind durch Hornissen wiedergegeben, die äußerlich das krause Haar umschwirren, ein häufiger begegnendes, anschauliches Motiv. Der »Visitirer« mit dem hohen Hut weist auf die organisatorische Arbeit bei der Neuordnung des Kirchenwesens hin, die Cochläus zum Anlaß für seine Schmähschrift genommen hat und bei der sich Luther befehlsgewaltig wie ein Papst oder Bischof aufspiele. Die Reihe schließt mit einem »Barrabas«, mit dem das Volk einst Christus verriet und sich einen Mörder freikaufte. Dargestellt ist er als ›Wilder Mann‹ mit eisengespickter Keule, womit ein Bezug auf die gegen Luther erhobene Beschuldigung, er habe den Bauernkrieg angezettelt, hergestellt werden kann.

Zwischen Bild und Text gibt es Unterschiede. Während im Holzschnitt – angeregt vielleicht durch die Textdialoge – eine formale Entsprechung jeweils zweier gegenübergestellter Köpfe angestrebt ist (Luther – Schwirmer, Martinus – Visitierer, etc.), will Cochläus eine Steigerung in der Leserichtung über Titel, Namen und polemische Berufsbezeichnungen entwickeln, um den Charakter Luthers in seiner Entwicklung erkennen zu lassen.[3]

Mit der Bildidee greift die Karikatur bis in die Antike zurückreichende Formen auf und knüpft an Schilderungen des siebenköpfigen apokalyptischen Drachen an, der gotteslästernd kurzfristig die Welt beherrschen wird. Das Untier trägt, ebenso wie es hier auf dem Titelholzschnitt geschieht, auf seinen einzelnen Häuptern »lästerliche Namen« (Offenbarung 13, 1). Die reformatorische Seite reagierte mit dem »sibenhaptig papstier«, einem inhaltlich aufwendigeren Flugblatt. Die schlagkräftigere Lutherkarikatur dagegen, die die aus dem bestialischen Bereich genommenen Monsterbildungen erstmals in rein menschliche Physiognomien umsetzt, hat sich als vieldeutig verwendbar erwiesen.[4] E. Z.

1 Johannes Cochläus (1479–1552) distanzierte sich bald vom Nürnberger Humanistenkreis, der ihn gefördert hatte, um zum eifrigen Verteidiger der Papstkirche zu werden. Er ließ sich zu Reichstagen und Religionsgesprächen schicken. Von 1528 bis 1539 war er Hofkaplan bei Herzog Georg von Sachsen, zuletzt Domherr in Breslau. AdB Bd. 4, S. 382; vgl. Einleitungstext.

2 Ferner gab es eine deutsche Vorabausgabe vom Dezember 1528 und zwei weitere deutsche Ausgaben vom Anfang der dreißiger Jahre; Spahn 1898, S. 350/51. – Der Erfolg des Buches wird auf das Titelblatt des Buches zurückzuführen sein, das man Hans Brosamer zugeschrieben hat. Nachschnitt des Titelholzschnitts: Pariser lateinische Ausgabe von 1564, Abb.: Drews 1905, S. 25.

3 So schreibt Cochläus einleitend, der »Doctor« habe noch bescheiden geredet, »Martinus wurde bald dornach etwas weitläufiger«, »Luther« wird schon als Feind der Kirche bezeichnet, der »Ecclesiast« habe »500 irrig Artickel gezogen«, etc. Die Steigerung endet, anders als im Holzschnitt, mit dem »Visitator, der nu alles vorige will bessern und ordnen.«

4 Vgl. Flugblatt gegen Herzog Alba (um 1570), Kat. Coburg 1983, Nr. 68; *Siebenköpfiger Calvinistengeist* (um 1619), Kat. Hamburg 1983, Nr. 121, und aus dem 19. Jahrhundert beispielsweise der *Sechsköpfige Talleyrand,* Fuchs I, Abb. 213; vgl. auch Kat. Göttingen 1980, Nr. 60: achtköpfiges Ungeheuer der Regierung.

Lit.: Harms II, 134; Kat. Hamburg 1983, Nr. 29; Kat. Nürnberg 1983, Nr. 287; Kat. Hamburg 1984, Nr. 33.

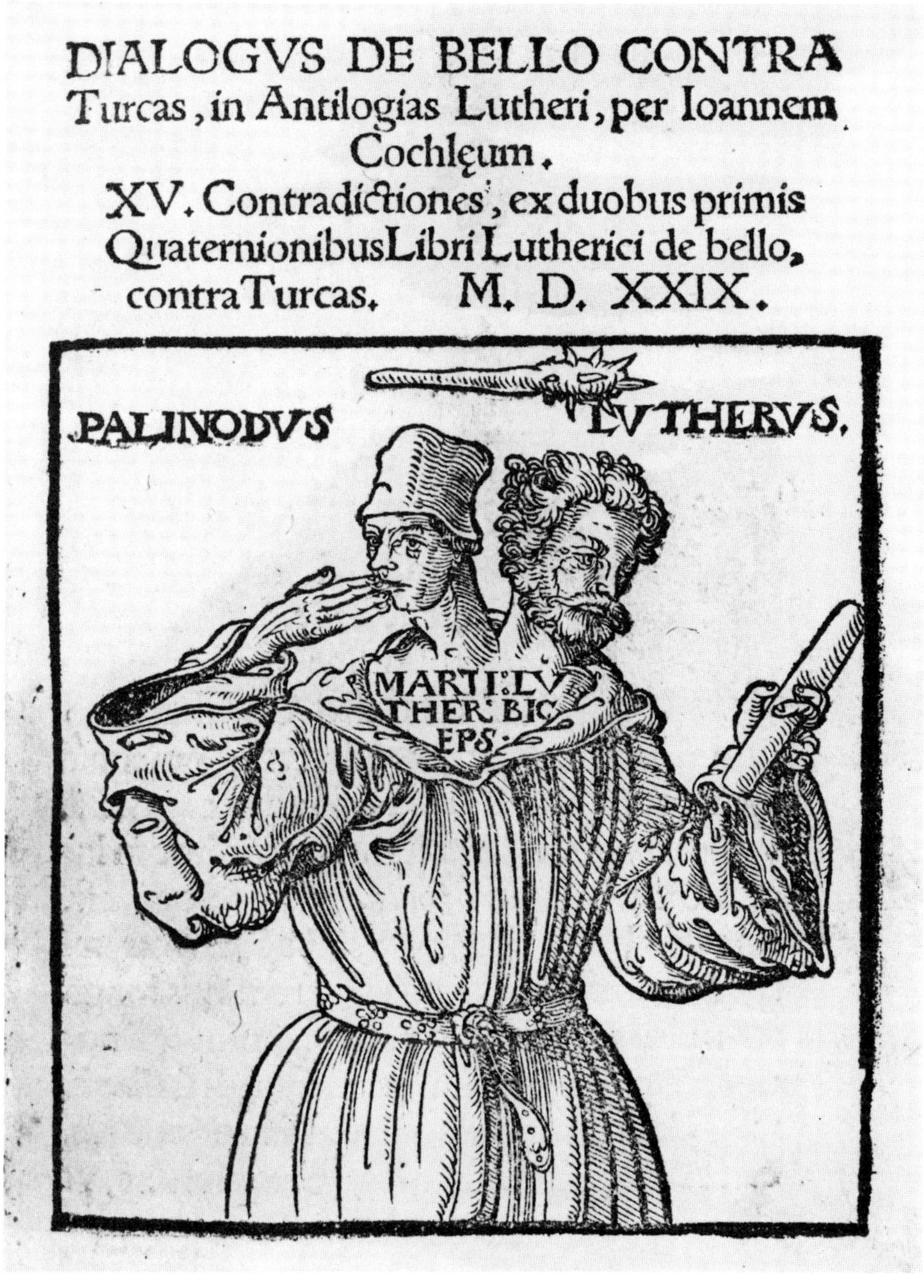

115

Hans Brosamer (?) (um 1550–1552?)

Martin Luther Biceps – Zweiköpfiger Luther, 1529

Johannes Cochläus, *Dialogus de bello contra Turcas, in Antologias Lutheri,* Leipzig 1529. Titelholzschnitt und Letternsatz, 147 x 100 (Blatt), 87 x 81 (Holzschnitt)
Herzog August Bibliothek, Wolfenbüttel (Photo).

Ende Juni 1529 greift Johannes Cochläus auf dem Titelblatt einer weiteren lateinischen Schmähschrift seine Bildidee des siebenköpfigen Luthers (Kat. 114) in vereinfachter Form wieder auf.[1] Aus dem Rumpf des wie beim *Siebenkopff* als Mönch gewandeten Luther wachsen an eigenen Hälsen nur zwei Köpfe heraus, die sich leicht voneinander wegwenden. Der mit »Lutherus« bezeichnete, mit Bart und wilden Haaren, gleicht dem »Barrabas« des *Siebenkopff.* Auch die Keule des ›Wilden Mannes‹ ist mit abgebildet. Dessen Rohheit und Aggressivität wird demnach in Analogie zum *Siebenkopff* als Aufhetzung zum Krieg auf Luther übertragen und ihm in seinen Schriften unterstellt. Als Beleg hält die diesem Kopf zugeordnete Hand eine Schriftrolle. Schwieriger ist die Deutung des zweiten Kopfes, neben dem »Palinodus« steht und bei dem in einem Gestus, als wolle er die Worte zurückhalten, die Hand an den Mund geführt ist. ›Palinodia‹ bezeichnet im liturgischen Gebrauch den Wechselgesang mit stets wiederkehrenden Strophen.[2] Ein »Palinodus« wäre dann möglicherweise jemand, der sich ständig wiederholt.

Das Buch entstand, wie auch der *Siebenkopff,* vor dem Hintergrund der ›Packschen Händel‹ und der wachsenden Türkenbedrohung[3] und wendet sich gegen Luthers Äußerungen zum Krieg. Hatte er bisher in theoretischer Erörterung unter bestimmten Voraussetzungen einem Verteidigungskrieg zugestimmt (*Ob Kriegsleute auch in seligem Stande sein können,* 1526), so forderte er »in mehreren Schriften 1528/29 den gemeinsamen, vom Glaubenszwiespalt unabhängigen Abwehrkampf gegen die Türken, der aber nicht als Kreuzzug im Namen Christi zu führen sei«.[4] Cochläus nimmt aber diese jüngsten Schriften nur zum Vorwand, um Luther darin »XV Widersprüche« nachzuweisen und diese in Dialogform – entsprechend den beiden auf dem Titelblatt abgebildeten Köpfen – gegeneinanderzusetzen.[5] E.Z.

1 Spahn 1898, Nr. 65. Wenn der *Siebenkopff* Hans Brosamer zugeschrieben wird, könnte der *Biceps* auch von ihm stammen.
2 A. Bacci, *Lexicon vocabvlorvm qvae difficilivs latine reddvntvr,* Rom (4) 1963, S. 536.
3 Durch die Packschen Händel (1528/29), einer politischen Intrige, hätte es in Deutschland zu einem Krieg zwischen Katholiken und Reformierten kommen können. 1526 waren die Türken in Ungarn geschlagen worden, aber im September 1529 belagerten sie Wien.
4 *Religion in Geschichte und Gegenwart,* Bd. IV, (3) 1960, S. 491.
5 1545 ließ Luther in der gleichen Form des Biceps eine Antichrist-Karikatur des Papstes als ›Wilden Mann‹ mit einem eselsohrigen, tiaragekrönten Menschenkopf rechts und einen Teufels-Fledermauskopf links drucken. Grisar/Heege IV, S. 68–70 m. Abb., Scribner 1981, S. 134–136, Abb. 104.

Lit.: Scribner 1981, S. 233/234, Abb. 185.

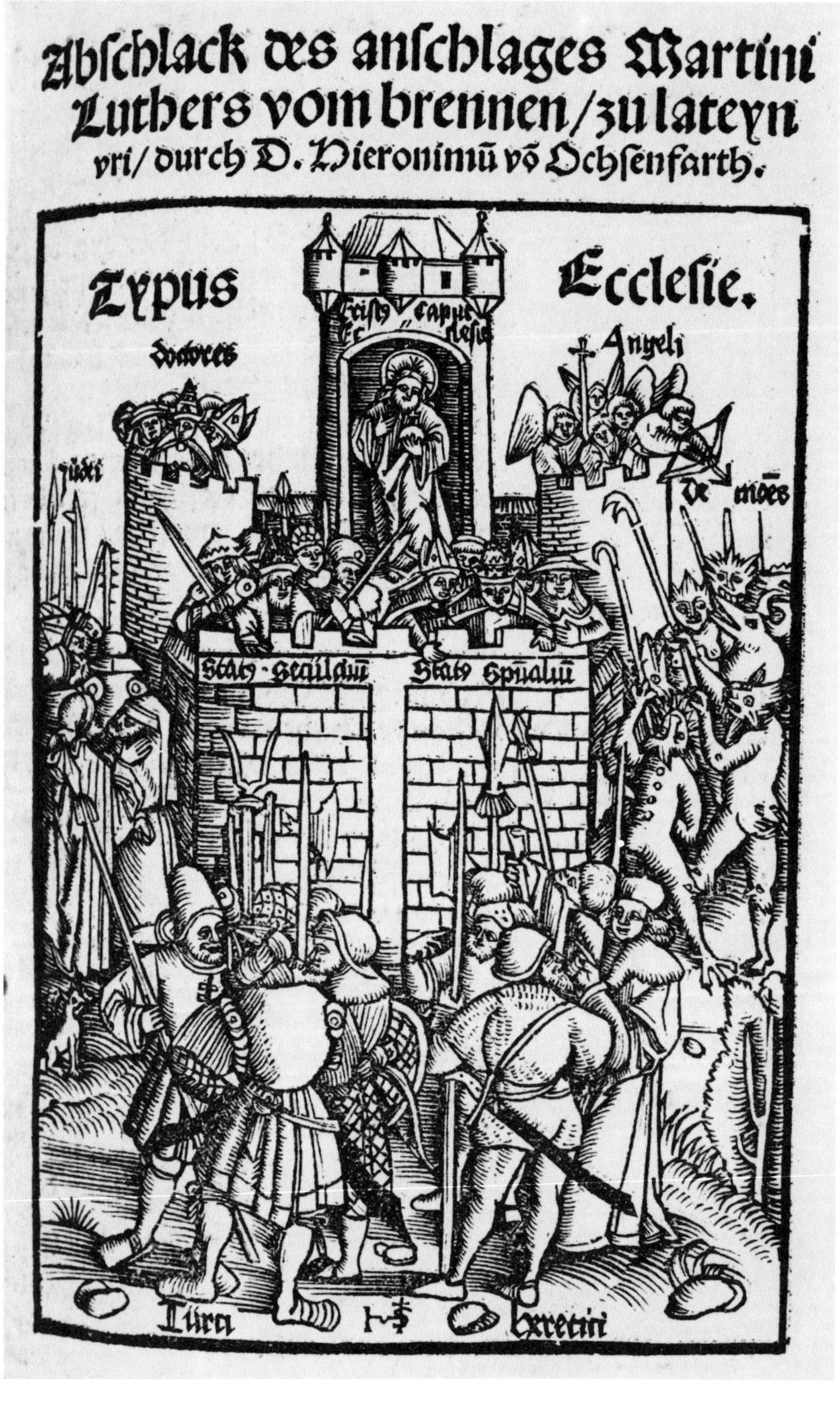

116

Monogrammist HS mit dem Kreuz

Typus Ecclesi[a]e –
Bild der christlichen Kirche, 1531

Hieronymus von Dungersheim, *Abschlack des anschlages Martini Luthers vom brennen* in *Aliqua opuscula contra M. Lutherum,* Leipzig 1531. Titelholzschnitt und Letternsatz, 97 x 40 Niedersächsische Staats- und Universitätsbibliothek, Göttingen.

Hieronymus von Dungersheim, 1465 geboren und einer der ältesten Luthergegner, gibt 1531 eine vierbändige Sammlung von Schriften heraus (darunter einen Briefwechsel mit Luther), die das Ketzertum des Reformators belegen sollten.[1] Die etwa zwanzig Einzelschriften haben als Titelillustration alle denselben Holzschnitt, den *Typus Ecclesie.* Aus katholischer Sicht gibt er ein Abbild der Welt, in das sich die um Engel und Teufel erweiterte Menschheit (beseelte Wesen) nach ihrem Glaubensstand gesondert einordnet.

Der obere Teil ist der Christenheit vorbehalten. In streng hierarchisch-symmetrischer Ordnung bewohnt sie eine Festung, womit auf die *Burg Gottes* und das *Himmlische Jerusalem* verwiesen ist.[2] Sie wird überragt von der Christusfigur im Mittelturm, dem »Haupt der Kirche« mit der Weltkugel in der Hand. Auf zwei niedrigeren Türmen stehen die Engel und die »doctores«, die Kirchenväter. Hinter dem Zinnenkranz unterhalb der Türme befinden sich stellvertretend die Häupter der Christenheit: rechts, auf der Seite der Engel, der geistliche Stand (status sepucralis), links der weltliche (status secularis). Deutlich sind Papst, Kardinal und Bischöfe sowie der Kaiser mit seinen Rittern erkennbar.

Außerhalb der Burg versammeln sich die Feinde der Christen in einzelnen Gruppen. Auch sie sind mit Beischriften versehen und zum Angriff gerüstet, den die Gruppe der Teufel am rechten Bildrand bereits begonnen hat.[3] Wie diese gegen die Engel kämpfen, so sind auch die anderen Gruppen ihren speziellen Feinden zugeordnet: Den Kirchenvätern und Gelehrten sind die Juden gegenübergestellt, der Kaiser hat gegen die Türken zu kämpfen, der Papst und der Klerus gegen die Häretiker. Obwohl sich die einzelnen Gruppen voneinander abwenden, verbindet sie das gemeinsame Ziel, die Festung zu stürmen.

Luther ist mit Talar und ›Doktorhut‹ als Erkennungszeichen in der Gruppe der Ketzer dargestellt. Kämpferisch hält er in der ausgestreckten Rechten eine Schriftrolle. Auf die Beischrift des Namens konnte hier verzichtet werden, da er in jeder Titelüberschrift neben dem Verfasser erwähnt wird. Entsprechend sind mit den »heretici« die Anhänger Luthers gemeint, die von der Christenheit ausgeschlossen werden.

Die Darstellung zeichnet ein Feindbild, das an Deutlichkeit nichts offenläßt, sie ist zudem eine der seltenen Selbstdarstellungen der katholisch-päpstlichen Kirche (vgl. Abb. 87).[4]

Vor dem Hintergrund der Psalmendichtung – auf einem der Titelblätter werden Zitate aus dem 82. Psalm rechts und links neben dem Holzschnitt abgedruckt – offenbart die Abbildung ihren programmatischen Charakter. Denn wie Christus durch die Weltkugel in der Hand als Weltenrichter verstanden ist, droht der alttestamentliche Gott im Psalm seiner Gemeinde wegen ihres Zögerns gegenüber den Feinden und Gottlosen als Richter. So enthält der *Typus Ecclesie* eine Aufforderung an die altkirchlichen Glaubensgenossen, dem Ketzertum Luthers ein – gewaltsames – Ende zu machen und warnt indirekt, über den Psalm, die zaudernde Papstkirche vor ihrem eigenen Untergang. E. Z.

1 Hieronymus von Dungersheim (1465–1540), Domherr und Theologieprofessor, verfaßte als konsequenter Gegner der Reformation zahlreiche Predigten und Schriften, von denen ein Großteil 1531 als *Aliqua opuscula,* ein vierbändiges Sammelwerk, in Leipzig erschien. AdB, Bd. 5, S. 473–74.

2 Vgl. Psalme und Kirchenlieder. – Das eine Verfolgungssituation spiegelnde Lied *Ein feste Burg ist unser Gott,* das Luther 1528 nach dem 46. Psalm dichtete, interpretiert Grisar als polemische Äußerung gegen die Anhänger der Papstkirche; Grisar/Heege, *Luthers Trutzlied »Ein feste Burg«,* Freiburg 1922.

3 Nach Apk. 20, 7–10 wird der Völkersturm gegen Zion, der letzte Kampf vor dem Weltgericht, von den Teufeln begonnen. – Ein Holzschnitt von 1511 zeigt, wie die Engel die ›Feste Burg‹ mit Kanonenkugeln gegen die Teufel verteidigen: Joh. Paltz, *Himmlische Fundgrube verborgener Schätze der heiligen Schrift,* Leipzig 1511; R. Friedenthal, *Luther, sein Leben und seine Zeit,* München 1967, S. 75, Abb. 3.

4 Vgl. den von mehreren Stöcken gedruckten großen Einblattdruck *Kampf der Konfessionen* von 1553, wo Türken, Juden, Wiedertäufer, Zwinglianer und zum weitaus größten Teil die Lutheraner zusammen mit den Landsknechten die Festung der Kirche erstürmen, in der eine Personifikation theologischer Tugenden thront; Strauss 1975, S. 1240/41.

Lit.: Nagler 1879, Bd. III, S. 586, Nr. 3.

117
Sächsisch, 1535

Luthers vnd Lutzbers eintrechtige vereinigung

Petrus Sylvius, *Luthers vnd Lutzbers eintrechtige vereinigung*, s.L. 1535, 8°, 28 Bll., Titelholzschnitt mit Letternsatz.
Bayerische Staatsbibliothek, München (Photo).

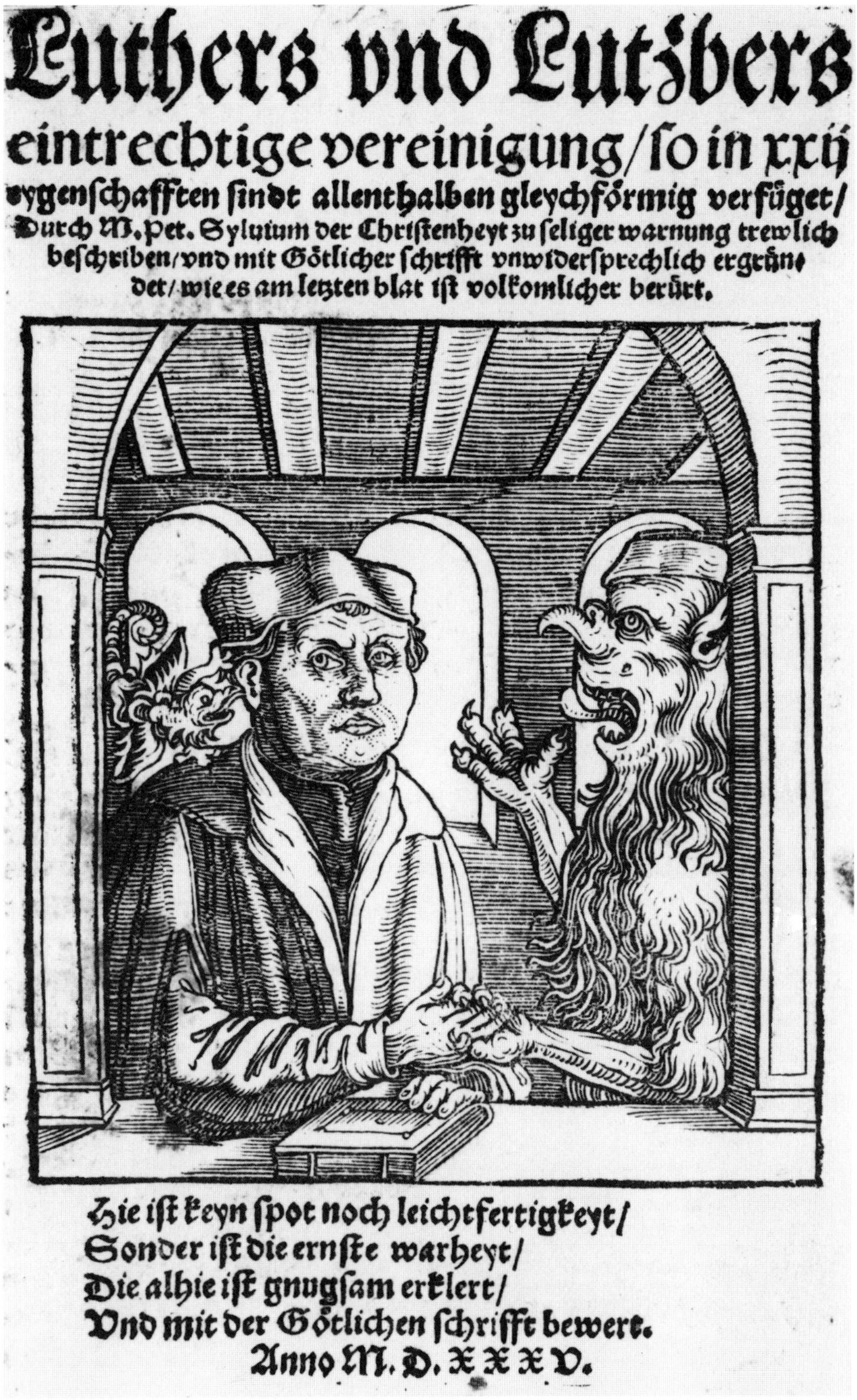
Luthers vnd Lutzbers
eintrechtige vereinigung/so in xxij
eygenschafften sindt allenthalben gleychförmig verfüget/
Durch M. Pet. Sylvium der Christenheyt zu seliger warnung trewlich
beschriben/vnd mit Götlicher schrifft vnwidersprechlich ergründ-
det/wie es am letzten blat ist volkomlicher berürt.

Hie ist keyn spot noch leichtfertigkeyt/
Sonder ist die ernste warheyt/
Die alhie ist gnugsam erklert/
Vnd mit der Götlichen schrifft bewert.
Anno M. D. XXXV.

Der Titelholzschnitt eines gegen Luther gerichteten Buches zeigt hinter einer Fensterbrüstung, durch die man in einen Innenraum blickt, wie Luther dem Teufel die Hand reicht. Während der auf sein Gegenüber einredende Teufel nur im Profil gezeigt ist, wendet sich Luther dem Betrachter zu und blickt ihm fest ins Auge. Diese Darstellungsweise erinnert an Verlobungs- oder Ehepaarbildnisse, auf denen die beiden Verlobten in gleicher Weise durch den Händedruck ihr Bündnis als rechtskräftig bestätigen.[1] So gewinnt die Szene zwischen Luther und dem Teufel den Charakter einer öffentlichen Schaustellung: Ähnlich wie sich der Fürst oder der Bürgermeister am Fenster dem Publikum zeigt, demonstriert Luther mit dem Händedruck seinen eben abgeschlossenen Pakt, mit dem er sich und seine Gemeinde dem Teufel überantwortet. Dabei scheint sich Luther gotteslästerlich auf die vor ihm liegende Bibel berufen zu wollen, während ein kleines Teufelswesen auf seiner Schulter ihm den ›Doktorhut‹ hochschiebt, etwas ins Ohr flüstert und damit anzeigt, daß der Reformator schon völlig im teuflischen Bann steht.

In den Versen unter dem Bild wie auch im Titel gibt der Dominikanermönch Petrus Sylvius[2] an, daß er diesen Pakt »der Christenheyt zu seliger warnung trewlich beschriben« und durch die Bibel belegt habe. Die Idee des Pakts mit dem Teufel travestiert die von Luther und seinen Anhängern betriebene und anhand der Offenbarung des Johannes begründete Propaganda, der Papst stehe als Antichrist mit dem Teufel im Bunde. Der Name Luzifers wird zu »Lutzber« vereinfacht, um ihn demjenigen Luthers anzugleichen und so ihre enge Verwandtschaft hervorzuheben.[3]

Das Buch endet mit einem Spottlied, dessen ca. hundert Verse zusammen mit den Noten abgedruckt sind. Von diesem »hellischen und lutzberischen rheum und gesang« hebt der Autor folgende Strophe als »Spiegel der lutherischen und lutzberischen Kirche« besonders hervor:

»Der Luther hat geraten/
Das Ri/Ra/Ritz/
Man soll die Pfaffen brathen/
Das Ri/Ra/Ritz/
Die Mönchen unterschüren/
Die Nonn yns freyhaus füren/
Das gefelt wol unserm Lutzber/
Des gleichen unserm Luther.«

Dieser Schluß spricht allerdings der anfänglichen Beteuerung Hohn, »hie ist keyn spot noch leichtfertigkyt«.

Der Titelholzschnitt verwendet zur Charakterisierung Luthers ein getreues Porträt,[4] was unter den kleinformatigen und zumeist nur einen geringen künstlerischen Qualitätsanspruch erhebenden Bildsatiren, die zu Luthers Lebzeiten gegen ihn gerichtet sind, eine Seltenheit ist. E.Z.

1 Siehe H. Kauffmann, »Rubens und Isabella Brant in der Geißblattlaube, Form und Inhalt«, *Festschrift für Otto Schmitt zum 60. Geburtstag*, Stuttgart 1950; B. Hinz, »Studien zur Geschichte der Ehepaarbildnisses«, *Marburger Jahrbuch* 19, 1974, S. 139–218, Abb. 23: H. Burgmair, Nachzeichnung eines Ehepaarbildnisses von 1479; Abb. 63, Holzschnitt aus Alciatus, Paris 1534.
2 Petrus Sylvius (um 1470 – um 1536), Doktor der Theologie, Prediger und Seelsorger in Sachsen, verfaßte annähernd 30 polemische Schriften gegen Luther, die er alle in Dresden oder Leipzig verlegen ließ. Jöcher Bd. 4, Sp. 968; *Lexikon für Theologie und Kirche* Bd. 9, Herder Freiburg 1964, Sp. 1205.
3 Beliebter ›Scherz‹, vgl. Ketzerkatalog des Bernardus (Kat. 110) in der Übersetzung: »Die Lutheraner sind nach einem gewissen Martin Luther benannt. Diesem gebührt der Rang, denn Luther und Lucifer kommt von *luto fecis*.« (bedeutet: *Kot machen*).
4 Zugrundeliegen mögen die im Kupferstich verbreiteten Porträts von Cranach von 1520/21: Bernhard 1972, Abb. 207, 210; Warnke 1984, Abb. 11, 12, 13; insbesondere der *Luther als Augustinermönch* oder eine der Kopien danach, Warnke 1984, Abb. 16, 17, (vgl. auch *Luther mit ›Doktorhut‹*, allerdings im Profil, Bernhard 1972, Abb. 208, 209), sowie das Lutherporträt von Georg Pencz, Kupferstich von 1530; Kat. Hamburg 1983, Nr. 105.

Lit.: Scribner 1981, S. 231/232, Abb. 183.

118

Monogrammist TR oder TK

Offenbarung der straff vnd außgang Lutherischer schwermerey, 1568

Flugblatt, Holzschnitt mit Letternsatz, 403 x 240 (Blatt), 179 x 201 (Holzschnitt)
Staatsbibliothek Preußischer Kulturbesitz, Berlin.

Als makabere Satire auf den Protestantismus erschien 22 Jahre nach Luthers Tod die *Anatomia M. Lutheri,* wie die zunächst lateinische Version des Flugblattes lautete. 1568 gab Johann Nas eine deutsche Ausgabe heraus, der Holzschnitt wurde übernommen.[1] Er zeigt, wie in einem bogenüberwölbten Innenraum die führenden protestantischen Theologen den auf dem Seziertisch liegenden Luther zerhacken und zersägen. Dabei herrscht keine Eintracht, es versucht »ein yeder nach seim aigen willen«, einen Teil des Körpers für sich allein zu ergattern. Über eine halbhohe Wand hinweg blickt man in zwei hintere Räume, die durch eine Säule in der Bildmitte optisch voneinander getrennt sind. Links sieht man in einem (Fried-)Hof den betenden Luther knien, während um seinen Rock gewürfelt wird. Rechts werden in einer Küche die in der Vordergrundszene abgetrennten Körperteile zubereitet, und der gedeckte Tisch wartet.

Das Blatt nutzt die bestehenden innerprotestantischen Spannungen, um in der Metapher der Anatomie den Zerfall des Protestantismus in einzelne Richtungen und Lehrmeinungen darzustellen. Auf die abgebildete Szene verweisend, stellt im deutschen Reimgedicht die personifizierte katholische Kirche mit Genugtuung fest, daß sie, durch Luthers »Henkers besn« vertrieben, nun gerächt sei.

Die Reformatoren sind an ihren Porträts erkennbar; zudem werden ihre Tätigkeiten beschrieben und ihre Namen genannt. Von den älteren abgebildeten oder genannten Reformatoren waren beim Erscheinen des Blattes mindestens sechs schon länger tot, darunter Zwingli und Calvin, die nicht den Lutheranern zuzurechnen sind. In der überlegten Gruppierung und Gegenüberstellung der abgebildeten Personen ist der Holzschnitt in seiner Aussage präziser als der Text. Die Zweiteilung des Hintergrundes

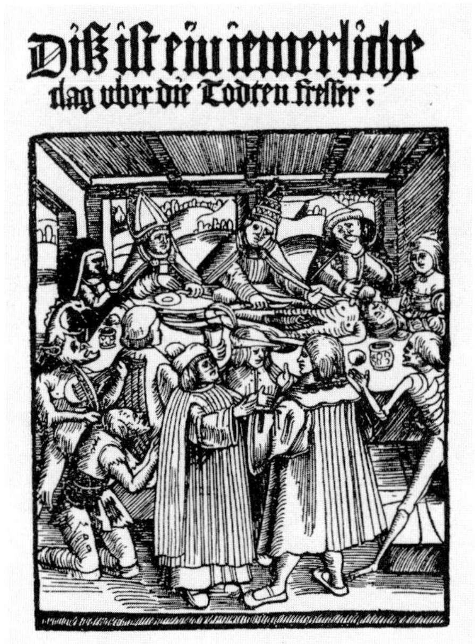

Abb. 93 Pamphilius Gengenbach, Titelholzschnitt einer Flugschrift, Augsburg 1522

wird in den beiden Theologen mit der Säge und in der Bütte im Vordergrund aufgegriffen. So ist eine den beiden Bildhälften entsprechende Trennung der Personen in zwei Gruppen erreicht: Links stehen die Flacianer, benannt nach dem vorn links neben der Bütte stehenden Matthias Flacius, rechts die sich auf Melanchthon berufenden Philippisten. Als erbitterte Gegner konnten sie in verschiedenen theologischen Lehrstreiten keinen Konsens finden.[2]

Die Szenen im Hintergrund rücken das Bildthema in die Nähe der Passion Christi. Einzelne Motive sind ihr direkt entnommen.[3] Eine andere Assoziation wird durch die theologischen Inhalte gefördert: die Vergleichbarkeit mit Darstellungen des Letzten Abendmahls, bei dem der Leib Christi symbolisch geteilt wird.[4] In der satirischen Umsetzung folgt der Sektion der Kannibalismus. Damit knüpft das Flugblatt an einen satirischen Holzschnitt frühreformatorischer Zeit an, der im Bilde einer kannibalischen Leichenschändung das durch das Lesen der Totenmessen gewonnene, üppige Leben der päpstlichen Geistlichkeit kritisiert (vgl. Abb. 93).[5] Die drastische Wirkung der *Anatomia M. Lutheri* erwies sich in der Reaktion, die aus mehreren Gegen-Flugblättern bestand[6] und ihrerseits von katholischer Seite wieder beantwortet wurde, so daß innerhalb eines kurzen Zeitraums eine regelrechte Bilderschlacht geschlagen wurde (vgl. Kat. 119). E.Z.

1 *Anatomia M. Lutheri* in der lateinischen Fassung des Vitus Jacobäus, Ingolstadt 1567; Kat. Coburg 1983, Nr. 30. Deutsche Fassung mit umgearbeitetem Text in drei Spalten, Bildüberschrift: *Sihe wie das ellend Lutherthumb/ durch seine aigne verfechter/ gemartert/Anatomiert/gemetzget/zerhackt/zerschnitten/ gesotten/gebraten/ vnd letzlich gantz auffgefressen wirdt.* Textüberschrift: *Offenbarung der straff vnd außgang Lutherischer schvermerey/ in Reymen gestelt durch F[rater] J[ohann] N[as].* Ingolstadt 1568; Harms II, 16. – Weitere dt. Fassungen: Harms II, 17 (1582), Stopp 1965, S. 590 (1587). – Johann Nas (1534–1590), österreichischer Franziskanermönch, ließ seine schlagfertigen Schriften gegen die Protestanten im jesuitischen Ingolstadt verlegen. Verstärkt nutzte er das publizistische Medium Flugblatt, um seinen Gegnern schnelle polemische Erwiderungen zukommen zu lassen. Jöcher Bd. 5, S. 385–86.

2 In der Realität waren die beiden Sägenden, Jakob Andreae (hinten) und Paul Eber (vorne) am engagiertesten um Vermittlung bemüht. Jedoch nahm Eber entschieden eine oppositionelle Haltung dem Mann gegenüber ein, der ihm von der anderen Seite des Bottichs entgegentritt: d.i. Matthias Flacius, der das obere Ende von Luthers Bein »küßt« und »schleckt«. Die auf der linken Bildhälfte hinter ihm Versammelten sind orthodoxe Lutheraner, seine Parteigänger im Erbsünde- und Synergismusstreit, (Flacianer): Nikolaus Gallus, der mit dem Hahn als Namenssymbol auf einem Kissen »das Beste« von Luther heimlich für sich davonträgt, Erasmus Sarcerius, der Luthers Blut »fordert« und trinkt und Cyriacus Spangenberg, »der lugenbratenman, [der] vor lib beißt ihm die zähen ab«. – Die andere Seite wird durch den (rechts neben dem sägenden Andreae) sich nicht beteiligenden, nur redenden Philipp Melanchthon bestimmt, dem sich am Kopfende des Tisches die Schweizer Reformatoren anschließen: Calvin, der Luther die Lanze ins Herz stößt, Zwingli, der ihm mit einem Beil den Arm abschlägt und Peter Viret, der ihn mit einem Strick würgt. Die drei wichtigsten Männer dieser Seite, Melanchthon († 1560), Calvin († 1564), Zwingli († 1531), stehen für eine bestimmte Lehrmeinung und werfen ein Licht auf den seit den fünfziger Jahren wieder entfachten Streit um die Abendmahlslehre, bei dem die sich auf Melanchthons Interpretation berufende Partei, die Philippisten, wegen ihrer Nähe zur schweizerisch-reformierten Auslegung polemisch auch »Kryptocalvinisten« genannt wurden.
Die zum Hintergrund überleitende Figur mit dem Korb auf dem Kopf hat die unter den Tisch abfallenden Brocken eingesammelt. Mit der Deutung auf Joh. Aurifaber stellt der deutsche Text, die übergeordnete Bildpolemik auch am Rande nutzend, einen aktuellen Tagesbezug her: Aurifaber hatte 1566 gerade seine erste Ausgabe von Luthers *Tischreden* herausgegeben.
Die Namensnennungen zu den Hintergrundszenen weisen auf weitere innerlutheranische Auseinandersetzungen hin: Links würfeln Osianders und des Luthers Söhne, d.i. der Osiandrinische Streit; rechts am Herd steht Justus Jonas/Jodokus Koch, der das Augsburger wie auch das Leipziger Interim ablehnte und im Bild zwei Gäste zurückweist.

3 Harms II, S. 32; Stopp 1965, S. 598.

4 Vgl. Abendmahlsdarstellungen, bei denen im Hintergrund der Blick in die Küche freigegeben ist. Z.B. Cranach und Cranach-Werkstatt, vgl. Schade 1974, Abb. 200, 250–252.

5 Pamphilius Gengenbach, *Diß ist ein iemerliche clag vber die Todtenfresser,* Augsburg 1522.

6 Die Flugblätter *Lvtherus trivmphans,* 1568; Strauss 1975, S. 1326; Kat. Coburg 1983, Nr. 14 u. 15; *Der Suiten/ welche sich Jesuiten nennen/ ankunft,* 1568/69; vgl. Kat. 119, Abb. 94; und Fischarts *Der Barfüsser Secten vnd Kuttenstreit,* 1570/71; Strauss 1975, S. 990; vgl. Stopp 1965, S. 588–89. – Auch das neuentdeckte Bildflugblatt von Fischart, *Widerlegung vnd Antwort . . .,* Kat. Hamburg 1984, S. 168, Abb. 39e, das sich gegen ein »falsch gedeutet [. . .] Bild« von Nas »wider der Augspurgischen Confession« richtet, ist also eine Entgegnung auf die *Anatomia Lutheri.*

Sihe wie das ellend Lutherthumb/ durch seine aigne verfechter/ gemartert/ Anatomiert/ gemetzget/ zerhackt/ zerschnitten/ gesotten/ gebraten/ vnd letztlich gantz auffgefressen wirdt.

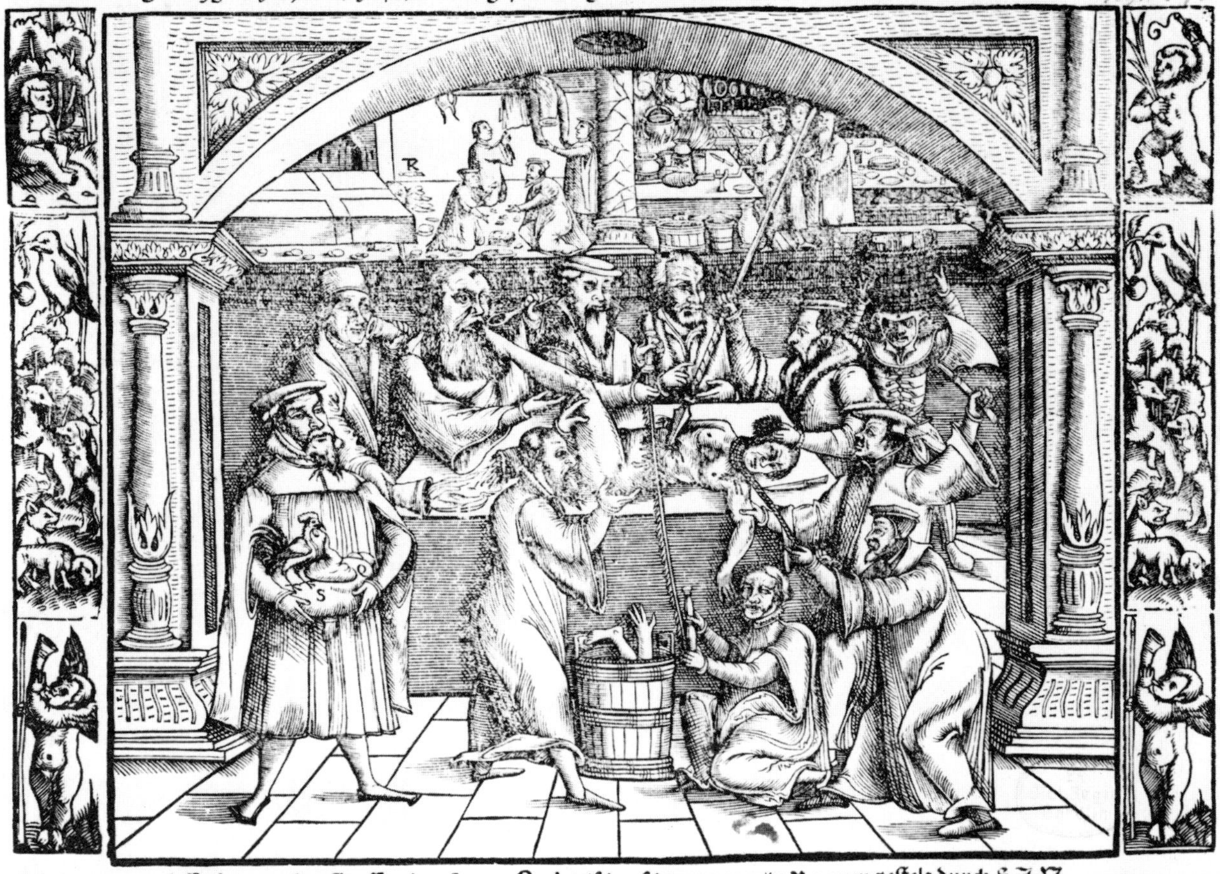

Offenbarung der straff vnd außgang Lutherischer schwermerey/ in Reymen gestelt durch F. J. N.

Ich gieng newlich auffs Gew hinauß
Wolt samlē flaisch vō hauß zů hauß
Der weg mich trůg hin in die Pfaltz
Da wol gerathen war das Schmaltz/
Das almůsen bat ich durch Gott
Da lieff mich an ein grosse rott/
Mit schreyen vnd grewlichem rasen
Krümbten spöttlich maul vnd nasen/
Schryen Wolff/ Wolff/ Schelm/ Dieb
Ich dult es als durch Christi lieb/
Daruon ich gieng über ein Berg
Die leüt ich bat vmb Herberg/
Sie schlůgens ab liessen mich faren
Dann sie auch Euangelisch waren/
Betrůbt gieng ich hin auß dem Dorff
Kam spät zů einem Bawrenhoff/
Alda ich lag dieselben nacht
Vil hin vnd her hey mir bedacht/
Nun merckt ein wunder seltzams ding
Ein grosser schlaff mich gähling fing/
Verzuckt wurd ich darinn auch balt
Zů einer Kirchen öd vnd alt/
Vor Wittenberg der Statt hinauß
Nit fert vons Fröschleins Gotshauß/
Darbey fand ich ein alte frawen
Die mich gātz sehnlich an thet schawē/
Vnd hieß mich jhren Sun vnd Freünd
Ich sprach wer seind dañ deine feind/
So dich erst haben außgeiagt
Nenn mir die Nāmen vnuerzagt/
Sie sprach die Kirch haiß ich fürwar
Vil frommer Christen ich gebar/
Die all Catholisch sein gewesn
Biß Luther nam sein Henckers besn/
Macht jm ein rhůt/ vñ streich mich auß
Sein aign Můtter auß jhrem Hauß/
Fieng an all mein Kind durchächten
Mit wort vñ mordt vñ zungn fechten/
Das můß er hie vnd dort auch büssn
Mit seel vnd leyb/ händen vnd füssn/
Jha yetzt auch all sein Sün gelehrt
Zwyspältig/ vneins/ böß/ verkehrt/
Jhn müssen bald zům můß verkochen
Damit ich werd an jhm gerochen/
Koñ schaw ein grewlich häßlichs spil
Wie [illegible] der thäter vil/

Die hacken/ stechen/ segen/ reyssen
Rauffen/ sauffen/ küssen/ beyssen/
Sieden/ braten/ fressen/ spilen
Ein yeder nach seim aignen willen/
Drumb wañ du yetzt ein stuck wilst haben
Berayt findstu die Faßnachts knaben/
Sonst haben sie dir nichts zůgeben
Vil lieber sie dir nemens leben/
Am geben habens kein gewinn
Zů rauben/ brechen steht jhr sinn/
Daher sie Kirchen/ Klöster/ Klausen/
Gschmeyd vñ Kelch fast gerē mausen/
Rauben/ brechē vñ Tolch drauß schmidē
Lassen die frommen nicht zů friden/
Verderben sie/ auch Land vnd Leüt
Der arme mann über sie schreyt/
Das richten zů die Predicanten
Des Luthers freünd die wolbekañten/
Schaw dort sichst duß bey jhener metzge
Wie yeder nur sein waffen wetzt/
Nun hör auff mich ich will dir sagen
Was mitten leyt auff jhenē schragen/
Nemblich das hayllooß Lutherthumb
Voller spält/ zerrissen vmb vnd vmb/
Sihe wie sie jhrem thewren Man
So billich geben seinen lohn/
Caluinus jhm das Hertz absticht
Darzů Melanchton wenig spricht/
Dann er auch ist Caluinisch worn
Vñ thets dē Schmidlein noch so zorn/
Der Zwingel hawt jhm ab ein arm
So worgt jn Viret mit eim garn/
Darauß er hat gemacht ein strick
Des gibt jhm Eberlein ein blick/
Vnd weil es kan nit anderst sey
Er vnd der Schmid segen entzwey/
Des Luthers losen madensack
Gantz falsch von lehr übel geschmack/
Sein alts ansehen er nicht hat
Wie es dann allen Ketzern gaht/
Die obern bringens best daruon
Spangberg der lugenbartet man
Vor lieb beißt jhm die zähen ab
Sonst möcht er worden sein schabab/
Sarcerius fordert sein blůt
Trinckt all darauß habt gůtten můt/

Delirans Flack thůt hinden schmecken
Möcht jn beym kopff sonst auffweckē/
Gallus der schillet Hanne man
Das best tregt auff eim küß daruon/
Darmit er sich erlaben will
Vnd forthin bleiben in der still/
Hosanders vnd des Luthers Sün
Jr leben selbst verspilen thün/
Scelestus vnd der Hosenluchs
Zůr Kuchen schmecken erben fluchs/
Zů letzt da kompt ein Göckelman
Jonn Aurifaber ist sein Nam/
Schleüfft vndern Tisch nach brösemlein
Fült ein korb vol solcher stücklein/
Vnd nennt sie Tischred außerkorn
Darinn man sicht vil neyd vnd zorn/
Vnd wirdt also jhr narrenthandt
Der gantzen welt nur wol bekandt/
Die allen wüst vnd schlafftruncks bossen
So durch den bauch hat außgegossen/
Luther/ das můß jhr seelspeiß sein
Sein Kamerlaug ist jhn gůt wein/
Sein mist vnd koth/ vnd finsters loch
Sie lecken/ küssen/ haltens hoch/
Sonst seins im grund vneinig gar
Kein frid wehrt bey jhn zehen jar/
So hat sie Gottes vrthail troffen
Sie in ein falschen sinn geworffen/
In dem sie thůn das jhn nicht zimbt
Dann frid vnd weißhait jhn zerrindt/
Drumb sey du dultig/ schweyg vnd leyd
Es wirt bald kommen ein andr zeyt/
Das jhn wirdt widergolten werden
Als was sie böß theten aufferden/
Wider Gotes kirch/ mich vñ mein kindt
In hailing Gaist habens gesündt/
Darumb sie sein verworffen gar
Mit aller Antichristi schar/
Jhr Affenwerck hat kein bestand
Des hab dir meine trew zů pfand/
Laß jhn jhr flaisch vnd blůt allein
Halt bey der Kirchen allgemein/
So einig ist darzů Catholisch
Hailig/ Römisch/ Apostolisch/
Die ist die rechte seül der warhait
Die gemeynschafft hat der hailigkait/
Von nun an biß in ewigkait.

119

Deutsch, 1569

Ecclesia militans, die streitbare heilige christliche Kirche

Flugblatt, Holzschnitt mit Letternsatz, 620 x 390 (Blatt), 200 x 320 (Holzschnitt)
Staatsbibliothek Preußischer Kulturbesitz, Berlin.

Als »gegenwurff« zu lutherischen Kampfbildern gibt der Ingolstädter Franziskaner Johann Nas nach der *Anatomia M. Lutheri* (Kat. 118) ein zweites großes Flugblatt heraus, bei dem nur noch der kurze einprägsame Titel lateinisch ist.[1] Das aufwendige Blatt ist eine Selbstdarstellung der streitbaren römischen Kirche, die die Angriffe der ketzerischen Protestanten abwehrt und den gegenwärtigen Zustand der Häresie nach den apokalyptischen Weissagungen bald überwunden haben wird. In der Bildüberschrift bezieht sich das Blatt ausdrücklich auf zwei gegen die Papstkirche und gegen den neu entstandenen Orden der Jesuiten gerichtete protestantische Flugblätter, auf das *Adiaphoristische Seüwerck* und das *Maioristische Triumphsgedicht.*[2] Neben der bildlichen Verarbeitung dieser beiden Blätter in der *Ecclesia militans* sind auch zahlreiche Zitate und Motive aus früheren reformatorischen Bildsatiren, jetzt gegen ihre Urheber gerichtet, mit eingebaut. Um den Figurenreichtum zu bewältigen, wurde das Blatt konsequent durchgliedert. In drei horizontalen Streifen erscheint jeweils auf der linken Bildseite die gute, wahre katholische Kirche, der rechts die in apokalyptische Bildvorstellungen gekleideten Protestanten gegenüberstehen.

So greifen im oberen Streifen die Protestanten als wilde Rotte das apokalyptische Weib an, geführt von einem siebenköpfigen Drachen. Doch das neugeborene Kind des Weibes findet Schutz in den Armen des mit einer Bischofmütze ausgestatteten Gottvaters, während der Drache vom hl. Michael mit der Lanze attackiert wird. Im zweiten, konkreter auf die irdischen Zustände bezogenen Streifen ist ein Zug menschlicher Mißgeburten und Mensch-Tier-Monster gezeigt, der nach der Methode der Naturausdeutung als Gefolge des Antichrist und als Zeichen seiner anbrechenden kurzen Herrschaft auf die Protestanten bezogen ist.[3] Der Zug drängt auf eine Kirche zu, die von Schweinen zerstört, verdreckt, entweiht wird. Im unteren Streifen ist die eschatologische Heilsgewißheit in katholischer Sicht dargestellt. Während links Christus zusammen mit den Heiligen Petrus und Paulus der Schafherde Christi den Weg zum »Licht der Wahrheit« weisen, wird rechts »die Sonne bleich und auch finster vom Rauch der abgründischen Ketzer«, die als Zeichen ihres Irrglaubens die schwangere Hure Babylon anbeten. Aus dem Brunnen zwischen den Anbetenden und der Babylonischen Hure entsteigen die brennenden Ketzerseelen als apokalyptische Heuschreckenplage. Der Text kommentiert abschließend: »Dies Unglück hat der fallende Stern/ Luther bewegt und sieht es gern«, wodurch Luther mit dem gefallenen Engel Luzifer gleichgesetzt wird.

Ist der erste Streifen der *Ecclesia militans* eine die bildlichen Motive aufgreifende und umformulierende Entgegnung auf den *Lutherus triumphans* und der dritte eine typische Bildantithese, wie sie von der reformatorischen Propaganda häufig verwandt wurde, so ist der zweite Streifen eine Wiederaufnahme und Umkehrung des *Suitarum Origo* (Abb. 94).

Mit diesem Blatt, in dem die Protestanten die Abstammung und das Auftreten der Jesuiten mit dem Leben der Schweine vergleichen, hat die *Ecclesia militans* im gesamten Bildaufbau die Dreizonigkeit gemein. Der Einblick gewährende Kirchenbau ist direkt übernommen. Wie dort zur Verhöhnung des Reliquienkults die Jesuiten als Säue in den geöffneten Gräbern wühlen, entweihen hier die auf die Protestanten umgedeuteten Schweine eine alte Kirche durch dasselbe Motiv: indem sie einen Reliquienknochen in die Schnauze nehmen.

Anstelle der tiaragekrönten Papstsau im *Suitarum Origo* befindet sich in der *Ecclesia militans* das Schwein verdoppelt und auf Luther bezogen (Abb. 95): Es ist vom oberen Streifen in die zentrale Mitte des Bildes versetzt, von wo es aus dem Figurengetümmel optisch besser ins Auge springt. Das linke Schwein, mit menschlichem, tonsuriertem Kopf und der Physiognomie Luthers (»Eine Sau mit Pfaffenkopf, hätt fast wie Luther einen Schopff«) folgt einem weiblichen Schwein mit einem Hut, von dem Nas an anderer Stelle sagt, daß es ein sächsischer sei, damit man wisse, welch Landes die Sau sei. Es ist in diesem zweiten Schwein auch Luthers Frau, Katharina von Bora, gesehen worden. Damit wird – um der Polemik eine zusätzliche Zielrichtung zu geben – zentral in das übergeordnete Thema des konfessionellen Kampfes der persönlich angegriffene Luther hineingesetzt. E.Z.

1 *Ecclesia militans/ Ein wunderbarlicher gegenwurff/ der Euangelischen Fürbildung/ was yetziger zeit/ die streitbar/ heilig/ Christlich kirchen/ von allerley Ketzern/ jhren ertzfeinden vnd grewlichsten widersachers/ dultig erleidt* ... bezeichnet mit *F. Ioann Nass,* datiert: *1569* (Zahl auf dem Kirchturm), Ingolstadt. Eine zweite Ausgabe erfolgte 1588; Stopp 1965, S. 634–35.

2 Stopp identifizierte die beiden Blätter; »Adiaphoristisches Seüwerck« bezieht sich auf: *Svitarum origo et mores,* lateinisch 1568, bzw. *Der Suiten/ welche sich Jesuiten nennen/ ankunfft/ art/ vnd/ eigenschafft,* deutsch 1569. »Maioristisches Triumphsgedicht« bezieht sich auf: *LVTHERVS TRIVMPHANS, Des Ehrwirdigen Herrn Doctoris Martini Lutheri/ gottseligen TRIVMPH vnd verantwortung/ wider die gottlosen Schmehschrifft/ der Newen Münch/ der Jesuiter/ Welche sie vnter dem Titel/ ANATOMIA LVTHERI, ausgesprenget haben,* lateinische und deutsche Fassung 1568. Stopp 1965, S. 613. – S. Kat. Coburg 1983, Nr. 18 u. Nr. 14, Nr. 15.

3 Neben vielen zuvor einzeln abgebildeten Mißgeburten sind auch das *Mönchskalb* von 1522 (s. Kat. 112, Abb. 91) und der *Mönchsfisch* von 1546 im Zug vertreten. Vgl. Stopp 1965, Abb. 15a, b aus dem *Wunderzeichenbuch des Lycosthenes;* Fehr 1924, Abb. 74.

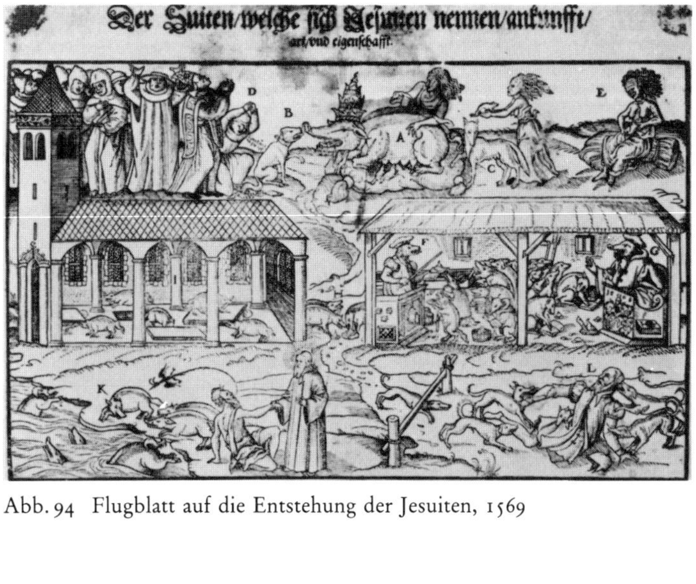

Abb. 94 Flugblatt auf die Entstehung der Jesuiten, 1569

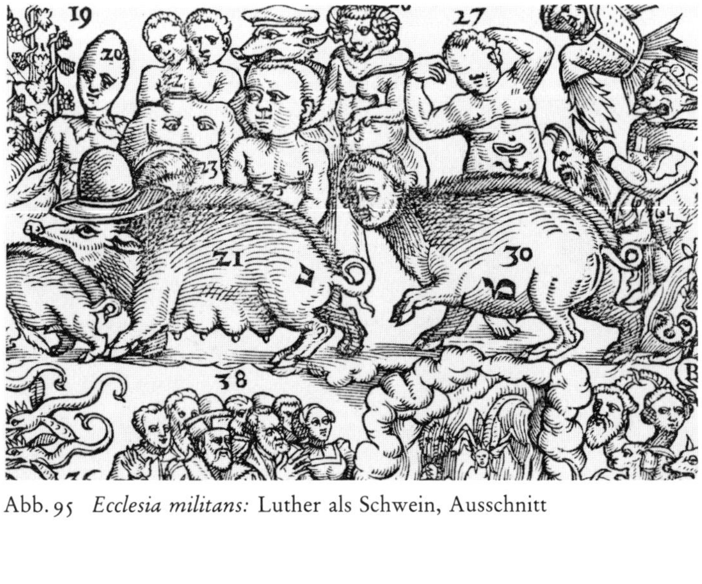

Abb. 95 *Ecclesia militans:* Luther als Schwein, Ausschnitt

ECCLESIA MILITANS.

1891. 2472.

Ein wunderbarlicher gegenwurff/ der Euangelischen Fürbildung/ was yetziger zeit/ die streitbar/ heilig/ Christlich kirchen/ von allerley Ketzern/ jhren ertzfeinden vnd grewlichsten widersachern/ dultig erleide/ vnnd durch Gottes Gnad vbersteht. Auß heiligen geschrifften/ auch wunder geschicheen züsamb gestelt/ vnd (dem Adiaphoristischen Feüwerck/ vnd Maioristischen Triumphsgedicht/ So sie Anno 1568. dem fridgierigen Bayerland zü spott in Truck gefertigt) entgegen gesetzt. Durch F. Ioann Nas Minoritam, quatenus opposita iuxta se posita magis elucescant.

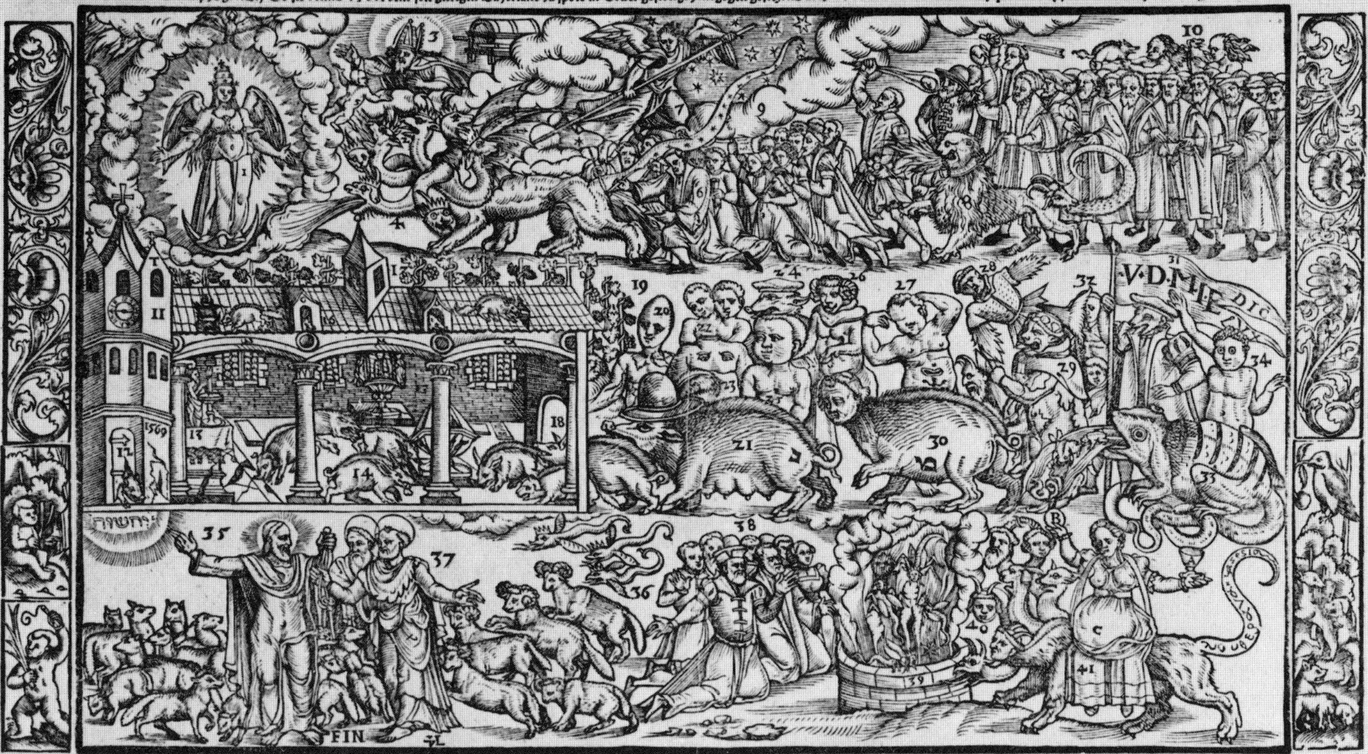

Paulus der heilge Gottes knecht/
Beschriben hat deütlich vnd recht.
1. Thim 3. 4. Wie starck die Christlich kirchen sey/
Auch jhr anstöß vnd feindt darbey.
2. Thim 3. Sunderlich vmb die letsten zeit/
Oder vom Jüngsten tag nit weit.
Mat. 13 Zü dem durchauß die heilig Bibel/
Beschreibt sie gründtlich biß züm gibel.
So kumbt hierzü/ auch die Natur/
Aristo. Der nie ohn vrsach/ was entpfur
Co. Li Dann sie durch grosse wunder pflegt/
cost. Den willen Gottes deuten recht.
Der Adi Auß wölcher die newen gedicht/
aphorist. Als Ketzer fündt werden gericht.
Wie diß gemehl in einer sum/
Erklert durchauß/ rein vmb vnd vmb/
Wilstu es nun gründtlicher lernen/
NB So merck fein auff die zifferen.
Sihe sie an/ eins vmbs ander/
So wirstu mercken seltzam wunder.
Der heilig Joannes außerwölt/
Ein Conterfet vnd bild erzölt.
Vns allen zü derlehrnung.
Im büch der offenbarung.
Apoc. 12 Ein weibsbildt schwanger vnd vmbgeben/
Mit freid vnd leid zirlich darneben.
Das ist die streitbar kirch furwar/
Der Trach vnd die gantz Ketzer schar.
Sein jr all feindt vnnd gar zü wider/
All kirchen zir/ zürüttens wider.
Hieuon in der fünfften Centurien. Mit vollem hauffen vngezifers/
Fallen sie ein/ nach lust deß schifers.
Deß schiferhawers Lothers sun/
Vnd nach Außpurgs Confession.
Die semptlich all sant Peters hert/
Verfolgen hie auff diser erde rc.
1. Diß weib/ die kirchen in der wüsten/
Den Mon/ die welt trittet mit füssen.
Ro. 13. Christus jr haupt/ die ziren thüt/
Ephe. 1. Mit Sonnen glantz/ mit seinem blüt.
Eze. 17 Zwen Adlers flugel sie vmbgeben/
Verstehe den weitfligenden glauben.
Ro. 1. Der sich außbreit in alle welt/
Apoc. 7. In alle sprachen außerwölt.
Deß Adlers macht/ vnd Keiserthumb/
Merck auch darbey in einer summ.
Ir dryfacht Kron zwölff stern hat/
Zwölff warzeichen auß Gottes rhat.
Darbey man sie kan wol erkennen/
☞ Vnd sie die waren Kirchen nennen.
Von dise 12 warzeichen besihe nach lëg die ander predig in vnsern 12 predig vom Sacrament. Sie ist 1. einig vnd darzü 2. heilig/
3. Catholisch vnd 4 Apostolisch.
5. Auch ordenlich/ die 6. älist gewiß/
7. Bestendig vnd 8. demütig.
9. Warhafftig vnd 10. gehorsam gern/
11. Täglich pflegt sie zü opffern.
12. Die Arch deß bundes sie bey jr hat/
In ehen steis frü vnd spat.
Ob jr da schwebt der heilig Geist/
Der sie in alle warheit weist.
2. Vor jr schutt auß der grimmig Track/
Joā. 14 Ein groß gewesser auß seinem nack.
Apo. 17 Das sein vil völcker fleisch vnd blüt/
Bewegt auß seinem vbermüt.
Wie es sich dann zeitlich anspan/
Da Gott erschüff im anfang.
Gen. 2. Der kirchen ältern im Paradeiß/
NB Verbott jn da/ auch etlich speiß.
Das merckt der Track die alte schlang/
Nam neid mit listen in sein wang.
Vnd fieng an aller Ketzer spil/
Vrsprung/ vnd blütuergiessens vil.
Durch arglistige freyheits wort/
Sapie. 2. Gebar der Neidhart/ todt vnd mordt.
Des neidis er noch kein end gemacht/

Zwen köpff/ drey hörner vnd vier füß/
Bestia Luthera na. Zwölff klawen hatts/ zwü langer drüß.
Das führen nun die Predicautzen/
Darbey man spürt was sie nur mautzen.
Ja was sie lehren oder schreiben/
Was thün sie mit Chimera treiben.
Ist als monstrosum erlogens gedicht/
Anfencklich hatts Löwens gesicht.
Pfuchts geifert wie die Katz vnd Lüchssn/
Schleicht offt tückisch recht wie die Füchsn.
Blöckt letzlich wie stossende Böck/
Vnd früchtet wie die dürren stöck.
2. Thim 2. Frist vmb sich wie ein Krebs am endt/
Schadt wie ein Scorpion behendt.
☞ Diß thüt falsch lehr/ in wenig fristen/
Nach art der Adiaphoristen.
9. Nicht besser sein die Flacianer/
Spengler/ Hetzhund vnd Jacobander.
Welche zü hülff dem Trachen kumenn/
Psa. 72 In Himel legens jre zungen.
Vnd wüten wider Gottes freündt/
Keins heilthumbs wirt von jn geschont.
Sie wurffen gern in himel nein/
Nemen der kirchen güter ein.
Gleichwol sie sein geneigt darbey/
Siluanus gibt zeügnuß. Zür Caluinischen schwirmerey.
10. Noch hat es ein staffel züm grund/
Darein der Gottloß wann er kumbt.
So wirt er gar vnsinnig zwar/
Wie Furiæ mit schlangen har.
Nacket gleich wie die badmägdt gehn/
Die widertauff hie bey verstehn.
Von disem heer/ der Secten rott/
Vons Trachens zucht/ die kirch leidt nott.
11. Folgents sihe an deß Münsters thurn/
Joā. 11 Breüchlich gemacht/ mit sampt der vrn.
Ezech. 9 Mit Creütz vñ Thaw/ er ist gemerckt/
Mat. 16 Das Christlich leiden jn hatt gesterckt.
21. Vnd jhn auff güten Felß gebawt/
Proue. 18 Selig ist der so jm vertrawt.
Aber ich müß beklagen schirst/
Mit Dauid wie das sey verwüst.
Der Weinberg auch der thurn fein/
Zürissen durch die wilden schwein.
12. Zübrochen haben sie all thür/
In kirchnen/ vnd dz wol noch mehr.
13. Das heilthumb deß Altars zütretten/
Liß des teüfels disputazen mit Luther Mat. 7. 24. Darzü sie hat der teüfel betten.
Wie Christus solchs hat weißgesagt/
Vnd vber dise schweinhart klagt.
14. Schaw wie sie der Heilgen gebein/
Mit den rüsseln/ machen vnrein.
15. Den Tauffstein vnd das Sacrament/
Habens gerissen von der went.
Vnd wülen recht/ als wilde sew/
Gleichwol es ist ein schweins art new.
☞ Im Sachsner Witberg wolgeplagt.
Wie solches auch Galzrisch klagt.
Mercks Meier/ stincket sein deine eyer. Dann newlich dsew/ hundts wölff gehöckt/
Haben auch jre art erstreckt.
Als sewisch/ wölfisch vnd hündisch/
Dann weil sys sein/ sagen sies frisch/
Caute à falsis Prophetis. Wie Christus sprach an einem ort/
Luce 6 Gleich wie das hertz/ so laut das wort.
Nicht besser herrens können sich/
Abmalen/ dann mit dem gedicht.
Dann es hilfft ja die warheit frey/
Vnd der Naturen fantasey.
Gewiß die Predigcautzen zart/
☞ Haben der dreyer vögel art.
Der sew/ der wölff/ vnd auch der hundt/
In einem leib/ offt manche stundt.
Nach art wie sie es beschriben haben/
Beist euch hierumb jhr nassen knaben.
Drumb ist es auch hie fürgemalt/

19. Den Weinberg Gottes sie vertilgen/
Can. 2. Schon weder schlüssel blüm noch lilgen.
Weder Ober/ oder Niderlandt/
Noch bleibt die Kirch in Gottes handt.
Nun fort merckt etlich wunder werck/
Zür forcht den rotthen/ vns zür sterck.
Durch Con. Li cost lob Fincel. Wie sie bey jn geschehen sein/
Vnd von jhn selbst geschriben ein.
Durch sie die welt/ Gott warnen wolt/
Vor wem man sich doch hüten solt.
1545. In Sachsen vor dem Keyser krieg/
Gebar ein kindt visierlich.
20. Mit langem kopff zerrißner heüt/
On zweifel es den krieg bedeüt.
Der selbst gewachsnen spitzhüt schon/
Wider die Kayserlichen kron.
Daher das Landt verherret wardt/
1547. Ir Fürsten auch gefangen hart.
Das haben sie den Predigcanten/
1567. In alle ewigkeit zü dancken.
Also ist newlich auch geborn/
1568. Bein Adiaphoristen thorn.
21. Ein krönte züchel von wolffblüt/
Tregt billicher ein Sachssen hüt.
Darbey wirdt yederman bekandt/
Wölches sey jr rechtes Vatterlandt.
Merckt sewmäster. Gleichwol sich jr nun schämen thün/
Ir eltern im Lutherthumb.
Wolten gern das hürnkindt/
Verjagen durch den lugen windt.
Vnd es auff die Papisten liegen/
Es will sich aber nirgendts fügen.
Math. 7 Dann menigklich bey jrer frucht/
Erkennt der Predigcautzen zucht.
1553. 22. So ist in Meissen vor disn jarn/
Mit zweyen köpffen ein kindt geborn.
Bedeüt hat es jhrn zwyspalt/
In glaubens sachen new vnd alt.
1554. 23. Auch hat darnach on ein kopff/
Meissen geborn diß geschöpff.
Ein kindt on haupt/ bedeüten kon/
Dicentiū Nolumus hunc regnare super nos. Luce 19 Ein Regiment Acephalon.
Noch seltzamer ist diß geschicht/
Vergebens nicht also gedicht.
Ein Doctor vnd suppen in dhendt/
Hatt ein sewkopff/ doch menschen hendt.
24. Erst fertn in Wittenberg entpfangen/
Vnd öffentlich in druck auß gangen.
1568. Darbey leicht ist zü lernen zwar/
Was sunst mag sein jr junge schar.
Zwischen Manßfelt vnd Sangershausen/
1547. Hans Eißleben ein kindt on grausen.
Von seinem weib ererbt fast rein/
25. An dem wüchs nur der kopff allein.
Wardt baldt fünff viertel elen dick.
Bedeüt menigklich arge tück.
Nemo sibi adsumat honorem Hebre. 5. Apo. 13 Das jederman will selbst haupt sein/
Herr/ König/ Fürst durchauß vnd ein.
Damit sie vngehorsam weren/
Solch predig hört der pöfel gern.
Ja also lert das ander thier/
Domit es jederman verführ.
26. An stat deß Trachens tückisch art/
Jetzt merckt recht auff deß Luthers fart.
Dann da er gleich yetzt wür Magister/
1503. In Hessen war ein solches müster.
Geborn von einer frummen basen/
27. Ein mensch on augen/ ohren/ nasn.
1519. Wie auch darnach zü Zürich war.
Geborn gerad am newen Jar.
Ein Hermaphrodit an seinem leib/
Hett was solt haben mann vnd weib.
Darbey die schendtlich enderung/
Bedeüt ist worn im Christenthumb.
Dann gleich ins Luthers Magistrat/
1502. Zü Speier angenfangen hat.

Wies aber Luther deütet hat/
Nach leng solstu erfahren zart.
In der fünfften Centurien/
Da will ichs recht beschreiben.
1536. Also am Heiligen Ostertag/
30. Zü Hall in Sachsen ein fäcklein bracht/
Ein saw mit einem Pfaffen kopff/
Hett fast/ wie Luther/ eine schopff.
Das Judisch M. Münchs Mars verzehrt/
Wie auch das Ebrisch Nun vorgeht.
Sein Kätzhen drauff er folgen thüt/
Ohn Geist/ nach art/ deß fleisches müth.
NB 31. Hett schir vergessn den Fenderich/
Deß schrifft im fahn ist schir entlich.
Verzetheren/ Dieben/ meineydign/
Juden vnd Ehebrecheren.
DCLXVI Das ist die summ Loders geschmeiß/
Der kirchen Gottes sie machen heiß.
Die Lux, zwey wörter voller zal/
Im panier führens vberal.
Isai. 5. Rümen das liecht/ ja dfinsternus/
Apo. 13. Wie wann es wer Antichristus:
Deß zal ist hundert sechs vnd sechtzig/
Der arm mann versteht es nicht.
Sie sein züm fraß vnd trunck gericht/
32. Wie jener/ so het zwey gesicht.
Das ein vom Nabel gieng herauß/
Aß auch darmit/ recht wie ein Strauß.
1516. Diser Mann gieng im Teutschlandt vmb/
Vil fraß vnd alle zeit naß. Bedeütet vns das Lutherthumb.
Wölchs hate vil köpff/ meuler vnd zungen/
Bey Frawen/ Mannen/ alt vnd jungen.
33. Sihe ferners an das grewlich thier.
Ein Schwantzkroten/ auff füssen vier.
1553. Geborn hats ein fraw in Türing/
Das ye ein wunder gar nit ring.
Wie wann Joannes daruon gsagt/
Da er das falsch thier beklagt:
Apo. 16 Auß seinem mund gleich froschgeist kummen/
Diß sein nun yetzt in einer sumen.
Die Widertauffer vnd Caluisten/
Besihe deß Lutheri dani disputantz od Stafphili/ Geneolo. Luther trimem. Die protestirn verlaugnet Christen.
Warlich gewiß die grossen wunder/
In jrem Landt geschehen besunder.
Vns deütlich zeigen an die frucht/
Daß Luthers Lehrbaum sey verflücht.
34. Geborn ist auch zü alten Stettin/
Ein todtes kindt/ in grossen nöthen.
An stat deß ors/ da was sein hand/
Dann sie an wercken sein erlambt.
Mar. 11 Durchs hören soll es als geschehen/
1554. Ein solcher glaub wirdt todt verjehen.
Jaco. 2 35. Christus der best Hirt sein schaff/
Eze. 34 Güttes zü thün treibt mit der straff.
Joan. 7 Vnd sie ins liecht durch dwarheit fürt/
Hiemit seins Vatters Namen zirt.
Drauff lernt er vns kecklich bawen/
Mits glaubens schirm jme vertrawen.
Ephes. 6 36. Das vns der fliegendn schlangen pfeil/
Mat. 25 Mit lampen nicht ohn öl ereil.
1532. Wie man sie newlich hat sehen fliegn/
Zü einer warnung den kriegen.
37. Sunder sant Peters kirch zülauffen/
Mat. 16 Dem Christus hat der schlüssel hauffen.
Geben/ zübinden vnd zü lösen/
Rom. 13 Zü güt dem güten/ zür rach dem bösn.
38. Die böckisch welt vnd Natterzücht/
Sant Petrum vnd den Bapst verflücht.
Vnd predigt laut mit jubilirn/
Luce 19 Diser soll vns nimmer regiern.
39. Drumb wirt die Soñ bleich vñ auch finster/
Vom rauch der abgründischen Ketzer.
Apo. 9 Darauß schlieffen grewlich heuschrecken/
Allerley Rotten/ Ketzer/ Secten.
Diß vnglück hat der fallendt Stern/

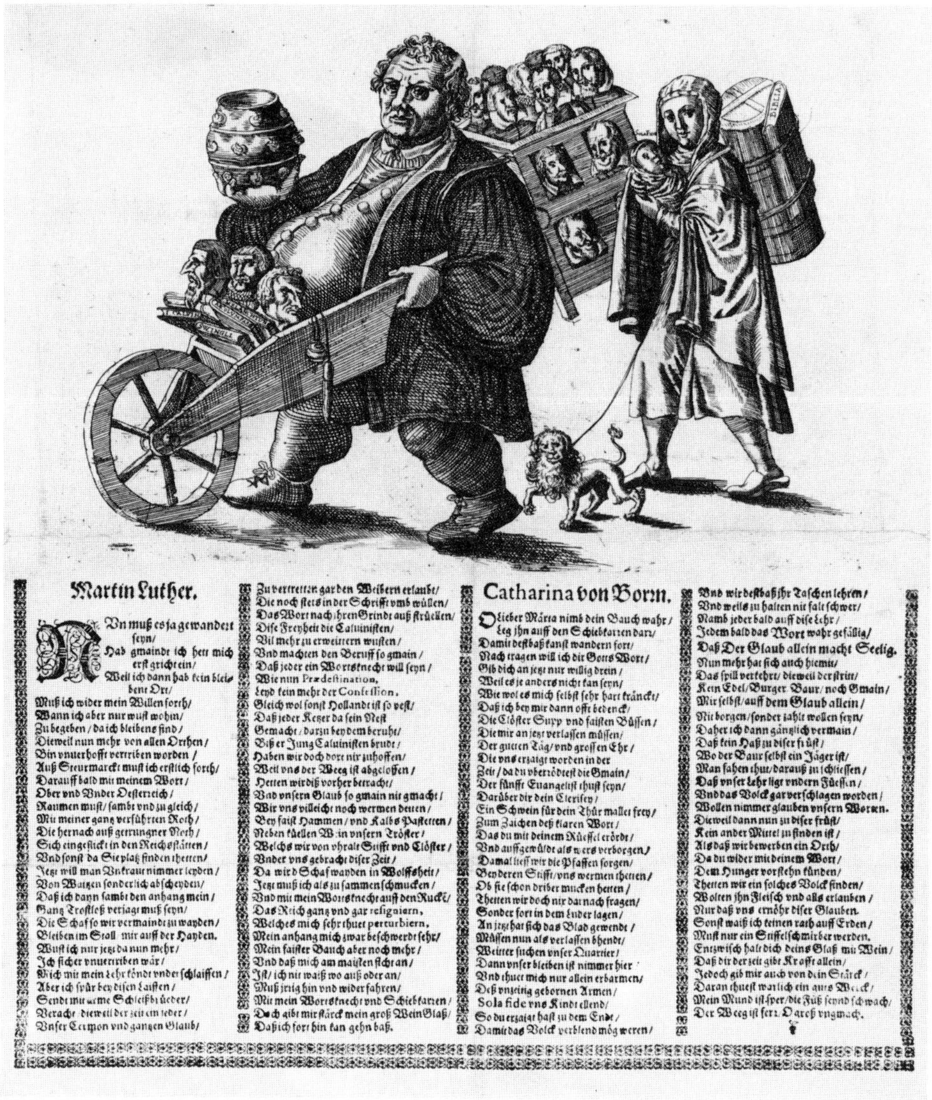

120

Deutsch, zwischen 1620 und 1630

Nun muß es ja gewandert seyn

Radierung und Letternsatz, 393 x 309
Staatsbibliothek Preußischer Kulturbesitz, Berlin.

Nur mit dem wichtigsten theologischen Hausrat bepackt, ziehen Luther und seine Frau Katharina die Straße gezwungenermaßen entlang, wie Luther in dem mit einem Liedzitat beginnenden Text unter dem Holzschnitt klagt. Das Flugblatt, das in zahlreichen Varianten Verbreitung fand,[1] ist eine der volkstümlichsten Lutherkarikaturen, da es mit einfachen, augenscheinlichen Mitteln arbeitet und komplizierte theologische Aspekte vermieden werden. Luther ist so fett geworden, daß er seinen Bauch beim Gehen mit einer Schubkarre abstützen muß. Zusammen mit dem überdimensionalen Glaspokal in der Hand wird er so der Gefräßigkeit und Trunksucht bezichtigt. Zur Darstellung der Völlerei, einer der sieben Todsünden, ist diese eingängige Bildformel in ihrer allgemein gehaltenen, generellen Aussage verbreitet gewesen (vgl. Kat. 3, 20).

Der Text, Rede und Gegenrede der beiden Dargestellten, unterstreicht die negativen Eigenschaften Luthers, die im Bild durch den Gegensatz ausgedrückt sind. So muß die schmächtige Katharina ihren prassenden Mann um eine Stärkung aus dem Glase bitten. Katharina ist mit einem Schleier dargestellt, womit auf ihren früheren Stand als Nonne angespielt wird. Da sie gleichzeitig ein Wickelkind im Arm hält, werden ihr und Luther Unkeuschheit bzw. Wortbrüchigkeit gegenüber ihrem monastischen Gelübde angelastet. Katharina, als Hausfrau, trägt Luther das »Wort Gottes«, die »Biblia« nach, die – in seiner eigenen Hand gehalten – in den heroisierenden Lutherdarstellungen zu seinem wesentlichen Attribut geworden war und hier ironisch durch das Glas ersetzt ist.

Die Männer, die Luther in einem Traggestell auf dem Rücken mit sich führt, und die drei Porträtköpfe, die mit Büchern Melanchthons, Oecolampads, Calvins und Zwinglis vorn auf dem Schubkarren zusammengepackt sind, lassen sich wohl als Mitstreiter Luthers deuten.[2] Anknüpfend an Darstellungen verarmter Leute, die hausierend ihre Kinder in Körben auf dem eigenen oder dem Rücken eines Esels mit sich führen, wird hier auf die Vertreibung der protestantischen Geistlichkeit Böhmens im Zuge der nach der Schlacht am Weißen Berg (1620) einsetzenden Gegenreformation Bezug genommen, wie aus einer zeitgenössischen handschriftlichen Notiz auf einem der erhaltenen Exemplare hervorgeht. Wer sich nicht rekatholisieren ließ, mußte auswandern.

Eine in Berlin bewahrte Federzeichnung (Abb. 96)[3] beweist, daß auf protestantischer Seite die Idee bestand, dieses Spottbild auf Luther in ein gegen die katholische Kirche gerichtetes Flugblatt umzuwandeln. Anstelle der Reformatoren trägt Luther jetzt Bischöfe, Kardinäle, Papst, Mönch und Nonne in Traggestell und Karren. Um die Zielrichtung noch deutlicher zu machen, sollte das neue Blatt an den Seiten erweitert werden. Links ist zur Schmähung des Papsttums die legendäre, sich durch die Geburt eines Kindes entlarvende Päpstin Johanna dargestellt,[4] daneben ein Unzucht treibender Kardinal. Vor ihnen macht anstelle der katholischen Christenheit nur ein Affe verhöhnend den Kniefall. Rechts ist ein Barfüßermönch mit einer Geißel in der Hand dargestellt, ein Franziskaner[5], womit sich das Blatt auch gegen das wiedererstarkte Ordenswesen richtet. Denn der Drache, der über dem Mönch angebracht ist, sollte wohl im endgültigen Bild ebenso über ihm ausspeien wie das heraldische Tier über dem falschen Papst und Kardinal. Der in Ansätzen erhaltene Textentwurf[6] besagt in der dritten Spalte immerhin, wie die Rolle Luthers in diesem Flugblatt zu verstehen ist: »Was eingeschlichen, führt Marthin auß/ daß soll wohl haissen ein Pfapfen strauß.« Mit dem ›Pfaffenkrieg‹ kann der beginnende, als Glaubenskrieg angesehene Dreißigjährige Krieg gemeint sein; das Blatt gäbe damit einer Hoffnung Ausdruck, die sich für die böhmischen Länder und die Pfalz nicht erfüllte, weswegen das Blatt wahrscheinlich nicht mehr gedruckt wurde. E.Z.

1 Geisberg Nr. 1511; Scribner 1981, Abb. 187; andere Varianten: Kat. Coburg 1983, Nr. 31; Fuchs I, Beilage; vgl. Coupe 1967, Nr. 373 und Harms II, Nr. 168 (Variantenverzeichnisse).

2 Die Porträtköpfe auf dem Schubkarren konnten bisher nicht überzeugend, die im Traggestell überhaupt nicht identifiziert werden.

3 Feder in Braun, grau laviert, 277 x 643. Erwähnt in: Harms II, Nr. 168; Kat. Coburg 1983, Nr. 31.

4 Die Päpstin soll 855–57 regiert haben. Die Legende galt bis ins 17. Jh. als historische Wahrheit. In der Reformationszeit war der Stoff als Fastnachtsspiel bekannt, Th. Schernbeck 1480, gedruckt Eisleben 1565: *Ein schön Spiel von Fraw Jutten.* Vgl. Döllinger, *Die Papstfabeln des Mittelalters*, München (2) 1890, H. Kühner, *Lexikon der Päpste*, Frankfurt 1960, S. 45.

5 Mit dem Porträt des Franz von Assisi? Wie bei dem gedruckten Flugblatt wird es sich auch in der Zeichnung bei den Köpfen, die Luther transportiert, um Porträts handeln.

6 Die Anfänge der vier Textspalten: 1. Sp.: »Boy Creüz Domne wo wilst hinauß/ Mit Deinem Creüz blibst wol zu hauß!«, 2. Sp.: »Hetistu Ein Sattel Wie Ich hab/ Die Raüß würdt besser gehen ab./ Ich muß wol heute Reit Du mir nach/«, 4. Sp.: »Drumb hetten wir das Vorgesehen/ Hetten wir Marthin wol lassen gehen.«

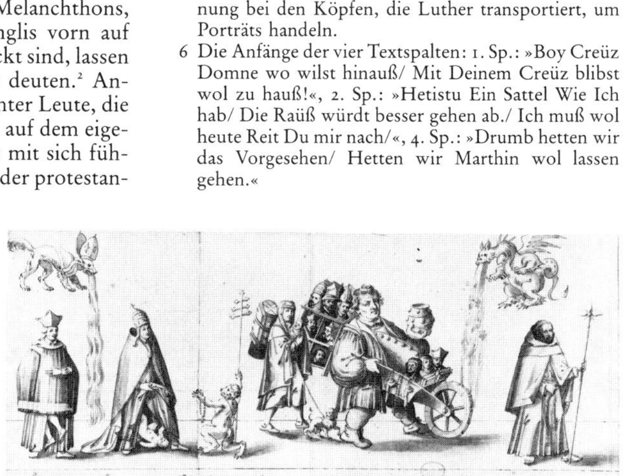

Abb. 96 Entwurf zu einem Flugblatt, Federzeichnung, 1. Hälfte 17. Jh.

Napoleon in der Karikatur

Wie sich fast ganz Europa vereinte, um Napoleon niederzuwerfen, so scheinen sich auch die Karikaturisten von Spanien bis Skandinavien, von England bis Rußland zusammengetan und den Kampf gegen den Korsen in ihrem Medium geführt zu haben. Broadley listet in seinem zweibändigen Werk fast 1800 Napoleonkarikaturen – ohne auch nur annähernd vollständig sein zu können – aus neun Nationen auf. Man kann das erste Mal von einer europäischen Karikatur sprechen, trotz aller stilistischen und qualitativen Unterschiede.[1] Die Karikaturen entstanden bis auf wenige Ausnahmen in den Jahren von 1798 – der Zeit des napoleonischen Italienfeldzuges – bis 1815, als Napoleon endgültig nach St. Helena verbannt wurde. Über die Hälfte der Blätter fällt davon in die letzten Jahre der napoleonischen Ära, in die Zeit nach dem selbstmörderischen Rußlandfeldzug von 1812.

Die Karikaturen spiegeln den Werdegang Napoleons (1769–1821), dessen wichtigste Stationen kurz aufgezählt seien. Nachdem Napoleon 1797 erfolgreich einen royalistischen Aufstand in Paris niedergeschlagen hat, wird ihm der Oberbefehl über die französischen Truppen in Italien übertragen. Siegreich kehrt er Ende des folgenden Jahres zurück und beginnt wenig später seinen Ägyptenfeldzug. Nach teilweisen Mißerfolgen und vor allem der Vernichtung seiner Flotte durch Nelson (Kat. 121, 159) begibt er sich heimlich 1799 wieder nach Frankreich und beginnt dort mit staatsstreichähnlichen Aktionen seinen beispiellosen politischen Aufstieg. Im Dezember 1799 erhält er den Titel eines ersten Konsuls, drei Jahre später läßt er sich zum Konsul auf Lebenszeit wählen, 1804 setzt er sich selbst die Kaiserkrone auf (Kat. 150). 1805 schlägt er in der ›Dreikaiserschlacht‹ von Austerlitz die verbündeten Österreicher und Russen, im nächsten Jahr die Preußen, 1807 läßt er Portugal besetzen und rückt 1808 in Spanien ein. Der Kirchenstaat wird 1809 dem Kaiserreich einverleibt, Holland und die deutsche Nordseeküste 1810.

Doch es gelingt Napoleon nicht, seinen Hauptfeind England entscheidend zu treffen; die 1806 gegen das Inselreich verhängte Kontinentalsperre bricht 1812 zusammen. In diesem Jahr wendet sich mit dem Rußlandfeldzug das Schicksal Napoleons. Von einer halben Million Soldaten der ›Grande Armée‹ kehren nur wenige tausend aus dem brennenden Moskau und dem russischen Winter zurück. Die ›Völkerschlacht‹ bei Leipzig vom 16.–19. Oktober 1813 beendet weitgehend die französische Besetzung der deutschen Territorien (Kat. 125, 126, 127, 128). Als die Verbündeten Anfang 1814 in Frankreich einrücken, setzt der Senat den Kaiser ab (Kat. 124), und Napoleon wird auf einer britischen Fregatte nach Elba verschifft (Kat. 130). Doch keine zehn Monate später kehrt er zur ›Herrschaft der 100 Tage‹ zurück und ergreift innerhalb weniger Wochen von Frankreich Besitz (Kat. 132). Am 18. Juni 1815 wird er von Wellington und Blücher bei Waterloo vernichtend geschlagen (Kat. 165), entsagt dem Thron ein zweites Mal und wird nach kurzer

1 Es gibt mehrere monographische Abhandlungen über Napoleonkarikaturen. Neben Broadley bieten auch Grand-Carteret 1899 und Kat. Paris 1975 internationale Überblikke. Speziell die englischen Karikaturen behandelt Ashton 1884, die deutschen Schulze 1916 und V.O. Ludwig/C.E. Strausky, *Napoleon in Österreich, Szenen und Karikaturen aus Klosterneuburgs Franzosenzeit*, Wien/Berlin 1916.

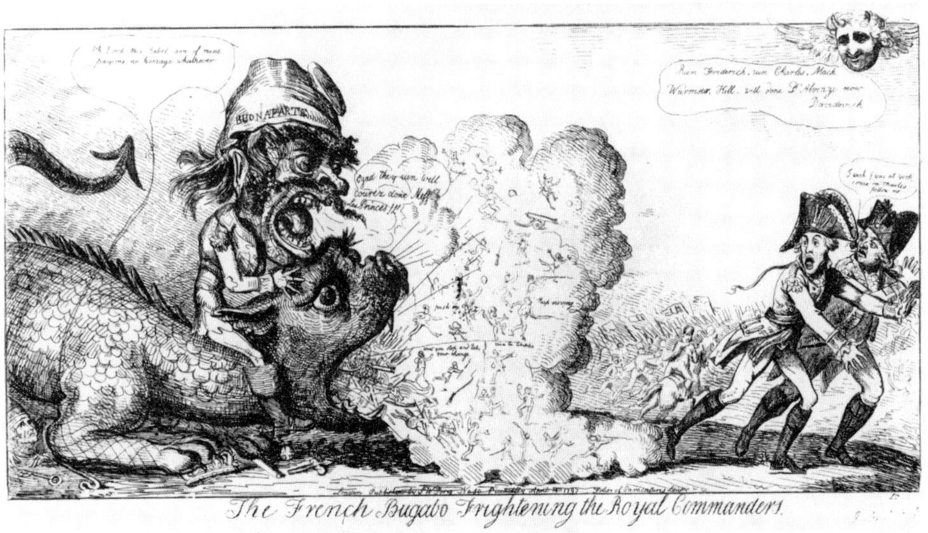

Abb. 97 Isaac Cruikshank, *The French Bugabo Frightening the Royal Commanders*, 1797

Gefangenschaft in England auf die südatlantische Insel St. Helena verbannt (Kat. 134).

Den englischen Napoleonkarikaturen gebührt der Vorrang, nicht nur quantitativ – über die Hälfte der von Broadley aufgeführten Blätter sind englischen Ursprungs –, sondern auch qualitativ. Künstler wie Gillray, Rowlandson, Isaac und später George Cruikshank sorgten für ein satirisches Feuerwerk, dem die Zeichner auf dem Kontinent nichts Vergleichbares entgegenzusetzen hatten.

Die erste englische ausdrückliche Napoleonkarikatur radierte Isaac Cruikshank am 12. März 1797: Bonaparte hält Audienz in Rom und tritt dem vor ihm knienden Papst die Tiara vom Kopf.[2] Nur einen Monat später entstand *The French Bugabo Frightening the Royal Commanders* (Abb. 97).[3] Das Blatt kommentiert die napoleonischen Erfolge gegen das österreichische Heer in Oberitalien. Obwohl bereits 1796 Porträts des Korsen in London verfügbar waren,[4] karikiert Cruikshank nicht dessen tatsächliches Aussehen, sondern erfindet eine groteske, brüllende Gestalt, die er durch die Beschriftung auf der Jakobinermütze kenntlich macht.[5] Auch Gillrays frühe Napoleonkarikaturen nehmen nur vage vom Aussehen des Franzosen Kenntnis, doch spielen sie um so treffender auf seinen aufbrausenden Charakter und sein oft beleidigendes Verhalten an (Kat. 121). 1803 ›erfindet‹ Gillray die in der Anspielung auf den kleinen Wuchs treffende Formulierung des *Little Boney,*[6] als der Napoleon von nun an in der englischen Karikatur auftritt. Das Jahr 1803 stellt mit etwa 200 Blättern einen vorläufigen Höhepunkt in der englischen Napoleonkarikatur dar, der erst wieder nach 1812 erreicht wird. Von den etwa vierzig Arbeiten Gillrays, die den Korsen zum Ziel haben, entsteht die Hälfte 1803. Es ist das Jahr, in dem die Angst vor einer französischen Invasion am größten ist – Napoleon soll im Juni gesagt haben, drei Tage Nebel würden ausreichen, ihn zum Herren von London zu machen[7] – und in dem die verschiedenen französischen Pläne zur Überquerung des Kanals in zahlreichen Karikaturen verspottet werden.

Gillrays letzte Karikatur gegen Napoleon erscheint 1809; in diesem Jahr betritt Rowlandson das erste Mal nach langer Pause wieder das Feld der politischen Karikatur. Der eigentliche Nachfolger Gillrays wird jedoch George Cruikshank, der 1810, erst achtzehnjährig, seine ersten Radierungen veröffentlicht und dessen Napoleonkarikaturen zu den besten überhaupt gehören. Er versetzt mit großem Ideenreichtum *Little Boney* in die unmöglichsten Situationen (Abb. 98) und scheut, wie schon seine Vorgänger, vor massiven Beleidigungen nicht zurück. Mögen die beiden Cruikshanks, Gillray und Rowlandson die herausragende

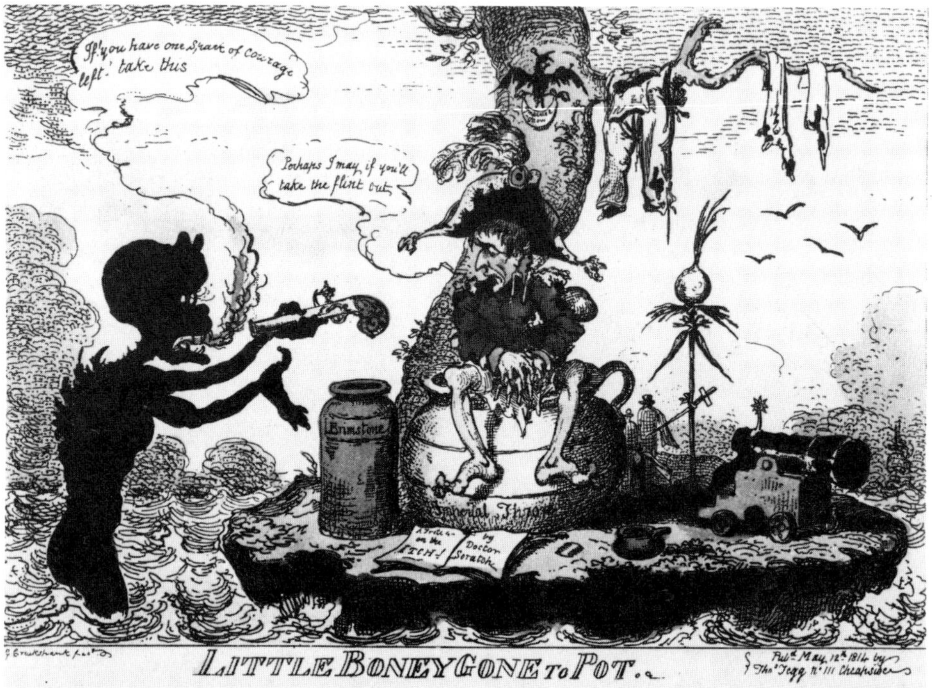

Abb. 98 George Cruikshank, *Little Boney Gone to Pot,* 1814

2 BM VII Nr. 8997; Broadley I, Abb. S. 94; Krumbhaar 1966, Nr. 114, Abb. Die Begegnung zwischen dem Papst und Napoleon fand nicht statt. – Daumier könnte übrigens bei seinem Blatt *Le gamin de Paris aux Tuileries* von 1848 (Delteil 1743; Kat. Münster 1978, Nr. 243) von Cruikshank angeregt worden sein.

3 Broadley II, S. 312, Nr. 359; BM VII, Nr. 9005; Krumbhaar 1966, Nr. 395.

4 Broadley I, S. 87, mit Anm.

5 M.D. George konstatiert in BM VII, Nr. 8997 (»Buonaparte at Rome . . .«), Porträtähnlichkeit, die jedoch von Krumbhaar 1966, S. 42, zurückgewiesen wird. Übereinstimmung scheint allenfalls in der Jugendlichkeit Napoleons und dem Cruikshankschen Gassenjungen zu bestehen.

6 Hill 1965, S. 127. (»Boney« geht auf Napoleons Familiennamen Bonaparte zurück, kann aber auch als »Kleiner Knochen« übersetzt werden.)

7 Albert Sorel, *L'Europe et la Révolution française,* Paris 1905, Bd. VI, S. 310; zit. nach Hill 1965, S. 128.

8 Gillrays Karikaturen sind zusammenfassend in den Arbeiten von Hill 1965 und 1976 besprochen; zu Isaac Cruikshank siehe Krumbhaar 1966; zu Rowlandson Grego 1880. – Grundlegend für die einzelnen Blätter bleiben jedoch die Kommentare des *British Museum Catalogue* (BM VII-IX). Siehe auch Kat. Göttingen 1975.

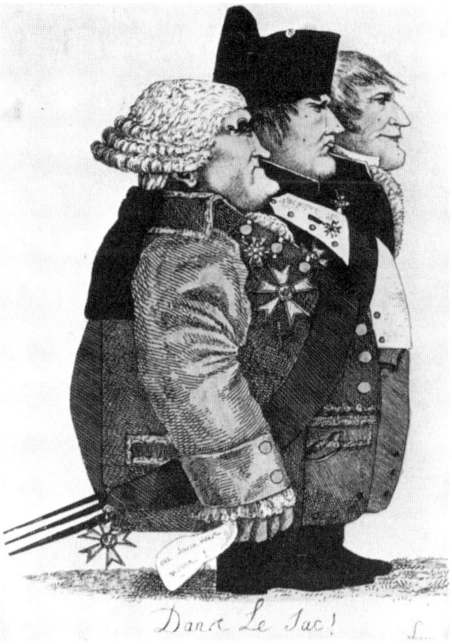

Abb. 99 Französisch, *Dans le sac*, 1799

Qualität der englischen Karikatur dieser Jahre repräsentieren[8] – einige Arbeiten von Elmes, Woodward (Kat. 122) und anderen wären hinzuzuzählen –, so gab es doch gleichzeitig eine große Anzahl dilettantischer und naiver Veröffentlichungen, getragen von einem patriotischen Schwung, die genauso ihr Publikum fanden.

Die Voraussetzungen für Karikaturen waren in England äußerst günstig. Es gab seit dem späten 17. Jahrhundert eine weitgehende Pressefreiheit, die auch kritische innenpolitische Äußerungen fast uneingeschränkt zuließ. Von ähnlicher Bedeutung war die auf Hogarth zurückreichende Tradition einer künstlerisch und inhaltlich anspruchsvollen Karikatur. Auch die wirtschaftlichen Bedingungen förderten die Entstehung von Karikaturen. Seit dem von Hogarth veranlaßten *Engraver's Act* von 1735 bestand in England eine Art Urheberschutz für Graphik, der die Künstler und Verleger mit einigem Erfolg vor Raubdrucken schützte und ihnen ein besseres Einkommen sicherte.[9] Hinzu kommt als weiterer wesentlicher Punkt, daß die politischen Verhältnisse – England war seit der ›Glorious Revolution‹ 1688 eine konstitutionelle Monarchie – ein reges öffentliches Interesse am Zeitgeschehen förderten und die Karikaturisten mit einem politisch versierten Publikum rechnen konnten. Diese Faktoren, vor allem die Pressefreiheit und die satirische Tradition, fehlten auf dem Kontinent fast völlig und erklären den großen Qualitätsabstand zu den englischen Karikaturen.

Politische Karikaturen konnten in Frankreich erst nach der Revolution 1789 erscheinen, wurden jedoch durch die Wiedereinführung der Zensur unter der Schreckensherrschaft 1793/94 schon bald unterbunden.[10] Als Napoleon mit seinem Staatsstreich vom 18. Brumaire (9.11.1799) die kurze Periode des gemäßigten Direktoriums beendet, gehört eine strenge Kontrolle der Presse – und darunter fallen auch die Karikaturen – zu seinen ersten Maßnahmen. Die wenigen französischen Blätter, die Napoleon vor 1800 karikieren, gehen zumeist freundlich mit dem Korsen um.[11] Eine bemerkenswerte Ausnahme stellt das Blatt *Dans le sac* (Erwischt!) vom Ende 1799 dar, das die drei Konsuln Cambacérès, Bonaparte und Lebrun als ordensbehängte, vergrimmte Fettwänste zeigt (Abb. 99). Der unbekannte Künstler schließt mit der betonten Fettleibigkeit an traditionelle Darstellungen der Völlerei an (vgl. Kapitel 1.2., besonders Kat. 21).

Napoleon ist sich des propagandistischen Werts von Karikaturen bewußt. Er selbst reagiert mit Wutausbrüchen auf Gillrays Parodie seiner Kaiserkrönung 1804.[12] Im Jahre 1805 schreibt er an seinen Polizeiminister und obersten Zensor Fouché: »Man muß sich von der beschämenden Position der Engländer absetzen. Sie müssen mit einer belagerten Festung verglichen werden. Auf den Turmspitzen, auf denen wir sie sehen, bilden sie sich ein, das Land zu retten. (...) Laß Karikaturen machen: Ein Engländer, den Geldbeutel in der Hand, fleht die verschiedenen Mächte an, sein Geld anzunehmen, etc. Das ist die eigentliche Richtung, die wir der ganzen Sache geben müssen; die enorme Sorgfalt, die die

9 Vgl. Paulson 1971, Bd. II, S. 224ff.; Kat. Berlin 1980, S. 219. – Die auf vielen englischen Karikaturen befindliche Formulierung »published according to the Act« bezieht sich auf dies Gesetz, das häufig nach seinem Urheber auch als »Hogarth-Act« bezeichnet wird.

10 Hierzu Kat. Paris 1977; Rose 1911, S. XXIXff.; vgl. auch André Blum, *La caricature révolutionnaire (1789–1795)*, Paris 1916.

11 Broadley II, S. 33ff., S. 358ff., führt über zehn französische Napoleonkarikaturen von vor 1800 auf, doch sind sie teilweise falsch datiert (so das Aquarell von Isabey, in diesem Katalog Nr. 219), oder sie verherrlichen Napoleon und wenden sich gegen seine Feinde (Broadley II, S. 32ff.). Viele der Blätter, vor allem die nach 1800 entstandenen, dürften auf französische Emigranten in England oder Deutschland zurückgehen.

12 Dayot 1895, S. 171; vgl. Hill 1965, S. 130.

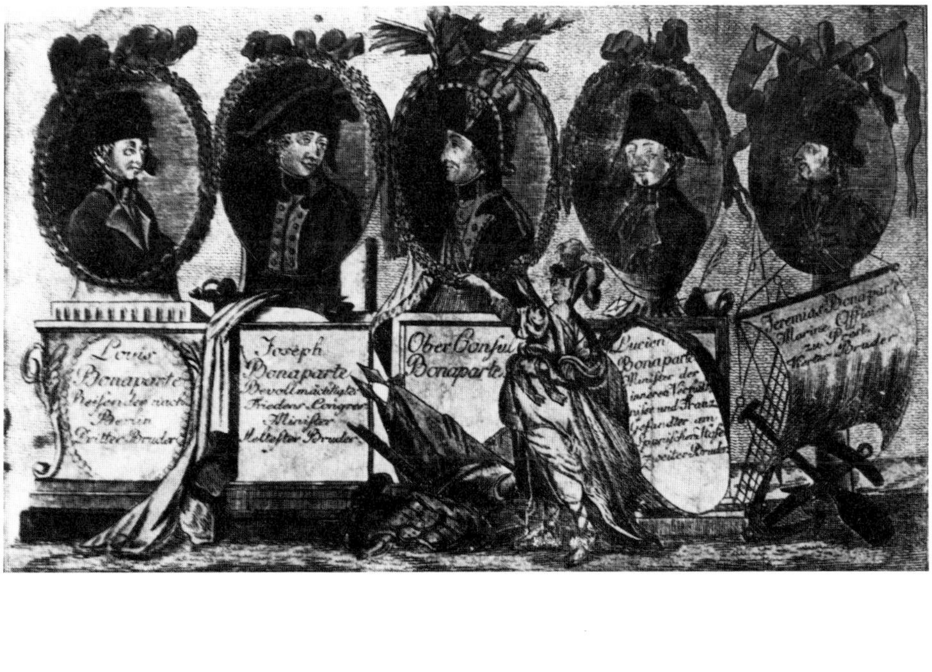

Abb. 100 *Ober Consul Bonaparte, nebst seinen Vier Brüdern*, um 1802

Engländer darauf verwenden, durch die Verbreitung falscher Informationen Zeit zu gewinnen, (...) beweist ihre außerordentliche Bedeutung.«[13] Von den englandfeindlichen Pariser Karikaturen läßt sich keine direkt mit Napoleon in Verbindung bringen, doch bedürfen sie alle der Genehmigung der Zensurbehörde und können gewissermaßen als staatlich sanktioniert gelten.

Erst nach 1813, wahrscheinlich sogar erst nach der Abdankung des Kaisers im April 1814, erscheinen französische Napoleonkarikaturen ungehindert und in großer Zahl. Sie schließen an englische und deutsche Vorbilder an und schlagen oft einen haßerfüllten, die Person des entthronten Kaisers aufs stärkste diffamierenden Ton an (Kat. 133, 134). Die Gestalt des geschlagenen Kaisers unterscheidet sich in französischen Blättern von dem agilen englischen *Little Boney;* er wird fettleibig, untersetzt und eitel dargestellt. Die französischen Karikaturen sind zum Teil sehr sorgfältig ausgeführt und setzen sich von den expressiven englischen Blättern und den nicht selten stümperhaften deutschen ab.

Wie in Frankreich herrschte auch in den deutschen Territorien eine strenge Zensur. Die wenigen überhaupt vor 1813 erschienenen Karikaturen versteckten ihre Kritik in komplizierten Allegorien[14] oder wagten sie allenfalls in versteckten Textanspielungen zu äußern; so auch das anonyme Blatt mit den kaum verfremdeten Porträts Napoleons und seiner Brüder (Abb. 100). Titel und Inschriften auf den Denkmalsockeln unter den Medaillons sind respektlos, und auch die geneigte Kopfhaltung zweier der Brüder ist unüblich.

Die englischen Karikaturen der Zeit waren in Deutschland wohlbekannt, dafür sorgte allein schon der Geschäftssinn der Londoner Verleger. Einer von ihnen, Rudolph Ackermann, der sich gerade auf einer Verkaufsreise in Leipzig befand, konnte nach der Besetzung Preußens nur mit knapper Not den Franzosen entkommen, nachdem er einen großen Stapel Napoleonkarikaturen verbrannt hatte.[15] Seit 1798 erschien in Weimar die Zeitschrift *London und Paris,* die regelmäßig englische und französische Karikaturen veröffentlichte und ausführlich kommentierte.[16] Dabei fällt die Bewertung eindeutig zugunsten der Engländer aus: »Während die französischen Zerrbildpinsler (sie Zeichner zu nennen, wäre Todsünde, da sie auch nicht den geringsten Witz in ihrer Hirnschale oder an den Fingerspitzen haben) sich in den abgeschmacktesten Karikatursudeleien herumtreiben (...), schwingt Gillray regelmäßig seine Geißel zweimal in jedem Monat, und nie fällt diese herab, ohne ihren Gegenstand wirklich auf den empfindlichen Teil zu treffen.«[17] Die bissigsten Satiren Gillrays gegen Napoleon erscheinen jedoch nur abgemildert, indem sie die Gestalt des *Little Boney* in einem Fall durch ein gerupftes Huhn,[18] in einem anderen durch ein Schwert ersetzen (Abb. 101, 102)[19]. Die Kommentare vermeiden dabei sorgfältig, Napoleons Namen zu erwähnen, obwohl natürlich über seine Person keinerlei Unklarheit besteht.

Eigenständige deutsche Napoleonkarikaturen kommen erst nach der Völkerschlacht bei Leipzig im Oktober 1813 auf. Innerhalb weniger Monate entstehen

13 Übersetzt nach Rose 1911, S. XXXIIf. – Auch die Engländer setzen Karikaturen gezielt als Propagandamittel ein. Als die Spanier sich 1808 gegen die französische Besatzung auflehnen, verbreiten englische Truppen in Spanien eine Gillray-Karikatur mit spanischer Beschriftung, die den aufgebrachten spanischen Stier *Little Boney* auf die Hörner nehmen läßt; Hill 1965, S. 116, Abb. 115f.

14 Die meisten der bei Broadley II, S. 107ff., aufgezählten Blätter sind keine Karikaturen, sondern allegorische Darstellungen ohne satirische Hintergedanken.

15 Schulze 1916, S. III. Schulze berichtet weiter von einem »phantastischen Vorschlag Ackermanns, die Flugblätter fortan durch unbemannte Ballons auf dem Festlande zu verbreiten, der begreiflicherweise nicht die Zustimmung der englischen Regierung fand.«

16 Der Titel wurde 1806 unter dem Einfluß der französischen Besetzung in *Paris – Wien – London* umgeändert und die Redaktion nach Halle verlegt. 1811–15 erschien die Zeitschrift unter dem Titel *Paris – Wien* in Rudolstadt. Vgl. Broadley II, S. 103; Ellen Riggert, *Die Zeitschrift London und Paris,* Diss. Göttingen 1934.

17 *London und Paris* Bd. XII, 1803, S. 67f.

18 BM VIII, Nr. 10107, 10108: *The Corsican Pest or Belzebub Going to Supper* (Gillray); in *London und Paris* wird die direkte Anspielung auf Napoleon vermieden: *The Kitchen Below or Belzebub Going to Supper.* M.D. George nimmt übrigens auch für die deutsche Version einen Entwurf Gillrays an (BM VIII, Nr. 10108). Glaubt man *London und Paris* Bd. XII, 1803, S. 67, so ist Gillrays *Belzebub* eine Antwort auf eine französische Karikatur, die Georg III. in der Hölle schmoren ließ. – Beide Blätter sind abgebildet in Kat. Münster 1983, S. 49, 154.

19 BM VIII, Nr. 9998, 9999; *London und Paris* Bd. XII, Tafel 13.

Abb. 101 James Gillray, *Maniac-Ravings – or Little Boney in a Strong Fit,* 1803

Abb. 102 C. Starcke nach James Gillray, *The Flying Sword Run Mad,* ›London und Paris‹, Bd. XII, Tafel 13

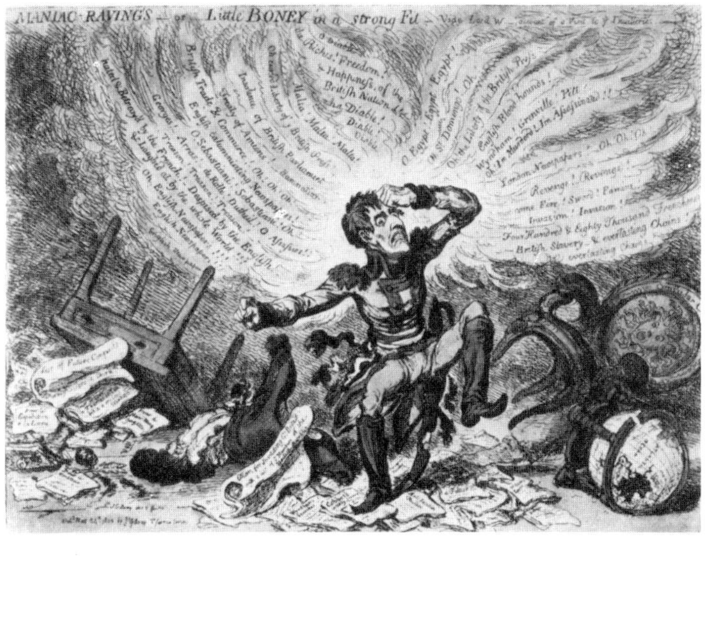

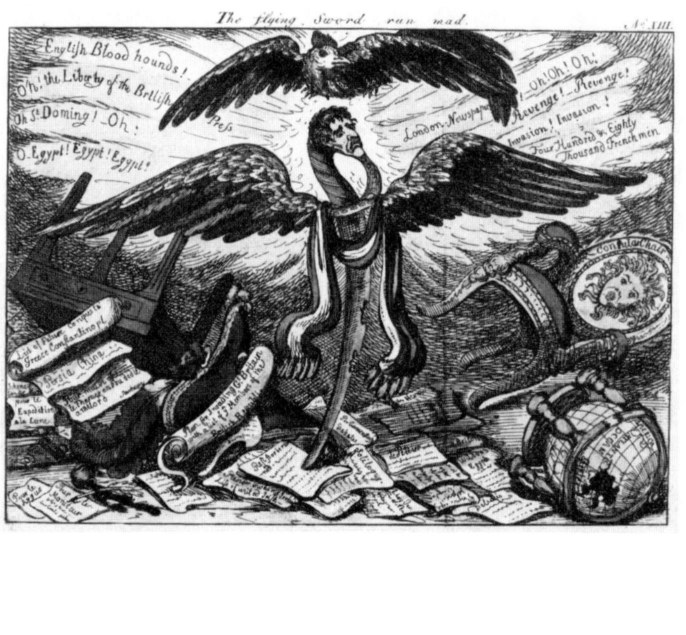

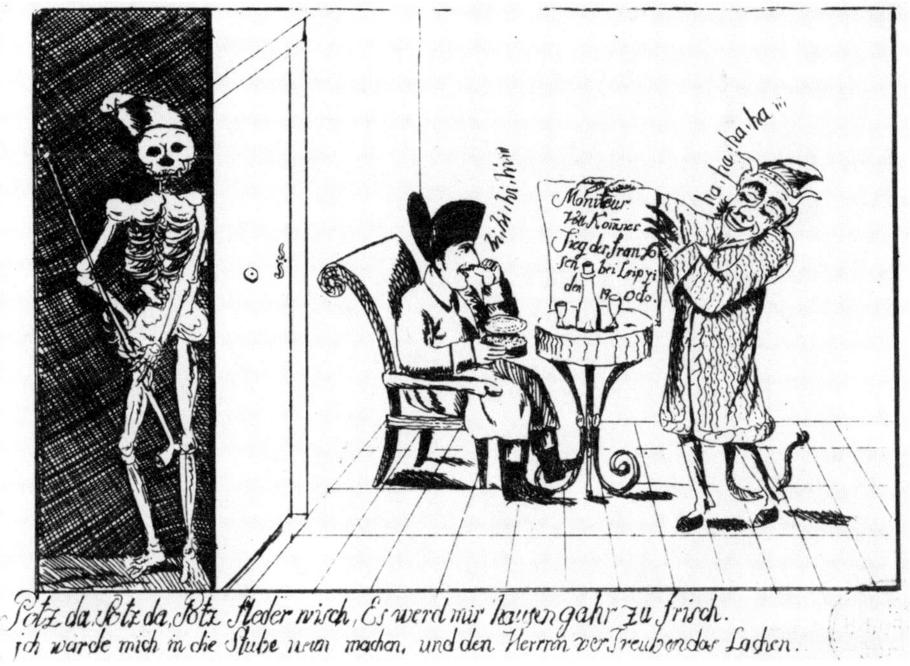

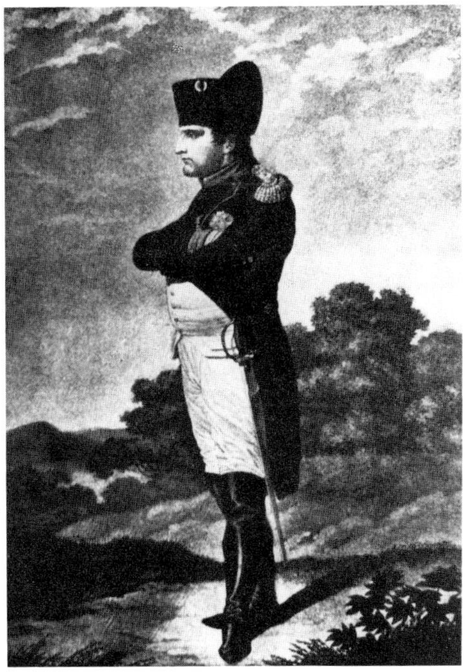

Abb. 103 *Potz da – Potz da, Potz S'leder wisch . . .*, 1813/14

Abb. 104 Heinrich Anton Dähling, *Napoleon in der Uniform eines Gardeoffiziers*, 1806

weit über hundert Karikaturen. Die Zahl erstaunt angesichts der Tatsache, daß es vorher kaum politische Karikatur in Deutschland gab, und wird nur vor dem Hintergrund der allgemeinen patriotischen Volkserhebung verständlich. Der Dramatiker August von Kotzebue rechtfertigt diese plötzliche Flut von Karikaturen: »Nach meiner Überzeugung ist das Ungeheuer Napoleon ein so verabscheuungswürdiger Gegenstand, daß so lange unsere Monarchen noch im Kriege gegen ihn begriffen sind, die Feder sowohl als das Schwert sich alles gegen denjenigen erlauben darf, der sich mit Schwert und Feder so oft Alles gegen uns erlaubt hat.«[20] Zentren der neuen Karikaturenproduktion sind Leipzig, Berlin und Nürnberg. Fast alle Blätter erscheinen anonym und haben oft einen ausgesprochen dilettantischen Charakter. Als ein Beispiel derart »hahnebüchen volkstümlicher«[21] Äußerungen sei ein Blatt vom Winter 1813/14 vorgestellt (Abb. 103): Napoleon und der Teufel amüsieren sich über einen Artikel des *Moniteur* – der amtlichen französischen Regierungszeitung –, in dem von einem »vollkommenen Sieg der Franzosen bei Leipzig den 19. Oktober« berichtet wird (eine derartige Falschmeldung gab es tatsächlich). Dem Tod vor der Tür wird es draußen zu kalt, »ich werde mich in die Stube nein machen und den Herren vertreiben des Lachen.« Orthographie und Stil dieser Radierung sind gleichermaßen unbelastet von aller Vorbildung.

Die deutschen Napoleonkarikaturen verformen nur selten die äußere Gestalt des Kaisers, sieht man von offensichtlichen Ungeschicklichkeiten ab. Allenfalls verpassen sie ihm Eselsohren oder lassen ihn unziemlich schreien. Ausgangspunkt der meisten Blätter ist ein 1806 während Napoleons Aufenthalt in Berlin entstandenes Porträt von Heinrich Anton Dähling, das in verschiedenen Stichen internationale Verbreitung fand (Abb. 104).[22] Das Gesichtsprofil wird zumeist vereinfacht, und der von der Seite gesehene Zweispitz gerät zum charakteristischen Erkennungszeichen Napoleons auch außerhalb Deutschlands (Kat. 125, 126, 131, 133).

Die Blätter der Zeit nach der Völkerschlacht verhöhnen den Verlierer von Leipzig, sie stellen ihn als kleinwüchsigen Feigling, als fliehenden Hasen, als tanzenden Bären oder kläffenden Hund dar, verbünden ihn mit Tod und Teufel, wenden abfällige Redensarten auf ihn an und vieles mehr. Dabei bewahren sie einen eingängigen, volkstümlichen Charakter, der ihren großen Erfolg erklärt.

Nur wenige renommierte Künstler haben sich an diesem Bilderkrieg gegen Napoleon beteiligt. Der bekannteste unter ihnen ist der Berliner Bildhauer Johann Gottfried Schadow, der bereits im März 1813, als er noch französische Soldaten bewirten mußte, den schmählichen Rückzug der Franzosen aus Rußland verhöhnt. Im Sommer 1813 veröffentlicht er unter dem Pseudonym »Gillray à Paris« einen vierteiligen Zyklus, der wie auch seine übrigen Karikaturen durch die sorgfältige

20 Aus einem Brief vom Januar 1814 an die preußische Regierung, in dem sich Kotzebue gegen das Verbot seiner »Tragi-Comödie« *Noch Jemandes Reise Abentheuer* wehrt; zit. nach Czygan 1909, S. 281.
21 Die Formulierung bei Schulze 1916, S. VIII.
22 Abb. nach Dayot 1895, S. 205. Vgl. Broadley II, S. 242f., mit Abb. eines vereinfachten Brustbildes nach der Dähling-Aquatinta, das Voltz für sein *Wahres Porträt des Eroberers* (Kat. 126) als Vorlage diente.

Ausarbeitung besticht, aber auch wegen der komplizierten inhaltlichen Anspielungen schwer verständlich ist. Schadow selbst beklagt, »daß die Satiren dunkel sind und in so fern verfehlt«, seine »Stückchen« bräuchten »einen Explicator, lauten Cicerone und Ausrufer«.[23] Zum *Anfang vom Ende* (Kat. 129) erscheint eine ausführliche Erläuterung in Gedichtform, und auch zu anderen Blättern gibt Schadow Erklärungen ab.[24] Von dem Schriftsteller, Musiker und Zeichner E.T.A. Hoffmann sind ebenfalls drei Napoleonkarikaturen bekannt; daß er weitere schuf, belegen seine Tagebücher.[25] Doch der produktivste Karikaturist der Zeit ist mit Abstand Johann Michael Voltz (Kat. 126, 128, 130). Auch wenn die Ideen zu seinen Arbeiten zumeist von seinem Verleger Campe[26] oder von anderen Künstlern herrühren (Kat. 129), so ist es doch sein klarer, auf Umrißlinien beschränkter Zeichenstil, der den Blättern ihre außergewöhnliche Wirkung verschafft. Karikaturen wie der *Rheinische Courir, Ein großer General und ein kleiner Kaiser* (Blücher schnippt Napoleon von seiner Handfläche) und vor allem das *Wahre Porträt des Eroberers* (Kat. 126) gehören zu den verbreitetsten Napoleonkarikaturen überhaupt und werden sogar in England kopiert.

Doch bereits kurz nach der Völkerschlacht, im Dezember 1813, beginnen die staatlichen Zensurbehörden aufmerkam zu werden: »Viele der Carricaturen und sogenannten satirischen Kupferstiche beleidigen die Sitten und die sittliche Würde, und manche davon, welche Souveraine darstellen sollen, ja einige, welche unanständige Darstellungen der geheiligten Personen der hohen alliierten Souveraine enthalten, sind frevelhaft.«[27] Auf die Anfrage des Polizeipräsidenten, »ob alle dergleichen Carricaturen, welche eine politische Erinnerung oder Tendenz an sich tragen, überhaupt als nicht angemessen und bisher nicht üblich gewesen, zurückzuweisen« seien, antwortet der Minister des Auswärtigen, Goltz: »Eine ganze Gattung, welche doch nicht an sich (...) dem Gesetz der sittlichen Würde und der staatsbürgerlichen Pflicht entgegensteht, zu verbieten bloß wegen des möglichen Mißbrauchs, würde bedenklich sein. Das Verbot würde zur Übertretung reizen, und dann möchte der im Finstern schleichende Unfug desto stärker und schädlicher wirken, während das Gute eines von Mißbrauch freien Gebrauchs verloren ginge, nämlich die Teilnahme des Publikums an den Anstrengungen, welche die Pflicht in der gegenwärtigen Zeit erfordert.«[28] Politische Karikaturen können also zunächst bis auf wenige Ausnahmen weiter erscheinen.[29]

Doch die nach dem Wiener Kongreß 1814/15 einsetzende Restauration verhindert bald völlig ihr weiteres Erscheinen. Nach 1815 weichen Karikaturen auf allgemein gesellschaftliche Themenkreise aus. In Frankreich verhält es sich ähnlich: Nachdem für kurze Zeit politische Karikaturen erscheinen konnten, herrscht unter Ludwig XVIII. und später Karl X. eine strenge Zensur, die erst durch die Julirevolution 1830 für fünf Jahre beseitigt wird.[30] Nur in England bleibt die Pressefreiheit erhalten und die Tradition der politischen Karikatur lebendig, wenngleich sie ihre künstlerische Kraft verliert und den französischen Karikaturisten, die nach 1830 in den Vordergrund drängen, an Qualität nachsteht. In Deutschland kommt es zögernd ab 1840 und in großer Zahl erst in den Revolutionsjahren 1848/49 wieder zu politischen Karikaturen (vgl. den Beitrag von Kurt Koszyk in diesem Katalog, S. 415 ff.). J.D.

23 Ludwig Geiger, in: *Westermanns Monatshefte*, 39. Jg., 1894, S. 236f.; zit. nach Schulze 1916, S. III.
24 Zu Schadows Karikaturen vgl. Mackowsky 1915, Kaiser 1955, Mackowsky 1936.
25 Dazu Telsnig-Langer 1980; vgl. Kat. 127.
26 Hagen 1863, S. 37. Dort heißt es zu einem der ›Rattenblätter‹: »Der Gedanke ist sehr matt und unwürdig (...) Er rührt aber von Campe, nicht von Voltz her. Der Letztere ist überhaupt mit Widerwillen an die Ausführung der meisten dieser Caricaturen gegangen.« Abb. der Voltzschen ›Rattenblätter‹ bei Schulze 1916, Tafel 44–46.
27 Zit. Nach Czygan 1909, S. 254.
28 Zit. nach Czygan 1909, S. 255f.
29 Vgl. Kat. 128. Auch Schadows Zyklus vom Sommer 1813 wurde ein halbes Jahr später verboten; Schulze 1916, S. III.
30 Dazu Kat. Göttingen 1980, S. 27ff.

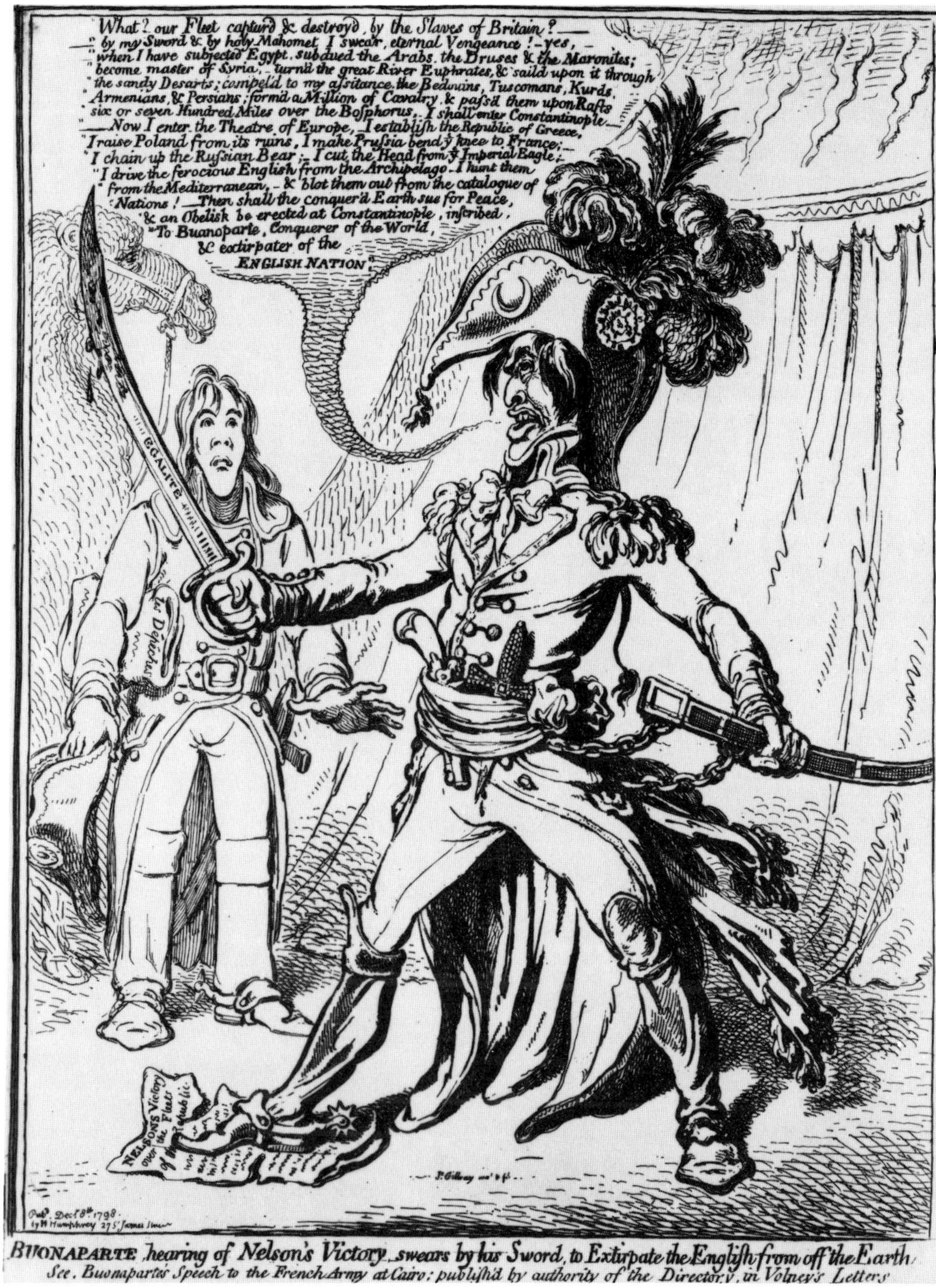

121
James Gillray (1757–1815)
Buonaparte Hearing of Nelson's Victory, 1798

Radierung, 383 x 288, signiert *J. Gillray inv & fec.*, bezeichnet *Pubd. Decr. 8th 1798. by H Humphrey 27 St. James Street*
Hamburger Kunsthalle.

Der englische Admiral Nelson (1758–1805) zerstört am 1.8.1798 Napoleons Flotte vor Abukir und macht damit die Rückkehr des französischen Heeres aus Ägypten weitgehend unmöglich. Wutentbrannt zerstampft der Korse mit dem Fuß die Depesche mit der englischen Siegesmeldung. Drohend hält er in der Rechten seinen bluttriefenden Säbel. Seine ganze Aufmachung ist die eines eitlen Räuberhauptmanns. Das verzerrte Gesicht weist keinerlei Porträtähnlichkeit auf.

»Bonaparte hört vom Sieg Nelsons und schwört bei seinem Schwert, die Engländer vom Erdboden zu vertilgen.« Er bricht in die Worte aus: »Wie? Unsere Flotte weggenommen und zerstört von britischen Sklaven! Bei meinem Schwerte und Sanct Mohammed, ich schwöre ewige Rache! Ja, sowie ich Ägypten unterworfen, die Araber, die Drusen, die Maroniter gebändigt habe und Gebieter von Syrien bin, den Euphratstrom hinaufgefahren und auf ihm die Sandwüste durchsegelt, die Beduinen, Tuscomanen, Kurden, Armenier und Perser zu meinen Vasallen gemacht habe ..., werde ich in Konstantinopel einziehen ... Eine griechische Republik rufe ich ins Leben, Polen erbaue ich neu auf seinen Ruinen, ich zwinge Preußen, vor Frankreich hinzuknien, ich lege den russischen Bär an die Kette, ich schlage dem kaiserlichen Adler den Kopf ab, ich vertreibe die wilden Engländer aus dem Archipel, ich verscheuche sie vom Mittelmeer, ich lösche ihren Namen aus im Katalog der Völker – dann wird die eroberte Welt um Frieden bitten, dann soll in Konstantinopel ein Obelisk errichtet werden mit der Inschrift: Buonaparte geweiht, dem Eroberer der Welt, dem Vertilger des englischen Volkes.«[1]

Der Text ist eine bissige Parodie auf einen Artikel von Volney im *Moniteur*, der wie eine Rede Napoleons aufgemacht war und den zukünftigen Sieg der Franzosen prophezeite. Übersetzungen erschienen Anfang Dezember 1798 in Londoner Zeitungen. Die fiktive Inschrift auf dem Obelisken sollte nach Volney lauten: »Der französischen Armee, den Eroberern von Italien, Afrika und Asien. – Für Bonaparte, Mitglied des Institut National, dem Befrieder Europas.«[2] J.D.

1 Übersetzung nach Grand-Carteret 1899, S. 10f.
2 BM VII, Nr. 9278.

Lit.: Wright 1851, S. 249; Broadley I, S. 123f.; BM VII, Nr. 9278; Grand-Carteret 1899, S. 10f.

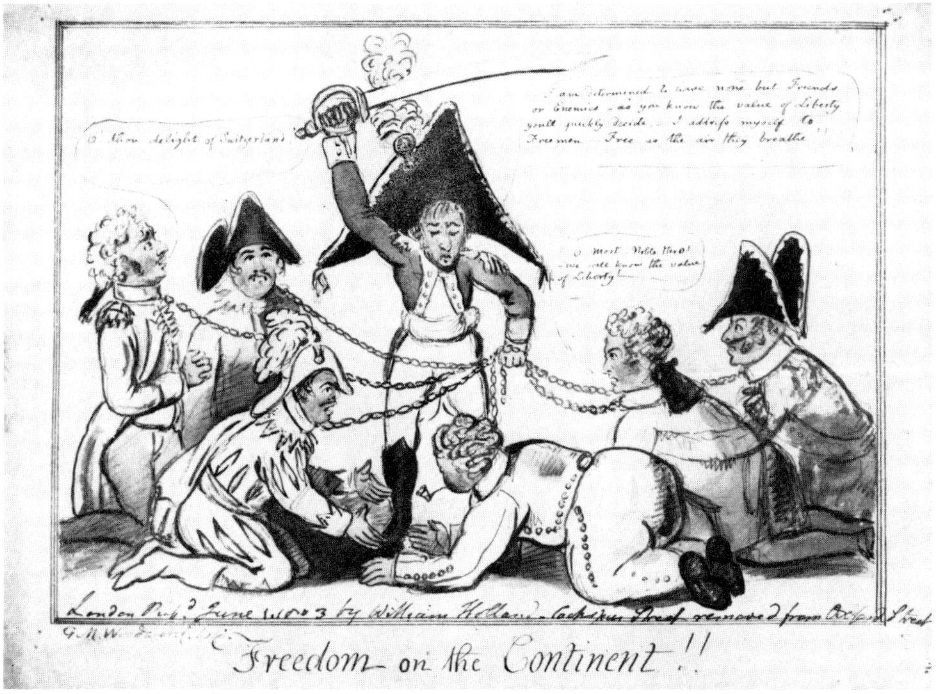

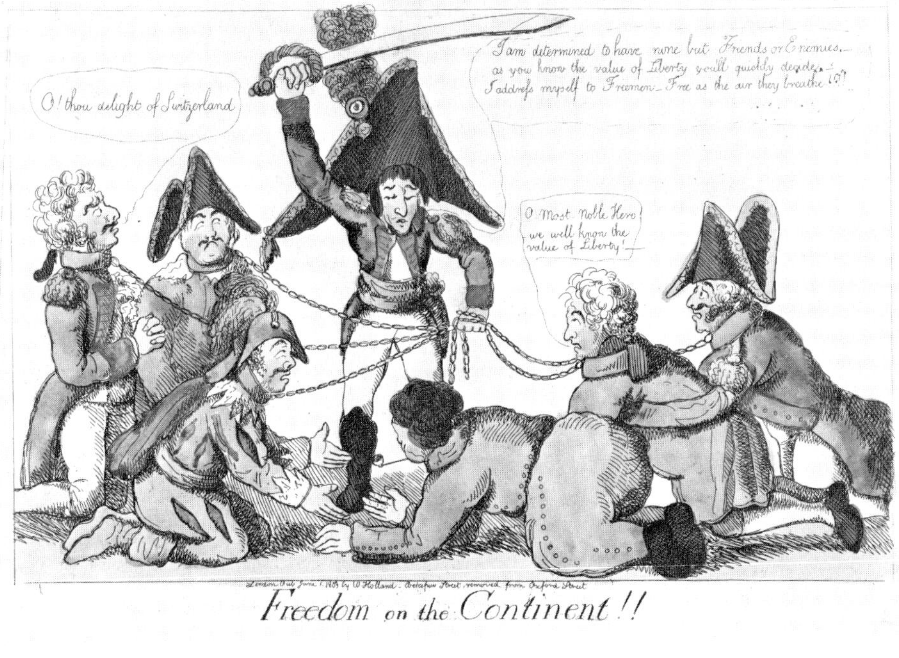

122

George Murgatroyd Woodward
(um 1760–1809)

Freedom on the Continent, 1803

Aquarell und kolorierte Radierung, 279 x 373 und 250 x 353, das Aquarell signiert *G.M. Woodward Delin.*, beide bezeichnet *London Pubd. June 1803 by William Holland. Cockspur Street, removed from Oxfort Street*
Sammlung Ensmann, München.

Wie ein Tierbändiger steht Napoleon mit erhobenem Säbel und riesigem Dreispitz in der Mitte der Personifikationen sechs europäischer Länder, die er an Ketten und eisernen Halskrausen gängelt. Er erklärt ihnen: »Ich bin entschlossen, nur Freunde oder Feinde zu haben – da ihr den Wert der Freiheit kennt, werdet ihr euch schnell entscheiden. – Ich wende mich an freie Menschen – so frei wie die Luft, die sie atmen!« Unterwürfig antwortet der zweite von rechts, der wahrscheinlich eines der deutschen Territorien vertritt: »O hochverehrter Held – wir kennen den Wert der Freiheit sehr gut!« Begeisterter ist die Reaktion des andächtigen Schweizers links: »O! Du Wonne der Schweiz.« Skeptisch dagegen blickt der Spanier neben ihm auf das drohende Schwert, und der Italiener im Harlekinskostüm macht eine ratlose Geste, als wolle er sagen, da ließe sich nichts machen. Der fette Holländer mit der Tonpfeife hat sich vor Napoleons Stiefel niedergeworfen. Bei dem Rechten mit dem Zweispitz könnte es sich um einen Vertreter der Hannoveraner handeln, die Anfang Juni 1803, als diese Karikatur entstand, vor dem Franzosen kapitulierten.[1]

Die *Freiheit auf dem Kontinent* ist nur so viel wert wie Luft; sie trägt die Merkmale von Gefangenschaft und Unterwürfigkeit. Napoleon als Befreier der Menschheit, als der er sich sieht, wird zum säbelschwingenden Sklaventreiber. Das Jahr 1803 ist der offizielle Beginn des Krieges zwischen England und Frankreich. Im Mai erklärt Georg III. als Antwort auf die französischen Invasionspläne Napoleon den Krieg. Es entstehen zahlreiche Karikaturen, die die Franzosen und ihren kleinen Herrscher – noch ist er Konsul – verhöhnen und die Unterwürfigkeit der europäischen Fürsten verspotten.

Das Aquarell Woodwards ist weitgehend in Grau gehalten, nur das Inkarnat ist angedeutet und die blaue Uniform Napoleons. Die vielfarbig kolorierte Radierung dürfte nicht von Woodward selbst stammen. Gewöhnlich wurden seine Entwürfe von anderen Karikaturisten, darunter so bekannte wie Isaac Cruikshank und Thomas Rowlandson, ausgeführt.[2] Woodward selbst tritt, wie auch auf dieser Radierung, die nicht einmal mehr seinen Namen enthält, sondern nur noch den des Verlegers Holland, in den Hintergrund. J.D.

1 Zur Tradition des Bildmotivs sei auf einen Kupferstich nach Maerten van Heemskerck von 1556 verwiesen, auf dem der thronende Karl V. von seinen Feinden umgeben ist, die mit Seilen an den Reichsadler zu Füßen des Kaisers gefesselt sind; Kat. Münster 1976, S. 21f., Nr. 12. – Zum Motiv vgl. auch Kat. Göttingen 1980, Nr. 35. – Siehe auch Abb. 180.

2 George 1959, II, S. 264.

Lit.: Nicht bei Broadley, nicht in BM VIII.

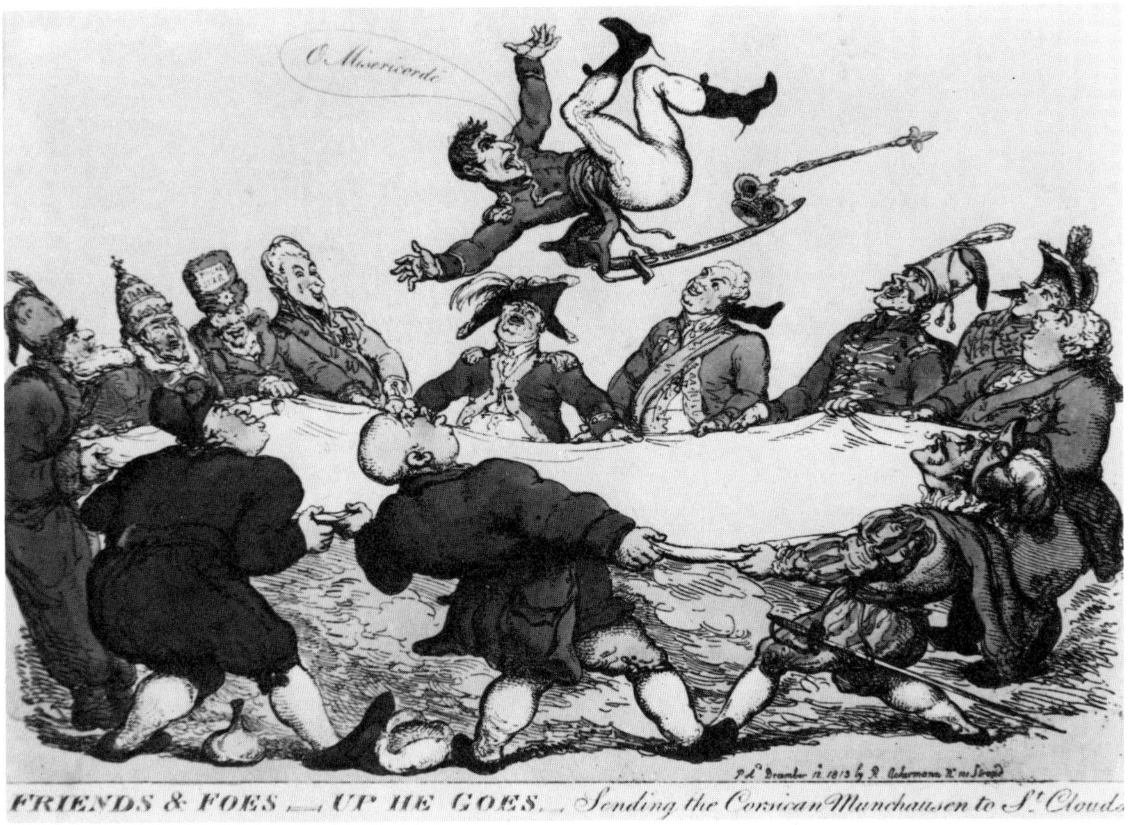

123
Thomas Rowlandson (1756–1827)
Friends & Foes – up he goes, 1813
Radierung, aquarelliert, 248 x 350, bezeichnet *Pubd. December 12.th 1813 by R. Ackermann No 101 Strand*
Privatbesitz.

Napoleon, der »korsische Münchhausen«, wird von den Vertretern der von ihm zuvor unterjochten Nationen in die Luft geschnellt. Er jammert »Oh Misericorde«. Auf jeder Seite halten drei der Gegner Napoleons das Tuch, vorn John Bull zwischen dem Holländer und dem degenbewehrten Spanier, links der Papst zwischen einem Kosaken und dem Schweden (Polarstar – wird auch als Pole gedeutet), rechts der Hannoveraner zwischen einem preußischen Husaren und dem Württemberger (der König von Württemberg war der Schwiegersohn des Königs von England) und auf der Rückseite der Russe zwischen dem Österreicher und dem Engländer (wird gewöhnlich anders gedeutet).

Nach der Völkerschlacht von Leipzig vom 16.–19. Oktober 1813 hatte sich Napoleon nach Frankreich zurückziehen müssen. Auch die Spanier hatten sich gegen die französische Herrschaft erhoben. Napoleons Kaiserreich drohte zusammenzubrechen; doch so hilflos, wie es dieses Bild glauben machen will, war Napoleon noch nicht.

Das Prellen ist ein alter Brauch.[1] Im Mittelalter war es eine grausame Strafe. Das Prellen von Füchsen gehörte zu den uns heute abgeschmackt erscheinenden Vergnügungen der Jäger. Bei einzelnen Gewerben wurden die Lehrlinge bei der Taufe zum Gesellen geprellt. Das Prellen von Puppen war weitverbreitet. Das Brauchtum ist dargestellt in einem Fuchsprellen der Folge *Curiöse Jägereien*, Augsburg (?), um 1730 (Abb. 105) und in einem Teppichkarton Goyas von 1791 (Frauen prellen eine Mannspuppe).

Im letzten Drittel des 18. Jahrhunderts griffen die Karikaturisten das Motiv auf, um zu zeigen, der Geprellte sei einer, der, aller Macht beraubt, zum Spielball seiner Gegner geworden sei. Mehr als ein halbes Jahrhundert lang hat man den Vorgang in dieser Weise ausgedeutet. Ein frühes Beispiel ist Rambergs *Himmelfahrt eines holländischen Patrioten* von 1787 (Abb. 106).[2] M.H.

1 Vgl. Bächthold-Stäubli, Stichwort »Prellen«.
2 Forster-Hahn 1963, Kat. Nr. 17. Vgl. auch Kat. Göttingen 1980, Nr. 79.

Lit.: Grego 1880, Bd. II, S. 202f.; BM IX, Nr. 12117.

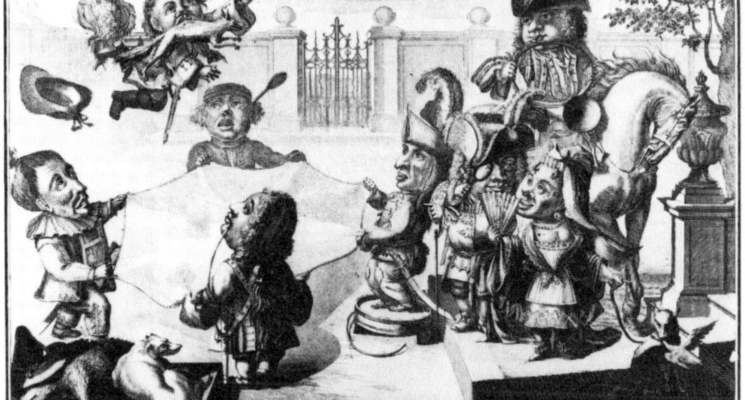

Abb. 105 *Das Fuchsprellen*, um 1730

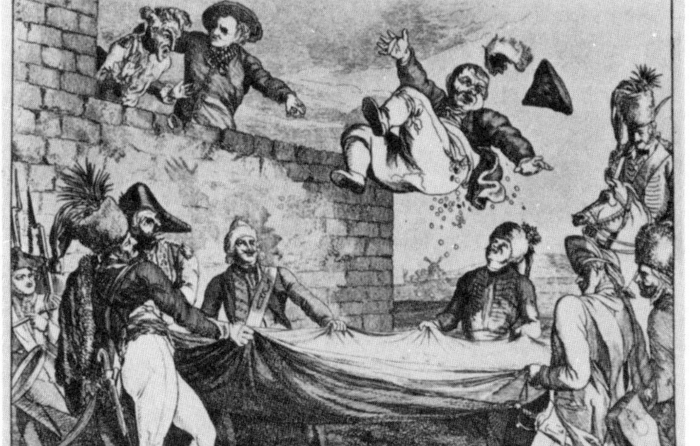

Abb. 106 Johann Heinrich Ramberg, *Himmelfahrt eines holländischen Patrioten*, 1787

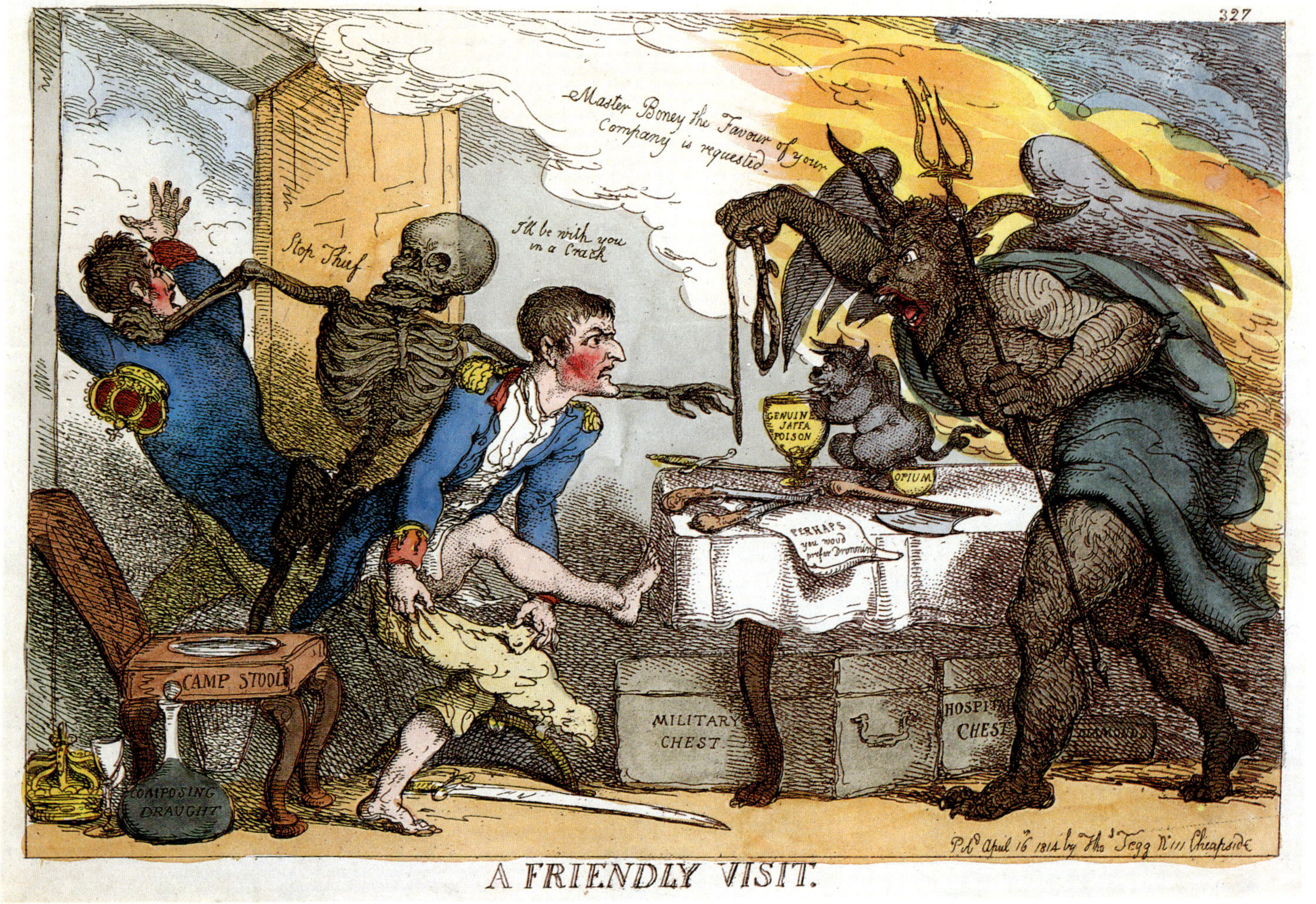

124

Thomas Rowlandson (1756–1827)

A Friendly Visit, 1814

Radierung, aquarelliert, 248 x 349, bezeichnet *Pubd. April 16.1814 by Thos Tegg No 111 Cheapside,* rechts oben die Nummer *327* (Tegg pflegte seine Blätter durchzunumerieren) Privatbesitz.

Napoleon, auf dem Nachtstuhl überrascht, ist aufgesprungen und sucht sich die Hose anzuziehen. Von einem Flammenstoß begleitet, stürzt der Teufel herein und hält ihm einen Strick hin, auch das Gerippe greift, von der anderen Seite kommend, nach der Schlinge, während es mit der anderen Hand Napoleons Bruder Joseph packt, der versucht, durch die Tür zu entfliehen und dabei seine Krone verliert.

Die Karikatur entstand während der dramatischen Tage nach der Abdankung Napoleons. Nach dem mißlungenen Versuch, das Reich für seinen Sohn, den König von Rom, zu retten, hatte Napoleon versucht, sich zu vergiften. Am 13. April unterwarf er sich jedoch in Fontainebleau, wo er sich mit seinem Bruder Joseph aufhielt, dann doch den Bedingungen der Sieger. Auf den Selbstmordversuch Napoleons spielt das Blatt an. Auf dem Tisch hockt ein Teufelchen, hinter sich eine Schale mit Opium und vor sich einen Pokal mit der Aufschrift »Genuine Jaffa Poison«. Man hatte Napoleon unterstellt, er habe bei seinem Rückzug aus Ägypten in Jaffa die zurückbleibenden Soldaten vergiftet. In Wahrheit waren sie einer Seuche erlegen. Auf dem Tisch liegen noch, den Selbstmord empfehlend, ein Dolch, zwei Pistolen und ein Beil, aber auch ein Zettel mit der Aufschrift »Vielleicht ziehst du es vor, das Leben einer Drohne zu führen«. Joseph Napoleon, dem von Wellington vertriebenen König von Spanien, wurde allenthalben unterstellt, er habe sich an den Schätzen der spanischen Kirchen bereichert, daher das »Halt, du Dieb«.

Unter dem Eindruck des Totentanzes von Hans Holbein hatte sich Rowlandson 1814 bis 1816 mit dem Totentanzthema beschäftigt. Insbesondere hat ihn offenbar das aggressiv zupakkende Auftreten der Holbeinschen Gerippe fasziniert. Am 1. April 1814, also gut 14 Tage vor Erscheinen von *A Friendly Visit,* waren die ersten Blätter von *The English Dance of Death* herausgekommen. Unser Blatt entstand also gleichzeitig mit den ersten Darstellungen der schließlich auf 74 Blatt anwachsenden Serie, wurde jedoch wegen der sich überstürzenden Ereignisse der folgenden Tage, des Abschieds Napoleons von seinen Getreuen, der Abfahrt des entthronten Kaisers nach Elba und der Landung auf Elba, kaum beachtet. M. H.

Lit.: Nicht bei Grego 1880; nicht im BM. – Broadley II, S. 313, Nr. 372.

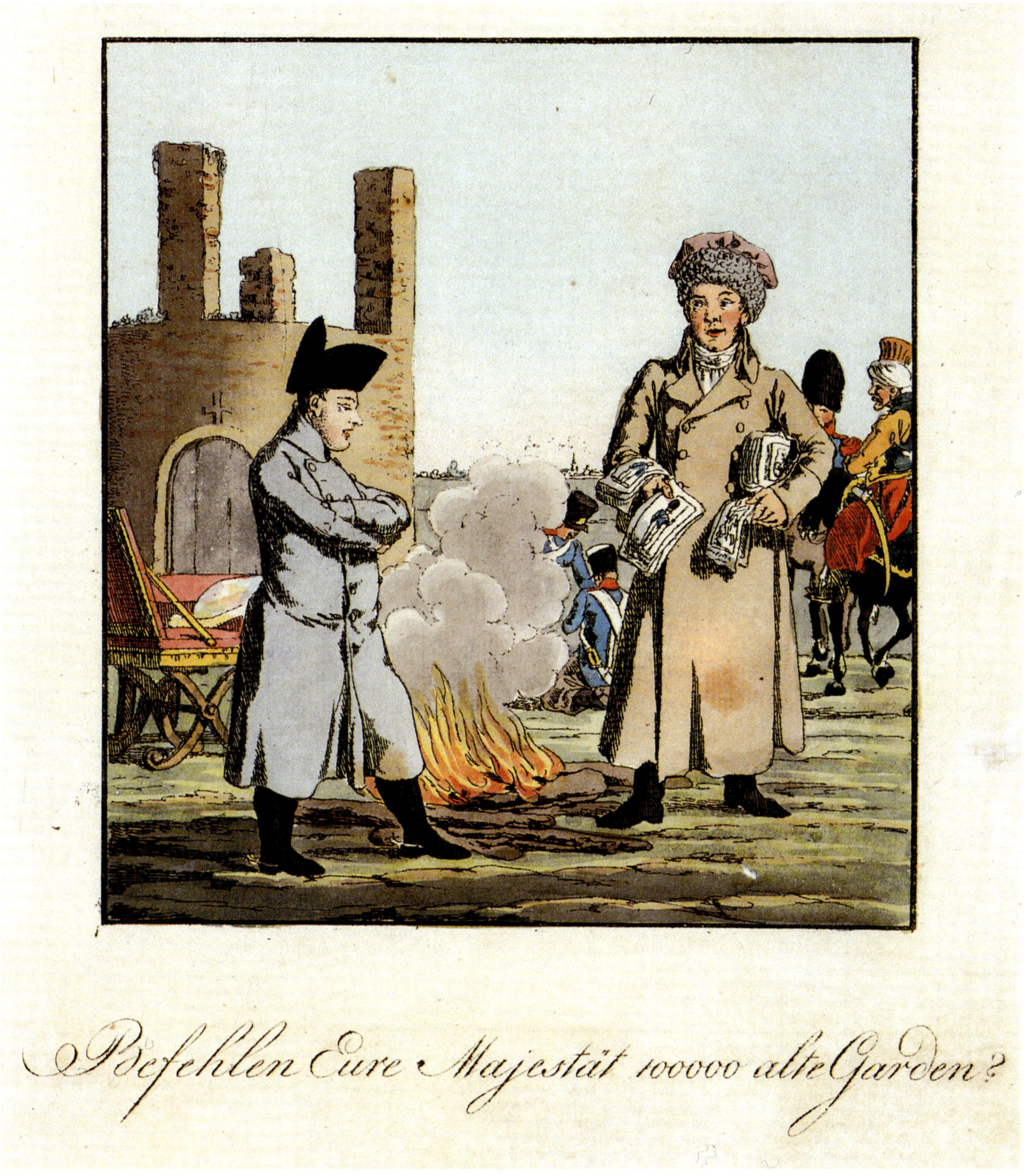

125
C.G.H. Geißler (1770–1844)
Befehlen Eure Majestät 100000 alte Garden?, 1813
Kolorierte Radierung, 227 x 183, unbezeichnet. Privatbesitz Berlin.

Als Napoleon am Vorabend der Völkerschlacht bei Leipzig sein Quartier nahe bei dem alten, vor der Stadt gelegenen Galgen aufschlug, maßen viele Augenzeugen dieser Tatsache symbolische Bedeutung bei. Geißler rückt auf seinem *Bilderhändler* die steinerne Ruine groß ins Bild und plaziert den kleinen Kaiser direkt davor.[1] In typischer Haltung nach rechts gewandt, nimmt dieser das hämische Angebot zur Kenntnis, als Ersatz für seine gefallenen Truppen doch kleine Soldatenbilder anzunehmen, wie sie auf uniformkundlichen Blättern und auf Ausschneidebögen für Kinder üblich waren. Bei dem verkaufstüchtigen Händler handelt es sich um ein Selbstporträt Geißlers, der hier dem Kaiser mit russischer Lammfellmütze entgegentritt.[2] J.D.

1 Der Titel bei Schulze 1916, S. IV. Ebd. auch der Hinweis auf den Leipziger Galgen, den »Rabenstein«, der mehrfach auf Karikaturen auf den Verlierer der Völkerschlacht erscheint. Dazu auch Wustmann 1912, S. 88f. Wie exakt die Szenerie getroffen ist, zeigt ein Vergleich mit einer zeitgenössischen Illustration des *Biwaks am Galgen:* Lagerfeuer und tragbarer Lehnstuhl befinden sich in unmittelbarer Nähe des Galgens; Abb. in: Julius von Pflugk-Harttung (Hg.), *Das Erwachen der Völker,* Berlin 1901, S. 306.
2 Wustmann 1912, S. 89.

Lit.: Wustmann 1912, S. 88f., mit Abb.; Schulze 1916, Tafel 4.

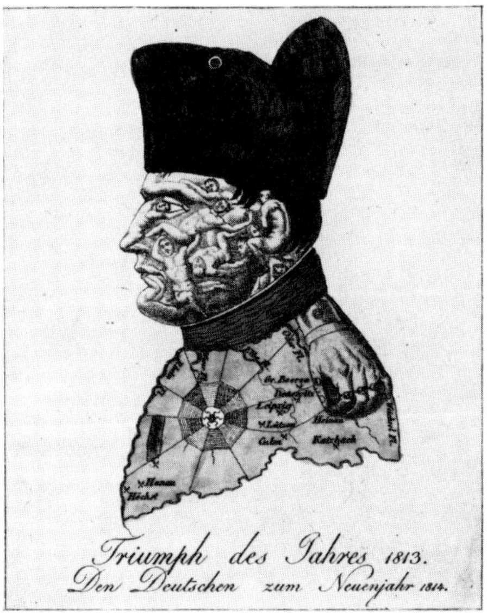

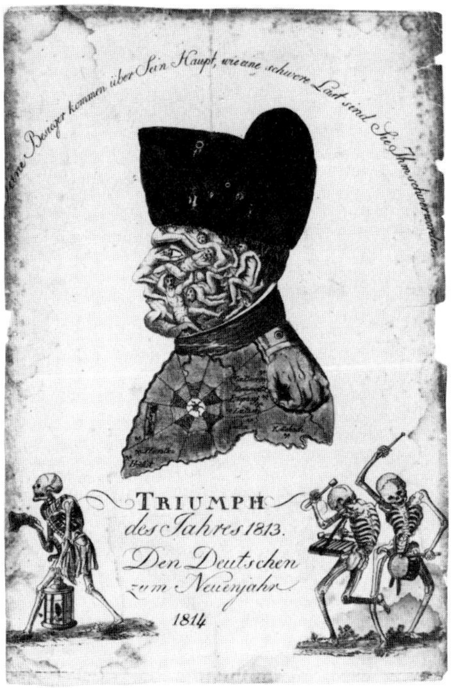

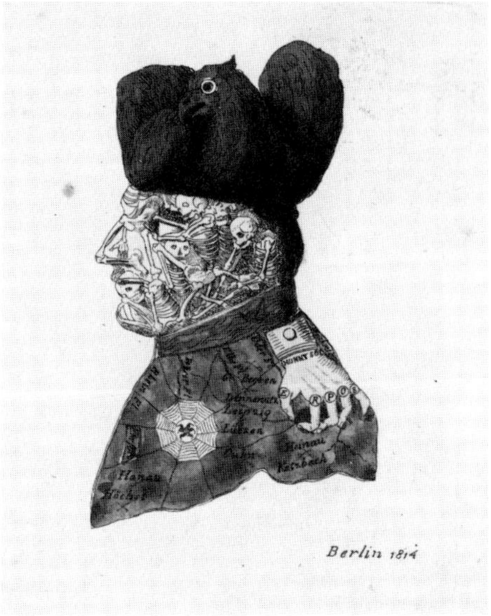

126

Nach Johann Michael Voltz (1784–1858)

Napoleon, 1813/14

Drei kolorierte Radierungen, 110 x 91, 158 x 128 (mit Gebeinen), bezeichnet *Berlin 1814*, 168 x 106 (mit musizierenden Skeletten)
Germanisches Nationalmuseum, Nürnberg.

Ausgestellt sind drei Varianten eines satirischen Napoleonporträts, das in den Monaten nach der Leipziger Völkerschlacht (16.–19.10.1813) außerordentlich verbreitet war. Ausgaben aus neun europäischen Ländern sind bekannt.[1] Ein Brustbild nach links; die Profillinie des Gesichts ist naturalistisch gegeben, auch Zweispitz und Uniformrock stimmen grundsätzlich mit der äußeren Erscheinung Napoleons überein, wie das repräsentative Vorbild der Gruppe belegen mag, ein in mehreren Reproduktionen verbreitetes Gemälde H.A. Dählings aus dem Jahr 1806 (Abb. 104).[2] Geändert ist jeweils die Binnenzeichnung. Der Zweispitz wandelt sich zum preußischen Adler; das Gesicht ist aus Leichen oder Skeletten napoleonischer Opfer zusammengefügt, der Kragen zum Blutstrom ausgebildet, der Uniformrock zu einer stilisierten Karte des Rheinbundes, darüber – statt des Ordens der Ehrenlegion – das Spinnennetz[3], das die napoleonische Besetzung Deutschlands verbildlicht und das von der Hand Gottes, aus einer Epaulette geformt, zerrissen wird. Das genaue Urbild der umfangreichen Gruppe ist die Johann Michael Voltz (1784–1858) zugeschriebene *Wahre Abbildung des Eroberers* (Abb. 107), die mit einem erläuternden Text versehen ist.[4] Den deutschen Nachahmungen scheint die Erläuterung auf gesondertem Textblatt beigegeben gewesen zu sein.[5]

Durch die Verbindung zweier formaler Kunstgriffe gelang es Voltz, mehrere Aussagen in einer Porträtkarikatur zu konzentrieren. Mittels der Metamorphose wandelte er die Teile der vorgegebenen Kleidung – Zweispitz, Rock, Orden, Epaulette – zu aussagestarken Zeichen. Für das Antlitz nutzte er das durch den Prager Hofmaler Giuseppe Arcimboldi (1527–1593) entwickelte Verfahren der Arcimboldeske, nämlich Figuren und Köpfe aus sprechenden Attributen aufzubauen; Tobias Stimmers Papstbild von 1577, ganz aus kirchlichen Gegenständen gefügt (Abb. 108), ist die wohl erste satirische Arcimboldeske.[6]

Die einzelnen Ausgaben des Napoleonkopfes unterscheiden sich nur geringfügig voneinander. Als Ausnahme kann das ausgestellte Blatt gelten, auf dem das Totentanzmotiv zweier fröhlich musizierender Skelette hinzugefügt ist sowie ein drittes, die Ausruferglocke und Napoleons verlöschendes Lebenslicht in den Knochenhänden. Der den Kopf im Halbrund überfangende Text ist ein leicht abgewandeltes Bibelzitat (Psalm 38, 5). G.U.

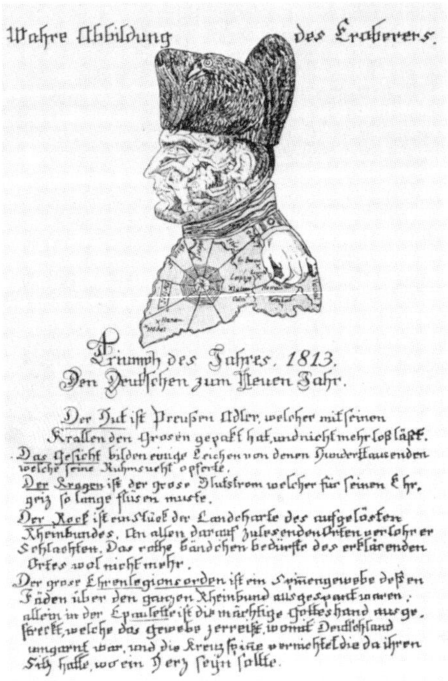

Abb. 107 Johann Michael Voltz, *Wahre Abbildung des Eroberers*, 1813/14

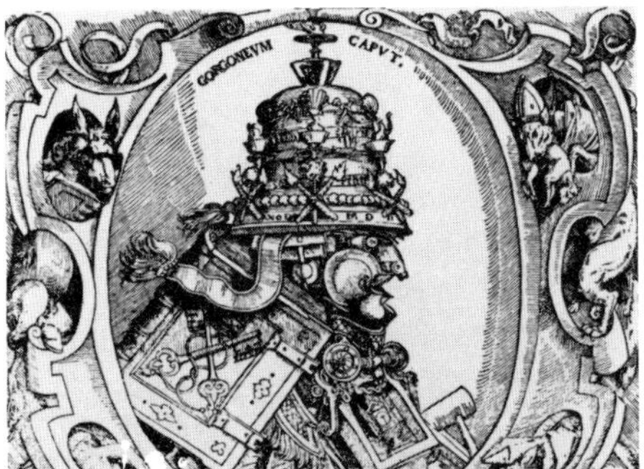

Abb. 108 Tobias Stimmer, *Der gorgonische Medusenkopf*, 1577

1 Broadley II verzeichnet – noch unvollständig – 26 Varianten aus England, Frankreich, Deutschland, Italien, Spanien, Portugal, Rußland, den Niederlanden und Schweden (vgl. S. 393, Nr. 121–123 sowie die Verweise in Anm. 5).
2 Vgl. dazu Broadley II, S. 242f.
3 Zum Motiv der Spinne vgl. Kap. 3.3.
4 Zu Voltz: Hagen 1863, Nr. 409; Broadley II, S. 243ff.; Schulze 1916, Nr. 27.
5 Zu den Textvarianten und -neufassungen der ausländischen Ausgaben vgl. ausführlich Broadley II, S. 245ff.
6 Zu Arcimboldi: B. Geiger, *I dipinti ghiribizzose di Giuseppe Arcimboldi*, Florenz 1954. Zum Nachleben und zu Stimmers Holzschnitt: Warncke 1979, S. 76f. mit Anm. 371/72.

Lit.: BM 12177; Hagen 1863, Nr. 409; Broadley II, S. 242ff.; Schulze 1916, Nr. 27; George 1959, Bd. 1, S. 6f., Bd. 2, S. 147f.; Unverfehrt 1982, S. 142, Anm. 22 (mit weiteren Beispielen der satirischen Arcimboldeske).

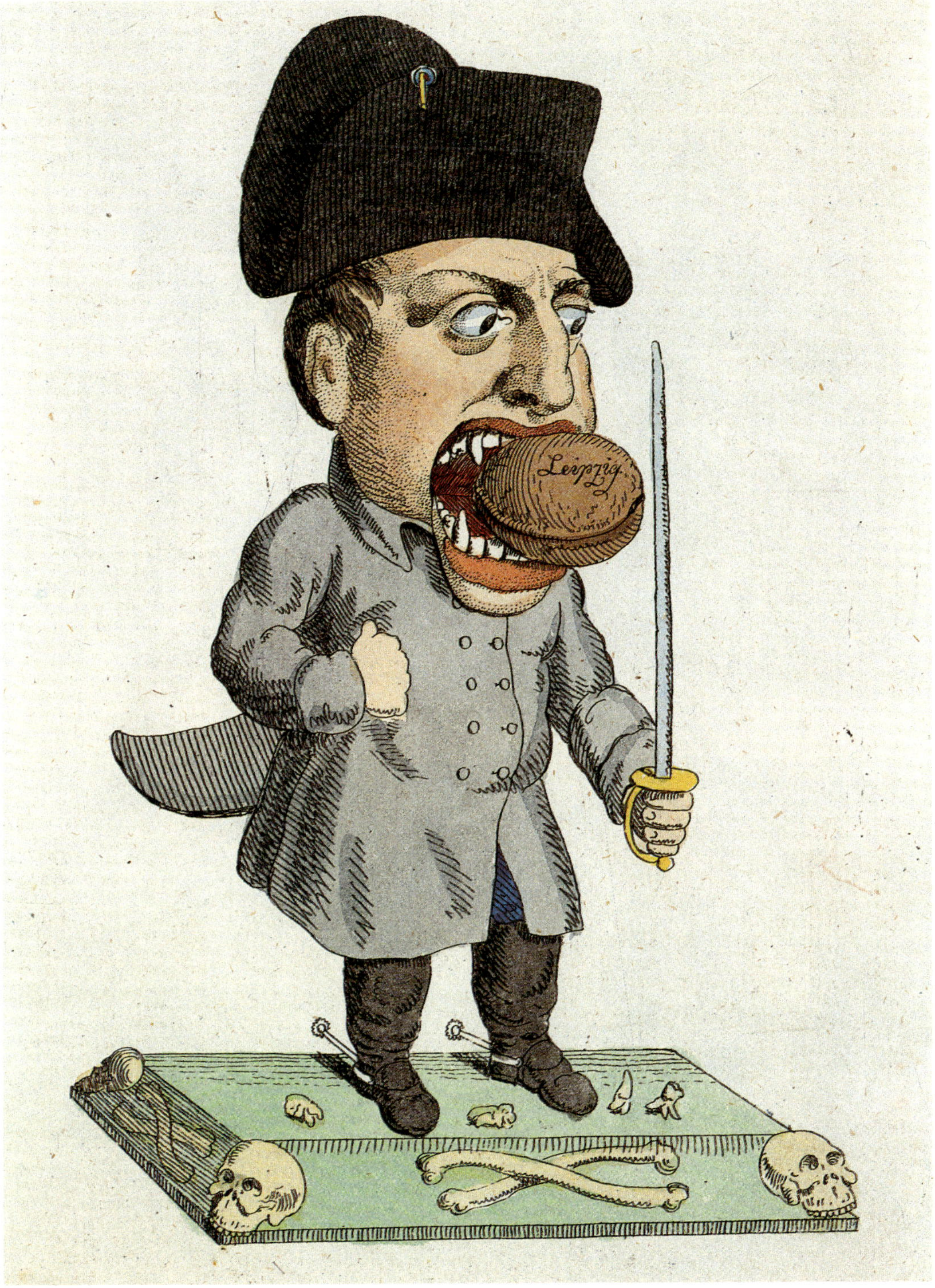

127
Leipzig (?), 1813
Der Pariser Nußknacker
Kolorierte Radierung, 231 x 183, unbezeichnet. Privatbesitz Berlin.

»Leipzig war die erste Nuß, die zu knacken die Kraft Napoleons versagte.«[1] Der Franzose steht da als Nußknacker mit zu großem Kopf und entsetztem Blick. In dem weit aufgerissenen Mund mit mechanisch herabgeklapptem Unterkiefer steckt die zu harte Nuß ›Leipzig‹. Mehrere der enormen Zähne hat er sich bereits ausgebissen. Die steife Körperhaltung mit dem erhobenen Degen und auch die Proportionen imitieren die noch heute bekannten, volkstümlich holzgeschnitzten Nußknacker. Der Handgriff zum Knacken schaut links hervor. Die Standfläche stellt mit den Totenschädeln und den gekreuzten Knochen eine Grabplatte dar und versetzt den darauf Stehenden in das Reich des Todes.

Der unbekannte Künstler[2] legte offensichtlich auf physiognomische Ähnlichkeit keinen Wert, vielmehr kam es ihm auf ein wutverzerrtes Gesicht an, das durch den grünen Uniformrock und den Zweispitz mit Napoleon zu identifizieren ist.

Der Vergleich des Kaisers mit einem Nußknacker trifft doppelt: Zum einen wird Napoleon zur bloßen Puppe, zu einem Kinderspielzeug. Hinzu kommt, daß die Figur des Nußknackers in ihrer hölzernen Plumpheit und soldatischen Kostümierung bereits an sich eine Karikatur auf das Militär darstellte. – 1830 wurde Karl X. als Nußknacker dargestellt, der die ›Charte‹ – die französische Verfassung – als Nuß zu knacken versucht.[3] J.D.

1 Fuchs I, S. 184.
2 Schulze 1916, S. IV. Telsnig-Langer 1980, S. 18, hält es für möglich, daß der *Nußknacker* von E.T.A. Hoffmann stammt. Sie verweist auf die Strichführung der Originalzeichnung im Museum für Geschichte der Stadt Leipzig.
3 Grand-Carteret 1888, Abb. 101. – Von Bruno Paul stammt ein Nußknacker, der den preußischen Militarismus verkörpert; *Simplicissimus* Nr. 52, 5. Jg. 1900, S. 413. – In jüngster Zeit nahm A. Paul Weber das Motiv wieder auf und ließ 1972 Willy Brandt an der harten Nuß der Ostpolitik sich die Zähne ausbeißen (Reinhardt 1980, S. 18, 123).

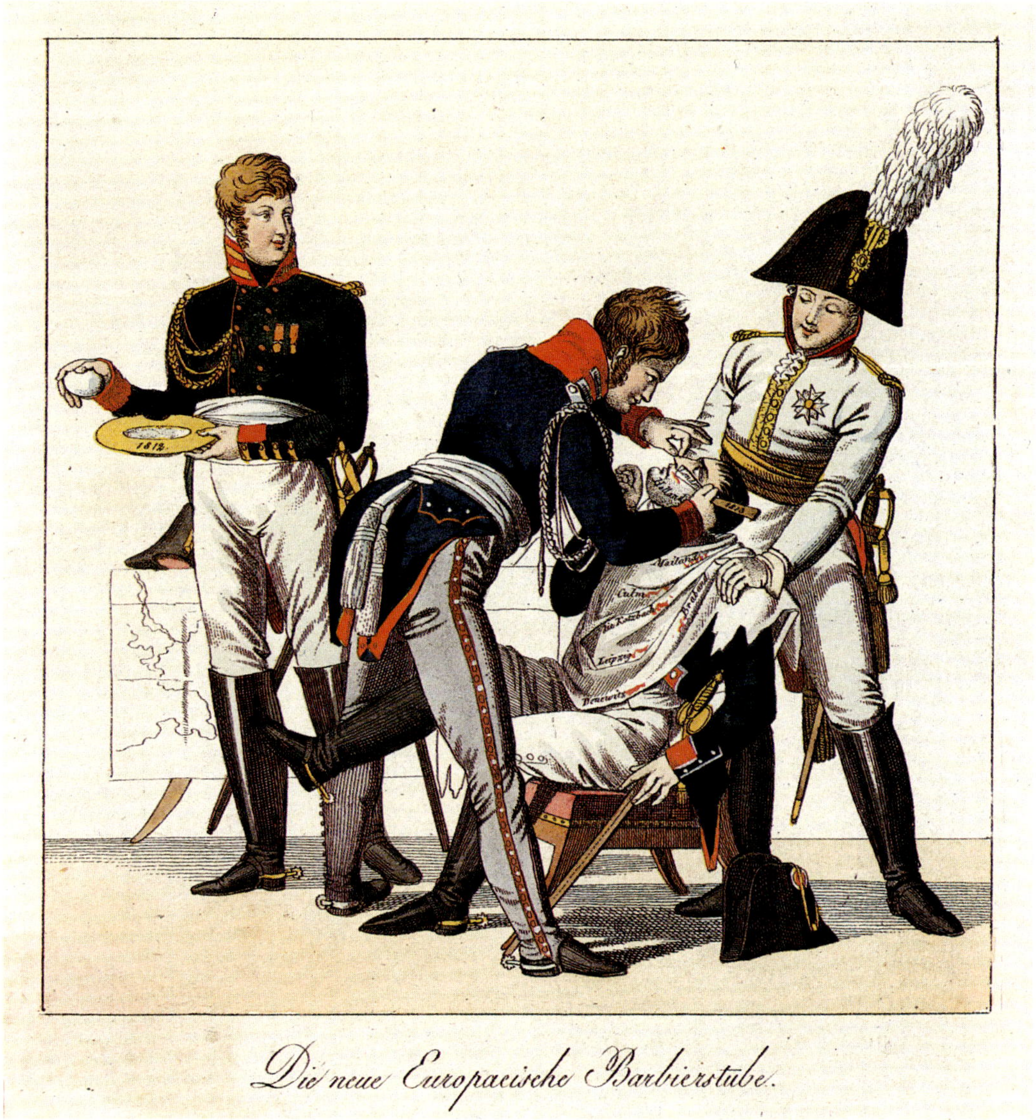

128

Johann Michael Voltz (1784–1858)

Die neue Europaeische Barbierstube, 1813

Kolorierte Radierung, 212 x 188, unbezeichnet. Privatbesitz Berlin.

In einem Brief vom Dezember 1813 fragt der Berliner Polizeipräsident Lecoq den Minister des Auswärtigen Goltz, inwieweit politische Karikaturen zu zensieren seien, da zur Zeit jede Unterstützung der patriotischen Volkserhebung, selbst durch Karikaturen, nicht unterdrückt werden dürfe. »Ich habe mich daher bisher darauf beschränkt, nicht bloss allen Anstoss gegen Sitten und sittliche Würde mit Aufmerksamkeit zu verhüten, sondern was namentlich die Rücksicht gegen selbst feindliche Souveraine betrifft, auch jede Beziehung durch Attribute als durchaus unzulässig anzunehmen. Dass Darstellungen der geheiligten Personen der hohen alliierten Souveraine auf solchen Kupferstichen sträflicherweise versucht und hier debitiert worden, ist nicht zu meiner Kenntnis gelangt. Nur von einem dergleichen Stücke: *Die europäische Barbierstube* bezeichnet und 3 Figuren in Officiersuniform ohne weitere Bezeichnung weder im Grade noch in irgend einer persönlichen Ähnlichkeit vorstellend, brachte ich in Erfahrung, dass man im Publicum die allerhöchsten Personen der verbündeten Monarchen selbst darunter zu verstehen glaube. Diese blosse Vermutung war mir indessen genug, um sogleich bei Vernehmung derselben die Verfügung zu erlassen, dass alle vorrätig befundenen Exemplare derselben bei sämtlichen Unternehmern des Debits sofort in Beschlag genommen und unverzüglich *verbrannt* werden.«

Lecoq fügt eine kurze Beschreibung der *neuen europäischen Barbierstube* bei: »Auf einem Stuhle sitzt Napoleon, eingeseift, auf der weissen Serviette liest man die mit Blut betupften Namen Culm, Katzbach, Leipzig, Dennewitz. Friedrich Wilhelm [von Preußen] rasiert – auf dem Messer steht 1813 – das auf den eingeseiften Backen stehende Wort Holland fort, indem er Napoleon an der Nasenspitze festhält. Alexander [von Rußland] rührt das Schaumbecken, auf dessen Rande 1812 steht. Franz [von Österreich] hält Napoleon von hinten auf dem Sitze fest.«[1]

Der Brief ist in mehrfacher Hinsicht aufschlußreich. Er beleuchtet nicht nur die Praxis der Zensur, sondern gibt auch das Kriterium für den staatlichen Eingriff an: Die Monarchen dürfen in keiner Weise respektlos in die Handlung einbezogen werden.[2] Ob in dem Verweis auf »selbst feindliche Souveraine« auch Napoleon eingeschlossen ist, darf bezweifelt werden. Obwohl Lecoq in der *europäischen Barbierstube* keine Ähnlichkeit mit den Herrschern feststellen kann, reicht ihm der Hinweis, daß das Publikum diese mit den Offizieren identifiziert, um alle zumindest in Berlin erreichbaren Exemplare verbrennen zu lassen. Dies erklärt, warum die meisten deutschen Karikaturen aus der Zeit der Befreiungskriege einfache Soldaten in ihren nationalen Uniformen als Personifikationen einsetzen und nicht die Herrscher selbst handeln lassen, wie es die Engländer tun (vgl. dazu auch Kat. 158 und Abb. 144). Selbst »jede Beziehung durch Attribute« auf die Herrscher ist »durchaus unzulässig«.

Die Radierung von Voltz geht wahrscheinlich auf ein direkt nach der Völkerschlacht im Oktober 1813 von Geißler veröffentlichtes Blatt zurück.[3] Dort seifen – für die Zensur unbedenklich – einfache Soldaten den Kaiser ein. Das Thema der Barbierstube ist vor allem in der englischen Karikatur beliebt und gibt Stoff für zahlreiche Genreszenen (vgl. Kat. 22). Napoleon wird mehrfach, auch in der englischen und französischen Karikatur, ›eingeseift‹.[4] J.D.

1 Zit. nach Czygan 1909, S. 255.
2 Ein ähnlicher Sachverhalt ist auch in der französischen Julimonarchie nach 1830 zu beobachten; vgl. Kat. Göttingen 1980, S. 32ff.
3 Schulze 1916, Abb. 18 mit Kommentar.
4 Vgl. Broadley II, S. 74, 124; Grand-Carteret 1899, S. 6; George 1959, II, S. 95.

Lit.: Hagen 1863, Nr. 404; Broadley II, S. 124, S. 390, Nr. 92

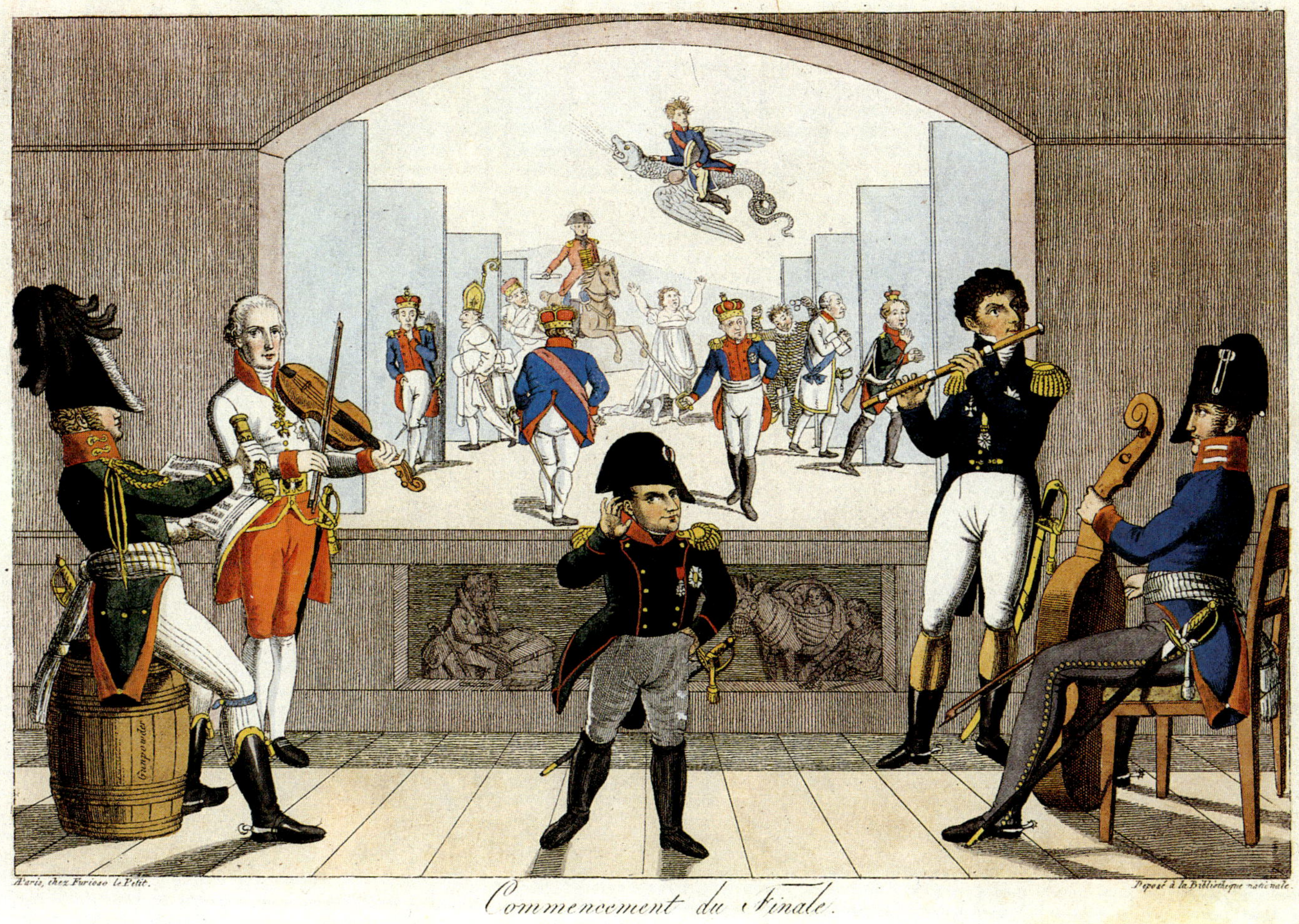

129

Johann Michael Voltz nach Gottfried Schadow (1764–1850)

Commencement du Finale, 1813/14

Kolorierte Radierung, 218 x 310, bezeichnet *A Paris chez Furioso le Petit / Deposé à la Bibliotheque nationale*
Privatbesitz Berlin.

»Der Kaiser Alexander schlägt den Tact mit der Kanone,
Und Friedrich Wilhelm streicht den Bass auf seinem ehrnen Throne,
Der Kaiser Franz und Carl Johann die spielen Geig' und Flöte;
Als das Quartett mit Kraft begann, da sprang die grüne Kröte.
Seht wie der Schalk die Löffel hält, das will ihm nicht gefallen;
Du weltberühmter großer Held, so gehts den Dieben allen!«

Als Schadow um die Jahreswende 1813/14 dieses *Leipziger Konzert* entwirft,[1] wird er von vornherein die Notwendigkeit gespürt haben, der figuren- und anspielungsreichen Komposition Erläuterungen beizugeben. Die zitierten Verse stammen aus einem längeren Gedicht, das sich auf einem Beiblatt der hier ausgestellten Kopie von Voltz befindet.

Der Titel *Commencement du Finale* paraphrasiert einen Ausspruch Talleyrands, der bei der ersten Nachricht von der Leipziger Schlacht gesagt haben soll: »Ha! c'est le commencement de la fin.« (Das ist der Anfang vom Ende.)[2] Die Völkerschlacht wird mit einem Bühnenstück verglichen, in dem das Orchester – bestehend aus dem Zaren, dem Kaiser von Österreich und den Königen von Preußen und Schweden – Napoleon einheizt und die Bühne von dessen ehemaligen Verbündeten, den Rheinbundfürsten, verlassen wird. Es würde hier zu weit führen, auf alle Personen einzugehen; statt dessen sei ein Brief Schadows zitiert, in dem er knapp die wichtigsten Informationen gibt: »Commencement du finale. Soll wohl den Koncert der vier Fürsten gegen Napoleon und das Theater den Abfall der Rheinbundfürsten andeuten: sie ziehn sich hinter die Kulissen: Redensart. Einer droht, hat den Degen gezogen und streicht mit der Hand unters Kinn, italienische Gebärde: von mir hast du nichts zu hoffen – kann der H. von Bayern sein; der den Rockschoß aufhebt: H. von Württemberg. Der mit der Jagdflinte Fürst von Dessau, den mit dem Gebetbuche errät man [Friedrich August von Sachsen] – übrigens muß man hinter dem *arlechino* nicht viel suchen. Der Künstler hat geglaubt, ein Puppenspiel müsse ihn haben, und das Brillenabnehmen ist hier der Übergang vom Künstlichsehen zum Natürlichsehen. Der fliegende Drache soll nicht mehr und nicht minder heißen als: *le diable m'emporte* [König Jérôme von Westfalen]. Zwei Marionetten, die sich zurückziehen, haben schlechterdings keine bestimmten Personen gemeint sein sollen.«[3]

Es gibt mehrere einander sehr ähnliche Kopien des *Leipziger Konzerts.* Von Schadow selbst stammt lediglich eine Umrißradierung, die sein Berliner Verleger Weiß später mit Aquatinta aufwerten läßt.[4] Die sorgfältigste Kopie ist die hier ausgestellte von Voltz, der die Aquatinta-Schattierungen durch feine Schraffuren ersetzt.[5] Der fiktive Druckvermerk »A Paris chez Furioso le Petit« soll vor der Zensur schützen und den ›wütenden Kleinen‹ – Napoleon – zusätzlich verspotten.[6]

J.D.

1 Das Entstehungsdatum und auch der andere Titel bei Kaiser 1955, S. 15. – Abdrucke des erläuternden Gedichts bei Schulze 1916, Mackowsky 1936, Kaiser 1955.
2 Schulze 1916, S. VI; dazu Broadley II, S. 117.
3 Aus einem Brief an den Archäologen Böttiger; zit. nach Schulze 1916, S. VI. – Die ausführlichste Erläuterung des Blattes findet sich in BM IX, Nr. 12549.
4 Umrißradierung und Aquatinta abgebildet bei Mackowsky 1936, Tafel 50; Farbabbildung Bracker 1982, Titelbild.
5 Hagen 1863, Nr. 413. Weitere Kopien: Schulze 1916, Farbtafel 7, mit dem offensichtlich nicht von Schadow stammenden Titel *Es geht zum Ende;* Kaiser 1955, Abb. 19.
6 Das Schadow-Original trägt den Druckvermerk *à Paris chez Jeronimo Furioso,* »als sei der aus Westfalen vertriebene Jérôme, seines Königreiches beraubt, unter die Verleger gegangen«, Mackowsky 1936, S. 40. – Das *Leipziger Konzert* wird, wie auch andere Napoleonkarikaturen Schadows, die Berliner Zensur bestimmt nicht passiert haben, zu offensichtlich sind die Anspielungen auf die verbündeten Herrscher; vgl. Kat. 128.

Lit.: Hagen 1863, Nr. 413; Mackowsky 1915, S. 57, 66; Schulze 1916, Farbtafel 7 mit Kommentar S. VI; Broadley II, S. 117, S. 385, Nr. 16; Mackowsky 1936, S. 39f., Tafel 50; Kaiser 1955, S. 15, Abb. 19.

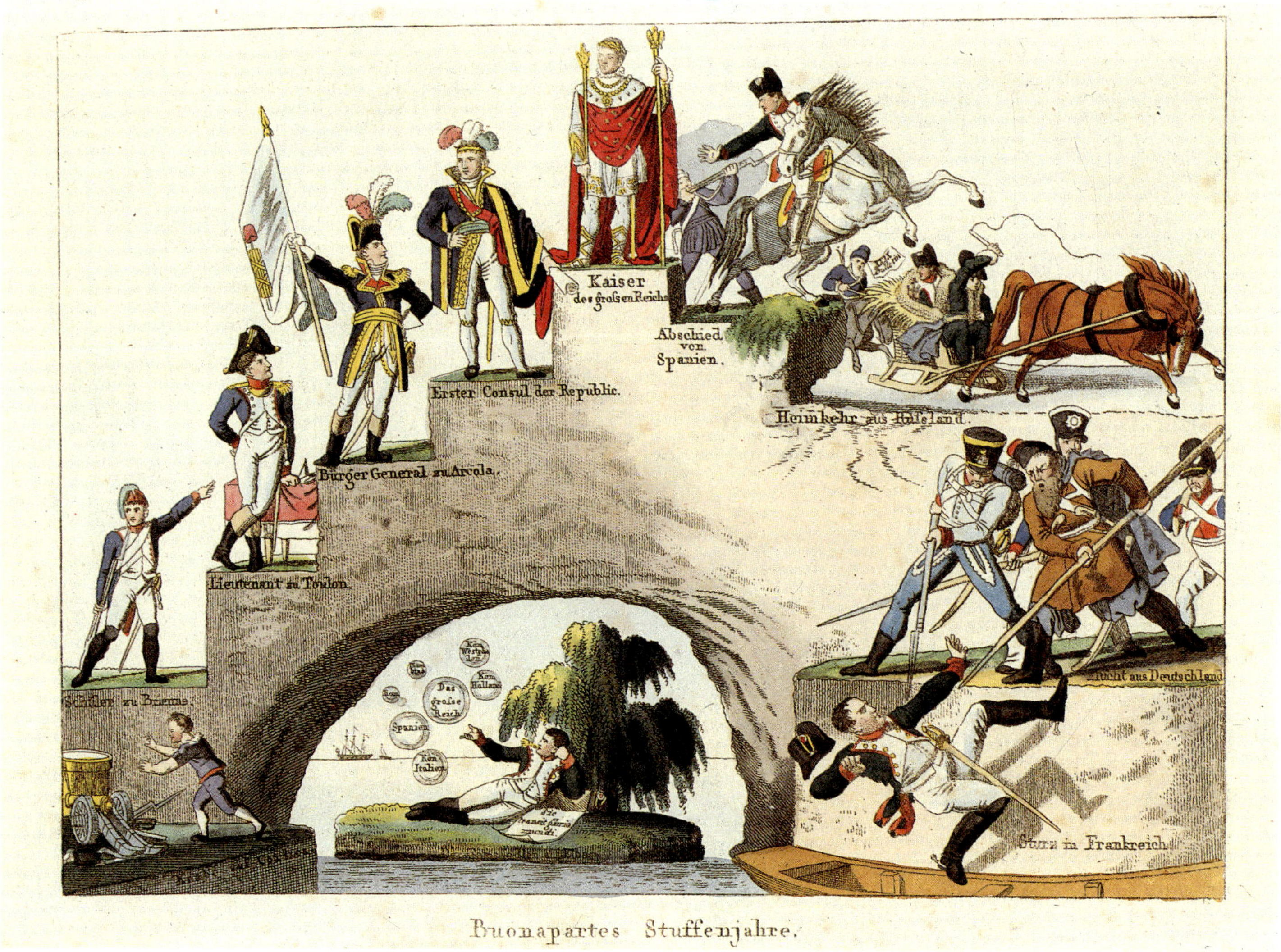

130

Johann Michael Voltz (1784–1858)

Buonapartes Stuffenjahre, 1814

Kolorierte Radierung, 224 x 322, unbezeichnet. Privatbesitz Berlin.

In der traditionellen Darstellung der Lebenstreppe ist der Werdegang Napoleons geschildert. Schon als »Knabe auf Korsika« begeistert ihn Kriegsspielzeug, dann dient er sich vom »Schüler in Brienne« und »Lieutenant in Toulon« zum »Bürger General zu Arcola« und »Ersten Consul der Republic« hoch. Auf dem Höhepunkt ist er im roten Krönungsgewand der »Kaiser des großen Reichs.«[1] Hier bricht die geregelte Abfolge der Stufen ab, und es folgt der rapide Niedergang in drei Stationen: Auf den »Abschied von Spanien« folgt die »Heimkehr aus Rußland« – Napoleon reiste 1812 inkognito in einem Bauernschlitten nach Frankreich zurück – und die »Flucht aus Deutschland«, ein Kosake, ein preußischer Husar und ein Österreicher stoßen ihn zum »Sturz in Frankreich« hinab. Er fällt in ein Boot, das ihn auf die kleine Insel Elba bringen wird. Dort hängt er seinen Träumen nach, die wie Seifenblasen zerplatzen.[2]

Die Lebenstreppe ist ein seit dem 16. Jahrhundert weit verbreitetes Motiv, das in moralischer Absicht den Werdegang des Menschen und seine Vergänglichkeit versinnbildlicht (vgl. Abb. 109).[3] Übertragen auf die napoleonischen Lebensstufen betont das Motiv die Unabänderlichkeit des Sturzes und die Vermessenheit des Franzosen, der sich für ewig auf der Höhe wähnte.[4]

J. D.

1 Die Pose entspricht offiziellen Porträts des Kaisers im Krönungsornat, wie sie u.a. von Gérard, Isabey, David, Lefèvre bekannt sind; vgl. Dayot 1895, S. 115ff. Auch der »Abschied von Spanien« könnte heroisierende Reiterporträts parodieren.

2 Mit diesem letzten Motiv zitiert Voltz sich selbst; vgl. Schulze 1916, Ab. 38; Hagen 1863, Nr. 415. Zu den ›Seifenblasen‹ siehe Kat. 75.

3 Vgl. Kat. Kleve 1983, mit zahlreichen Bespielen.

4 Es gibt mehrere Varianten der napoleonischen Lebenstreppe; Schulze 1916, Kommentar zu Abb. 38. Das bei Schulze abgebildete Exemplar scheint älter zu sein, da es nach dem »Lebewohl aus Deutschland« statt aktueller Ereignisse den Galgen und unten in der Mitte das Höllenfeuer folgen läßt. Siehe auch Dayot 1895, Abb. S. 359; Bracker 1982, S. 127; Wäscher 1955, Tafel 107f.

Lit.: Hagen 1863, S. 35, Nr. 316; Broadley II, S. 384, Nr. 14.

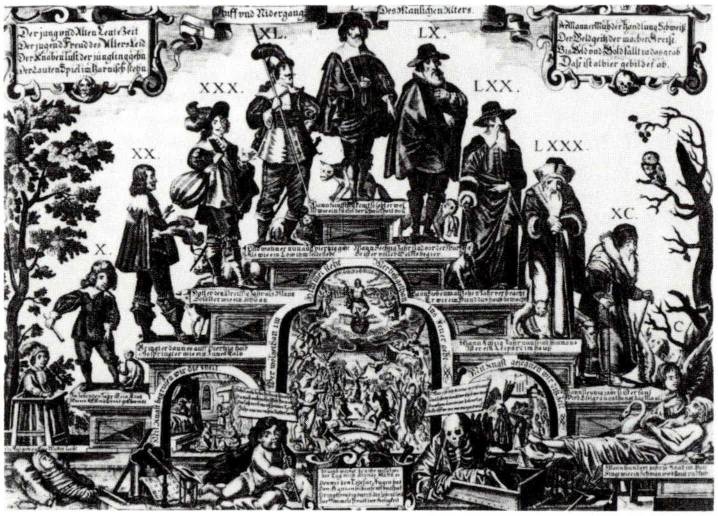

Abb. 109 *Auf- und Niedergang des männlichen Alters,* Köln (?), Mitte 17. Jahrhundert

131
Königsberg (?), 1815

Steckbrief hinter Nicolaus Bonaparte, genannt Napoleon

Kolorierte Radierung und Letternsatz, 327 x 207
Privatbesitz Berlin.

Der »an die teutsche Nation« gerichtete satirische *Steckbrief* erschien nach der Flucht Napoleons von Elba und der förmlichen Achterklärung, die die alliierten Herrscher Anfang 1815 über ihn aussprachen. Das Bild des Franzosen entspricht bis auf den in die Dreiviertelansicht gedrehten Körper dem Porträt Dählings (Abb. 104), auf das viele deutsche Napoleonkarikaturen zurückgreifen. Das »Signalement«, die Personenbeschreibung, groß in zwei Blöcken neben die Radierung gesetzt, ist lesenswert (»Das Gesicht ist rund, und alle Züge von Gerechtigkeit, Mitleid und Erbarmen rein hinweggeschwollen, und aufgedunsen . . .«). Es heißt weiter: »Wem nun das unaussprechliche Glück beschieden, diesen Auswurf der Menschheit (. . .) zu bekommen,« der würde einen Teil der Einnahmen beanspruchen können, die die öffentliche Schaustellung des gefangenen Kaisers einbringen würde.[1] Steckbriefe, mit dem Porträt des Dargestellten und einer Beschreibung seiner Verbrechen, gibt es seit dem 18. Jahrhundert.[2]

Der ›Tugendbund‹, dessen Präsident als Herausgeber auftritt, wurde als »sittlich-wissenschaftlicher« Verein 1808 in Königsberg zur Förderung karitativer und patriotischer Aufgaben gegründet. Doch bereits im nächsten Jahr löste der preußische König Friedrich Wilhelm III. den antifranzösisch gesonnenen ›Tugendbund‹ auf Wunsch Napoleons wieder auf. Während der Befreiungskriege wird er sich wieder formiert haben.[3]

Es gibt eine Berliner Kopie des *Steckbriefes* mit einem motivisch leicht veränderten Holzschnitt, der den Text übernimmt und einen längeren Absatz über Napoleons Schlachten und die zahllosen Gefallenen hinzufügt.[4] J.D.

1 Es gab mehrere Karikaturen, die Napoleon als wildes Tier gemeinsam mit anderen Bestien hinter Gittern zeigen; Broadley II, Abb. S. 129; Schulze 1916, Abb. 36; Grand-Carteret 1899, Abb. 103.
2 Vgl. z.B. Adhémar 1968, S. 95.
3 Stettiner, *Der Tugendbund*, Königsberg 1904.
4 Die Verlagsangabe der Kopie lautet: » Gedruckt und zu bekommen bei dem Buchdrucker Ernst Litfaß, Adlerstraße 6 in Berlin, 1815.« Abb. in Sebastian Haffner, *Preußen ohne Legende*, Gütersloh 1981, Abb. S. 271.

An die teutsche Nation.

Steckbrief hinter Nicolaus Bonaparte, genannt Napoleon, auch Père la violette, Prinz L'emballe ꝛc. ꝛc. von Teufels Gnaden.

Der genannte Delinquent, nachdem er in toller Verzweiflung aus seinem Gefängniß (der Insel Elba) entsprungen, ist von allen Europäischen Souverains für vogelfrei erklärt. Da nun an Habhaftwerdung dieses gefährlichen Menschen viel, sehr viel gelegen ist, so werden alle Civil- und Militairbehörden hiermit auf's dringendste ersucht, diesen Steckbrief nicht nur auf das beste zu verbreiten, sondern sich auch seiner Person zu bemächtigen zu suchen. Der erste Präsident setzt das Signalement nicht nur schriftlich, sondern auch bildlich hieher, um jeden braven teutschen Mann die Mittel zu erleichtern, diesen armen Sünder lebendig oder todt zu fangen, in welchem letztern Falle sein Kopf einbalsamirt, und herumreisenden Männern, die für Geld wilde Thiere sehen lassen, pachtweise übergeben werden soll; damit er, ein Gegenstand des Abscheues, als eine ewige Warnung für die Teutschen und abschreckendes Exempel für ähnliche Verbrechen dienen möge.

SIGNALEMENT:

Klein von Statur, untersetzt und von starken Knochenbau. Das Gesicht rund, und alle Züge von Gerechtigkeit, Mitleid und Erbarmen rein hinweggeschwollen, und aufgedunsten. Dagegen finster, stieres, blutverlangendes, kleines schwarzes und blitzendes Auge, gebogne Nase, höhnisch aufgeworfnen Mund, dickes

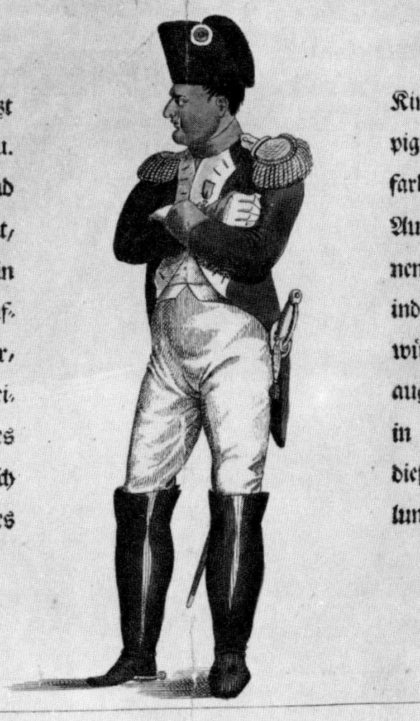

Kinn, schwarzes und struppigtes Haar. Die Gesichtsfarbe blasgrünlich - braun. Auch ist er besonders an seinen unstäten Wesen kennbar, indem er bald rast, tobt und wüthet, bald wieder eine augenblickliche Ruhe zeigt, in welcher er gewöhnlich, diese hier angegebene Stellung annimmt.

Wem nun das unaussprechliche Glück beschieden, diesen Auswurf der Menschheit, diesen Nic. Bonaparte zu bekommen, der hat auf den dritten Theil der gewiß reichen Einnahme von dem aufzunehmenden Schaugelde, gerechten Anspruch, und wird ihm hiemit solches gesetzlich zugesagt. Die beiden ersten Theile dieser Summe, sollen zum Besten der Unglücklichen, die durch ihn zu Krüppel, Wittwen und Waisen geworden sind, verwendet werden. — Ausserdem aber wird diesen Glücklichen, das süße unbeschreiblich hohe Gefühl, der Trockner zahlloser Thränen, der Erhalter von Strömen kostbaren teutschen Blutes, gewiß die weit reellere Belohnung sein. Im Dankgefühl geretteter Väter und Söhne, in der Freudenthräne ihrer Weiber und Kinder, Brüder und Schwestern wird sein Name glänzen für und für.

Der Präsident des Tugendbundes
in Teutschland.

(Preis 8 Schilling.)

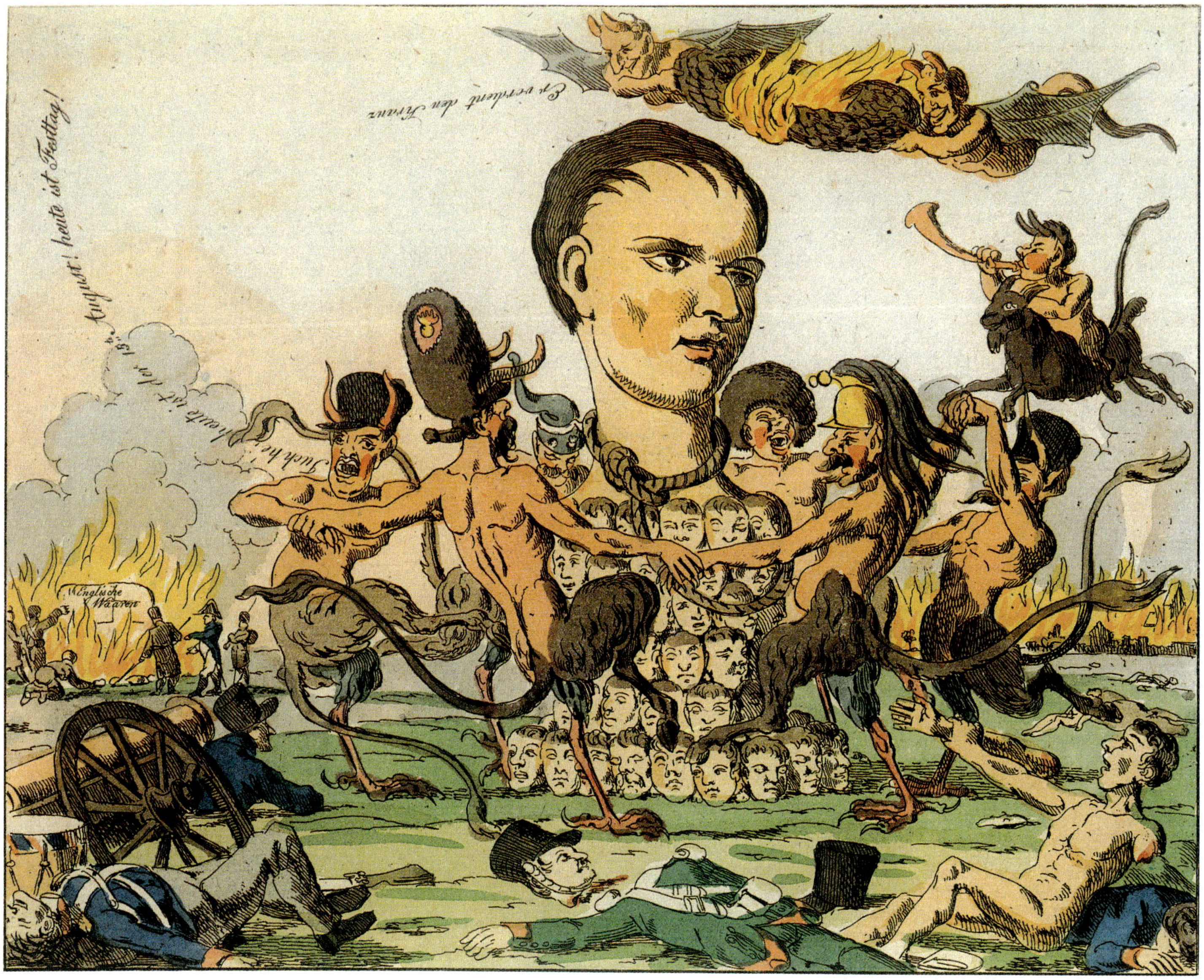

132
Deutsche Kopie nach Rowlandson (1756–1827)

Das Idol der Franzosen, 1815

Kolorierte Radierung, 194 x 249, unbezeichnet. Privatbesitz Berlin.

Halbmenschliche Dämonen umtanzen auf ihren Krähen- und Bocksfüßen einen riesenhaften Kopf Napoleons, der sich wie eine Büste auf einem Postament auf einem Stapel von kleinen, abgeschlagenen Köpfen erhebt. Das jugendlich frische Gesicht ist nach rechts gewandt, um den Hals eine Schlinge gelegt. Von rechts kommt, als parodierte Fama (Ruhm), ein posaunenblasender Teufel auf einem Bock geflogen, und von oben schweben zwei weitere mit einem brennenden Kranz auf Napoleon zu: »Er verdient den Kranz«, sagt der eine. Die gespenstische Szene findet auf einem verlassenen Schlachtfeld statt; tote und sterbende Soldaten liegen im Vordergrund. Rechts hält ein seiner Kleidung Beraubter anklagend den ihm abgeschlagenen Arm in die Höhe. Hinten brennen eine Stadt und ein Wagen mit »Englischen Waaren«.

Die Karikatur geht auf ein Vorbild von Thomas Rowlandson zurück, das im April 1815 unter dem Titel *Hellhounds Rallying Round the Idol of France* erschien (Abb. 110).[1] Kleine, um den Hals gehängte Schilder bezeichnen dort die Teufel mit militärischen Kopfbedeckungen als ehemalige napoleonische Generäle, die nach der Rückkehr ihres Kaisers von Elba ihn sofort wieder umjubeln. Befremdend erscheint die Umwandlung des Rowlandsonschen Napoleon-Kopfes in ein harmloses, jugendliches und auf alle Porträtähnlichkeit verzichtendes Haupt auf der deutschen Karikatur. Dies dürfte mit Rücksicht auf die ab 1815 wieder streng zugreifende

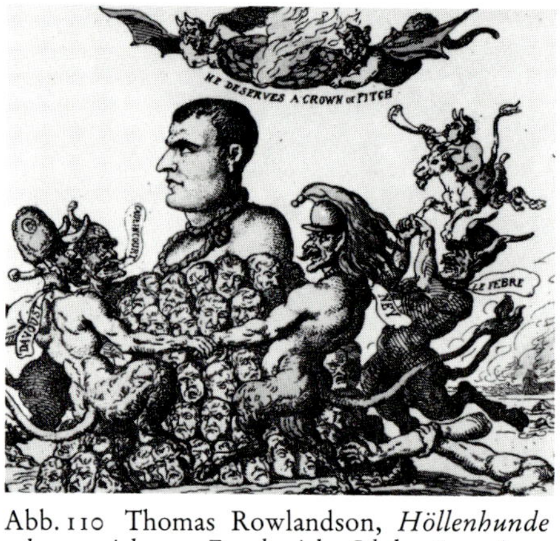

Abb. 110 Thomas Rowlandson, *Höllenhunde scharen sich um Frankreichs Idol,* 1815, Ausschnitt

deutsche Zensur geschehen sein, die die Verunglimpfung selbst feindlicher Staatsoberhäupter verbot (vgl. Kat. 128).

Die deutsche Kopie erschien offensichtlich erst im August des Jahres und wird durch den Ausspruch des linken Dämon aktualisiert: »Juchhé, heute ist der 15. August! heute ist Festtag!« Die unverbesserlichen Anhänger Napoleons feiern seinen Geburtstag auch noch nach der zweiten und endgültigen Verbannung ihres »Idols«. J. D.

1 Grego 1880, II, S. 291; BM IX, Nr. 12527, mit weiterer Literatur; Grand-Carteret 1899, Abb. S. 80.

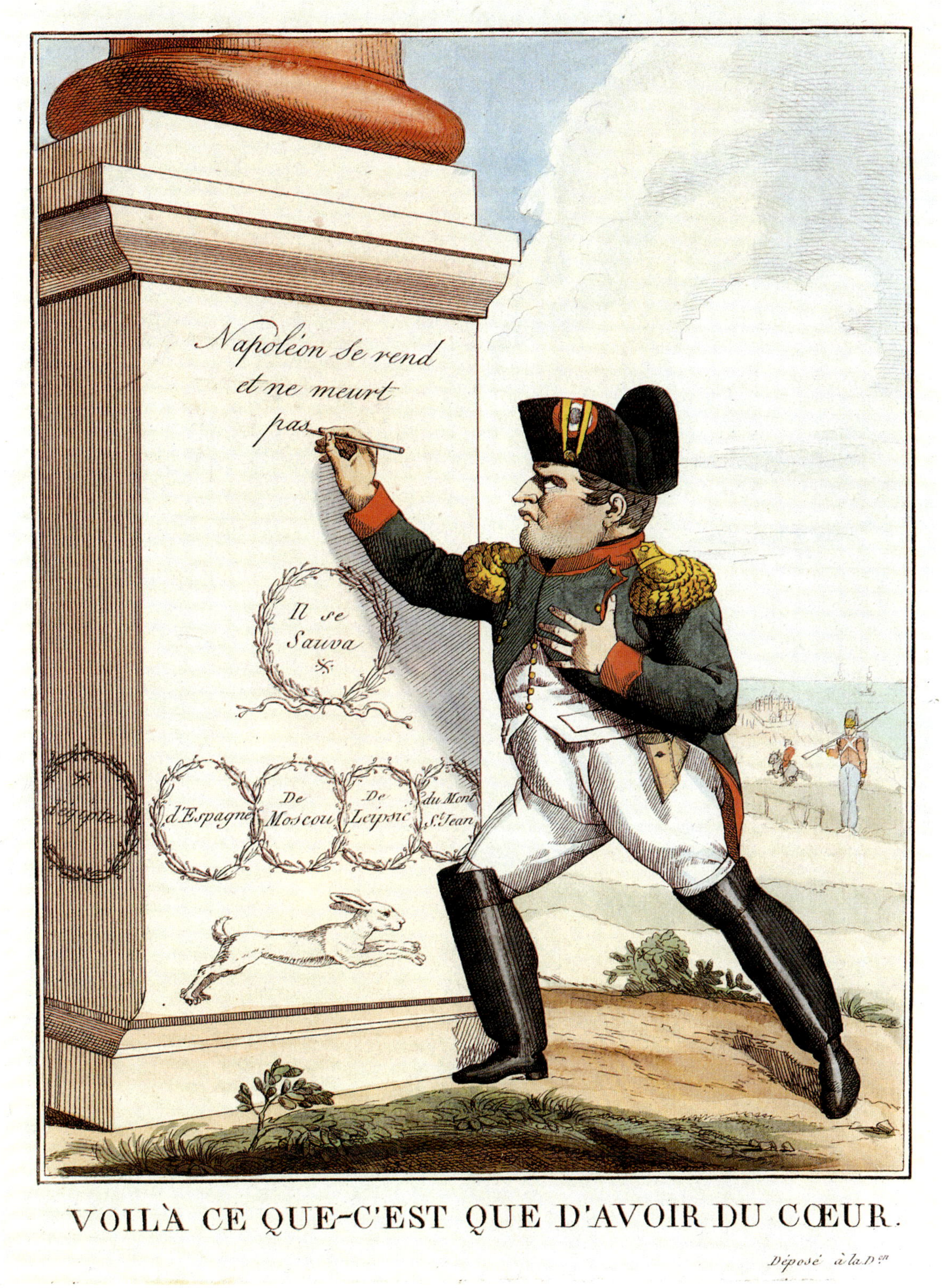

133
Französisch, 1815

Voilà ce que-c'est que d'avoir du cœur

Kolorierte Radierung, 300 x 226, bezeichnet *Déposé à la Don*.
Privatbesitz Berlin.

Die Redewendung läßt sich etwa übersetzen: Das kommt davon, wenn man zuviel Herz hat (oder ironisch, wenn man zu empfindlich ist). Klein, untersetzt und dickleibig drückt Napoleon die Linke aufs Herz und graviert in einen hohen Denkmalsockel: »Napoléon se rend et ne meurt pas« (Napoleon ergibt sich und stirbt nicht). Dabei handelt es sich um eine Umkehrung des Ausspruchs »Die Garde stirbt, aber sie ergibt sich nicht«, mit dem er während der Schlacht von Waterloo seine Lieblingstruppe, die Garde, anfeuerte. In Lorbeerkränzen sind seine Niederlagen aufgezählt: Er rettete sich aus / Ägypten / Spanien / Moskau / Leipzig / vom Berg St. Jean (Waterloo). Der fliehende Hase unten wird häufig als Verkörperung des ›Hasenfußes‹ Napoleon gewählt. Die Denkmalsform könnte auf die Vendôme-Säule anspielen, deren Sockelzone ähnlich gestaltet ist. Napoleon ließ die Säule 1805 aus dem Metall der bei Austerlitz erbeuteten Kanonen in Paris errichten.

Das sorgfältig radierte und kolorierte Blatt ist ein schönes und typisches Beispiel der französischen Karikaturen, die seit 1814 ihren abgesetzten Kaiser in großer Zahl verhöhnen und dabei besonders sein Pathos, seine Vorliebe für große Werte und Gesten parodieren. J.D.

Lit.: Broadley II, S. 72, Abb. S. 70.

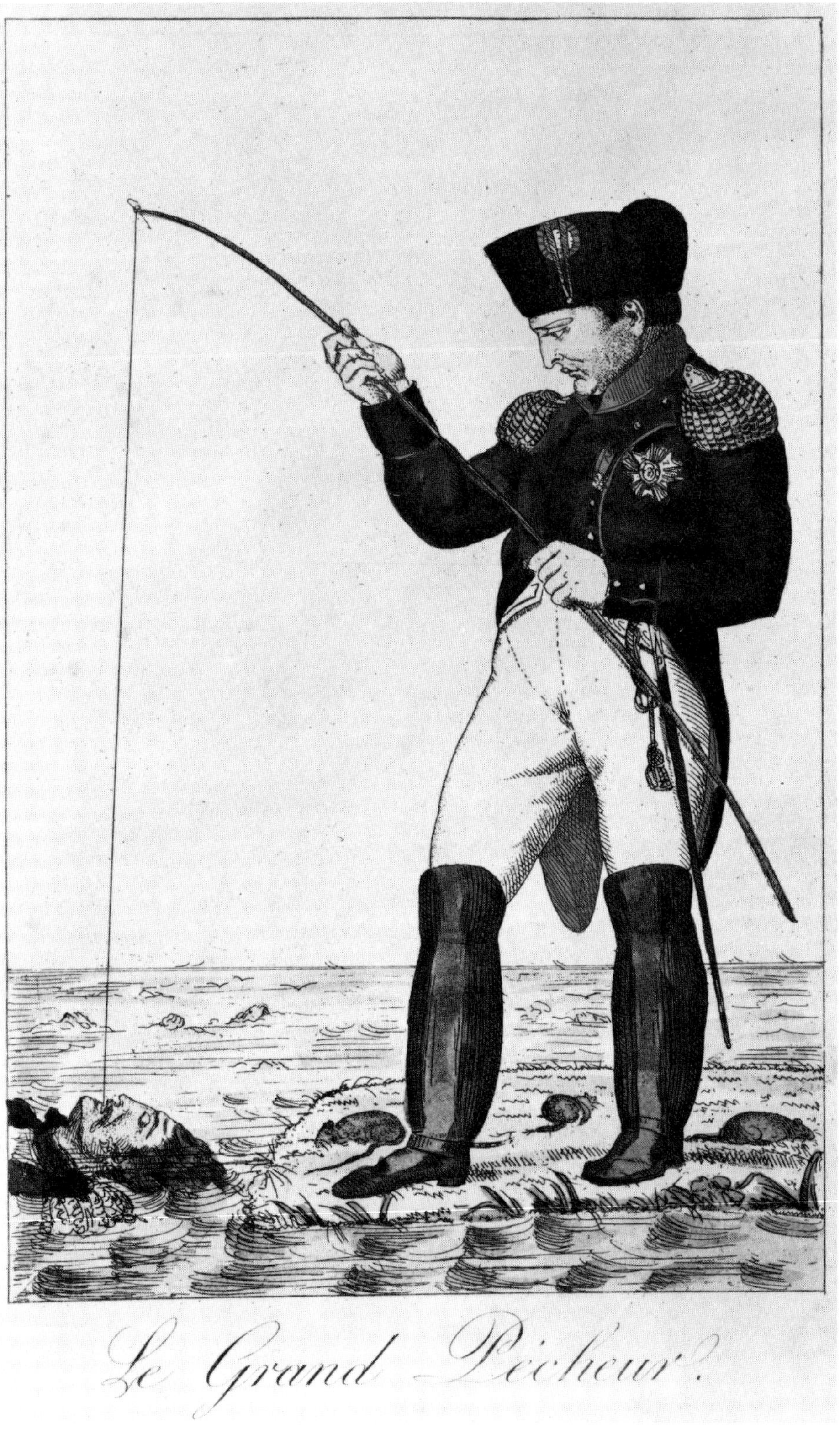

134

Französisch, 1815 oder später

Le Grand Pécheur

Kolorierte Radierung, 263 x 175
Privatbesitz Berlin.

Unrasiert und mit gesenktem Kopf steht Napoleon auf der »Ratteninsel« St. Helena – es gab dort tatsächlich viele Ratten[1] – und angelt in der rotgefärbten See. Am Haken zieht er die Leiche des Herzogs von Enghien heran. Die blutige Beute spielt auf eine unrühmliche Episode während Napoleons Konsulatszeit an: Um die Royalisten einzuschüchtern, ließ er 1804 das am leichtesten ergreifbare Familienmitglied der Bourbonen, den Herzog von Enghien (1772–1804), von einem Kriegsgericht zum Tode verurteilen und hinrichten. Der Willkürakt rief große Empörung hervor. Napoleon versuchte in seinen *Mémoires de St. Hélène* vergeblich, seine persönliche Einflußnahme abzuleugnen.[2]

Der Titel der anonymen Radierung ist doppeldeutig: nur eine Akzentveränderung macht aus dem »pécheur« (Sünder) einen »pêcheur« (Fischer) und begründet die Wahl des ungewöhnlichen Motivs. J.D.

1 *Napoleon Bonapartes zwei merkwürdigste Lebensjahre und besonders sein Benehmen als Gefangener. Nebst einer Beschreibung seines Verwahrungsortes St. Helena.* Aus dem Englischen, London 1815, S. 139. Weitere ›Rattenbilder‹ in Kat. Paris 1975, S. 60ff.; Schulze 1916, Tafel 44ff.; Kat. Münster 1983, Nr. 120, 128.

2 Eine weitere, etwa gleichzeitige französische Karikatur mit diesem Thema in Kat. Hamburg 1980, Nr. 374.

Lit.: Grand-Carteret 1899, Abb. S. 93 (Kopie); Broadley II, S. 84, S. 367, Nr. 154 (datiert auf Frühjahr 1916); Dayot 1895, Abb. S. 322.

Strauß-Karikaturen

Während die Karikaturen auf Luther und Napoleon entscheidende Stationen in der Geschichte der Karikatur dokumentieren, kann dies von Strauß-Karikaturen nicht behauptet werden. Luther war die erste Person, die mehrfach gezielt im Bild angegriffen wurde. Die antinapoleonische Karikatur bedeutete einen Wendepunkt in Richtung einer internationalen politischen Karikatur, deren Fortleben nur eine strenge Zensur verhinderte. Seit dem Zweiten Weltkrieg herrscht – zumindest in Westeuropa – weitgehende Pressefreiheit, und Karikaturen erscheinen in einem zuvor ungeahnten Ausmaß und nehmen fast jede öffentliche Persönlichkeit zur Kenntnis.

Warum dann hier gerade Strauß?

»Er gehört eben zum ›karikaturfähigen Prachtpersonal‹«, wie es der Feuilletonist einer bestimmt nicht linkslastigen Zeitung ausdrückt.[1] Um auch an einem Beispiel eines bekannten zeitgenössischen Politikers Verfahrensweisen heutiger Karikaturisten sowie ihre Bindung an Bildtraditionen aufzeigen zu können, wurde Franz Josef Strauß ausgewählt. Er hatte wie kein anderer deutscher Politiker seit den fünfziger Jahren das Glück, sich der Aufmerksamkeit der Karikaturisten erfreuen zu dürfen.

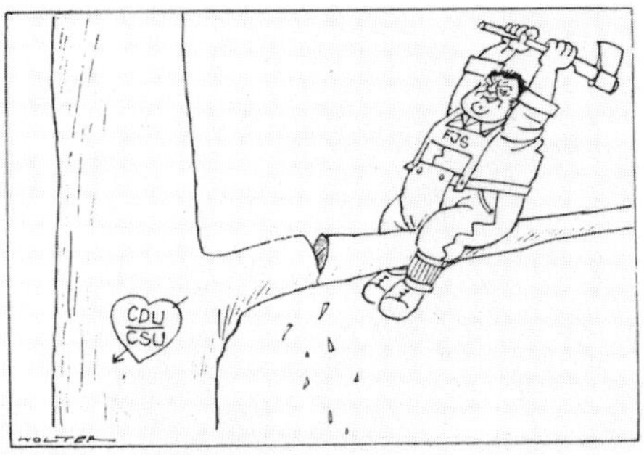

«Mir san die lustigen Holzhackerbuam ...»

Abb. 111 Jupp Wolter, 1976

Franz Josef Strauß, geboren 1915 in München, war 1945 einer der Mitbegründer der CSU. Seit 1949 Mitglied des Bundestages, übernahm er 1952 das Ministerium für Sonderaufgaben, 1955/56 war er Atomminister und anschließend bis 1962 Verteidigungsminister. Seine Bonner Ministerkarriere wurde durch die ›Spiegel-Affäre‹ 1962 unterbrochen, in der ihm ein Untersuchungsausschuß die gezielte Falschunterrichtung des Bundestages nachwies.[2] In der ›Großen Koalition‹ von 1966–69 war er wieder als Finanzminister im Bonner Kabinett vertreten. 1972 (Kat. 136, 137) und 1976 beanspruchte er im Falle eines Wahlsieges der Unionsparteien bei den Bundestagswahlen erneut Ministerposten. 1980 ging er als Kanzlerkandidat in den Bundestagswahlkampf (Kat. 142). Als CSU-Vorsitzender (seit 1961) und bayerischer Ministerpräsident (seit 1978) regiert er unangefochten über Bayern. Nach der ›Wende‹ im Herbst 1982 und der Bundestagswahl im März 1983 versucht er, von Bayern aus Einfluß auf die nunmehr wieder von den Unionsparteien gestaltete bundesdeutsche Politik geltend zu machen (Kat. 143).

Doch es sind nicht nur die Stationen seiner wechselhaften Karriere, die die Karikaturisten reagieren lassen, sondern mehr noch die politischen Skandale, in die Strauß vor allem in den Jahren um 1960 verwickelt war.[3] Auch das impulsive, aufbrausende Verhalten des Bayern, seine sprachgewaltigen und den Widerspruch herausfordernden Reden lösen Kritik aus. Manche seiner Formulierungen bergen in sich bereits satirische Gehalte und werden immer wieder zitiert.[4] Strauß ist oft gerichtlich gegen Zeitschriftenartikel und Karikaturen vorgegangen, erzielte damit aber nur eine gegenteilige Wirkung, indem er noch härtere Kritiken provozierte und den verklagten Journalisten und Zeichnern zusätzliche Publizität verschaffte.[5] In seiner Vorliebe für kräftige Worte, seinen häufigen rhetorischen Widersprüchen (Kat. 141) sahen seine Gegner ›Eigentore‹ und zeigten ihn als jemanden, der den Ast, auf dem er sitzt, absägt (Abb. 111).[6]

So wenig, wie Strauß seine Kritiker liebt, so sehr scheinen ihn die Karikaturisten zu mögen: »Wofür man ihm ewig dankbar sein muß: der Mann hat sich nachprüfbar öffentlich über satirische Angriffe geärgert. Wo gibt's heute denn noch sowas? Wo doch jedes Kind weiß, daß es für Satiriker das Höchste auf Erden ist, wenn sich die sogenannte Zielscheibe ärgert.«[7] Derselbe Autor bedankt sich nicht nur für das klare Feindbild, das Strauß abgibt, sondern auch für sein Äußeres: »Das eine muß man ihm schon lassen, und ich kenne keinen Politiker auf der ganzen Szene, der ihm darin gleichkäme: er ist göttlich leicht zu zeichnen. Der Mann ist doch gar zu ergiebig. Nicht nur, daß es so fein ging, den birnenförmigen Kopf, halslos, auf die hochgezogenen Schultern zu setzen, die Nase schön hoch in die Visage plaziert, die Augen just in Nasenhöhe, schräg gestellt, Tränensäcke darunter, unter die Nase den kleinen Mund ohne Unterlippe, darunter das Doppelkinn und oben der Haaransatz, dunkel und mephistophelisch. Das alles ist immer so geblieben bei ihm. (...) Auch drängte er sich ja dauernd auf. Immer

1 Herles 1980 (*Frankfurter Allgemeine*).
2 Rudolf Augstein (Hrsg.), *Überlebensgroß Herr Strauß. Ein Spiegelbild*, Hamburg 1980.
3 Dazu Augstein (wie Anm. 2); *Strauß – nein Danke* 1980, S. 10ff. – Allein zur ›Fibag-Affäre‹ erschienen 1962 innerhalb weniger Monate rund 200 Karikaturen in bundesdeutschen Zeitungen; *... mit und ohne Ausschuß*, Spiegel-Verlag Hamburg 1962; vgl. *Strauß – nein Danke* 1980, S. 22ff.
4 Bekannt ist der Ausspruch: »Ich glaube, es ist reizvoller, in Alaska eine Ananasfarm aufzubauen als in Deutschland das Bundeskanzleramt zu übernehmen« (1969), zit. nach *Strauß – nein Danke* 1980, S. 9. Im Jahr 1979, wenige Monate vor seiner Nominierung zum Kanzlerkandidaten, wiederholte er die Formulierung vor dem Bayrischen Landtag; prompt zeigen Karikaturisten ihn als fliegenden Händler, der »Ananas zu Schleuderpreisen, wegen Aufgabe des Geschäfts« anbietet; Humann 1980, S. 10, 15.
5 Dieses Phänomen ist nicht neu, vgl. Kat. 75.
6 Humann 1980, Abb. S. 55f.
7 Siegert 1980, S. 38.

hatte man es irgendwie mit ihm zu tun, denn er steckte fast überall noch mit dahinter. Er kam ständig dran. Und das übt.«[8] Der Zeichner illustriert seine Äußerungen mit einer Anleitung für Strauß-Karikaturen (Abb. 112). Anders formuliert es das Pariser Karikaturistengespann Mulatier, Ricord und Morchoisne: »Seine Morphologie ist spektakulär und verbindet das Aussehen eines Wagnertenors mit dem eines alternden, aufgeblasenen Rockstars.«[9] Sie entschuldigen sich geradezu für das harte Ergebnis ihrer mehrfachen zeichnerischen Bemühungen um Strauß: »Na gut, es mag nicht die Schuld von Strauß sein, daß er ein Doppelkinn und eine doppelte Falte im Nacken hat und eine Menge weiterer Verdoppelungen, *aber es ist erst recht nicht unser Fehler.*«[10]

Diese satirischen Beschreibungen von Karikaturisten klingen wenig freundlich, doch sie stehen in einer langen Tradition. Schon Luther (vgl. Kat. 111, 120) und Napoleon (Kat. 129, 131) wurden in begleitenden Texten ähnlich verhöhnt; heute sind derartige schriftliche Äußerungen vergleichsweise selten geworden – die Zeichnungen haben für sich selbst zu sprechen, heißt es –, darum werden sie hier zitiert.

Das Bild von Strauß in der Karikatur ist erstaunlich konstant geblieben. Dies betrifft nicht nur sein Äußeres,[11] sondern auch die hervorgehobenen Charaktereigenschaften. Er war in Karikaturen schon vor dreißig Jahren der eigenwillige, bis zur Rücksichtslosigkeit selbstbewußte Politiker, der parteipolitische Freunde und Feinde gleichermaßen brüskierte. Seine Freunde erkennen darin allerdings bajuwarisches Temperament.

Die satirischen Mittel und Motive der Karikaturen erweisen sich bei genauerem Hinsehen als erstaunlich traditionell. Sehr häufig wird die physiognomische Verzerrung eingesetzt, doch nur selten ist sie alleiniges satirisches Mittel, wie auf der Zeichnung von Ricord (Kat. 138), sondern meist erscheint sie im Zusammenhang von szenischen, erzählerischen Darstellungen. Bekannte Bildmotive werden zitiert (Kat. 135, 142), allegorische Darstellungsformen verwandt (Kat. 139), Redewendungen ins Bild umgesetzt (Kat. 142, 143) oder eine unangemessene Kleidung gewählt (Kat. 141). Der Mensch-Tier-Vergleich spielt nach wie vor eine große Rolle, wobei sich für Strauß natürlich der gleichnamige Vogel anbietet, doch auch als Stier, als verführerische Schlange und anderes mehr ist der Bayer anzutreffen.[12] Die Karikaturen verfolgen heute wie früher das Ziel, die ausgewählte Person zu kritisieren. Sie nehmen ihr die offizielle Würde, versetzen sie in ungewöhnliche, mitunter entehrende Zusammenhänge oder geben ihr ein häßliches Erscheinungsbild.

In einer Beziehung jedoch ist ein grundlegender Wandel eingetreten: Die Blätter gegen Luther und Napoleon setzen ein feststehendes Bewertungssystem voraus; sie basieren auf einem ganzheitlichen, christlichen Weltbild, in dem die Kritik einer moralischen und gesellschaftlichen Verurteilung gleichkommt und den Gegner auf die Seite des Bösen, des Teufels stellt. Dieser Sachverhalt hat sich heute geändert. Der Mensch-Tier-Vergleich bewirkt keine moralische Abqualifizierung im christlichen Sinne mehr, sondern kann komisch oder allenfalls verletzend sein. Damit ist die Wirkungskraft in gewisser Weise verlorengegangen.[13] Selbst politische Karikaturen dienen heute eher der Unterhaltung, als daß sie politisch ernst genommen werden.

Karikaturen führen heute sozusagen ein ›geregeltes Leben‹. Sie haben ihren festen Platz in den Zeitungen; die Zeichner sind fest angestellte oder freie Mitarbeiter und werden nach Tarifen bezahlt. Täglich erscheinen weltweit wahrscheinlich weit über tausend Karikaturen, eine Zahl, die noch vor 150 Jahren gar nicht vorstellbar war. Der Pressedienst des Bonner Parlaments stellt jährlich eine Rangliste der in deutschen Zeitungen karikierten Politiker auf[14] – Karikaturen werden zum Maßstab der Popularität. Ihren Biß haben sie dabei weitgehend verloren.

Trotz der im Vergleich zu früher großen Pressefreiheit gibt es nach wie vor Zensur. Mit einstweiligen Verfügungen, Geldstrafen, Beschlagnahmungen, Verboten und Gegendarstellungen wird gegen mißliebige Bilder oder Artikel vorgegangen, mit dem Argument, sie würden Persönlichkeitsrechte verletzen oder Gewalt verherrlichen.[15] Die Form der Selbstzensur ist häufig zu beobachten, d.h. Redakteure, Herausgeber, Autoren oder Zeichner beschränken sich von vorn-

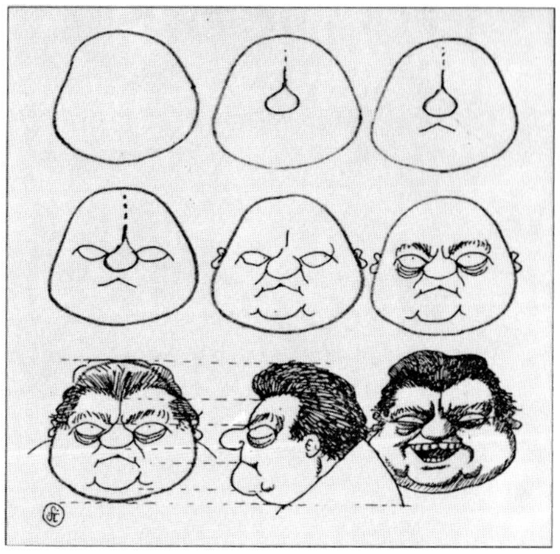

Abb. 112 Stefan Siegert, *Eine kleine Karikaturisten-Übung*, 1980

8 Siegert 1980, S. 38.

9 Mulatier 1983, S. 42.

10 Mulatier 1983, S. 136 (Hervorhebung durch die Autoren). Vgl. Abb. 114, Kat. 138.

11 Vgl. z.B. Humann 1980, S. 196 (Karikatur von Jupp Wolter, 1958).

12 Die hier ausgestellten zehn Karikaturen können nur einen unvollständigen Überblick vermitteln; verwiesen sei auf die zahlreichen Abbildungen in Humann 1980. Der *Cartoon-Caricature-Contor* gibt seit einigen Jahren einen wöchentlich erscheinenden *Karikatur-Pressedienst* heraus, in dem jeweils etwa 80 aktuelle Karikaturen enthalten sind.

13 Ohne dessen wertende Beurteilungen übernehmen zu wollen, sei auf Hans Sedelmayrs *Verlust der Mitte* (1948) hingewiesen, der in dem Verlust eines allgemeingültigen Weltbildes die Ursache der von ihm konstatierten Ziellosigkeit der Kunst seit dem 19. Jahrhundert sieht. – Vgl. hierzu auch die Überlegungen von Herding 1980.

14 Herles 1984. Strauß rangierte 1983, ohne ein bundesweites Amt innezuhaben, gleich hinter Bundeskanzler Kohl, noch vor Genscher, Vogel, Reagan oder Andropow.

15 Siehe hierzu Helmut Hartwig, »Von der Wirklichkeit symbolischer Widerstandsformen: Verbote von Karikaturen«, Herding/Otto 1980, S. 337ff. Grünewald 1979, S. 147ff.

16 Fecht 1974, S. 269, schreibt in einer Nachbemerkung: »Um einstweilige Anordnungen gegen dieses Buch und Prozeßkosten für die Beteiligten zu umgehen, können einige Zeichnungen und Plakate nicht abgebildet werden. Es handelt sich dabei fast ausschließlich um Arbeiten, die eine Verbindung zwischen namhaften Politikern und Persönlichkeiten einerseits und Faschismus bzw. Nazi-Symbolen andererseits herstellen.«

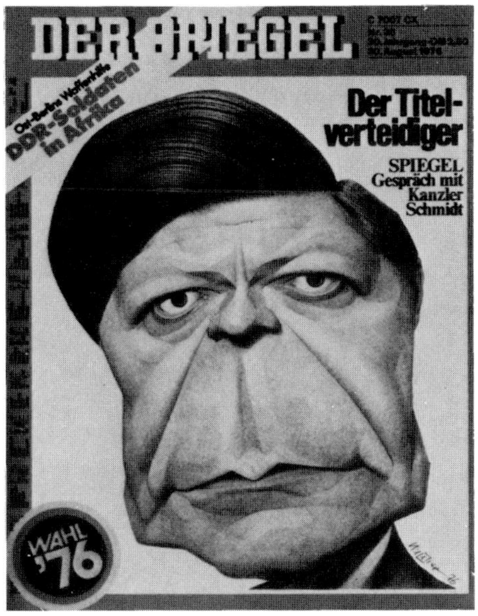

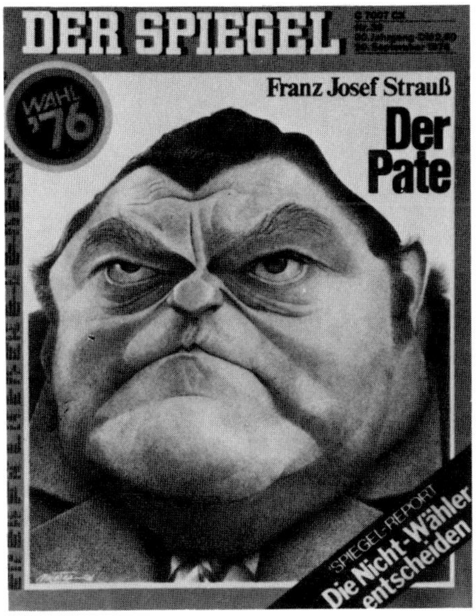

Abb. 113 Jean Mulatier, *Helmut Schmidt,* 1976

Abb. 114 Jean Mulatier, *Franz Josef Strauß,* 1976

herein auf nicht zu beanstandende Formen, sie halten sich an die ›Spielregeln‹.[16] Heftige Reaktionen auf Karikaturen sind selten geworden; falls sie doch auftreten, werden sie von Künstlern mitunter als Bestätigung empfunden und ausgiebig publiziert.[17]

Zu diplomatischen Protesten führte 1973 ein *Stern*-Titelbild: Es erschien pünktlich zum Staatsbesuch des sowjetischen Parteichefs Breschnew in der Bundesrepublik und zeigt diesen als faltenreichen Fleischberg mit überdimensioniertem Gebiß und kleinen Schweinsäuglein. Die Eingaben der sowjetischen Botschaft wurden mit dem Hinweis auf die westliche Pressefreiheit abgetan.[18] 1976 brachte das Magazin *Der Spiegel* vor der Bundestagswahl die Köpfe der Parteivorsitzenden Schmidt, Kohl, Genscher und Strauß auf den Titelseiten vier aufeinanderfolgender Ausgaben heraus, jeweils karikiert von dem Franzosen Jean Mulatier. Die Serie löste begeisterte Leserbriefe aus, selbst die Parteiführer äußerten sich positiv. »Kohl, Schmidt und Genscher nahmen das schnuckelige Machwerk guten Mutes hin«, schrieb der *Spiegel.* Bedenken bestanden allerdings hinsichtlich der zuletzt veröffentlichten Strauß-Karikatur, da sie zu bösartig sei. Sogar die *Spiegel*-Redaktion fühlte sich genötigt, einige erläuternde Worte über die Treffsicherheit Mulatiers und die künstlerische Freiheit hinzuzufügen (Abb. 113, 114).[19] In Werbebroschüren der CSU für den Bundestagswahlkampf 1980 wurde Mulatiers Strauß-Karikatur zweimal wieder abgebildet, wohl um Toleranz zu zeigen, aber auch, um darauf hinzuweisen, mit welchen verleumderischen Mitteln die Gegner arbeiten.[20]

Zu einer unerwarteten Reaktion auf Strauß-Karikaturen kam es Anfang 1984: Marianne Strauß, die Gattin des Politikers, verlangte von dem Karikaturisten Hanitzsch fünfzehn Prozent der Einnahmen aus zwei Strauß-Büchern des Zeichners (vgl. Kat. 140, 141).[21] Hanitzsch antwortete mit einer Zeichnung von vier Politikerköpfen die ›ihr Gesicht verloren haben‹ (Abb. 115).[22]

Das typische Erscheinungsbild heutiger Zeitungskarikaturen ist die mit knappen Strichen entworfene Zeichnung, die auf Details verzichtet und wesentliche Merkmale übertreibend hervorhebt (Abb. 111, Kat. 135, 140). Pointierte Treffsicherheit, witzige Vergleiche und schnelle Lesbarkeit sind gefragt. Die sorgfältig und mit großem Aufwand farbig ausgeführten Zeichnungen des mehrfach erwähnten Mulatier und seiner Ateliergenossen stellen eine Ausnahme dar (Abb. 113, 114, Kat. 138). Sie sind als Blickfänger auf Titelseiten gedacht und weniger für die schwarzweiße Tagespresse. Ähnlich verhält es sich mit den skulptierten Karikaturen der Engländer Peter Fluck und Roger Law. Ihr lebensgroßes Strauß-Bildnis trägt Krawatte und Jackett und spielt mit der eisernen Faust auf die harte Gangart des Bayern an (Abb. 116).[23]

Während die sorgfältig gezeichnete Porträtkarikatur und selbst dreidimensionale Karikaturen[24] auf längere Tradition verweisen können, ist die Photomontage

17 Vgl. Klaus Staeck, Dieter Adelmann, *Der Bonner Bildersturm oder: was die CDU von Demokratie hält,* Göttingen 1976; *Polizei zerstört Kunst. Der Fall Volland,* herausgegeben von der Neuen Gesellschaft für Bildende Kunst, Berlin 1981.

18 Die Karikatur zeichnete Mulatier. Vgl. Mulatier 1983, S. 46f.; Abb. des *Stern*-Titels in Feaver 1981, S. 38. Dazu auch Grünewald 1979, S. 146.

19 Grünewald 1979, S. 144ff.; Mulatier 1983, S. 136, Abb. S. 10, 40ff., 137.

20 Eine derartige Einbeziehung von Karikaturen in die eigene Argumentation ist nicht neu. »Wer sich der Karikatur bedient, der wird von der Karikatur bestraft,« schrieb Champfleury; *Histoire de la caricature sous la Réforme et la Ligue,* Paris 1880, S. 79; vgl. Herding 1980, S. 359. – Kurz nach Ausbruch des Ersten Weltkriegs erschien *Hetzkarikaturen* 1915, um die Unmenschlichkeit der Entente anhand der Karikaturen zu beweisen: »Wenn wir die Karikaturen veröffentlichen (...) so geschieht das, (...) um zu zeigen, bis zu welchem Grad bestialischer Rohheit ein ›Kulturvolk‹ herabsteigt, sobald es gilt, Haß gegen Deutschland zu säen und die Deutschen zu Halbtieren zu verscheußlichen.« Auf Avenarius 1916 (*Das Bild als Verleumder*) reagierte eine französische Schrift *L'imposture par l'image,* Librairie Payot: Lausanne (um 1917); darauf antwortete wiederum Avenarius 1918. Siehe auch Ernst Hanfstaengl, *Hitler in der Karikatur der Welt,* Verlag Braune Bücher, Berlin 1934.

21 Herles 1984 berichtet von dem Vorfall.

22 *Münchner Abendzeitung,* 21.1.1984.

23 Feaver 1981, S. 230. Lucie-Smith 1981, Abb. S. 109, bildet eine weitere Arbeit der Briten ab: Margret Thatcher als sado-masochistische Stripperin.

24 Verwiesen sei auf Jean-Pierre Edouard Dantan (1800–1869; vgl. Feaver 1981, S. 72) und vor allem auf Daumier; Kat. 76, 103.

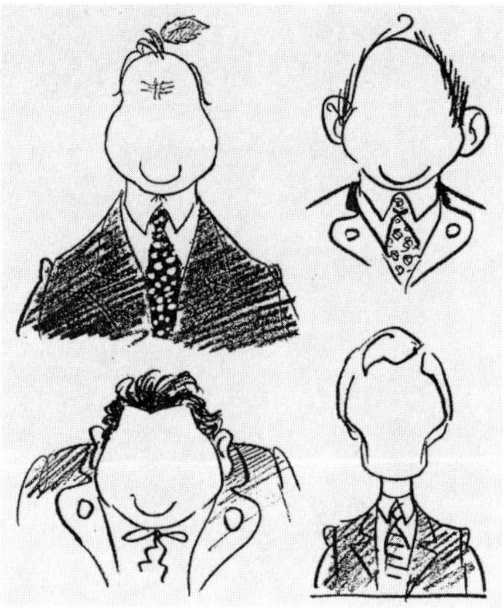

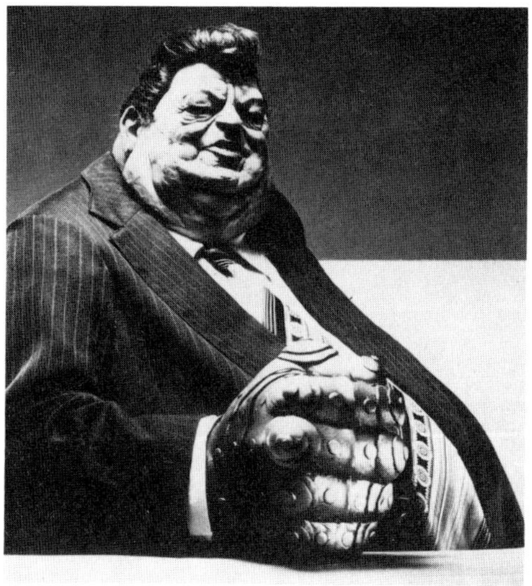

Abb. 115 Dieter Hanitzsch, *Kohl, Genscher, Strauß und Stoiber – ohne Gesicht*, 1984. Die Karikatur erschien am 21. 1. 1984 in der *Münchner Abendzeitung* und war mit dem Text versehen: »Marianne Strauß, die Frau des bayerischen Ministerpräsidenten, hat bekanntlich gefordert, daß ihr Mann künftig nicht mehr karikiert werden dürfte, ohne ihn am Honorar zu beteiligen. Das könnte angesichts der finanziellen Situation unserer Politiker Nachahmer anlocken. Bis zur Klärung der Rechtslage sehe ich mich daher veranlaßt, nicht nur Franz Josef Strauß, sondern auch andere Politiker wie unten darzustellen – es sei denn, sie verzichten schriftlich auf alle Honoraransprüche, weil sie ihr Gesicht nicht verlieren möchten . . .«

Abb. 116 Peter Fluck und Roger Law, um 1980

eine spezifische Erscheinung des 20. Jahrhunderts. In den zwanziger und dreißiger Jahren entwickelte John Heartfield sie zu einem wirksamen Kampfmittel. Zeitgenössische Photomonteure – hier wären unter den deutschen vor allem Klaus Staeck (Kat. 136) und Ernst Volland zu nennen – berufen sich ausdrücklich auf Heartfield als Vorbild.[25] Die hohen Auflagen einiger Plakate mit politischen Photomontagen und auch die mitunter heftigen Reaktionen mögen von ihrer Wirksamkeit zeugen. Die angewandten stilistischen und satirischen Mittel sind einfach und ergeben ein plakatives Erscheinungsbild, das weitgehend auf satirische Doppelbödigkeit verzichtet.[26]

J.D.

25 Zu Heartfield vgl. z.B. Wieland Herzfelde, *John Heartfield. Leben und Werk*, Dresden 1970; zur neueren Photomontage: Reiner Diederich, Richard Grübling, *Unter die Schere mit den Geiern. Politische Photomontage in der Bundesrepublik und Westberlin*, Frankfurt 1977; dazu auch die Literaturangaben in Kat. Frankfurt 1980, S. 105 ff. – Ein frühes Beispiel satirischer Photomontage aus der Zeit um 1860 bei Stevenson 1976, S. 22.

26 Dazu auch Herding 1980, S. 367.

135
Paul Flora (geb. 1922)

Franz Josef der Erwählte, 1968
Ein guter Magen kann was vertragen, 1970

Feder in Schwarz, zwei Blatt, jeweils 210 x 297, monogrammiert *F.* bzw. signiert *Flora*
Wilhelm-Busch-Museum, Hannover.

Am 13./14. Dezember 1968 bestätigte der Landesparteitag der CSU Strauß in seinem Amt als Parteivorsitzender. Zwei stämmige Bayern, mit knielangen Lederhosen und Gamsbärten an den Hüten deutlich als solche gekennzeichnet, tragen den *Erwählten* auf einer runden Plattform in Schulterhöhe. Strauß hat die Rechte grüßend erhoben und ist offensichtlich mit seiner Position zufrieden. Das Motiv erinnert an eine ständig wiederkehrende Szene aus den *Asterix und Obelix*-Comics von Goscinny und Uderzo: Majestix, Häuptling der Gallier, pflegt auf einem von zwei Trägern gehaltenen Schild aufzutreten. Dieser wackelige Standpunkt führt zu zahlreichen Stürzen, die den Gallier aber nicht von seinen vermeintlich repräsentativen Auftritten Abstand nehmen lassen.[1] Strauß steht zwar zunächst sicher auf seinem Schild, doch läßt die Analogie zu Majestix baldige Stürze vermuten.

Auf der zweiten Zeichnung sitzt Strauß am Tisch, übertrieben in die Breite gehend. Die Serviette umgebunden, deren Zipfel ihm Eselsohren verpassen, verspeist er »NPD-Stimmen« und genehmigt sich dazu ein schäumendes »CSU«-Bräu. Bei der bayrischen Landtagswahl 1970 konnte die CSU hohe Stimmengewinne verbuchen, nicht zuletzt, weil viele frühere NPD-Wähler zu ihr überwechselten. Strauß stört sich nicht an der Herkunft seiner Stimmen, er kann alles »vertragen«.[2]

Beide Zeichnungen wurden in der Wochenzeitung *Die Zeit* veröffentlicht, der *Erwählte* am 20.12.1968, der *gute Magen* am 27.11.1970.

J.D.

1 Stoll 1974, S. 85f.; mit Verweis (und Abb.) auf eine motivisch ähnliche Lithographie Daumiers von 1848. Der Bekanntheitsgrad von *Asterix und Obelix* in den sechziger und siebziger Jahren ist gar nicht zu überschätzen. Allein die französische Ausgabe des ersten Bandes erreichte bis 1974 eine Auflage von 23 Millionen Exemplaren, so daß der Vergleich Strauß-Majestix nicht zu weit hergeholt erscheint.

2 Das Bildmotiv hat eine lange satirische Tradition. Der Mächtige verspeist die Schwachen, der Teufel die Mönche (16. Jh.), John Bull die Franzosen (Gillray), Napoleon die Weltkugel (englisch um 1800), Louis-Philippe als Gargantua herausgepreßte Steuergelder (Daumier); zahllose weitere Beispiele ließen sich aufführen.

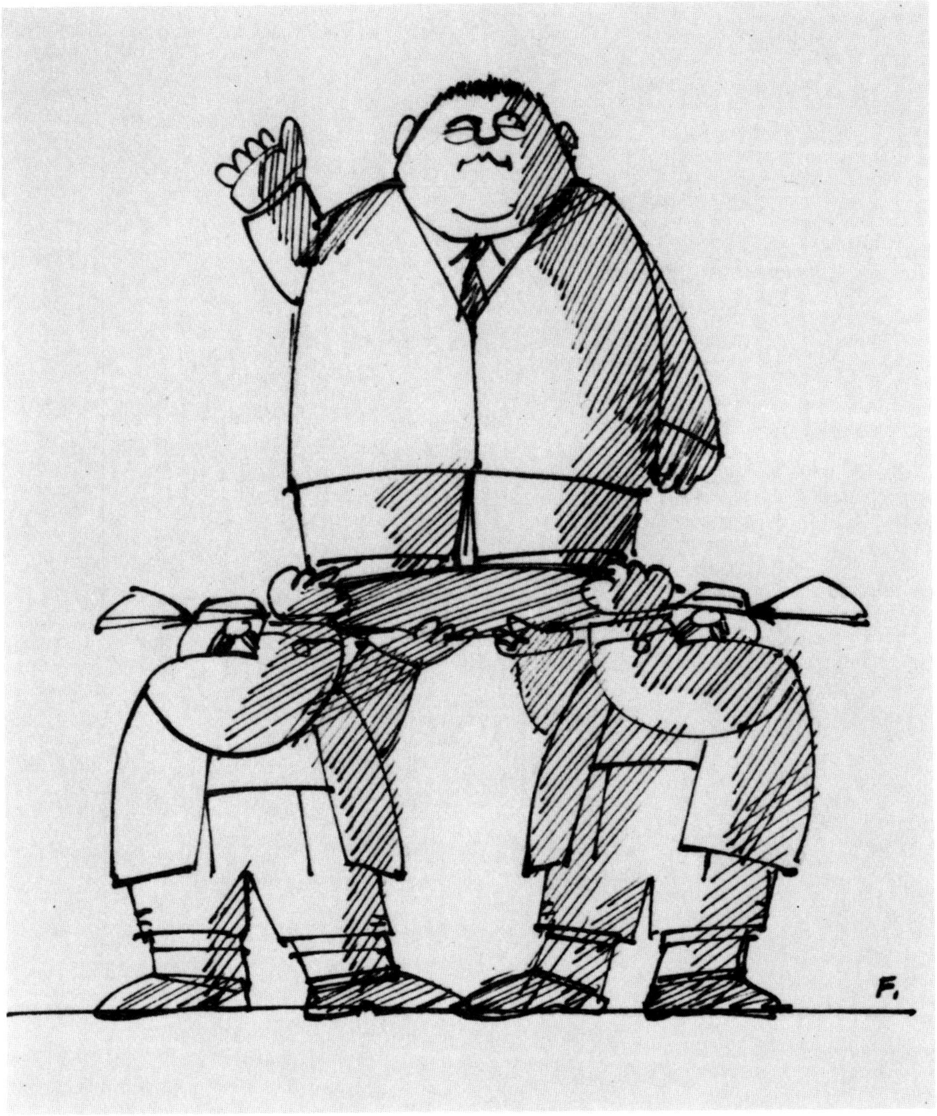

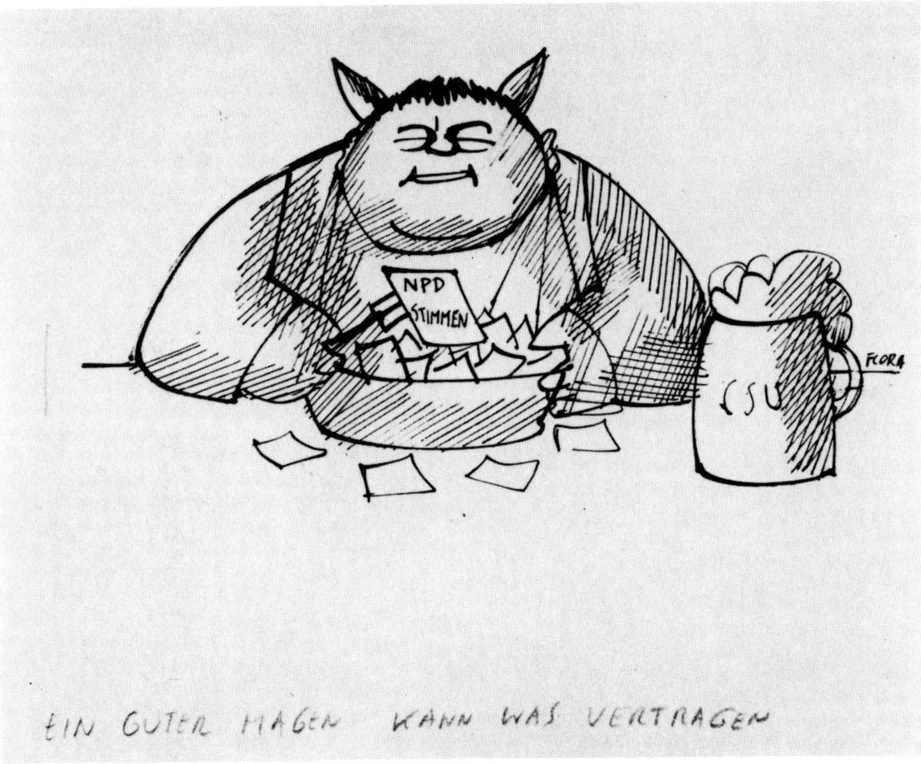

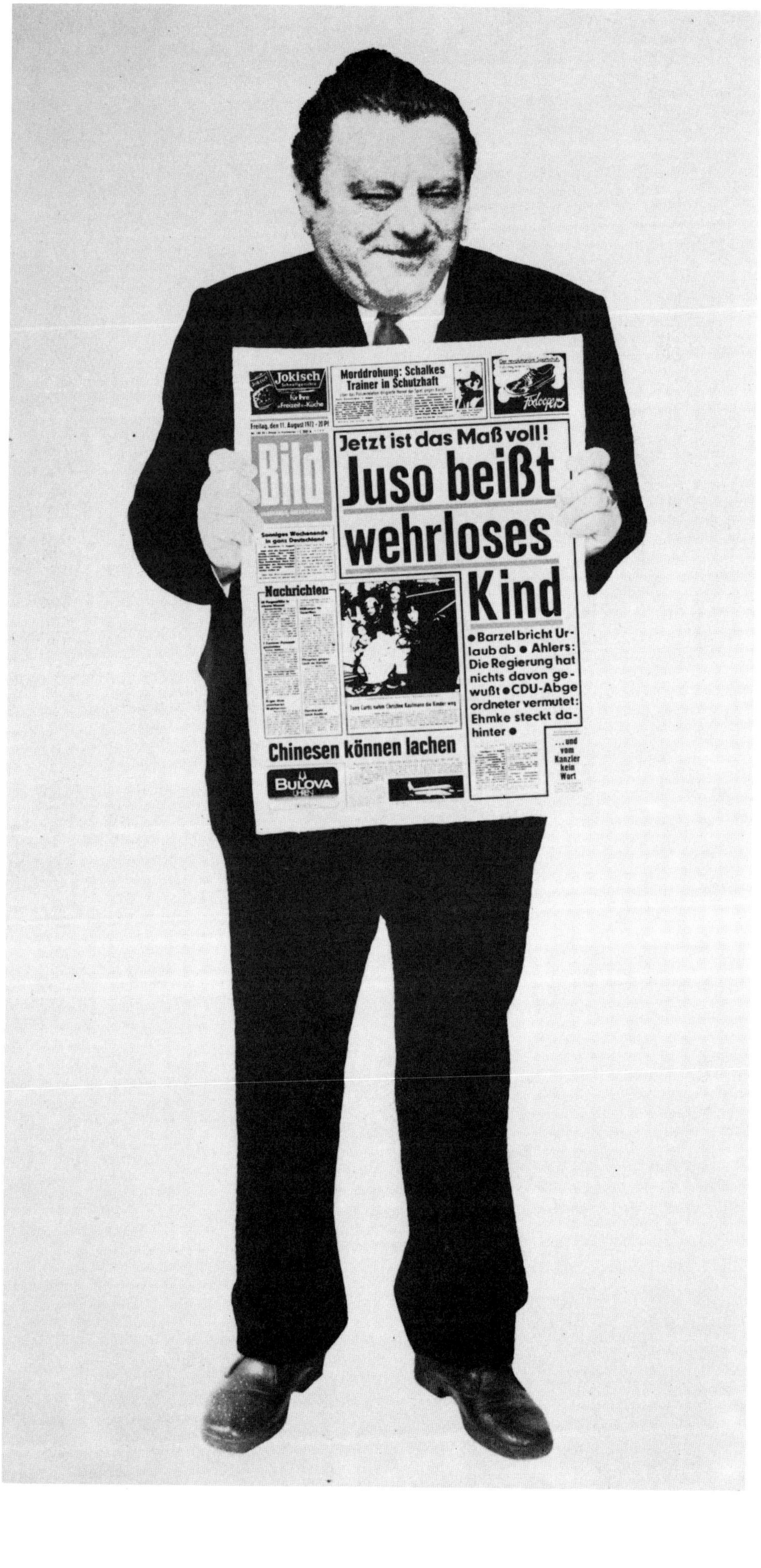

136

Klaus Staeck (geb. 1938)

Juso beißt wehrloses Kind, 1972

Photomontage, Flachdruck in Schwarz und Rot. Privatbesitz.

In ganzer Länge stehend, hält Strauß dem Betrachter die Titelseite einer *Bild-Zeitung* entgegen. Deren übergroße Schlagzeile »Juso beißt wehrloses Kind« scheint ihn zu einem zufriedenen Lächeln zu veranlassen, als wolle er sagen, ›ich hab es schon immer gewußt‹.

Seit den Studentenunruhen 1967/68 war der rücksichtslose Sensationsjournalismus der *Bild-Zeitung* eines der Hauptangriffsziele politisch linker Kreise. Die von Strauß hier gezeigte Titelseite entspricht in der Aufmachung dem üblichen Aussehen der *Bild-Zeitung*, die Texte sind jedoch fiktiv: »Jetzt ist das Maß voll! *Juso beißt wehrloses Kind.* Barzel bricht Urlaub ab. Ahlers: Die Regierung hat nichts davon gewußt. CDU-Abgeordneter vermutet: Ehmke steckt dahinter.« Der Stenogrammstil ist typisch für *Bild*, und auch die haarsträubende Behauptung, daß ein Jungsozialist jetzt endgültig als Kannibale überführt sei, ist nicht weit von vielen ähnlich blutrünstigen Schlagzeilen entfernt. Der Betrachter wird schnell erkennen, daß der Inhalt erfunden ist, aber er bleibt im Unklaren darüber, ob das für seine reißerischen und nicht immer der Wahrheit entsprechenden Schlagzeilen bekannte Boulevardblatt tatsächlich derartiges behauptete.

Das Plakat wurde zum Bundestagswahlkampf 1972 von Klaus Staeck in eigener Verantwortung herausgegeben. Es erschien zunächst mit der Unterschrift »Dahinter steckt immer ein kluger Kopf«, die später auf Einspruch der *Frankfurter Allgemeinen Zeitung* entfernt wurde, da diese den Spruch als eingetragenes Warenzeichen hatte schützen lassen.[1] 1976 forderte der Axel-Springer-Verlag als Herausgeber der *Bild-Zeitung* Staeck auf, das Plakat nicht weiter zu vertreiben, doch die gerichtliche Klage wurde zurückgewiesen.[2]

Staeck möchte das Plakat »als Ironie verstanden wissen«, und er zitiert eine Besprechung seiner Arbeiten in der *Frankfurter Allgemeinen Zeitung:* »Die besten Bildsatiren Staecks stimmen nachdenklich dadurch, daß sie nichts erfinden, sondern vorhandene Bilder und Texte, dem Werbeteil und den redaktionellen Äußerungen von Illustrierten und Magazinen entnommen, jäh zusammenrücken. (...) Nur Neid könnte bestreiten, daß Staeck im Augenblick Deutschlands wirksamster politischer Künstler ist.«[3] J.D.

1 Klaus Staeck, *Die Reichen müssen noch reicher werden. Politische Plakate,* Reinbek bei Hamburg 1973, S. 245f. Abbildungen beider Fassungen in Staeck/Karst 1973, S. 115.

2 Kat. Frankfurt 1980, S. 81; das Plakat hatte bis zu dem Zeitpunkt bereits eine Auflage von über 200000 Exemplaren.

3 Staeck (wie Anm. 1), S. 245.

137
Barzel verwandelt sich in Strauß, 1972

Flachdruck in Schwarz und Rot (Schriftzug der *CDU*), 443 x 293, *Pardon* Heft 10, 11. Jg., Okt. 1972
Privatbesitz.

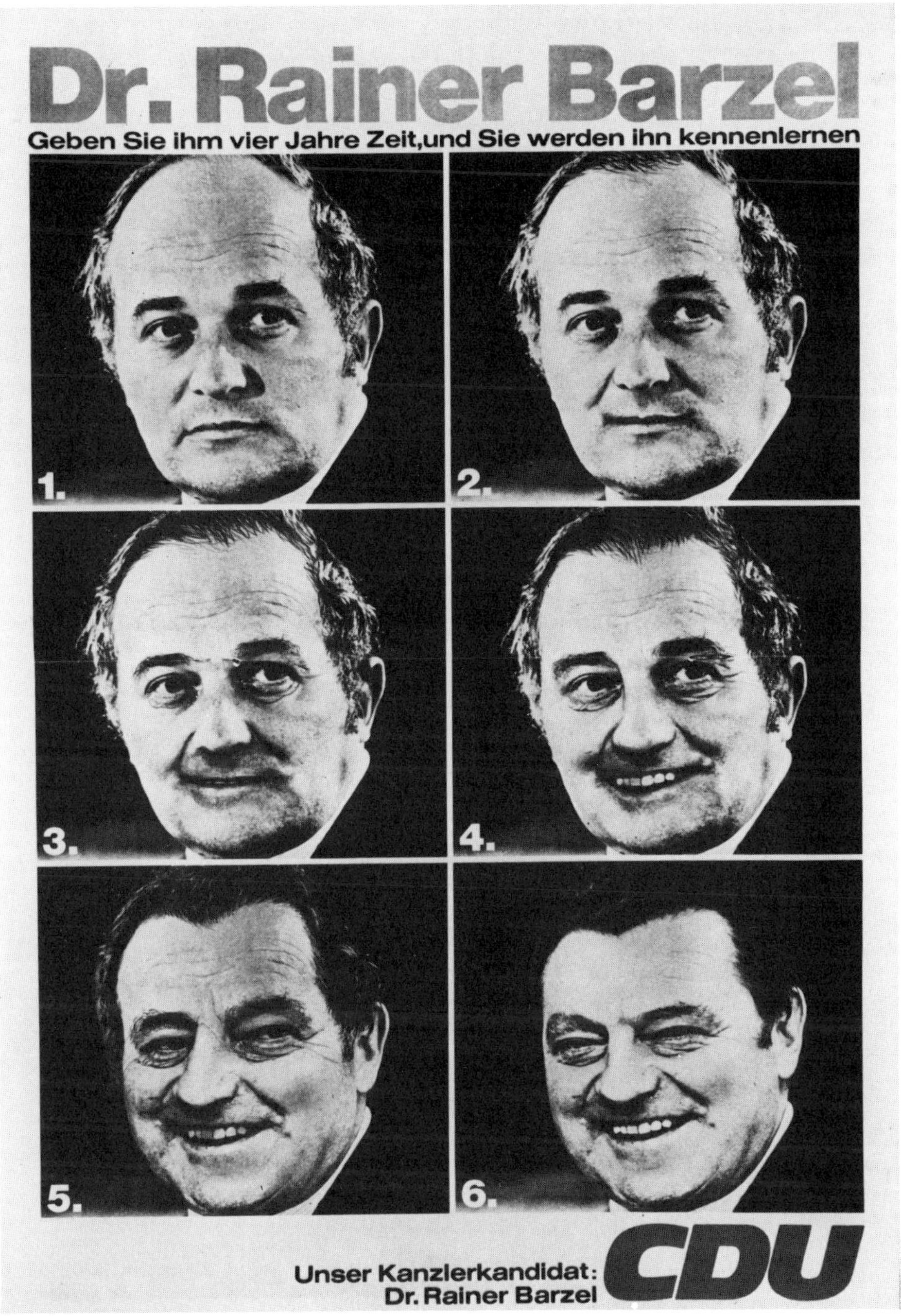

Die Unionsparteien stellten zur Bundestagswahl 1972 Rainer Barzel als ihren Kanzlerkandidaten auf. Die hier ausgestellte Photomontage erschien kurz vor der Wahl zusammen mit vier weiteren fiktiven CDU-Plakaten in der satirischen Zeitschrift *Pardon.*[1] In sechs numerierten Photos verwandelt sich das ernste Gesicht Barzels in das zufrieden lächelnde von Strauß. – Das erste und letzte Bild sind in keiner Weise verfremdet, sie dürften offizielle Pressephotos sein. In den dazwischenliegenden vier Stufen verändert sich Schritt für Schritt Barzels hohe Stirnglatze in den dichten schwarzen Haaransatz von Strauß; aus der schmalen, kleinen Nase wird eine breite, und der geschlossene, in den Winkeln leicht herabgezogene Mund öffnet sich allmählich zu einem siegessicheren Lachen.

Das satirische Mittel der Metamorphose ist alt und eignet sich vorzüglich sowohl dazu, eine zeitliche Entwicklung auszudrücken (Kat. 88), als auch den ›wahren Charakter‹ des Dargestellten zu entlarven. Das berühmteste Beispiel sind die *Birnenskizzen* von Charles Philipon (Abb. 117). Der Herausgeber der Zeitschrift *La Caricature* wurde 1831 wegen Majestätsbeleidigung verurteilt, da auf einigen von ihm zu verantwortenden Karikaturen die Person des Königs deutlich erkennbar in entwürdigenden Situationen dargestellt sei. Philipon verteidigte sich unter anderem vor Gericht mit den *Birnenskizzen,* auf denen sich in vier Phasen das königliche Porträt in eine Birne verwandelt, ohne daß die Erkennbarkeit verlorengeht. Karikaturen gegen Louis-Philippe zu verbieten, hieße dann, alles zu verurteilen, »auf dem sich ein Kopf befindet, der oben schmal und unten breit ist.«[2]

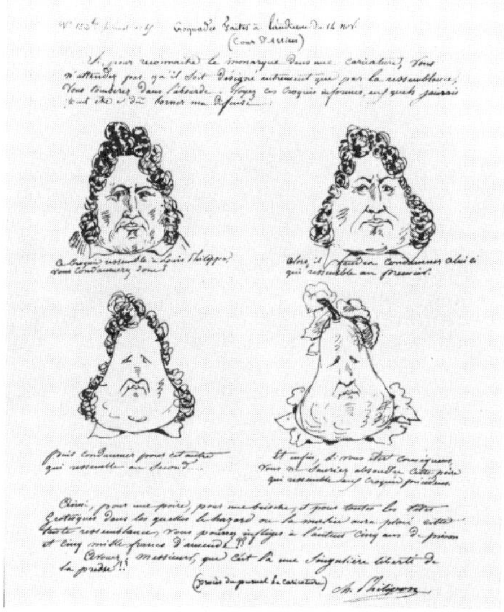

Abb. 117 Charles Philipon, *Die Birnenskizzen,* 1831

Es gibt zwei entscheidende Unterschiede zwischen den *Birnenskizzen* und der Photomontage. Bei den ersteren bleibt die Ähnlichkeit zwischen erster und vierter Skizze erhalten, und gleichzeitig bedeutet die Verwandlung des königlichen Porträts in eine Birne eine beleidigende Herabsetzung. In den Photomontagen wird weder eine äußere Ähnlichkeit von Barzel und Strauß behauptet, noch enthält deren Gleichsetzung eine im Bild sichtbare Beleidigung. Doch die Aussage, daß hinter Barzel – »Geben Sie ihm vier Jahre Zeit, und Sie werden ihn kennenlernen« – im Grunde genommen Strauß steckt, erweist sich als ein vernichtender Vergleich, da der Ruf des bayrischen Politikers auf den liberaleren Barzel übertragen wird. Zugleich erscheint Barzel als schwacher Politiker, der Straußens Einfluß erliegen wird.[3] J.D.

1 *Pardon* Heft 10, 11. Jg., Oktober 1972. Als Autoren werden im Inhaltsverzeichnis Ernsting, Kromschröder und Pasteur angegeben.
2 *La Caricature* Nr. 55, 17.11.1831, Spalte 441. Zu Philipons Prozess siehe J. Döring, Kat. Göttingen 1980, S. 32f., Kat. 26.
3 Offensichtlich beanstandete die CDU den Gebrauch ihres Namenszugs in der von ihr auf Wahlplakaten verwandten Typographie. Es erschien eine spätere Auflage, auf der sich an Stelle des »CDU«-Schriftzugs ein nach unten gerichteter Pfeil befindet; Abb. beider Fassungen in Staeck/Karst 1973, S. 77f.

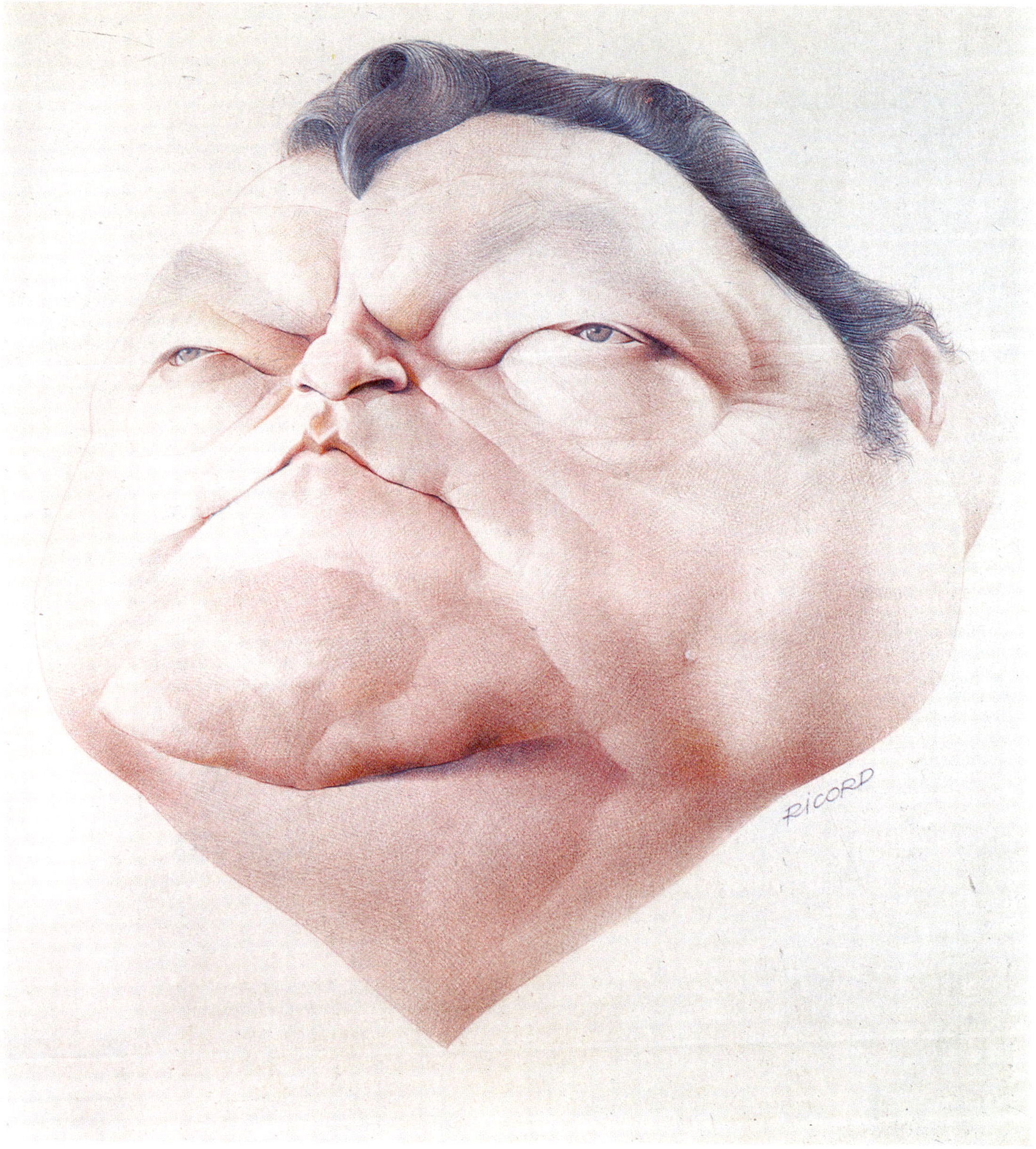

138

Patrice Ricord (geb. 1947)

Franz Josef Strauß, 1973

Farbige Kreide, weiß gehöht, 440 x 440, signiert *Ricord*
Im Besitz des Künstlers.

Gewaltige Fleischmassen fassen die kleinen, dicht aneinandergerückten Gesichtsorgane ein. Die knollige Nase befindet sich in gleicher Höhe mit den schmalen, nach oben blickenden Augen, die zwischen wulstigen Augenbrauen und Tränensäcken zu versinken drohen. Der Mund ist, bis auf die spitz aufgeworfene Oberlippe in der Mitte, zu dünnen Linien geworden, die parallel zu den von den Nasenflügeln ausgehenden Hautfalten verlaufen. Oben begrenzen korrekt frisierte Haare mit einer über der senkrechten Stirnfalte ansetzenden Schmalzlocke die rosigen Fleischmassen. Der unten spitz abschließende Hals scheint in einem imaginären Hemdkragen zu stecken.

Ricord arbeitet zusammen mit Jean Mulatier und Claude Morchoisne in einer Pariser Ateliergemeinschaft, die sich auf zeichnerisch aufwendige, sorgfältig vorbereitete Karikaturen von Politikern und Prominenten aus dem Show-Geschäft spezialisiert hat. Vorbereitende Studien und die farbige Ausarbeitung einer Zeichnung bis zur fertigen Vorlage für eine Titelillustration nehmen bei ihnen, nach eigenen Aussagen, bis zu vier Wochen in Anspruch.[1] Sie gehen von photographischen Vorlagen aus, erstellen ein tektonisches Gerüst der Kopfstruktur (Abb. 118), bevor sie mit feinen Schraffuren in farbiger Kreide die endgültige Version anfertigen. Sie schreiben zu ihren Arbeiten: »Nicht alle Karikaturen übertreiben auf die gleiche Art. Es hängt davon ab, (. . .) was wir ausdrücken wollen. Im Gegensatz zur allgemeinen Tendenz in der Karikatur versuchen wir, unsere Übertreibungen nicht zu übertreiben. Man muß genau wissen, wie weit man gehen kann, ohne die Ähnlichkeit zu verlieren oder rundheraus gemein zu werden. Wir behaupten nicht, daß wir immer diesen Exzess vermieden hätten. (. . .) Es geht mehr darum, nicht zu weit zu gehen [in der Bosheit], als daß es sich um Selbstzensur handele.«[2] Sie geben allerdings zu, bei Strauß vielleicht etwas zu weit gegangen zu sein, entschuldigen sich aber damit, daß dessen Physiognomie sich allzu bereitwillig ihren sezierenden Stiften hingegeben hätte.[3] J.D.

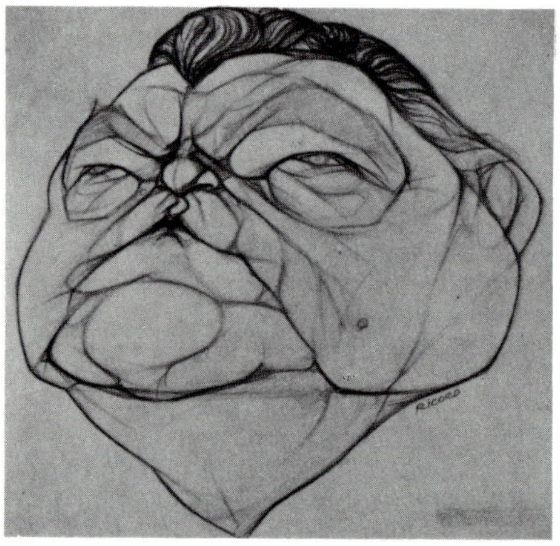

Abb. 118 Patrice Ricord, *Franz Josef Strauß*

1 Feaver 1981, S. 232.
2 Mulatier 1983, S. 138.
3 Mulatier 1983, S. 136; vgl. auch die Zitate in der Einleitung zu diesem Kapitel. – Auf der Titelseite des *Stern*, Nr. 13, 20. 3. 1975, erschien eine fast identische Strauß-Karikatur von Ricord; Abb. Mulatier 1983, S. 136.

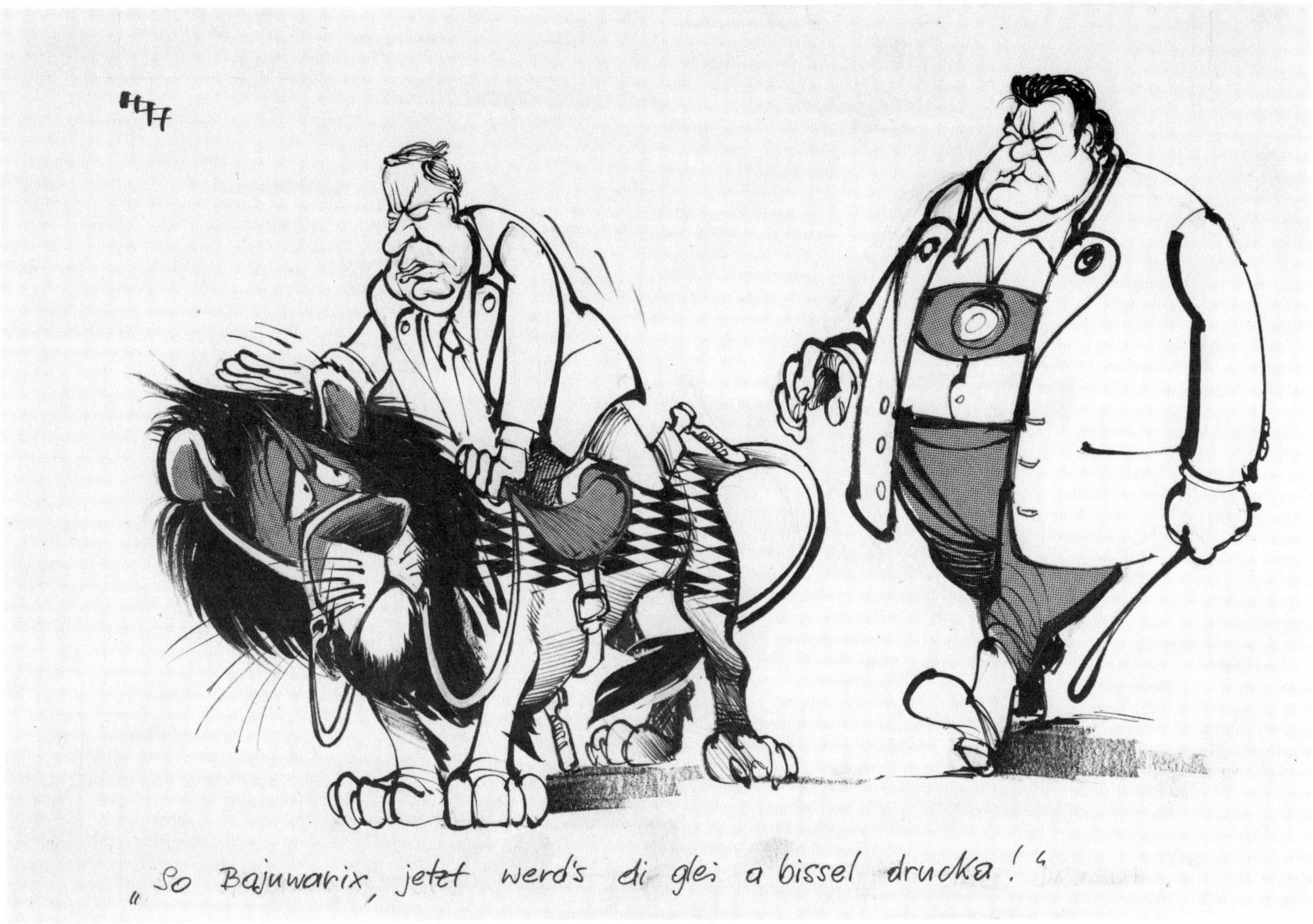

139
Horst Haitzinger (geb. 1940)
»So Bajuwarix, jetzt werd's di glei a bissel drucka!«, 1977
Pinsel in Schwarz, schwarzer Filzstift, Kohle und Collage (graues Raster), 209 x 297, monogrammiert und datiert *H77*
Sammlung Ensmann, München.

Mit gewichtigem Leibesumfang kommt Strauß zielstrebig auf den ängstlich zurückweichenden bayrischen Löwen zu. Dessen Skepsis scheint berechtigt: Die Reitpeitsche in der Linken, die Rechte zum Zupacken geöffnet, das energische Kinn vorgeschoben und die Augenbrauen diabolisch spitz nach oben gezogen, macht Strauß nicht den Eindruck eines angenehmen Reiters. Der im Vergleich zu Strauß schmächtige Alfons Goppel gibt bereitwillig den Sattel seines mit dem bayrischen Rautenmuster versehenen Reittiers frei.

Strauß gab im November 1977 bekannt, daß er im nächsten Jahr nach Ablauf der Amtszeit des bayrischen Ministerpräsidenten Goppel dessen Amt übernehmen werde. Haitzinger kommentiert die Ankündigung in einer präzisen allegorischen Sprache. Der bayrische Löwe – in Anlehnung an die populären *Asterix und Obelix*-Comics[1] »Bajuwarix« genannt – personifiziert das Bundesland, der Wechsel der Reiter die Veränderung in der Staatsführung. Die qualitativen Unterschiede zwischen altem und neuem Reiter werden durch die unterschiedlichen Charakterisierungen der Personen ausgedrückt. J.D.

1 Vgl. Stoll 1974, S. 36 und öfter.

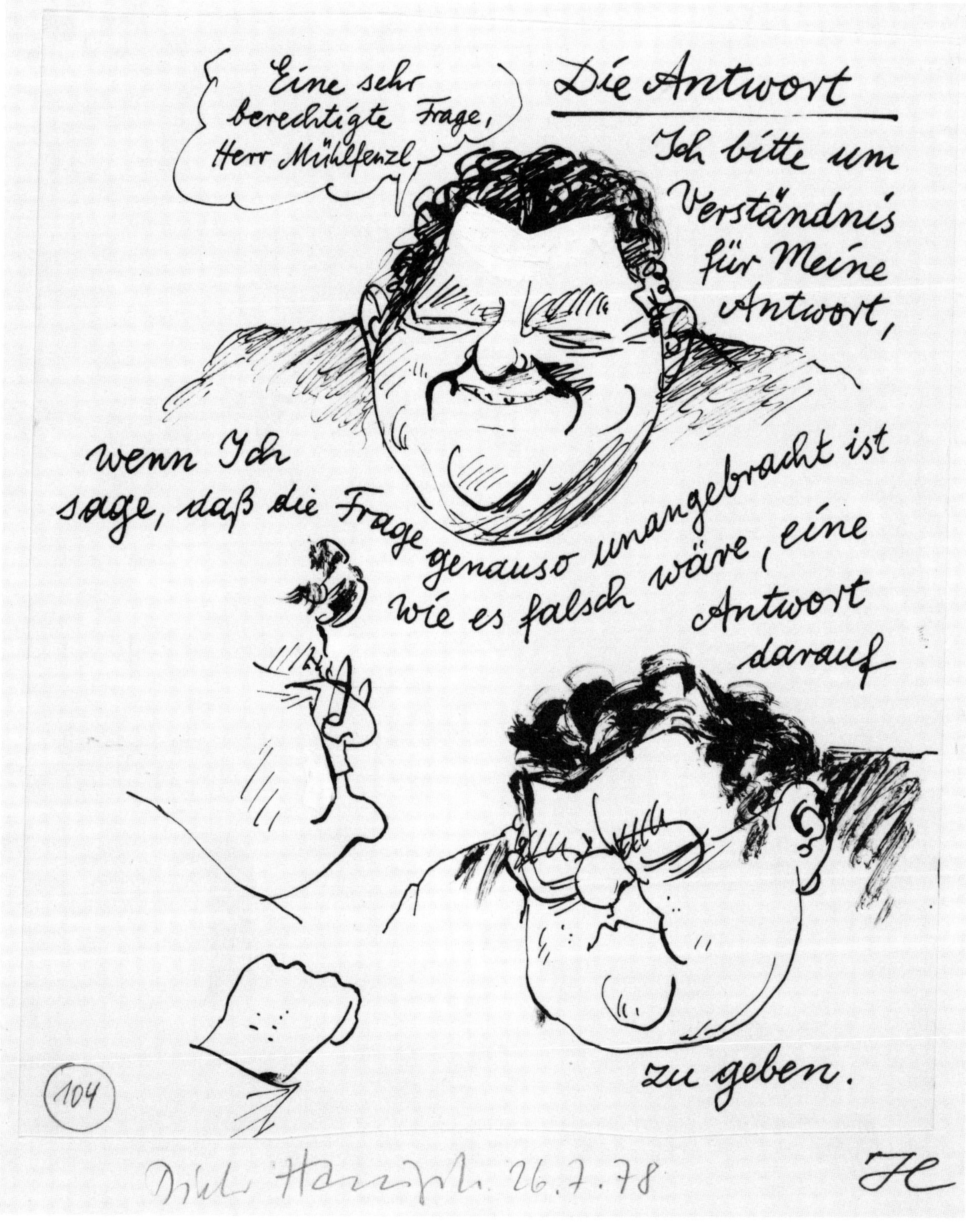

140
Dieter Hanitzsch (geb. 1933)
Die Antwort, 1978
Feder und Pinsel in Schwarz, 221 x 179, monogrammiert *H*, in Blei signiert *Dieter Hanitzsch 26.7.78.*
Sammlung Ensmann, München.

»Eine sehr berechtigte Frage, Herr Mühlfenzl. Ich bitte um Verständnis für Meine Antwort, wenn Ich sage, daß die Frage genauso unangebracht ist wie es falsch wäre, eine Antwort darauf zu geben.«

Es mag dahingestellt sein, ob es sich um ein korrektes Zitat handelt oder ob einfach die rhetorische Ausweichkunst des Bayern parodiert wird. Das Musterbeispiel sprachlicher Logik ist mit drei unterschiedlichen Köpfen garniert: oben verschmitzt über beide Backen grinsend, die Augen zusammengekniffen, der Profilkopf links energisch und sachlich, das Gesicht unten rechts ernst und scheinbar konzentriert – er geht wieder zur Geschäftsordnung über. Das letzte Mienenspiel unterstreicht die Ernsthaftigkeit seiner *Antwort,* während der obere Kopf noch in offensichtlicher Freude über die vorausgeahnte verdutzte Zuhörerreaktion zufrieden strahlt.

Die Zeichnung erschien 1978 in dem Band *Ich, Franz Josef* zusammen mit über hundert weiteren Karikaturen von Hanitzsch.[1] Das Buch wurde, genauso wie ein späterer zweiter Band, ein großer Erfolg. 1984 verlangte Marianne Strauß, die Gattin des Politikers, vom Süddeutschen Verlag fünfzehn Prozent der Einnahmen aus den Verkäufen (siehe Abb. 115).[2] J.D.

1 Hanitzsch 1978, S. 104.
2 Herles 1984.

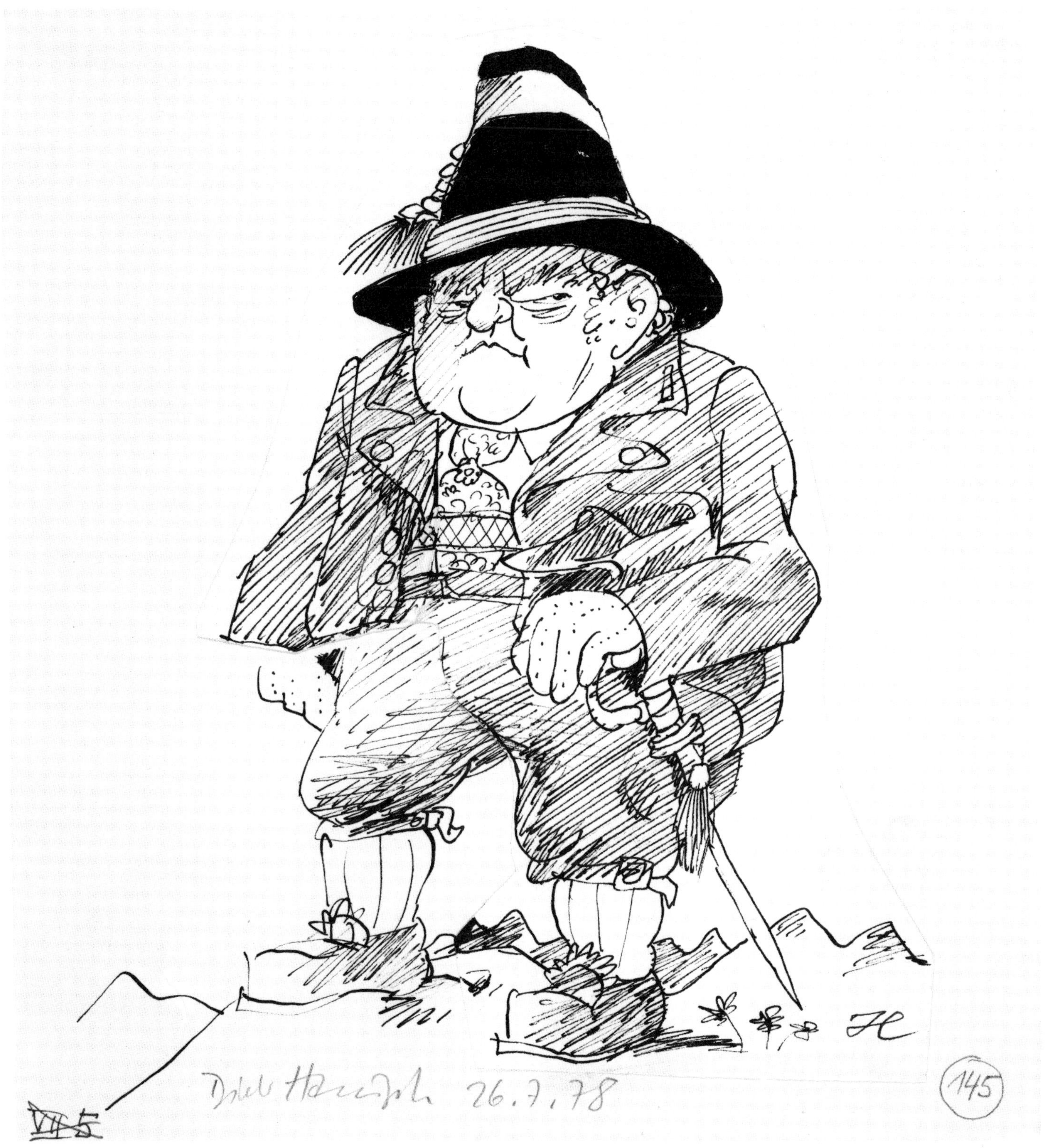

141
Dieter Hanitzsch (geb. 1933)
Bergsteiger Strauß, 1978
Feder in Schwarz, 273 x 243, monogrammiert *H*, signiert in Blei *Dieter Hanitzsch 26.7.78.* Sammlung Ensmann, München.

In bayrischer Nationaltracht steht Strauß über den Gipfeln, untersetzt und stämmig, den massigen Kopf tief zwischen den Schultern. Die Mundwinkel sind herabgezogen, die Kinnlinie zeichnet sich zwischen tief hängenden Wangen ab. Unter dem Schatten der Hutkrempe geht der kritische Blick nach rechts aus dem Bild.

Befremdung ruft der Degen hervor, auf den Strauß selbstsicher seine linke Hand gelegt hat. Vielleicht handelt es sich um eine Anspielung auf eine Äußerunng des Bayern: »Ich habe noch niemanden getroffen, der mir sagen konnte, warum ich ein gefährlicher Mann sein soll (...), als ob ich dauernd mit dem Stilett in der Lederhose herumlaufe, um politische Gegner zu ermorden.«[1] Der *Bergsteiger* wurde in einen Strauß-Sammelband von Hanitzsch aufgenommen und dort mit einem kurzen Kommentar versehen: Der Osten würde schreien, weil die Starfighter gefährlich seien, aber nicht darüber, daß Strauß sich eine neue lederne Bundhose kaufen würde (vgl. Kat. 141)[2]. J.D.

1 In *Esprit* Nr. 1, 1975; zit. nach Humann 1980, S. 84.
2 Hanitzsch 1978, S. 145.

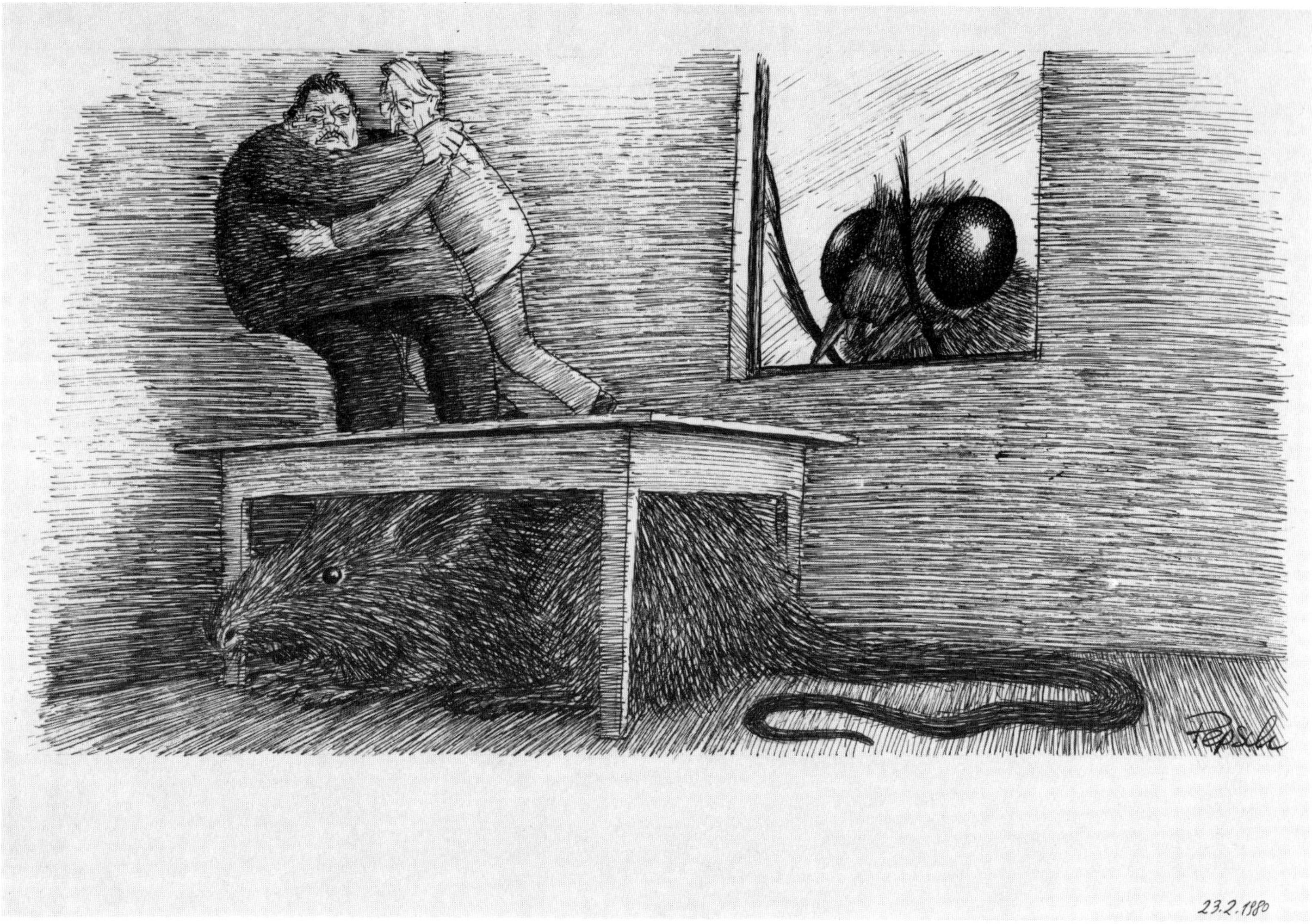

142

›Pepsch‹ Gottscheber (geb. 1946)

Ratten und Schmeißfliegen, 1980

Feder in Schwarz, 210 x 298, signiert *Pepsch*
Sammlung Ensmann, München.

Strauß und der CSU-Generalsekretär Stoiber drängen sich ängstlich und hilflos in eine Zimmerecke. Auf einem Tisch haben sie vor einer riesenhaften Ratte und einer womöglich noch größeren Fliege Schutz gesucht. Die auf den Kopf gestellten Größenmaßstäbe erinnern an den amerikanischen Horrorfilm von Jack Arnold *The Incredible Shrinking Man* von 1957, der mehrfach im bundesdeutschen Fernsehen gezeigt wurde. Dort schrumpft der von einer unbekannten Droge infizierte Held auf Zentimetergröße zusammen, so daß schließlich Mäuse und Spinnen zur tödlichen Gefahr für ihn werden.

Auf der Karikatur sind es Ratte und Schmeißfliege, die die geschrumpften Strauß und Stoiber bedrohen. Es handelt sich um eine Anspielung auf einen Ausspruch von Strauß, den er als Kanzlerkandidat der Unionsparteien Anfang 1980 auf einige Schriftsteller und Intellektuelle münzte, die die Freiheiten der Bundesrepublik mißbrauchen würden. Der Ausdruck rief einen Sturm von Entrüstung in der Presse hervor; Vergleiche mit der Intellektuellenhetze des Dritten Reichs wurden gezogen. Die Formulierung erwies sich als ein Schuß, der nach hinten losging und dem Ruf des Bayern nicht wenig schadete.

J.D.

143

DDR-Gast Strauß in Hubertusstock, 1983

Flachdruck, 95 x 70, *Der Spiegel* Nr. 31, 37. Jg., 1.8.1983, S. 25.

Im Juli 1983 besuchte Strauß überraschend den SED-Chef Honnecker und vereinbarte mit ihm den sogenannten ›Milliarden-Kredit‹ der Bundesrepublik an die DDR. Die Nachricht erstaunte um so mehr, als Strauß für eine harte Gangart gegenüber der DDR bekannt war und immer gefordert hatte, finanzielle Zusagen nur bei direkten Gegenleistungen zu gewähren.

Das Magazin *Der Spiegel* brachte am 1. August eine Titelgeschichte über den DDR-Besuch und illustrierte ihn unter anderem mit der hier ausgestellten Photographie. Strauß steht in gelassener Haltung, die Hände vor dem Bauch gefaltet, unter einem Hirschgeweih. Der Wandschmuck ist für das Jagdschloß Hubertusstock nicht ungewöhnlich. Es handelt sich nicht um eine Photomontage, sondern die Verbindung zwischen dem Geweih und dem Kopf des Politikers kommt allein durch den Blickwinkel des Photographen zustande. Dessen würdevolle, ernste Pose wird durch das exakt plazierte Geweih zunichte gemacht. Strauß erscheint als ›Gehörnter‹, d.h. als Betrogener. Das Motiv ist in der volkstümlichen Druckgraphik und in Karikaturen weit verbreitet, zumeist gilt es betrogenen Ehemännern. Jemandem ›Hörner aufsetzen‹ ist eine geläufige Redewendung.[1]

Die das Pressephoto vertreibende Agentur antwortete auf die Bitte um Überlassung eines Abzugs: »Mit unseren Photos berichten wir von aktuellen politischen Ereignissen unserer Zeit. Es liegt uns fern, eines der Photos als Karikatur zu betrachten, es soll auch nicht als solche gesehen werden.«[2] Ob beabsichtigt oder unbeabsichtigt – daß die Wahl der *Spiegel*-Redaktion auf dieses Bild fiel, dürfte kein Zufall gewesen sein –, das Photo erzielte allgemeine Heiterkeit. J. D.

1 Dazu *Deutsches Wörterbuch*, begründet von Jacob und Wilhelm Grimm, Bd. IV, 1897, Sp. 2530; Bächthold-Stäubli IV, Sp. 325f.

2 Schreiben der *Fotoagentur Sven Simon*, Bonn, vom 15.9.1983. Ausgestellt wird nun, als ›Bildzitat‹, die kleinformatige Abbildung des *Spiegel*.

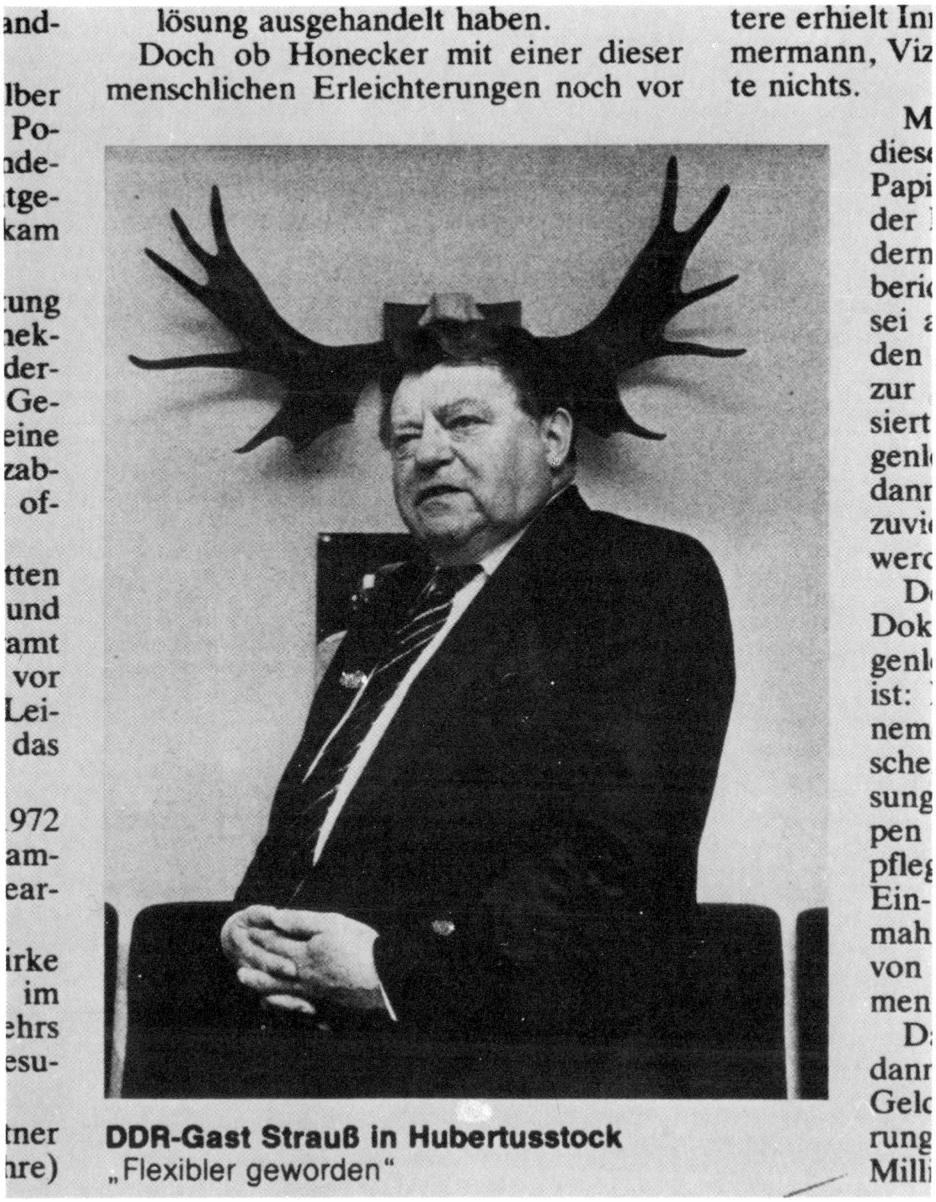

lösung ausgehandelt haben.
Doch ob Honecker mit einer dieser menschlichen Erleichterungen noch vor

tere erhielt In
mermann, Viz
te nichts.

DDR-Gast Strauß in Hubertusstock
„Flexibler geworden"

Teil 3

Komponierte Bild-Satiren

Wenn Karikaturen Zustände und Zusammenhänge szenisch darstellen und kommentieren, reichen oft die Methoden der bloßen Verformung nicht aus. Moralische Wertungen etwa können – wie in der barocken Allegorie – präziser mit Bildzeichen ausgedrückt werden. Karikaturen verwenden von jeher traditionelle Motive, verschlüsselte Symbole oder solche, die auf Anhieb verstanden werden. Sie benutzen aber diese Mittel in pointierter und gezielt agitierender Weise, um von ihrem parteilichen Standpunkt aus ihre tendenziöse, abwertende Kritik ›an den Mann zu bringen‹.

Vielfach folgt die Bildsatire einem geläufigen Rahmenthema, wie beispielsweise dem Schandzug, in dessen Gesamtzusammenhang die unterschiedlichsten Zeichen auftreten können. Karikaturen arbeiten mit satirischen Vergleichen, mit extremen Gegensätzen oder mit dem unkonventionellen Einsatz bekannter Motive. Wortzitat und Bildzitat erlauben die Übertragung allgemein bekannter Wertvorstellungen auf den konkreten Sonderfall.

Das überlieferte Vokabular der Bildsprache erweist sich als ein reichhaltiges Reservoir, auf das Karikaturen bis hin zum ›gezeichneten Leitartikel‹, den tagesaktuellen Karikaturen in heutigen Zeitungen, zurückgreifen.

3.1. Schandzug und Staatskutsche

Zu den ältesten künstlerischen Aufgaben gehört die Darstellung des fürstlichen Triumphes. In realen Festzügen empfing der Herrscher, zu Pferd oder im Wagen, die Huldigungen des Volks. Auch die bildende Kunst kennt seit alters her das Thema des Triumphzuges. Der Satiriker greift das Motiv mit List auf und schleift es für seine Zwecke zurecht. Fürstenlob verwandelt sich so zur Herrschaftskritik, Erhabenheit schlägt um in Lächerlichkeit. Das Verfahren lebt bis in die Rosenmontagsumzüge der Gegenwart fort.

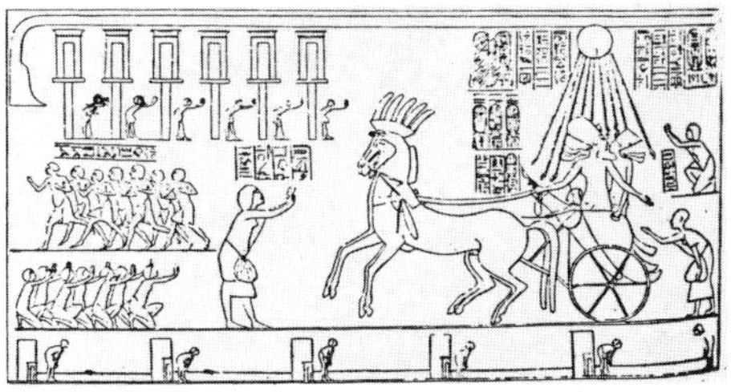

Abb. 119 Ägyptisch, *König, Königin und Prinzessin im Kampfwagen,* um 1350 v. Chr.

Zu den ältesten Aufgaben der Bildkunst zählt die Verherrlichung des über seine Feinde triumphierenden und von seinem Volke gefeierten Herrschers. Frühe Beispiele der szenischen Huldigung und Unterwerfung sind aus dem alten Ägypten überliefert. In einem Grabrelief der Amarnazeit, um 1350 v. Chr., sind die wesentlichen Elemente späterer Triumphdarstellungen bereits ausgebildet (Abb. 119)[1]: Die reliefhaft flächige Ordnung der Motive in einem fortlaufend erzählenden Bildfries; der Triumphator in Kampfwagen oder – später – in repräsentativer Karosse und häufiger noch reitend; sein Gefolge teils im Gestus der Unterwürfigkeit, teils seinen Ruhm laut verkündend.

Als fester Bestandteil öffentlicher Repräsentationskunst begegnen Triumphzüge dann in der römischen Kunst (Abb. 120).[2] In oft bildgeschmückten Triumphbögen, aber auch in bürgerlich historischen Festzügen und letztlich im Karnevalsbrauch wirkt diese Tradition bis in unser Jahrhundert nach.[3] Zuvor hatten die imperialen Bild- und Festprogramme Roms Eingang gefunden in die repräsentative Selbstdarstellung des mittelalterlichen Kaisertums und der päpstlichen Kirche. So wünschte Friedrich II. nach seinem Sieg über die Mailänder 1237 einen Triumphzug in der Art der alten Caesaren[4], und im päpstlichen Zeremoniell wie in der Bildkunst (Abb. 121) symbolisiert der reitende Papst als ›Papa triumphans‹ den Herrschaftsanspruch der Kirche.[5]

Insbesondere während der Renaissance und des Barock wurden Triumphzüge feierlich zelebriert. In Festwesen, Dichtung und Bildkunst fand die Triumphidee mannigfachen Niederschlag, die nun nicht ausschließlich der Verherrlichung militärischer Siege und fürstlicher Herrschaft galt, sondern auch, wie etwa in Petrarcas wirkungsreicher Dichtung *Trionfi* (begonnen 1357), der Verherrlichung der Tugenden, aber auch des Dichterruhms und anderem mehr.[6]

Für das neuzeitliche Fortwirken der alten Triumphidee in der bildenden Kunst – und hier insbesondere für das Fortwirken des Triumphzuges – seien aus der Fülle des Materials drei Beispiele vorgestellt, und zwar ein Teilbild aus Mantegnas *Triumph des Caesar* (Abb. 122), in den achtziger Jahren des 15. Jahrhunderts für den mantuanischen Herzog Francesco Gonzaga gemalt[7]; sodann der *Große Triumphwagen Kaiser Maximilians* (Abb. 123), von Dürer um 1518 entworfen und 1522 als Druck von acht Holzstöcken erschienen[8]; schließlich die von Rubens entworfene Festdekoration zur *Pompa Introitus Ferdinandi,* dem feierlichen

1 J. Vendier, *Manuel d'Archéologie égyptienne,* Bd. IV, Paris 1952, S. 678. – Für den Hinweis auf die erwähnten ägyptischen Beispiele danke ich Norbert Dürring, Berlin.

2 Eine Zusammenstellung der römischen Quellen in Pauly-Wissowa, *Real-Encyclopädie der Klassischen Altertumswissenschaften,* Stichwort »Triumphus«.

3 Vgl. etwa U. Westfehling, *Triumphbogen im 19. und 20. Jahrhundert,* München 1977; Th. W. Gaehtgens, *Napoleons Arc de Triomphe,* Göttingen 1974; W. Hartmann, *Der historische Festzug. Seine Entstehung und Entwicklung im 19. und 20. Jahrhundert,* München 1976.

4 W. Weisbach, *Trionfi,* Berlin 1919, S. 3. – Vgl. allgemein A.M. Drabeck, *Reisen und Reisezeremoniell der römisch-deutschen Herrscher im Spätmittelalter,* Wien 1964.

Abb. 120 Römisch, *Triumph des Marc Aurel,* um 170/80 n. Chr.

Abb. 121 *Konstantins Zügeldienst.* Fresko von 1264 in der Silvesterkapelle bei SS. Quattro Coronati, Rom

Abb. 122 Andrea Mantegna, *Julius Caesar als Triumphator,* 1482/92

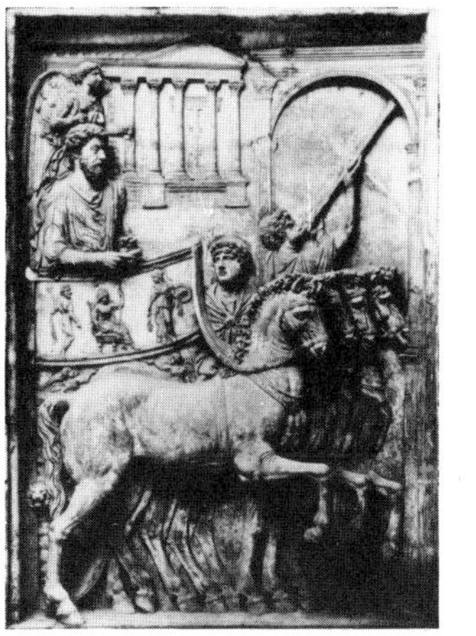

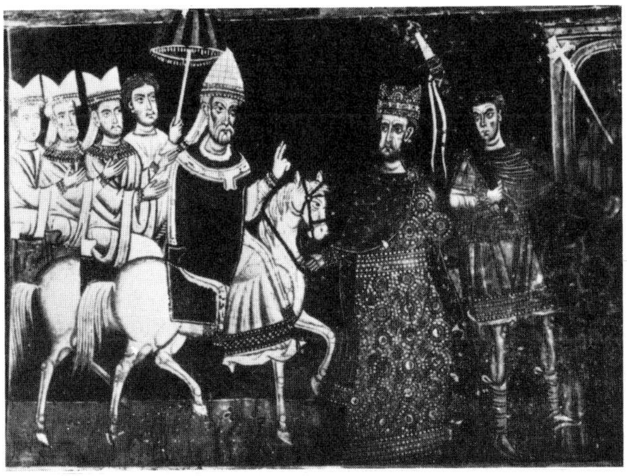

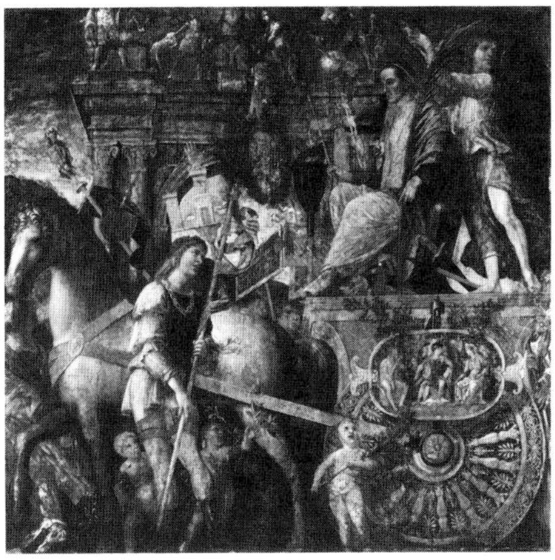

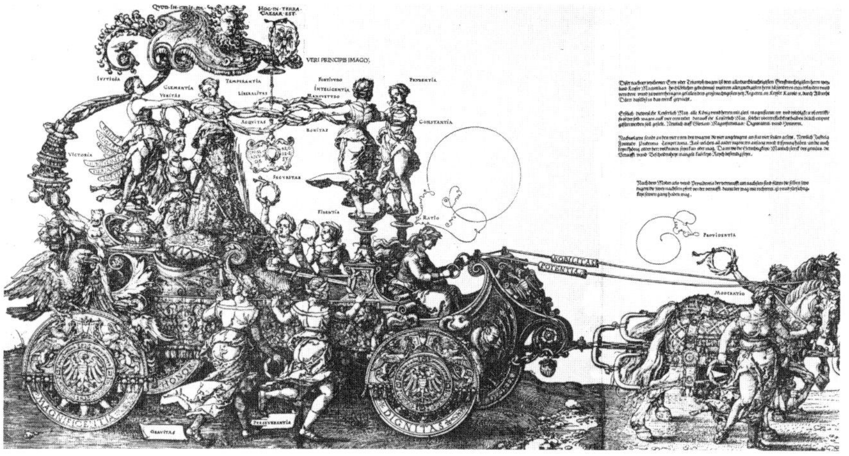

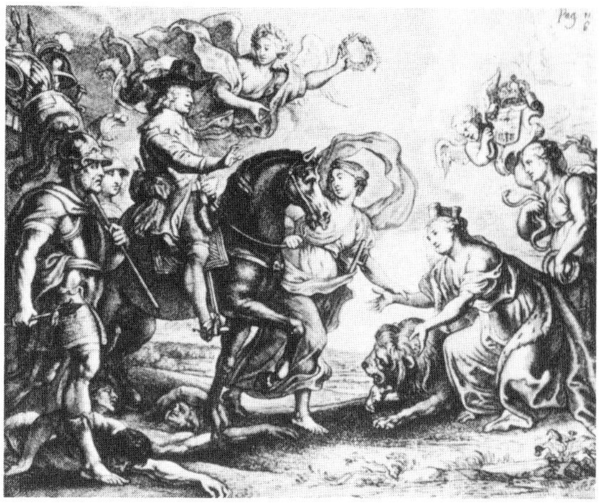

Abb. 123 Albrecht Dürer, *Der Große Triumphwagen Kaiser Maximilians* (Ausschnitt), 1522

Abb. 124 T. van Thulden nach Rubens. *Die Ankunft Ferdinands (Pompa Introitus Ferdinandi,* Detail aus dem *Willkommensbogen),* 1635/42

Einzug des Kardinalinfanten Ferdinand von Österreich in Antwerpen am 17. April 1635, hier das Hauptbild aus dem *Willkommensbogen* (Abb. 124).[9]

Zur Verherrlichung fürstlicher Macht und – besonders bei Dürer – fürstlicher Tugend dient ein vergleichsweise beschränkter Vorrat an Motiven. Es ist insbesondere die Bildsprache der Allegorik, der Symbolik, der Hieroglyphik und Emblematik, die den kompositorisch verwandten, einem allgemeinen Typus folgenden Darstellungen den jeweils besonderen ›literarischen‹ Sinn verleiht. Noch Grandville nutzte die Austauschbarkeit des traditionellen Motivrepertoires dazu, das traditionelle Thema und die traditionelle Form des Triumphzuges seinen satirischen Absichten dienstbar zu machen: Grundsätzlich stimmt sein *Kreuzzug gegen die Freiheit,* 1834 entstanden (Kat. 152), mit Dürers *Großem Triumphwagen* (Abb. 123) überein. Geändert hat sich jedoch die Absicht. Während Dürer Macht und Tugend des von einer Viktoria bekrönten, von den Kardinaltugenden Gerechtigkeit, Klugheit, Mäßigung und Stärke begleiteten sowie von Fürsorge und Bescheidenheit, Kühnheit und Großmut, Tüchtigkeit und Erfahrung geführten Kaisers demonstrierte, nutzte Grandville gleichartige, aber nun negativ besetzte ›Zeichen‹ zur Verhöhnung Louis-Philippes und seiner Regierung. Aus dem positiven Bild des Triumphes wird – gleichsam durch Umkehrung der symbolischen Vorzeichen – ein negatives Bild der Schande.

Die am Beispiel Grandvilles zu beobachtende Verwendung traditioneller Motive, die künstlerische Aneignung und Umdeutung vertrauter Handlungen, Redewendungen oder auch bekannter Kunstwerke gehört zum elementaren Handwerkszeug satirischer Auslegekunst.[10] Selbst das in Abb. 119 vorgestellte ägyptische Beispiel könnte im Vergleich mit der Tradition eine satirische Doppeldeutigkeit enthalten: Der Kampfwagen, wie hier, war zuvor dem kriegerischen Herrscher als dem Anführer des voranstürmenden Heeres vorbehalten; nun sind dem gänzlich unkriegerischen König Frau und Tochter zugesellt. Auch ein anderes und bisher nicht erwähntes Triumphalmotiv, das oft Teil erdachter oder realer Triumphzüge war, begegnet in satirischer oder doch zumindest parodierender Absicht bereits in der ägyptischen Kunst, nämlich die Vorführung der geschlagenen Feinde. So zeigt der sogenannte *Satirische Papyrus Turin 55001,* der in die 19./20. Dynastie datiert wird (d.h. 1306–1070 v. Chr.)[11], in zwei Szenen die Vorführung geschlagener Feinde (Abb. 125), setzt aber dieses aus der Tempelkunst bekannte Thema in den satirischen Mensch-Tier-Vergleich um.

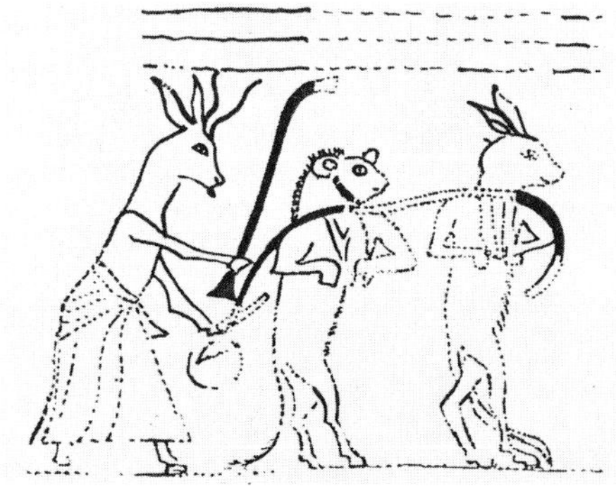

Abb. 125 Ägyptisch, *Vorführung der Gefangenen* (Detail aus dem *Turiner Papyrus*), 13.–11. Jh. v. Chr.

Auch die neuzeitliche Bildkunst bediente sich schon vergleichsweise früh des satirisch umgedeuteten Triumphalmotivs. Eine Miniatur der *Sächsischen Weltchronik* aus dem 14. Jahrhundert (Abb. 126) nutzt das Hoheitszeichen des reitenden Papstes (Abb. 121), kehrt es aber in schimpflicher Absicht um: Gezeigt ist der Gegenpapst Gregor VII., nackt auf einem Esel sitzend, statt der Tiara einen Papierhelm auf dem Haupt. Tatsächlich war Gregor VII. im Jahre 1121 als Gefangener auf einem Kamel nach Rom geführt und dort seiner Bischofswürde entkleidet worden.[12] Insbesondere der *Eselsritt,* wie die Miniatur ihn zeigt und wie er als Strafmaßnahme bereits im byzantinischen Zeremoniell begegnet, diente

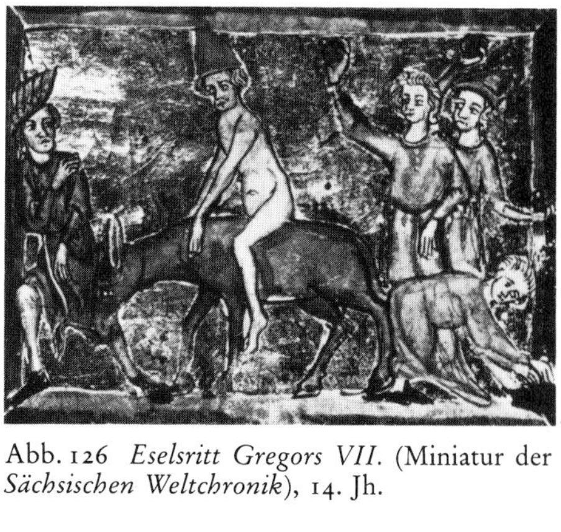

Abb. 126 *Eselsritt Gregors VII.* (Miniatur der *Sächsischen Weltchronik*), 14. Jh.

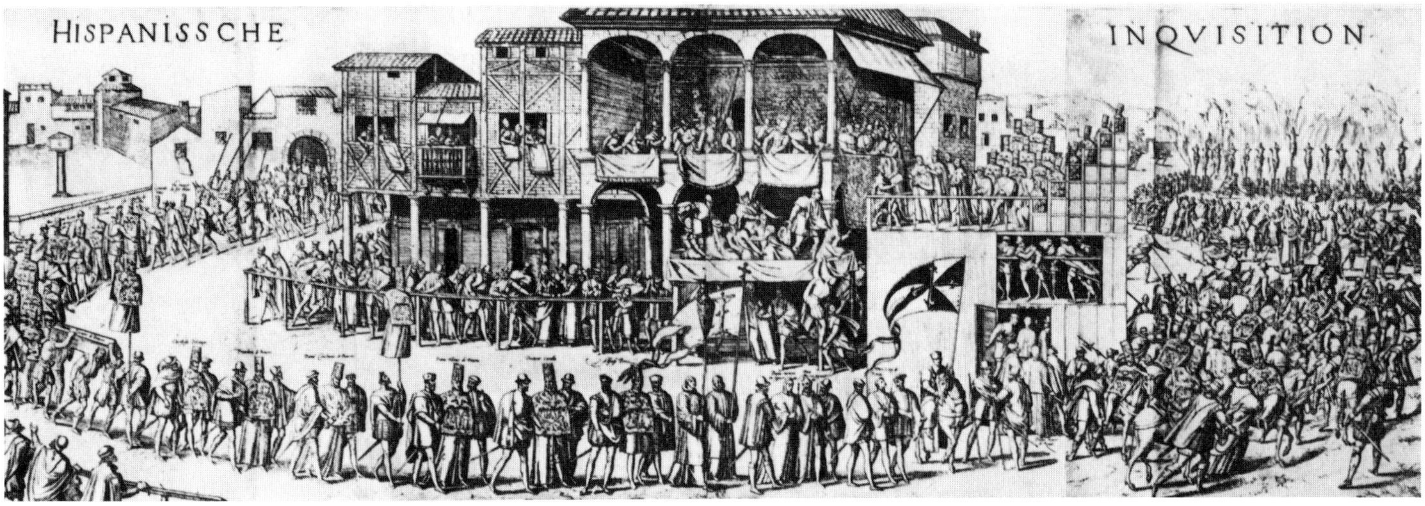

Abb. 127 Deutsch, *Schandzug in Valladolid,* 1558

mancherorts bis ins 19. Jahrhundert dazu, einen Rechtsbrecher dem öffentlichen Spott feilzubieten (Kat. 146).[13] ›Bildreportagen‹ berichten gelegentlich von realen Schandzügen, so von einer Autodafé-Prozession, in der Opfer der spanischen Inquisition 1558 durch Valladolid geführt wurden (Abb. 127), oder von der Verhöhnung der französischen Konsuln in Italien nach dem Aufstand 1799 (Abb. 128).[14]

Während die zuletzt genannten Beispiele reale Schandzüge wiedergeben und als Abbildungen eines Rechtsbrauchs (vgl. auch Kat. 146) nicht eigentlich zur Bildsatire zu zählen sind, ist der erfundene Schandzug als satirisches Thema im Mittelalter vorbereitet. Der *Eselsritt Gregors VII.* wurde genannt. Die monumentalste Lösung des Themas gab um 1490 Hieronymus Bosch mit seinem *Heuwagentriptychon* (Abb. 129): Der Heuwagen symbolisiert das irdische Gut; sein Weg ist in die Hölle gerichtet, und ebenso vom wahren christlichen Pfade abgekommen ist sein Gefolge, darunter Kaiser und Papst, die – obwohl Vertreter irdischer und himmlischer Gerechtigkeit – unbekümmert um Bluttat und Laster und unbeirrt dem Zuge folgen.[15] Dieser vorreformatorische Angriff insbesondere auf das weltliche Intervenieren der Kirche, auf klerikale Prunksucht und Geldgier wurde durch Lukas Cranach d. Ä. im *Passional Christi und Antichristi* 1521 in das reformatorische Kampfbild eingeführt. Hier ist dem wahren Triumphator Christus, der auf einem Esel bescheiden in Jerusalem einzieht, der Höllenritt des seine geistlichen Aufgaben vernachlässigenden Papstes gegenübergestellt (Abb. 130).[16]

Seit der Reformationszeit hat das Thema des Schandzuges einen unverrückbar festen Platz in der Bildsatire. Mit einem reformatorischen Beispiel (Kat. 144) sei daher auch dieses Kapitel begonnen.

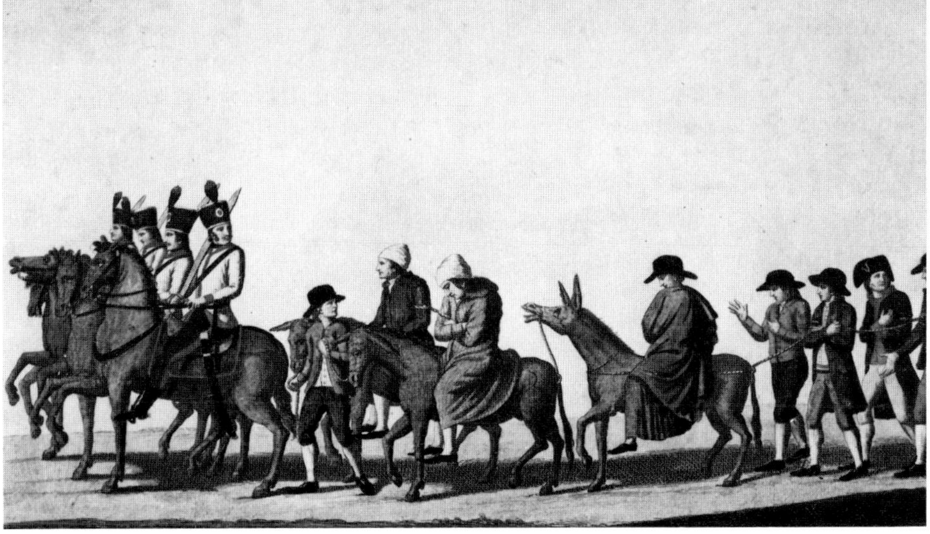

Abb. 128 Italienisch, *Schandzug der französischen Konsuln,* 1800

5 Hierzu Traeger, *Papst,* 1970.
6 Vgl. allgemein Weisbach (wie Anm. 4). – Besonders reich ausgebildete Triumphzüge wurden in den Niederlanden veranstaltet; sie dienten wesentlich der Bestätigung spanisch-habsburgischer Herrschaft. Vgl. zusammenfassend I. von Roeder-Baumbach, *Versieringen bij blijde inkomsten,* Antwerpen 1943; *Van intocht tot uitvaart,* Katalog der Ausstellung Museum Boymans-van Beuningen, Rotterdam 1977; D. P. Snoep, *Praal en propaganda,* Alphen aan den Rijn 1975.
7 Vgl. A. Martindale, *The Triumphs of Caesar by Andrea Mantegna,* London 1979.
8 Zu Dürer als Entwerfer maximilianischer Triumphalia vgl. zusammenfassend E. Panofsky, *The Life and Art of Albrecht Dürer,* Princeton (4) 1955, S. 172 ff.
9 Hierzu J. R. Martin, *The Decorations for the Pompa Introitus Ferdinandi,* Brüssel 1972 (= Corpus Rubenianum Bd. 16). Zur niederländischen Triumphalkunst vgl. die in Anm. 6 genannte Literatur.
10 Vgl. auch das Kapitel 3.5 »Bildzitat und Wortzitat« in diesem Katalog.
11 Zum *Turiner Papyrus* vgl. J. A. Omlin, *Der Papyrus 55001,* Turin 1973. Zur Frage ägyptischer Bildsatire zusammenfassend O. de Beauregard, *La caricature égyptienne,* Paris 1894.
12 Vgl. Traeger, *Heuwagen,* 1970, S. 308 und Anm. 63–65.
13 Plagemann 1967, Sp. 1529 ff. – Ferner Traeger, *Heuwagen,* 1970, S. 307 f. und Anm. 61–63 (mit weiterer Literatur).
14 Vgl. Kat. Hamburg 1984, Nr. 163, sowie Nr. 149 im vorliegenden Katalog.
15 Zum *Heuwagen*-Triptychon vgl. Unverfehrt 1980, Nr. 1 und passim (dort die ältere Literatur), ferner H. von Einem, *Zur Deutung des Heuwagentriptychons von Hieronymus Bosch,* Göttingen 1975.
16 Zum *Passional* vgl. Koepplin/Falk 1974, Nr. 218 (dort die ältere Literatur) sowie Scribner 1981, S. 149 ff.

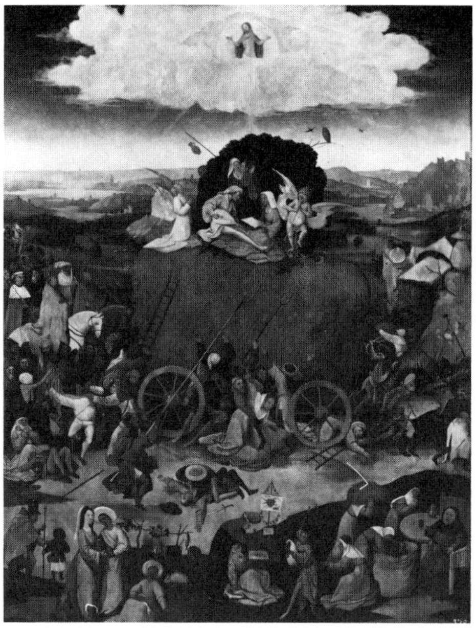

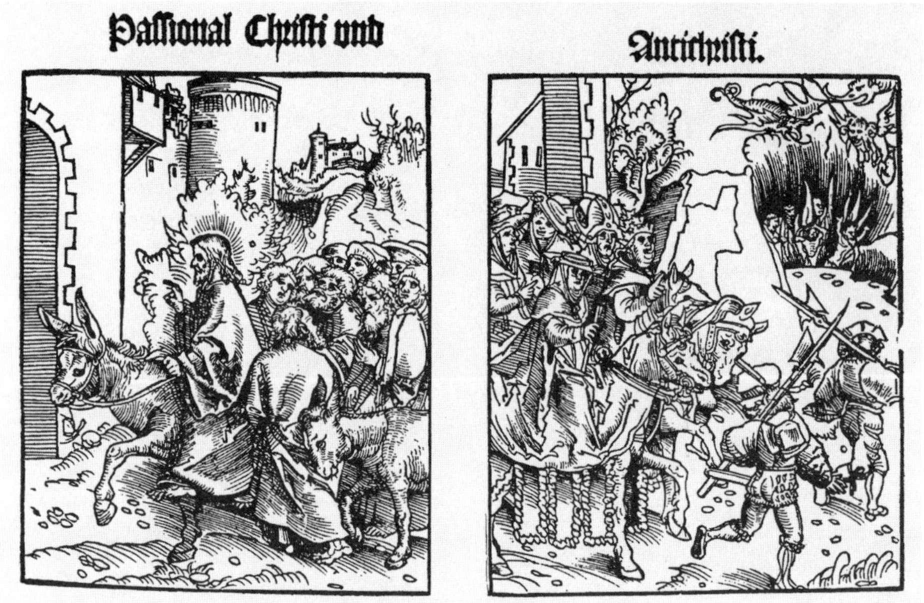

Abb. 129 Hieronymus Bosch (Kopie), *Heuwagentriptychon* (Mitteltafel), um 1490/1500

Abb. 130 Lukas Cranach d. Ä., *Einzug Jesu in Jerusalem* und *Höllenritt des Papstes* (aus dem *Passional Christi und Antichristi*), 1521

Zuvor sei jedoch auf das zweite Stichwort der Titelzeile – Staatskutsche – eingegangen. In der verbalen Metapher und im gezeichneten Bild der Staatskutsche (oder des Staatswagens) verdichtet sich die Idee eines Gemeinwesens, dessen Geschicke von der Hand eines starken Wagenlenkers durch alle Widerwärtigkeiten geführt werden. Im Bild der satirischen Staatskutsche dagegen ist die Unfähigkeit des Wagenlenkers bloßgelegt. Ihr Lauf endet wenn nicht in chaotischem Untergang, so doch wenigstens mit Achsenbruch oder der verzweifelten Suche nach dem richtigen Weg (Kat. 155, 156).

Formal steht das Motiv der Staatskutsche – die bildlichen Belege sind überwiegend satirischer Natur – dem Triumphalmotiv des in seinem Wagen thronenden Herrschers nahe (Abb. 122, 123). Doch anders als der Triumphator, der sich führen läßt und die ihm zugedachten Huldigungen passiv entgegennimmt, bestimmt der Staats(kutschen)lenker aktiv die eingeschlagene Richtung: Er ist es, der die Zügel führt. Und für diesen Aktionismus scheint weniger der Triumphzug als vielmehr die Mythologie das entscheidende Vorbild geboten zu haben.

Zwar hieß es schon zur Zeit Papst Nikolaus I. (858–867), der Papst sei »Wagenlenker des geistlichen Israel«[17]. Doch eine konkrete bildliche Allegorie dessen, was wir hier Staatskutsche nennen, begegnet erst seit Beginn des 14. Jahrhunderts in den weitverbreiteten handschriftlichen Kopien und später den Drukken des *Ovide moralisé*, einer christlich-moralischen Auslegung von Ovids *Metamorphosen.* Hierin wird am Beispiel des Phaeton-Mythos und gleichsam als Gegenwurf zur antiken Sage festgestellt, daß Gott der Lenker des menschlichen Lebenswagens sei.[18] Als Gegenwurf: Vom griechischen Sonnengott Helios, dem römischen Sol, wird erzählt, daß er tagsüber mit seinem von vier Rossen gezogenen Sonnenwagen in sicherem Lauf über die Erde eilt. Einstmal bat ihn sein Sohn Phaeton, ihm doch für einen Tag die Zügel zu übergeben. Trotz der Mahnungen des Vaters bestand Phaeton auf seinem Wunsch. Als ungeschickter Wagenführer ließ er die Pferde aus der Bahn brechen. Der Sonnenwagen eilte der Erde zu und setzte sie in Brand. Phaeton stürzte zu Tode.

Der Mythos vom überheblichen, unbeherrschten, sich selbst und andere verderbenden Phaeton, dem der *Ovide moralisé* Gottvater als den klugen Wagenlenker entgegenstellte, wurde im frühen 16. Jahrhundert zur politischen Allegorie umgedeutet. Andreas Alciatus warnte in seinem *Emblematum liber* (1531) am Beispiel Phaetons vor der verderblichen Unerfahrenheit junger Fürsten; Nikolas Reusner erkannte 1581 in seinen *Emblemata* im Phaeton-Sturz ein Exemplum unausgeglichener und damit unkluger Regentschaft (Abb. 131).[19] Zahlreiche andere Beispiele tragen die politische Auslegung des antiken Mythos durch das 16. und 17. Jahrhundert fort.[20]

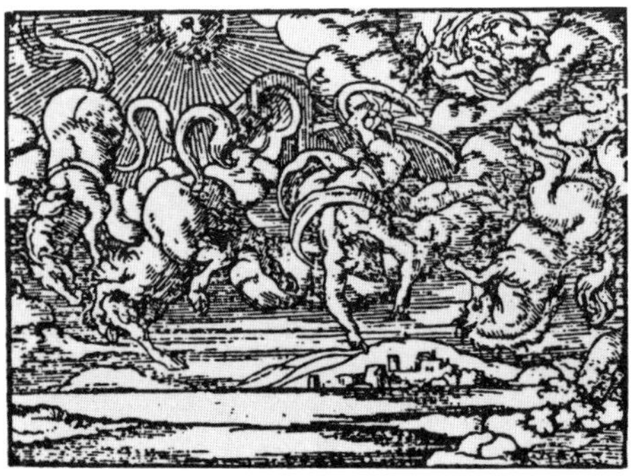

Abb. 131 *Der Sturz des Phaeton,* aus N. Reusner, *Emblemata,* 1581

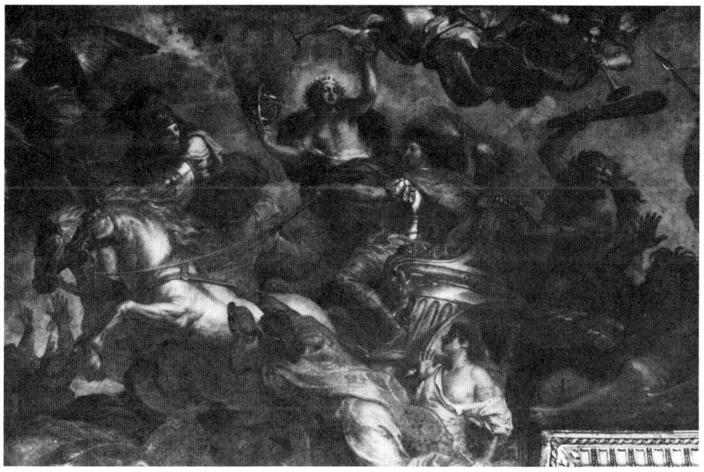

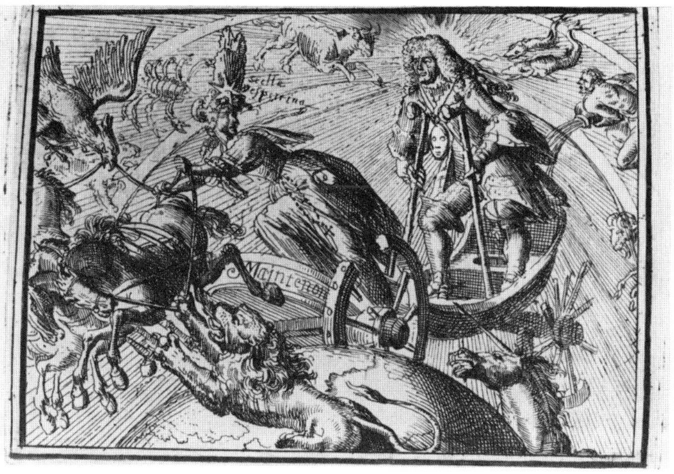

Abb. 132 Charles Le Brun, *Ludwig XIV. auf dem Sonnenwagen bei Überschreitung des Rheines,* um 1680

Abb. 133 Romeyn de Hooghe, *Ludwig XIV. als Phaeton,* Abb. 20 aus *Aesopus in Europa,* 1701/02

Seltener sind die Gegenstücke, auf denen der Fürst in der Rolle des Sonnengottes als überlegener Wagen- und damit auch Staatslenker erscheint. Beispielhaft für diesen Typus steht eines der Deckenbilder aus der Spiegelgalerie im Schloß zu Versailles, das der königliche Hofmaler Charles Le Brun 1679–84 entworfen und ausgeführt hat: Unterstützt von Herkules und Minerva, gekrönt vom Ruhm lenkt der ›Sonnenkönig‹ Ludwig XIV., das Blitzbündel des Göttervaters in der freien Hand, seinen Staatswagen sicher durch den zweiten Niederländischen Krieg (Abb. 132). Auf diese Fürstenverherrlichung antwortete Romeyn de Hooghe mit Nr. 20 seiner 1701/02 in Amsterdam erschienenen, gegen Ludwigs Eroberungsgelüste gerichteten satirischen Folge *Aesopus in Europa* (Abb. 133). Nun sind die Speichen des Wagens gebrochen; der König erhebt sich auf Krücken mühsam von seinem Kackstuhl; statt Minerva gibt Ludwigs Mätresse, Madame de Maintenon, die Richtung an – die Staatskutsche des ›heruntergekommenen Sonnenkönigs‹ wird wie der Wagen des Phaeton in die Tiefe stürzen.[21]

Der künstlerische Dialog zwischen Charles Le Brun und Romeyn de Hooghe bestätigt die bisherige Erkenntnis, daß die höfische Allegorie – sei sie der triumphalen Fürstenverherrlichung oder der emblematischen Fürstenmahnung entnommen – vom Satiriker listig aufgegriffen und für seine Zwecke zugeschliffen wird. Bilder des Triumphes und der Schande, des Aufstiegs und des Sturzes werden so zu gleichwertigen Waffen, mit denen der künstlerische Streit um Bestätigung oder Verhöhnung der Herrschaft, um Erhabenheit oder Lächerlichkeit ausgefochten wird.

G. U.

17 Zit. n. Traeger, *Heuwagen,* 1970, S. 317. Grundsätzlich: G. Prausnitz, *Der Wagen in der Religion, seine Würdigung in der Kunst,* Straßburg 1916.
18 B. Jacoby, *Studien zur Ikonographie des Phaetonmythos,* Diss. Bonn 1971, S. 68 (mit weiterer Literatur zum *Ovide moralisé*).
19 Nach Henkel/Schöne 1967, Sp. 1614f.; vgl. auch Jacoby (Anm. 18), S. 97ff.
20 Beispiele bei Jacoby (Anm. 18), S. 97ff.
21 Zum Verhältnis Le Brun – de Hooghe vgl. Langemeyer 1973, S. 146ff.

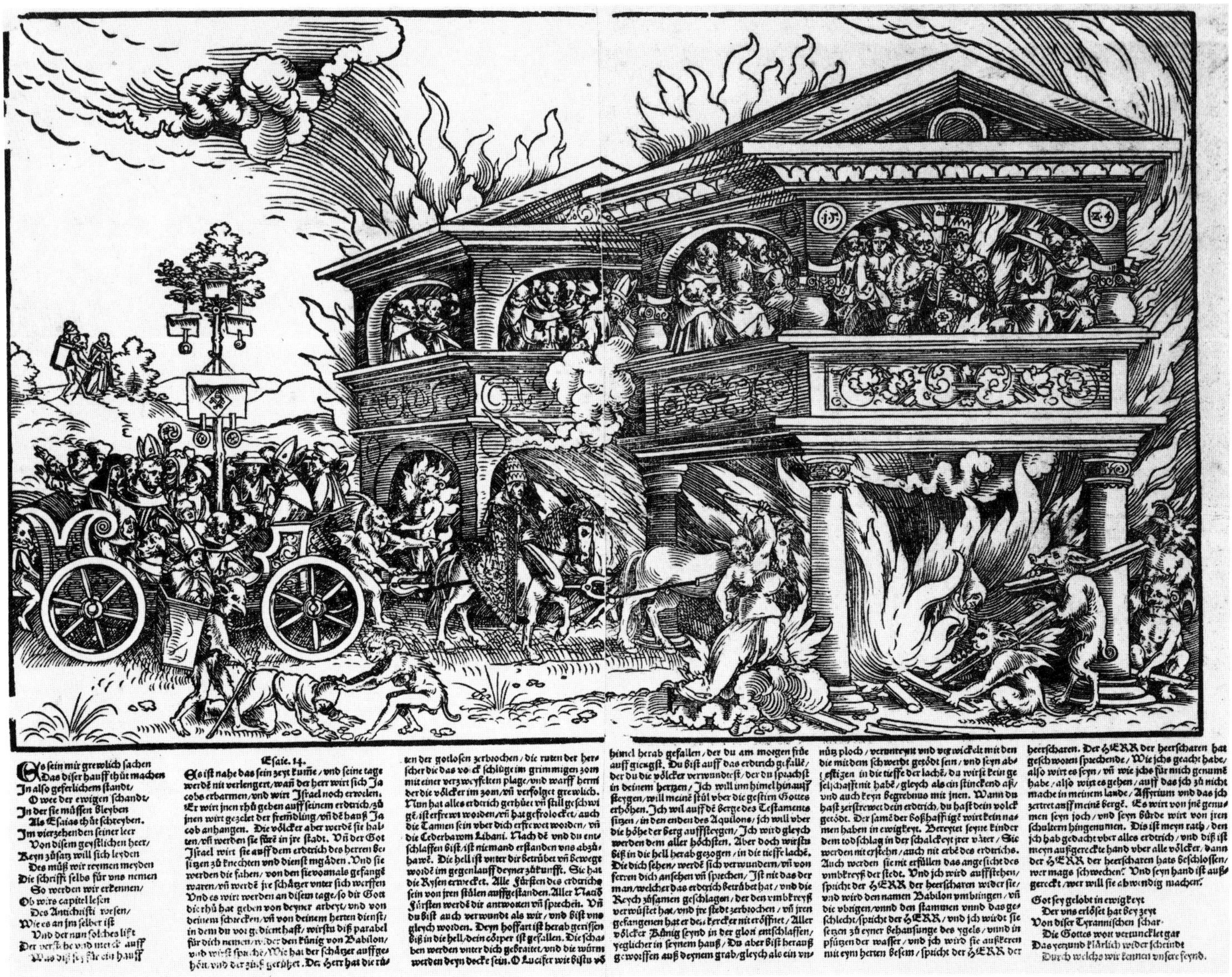

144
Sebald Beham (1500–1550)

Die Höllenfahrt des Papstes, 1524 oder etwas früher

Holzschnitt (von zwei Stöcken gedruckt) mit Letternsatz, 374 x 474, datiert 1524
Germanisches Nationalmuseum, Nürnberg.

Das Flugblatt aus der Zeit der Reformation unterstützt die Forderung nach kirchlicher Erneuerung. Das Bild wird von einem säulengetragenen Renaissancepalast beherrscht. Im oberen Stockwerk residiert der Papst inmitten seines Klerus, während aus allen Gebäudeteilen die Flammen schlagen. In simultaner Darstellung reitet derselbe Papst von der linken Seite auf das Gebäude zu, wobei er einen mehrspännigen Wagen, der mit allen Ständen der Geistlichkeit besetzt ist, in die Flammen hineinführt. Überall im Bild sind Teufel am Werk. Einer sitzt auf der Wagendeichsel, ein anderer steht oben im Palast dem Papst zur Seite. In Kiepen tragen sie päpstliche Würdenträger zum Feuer, das von tierköpfigen Dämonen geschürt wird und in dem schon zwei Mönche brennen.[1]

Das Feuer, das die Päpstlichen offenbar nicht wahrnehmen, macht ihren triumphalen Einzug zu einer Höllenfahrt. Während hier die Teufel das Geschehen ohne Aufruhr lenken, jagen sie auf einem vergleichbaren Flugblatt von Hans Sachs und Erhard Schön die Pfaffen wie Freiwild in den geöffneten Höllenrachen.[2] Diese bildliche Vorstellung der Hölle war aus Darstellungen des Jüngsten Gerichts während des ganzen Mittelalters bekannt. In der *Höllenfahrt des Papstes* ist sie in realistischer Deutung durch den prachtvollen, brennenden Palast ersetzt, von dessen Art der Papst in Rom gleich mehrere besaß.

Satirisch ist das päpstliche Gefährt gegen einen Fastnachtswagen vertauscht. Ein mit Ablaßbriefen behängter Laubbaum ragt wie eine Standarte aus dem Wagen, womit das Ablaßwesen ironisch kritisiert wird. Denn nur der sich am Verkauf der Ablaßbriefe bereichernde Klerus scheint noch an ihre Wirksamkeit zur Verkürzung der Zeit im Fegefeuer zu glauben. Zugleich ist diese Darstellung des päpstlichen Untergangs, die das bekannte triumphale Herrschaftssymbol des reitenden Papstes satirisch parodiert[3], eine polemische Verkehrung der Höllenfahrt Christi, wodurch der Papst als Antichrist entlarvt wird. Der Flugblattext, aus den Visionen des Propheten Jesaja bestehend, unterstreicht diese Deutung.

E.Z.

1 Zschelletzschky deutet die beiden abgebildeten Päpste als zwei verschiedene, den rechten als Vorgänger-Papst, der im Höllenpalast sitzend den linken, seinen Amtsnachfolger, erwartet. Damit verliert das Flugblatt an aktuell-gegenwartsbezogener bzw. zukunftsweisender Bedeutung als Hinweis auf den bevorstehenden realen Niedergang des Papsttums. Vgl. bei Zschelletzschky selbst den Hinweis auf die astrologischen Prognostiken für das Jahr 1524, das in den Medaillons des Palasts so deutlich angegeben ist. Zschelletzschky 1975, S. 259–262.

2 *Der Münich vnd pfaffen gaid/* . . ., Flugblatt auf den Untergang des Klerus, 1. H. d. 16. Jhs.; Geisberg Nr. 1143; Kat. Coburg 1983 Nr. 21; Kat. Nürnberg 1983, Nr. 300. – Vgl. den Flugblattentwurf einer Höllenfahrt des Papstes vom Ende des 16. Jhs., Harms II, 14, sowie *Himmelswagen und Höllenwagen* von Karlstadt/Cranach d. Ä., 1519; Bernhard 1972, Abb. S. 362.

3 S. Traeger, *Papst*, 1970. – Vgl. auch Abb. 130.

Lit.: Geisberg Nr. 224, Scribner 1981, S. 71, Abb. 49; Kat. Nürnberg 1983, Nr. 290.

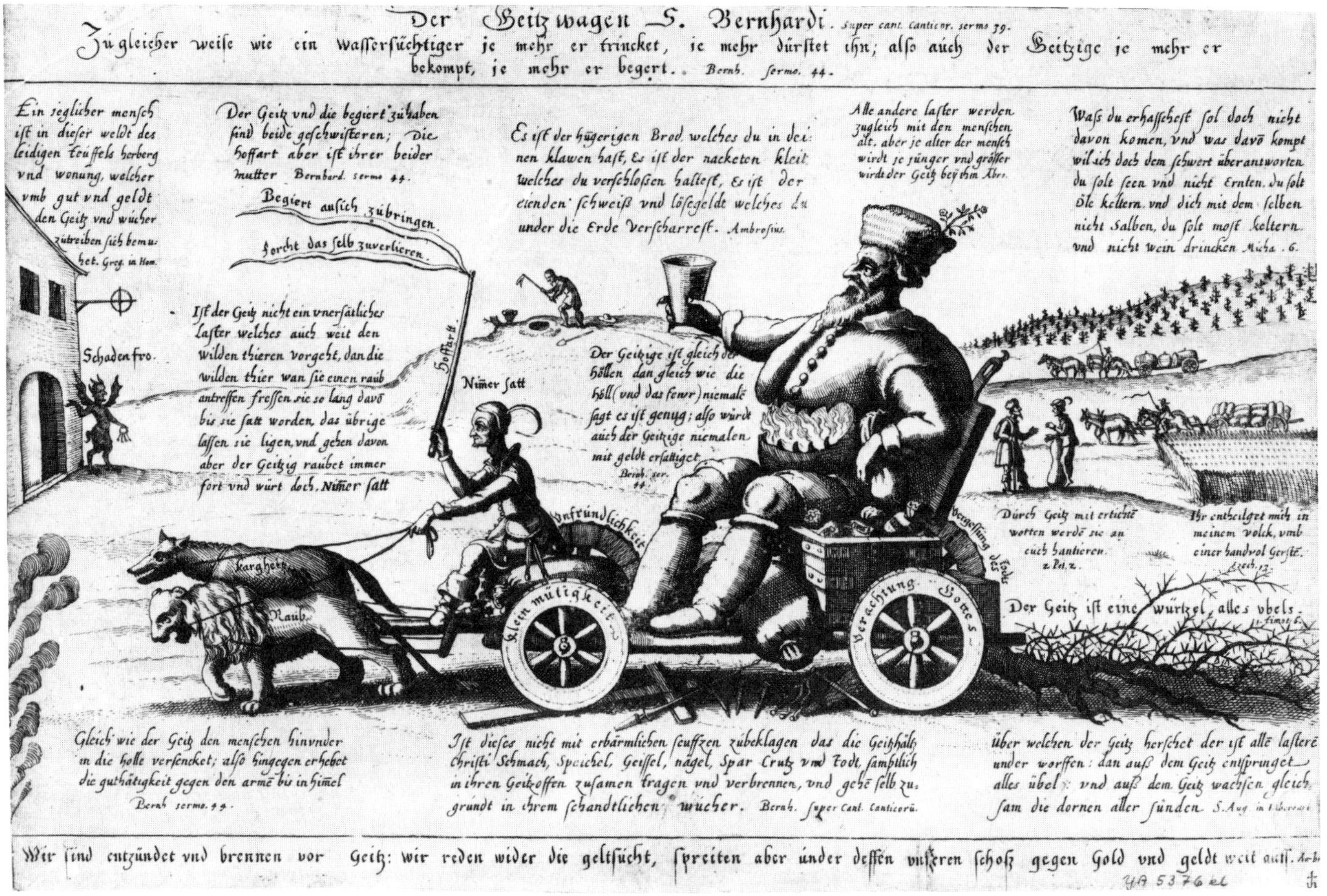

145
Deutsch, um 1620/30

Der Geitzwagen S. Bernhardi

Radierung, 219 x 327; unten rechts monogrammiert.
Staatsbibliothek Preußischer Kulturbesitz, Berlin.

Zentrales Bildmotiv ist der von Wolf und Löwe gezogene Wagen samt Kutscher und Fahrgast. Die allgemeine Tendenz ist leicht zu sehen: Der Wagen rollt hinweg über die Leidenswerkzeuge Christi; seine Zugtiere, vom Kutscher Nimmersatt mit der Peitsche der Hoffart und der Gier angetrieben, heißen Raub und Kargheit; der als »Geitziger« benannte Fahrgast, dessen gewaltiger Leib sich als geöffneter Höllenrachen darbietet, hat eine wohlgefüllte Geldtruhe zum Sitz. Getragen wird das Ganze von den Rädern Kleinmütigkeit, Unfreundlichkeit, Verachtung Gottes und Vergessung des Todes. Auch der Weg ist klar: Er führt von einem dürren und dornigen Ast rechts (nach 1. Timotheus 6, 10: Sinnbild des Geizes als Wurzel allen Übels) zu den am linken Bildrand aufflackernden Flammen des Höllenfeuers.

Der Geiz, als Avaritia eine der christlichen Todsünden, ist im Bilde des Schandzuges, des falschen Triumphes, vor Augen geführt. Die bildnerischen Mittel sind, gemessen an gleichzeitigen Schandzügen, eher bescheiden. Der *Geitzwagen* mutet wie eine vereinfachte Fassung des Flugblattes mit *Korn und Wein Jud* an (Abb. 134)[1], das thematisch übereinstimmt und gleichfalls mit reich ins Bildfeld gesetzten, ausführlichen Inschriften argumentiert – ein Verfahren, das besonders in der moralisierenden Graphik der Niederlande gegen Ende des 16. Jahrhunderts beliebt war.[2] In unserem Fall dienen Zitate aus der Bibel und den Schriften der Kirchenväter dazu, den Geiz nicht nur als sozialschädliches Verhalten, sondern als Handeln gegen Gottes Gebot und damit als verdammungswürdige Sünde zu brandmarken.[3] Als wesentliche Autorität gegen die mühelose Bereicherung ist Bernhard von Clairvaux – der *S. Bernhardi* des Titels – mit sechs Zitaten aufgerufen.

Dennoch verbildlicht das Blatt nicht nur einen abstrakten Sündenbegriff. Goer hat darauf hingewiesen, daß die getrennten Korn- und Weingespanne im rechten Hintergrund auf die seinerzeit aktuelle Monopolisierung des Handels anspielen, die den Wucher mit Lebensmitteln begünstigte und in den Jahren zwischen 1620 und 1630 zu einer Vervierfachung des Getreidepreises führte.[4] Wie auf dem themengleichen und gleichfalls biblisch argumentierenden Blatt in Abb. 134 wird auch hier Stellung gegen die wucherischen Praktiken der Warenspekulation bezogen, gegen Vorkauf und Horten von Lebensmitteln. G.U.

1 London, British Museum, 1629. Zu dem in zwei Varianten überlieferten Blatt vgl. Coupe 1966, S. 132, und Goer 1981, S. 152ff. – Zum barocken Schandzug allgemein vgl. Coupe 1966, S. 131ff.
2 Vgl. z.B. Unverfehrt 1984, Abb. 27, 28.
3 Goer 1981, S. 157, läßt die Frage offen, ob das Blatt katholischen oder protestantischen Ursprungs sei. Die ausgiebige Verwendung von Kirchenväter-Zitaten spricht zur Entstehungszeit des Blattes um 1620 (Coupe) oder um 1628/29 (Goer) m.E. eindeutig für einen katholischen Urheber.
4 Goer 1981, S. 156; einen Überblick über die ökonomische Situation gibt W. Abel, »Landwirtschaft 1500–1648«, *Handbuch der deutschen Wirtschafts- und Sozialgeschichte*, hrsg. v. H. Aubin und W. Zorn, Stuttgart 1971, S. 386ff.

Lit.: Coupe 1966, S. 132; Goer 1981, S. 156ff.

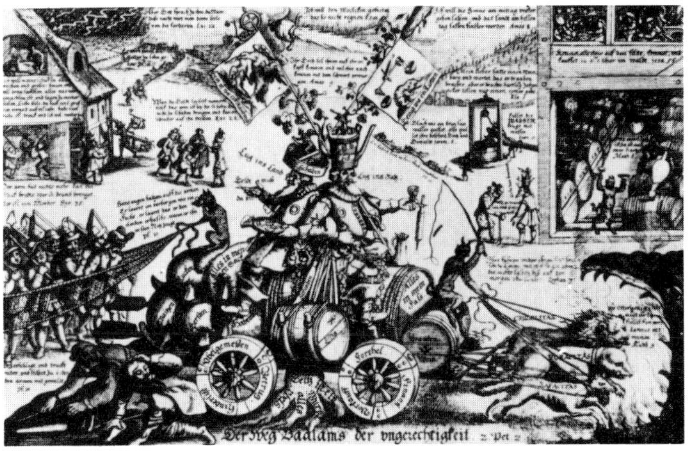

Abb. 134 Deutsch, *Korn und Wein Jud*, um 1620/30

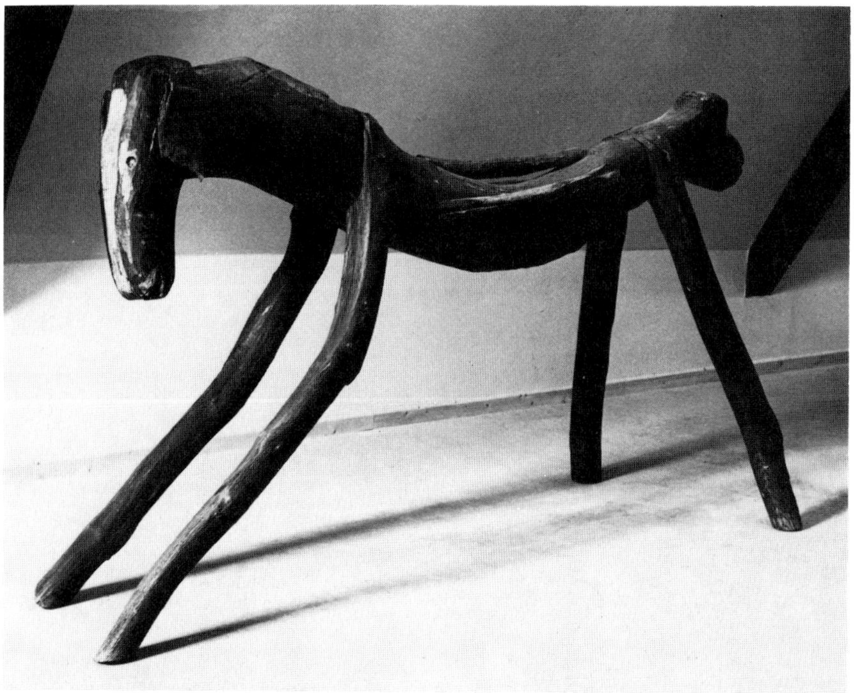

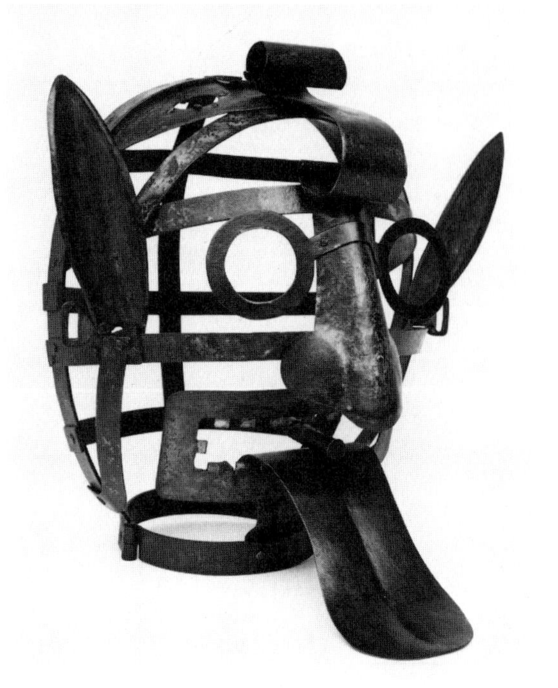

146
Südniedersächsisch, 18./19. Jahrhundert; westfälisch, 17. Jahrhundert

Schandesel und Schandmaske

Schandesel: Holz, teilweise erneuert (Hinterbeine), die Ohren aus Leder, 120 x 220 cm
Städtisches Museum Göttingen
Schandmaske: Schmiedeeisen mit Resten farbiger Bemalung, 52 x 43 cm
Museum für Kunst und Kulturgeschichte der Stadt Dortmund.

Die beiden befremdlich anmutenden Objekte waren Bestandteile des Strafvollzugs. Auf den *Schandesel* hatten sich Straftäter zu setzen; sie wurden dem öffentlichen Spott ausgeliefert. Eine Ansicht des Münchner Marktplatzes von 1701 zeigt zwei auf dem hohen, hölzernen Gestell sitzende Männer, die dem Hohn der Passanten ausgeliefert waren (Abb. 135). Derartige grob zusammengezimmerte *Schandesel* ersetzten seit dem 17. Jahrhundert in manchen Gegenden den lebenden Esel, auf dem Ehebrecher und andere Straftäter durch die Stadt reiten mußten (vgl. Abb. 128). Diese Form von Strafe, die häufig härteren vorausging, ist seit der Antike bekannt; der griechische Philosoph und Historiker Plutarch (um 46 – nach 120) berichtet bereits davon. Der Eselsritt wurde seitdem in verschiedenen Epochen und Ländern bei unterschiedlichen Vergehen angeordnet.[1]

Der hier ausgestellte *Schandesel* aus Rosdorf bei Göttingen ist jüngeren Datums und diente nicht mehr der offiziellen Rechtspflege, sondern eher der Volksbelustigung. Er stand auf dem Schützenplatz und war als Strafe denjenigen zugedacht, die gegen die Schützenordnung verstießen. Die Männer mußten sich rittlings auf das Holztier setzen und die – heute verlorene – Schwanzquaste als Zügel halten. Für die Frauen gab es als Pendant einen kleineren Ziegenbock.[2]

Die *Schandmaske* entstammt dem realen Strafvollzug. Sie wurde Lästerern und wahrscheinlich anderen, die leichterer Vergehen für schuldig befunden wurden, übergestülpt.[3] Die großen Eselsohren wiesen die Träger als dumm und faul aus, die Brille stellte sie als unfähig hin, die Wahrheit zu erkennen, und die weit herausgestreckte Zunge zeugte von dem ungebührlichen Betragen. Die *Schandmaske* verlieh ihren Opfern ein lächerliches Aussehen, genauso wie der *Schandesel* seine Reiter dem Spott preisgab. Beide zielten sie auf die Verletzung der Ehre und des Standesbewußtseins der Straftäter.[4]

Schandmaske und *Schandesel* sind natürlich keine Karikaturen, doch dienten sie – wie auch Karikaturen und Bildsatiren – dazu, bestimmte Personen als lächerlich hinzustellen und ihnen ihre Ehre zu nehmen. Sie zeigen, wie ernst öffentlicher Spott früher genommen und welche Bedeutung ihm beigemessen wurde. J.D.

1 Die Belege finden sich bei Plagemann 1967. Brückner 1975, Abb. 49, bildet einen Holzschnitt mit einem Esel ab, der faulen Schülern um den Hals gehängt wurde (16./18. Jh.). Gleichzeitig mußten ungehorsame Schüler auf einem Esel reiten (Plagemann 1967, Sp. 1530), so daß das Bild offensichtlich die Funktion des lebenden Tieres übernahm.
2 Bruno Crome, *Städtisches Museum Göttingen, Führer durch die Altertumssammlungen,* Göttingen 1919, S. 12.

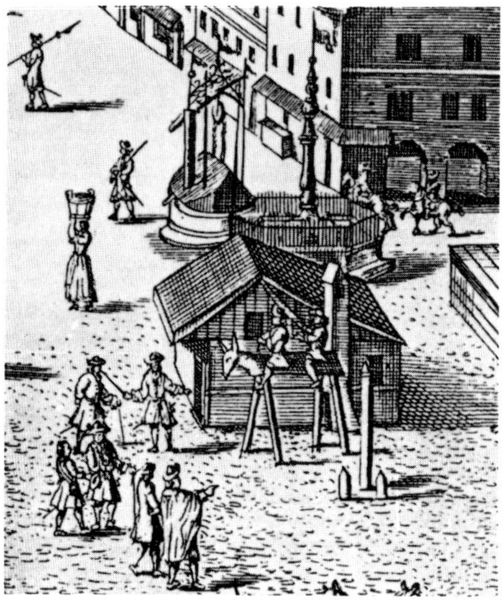

Abb. 135 Michael Wening, *Marktplatz zu München* (Ausschnitt), 1701

3 Kat. Dortmund 1983, S. 194. Plagemann 1967, Sp. 1532, berichtet, daß Schandmasken seit dem 17. Jahrhundert aufkamen; für kleinere Vergehen gab es Hauben mit Eselsohren. Er verweist auf Wilhelm Funk, *Alte deutsche Rechtsmale,* Bremen und Berlin 1940, S. 130, Abb. 7k.
4 Zu verschiedenen Praktiken der Schändung von Straftätern vgl. Brückner 1966, S. 205ff.

147
Romeyn de Hooghe (1645–1708)

Arlequin sur l'Hypogryphe a la Croisade Lojoliste, 1689

Radierung und Letternsatz, 373 x 391 (Platte). Privatbesitz.

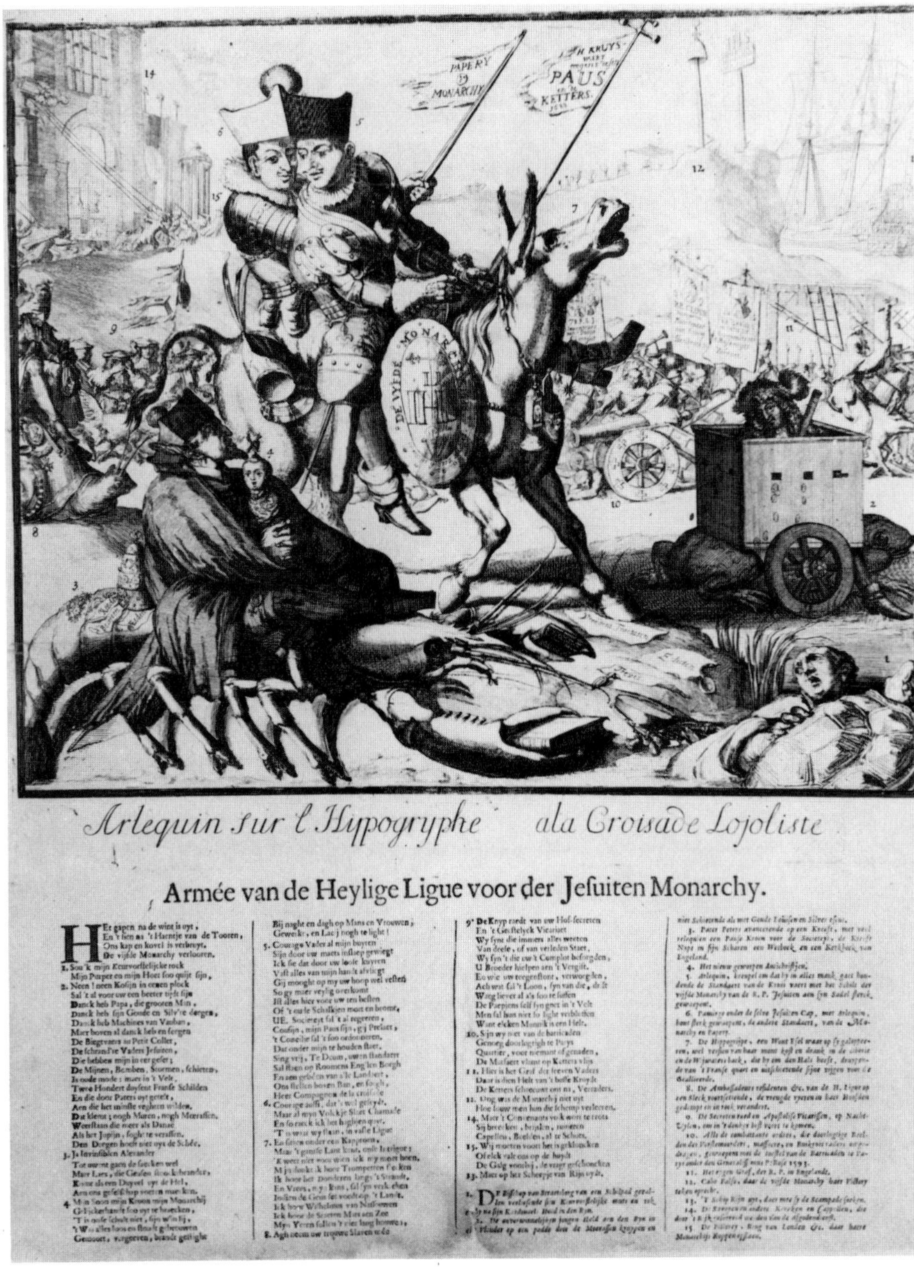

Romeyn de Hooghe schildert das ›jesuitische‹ Bündnis zwischen Ludwig XIV. und Jakob II., der nach seinem Sturz 1688 am französischen Hof Zuflucht gefunden hatte. Die historischen Umstände sind bei dem in Kat. 60 besprochenen Flugblatt genannt, das mit seiner bildbeherrschenden Einzelfigur die neue Entwicklung der Bildsatire und der politischen Porträtkarikatur vertritt. Hier dagegen wird das traditionelle Thema des allegorischen Triumphzuges in satirischer Verkehrung zum Schandzug umgedeutet. Die solcherart ›Geehrten‹ fallen der Lächerlichkeit anheim.

Inmitten des Blattes, auf einem Esel (7) sitzend und »unter einem Jesuitenhut« vereint, Ludwig XIV. als titelgebender *Harlekin* (5), hinter ihm Jakob II. (6). Gerahmt wird das seltsame Gespann durch eine Reihe von Nebenszenen und -motiven, die der Text des Flugblattes in numerischer Folge erläutert: Vorn rechts der Bischof von Straßburg (1), der von seinem Reittier – einer langsamen Schildkröte – gefallen ist und die Zeichen seiner kirchlichen Würde verliert. Darüber der französische Thronfolger in einem Kriegsturm (2), den eine Kröte zur Eroberung der Niederlande ans morastige Rheinufer trägt. Links vorn ein Krebs als Reittier Pater Peters (3), des Beichtvaters Jakobs II. (vgl. Kat. 61); Peters hält in seinem Umhang den Sohn Jakobs (4), das »neu geworfene Antichristchen«, wie der Text lakonisch sagt – die Gruppe persifliert also die Flucht der englischen Königsfamilie nach Versailles im ikonographischen Typus der Flucht nach Ägypten. Im Zentrum dann die Eselreiter, zu deren Gefolge ferner die Botschafter der katholischen Länder auf einer Schnecke (8), die apostolischen Vikare und Räte auf Eulen (9) und schließlich bewaffnete Mönche (10) gehören. Im Hintergrund sind Zeichen des eigenen Sieges zu finden. Links das befreite London (14, 15) mit Überresten des jakobinischen Regimes, den auf Pfählen aufgespießten Protestantenköpfen; daneben findet die bilderstürmerische Säuberung einer katholischen Kirche von päpstlichen Überresten statt. Rechts ein Galgen (11) als »Grab der R.(ömischen) P.(apisterei) in England«, darüber, in der Ferne, das Fluchtschiff der Königsfamilie (13), dem der Name »Reyn uyt« gegeben ist.

Am Beispiel eines solch nebensächlich eingesetzten Motivs wie des Schiffes »Reyn uyt« läßt sich die verwickelte Hintersinnigkeit der Bildsprache gut veranschaulichen. Als angebliches Fluchtschiff der königlichen Familie scheint der Segler lediglich das historische Ereignis zu illustrieren. Wörtlich meint das niederländische ›Reyn uyt‹ schön leer oder alles weg, womit der Genugtuung über die Emigration Ausdruck gegeben ist. Sinte (Sankt) Reyn-uyt hieß weiterhin in der niederländischen Folklore des 16. Jahrhunderts der Patron der Verschwender. Bereits um 1520 entstand ein Lucas van Leyden zugeschriebener Holzschnitt mit dem Schiff des Sinte Reyn-uyt, das sowohl den Bankrott als auch das ›quat regiment‹, die schlechte Herrschaft, versinnbildlicht.[1]

Auf diese einheimische Tradition beruft sich Romeyn de Hooghe mit dem Bild des Schiffes. Anderes in dem an Anspiegelungen reichen Blatt ist auch für den nichtniederländischen ›Adressaten‹ lesbar, so etwa das Rahmenthema Triumphzug/Schandzug. Bekannt war auch das Herrschaftszeichen des zu Pferde reitenden Regenten (Abb. 124); der Eselsritt, wie hier, diente im Rechtsbrauch als Strafmaßnahme.[2] Der Sakralkunst entlehnt ist dagegen die persiflierte Flucht nach Ägypten. Die Tiersymbolik, für die vor allem auf die barocke Emblematik verwiesen sei, erschließt profane Laster, aber auch christliche Sünden.[3] Galt der Esel als dumm und faul, so war die Schildkröte u.a. Sinnbild der Sündenlast und der verderblichen Trägheit; die Kröte, allgemeines Zeichen des Teufels, versinnbildlichte besonders den trügerischen Schmeichler; der Krebs konnte für Schmarotzertum stehen, auch für List, Betrug, höfische Wendigkeit, Rückschritt und Habgier.

Romeyn de Hooghe verschmilzt in seiner bei aller Detailfülle klar komponierten Flugblattillustration unterschiedliche Bildtraditionen miteinander. Es ergibt sich ein nach Art des Rebus verwobenes Bedeutungsgefüge, dessen Entschlüsselung die Kenntnis eben jener Traditionen voraussetzt. Nicht die plakative Unmittelbarkeit, sondern das intellektuelle Spiel wird auch für Romeyn de Hooghes Zeitgenossen den Reiz derartiger satirischer Bilderrätsel ausgemacht haben.[4] G.U.

1 Vgl. Th. Enklaar, *Uit Uilenspiegels Kring*, Assen 1940, S. 49ff., sowie K. Renger, *Lockere Gesellschaft*, Berlin 1970, S. 18ff. (mit der älteren Literatur). – Der Holzschnitt ist Hollstein X, Lucas van Leyden Nr. 45.

2 Vgl. Langemeyer 1973, S. 144, sowie Plagemann 1967, Sp. 1529ff. – Zur Herrschaftsformel des Reiters und deren satirischer Umbildung vgl. in diesem Zusammenhang auch Traeger, *Papst*, 1970, sowie ders., *Heuwagen*, 1970, S. 298ff.

3 Die Belege nach Henkel/Schöne 1967, passim. Vgl. auch Langemeyer 1974, S. 144f.

4 Bilderrätsel begegnen in satirischen Flugblättern des Barock als eigener Typus; vgl. z.B. Harms II, Nr. 145, 183, 187, 258, 285; Kat. Coburg 1983, Nr. 59, 60; Coupe 1966, Abb. 116. – Zum Bilderrätsel allgemein E.-M. Schenck, *Das Bilderrätsel*, Hildesheim/New York 1973.

Lit.: Muller Nr. 2756; van Rijn Nr. 2805; Hollstein, de Hooghe Nr. 156; Landwehr 1973, S. 215; Langemeyer 1973, S. 143f., Kat. Providence 1971, Nr. 42.

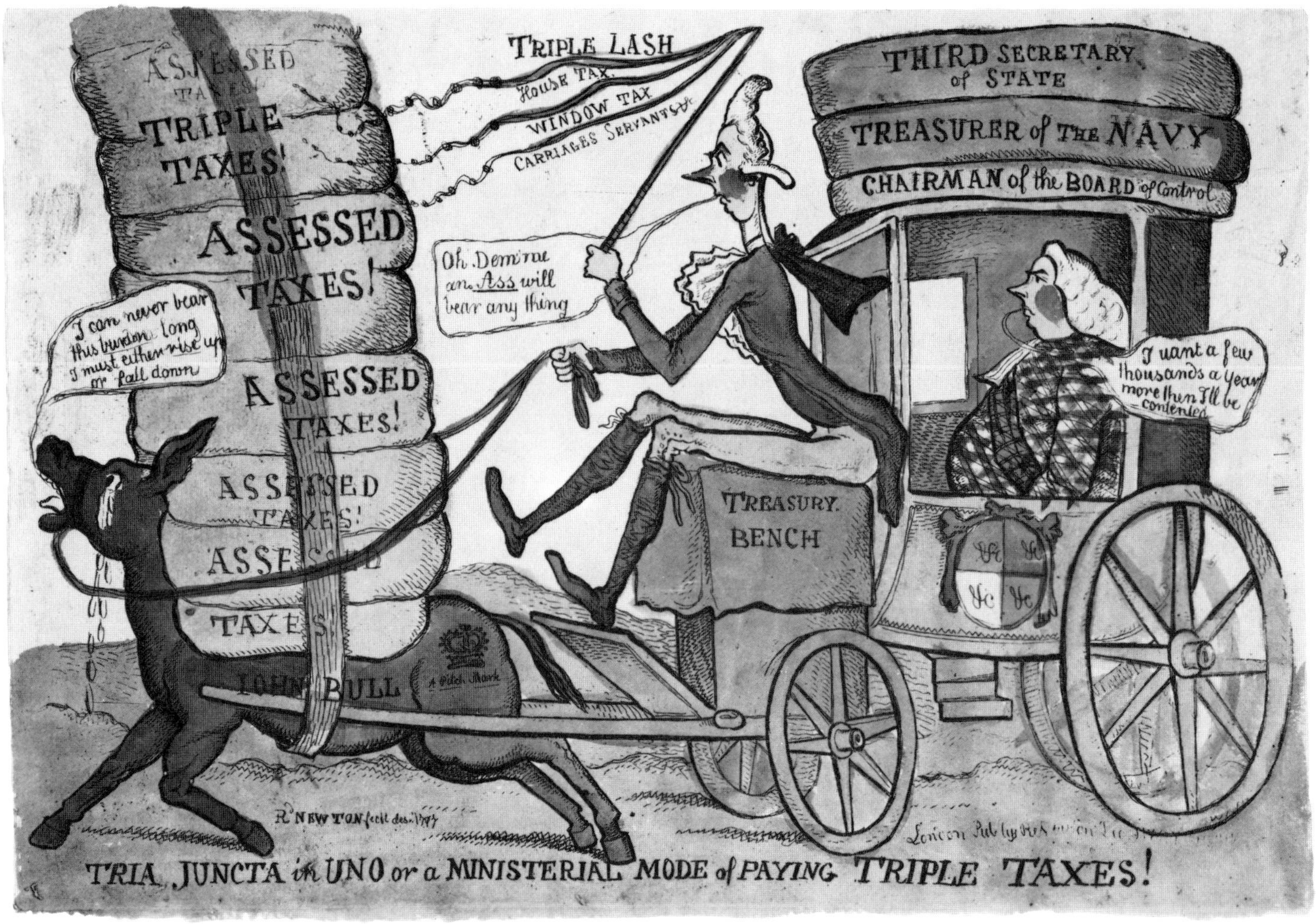

148
Richard Newton (1777–1798)
Tria Juncta in Uno or a Ministerial Mode of Paying Triple Taxes!, 1797
Kolorierte Radierung, 275 x 377, signiert und bezeichnet *Rd Newton fecit des 1797, London Pub by RiNewton Dec 1797*
Hamburger Kunsthalle.

Drei zu einem vereint oder eine staatliche Anweisung, dreifache Steuern zu zahlen. – John Bull, die Personifikation des englischen Volks, ist zum Esel geworden, der mit der Kutsche nicht nur den Staatsschatz und die Regierung vorwärts ziehen muß, sondern auch noch über alle Maßen mit schweren Steuer-Ballen beladen ist. Mit dem Aufschrei »Diese Last kann ich niemals lange tragen, ich muß mich entweder auflehnen, oder ich werde fallen«, bricht er zusammmen. Dies kümmert jedoch den Kutscher William Pitt wenig: »Ach verdammt, ein *Esel* wird alles tragen.« In der Hand hält der spindeldürre, verbogene Premierminister – die spitze Nase und die herrlich stilisierte Perücke verleihen seinem Gesicht eine groteske Silhouette – eine dreischwänzige Peitsche, deren Striemen mit den verschiedenen Steuerarten, die John Bull peinigen, beschriftet sind (»House Tax«, »Window Tax«, »Carriages, Servants & c.«). Fett und unbeteiligt sitzt Henry Dundas in der Kutsche und verlangt nach weiteren Tausendern, die ihn zufriedenstellen würden. Dundas war als dritter Staatssekretär für das Kriegsministerium zuständig und gleichzeitig Schatzmeister der Navy, außerdem kontrollierte er das »Board of Control for India«. Seine Ämter liegen als schwere Ballen auf der Kutsche.

Im November 1797 schlug Pitt in einer berühmt gewordenen Rede die Verdreifachung der sogenannten ›assessed taxes‹ vor, um mit den zusätzlichen Geldern den Krieg gegen Frankreich forcieren zu können. Die ›assessed taxes‹ stellten eine direkte Besteuerung der reicheren Bevölkerung dar, deren Häuser, Kutschen und Dienstpersonal von den Abgaben betroffen waren und die sich vehement gegen ihre Erhöhung wehrten.

Richard Newton bedient sich einer ebenso wirksamen wie allgemeinverständlichen Symbolik: Das englische Volk ist dumm wie ein Esel, weil es brav eine Regierung erträgt und in Form einer Kutsche vorwärtszieht, deren Vertreter es ausbeuten. Pitt und Dundas werden als dickdünnes Gegensatzpaar auch persönlich angegriffen. Die Karikatur entbehrt nicht einer gewissen Drastik, die im derben Zeichenstil und den grellbunten Farben – gelb, orange, rosa – genauso zum Ausdruck kommt wie in der simplen Argumentationsweise und den zum Teil absurden Übertreibungen. J.D.

Lit.: BM VII, Nr. 9052.

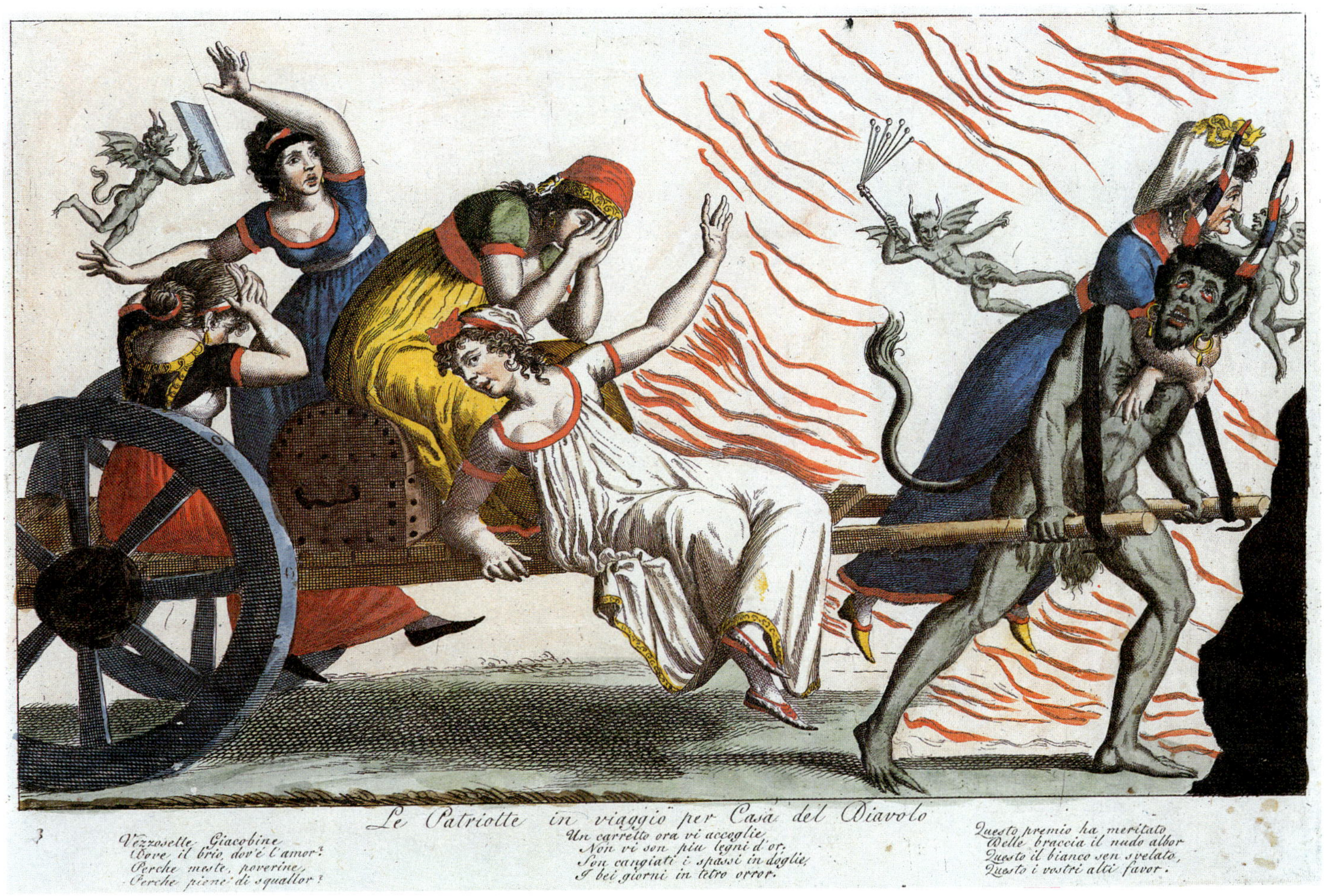

149
Rom 1799/1800

Le Patriotte in viaggio per Casa del Diavolo

Kupferstich, aquarelliert, 230 x 340
Privatbesitz.

Auf einem Karren fährt ein Teufel, von fliegenden Teufelchen begleitet, modisch gekleidete Frauen zur Hölle. Unter der Darstellung Spottverse auf die »lieblichen Jakobinerinnen«, die nun ihren verdienten Lohn erhalten.

Als die Franzosen 1799 vorübergehend Italien räumen mußten, wurde auch die erst im Februar 1798 eingerichtete ›Römische Republik‹ im Oktober 1799 wieder beseitigt.[1] Der aufgestaute Unmut über die von den Franzosen erzwungene Entwicklung brach sich in einer Flut von Karikaturen Bahn. Diese Blätter sind jedoch selten, da die Franzosen bald wieder die Herrschaft übernahmen und keinen Spott duldeten. Zu dieser Darstellung gibt es noch ein Gegenstück auf die Männer: *Il Patriotisme in viaggio per Casa del Diavolo.*[2]

Die Ansprache »Patriotinnen« ist natürlich bitterer Hohn. Man gestand zwar diesen Frauen und Männern Patriotismus zu, verzieh ihnen aber nicht, daß sie zusammen mit den Unterdrückern das Fest der Brüderlichkeit gefeiert hatten und schweigend hinnahmen, daß die Franzosen die Römer schröpften und die schönsten Kunstwerke nach Paris verschleppten. Patriotismus und Freiheit waren für viele zu Parolen geworden, die nur dazu dienten, die Untaten der Franzosen zu verschleiern. Selbstverständlich haben damals auch die verdrängten konservativen Mächte diesen Franzosenhaß für sich ausgenutzt.

Das Blatt mit seinen kraftvoll durchgebildeten Figuren verrät einen überzeugten Klassizisten. Aus der gleichen Werkstatt gingen auch Karikaturen auf verschiedene von den Franzosen eingesetzte Beamte hervor (*Capitano de Furfanti, Corriere dell'Empietà, Percuratore dei Ladri*).

M.H.

1 Zur Herrschaft der Jakobiner in Rom zuletzt der Ausstellungskatalog *Roma Giacobina*, Rom Palazzo Braschi 1973/74.

2 Das Gegenstück abgebildet bei Paolo Toschi, *Populäre Druckgraphik Europas, Italien*, München 1967, Tafel 48.

Lit.: Unveröffentlicht.

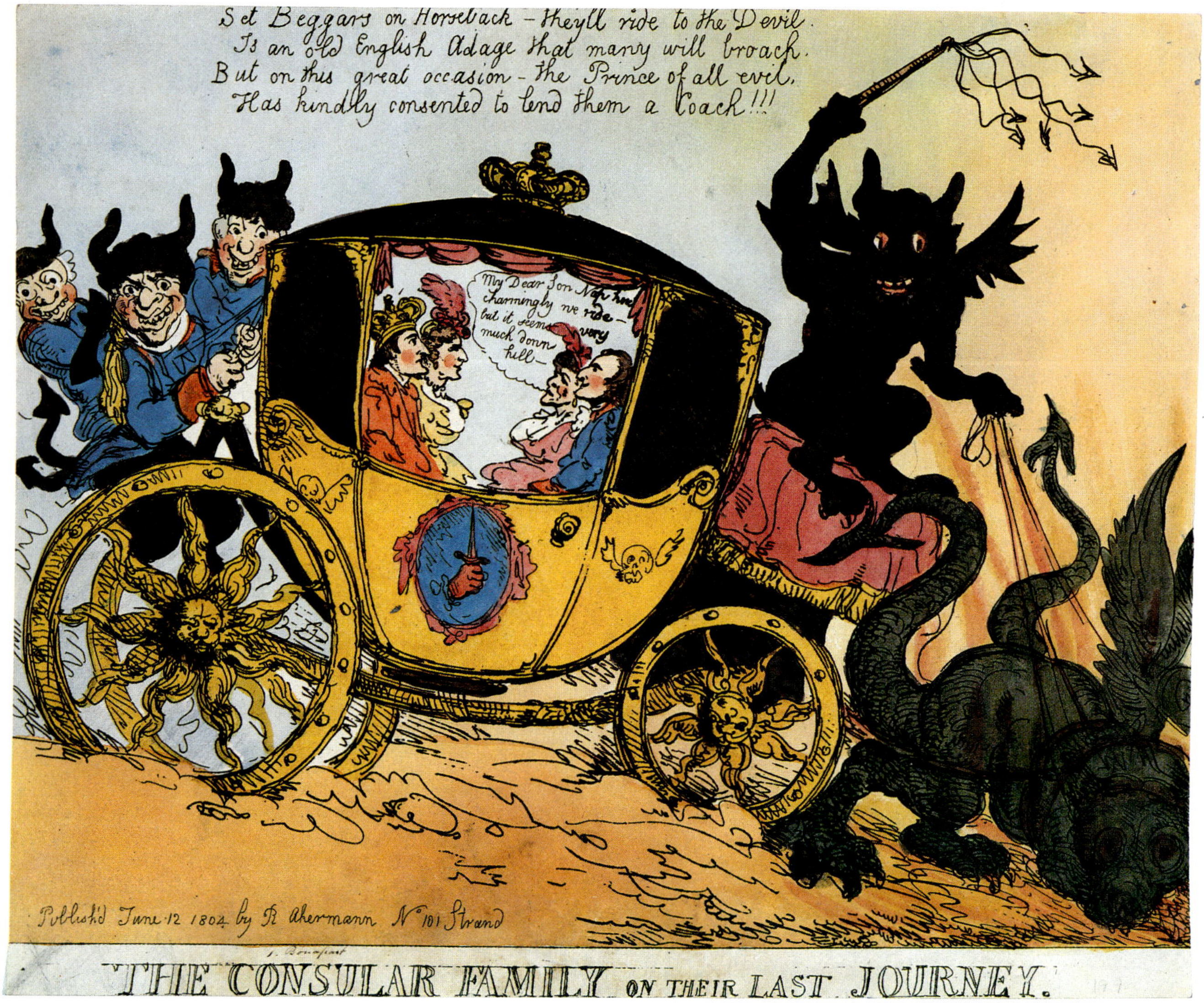

150
Thomas Rowlandson (1756–1827)

The Consular Family on their last Journey, 1804

Radierung aquarelliert, bis über den Plattenrand hinaus beschnitten, aber wohl ohne Bildverlust, 256 x 306, bezeichnet *Publish'd June 12 1804 by R Akermann N° 101 Strand*
Privatbesitz.

In einer von Drachen gezogenen Staatskarosse sitzen Napoleon, seine Mutter, seine Gemahlin und einer seiner Brüder. Kutschiert wird der Wagen von einem geflügelten Teufel. Auf der hinteren Gestellbrücke stehen drei weitere Teufel mit menschlichen Gesichtern. Die Karosse mit dem leicht gewölbten Dach und der Krone darauf gleicht im wesentlichen jener, mit der Ludwig XVI. 1789 seine letzte offizielle Fahrt von Versailles nach Paris antrat. Als Wappen auf der Tür eine Faust mit einem aufrecht stehenden Dolch – seit der Erschießung des Herzogs von Enghien galt Napoleon als Mörder (vgl. Kat. 134) –, zu beiden Seiten der Tür ein geflügelter Totenkopf. Die Mutter Napoleons sagt zu ihrem Sohn: »Mein lieber Sohn, wie bezaubernd wir fahren, doch es scheint, sehr stark bergab.«

Die Franzosen sind in dieser Zeit für die Engländer der Staatsfeind schlechthin. Die Karikaturisten unterstellen ihnen, um aufzurütteln, alle erdenklichen Übeltaten, oder sie prophezeien ihnen, sich dabei ungehemmt einem Wunschdenken überlassend, eine Katastrophe.

Am 3. Mai 1804 war der Vorschlag gemacht worden, Napoleon den Kaisertitel zu verleihen, am 18. Mai hatte der Senat zugestimmt, am 22. Mai hatte man die Bürger darüber abstimmen lassen. Als Tag der Krönung war jedoch erst der 4. Dezember vorgesehen. Das Blatt beschwört also ein Ereignis, das noch nicht stattgefunden hat.

Der Titel ist natürlich doppeldeutig gemeint. Selbstverständlich war diese Fahrt die letzte, die Napoleon als Konsul unternahm, doch ließ die Unterschrift hoffen, es könne tatsächlich die letzte Fahrt Napoleons sein. Schließlich war Napoleon schon einmal in einer Kutsche mit knapper Not einem Attentat entronnen. In den Versen über der Karosse ist der Teufel Prinz allen Übels genannt. Die Karikaturisten sahen auch sonst in dem Teufel nur noch einen Unheilbringer.

Die unsignierte Radierung darf, obwohl etwas derb, Thomas Rowlandson zugeschrieben werden. Die Schrift weist zweifellos seine Schriftzüge auf. M.H.

Lit.: Nicht im BM; nicht bei Grego 1880; Broadley II, S. 303, Nr. 199.

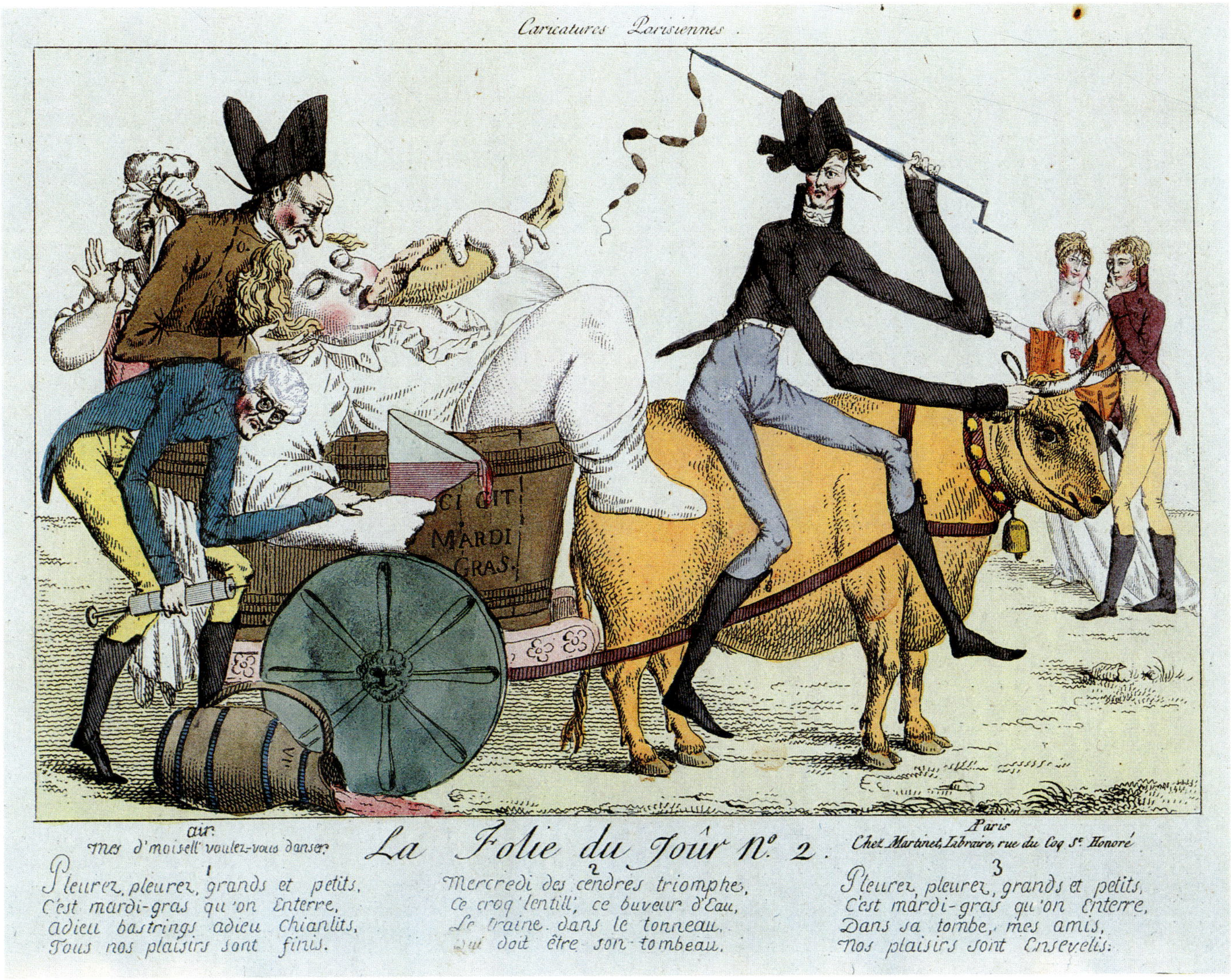

151
Paris, um 1800

La Folie du Joûr N° 2 – Mardi Gras

Aquarellierte Radierung auf grünlichem Papier, 210 x 281, bezeichnet *Chez Martinet Libraire rue du Coq St Honoré*
Privatbesitz.

Dargestellt ist das Ende des Karnevals; der fette Dienstag, *mardi gras* (das deutsche ›Fastnacht‹ paßt nicht in diese Vorstellung), wird in einem Bottich mit der Aufschrift »hier ruht ›mardi gras‹« zu Grabe gefahren. Um den Dicken bemühen sich zwei dürre Gestalten, Vertreter des Aschermittwochs; der eine, durch die Klistierspritze als Arzt ausgewiesen, fühlt den Puls, der andere hält dem Verscheidenden den Kopf. Hinter den beiden Männern taucht noch eine Klagefrau auf. Auf dem Ochsen sitzt mit der Peitsche in der Hand ein weiterer Magerling. Der Fette führt mit einer Hand noch einen Schinken zum Mund, während sein anderer Arm herabsinkend den Wein verschüttet. Die Weinkanne neben dem Wagen ist auch schon umgestoßen.

Die Verse unter der Darstellung spielen auf die vergangenen Freuden und Neckereien des Karnevals an, »adieu bastrings« – das sind Tänze, »adieu chianlits« – das ist ein Spaß, den sich die Gassenjungen im Karneval erlauben durften; sie hängten vor allem jungen Mädchen heimlich Strohwische und Mäuse an. Dieser Brauch ist auf einem etwa gleichzeitig erschienenen Blatt einer anderen Folge der *Caricatures Parisiennes* auf Nr. 3 von *Garde à vous* dargestellt.

Wie bei Bruegel kämpfen Karneval und Fasten miteinander (Abb. 31); allerdings ist hier bereits der Kampf zugunsten des Aschermittwochs entschieden. Die Darstellung gibt offenbar einen damals üblichen Aufzug wieder. Karnevalsumzüge sind für Paris belegt. Vor der Revolution führte ein Bettelmönch als König des Karnevals den Zug an. Da in unserem Bild die Fahrt des *mardi gras* als Torheit des Tages bezeichnet ist, wird damals der Brauch nicht mehr die Massen bewegt haben. Auch das blasierte Paar im Hintergrund spricht dafür, daß hier auf ein Brauchtum angespielt ist, das bereits als eine Randerscheinung betrachtet wurde.

Diese Radierung erschien ein wenig beschnitten auch in der in Weimar erscheinenden Zeitschrift *London und Paris*, und zwar ausnahmsweise in Originaldrucken. Sonst begnügte man sich damit, jeder Nummer eine kommentierte Kopie einer englischen oder französischen Karikatur beizugeben. M.H.

Lit.: *London und Paris*, Bd. 9, Weimar 1802, S. 276/77.

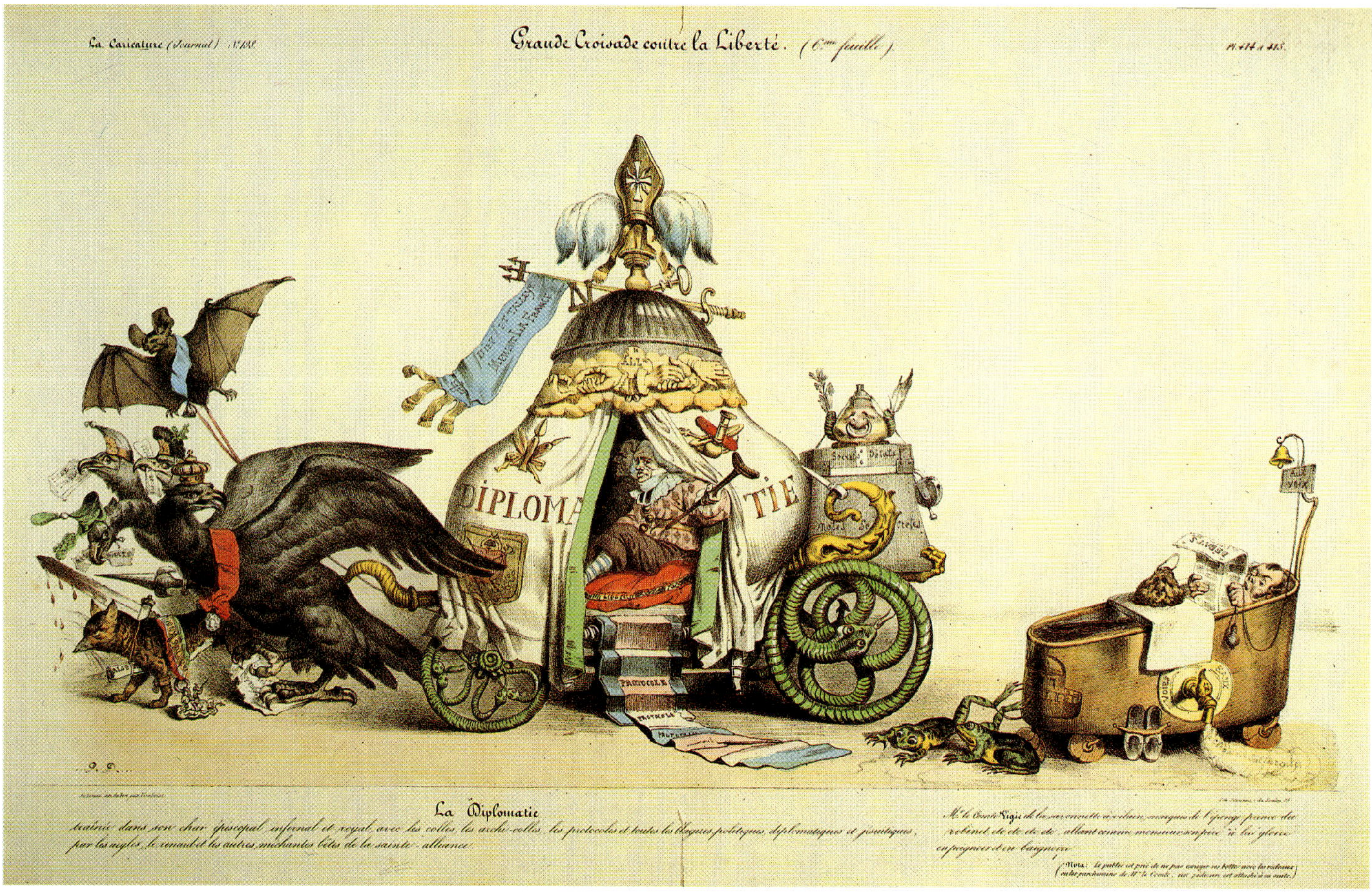

152
Grandville (1803–1847) und Desperret (gest. 1865)

Die Diplomatie auf dem großen Kreuzzug gegen die Freiheit, 1834

La Caricature, Tafel 414/415 in Nr. 198 vom 21.8.1834, 6. Blatt der Folge *Grande Croisade contre la Liberté*; kolorierte Lithographie, 361 x 554, monogrammiert *G.D.*
Kunstsammlung der Universität Göttingen.

In einem Zyklus von sieben Lithographien stellten Grandville und Desperret 1834 einen Kreuzzug der Herrschenden der Julimonarchie gegen die Festung der Freiheit dar. Das vorliegende sechste Blatt der Folge beschäftigt sich mit Diplomatie und Außenpolitik.

In einer birnenförmigen Kutsche, die von einem vierköpfigen Adler, der für die Mächte der Heiligen Allianz und die Türkei steht, sowie vom englischen Fuchs gezogen wird, sitzt Talleyrand, der französische Botschafter in London. Er, der seit dem Ancien Régime jeder französischen Regierung gedient hatte, galt der republikanischen Opposition als Inbegriff der konservativen Außenpolitik, die sich mit den Großmächten arrangierte, statt die europäischen Freiheitsbewegungen zu unterstützen. In der dem Prunkwagen folgenden Badewanne sitzt ein Vertreter der regierungstreuen Presse.

Wegen ihrer Birnenform kann die Diplomatenkutsche hier im weiteren Sinne auch als Staatskarosse der Julimonarchie gesehen werden. Seit Philipon, Herausgeber von *La Caricature*, aus dem Porträt Louis-Philippes unter Benutzung zweier Übergangsstufen eine Birne entwickelt hatte (Abb. 117)[1], stand die Frucht in Karikaturen häufig für den König oder auch das gesamte Staats- und Regierungssystem.

Die traditionelle Form des verherrlichenden Triumphzuges wird hier zu einem Schandzug umgedeutet[2], bei dem mit zahlreichen symbolisch eingesetzten Details politische Hintergründe und wahre Absichten der Regierenden aus der Sicht der Opposition aufgezeigt werden sollen.

S.B.-A.

1 Vgl. Kat. Göttingen 1980, Nr. 26.
2 Vgl. Kat. Göttingen 1980, Nr. 94.

Lit.: Sello 1972, Bd. I, S. 207; Schrenk 1976, S. 143 f.; Kat. Göttingen 1980, Nr. 94.

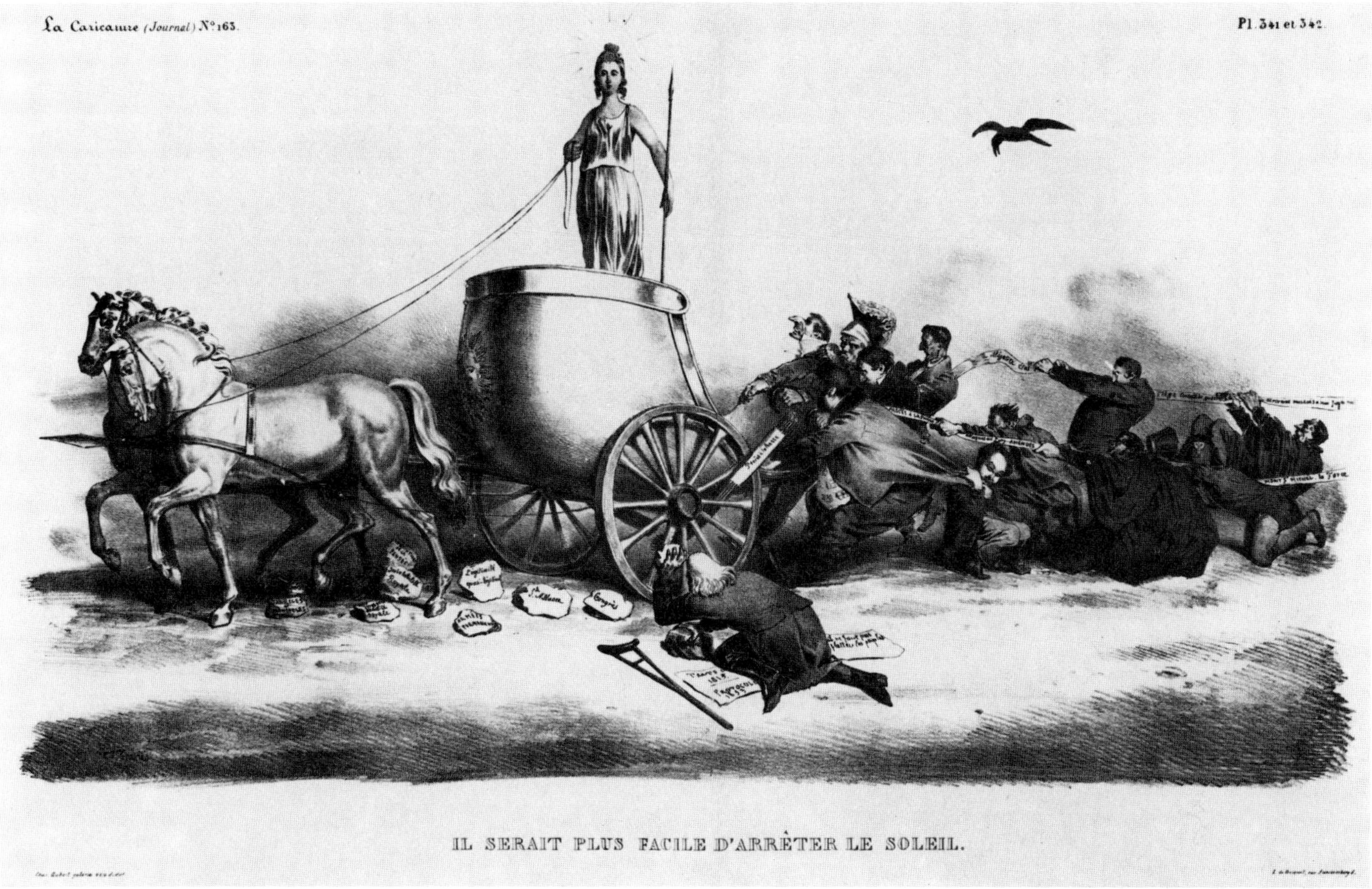

153
Charles-Joseph Traviès des Villers (1804–1859)
Es wäre leichter, die Sonne aufzuhalten, 1833

Tafel 341/342 aus *La Caricature* Nr. 163 vom 20.12.1833; Lithographie, 358 x 544, signiert *C. J. Traviès*
Kunstsammlung der Universität Göttingen.

Hoch aufgerichtet steht die lichtumhüllte Gestalt der Freiheit[1] im Sonnenwagen des Apoll, der von zwei Pferden gezogen wird. Die Vertreter von Regierung und Justiz der Julimonarchie versuchen vergeblich, ihre Triumphfahrt mit langen, am Wagen befestigten Bändern, die unter anderem für Presseprozesse, Geld- und Gefängnisstrafen stehen, aufzuhalten. Talleyrand beteiligt sich an ihren Bemühungen, indem er außenpolitische Steine vor den Wagen wirft.

Die Erhabenheit in der Darstellung der Liberté, ihre Gleichsetzung mit dem antiken Lichtgott Apoll bringen ihre Unantastbarkeit zum Ausdruck und lassen alle Bemühungen der reaktionären Kräfte vergeblich erscheinen.

Das Jahr 1833 hatte zwar ein Erstarken der republikanischen Partei in Frankreich gebracht, doch stimmt die hier zum Ausdruck kommende Siegesgewißheit nicht mit den realen Gegebenheiten überein.[2]

Üblicherweise wird die traditionelle Form des Triumphzuges in der Karikatur zum Schandzug umgedeutet, durch den die politischen Feinde entlarvt werden sollen. Hier jedoch bleibt der Triumphgedanke in seiner positiven Bedeutung erhalten; der Angriff des Blattes richtet sich gegen die Politiker in ihren vergeblichen und wegen ihrer Unwirksamkeit lächerlichen Bemühungen, den Triumph der Freiheit aufzuhalten.[3]

S.B.-A.

1 Zur Allegorie der Freiheit in der französischen Karikatur nach 1830 vgl. den Aufsatz »Die Leiden der Freiheit« von Klaus Lankheit in: Kat. Göttingen 1980, S. 15ff.
2 Vgl. auch Schrenk 1976, S. 212.
3 Vgl. Pohlmann 1983, S. 44.

Lit.: Schrenk 1976, S. 212; Villa, *Collection de Vinck*, Nr. 12.288; Kat. Münster 1983, S. 44.

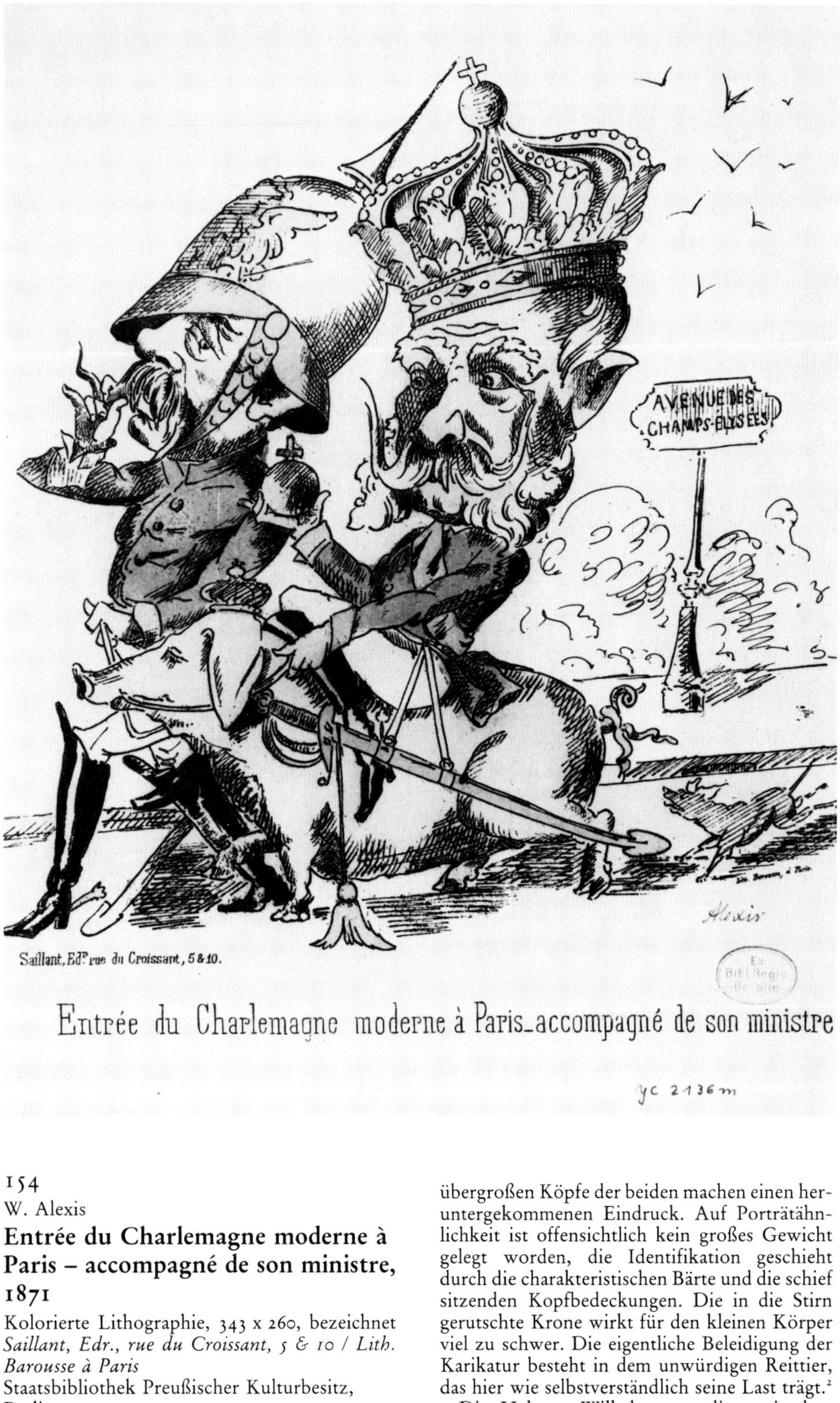

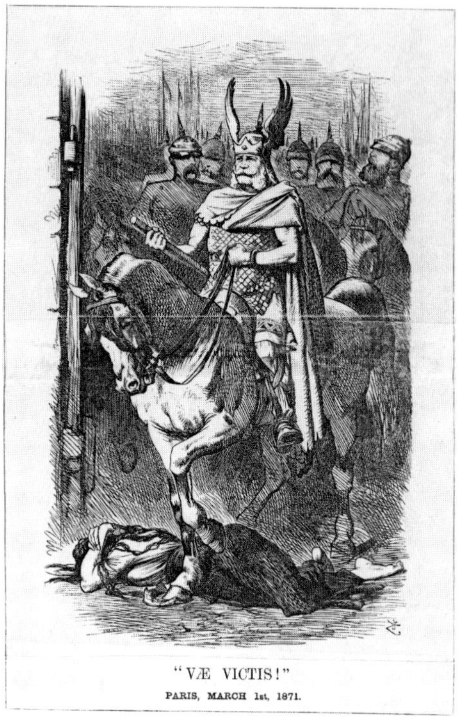

Abb. 136 John Tenniel, *Væ Victis!*, ›Punch‹, 1871

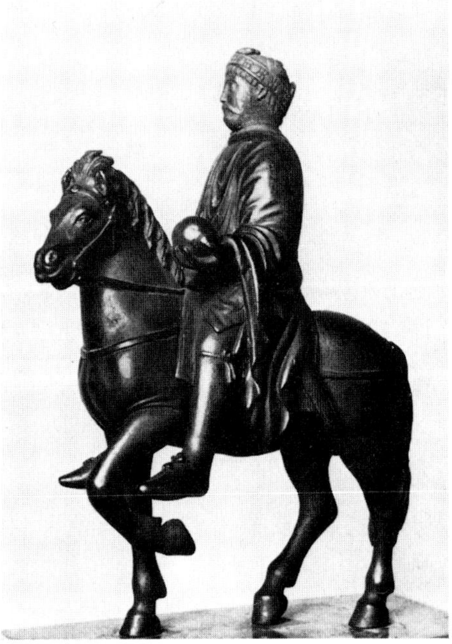

Abb. 137 *Reiterstatuette Karls des Großen*, um 870

154
W. Alexis

Entrée du Charlemagne moderne à Paris – accompagné de son ministre, 1871

Kolorierte Lithographie, 343 x 260, bezeichnet *Saillant, Edr., rue du Croissant, 5 & 10 / Lith. Barousse à Paris*
Staatsbibliothek Preußischer Kulturbesitz, Berlin.

Um Druck auf die Friedensverhandlungen nach dem gewonnenen Krieg auszuüben, besetzten deutsche Truppen am 1. März 1871 für drei Tage Teile von Paris (der Friedensvertrag wurde ebenfalls am 1. März unterzeichnet). Alexis' Karikatur spielt auf den mit großem Pomp gehaltenen Einzug der Deutschen in Paris an, den beispielsweise auch der Engländer Tenniel verspottete (Abb. 136).[1]

Der Kaiser zieht auf einem Schwein durch die Pariser Prachtstraße Champs-Elysées – so bezeichnet auf dem Straßenschild rechts –; die Zügel führt sein Reichskanzler Bismarck. Die übergroßen Köpfe der beiden machen einen heruntergekommenen Eindruck. Auf Porträtähnlichkeit ist offensichtlich kein großes Gewicht gelegt worden, die Identifikation geschieht durch die charakteristischen Bärte und die schief sitzenden Kopfbedeckungen. Die in die Stirn gerutschte Krone wirkt für den kleinen Körper viel zu schwer. Die eigentliche Beleidigung der Karikatur besteht in dem unwürdigen Reittier, das hier wie selbstverständlich seine Last trägt.[2]

Die Haltung Wilhelms parodiert mit dem Reichsapfel in der einen und den Zügeln in der anderen Hand diejenige der berühmten spätkarolingischen Reiterstatuette Karls des Großen im Louvre (Abb. 137). Wilhelm selbst sah sich gern, analog zu Karl dem Großen, als zweiten Reichsgründer. J.D.

1 Das Ereignis fand mehrfach Niederschlag in der Karikatur, so in Lithographien von Felix Régamey oder Faustin (Kat. Münster 1983, Nr. 240; Fuchs II, Abb. 267).
2 Zur Sau als Zeichen der Schande vgl. Fuchs 1921, S. 8f.; Brückner 1966, S. 216f.; Brückner 1975, Abb. 1, 22, 23, mit Kommentar auf S. 203; in diesem Katalog Abb. 56. Als Reittier erscheint sie bereits in der Reformationssatire (Scribner 1981, Abb. 60) und ist bis ins 20. Jahrhundert anzutreffen (Harms II, Nr. 80; *Simplicissimus* Nr. 51, 22. 3. 1909).

Lit.: Kat. London 1971, Nr. 102; Kat. Stuttgart 1976, Einheit II/8.

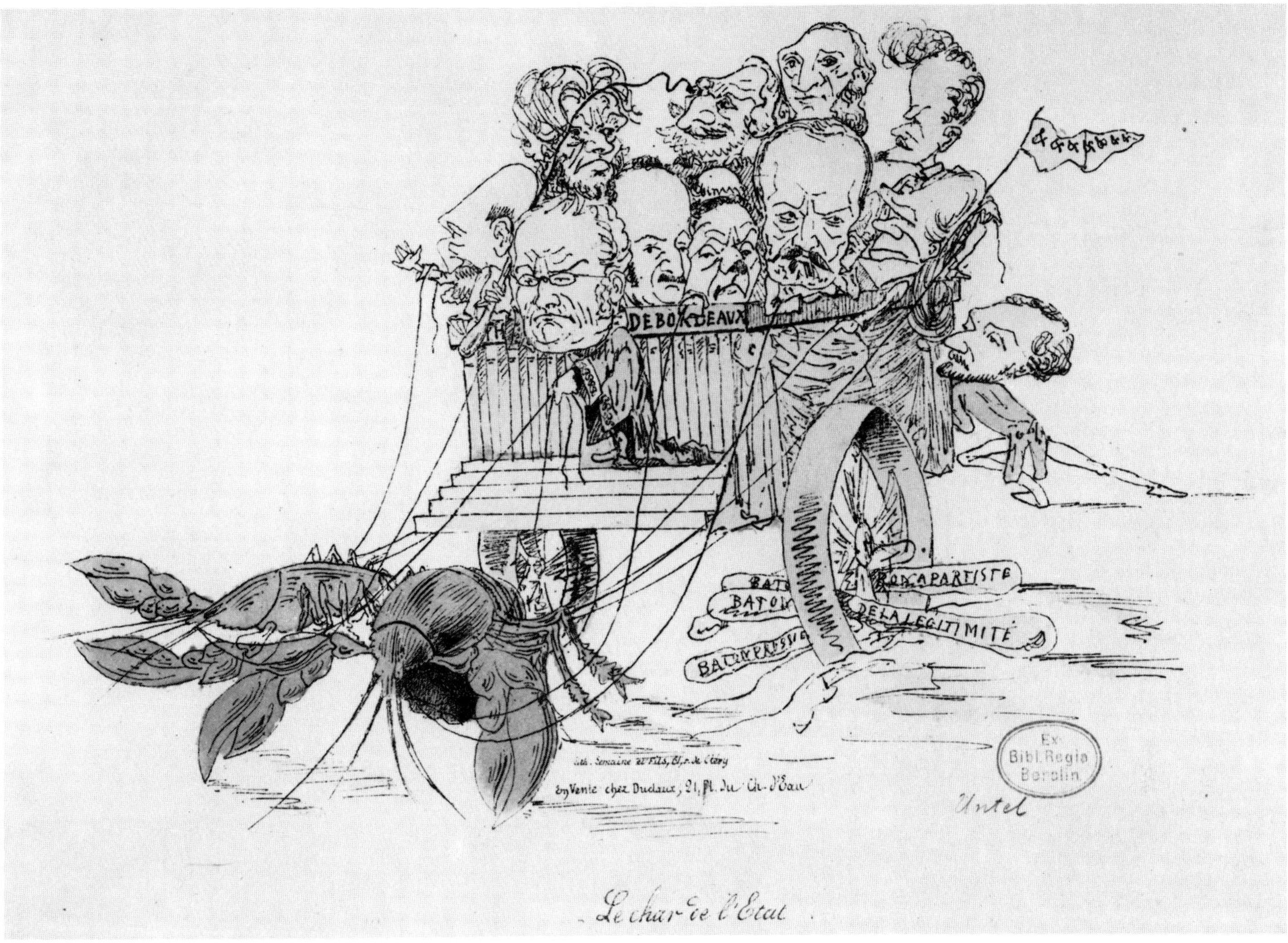

155
Untel (Mesplès)

Le char de l'Etat – Die Staatskutsche, 1871

Kolorierte Lithographie, 239 x 305, bezeichnet *Lith. Lemaine et Fils (...) En vente chez Duclaux (...)*
Staatsbibliothek Preußischer Kulturbesitz, Berlin.

Nach der Kapitulation Napoleons III. am 2. September 1870 in Sedan wurde die im Februar nächsten Jahres mit preußischer Billigung gewählte Nationalversammlung nach Bordeaux verlegt, wo sie im Theater tagte. Sie beauftragte den konservativen Adolphe Thiers als neuen Präsidenten, die Friedensverhandlungen mit Bismarck zu führen. Weite Teile der Pariser Bevölkerung, wo sich zu dieser Zeit gerade die Kommune bildete, lehnten die Regierung Thiers ab, nicht nur, weil sie dessen reaktionäre Einstellung fürchteten, sondern auch, weil sie seine Zusammenarbeit mit den Deutschen zurückwiesen.

Als alte, griesgrämige Herren hocken Thiers und seine Minister auf einem merkwürdigen Karren, der mit »Th(éâtre) de Bordeaux« beschriftet ist. Die als Theatervorhang gestaltete Seite und die Front als Säulenreihe über einer Treppe spielen ebenfalls auf diesen Tagungsort der Nationalversammlung an. Zwei Krebse sind vom Kutscher Thiers als Zugtiere eingespannt, die vor allem dafür bekannt sind, rückwärts zu kriechen. Als allgemeines Symbol der Reaktion ist der Krebs wegen dieser ihm zugeschriebenen Eigenschaft häufiger in der Karikatur anzutreffen (vgl. Kat. 147, 157). Zusätzlich sind der Staatskutsche drei Knüppel zwischen die Speichen gesteckt, deren Beschriftungen sie als jene politische Mächte symbolisieren, die einer Demokratisierung entgegenstehen: Es gibt den bonapartistischen, den bourbonischen und den preußischen Knüppel (»Bâton Bonapartiste, Bâton de la Légitimité, Bâton Prussien«).

Alles zusammen: das falsche Zugtier, die merkwürdige Gestalt des *Char de l'Etat*, der überladen ist mit alten Männern und im Morast zu versinken droht, die Knüppel zwischen den Speichen – dies zeugt von einem denkbar schlechten Zustand der Staatslenkung. – Diese Karikatur bedient sich als satirische Allegorie traditioneller Symbole und Attribute, um damit die Unfähigkeit der Regierung herauszustellen.

J.D.

Lit.: Abb. in Ducatel 1973, S. 130; Berleux 1890, S. 168.

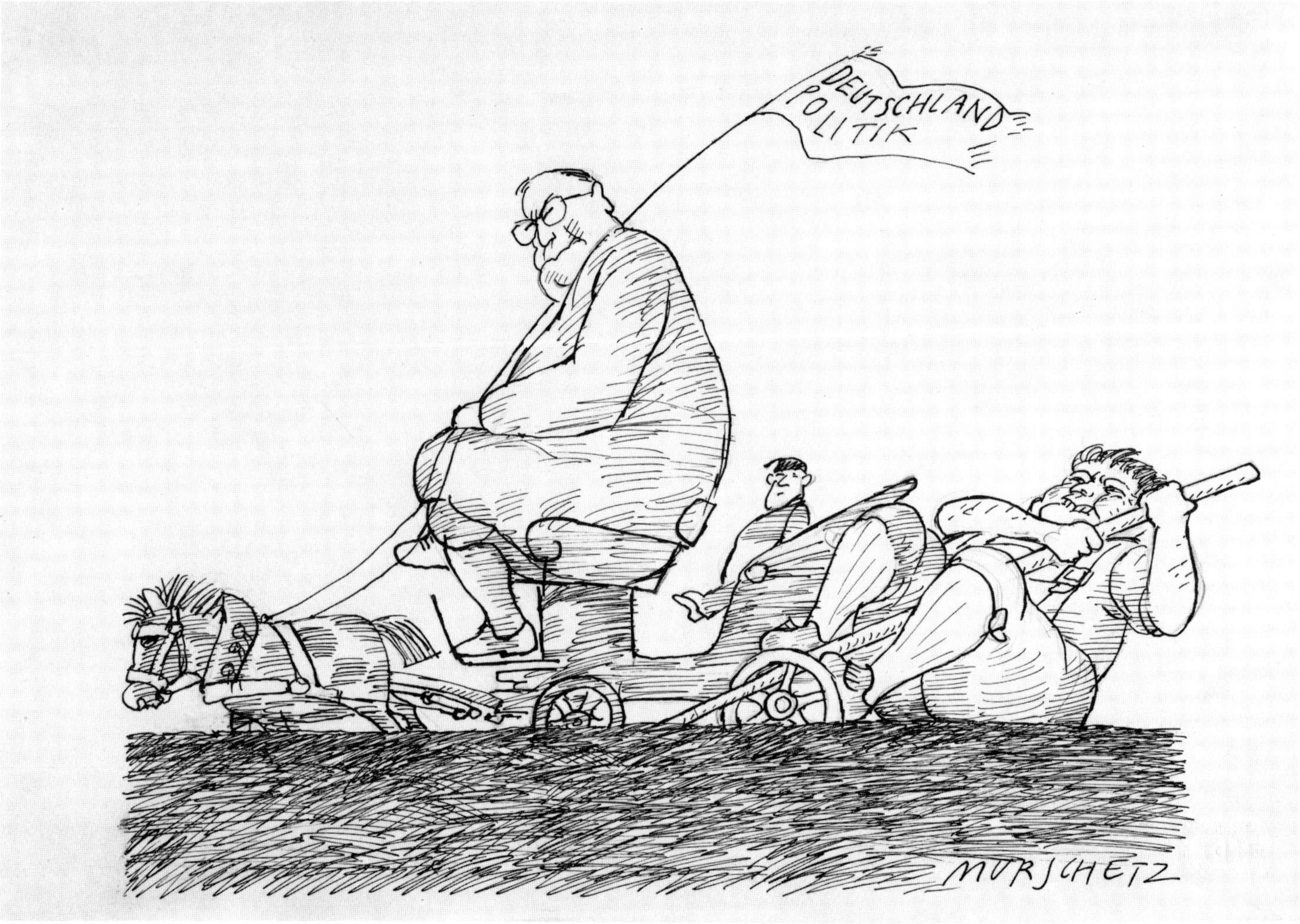

156

Luis Murschetz (geb. 1936)

Kutscher Kohl und die Deutschlandpolitik, 1983

Veröffentlicht in *Die Zeit* im April 1983 auf der Titelseite. Feder in Schwarz über Blei, 226 x 312, signiert *Murschetz*
Sammlung Ensmann, München.

Ein viel zu großer Helmut Kohl sitzt auf dem Kutschbock eines kleinen Fiakers, gezogen von einem noch kleineren Pony. Mit der Beschriftung »Deutschlandpolitik« flattert eine Fahne am Ende des langen, dünnen Peitschenstabes, von Kohl lässig über die Schulter gelegt. Der winzige deutsche Michel mit der Zipfelmütze als Insasse erreicht mit seinen hilflos ausgestreckten Beinen noch nicht einmal den Boden der Kutsche. Rechts stemmt sich mit aller Kraft Franz Josef Strauß gegen einen langen Stock, den er zwischen die Speichen des Hinterrades gesteckt hat, um so das seltsame Gefährt aufzuhalten. Stramme Waden, prall gefüllte Kniebundlederhose und behaarte, kräftige Unterarme charakterisieren ihn als bayrischen Naturburschen (vgl. Kat. 140), der sich grinsend, aber mächtig ›ins Zeug legt‹.

Die Aussage der Darstellung ist eindeutig und leicht verständlich. Die von Bundeskanzler Kohl auch nach der Bundestagswahl im März 1983 geplante weitgehende Fortsetzung der von der vorherigen SPD/FDP-Regierung eingeleiteten Deutschlandpolitik wird von Strauß zum Teil heftig kritisiert. Dieser erscheint hier als Bremser, dem jedes Mittel recht ist, den einmal eingeschlagenen Kurs in der Deutschlandpolitik zu stoppen. Das Motiv des Hindernisses in den Speichen ist alt und erscheint mit ganz ähnlicher Bedeutung bereits mehrfach im 19. Jahrhundert. Die Fahrt der Kutsche symbolisiert den Fortgang der Politik, die vom Kutscher vorangetrieben und vom Bremser behindert wird. Das Verhalten der Personen wird in dem Maße kritisiert, in dem sie von den ihnen auferlegten Rollen abweichen. So zielt diese Karikatur nicht nur auf das Hindernis Strauß, sondern gleichermaßen auf Kohl, dessen verkniffenes Lächeln und die betont lässig übereinandergeschlagenen Beine in der Situation unangemessen wirken und seine Unfähigkeit andeuten. Hinzu kommt seine enorme Größe, die aus der respektlosen Sicht der Froschperspektive noch hervorgehoben wird und die allein schon die zierliche Kutsche zur Bewegungslosigkeit verurteilt. J.D.

3.2. Weltkugel und Landkarte als Motive

Satire geißelt die Zustände der Welt, und so ist es nicht erstaunlich, daß Kugel und Karte als Zeichen der Welt häufig auf Karikaturen erscheinen. Im satirischen Umgang wird der Erdball in die menschliche Handlung einbezogen und derart die globale Bedeutung des Themas betont. Der Stand auf der Kugel wird zum Zeichen für Gewinn und Verlust von Macht, die Karte zum Zeichen territorialer Ansprüche oder nationaler Identität.

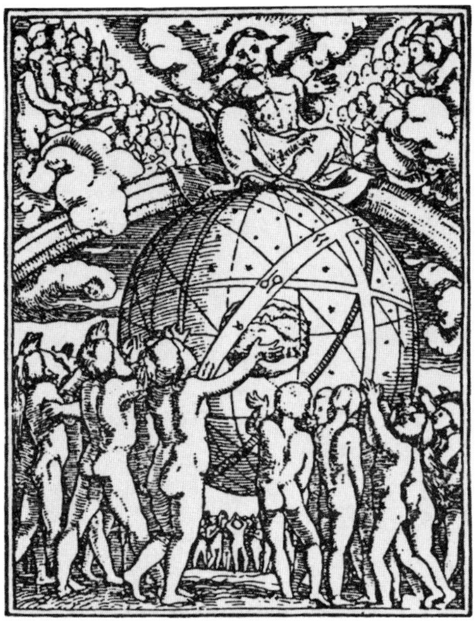

Abb. 138 Hans Holbein, *Das Jüngste Gericht*, 1526

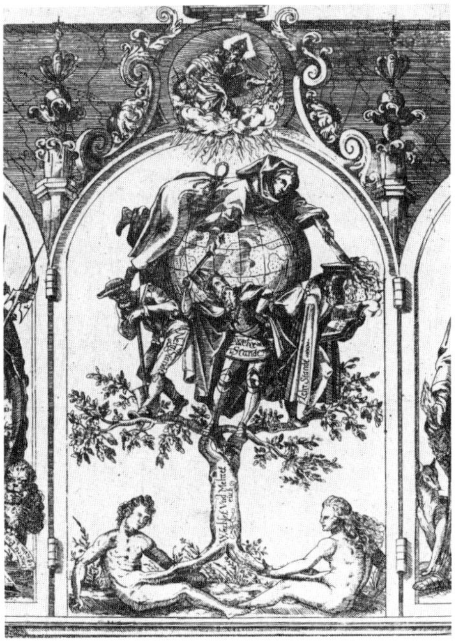

Abb. 139 *Spiegel des Antichrist*, Flugblatt 1. Hälfte 17. Jh. (Ausschnitt)

Lange bevor sich die Vorstellung von der runden Gestalt der Erde durchsetzte, war die Kugel ein vielfach verwandtes Symbol für die Welt. Als kreuzbekrönter Reichsapfel gehörte sie zu den Insignien der deutschen Kaiser und drückte deren Herrschaftsanspruch über die Welt aus. Als durchsichtige Sphäre symbolisierte sie die Gesamtheit der göttlichen Schöpfung, wie es Hans Holbein auf dem Schlußblatt seines *Totentanzes* verbildlicht. Der Weltenrichter Christus thront auf der von Sternenbahnen umgebenen Armillarsphäre, in deren Mitte als kleine Gebirgslandschaft die Erde schwebt (Abb. 138).

Pieter Bruegel gebrauchte mehrfach die durchsichtige, kreuzbekrönte Sphäre, um mit ihrer schiefen oder gar auf den Kopf gestellten Position auf den schlechten Zustand der Welt und die Unsicherheit der irdischen Dinge hinzudeuten. Als Attribut der Fortuna weist die Kugel auf das unbeständige, wechselhafte Glück, das sich wie eine Kugel wenden kann. Niederländische Künstler des 16. Jahrhunderts entwickeln die symbolische Figur der »Frau Welt«, wieder mit der Kugel als Attribut.[1] Die Symbolik von Sphäre und Kugel vermischt sich und wird im 16. Jahrhundert zu einer »der abwandlungsfähigsten Größen in ikonographischen Gleichungen.«[2]

Die Weltkugeln des 16. Jahrhunderts zeigen in ihrem Inneren häufig eine ausschnitthafte, auf den Kreis beschränkte Weltenlandschaft und noch nicht die bei einem Globus üblichen kartographischen Umrisse der Kontinente (Abb. 138, Kat. 157). Der erste Globus, der sogenannte Behaimsche Erdapfel, entstand 1491/92 in Nürnberg.[3] In seiner Nachfolge verbreiteten zahlreiche, ständig verbesserte Versionen das neue Bild der Erdkugel. Die alten Formen von Sphäre und Kugel finden in dem Globus ihre moderne wissenschaftliche Entsprechung. Neben den geographischen Angaben werden die die Kugel überziehenden Längen- und Breitengrade zum charakteristischen Merkmal des Globus. Sie treten die Nachfolge der früher üblichen, kreuzförmigen Umgürtung der Kugel und des bekrönenden Kreuzes an (vgl. Kat. 157).

Schon bald wird der Globus, wie früher Sphäre und Kugel, in allegorischen Darstellungen als Symbol verwandt.[4] Ein protestantisches Flugblatt aus der ersten Hälfte des 17. Jahrhunderts zeigt Bauern, Ritter und Gelehrten, die den Globus tragen (Abb. 139).[5] Sie halten die Ordnung der Welt aufrecht. Das Motiv lehnt sich an Darstellungen des griechischen Riesen Atlas an, der das runde Himmelsgebäude auf seinen Schultern trägt. Die Last der drei Stände wird durch den sich quer über den Erdball legenden Mönch zusätzlich erhöht, zudem tritt er dem einen in den Nacken, entreißt dem zweiten das Zepter und setzt den dritten in Flammen.

Die beiden immer wieder zu beobachtenden Charakteristika im satirischen Umgang mit der Weltkugel sind hier bereits ausgeprägt vorhanden: Der Erdball wird in menschliche Handlungen – zumeist kämpferischer Natur – einbezogen, und er betont die globale Bedeutung des Themas. Die Postition auf der Kugel zeigt eine Machtstellung an. Wie Christus als Weltenrichter die Welt beherrschte (Abb. 138), so versucht es auf dem Flugblatt des 17. Jahrhunderts der Mönch oder später Napoleon, Bismarck oder zahlreiche andere Politiker (Kat. 158, 159, 160). Ein unsicherer Standpunkt auf dem runden Ball suggeriert Schwäche.

Ähnlich wie die Weltkugel wurde auch die Landkarte als Symbol eingesetzt. Ihre Verwertbarkeit in dieser Hinsicht stieg in dem Maße, in dem sich die kartographischen Kenntnisse verbreiteten. Landkarten erschienen seit dem 15. Jahrhundert in immer dichterer Folge und mit zunehmender Exaktheit. Im ›Zeitalter der Entdekkungen‹ bestand großes Interesse und, bedingt durch den sich ausdehnenden Land- und Seehandel, ständiger Bedarf an möglichst genauen Kartenwerken. Ein auf Jean

1 Vgl. Möller 1952 und vor allem Schramm 1958 zur vielfältigen Symbolik der Kugel. – Das Thema der »Frau Welt« ging im 17. Jahrhundert in die deutsche Flugblattgraphik über, vgl. Coupe 1967, Nr. 226.
2 Erwin Panofsky, *Studies in Iconology*, New York 1939, S. 162.
3 Kat. Nürnberg 1983, Nr. 113.

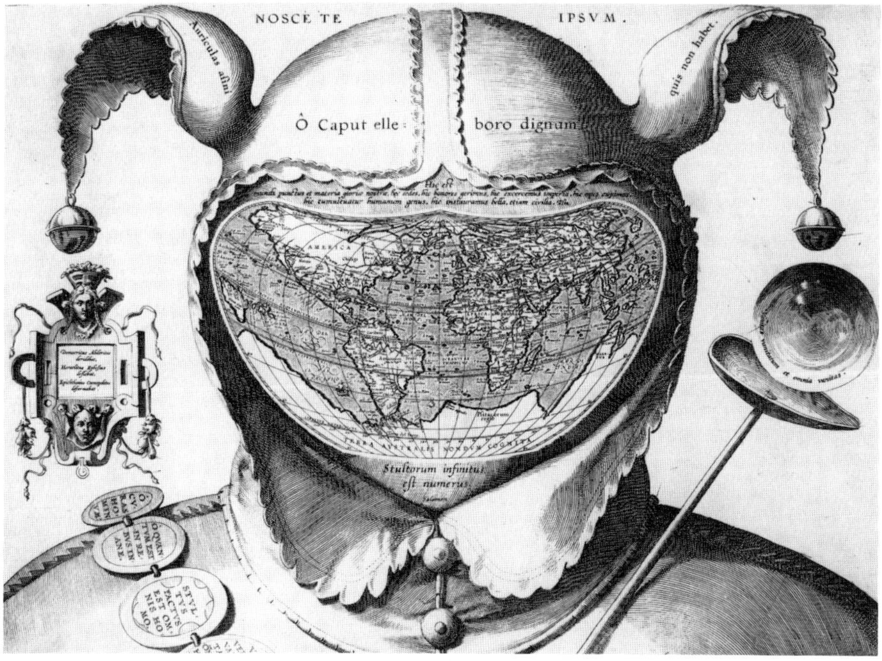

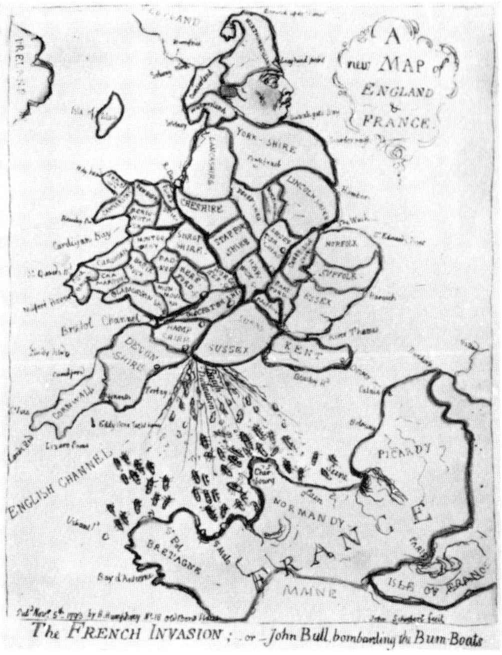

Abb. 140 nach Jean de Gourmont, *Nosce te ipsum,* Anfang 17. Jh.

Abb. 141 James Gillray, *The French Invasion,* 1793

de Gourmont (nachweisbar 1565–1587) zurückgehender Kupferstich stülpt einer bereits erstaunlich korrekten Weltkarte die Narrenkappe über und betont so die närrische Verkehrtheit der Welt (Abb. 140).[6] Die Bildaussage findet ihre Entsprechung in Flugblättern, die die Weltkugel auf den Kopf stellen (Kat. 157, Abb. 143) oder sie von Narren bethronen lassen (Kat. 162, Abb. 145); die Welt*karte* ist damit an die Stelle der Welt*kugel* getreten. Ebenfalls bereits im 16. Jahrhundert werden auch die Landkarten einzelner Staaten in figürliche Darstellungen einbezogen. Sie ›personifizieren‹ den jeweiligen Staat und übernehmen damit die Rolle von Wappentieren, deren Gestalt nicht selten in kartographische Umrisse hineinprojiziert wird.[7]

Die figürlichen Interpretationsmöglichkeiten der charakteristischen nationalen Grenzlinien scheinen unausschöpflich, wie Beispiele aus den vergangenen Jahrhunderten zeigen (Kat. 167, 168, 169, 171, 172). Gleichzeitig ist die Landkarte, als bedrucktes Stück Papier, symbolisch verwertbar: Sie wird zerrissen (Kat. 166), mit Füßen getreten, gesäubert (Kat. 165) oder in Brand gesetzt (Kat. 170). Seit dem 17. Jahrhundert erscheinen Landkarten als Symbol des jeweiligen Staates oder Landstrichs in satirischen Darstellungen. Doch erst James Gillray bezog gegen Ende des 18. Jahrhunderts geographische Details direkt in Handlungszusammenhänge ein und schuf damit satirische Allegorien, die sowohl durch ihre Anschaulichkeit wie auch durch ihre konkreten politischen Anspielungen überzeugen (Abb. 141, Kat. 159).[8] J.D.

4 Vgl. Schramm 1958, S. 159ff. – Als ein frühes Beispiel sei auf den Kupferstich *Ars und Usus* (1582) von Hendrik Goltzius verwiesen. *Eros und Gewalt. Hendrik Goltzius und der niederländische Manierismus,* Ausstellungskatalog der Graphischen Sammlung der Eidgenössischen Technischen Hochschule Zürich, 1982, Nr. 6, mit Abb.

5 Coupe 1967, Nr. 318.

6 Zu dem Stich siehe Kat. Coburg 1983, Nr. 135; Harms 1983, Nr. 30. – Gleichzeitig gab es allegorische Karten, deren fiktive geographische Angaben beispielsweise den Gegensatz von Himmel und Hölle symbolisierten; vgl. Coupe 1966, S. 207, Anm. 234; Coupe 1967, Nr. 274.

7 So gibt es mehrfach die niederländische Landkarte in Gestalt des niederländischen Löwen; vgl. Franz Petri, *Die Kultur der Niederlande. Handbuch der Kulturgeschichte,* Bd. 13, Konstanz 1964; Kat. Dortmund 1983, S. 229 (Pieter van den Keere, *Leo Belgicus,* 1622). Von 1598 stammt eine Europakarte mit der eingezeichneten weiblichen Personifikation der Europa; Germanisches Nationalmuseum, Nürnberg, Kapsel 1313, HB 296.

8 Hill 1965, Tafel 48; BM VII, Nr. 8346.

157

Hans Jerg Mannasser (tätig um 1620)

Der Welt schneller Lauf und Leb

Kupferstich und Letternsatz, 363 x 283, bezeichnet *Zu Augspurg/ bey Hanß Jerg Mannaser/ Kupfferstecher auffm Kreuz.*
Germanisches Nationalmuseum, Nürnberg.

Das Flugblatt erschien in den ersten Jahren des Dreißigjährigen Krieges und beklagt den sündhaften Zustand der Welt. Ein Krebs, bekannt für sein Rückwärtsgehen, den »Krebsgang«,[1] trägt die große Kugel der Welt. Trinkgelage, Kampf- und Liebesszenen spielen sich in der Kugel ab, im Hintergrund wird eine Festung auf einem Berg belagert, an den zwei weibliche Tugenden gekettet sind. Die vier Winde umtosen die Welt, deren edelsteinbesetztes Kreuz obenauf nicht mehr Symbol der Herrschaft Christi ist, sondern anzeigt, daß Eitelkeit und Prunksucht selbst in der Kirche Einzug gehalten haben.

»Die gantze Welt ist doll und dumb
Verkehrt, und gleichsam gekehret umb. (...)
Man Kriegt und streit, man hawt und sticht,
Stätt, Dörffer, man verbrennt verbricht.
Man frist, man saufft, man buelt und spilt, (...)
Niemandt jetzt Gottes Wort mehr acht,
Sondern nach seinem Willen macht.«

Das Bildmotiv entstammt der Emblematik, wie der Vergleich mit einem Nürnberger Emblem von 1604 zeigt (Abb. 142), das die lakonische Unterschrift trägt: »Du wunderst dich, daß auf dem Rücken eines Krebses die Welt aufragt? Laß das! So ist heute der Lauf der Welt.«[2]

Der Welt schneller Lauf und Leb gehört mit seiner Thematik in den Bereich der Vanitasdarstellungen[3] und der ›verkehrten Welt‹. Der Lauf der Welt entspricht nicht mehr dem göttlichen Schöpfungsplan, sondern wird durch das falsche Handeln der Menschen ›auf den Kopf gestellt‹. Auf einem weiteren Flugblatt ist der Globus auf den Kopf gestellt und veranlaßt zwei Philosophen zu unterschiedlichen Reaktionen: »Demokrit belacht die Welt, da sie sich so närrisch stellt« und »Heraklit tut weinen eben, über die große Torheit vom menschlichen Leben« (Abb. 143).[4] Diese *Klag über die verkehrte Welt* entstand, wie auch *Der Welt schneller Lauf und Leb*, in der Werkstatt des Augsburger Kupferstechers und Verlegers Hans Jerg Mannasser.[5] J. D.

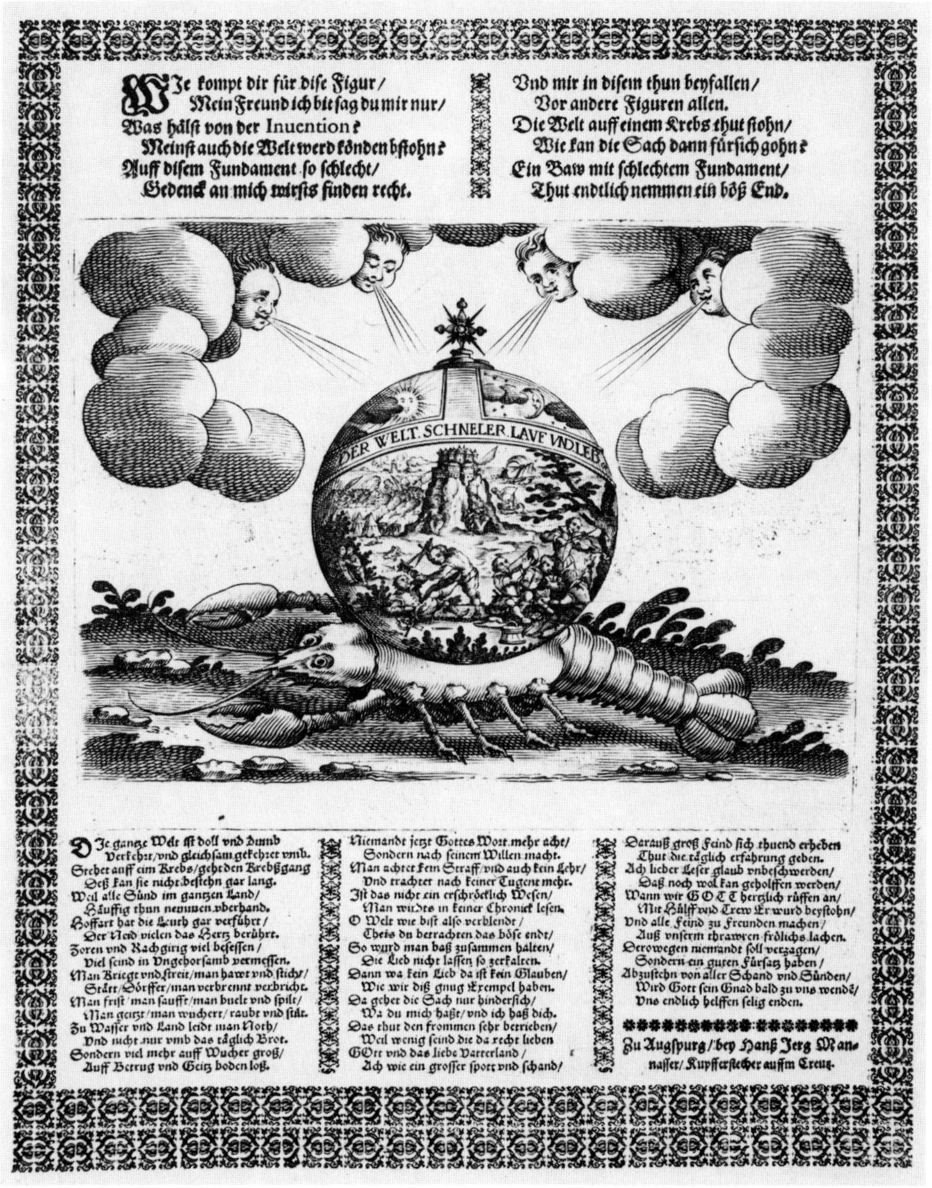

1 Krünitz schreibt 1789 in seiner *Oekonomisch-technischen Encyklopädie*, Bd. 48, S. 426, unter dem Stichwort »Krebsgang«: »rückgängig werden, imgleichen nicht den gewünschten Erfolg haben, (...) welches man auch krebsgängig werden nennt.« In diesem Sinn erscheint der Krebs zuerst in Sebastian Brants *Narrenschiff* in einer Holzschnittillustration von Dürer (Kapitel 57. Das Motto zu dem Stich lautet: »Wer ohne Arbeit Lohn will sehn,/ auf einem schwachen Rohr will stehn–/ des Anschlag wird auf Krebsen gehn«). Bei Andreas Alciatus, *Emblematum libellus*, Paris 1542, S. 68f., wird er zu einem Symbol der Bauchdienerei; vgl. Langemeyer 1973, S. 145, Anm. 294. – Die Deutungsversuche des Krebses bei Baur 1974, S. 96ff., und Kat. Göttingen 1980, Nr. 38, sind zu eng gefaßt. – Zum Krebs vgl. auch Kat. 147, 155.

2 Joachim Camerarius, *Symbolum et emblematum ex aquatilibus et reptilibus (...)*, Nürnberg 1604; Henkel/Schöne 1967, Sp. 727.

3 Über die Vanitassymbolik der Weltkugel vgl. Möller 1952, passim. Auf Vanitas-Stilleben des 17. Jahrhunderts wird auch der Globus als Holzkugel mit eingezeichneten Erdteilen zu einem Sinnbild für die vergängliche Welt; Möller 1952, S. 172; Kat. Leiden 1970, Nr. 7, 9, 20, 26.

4 Coupe 1966, S. 199ff., Tafel 128. Eine frühere Version bei Harms 1983, Nr. 31.

5 Zu Mannasser vgl. Brückner 1975, S. 212f.; Coupe 1966, S. 43f.

Lit.: Coupe 1966, S. 41; Coupe 1967, Nr. 119.

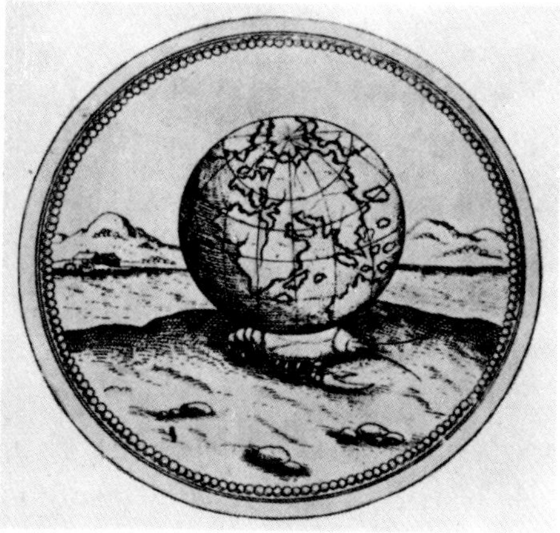

Abb. 142 Joachim Camerarius, *Ein Krebs, der rückwärts geht, trägt die Weltkugel*, Emblem von 1604

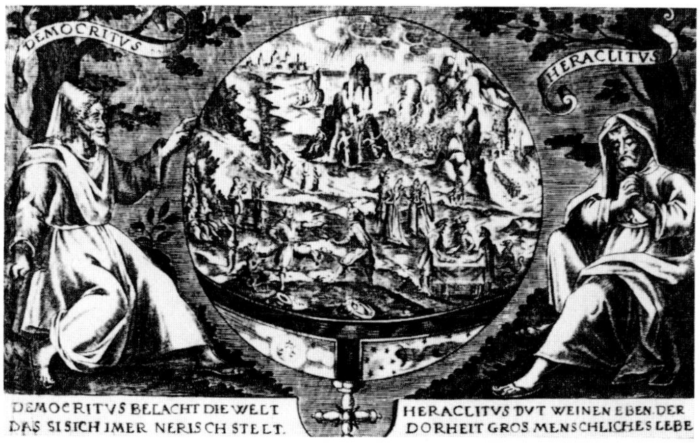

Abb. 143 H. J. Mannasser, *Klage über die verkehrte Welt*, Augsburger Flugblatt von 1619

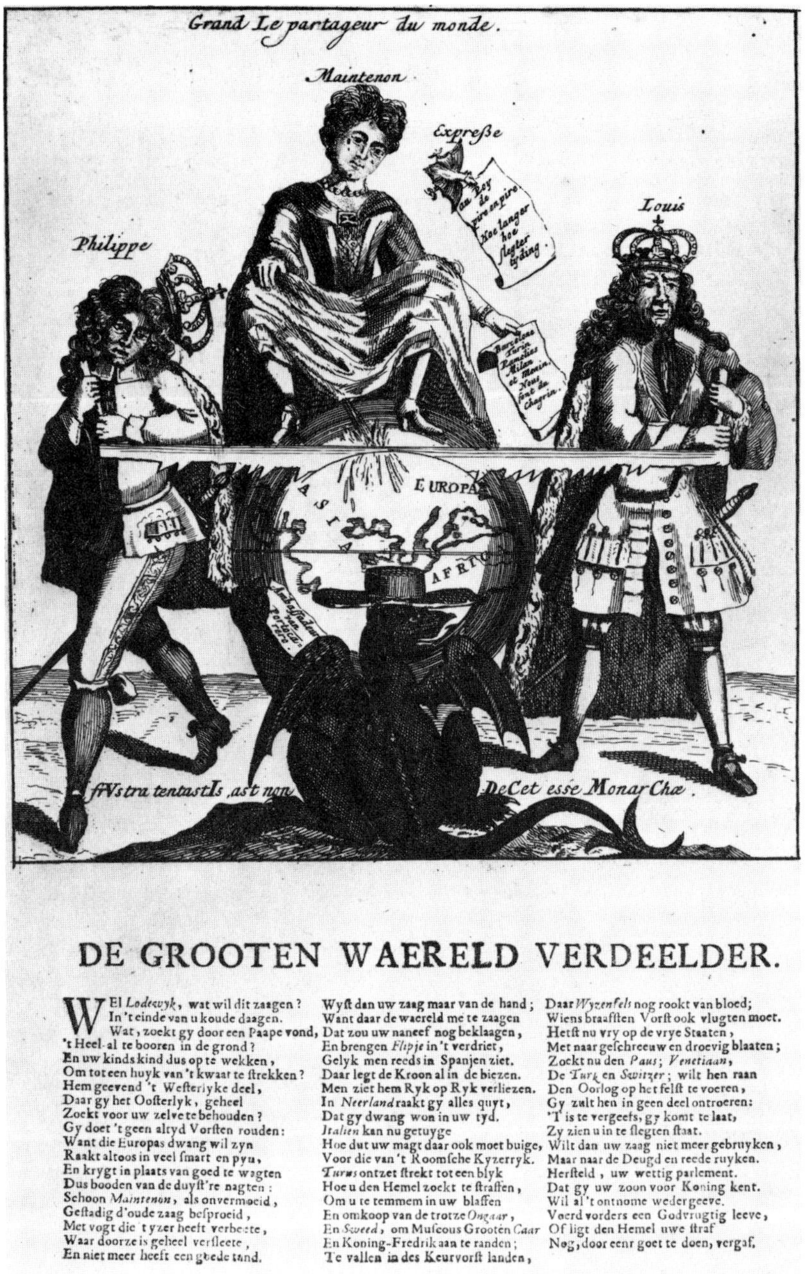

158

Amsterdam, 1706

Der große Zerteiler der Welt

Radierung und Letternsatz, 325 x 410 (230 x 187, Platte; die beiden äußeren Textspalten nicht abgebildet)
Historisch Museum Rotterdam, Atlas van Stolk.

Ludwig XIV. und Philipp V. von Spanien – ihm fällt bereits die Krone vom Kopf – versuchen, mit einer schadhaften Säge von der Weltkugel den mit Europa, Afrika und Asien beschrifteten Teil abzusägen. Madame de Maintenon, die als Geliebte und heimliche Gattin Ludwigs XIV. großen Einfluß auf ihn ausübte, sitzt breitbeinig auf dem Globus und kühlt die Schnittstelle mit ihrem Urin.[1] Sie reicht Ludwig XIV. einen Zettel, der die in letzter Zeit verlorenen Schlachten auflistet, und auch der Luftpostbrief, den die »Express«-Fledermaus überbringt, dürfte kaum gute Nachrichten enthalten.[2] Im Vordergrund beobachtet ein Drachen mit Kardinalshut (»Ambassadeur van Portocarero«) die Szene.

Der spanische Kardinal Portocarero beinflußte 1700 den letzten spanischen Habsburger auf dem Sterbebett dahingehend, die spanische Thronfolge zugunsten Frankreichs zu ändern. Der Enkel Ludwigs XIV., Philipp von Anjou, bestieg als Philipp V. den spanischen Thron und löste damit den spanischen Erbfolgekrieg aus (1701–1713/14). Die Holländer ergriffen zusammen mit England, Preußen und Portugal die Partei des österreichischen Erbherzogs Karl. Innerhalb weniger Jahre entstanden zahlreiche Flugblätter und Pamphlete, die Ludwig XIV. und seine Verbündeten verspotten (vgl. Kat. 62). Der Amsterdamer Verleger Abraham Allard gab in seinem Verlag ›Lusthof van Momus‹ (Mommos: Personifikation der Kritik) mehrere satirische Serien heraus, darunter auch der sogenannte *Königliche Almanach, beginnend mit dem Anfang des Krieges im Jahr 1701, der in aller Deutlichkeit den Lauf der Sonne der Ungerechtigkeit, mit seinen Sonnenfinsternissen und der gerechten Strafe des Himmels in 18 Kupferplatten vorstellt.*[3] Es gibt mehrere Kopien der ganzen Folge oder einzelner Blätter, so auch von der hier ausgestellten achten Radierung.[4]

Auch deutsche Flugblätter kommentierten den spanischen Erbfolgekrieg und verhöhnten die französischen Niederlagen. Das 1708 entstandene Blatt *Der Land-Kramer* (Abb. 144) zeigt in der Mitte den Bilderhändler, der einem willigen Spanier ein Porträt Karls III. verkauft – der österreichische Erbherzog wäre als Karl III. auf den spanischen Thron gestiegen. Links weist der »Teutsche« mit seinem Schwert auf den Ort »Audenarde« auf einer Landkarte des Bilderhändlers und zieht gleichzeitig einen am Boden liegenden Franzosen an den Haaren. In der Schlacht von Oudenaarde waren die Franzosen 1708 vernichtend geschlagen worden.

Im Vergleich zu der holländischen Radierung erscheint das deutsche Flugblatt harmlos. Auf dem *Großen Weltzerteiler* agieren die Herrscher selbst – Porträtähnlichkeit ist allerdings von dem nicht sehr geschickten Künstler nicht erreicht – in entwürdigender Form. Der *Land-Kramer* verwendet dagegen unverbindliche Personifikationen und kleidet seine Aussage in eine unverfängliche Handlung. Die niederländische Karikatur ist den deutschen Blättern der Zeit sowohl in ihrer Schärfe wie auch in ihrer direkteren Bildsprache voraus und erweist sich als Vorläufer der englischen Karikatur um 1800. J.D.

1 Zu diesem Motiv vgl. Wäscher 1955, Tafel 94; Fuchs 1908, Abb. 243.
2 Die Beschriftung lautet: »au roy de pire en pire. Hoe longer hoe slegter tyding«; an den König des schlimmsten der Reiche (Wortspiel: pire = schlimmer – Empire). Je länger, desto schlimmer die Zeiten.
3 Van Rijn IV, 1900, Nr. 3182. Zum ›Lusthof van Momus‹ vgl. ebd., S. 53ff.; Muller II, 1876/77, S. 19ff. Zum »publizistischen Kontext« in den Niederlanden siehe Langemeyer 1973, S. 24ff.
4 Van Rijn IV, 1900, Nr. 3228; Fuchs 1908, Abb. 203. – Vielleicht handelt es sich bei der vorliegenden Radierung bereits um eine Kopie, da die Landkarte auf dem Globus seitenverkehrt erscheint, doch ist es auch denkbar, daß der Künstler nicht die durch den Druckvorgang bedingte Seitenverkehrung bedachte.

Lit.: Van Rijn IV, 1900, Nr. 3195; Muller II, 1876/77, Nr. 3050; Abb. in Thiel 1963, S. 374.

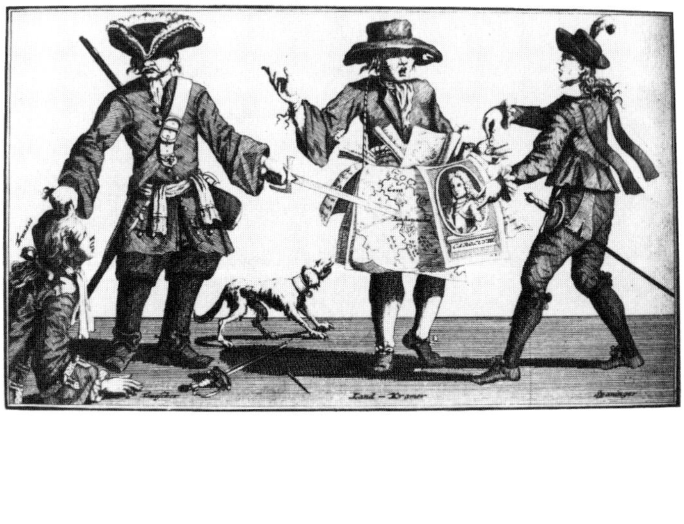

Abb. 144 *Der Land-Kramer*, Flugblatt von 1708

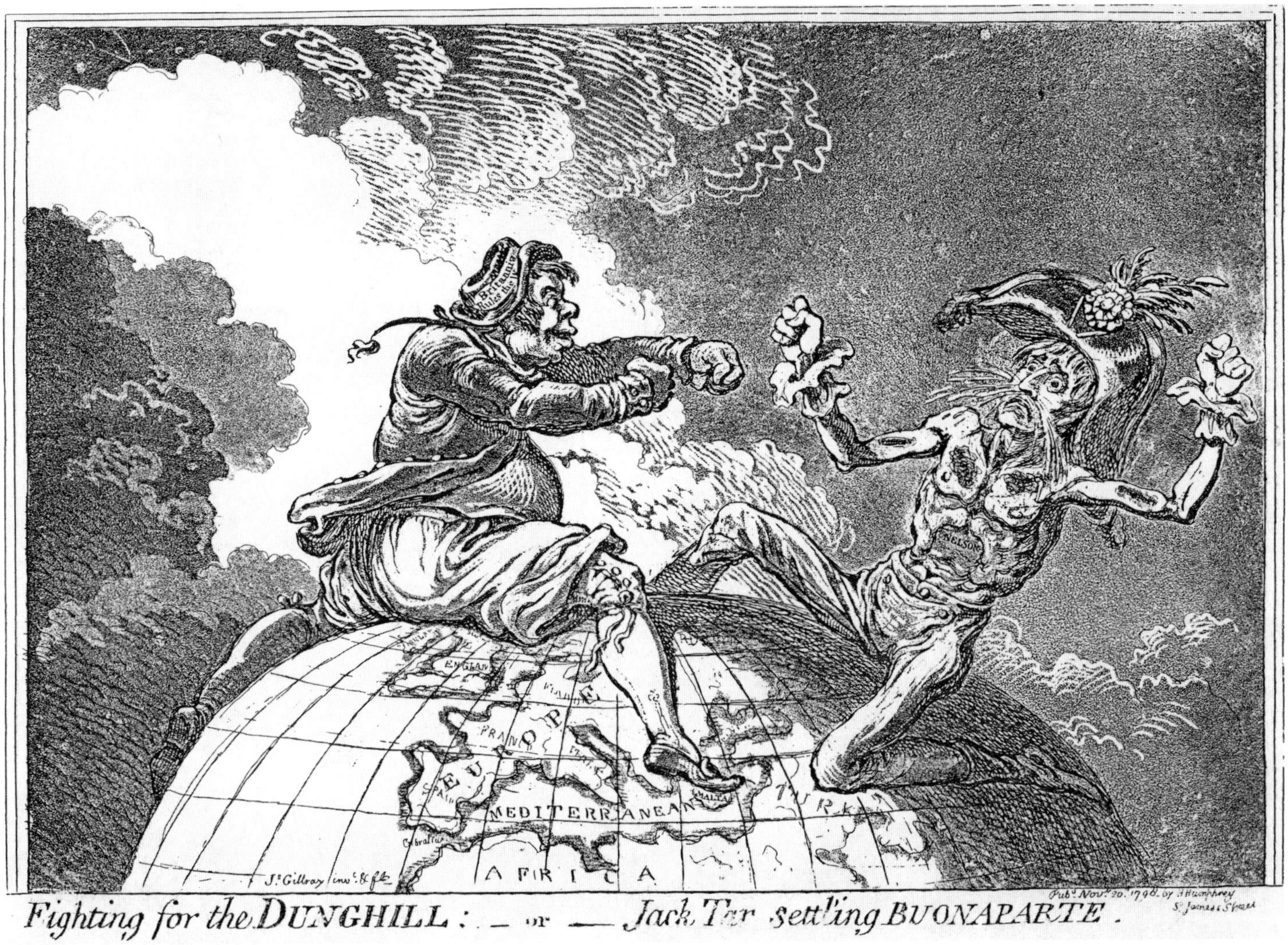

159
James Gillray (1757–1815)

Fighting for the Dunghill: or Jack Tar settling Buonaparte, 1798

Radierung und Aquatinta, 238 x 338, signiert *Js. Gillray invt. & fec*, bezeichnet *Pubd. Nov. 20th. 1798 by H. Humphrey St. James s Street* Hamburger Kunsthalle.

Jack Tar, »John Bulls seefahrendes Alter ego«,[1] verdrängt einen hilflosen, ängstlichen Napoleon in einem Boxkampf von der nördlichen Halbkugel. Wohlgenährt und zuversichtlich hebt er beide Fäuste. Auf seiner Mütze steht: »Britain rules the Waves«. Seinem hilflosen Gegner spritzt bereits das Blut aus der Nase, der ausgemergelte Körper ist mit blauen Flecken übersät, der Magengrube hat Nelson seinen Stempel aufgedrückt.

Gillrays Blatt entstand nach dem Sieg Admiral Nelsons über die napoleonische Flotte vor Ägypten (vgl. Kat. 121). Der rechte Fuß Jack Tars stützt sich auf die Insel Malta; dort war kurz zuvor mit Unterstützung der englischen Flotte eine Revolte gegen die französische Besatzung ausgebrochen. Napoleons Standpunkt ist unsicherer. Er kniet mit dem einen Bein auf der Türkei – gemeint ist Ägypten, das er gerade teilweise erobert hatte –, droht aber beim nächsten Schlag den Halt zu verlieren. Durch die geschickte Plazierung der Gegner auf der eingezeichneten Landkarte verbindet Gillray den Kampf um den »Misthaufen« – seine Bezeichnung für die Weltkugel ist genauso respektlos wie die Charakterisierung der Kämpfenden – mit der Anspielung auf aktuelle Ereignisse, ohne daß die bewegte Handlung dabei unglaubwürdig wird. J.D.

1 Hill 1976, S. 117.

Lit.: Wright 1851, S. 248; Broadley I, S. 122f.; BM VII, Nr. 9268; Hill 1976, Nr. 61; Kat. München 1977, S. 17; Kat. Hamburg 1980, Nr. 362; die Karikatur ist eine der bekanntesten Arbeiten Gillrays und häufig abgebildet.

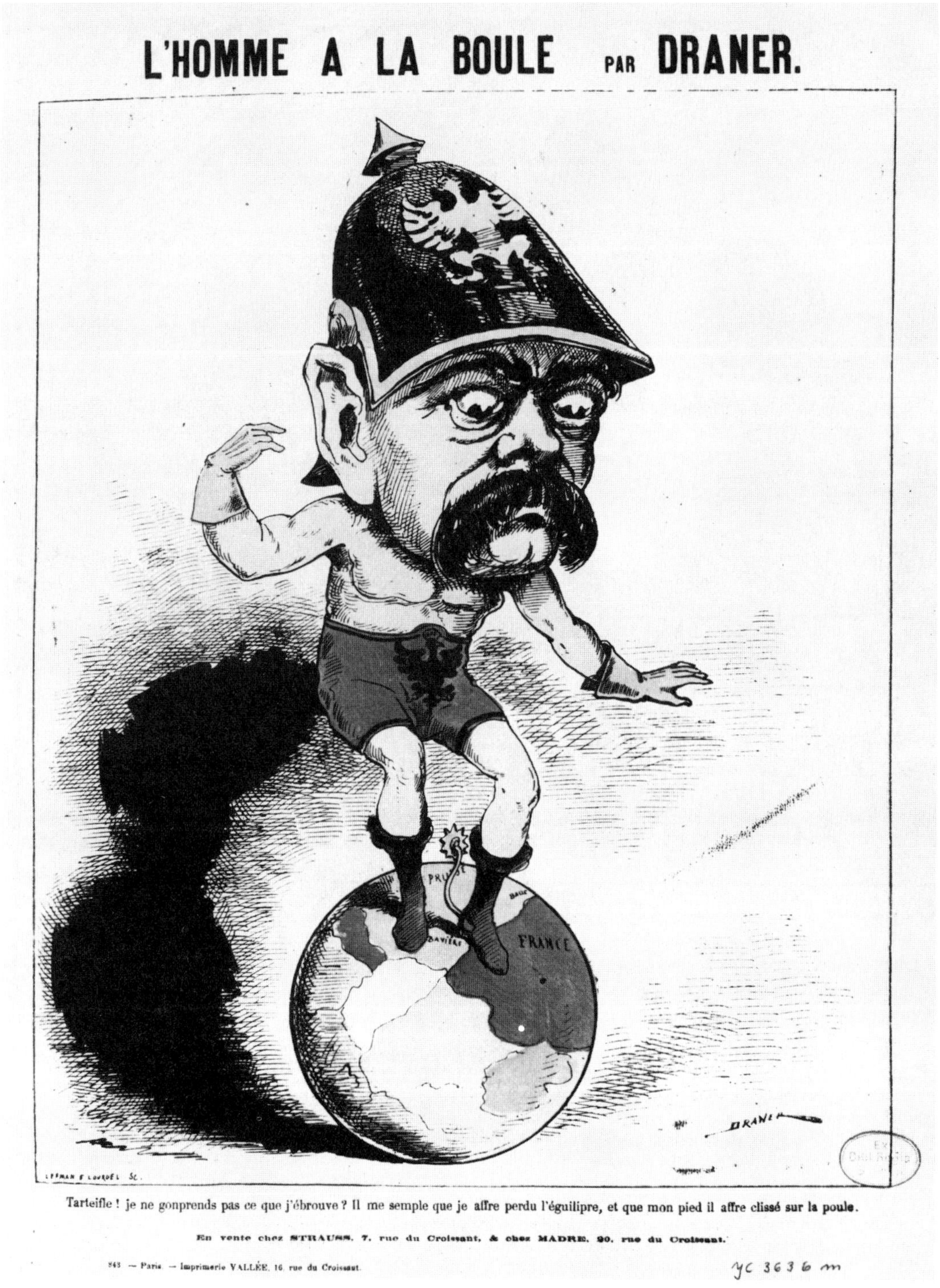

160

Jules Renard (1833–1898)

L'homme à la boule, 1871

Kolorierte Lithographie, 407 x 292, signiert mit dem Pseudonym *Draner,* bezeichnet *En vente chez Strauss (. . .), Paris, Imprimerie Vallée. 16. rue du Croissant*
Staatsbibliothek Preußischer Kulturbesitz, Berlin.

Als strauchelnder Zirkusakrobat versucht Bismarck, sein Gleichgewicht auf der Weltkugel zu wahren. Die balancierend ausgestreckten Arme scheinen jedoch nicht auszureichen, wie der ängstlich nach unten gerichtete Blick verrät. Der übergewichtige Kopf und die große Pickelhaube machen den kleinen Athletenkörper in der roten Sporthose – mit dem preußischen Adler versehen – zu kopflastig, als daß er auf dem Ball bleibenden Halt finden könnte. Seine Ängste trägt er in einem hanebüchenen Französisch vor: Er verstehe nicht, was hier eigentlich passiere, es scheine, als ob er sein Gleichgewicht verlöre und sein Fuß auf der Kugel ausrutschen würde.

Weil Bismarck nicht nur das deutsche Reich unter preußischer Vorherrschaft einigen wollte – Preußen, Bayern und Baden sind auf der Kugel als eine gelbe Fläche eingetragen –, sondern auch noch Teile Frankreichs einverleiben wollte – Elsaß und Lothringen –, verliert er das Gleichgewicht: Sein linker Sporenstiefel, der schon halb auf französischem Gebiet steht, droht auszurutschen. Der unsichere Standpunkt des Reichskanzlers hat seine Ursache in dem von ihm durcheinandergebrachten »europäischen Gleichgewicht«, und seine diplomatischen Fähigkeiten werden mit den zweifelhaften Künsten eines Zirkusakrobaten verglichen.

Das direkte Vorbild für diese Karikatur dürfte in Daumiers *Equilibre Européenne* von 1867 zu sehen sein, wo eine alternde Dame als Personifikation von Europa ebenfalls auf einer Kugel balanciert, bei der es sich allerdings um eine bereits gezündete Granate handelt.[1] J. D.

1 Delteil Nr. 3566; vgl. Kat. Münster 1978, Nr. 345. – Faustin zeichnet ungefähr zur gleichen Zeit Napoleon III. auf einer Kugel stehend, jedoch einer aus Eisen, an die er gekettet ist: *L'habit ne fait pas le moine* (Ducatel 1973, S. 42, Abb. 4).

Lit.: Kat. London 1971, Nr. 30; Kat. Münster 1983, Nr. 237.

161

Karl Arnold (1883–1953)

Anfechtung der Zuständigkeit des politischen Obersten Gerichtshofes, 1911

Jugend, Nr. 32, 1911, S. 866. Tusche, Kreide, Deckweiß, 325 x 252, monogrammiert *KA*. Sammlung Ensmann, München.

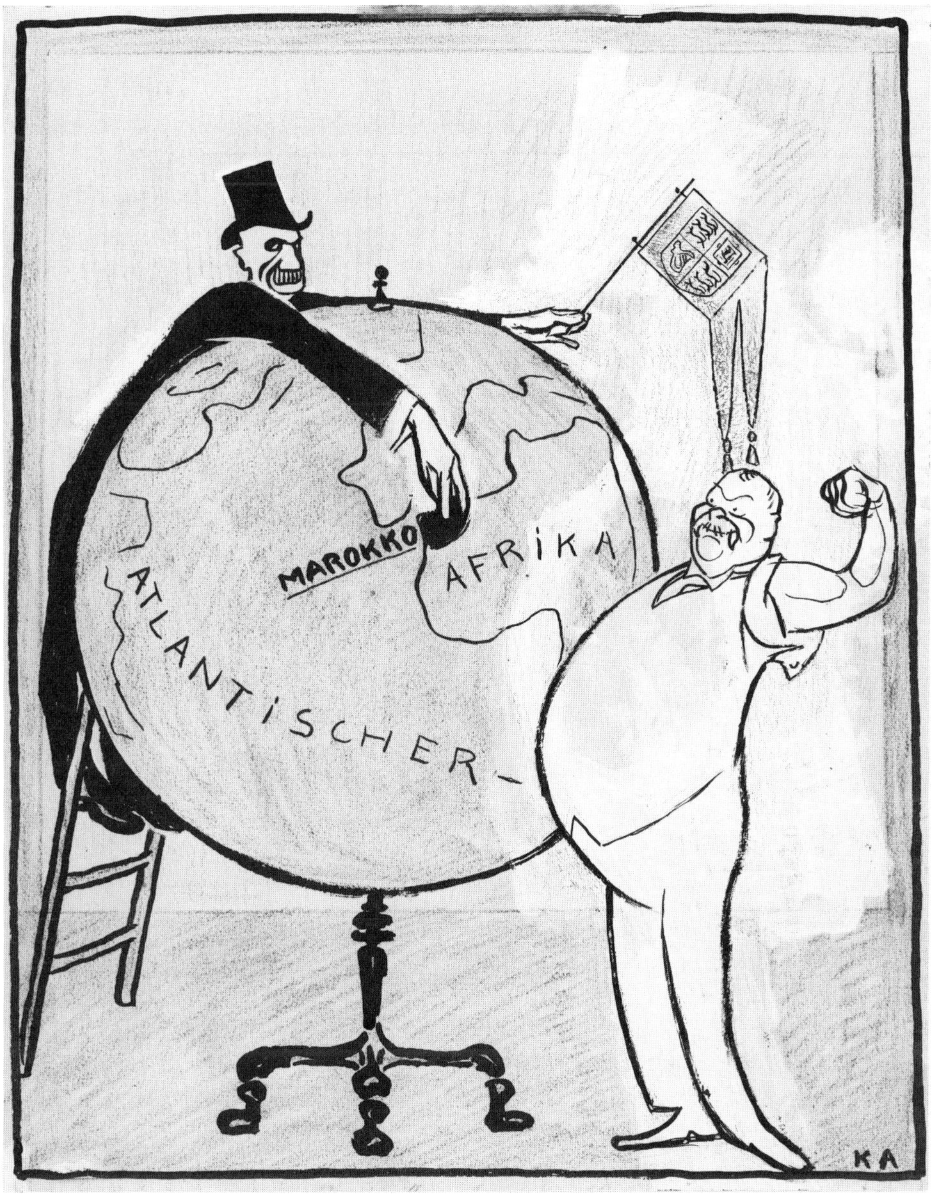

Kiderlen-Wächter: »Hier, Mister Lloyd George, sehen Sie meinen Biceps! Ich glaube, Sie sind in Anbetracht dessen als Arbiter mundi nicht ganz zuständig!« Das Blatt erschien ganzseitig in der ersten August-Ausgabe der *Jugend* von 1911, und zwar auf der letzten Seite, die für gewöhnlich aktuellen politischen und zeitkritischen Karikaturen vorbehalten war.

Mit der Entsendung des deutschen Kanonenbootes ›Panther‹ am 1. Juli 1911 zum marokkanischen Hafen Agadir, dem sogenannten ›Panthersprung nach Agadir‹, wurde die 2. Marokkokrise ausgelöst, die Europa an den Rand eines Krieges brachte und auf Dauer die Gegnerschaft zwischen Deutschland und den Westmächten verschärfte. Der für die Aktion verantwortliche Staatssekretär des Äußeren, Kiderlen-Wächter, wollte damit Frankreich zu kolonialen Zugeständnissen in Afrika zwingen, um das deutsche Kolonialimperium auf diesem Kontinent zu sichern und zu vergrößern. Unterschätzt hatte man aber das Verhalten Englands. In seiner Rede vom 21. Juli 1911 gab Lloyd George zu verstehen, daß England im Kriegsfalle Frankreich militärisch beistehen würde.[1] Die deutsche Öffentlichkeit reagierte darauf mit heftiger Empörung. Nach langwierigen und zähen Verhandlungen zwischen Frankreich und Deutschland wurde von beiden Ländern am 4. November 1911 schließlich ein Vertrag über Marokko und den Kongo unterzeichnet.[2]

Die Karikatur dürfte zum Zeitpunkt der gefährlichen Zuspitzung der Krise Ende Juli/Anfang August entstanden sein. Überdimensional ist der Globus in den Mittelpunkt der Auseinandersetzung der beiden Kontrahenten Lloyd George und Kiderlen-Wächter gerückt. Echohaft antworten die geschwungenen Konturen der Politiker einander. Der Körper Lloyd Georges, auf einer Leiter stehend, ist unnatürlich schmal und langgestreckt um den Erdball gebogen; mit einer Hand deutet er auf den Zankapfel Marokko, in der anderen hält er das Wappen Großbritanniens. Hingegen ist Kiderlen-Wächter – wenn auch nur im Umriß – kraftstrotzend, seinen Bizeps zur Schau stellend wiedergegeben. Die Akzentuierung von negativen und positiven Werten zeigt sich eindringlich in der Zeichnung der Köpfe. Kiderlen-Wächters Ausdruck erscheint porträtnah und freundlich, während Lloyd Georges Antlitz einem Totenkopf angeglichen und damit eindeutig negativ definiert wird. Mit diesem drastischen Vergleich wird der Engländer emotional abgewertet, wodurch die deutsche Öffentlichkeit antienglisch eingestimmt werden sollte. Diese Schwarzweiß-Malerei wird im wörtlichen Sinne bis in die Wiedergabe der Kleidung der Politiker fortgeführt.

Deutschland, verkörpert durch Kiderlen-Wächter, fühlt sich in diesem Kräftespiel stark genug, den Schiedsrichter der Welt (arbiter mundi) zu spielen, da es den englischen ›Todfeind‹ offensichtlicht nicht fürchtet. Mag uns aus heutiger Sicht seine an Kraftmeierei gemahnende Pose ebenfalls karikiert vorkommen, so enspricht sie doch dem überschwenglichen Glauben an die eigene nationale Stärke. Die übergroße Weltkugel wird zum Spielball der imperialistischen Interessen europäischer Staaten. Im Nachhinein haben Größe und Rolle des Globus auf makabre Weise ihre Entsprechung gefunden. Die Marokkokrise des Jahres 1911 führte in allen beteiligten Nationen zu verstärkten Rüstungsanstrengungen und war somit eine der Ursachen des Ersten Weltkrieges. T.M.

1 Wolfgang J. Mommsen, *Das Zeitalter des Imperialismus*, Fischer Weltgeschichte Bd. 28, Frankfurt a. M. 1969, S. 244f.
2 ebd., S. 246.

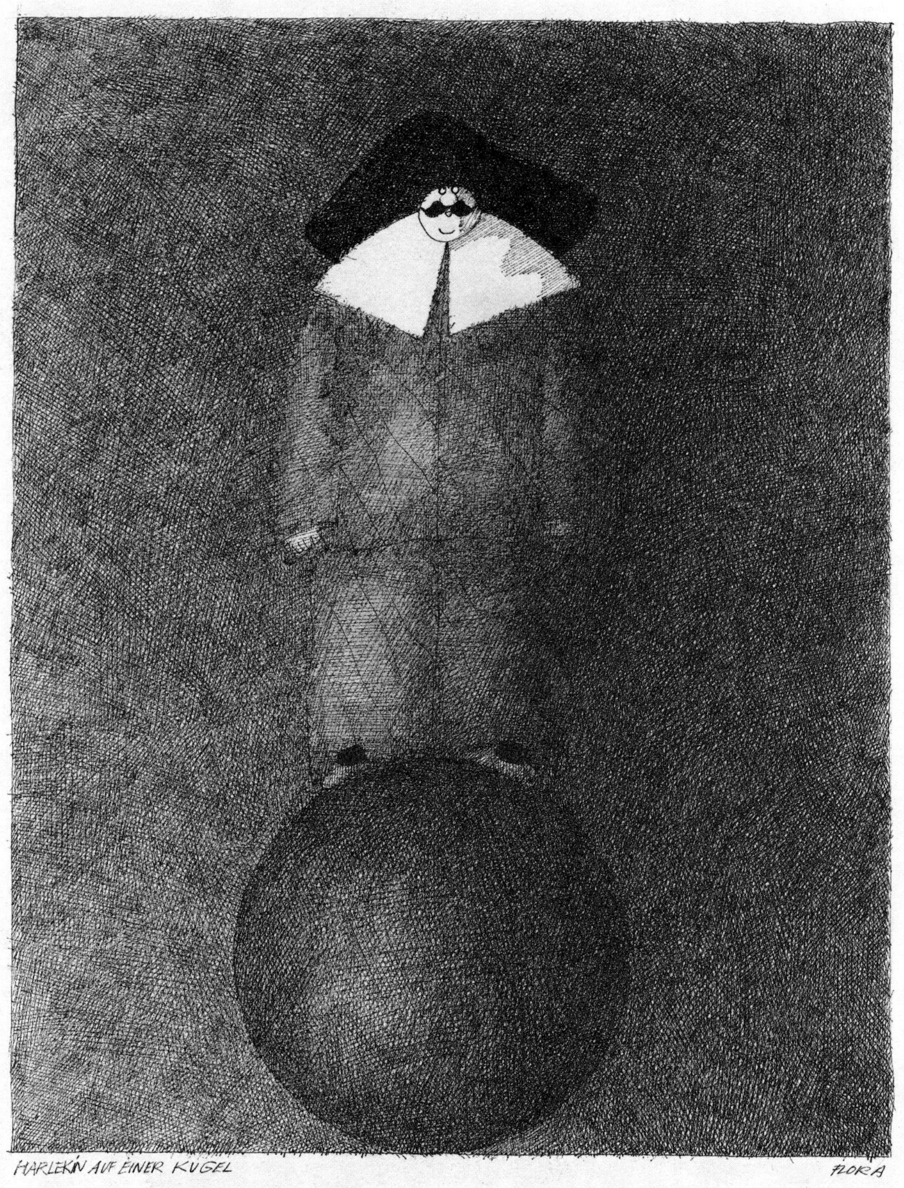

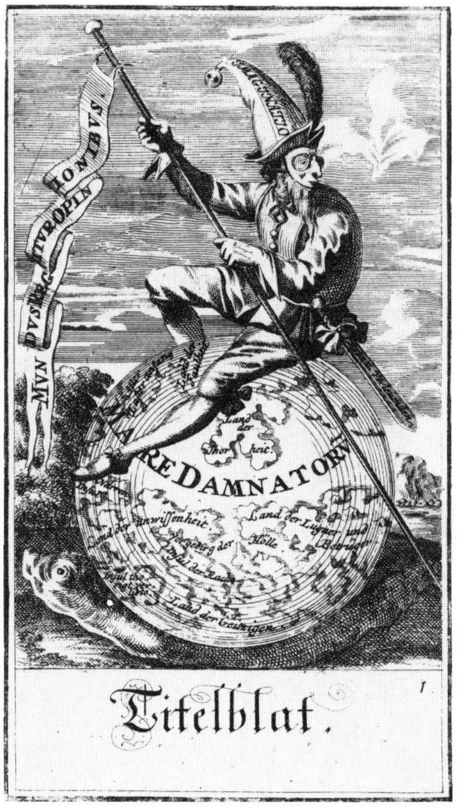

Abb. 145 *Die Fehler der Menschen,* Titelblatt, Nürnberg 1751

162

Paul Flora (geb. 1922)

Harlekin auf einer Kugel, um 1980

Feder in Schwarz, aquarelliert, 383 x 385, signiert *Flora*
Sammlung Ensmann, München.

Der Titel ist eine knappe, aber präzise Beschreibung. Auf einer großen Kugel, deren Höhe mehr als ein Drittel des Bildes ausmacht, steht frontal und fest mit beiden Beinen ein Harlekin. Er trägt ein traditionell kariertes Kostüm mit großem, weißem Kragen und einem dazu nur bedingt passenden, weit ausladenden Hut. Der Gesichtsausdruck ist freundlich; fast grinsend wird der Betrachter fixiert. Die dichten, kurzen Strichlagen verleihen Harlekin und Kugel eine plastische Präsenz, die sie von dem dunklen, unbestimmt gehaltenen Hintergrund abhebt. Allerdings wirken die stärkeren Schraffuren rechts wie Schatten, so daß sich eine Beziehung zu den ebenfalls von links ausgeleuchteten Motiven im Vordergrund ergibt.

Wie der sachliche, nüchterne Titel, so scheint zunächst auch das Bild jede weiterführende Interpretation von sich zu weisen. Der Standort der Kugel auf dem unteren Bildrand läßt es offen, ob es sich um den großen Ball eines balancierenden Zirkusakrobaten im Harlekinskostüm handelt, oder ob die Kugel schwebend und dann symbolisch zu verstehen ist.

Das Titelkupfer eines 1751 in Nürnberg erschienen Buches *Die Fehler der Menschen* zeigt einen auf einem Globus sitzenden Narren (Abb. 145). Die Welt unter ihm ist voll von Unwissenheit, Laster, Faulheit, Geiz, Lug und Trug.[1] Um den Lauf dieser Welt in die Verdammnis als langsam, aber unabänderlich herauszustellen, ist sie auf eine Schnecke gesetzt (vgl. Kat. 157). Die Vorherrschaft der Narrheit und Torheit in der Welt drückt sich durch die Position des Narren über der Weltkugel aus. Bei Paul Flora ist der Narr durch einen Harlekin ersetzt, eine Figur aus der Commedia dell'arte mit sowohl komischer als auch moralisch-belehrender Funktion. Antoine Watteaus berühmtes Gemälde *Gilles* (Abb. 146) zeigt ebenfalls einen monumentalen Harlekin, der sich zwar hoch über die menschlichen Torheiten erhebt, aber durch seine komische Kostümierung auf tragische Weise an sie gekettet bleibt. Floras Harlekin, der die statuarische Haltung übernimmt, ist dagegen nicht nach melancholischem Sinnieren zu Mute. Sein in diesem Zusammenhang regelrecht irritierendes Grinsen scheint zu sagen: Was soll's? Fröhlich, aber gleichzeitig beherrschend steht er fest auf der Kugel, mag diese nun, wie es die Motivtradition nahelegt, die Welt symbolisieren oder nicht.[2] Floras thematische und motivische Zugehörigkeit zu einer alten Tradition ist offensichtlich, doch entzieht er sich durch den Verzicht auf alle Attribute und genaueren Bezeichnungen einer konkreteren Deutung. J.D.

1 Die fiktiven Inseln in dem sich über den ganzen Globus ziehenden »Mare Damnatorum« tragen derartige Namen.
2 Zu Floras vielfältigem Einsatz der übergroßen Kugel vgl. Kat. Hannover 1984, Nr. 62, 101, 190. – Auch der Harlekin ist eins seiner Lieblingsmotive.

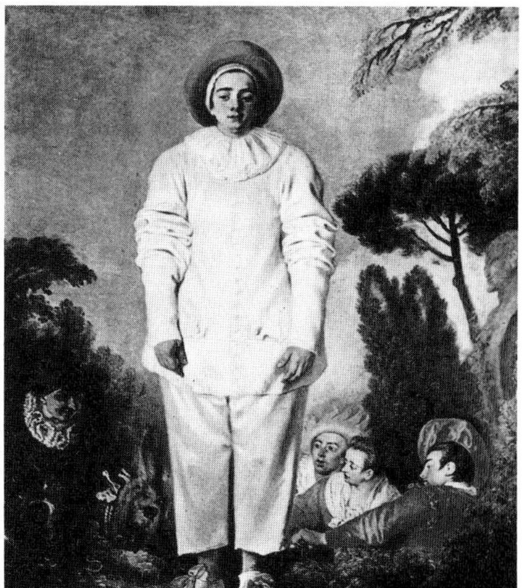

Abb. 146 Antoine Watteau, *Gilles,* 1720

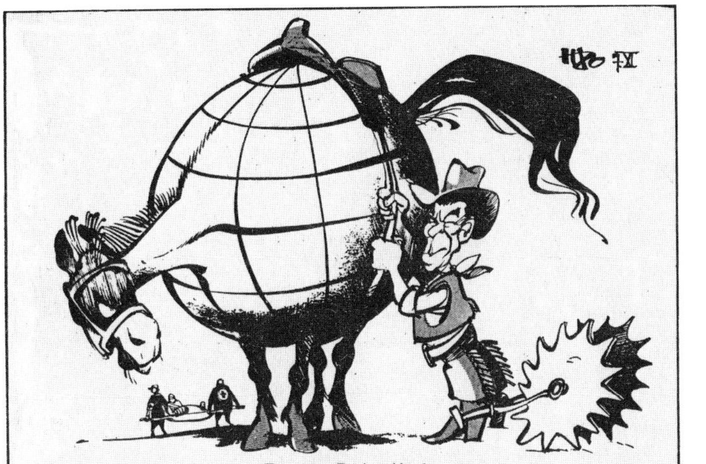

Der neue Rodeo-König

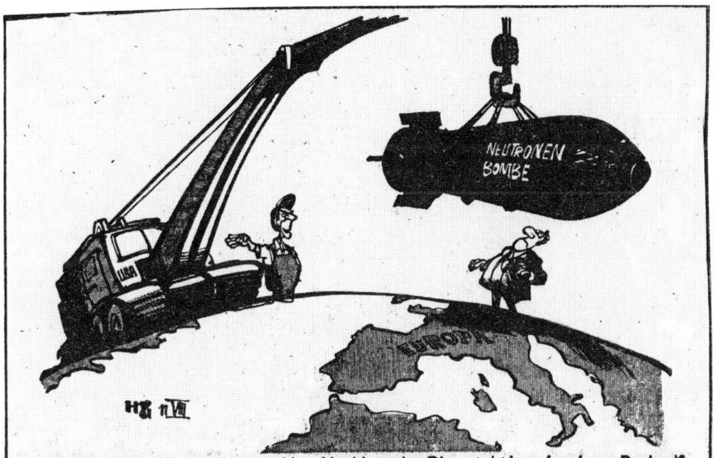

„Kein Grund zur Beunruhigung, Herr Nachbar, das Ding steht ja auf meinem Boden!"

163

Horst Haitzinger (geb. 1939)

Fünf Weltkugeln, 1980–81

Rasterdruck, fünf Zeitungsausschnitte (*Nürnberger Nachrichten*), Format zwischen 280 x 205 und 100 x 65, jeweils monogrammiert *H* und datiert.

Die fünf hier ausgewählten Zeitungsausschnitte mit Karikaturen von Horst Haitzinger mögen zeigen, daß die Weltkugel nach wie vor eins der häufigsten Symbole in der Karikatur ist. Ihre Verwendungsmöglichkeiten erscheinen unbegrenzt.

Im November 1980 besattelt *der neue Rodeo-König* Ronald Reagan sein unförmiges Pferd, während sein geschlagener Gegner im Hintergrund von Rotekreuz-Helfern davongetragen wird. Ein dreiviertel Jahr später überrascht der Kranführer Reagan den Europäer mit der Neutronenbombe, die an einem riesigen, über den halben Globus reichenden Kran hängend, ihren Schatten über Europa wirft: »Kein Grund zur Beunruhigung, Herr Nachbar, das Ding steht ja auf meinem Boden.« Der bayrische Ministerpräsident Strauß ist zwar in der Lage, wie einst Atlas, die Welt auf seinen Schultern zu tragen, verliert dabei aber in der Heimat die Übersicht und muß zum Umblättern der bayrischen Regierungserklärung um Hilfe bitten. Auch für das Thema Umwelt eignet sich die Weltkugel vorzüglich. Fleißige Arbeiter durchlöchern den im All schwebenden Globus wie Schweizer Käse, während obenauf zwei Herren im dunklen Anzug ihre Ansichten über den Vorrang von Arbeitsplätzen oder Umweltschutz austauschen. Auf dem fünften Blatt reckt das *letzte saure Bäumchen* seine kahlen Äste als charakteristische Längen- und Breitengrade zu einer Kugel vor rußgeschwärztem Himmel. J.D.

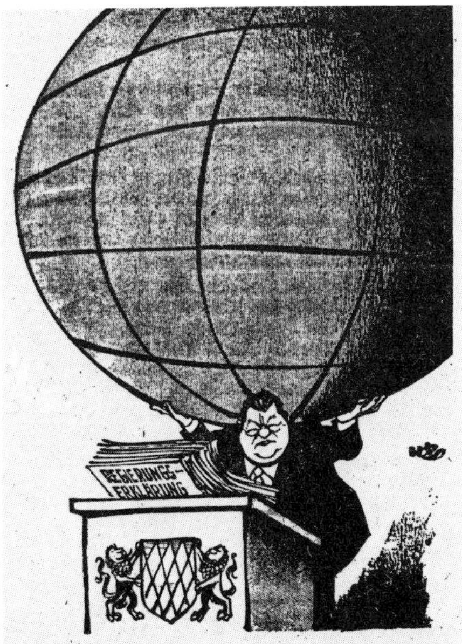

„Wenn mir bitte jemand beim Umblättern helfen würde.

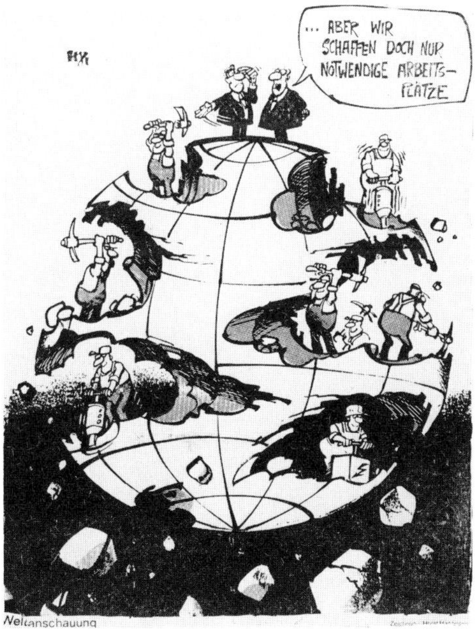

Weltanschauung

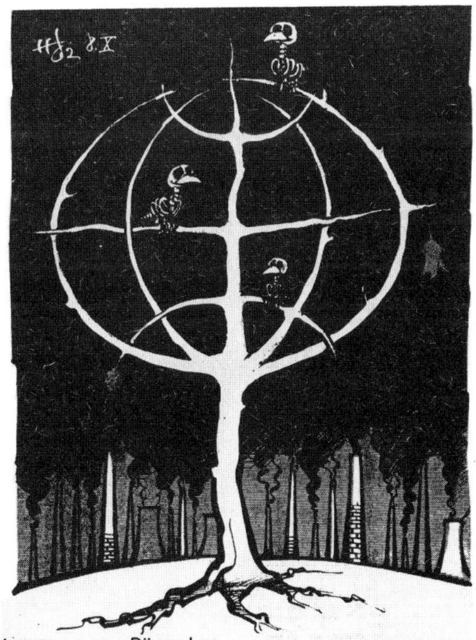

Letztes saures Bäumchen

Zeichnung: Horst Haitzinge

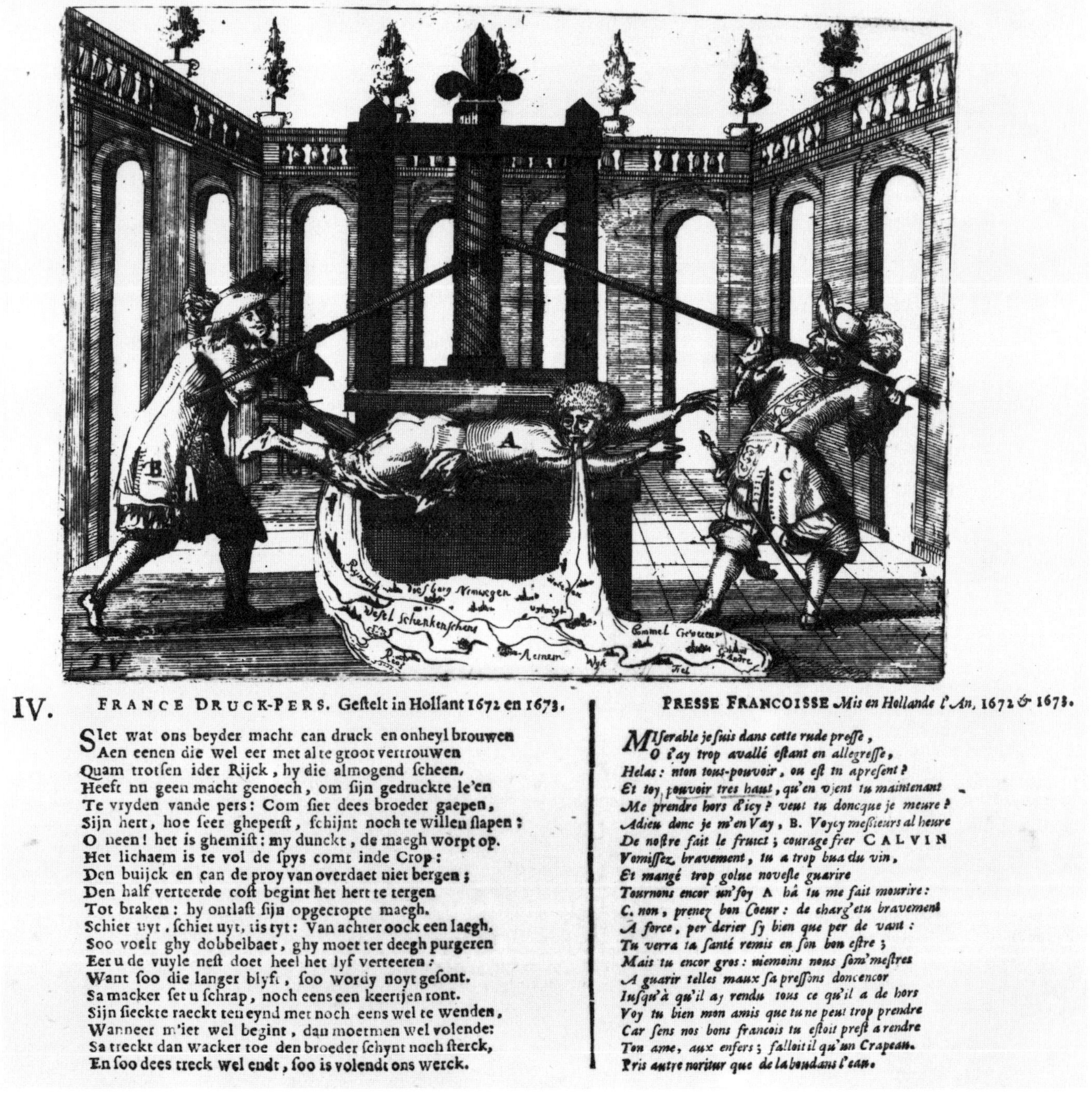

164
Niederländisch, 1673
Französische Druckpresse, in Holland aufgestellt
Radierung und Letternsatz, 184 x 289 (Platte)
Westfälisches Landesmuseum für Kunst und Kulturgeschichte, Münster.

Das Flugblatt mit *Französischer Druckpresse, in Holland aufgestellt,* schildert die kriegerischen Ereignisse der Jahre 1672/73 (zur Vorgeschichte vgl. Kat. 59) in einer politisch satirischen Allegorie[1]: Ein Edelmann und ein Soldat schrauben den Stempel einer Hochdruckpresse auf einen Dritten herab, der mit entblößtem Hintern auf dem Drucktisch liegt. Wie ausgequetscht, entquellen seinem Darm und Mund die flüssig-diffusen Formen einer Landkarte. Der solcherart Gequälte verkörpert die Niederlande, die unter dem Druck des von Ludwig XIV. (daher die bourbonische Lilie als Bekrönung des Druckstempels) samt seiner Koalitionäre geführten Eroberungskrieges stehen. Die auf der Karte verzeichneten Städte – darunter Nijmegen, Arnheim und Utrecht – waren 1673 bereits an die Franzosen gefallen.

Das hier genutzte Motiv des Auspressens geht letztlich auf die im späten Mittelalter verbreitete Leidensallegorie mit *Christus in der Kelter* zurück (S. 16, Abb. 8). Der Kelterbalken zerpreßt Christus, dessen Blut als eucharistischer, die sündige Menschheit im Abendmahl erlösender Wein austritt.[2] Bereits im reformatorischen Bilderkampf wurde die christliche Allegorie profanisiert und in antipäpstliche Satire umgesetzt – nun sind es Mönche und Nonnen, von Teufeln in einem Bottich zu Brei zerstoßen, aus dem Satan analog der Schöpfungsgeschichte Papst und Papsttum formt.[3]

Die späteren, seit dem 17. Jahrhundert gelegentlich begegnenden Beispiele ersetzen die Kelter durch die Druckpresse, ohne daß sich der ins Politische übersetzte Sinn gegenüber der christlichen Allegorie wesentlich verändert hätte: Es ist zumeist der gleich Christus schuldlos Leidende, unter Druck gesetzt und ausgepreßt.[4] G. U.

1 Das Blatt gehört als Nr. 4 zu einer Serie von zwölf Radierungen; vgl. Kat. Münster 1983, Nr. 40–44.
2 Zu diesem Thema zusammenfassend A. Weckwerth, »Christus in der Kelter«, *Festschrift für Heinz Rudolph Rosemann,* München 1960, S. 95ff.
3 Vgl. Scribner 1981, S. 87f. – Das gleiche Motiv erneut auf einem Holzschnitt von 1551 (Harms II, Nr. 7). – Vgl. ferner Grisar/Heege IV, S. 96ff.
4 Weitere Beispiele aus dem 17. und 19. Jh. etwa in Kat. Münster 1983, Nr. 37, und Kat. Göttingen 1980, Nr. 19 und 72. Vgl. in diesem Katalog S. 15f.

Lit.: Muller, Nr. 2514 IV; van Rijn, Nr. 2557 IV; Kat. Münster 1983, Nr. 42 (mit weiterer Literatur).

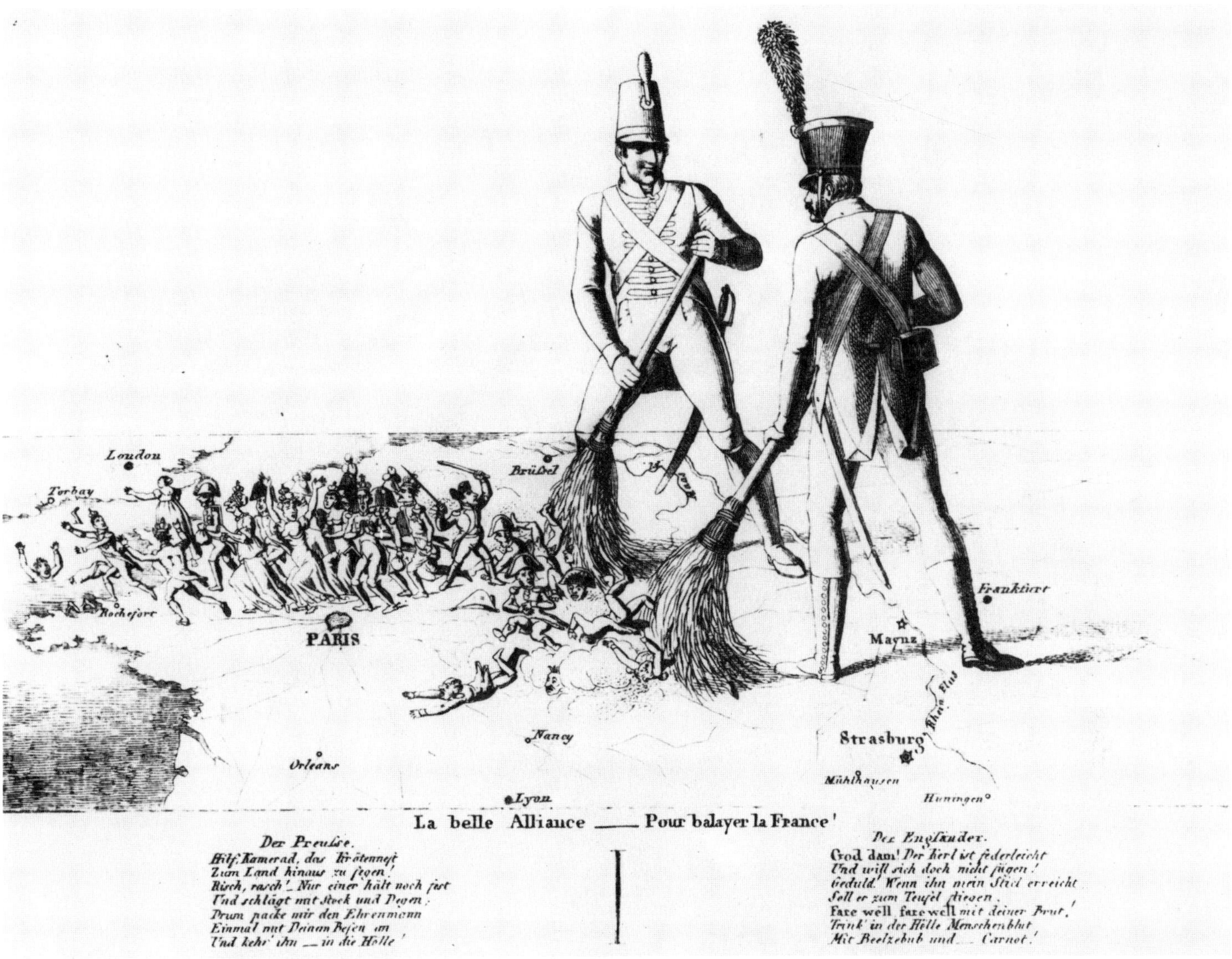

165
Johann Michael Voltz (1784–1858)
La belle Alliance – Pour balayer la France!, 1815
Radierung, 245 x 400
Privatbesitz Berlin.

»Der Preuße:
Hilf, Kamerad, das Krötennest
Zum Land hinaus zu fegen!
Risch, rasch! Nur einer hält noch fest
und schlägt mit Stock und Degen (...)
Der Engländer:
God dam! Der Kerl ist federleicht
Und will sich doch nicht fügen
Geduld. Wenn ihn mein Stiel erreicht,
Soll er zum Teufel fliegen.«

La Belle Alliance, heute besser bekannt als die Schlacht von Waterloo, besiegelte endgültig Napoleons Schicksal; vernichtend wird er von den Engländern unter Wellington und den Preußen unter Blücher geschlagen.

Groß auf einer Europakarte stehend, fegen zwei gigantische Soldaten, einer in preußischer und einer in englischer Uniform, den winzigen Napoleon mitsamt seinem zeternden Gefolge von Königen, Fürsten und Soldaten vom Kontinent in das Meer: Frankreich wird »ausgekehrt«.[1] J.D.

1 Zum Motiv vgl. Kat. Berlin 1973, Abb. S. 177; Kat. Stuttgart 1976, Einheit II9, Nr. 14.

Lit.: Hagen 1863, Nr. 419; Broadley II, S. 132f. (datiert auf Juni 1815), S. 384, Nr. 4; Abb. in Philippe 1982, S. 27.

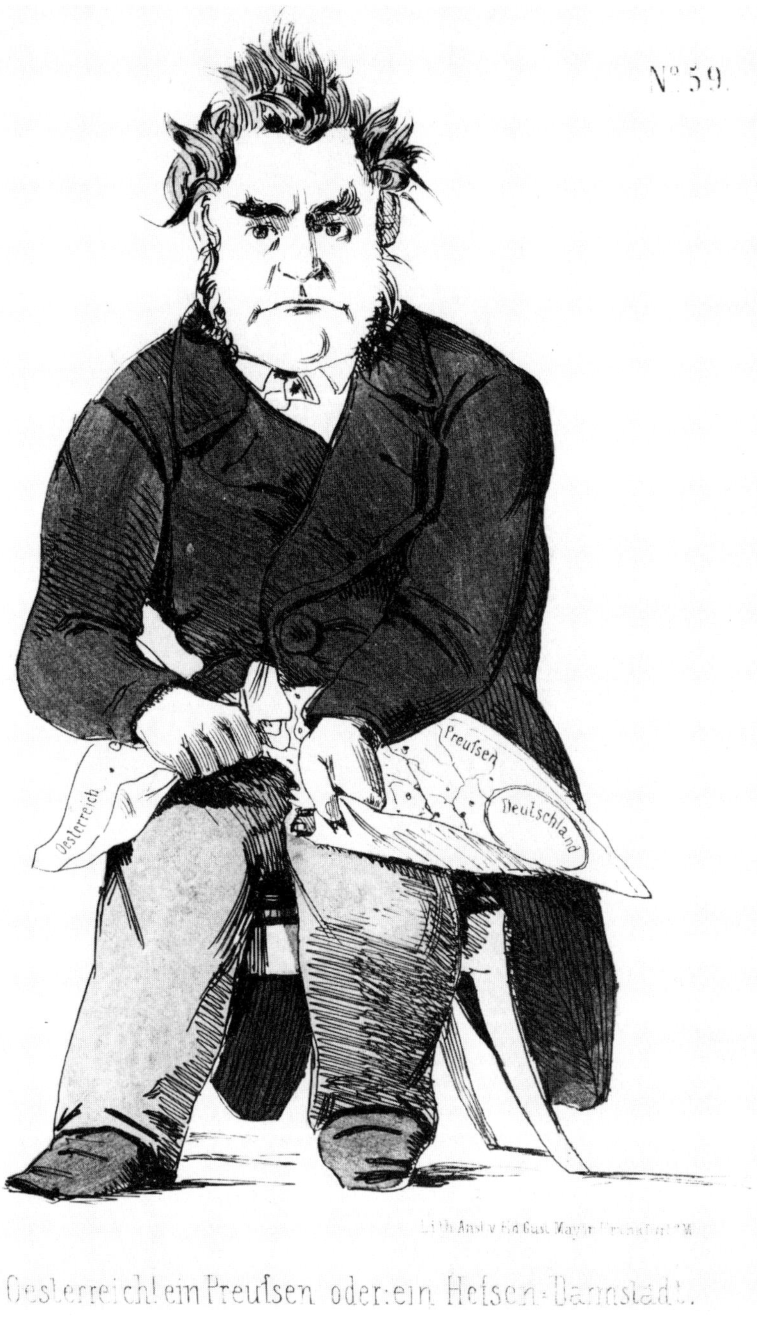

167
Frankfurt, 1849
Porträt eines Patienten im Jahre 1849

Kolorierte Lithographie, 261 x 300, bezeichnet *Verlag und Eigenthum von Ed. Gust. May in Frankfurt a/M.*
Germanisches Nationalmuseum, Nürnberg.

In die Umrisse der Karte der deutschen Territorien ist der Kopf des deutschen Michel hineinprojiziert. Kragen und Schulter sind mit drei Strichen angedeutet. Das Gesichtsprofil folgt dem Verlauf des Rheins, die Zipfelmütze endet an der Memelmündung. Das Auge am Neckar ist weit aufgerissen, und die rosa bis rote Hautfarbe des *Patienten* scheint alles andere als gesund. »Blutauswüchse« und »Krebsschäden« haben sich ausgebreitet und bedrohen sein Leben. Besonders die Nase – Baden – scheint gefährdet.

Witzig und treffend kommentiert die Frankfurter Karikatur in Form einer kartographischen Aufzählung die blutigen Aufstände der 1848er Revolution und gelangt zu einem ernsthaften Krankheitsbefund des deutschen Michel. J. D.

166
Halm
Kein Österreich! ein Preussen oder: ein Hessen-Darmstadt, 1848/49

Kolorierte Lithographie, 253 x 172, bezeichnet *No. 59. Lith. Anst. v. Ed. Gust. May in Frankfurt a M.*
Bundesarchiv, Außenstelle Frankfurt/Main.

Mit starrem Blick den Betrachter fixierend, zerreißt Heinrich Wilhelm August von Gagern (1799–1880) eine Landkarte Deutschlands auf seinen Knien. Er trennt den mit »Österreich« beschrifteten Teil von »Preußen« und zerstört damit symbolisch die Einheit des deutschen Reichs. Die Haare stehen ihm zu Berge, und sein grimmiger Gesichtsausdruck flößt wenig Vertrauen ein. Von Gagern wurde im Mai 1848 zum Präsidenten der Frankfurter Nationalversammlung gewählt. Er befürwortete die Errichtung einer konstitutionellen Monarchie und bemühte sich, den König von Preußen zur Annahme der Kaiserkrone zu bewegen. Im Dezember 1848 stellte er den Antrag, einen engeren Bundesstaat unter Preußens Führung zu errichten, zu dem Österreich in ein bloßes Unionsverhältnis treten sollte. Es ist möglich, daß sich die Lithographie von Halm[1] direkt auf diesen »Gagernschen Antrag« bezieht oder aber allgemein die Position des Abgeordneten zur Frage der deutschen Einheit kommentiert. Die Bildunterschrift spielt auf eine dem Erbherzog Johann von Österreich in den Mund gelegte Äußerung an, die dieser während der Kölner Dombaufeier 1842 getan haben soll: »Kein Österreich, kein Preußen, sondern ein einiges großes Deutschland, fest wie seine Berge.« Von Gagern wird ein Partikularismus unterstellt, der ihn sogar ein unabhängiges »Hessen-Darmstadt« – er war hessischer Abgeordneter – fordern läßt. J. D.

1 Über den Künstler ist kaum etwas bekannt. Die Zuschreibung findet sich in der gründlich erarbeiteten Kartei des Bundesarchivs, Außenstelle Frankfurt. Dort auch der Hinweis auf den Ausspruch Johann von Österreichs.

168
Arnold Neumann
Humoristische Karte von Europa im Jahre 1870

Mehrfarbiger Flachdruck, 352 x 435, bezeichnet *Humoristische Karte von Europa entworfen und gezeichnet von Arnold Neumann Berlin / Schnellpressendruck von Georg Schreyer & Co, Berlin / Verlag v. Reinhold Schlingmann, Berlin.*
Staatsbibliothek Preußischer Kulturbesitz, Berlin.
Kommentar siehe Kat. 169.

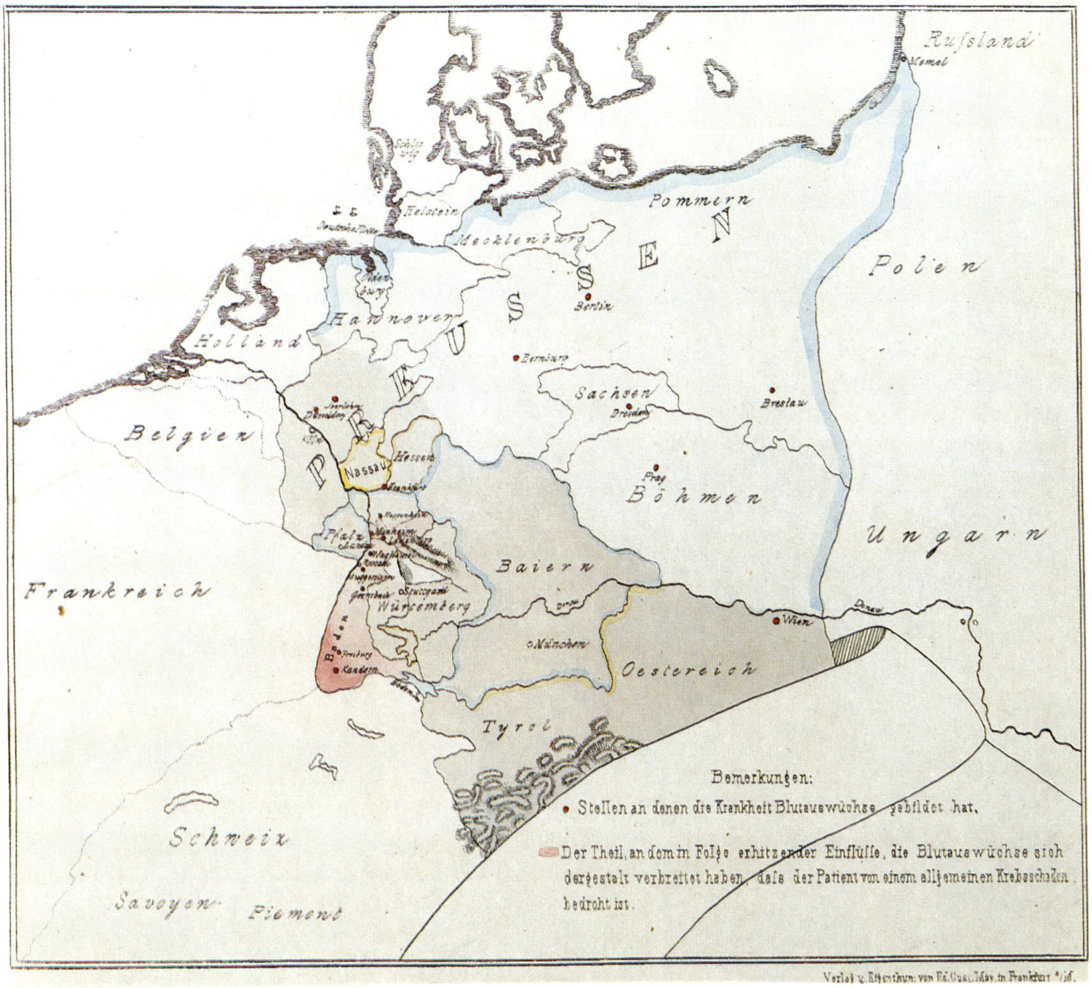
Rußland
Memel
Pommern
Holstein
Mecklenburg
Polen
PREUSSEN
Berlin
Hannover
Holland
Bernburg
Sachsen
Breslau
Dresden
Belgien
Nassau
Hessen
Prag
Böhmen
Ungarn
Pfalz
Baiern
Frankreich
Stuttgart
Würtemberg
Wien
München
Baden
Oesterreich
Tyrol
Bemerkungen:
Stellen an denen die Krankheit Blutauswüchse gebildet hat.
Der Theil, an dem in Folge erhitzender Einflüsse, die Blutauswüchse sich dergestalt verbreitet haben, daſs der Patient von einem allgemeinen Krebsschaden bedroht ist.
Schweiz
Savoyen
Piemont
Verlag u. Eigenthum von Ed. Gust. May in Frankfurt a/M.

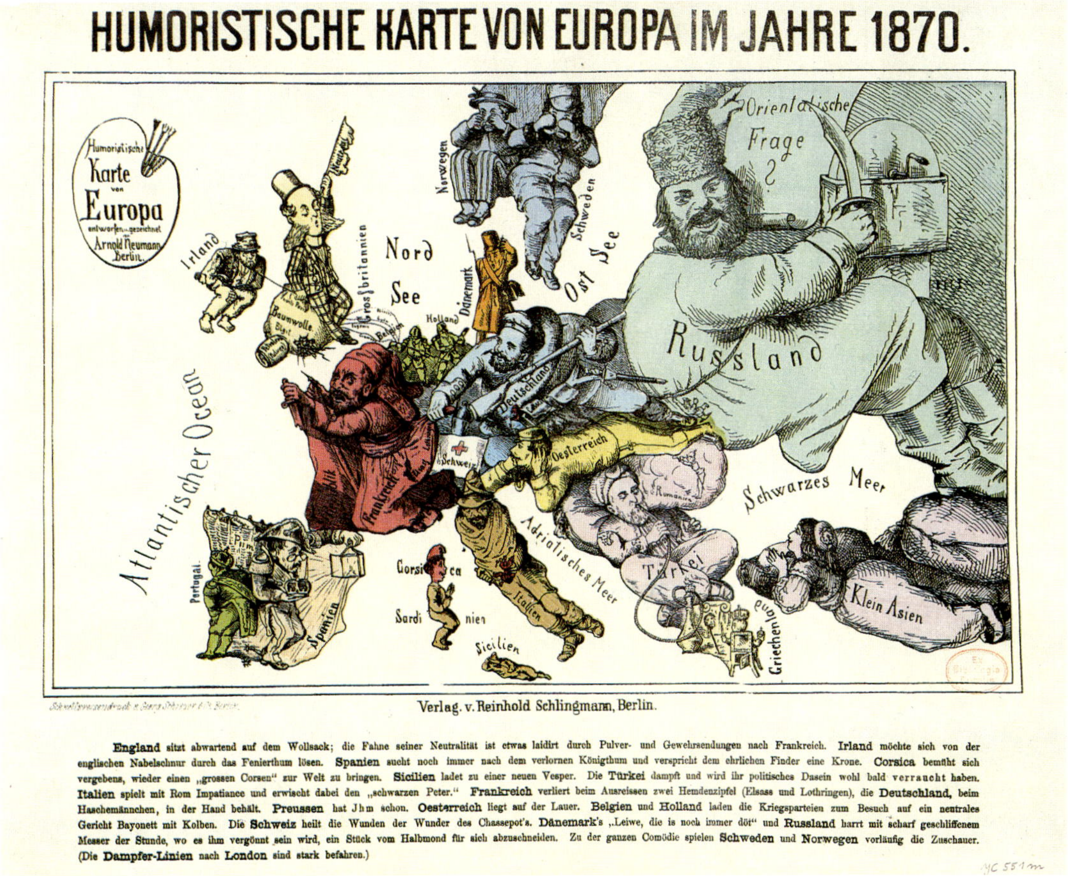
HUMORISTISCHE KARTE VON EUROPA IM JAHRE 1870.
Humoristische Karte von Europa entworfen u. gezeichnet Arnold Neumann Berlin.
Orientalische Frage ?
Irland
Norwegen
Schweden
Nord See
Ost See
Grossbritannien
Dänemark
Holland
Belgien
Baumwolle
Russland
Deutschland
Atlantischer Ocean
Frankreich
Schweiz
Oesterreich
Schwarzes Meer
Adriatisches Meer
Türkei
Klein Asien
Portugal
Spanien
Corsica
Sardinien
Italien
Sicilien
Griechenland
Verlag. v. Reinhold Schlingmann, Berlin.
England sitzt abwartend auf dem Wollsack; die Fahne seiner Neutralität ist etwas laidirt durch Pulver- und Gewehrsendungen nach Frankreich. Irland möchte sich von der englischen Nabelschnur durch das Fenierthum lösen. Spanien sucht noch immer nach dem verlornen Königthum und verspricht dem ehrlichen Finder eine Krone. Corsica bemüht sich vergebens, wieder einen „grossen Corsen" zur Welt zu bringen. Sicilien ladet zu einer neuen Vesper. Die Türkei dampft und wird ihr politisches Dasein wohl bald verraucht haben. Italien spielt mit Rom Impatiance und erwischt dabei den „schwarzen Peter." Frankreich verliert beim Ausreissen zwei Hemdenzipfel (Elsass und Lothringen), die Deutschland, beim Haschemännchen, in der Hand behält. Preussen hat Jhm schon. Oesterreich liegt auf der Lauer. Belgien und Holland laden die Kriegsparteien zum Besuch auf ein neutrales Gericht Bayonett mit Kolben. Die Schweiz heilt die Wunden der Wunder des Chassepot's. Dänemark's „Leiwe, die is noch immer döt" und Russland harrt mit scharf geschliffenem Messer der Stunde, wo es ihm vergönnt sein wird, ein Stück vom Halbmond für sich abzuschneiden. Zu der ganzen Comödie spielen Schweden und Norwegen vorläufig die Zuschauer. (Die Dampfer-Linien nach London sind stark befahren.)

KARTE VON EUROPA IM JAHRE 1870

nach einem französischen Holzschnitte.

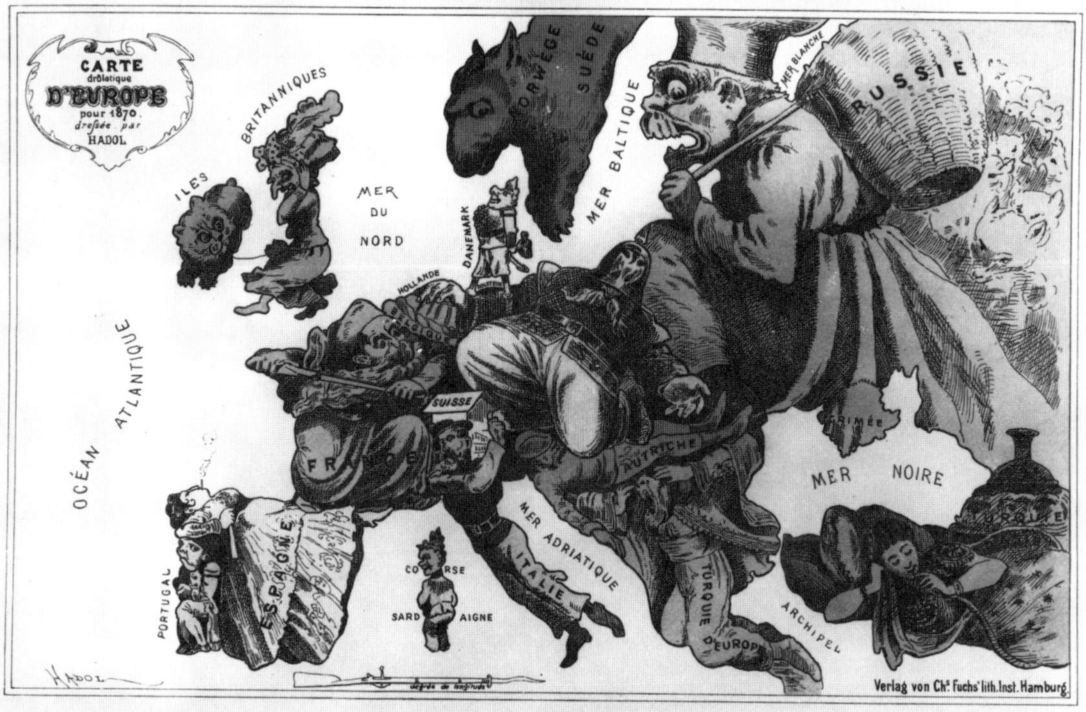

L'Angleterre, isolée, peste de rage et en oublie presque l'**Irlande** qu'elle tient en laisse. **L'Espagne** fume, appuyée sur le **Portugal.** La **France** repousse les envahissements **de la Prusse,** qui avance une main sur la **Hollande**, l'autre sur l'**Autriche.** L'**Italie,** aussi, dit à Bismarck: Ote donc les pieds de là. La **Corse** et la **Sardaigne** — un vrai Gavroche qui rit de tout. Le **Danemarck,** qui a perdu ses jambes dans le **Holstein,** espère les reprende. La **Turquie d'Europe** baille et s'éveille. La **Turquie d'Asie** aspire la fumée de son narguilhé. La **Suède** fait des bonds de panthère. **El la Russie** ressemble à un croquemitaine qui voudrait remplir sa hotte.

England, isolirt, flucht vor Wuth und vergisst fast **Irland** darüber, welches es am Bande hält. **Spanien** raucht, gestützt auf **Portugal.** **Frankreich** wehrt die Angriffe **Preussens** ab, welches die eine Hand auf **Holland,** die andere auf **Oesterreich** legt. **Italien** gleichfalls sagt zu Bismarck: Nimm doch deine Füsse dort weg. **Corsica** und **Sardinien** — ein echter Gassenbube, welcher über Alles lacht. **Dänemark,** welches seine Beine in **Holstein** verloren hat, hofft sie wieder zu gewinnen. Die **Europäische Türkei** gähnt und erwacht. Die **Asiatische Türkei** athmet den Rauch ihrer türkischen Pfeife ein. **Schweden** macht Panthersprünge. **Russland** gleicht einem Knecht Ruprecht, welcher seine Kiepe füllen möchte.

KARTE VON EUROPA IM JAHRE 1914

Gezeichnet von W. Trier

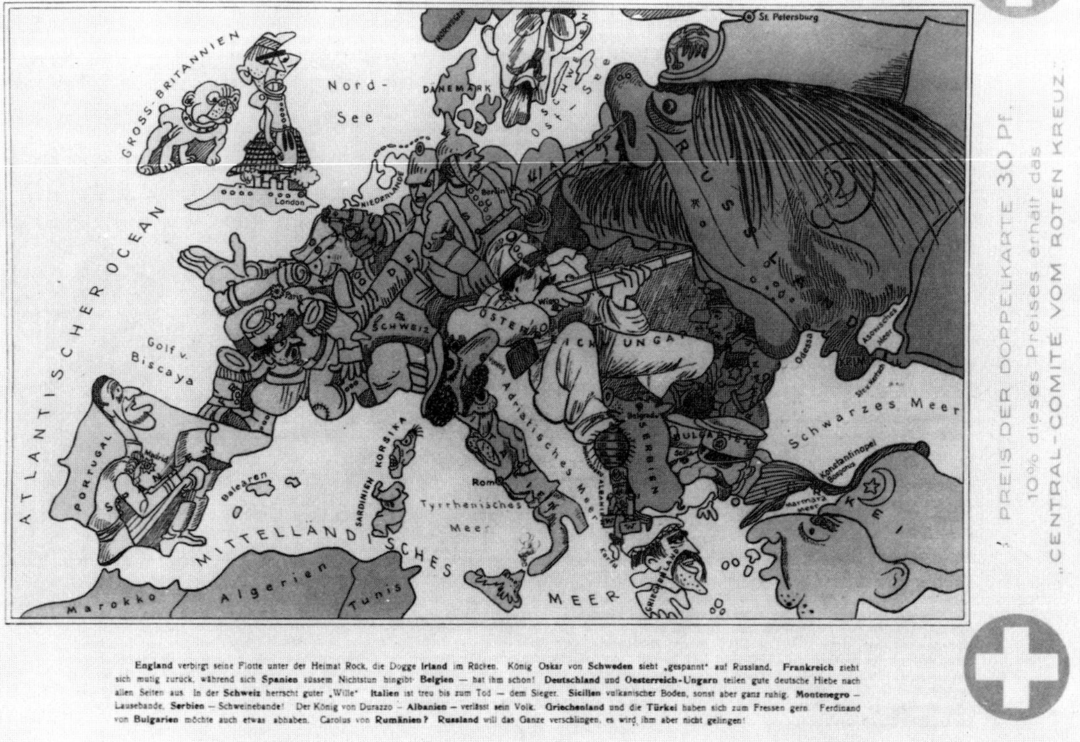

PREIS DER DOPPELKARTE 30 Pf.
10% dieses Preises erhält das
„CENTRAL-COMITÉ VOM ROTEN KREUZ."

England verbirgt seine Flotte unter der Heimat Rock, die Dogge **Irland** im Rücken. König **Oskar** von **Schweden sieht** „gespannt" auf Russland. **Frankreich** zieht sich mutig zurück, während sich **Spanien** süssem Nichtstun hingibt. **Belgien** — hat ihm schon! **Deutschland** und **Oesterreich-Ungarn** teilen gute deutsche Hiebe nach allen Seiten aus. In der **Schweiz** herrscht guter „Wille". **Italien** ist treu bis zum Tod — dem Sieger. **Sicilien** vulkanischer Boden, sonst aber ganz ruhig. **Montenegro** — Lausebande. **Serbien** — Schweinebande! Der König von Durazzo — **Albanien** — verlässt sein Volk. **Griechenland** und die **Türkei** haben sich zum Fressen gern. Ferdinand von **Bulgarien** möchte auch etwas abhaben. Carolus von **Rumänien?** **Russland** will das Ganze verschlingen, es wird ihm aber nicht gelingen!

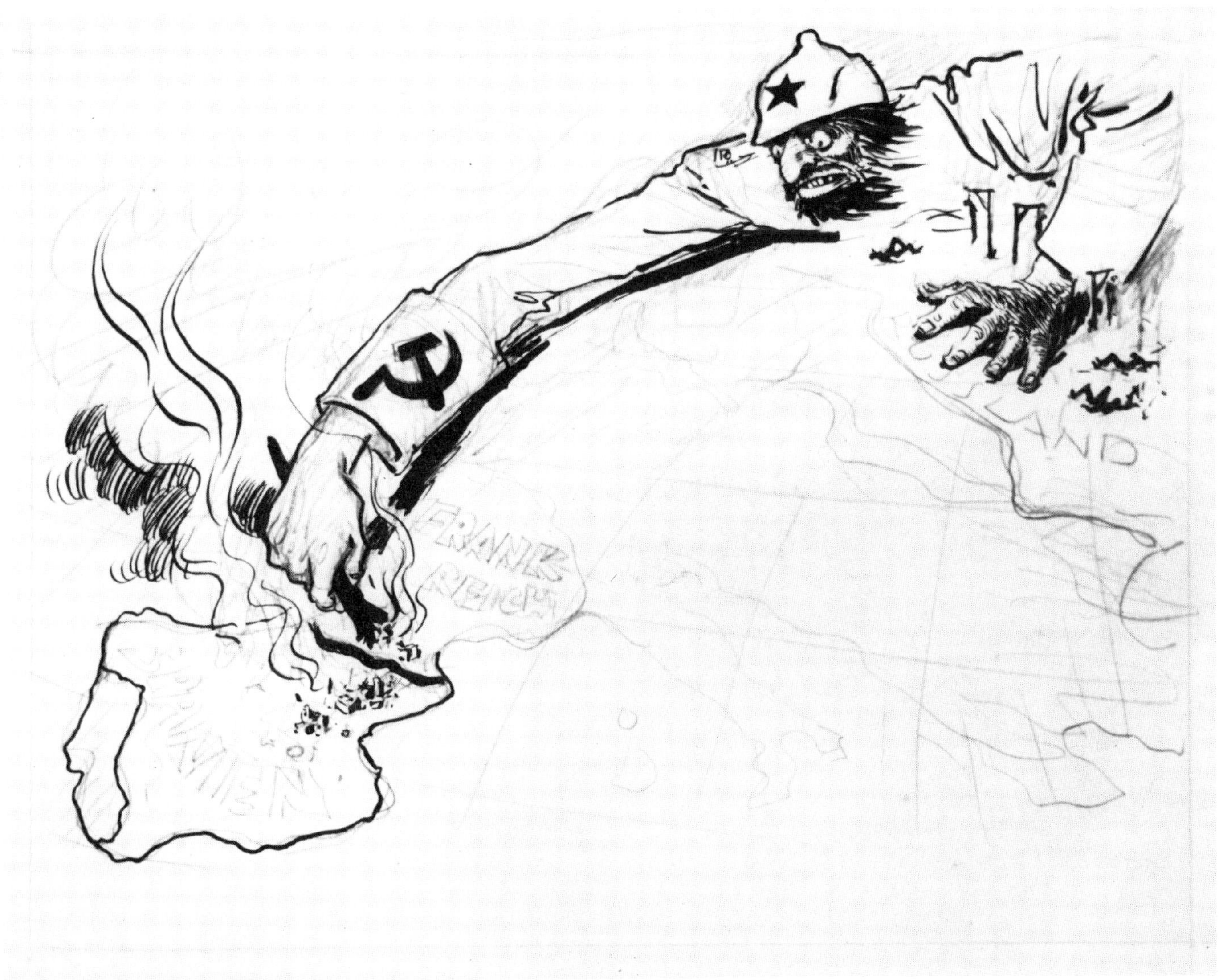

169

nach Paul Hadol (1835–1875)

Karte von Europa im Jahre 1870, nach einem französischen Holzschnitte.

Walter Trier (1890–1951)

Karte von Europa im Jahre 1914

Mehrfarbige Flachdrucke, 361 x 944, die obere Karte bezeichnet *Carte drôlatique d'Europe pour 1870 dressée par Hadol / Verlag von Chs. Fuchs' lith. Inst. Hamburg.* Die untere Karte bezeichnet *Gezeichnet von W. Trier / Preis der Doppelkarte 30 Pf. / 10% dieses Preises erhält das »Central-Comité vom Roten Kreuz«.*
Kunstbibliothek Preußischer Kulturbesitz, Berlin.

Europakarten, aus humoristischen oder satirischen Personifikationen der einzelnen Länder zusammengesetzt, waren offensichtlich in den Jahrzehnten um 1900 beliebt.[1] Das bekannteste und vielleicht früheste Beispiel einer derartigen vollständigen Europakarte schuf der Franzose Paul Hadol Anfang 1870.[2] Es ist hier in einem deutschen Nachdruck von 1914 ausgestellt, der zusammen mit der *Karte von Europa* von Walter Trier auf einem Bogen erschien (Kat. 169). Die Gegenüberstellung der Karikaturen von Hadol und Trier sollte die machtpolitischen Veränderungen in Europa von 1870 bis zum Beginn des Ersten Weltkriegs vor Augen führen. Konnte sich Preußen 1870 noch gelassen und sicher von Österreich bis Holland ausbreiten, so muß es sich 1914 gegen Rußland und Frankreich zur Wehr setzen.

Arnold Neumanns *Humoristische Karte von Europa im Jahre 1870* (Kat. 168) reflektiert die Situation nach dem Ausbruch des deutsch-französischen Kriegs 1870/71. Frankreich ist bereits besiegt, es »verliert beim Ausreisen zwei Hemdenzipfel (Elsaß und Lothringen)«. Neumann kannte Hadols Europakarte – er fertigte eine deutsche Kopie an[3] – und kann nun in seiner eigenen *humoristischen Karte* triumphierend auf die Veränderungen durch den siegreichen Verlauf des Krieges hinweisen. J.D.

1 1914 entstanden gleich eine ganze Reihe von humoristischen Europakarten: Kat. Frankfurt 1976, S. 251f., Nr. 5.2/1 – 5.2/5, Abb. S. 80, 88, 251; Kat. Münster 1983, Nr. 286, 287; Abb. S. 23. Staatsbibliothek Berlin, Signatur YB 21203 gr (Georg Bauer 1887), Einbl. 1904, 1 gr (viersprachige ungarische Kopie nach einem japanischen *Humorous Diplomatic Atlas of Europe and Asia,* 1914). Kat. Zürich 1972, Nr. L 108, Abb. S. 127 (englisch von 1877).

2 Kat. London 1971, Nr. 1. Es gibt mehrere deutsche Kopien von Hadols Europakarte; Staatsbibliothek Berlin, Signatur YC 144 (von Fiek(?), Augsburg); Kat. Münster 1983, Nr. 223 (Verlag Schlingmann, Berlin).

3 Staatsbibliothek Berlin, Signatur YC 552.

170

Franz Brazda (1903–1981)

Der russische Griff nach Spanien, 1936/37

Feder in Schwarz über Blei, 207 x 286
Sammlung Ensmann, München.

Ein grauenerregender Bolschewist greift über eine angedeutete Europakarte nach Spanien und entzündet es mit einer Fackel. Sein verzerrtes Gesicht trägt die Züge, die nationalsozialistische Darstellungen den Juden zuwiesen.[1] Ein fünfzackiger Stern auf der Mütze und Hammer und Sichel weisen ihn als Angehörigen der russischen Armee aus. Seine linke Pranke stützt sich in Rußland zwischen kleinen Galgen mit Erhängten und verrenkten Leichen auf.

Schon bald nach dem Ausbruch des Spanischen Bürgerkrieges 1936 halfen deutsche Truppen dem putschenden spanischen Militär. Auf der republikanischen Seite kämpften internationale Hilfstruppen, die unter anderem auch von Rußland unterstützt wurden. Die nationalsozialistische Propaganda erfand das Feindbild des ›jüdischen Weltbolschewismus‹, dem der Deutsche entgegenzutreten habe. J.D.

1 Die negative Charakterisierung der Juden in Karikaturen ist allerdings bereits sehr viel älter; vgl. Fuchs 1921. Siehe auch Kat. 91, 92, 94; S. 399, Abb. 46.

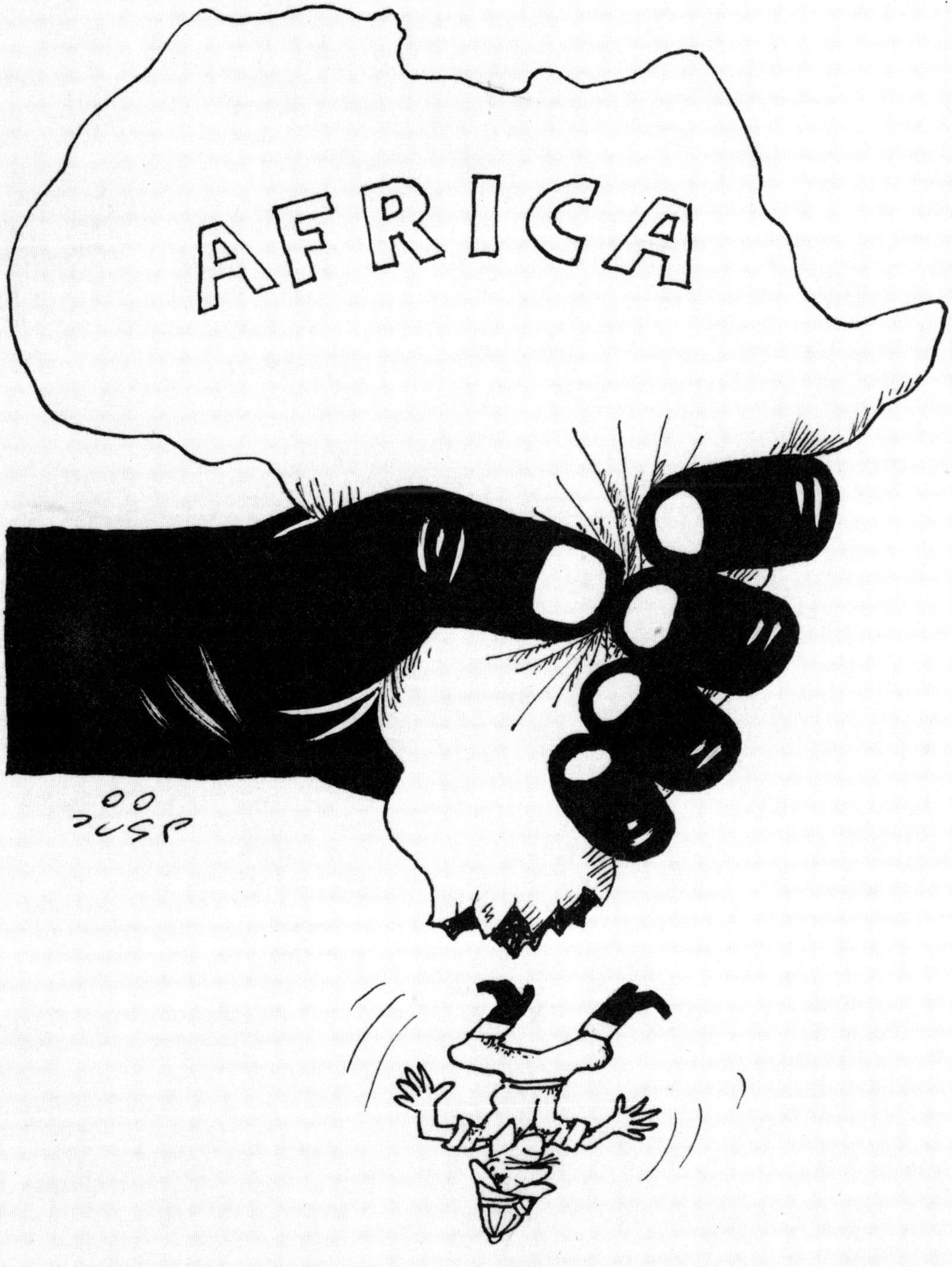

171
Jürg Spahr (geb. 1925)
Eine Frage der Zeit, 1976
Feder und Pinsel in Schwarz, 221 x 152, signiert *Jüsp,* oben mit Blei datiert *2.6.76.*
Sammlung Ensmann, München.

Eine große schwarze Faust umfaßt die südliche, schmalere Hälfte Afrikas, das in einfachem Kartenumriß wiedergegeben ist, und drückt zu: Wie eine gepreßte Frucht ist die Südspitze des Kontinents aufgeplatzt und läßt kopfüber einen kleinen, weißen Südafrikaner – durch Tropenhelm und Stiefel näher als Bure gekennzeichnet – fallen.

Nicht nur die Größenverhältnisse sind auf diesem Blatt völlig irreal, sondern es entbehrt auch jeglicher Logik in dem angedeuteten Handlungsablauf. Weder kann eine Faust eine Landkarte pressen noch ein Mensch dabei herausfallen.

Trotzdem ist die Aussage klar: Die durch die Apartheidspolitik sich isolierenden Weißen in Südafrika stehen in der Gefahr, durch die schwarze Übermacht vom Kontinent verdrängt zu werden. Die Machtverhältnisse entsprechen dabei in etwa den Größenverhältnissen auf der Karikatur, wobei die Irrealität der Zeichnung das Geschehen in die Zukunft verlagert. J.D.

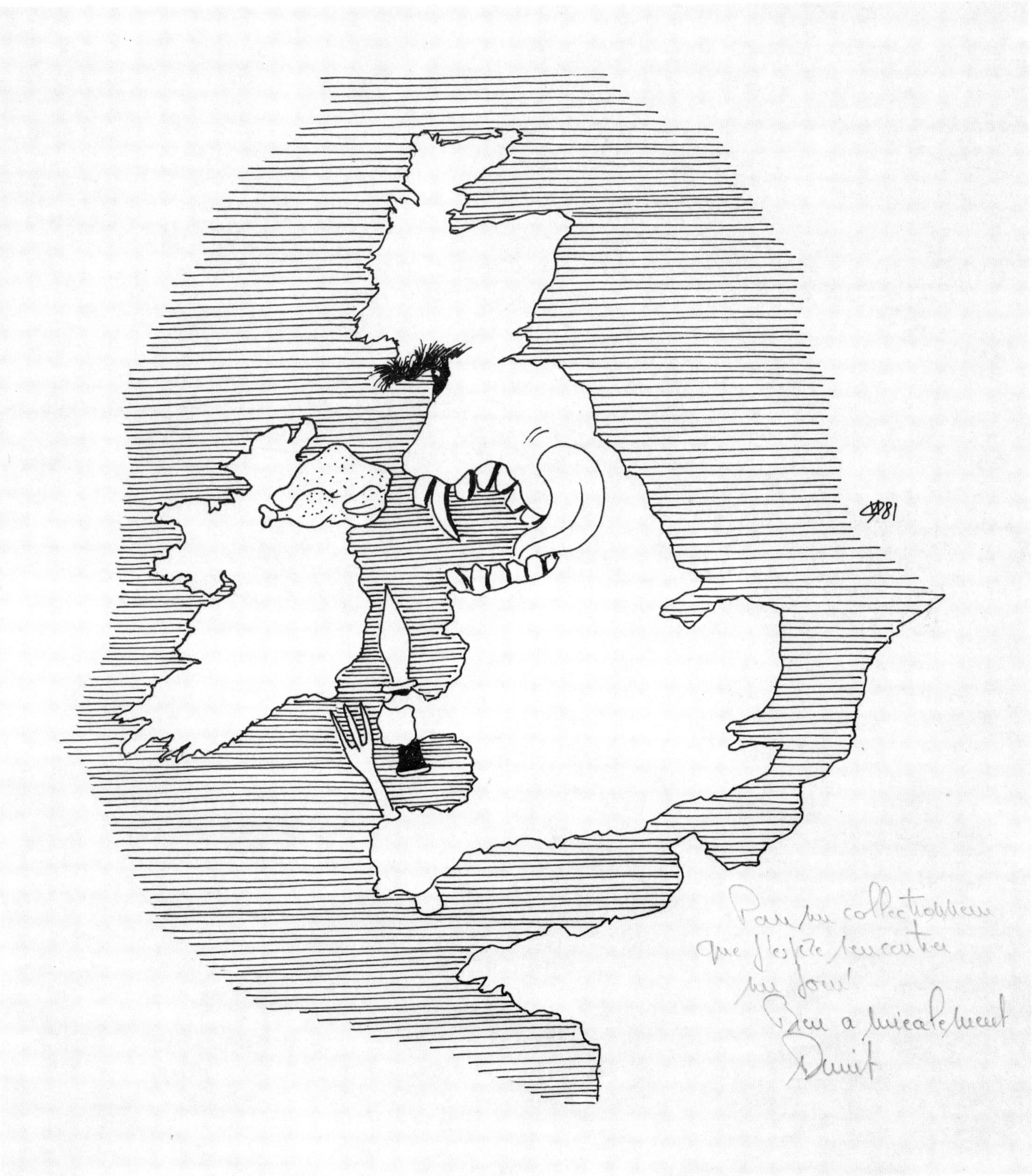

172
Michel Devrient
England verschlingt Nordirland, 1981
Feder in Schwarz, 296 x 209, monogrammiert *MD 81;* beschriftet mit Bleistift *Pour un collectionneur que j'espère rencontrer un jour! Bien amicalement Devrient*
Sammlung Ensmann, München.

Das gebratene Huhn Nordirland droht von der Westküste Englands verschlungen zu werden. Geschickt nutzte der Zeichner dabei den Verlauf der Küste: Wales und Cornwall halten Messer und Gabel, und der Meerbusen der Irischen See hat sich in einen zähnestarrenden Rachen verwandelt. Finsteren Auges schaut die Bucht des Firth of Clyde auf seine Beute. Eine humorvolle Note bringt die kartographisch nicht zu belegende schnalzende Zunge hinein.

Seit 1969 die sozial bedingten Konflikte zwischen der katholischen Minderheit und der herrschenden protestantischen Mehrheit blutig wieder ausbrachen und drei Jahre darauf die britische Regierung die direkte Verwaltung übernahm, kam Nordirland nicht mehr zur Ruhe. Auch die ständige Präsenz des englischen Militärs und, damit verbunden, die zunehmende Aufgabe der Selbständigkeit Nordirlands konnten den Terror nicht beenden. J.D.

Seit der Zeit der alten Ägypter nutzt Satire den Mensch-Tier-Vergleich zur Charakterisierung. Als Beispiel wird hier die Spinne vorgestellt: Sie gilt als giftig, hinterhältig, gierig und ekelerregend. Sie spannt ihre Netze und wird so zum Zeichen für eine verdeckte lauernde Gefahr.

3.3. Der Mensch-Tier-Vergleich: die Spinne als Zeichen

Eine große schwarze Spinne verschlingt eine der zahlreichen Fliegen, die sich in ihrem Netz verfangen haben (Abb. 147). Sie hat einen menschlichen Kopf, dessen Zweispitz zusammen mit der Bezeichnung in der Bildunterschrift keinen Zweifel an ihrer Identität läßt: Mit der *korsischen Spinne* ist Napoleon gemeint. Auch die Fliegen sind durch kleine Beischriften erläutert: Sie verkörpern die verschiedenen europäischen Staaten, die Napoleon bereits erobert hat. Die Karikatur kommentiert auf satirische Weise die Machtkonstellation Europas im Jahr 1808 aus englischer Sicht.[1] Ihr Verfasser George M. Woodward legt keinen großen Wert auf naturkundliche Exaktheit; seine Spinne besteht aus einem für das Netz viel zu großen elliptischen Körper mit acht vergleichsweise kurzen, dicken Beinen und vogelartigen Krallen als Füßen. Die plumpen Fliegen machen einen eher erheiternden als flugfähigen Eindruck.

Der Vergleich Napoleons mit einer schwarzen Spinne, die in ihrem Netz hockt, auf ihre Opfer wartet, um sie dann zu verschlingen, hat eine vernichtende Wirkung. Bestimmte der Spinne zugeschriebene Eigenschaften werden auf den Korsen übertragen: Sie ist giftig, hinterhältig, gierig und ekelerregend. Die Gleichsetzung des Eroberers von Europa mit diesem kleinen widerlichen Insekt, das ein Fußtritt auslöschen könnte, ist die größte Beleidigung.

Das Motiv der Spinne in ihrem Netz erscheint vereinzelt in der älteren satirischen Graphik. Es symbolisiert dann vorrangig negative Eigenschaften wie Giftigkeit und Gier.[2] Nur selten stellt die Spinne eine bestimmte historische Person dar.[3] Woodward scheint der erste gewesen zu sein, der dem Spinnenkörper einen menschlichen Kopf aufsetzt und damit die Identifizierung direkt im Bild ermöglicht, obwohl auch er nicht auf zusätzliche Beschriftungen verzichtet.

Seit dem Erscheinen dieser englischen Karikatur gibt es bis heute eine ganze Reihe von Wiederaufnahmen des Motivs der Spinne mit menschlichem Kopf. In der Zeit der Befreiungskriege stellt ein deutscher Zeichner wiederum Napoleon als kleine Spinne dar, die wie Unrat mit dem Spinnwedel entfernt wird.[4] Auf einer 1848er Karikatur erscheint der österreichische Kaiser Ferdinand I. als *große Europäische Reichsspinne*, die ihr Netz über eine Europakarte ausbreitet.[5] Im deutsch-französischen Krieg 1870/71 versehen französische Karikaturisten sowohl Wilhelm I. als auch Napoleon III. mit dem Spinnenkörper.[6] Und im 20. Jahrhundert mußten beispielsweise Stalin und Franz Josef Strauß als Spinnen herhalten.[7]

Doch darf diese unvollständige Aufzählung nicht darüber hinwegtäuschen, daß das Spinnenmotiv innerhalb des großen Bereichs des Mensch-Tier-Vergleichs relativ selten anzutreffen ist. Viel häufiger begegnen andere Tiere wie Affe, Esel, Löwe, Schlange, Schaf oder Schwein. Bestimmte charakteristische Eigenschaften der Tiere werden auf den Menschen übertragen: Die ›Affen machen alles nach‹, der Esel ist dumm, der Löwe stark, aber auch wild und gefährlich, die Schlange giftig und hinterlistig, das Schaf dumm und harmlos, das Schwein schmutzig, ›schweinisch‹.[8] Die Zuordnung von bestimmten Fähigkeiten und Eigenschaften zu einzelnen Tierarten ist sehr alt; schon die auf den legendären griechischen Dichter Äsop zurückgeführten Tierfabeln ziehen hieraus ihre moralisch-belehrenden Aussagen. Darstellungen mit menschlich handelnden Tieren machen seit dem Mittelalter auf Torheiten und Laster aufmerksam.

Doch interessiert hier vor allem die direkte Gleichsetzung von Tieren mit bestimmten Personen. Es gibt grundsätzlich drei verschiedene Möglichkeiten, die Identifizierung zu erreichen:

1. Attribute, Beischriften oder begleitende Texte bezeichnen das dargestellte Tier näher (Kat. 98)[9],
2. dem Tierkörper wird ein erkennbarer menschlicher Kopf aufgesetzt (Kat. 83, 91, 119, 177),

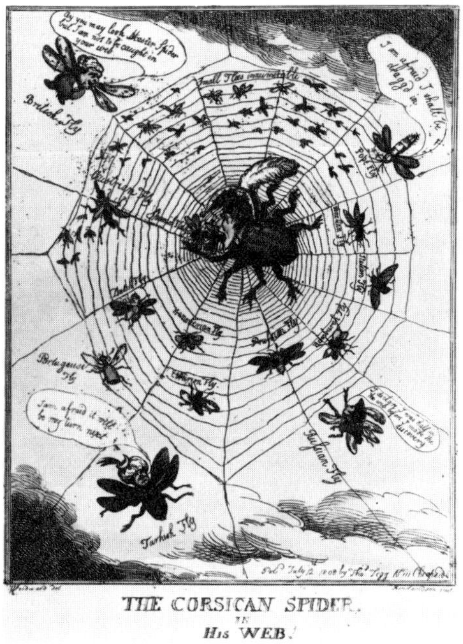

Abb. 147 Thomas Rowlandson nach George M. Woodward, *The Corsican Spider*, 1808

1 BM VIII, Nr. 10999; Baur 1974, S. 137, Abb. 88; Kat. Göttingen 1975, Nr. 6.

2 Kommentarlos sei auf zwei Flugblätter des Hans Sachs verwiesen (Kat. Nürnberg 1976, Nr. 139, 266) und einen weiteren deutschen Holzschnitt von 1535 (*Der Mensch um 1500*, Ausstellungskatalog der Skulpturengalerie, Staatliche Museen Preußischer Kulturbesitz, Berlin 1977, Abb. 139). Doch handelt es sich bei diesen Darstellungen um allgemein moralische Allegorien und weniger um Bildsatiren. – Scheible 1850, Nr. 31: . . . *Bericht vom Stamm und Ankunft der kleinen Männlein . . .*: Hier ist ein satirischer Einsatz des Spinngewebes zu beobachten; desgleichen auf einem französischen Blatt vom Anfang des 18. Jahrhunderts, *L'Artisan tire le diable par la queue;* Durchartre 1944, Tafel bei S. 132. – In der Emblematik werden der Spinne unterschiedliche Auslegungen zuteil. So können die Spinnweben sowohl als »Wunderwerk der Schöpfung« wie auch als »Strikke der Eitelkeit« interpretiert werden (Henkel/Schöne 1967, Sp. 938ff.) Vgl. auch Kat. 173, 174.

3 So den spanischen Feldherrn Spinola (Kat. 173) oder den korrupten englischen Finanzier John Law (Kunzle 1973, S. 152f.).

4 Germanisches Nationalmuseum, Nürnberg, Kapsel 1315, HB 23767.

5 Wolf 1982, S. 66, Nr. 9.

6 Ducatel 1973, S. 50, Abb. 2; Baur 1974, Abb. 173 (die Spinne Napoleon bedroht die Fliege Marianne als Verkörperung der französichen Republik). Siehe auch Philippe 1982, Abb. S. 228, und Kat. London 1971, Nr. 53 (jeweils Bismarck als Spinne). Vgl. auch Dückers 1979, B III 1 (George Grosz).

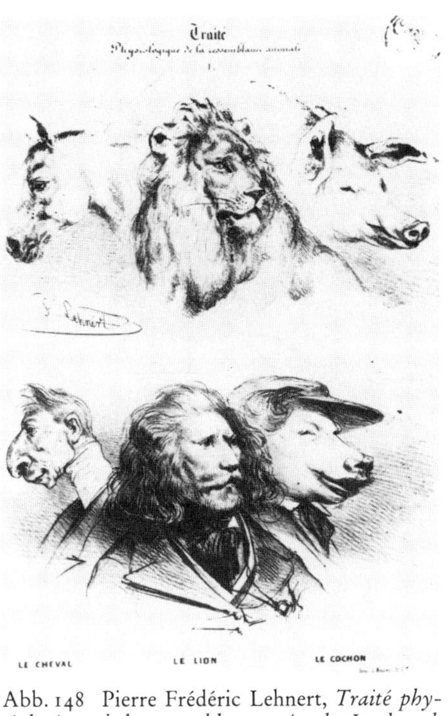

Abb. 148 Pierre Frédéric Lehnert, *Traité physiologique de la ressemblance animale: Le cheval, le lion, le cochon,* ›Charivari‹ vom 27. 1. 1839

3. Die Gesichtzüge oder oft auch der ganze Körper einer Person nähern sich in ihrem Äußeren tierischen Formen (Kat. 92, 101).

Während die erste Methode bereits in der Antike bekannt war, begegnet die zweite erst seit der frühen Neuzeit und auch dort nur vereinzelt. Die optisch wirksamste Methode ist die dritte, die jedoch erst vergleichsweise spät, in Italien im 17. Jahrhundert (vgl. Kat. 6, 36), aufkommt und sich im 19. Jahrhundert breit entfaltet.

Die Voraussetzung für die ins Tierische abgleitende Darstellung von Menschen liefert seit dem 16. Jahrhundert die Physiognomielehre, die auf die Ähnlichkeit zwischen menschlichen und tierischen Köpfen hinweist. In zahlreichen Lehrbüchern und Illustrationen werden menschliche Gesichtszüge aus tierischen abgeleitet und dabei auch die Übernahme des animalischen Charakters postuliert, die sich in dem physiognomischen Erscheinungsbild äußere (Abb. 148). Karikaturisten eigneten sich dieses reichhaltige Vokabular an und nutzten es vielfältig zur Diffamierung ihrer Opfer.

Doch stellt der Einsatz von Spinnen in dieser Hinsicht die Zeichner vor ein Problem. Der fremdartige Insektenkörper erlaubt kaum eine Angleichung an menschliche Formen. Bereits das Aufsetzen eines Kopfes bereitet gestalterische Schwierigkeiten, die zwar Rowlandson (Abb. 147) vergleichsweise gut zu meistern verstand, die aber nicht selten zu äußerst ungeschickten, unglaubwürdigen Lösungen führten. Hierin ist wahrscheinlich die Hauptursache zu sehen, daß die Spinne nur vereinzelt für den direkten Mensch-Tier-Vergleich herangezogen wird.

Viel häufiger begegnen auf Karikaturen Spinnen, die mehr oder weniger stilisiert ihre natürliche Gestalt beibehalten. Die Verbindung zu dem jeweiligen Thema wird dann durch Symbole oder andere Bezeichnungen erreicht. So umgarnt beispielsweise die römische Kirche, als Spinne mit einem großen Kreuz versehen, die Menschheit,[10] oder Spinnen mit Hakenkreuzen verkörpern die Nationalsozialisten.[11] Andere Karikaturisten steigern den Insektenkörper, der gespenstisch über der Landschaft hockend Schrecken verbreitet, zu monumentaler Größe.[12]

Doch das Spinnenmotiv enthält eine weitere Variante der Einsatzmöglichkeit: An die Stelle der Spinne inmitten des Netzes tritt eine andere Gestalt oder ein Gegenstand, die das Thema bezeichnen und die durch die konzentrischen Spinnenfäden zur Spinne degradiert werden. Im *Punch* von 1868 erschien eine Karikatur auf die fanatischen Rennsport-Anhänger, deren Wettsucht sie in die Fänge der *Turf Spider* drängt (Abb. 149). Der Zeichner John Tenniel greift hier auf die alte Technik der Arcimboldeske zurück und setzt die Spinne aus Pferdesattel, Geldsäkken, Jockey-Helm und ähnlichen Gegenständen zusammen. Der französische Illustrator Bourdet setzt um 1830 einen an raffaelische Putten gemahnenden kleinen Amor in die Mitte eines dekorativ-geometrischen Spinnennetzes und läßt die herumflatternden jungen Frauen sich in die Fänge der Liebe verstricken (Kat. 174). Auch Alfred Kubin zeichnete eine *Spinne* – so der Titel – die keine ist: Mit obszön gespreizten Beinen liegt eine nackte Frau in einem Spinnengewebe, in dessen Fäden kopulierende Paare in den verschiedensten Stellungen hängen (Abb.

7 Kat. 177; Baur 1974, Abb. 174.
8 Zum Mensch-Tier-Vergleich allgemein: Langemeyer 1973; Baur 1974; Langemeyer 1982.
9 Hierher gehört eine weitere Sonderform, die bei der Identifizierung gleichfalls auf Attribute oder Beschriftungen angewiesen ist: Einem menschlichen Körper wird ein Tierkopf aufgesetzt; eine Methode, die vor allem in der antipäpstlichen Reformationssatire häufig zu beobachten ist. Auch die bloße Beiordnung eines Tieres zu einem Menschen, sei es in der Form eines ›Wendekopfes‹ (Kat. 59) oder beispielsweise als Reittier (Kat. 147, 154), gehört in diese Kategorie.
10 Fuchs I, Abb. S. 394. Théophile-Alexandre Steinlen schuf 1902 eine äußerst eindrucksvolle Darstellung der römischen Kirche als Spinne für *L'Assiette au beurre*; Kat. Berlin 1978, S. 204 f.
11 Kat. 176; Bornemann 1974, S. 238 (René Gilsi im *Nebelspalter* vom 31. 1. 1930).
12 Kat. 179; Kat. München 1977, Nr. 249, 416; Kat. Frankfurt 1976, Abb. S. 82.
13 Bisanz 1977, Tafel 5.

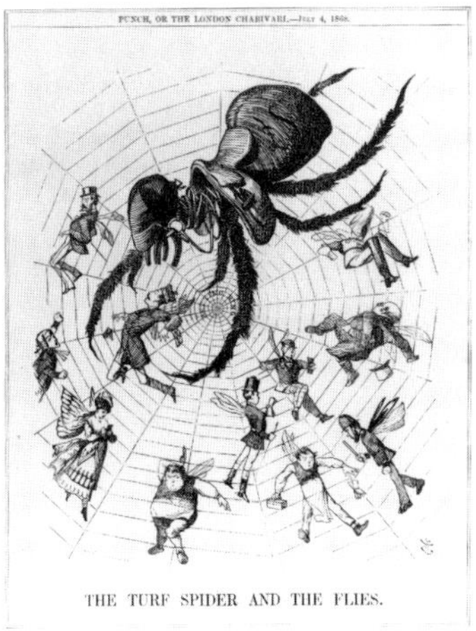

Abb. 149 John Tenniel, *The Turf Spider,* ›Punch‹ 1868

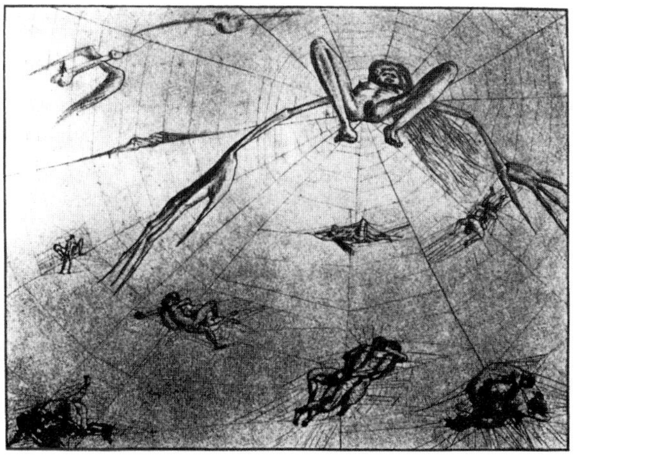

Abb. 150 Alfred Kubin, *Die Spinne,* 1902

150).[13] Kubin stattet diese Verkörperung der Erotik mit viel zu langen Armen aus und versucht die spitzauslaufenden Finger mit ihren knöchrigen Gelenken dem Insektenhaften anzunähern.

Im Volks- und Aberglauben spielt die Spinne eine vielfältige Rolle. Bald erscheint sie als Schutzgeist, bald als böser Dämon. Als solcher taucht sie im Bereich des Hexen- und Teufelsglaubens auf. Frauen können sich in Spinnen verwandeln, Spinnen können Krankheiten und Tod verbreiten, sie gelten als schlechtes und unter Umständen auch als gutes Omen.[14] In Jeremias Gotthelfs Novelle *Die schwarze Spinne* verwandelt sich eine Frau nach einem »Teufelskuß« in eine schwarze Spinne, die mordgierig Menschen anfällt und eine »namenlose Angst vor der Spinne, die allenthalben und nirgends war«, verbreitet.[15] Spinnweben bilden in Schauerromanen und -filmen ein beliebtes und häufiges Requisit, wobei sie dort selten eine konkrete Funktion haben, sondern lediglich dazu dienen, eine geheimnisvoll unheimliche Atmosphäre hervorzurufen. In Hollywood-Horror-Produktionen wie *Tarantula* ist es ebenfalls die nun zu monumentaler Größe mutierte Spinne, die ihre Opfer findet. Die Vorstellung des giftigen, im verborgenen auf seine Opfer wartenden Raubtiers übt eine suggestive Kraft aus, die offensichtlich gerade aus der Unbestimmtheit, aus der nicht genauer festgelegten Bedeutung genährt wird.

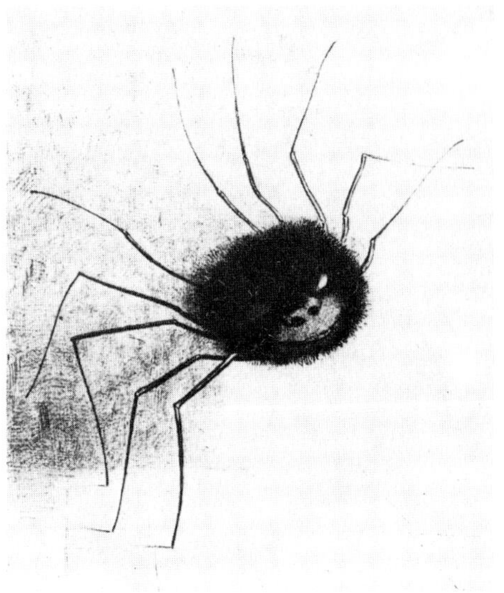

Abb. 151 Odilon Redon, *L'araignée,* 1887

Eine Lithographie von Odilon Redon stellt ein irrational grinsendes Wesen mit menschlichen Gesichtszügen vor, das nur durch die Form und hohe Zahl seiner Beine – es sind sogar zehn – an eine Spinne erinnert (Abb. 151). Redon, für den »ein Titel nur dann gerechtfertigt (...) ist, wenn er vage, unbestimmt und dunkel ist und so noch die Mehrdeutigkeit verstärkt«[16], nannte die Lithographie bezeichnenderweise lapidar *Die Spinne* – offensichtlich ist dies Wort für ihn mit genügender Dunkelheit und Mehrdeutigkeit ausgestattet. Auch in den Zeichnungen Alfred Kubins erscheint die Spinne mehrfach als Verkörperung einer unberechenbaren, namenlosen Bedrohung.[17]

An diese vielschichtigen Bedeutungsmöglichkeiten, die jedoch immer auf eine dunkle, nicht näher zu bestimmende Gefahr abzielen, schließen Karikaturisten an, wenn sie das Spinnenmotiv einsetzen. Doch im Gegensatz beispielsweise zu Redon oder Kubin benennen sie die Bedrohung, indem sie die Spinne durch Symbole, Beischriften oder Vergleiche näher bezeichnen. J.D.

14 Bächthold-Stäubli VIII, Sp. 265ff.
15 Erschienen zuerst 1842 in der Sammlung *Bilder und Sagen aus der Schweiz.* – Riegler, »Spinnenmythos und Spinnenaberglaube in der neueren Erzählungsliteratur«, *Schweizerisches Archiv für Volkskunde,* Bd. 27, S. 55–88.
16 Odilon Redon, *Confidences d'artiste,* 1909; zit. nach der Übersetzung in: *Odilon Redon,* Ausstellungskatalog Kunstmuseum Winterthur und Kunsthalle Bremen 1983/84, S. 34.
17 Brockhaus 1977, S. 60f.; Kat. Göttingen 1980, Nr. 4.

173
Deutsch, 1621

Gehaime Andeutung vber den vermainten Koenig

Radierung und Letternsatz, 304 x 235
Staatsbibliothek Preußischer Kulturbesitz, Berlin.

Gehaime Andeutung vber den vermainten König.

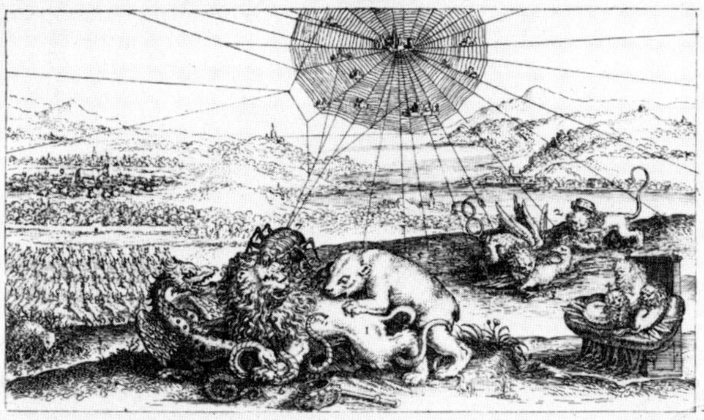

1.

DEin starcker Löw mit frischem muth
Thet sich gäntzlich vermessen/
Vermählet sich zu frembdem Bluet
Gar fert von vns gesessen/
Allda groß Engellische Hund
Vor Hunger nichts verschonet
Vil Kirchenraub in jhren Schlund
Zereissen/ schon gewohnet.

2.

Den Löwen plagt der Hunger sehr
Bey seiner newen Frawen/
Begirig auff den Raub war er
Vmb Nahrung wolt er schawen/
Doch müst es seyn kein schlechte sach
Die er jhm fürgenommen/
Eim andern Löwen folgt er nach
Groß Raub zu vberkommen.

3.

Derselb Löw hat ein Doppelschwaif
War doppelt auch im Hertzen/
Der halff jhm auch auff diser straif
Das thet den Adler schmertzen/
Der Adler verlor Scepter/ Cron/
An Federn starck verzopffet/
Vnd kam beym Leben hart daruon
So bloß war er geropffet.

4.

Damit dann der raubgirig Löw
Für seine liebe Jungen
Ein Nest auß solchem Raub erheb
Darumb er hat gerungen/
Thet er (dem Adler hoch zu laid)
Die Adlerfedern kleben
Ins Nest/ mit frembder Zier beklaidt/
Zu seinen jungen Löwen.

5.

Diser stoltz Löw sich stellte zwar
Den Drack auch zu erschröcken
Der bey dem schatz sehr wachtbar war/
Doch wolt sein wacht nit klecken/
Biß daß der Himmelische Beer
Fieng an sein Datz zuzucken/
Vnd eylt hinder dem Löwen her/
Dem springt er auff den Rucken.

6.

Deßgleichen sich ein schröcklich Schlang
Vmbs Löwen Füeß gewunden/
Die wol der gantzen Welt macht bang/
Der Löw hats hie empfunden/
Sie stach mit scharpf vergifftem gwalt
Demselben in die Seiten/
Das möcht den Löwen jung vnd alt
Das Hertz im Leib zerschneiden.

7.

Nach so vil die da kommen seynd
Das Vnbildt groß zu rechen/
Kompt auch die Spinn ein starcker Feind
Thut nach dem Gifft hart stechen/
Das Hirn saugt sie dem Löwen auß
Auß seinem Haupt mit Zoren/
Vnd macht ein Spinnenweben drauß
Der Raub ist nun verloren.

8.

Deß Löwens Hülff/ der Hasen hauf
Die namen gantz erschrocken
Zum Hasengarten jhren lauff/
Doch blibens nit lang hocken/
Sie musten wider herfür baldt
Auß jhren blinden hollen
Silesia heist diser Walde
Dahin sie fliehen wollen.

9.

Die Hasenmutter zu jhn trat
Nach der sie thet verlangen/
Sie fragtens vmb getrewen rath
Sie sprach/ jhr müst nit brangen/
Flicht gschwind daruon das rath ich euch
Im fliehen steht das Leben/
Sonst wolt ich euch vmb Land vnd Reich
Nit mehr ein vierer geben.

10.

Die arme Schäflein auff der Waid
Die der Löw hat verloren/
Die stecken jetzt im höchsten laid
Behangen in den Doren.
Jetzt büst das Schäflein Armuet voll
Was der Löw hat verbrochen/
Biß auff die Haut schert man die Woll
Gott lasts nit vngerochen.

Gedruckt im Jahr/ 1621.

Auf einer Anhöhe vor bergiger Flußlandschaft spielt sich Merkwürdiges ab: Unter einem Spinnennetz und mit ihm durch Fäden verbunden vorn in der Mitte ein Kampf zwischen Löwe, Drache, Schlange, Bär und Spinne; rechts dahinter ein weiterer Tierkampf – zwei Löwen zausen einen Adler; davor drei junge Löwen, auf ein Polster sowie auf Adlerfedern gebettet. Links ein Schaf, das sich in Dornen gefangen hat; im Tal fliehende Hasen, in Reih' und Glied geordnet.

Der Titel des Flugblatts verspricht *geheime Andeutungen.* Tatsächlich verschweigen aber die zehn erklärenden Strophen, deren Zählung im Bild wiederholt ist, um was genau es geht. Immerhin enthalten Text und Bild je einen Schlüssel, der den Zugang zum allgemeinen historischen Zusammenhang eröffnet.

In Strophe 1 ist die Rede von einem Löwen (1), der sich mit fremdem, und zwar englischem, Blut vermählte. Gemeint sein kann nur Friedrich V. von der Pfalz, Ehemann der Elisabeth Stuart, pfälzischer Kurfürst (1610–20) und König von Böhmen (1619/20). Der zugehörige bildliche Schlüssel findet sich in der Szene des rechten Mittelgrundes (2): Der doppelschwänzige Löwe ist Wappentier Böhmens, der andere, der den Kurfürstenhut trägt, Wappentier der Pfalz. Gemeinsam symbolisieren sie die politischen Ämter Friedrichs.

Dieses Wissen vorausgesetzt, läßt sich die Tierallegorie entschlüsseln: Am 19.8.1619 wurde Böhmens katholischer König, der habsburgische Erzherzog Ferdinand, gestürzt. Zu seinem Nachfolger wurde am 26.8. der ihm feindlich gesonnene calvinistische Kurfürst Friedrich von der Pfalz gewählt, der Führer der protestantischen Union. Nur zwei Tage später erfolgte in Frankfurt die Wahl Ferdinands zum Kaiser des Heiligen Römischen Reiches Deutscher Nation. Der vorherige Sturz Ferdinands und die Wahl Friedrichs wird als Angriff des böhmischen und pfälzischen Löwen auf den Reichsadler ins Bild gesetzt.[1] Der Tierkampf im Vordergrund symbolisiert das baldige Ende von Friedrichs böhmischer Herrschaft: Am 8.11. 1620, also wenig mehr als ein Jahr nach seiner Wahl (er erhielt der kurzen Regierungszeit wegen den Beinamen ›Winterkönig‹) wurde das Heer Friedrichs durch Truppen des Kaisers und der katholischen Liga am Weißen Berg nahe Prag vernichtend geschlagen. Seine Gegner sind gleichfalls in Tiergestalt gegeben. Eindeutig zu identifizieren sind Bär (Maximilian von Bayern) und Spinne (Ambrogio Spinola), beide aus der zeitgenössischen Flugblattpublizistik bekannt.[2] Der Drache mag nach der alten handschriftlichen Erläuterung auf einer Variante des ausgestellten Blattes den sächsischen Kurfürsten Johann Georg meinen, der Friedrichs Unternehmen ablehnend gegenüberstand, oder aber – wie heute gemeint wird – den kaiserlichen Feldherrn Bucquoy.[3] Auch die Schlange ist nicht eindeutig bestimmt; der handschriftlichen Auslegung zufolge repräsentiert sie das »Schlang und Ottergezücht der Jesuiten«, wogegen sie heute als Bild Tillys gilt.[4] Die fliehenden Hasen im linken Hintergrund verbildlichen dem Text zufolge die fliehenden Truppen des geschlagenen Löwen, der unter dem Anprall seiner Feinde – wörtlich – die böhmische Wenzelskrone verloren hat. Im Bilde des in Dornen gefangenen Lammes dagegen sind Friedrichs Untertanen gemeint, an denen, wie die letzte Textzeile sagt, Gott die Taten ihres Herrn rächt.

Das auffälligste Motiv in dieser verrätselten, mit *geheimen Andeutungen* versehenen Komposition ist aber das beherrschende Spinnennetz, das den Namen des spanischen Feldherrn Spinola in falscher Etymologie ins Bild übersetzt. Am 23.6.1620 war Spinola mitsamt seinem Heer von Flandern aus zur Eroberung der Pfalz aufgebrochen. Im September nahm er Oppenheim und Kreuznach – worauf wohl die gleich Fliegen im Spinnennetz gefangenen Siedlungen anspielen. Die Herrschaft über die Pfalz und die pfälzische Kurwürde fielen nach Friedrichs Niederlage schließlich an den ›Bären‹ Maximilian von Bayern.

Das Flugblatt ist in sechs Varianten überliefert und scheint demnach weite Verbreitung gefunden zu haben.[5] Während der Urheber des Bildes im Lager Friedrichs zu vermuten ist – worauf die traditionell negative Bedeutung von Drache und Schlange ebenso hinweisen dürfte wie andererseits das leidende Lamm als profanisiertes Agnus dei[6] –, ergreift der Text der ausgestellten Version Partei für die kaiserliche Seite. G.U.

1 Die drei auf Adlerfedern gebetteten Löwenjungen rechts vorn sind Friedrichs Kinder; vgl. die Flugblätter Harms II, Nr. 179 und 181.
2 Vgl. Harms II, Nr. 157 und 301; ferner E. A. Beller, *Caricatures of the Winter King of Bohemia,* Oxford 1928.
3 Bohatcová 1966, Nr. 55; Lang 1974, S. 31 und Nr. 41.
4 Wie Anm. 3; vgl. auch Harms II, Nr. 171.
5 Verzeichnet bei Harms II, Nr. 171.
6 H. Reinitzer erwägt gegenüber einem anderen Flugblatt zum gleichen Thema (Harms II, Nr. 178), daß der hier heraldisch aufgelöste Kampf zwischen Löwe(n) und Adler auf das 4. Buch Esra, Kap. 11/12 zurückgehe, wo der Adler das Reich und der Löwe den Geist des Herrn bedeutet. Dies würde eine positive Auslegung des Löwen zur Folge haben (H. Reinitzer, *Biblia deutsch,* Katalog der Ausstellung Wolfenbüttel 1983, Nr. 143). – Spinne und Spinnennetz sind in der zeitgenössischen Emblematik von widersprüchlicher Bedeutung (herrscherliche Sorgfalt, gesetzliche Ordnung, Habgier; vgl. Henkel/Schöne 1967, Sp. 638ff.).

Lit.: Bohatcová 1966, Nr. 55; Lang 1974, S. 31, Nr. 41; Harms II, Nr. 171; Kat. Coburg 1983, Nr. 77/78.

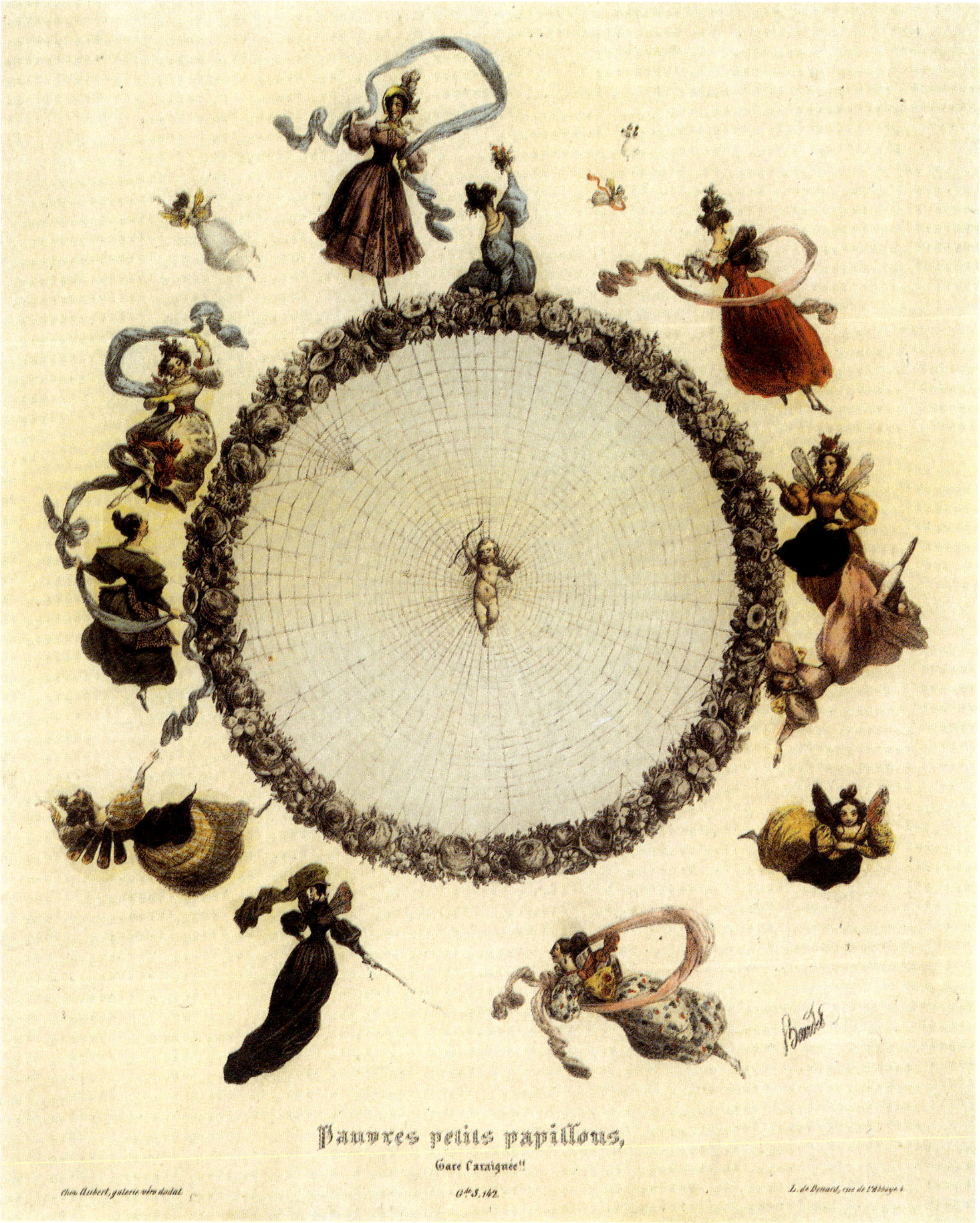

174
Bourdet
Arme kleine Schmetterlinge, habt Acht vor der Spinne, um 1830

Kolorierte Lithographie, 365 x 275, signiert *Bourdet,* bezeichnet *Pauvres petits papillons, gare l'araignée! Chez Aubert, galerie véro dodat/ L. de Benard* (...)
Kunstbibliothek Preußischer Kulturbesitz, Berlin.

In der Mitte eines kreisrunden Spinnennetzes hält ein kleiner nackter Amor seinen Bogen in die Höhe. Ein Blütenkranz grenzt das Gewebe nach außen ab. Um ihn herum flattern mit Stummelflügeln und in zierlichen Posen elf größere und drei kleinere, weiter entfernte junge Damen. Sie tragen modische bunte Kleider, über deren vergleichsweise bescheidenen Zuschnitt farbenfrohe Bänder und Blumengestecke hinwegtäuschen. Sie verkörpern die hübschen, lebenshungrigen Pariser Verkäuferinnen und Putzmacherinnen, die sogenannten Grisetten. Deren Leichtsinn und Sehnsucht nach Liebesabenteuern bringt sie in die Gefahr, in die Netze Amors zu geraten und damit im übertragenen Sinn des Wortes zu ›fallen‹. Die Lithographie ist schwerlich als eine Karikatur anzusehen. Es handelt sich eher um einen gutmütigen, auf kritische Distanz verzichtenden Kommentar zu einem im damaligen Frankreich gängigen und beliebten Thema.

Der Vergleich der ›Verstrickungen der Liebe‹ mit den Gefahren eines Spinnennetzes für kleine Insekten ist alt; so lauten beispielsweise die Verse zu einem Emblem des frühen 17. Jahrhunderts:

»Gleichwie die Spinne sucht die Fliegelein und Mücken
So sucht Venus auch die Menschen zu bestricken:
Sie haben beyd' ihr Netz, worinnen doch das nur klebt
Was da leichtfertiglich umbher ins Wilde schwebt.«[1]

Bourdet – über den Künstler selbst ist kaum etwas bekannt[2] – verzichtet auf den moralischen Zeigefinger. Indem er die eigentlich im Mittelpunkt zu denkende Spinne durch einen kleinen, anmutigen Putten als Amor ersetzt, verwandelt er die Heimtücke des Spinnennetzes in eine seichte Allegorie auf die Liebe. J.D.

1 Jacob Cats, *Proteus ofte Minnebelden ...,* Rotterdam 1627; zit. nach Henkel/Schöne 1967, Sp. 941.
2 Grand-Carteret 1888, S. 625; Abb. – mit Datierung – S. 1 (hier mit einer zusätzlichen späteren Rahmung versehen, die das Thema von Spinne und Schmetterling weiter ausführt).

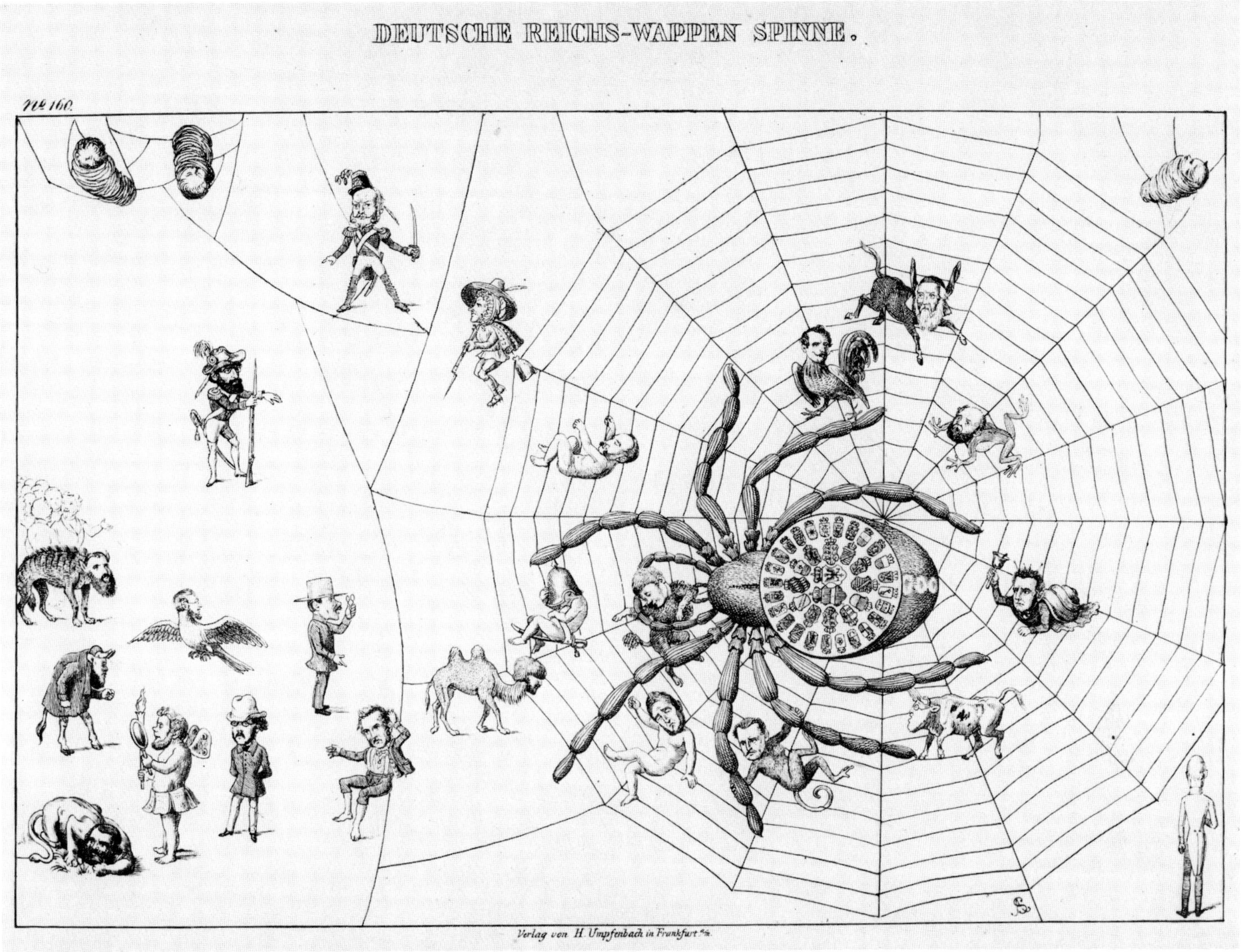

175
Adolf Schrödter (1805–1875)

Deutsche Reichs-Wappen Spinne, 1848

Lithographie, 335 x 465, monogrammiert *AS*, bezeichnet *No. 160./ Verlag von H. Umpfenbach in Frankfurt a/m.*
Bundesarchiv, Außenstelle Frankfurt/Main.

Die Spinne trägt auf ihrem Rücken einen kreisrunden Schild mit den Wappen von Österreich und Preußen in der Mitte, umgeben von 37 Wappen einzelner Bundesstaaten. In ihrem sorgfältig ausgespannten Netz fängt sie die Abgeordneten der Frankfurter Nationalversammlung.

Die Nationalversammlung teilte sich hauptsächlich in drei Fraktionen. Den ›Kleindeutschen‹ oder ›Erbkaiserlichen‹, die für einen eng zusammengeschlossenen deutschen Staatenbund unter Preußens König Wilhelm IV. eintraten, standen die ›Großdeutschen‹ gegenüber, die Österreich in den Bund miteinbeziehen wollten und ein wechselndes Präsidium oder Wahlkaisertum vorschlugen. Im Verlauf des Jahres 1848 bekannten sich mehr und mehr Abgeordnete zur kleindeutschen Lösung in der Form einer konstitutionellen Monarchie mit Preußen an der Spitze. Die Radikalen dagegen blieben bei ihrer Forderung nach einer Republik.

Die Spinne verkörpert hier die Monarchie, der die Abgeordneten nach und nach ins Netz gehen.[1] Lediglich die Radikalen lassen sich nicht fangen.[2] Die kleinen Abgeordneten erscheinen als Tiere, als nackte Männlein, in Frauenkleidung oder weisen andere typische Charakterisierungen auf. Die Gestalten und Attribute waren bereits in zahlreichen 1848er-Karikaturen bekannt gemacht worden, so daß den Zeitgenossen die Identifizierung leicht fiel.[3] Bei dem stillen Betrachter rechts unten könnte es sich um den Künstler handeln, der interessiert dem Spektakel zusieht. V.v.H.-W./J.D.

1 Im Netz befinden sich (von oben, im Uhrzeigersinn): Jahn (als Esel), Bally (als Frosch), von Gagern (als Schnecke, als Präsident des Plenums mit der Glocke), Vincke (Stier), Radowitz (Affe), Soiron (nackt), M. Mohl (Kamel), Peucker (mit der Pickelhaube über dem Kopf), Heckscher (Pudel), Schmerling (nackt), Lichnowski (Vogel), Raumer (als Frau), Möhring (mit Säbel).
2 Von oben: Jucho (mit Gewehr), Schlöffel (Hyäne), Rössler (Vogel), Eisenmann (mit Monokel), Zitz (als Stier), Voigt (kriechender Panther), Blum (eitler Engel), Wiesner (rechts neben Blum), Dahlmann (die Haare raufend und ins Netz fallend).
3 Vgl. die Abbildungen in Fuchs II, S. 49ff.; Wolf 1982, S. 89ff.; Kat. Karlsruhe 1984, S. 91ff.

Lit.: Mehrfach abgebildet, so bei Kat. Berlin 1972, S. 113; Wolf 1982, S. 115.

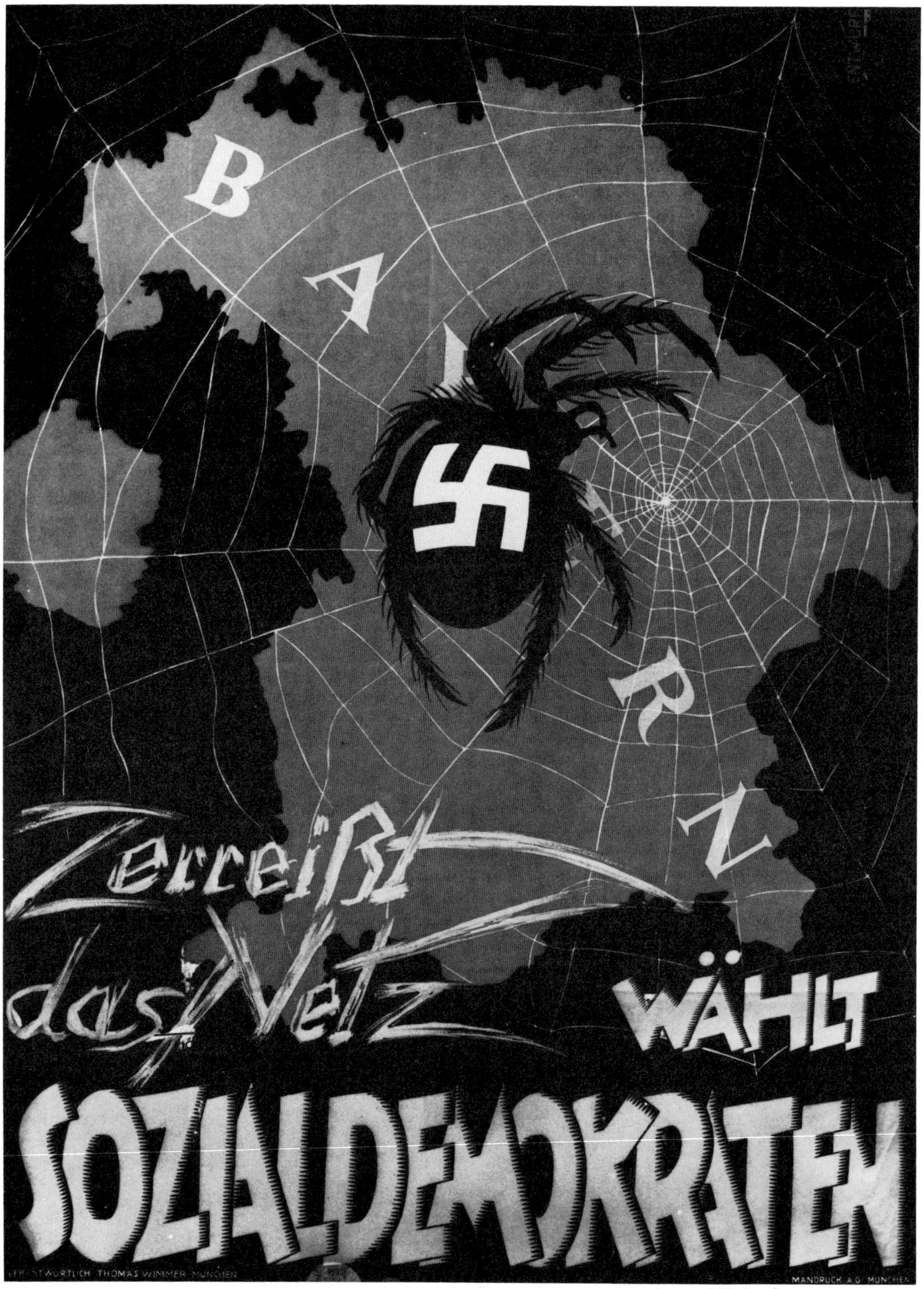

176
Reiser und Übelhack
Zerreißt das Netz – wählt Sozialdemokraten, 1929 (?)
Farblithographie, 1200 x 840, bezeichnet *Reiser und Übelhack, München,* Druckvermerk *Mandruck A.G. München, Verantwortlich Thomas Wimmer, München.*
Münchner Stadtmuseum.

Eine große schwarze Spinne hat über der Landkarte Bayerns ihr Netz ausgespannt. Das Hakenkreuz auf ihrem Rücken läßt sie die Nationalsozialisten symbolisieren, die Bayern in ihre Gewalt zu bringen drohen. Die Spinne ist zwar in den Einzelheiten stilisiert, aber sowohl in ihren Proportionen als auch in ihrer Haltung, die sie mit ihren behaarten Beinen vorsichtig nach den Fäden tasten läßt, getreu beobachtet. Auch die Grenzen Bayerns sind mit geographischer Exaktheit wiedergegeben (am linken Rand das sogenannte linksrheinische Bayern, die Rheinpfalz, die damals noch zum Freistaat gehörte). Dies bewirkt eine äußerst rasche Lesbarkeit des Plakats, zumal sich die Darstellung auf die beiden Motive von Spinne und Landkarte beschränkt.

Die Beschriftung zerfällt in zwei unterschiedliche Schrifttypen. Die Worte »Zerreißt das Netz« nehmen mit ihrer dünnen, zerfetzten Typographie das Motiv der Spinnenfäden auf, wohingegen der Name der Sozialdemokraten sich mit blockhaften, ineinander verschränkten Großbuchstaben über die ganze Plakatbreite zieht und wehrhaft der verbildlichten Gefahr zu trotzen scheint. Die grellen Signalfarben – Rot für die Karte, Gelb für Hakenkreuz und Schrift, Schwarz für die Spinne – erhöhen die plakative Wirkung, die auf einem jahrhundertealten Mensch-Tier-Vergleich beruht, auf der Diffamierung des Gegners als Spinne.

Vielleicht entstand das Plakat anläßlich der bayrischen Landtagswahl im Dezember 1929, bei der die NSDAP dann doch Stimmen hinzugewinnen konnte. J. D.

Lit.: Kat. München 1978, Nr. 614.

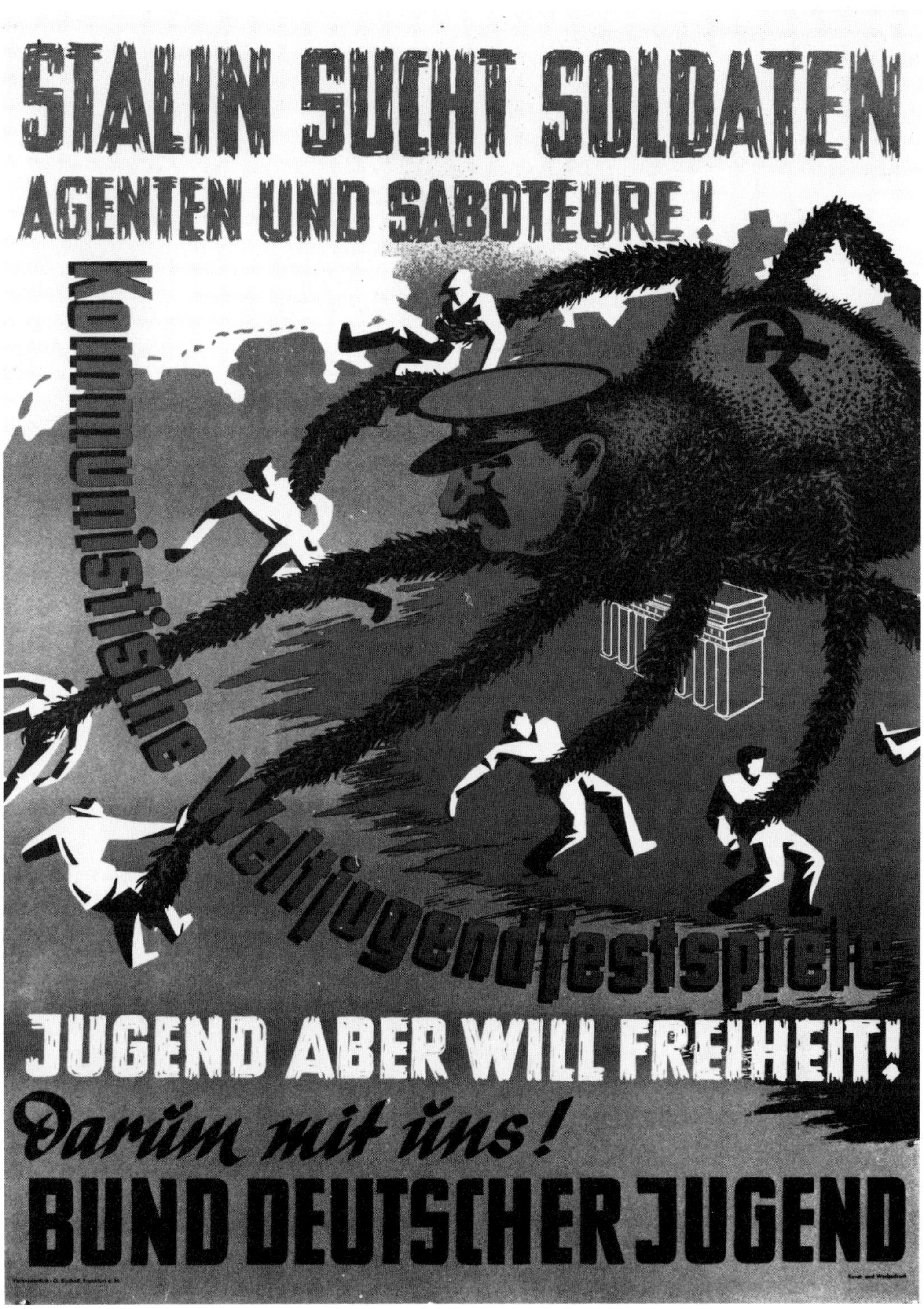

177
Frankfurt, 1951

Stalin sucht Soldaten, Agenten und Saboteure!

Farbiger Offsetdruck, 1185 x 835, Druckvermerk *Verantwortlich: G. Bischoff, Frankfurt a. M./Kunst- und Werbedruck*
Münchner Stadtmuseum.

Die große Spinne mit dem Kopf Stalins umschlingt mit ihren langen Beinen junge Männer, die vergeblich sich zu entwinden versuchen. Die durch die Küstenlinie angedeutete grüne Deutschlandkarte wird von roter Farbe überschwemmt, die genausowenig wie die Spinne vor dem Brandenburger Tor Halt macht, das die Grenze zwischen Ost und West, den eisernen Vorhang, anzeigt. Der gebogene rote Schriftzug »Kommunistische Weltjugendfestspiele« scheint auch den Westen gänzlich in Stalins Machtbereich zu bringen. Das Plakat machte gegen die ostdeutschen Weltjugendfestspiele mobil und ist in seiner plakativen Symbolsprache ein typisches Produkt des Kalten Krieges. J.D.

Lit.: *Zwischen Kaltem Krieg und Wirtschaftswunder. Deutsche und europäische Plakate zwischen 1949 und 1959*, Ausstellungskatalog des Münchner Stadtmuseums 1982/83, Nr. 76.

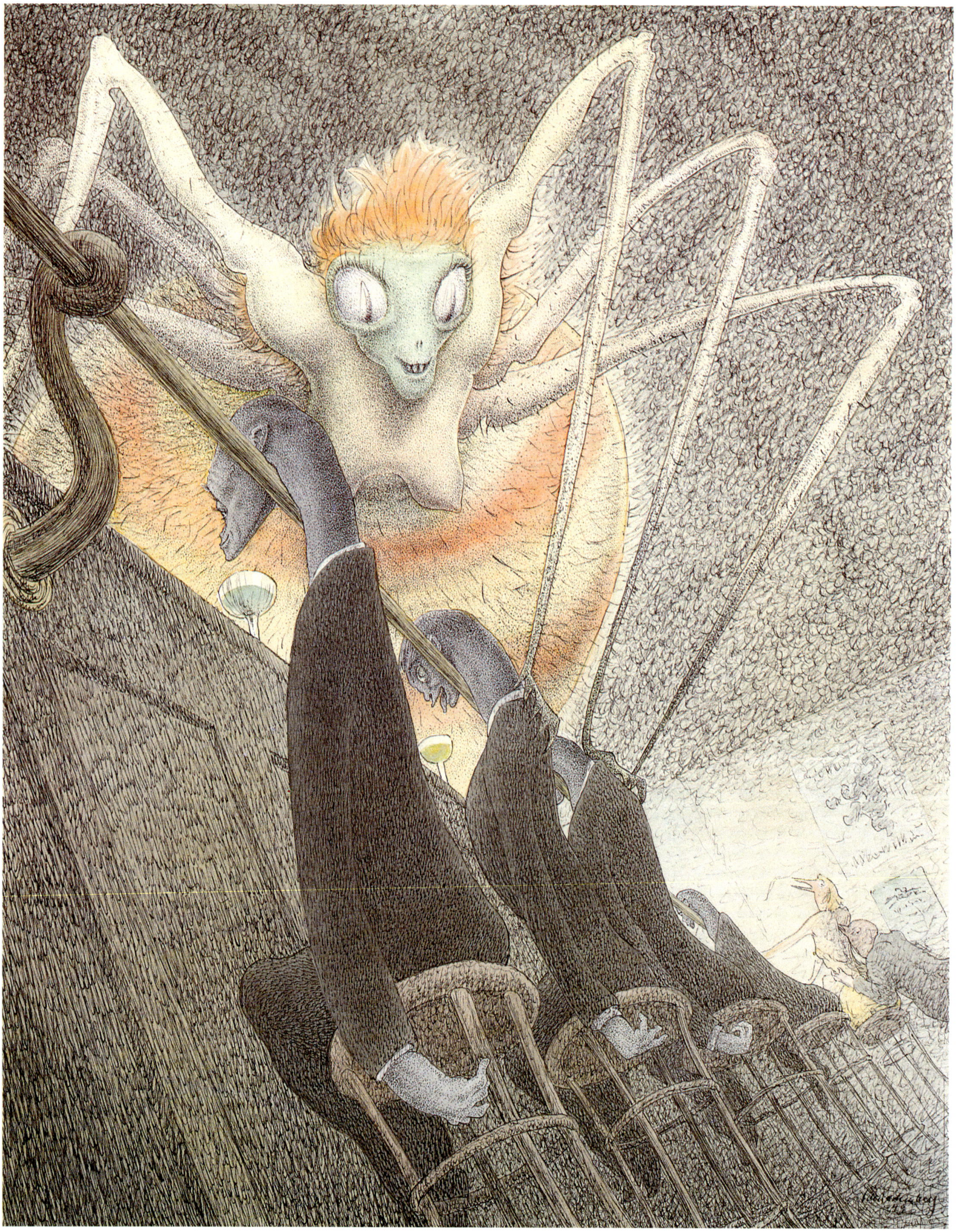

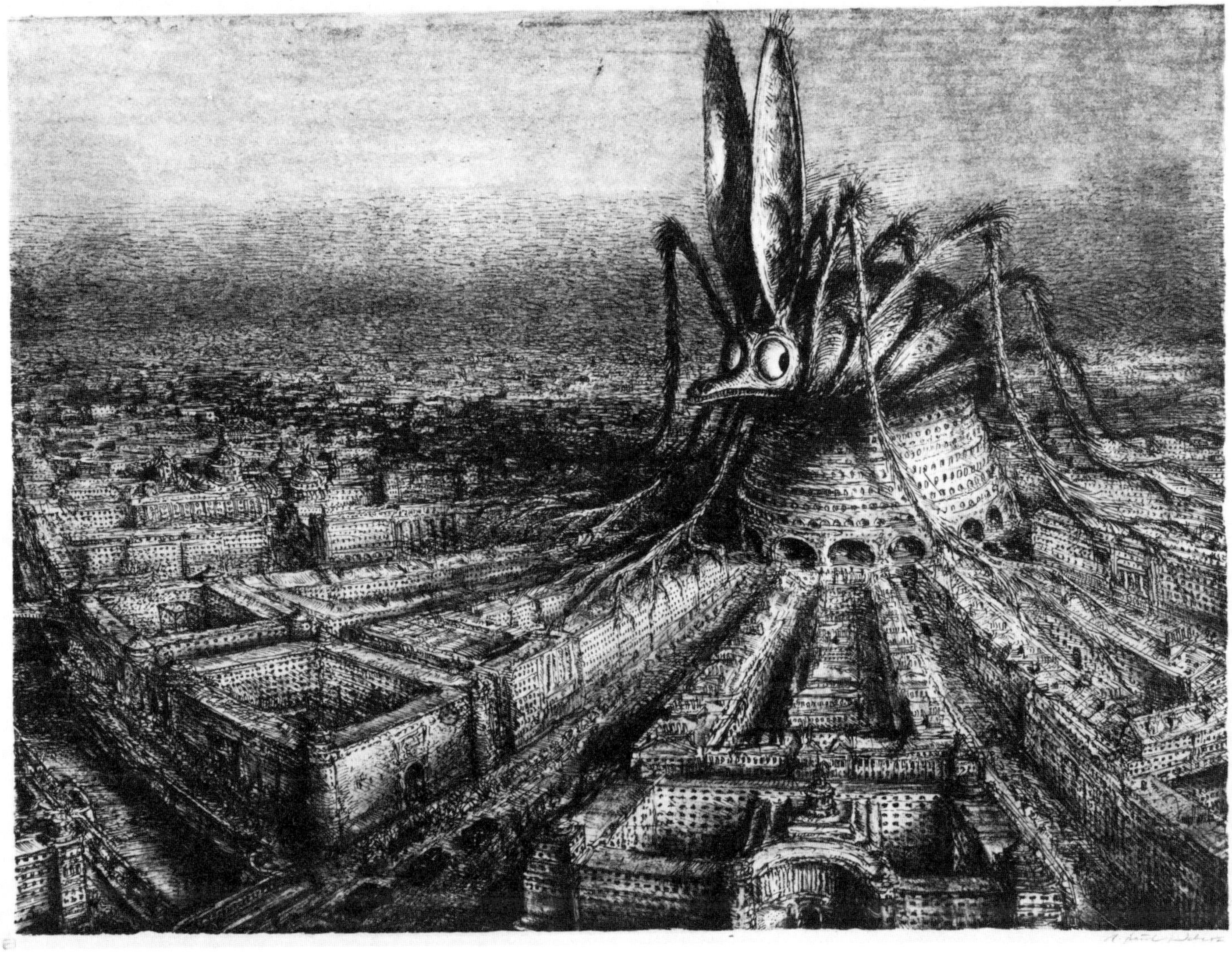

178
Walter Schnackenberg (1880–1961)
Die Rauschtränke, 1949
Feder und Aquarell, 438 x 339, signiert *Schnackenberg 49*
Wilhelm-Busch-Museum, Hannover.

Vor einer Theke sitzen vier dunkel gekleidete Herren auf Barhockern. Ihre verformten Köpfe hängen an langen Hälsen über einer Stange, die über der Oberkante der Theke verläuft. Abwesend, anscheinend krank vor Sucht, starren sie in die mit grünlicher Flüssigkeit gefüllten Gläser. Das riesige, grell gelb und orange leuchtende Spinnenwesen über ihnen nehmen sie nicht wahr. Zwei der Männer werden von der Spinne am Nacken gepackt und in ihrer Position festgehalten. Das Tier hat einen menschlichen Oberkörper mit hängenden Brüsten und giftig-grünem Kopf. Lüsternd grinsend, blickt es aus großen Augen mit senkrecht geschlitzten Pupillen auf seine Opfer herab. Im Hintergrund läßt eine Frau mit Vogelkopf die Liebkosungen eines ähnlich mißgestalteten Mannes über sich ergehen. Die gespenstische Szenerie ist aus starker Unteransicht gesehen, die die beherrschende Position der Spinne betont. Zugleich ist der Raum aus der Senkrechten gekippt und scheint so den labilen Zustand der Süchtigen zu spiegeln. J.D.

Lit.: *Simplicissimus* Nr. 6, 1954; Kat. Hannover 1965, Nr. 14.

179
A. Paul Weber (1893–1980)
Die Angst regiert, 1971
Lithographie, 644 x 767, signiert in Blei *A. Paul Weber*, beschriftet *»Die Angst regiert«*
Wilhelm-Busch-Museum, Hannover.

Im Zentrum einer Großstadt mit alten Palästen und mehrstöckigen Wohngebäuden sitzt wartend und lauschend ein spinnenartiges gigantisches Ungeheuer. Die großen Ohren sind senkrecht aufgestellt, kreisrunde Augen blicken aufmerksam nach rechts, und der spitze, lange Schnabel ist mit scharfen Zähnen bewehrt. Die haarigen dünnen Beine gehen mit wurzelartigen Verästelungen in die umliegenden Gebäude über. Das Spinnentier stützt seinen Körper auf ein rundes vielstöckiges Bauwerk, dessen Gestalt dem Turm zu Babel entspricht, wie ihn beispielsweise Bruegel malte. Als Verkörperung der Angst herrscht das Ungeheuer über die düstere alte Stadt und saugt ihr das Leben aus. – A. Paul Weber hat bereits 1953 eine ähnliche Bildidee formuliert, damals war es ein großer Krake, der über der Stadt thront.[1] J.D.

1 Reinhardt 1980, S. 99.

Lit.: *Kritischer Kalender 1972*, S. 21; Reinhardt 1980, S. 98.

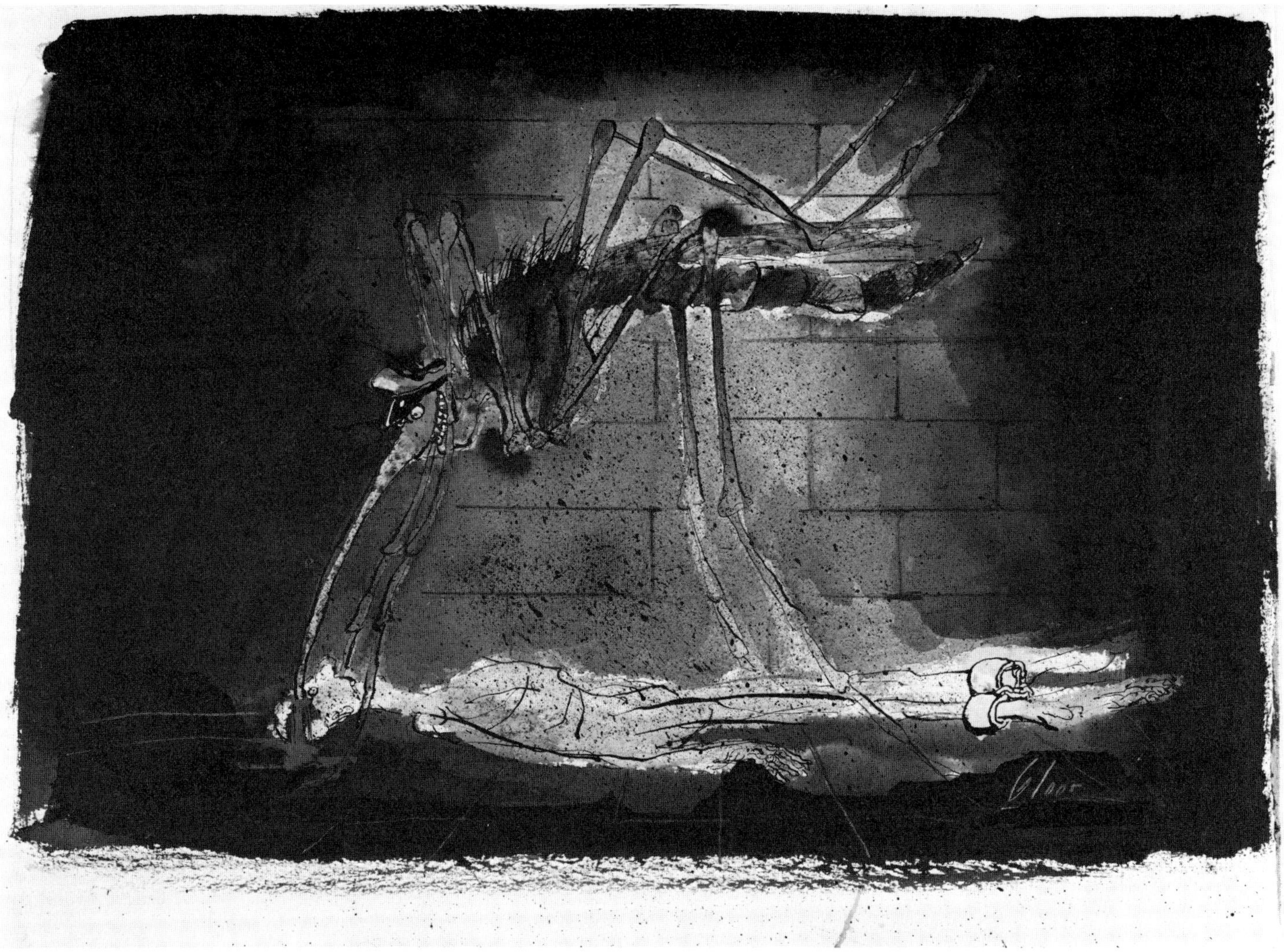

180
Christoph Gloor (geb. 1936)

Folter, 1981

Feder und Pinsel in Schwarz und Rot, Deckweiß, 270 x 370, signiert *Gloor*
Sammlung Ensmann, München.

Eine riesige angsteinflößende Mücke saugt dem wehrlos unter ihr am Boden liegenden nackten Mann das Hirn aus. Blut fließt ihm aus der Stirnwunde, und sein abgemagerter Körper macht einen halbverhungerten Eindruck. Die Eisenringe an seinen Knöcheln, die großen Mauerquadern hinter ihm und die schwarze Umgebung kennzeichnen einen finsteren Kerker. Die Uniformmütze und das sadistische Grinsen weisen die Mücke als Verkörperung einer Militärdiktatur aus, die unliebsame Gegner nicht nur mundtot macht, sondern auch grausam foltert.

J.D.

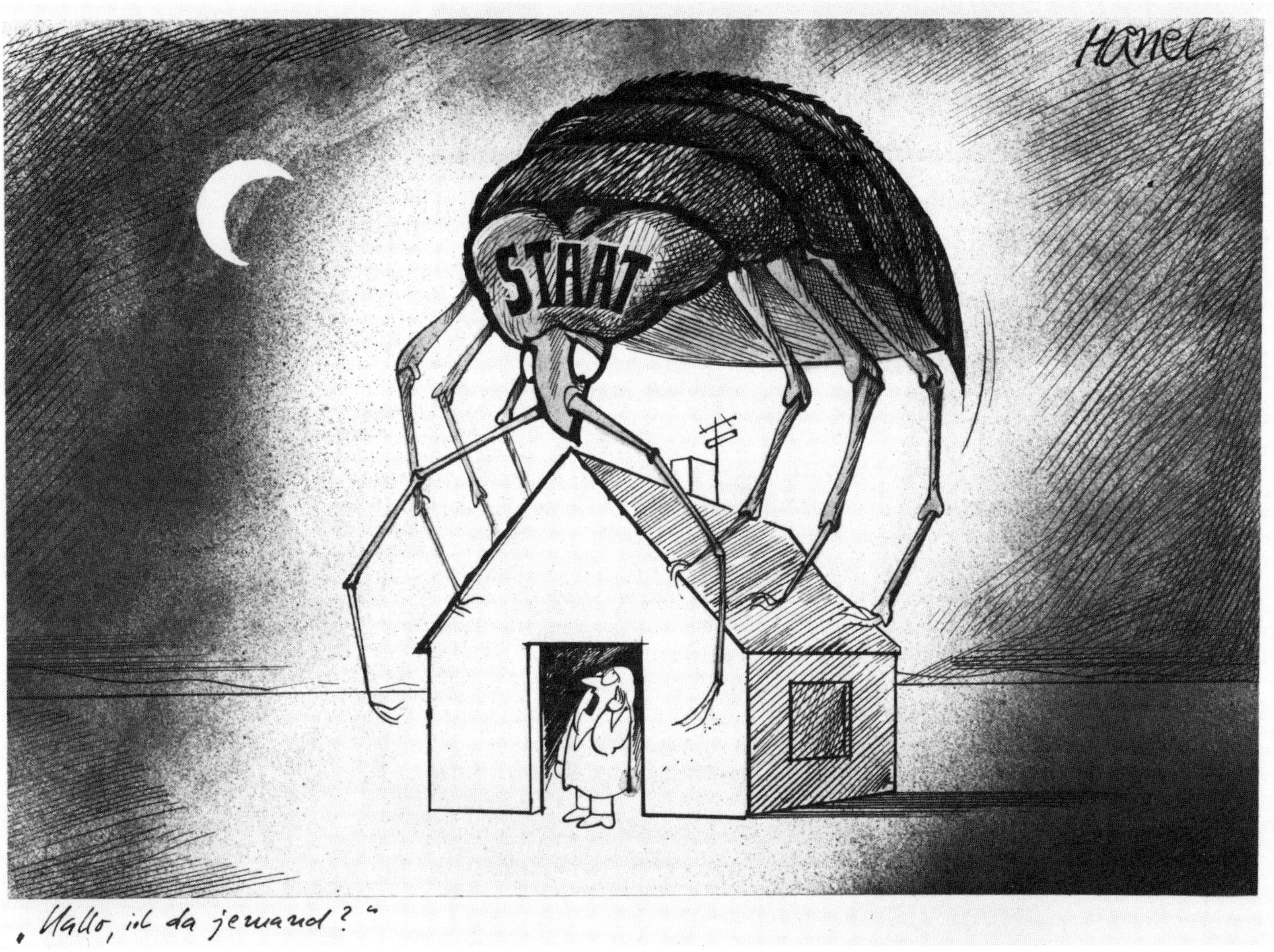

181

Walter Hanel (geb. 1930)

Hallo, ist da jemand?, vor 1980

Feder in Schwarz, Grau und Braun, laviert und gespritzt, Deckweiß, 174 x 246, signiert *Hanel*
Wilhelm-Busch-Museum, Hannover.

Der deutsche Michel ist vor die Tür seines Eigenheims getreten und fragt nach oben: *»Hallo, ist da jemand?«* Die gigantische Wanze auf seinem Dach scheint er noch gar nicht bemerkt zu haben. Die weite Mondlandschaft ruft einen gespenstischen Eindruck hervor und verleiht gleichzeitig dem kleinen und isoliert auf der Ebene stehenden Haus Symbolcharakter. Große Blockbuchstaben weisen die Wanze als den »Staat« aus, der in die Privatsphäre des Bürgers, in dessen eigene vier Wände, eindringt. Zur Überwachung verdächtiger Privatpersonen haben staatliche Organe auch in der Bundesrepublik kleinformatige Abhöranlagen und Mikrofone eingesetzt, deren landläufige Bezeichnung als ›Wanzen‹ hier und auch auf anderen Karikaturen die Wahl des Tiers veranlaßt haben dürfte. Die Wanze wird zum Symbol des ›Abhörstaates‹, dem der einzelne Bürger hilflos ausgeliefert ist.

J.D.

3.4. Gegensätze: Groß und Klein

Der optische Gegensatz von Groß und Klein ist denkbar geeignet, Macht- und Abhängigkeitsverhältnisse im Bild darzustellen. Die Methode ist uralt und beruht auf der Vorstellung, daß sich Kraft, Macht und Gewalt in äußerer Größe zeigen.

Mit großen Stiefeln stapft ein deutscher Soldat durch eine verwüstete Landschaft und tritt dabei auf tote oder sterbende Frauen und Kinder, deren Leiden ihn in keiner Weise berühren. Dieses Abbild eines verrohten, mordbrennenden Ungeheuers erschien zu Beginn des Ersten Weltkrieges in einer englischen Karikaturenzeitschrift (Abb. 152).[1] Der Zeichner wandte einen Kunstgriff an, um die Gefährlichkeit hervorzuheben: Der Soldat ist im Vergleich zu den kleineren Menschen am Boden ein Riese von gigantischen Ausmaßen geworden, dessen Grausamkeit bei dieser offensichtlichen Überlegenheit um so unmenschlicher erscheint.

Die Macht des Riesen über die Zwerge drückt sich nicht nur in der unterschiedlichen Größe aus, sondern genauso in seiner beherrschenden Position über den kleinen, unten am Boden befindlichen Gegnern. Es entsteht also eine doppelte Hierarchie von Groß gegen Klein und Oben gegen Unten.[2] Die optische Einprägsamkeit dieser hierarchischen Gegensätze zeigt sich darin, daß sie sich nicht nur in der Karikatur seit Jahrhunderten finden, sondern daß auch in offiziellen, repräsentativen Kunstwerken seit der Antike auf sie zurückgegriffen wird.

Waren es bei den Griechen die Götter, denen das Privileg übernatürlicher Größe zukam, so dehnten es die Römer auf die Kaiser aus, deren Anspruch auf einen gottgleichen Status sich in überlebensgroßen Statuen manifestierte. Dem gewöhnlichen Sterblichen stand demgegenüber allenfalls ein lebensgroßes Bildnis zu. In der christlichen Kunst vor allem des Mittelalters stellt der Einsatz von Groß- und Kleingegensätzen eine der wichtigsten Ausdrucksmöglichkeiten dar. Bei dem Jüngsten Gericht beispielsweise sind die kleinen Menschlein dem göttlichen Gericht, vertreten durch den oben groß thronenden Weltenherrscher und den Erzengel Michael, ausgeliefert. Auf zahlreichen Altären lassen sich die Stifter winzig klein vor den von ihnen verehrten Heiligen abbilden. Der über das Böse triumphierende Christus tritt auf zu seinen Füßen kriechende und das Böse symbolisierende Ungeheuer – Schlange, Basilisk, Löwe oder Drache –, die klein und machtlos im Vergleich zu dem aufrechten, sieghaften Sohn Gottes erscheinen. Man kann hier von einem Bedeutungsmaßstab sprechen, dessen verschiedene Abbildungsmaßstäbe die Gewichtigkeit der einzelnen Personen oder Gegenstände reflektieren und durch auffällige Größenunterschiede ausdrücken. Die Bedeutungsperspektive steht der Zentralsperspektive und verwandten Perspektivregeln entgegen, da sie nicht wie diese versucht, in der Realität gegebene Größenverhältnisse getreu auf eine zweidimensionale Fläche umzusetzen.

Die Karikatur scheint von jeher, ihrem agitativen Charakter gemäß, die größeren Möglichkeiten der Bedeutungsperspektive bevorzugt zu haben. Der Einsatz von unterschiedlichen Größenmaßstäben ist derart häufig und vielgestaltig, daß es angebracht erscheint, sich auf ein Motiv zu beschränken, auf das des Riesen über den Zwergen, wie man es knapp benennen könnte. Auf andere Anwendungsmöglichkeiten sei nur kurz hingewiesen: So können einzelne Gegenstände von inhaltlicher Bedeutung durch ihre Größe hervorgehoben werden (vgl. z.B. Kapitel 3.2. »Weltkugel und Landkarte als Motive«); auch der Einsatz von Tieren ist nicht selten mit ungewöhnlichen Größenverhältnissen verbunden (Kapitel 3.3. »Die Spinne als Zeichen«). Porträtkarikaturen greifen ebenfalls auf unterschiedliche Größenmaßstäbe zurück, so wenn einem kleinen Körper ein zu großer Kopf aufgesetzt wird und durch diese Mißproportionierung die ganze Person lächerlich erscheint (Kat. 87, 90).

Das Motiv des großen Menschen über dem kleinen dient in der Karikatur vorwiegend dazu, eine übermächtige Gefahr oder Bedrohung auszudrücken. Der Riese ist durch physiognomische Mittel, durch Attribute oder auch durch seine Handlung als böse gekennzeichnet. Seine kleinen Opfer sind ihm hilflos und ohne

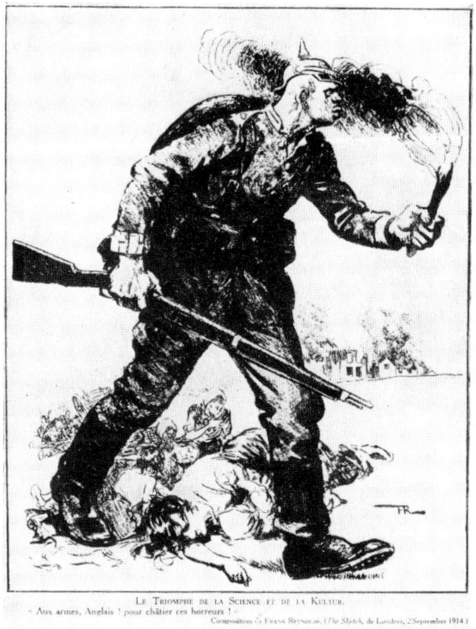

Abb. 152 Frank Reynolds, *Der Triumph der Wissenschaft und der Kultur*, ›The Sketch‹, 2.9.1914

1 Abb. aus: *Hetzkarikaturen* 1915 (unpaginiert). Zahlreiche vergleichbare Beispiele finden sich auch in Avenarius 1918.

2 Vgl. dazu Reumann 1966, S. 69ff. Er verweist auf Immanuel Kants *Analytik des Erhabenen.*

3 Vgl. z.B. Harms II, Nr. 51, 86, 134; Scribner 1981, Abb. 131, 137ff.; Coupe 1967, Abb. 26, 68, 69, 70; Kat. 182. – Nur im Ausnahmefall geschieht die Identifizierung mit einer bestimmten Person; so gibt es den Herzog von Alba als saturnalischen Menschenfresser (Kat. Coburg 1983, Nr. 68).

4 Krumbhaar 1966, Nr. 421.

5 *Gullivers Reisen* dürfte eines der am häufigsten illustrierten Bücher des 18. Jahrhunderts sein, und wahrscheinlich lieferten die Buchillustrationen noch viele weitere Anregungen für Karikaturisten. Vgl. das Verzeichnis der frühen Swift-Ausgaben: H. Teerink, *A Bibliography of the Writings of Jonathan Swift*, ed. A. H. Scouten, Philadelphia (2) 1963.

6 Hermann 1901, Abb. 78; vgl. Reiner Diederich und Richard Grübling, »Wenn die Kosaken kommen . . ., Kontinuität und Wandel eines Feindbildes«, Kat. Darmstadt 1980, S. 26ff.

7 Abb. aus *Hetzkarikaturen* 1915 (unpaginiert); die Bildunterschrift ist nicht bekannt, doch war sie sicher gegen die Deutschen gerichtet.

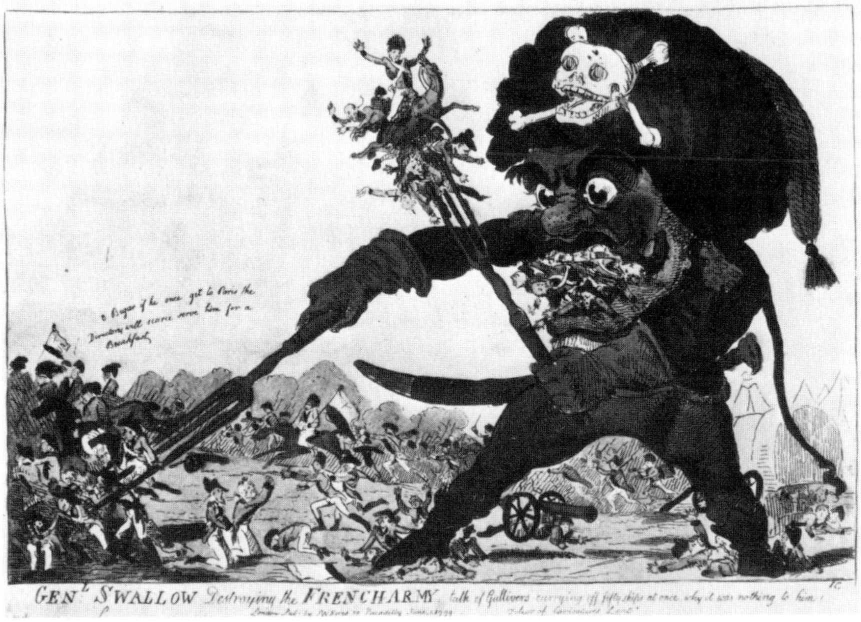

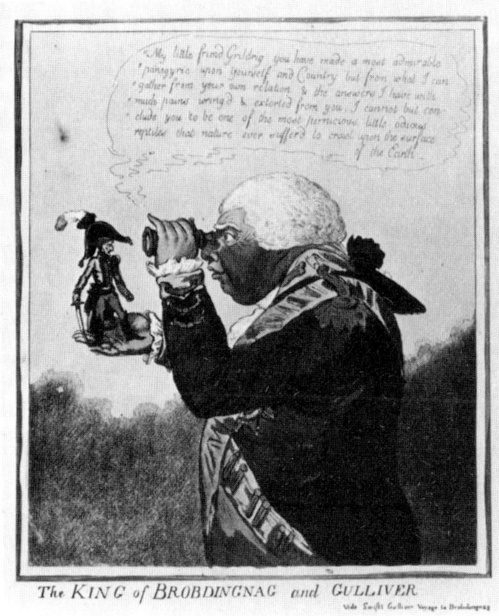

Abb. 153 Isaac Cruikshank, *General Swallow Destroying the French Army*, 1799

Abb. 154 James Gillray, *The King of Brobdingnag and Gulliver*, 1803

Möglichkeit einer wirkungsvollen Gegenwehr ausgeliefert. Die Bildform mag auf Illustrationen zur Apokalypse zurückgehen, in denen endzeitliche Ungeheuer wie der siebenköpfige Drache die Macht des Bösen verkörpern. Flugblätter des 16. und 17. Jahrhunderts zeigen derartige über der Landschaft drohende teuflische Wesen oder Drachen und personifizieren sie mit der römischen Kirche oder allgemein mit den Verheerungen des Krieges.[3]

Doch häufiger und in prägnanten Formulierungen taucht das Motiv erst in der antinapoleonischen Karikatur um 1800 in England auf. Eine der frühesten Napoleonkarikaturen, Isaac Cruikshanks *The French Bugabo* (Abb. 97), schließt mit seinem menschen- und kanonenspeienden Drachen noch enger an die älteren Vorbilder an. Doch schon das nur wenig spätere Blatt desselben Künstlers, *General Swallow Destroying the French Army* von 1799 (Abb. 153), ersetzt das Ungeheuer durch den russischen General Suworow, der die kleinen französischen Soldaten mit gigantischen Gabeln aufspießt und – wie Saturn seine Kinder – verspeist.[4] (Suworow war maßgeblich an der Vertreibung der Franzosen aus Oberitalien 1799 beteiligt). Die Bildunterschrift stellt den Vergleich zu Gulliver her, der in Liliput die ganze Kriegsflotte mit einer Hand entführte. Auch eine der berühmtesten Napoleonkarikaturen, Gillrays *The King of Brobdingnag*, zitiert Jonathan Swifts satirischen Roman *Gullivers Reisen* von 1726 (Abb. 154). Swift zieht aus den sich verändernden extremen Größengegensätzen – Gulliver als Riese in Liliput und als Zwerg in Brobdingnag – vernichtende Aussagen über die menschlichen Fähigkeiten und Eitelkeiten.[5] Gillray steckt den englischen König Georg III. in die Rolle des Königs von Brobdingnag, der den kleinen Gulliver alias Napoleon auf seiner Hand als eines der »bösartigsten, kleinen abscheulichen Reptile« bezeichnet.

Auf einer fast gleichzeitigen, vielleicht sogar etwas früheren englischen Karikatur befindet sich Napoleon zappelnd in der Faust eines mit weit aufgerissenem Mund drohenden Kosaken (Kat. 183). Der kleine Wuchs des Korsen verschaffte ihm in England den Spitznamen ›Little Boney‹ und führte zu zahlreichen Spottblättern, die ihn als giftigen Zwerg verhöhnen. Das Bild des riesenhaften, gewaltsamen Kosaken – in England um 1800 durchaus noch positiv gemeint, schließlich waren die Russen Verbündete – sollte sich in der Karikatur, als Feindbild des übermächtigen Nachbarn im Osten, bis heute halten.[6]

Im ersten Drittel des 20. Jahrhunderts ist das Motiv des Riesen über den Zwergen wieder sehr häufig zu finden. Im Ersten Weltkrieg dient es zur Verteuflung der Gegner, die nicht selten in barbarisch-animalischer Gestalt über eine hilflose Bevölkerung herfallen (Abb. 155).[7] Politische Plakate der von heftigen Parteienkämpfen gezeichneten zwanziger und frühen dreißiger Jahre greifen das Motiv auf,

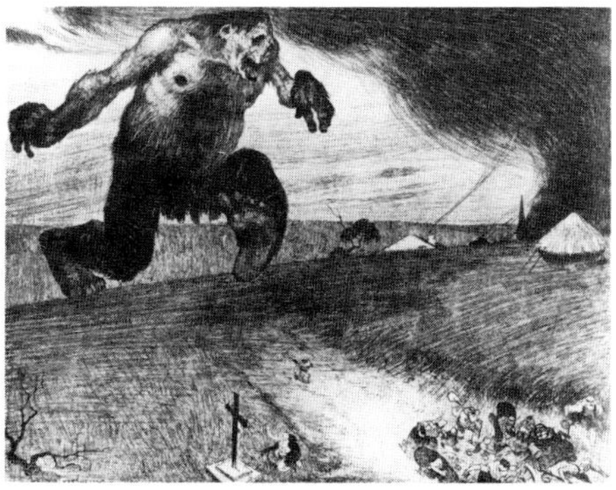

Abb. 155 M. Lesbarbieux (?), *Der Krieg*, 1915

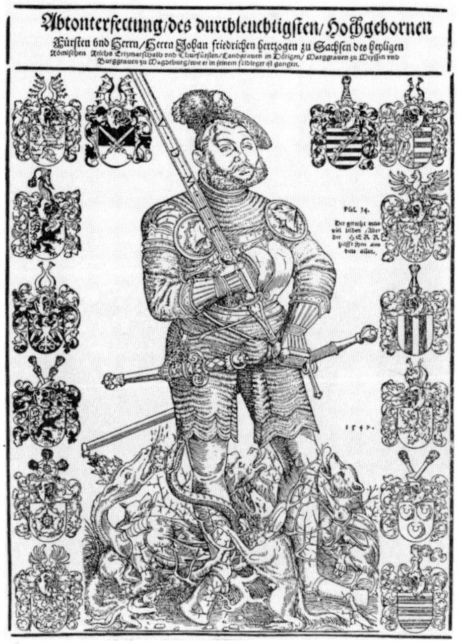

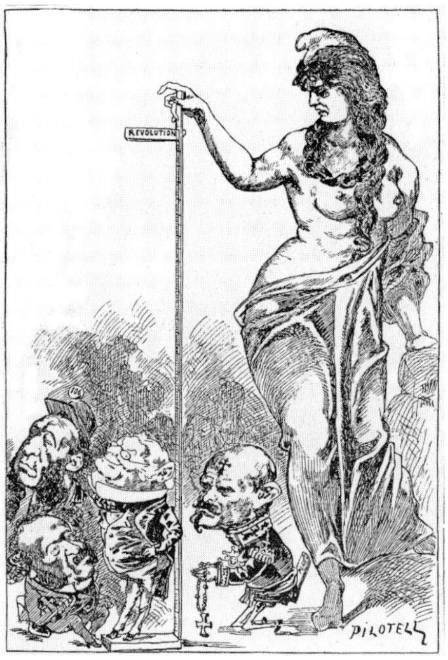

Abb. 156 Lukas Cranach d.J., *Johann Friedrich der Großmütige, Kurfürst von Sachsen*, 1547

Abb. 157 Pilotell, *Trop petit*, 1870

um die Angst der Wähler vor dem Gegner, vor Hunger oder Krieg zu schüren und sich selbst als Retter in der Not herauszustellen.

Doch häufiger begegnet auf diesen Plakaten der gute Held, der als athletischer Kämpfer für Recht und Ordnung eintritt und gegen dessen Macht die Gegner zu lächerlichen Winzlingen verblassen. Hier rückt allerdings die Grenze zur reinen Bildpropaganda in dem Maße näher, in dem die kleinen Gegner in der Darstellung an Bedeutung verlieren oder sogar ganz verschwinden.[8]

Die Gestalt des guten Riesen über den bösen Kleinen ist genauso alt wie ihre Umkehrung.[9] Als Beispiel sei ein Porträt des jüngeren Cranach von Johann Friedrich, Kurfürst von Sachsen, herangezogen, auf dem dieser als Verteidiger des protestantischen Glaubens sich unberührt über das Gewürm zu seinen Füßen erhebt (Abb. 156).[10] Wie Christus über Löwe und Basilisk als Symbole des Bösen, triumphiert der Kurfürst über kleine Drachen, Schlangen oder Füchse, deren Kopfbedeckungen und Kleidungsstücke sie als katholische Kleriker kennzeichnen.

In Frankreich wurde um 1830 der Typ des riesenhaften proletarischen Helden geschaffen, den die Machtansprüche und Spiegelgefechte von Königen und Politikern kalt lassen (Kat. 184, 185). Pilotell zeichnete 1870 eine hünenhafte weibliche Personifikation der revolutionären französischen Republik, die verächtlich auf die von ihr als zu klein befundenen Politiker herabblickt (Abb. 157). Die im Bild postulierte ›Größe‹ der Politiker wird in eine direkte Aussage über ihre Fähigkeiten umgemünzt. Die Gestalt des idealisierten, heroischen Proletariers übernimmt im 19. und 20. Jahrhundert die Rolle einer Personifikation der Arbeiterklasse und der Revolution, deren Macht in zahlreichen monumentalen Gemälden und Denkmälern beschworen wird.

Eine in den letzten Jahren gar nicht seltene Sonderform zeigt die Gestalt des Riesen nur ausschnitthaft, seine gigantischen Füße und Beine werden vom oberen Bildrand abgeschnitten,[11] oder die übergroßen Hände und Fäuste schlagen von oben zu oder aber bringen Hilfe.[12]

J.D.

8 Kat. 198, 199; Kat. Darmstadt 1980, Nr. 16, 26, 99, 126, 128, 130, 134.

9 Beide Ausprägungen des Motivs wurzeln in der traditionellen christlichen Ikonographie. Als Vermutung sei es ausgesprochen, daß der böse Riese, oft in Gestalt von animalischen Monstren – hierher gehört beispielsweise auch Kingkong –, vorrangig auf apokalyptische Ungeheuer zurückgeht. Dagegen leitet sich die Tradition des guten Riesen eher von dem Motiv des über dem Bösen triumphierenden, aufrecht stehenden Christus ab. Einen besonderen Charakter gegenüber den meisten anderen Karikaturen erhält das Motiv dadurch, daß neben der zu diffamierenden Partei, sei sie nun groß oder klein ins Bild gerückt, abgesehen von wenigen Ausnahmen, auch ihr positives Gegenbild dargestellt ist. Reumann 1966 prägte hierfür den Ausdruck »antithetisches Kampfbild«.

10 Vgl. Kat. Coburg 1983, Nr. 62. – Zu dem Motiv vgl. auch Scribner 1981, S. 175ff.; Bialostocki 1966, S. 146f. Bialostocki spricht von »Rahmenthemen«.

11 Kat. 191, 192, 193; Schrenk 1978, S. 182; Fuchs II, Abb. 284 (André Gill); Kat. Hamburg 1983, Abb. S. 557 (Max Klinger); Brockhaus 1977, S. 246f. (Alfred Kubin); Dückers 1979, S II, 5 (George Grosz); Piltz 1976, Abb. 247.

12 Besonders häufig sind die großen Hände auf politischen Plakaten der zwanziger Jahre; Kat. Darmstadt 1980, passim.

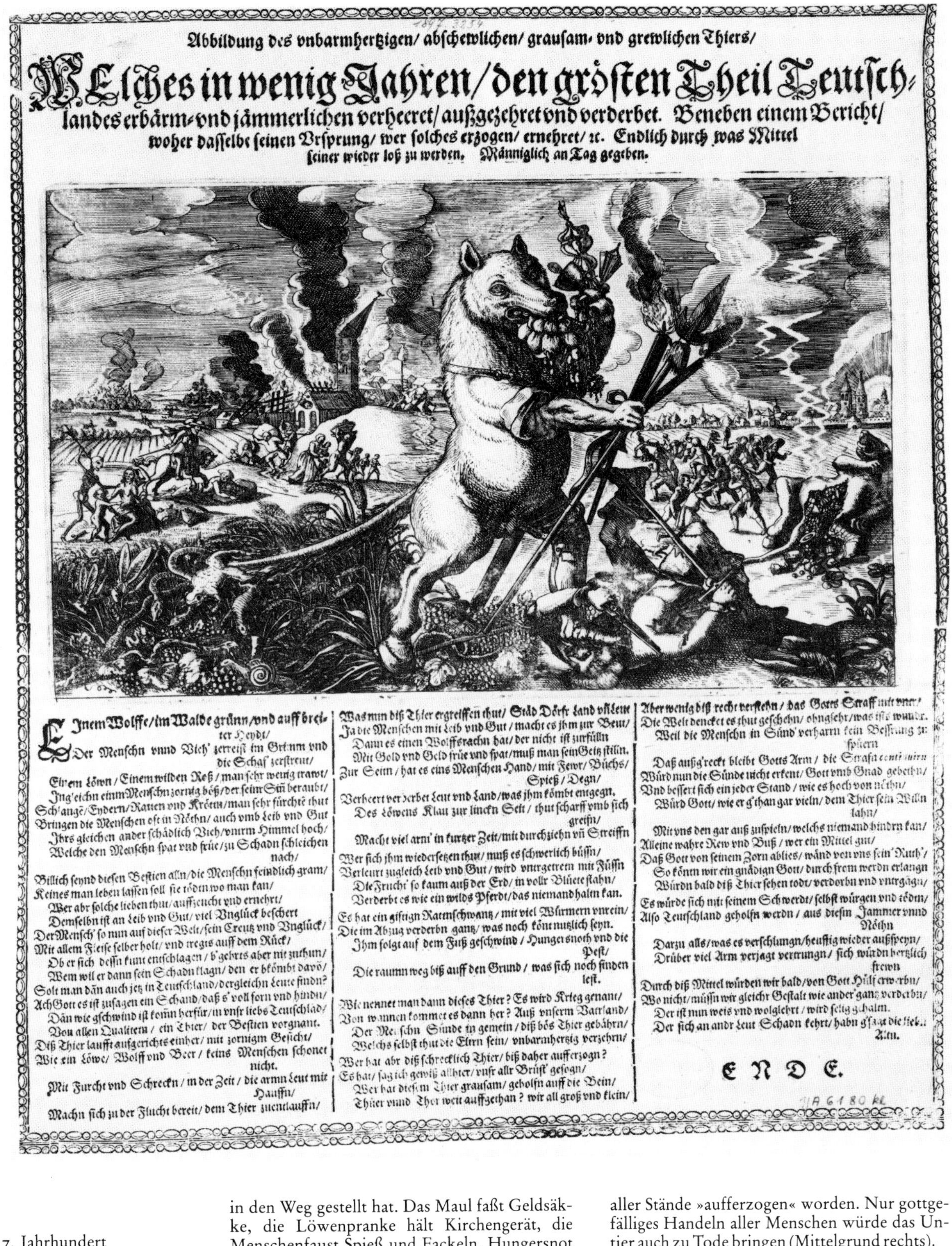

182

Deutsch, 2. Viertel 17. Jahrhundert

Abbildung des vnbarmhertzigen/ abschewlichen/grausam = vnd grewlichen Thiers

Radierung mit Letternsatz, 350 x 277
Staatsbibliothek Preußischer Kulturbesitz, Berlin.

Groß tappt ein wolfsköpfiges Monstrum – teils Löwe, teils Pferd, teils Mensch – durch die vom Krieg verwüstete Landschaft. Unter seinen Füßen tritt es die Früchte bäuerlicher Arbeit, Korn und Wein, ebenso wie den Soldaten, der sich ihm in den Weg gestellt hat. Das Maul faßt Geldsäkke, die Löwenpranke hält Kirchengerät, die Menschenfaust Spieß und Fackeln. Hungersnot und Pestilenz folgen seinen Spuren (linker Mittelgrund).

»Wie nennet man dann dieses Thier?«, fragt der Text, und er gibt sogleich die Antwort: »Es wird Krieg genannt.«

Die Verheerungen des Dreißigjährigen Krieges sind in das sinnfällige Bild des übergroßen, wilden, gierigen Zerstörers gefaßt.[1]

Doch wird der somit personifizierte Krieg im begleitenden Text nicht als ein schicksalhaftes, unabwehrbar apokalyptisches Ereignis angesehen. Vielmehr ist das Monstrum ›Krieg‹ an »vnsr allr Bruest gesogn« und durch das Fehlverhalten aller Stände »aufferzogen« worden. Nur gottgefälliges Handeln aller Menschen würde das Untier auch zu Tode bringen (Mittelgrund rechts).

G.U.

1 Die Datierung des Blattes schwankt. Bohatcová setzt es in die »späten Jahre des Dreißigjährigen Krieges«; Coupe datiert um 1640, Wäscher (der eine textgleiche Fassung mit seitenverkehrter Abbildung vorstellt) um 1630. Da weder mit stilistischen noch mit historischen Argumenten eine zeitliche Eingrenzung zu finden ist, sei die Entstehungszeit offen gehalten.

Lit.: Bohatcová 1966, Nr. 111; Wäscher 1955, Nr. 42; Coupe 1967, S. 142; *Wittelsbach und Bayern,* Katalog der Ausstellung in der Residenz, München 1980, Bd. II/2, Nr. 766 (mit weiterer Literatur).

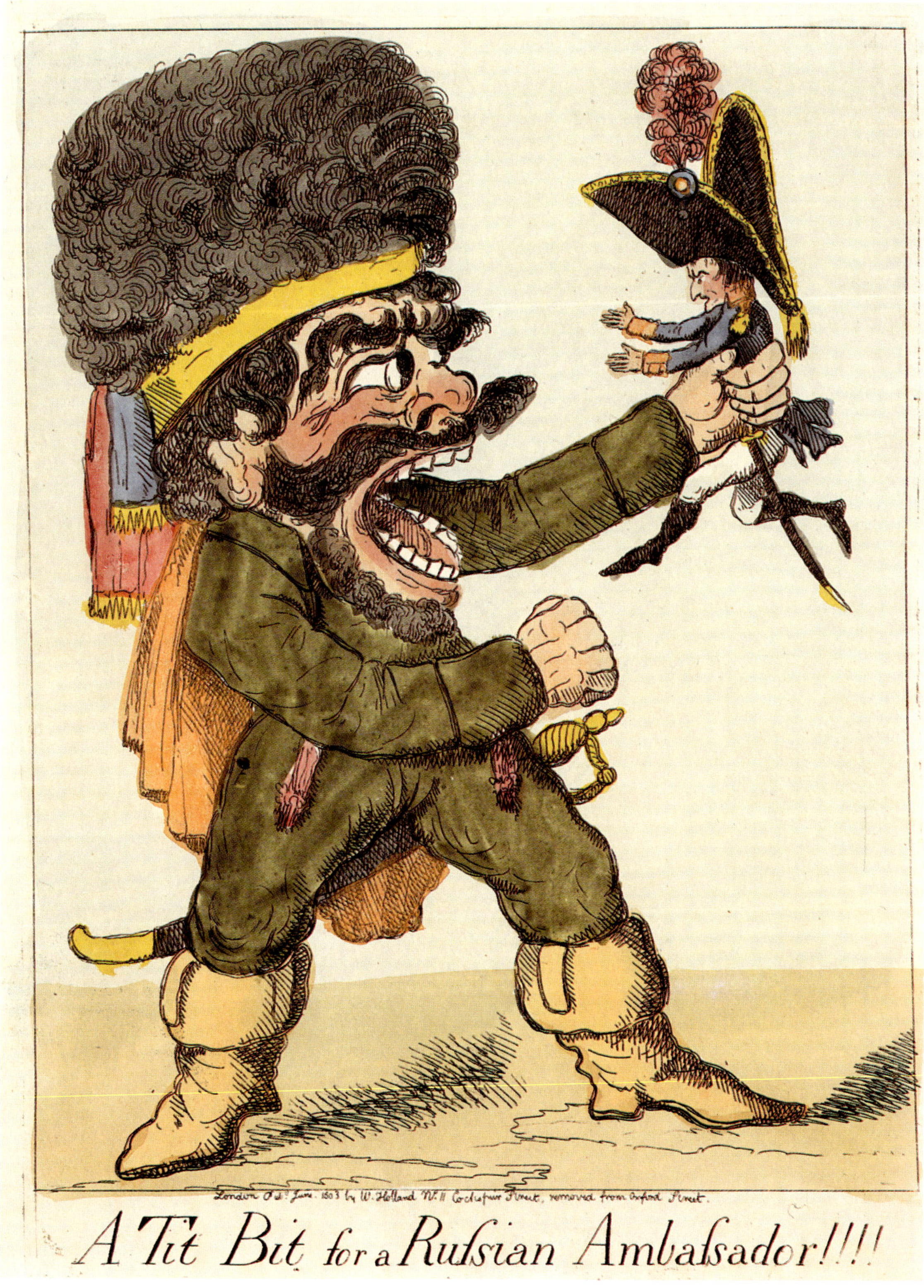

183
Englisch, 1803

Ein Leckerbissen für einen russischen Botschafter

Kolorierte Radierung, 376 x 262, bezeichnet *London Pubd. June 1803 by W. Holland No. II Cockspur Street, removed from Oxford Street* Privatbesitz Berlin.

Wutschnaubend, mit weit aufgerissenem Mund hält ein Kosake den zappelnden Napoleon in seiner Linken, die Rechte ballt er zur Faust. Sein Kopf, in dem sogar der Bart Drohung ausstrahlt, ist zusammen mit der Bärenfellmütze so groß wie der ganze Körper.

Die Proportionen reihen den Kosaken in die traditionelle Form der ›Großköpfe‹ ein (Kat. 5, 6, 8, 10).

Auf einem Empfang soll Napoleon, damals noch erster Konsul, dem russischen Botschafter Markoff gegenüber äußerst gereizt aufgetreten sein, woraufhin dieser mit der Bemerkung reagiert habe, daß der Vertreter einer Macht wie Rußland sich derartige Beleidigungen nicht ungestraft gefallen ließe. In England wurde der Vorfall mit Genugtuung zur Kenntnis genommen und der Mut des Russen bewundert.[1] Die vorliegende Karikatur enthält kein Porträt des Botschafters, sondern wählt die rauhe, kraftstrotzende Kosakengestalt als Personifikation Rußlands.[2] J.D.

1 Vgl. BM VIII, Nr. 10016.
2 Der Typ des Kosaken scheint auf Isaac Cruikshank zurückzugehen; vgl. Abb. 153. Vgl. auch Kat. Göttingen 1975, Nr. 17.

Lit.: Broadley II, S. 349, Nr. 986 (»Additional from the Latta-Collection«).

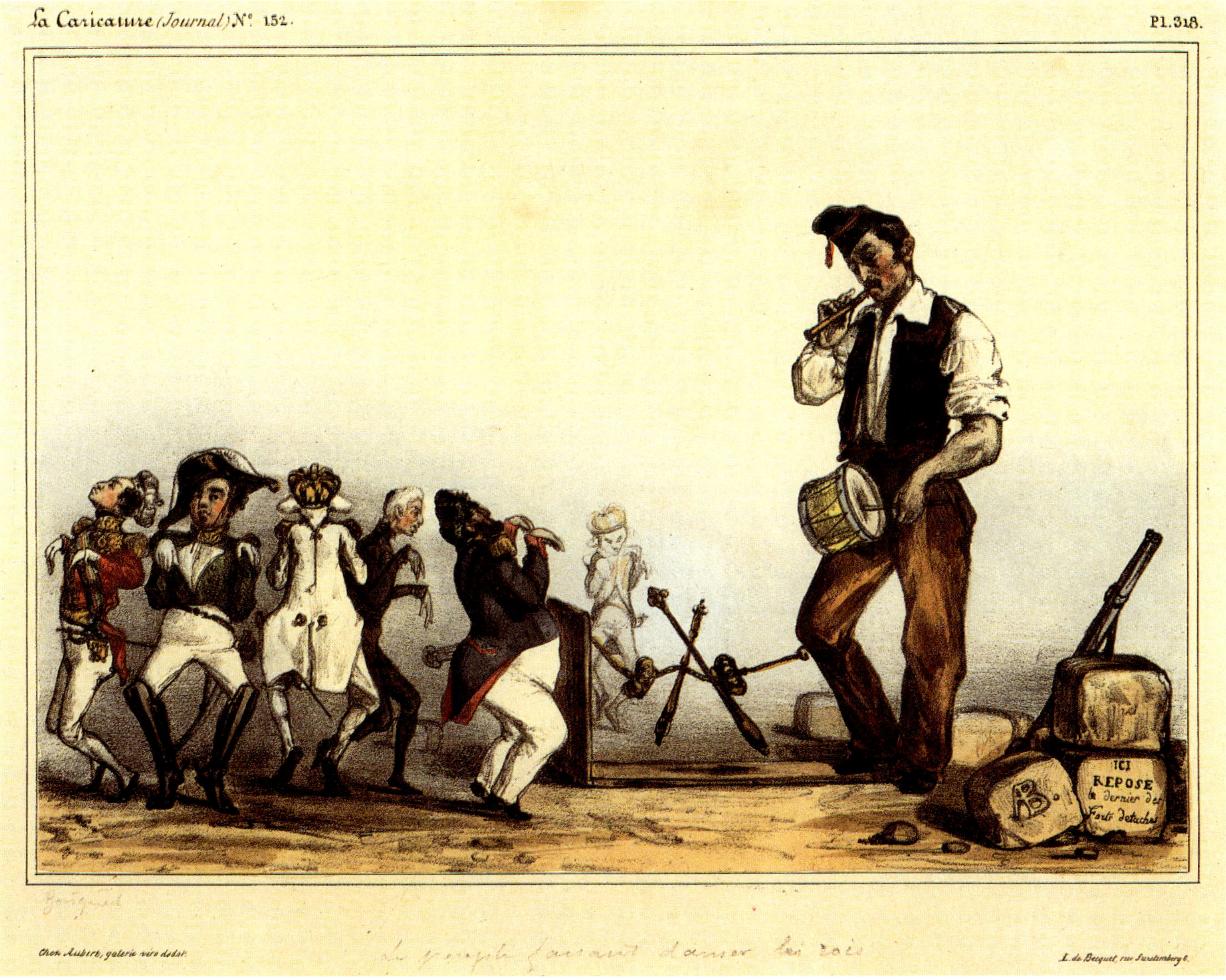

184

Auguste Bouquet (1800 – um 1846)

Das Volk läßt die Könige nach seiner Pfeife tanzen, 1833

Tafel 318 aus *La Caricature* Nr. 152 vom 3.10.1833; kolorierte Lithographie, 273 x 362, monogrammiert *AB*.
Kunstsammlung der Universität Göttingen.

Sechs europäische Monarchen, auf die Größe von Puppen reduziert, machen zu den Klängen von Pfeife und Trommel eines Proletariers[1] Männchen. Unter ihnen erscheint in der Bildmitte mit weißer Hose und dunklem Rock der französische Bürgerkönig Louis-Philippe, links hinter ihm sein Vorgänger Karl X., der durch die Julirevolution von 1830 gestürzt worden war. Pflastersteine und Gewehr neben dem Vertreter des Volkes weisen auf die revolutionären Kräfte im Volk hin, die in gemeinsamer Aktion auch Macht über Könige ausüben können.

Das Blatt kommentiert das Erstarken der republikanischen Opposition in der Julimonarchie im Jahr 1833. Einer der Pflastersteine trägt einen Hinweis auf die »Forts Détachés«, die für Paris geplante militärische Befestigungsanlage, von der man in weiten Kreisen befürchtete, daß sie weniger gegen äußere Feinde als – im Fall eines Aufstandes – gegen Paris selbst gerichtet sei. Als für die Jahrestage der Juli-Revolution Protestaktionen und größere Unruhen befürchtet wurden, ließ die Regierung die Arbeiten einstellen. Diese Tatsache wurde von der Opposition als Sieg gewertet.[2]

Das Blatt lehnt sich an an Darstellungen der populären Kunst von Hunde-Dressurakten, wie sie als Straßenvorstellungen damals üblich waren. Zu nennen wären hier u.a. Carle Vernets *Chiens Savants*.[3]

Die Verkleinerung der Könige gegenüber dem normal groß wiedergegebenen Vertreter des einfachen Volkes, ihre Unterwerfung unter den Dressurakt und die daraus resultierenden lächerlichen Posen sollen ihre Unterlegenheit verbildlichen. S.B.-A.

1 Der Kommentar in *La Caricature* Nr. 152, Sp. 1211, benutzt die Bezeichnung »prolétaire«.
2 vgl. Thureau-Dangin 1897, S. 216ff. und Hillebrand 1877, S. 423ff.
3 Abb.: Charles Blanc, *Histoire des peintres de toutes les écoles. École française,* Bd. III, S. 5; siehe auch Wagner 1980, Tafel 35.

Lit.: Champfleury, »Le peintre ordinaire de Gaspard Deburau«, *L'Art* 47, 1889, S. 177; Villa 1979, Nr. 12044.

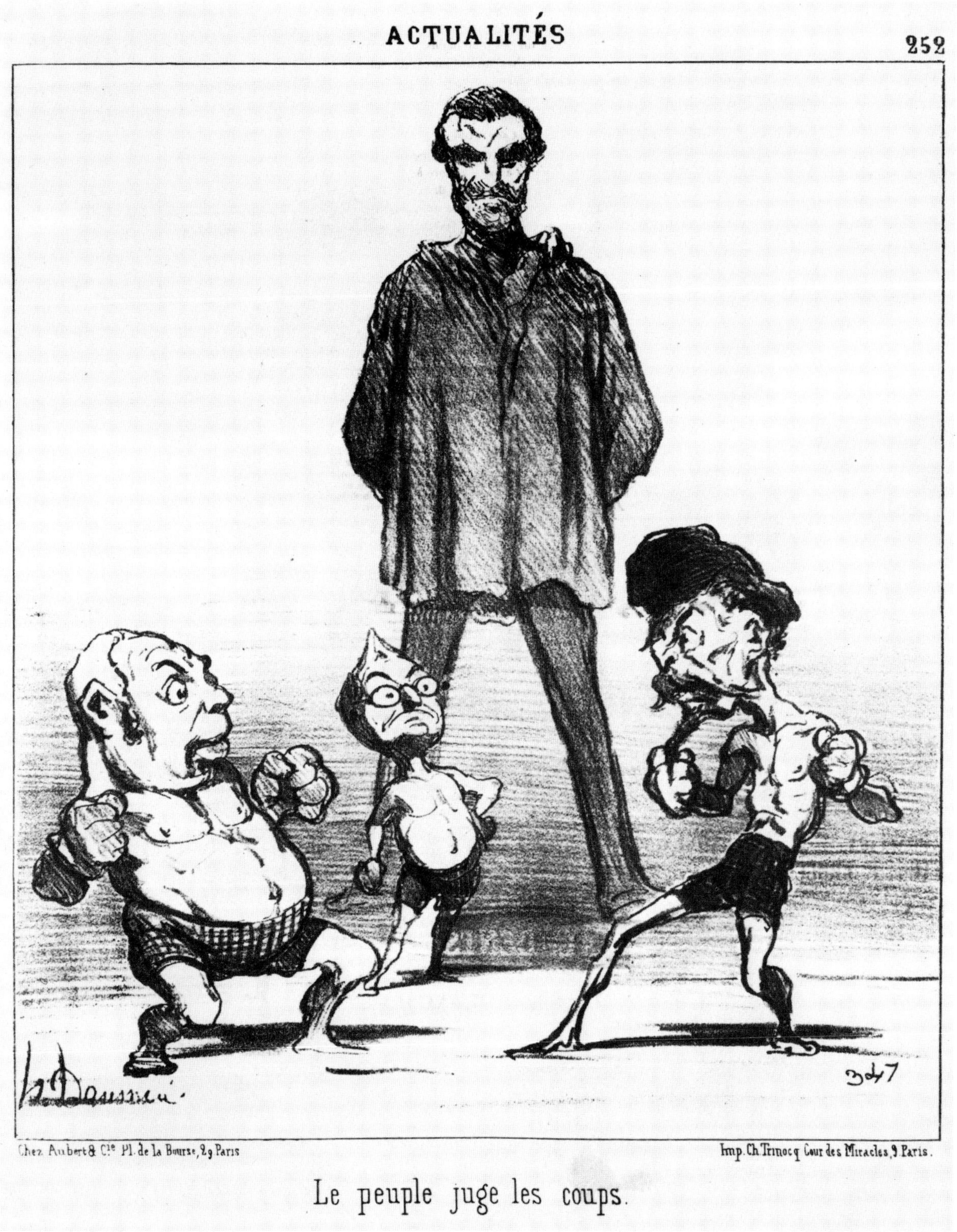

185
Honoré Daumier (1808–1879)

Le peuple juge les coups – Das Volk bewertet die Schläge, 1851

Le Charivari 18.11.1851.
Lithographie, 363 x 253, signiert *h. Daumier*
Wilhelm-Busch-Museum, Hannover.

Als Zwerge stehen sich die Politiker der zweiten französischen Republik kampfbereit gegenüber. Ihre eng sitzenden Sporthosen tragen dazu bei, die ergrimmten und in Boxerposen drohenden Politiker lächerlich wirken zu lassen. Wie ein klassisches dick-dünnes Gegensatzpaar bedrohen sich im Vordergrund Berryer links und Ratapoil – als Daumiers Verkörperung von Napoleon III. –, während der für seine taktierende Politik bekannte Thiers sich bezeichnenderweise abwartend zurückhält. Als Schiedsrichter des Kampfes steht groß und fast gleichgültig im Hintergrund *das Volk:* Ein Arbeiter, erkenntlich am proletarischen Hemd, wartet breitbeinig und mit auf dem Rücken zusammengelegten Händen auf den Ausgang des Kampfes. Nicht nur die Größenunterschiede bilden den Gegensatz, sondern auch die heroische, gelassene Ruhe, die den Arbeiter über die aufgeregten Spiegelgefechte der kleinen grimassierenden Politiker erhebt.

Daumiers Karikatur sollte sich aber als bloßes Wunschbild erweisen. Nur wenige Wochen nach ihrem Erscheinen übernahm Napoleon III. in einem Staatsstreich die Regierung und führte unter anderem die strenge Zensur wieder ein, die das Erscheinen weiterer politischer Karikaturen verhinderte. J.D.

Lit.: Delteil Nr. 2168; Kat. Münster 1978, Nr. 269; Kat. Berlin 1974, S. 140f.

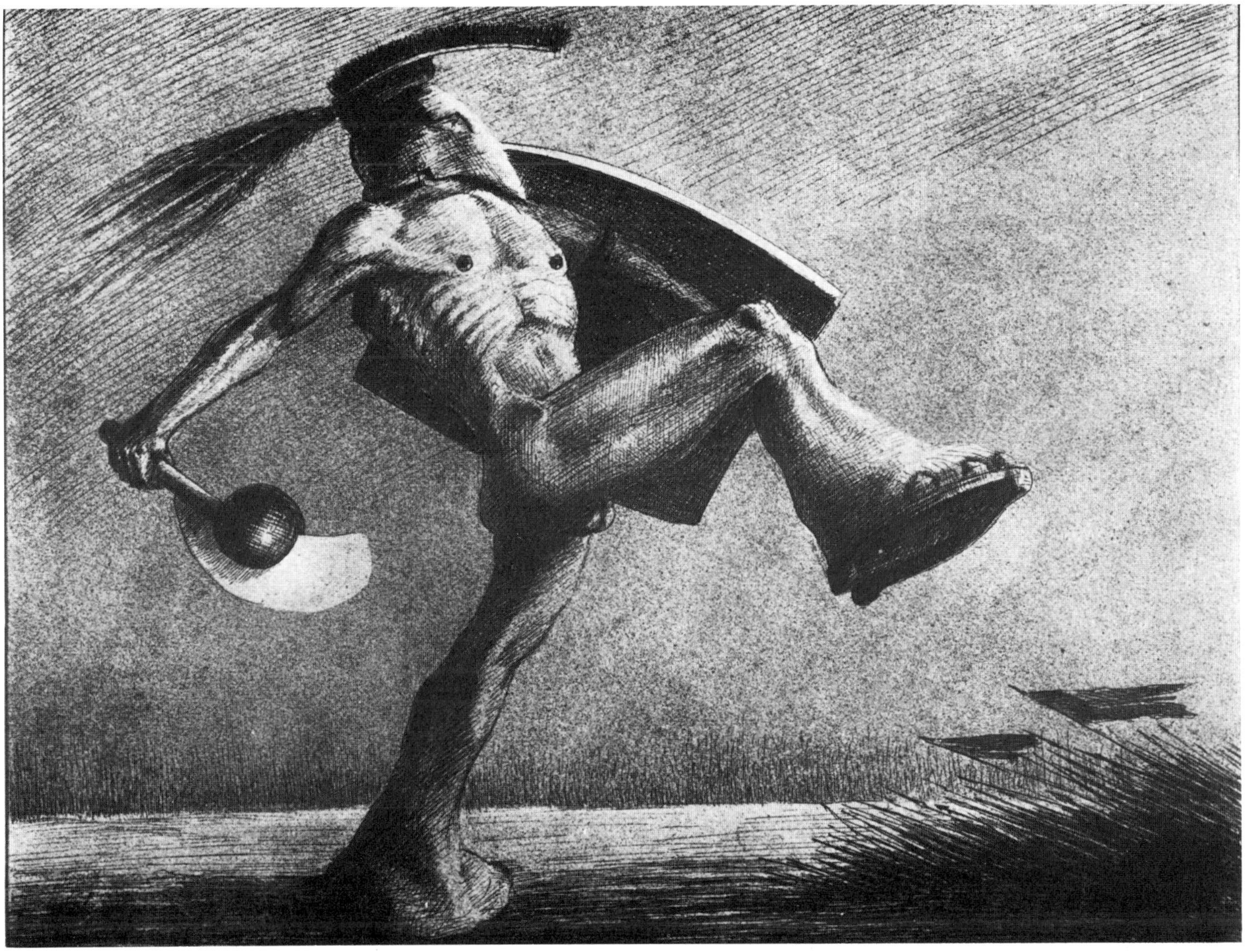

186

Alfred Kubin (1877–1959)

Der Krieg, 1901/02

Lichtdruck, 226 x 300, bezeichnet *A. Kubin / Der Krieg*
Privatsammlung.

In der Beschränkung auf den einsam und vernichtend stampfenden, nackten Mann findet Kubin eine eindringliche Formulierung des Themas *Krieg*. Die archaische Bewaffnung, die monumentalisierende Unteransicht und das unaufhaltsame Schrittmotiv betonen die brutale Gewalt. Trotz der animalischen Züge – die mit Hufeisen beschlagenen Elefantenfüße, der in einen Vogelschnabel auslaufende Helm – bleibt die Gestalt menschlich und weist damit den Krieg als selbstverschuldet und unabänderlich mit dem menschlichen Schicksal verbunden aus. Das kleine, nur aus angriffsbereiten Speeren bestehende Heer rechts unten ist machtlos: *Der Krieg* wird immer Sieger über die Krieger sein. Kubin greift mit dem *Krieg* ein um 1900 aktuelles und beispielsweise von Max Klinger, Franz von Stuck oder Arnold Böcklin gestaltetes Thema auf.[1] Seine einprägsame Bildfindung, die schon von Zeitgenossen stark beachtet wurde,[2] fußt in einer Tradition, die übermächtige Bedrohungen durch gigantische Größe ausdrückt.[3] Der Künstler verzichtet auf konkret deutbare Anspielungen und verläßt nicht den Bereich des allgemein Symbolischen. – *Der Krieg* wurde zusammen mit 14 weiteren Zeichnungen Kubins 1903 von dem Münchner Verleger Hans von Weber in der sogenannten *Weber-Mappe* als Lichtdruck veröffentlicht. J.D.

1 Vgl. Siegmar Holsten, *Allegorische Darstellungen des Krieges*, München 1976.
2 Mehrere Zitate bei Brockhaus 1977, S. 238f. Brockhaus verweist auch auf die internationalen Nachdrukke und Kopien, die Kubins *Krieg* auslöste.
3 Auf konkrete Vorbilder weist Kat. Göttingen *Kubin*, S. 37, hin.

Lit.: Paul Raabe, *Alfred Kubin*, Hamburg 1957, S. 71, Nr. 8; Bisanz 1977, S. 12f.; Brockhaus 1977, S. 238ff, mit weiterer Literatur; Kat. Göttingen *Kubin*, S. 37f.

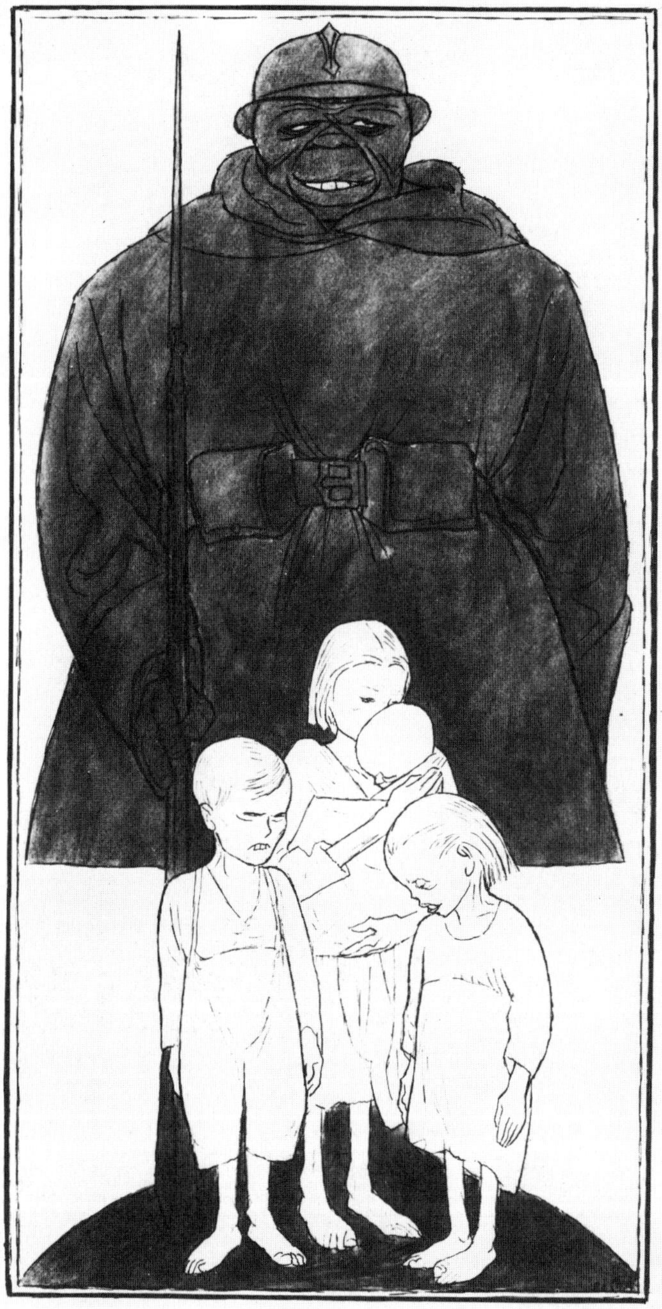

187

Karl Arnold (1883–1953)

Statistik, 1920

Simplicissimus Nr. 18, 25. Jg., 1920, S. 255. Tuschfeder, Aquarell, 385 x 195, signiert *KA 20* Privatbesitz.

»Um einen Besatzungssoldaten gut zu ernähren, müssen vier deutsche Kinder hungern!« Hauptprobleme der Politik Deutschlands nach der Niederlage im Ersten Weltkrieg und nach dem Zusammenbruch des Kaiserreiches waren außenpolitisch die Frage der Reparationsleistungen und innenpolitisch das soziale Elend und die Hungersnot weiter Bevölkerungsgruppen. Karl Arnold hat beide die Öffentlichkeit in hohem Maße beschäftigenden Themen in seinem Blatt angesprochen, das als *Simpl*-Illustration und Plakat vorliegt. Es erschien in derselben Ausgabe des *Simplicissimus*[1], die sich nicht nur im Titelblatt, sondern in mehreren, auch literarischen Beiträgen mit dem Ergebnis der Konferenz von Spa (5.–16. Juli 1920) auseinandersetzte.[2] Bei Nichterfüllung der geforderten Reparationen wurde Deutschland mit Sanktionen gedroht, so auch mit der Besetzung deutschen Gebietes.[3]

In diesem konkreten Fall wird mittels der Zeichnung und des Plakats gegen die französische Rheinlandbesetzung protestiert.[4] Vier ausgehungerte und erbärmlich gekleidete deutsche Kinder, das älteste von ihnen hält ein Neugeborenes auf dem Arm, sollen die (moralische) Entrüstung über das Unrecht ausdrücken, das einem bewaffneten Besatzungssoldaten ermöglicht, gut genährt in Deutschland, also auf fremdem Boden, über dieses Land Wache zu halten. Extreme Nah- und bewußt eingesetzte Untersicht sind die künstlerischen Prinzipien, die in Verbindung mit den Kontrastpaaren Groß – Klein, Wohlgenährt – Unterernährt, Bewaffnet – Unbewaffnet und Oben – Unten (die jeweils Stärke und Schwäche versinnbildlichen) einen stark emotionalen Einfluß auf den Betrachter ausüben. Bewußt gewählt ist in diesem Zusammenhang die konservative, gotisierende Schrift. Denn eigentlich ist sie es, die die Absicht und die intendierte Wirkung des Plakats erklärt und zu vermitteln vermag.[5]

Weiterhin bestimmend für die emotionale Wirkung der Zeichnung ist die Wahl eines farbigen französischen Soldaten. Schon vor dem Ersten Weltkrieg hatte es Absprachen zwischen Deutschland und Frankreich gegeben, »daß im Kriegsfalle farbige Soldaten auf europäischem Boden nicht verwendet werden dürfen«.[6] Sah man darin doch gemeinsam eine ›Kulturschande‹, die Europäer nicht nötig hätten. In diffamierender Art ist das Gesicht des Mannes affenähnlich mit bloßgestellten Zähnen gegeben, um dadurch die Furcht und die Ablehnung der deutschen Bevölkerung diesen Menschen gegenüber in irrationaler Weise zu steigern. Eine noch drastischere und unmenschlichere Verschärfung dieses Tatbestandes zeigt *Die schwarze Besatzung* von Gulbransson (Abb. 158).[7] Dieser agitatorische Effekt vermag um so tiefer in das ohnehin durch die Ereignisse vorgeprägte Bewußtsein einzudringen, da er weniger künstlerischen als Ängste auslösenden und Verstandesgründe außer acht lassenden Mitteln vertraut.

T.M.

1 Die Hintergründe für die Drucklegung und den Auftrag der Zeichnung als Plakat sind nicht bekannt. Vgl. Kat. München 1978, Kat. Nr. 478, S. 214. – Der Druck im *Simplicissimus* ist auf Grau- und Rasterwerte reduziert.

2 S. hierzu das Titelblatt *Aus der Foch-Perspektive* von Wilhelm Schulz (*Simplicissimus*, 25. Jg. Nr. 18); neben der Karikatur Karl Arnolds ist auf derselben Seite das satirische Gedicht *Spa* unter dem Pseudonym Emanuel abgedruckt. Dort heißt es u.a.: »Was ist Besitz, den man verliert?/ Diät war immer noch gesund!/ Der Himmel ist dir reserviert–/ die Welt gehört dem Völkerbund.«

3 *An Ambassador of peace, pages from the diary of Viscount D'Abernon, Vol. I., From Spa (1920) to Rapallo (1922)*, London 1929, S. 57f.

4 Vgl. hierzu die Karikatur Karl Arnolds *Frankreich im Rheinland, Simplicissimus*, 28. Jg. Nr. 37, S. 464. Sie ist nebst erläuterndem Kommentar abgebildet in Kat. München 1977, Nr. 249, S. 273.

5 Zu den Kriterien der Plakatkunst s. Gude Suckale-Redlefsen, »Entwicklung des Plakats in München bis zum Ende des III. Reiches«, Kat. München 1978, S. 11ff.

6 Fritz Hartung, *Die Marokkokrise des Jahres 1911* (Einzelschriften zur Politik und Geschichte, Bd. 19), Berlin 1927, S. 49.

7 *Simplicissimus*, 25. Jg. Nr. 11, S. 168. Vgl. auch das Titelblatt Karl Arnolds *Besetztes Gebiet, Simplicissimus*, 25. Jg. Nr. 23, S. 305.

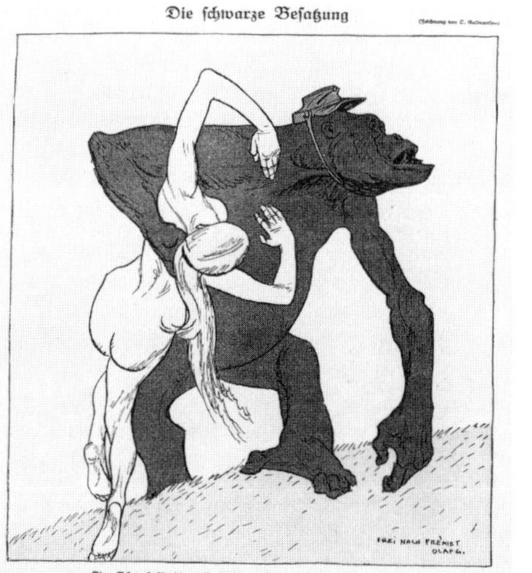

Abb. 158 Olaf Gulbransson, *Die schwarze Besatzung*, 1920

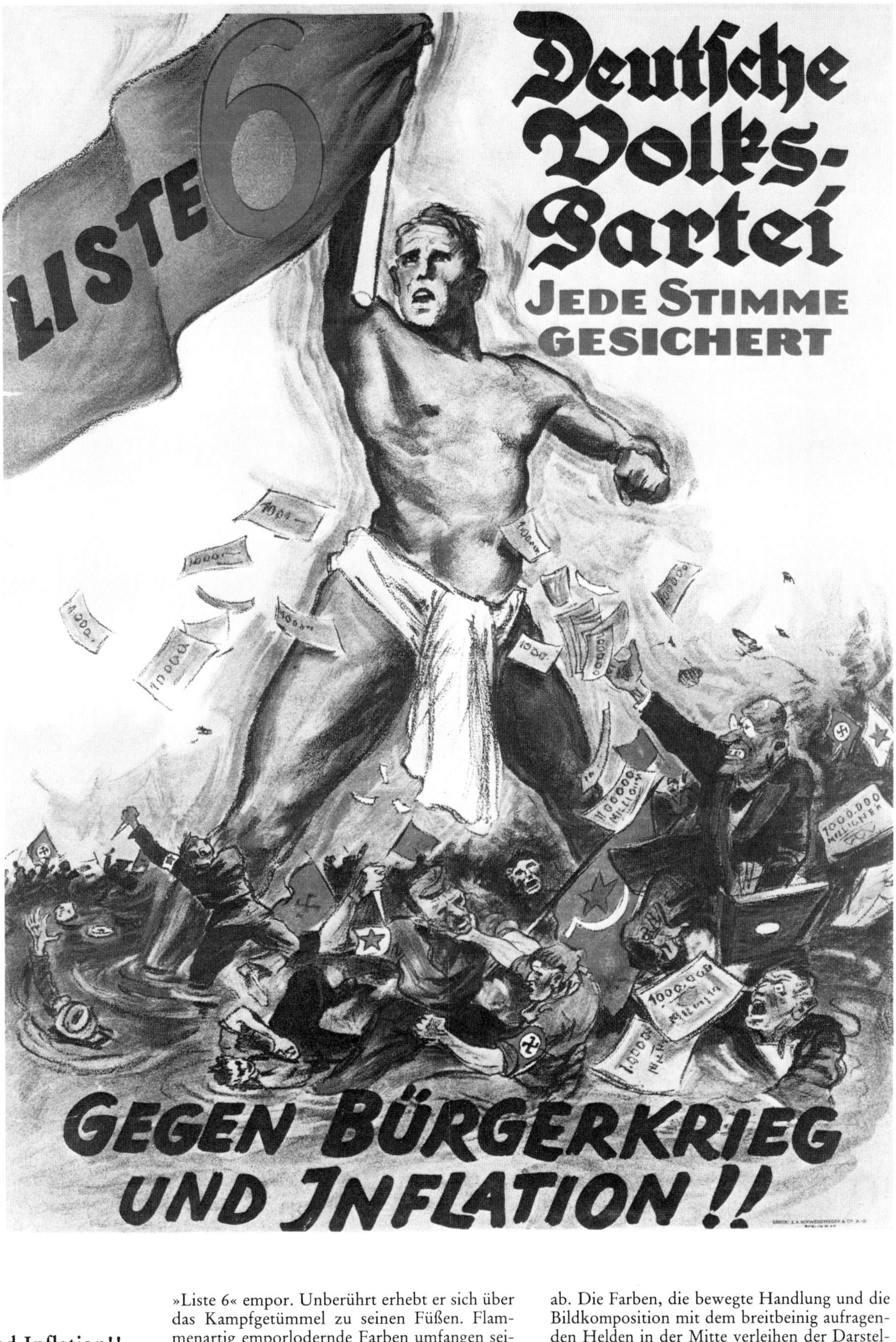

188

Gegen Bürgerkrieg und Inflation!!, um 1928/30

Farblithographie, 865 x 615, Druckvermerk *E. A. Schwerdtfeger & Co. Berlin 65*
Münchner Stadtmuseum.

Mit pathetischer Gebärde reckt der nur mit einem Lendentuch bekleidete Held die Fahne der »Liste 6« empor. Unberührt erhebt er sich über das Kampfgetümmel zu seinen Füßen. Flammenartig emporlodernde Farben umfangen seinen muskulösen Körper. Im rotbraunen Morast unten fahren sich Kommunisten und Nazis ›an die Gurgel‹; »Inflationsgewinnler« werfen Geldscheine mit astronomischen Beträgen in die Luft. Nicht nur die Größenunterschiede, sondern auch die physiognomischen Charakterisierungen setzen den nackten Helden als Verkörperung des ›gesunden Deutschen‹ von seinen Feinden ab. Die Farben, die bewegte Handlung und die Bildkomposition mit dem breitbeinig aufragenden Helden in der Mitte verleihen der Darstellung eine heroische Dynamik. – Dieses Wahlplakat der rechtsliberalen DVP erschien zur Reichstagswahl 1928 oder 1930. J.D.

Lit.: Kat. Darmstadt 1980, Nr. 92.

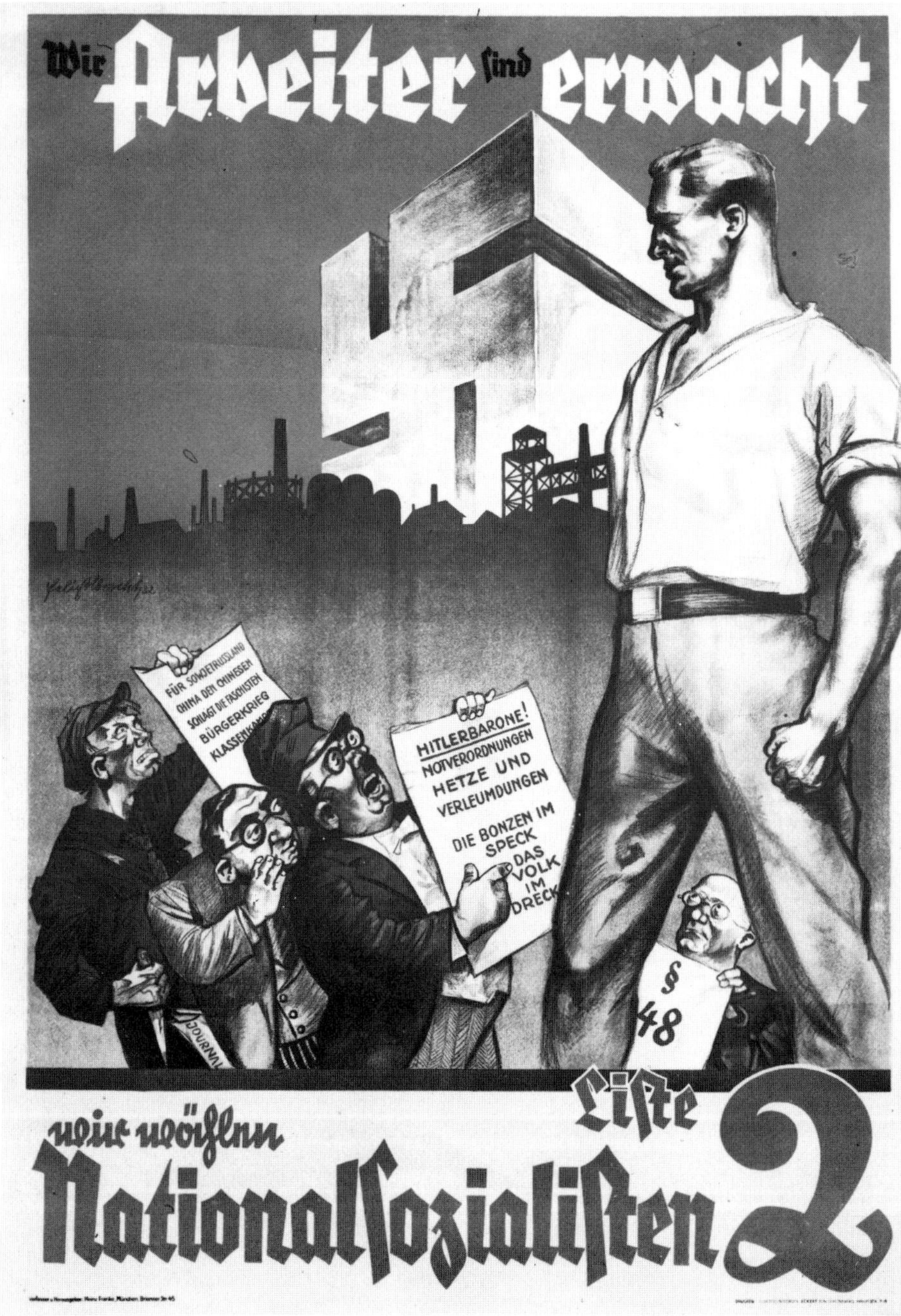

189

Felix Albrecht

Wir Arbeiter sind erwacht, 1932

Farblithographie, 1120 x 860, signiert *Felix Albrecht*, bezeichnet *Verfasser u. Herausgeber Heinz Franke, München* (...)/*Drucker, Plakatkunstdruck Eckert, Berlin-Schöneberg* (...) Münchner Stadtmuseum.

Idealisiert und mit heroischer Gelassenheit sieht ein ›deutscher Arbeiter‹ verächtlich auf die unter ihm gestikulierenden Gestalten hinab. Mit einem Faustschlag könnte er sie vernichten. Ein Gewerkschaftsbonze mit roter Ballonmütze hält ihm seine Parolen entgegen; »wohlgenährt und in bourgeoiser Kleidung vertritt er nicht mehr die Interessen der Arbeiter, sondern ist zum ›Sprachrohr der jüdischen Presse‹ geworden«. Links ein Kommunist »in Gestalt eines abgerissenen Verbrechers mit Schiebermütze und gezücktem Dolch«.[1] Abgerückt von dieser Gruppe erscheint zwischen den Beinen der konservative Reichskanzler Heinrich Brüning und weist den »§ 48« vor, der es ihm 1930–32 ermöglichte, mit Notverordnungen zu regieren. Im Hintergrund drängt sich über der Silhouette einer Fabriklandschaft ein gigantisches Hakenkreuz plastisch nach vorn.

In diesem antithetischen Kampfbild[2] im Stil der Nazipropaganda ist hier das idealisierte Bild des Arbeiters seinen ›Feinden‹ gegenübergestellt. Das im Titel ausgesprochene »Erwachen« drückt sich im Bild durch die Plazierung des hellen Hakenkreuzes neben dem gleichfalls weiß gekleideten Oberkörper des Arbeiters und seiner selbstbewußten Gelassenheit aus. Das aufgeregte Verhalten der als häßlich dargestellten Gestalten im Vordergrund wird als wirkungsloses Gezeter hingestellt. – Das Plakat erschien zur Reichstagswahl 1932, aus der die Nazis als stärkste Fraktion hervorgingen, ohne allerdings bei den Arbeitern, die von diesem Plakat gezielt angesprochen wurden, großen Stimmenzuwachs zu erzielen. J.D.

1 Kat. München 1978, S. 41; dort eine ausführliche Analyse des Plakats, mit Farbabbildung.
2 Vgl. Reumann 1966.

Lit.: Kat. München 1978, S. 40ff., Nr. 641.

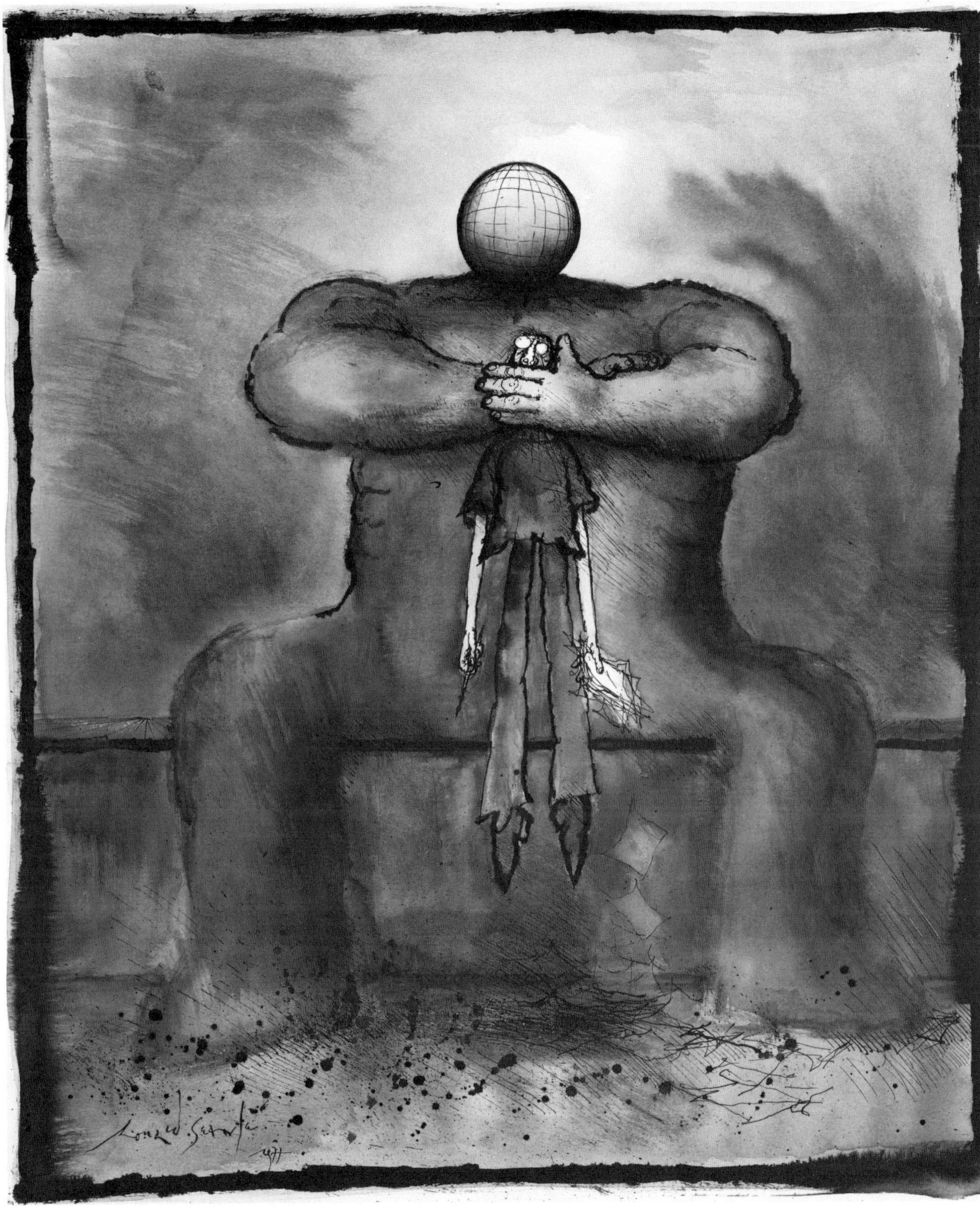

190
Ronald Searle (geb. 1920)

Der Denker, 1977

Feder und Aquarell, 480 x 393, signiert *Roland Searle 1977*, rückseitig beschriftet *The Thinker, 1977, Pen & Watercolour for Amnesty International, Album page '83*
Sammlung Ensmann, München.

Auf einer unbestimmten Fläche sitzt eine gigantische menschliche Gestalt, die den Kopf eines kleinen, dünnen Mannes zwischen ihre Hände preßt. Dieser läßt sich hilflos hängen. Seine Brille sowie Papier und Schreibfeder weisen ihn als Intellektuellen aus, der von der anonymen Macht gewaltsam mundtot gemacht wird. Die Weltkugel als Kopf des Riesen und der unbestimmt weite blaue Hintergrund deuten die universale Verbreitung von Unterdrückung an.

Die Zeichnung entstand 1977 für die Gefangenenhilfsorganisation ›Amnesty International‹, die es in dem Buch *Shut up! Cartoons for Amnesty* veröffentlichte. Dort heißt es in einem Vorwort von Art Buchwald: »Achtzig Prozent der Länder auf diesem Globus würden nicht erlauben, daß dieses Buch verkauft würde, und die Künstler, die es gemacht haben, könnten ihren Beruf nicht mehr ausüben, ohne Belästigungen, Drohungen und Gefängnis zu riskieren. Diktatoren – sowohl von rechts wie von links – fürchten den politischen Cartoon fast mehr als die Atombombe. Kein totalitäres Regime kann es sich erlauben, lächerlich gemacht zu werden.«[1] J.D.

1 *Shut up*, herausgegeben von Amnesty International, Oldenburg und Hamburg 1977, S. 10; Searles *Thinker* ist auf dem Schutzumschlag und auf S. 65 abgebildet.

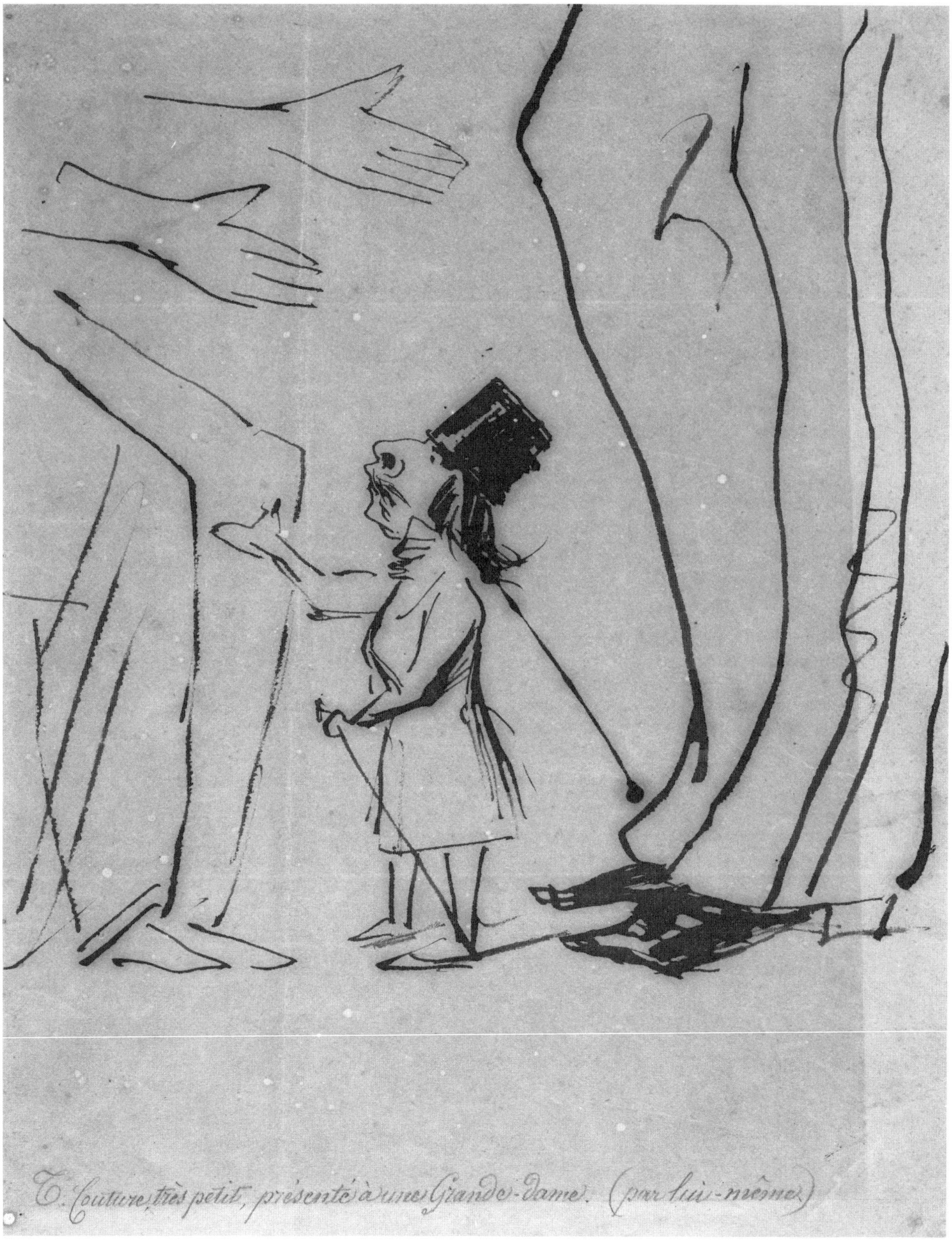

191
Thomas Couture (1815–1879)
Thomas Couture, sehr klein, wird einer Großen Dame vorgestellt, um 1840
Feder in Schwarz, 301 x 229, beschriftet in Blei *T. Couture, très petit, présenté à une Grande-Dame. (par lui-même),* alt montiert und mit Passepartout-Rahmung versehen
Sammlung Ensmann, München.

Zwischen schlanken, elegant behosten Beinen rechts und hohen Knien und empfangsbereiten Händen links steht der kleine Künstler. Mit Zylinder und Gehrock, den Spazierstock in der Hand, wendet er sich nach oben und macht der unbekannten Dame seine Aufwartung. Die Profillinie seines im Verhältnis zum Körper zu großen Kopfes ist klar durchgezogen und betont die übertriebenen Gesichtszüge. Die in den Größenunterschieden groteske Szene ist mit raschen Federstrichen entworfen, die zwischen skizzenhafter Andeutung und beabsichtigt naiver Steifheit schwanken. Couture reflektiert ironisch die Ehrerbietigkeit einerseits und die gnädige Herablassung andererseits, die seine Rolle als junger, Erfolg suchender Künstler in der Pariser Gesellschaft gekennzeichnet haben wird. Später sollte er bis zum Hofmaler unter Napoleon III. aufsteigen.
J.D.

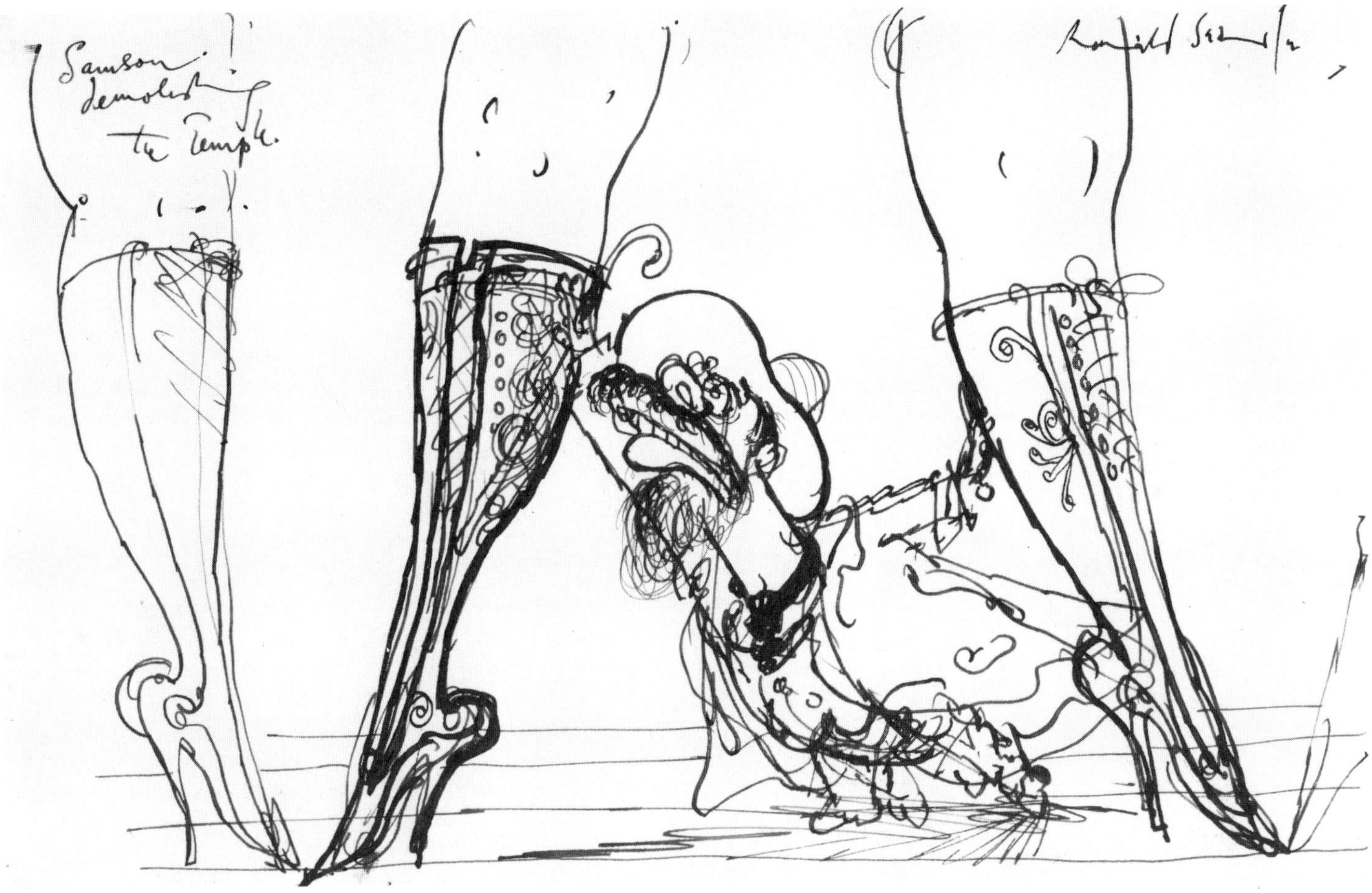

192
Ronald Searle (geb. 1920)
Simson zerstört den Tempel, 1969
Feder in Schwarz, 136 x 211, signiert *Ronald Searle*, beschriftet *Samson demolishing the Temple.*
Sammlung Ensmann, München.

Es ist nicht Simson, der hier etwas zerstört, und auch kein Tempel, der zum Einsturz gebracht wird, sondern der Pariser Maler Toulouse-Lautrec (1864–1901) stemmt die Unterschenkel einer anscheinend üppigen Frau auseinander, um bessere Sicht auf das Darüberliegende zu erlangen. Der kleine Maler – er war durch einen Unfall in seiner Kindheit wachstumsbehindert – ist grotesk verzeichnet. Er reckt den Kopf, die großen Lippen von wirrem Bartwuchs umgeben, hoch empor, erreicht aber trotz Hut nicht einmal die Oberkante der hochhackigen Schnürstiefel der breitbeinig über ihm Stehenden.

Der alttestamentliche Kämpfer und Richter Simson brachte als letzte Heldentat die Säulen des Palastes der Philister zum Einsturz und begrub seine Feinde und sich unter den Trümmern (Richter 16). Das Thema wurde vor allem in der Kunst des 16. und 17. Jahrhunderts dargestellt. Wenn Searle es hier in seinem Titel zitiert, dann spielt er auf die Ähnlichkeit des Bildmotivs an und vergleicht ironisch die ›Heldentaten‹ des Malers in Pariser Freudenhäusern mit den Kraftakten Simsons. – Es gibt mehrere Versionen dieser Zeichnung, von denen eine in den Sammelband *Toulouse-Lautrec* aufgenommen wurde.[1] J.D.

1 Ronald Searle, *Toulouse-Lautrec*, München o. J. (um 1970), Abb. S. 43. Bornemann 1974, S. 216, bildet eine Lithographie mit dem Motiv ab.

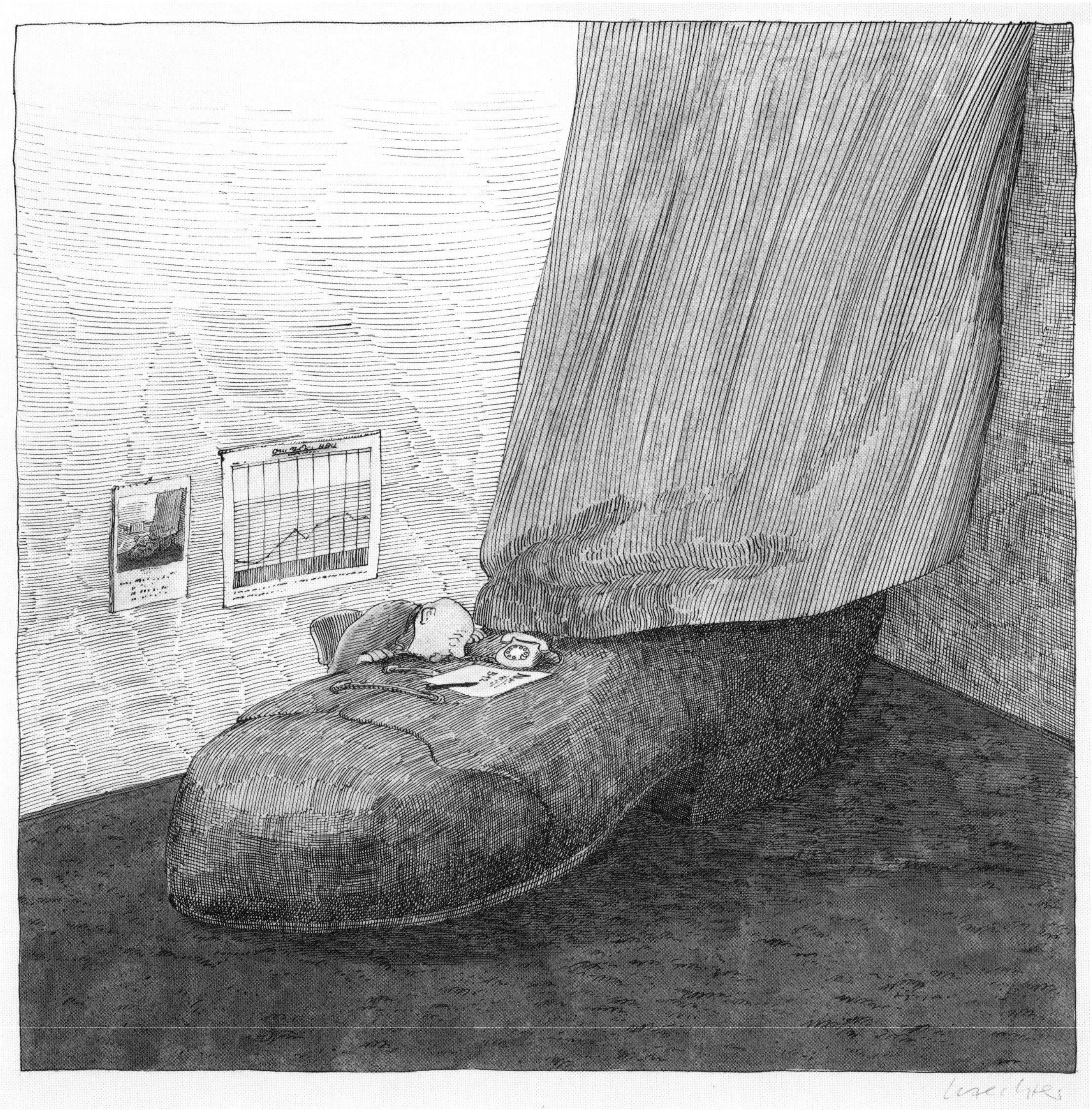

193
Friedrich Karl Waechter (geb. 1937)
Der Stiefellecker, um 1980
Feder und Aquarell, 463 x 443, signiert *Waechter*
Sammlung Ensmann, München.

Ein kleiner Büroangestellter, vor sich Papier, Stift und Telefon, beugt sich ergeben über seinen Arbeitsplatz. Doch F. K. Waechter läßt ihn an einem gigantischen Stiefel lecken, macht ihn zum *Stiefellecker*, der unterwürfig die Befehle seines Vorgesetzten ausführt. Die Bilanzkurve auf der Tafel an der Wand verweist auf eine Tätigkeit in der Wirtschaft. Als Bild im Bilde findet sich *Der Stiefellecker* auf dem Kalenderblatt daneben ein zweites Mal, als ob sich der Angestellte seines Verhaltens bewußt ist und sich das Bild wie einen Leitspruch an die Wand hängt. Stiefel und Hosenbein sind plastisch durchmodelliert und werfen in dem viel zu kleinen Raum Schatten. Die Umsetzung der sprachlichen Metapher erhält dadurch eine irritierende bildliche Realität. J.D.

3.5. Bildzitat und Wortzitat

Es gibt einige Kunstwerke, die immer wieder aufs Neue abgebildet und vervielfältigt werden, allgegenwärtig berühmte Meisterwerke wie Leonardos *Mona Lisa* oder Dürers *Betende Hände.* Seit mit der Erfindung der Druckgraphik Kunst weithin bekanntgemacht wurde, erst recht, seitdem moderne Reproduktionstechniken Bilder massenhaft verbreiten, können Karikaturen den Bekanntheitsgrad nutzen. Sie kritisieren meist im Bildzitat nicht das Meisterwerk, sondern wirken durch eine überraschende Verknüpfung. Das bekannte Kunstwerk bleibt in der Karikatur erkennbar, wird aber mit neuen Inhalten gefüllt. – Das Wortzitat dagegen baut auf die Bekanntheit sprichwortartiger Redensarten und Metaphern, die von Karikaturisten ins Bild umgesetzt werden.

So alt wie die Forderung an die Kunst, daß sie sich nach der Natur zu richten habe, ist die gegenteilige Praxis, daß Bilder oft anderen Bildern mehr verdanken als der Natur.[1] Künstler lernen bei Künstlern. In den Akademien wurde seit je nach antiken Skulpturen gezeichnet, und alte Meisterwerke wurden kopiert. Die Übernahme von Motiven ist in der Kunstgeschichte geläufig, war zu allen Zeiten üblich und hat nichts mit Kopie oder mangelnder Originalität zu tun. Es geht in der Regel um die Verwendung als vorbildlich angesehener Vorlagen, die zu übertreffen eine besondere Leistung darstellt. Für seinen Kupferstich *Adam und Eva* (1504) nutzte beispielsweise Albrecht Dürer die antike Skulptur des *Apoll vom Belvedere* als Vorbild (Abb. 159, 160), faßte zugleich aber darin seine bis dahin geführten Proportionsstudien zusammen und formulierte sie bildlich.[2] Dürers Kupferstich wurde folgerichtig selbst zum Musterstück und Vorlageblatt für spätere Künstler.[3]

Von dieser Form der Motivübernahme zu unterscheiden ist das Bildzitat. Es setzt voraus, daß einige besonders oft reproduzierte Meisterwerke einen so hohen Bekanntheitsgrad besitzen, daß schon allein deren formale Nachahmung, und sei es auch nur ausschnittweise, beim Betrachter Assoziationen weckt. Der Karikaturist, der sich dieser Methode bedient, zitiert und verfremdet zugleich.[4] Die Verfremdung des Vorbilds dient dabei nur selten dazu, das zitierte Kunstwerk anzugreifen,[5] sondern füllt dessen abgewandelte Form mit neuen Inhalten.

Übernommen wird im allgemeinen der Bildaufbau mit der Anordnung der Personen; die Veränderungen betreffen dagegen deren Identität – ihre Köpfe werden zumeist ausgetauscht und häufig auch die Attribute. Die ursprüngliche Aussage des Vorbilds spielt für die Karikaturen allenfalls indirekt eine Rolle, indem dessen Ernsthaftigkeit den Abstand zum satirisch verfremdeten Bildzitat unter-

1 K. E. Maison, *Bild und Abbild,* München und Zürich 1960; Chapeaurouge 1974; Kat. Münster 1976; *Art About Art,* Ausstellungskatalog des Whitney-Museum, New York 1978; Kat. Hannover 1979.

2 Kat. Münster 1976, S. 126ff.

3 *Vorbild Dürer,* Ausstellungskatalog des Germanischen Nationalmuseums, Nürnberg 1978, Nr. 97–103; *Dürers Verwandlung in der Skulptur zwischen Renaissance und Barock,* Ausstellungskatalog Liebighaus, Museum für alte Plastik, Frankfurt 1982, S. 277ff.

4 Siehe Gombrich 1962 passim (in diesem Katalog S. 384ff.); Bringéus 1982, S. 97ff.; Pohlmann 1983. Gerd Unverfehrt, »Gedanken zur englischen Karikatur oder die Apotheose des Generals Hoche«, Kat. Göttingen 1975, S. 23ff., ist ausführlich den ikonographischen Zitaten und Traditionen einer einzelnen Karikatur von Gillray nachgegangen.

5 In diesem Fall ist von einer »Parodie« zu sprechen: »Ihr Zweck ist entweder Aufdekkung der Schwächen oder Unzulänglichkeiten eines Werkes, scharfer, fanatischer und schmähender Angriff auf Verfasser und Werk mit dem Ziel, sie der Lächerlichkeit preiszugeben (...), oder einfach harmloses Spiel aus Lust an komischer Abwandlung des Stoffes«; Gero von Wilpert, *Sachwörterbuch der Literatur,* Stuttgart (5) 1969, S. 553. Vgl. Abb. 45. Verwiesen sei auf die zahlreichen

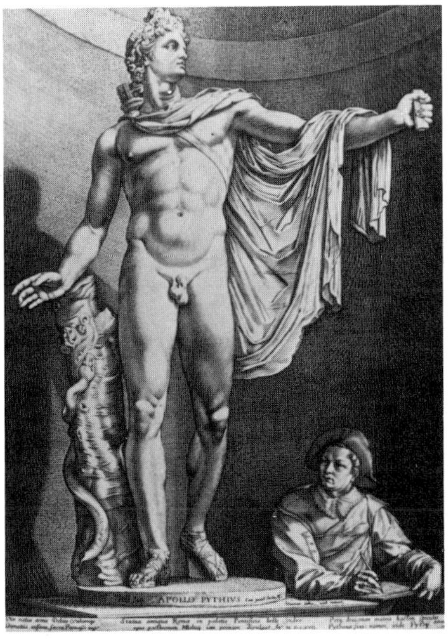

Abb. 159 Hendrik Goltzius, *Apoll vom Belvedere,* 1617

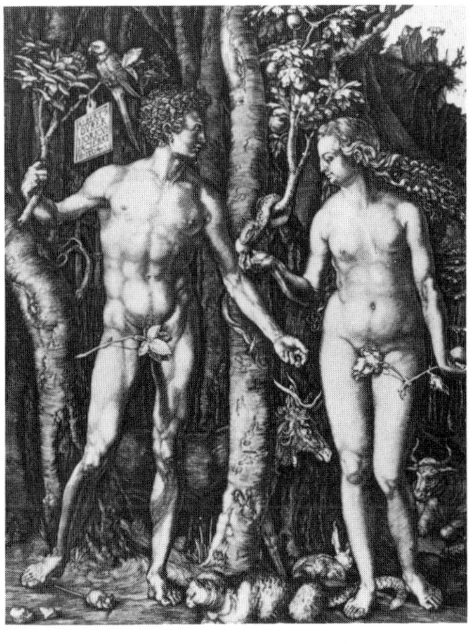

Abb. 160 Albrecht Dürer, *Adam und Eva,* 1504

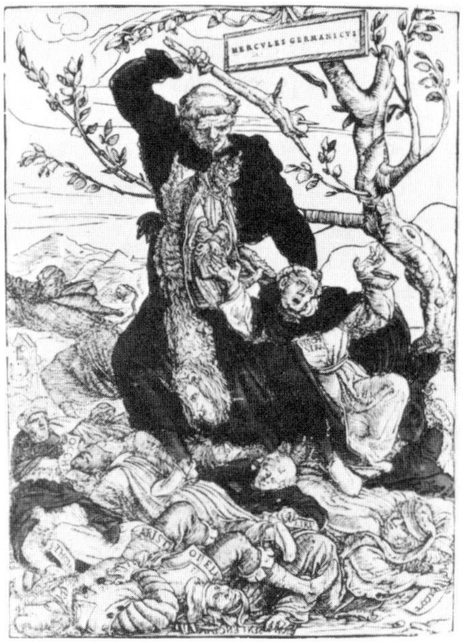

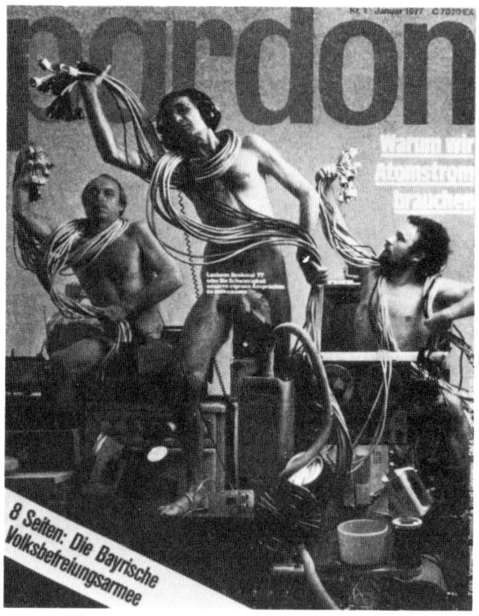

Abb. 161 Hans Holbein d.J., *Hercules germanicus*, 1522

Abb. 162 *Laokoon-Denkmal '77 oder die Schwierigkeit, unseren eigenen Ansprüchen zu entkommen*, ›Pardon‹ 1, 1977

streicht. Von Bedeutung bleibt jedoch der Handlungszusammenhang und die damit verbundene Hierarchie der einzelnen Personen im Bild. Durch neue Attribute und szenische Beigaben kommt es nicht selten zu einer direkten Umkehrung der früheren Wertung (vgl. Kat. 198, 199).[6]

Zu den in der Bildsatire immer wieder zitierten Meisterwerken gehört der *Laokoon*. Die antike Statuengruppe des trojanischen Priesters, der mit seinen Söhnen von Seeschlangen getötet wird, wurde 1506 in Rom entdeckt und erlangte binnen kurzer Zeit einen außerordentlichen Ruhm, der bis heute ungebrochen anhält.[7] Bereits 1522 verwendet ein Holbein zugeschriebener Holzschnitt die antike Komposition in satirischer Absicht (Abb. 161).[8] Martin Luther, inschriftlich als »germanischer Herkules« ausgewiesen, erscheint in der Haltung des sterbenden Laokoon, doch anstatt mit den Schlangen zu ringen, schlägt er mit großer Keule auf den Mönch Hoogstraten ein. Die Vertreter der kirchlichen Scholastik und ihrer antiken philosophischen Tradition liegen bereits ermordet im Vordergrund. Vor Luthers Kutte hängt nicht nur das Löwenfell als traditionelles Attribut des Herkules, sondern auch ein gefesselter und strangulierter Papst, dessen Halsschlinge Luther mit dem Mund festhält. Mit Wort und Tat geht der *Hercules germanicus* gegen die römische Kirche vor und zerstört dabei gleichzeitig die geistige Tradition des Abendlandes. Holbein kehrt die traditionelle Bedeutung des Laokoon-Motivs um, indem er die Niederlage des trojanischen Priesters in einen Sieg des *Hercules germanicus* verwandelt. Der Holzschnitt übernimmt weitgehend die Körperhaltung des Laokoon und seines älteren Sohns,[9] verändert aber deren Kleidung und Köpfe und bringt die gegen Luther zielende Stoßrichtung durch die ebenfalls geänderte Handlung zum Ausdruck.

Der *Laokoon* wird in der Folgezeit von vielen Künstlern in satirischer Absicht zitiert. Auf einen Entwurf Tizians geht der sogenannte *Affen-Laokoon* aus der Mitte des 16. Jahrhunderts zurück; Daumier ließ 1868 Personifikationen europäischer Mächte sich gegen die Schlangen der Diplomatie und der Geheimverschwörung wehren, oder Wilhelm Scholz zeigt 1880 Bismarck als elegant tänzelnden Laokoon.[10] 1977 brachte eine Ausgabe der Zeitschrift *Pardon* eine Photomontage auf der Titelseite mit drei nackten Männern, die den Verlockungen der Konsumgesellschaft nicht widerstehen können und sich in elektrischen Leitungen verfangen (Abb. 162).[11] Diese Beispiele greifen in keiner Weise den antiken *Laokoon* an, sondern verwenden lediglich dessen Form, um ihr eigenes Anliegen zum Ausdruck zu bringen.

Bildzitate mit kritischer Tendenz gab es schon im Mittelalter,[12] doch werden sie erst seit dem 16. Jahrhundert, zunächst nur vereinzelt, als satirisches Mittel in der Karikatur eingesetzt. Bekannte Bildmotive – Totentanz- oder Passionsszenen – und weniger bestimmte Kunstwerke werden in aktuelle politische Allegorien

Parodien auf die *Mona Lisa*; Mario Pomilio und Angela Ottino della Chiesa, *L'opera completa di Leonardo pittore, Classici del l'Arte*, Bd. 12, Mailand 1967, S. 105; *Mona Lisa im 20. Jahrhundert*, Ausstellungskatalog Duisburg 1978; Kat. Hannover 1979, S. 17ff., 40f.; Bringéus 1982, S. 98. – Chapeaurouge 1974, S. 40ff., faßt den Begriff zunächst weiter: »Kopien und Zitate (...) werden dann zu Parodien, wenn die Bedeutung ins Lächerliche umschlägt.« Er läßt vorerst »ganz außer acht, was denn von der jeweiligen Kopie lächerlich gemacht wird«. (S. 40). Doch differenziert er im Lauf seines Kapitels »Parodie« (S. 47).

6 Hierzu Pohlmann 1983, S. 17f. Allerdings ist seine Feststellung, daß seit dem 19. Jahrhundert »ein behutsamerer Umgang mit christlichen Bildmotiven« einsetzt, nicht zu teilen; es gäbe hinreichend Belege für das Gegenteil.

7 Zur Wirkungsgeschichte des Laokoon vgl. Francis Haskell und Nicholas Penny, *Taste and the Antique. The Lure of Classical Sculpture 1500–1900*, London (2) 1982, S. 243ff.; Heinz Ladendorf, *Antikenstudium und Antikenkopie*, Berlin 1953, S. 41ff.

8 Kat. Hamburg 1984, Nr. 32, mit weiterer Literatur.

9 Der jüngere Sohn links findet seine Entsprechung in dem fliehenden Mönch, jedoch ohne die Haltung zu zitieren. Einige Abweichungen mögen darauf zurückgehen, daß der *Laokoon* zu diesem frühen Zeitpunkt wahrscheinlich nur in unzureichenden Stichen bekannt war. Der linke Arm des älteren Sohnes rechts wurde erst später ergänzt; Holbein läßt ihn sich in Anlehnung an den anderen Arm ebenfalls verzweifelt erheben.

10 Peter Dreyer, *Tizian und sein Kreis. 50 venezianische Holzschnitte aus dem Berliner Kupferstichkabinett*, Berlin o. J., Nr. 25, mit älterer Literatur. Zu Daumier: Delteil 3632; Kat. Münster 1978, Nr. 350. Scholz 1890, S. 123. Auch Caspar Braun (*Fliegende Blätter* 1847, S. 144) oder Peter Leger (*ötv-magazin* 8/81) zitieren den *Laokoon*.

11 Grünewald 1979, S. 100ff., Abb. 11a.

12 Chapeaurouge 1974, S. 40, Abb. 17, 18, nennt als frühestes Beispiel ein Kuppelmosaik des Florentiner Baptisteriums von um 1300, das sich an das Bildmotiv von *Christus in der Vorhölle* anlehnt und den heidnischen Philosophen Aristoteles zeigt, der nun von Teufeln in die Hölle gezogen wird.

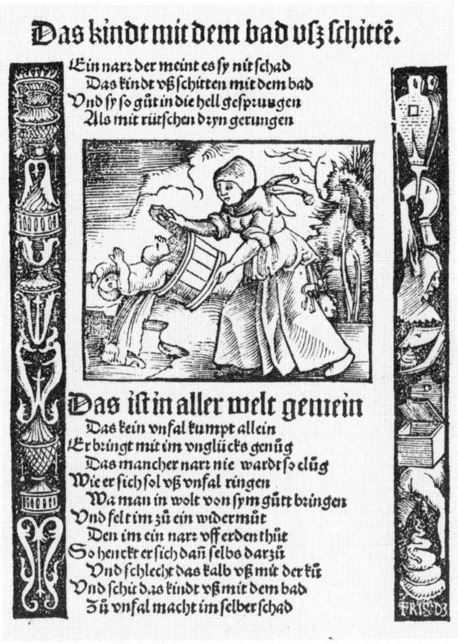

Abb. 163 Thomas Murner, *Das Kind mit dem Bad ausschütten*, 1512

umgewandelt und richten sich gegen die katholische Kirche.[13] In Romeyn de Hooghes Zyklus *Aesopus in Europa* von 1701/02 antwortet eine Radierung direkt auf ein offizielles, den feindlichen Ludwig XIV. verherrlichendes Kunstwerk, und zwar auf die *Apotheose Ludwigs XIV.*, der als Apoll den Sonnenwagen lenkt: Ein Deckengemälde von Le Brun in der Spiegelgalerie zu Versailles wird in einen jämmerlichen Schandzug des französischen Königs umgemünzt (Abb. 132, 133).[14] Erst um 1800, zunächst in England, tauchen Bildzitate in größerem Umfang in der Karikatur auf und sind seitdem in zahlreichen Beispielen bis heute anzutreffen.[15] Die Vielfalt der Medienlandschaft des 20. Jahrhunderts brachte es mit sich, daß nicht nur große Kunstwerke zitiert werden, sondern beispielsweise auch Filmplakate, Pressephotos und anderes mehr.[16]

Nicht nur Bildzitate, sondern auch Metaphern, Sprichwörter und literarische Zitate bildeten von jeher eine wichtige Motivquelle der Bildsatire sowie auch der Buchillustration oder der unterhaltenden populären Druckgraphik. Unter den großen Malern griffen vor allem Bosch und Bruegel in ihrer anspielungsreichen Bildsprache auf Sprichwörter zurück. Bruegels *Große Fische fressen die kleinen* (Kat. 194) geht auf ein niederländisches Sprichwort zurück und fand in der Folgezeit eine reiche Nachfolge, so daß sich hier Wortzitat und Bildzitat vermischen.[17] Viele der Illustrationen in Sebastian Brants *Narrenschiff* von 1494 oder Thomas Murners *Narrenbeschwörung* von 1512 stellen direkte Umsetzungen von Sprichwörtern ins Bild dar. Als ein Beispiel sei der Holzschnitt zum 81. Kapitel der *Narrenbeschwörung* gezeigt: *Das Kind mit dem Bad ausschütten* (Abb. 163). Der Ausdruck ist wörtlich dargestellt: Zusammen mit dem Badewasser wird das kleine Kind aus dem Waschzuber gekippt. Die Narrenkappe am Hals der Hausfrau weist ausdrücklich auf die Torheit der Handlung hin. Der Holzschnitt ist keine Karikatur, sondern illustriert lediglich das Sprichwort. Karikaturen wenden das jeweilige Sprichwort oder die Metapher immer auf ein bestimmtes Thema an, sei es der ›Pleitegeier‹ über New York (Kat. 206) oder der ›gerupfte‹ Mieter (Kat. 205). Das Ergebnis ist häufig ein groteskes Bildmotiv, denn die ungewöhnliche Kombination von Dingen geht zwar sprachlich glatt über die Lippen, springt aber bei ihrer bildlichen Darstellung sofort ins Auge und wirkt komisch oder überraschend. Die in den zwanziger Jahren des 19. Jahrhunderts beliebten *Krähwinkliaden* ziehen aus der wörtlichen Umsetzung von Redensarten ihren Witz (Kat. 203, 204). Doch haben sie nur bedingt kritischen Charakter, da die Komik der Darstellung eine viel größere Rolle spielt als die nur unterschwellig vorhandene Gesellschaftskritik. Die *Krähwinkliaden* stehen dem Holzschnitt aus der *Narrenbeschwörung* (Abb. 163) näher als beispielsweise dem *gerupften Mieter* (Kat. 205).

Wie aktuell das Wortzitat für Karikaturisten noch heute ist, hat am besten Ernst Gombrich ausgedrückt: »Die Ausdrucksweise politischer Agitatoren gab und gibt der Phantasie des Karikaturisten reichlich Material in die Hand. Wir brauchen nur eine beliebige Zeitung aufzuschlagen, um zu lesen, daß jemand das Pferd am Schwanz aufzäumt, mit der Kirche ums Kreuz fährt, mit dem großen Prügel dreinhaut, seine Gegner mit Kot bewirft. Dazu kommen gewisse stereotyp gewordene Metaphern wie die Gipfelkonferenz oder der Eiserne Vorhang. Weiter können wir (oder können wir nicht) für die ganze Welt den Polizisten spielen, im Schatten der Atombombe leben, unsere Segel nach dem Wind der Zeit richten, dieser Gruppe die Hände reichen oder jene überflügeln; der Weg, der vor uns liegt, ist natürlich steil, aber die Zukunft ebenso selbstverständlich strahlend, wenn es uns nur gelingt, Fallstricken auszuweichen, Abgründe zu vermeiden und ein Abgleiten zu verhindern.«[18] J.D.

13 Verwiesen sei auf Cranachs *Passional Christi und Antichristi* von 1521, auf Holbeins *Totentanz* von 1526 und auf einen ebenfalls antikatholischen Totentanz von Aldegrever. Vgl. Kat. Hamburg 1984, S. 180f.

14 Langemeyer 1973, S. 146ff., Abb. S. 195, 234.

15 Ausdrücklich erwähnt sei eine Folge von Lithographien der Zeitschrift *La Caricature*, die in den Jahren von 1832 bis 1834 den Niedergang der republikanischen Freiheiten unter dem Bürgerkönig Louis-Philippe in der Form einer Passion erzählt und dabei jeweils bestimmte Kunstwerke zitiert; vgl. Klaus Lankheit, »Die Leiden der Freiheit. Über einige Karikaturen der Julimonarchie«, Kat. Göttingen 1980, S. 15ff.

16 Vgl. z.B. Grünewald 1979, S. 104; Philippe 1982, S. 24.

17 Kat. 194, 195, 196. Der Aufsatz von Gerd Unverfehrt in diesem Katalog geht ausführlich auf das Motiv ein.

18 Gombrich 1962, S. 228; in diesem Katalog S. 387.

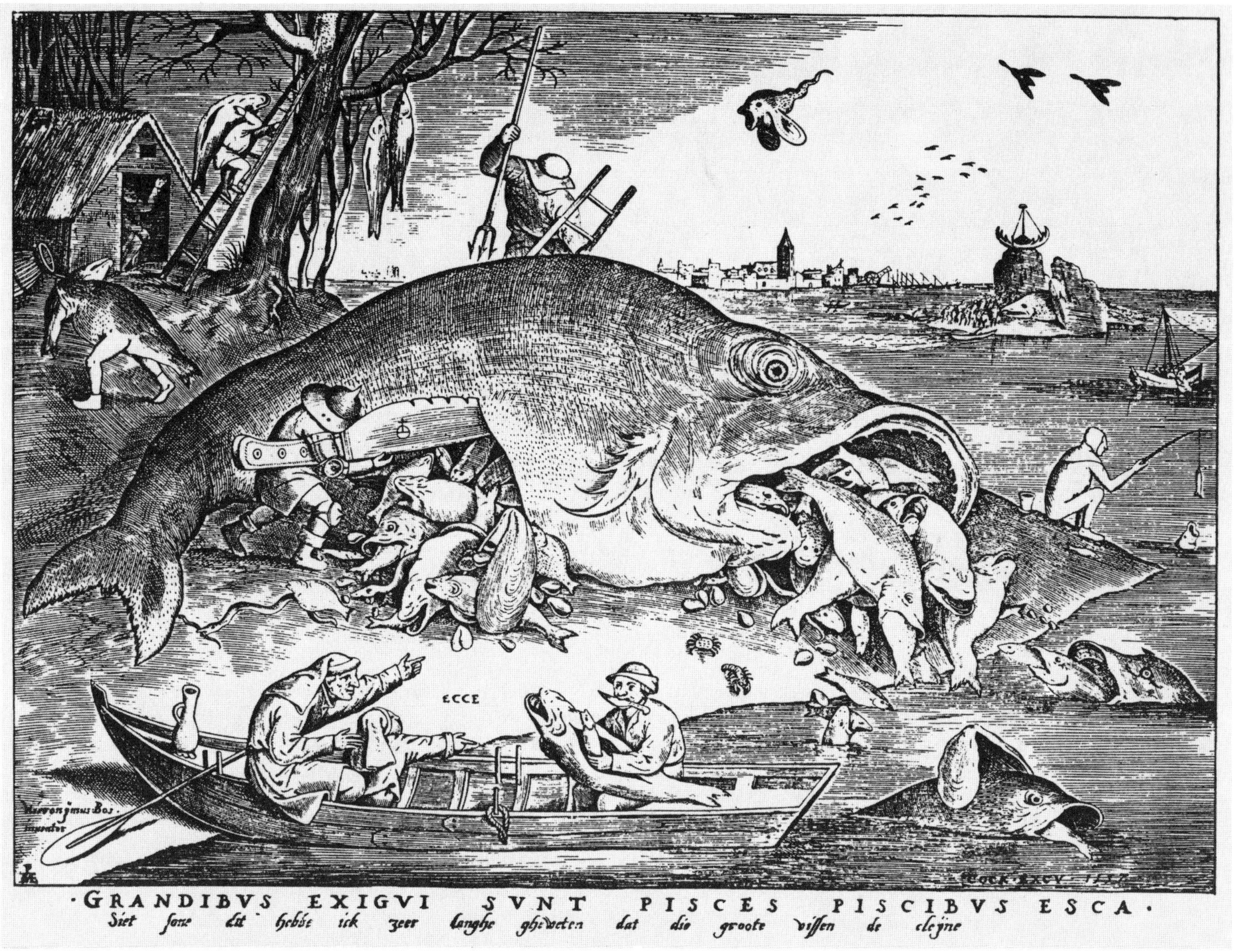

194

Pieter Bruegel d. Ä. (um 1525–1569)

Die großen Fische fressen die kleinen Fische, 1557

Kupferstich mit gravierten Inschriften, 230 x 295, bezeichnet *Hieronymus Bos. inuentor; PAME* (= Pieter van der Heyden); *COCK. EXCV. 1557.*
Rijksmuseum Amsterdam.

Pieter Bruegels 1556 datierte Zeichnung mit den großen Fischen, die die kleinen fressen, wurde 1557 durch Pieter van der Heyden in Kupfer gestochen und durch Hieronymus Cock in Antwerpen verlegt. Die Vorstellung einander verschlingender Fische war in Literatur und Bildkunst vorbereitet. Bruegel nutzte die ältere Tradition und deutete sie in seinem Sinne um: Es sind die Starken, die die Schwachen ausbeuten, aber auch die Schwachen suchen ihren Vorteil aus den noch Schwächeren zu ziehen. Bruegel wendet sich also nicht in satirischer Absicht gegen eine bestimmte Zielgruppe; er gibt vielmehr eine Allegorie allgemeinen menschlichen Fehlverhaltens.

Eine ausführliche Analyse des Blattes auf S. 403 ff. G. U.

Lit.: Vgl. S. 403, Anm. 3–5.

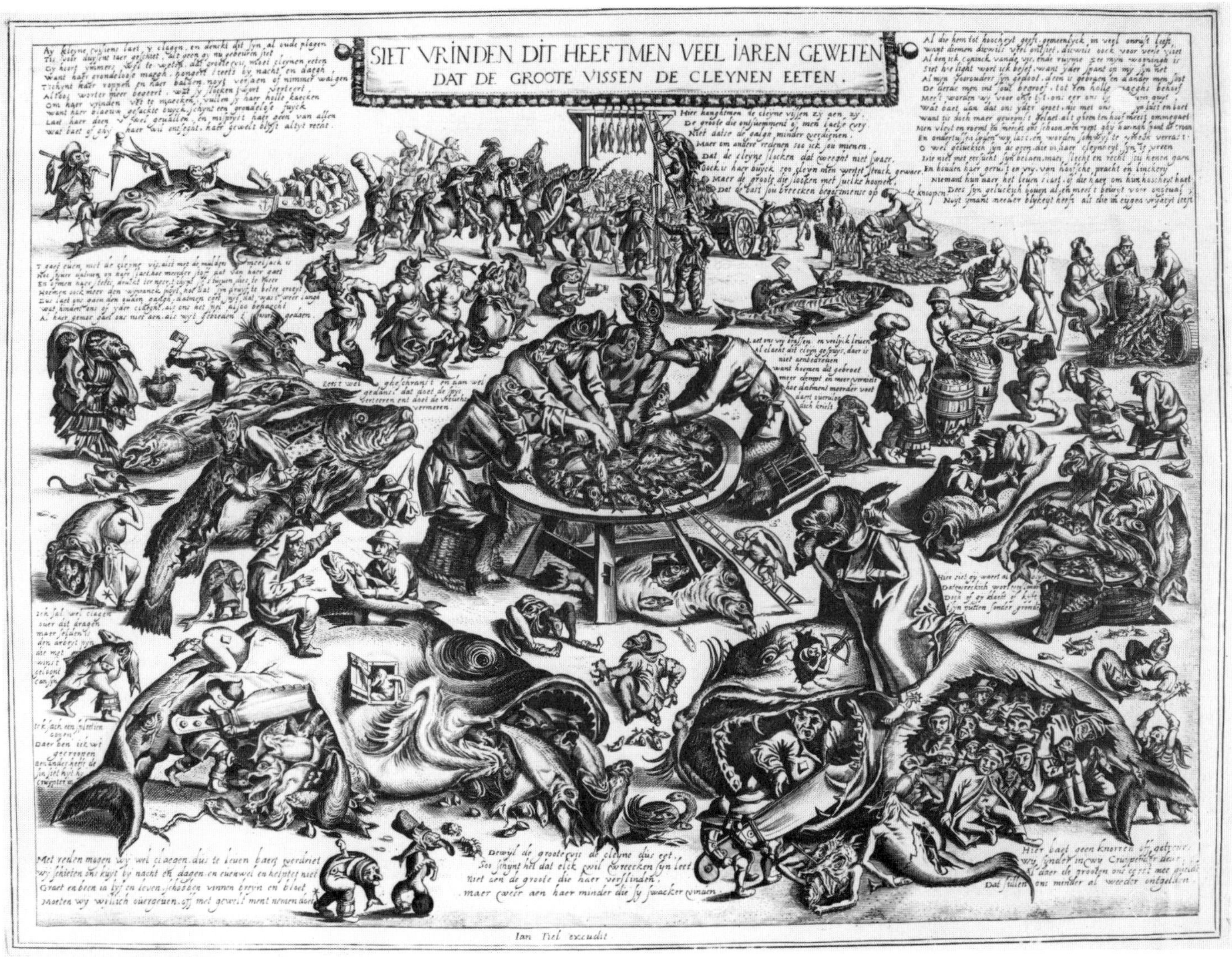

195
Jan Thiel, tätig um 1600

Die großen Fische fressen die kleinen Fische, um 1600

Radierung und Kupferstich mit gravierten Texten, 377 x 498, bezeichnet *Jan Tiel excudit.*
Atlas van Stolck, Rotterdam.

Das um 1600 verlegte Blatt greift unten links das Hauptmotiv von Bruegels gleichnamigem Stich auf (vgl. Kat. 194). In einer Fülle weiterer Szenen, für die z.T. gleichfalls Vorlagen Bruegels bekannt sind, wird das Thema der großen Fische, die die kleinen fressen, variiert. Die inschriftlichen Auslegungen nennen das geschilderte Geschehen als Abbild menschlichen Verhaltens: Jeder versucht, aus dem kleineren und schwächeren Mitmenschen seinen Nutzen zu ziehen.

Eine ausführliche Interpretation des Blattes auf S. 407ff. G.U.

Lit.: Vgl. S. 407, Anm. 32.

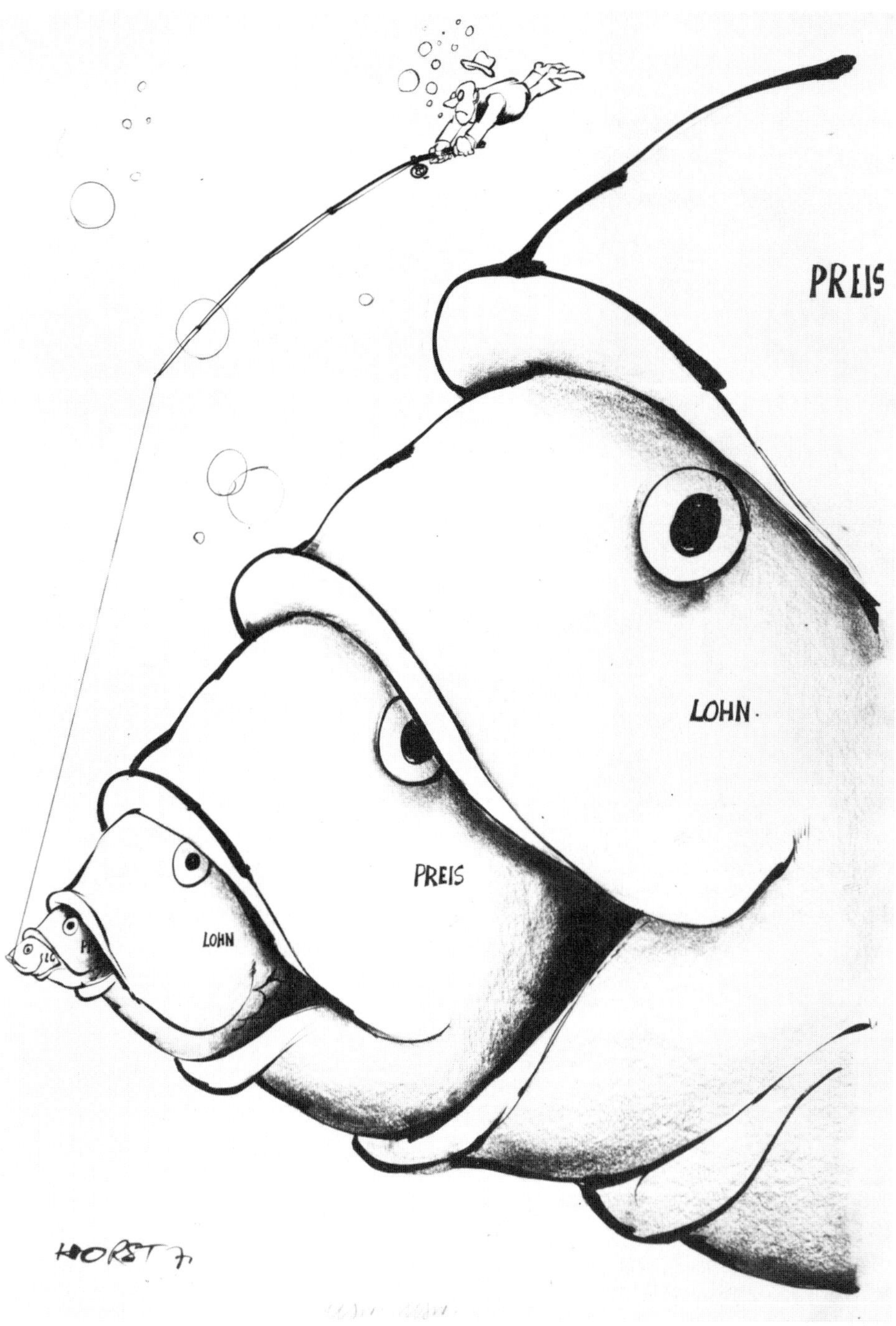

196
Horst Haitzinger (geb. 1939)
usw. usw., 1971
Pinsel und Feder in Schwarz, Kohle, 450 x 313, signiert *Horst 71*
Wilhelm-Busch-Museum, Hannover.

Gezeigt sind die Köpfe mehrerer von links nach rechts an Größe zunehmender Fische, die einen jeweils kleineren verschlingen. Der Kleinste reißt den noch kleineren Angler ins Wasser.

Wie die inschriftlichen ›Namen‹ der Fische belegen, illustriert Haitzingers Karikatur die Lohn-Preis-Spirale: Die Erhöhung des einen führt zur Steigerung des anderen, *usw. usw.* Wirtschaftliches Geschehen ist somit durch ein der Tierwelt entlehntes Verhaltensmuster beschrieben, das bereits Pieter Bruegel 1556/57 zur Verbildlichung eigennützigen Handelns diente (vgl. Kat. 194, 195 und ausführlich S. 402 ff.).
G. U.

Lit.: Veröffentlicht in der Münchner Zeitung *tz* (1971).

197
Horst Haitzinger (geb. 1939)
Die Solidarität im Vatikan, 1981
Feder und Pinsel in Schwarz, Kohle, Deckweiß, Collage (graues Raster), 210 x 297, monogrammiert und datiert *H81 15.I*, beschriftet in Blei *Die Solidarität im Vatikan (frei nach Michelangelo)*
Sammlung Ensmann, München.

1508–12 malte Michelangelo das Gewölbe der Sixtinischen Kapelle im Vatikan aus und schuf damit eins der berühmtesten Werke der Kunstgeschichte. Horst Haitzinger kann auf die allgemeine Bekanntheit gerade der *Erschaffung Adams* zurückgreifen, wenn er Michelangelo zitiert.[1] Aufmunternd schmunzelnd läßt Papst Johannes Paul II. in der Rolle Gottvaters den zündenden Funken zu dem polnischen Gewerkschaftsführer Lech Walesa überspringen, der in der heroischen Gestalt des nackten Adam lagert – allerdings mit einem Feigenblatt an entscheidender Stelle. Walesa besuchte im Januar 1981 seinen polnischen Landsmann auf dem Petersstuhl; die längere Privataudienz, die der Papst ihm gewährte, wurde allgemein als Rückenstärkung der aufständischen polnischen Gewerkschaft aufgefaßt, wirksam gerade in einem tief katholischen Land wie Polen. So verwundert es nicht, daß die polnische KP, Schutz vor den Blitzschlägen suchend, sich an den großen Bruder Breshnew drängt. Wie diese letzten beiden, so sind auch die Blitze und natürlich die Köpfe von Papst und Walesa Zutaten des Karikaturisten. Aus der Erschaffung des Menschen wird eine satirische Allegorie, in der sich Schöpfer und Geschöpf verbinden, um dem gemeinsamen Feind Furcht einzuflößen. Obwohl die Komposition Michelangelos in den Grundzügen korrekt übernommen wird, spielt der ursprüngliche Schöpfungsgedanke in der Karikatur überhaupt keine Rolle. Lediglich das formale Motiv wird zitiert, dessen Wahl allerdings angesichts des Gesprächs der beiden Polen im Vatikan treffend erscheint. J.D.

1 Das gleiche Bildzitat beispielsweise bei Heller 1981, S. 106 (David Levine, *Mao als Adam*); Lurie 1980, S. 242.

198
Friedrich Karl Waechter (geb. 1937)
Michelangelo fecit
Blei und Feder in Schwarz, 291 x 410, beschriftet *Michelan / Bonaroti / fecit*
Wilhelm-Busch-Museum, Hannover.

Groß erscheinen in der Mitte des Blattes Kopf und ausgestreckter Arm Gottvaters aus Michelangelos *Erschaffung Adams* (vgl. Kat. 197). Doch vor dessen Zeigefinger kriecht lediglich eine harmlose Schnecke. In böser Umkehrung des Bibelspruches »Gott schuf den Menschen ihm zu Bilde« (1. Mose 1,27) wird nun der Kopf Gottvaters oben rechts mit Schnecken-Fühlern auf der Stirn wiederholt: Der Schöpfer wird zum Ebenbild des Geschöpfes und scheint, wie der leere Blick und die herabgezogenen Mundwinkel bezeugen, wenig zufrieden mit seiner Rolle als ›Schneckengott‹. Obwohl Waechter nur einen kleinen Ausschnitt von Michelangelos Deckengemälde zitiert, setzt er die Kenntnis des ganzen Bildes voraus und baut darauf sein dialektisches Spiel mit dem Schöpfungsgedanken und der Ähnlichkeit von Schöpfer und Geschöpf auf.
J.D.

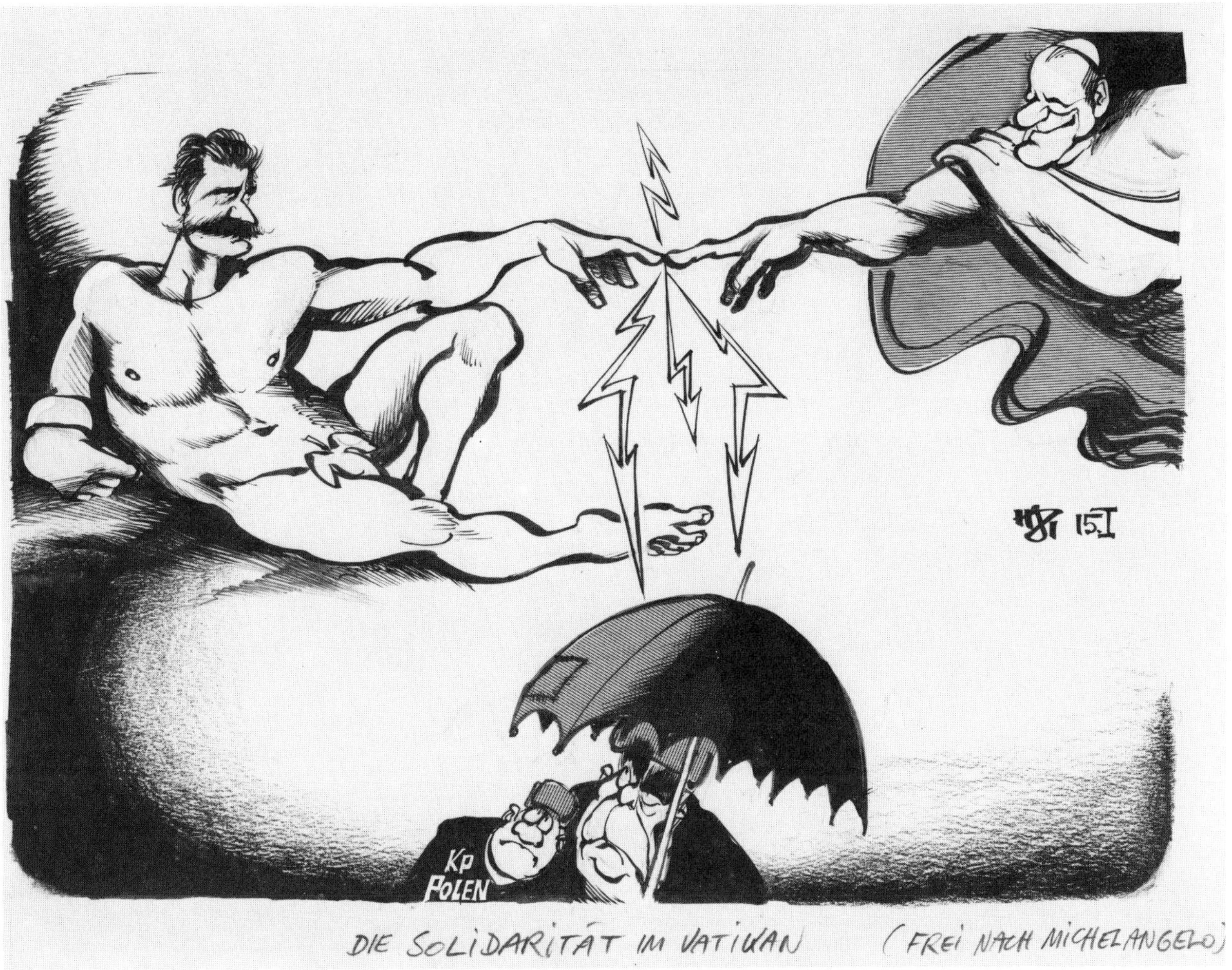
Kp
POLEN
DIE SOLIDARITÄT IM VATIKAN (FREI NACH MICHELANGELO)

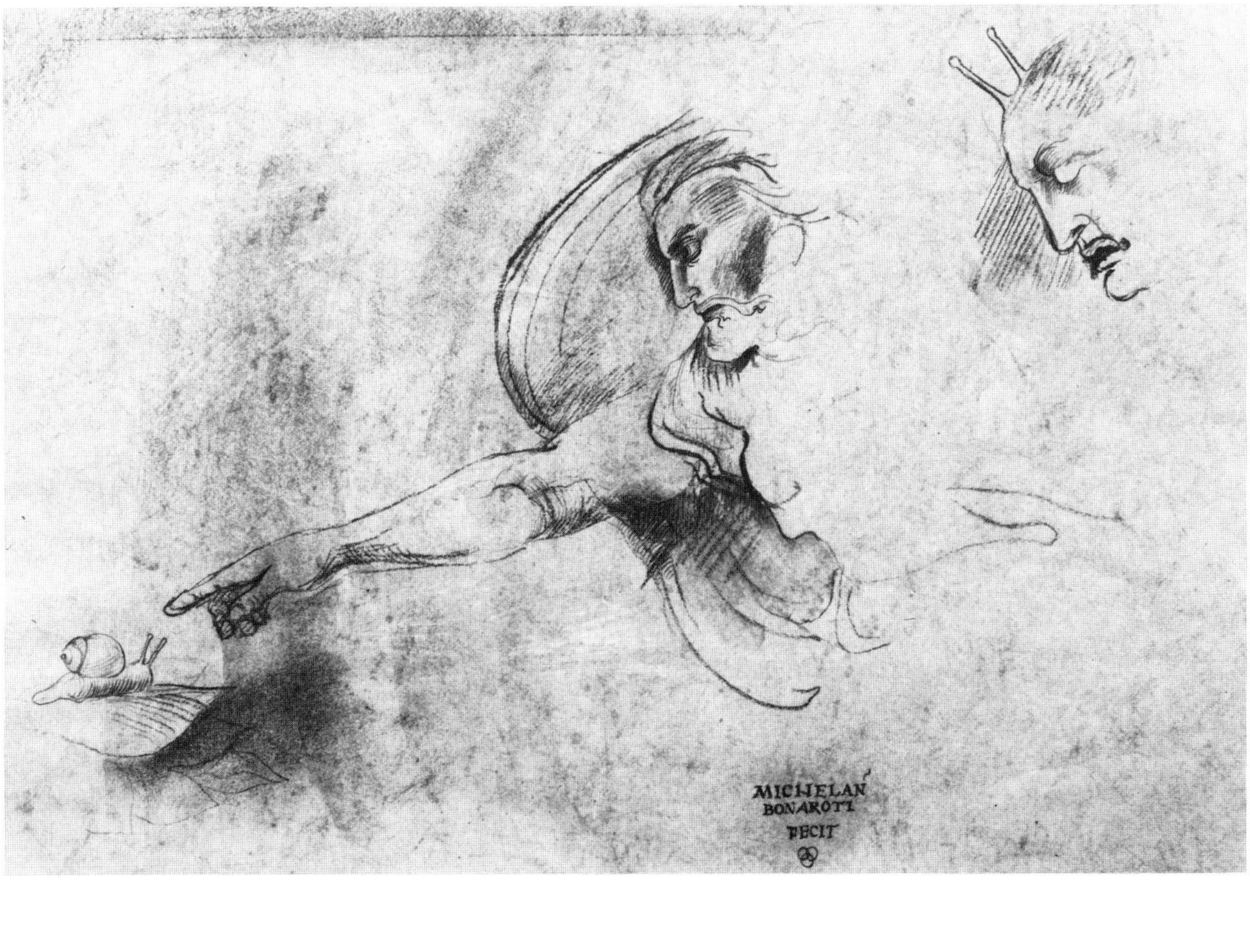
MICHELAN
BONAROTI
FECIT

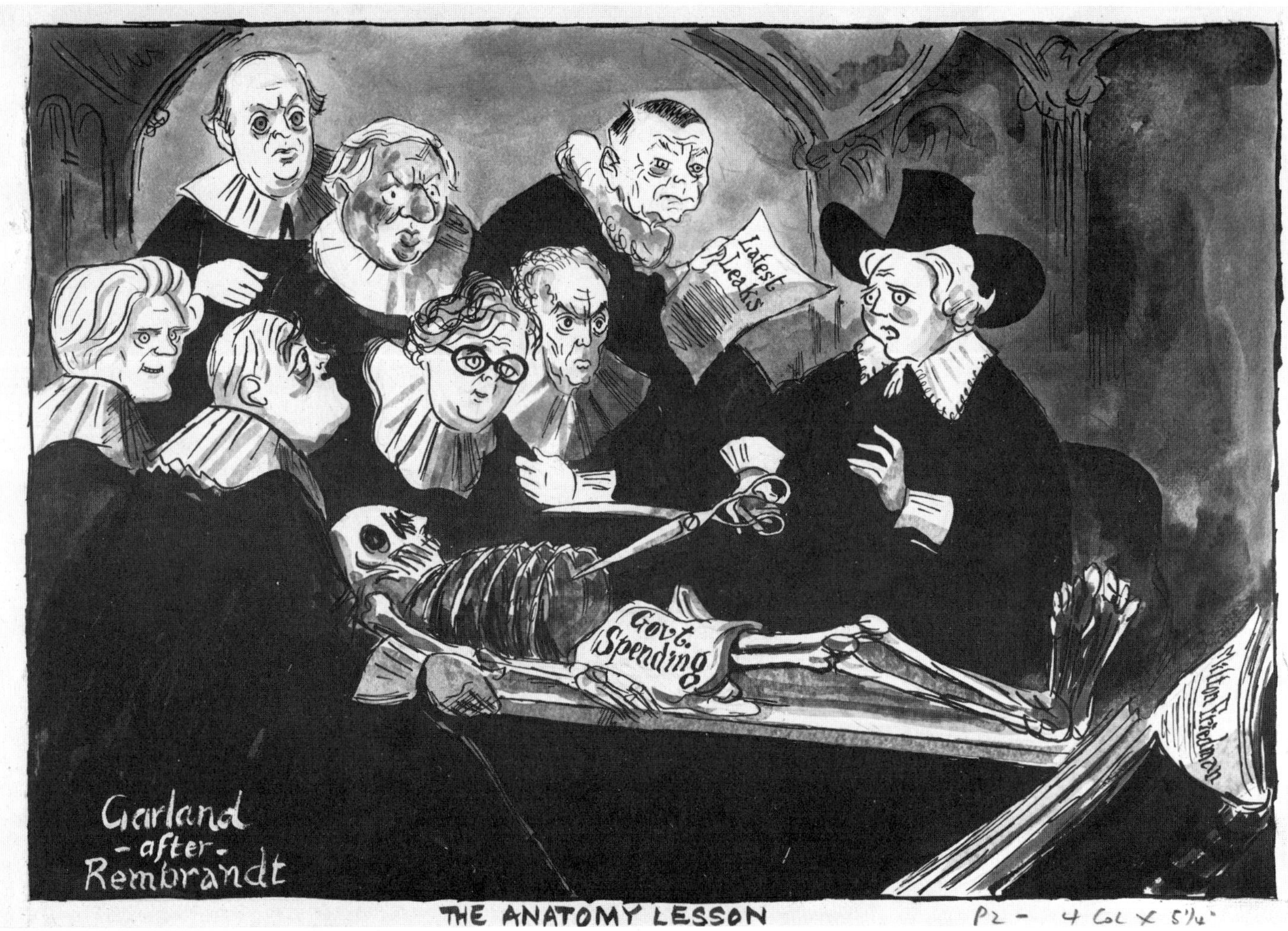

199
Nicholas Garland (geb. 1935)

Anatomieunterricht, um 1980

Feder und Pinsel in Schwarz, laviert, 266 x 375, bezeichnet *Garland – after – Rembrandt / The Anatomy Lesson*
Sammlung Ensmann, München.

Englands Premierministerin Margret Thatcher erteilt ihrem erstauntem Kabinett Nachhilfe in Anatomie. Mit einer großen Schere macht sie sich daran, die bereits bis aufs Skelett reduzierten »Staatsausgaben« ein weiteres Mal zu halbieren. Ihr Lehrbuch rechts unten schrieb der konservative amerikanische Wirtschaftstheoretiker Milton Friedman. Nicholas Garland vergleicht die rigorose Politik der britischen Regierungschefin mit dem Sezieren eines Leichnams. Allerdings liegt vor Frau Thatcher bereits ein Skelett, und auch ihre Papierschere scheint kein angemessenes Instrument für medizinische Feinarbeit. Die Komposition, die Anordnung der Personen und ihre Kleidung zitieren Rembrandts *Anatomie des Dr. Tulp,* doch verwandelt sich das ehrwürdige Gruppenbild auf der Karikatur in eine groteske Szene des schwarzen Humors.[1] J.D.

1 Zu weiteren modernen Zitaten der *Anatomie des Dr. Tulp* siehe Bringéus 1982, S. 100; Heller 1981, S. 161.

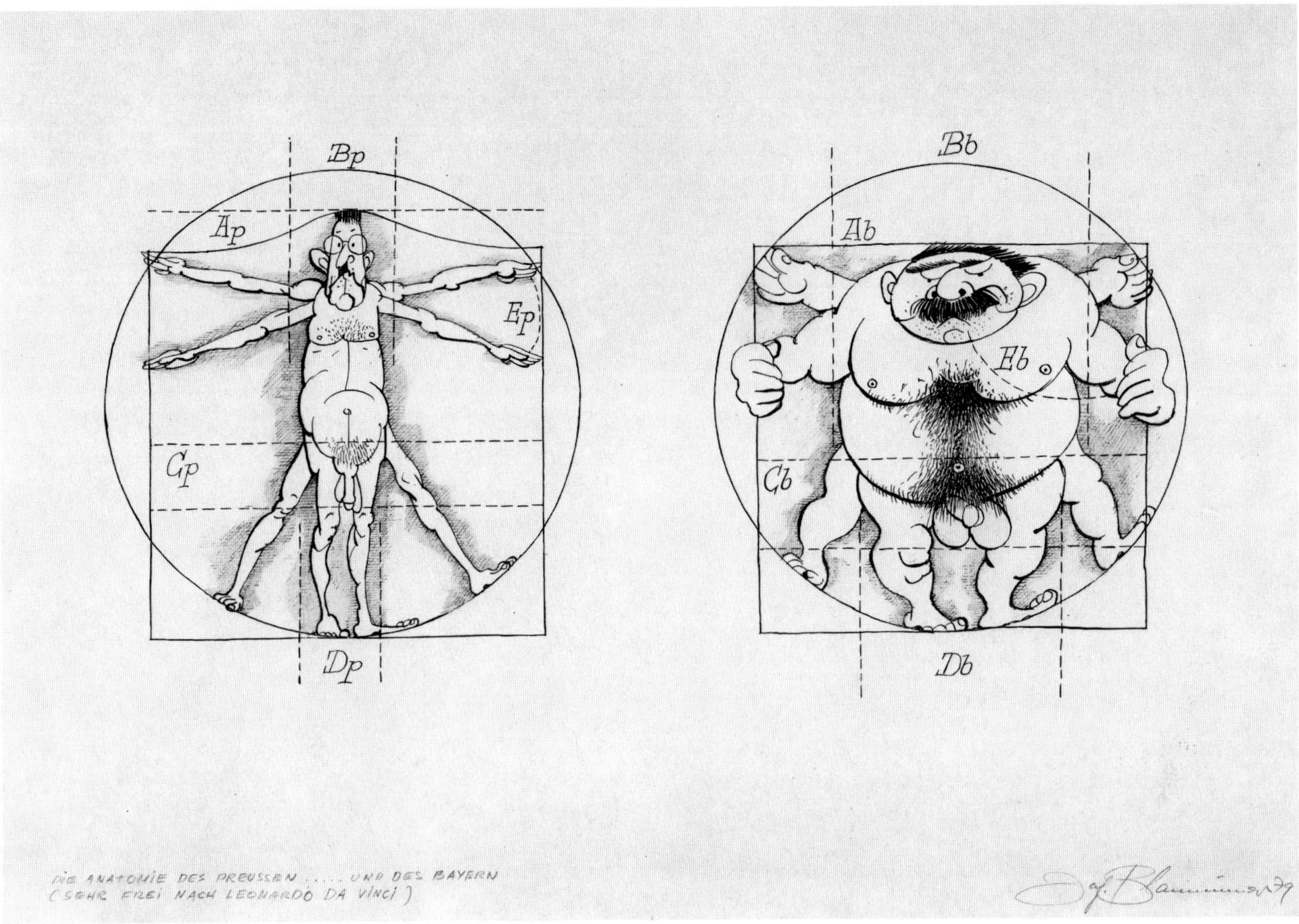

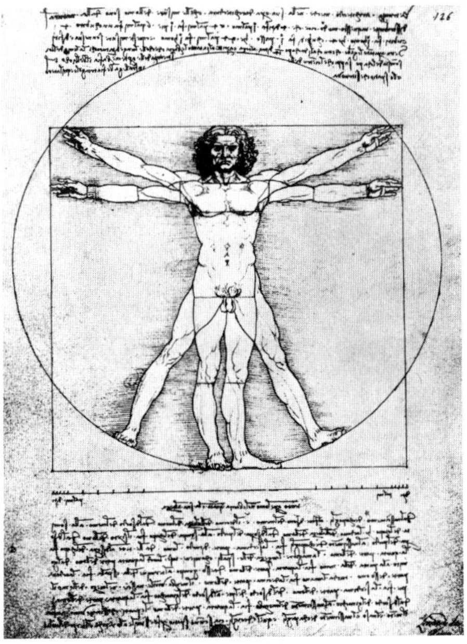

Abb. 164 Leonardo da Vinci, *Proportion des männlichen Körpers,* um 1490

200

Josef Blaumeiser (geb. 1924)

Die Anatomie des Preußen und des Bayern, 1979

Feder in Schwarz, Deckweiß, 349 x 467, signiert *Jos. Blaumeiser 79*
Sammlung Ensmann, München.

Leonardos berühmte Zeichnung zu den Proportionslehren des Vitruv wurde gerade in den letzten Jahren mehrfach parodiert. Die Schönheit des nackten Mannes, seine idealen Proportionen, die durch die Verbindung mit den geometrischen Grundformen von Quadrat und Kreis gleichsam mathematisch begründet werden, scheint den Verstoß gegen die zeichnerischen Regeln herauszufordern (Abb. 164).

Blaumeiser zitiert Leonardos Schema, um die klischeehaften Vorstellungen der bayrischen und der preußischen Statur ironisch miteinander zu konfrontieren. Beide verstoßen auf charakteristische Weise gegen Leonardos Regeln. Während der Preuße die vorgegebenen Flächen mit seinem schlaffen Körper nur knapp ausfüllt, droht die pralle Wucht des Bayern die geometrische Konstruktion zu sprengen. J.D.

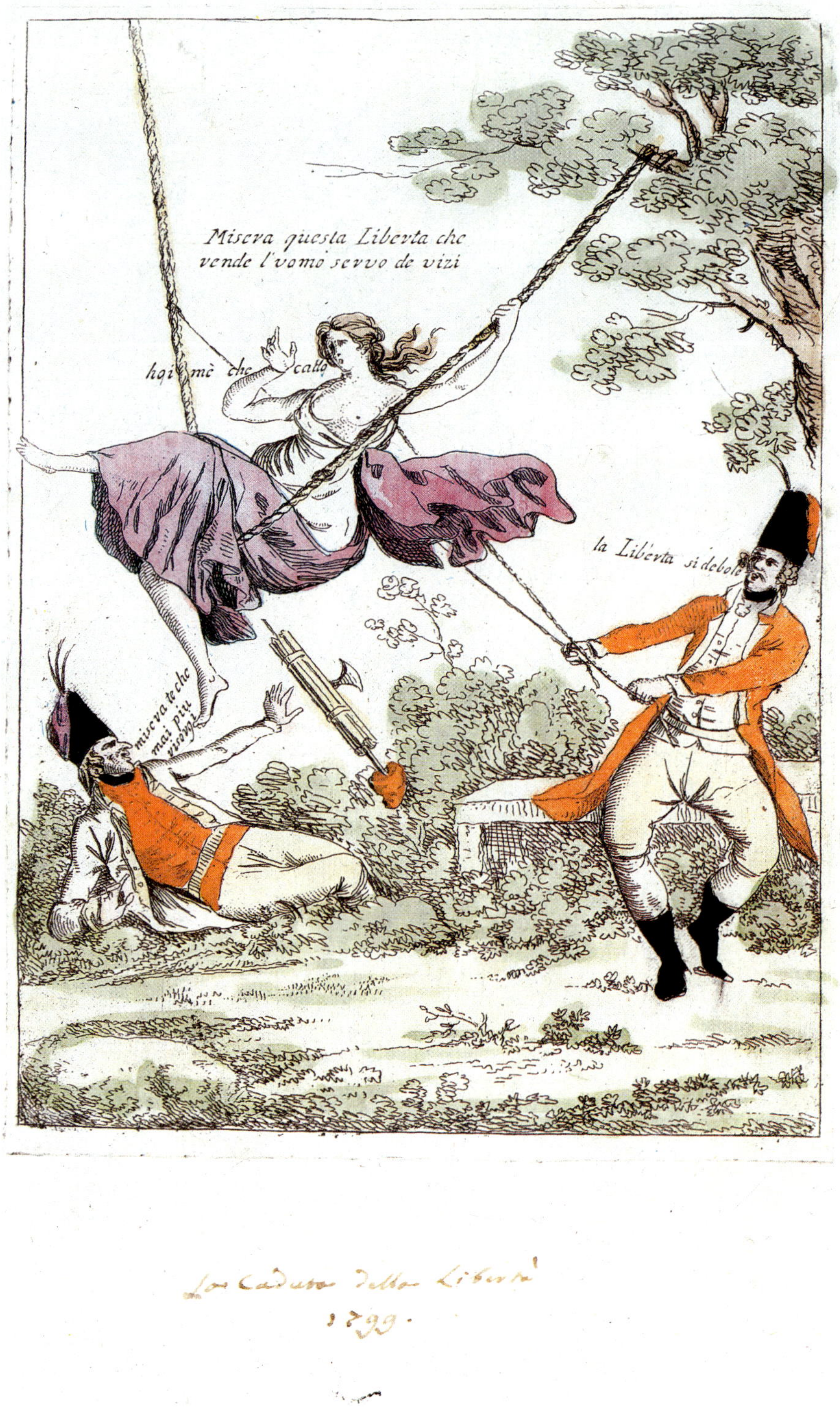

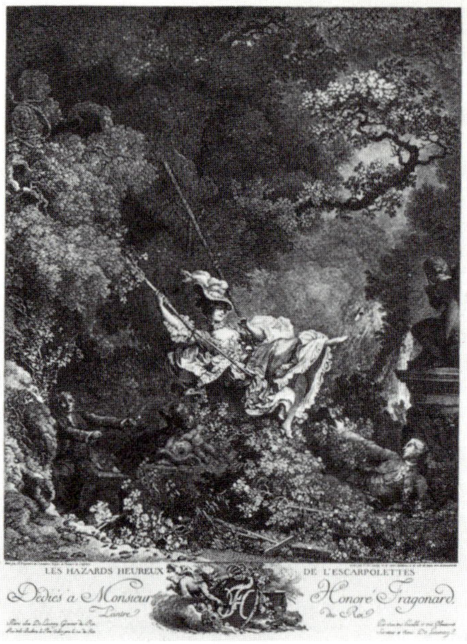

Abb. 165 Nicolas de Launay nach Fragonard, *Die Schaukel*, 1768/1782

201

Venedig oder Bassano, 1799

La Caduta della Libertà

Radierung, aquarelliert, 196 x 131, unter der Darstellung mit der Hand geschrieben *La Caduta della Libertà, 1799*
Privatbesitz.

Ein leicht bekleidetes Mädchen wird von einem österreichischen Husaren geschaukelt, dabei verliert sie ihr Herrschaftssymbol, das Liktorenbündel samt Jakobinermütze. Das Mädchen verkörpert die von den Franzosen eingerichtete zisalpinische Republik und damit nach dem Verständnis der Jakobiner auch die Freiheit. Wie auf dem vorbildlichen Gemälde Fragonards, der *Schaukel* in der Londoner Wallace-Collection (Abb. 165), sieht der zweite Mann, ebenfalls ein österreichischer Husar, dem Mädchen unter den Rock. Aus der anmutigen Frivolität Fragonards ist ein bitterer Scherz geworden. Die Freiheit als Hure den Soldaten ausgeliefert![1]

Zunächst hatten große Teile der italienischen Bevölkerung die Franzosen, als sie in Italien Republiken einrichteten, als Befreier begrüßt. Wegen der rücksichtslosen Plünderung der Staatskassen, dem Abtransport der berühmtesten Kunstwerke, der Profanierung der Kirchen und der Verschleppung des Papstes war die anfängliche Begeisterung vielfach in Empörung umgeschlagen. Der angestaute Unmut brach sich 1799, als die Franzosen vorübergehend Italien räumen mußten, mit einer Flut von Karikaturen Bahn (Kat. 149); allerdings nur für die kurze Zeit bis zur Wiederkehr der Franzosen. Wieder Herr, haben sie sofort jede Kritik unterdrückt.

Die Ausplünderung Italiens im Namen der Freiheit verwirrte die Menschen, die erleben mußten, daß man im Namen eines hohen Ideals die Menschheit knechten konnte. Als dann die Österreicher gekommen waren, um sie zu ›befreien‹, änderte sich praktisch an der Sachlage nichts. Wieder wurden die Italiener von Fremden beherrscht. Sie kamen aus ihren Nöten nicht heraus. »Elend die Freiheit, die den geknechteten Menschen die Laster verkauft.«

Das Blatt gehört zu einer Serie von Karikaturen, in der das Ende der zisalpinischen Republik sowie die Errichtung des Pariser Direktoriums verbittert kommentiert wird. Auf einer dieser Darstellungen verrichtet ein venezianischer Edelmann vor der Statue der Freiheit seine Notdurft, während Jupiter mit einem Blitz die Statue vom Sockel stürzt, ein Hinweis auf die Herkunft der Blätter. Alle Darstellungen sind handschriftlich betitelt und 1799 datiert. M.H.

1 Fragonards *Schaukel* wird mehrfach zitiert, so beispielsweise von J.M. Will (Fuchs 1908, Abb. 231), Rowlandson (Paulson 1972, S. 82, Abb. 43; Fuchs 1908, Abb. 238) oder G.D. Tiepolo (Kat. Providence 1971, Nr. 38).

Lit.: Unveröffentlicht.

202

Giuseppe Maria Mitelli (1634–1718)

Die Klage des Mufti, 1683

Radierung, 396 x 271, signiert *GM Mitelli delin. et fec. 1683.*
Germanisches Nationalmuseum, Nürnberg.

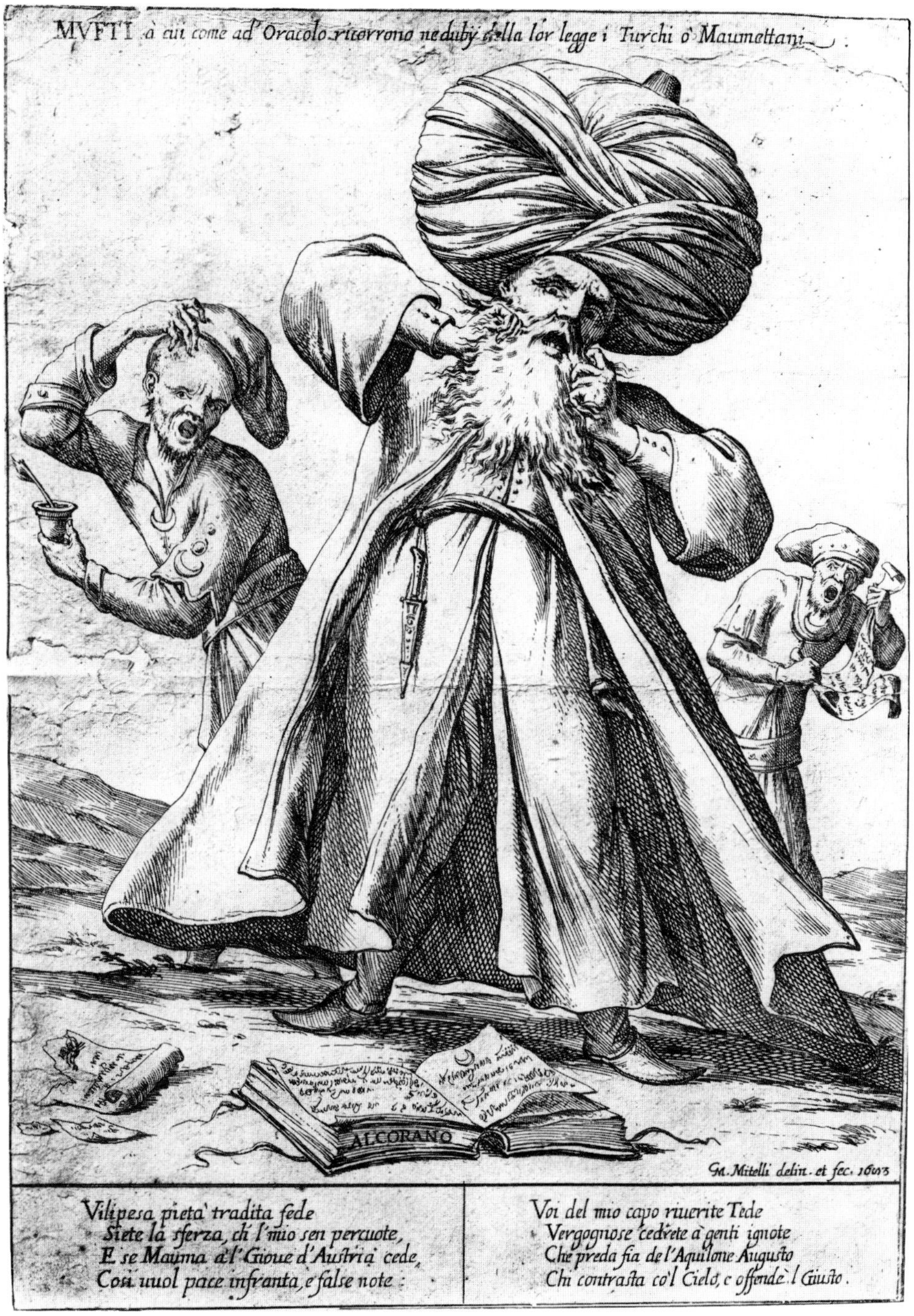

Mitelli zeigt im Vordergrund einen orientalisch gekleideten Alten mit mächtigem Turban. Erregt greift er sich in den Bart; Augen und Mund drücken Schrecken aus. Hinter ihm zwei weitere Orientalen, deren linker sich die – nicht vorhandenen – Haare rauft und deren rechter, gleichfalls vom Schreck erfaßt, eine zerrissene Urkunde in Händen hält. Zu Füßen des Turbanträgers der Koran.

Der Zeichner nutzt das gestische Mittel der Körpersprache in Verbindung mit mimischer Aussage. Die momentane Erregung äußert sich sinnfällig im Raufen von Bart und Haar, einem bereits biblischen Zeichen der Verzweiflung, das auch in den allgemeinen Sprachgebrauch eingegangen ist.[1] Wodurch die heftige Reaktion ausgelöst wurde, ist dem Bild nicht zu entnehmen. Wohl aber führt der Text auf den aktuellen und zugleich satirischen Sinn. Der Turbanträger ist ein Mufti und mithin ein islamischer Rechtsgelehrter, »zu dem wie zu einem Orakel die Türken oder Mohammedaner bei Streitigkeiten über ihr Gesetz ihre Zuflucht nehmen« – so die Überschrift.[2] Des Muftis Klage schließlich ist in acht Verse gefaßt:

»Verachtete Frömmigkeit, verratener Glaube –
Ihr seid die Kraft, die mir die Brust zerreißt.
Und wenn Mohammed weicht vor Österreichs Zeus zurück,
So wünsch' den Frieden ich gebrochen und die Verträge nichtig:
Oh ihr mein's Hauptes hochverehrte Tede [?],
Schändlich weichet ihr vor unbekanntem Volk zurück
Und fallt zur Beute dem erhab'nen Adler,
Der sich entgegensetzt dem Himmel und beleidigt den Gerechten.«

Verräterisch ist insbesondere die dritte Zeile: »Wenn Mohammed weicht vor Österreichs Zeus zurück«. In Verbindung mit dem inschriftlichen Datum 1683 kann nur die in diesem Jahr fehlgeschlagene zweite Belagerung Wiens durch die Türken gemeint sein. Einige weitere Anspielungen lassen sich vermutungsweise auflösen: Im »österreichischen Zeus« mag Kaiser Leopold I. wiedererkannt werden, eher noch der österreichische Feldmarschall und Führer der Alliierten Herzog Karl von Lothringen; das unbekannte Volk sind womöglich die polnischen Truppen unter König Johann Sobieski; der »erhabene Adler« meint wohl den Reichsadler. Trotz dieser Unsicherheiten im Einzelnen ist der Sinn des Ganzen klar: Der Mufti beklagt die eigene Niederlage in orientalisch gestenreicher Körpersprache und beschuldigt die Gegenwehr leistenden Angegriffenen, mohammedanische Frömmigkeit – sprich: Missionierung und Machtstreben – zu verachten und Allah zu beleidigen. G.U.

1 Esra 9,3: »Da ich solches hörte, zerriß ich mein Kleid und meinen Rock, und raufte mein Haupthaar und Bart aus, und saß bestürzt.«

2 Für die Übersetzung danke ich Jochen Wagner, Göttingen.

Lit.: A. Bertarelli, *Le incisione di Giuseppe Maria Mitelli. Catalogo critico*, Mailand 1940.

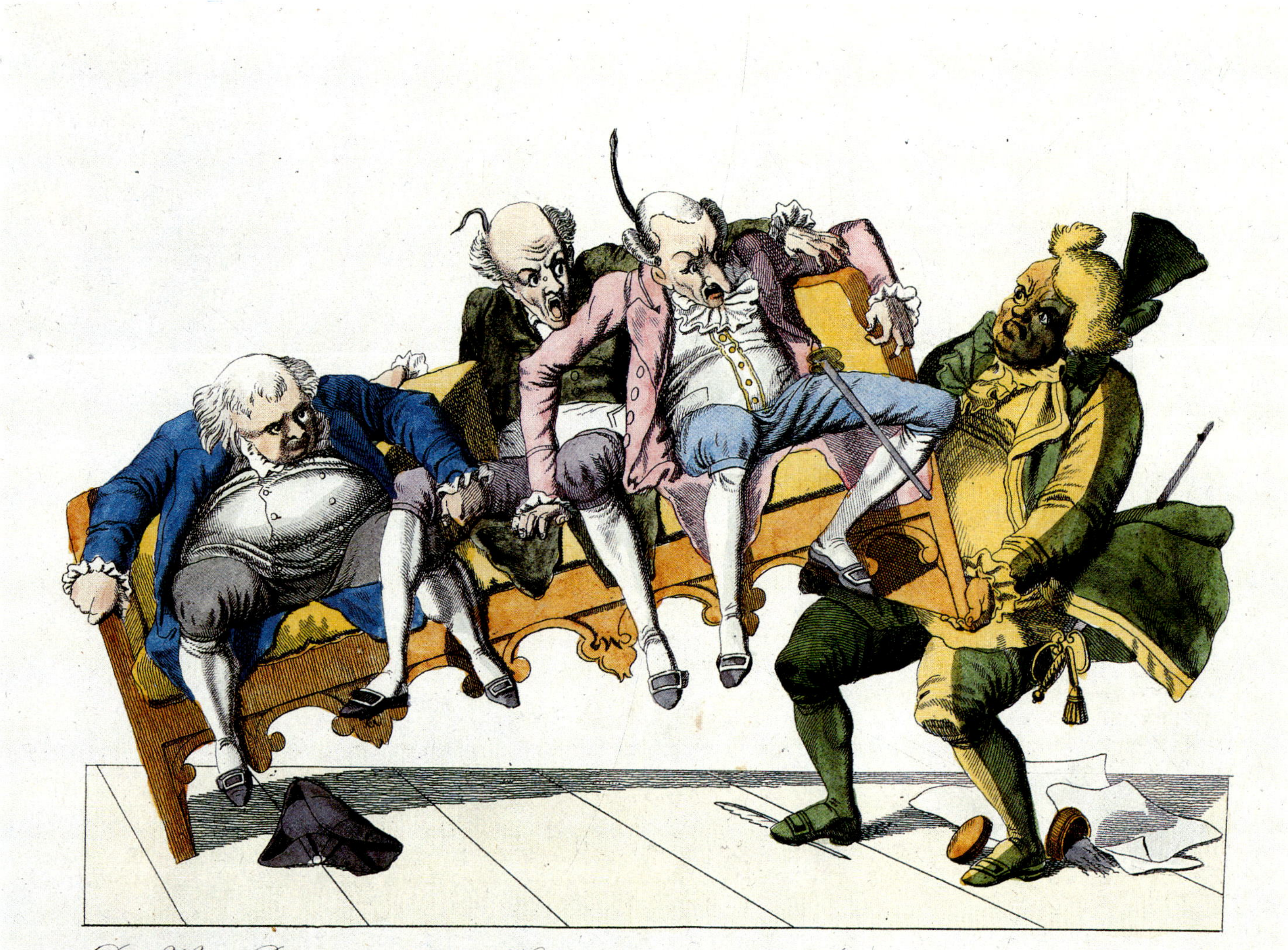

Der Herr Bürgermeister von Krähwinkel wird vor Aerger grün und gelb und hebt die Sitzung auf.

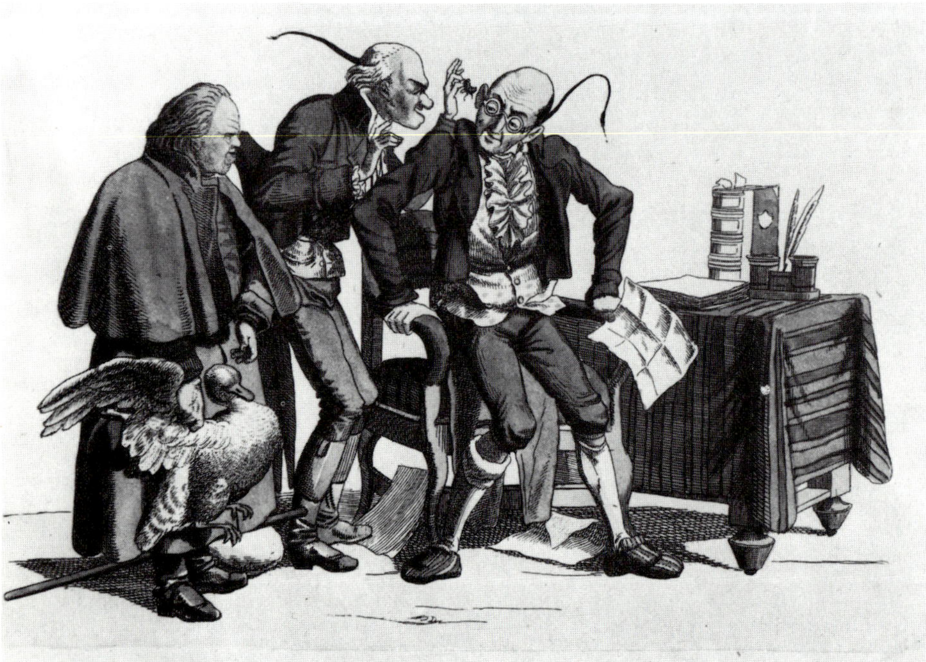

Dem Inspector zu Krähwinkel wird ein Floh in's Ohr gesetzt.

203

Johann Michael Voltz (1784–1858)

Der Herr Bürgermeister von Krähwinkel wird vor Ärger grün und gelb und hebt die Sitzung auf, 1824/27

Dem Inspector zu Krähwinkel wird ein Floh in's Ohr gesetzt

Zwei Radierungen, aquarelliert, 202 x 237 und 191 x 234

Privatbesitz.

1803 hatte Kotzebue sein Lustspiel *Die deutschen Kleinstädter* in Krähwinkel angesiedelt. Unter einem Krähwinkler verstand man seitdem schlechthin einen Spießer. Daraus entwickelte sich bei den deutschen Karikaturisten ein besonderer Spaß. Man setzte einen im übertragenen Sinn gebrauchten Ausdruck wortwörtlich in ein Bild um. In Nürnberg, Augsburg und München, in Österreich und der Schweiz entstanden seit den zwanziger Jahren zahllose Serien. Oft waren es Kopien oder sogar nur Kopien von Kopien. Die meisten dieser Darstellungen wirken heute auf uns abgeschmackt. Besonders erfolgreich war Johann Michael Voltz mit seinen 32 Entwürfen, die er dem damaligen Besitzer des Augsburger Verlages Martin Engelbrecht, Paul Martin Wilhelm, 1824–1827 lieferte.

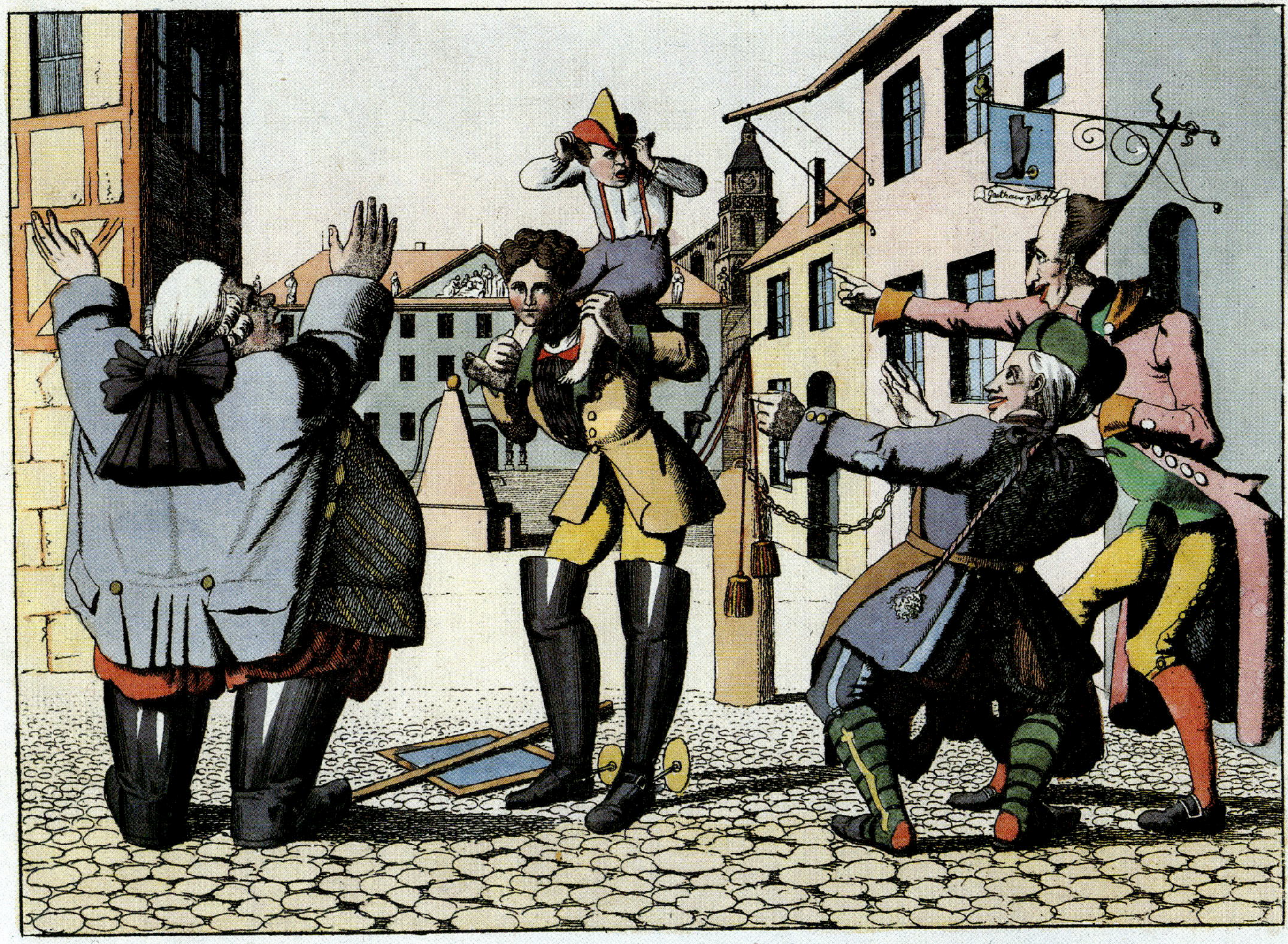

Wie ein Krähwinkler Studiosus einen dummen Jungen auf sich sitzen läßt

Das Blatt *Der Herr Bürgermeister von Krähwinkel wird vor Ärger grün und gelb und hebt die Sitzung auf* tut zumindest in der farbigen Fassung auch heute noch seine Wirkung. Der gewaltige Zorn des kräftigen Bürgermeisters und das Entsetzen seiner verängstigen Räte entlarven die Gesellschaft als eine Mischung von unbeherrschten und kläglichen Gesellen.

Mit dem Blatt *Dem Inspector zu Krähwinkel wird ein Floh in's Ohr gesetzt* gelang Voltz eine fast surrealistisch anmutende Szene. Es ist immer noch umwerfend, wie der wie ein Quaksalber wirkende Dienstherr dem Inspektor betulich einen riesigen Floh ins Ohr setzt, wie sich der Inspektor gebauchkitzelt von seinem Sessel erhebt, und dazu das dümmliche Gesicht des Bauern, der eine Gans bereit hält, mit der er den Inspektor für seine Sache einnehmen wollte. Natürlich sind die beiden Beamten bezopft. Der Zopf bezeichnete damals einen Mann, der sich einer weit zurückliegenden Vergangenheit verpflichtet fühlte. Immerhin war es dreißig Jahre her, daß der Zopf aus der Mode kam. Der Gefahr, sich in naturalistischen Details zu verlieren, entging Voltz, indem er seine Figuren vor einen weißen Grund setzte. M.H.

Lit.: Hagen 1863, Nr. 468–99; Friedrich Schott, *Der Augsburger Kupferstecher und Kunstverleger Martin Engelbrecht und seine Nachfolger,* Augsburg 1924 (Neudruck Wiesbaden 1972).

204

Nürnberg, um 1825

Wie ein Krähwinkler Studiosus einen dummen Jungen auf sich sitzen läßt

Radierung, aquarelliert, 181 x 264
Privatbesitz.

In der Mitte einer bühnenartig angelegten Stadtkulisse steht ein verdattert dreinblickender Student. Auf seinen Schultern sitzt erschreckt der *dumme Junge.* Die zu großen Stiefel lassen den jungen Mann noch hilfloser erscheinen. Wie die Schwanzfedern eines Hahns ragt dem Studiosus am Hintern eine Tabakspfeife heraus. An den Seiten der Bühne stehen die marionettenhaft agierenden Spötter. Sie scheinen einen grotesken Tanz aufzuführen. Der Dicke hat in komischem Erstaunen die Arme zum Himmel erhoben, der Kleine und der Lange zeigen von der anderen Seite her lachend mit den Fingern auf den Studenten. Durch ihre Zöpfe sind die drei als Spießer ausgewiesen. Anders als Voltz (s. die vorangehende Katalognummer) hat sich der Zeichner auf die mehr drastischen Wirkungen der Volkskunst verlassen. Die Figuren wirken, weil Übergänge fehlen, trotz kräftiger Tiefen merkwürdig flach. Sie sind um der Übersichtlichkeit willen fast unüberschnitten nebeneinander aufgebaut. Gesichtsausdruck und Bewegungen sind von jener undifferenzierten Deutlichkeit, die die Volkskunst kennzeichnet.

Das Blatt dürfte mit dem *Krähwinkler Student* identisch sein, der in der von Reynst veröffentlichten Liste des Campeschen Bilderbogenverlages unter Nr. 999 zu finden ist. Diese Liste muß zwischen 1827 und 1831 entstanden sein. 1827 ist die *Krähwinkeliade* Nr. 1019 datiert; die 1831 von Voltz gelieferten Blätter sind jedoch noch nicht aufgeführt. In der graphischen Ausführung entspricht das Blatt der Technik, die bei den für Campe tätigen Stechern üblich war. M.H.

Lit.: Reynst 1962, Nr. 999.

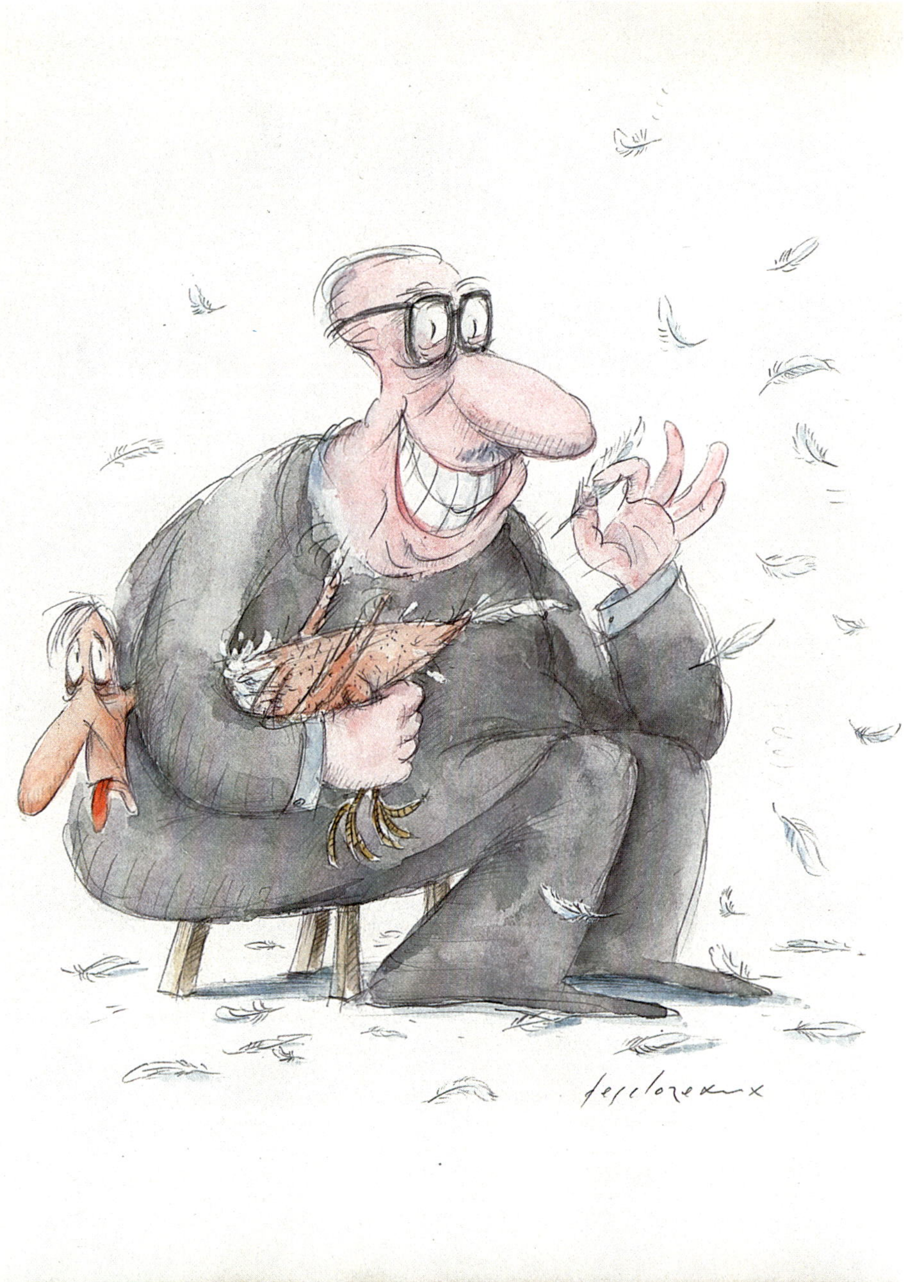

205
Jean-Pierre Desclozeaux (geb. 1938)
Hausbesitzer und Mieter, 1979
Aquarell und Blei, 325 x 250, signiert *desclozeaux*, datiert rückseitig *1979*
Sammlung Ensmann, München.

Der Hausbesitzer hat mit seinem Mieter ›ein Hühnchen zu rupfen‹. Breit grinsend, mit gewaltigem Gebiß, rupft er ihm Feder für Feder genüßlich aus. Dem armen Mieter, dessen Hühnerkörper unter dem Arm seines Quälgeistes eingeklemmt ist, ›hängt die Zunge zum Hals raus‹. Die Köpfe der beiden sind gleichermaßen grotesk deformiert.

Die den Hausbesitzer kritisierende Stellungnahme erfolgt über die Handlung, die die Hilflosigkeit des Opfers betont und den reichen Besitzer, dessen Macht auch in seiner Größe zum Ausdruck kommt, als sadistischen Ausbeuter herausstellt. Der Bezug zum Thema wird erst durch die Bildunterschrift hergestellt; das Aquarell selbst gibt keine Hinweise auf eine konkrete Situation.

›Hühnchen‹ wurden schon früher in der Karikatur ›gerupft‹. Verwiesen sei auf Goyas 19. Blatt aus den *Caprichos, Alle werden fallen*: Hier sind es die geilen Männer, die wie Motten zum Licht angeflattert kommen, um anschließend von den Huren gerupft und ausgenommen zu werden.[1]

J.D.

1 Kat. Göttingen 1976, Nr. 23.

Lit.: Veröffentlicht in: *Femme pratique* Nr. 194, Oktober 1979; *Nebelspalter* Nr. 32, 11.8.1981 (Titelbild).

206
Walter Hanel (geb. 1930)
Pleitegeier
Feder und Pinsel in Schwarz und Braun, weiß gehöht, 330 x 221, signiert *Hanel*
Sammlung Ensmann, München.

Drei gigantische Geier hocken in ihren Nestern auf den Dächern benachbarter Wolkenkratzer in Manhattan; im Hintergrund sind die Turmspitzen des *Chrysler* und des *Empire State Buildings* zu erkennen. Der vordere Vogel sitzt auf einem älteren, brüchigen Bau und beäugt kritisch und mit lang herabgebogenem Hals die kleine Menschenmenge, die sich vor dem baufälligen Haus versammelt hat. Ein großes Schild bietet dieses Relikt aus längst vergangenen Zeiten zum Verkauf an. Doch die eventuellen Käufer – um solche dürfte es sich handeln – blicken sorgenvoll nach oben auf die bedrohlichen Geier. Der zweite dieser unheilvollen Vögel kratzt mit seinem scharfen Schnabel an der Glasfassade eines zwar moderneren, aber auch nicht mehr neuen Gebäudes. Dessen Hausbesitzer steht skeptisch abwartend im Eingang. Der dritte Geier thront teilnahmslos auf einem höheren Wolkenkratzer im Hintergrund, so als sei er sicher, daß auch seine Zeit bald kommen wird.

Die Stadt New York stand mehrfach kurz vor dem Bankrott. Nicht nur ganze Viertel verwahrlosten zu Slums, sondern auch die lukrativen Gegenden Manhattans wurden in Mitleidenschaft gezogen. Walter Hanel setzt den Ausdruck *Pleitegeier* ins Bild, um den drohenden Kollaps der führenden Finanzmetropole der Welt vor Augen zu führen. Eindringlich werden die lauernden Raubvögel mit der realistisch gezeichneten Stadtlandschaft – die *Coca-Cola*-Reklame ist sogar als Collage eingefügt – konfrontiert.

J.D.

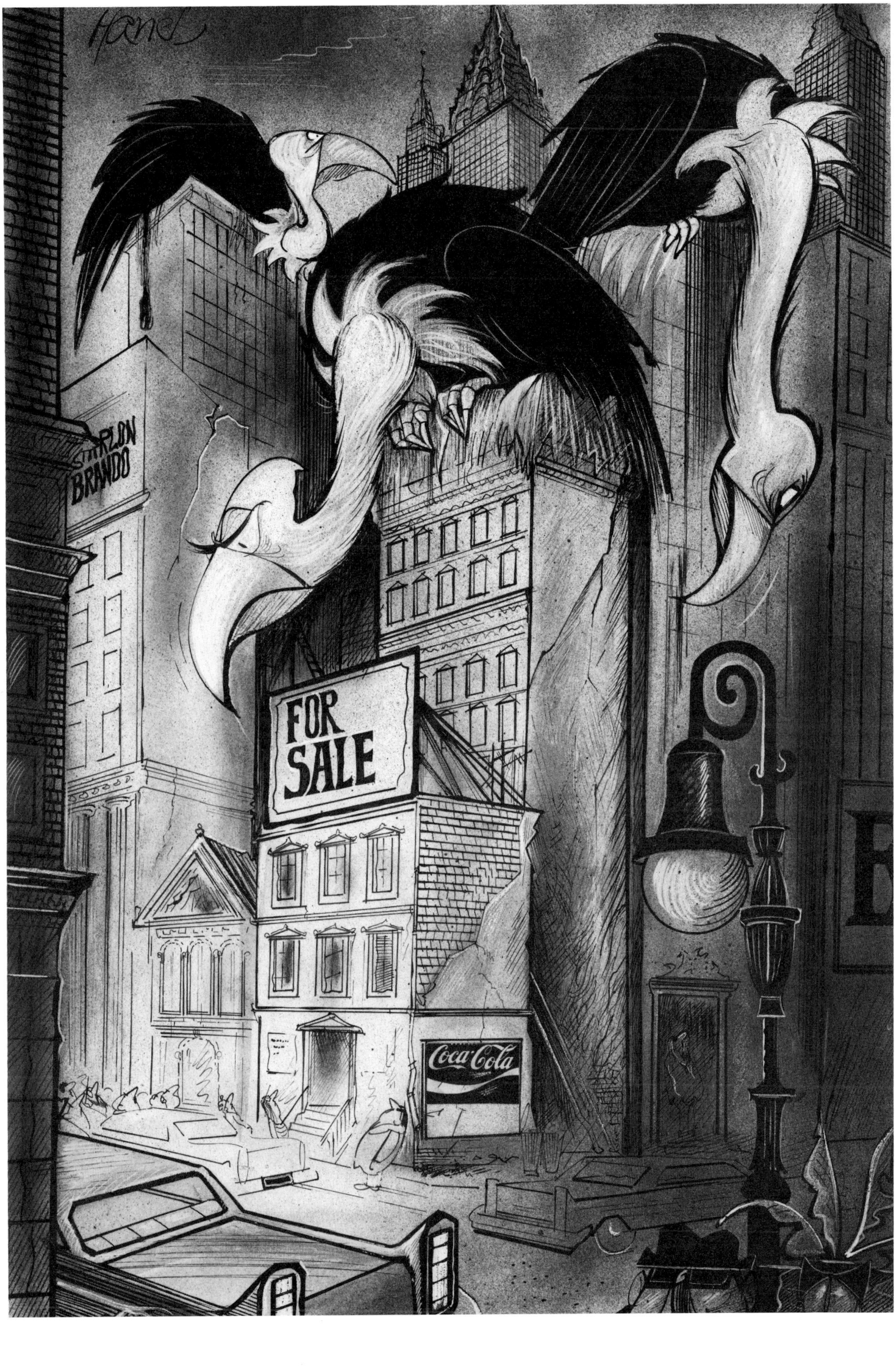
ARLON
BRANDO
FOR
SALE
Coca-Cola

Teil 4

Gesellschaftssatiren: verhöhnte Eitelkeiten

Die Gesellschaftssatire ist die kritische, aber selten vorurteilsfreie Antwort auf die Unzulänglichkeiten des Alltagslebens. Wenn auch Kritik sich hier vielfach auf Spott und Belustigung reduziert, ist sie doch ein Mittel der charakterisierenden Darstellung gesellschaftlicher Zustände. Moden und Tendenzen, Standessitten und Verhaltensweisen, die Paradoxie der Gegensätze von Anspruch und Wirklichkeit, von Ideal und Realität dienen vielfach dazu, den Zeitgenossen einen Spiegel vorzuhalten. Und ein Zerrspiegel kann treffender sein als die scheinbar exakte Wirklichkeitswiedergabe.

Die Mode selbst ist die schönste Karikatur, heißt es oft, von den Künstlern kaum noch zu übertreiben. Daß sie vielfach ins Bild genommen wird, um Eitelkeit der Lächerlichkeit preiszugeben, liegt auf der gleichen Linie wie die Darstellung der ›häßlichen Schönen‹. Häßlichkeit ist hier Mittel des satirischen Angriffs gegen die kämpferische, auf Emanzipation bedachte Frau. Darstellungen von schönen Frauen in der Karikatur dagegen stellen deren Eitelkeit heraus und lassen sie als die moralisch gefährdende Verführerin erscheinen. Zwischen diesen beiden Rollen bliebe der Frau nur der bescheidene Platz am Herd.

4.1. Modetorheiten

Die Mode ist ein leichtes Opfer der Karikatur: Sie wechselt und verändert sich in unvorhersehbarer Weise, sie bricht mit Konventionen und ständig mit ihren eigenen, kurz zuvor aufgestellten Regeln, sie fordert heraus, wirkt frivol oder lächerlich – kurz, sie tut alles, um aufzufallen und biedere Zeitgenossen vor den Kopf zu stoßen. Die jeweils neueste Mode scheint der vorhergehenden Hohn zu sprechen, sie zu ›karikieren‹. »Die Kostüme der Pariser sind zugleich ihre Carricaturen«, hieß es 1799 in der Weimarer Zeitschrift *London und Paris.*[1]

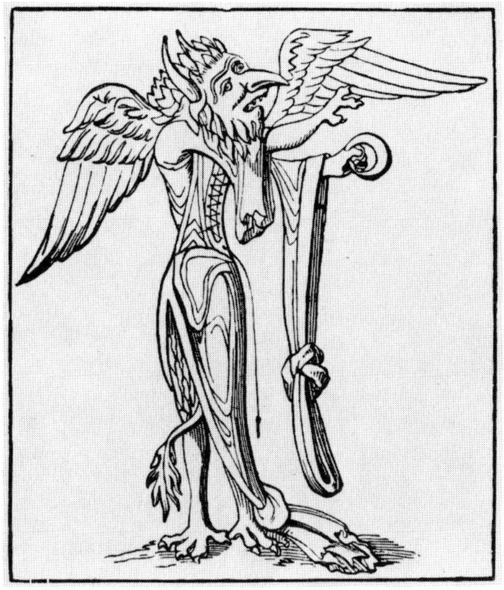

Abb. 166 *Modeteufel,* 14. Jahrhundert

Dabei ist Kleidung zu allen Zeiten eine durchaus ernste Angelegenheit gewesen. Zahlreiche Kleiderordnungen und Bekleidungsvorschriften belegen dies bis heute. Formen, Farben und Reichtum der Kleidung zeigen den sozialen Stand oder auch ein spezifisches Ereignis, meist festlicher Art, an.[2] Karikaturen spotten denn auch im allgemeinen nicht über konventionelles Aussehen, sondern nehmen die zunächst ungewohnten Neuerungen aufs Korn. Aufwendige, modische Kleidung war schon immer teuer und auf reiche Gesellschaftsschichten beschränkt, im Mittelalter auf höfische Kreise, denen schon bald das städtische Bürgertum nacheiferte. Modekarikaturen zielen daher bis weit ins 19. Jahrhundert hinein fast ausschließlich auf extravagante Vertreter der herrschenden Schichten.[3]

Ein kleines, groteskes Teufelchen hat Probleme mit seiner Kleidung: In den lang herabhängenden Ärmel und in die Schleppe sind Knoten geschlungen, aus dem graziösen Fließen des langen Stoffes werden unelegante Formen (Abb. 166).[4] Diese Darstellung aus dem 14. Jahrhundert stellt zwei modische Erscheinungen des hohen Mittelalters als teuflisch heraus und macht sie lächerlich: die Hängeärmel und die langen Schleppen. Letztere wurden als »geschwänzte Röck« verspottet, und es hieß, daß sich die Damen damit verunreinigen würden, wie die Schafe ihre Schwänze beschmutzten.[5] Seit dem späten 12. Jahrhundert gingen Kleiderordnungen gegen modische Extravaganzen und ungebührlichen Prunk vor.[6] Die älteste deutsche Kleiderordnung, 1356 vom Rat der Stadt Speyer erlassen, verbot für den bürgerlichen Stand Haarzöpfe, Haarschnüre, Schnürleiber, »Ärmellappen« länger als eine Elle, gold- und silberverzierte Mäntel, Verzierung der Kleider mit großen Zeugbuchstaben, der Schuhe mit Seidenvögeln und anderes mehr.[7] Gegen Ende des 14. Jahrhunderts kommen die zuckerhutförmigen, spitzen Hennins als Kopfbedeckungen auf, und wieder bestimmen Kleiderordnungen, daß der Hennin von den vornehmsten Damen bis zu einem Meter hoch getragen werden durfte, von Bürgersfrauen dagegen nur 50 bis 60 Zentimeter hoch.[8] Der Hennin wurde nicht nur durch Verordnungen eingeschränkt, sondern gleichzeitig in Wort und Bild verspottet. Ähnlich erging es den sogenannten Hörnerhauben, zu denen der Ritter de La Tour Landry im 15. Jahrhundert bemerkte, »die Frauen gleichen [damit] gehörnten Hirschen, welche den Kopf senken, wenn sie in den Wald gehen«.[9] Auch bei aufreizenden Schaustellungen griffen Verordnungen immer wieder ein. So gab es zahlreiche Verbote, den Busen frei oder den Hosenlatz offen zu tragen.[10]

Bis ins 19. Jahrhundert zielte der Spott des schreibenden oder des zeichnenden Satirikers in die gleiche Richtung wie amtliche Verordnungen. Gemeinsames Ziel waren modische Extravaganzen, die die Sitten verletzten oder die Ständeordnungen mißachteten und verwischten. Übermäßiger Aufwand an Kleidung wurde als die Todsünde der Hoffart, der Superbia, angeprangert, die das Mittelalter nicht nur als verderbliche Eitelkeit verurteilte, sondern darüber hinaus auch als Auflehnung gegen die göttliche Weltordnung ansah. Die bereits erwähnte Speyerer Kleiderordnung von 1356 wurde in der Absicht erlassen, »die Bürger billig vor Schaden und Ungemach« zu bewahren und »alle solche Stücke als hiernach genannt und beschrieben sind, die Hoffart und Übermut verursachen,« zu verbieten, »Gott zu Lob und zu Ehren und den Leuten zu Nutz und zu Frommen«.[11]

Auffällige Modeerscheinungen wurden als Machwerk des Teufels verdammt. Kleine Teufel helfen beim Herausputzen, sie hocken auf den Schleppen, sie richten eitlen Bürgern ihre Mühlsteinkragen oder halten diensteifrig den Spiegel. In der Darstellung der *Superbia* von Hieronymus Boschs *Todsündentafel* richtet eine vornehme Dame sorgfältig ihre weiße Haube (Abb. 167). Ein wolfsköpfiger Teufel

1 *London und Paris,* Bd. 4, 1799, S. 176. Im *Journal des Luxus und der Moden,* April 1797, S. 208, hieß es: »Die Moden unserer Männlein und Weiblein sind dermalen so schwankend und wechseln so unbestimmt und zweifelhaft ihre Formen und Gestalten als das Chamäleon seine Hautfarben.«
2 Vgl. grundsätzlich Kat. Berlin 1983.
3 Am Rande sei darauf hingewiesen, daß Modekarikaturen durchaus nicht nur der weiblichen Kleidung gelten, sondern in fast gleichem Maß den Stutzer und eitlen Gecken betreffen. Die Bemerkungen beispielsweise von Arnet 1958, S. 263, der Modekarikaturen unterstellt, daß sie »die Mode als eine Verbrecherin an der Frau bezeichnen«, sind zumindest einseitig. – Von den hier ausgestellten 28 Blättern stellen sieben ausschließlich Männer vor, weitere neun haben beide Geschlechter zum Ziel.
4 Abbildung der Nachzeichnung bei Fuchs 1928, Abb. 245; dort keine Angaben zur Herkunft.
5 Wendel 1928, S. 17.
6 Zusammenfassender Überblick in Kat. Berlin 1983, S. 23, mit Literaturangaben.
7 Wendel 1928, S. 20
8 Thiel 1980, S. 134. – Vgl. Fuchs I, Abb. 34.
9 Zitiert nach Arnet 1958, S. 263.
10 Wendel 1928, S. 21f.
11 Jacob Falke, *Die deutsche Trachten- und Modenwelt,* Leipzig 1858, Bd. 1, S. 182; zit. nach Kat. Berlin 1983, S. 24.

beugt sich hinter dem Schrank hervor und hält ihr den Spiegel entgegen. Auch er trägt eine modische weiße Haube, die damit deutlich zum Teufelswerk erklärt wird.

Im 16. Jahrhundert war es die sogenannte »Pludertracht«, die mit ihren Schlitzhosen und Pumpärmeln als vom *Hosenteufel* inspiriert galt,[12] ähnlich wie im folgenden Jahrhundert die neue, von Frankreich ausgehende Mode als teuflisch verurteilt wurde. Zahlreiche Flugblätter der Jahre um 1630 ließen die *Alamodo-Monsieurs* in die Hölle fahren oder trugen sie zu Grabe.[13] »À la mode«, nach der neuesten französischen Mode, meinte nicht nur die Kleidung, sondern auch das nach französischem Vorbild ausgerichtete Benehmen und die bis in den Alltag hineinreichende Übernahme der französischen Sprache in höfischen und städtischen Kreisen. Die Kleidung wurde als äußeres Zeichen eines inneren Niedergangs angesehen.

»Alamode-Kleider, Alamode-Sinnen:
Wie sich's wandelt außen, wandelt sich's auch innen«,

urteilte Friedrich von Logau (1604–1655) in einem seiner Epigramme.[14] Die moralische Ablehnung des sündhaften und närrischen »alamodischen Wesens« verband sich gleichzeitig mit einer Forderung nach nationaler Eintracht und Eigenständigkeit. 1629 hieß es: »Solange solche Pracht, davon man vor 20 Jahren nichts gesehen, nicht sich leget, und durch die Obrigkeit abgeschafft wird, solange ist kein Friede in Deutschland (...). Wollen wir Teutschen Affen ja so töricht sein, und allerley frembder Nationen und Völcker Trachten und Kleydung uns belieben lassen, wolan, so schicket uns Gott solche Völcker auf unsern Teutschen Boden.«[15] Doch der Grundtenor der meisten Flugblattexte liegt auf der moralischen Aburteilung der *Alamodo-Monsieurs* und *-Maitressen,* die der Eitelkeit und damit der Todsünde der Superbia verfallen sind und nicht das göttliche Strafgericht bedenken:

»Darumb ihr stoltze Stutzer,
Bekehret euch bey Zeit:
Thut Buß, ihr Prallr und Trutzer,
Ehe es euch ewig rewt.«[16]

Gegen Ende des 18. Jahrhunderts setzte eine grundsätzliche Änderung in der Bewertung der Mode ein. Extravagante Modeerscheinungen wurden nicht mehr vorrangig als Sünde verurteilt, wohl aber als Verstoß gegen die Vernunft und gegen ästhetische Ideale. So mag ein Vergleich der *Superbia*-Darstellung von Bosch (Abb. 167) mit einer motivistisch verwandten Radierung von Josef Franz von Goez (Abb. 168) den Wandel verdeutlichen: An die Stelle der Verteufelung der Eitelkeit ist der Spott über die vergeblichen Bemühungen der alternden Schönheit vor dem Toilettentisch getreten.[17]

Dagegen konfrontiert Chodowieckis Bildpaar *Natur* und *Afectation* die ideale, schlichte Nacktheit mit der affektierten höfischen Aufmachung und stellt diese als

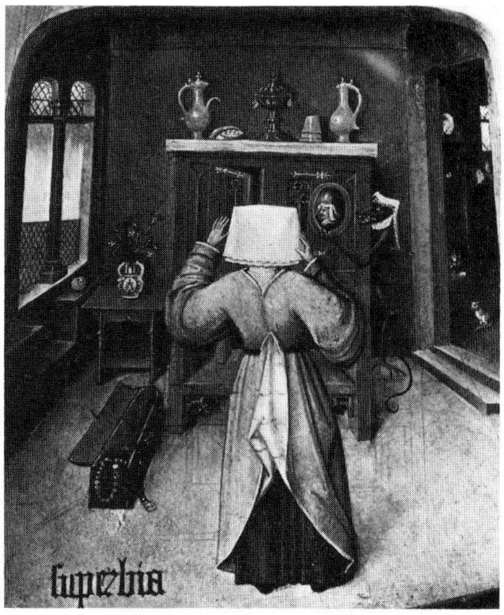

Abb. 167 Hieronymos Bosch, *Superbia* aus der *Todsündentafel,* um 1475

12 Brückner 1975, Abb. 38, mit Kommentar auf S. 204.

13 Das Motiv ist realen Leichenbegängnissen und manchen Schandzügen (siehe Kapitel 3.1.) entlehnt. Abbildungen z.B. bei Coupe 1967, Tafel 58, 59; Nr. 8–10. Siehe auch Kat. 207.

14 Salomon von Golaw (Anagramm von Logau), *Erstes Hundert deutscher Reimensprüche,* Breslau 1638; zit. nach Thiel 1980, S. 225. Die Beurteilung bei Thiel 1980, S. 226, daß sich die Kritik am »Alamodo-Wesen« vor allem gegen den höfischen Absolutismus richte, dürfte nicht zutreffen. Die Flugblätter, die sich des Themas annehmen, stellen sehr wohl die Modeerscheinung selbst in den Vordergrund, gesellschaftskritische Bemerkungen gelten fast ausschließlich der Nachahmung ausländischer Vorbilder.

15 J. M. Ellinger, *Der Allamodische Kleider-teuffel,* 1629, Kapitel 1; zit. nach Coupe 1966, S. 102.

16 Aus einem Flugblattext von 1628; zit. nach Coupe 1966, S. 102.

17 Zum Spiegel-Motiv vgl. Kat. 224, 243, 244. – Neue Moden werden zwar weiterhin als unsittlich und moralisch verwerflich herausgestellt, doch geschieht dies zumeist auf vergleichsweise provinziellen Blättern (Kat. 210, 221). Den großen Modeserien der Zeit, wie die *Macaronis* (Kat. 215) oder die *Incroyables* (Kat. 216–220), ist eine humorvolle Note zueigen, die von einer grundsätzlichen Verurteilung Abstand nimmt.

18 Blatt 1 und 2 aus *Natürliche und affectierte Handlungen des Lebens,* 2. Folge, veröffentlicht als Monatskupfer mit Erläuterungen von Georg Christoph Lichtenberg (vgl. Kat. 71) im *Göttinger Taschen-Calender vom Jahr 1780.*

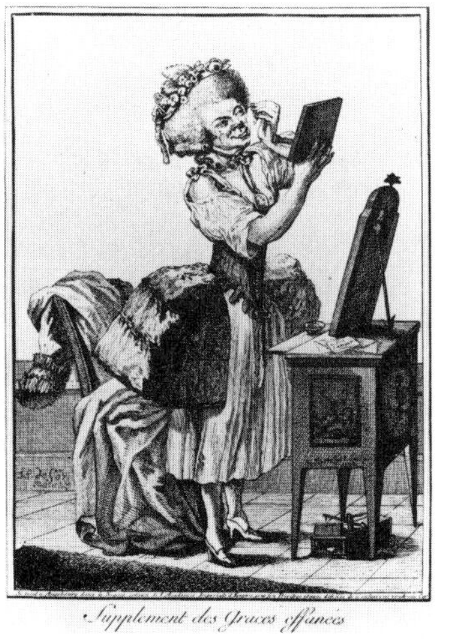

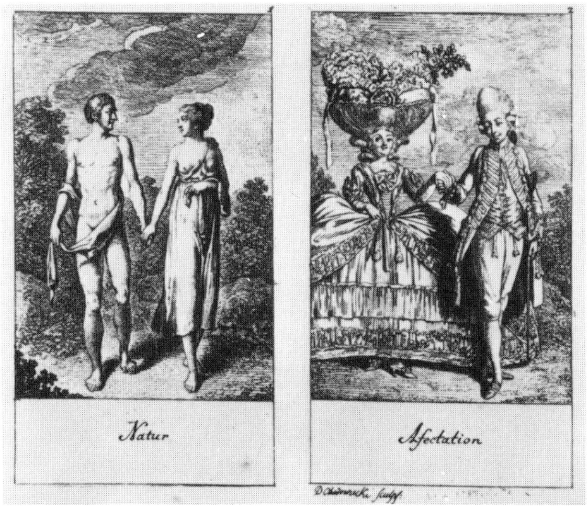

Abb. 168 Josef Franz von Goez, *Ergänzung der verwelkten Reize,* 1783

Abb. 169 Daniel Chodowiecki, *Natur* und *Afectation* 1779

Verstoß gegen das natürliche Erscheinungsbild des Menschen heraus (Abb. 169).[18] Doch ist Chodowieckis *Natur* sicherlich nicht als ernstgemeinter Vorschlag für eine neue Mode zu verstehen, sondern soll als Abbild eines paradiesischen Idealzustands zeigen, wie weit sich die höfische Mode von der göttlichen Schöpfung entfernt hat. Als keine zwei Jahrzehnte später die »mode à la grecque« oder »Nacktmode« in Paris aufkommt, in der durchsichtige weiße Musselinkleider über der nackten Haut oder allenfalls fleischfarbenen Trikots getragen wurden (Abb. 170 unten), priesen Kritiker deren Trägerinnen nicht etwa wegen ihrer Rückkehr zur Natur, sondern beschuldigten sie der schamlosesten Frivolität (Kat. 221).

Die französische Revolution 1789 stürzte nicht nur die Monarchie, sondern auch die Vorherrschaft der höfischen Mode. Der Pariser Korrespondent des *Journal des Luxus und der Moden* berichtete 1791: »Es ist ein närrisches Ding, wie jetzt, seit der Revolution, alles hier affectiert anders und gerade das Gegentheil von sonst zu seyn sucht. (. . .) Sonst zeichneten sich unsere Petits-Maitres und Elegants durch reiche oder seidne Kleider, goldne Nippes, eine zierliche, sorgfältige und oft lächerliche Frisur aus; und jetzt affectieren sie gerade das Gegentheil, die äußerste Simplicität, die mit einer starken Dosis Anglomanie gemischt, beynahe bis zur Rusticität geht.«[19] Doch schon bald traten bürgerliche Kreise mit völlig neuen und nicht weniger aufwendigen Modeschöpfungen hervor und ließen Paris wieder zum internationalen Modezentrum werden. Ab etwa 1796 machten die *Incroyables* (die Unglaublichen) und die *Merveilleuses* (die Wunderbaren) mit ihrem extravaganten Auftreten von sich reden (Kat. 216–220).

Seit 1770 lösten regelmäßig erscheinende, illustrierte Modejournale die bis dahin üblichen Kostümbücher und in Serien herausgegebenen Einblattdrucke ab.[20] Ein breiteres Pbulikum konnte sich dadurch über Modeneuheiten informieren. Es nahm an dem letzten Klatsch aus Paris oder London teil und begann vor allem, mit nur kurzem Zeitabstand, sich selbst nach den aktuellsten Vorbildern zu kleiden.[21] Gleichzeitig wurde Mode als historisches und zeitgeschichtliches Phänomen empfunden und ihr Wandel reflektiert. Im ersten Monat des 19. Jahrhunderts veröffentlichte das *Journal des Luxus und der Moden* eine Gegenüberstellung der Moden von 1701 und 1801 (Abb. 170).[22] Die beigegebene ausführliche Beschreibung sei nur wenig gekürzt zitiert, um sich mit dem zwar stellenweise ironischen, aber im Grunde genommen durchaus sachlichen Ton und dem Vokabular vertraut zu machen:

»Moden von 1701.

Die *Dame der alten Zeit* erscheint in einer hohen *Fontange* von Spitzen mit langen Flügeln. Unter ihr legen sich ein Paar ungepuderte *Favoritchen* hervor auf die Stirn. Aus dem Busen steigt ein hoher stehender *Spitzenkragen* mit *Bauschhemde* empor. Das grünseidene *Droguet-Kleid* ist mit seinem Rosa Droguet-Rocke über einen großen *Reifrock* ausgespannt. Den Übergang vom vollen Busen herab zum Berge des Reifrocks macht die enge geschnürte *Trichter-Taille*, die man lange Zeit so unendlich schön fand, daß die Wespen Figur beynahe zum Ideal der weiblichen Schönheit geworden wäre. Dieß ganze, so voll und reich beladene, Wesen balancirt auf einem Paar hohen ausgeschnittenen *Schnabel-Schuhen* mit spitzigen rothen Absätzen, wie ein geübter Aequilibrist.

Der *stattliche Herr*, ihr zur Seite, ist nicht minder modisch geputzt. Sein freundlich Gesicht, mit oder ohne Stutz-Bärtchen, guckt, wie ein Engelsköpfgen in einer Glorie, aus der Wolke einer prächtigen *Knoten-Peruk* hervor. Sein seidener Rock hat tiefe Taschen und große *reiche Aufschläge* hinauf bis an die Ellenbogen, aus welchen vorn die lange gestickte Manschette und der weite *Pluder-Aermel* des feinen Oberhemds hervorbauscht. Die blaue Atlas-Weste bedeckt übrigens züchtiglich die schwarzen Sammtbeinkleider, über welche sich die weißen seidnen *Wickel-Strümpfe* zierlich hinauf rollen. Die galanten Schuhe sind vorn abgestutzt, und haben hohe *rothe Absätze* und dergleichen *Laschen* und kleine runde silberne Schnällchen. Ein großer goldner Tressen-Huth mit weißer Feder, unterm linken Arme, hinten in den Rockfalten ein kleiner silberner *Galanterie-Degen*, und in der rechten Hand ein schönes Spanisches Rohr mit *Chakan* und großer Quaste vollenden unsern feinen jungen Herrn vorigen Jahrhunderts 1701. Man sieht daß *viel Stoff* und *Fülle* aller Art Character der Moden aus diesem Weltalter war.

19 *Journal des Luxus und der Moden*, Bd. 6, 1791, S. 26. – Vgl. auch Renate Krüger, *Zeitalter der Empfindsamkeit*, Wien und München 1972, S. 96ff.

20 Thiel 1980, S. 286; Arnet 1958, S. 239ff. Die erste deutsche Modezeitschrift war das hier mehrfach zitierte *Journal des Luxus und der Moden* (seit 1786).

21 Es gab auch vereinzelt äußerst kritische Stimmen zu dieser Entwicklung: »Ich begreife noch nicht, wie die Landesherren die Einführung eines *Journals des Luxus und der Moden* bisher in ihren Staaten erlauben konnten. (. . .) Es kann doch bey der bekannten Nachäffungssucht der Teutschen dem teutschen Fürsten und dem Gesammt-Staate nicht gleichgültig seyn, die Unterthanen durch die Sucht nach Flitterstaat und den Tändeleyen der Mode sich noch mehr corrumpieren zu lassen.« Quintus Aemilius Publicola (Pseudonym für Johann Hermann Stöver), *Niedersachsen. In seinem neuesten politischen, civilen und litterarischen Zustande* (. . .), Rom 1798, S. 126. Weiter ist dort die Rede von jener »chamäleontischen, lüftigen, faselnden, hirn- und nervenlosen Menschen-Race«, den »Halb-Männern, die Frankreich mit dem Namen *petit-maitre*, wir mit dem der Stutzer, Kleinmeister, und (biederer und besser) Narren und Affen beehren.« (S. 128)

22 *Journal des Luxus und der Moden*, Januar 1801, S. 58–61. Das Modekupfer (Abb. 170) greift wahrscheinlich auf eine kurz zuvor erschienene französische Karikatur zurück, auf der ebenfalls ein zeitgenössisches Paar den Vertretern des Ancien Régime gegenübersteht (Fuchs I, Abb. 196). Auf beiden Blättern sind die jeweiligen Kostüme korrekt und ohne Übertreibungen wiedergegeben; die französische Radierung lockert lediglich die statuarischen Posen durch leicht exaltierte Gesten auf.

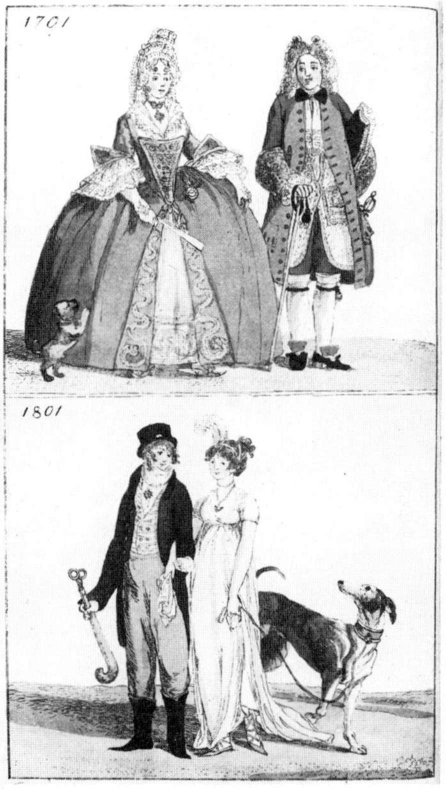

Abb. 170 Illustration aus dem *Journal des Luxus und der Moden*, 1801

Moden von 1801.

Nun tritt unser elegantes Paar der *neuen Zeit* auf. Die junge Dame, am Arme eines modernen Incroyable, schwebt so zephyrlich in rothen geschnürten griechischen *Sandalen* einher. Den ganzen Contour ihres schönen, oder nicht schönen Körpers, umhüllet so *wenig Stoff,* daß man glauben sollte, sie sey nur in gewebte Nebel und Farben der Morgenröthe gekleidet, und kenne das Bedürfnis eines Hemdes ganz und gar nicht. Ihr ganzer Anzug, die *Straußenfeder* und *Bandeaux* auf dem Kopfe mitgerechnet, wiegt nicht mehr als 18 Loth. Sie ist so ganz von allem Irdischen befreyt, da sie durchaus die schöne *Contoure des Halbnackten* durch keine angehängte *Tasche* unterbrechen will, sondern ihr *Schnupftuch* beständig in der einen Hand, und ein halb Dutzend *der 65 neuesten Almanache* und *Taschenbücher,* in einem eleganten *Ridicule,* in der andern trägt. Oefters führt auch dieselbe Hand einen großen herzhaften *Presto* oder *Bayard* am rosenfarbnen Bande.

So sorgfältig die moderne Priesterin der Mode alle Umrisse ihres Körpers zu *enthüllen* strebt, so sorgfällig sucht der *fine Gentleman* hingegen seine Contours zu *verhüllen.* Schenkel und Beine stecken in schlappen Engl. *Halbstiefeln* und weiten *Pluderhosen,* die den Händen gewöhnlich zur Herberge dienen. Oben schwillt von der Brust bis zu Mund und Ohren hinan die dickgepolsterte Halsbinde, auf welcher sich entweder ein geschorner *Tituskopf,* oder ein wilder Verhau von hereingezogenem Haar, bedeckt von einem runden Hüthchen mit fingerbreiter Krampe, herumdreht. Um diesen Elegant herum hängt ein weiter kaum bis auf die halben Schenkel herabreichender Frack. Da er von vieler Anstrengung der Augen kurzsichtig worden ist, so trägt er gewöhnlich eine *Doppel-Lorgnette* auf seinem *Crochet* oder *Ecoutez* geschraubt in der Hand.

Jahrhundert, deine beyden Extremitäten berühren sich würklich!«

Die zahlreichen Modekarikaturen der Jahre um 1800 standen in engem Zusammenhang nicht nur mit der Mode selbst, sondern wurden auch für den gleichen Personenkreis geschaffen. Nicht selten waren es dieselben Verleger und Künstler, die sowohl Modekupfer und -zeitschriften als auch Modekarikaturen verbreiteten. Als Charles Vernet Anfang 1797 seine ersten *Incroyables* radieren ließ, wurden diese sogleich als Schmuck auf Fächer und andere Accessoires übertragen (Abb. 171).[23] Die meist farbigen Radierungen »waren ausschließlich für die Besitzenden berechnet und stellten für diese selbst einen Modeartikel dar, den man kaufte und goutierte, wie man noch kurz zuvor die Kupfer der Fragonard, Baudouin und anderer gekauft hatte.«[24]

Zu den seit 1801 erscheinenden Pariser Serien *Le suprême bon ton* und *Le bon genre* hieß es: »Das Unglaublichste bei diesen Zerrbildern ist, daß Augenzeugen ganz ernsthaft versichern: es sey in diesen Anzügen der *Incroyables* und *Elegantes* eigentlich keine Übertreibung; es sey alles nach der Natur kopiert und man begegne solchen Figuren wirklich auf allen Spaziergängen.«[25]

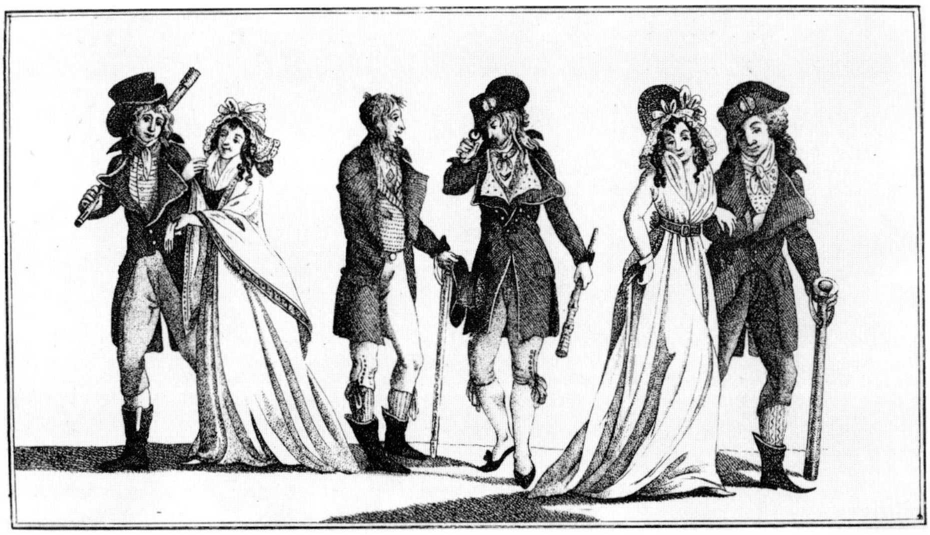

Abb. 171 nach Charles Vernet, *Incroyables,* 1797

23 *Journal des Luxus und der Moden,* April 1797, S. 206. Das mittlere der drei Paare ist dasjenige von Vernet. – Vgl. Grand-Carteret 1888, S. 73f.

24 Fuchs I, S. 194.

25 *Journal des Luxus und der Moden,* September 1801, S. 516. Vgl. Kat. 220, 222, 244.

26 Vgl. z.B. Kat. Göttingen 1975, S. 95ff.; Kat. Hannover 1983, Nr. 148ff. – Mitunter enthielt der Spott über die neuen, von Frankreich ausgehenden Moden auch patriotische, antifranzösische Untertöne; z.B. Kat. Göttingen 1975, Nr. 76.

27 Zu diesen ›Lieblingsthemen‹ vgl. Fuchs 1928, S. 314ff; Wendel 1928 passim; Grand-Carteret 1888, S. 340ff.

28 Dazu Thiel 1980, S. 375f.; Fuchs 1928, S. 346ff. Schon 1786 stellte ein Professor Salzmann zu Schnepfental die Frage: »Ist die Schnürbrust dem weiblichen Körper schädlich oder unschädlich?« Es kam zu einem Preisausschreiben über das Problem, zu dem unter anderen der Arzt und Naturforscher Samuel Thomas von Sömmering Stellung nahm; *Journal des Luxus und der Moden,* Bd. 6, 1791, S. 47ff.

29 Fuchs 1928, S. 349.

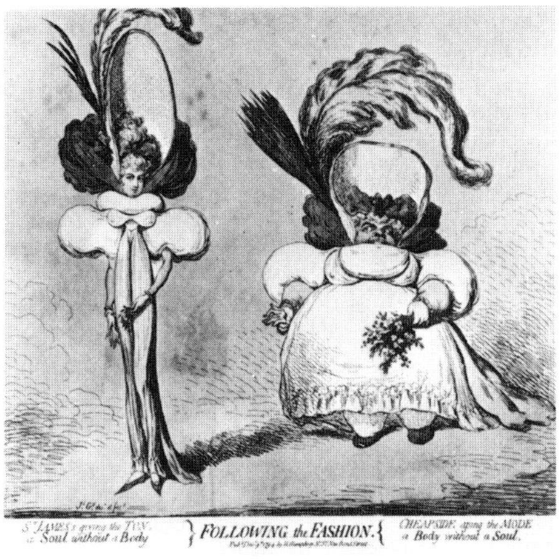

Abb. 172 James Gillray, *Following the Fashion*, 1794

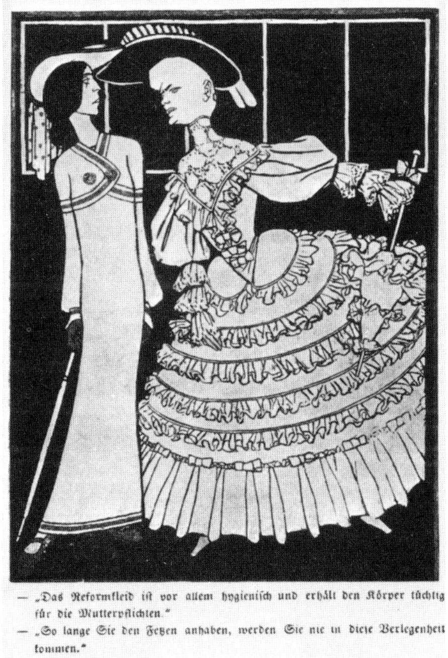

Abb. 173 Bruno Paul, *Streit der Moden*, vor 1905

In der Tat wurden die Kleidungsstücke selbst nur selten übertrieben dargestellt, sondern im allgemeinen sorgfältig und mit vielen Details wiedergegeben. Die Unterschiede zu Illustrationen in Modejournalen waren gering. Allerdings wurden die dort bevorzugten aufrechten und ruhigen Körperhaltungen häufig durch bewegte Posen ersetzt (vgl. Abb. 170 und 171) oder die Personen in Handlungen eingebunden. Oft nahmen sich die Modekarikaturen auch stadtbekannte Stutzer und mondäne Damen der Gesellschaft zum Vorbild (Kat. 215, 216, 217, 219). Um 1800 waren die Übergänge von Modekarikaturen zu tendenzlosen Modekupfern und auch zu Porträtkarikaturen fließend.

Etwas anders verhielt es sich in England. Gillray, Rowlandson (Abb. 175), George Cruikshank oder William Heath (Kat. 225) erhoben die Mode selbst nicht in dem Maße zum Thema, wie es ihre französischen Zeitgenossen taten. Sie übersteigerten einzelne Formen zu monströser Größe und machten so die ganze Gestalt lächerlich. Die meisten englischen Modekarikaturen erzielten ihren Witz jedoch aus kontrastierenden Gegenüberstellungen (Abb. 172) oder aus einer situativen Komik. Verunstalteter Körperbau und fehlerhaftes Betragen waren für die Wirkung der Blätter meistens entscheidender als die Mode.[26]

Das 19. Jahrhundert brachte keine großen Neuerungen auf dem Gebiet der Modekarikatur. Altbewährte Themen wurden, entsprechend der jeweiligen Mode, wieder aufgefrischt. Ähnlich wie im 17. und 18. Jahrhundert die Wulsten- und Reifröcke verspottet wurden, waren im französischen zweiten Kaiserreich die Krinolinen leichte Opfer der Karikatur (Kat. 228, 229). Der enorme Umfang und die Unhandlichkeit dieser Kleidermoden lieferten Stoff für zahlreiche humorvolle bis groteske Bildeinfälle. Das gleiche galt für die immer wiederkehrenden Variationen der überdimensionierten Haar- und Hutmoden oder der »Schnürbrust«, des Korsetts.[27] Zunehmend wurden die Modedarstellungen in szenische Zusammenhänge einbezogen und mit längeren ironischen oder witzigen Bildunterschriften versehen. Das Schwergewicht verlagerte sich dadurch von der abbildhaft wiedergegebenen, satirisch betrachteten Mode und ihrer Träger zum unterhaltenden Gesellschaftswitz. Gleichzeitig sahen Karikaturen in stärker werdendem Maße von einer getreuen Wiedergabe der Mode ab, sie verzichteten auf die Darstellung von Details und bedienten sich – nach englischem Vorbild – etwa ab 1830 häufiger des Mittels der Übertreibung (Kat. 226, 227).

Seit dem letzten Drittel des 19. Jahrhunderts nimmt die Mode in der Karikatur nur noch einen untergeordneten Stellenwert ein. Innerhalb des Bereichs der Gesellschaftssatire überließ sie das Feld sozialkritischen Themen oder ›galanten‹ Darstellungen. Als um die Jahrhundertwende Proteste vor allem gegen das Korsett und seine ungesunden Folgen laut wurden und das sogenannte Reformkleid aufkam,[28] galt der Spott nicht mehr dem ungewohnten Kostümschnitt, sondern den Emanzipationsbestrebungen der Frau (Abb. 173).

Bis auf wenige Ausnahmen (Kat. 232) hat die Mode in Karikaturen des 20. Jahrhunderts lediglich die Funktion eines Attributs. Sie dient der pointierten Darstellung sozialer Gegensätze (Kat. 231, 234) oder der Charakterisierung vor allem reicher Gesellschaftsschichten (Kat. 233), ist aber nicht mehr selbst das Thema. »Wir haben heute über erstere Lose zu streiten«, schrieb schon 1906 Eduard Fuchs.[29] J. D.

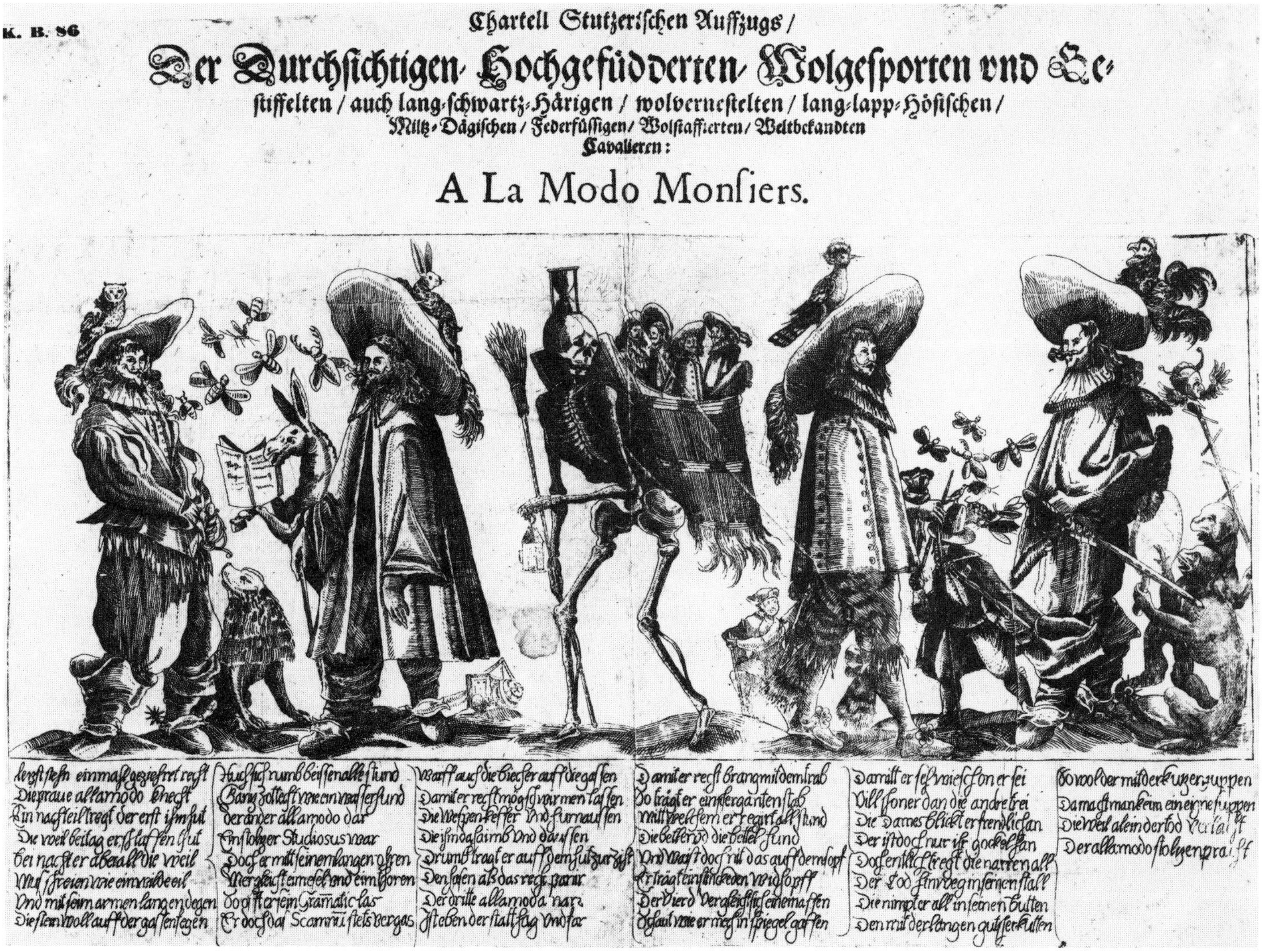

207
Deutsch, 1628/30

Chartell Stutzerischen Auffzugs/Der Durchsichtigen, Hochgefüdderten, Wolgesporten und Gestiffelten/(...) A La Modo Monsiers.

Radierung mit gravierten Versen und Letternsatz, 278 x 366.
Germanisches Nationalmuseum, Nürnberg.

Zahlreiche Flugblätter nahmen sich in den Jahren um 1630 des »alamodischen Wesens« an. »À la mode«, nach der neuesten Mode, meinte die von Frankreich ausgehende, reich verzierte Tracht, die von bürgerlichen Stutzern und Glücksrittern, die in den Kriegszeiten die Landstraßen und Salons bevölkerten, in ihrem Prunk noch übertrieben wurde. »Die Kleidung dieser Stutzer war von unten bis oben mit Bändern, Schleifen und dergleichen leichtem Tand übersät. Dabei nahmen Schlapphut und Stiefel oft unglaubliche Dimensionen an. Niemand verstand es wie sie, den Mantel umzuwerfen. Auch wenn man kein Pferd besaß, durften Stiefel und Sporen nicht fehlen, ›denn so vermutet man, daß das Pferd nicht fern sei‹«.[1]

Die Beschreibung des *Stutzerischen Aufzugs* kann sich an die gravierten Verse unter der Radierung halten: »Eine Nachteule trägt der erste im Hut/ Dieweil bei Tag er schlafen tut/ bei Nacht er aber all die weil/ muß schreien wie eine wilde Eul/ Auch sich rumbeißen alle Stund/ ganz zottig wie ein Wasserhund./ Der andere Allamodo da/ Ein stolzer Studiosus war/ Doch mit seinen langen Ohren/ mehr gleicht einem Esel und einem Toren/ Warf auch die Bücher auf die Gassen/ Damit er recht möge schwärmen lassen/ Die Wespen, Käfer und Hornissen/ Drum trägt er auf dem Stutzerhut zur Zier/ Den Hasen als das rechte Panir./ Der dritte Allamodo Narr/ Da trägt einen Sergeantenstab/ Mit welchem er regiert alle Stund/ Die Bettler und die Bettelhund/ Und weiß doch nicht, daß auf dem Kopf/ er trägt einen stinkenden Wiedehopf./ Der Vierte vergleicht sich einem Affen/ Schaut, wie er möchte in den Spiegel gaffen/ Damit er sehe, wie schön er sei/ Viel schöner als die anderen drei/ Die Damen blickt er freundlich an/ Der ist doch nur ihr Gockelhahn./ Doch endlich trägt die Narren all/ Der Tod hinweg in seinem Stall/ Dieweil allein der Tod verlacht/ Der Allamodo stolze Pracht.«[2]

Die Narrheit und Torheit der *Alamodo-Monsieurs* wird mit traditionellen Attributen und Motiven verspottet.[3] Der Knochenmann in der Mitte läßt ihre Parade zu einem Totentanz geraten und betont den vergänglichen und verderblichen Prunk der eitlen Kleidung. Ungewöhnlich ist die Kiepe, in der der Tod die Stutzer davonträgt; das Motiv erinnert an die ›Kinderschreckbilder‹, auf denen große Männer und Frauen unartige Kinder mitnehmen oder gar auffressen.[4]

Es gibt ein Gegenstück zu den *Alamodo-Monsieurs*, auf dem sich die *Alamodo-Maitressen* in ihrer eitlen Aufmachung präsentieren.[5] J. D.

1 Thiel 1980, S. 225; zum »Alamodo-Wesen« vgl. Coupe 1966, S. 99f. und in diesem Katalog die Einleitung zu den Modekarikaturen.
2 Gekürzt und in moderner Schreibweise zitiert.
3 Zu den schwärmenden Insekten, Zeichen für einen wirren Geist, vgl. Kat. 114; zu den spiegelhaltenden Affen Kat. 224. Der Hase zeigt die Feigheit an (vgl. Kat. 133), und der Hahn stempelt seinen Träger zu einem Hahnrei, einem betrogenen Ehemann oder Liebhaber.
4 Dazu Brückner 1975, Abb. 113f., mit Kommentar auf S. 207; Wäscher 1955, Nr. 13.
5 Fuchs 1928, Abb. 254. Allerdings fehlt der Tod in der Mitte, auch macht die Radierung einen weniger gekonnten Eindruck; vielleicht handelt es sich um eine Kopie. Der gedruckte Titel korrespondiert jedoch eindeutig mit den *Alamodo-Monsieurs*.

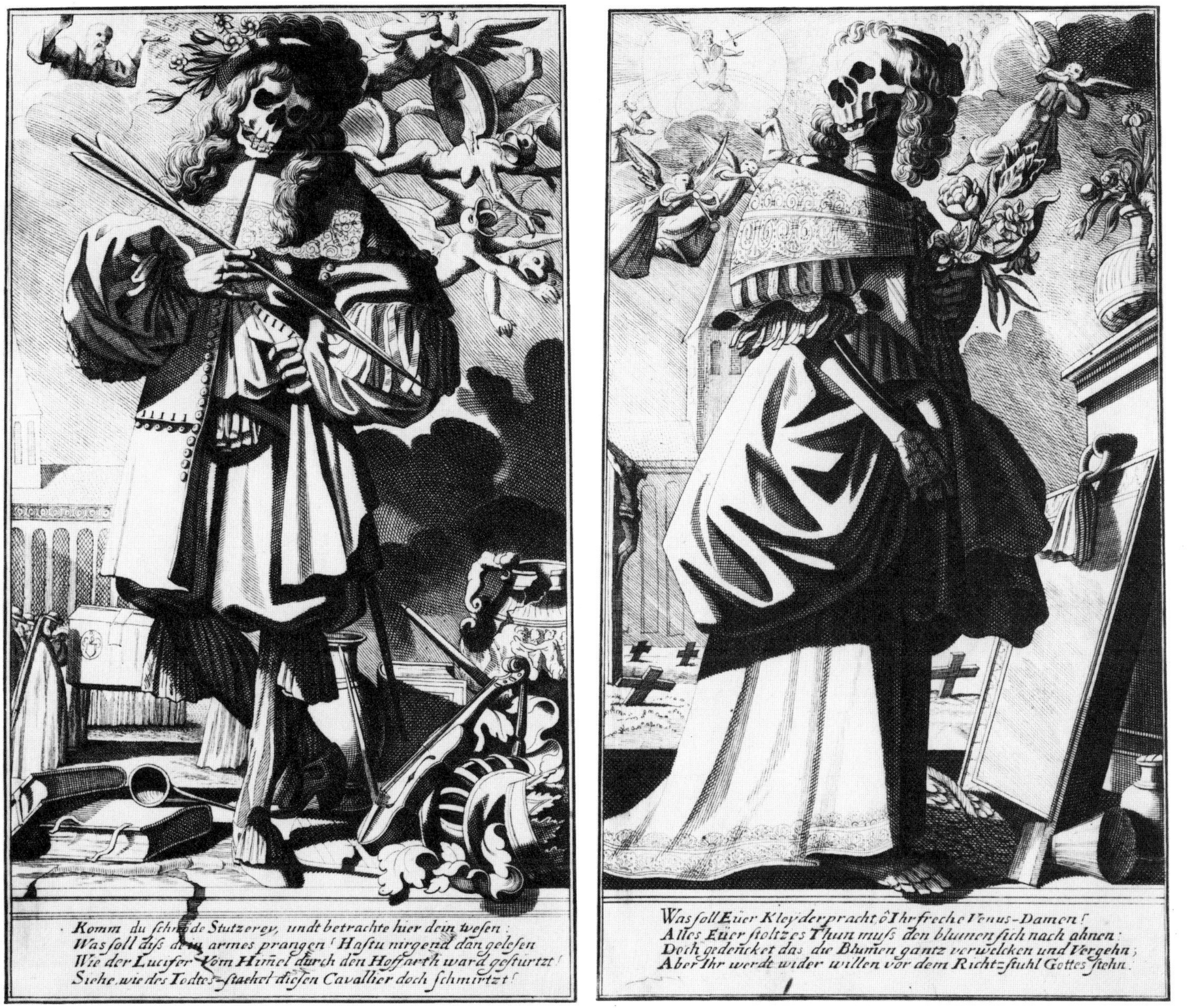

208

Deutsch, um 1650

Schnöder Stutzer und freche Venus-Dame

Zwei Radierungen mit gravierten Versen auf einem Blatt, 286 x 369, unbezeichnet.
Germanisches Nationalmuseum, Nürnberg.

In prunkvoller Aufmachung und eleganter Pose präsentieren sich zwei Gerippe auf dem Kirchhof. Ihre Kleidung entspricht mit den Puffärmeln, den steifen Kragen und dem bauschig gerafften Rock der von Frankreich ausgehenden Mode der Mitte des 17. Jahrhunderts. Die Kleidungsstücke sind mit vielen Details und nicht verfremdet wiedergegeben. Die beiden Radierungen beschuldigen die Träger dieser aufwendigen Mode der Eitelkeit und damit der Todsünde der Superbia.

Der *schnöde Stutzer* und seine Partnerin, die *freche Venus-Dame*, bedenken nicht die Vergänglichkeit des menschlichen Lebens, auf die außer dem Schauplatz des Kirchhofs auch die zahlreichen Vanitassymbole hinweisen: welkende Blumen, Musikinstrumente, zerbrochene und tönerne Krüge, Bücher und Krone als Zeichen vergeblichen Strebens. Die Texte und die im Himmel sich abspielenden Szenen vergegenwärtigen mit dem Engelssturz links und dem Jüngsten Gericht rechts Anfang und Ende der Herrschaft der Sünde auf der Welt. Hoffart und Eitelkeit werden das modische Paar in der Hölle enden lassen. Dort wird der »Todes-Stachel schmerzen«, im Gegensatz zum Himmel, wo dem Tod der Sieg genommen ist (1. Korinther 15,55). – Vanitassymbolik und Hinweise auf das Jüngste Gericht warnen vor dem stutzerhaften Prunken in der neuesten Mode.[1] J.D.

1 Es gibt ein etwa gleichzeitig von Gerhard Altzenbach gestochenes Bildpaar, das inhaltlich und motivisch sehr eng mit dem hier ausgestellten zusammenhängt. *Bilder und Tänze des Todes*, Ausstellungskatalog des Kreises Unna, Evangelische Stadtkirche Unna 1982, Nr. 60, Abb. 69f.

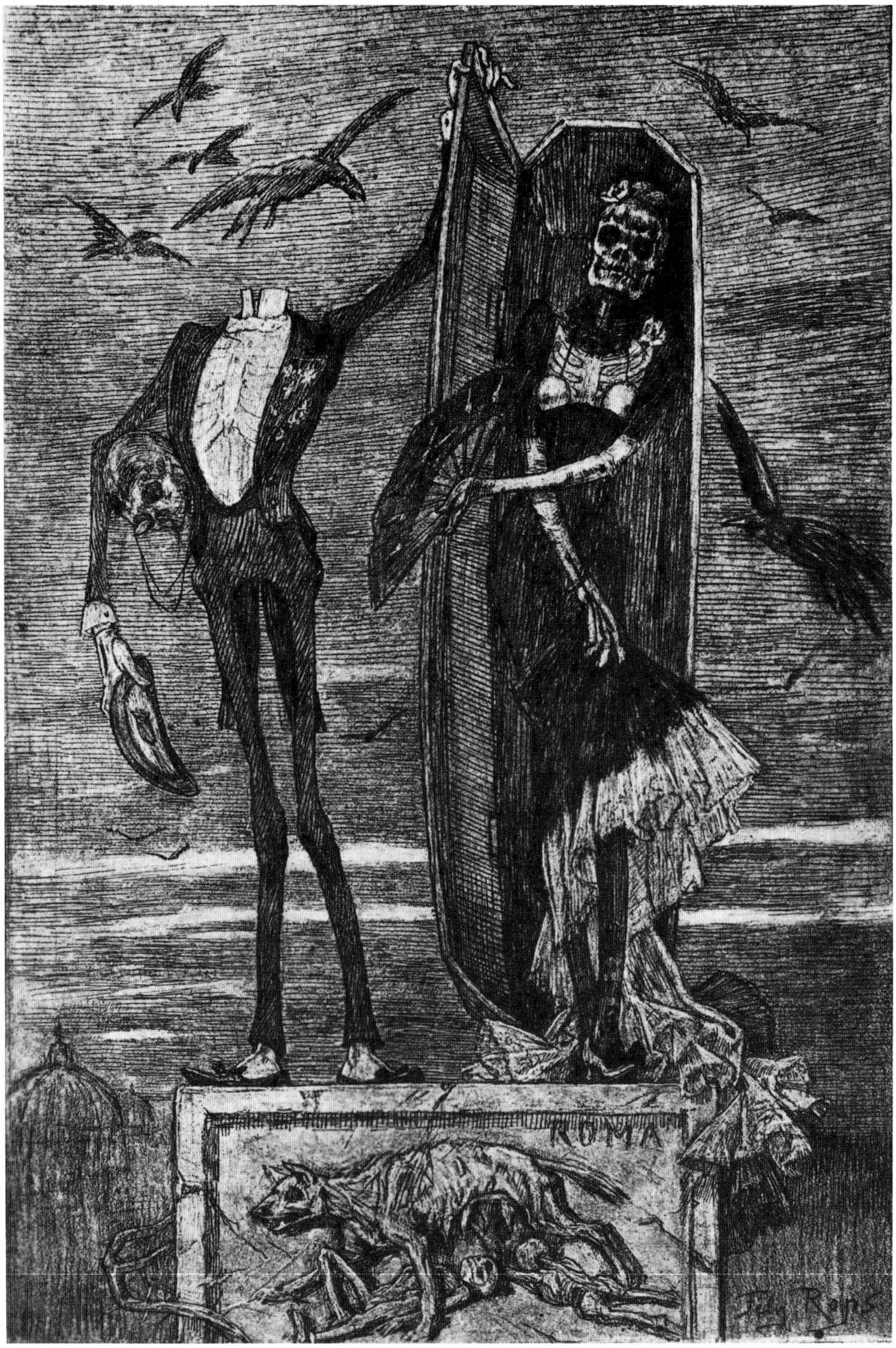

209

Félicien Rops (1833–1898)

Le vice suprême, um 1884

Radierung, 353 x 265, signiert *Felicien Rops*, monogrammiert mit rotem Stift *F.R.*
Hamburger Kunsthalle.

Ein makabres Paar erhebt sich auf einem nicht minder grotesken Sockel. Der Mann im ordensbehängten Frack trägt seinen Schädel, in dessen Augenhöhle noch das Monokel steckt, unter dem Arm. Mit seiner Linken hält er graziös den Deckel eines auf dem Fußende stehenden Sarges offen. Heraus tritt seine Partnerin im langen schwarzen Kleid, das sie elegant in die Höhe rafft. Die Haare auf ihrem Schädel ziert eine Blume, und künstliche Brüste hängen vor ihrem knöchernen Brustkorb. Auf dem mit »Roma« beschrifteten Sockel befindet sich eine grausige Parodie auf den etruskischen Bronzeguß einer Wölfin, die die – später hinzugefügten – mythischen Stadtgründer Roms, Romolus und Remus, säugt: Die fast verhungerte römische Wölfin bietet ihre kümmerlichen Zitzen zwei kleinen menschlichen Skeletten an. In Verbindung mit dem Relief könnte die Kuppel im Hintergrund als der Petersdom anzusprechen sein.

Félicien Rops bedient sich mit den elegant gekleideten Skeletten eines traditionellen Vanitasmotivs (vgl. Kat. 208) und zitiert zudem die antike Bronzeplastik der Wölfin wie auch, mit dem Paar auf dem Sockel, eine zu seiner Zeit aktuelle Denkmalsform, das Doppelstandbild. Doch widersetzt sich die anspielungsreiche Radierung einer exakten Deutung. Die Darstellung könnte als zynischer Kommentar auf die Kultur des Abendlandes und ihren Niedergang angesehen werden. Die *höchste Sünde,* die Eitelkeit, wäre der Endpunkt einer Entwicklung, die von dem einst prächtigen, aber nun verkommenen Rom ihren Ausgang nahm. Raben umflattern dieses Denkmal auf die Vergänglichkeit und Eitelkeit und warten auf den endgültigen Zusammenbruch.

Der Titel *Le vice suprême* geht auf einen Roman von Joséphin Péladin zurück, dem eine kleinere Version der hier ausgestellten Radierung als Illustration beigegeben war.[1] J.D.

1 Joséphin Péladin, *Le vice suprême*, Paris 1884. Vgl. Exsteens 1928, Nr. 501.

Lit.: Exsteens 1928, Nr. 364.

210

Englisch, 1778

Beautys Lot – Schicksal der Schönheit

Kolorierte Radierung, 385 x 291, bezeichnet *Pub as the Act directs Feb.1.1778 (...).*
Kunstbibliothek Preußischer Kulturbesitz, Berlin.

Seit Beginn der siebziger Jahre des 18. Jahrhunderts nahm die Höhe der modischen Damenfrisuren bedenklich zu. In zahlreichen Karikaturen wurden die damit verbundenen möglichen Unbequemlichkeiten und Gefahren lustvoll ausgemalt: Räume konnten nur in Schräglage betreten werden, Frisuren gerieten an Kerzenleuchtern in Brand, Kutschendächer mußten entfernt werden, um die Insassen aufnehmen zu können und vieles mehr.[1] Doch was wie Erfindungen spottender Zeichner anmutet, entsprach zu großen Teilen der Realität. Die Frisurenhöhe konnte das Drei- bis Vierfache des Gesichts betragen; Marie-Antoinette ließ in mindestens einem belegten Fall ihr Kutschendach entfernen, in der Tat verursachten entflammte Perücken Todesfälle, und in England wurden engmaschige Gitter angeboten, um nachts die kostbaren Frisuren vor Mäusen zu bewahren.[2]

Die Frisur, mit der sich das Gerippe hier schmückt, ist also durchaus keine Übertreibung. In ernster, moralischer Absicht und in der traditionellen Form des Vanitasthemas wird die Vergänglichkeit dieses modischen Putzes vor Augen geführt: »Ihr Schönen bedenkt, Ihr Sterblichen seht, wie ich jetzt bin, so werdet ihr sein«, schließt der mahnende Text unter der Radierung.[3] J.D.

1. Abb. in: Corson 1965, S. 339ff.; Fuchs 1906, S. 277ff.; Fuchs I, S. 130ff.; Wendel 1928, S. 67ff.
2 Thiel 1963, S. 441ff.; Corson 1965, S. 343, 355.
3 Vgl. auch die folgenden Katalognummern.

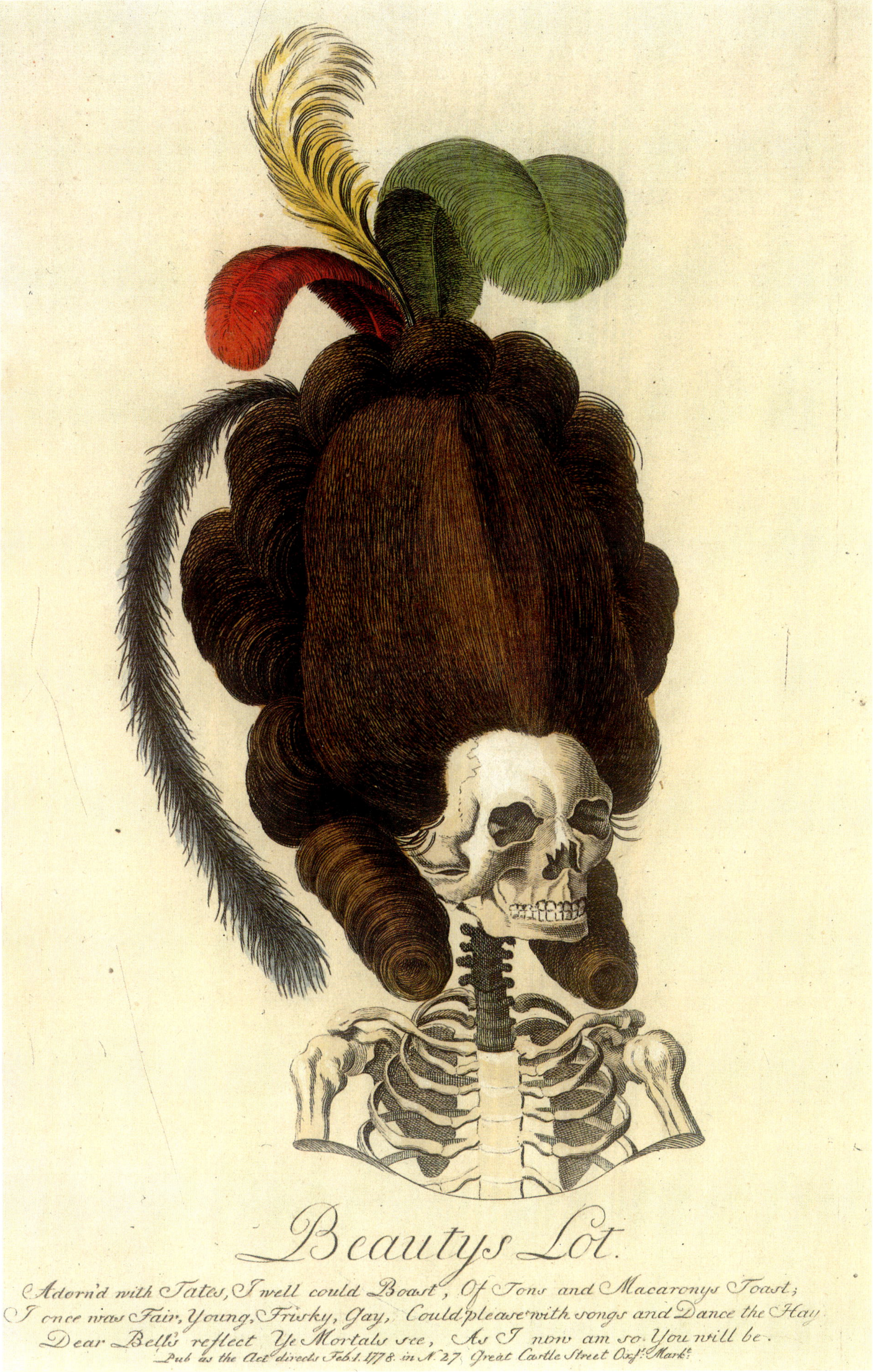
Beautys Lot.
Adorn'd with Tates, I well could Boast, Of Tons and Macaronys Toast;
I once was Fair, Young, Frisky, Gay, Could please with songs and Dance the Hay
Dear Bell's reflect Ye Mortals see, As I now am so You will be.
Pub as the Act directs Feb.1. 1778. in N. 27 Great Castle Street Oxf.d Mark.t

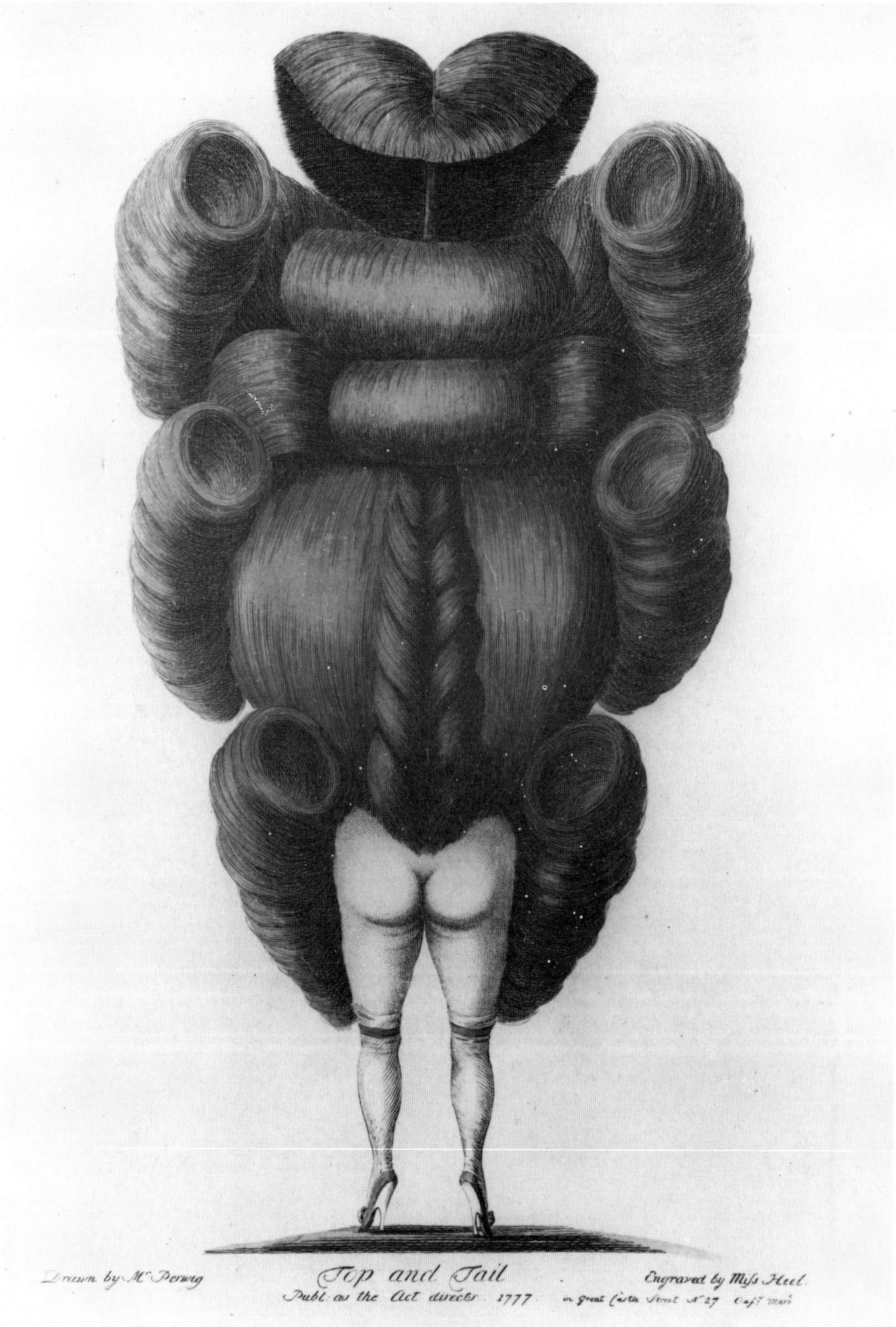

211
Englisch, 1777
Top and Tail
Kolorierte Radierung, 385 x 288, bezeichnet *Drawn by Mr Perwig, Engraved by Miss Heel. Publ: as the Act directs 1777 (...)*.
Kunstbibliothek Preußischer Kulturbesitz, Berlin.

Der Titel *Top and Tail* läßt sich in seiner Mehrdeutigkeit nicht übersetzen; ›Kopf und Schwanz‹ könnte es heißen, oder, auf die Frisur bezogen, ›Toupet (Haarknoten) und Zopf‹. Die hochaufgetürmte Frisur entspricht in der Anordnung der Locken, der roten Straußenfeder und dem gedrehten sowie nach oben gesteckten Zopf durchaus der damaligen Mode. Doch verrät die Rückansicht und die steife Darstellungsweise der gewaltigen Perücke bereits satirische Absichten. Diese kommen allerdings erst durch den Kontrast zu dem kleinen Körper, dessen Nacktheit durch die modischen roten Strumpfbänder noch hervorgehoben wird, ganz zum Tragen. Die absurde Kombination von bombastischer Perücke und rosigem Hintern macht die Komik dieses Blattes aus, die auf die Widersprüchlichkeiten der Mode zielt: Riesige Perücken werden von kleinen Körpern getragen, die ihrerseits auf Stöckelabsätzen balancieren. Die fiktiven Pseudonyme des Karikaturisten spielen gerade auf diesen Gegensatz an: »gezeichnet von Herrn Perücke« und »radiert von Frau Absatz«.

Die Karikatur hatte Erfolg, wie mehrere, ähnlich angelegte Blätter bezeugen, die derselbe Verleger innerhalb des nächsten Jahres folgen ließ (vgl. Kat. 210, 212, 213). J.D.

Lit.: Abbildung einer französischen Kopie: Wendel 1928, Abb. 61; desgleichen Melot 1975, S. 89 (Farbabbildung, betitelt »Cherchez la femme« und fälschlich datiert auf »um 1760«).

212

Englisch, 1777

The Dowry or Top and Tail turn'd about

Kolorierte Radierung, 391 x 290, bezeichnet *Publ: as the Act directs Decemb: 11 1777 by Miss Heel* (...).
Kunstbibliothek Preußischer Kulturbesitz, Berlin.

Fast wöchentlich trat die französische Haarmode mit neuen Extravaganzen hervor, die im Ausland eifrig kommentiert und kopiert wurden. Bereits die Namen sprachen für sich: »à la Venus«, »le Parterre galant« (das galante Gartenstückchen), »Chien couchant« (schlafender Hund), »à la Belle Poule« (siegreiches französisches Schlachtschiff).[1]

Die Frisur »à la Zodiaque« kam im Herbst 1777 auf und wurde im Londoner *Lady's Magazine* ausführlich beschrieben: »Das Toupet ist ungefähr 15 Zentimeter hoch. [Es folgen genaue Angaben zur Anordnung von zehn steifen Lokkenrollen, die bis zu 15 Zentimeter Länge und sieben Zentimeter im Durchmesser betrugen]. Der obere Teil oder die Krone des Kopfes ist ganz voll Haar, rund wie ein Globus angeordnet und stellt die Hemisphäre dar, durchsetzt mit Juwelen, die Sterne darstellen, und über dem Ohr ein Halbmond. Über das Toupet zieht sich ein weißes oder himmelblaues Band mit den zwölf Sternkreiszeichen ...« (Abb. 174).[2]

Diese Zeichnung, die »Monsieur Perücke aus Paris ... untertänigst den feinen Damen des kleinen Landadels widmet« – so die Bildunterschrift –, greift die Idee des *Top and Tail* noch einmal auf: *Die Hinterlassenschaft* [wohl aus Frankreich] *oder ›Top and Tail‹ nach vorn gedreht.* Die gleiche Frisur, ebenfalls mit dem kleinen nackten Unterkörper darunter, wird in Vorderansicht gezeigt, in der die steifen, geraden Lockenrollen das hohe Toupet rahmen. Das Band mit den Sternkreiszeichen ist allerdings von dem Haarberg heruntergerutscht, um – mit dem giftigen Skorpion – züchtig die Scham zu verbergen. J.D.

1 Hierzu auch: Flögel 1862, Tafel 35, S. 445.
2 Zitiert nach Corson 1965, S. 386. Von dort auch die Modezeichnung.

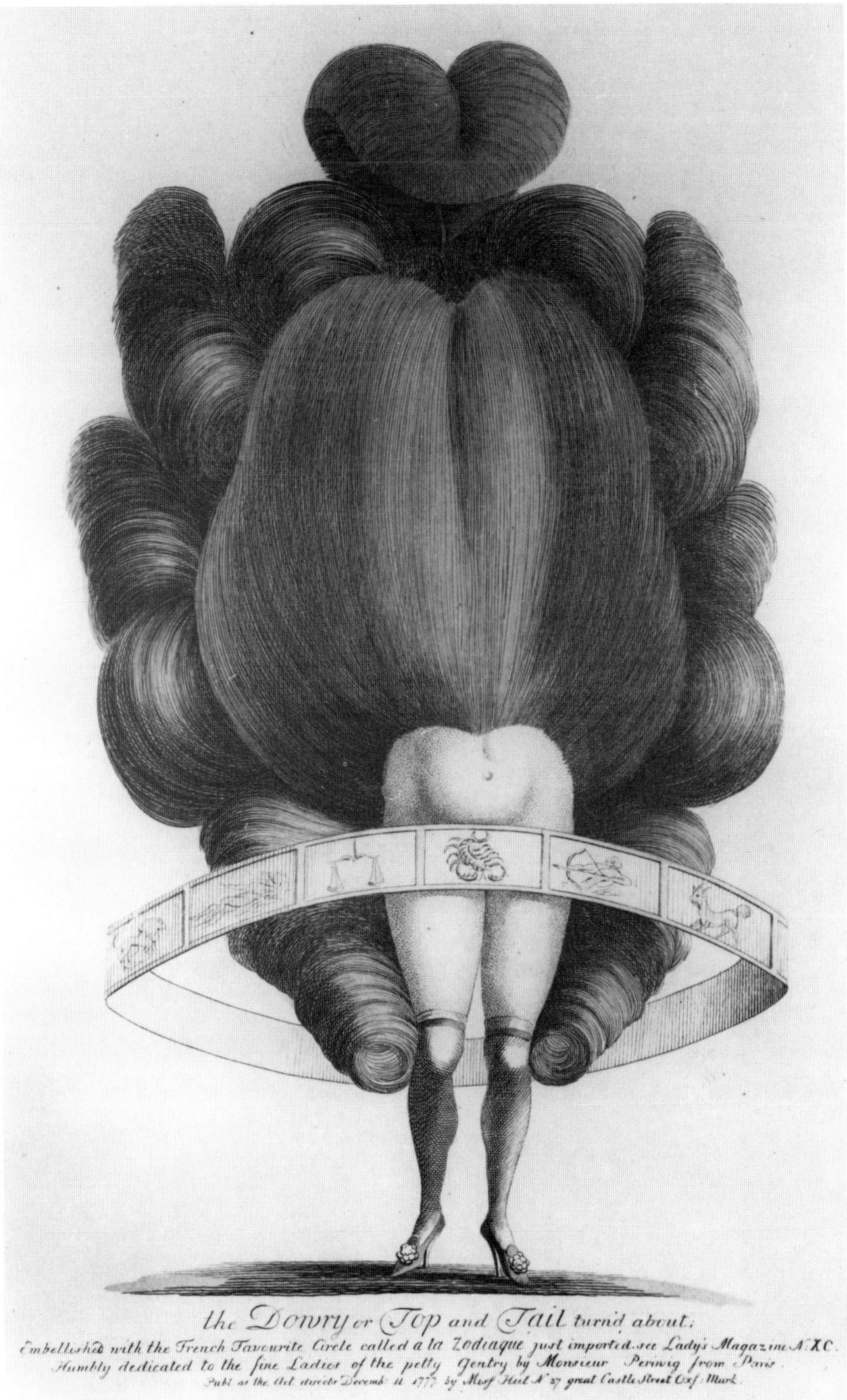

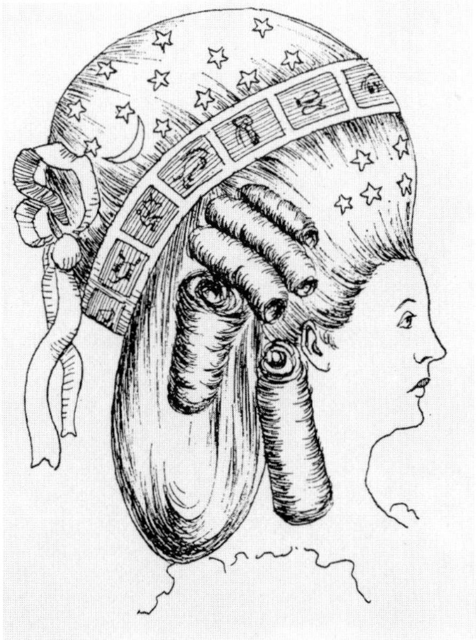

Abb. 174 Die Frisur ›à la Zodiaque‹

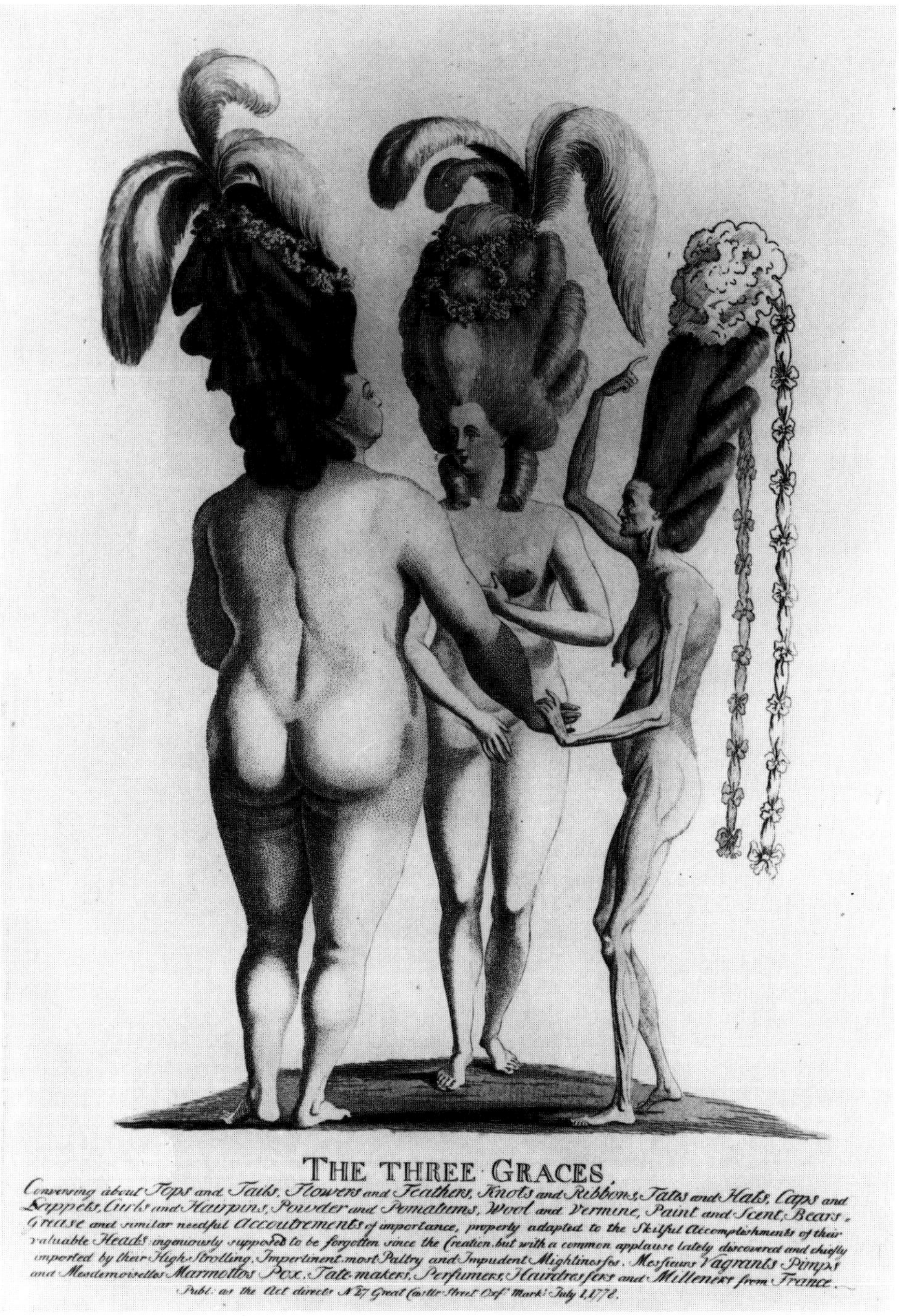

213
Englisch, 1778
The Three Graces – Die drei Grazien

Kolorierte Radierung, 382 x 280, bezeichnet *Publ: as the Act directs (. . .) July 1, 1778.*
Kunstbibliothek Preußischer Kulturbesitz, Berlin.

Die drei Grazien, Töchter des Zeus, brachten Menschen und Göttern Anmut, Schönheit und Festfreude. Neuzeitliche Darstellungen des Themas lehnen sich fast immer an die in Siena befindliche hellenistische Marmorgruppe an, in der die drei Schönen nackt und sich umarmend nebeneinander stehen, wobei die mittlere dem Betrachter ihren Rücken zeigt.[1]

Die englische Karikatur weicht mehrfach von diesem Vorbild ab. Weder die Fette links noch die hagere Alte rechts, die mit ihren hängenden Brüsten und sehnigen Gliedmaßen an Baldungsche Hexen gemahnt,[2] entsprechen dem Schönheitsideal. Die mittlere ahmt mit ihrer Körperhaltung, vor allem den züchtig-gezierten Armstellungen, die sogenannte Venus Medici nach. Am auffälligsten weichen jedoch die pompösen Frisuren von der gepriesenen Antike ab. Hohe Toupets über der Stirn, gerahmt von symmetrisch angeordneten, steifen Lockenrollen, das ganze in Schwarz, Blond oder Grau gefärbt und von gewaltigen, bunten Straußenfedern überhangen – so sah zwar die aktuelle Mode aus;[3] sie entfernte sich aber weit von der Einfachheit des antiken Vorbilds. In der langen und in ihren Anspielungen etwas verworrenen Bildunterschrift diskutieren die drei modernen Grazien die technischen Probleme ihrer Haarkunstwerke, die seit den Tagen der Schöpfung vergessen und erst kürzlich wiederentdeckt worden seien, von den »allererbärmlichsten und unverschämtesten Hoheiten, . . . den Herren Friseuren aus Frankreich«. Die Haarmode widerspricht also nicht nur der antiken und natürlichen Schönheit, sondern auch der göttlichen Schöpfung. Der anonyme Karikaturist greift mit diesem Blatt ein viertes Mal die Idee seines *Top and Tail* auf, um die französische Haarmode der Zeit anzuprangern (vgl. Kat. 210, 211, 212). J.D.

1 Melot 1975, S. 132, berichtet von einem Stich des 17. Jhs., auf dem die drei Grazien als häßliche alte Weiber dargestellt sind.
2 Auch bestehen offensichtlich Anspielungen auf allegorische Lebensalterdarstellungen, die durch die Gegenüberstellung von Jugend, Reife und Alter die Vergänglichkeit von Schönheit und Eitelkeit zum Thema haben; vgl. Kat. Kleve 1983, passim.
3 So kopiert die linke Frisur bis in Details hinein die Haartracht einer eleganten Französin auf einem Blatt des *Monument du costume* von Moreau le jeune (um 1775). Abb. Schuppisser 1958, S. 258; vgl. Corson 1965, Tafel 84 J.

214
Johann Martin Will (1727–1808)
Augsburger Bilderbögen, um 1780

Zwei Radierungen, jeweils 207 x 270, bezeichnet *N. 237. Joh. Mart. Will exc: A.V. 1* und *J. M. Will exc: A.V. 3.*
Privatbesitz.

Nr. 237 und 255 einer mindestens 340 Blätter umfassenden Folge von Bilderbögen, die in den siebziger und achtziger Jahren des 18. Jahrhunderts bei Martin Will in Augsburg herauskam.[1] Um die einzelnen Motive ausschneiden zu können, sind sie in sich geschlossen ausgebildet. Die lose aneinander gereihten Gruppen und Figuren sind jedoch meist anekdotisch zusammengeschlossen. Oben werden die Darstellungen von französischen und unten von deutschen Versen begleitet. Diese umfangreichste Serie deutscher Karikaturen des 18. Jahrhunderts wendet sich vor allem gegen die Torheiten der Mode entsprechend dem Vers auf Nr. 237: »Je mehr man heutzutag auf neue Moden fällt/ Je größer wird die Zahl der Narren dieser Welt.«

Ungeniert verwendet Will ältere Vorlagen. Der Mann, der sich zur Beförderung seines dicken Bauches eine Karre bringen läßt, schließt an Darstellungen an, die schon im 16. Jahrhundert in Umlauf waren (vgl. Abb. 25, Kat. 3, 20, 120). Die beiden affektiert sich gebenden Gestalten, der Herr mit der hohen Frisur und die Dame mit der riesigen Haube, sind nach einer Karikatur von Louthernbourg kopiert.[2] Auch der Mann, der zum Zeichen seiner Narrheit von Hummeln umschwärmt wird – später sagte man von Grillen geplagt –, dürfte einer fremden Vorlage entnommen sein (vgl. Kat. 207).

Auf Nr. 255 betreibt ein Bader, zur Maniküre und Pediküre bestellt, sein Gewerbe nicht ohne Pikanterie. Die hohe Frisur der siebziger und frühen achtziger Jahre, eine der ausschweifendsten Moden, die je erfunden wurde, war bei den Karikaturisten ein besonders beliebtes Thema. Will verspottete diese Mode in mehr als 100 Blättern. In Nr. 255 wird einmal gezeigt, wie eine solche Frisur aufgebaut wurde. Die durch die hohen Frisuren nun unnützen Spitzenhauben sammelt schließlich die Lumpensammlerin ein, damit ein Wagen das Gelumpe zur Papiermühle fahre. M.H.

1 Sigrid Metken, *Geschnittenes Papier,* München 1978, S. 226.
2 BM V, Nr. 5261.

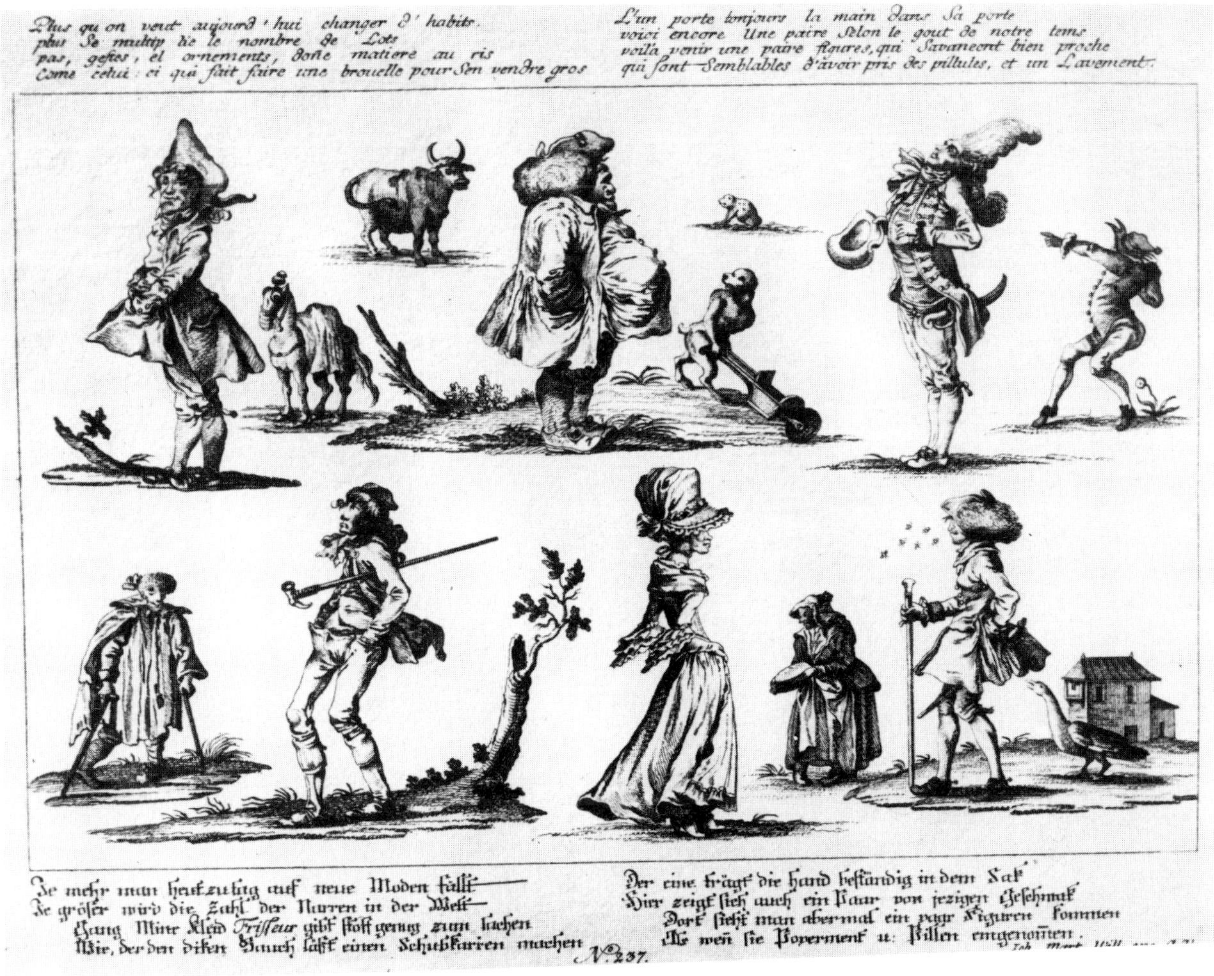
Plus qu on veut aujourd' hui changer d' habits.
plus Se multip lie le nombre de Lots
pas, gestes, et ornements, donte matiere au ris
Come celui ci qui fait faire une brouelle pour Son vendre gros
L'un porte toujours la main dans Sa porte
voici encore Une paire Selon le gout de notre tems
voilà venir une paire figures, qui Savancent bien proche
qui Sont Semblables d'avoir pris des pillules, et un Lavement.
Je mehr man heut zu tag auf neue Moden fällt
Je grösser wird die Zahl der Narren in der Welt
Gang Mine Kleid Frisseur gibt stoff genug zum lachen
Wie, der den diken Bauch läßt einen Schubkarren machen
N.° 237.
Der eine trägt die hand beständig in dem Sak
Hier zeigt sich auch ein Paar von jezigen Geschmak
Dort sieht man abermal ein paar Figuren kommen
Als wen sie Poperment u: Pillen eingenommen.

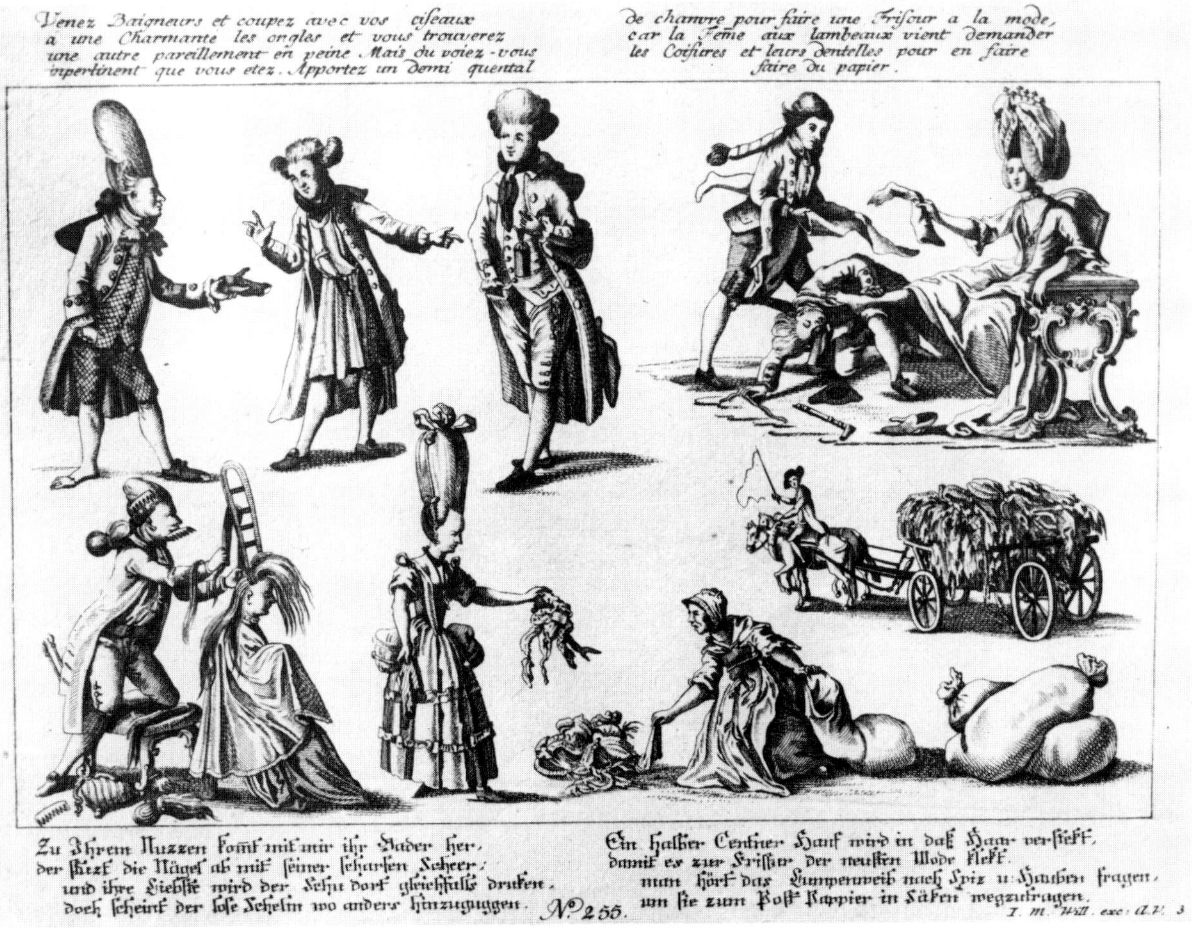
Venez Baigneurs et coupez avec vos ciseaux
a une Charmante les ongles et vous trouverez
une autre pareillement en peine Mais du voiez-vous
inpertinent que vous etez. Apportez un demi quental
de chanvre pour faire une Frisour a la mode,
car la Feme aux lambeaux vient demander
les Coiffures et leurs dentelles pour en faire
faire du papier.
Zu Ihrem Nuzzen kommt mit mir ihr Bader her,
der stuzt die Nägel ab mit seiner scharfen Scheer;
und ihre Liebste wird der Schu dort gleichfalls druken,
doch scheint der lose Schelm wo anders hinzuguken.
N.° 255.
Ein halber Centner Hanf wird in das Haar versteckt,
damit es zur Frisur der neusten Mode fleckt.
nun hört das Lumpenweib nach Spiz u: Hauben fragen,
um sie zum Post Pappier in Säken wegzutragen.
I. M. Will. exc: A.V. 3

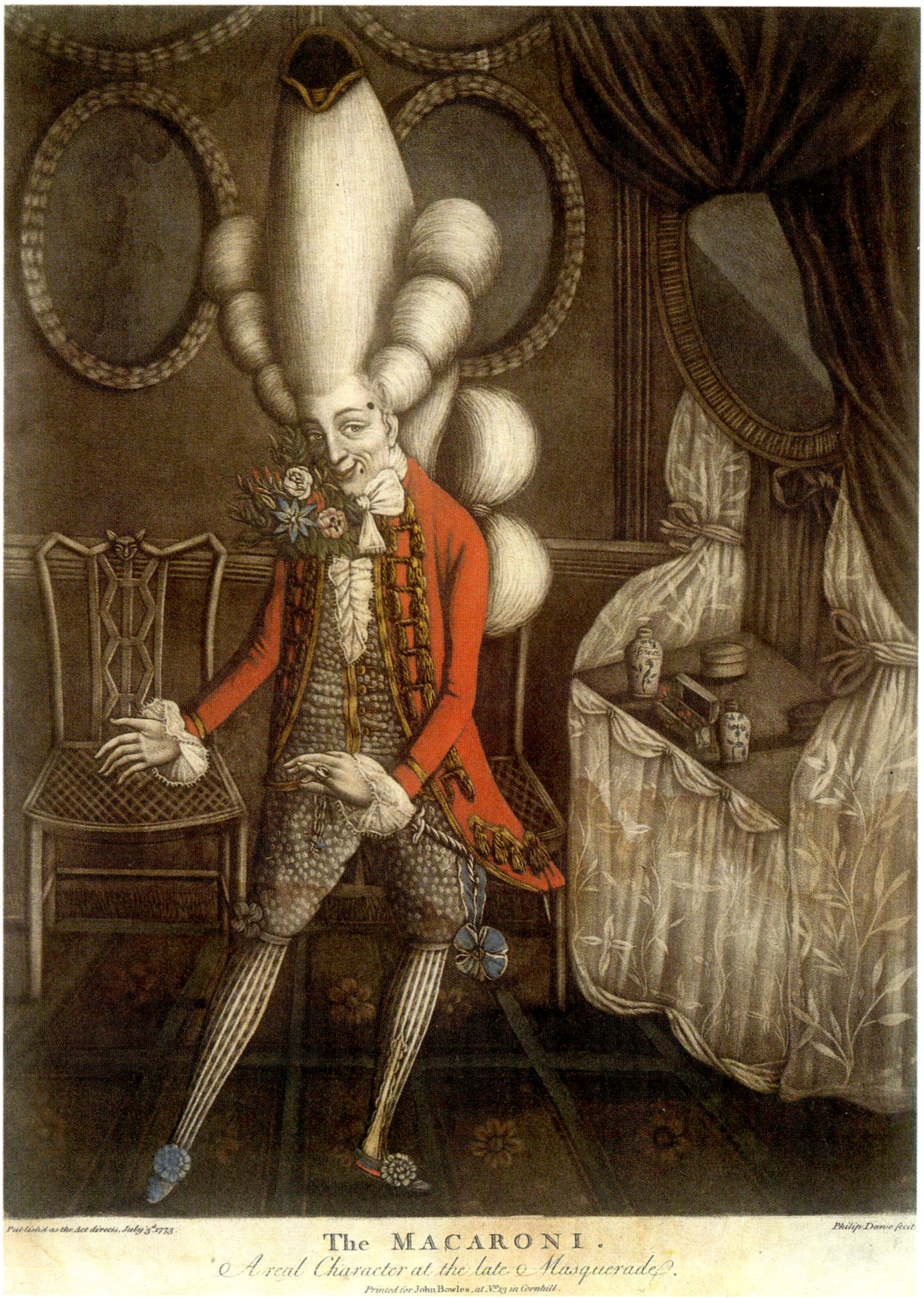

215
Philip Dawe, (tätig 1768–1780)

The Macaroni. A real Character at the Late Masquerade, 1773

Koloriertes Mezzotinto, 367 x 265, bezeichnet *Publish'd as the Act directs, July 3d 1773. Philip Dawe fecit.* (. . .).
Kunstbibliothek Preußischer Kulturbesitz, Berlin.

Der Begriff ›Macaroni‹ kam in England um 1770 auf und war eine ironisch-modische Bezeichnung für extravagant und stutzerhaft gekleidete junge Männer, wie zuvor der ans Französische angelehnte Ausdruck ›Beau‹ oder der im frühen 19. Jahrhundert aufkommende ›Dandy‹. Seit 1771 erschienen mehrere Karikaturenserien, die sich dieses dankbaren Themas annahmen.[1]

Philip Dawes grinsender Macaroni von 1773 tanzt mit gezierten Armbewegungen und Schönheitspflästerchen im Gesicht in einer Raumecke, bezeichnenderweise vor einem Toilettentisch. Das elegante Grau seiner Weste und knielangen Hose kontrastiert wirkungsvoll mit dem roten Frack und den hellblauen künstlichen Blumen und Schleifen an den Schuhen und am Degenknauf. Ein großer Blumenstrauß an der Schulter setzt weitere farbige Akzente. Lediglich die Perücke stellt eine offensichtliche Übertreibung dar. Es handelt sich um eine sogenannte ›Cadogan wig‹, bei der seitliche Lockenrollen das hohe Toupet über der Stirn rahmen und der lange Zopf hinten zu einer großen senkrechten Schleife hochgebunden wird.[2] Hier ist vor allem ihre Höhe gewaltig übertrieben; das neckische schwarze Hütchen auf ihrer Spitze macht sie vollends lächerlich.

Wie der Untertitel »Eine wirkliche Person auf dem letzten Maskenball« vermuten läßt, handelt es sich um einen bestimmten Macaroni, der auf dem letzten Maskenball auffiel und dessen Name in einer zeitgenössischen Zeitungsnotiz mit »Lord P . . « angedeutet wurde.[3] J.D.

1 BM V, S. 38. *The Age of Horace Walpole in Caricature,* Ausstellungskatalog Yale University, New Haven 1973, Nr. 10, 11, 17: »›Macaroni‹ is synonymous to beau, fop, coxcomb, *petit maître* . . . a name adopted by or given to the young men of fashion who returned from their travels« (Horace Walpole). – In der Literatur werden Gedichte, in denen sich volkssprachliche Wendungen mit lateinischen Einschüben abwechseln oder die allgemein aus einer Mischung zweier Sprachen bestehen, als Makkaronische Dichtung bezeichnet; vgl. Gero von Wilpert, *Sachwörterbuch der Literatur*, Stuttgart (5) 1969, S. 467f. Der seit der Renaissance geläufige Terminus dürfte auf die von ihrem »continental trip« zurückgekehrte und nun mit ihren Italienischkenntnissen brillierende englische Jugend übertragen worden sein.
2 Corson 1965, S. 287f.; die Frisurhöhe konnte in der Tat diejenige des Gesichts übertreffen.
3 BM V, Nr. 5221; George 1967, Abb. 44, S. 59.

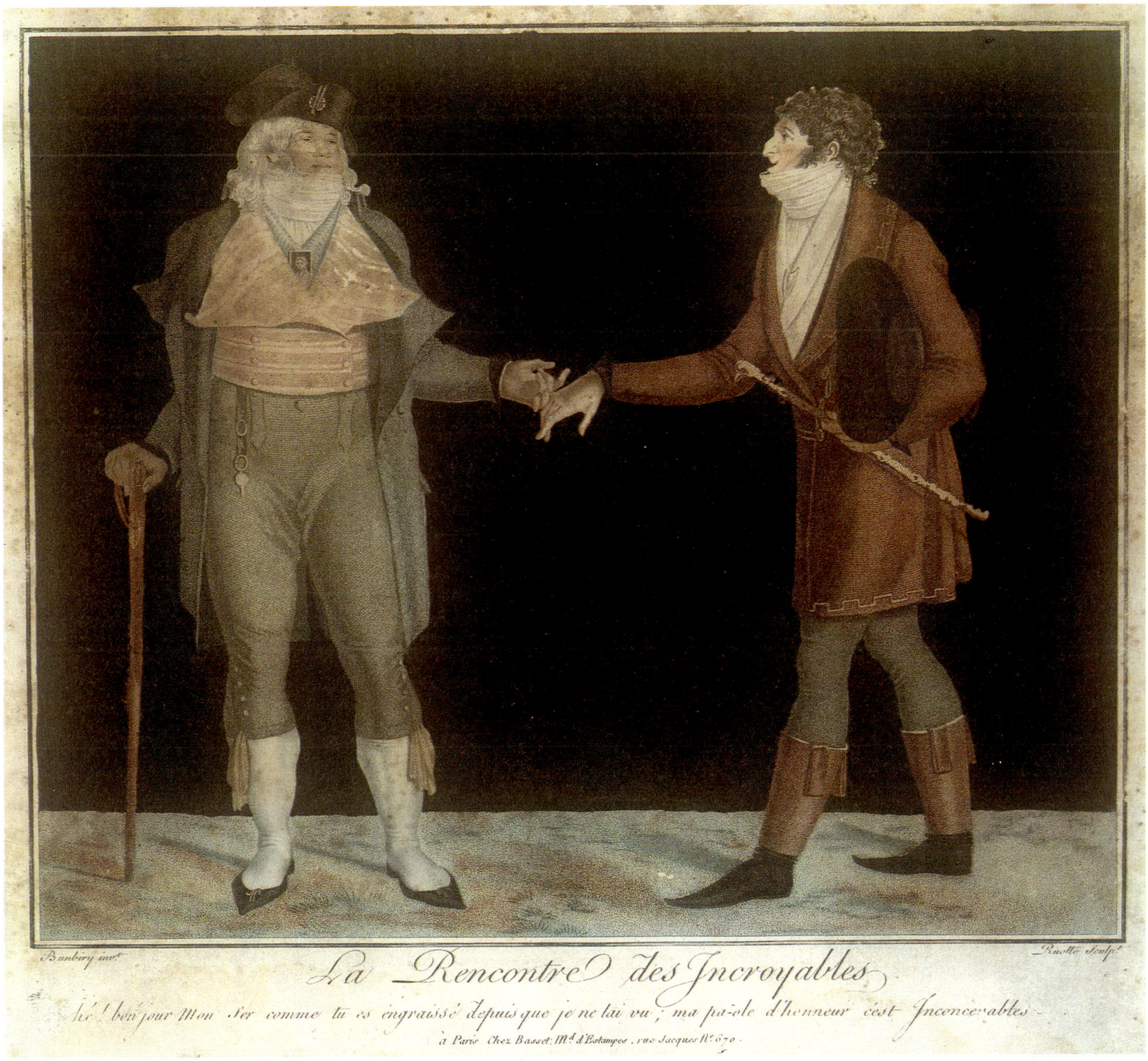

216

Ruotte (1754 – um 1806) nach Bunbiry

La Rencontre des Incroyables, 1797

Farbradierung in Punktiermanier, Hintergrund schwarz getuscht, 320 x 344, bezeichnet *Bunbiry invt./ Ruotte Sculpt./ à Paris Chez Basset. Md. d'Estampes rue Jacques No. 670.*
Kunstbibliothek Preußischer Kulturbesitz, Berlin.

»He! Guten Tag mein Lieber, wie du dich gemästet hast, seit ich dich das letzte Mal gesehen habe; bei meiner Ehre, das ist nicht zu fassen.«[1] Wenig höflich und in plumper Aussprache begrüßt der alternde *Incroyable* seinen Freund, dessen Leibesfülle in der Vorderansicht und in den prall sitzenden Hosen gut zur Geltung kommt. Affektiert fassen sie sich an den kleinen Fingern. In den freibleibenden Händen halten sie knorrige Spazierstöcke aus Eiche. Auffallendstes Merkmal ihrer genau beobachteten Kleidung sind die bis zum Mund hoch drapierten Halstücher und die überbreiten Kragen (vgl. die folgenden Katalognummern). Die eng anliegenden Hosen sollten in etwa zwei Jahren durch weite ersetzt werden (vgl. Kat. 220, 221). Wahrscheinlich handelte es sich bei den beiden *Unglaublichen* um stadtbekannte Stutzer, deren eitle äußere Erscheinung und gespreiztes Gehabe getreu wiedergegeben wurden. Die sorgfältige Modellierung der Körper und die exakten, durch den schwarzen Hintergrund noch betonten Konturen verraten den geübten klassizistischen Zeichner.[2] J.D.

1 »Inconcevable« (unglaublich, unfaßbar) dürfte, wie auch »incroyable«, ein Modewort der eleganten Pariser Welt gewesen sein.

2 Über den Entwerfer Bunbiry ist nichts bekannt. Es könnte sich um ein Pseudonym handeln, das den Namen des englischen Karikaturisten Henry Bunbury parodiert. Die Karikatur gehört, wie auch Kat. 217 und 218, zu einer Serie ähnlich aufwendiger Radierungen, die nach Vorlagen von C. Vernet, Boilly, Bosio, Guerin, Leclerc und anderen angefertigt wurden. Vgl. Grand-Carteret 1888, S. 73.

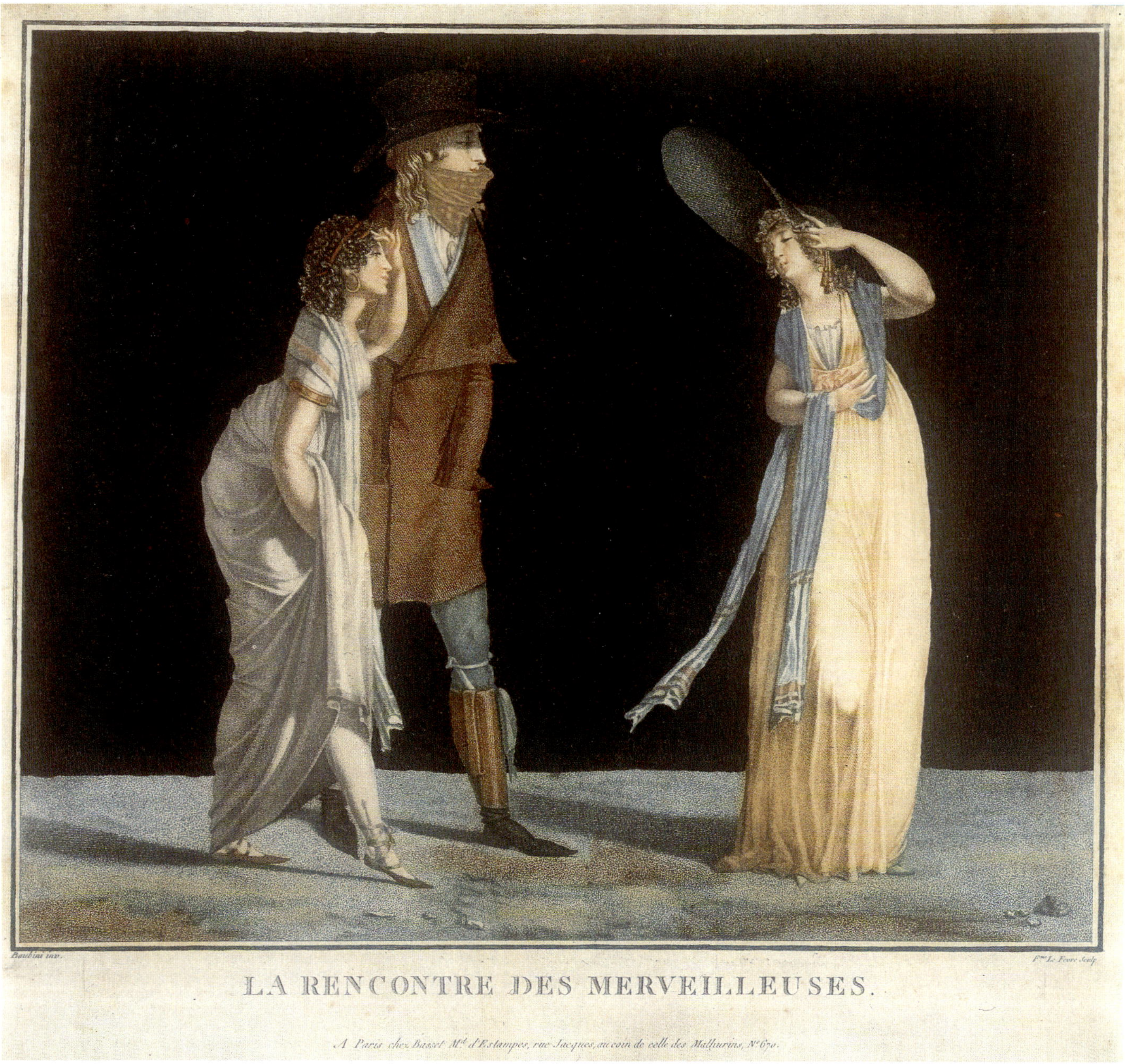

217
Le Fevre nach Baubini

La Rencontre des Merveilleuses, 1797

Farbradierung in Punktiermanier, Hintergrund schwarz getuscht, 320 x 328, bezeichnet *Baubini inv./Fme. Le Fevre Sculp/ A Paris chez Basset Md. d'Estampes, rue Jacques* (...).
Kunstbibliothek Preußischer Kulturbesitz, Berlin.

Das *Treffen der Wunderbaren* gibt Anlaß, neben der eleganten Kleidung auch die gespreizte Begrüßungsgestik vorzuführen. Die Damen heben geziert eine Hand zur Stirn, während sie mit der anderen Kleid oder Schal vor dem Körper raffen. Der vornehme Herr in Begleitung der linken Dame scheint unbeteiligt, seine Augen sind geschlossen und die Hände ruhen in den tiefen Manteltaschen. Er ist in seinen eng anliegenden Hosen, dem kurzen Mantel mit dem extrem breiten Kragen darüber, dem fast bis zur Nase reichenden Halstuch und dem ›Rundhut‹ auf dem langen Haar das Musterbeispiel eines *Incroyable*. Die Damen präsentieren sich in hoch taillierten, kurzärmeligen Kleidern, die ohne Saum bis zum Boden fallen.[1] Diese »mode à la grecque« orientierte sich an der Antike. Der klassizistische Zeichner[2], der die modischen Details exakt und nicht übertrieben wiedergibt, betont die Anlehnung an das Vorbild, indem er die vortretenden Körperteile von dem fließenden Faltenwurf umspielen läßt. Die Körperhaltung der rechten *Merveilleuse* kann fast als eine Parodie auf antike Venusstatuen angesehen werden.

Biedere Zeitgenossen verpönten die »mode à la grecque« als frivole »Nacktmode« (Kat. 221). Von Madame Tallien hieß es, sie sei die erste gewesen, »die man das Kostüm der griechischen Heroinen kopieren sah. Nur angethan mit einer transparenten Tunika aus Gaze, welche jede Bewegung plastisch abzeichnete und alle dunkleren Partien des Körpers durchschimmern ließ«, so sei sie in den Gärten des Palais Royal spazierengegangen.[3] Unter den durchsichtigen Gewändern trugen die meisten allerdings »fleischfarbene Pantalons, womit sie ihre Hemd- und Unterrocklose Blöße bedecken«.[4]

1797 erschien eine Modekarikatur mit dem Titel *Merveilleuses*, die Madame Tallien zusammen mit einer weiteren stadtbekannten Modeschönheit darstellte.[5] Auch auf der vorliegenden Karikatur dürften bestimmte Gesellschaftsgrößen gezeigt sein. Die linke Dame hat große Ähnlichkeit mit Madame Recamier, neben der Tallien die meistgefeierte Schönheit des Directoire und der Konsulatszeit. Sie erschien nicht nur mehrfach auf Karikaturen,[6] sondern auch J.-L. David, François Gérard oder der Bildhauer Joseph Chinard hielten ihr Aussehen in vielgerühmten Porträts fest.[7] Auf diesen offiziellen Bildnissen trägt sie gleichfalls leichte antikisierende Gewänder. Julie Recamier (1777–1849) heiratete 1793 einen reichen Pariser Bankier und wurde zum Mittelpunkt der eleganten Pariser Gesellschaft. Mit Schönheit, Intelligenz und einer ›engelgleichen‹ Koketterie eroberte sie die Liebe vieler bedeutender Zeitgenossen, ohne daß ihr guter Ruf in Zweifel geriet. J.D.

1 Schon im nächsten Jahr wurde der glatte Abschluß zugunsten eines bauschenden Saums aufgegeben;

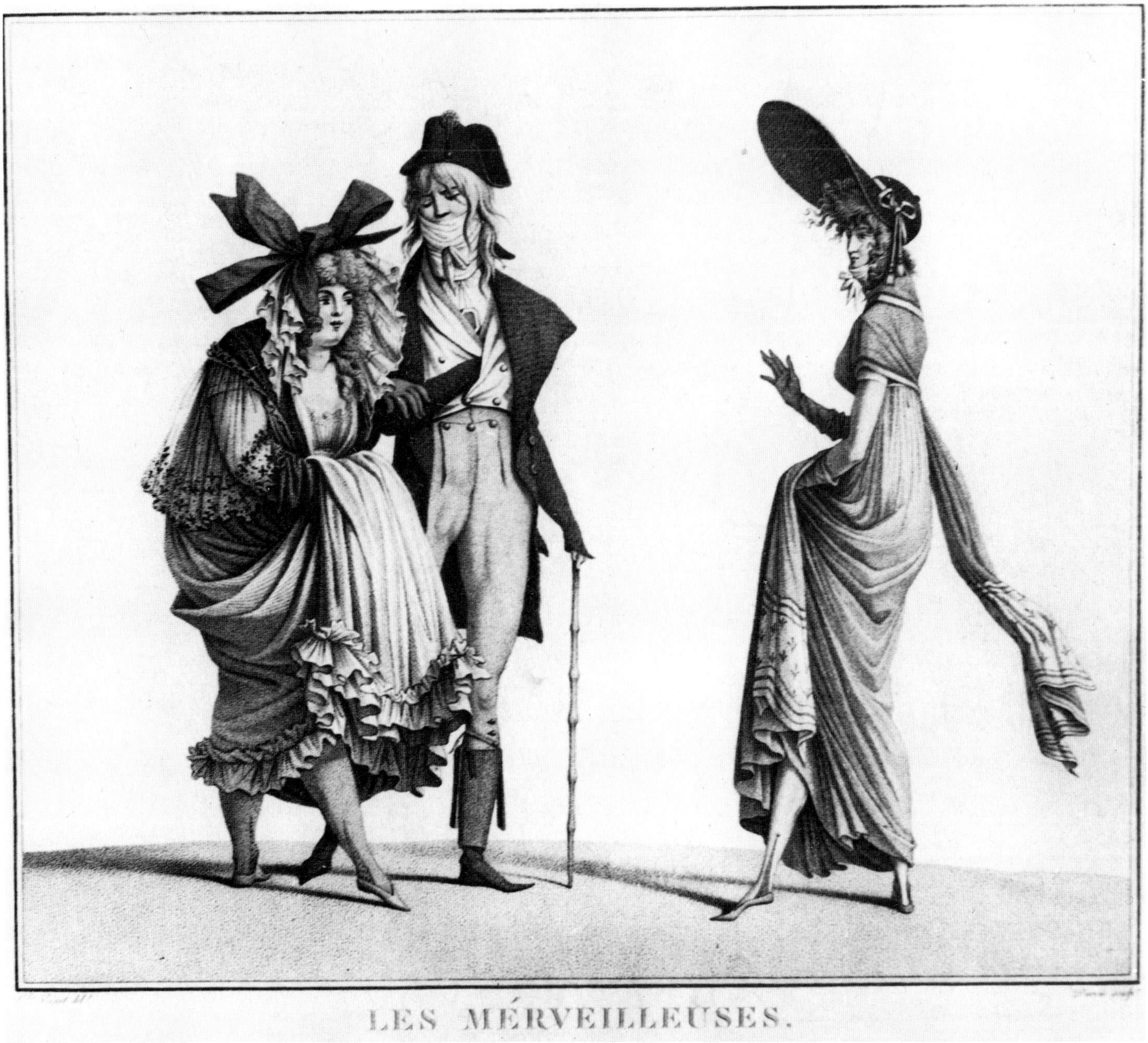

Journal des Luxus und der Moden, Bd. XIII, 1798, S. 653. Vgl. die folgende Kat. Nr.

2 Über die in der Signatur genannten Baubini und Le Fevre ist nichts bekannt. Vgl. Anm. 2 zu Kat. 216.

3 Zit. nach Fuchs I, S. 192 (ohne Quellenangabe). Wendel 1928, S. 104, schreibt, daß Madame Tallien bereits im Herbst 1795 »auf einem Ball in der großen Oper in einer ärmellosen Tunika, die sie auf dem bloßen Körper getragen habe«, erschienen sei. Wahrscheinlich setzt er das Ereignis um ein Jahr zu früh an. Von ersten Gerüchten über die »mode à la grecque« weiß das *Journal des Luxus und der Moden* im Januar 1797 zu berichten (S. 42).

4 *Journal des Luxus und der Moden*, Bd. XII, 1797, S. 95.

5 Ebd., S. 271. Gezeichnet von Perret, gestochen von Darcis. Die Damen seien sehr ähnlich und der Natur entsprechend getroffen. Die Karikatur wird »auf allen neuen Modefächern *en medaillon* gestochen«.

6 Vgl. Kat. 219. Besonders ähnlich: *London und Paris*, Bd. 10, 1802, Tafel XVII, Kommentar auf S. 183f.

7 *The Age of Neo-Classicism*, Ausstellungskatalog Royal Academy und Victoria and Albert Museum, London 1972, Nr. 101, 346; Mario Praz, *Gusto Neoclassico*, Mailand (3) 1974, S. 300ff. (»La dama sul sofa«). Zu Madame Recamier vgl. E. Herriot, *Mme. Recamier et ses amis*, 2 Bde., Paris 1904/05.

218

Darcis nach Charles Vernet (1758–1836)

Les Merveilleuses, 1798

Punktierstich, 320 x 360, bezeichnet *C.les Vernet del/ Darcis sculp!*
Privatbesitz.

Scharf vor den weißen Grund gesetzt, begegnet ein auffallend herausgeputztes Paar einer nicht weniger attraktiv aufgemachten jungen Frau. Während der junge Mann verlegen wegsieht, fixieren sich die beiden Frauen.

Nachdem es einige Jahre geboten schien, sich in möglichst abgerissener Kleidung zu präsentieren, um nicht als Anhänger des Ancien Régime aufs Schafott geschleppt zu werden, feierte die Mode nach Beendigung der Schreckensherrschaft wahre Orgien. Das lose fallende Kleid hatte man schon Anfang der neunziger Jahre von den Engländerinnen übernommen. 1797/98 raffte man das Kleid in herausfordernder Weise vorn hoch. Der Pariser Korrespondent der in Weimar erscheinenden Zeitschrift *London und Paris* fand diese Mode auch sonst aufreizend: »Man hebe den Rock vorn in die Höhe, um dadurch so knapp wie möglich den Kontur des Hinterteils zu dessinieren, aufs deutlichste.« Die Dicke glaubte offenbar, mit Üppigkeit der Kleidung auftrumpfen zu sollen, doch wirkt sie wie aufgetakelt. Die Lange mit ihrem einfachen Kleid, der hochgezogenen Taille, den nackten Armen und dem langen Kaschmirschal weiß besser, was Mode ist. Daher auch ihre abschätzige Handbewegung. Dem Stutzer mit der hochgezogenen engen Hose, der kurzen Weste, den breiten Rockaufschlägen und dem bis ins Gesicht hineinreichenden Halstuch kam offenbar die Begegnung mit der Schlanken sehr ungelegen.

Charles Vernet war einer der treffsichersten Beobachter der Extravaganzen der *Incroyables* und *Merveilleuses*, doch hat er, wie es in Frankreich damals üblich war, nur die Entwürfe geliefert und die graphische Ausführung Spezialisten überlassen. M.H.

Lit.: Die Darstellung wird gern benutzt, um zeitgeschichtliche Betrachtungen zu illustrieren.

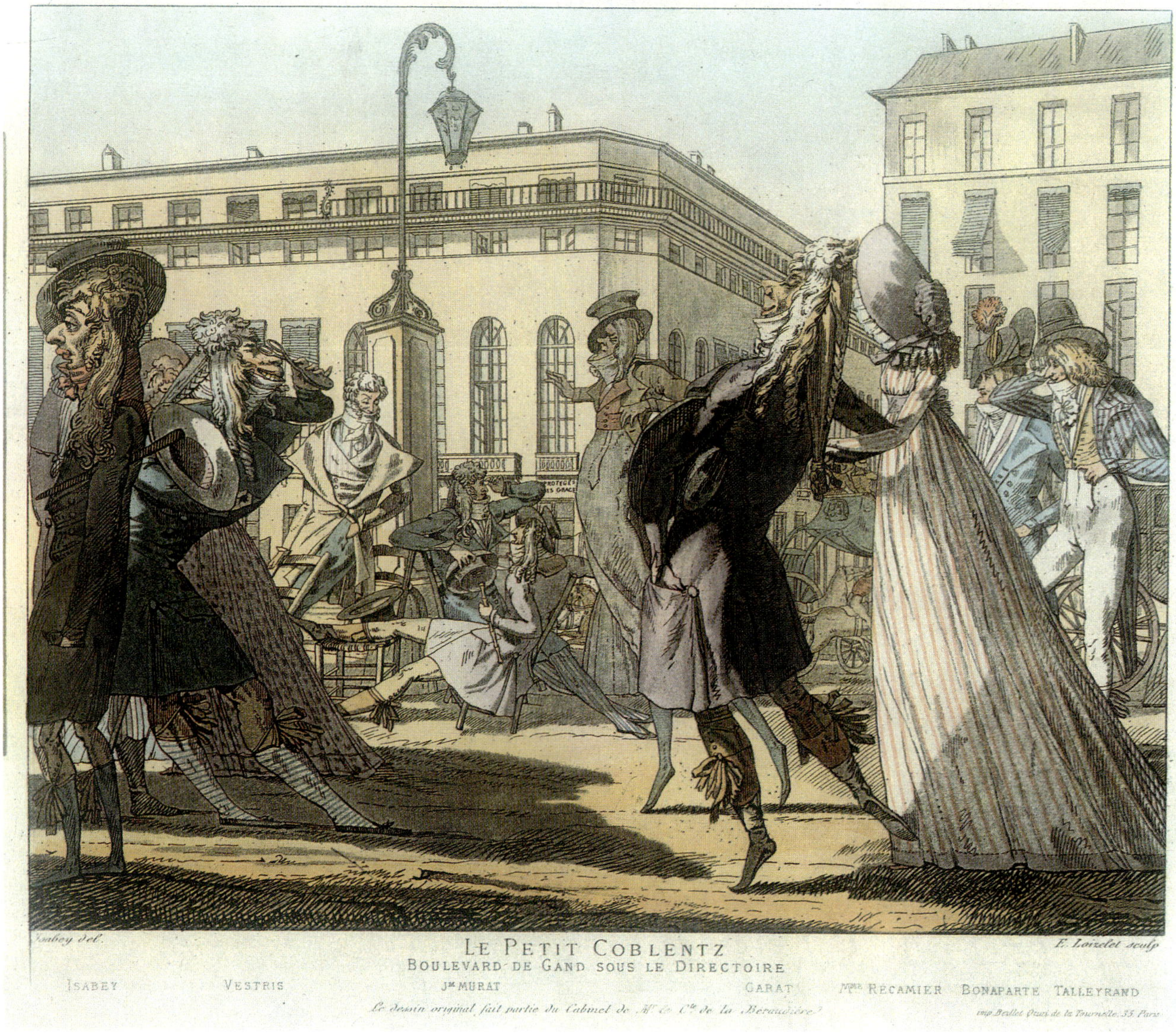

219

Eugène Loizelet (1842–1882) nach Jean Baptiste Isabey (1767–1855)

Le Petit Coblentz – Boulevard de Gand sous le Directoire, 1798/ um 1875

Kolorierte Lithographie, 385 x 504, bezeichnet *Isabey del./ E. Loizelet sculp / Le dessin original fait partie du Cabinet de Mr. le Cte. de la Béraudière/ imp. Baillet Quai de la Tournelle (. . .).*
Kunstbibliothek Preußischer Kulturbesitz, Berlin.

Seit der Mitte des 18. Jahrhunderts kam der Boulevard des Italiens – im 19. Jahrhundert hieß er zeitweise Boulevard de Gand[1] – als Promenade für die elegante Welt in Mode. Im Directoire erhielt er den Spitznamen »Klein-Koblenz«, nach der Stadt am Rhein, in der sich viele französische Emigranten versammelten. In Paris traten bürgerliche Parvenus an die Stelle der Adligen des Ancien Régime und verhielten sich nicht weniger affektiert und eitel. Isabeys Zeichnung entstand 1798[2] und zeigt einige der prominentesten Bürger der Stadt, aufgemacht als herausgeputzte *Incroyables*. Die starken Deformierungen und Übertreibungen von Kleidung, Gestik und Gesichtern unterscheiden das Blatt von den meisten anderen französischen Karikaturen der Zeit (Kat. 216–218) und rücken es in die Nähe der englischen Karikatur, die in Paris wohlbekannt war.[3]

Im Vordergrund tänzelt der Politiker und Publizist Dominique Joseph Garat (1749–1833) auf einer Zehenspitze, neben ihm die »an der Hand ihres Elegants in höchster Grazie einherschwimmende«[4] Madame Recamier (vgl. Kat. 217), das Gesicht von dem großen Schirm der Haube völlig verdeckt. Rechts dahinter promenieren Napoleon, der nach seinem Italienfeldzug seit Dezember 1797 für einige Monate in Paris weilte, und der mit ihm befreundete Diplomat Talleyrand (1754–1838). Im Hintergrund sitzen drei *Incroyables* betont lässig auf ihren Stühlen, der mittlere ist der General und spätere König von Neapel, Murat (1767–1815), die beiden anderen sind nicht namentlich bekannt.[5] Links im Vordergrund hebt in grotesker Körperhaltung und breit grinsend der Tänzer Marie Auguste Vestris (1760–1842) seine Lorgnette vor die Augen. Die illustre Versammlung von Politikern und Künstlern wird links durch ein nicht weniger karikiertes Selbstbildnis von Isabey abgeschlossen.

Die Benennungen der Personen finden sich auf der hier ausgestellten getreuen Reproduktion, die Eugène Loizelet fast achtzig Jahre später schuf. Sie dürften jedoch auf alter Tradition beruhen. Das Aquarell von Isabey, das Loizelet als Vorbild diente, befindet sich heute im Musée Carnavalet in Paris.[6] 1798 wurde Isabeys Karikatur als Radierung angekündigt,[7] doch kam die Veröffentlichung anscheinend nicht zustande, vielleicht aus Rücksicht auf die dargestellten hohen Persönlichkeiten (eine wirksame Zensur gab es zu diesem Zeitpunkt in Frankreich nicht). Isabey war mit Napoleon eng befreundet und stieg später bis zum Zeichenlehrer der kaiserlichen Familie auf. J.D.

1 Nach der belgischen Stadt Gent, in der Ludwig XVIII. während der Herrschaft der Hundert Tage 1815 Zuflucht suchte. – Eine Karikatur mit dem gleichen Thema abgebildet bei Thiel 1963, S. 489 (*Boulevard Italien*, 1797 von Voysard nach Desrais gestochen).
2 Broadley II, S. 33, datiert falsch auf 1795. (Da dies Blatt das einzige ist, das er auf 1795 datiert, erweist sich auch sein Titel, *Napoleon in Caricature 1795–1821*, als nicht ganz korrekt.)
3 Im Jahre 1800 eröffnete in Paris eine Galerie mit ausschließlich englischen Karikaturen; *Journal des Luxus und der Moden*, Bd. 15, 1800, S. 423.
4 Die Formulierung aus *London und Paris*, Bd. 10, 1802, S. 184.
5 Broadley II, S. 33, nennt noch den neapolitanischen Minister Girondin als Dargestellten.
6 Kat. Paris 1982, Nr. 59, mit weiterer Literatur.
7 *Journal général de la littérature de France*, 1. Jg., 1798/99, Heft 1, S. 32.

Lit.: Béraldi IX, S. 188, Nr. 33; Broadley II, S. 33; Fuchs I, S. 196, farbige Beilage S. 152; Kat. Paris 1982, Nr. 59.

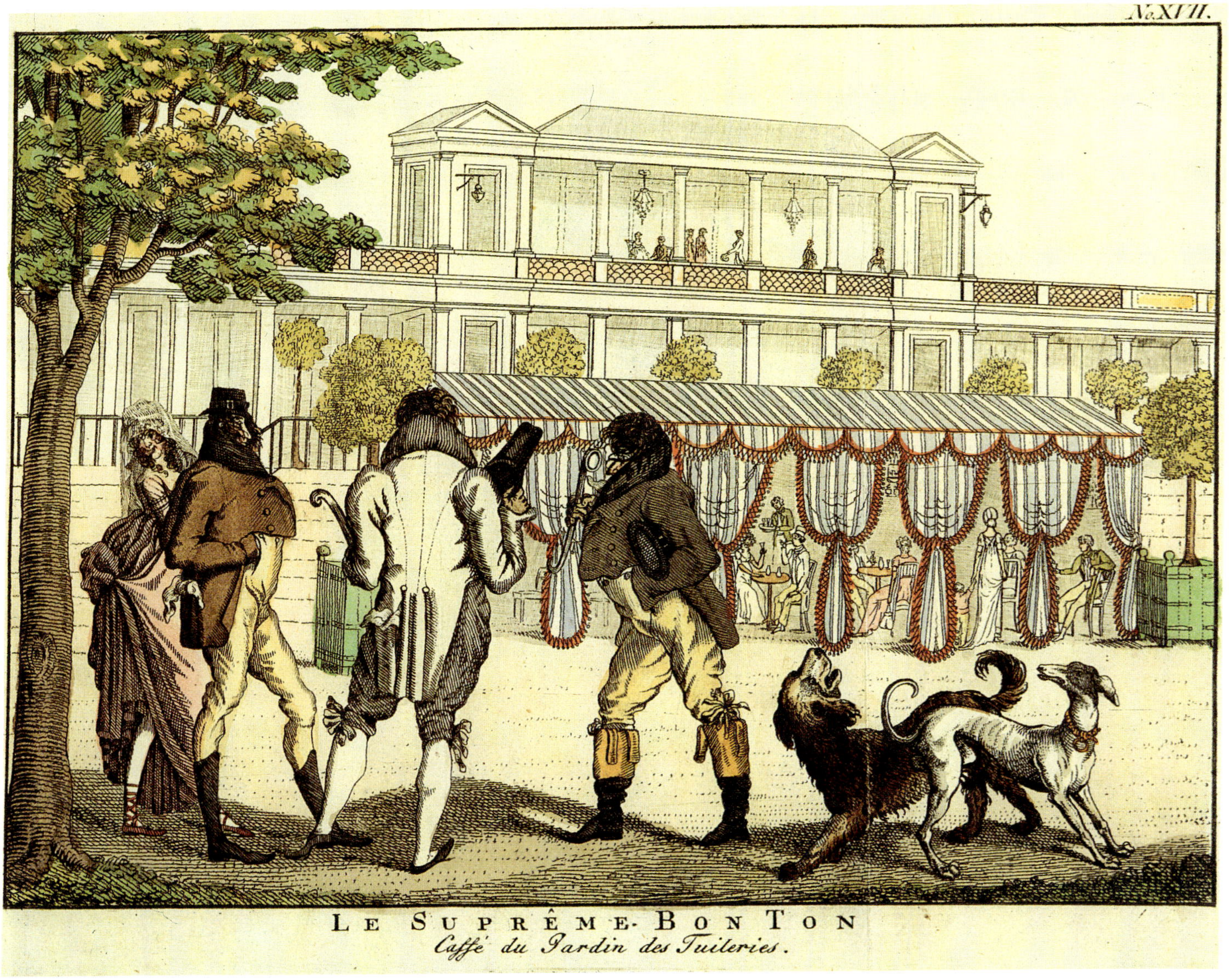

220

Deutsche Kopie nach einer französischen Karikatur

Le Suprême Bon Ton, 1800

Kolorierte Radierung, 203 x 264, unbezeichnet; *London und Paris*, Bd. 6, 1800, Tafel XVII. Niedersächsische Staats- und Universitätsbibliothek, Göttingen.

Hier sei, nur wenig gekürzt, der zusammen mit der Radierung in der Zeitschrift *London und Paris* abgedruckte Kommentar wiedergegeben, der versucht, den deutschen Leser am Pariser Klatsch und an der neuesten Mode teilhaben zu lassen. Der anonyme Pariser Korrespondent nahm sich mit seinen ausschweifenden Beschreibungen und Anspielungen offensichtlich die *Hogarth-Erläuterungen* des im Jahr zuvor gestorbenen Göttinger Professors Lichtenberg (vgl. Kat. 71) zum Vorbild. Interessant ist auch der Vergleich mit einer Hogarth-Radierung im letzten Absatz, der zeigt, wie genau die Details betrachtet und interpretiert wurden:

»Der allerbeste gute Ton. Szene vor dem Kaffeehause in dem Tuilerien-Garten.

Unsere Leser erblicken hier im Hintergrunde ein neuangelegtes Kaffeehaus im Tuilerien-Garten, (...) wo die Pariser müßige und schöne Welt auf zwei Reihen unansehnlicher und oft sogar defecter Strohstühle, die man mit einigen Sous bezahlt, hingepflanzt, sich in allerlei Rapports mit den Vorübergehenden setzt, wo sie wechselseitig zur Schau geht und zur Schau steht.

Unsere Aufmerksamkeit beschäftigt indeß vorzüglich die possierliche Gruppe von Incroyables nach dem neuesten Schnitt im Vordergrund. Alles ist characteristisch an diesen Pflastertretern *du dernier,* oder *du suprême bon ton.* Der elegante Herr, oder mit unserm seeligen Lichtenberg zu sprechen, der Zierbengel da zunächst unter dem Baume mit der scharmanten retroussirten Dame führt seine Schöne nach der neuesten Unsitte an der linken Hand, um die rechte Hand frei zu behalten? – welche Abgeschmacktheit! nein, um sie in dem breiten Hosenlatz zu verbergen, der bis über den Nabel heraufsteigend, der geschäftigen Rechenmaschine, die uns die Natur an unsere Arme gesetzt hat, die sicherste Aufnahme gewährt. (...) Unser *ami* ist zugleich mit seinen tief ins Gesicht gezogenen Haarhaken (*crochets*) und dem allerliebsten kleinen Wünschelhütchen, so wie im ganzen übrigen Anzug vollkommen in der Ordnung. Am interessantesten ist indeß das wandernde Vieleck, die modisch aufgetakelte Chalupe in der Mitte, deren Hinterbord wir hier nur zu sehen bekommen. Sein Frack ist in der neuesten Form, und erinnert mit seinen abgestutzten Hinterteilen genau an die Art von Hühnern, die wir auf unsern Hühnerhöfen Kaulschwänze nennen... Die colossalen Kragen ersetzen von oben, was unten abgestutzt worden ist, und scheinen durchaus darauf berechnet zu seyn, um aller weiteren Nachfragen nach dem Kopf ein für allemal entübrigt zu seyn. Auch der abscheulich ungestalte, preußisch seyn sollende dreieckige Huth darf nicht übersehn werden, so wie es überhaupt in den wandelbaren Huth-Annalen eine neue Epoche macht, daß jedermann, wer zum Ball angezogen seyn will, einen dreieckigen Huth aufsetzen muß. Die Spazierstöckchen mit Hacken (*crochets*) und Ferngläsern darin sind gleichfalls unerläßliche Zugaben zu diesem unförmlichen Stutzerkostüm.

Die Kenner der Hogarthischen Caricaturen erinnern sich gewiß an einen oft belachten Einfall jenes großen Sittenmalers, wo er in der Heirath nach der Mode (auf der fünften Tafel) die ungleiche Trauung seines Helden hinter dem Rücken der Hauptpersonen noch einmal durch die bedeutenden Liebkosungen, die das einäugige Möpschen der einäugigen Braut von einem Spitz erhält, sattsam versinnbildert. Ob dem Zeichner dieses Spottbildes bei der Hundegruppe, die sich hier so unverschämt den Augen des Publikums Preis giebt, etwas ähnliches vorgeschwebt sey, mag ein jeder selbst beurteilen.«[1] J.D.

1 *London und Paris,* Bd. 6, 1800, S. 177ff. Die meist französischen Anmerkungen sind fortgelassen worden.

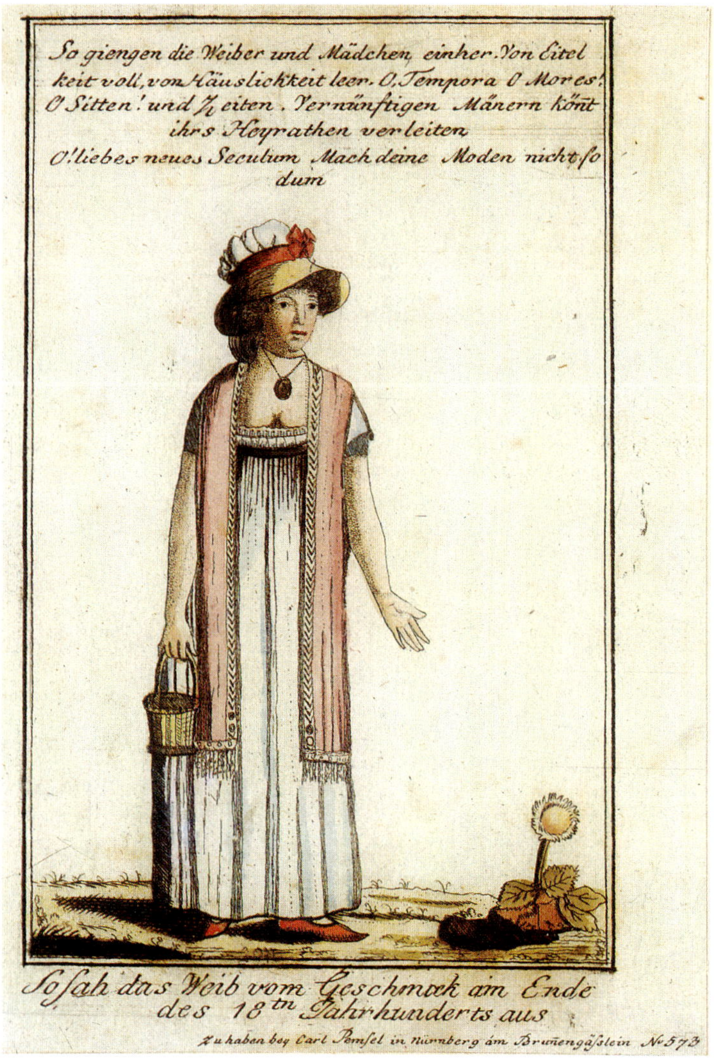

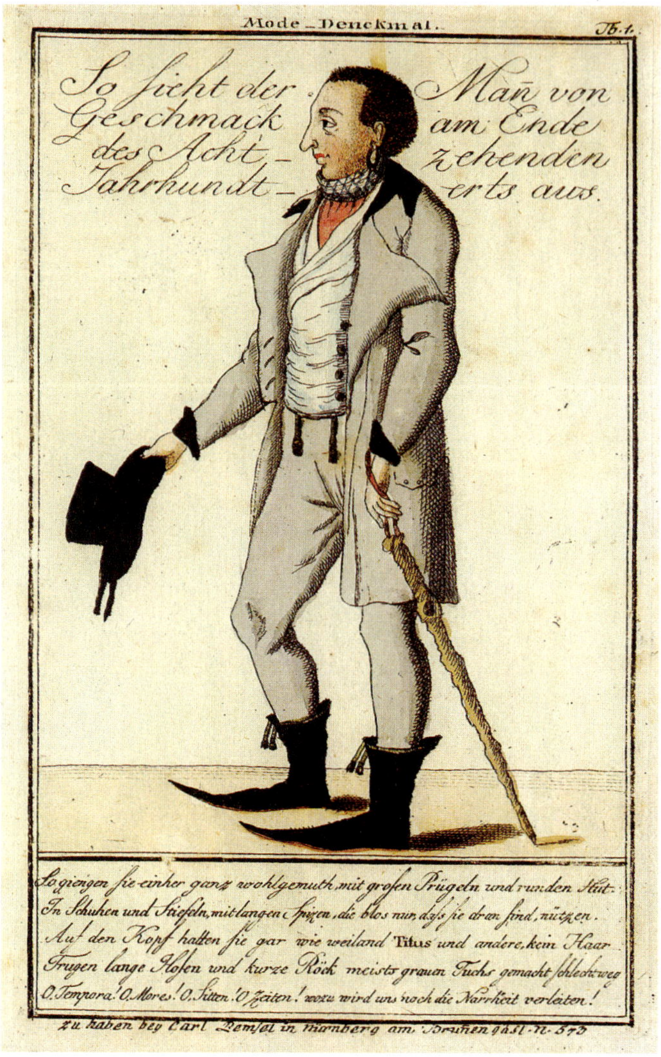

221
Nürnberg, 1800

So sah das Weib von Geschmack am Ende des 18tn Jahrhunderts aus – So sieht der Mann von Geschmack am Ende des Achtzehenden Jahrhundterts aus.

Zwei kolorierte Radierungen, 202 x 148 und 214 x 148, jeweils bezeichnet *zu haben bey Carl Pemsel in Nürnberg* (...).
Kunstbibliothek Preußischer Kulturbesitz, Berlin.

Das junge Paar, das die beigegebenen Texte als Ausbund des Stutzertums herausstellen, trägt die neueste Pariser Mode: Sie ein weißes, tief ausgeschnittenes und ärmelloses Kleid mit einem langen, glatt fallenden, rosa Schal,[1] er einen kurzen Frack mit breiten Aufschlägen über weißem Hemd und grauer Hose. Sein hohes kariertes Halstuch ist so drapiert, daß es bis übers Kinn vorspringt. Die Beigaben, der kleine Eimer in der Hand der Frau und der modisch-knorrige Stock des Mannes (vgl. Kat. 216) verweisen auf gärtnerische Ambitionen und die Naturschwärmerei der Zeit.

Von einer übertreibenden Darstellung kann bei beiden kaum die Rede sein. Allenfalls mögen die Schuhspitzen des Mannes etwas zu lang und sein Gesichtsprofil mit der fliehenden Stirn etwas dümmlich geraten sein. Doch rechtfertigt dies noch nicht die höhnend verurteilenden Texte.

Die Aufmachung des Paars entspricht der Kleidung der Pariser *Incroyables* und *Merveilleuses* (Kat. 216–219). Doch während in Frankreich deren modische Extravaganzen zwar belächelt, aber auch bewundert wurden, stießen sie in Deutschland häufig auf starke Ablehnung. Die »mode à la grecque« oder »Nacktmode« der

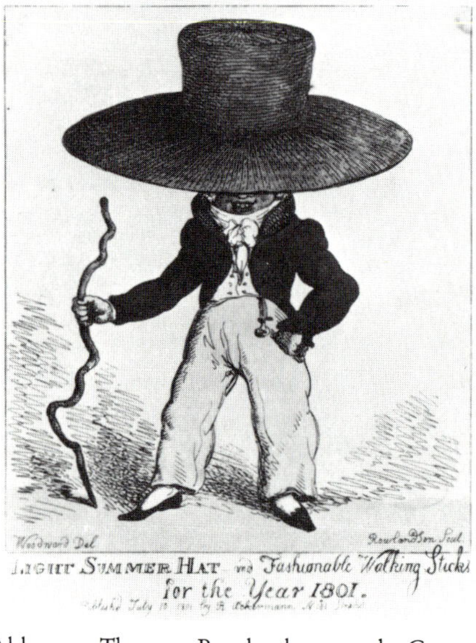

Abb. 175 Thomas Rowlandson nach George Woodward, *Light Summer Hat,* 1801

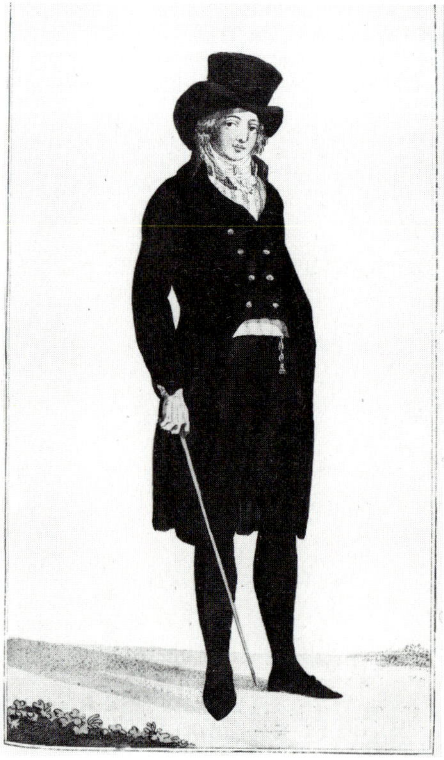

Abb. 176 *Tracht eines jungen Mannes im Frack von neuester Mode,* 1798

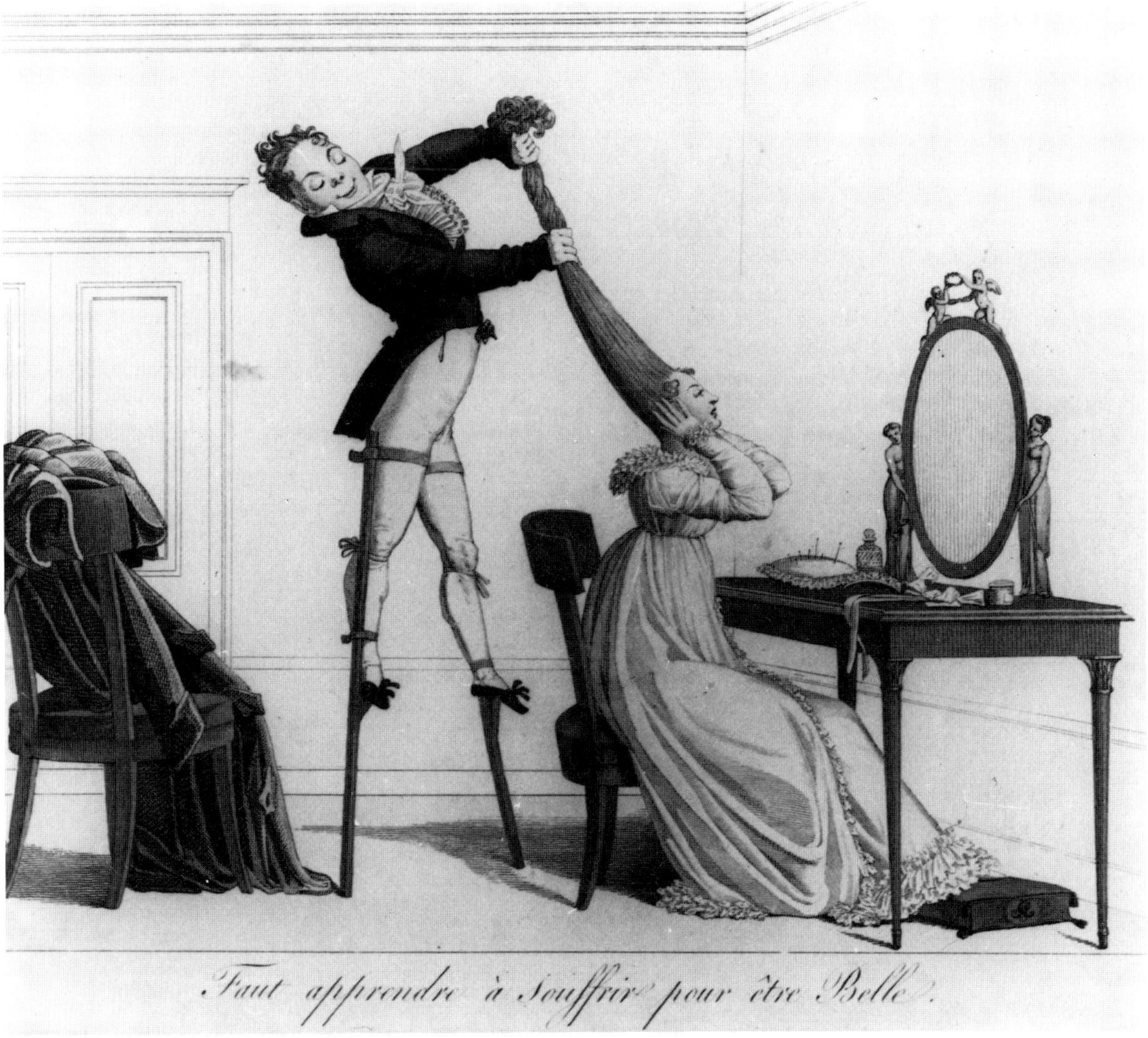

Damen (vgl. Kat. 217) wurde mit den dünnen, durchsichtigen Stoffen, den kurzen Ärmeln und tiefen Décolletés als äußerst unzüchtig empfunden. Der stutzerhaften Aufmachung des Mannes erging es kaum besser. Seine kurzgeschorenen Haare[2] und der ›Rundhut‹, aus dem später der Zylinder hervorging,[3] konnten als Protest gegen die bis dahin üblichen Perücken und Dreispitze aufgefaßt werden. Die spitzen Revers und das aufgebauschte Halstuch wurden zwar von Modegecken auch in Deutschland getragen, aber gleichfalls häufig verspottet. – 1799 ließ der Landgraf von Kassel einige seiner Sträflinge in die Tracht der Pariser ›Elegants‹ stecken. Mit »großem Rundhut«, kurzem, breitem Frack, einem »schrecklichen Halswulst, von einer weit größern Peripherie als der Kopf selbst«, Schnabelschuhen, »wenigstens eine Elle lang«, und kahlgeschoren – so mußten die »Züchtlinge« in der Öffentlichkeit ihre Arbeiten verrichten. »Sie können sich selbst vorstellen, welchen grotesken Aufzug ein paar solcher Carricaturen machen müssen, und wie jeder Stutzer ihnen schon auf 100 Schritte ins nächste Gäschen ausweicht, als wenn ihm der Kopf brennte.« So schließt der anonyme Beobachter seinen Bericht.[4]

Die beiden Radierungen greifen also nicht nur, wie es zunächst den Anschein hat, in ihren Texten die letzten Wandlungen der Mode an, sondern auch durch die Darstellung, da die realitätsnahe Wiedergabe einer Aufmachung, die zu diesem Zeitpunkt in Deutschland verpönt war, bereits Kritik enthält.

Wie anders das gleiche Thema in der englischen Karikatur dargestellt wurde, mag ein Vergleich mit einer Radierung von Rowlandson zeigen (Abb. 175).[5] Dort hat der breitkrempige Hut gigantische Ausmaße angenommen und verdeckt weitgehend das Gesicht des Modegecken, und aus dem knorrigen Eichenstock ist ein untauglicher, krummer Ast geworden. Die beiden Nürnberger Blätter versuchen nicht, ihre abwertende Kritik im Bild auszudrücken. In ihrem kleinen Format, der hübschen Kolorierung und auch in den Körperhaltungen der beiden stehen sie den gängigen Modekupfern der Zeit nahe (Abb. 176),[6] verbinden allerdings deren tendenzlose Darstellungen mit höhnenden und moralisch verurteilenden Texten. J.D.

1 Noch im November 1799 bezeichnete das *Journal des Luxus und der Moden* Rosa als die zur Zeit aktuelle Farbe für Schals (Bd. XIV, S. 586).
2 Derartige Frisuren kamen Anfang 1798 in Paris auf. »Eine struppichte Perückenfrisur, einen wahren Werrbüschel von Haaren, die man ›Coiffure à la Titus‹ nannte«, so schrieb 1798 die Zeitschrift *London und Paris* (Bd. 1, S. 89). Der Begleittext der Radierung spielt auf die Benennung an. Vgl. die Beschreibung der »Moden von 1801«, hier S. 284.
3 Dazu Wendel 1928, S. 112. In Rußland blieb der Rundhut durch eine Anordnung des Zaren streng verboten.
4 *Journal des Luxus und der Moden*, Bd. XIV, 1799, S. 644ff.
5 Kat. Göttingen 1975, Nr. 70.
6 *Journal des Luxus und der Moden*, Bd. XIII, 1798, Tafel 2.

222

Gaudissart de Cari

Faut apprendre à souffrir pour être Belle – Wer schön sein will, muß leiden, um 1806

Kolorierte Radierung, 220 x 244, monogrammiert *AG*.
Kunstbibliothek Preußischer Kulturbesitz, Berlin.

Eine junge Dame im vornehmen weißen Negligé läßt sich von einem stutzerhaften Haarkünstler frisieren, der sich Stelzen unterschnallen mußte, um seine Aufgabe ganz erfüllen zu können. Lächelnd und mit eleganter Leichtigkeit dreht und zieht er an den Haaren seiner Kundin, die sich den Kopf hält. Die Nadeln in dem Kissen vor ihr deuten auf eine Fortsetzung der Tortur.

Im ersten Jahrzehnt des 19. Jahrhunderts wurde das Haupthaar oft straff nach hinten gezogen, um dann in zahlreichen Zöpfen oder Locken nach lose an antiken Vorbildern orientierten Formen angeordnet zu werden. Nadeln, Kämme und Schleifen, wie sie sich auch hier auf dem kunstvollen Empire-Toilettentischchen finden, bildeten häufige Accessoires. – Das Motiv der Stelzen schließt an die Karikaturen auf die hohen Haarmoden um 1775 an. J.D.

Lit.: Fuchs I, farbige Beilage zu S. 384 (dort die Zuschreibung an Gaudissart); Wendel 1928, S. 87; Wagner 1980, als Tafel 64 der Serie *Le Bon Genre*.

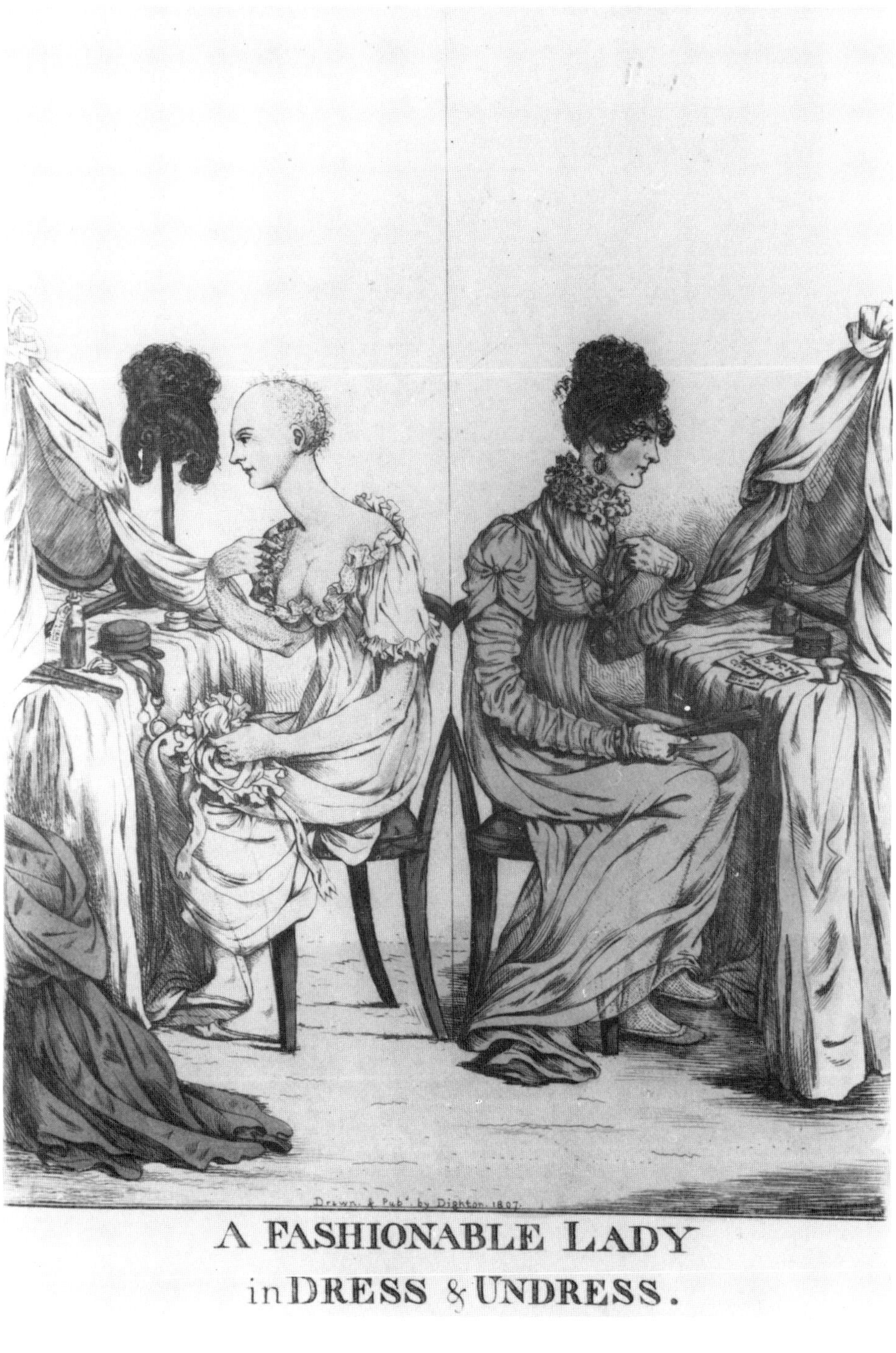

223
Robert Dighton (1752?–1814)

A Fashionable Lady in Dress & Undress – Eine modebewußte Dame, angekleidet und nicht gekleidet, 1807

Kolorierte Radierung, 357 x 242, bezeichnet *Drawn and Pubd. by Dighton 1807.* Kunstbibliothek Preußischer Kulturbesitz, Berlin.

Das Blatt lebt von dem Gegensatz der beiden direkt nebeneinander gesetzten Szenen. Was rechts in jugendlicher Frische und Natürlichkeit leuchtet, entpuppt sich links als geschickte Fälschung. Die Lady hat sich für die Oper zurechtgemacht, wie das Billett auf dem Tisch vor ihr andeutet.

Das eigene Haar vornehmer Damen blieb häufig geschoren, um so den ständig getragenen Perücken einen besseren Sitz zu verleihen. Auch als die Haarmode im ersten Jahrzehnt des 19. Jahrhunderts wieder ›menschlichere‹ Proportionen annahm, mußten oft wegen des verkümmerten Haarwuchses weiterhin Perücken getragen werden. Der tiefe Ausschnitt des langen weißen Unterkleides mutet ebenfalls wie ein Überbleibsel des frivolen 18. Jahrhunderts an. Rechts ist die Brust völlig verdeckt, und der hohe Spitzenkragen formt eine züchtig geschlossene Halskrause.

Beide Szenen enthalten keine Übertreibungen, sondern zeigen lediglich dieselbe Dame zu Beginn und am Ende ihrer Bemühungen vor dem Frisiertisch. Dadurch wird allerdings die modische und bescheidene Natürlichkeit rechts als ein Ergebnis des gekonnten Einsatzes künstlicher Hilfsmittel entlarvt. J.D.

Lit.: BM VIII, Nr. 10807; Abbildung bei Corson 1965, S. 462.

224
Charles Philipon (1806–1862)

Mascarade improvisée No. 5 – Incroyable de l'An 9, um 1830

Kolorierte Lithographie mit Montage: das Gesicht ist ausgeschnitten und mit einem Spiegel hinterlegt, der rückwärtig von einem Papierstreifen gehalten wird. 283 x 210, bezeichnet *Ch. Ph. Lith.d V. Rathier. à Paris Chez Hautecœur Martinet, rue du Coq. Aubert Editeur* (...). Hamburger Kunsthalle.

Der Aufschwung der französischen Karikatur nach der Julirevolution ist zu einem nicht geringen Teil dem Ideenreichtum des Lithographen und Publizisten Charles Philipon zu verdanken. Seit den späten zwanziger Jahren trat er als Zeichner kleinerer Serien von Genrekarikaturen hervor. Die meist harmlose Thematik – Mode, Pariser Gesellschaft – entsprach dem üblichen Rahmen.[1] Ungleich bedeutender war Philipon als Publizist. Ihm sind unter anderem *La Caricature* (1830–35) und *Le Charivari* (ab 1832) zu verdanken.

Der *Incroyable de l'An 9* – nach dem französischen Revolutionskalender das Jahr 1800/01 bezeichnend – wäre als bloße Modekarikatur von geringem Interesse. Mit dem Zweispitz, den überbreiten, spitzen Aufschlägen am kurzen Frack und dem knorrigen Spazierstock wiederholt er lediglich die zahlreichen Darstellungen der Jahre um 1800 (vgl. Kat. 216–221). Als auffallende Besonderheit montierte Philipon jedoch einen Spiegel an die Stelle des Gesichts und bezog so den Betrachter direkt mit ein. Dieser kann sich nun selbst als Stutzer bewundern.

Der Spiegel ist ein altes und häufiges Motiv in der bildenden Kunst und gerade wegen seiner offenkundigen Sinnfälligkeit beliebt. Er ist sowohl Attribut der Tugend Prudentia (Vorsicht, Klugheit) und steht dort im positiven Sinn für die weise Selbsterkenntnis, als auch des Lasters Superbia (Hochmut), wo er negativ auf die Eigenschaft der Eitelkeit verweist. In satirischen Modedarstellungen ist das Thema der sich vor dem Spiegel putzenden, eitlen Frau seit dem Mittelalter geläufig und läßt sich durch die Jahrhunderte verfolgen (Abb. 167, 168, Kat. 243, 244).[2]

Zu Beginn des 17. Jahrhunderts entstand ein deutscher Kupferstich, der die steife Halskrause

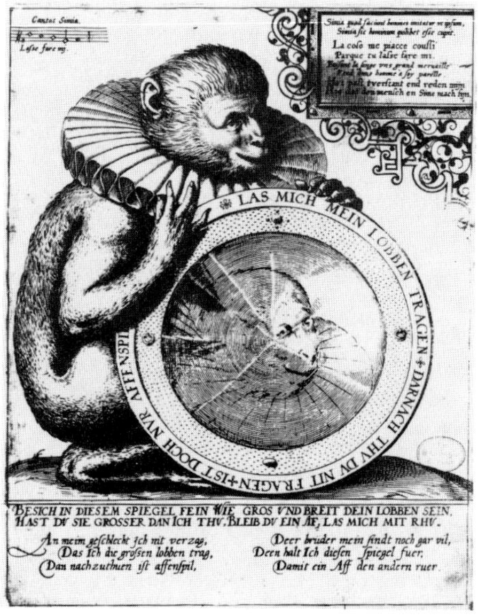

Abb. 177 *Las mich mein Lobben tragen*, um 1700

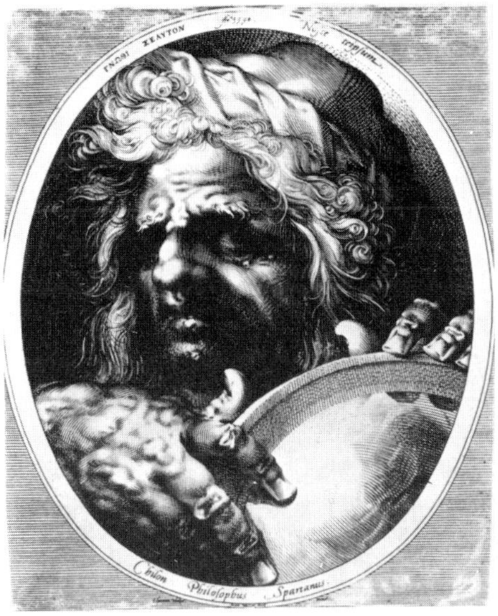

Abb. 178 Jan Muller, *Phantasieporträt des Philosophen Chilon,* 1596

als markantesten Bestandteil der sogenannten spanischen Tracht, die in den Jahrzehnten um 1600 in ganz Europa Mode war, angreift (Abb. 177). Ein Affe mit prächtiger Halskrause zeigt dem Betrachter den Spiegel, in dessen Rund bereits ein Affengesicht mit Halskrause angedeutet ist. Alle, die diese Mode mit- bzw. nachmachten, seien Affen, »Dan nachzuthuen ist affenspil,/ Deer brüder mein sindt noch gar vil,/ Deen halt ich diesen Spiegel fuer,/ Damit ein Aff den andern ruer.« Mit diesem Text, und wirksamer noch durch den Spiegel, wird der Betrachter selbst angesprochen. Ihm bleibt die Wahl überlassen, ob er sich als modischen Affen erkennt oder aber auf die Halskrause verzichtet.[3]

Ganz ähnlich findet sich das Spiegelmotiv bereits auf dem Phantasieporträt des griechischen Philosophen Chilon, das der niederländische Manierist Jan Muller 1596 schuf. Chilon wird das berühmte Wort »Erkenne dich selbst« zugeschrieben (vgl. Abb. 140). Der finstere Philosoph hält bezeichnenderweise einen Rundspiegel, auf den er mit der einen Hand weist, dem Betrachter mit seiner reflektierenden Seite entgegen (Abb. 178).[4]

Philipons *Incroyable* steht in dieser Tradition, wenn er auch das Thema völlig neu und überraschend modern formuliert. Die direkte Einbeziehung von Materialien in Gemälde oder Zeichnungen findet sich erst wieder im 20. Jahrhundert.

J.D.

1 Grand-Carteret 1888, s. 664. Abbildungen: ebd, S. 136, 151, 203, 232; Fuchs 1928, S. 297, 310f.; Böhmer 1981, S. 153, 167.
2 G. F. Hartlaub, *Zauber des Spiegels,* München 1951; Kat. Göttingen 1976, Nr. 48; *Lexikon der Kunst* IV, S. 598ff.
3 Zur spanischen Tracht: Thiel 1963, S. 310ff.; Wendel 1928, S. 29ff. – Es gibt zahlreiche Karikaturen gegen die spanische Tracht (z.B. Fuchs 1928, S. 270f.), darunter nicht wenige sogenannte ›Singerien‹, in denen Affen als Protagonisten dieser Mode auftreten.
4 Kat. Berlin 1979, Nr. 39.

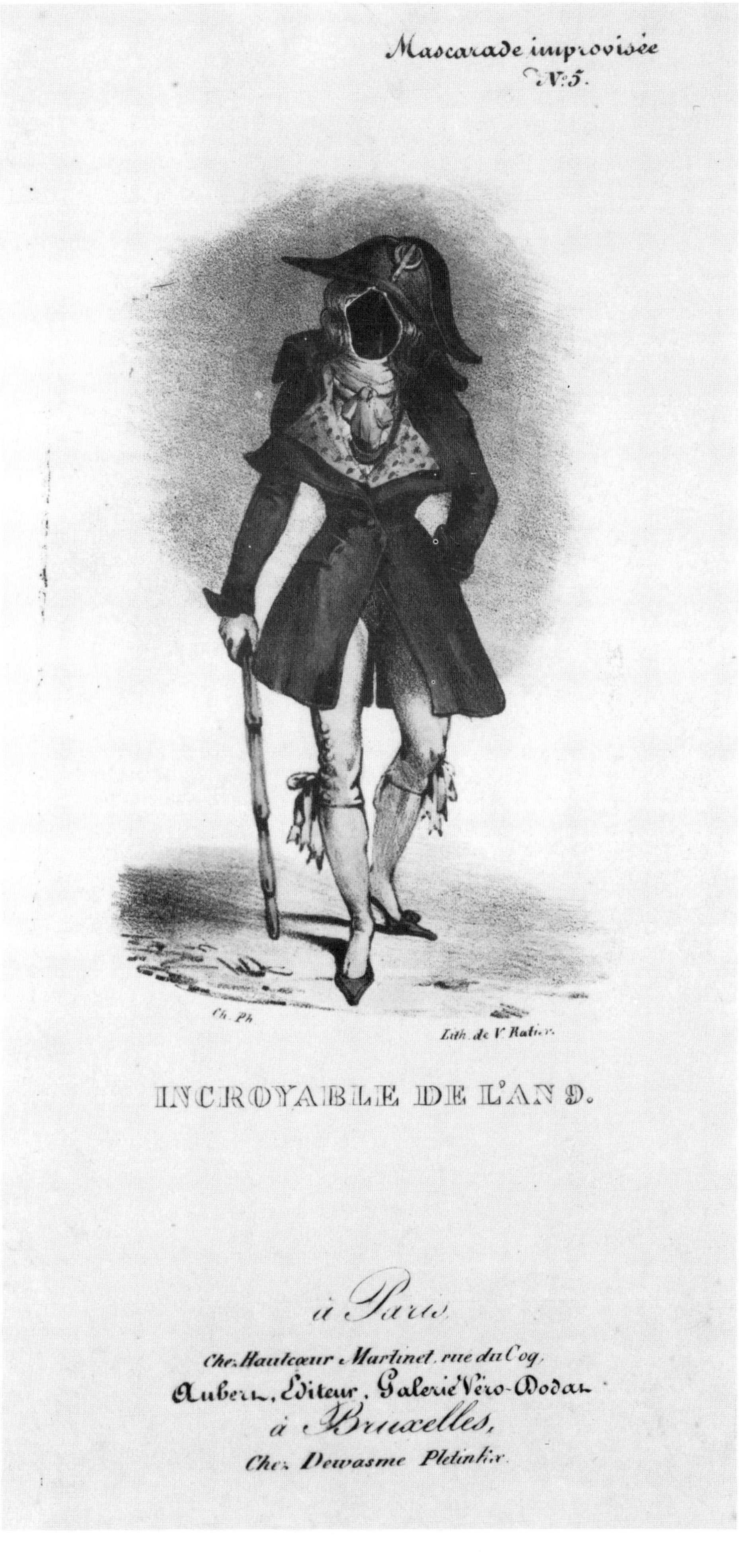

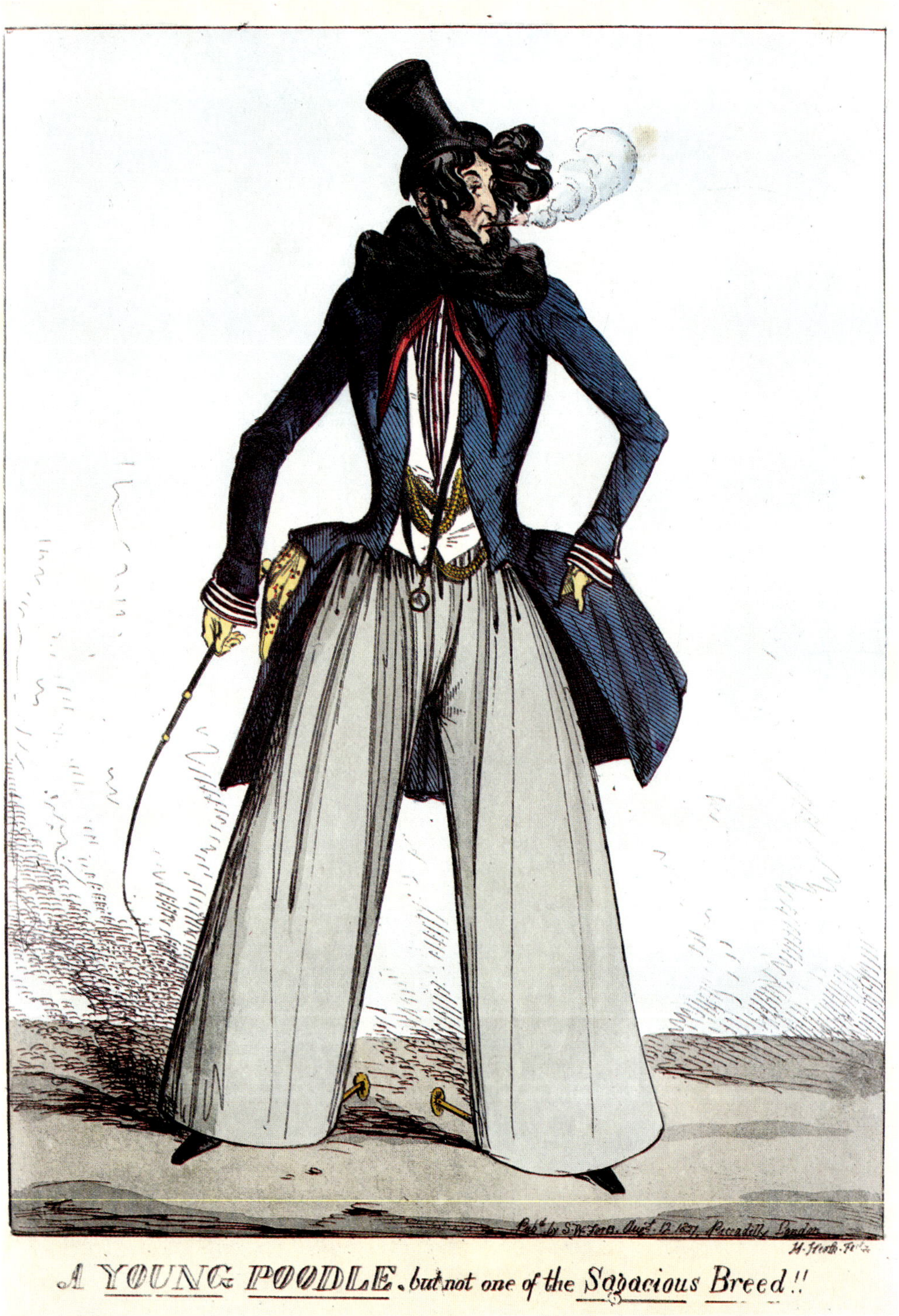

225

William Heath (1795–1840)

A Young Poodle, 1827

Radierung, aquarelliert; 347 x 245, bezeichnet *Pub.d by S.W. Fores Augs.t 12.1827 Piccadilly London/ W. Heath fe.t*

Privatbesitz.

Ein junger Geck präsentiert sich in einer maßlos weiten Hose, als hätte er für ein Denkmal auf den Triumph der langen Hose Modell zu stehen. Die lange Hose hatte mit der französischen Revolution ihre ersten durchschlagenden Erfolge erzielt. Doch erst zu Beginn der zwanziger Jahre des 19. Jahrhunderts hatte sie die Kniehose fast gänzlich verdrängen können. Für einen jungen, modebewußten Mann gab es 1827 also einigen Grund, den Sieg des neuen Kleidungsstückes zu feiern.

Mit der engen Taille und der unmittelbar darunter ansetzenden Ausweitung der Silhouette nähert sich der Mann vom Umriß her der Frau in ihrem modischen Kleid. In diesem plötzlichen Wechsel von eng zu weit lag die eigentliche Herausforderung an alle jene, die das ständige Hin und Her der Mode nicht mitmachen wollten oder konnten. Die tief ausgeschnittene schmale Weste, die dicken goldenen Uhrketten, das Einglas am Band und die riesige Schleife der Halsbinde sind Beigaben, auf die, wenn auch nicht in so übertriebener Form wie hier, der modebewußte Mann in den folgenden Jahren nicht verzichten wollte. Mit dem Bart geht der junge Mann seiner Zeit voran. Die wildflatternde Mähne und der schräg aufgesetzte, scheinbar zu kleine Zylinder sind Keckheiten, mit denen sich die Jugend von jeher hervorzutun suchte.

Heath, der, wie ein Selbstbildnis aus dem Jahre 1829 zeigt, auf der Kniehose weiterhin bestand, meint in der Unterschrift auf die geistige Beschränktheit des Modenarren hinweisen zu müssen. Das ist allzu billig. Zu ahnen, in welcher Richtung sich die Mode entwickeln wird, erfordert ein außerordentliches Einfühlungsvermögen. Mancher kann sich dabei wie ein Künstler auf seinen Instinkt verlassen. Doch liegt in den Herausforderungen der Mode nicht selten auch ein besonderer Witz. M.H.

Lit.: Nicht im BM.

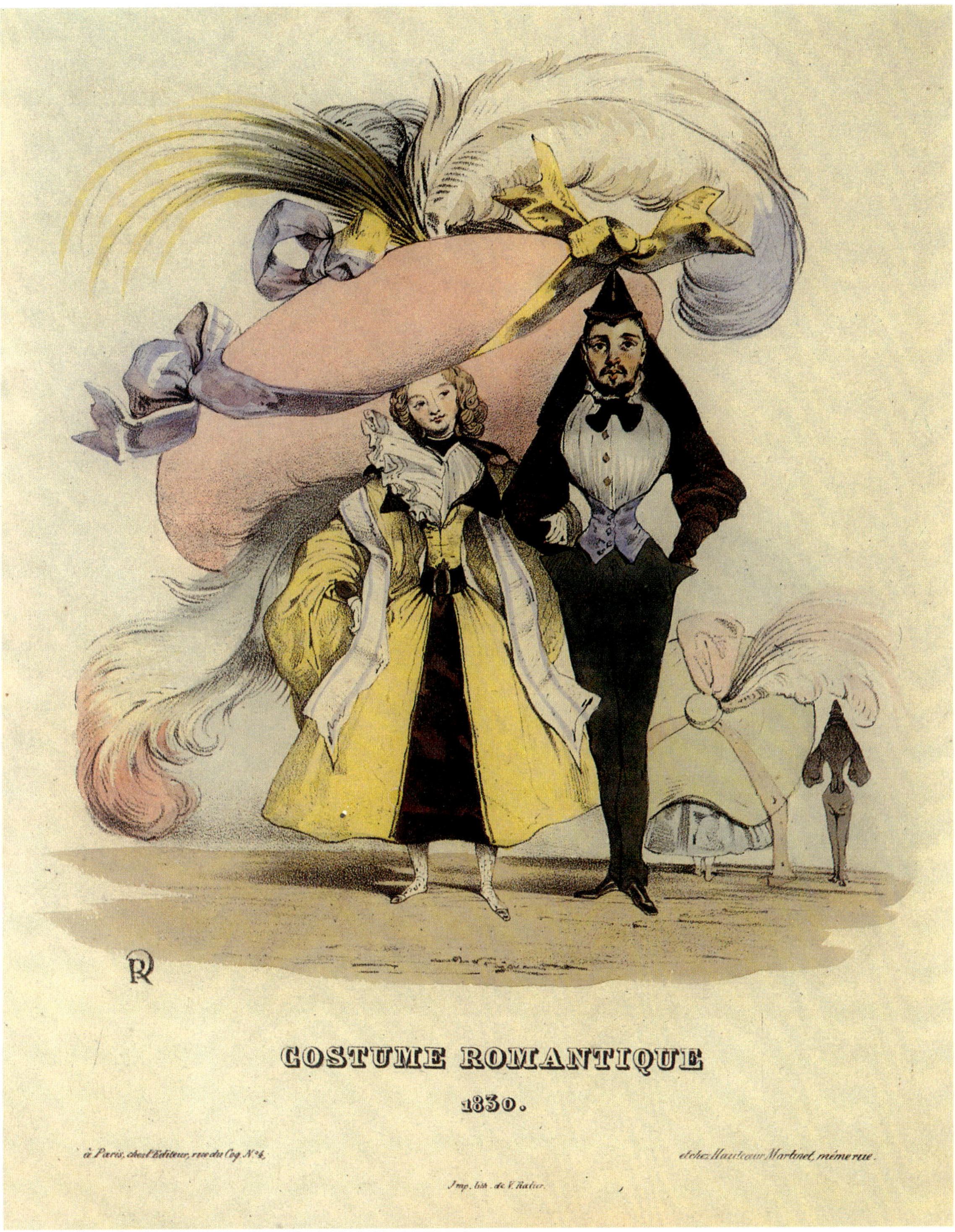

226

Camille Roqueplan (1802–1855)

Costume romantique 1830

Kolorierte Lithographie, 331 x 244, monogrammiert *CR*, bezeichnet *à Paris chez l'Editeur rue du Coq (...). Imp. lith de V. Ratier.* Kunstbibliothek Preußischer Kulturbesitz, Berlin.

Ein elegantes Paar stellt sich dem Betrachter vor. Sie trägt ein weites Kleid mit enger Taille, tief fallenden Puffärmeln[1] und großem Rüschenbesatz im Ausschnitt; er über der grünen Hose einen braunen Frack mit steifem hochgeschlagenen Kragen und Halsbinde. Beide bedienten sich offensichtlich eines Korsetts, um ihre Taillen auf den aktuell schmalen Umfang zu bringen. Das Auffallendste sind ihre Kopfbedeckungen: Woran es ihm mit seinem kleinen Kegelhütchen mangelt, das hat sie mit ihrem riesigen Aufsatz zuviel. Farbige Bänder und meterlange Federn schmücken das gewaltige Rund des Hutes.[2] Die grotesken Proportionen werden im Hintergrund durch die noch unvorteilhafteren Rückansichten zusätzlich verdeutlicht. Seine schmale pyramidenförmige Silhouette ergibt einen komischen Kontrast zu ihrer überbreiten und vom Hut fast völlig verdeckten Form.

Die Karikatur übertreibt auf eine harmlose Weise die Mode der Zeit und greift nicht im mindesten die Personen an, die sich mit ihren hübschen Gesichtern teilnahmslos und ohne Andeutung einer Handlung präsentieren. Entscheidend für die heitere Stimmung der Lithographie ist auch die in zarten Farben sorgfältig durchgeführte Kolorierung. Die lapidare Bildunterschrift,[3] die steife Komposition und der Verzicht auf einen Handlungszusammenhang gleichen die Karikatur den Darstellungen in Modejournalen an und parodieren sie zugleich. J. D.

1 Den Puffärmeln wurden Bezeichnungen wie »Hammelkeulen«, »Schinkenärmel« oder »Elefantenärmel« verliehen (Thiel 1963, S. 528).

2 Wendel 1928, S. 101 f., bildet zwei Blätter ab, die auf ganz ähnliche Weise derartige Hutmoden karikieren.

3 Zur Bildunterschrift, die diese modische Kleidung ironisch als »romantisch« bezeichnet, vgl. Grand-Carteret 1888, S. 222: »Romantisch« war das Modewort des Jahres, und die Jahreszahl 1830 konnte für das ganze »mouvement romantique« stehen.

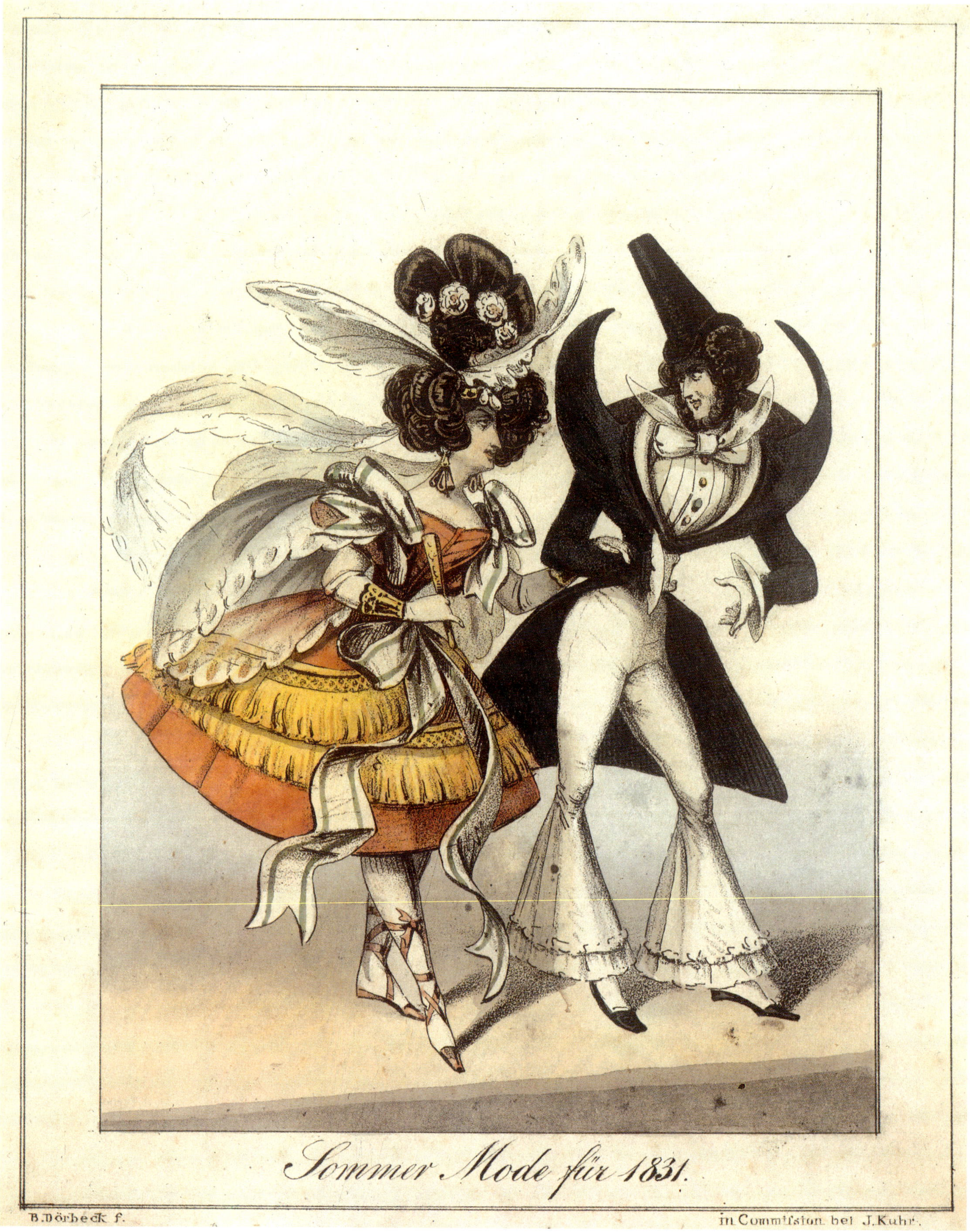
Sommer Mode für 1831.
B. Dörbeck f.
in Commission bei J. Kuhr.

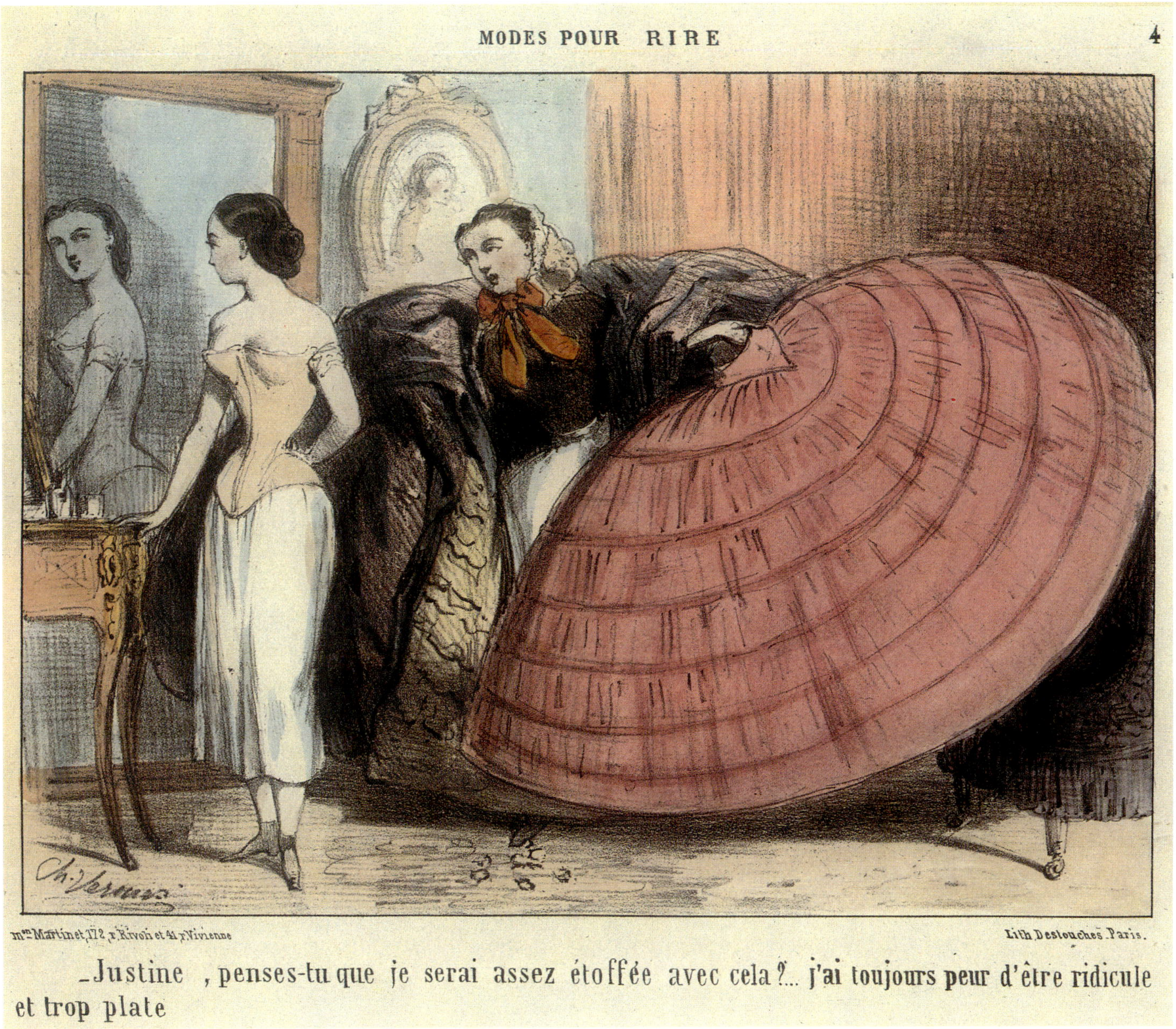

227
Franz Burchard Dörbeck (1799–1835)

Sommer Mode für 1831

Kolorierte Lithographie, 221 x 181, bezeichnet *B. Dörbeck f./ in Commission bei J. Kuhr.* Kunstbibliothek Preußischer Kulturbesitz, Berlin.

Der Berliner Dörbeck orientiert sich in seiner *Sommer Mode für 1831* an Pariser Vorbildern. Die Dame trägt ein eng tailliertes, knielanges Kleid, das mit mehreren Reihen Volants besetzt ist. Kurze Ärmel von gewaltigem Umfang, die sogenannten »Hammelkeulen«, betonen die bloßen Arme. Ihr Haar türmt sich in blütengeschmückten Lockenbündeln zu doppelter Kopfhöhe auf. Lange, wehende Schleifen und Bänder sind an Taille, Schultern und Haartracht befestigt. Ihr Begleiter ist nicht weniger elegant. Sein dunkler Mantel legt sich eng um die »Wespentaille«. Die Hose »à la matelote«, bis zum Knie denkbar knapp sitzend, erweitert sich bis zum verzierten Saum auf beträchtlichen Umfang. Sein bärtiger Kopf wird seitlich von den grotesk nach oben schwingenden Kragenspitzen des Mantels gerahmt. Der hohe, sich verjüngende Zylinder und die Halsbinde mit der großen Schleife runden das modische Erscheinungsbild ab. – Zu der *Sommer Mode* gehört als Pendant die *Winter Mode für 1831*, in der Dörbeck ebenfalls modische Details ins Lächerliche übertreibt. J.D.

228
Charles Vernier (1831–1887)

Modes pour rire 4 – Justine, penses-tu que je serai assez étoffée?, um 1860

Kolorierte Lithographie, 264 x 350, signiert *Ch. Vernier*, bezeichnet *M^{on} Martinet (...) Lith. Destouches Paris.*
Kunstbibliothek Preußischer Kulturbesitz, Berlin.

»Justine, glaubst du, daß ich damit genug ausgestopft sein werde? ... Ich habe immer Angst, mich lächerlich zu machen und zu flach zu sein.« Die hübsche junge Dame, die hier Zweifel an ihrer Figur äußert, steht in Unterrock und Korsett vor dem Spiegel. Dieser sollte ihr eigentlich zeigen, daß allenfalls das riesige Krinolinengestell und die Stoffmassen, die das Dienstmädchen hinter ihr hochhält, sie lächerlich machen und ihren wohlproportionierten Körper bis zur Unförmigkeit ›ausstopfen‹ würden. Vergleiche die folgende Katalognummer. J.D.

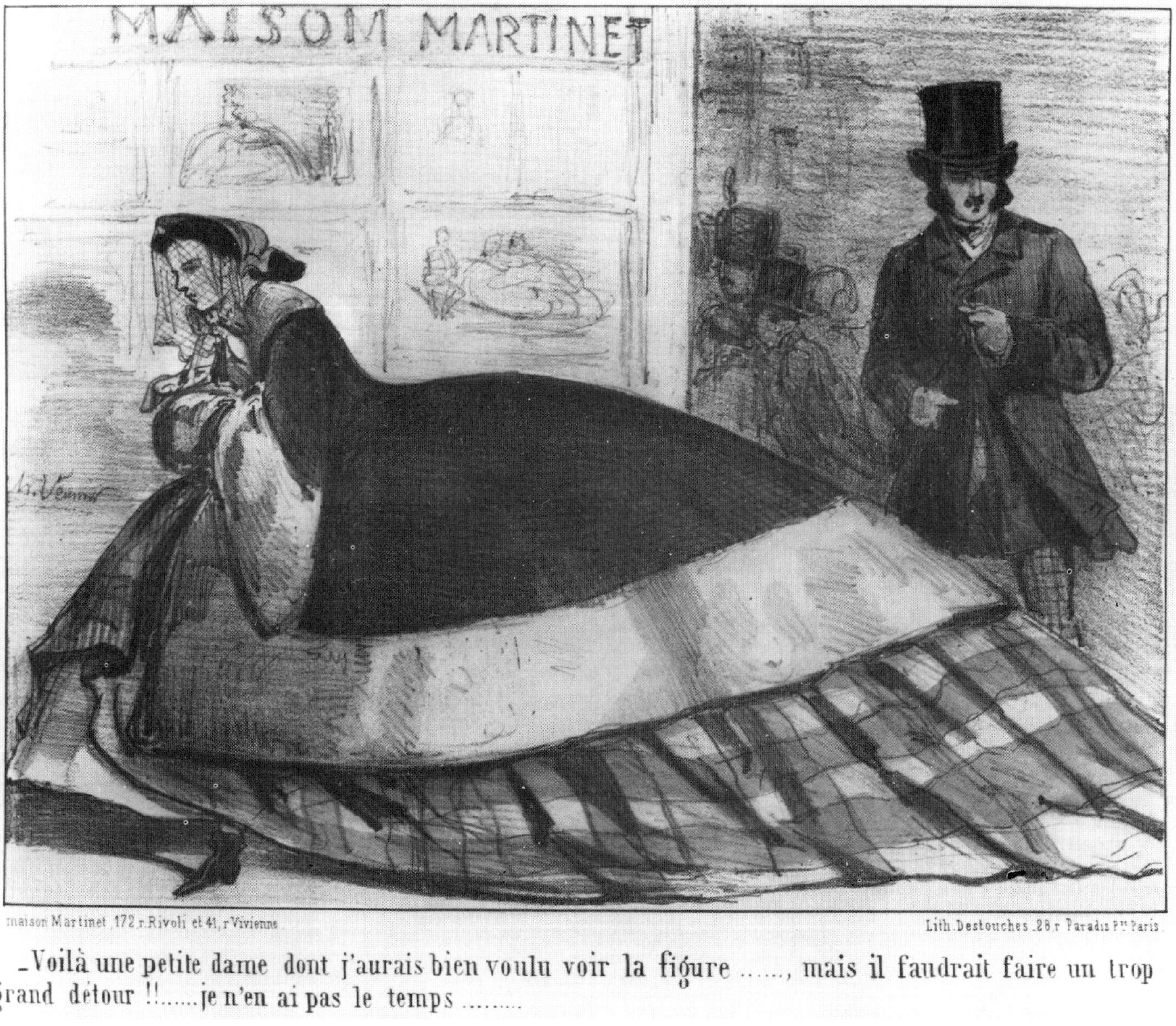

229

Charles Vernier (1831–1887)

Modes pour rire 7 – Une petite dame, um 1860

Kolorierte Lithographie, 265 x 350, signiert *Ch. Vernier*, bezeichnet *Maison Martinet (...) Lith. Destouches (...)*.
Kunstbibliothek Preußischer Kulturbesitz, Berlin.

Die hübsche junge Dame, deren Figur der Herr laut Bildunterschrift gern betrachten würde, zieht eine gewaltig ausladende Krinoline hinter sich her. Der Herr verzichtet auf die Vorderansicht, da ihm der Umweg – um die Krinoline herum – zu groß erscheint.

Seit 1855 begann sich der Umfang der innen von einem Drahtgestell gehaltenen Krinolinen von Jahr zu Jahr zu steigern.[1] Verniers Serie *Modes pour rire* (Moden zum Lachen) dürfte auf dem Höhepunkt der Welle um 1860 entstanden sein (vgl. Kat. 228). Die Ausmaße des Kleides sind auf der Lithographie etwa um die Hälfte übertrieben. Die modischen Details, der breitgesäumte Mantel, das Stoffmuster und der kleine flache Hut mit dem Schleier, entsprechen dagegen der aktuellen Mode. Der Spott über das unhandliche Kleid verbindet sich mit der durchaus positiven Darstellung anderer modischer Erscheinungsformen und schlägt nicht in eine Kritik an der jungen Dame um.

Die Straßenszene spielt vor dem »Maison Martinet«, dem 1795 eröffneten, führenden französischen Verlag für Graphik, vor allem für Karikaturen. Im Schaufenster sind mehrere Blätter ausgehängt, darunter auch zwei Karikaturen auf die Krinoline. Eine Radierung Bosios von 1802 verbindet die Ansicht der Ladenfront ebenfalls mit einem Seitenhieb auf die französischen Moden (Abb. 179).[2] 1821 wurde der Geschäftsname durch die Hochzeit der Erbin in Hautecœur-Martinet geändert. In diesem Verlag er-

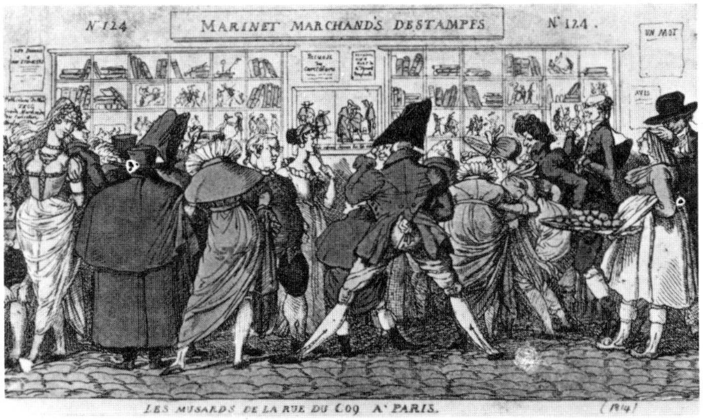

Abb. 179 nach Jean François Bosio, *Trödler vor Martinets Graphik-Handlung*, 1802

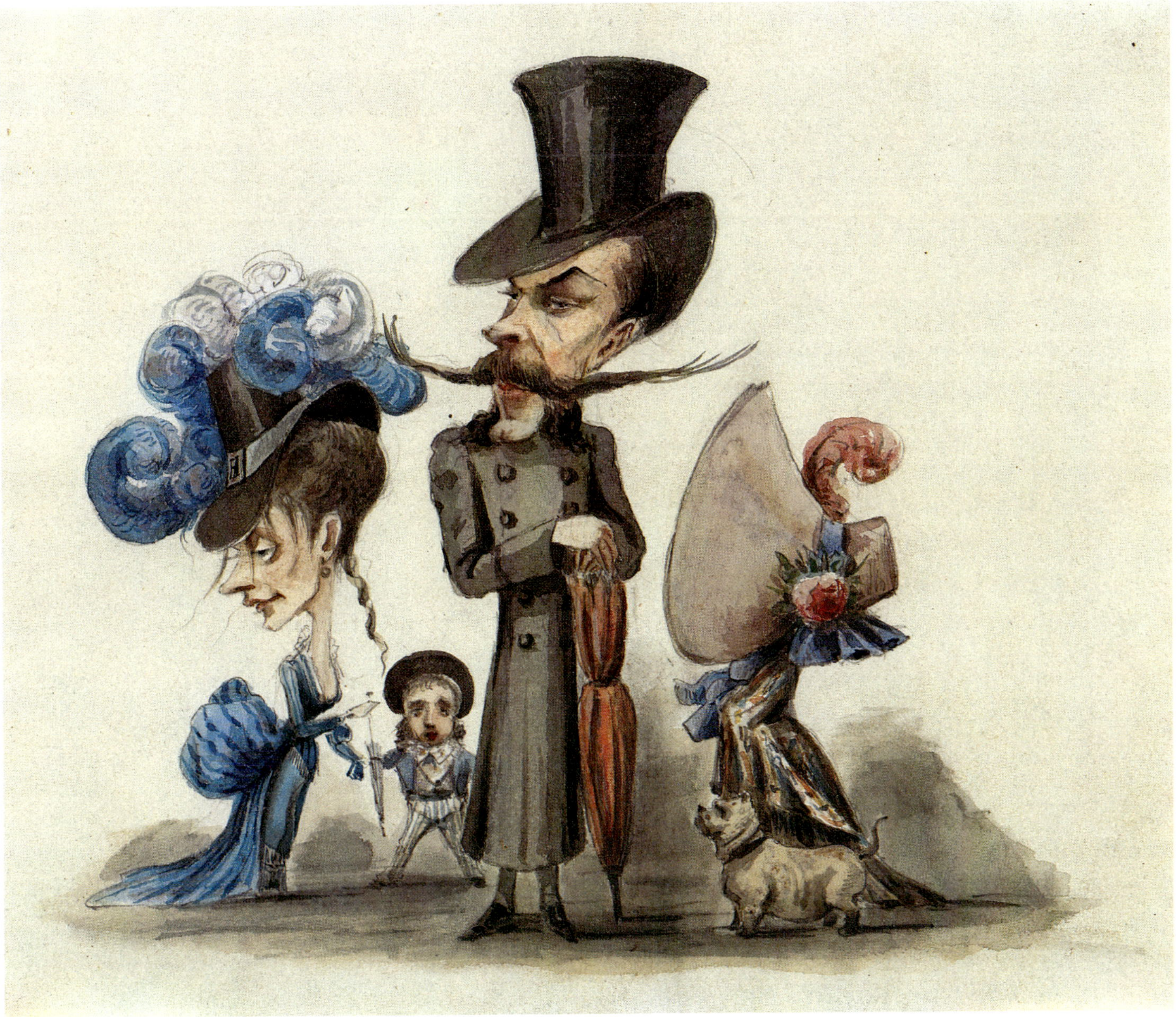

schienen dann ab 1830/32 die Zeitschriften *La Caricature* und *Le Charivari*.[3] J.D.

1 Die Tafeln in J. Geszlar, *Die Moden des 19. Jahrhunderts,* Wien o.J. (um 1905), bieten in ihrer jährlichen Folge einen guten Überblick über die Entwicklung der Krinoline. Vgl. auch Thiel 1980, S. 342ff. Zu weiteren Karikaturen auf die Krinoline siehe Fuchs 1928, S. 316ff.
2 Die Abbildung zeigt eine 1814 bei Tegg in London erschienene Kopie. Broadley II, S. 28ff; Grand-Carteret 1888, S. 625. Vorbild derartiger Karikaturen-Geschäfte in Paris dürften die englischen *Printshops* gewesen sein, deren erster größerer der *Macaroni-Printshop* von Matthew Darley war. Zum Karikaturengeschäft als Bildmotiv vgl. Kat. Göttingen 1980, Nr. 29. Die vielleicht älteste Darstellung des Motivs zeigt Darleys *Macaroni-Printshop* in den 1770er Jahren; Feaver 1981, Abb. S. 44. Siehe auch George 1967, Frontispiz.
3 Dazu Broadley II, S. 30ff.

230
Iwan Alexander Wssjewoloshskij (1835–1909)

Auf der Promenade, Ende 19. Jahrhundert

Aquarell, 170 x 260, unbezeichnet.
Sammlung Ensmann, München.

Der Mann steht groß in der Mitte, noch überhöht von seinem gewaltigen Zylinder. Links wird er flankiert von einer jungen Dame mit Kind und rechts von einer wohl älteren Frau mit einem Mops an ihrer Seite. Die Herrschaften sind modisch gekleidet, die Damen tragen große, federgeschmückte Hüte, ihre Kleider sind mit Tournuren und langen Schleppen bewehrt. Der Herr präsentiert sich im schlichten Mantel und mit Regenschirm und beindruckt vor allem durch seinen imposant gezwirbelten Oberlippenbart. Kleidung und auch die Gesichtszüge sind stellenweise übertrieben, ohne daß jedoch den Gestalten die Eleganz genommen wird. Es dürfte sich wahrscheinlich, wie auch bei den anderen Aquarellen aus der Serie (Kat. 10, 90), um bestimmte Personen handeln. Die Betonung der modischen Accessoires bedeutet keine Kritik, sondern dient lediglich, wie auch die karikierten Gesichtszüge, einer humorvollen Pointierung. Das Aquarell schließt in Stimmung und Komposition an die große Zeit der Modekarikatur um 1800 an und übernimmt mit der weit vorspringenden und das Gesicht verdeckenden Haube rechts ein damals beliebtes Motiv. Im napoleonischen Empire gab es zahlreiche Karikaturen auf die »Invisibles«.[1] J.D.

1 Vgl. Wagner 1980, Tafel 22, 26, 72; Fuchs I, Abb. 200; Bornemann 1974, S. 78; Hill 1976, Nr. 95.

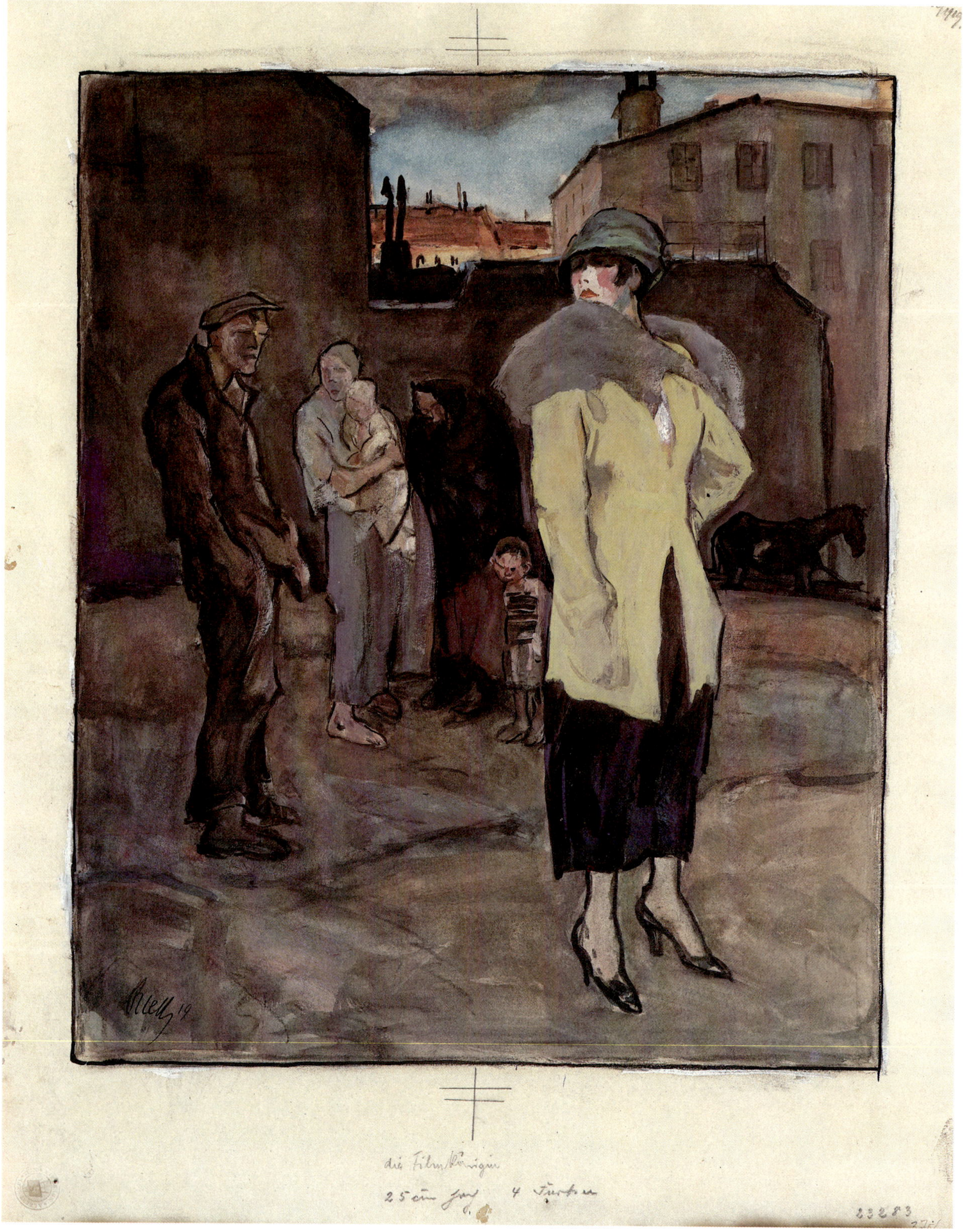

231
Paul Rieth (1871–1925)
Die Filmkönigin, 1919
Gouache, 563 x 434, signiert *Rieth 19.*
Sammlung Ensmann, München.

In dem eng anliegenden, kurzen Mantel, der Fuchsstola über den Schultern, dem wadenlangen schwarzen Rock und den hochhackigen Schuhen hebt sich die *Filmkönigin* denkbar stark von ihrer Umgebung ab. In der finsteren Hinterhof-Landschaft wird sie von mehreren ärmlich gekleideten Bewohnern neugierig und skeptisch beobachtet. Die mondäne Dame hat für ihr Publikum allenfalls einen kühlen Blick über die Schulter übrig. Dabei darf durchaus vermutet werden, daß sie selbst einem ärmlichen Milieu entstammt, beim Film reich wurde und nun nichts von ihrer Vergangenheit wissen will. Die Szene könnte selbst einem Film entstammen. – Frei von übertreibender Wiedergabe dient die Mode auf dieser Zeichnung der Betonung gesellschaftlicher Gegensätze und hebt das fehlende soziale Verantwortungsgefühl der *Filmkönigin* hervor.
J. D.

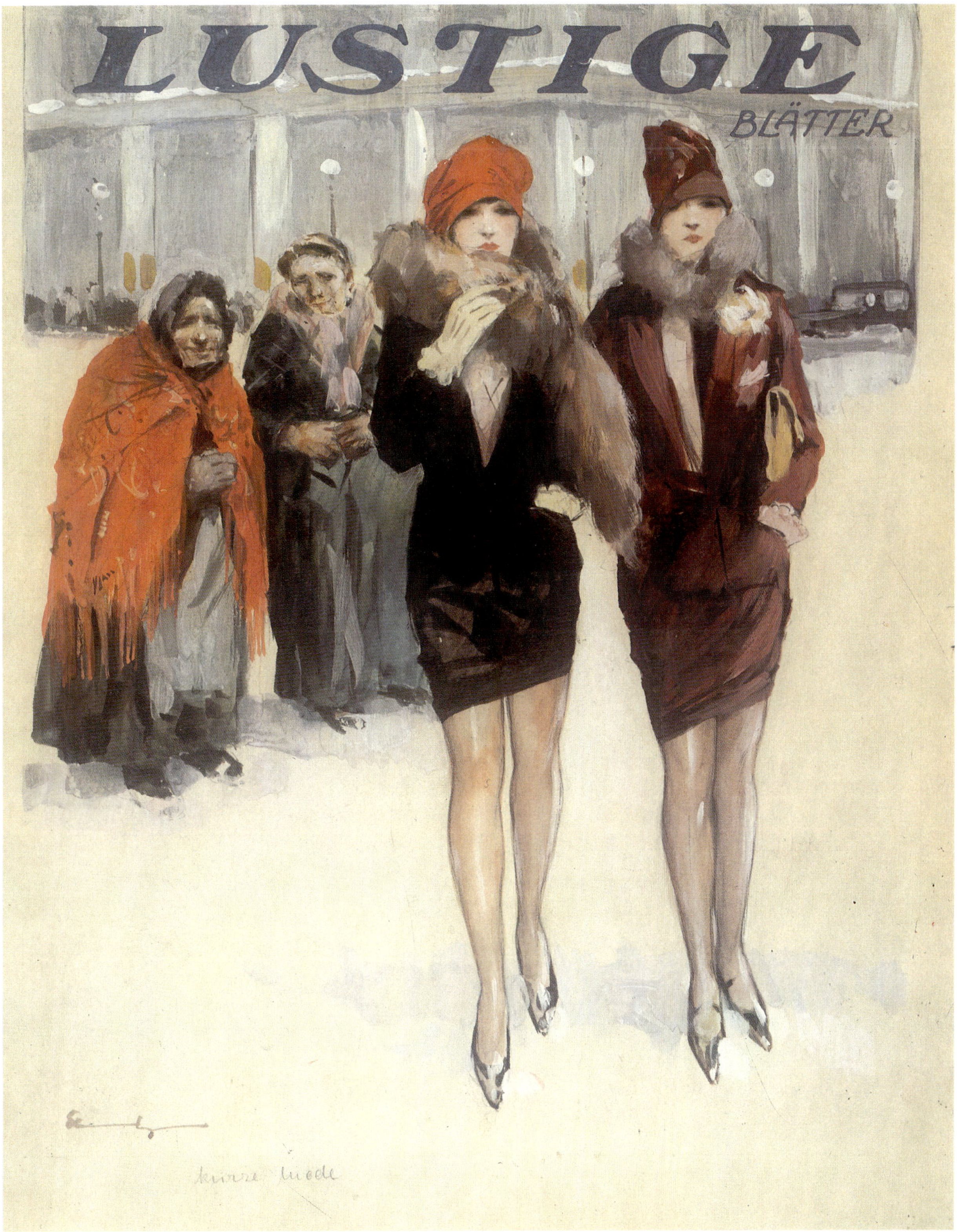

232
Ludwig Lutz Ehrenberger
(tätig 1. Drittel 20. Jahrhundert)

Kurze Mode, um 1925

Aquarell, 437 x 334, signiert *Ehrenberger*. Kunstbibliothek Preußischer Kulturbesitz, Berlin.

Vor allem in der Frauenkleidung kam es in den zwanziger Jahren zu »revolutionären Veränderungen«. Innerhalb kurzer Zeit »gab die Mode nicht nur überlebte Standesattribute, sondern auch uralte Traditionen und Konventionen auf.«[1] Die Gegensätze werden auf diesem Titelblattentwurf für die *Fliegenden Blätter* deutlich. Die beiden Mütterchen im Hintergrund sind in unförmige, lange Kleider, farbenprächtige Umhänge und schlichte Kopftücher gehüllt. Die eleganten jungen Damen heben sich denkbar stark von ihnen ab. In den engen, kurzen Röcken, den knapp sitzenden Kostümjacken, den Fuchsstolen über den Schultern und den modischen Hüten, die wahrscheinlich ›Bubikopf‹-Frisuren verdecken, nehmen sie keine Rücksicht auf die kalte Jahreszeit, sondern ergeben sich willig dem ›Diktat der Mode‹. Eine regelrechte Kritik an der Entwicklung der Kleidung ist aus dem Aquarell nicht herauszulesen; vielmehr wird die Eleganz der modernen Großstadt mit der überkommenen Tradition konfrontiert. Bereits in den Gesichtern drücken sich die Unterschiede aus: runzelig und voll Leben die Alten, glatt, geschminkt und stereotyp die Jungen. J.D.

1 Thiel 1980, S. 396.

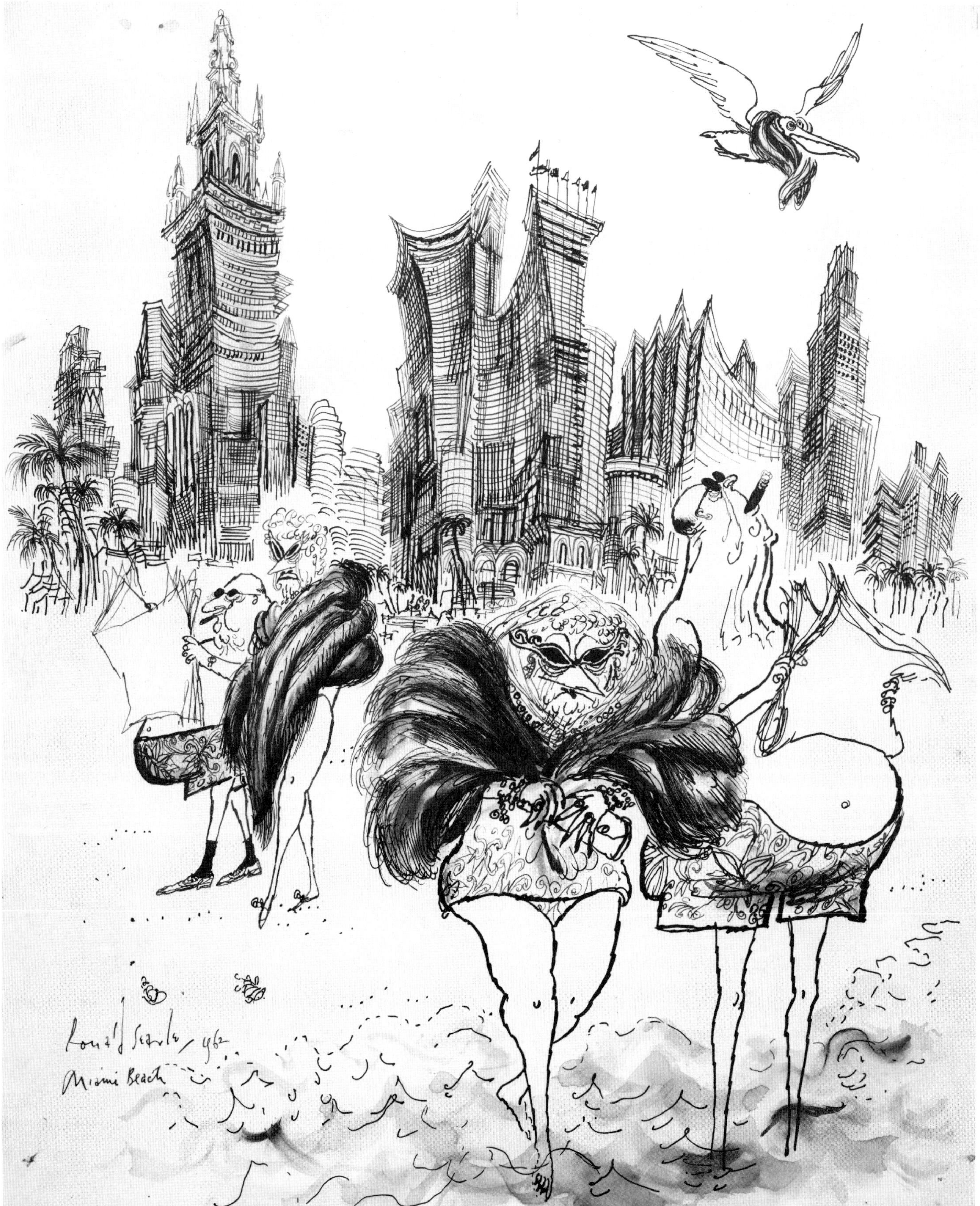
Ronald Searle, 1962
Miami Beach

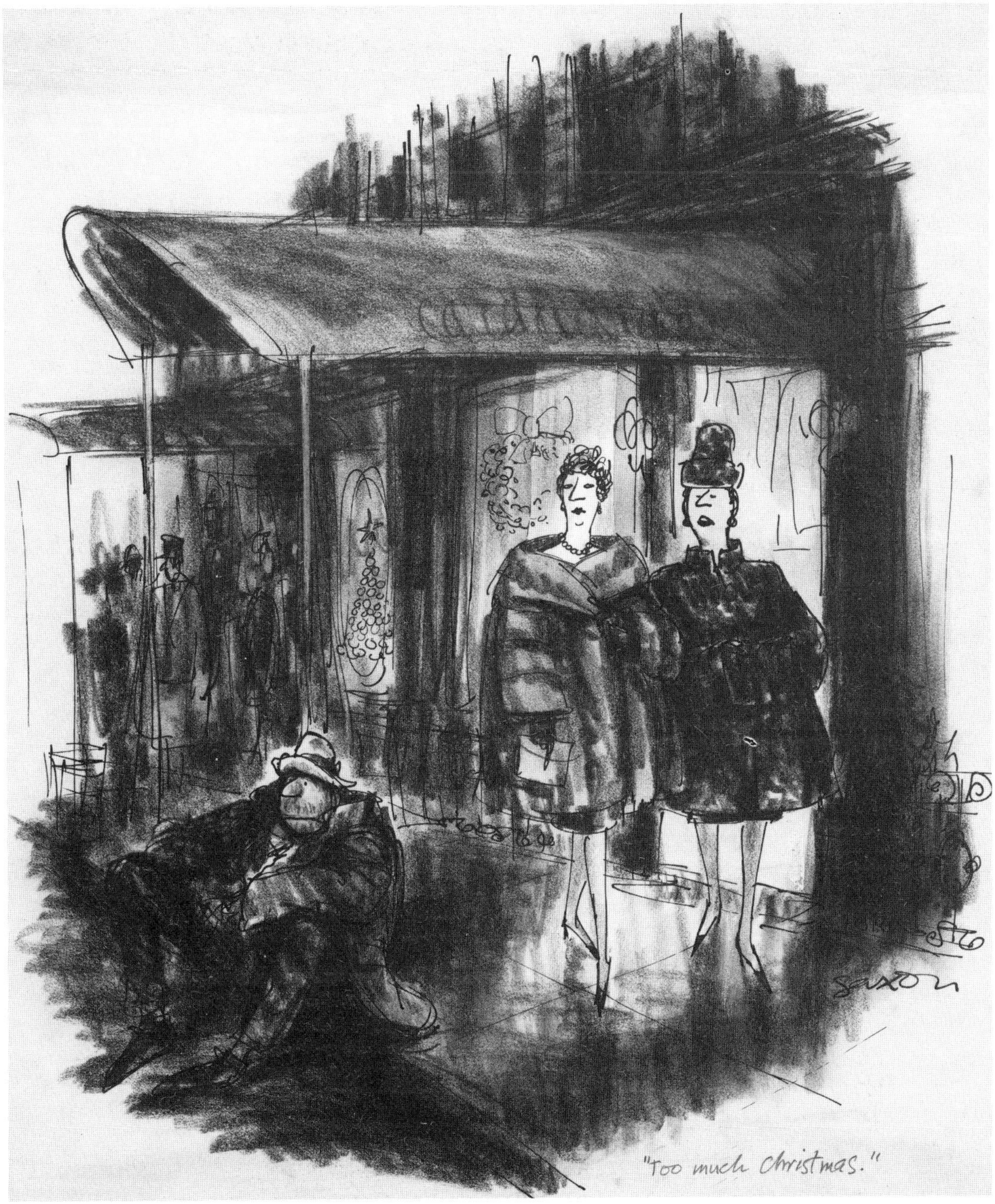

233
Ronald Searle (geb. 1920)
Miami Beach, 1962
Feder in Schwarz und Braun, laviert, 509 x 382, signiert *Ronald Searle 1962*.
Sammlung Ensmann, München.

Vor einer phantastischen Hochhauskulisse ergehen sich zwei alternde Ehepaare am Strand von Miami, der Stadt der reichen Rentner. Selbst im Badekostüm stellen die Damen ihren Reichtum mit Pelzen und Schmuck zur Schau; für die Herren scheinen Zigarre und Zeitung – vermutlich das *Wallstreet Journal* – obligatorisch zu sein. Abschätzend beäugt die hintere Dame das Paar im Vordergrund. Der Mann rechts blickt zu einem nerzbehängten Pelikan auf. Die modisch bebrillten Damen in ihren überdimensionierten Nerzen geben zusammen mit ihren fetten Partnern groteske Gestalten ab. Reichtum und Eitelkeit können ihre Häßlichkeit nicht überspielen, sondern lassen sie nur noch stärker hervortreten.
J.D.

234
Charles Saxon (geb. 1920)
Too much Christmas, um 1965
Feder in Schwarz, Kohle, Deckweiß, 405 x 347, signiert *Saxon*.
Sammlung Ensmann, München.

In einer luxuriösen Einkaufsstraße mit Markisen vor den Geschäfts- und Hoteleingängen und hell erleuchteten Schaufensterauslagen passieren zwei vornehme Damen einen offensichtlich heruntergekommenen Mann, der still am Straßenrand sitzt. Die dicken Pelze der Damen kontrastieren stark mit der ärmlichen Kleidung des Sitzenden, der in dieser Gegend offensichtlich fehl am Platz ist. Der Ausspruch einer der Damen, »Too much Christmas«, ist wohl so zu verstehen, daß dieser Anblick selbst zu Weihnachten, dem Fest der Nächstenliebe, zu viel sei. Die Mode dient auf dieser Zeichnung des für den *New Yorker* arbeitenden Charles Saxon zur Charakterisierung der blasierten Damen und zur Betonung sozialer Gegensätze.
J.D.

4.2. Die häßliche Schöne

›Helden‹ der politischen Satire sind überwiegend Männer, die in ihrer öffentlichen Funktion angegriffen werden. Die satirische Kritik an der Frau dagegen zielt vor allem auf private Verfehlungen. Als klatsch- und herrschsüchtiges Weib, als unordentliche Hausfrau oder als schöne Verführerin stört sie die überkommenen Regeln der gesellschaftlichen Ordnung und wird so Gegenstand des Spotts und der satirischen Mahnung.

Bis heute stehen Frauen im gesellschaftlichen und politischen Leben zumeist hinter den Männern zurück. Die Vorrangstellung des Mannes bedurfte in früheren Jahrhunderten keiner Rechtfertigung, sondern galt als selbstverständlich und im göttlichen Schöpfungsplan vorgesehen. Frauen traten im öffentlichen Leben nur selten in Erscheinung, ihr Platz war am Herd oder bei den Kindern. So erstaunt es nicht, daß Karikaturen nur im Ausnahmefall bestimmte Frauen verspotten (Kat. 72, 74), dafür aber um so häufiger über das weibliche Geschlecht im allgemeinen herziehen. Allerdings liegt es im Wesen der Karikatur, das Thema nicht von seiner positiven Seite zu zeigen, sondern durch Übertreibung zu kritisieren und zu verspotten.

Frauen werden in dem Moment zum Angriffsziel, in dem sie aus dem häuslichen Bereich heraustreten oder ihn vernachlässigen. Zudem galten verführerische Körper als ebenso bedrohlich wie die den Frauen zugeschriebene zänkische Herrschsucht. Diese beiden Themen bestimmen das Erscheinungsbild von Frauen in der Karikatur bis in unser Jahrhundert und stehen auch im Mittelpunkt dieses Kapitels.

Von den 110 Torheiten, denen Sebastian Brant 1494 in seinem *Narrenschiff* jeweils ein Kapitel widmete, betreffen nur wenige vorrangig die Frau; doch bereits die Überschriften dieser spezifisch weiblichen Torheiten sind bezeichnend: »Von Buhlschaft« (Kapitel 13), »Von Ehebruch« (33), »Von Wollust« (50), »Von bösen Weibern« (64). Die ersten Zeilen im Kapitel »Von Wollust« lauten:

»Wollust der Welt vergleichet sich
ei'm üppig Weib, das öffentlich
sitzt auf der Straß und schreit sich aus,
daß jedermann komm in ihr Haus
und sein Gemeinschaft mit ihr teil,
denn sie um wenig Geld ist feil;
bittet, daß man sich mit ihr üb
in Leichtsinn und falscher Lieb:
So gehn die Narrn in ihren Schoß,
gleich wie zum Schinder geht der Ochs.«

Die Männer, die sich der Wollust hingeben, sind zwar auch Toren und werden ihre gerechte Strafe in der Hölle erhalten, doch die eigentliche Gefahr geht von der weiblichen Verführungskunst aus. Der Holzschnitt zu diesem Kapitel (Abb. 180) zeigt eine reich gekleidete Frau, die in ihrer Rechten Stricke hält, in deren Schlingen sie Ochse, Schaf und Vogel gefangenhält.[1] Die Tiere verkörpern die einfältigen Männer, die sich der Todsünde der Wollust hingeben. Mehrere satirische Holzschnitte des 16. Jahrhunderts nehmen das Thema auf und stellen Huren und leichtsinnige Frauen als Fallenstellerinnen dar (Kat. 235).

Bereits im Mittelalter wurden symbolische Darstellungen der ›Weibermacht‹ oder der ›Weiberlist‹ in kurzen Zyklen zusammengestellt. Die literarischen Vorlagen entstammen der Bibel oder anderen Werken.[2] 1534 verfaßte Hans Sachs ein Spruchgedicht mit dem Titel *Die vier treffliche menner sampt ander vilen, so durch frawenlieb betrogen sind und noch betrogen werden.*[3] Drei der vier von Hans Sachs ausgewählten Paare sind biblischen Ursprungs: Simson wird gezeigt, wie er sich von Delila die Haare schneiden läßt und dadurch seine Kraft verliert, David beobachtet die verheiratete Bathseba im Bade und erliegt ihrer Schönheit, und Salomon läßt sich von einer seiner heidnischen Frauen zum Götzendienst verführen. Bei dem vierten der ›betrogenen‹ Männer handelt es sich um den griechischen

1 Vgl. Kat. 122. Mögliches Vorbild könnte in einem Kupferstich des ›Meisters der Weibermacht‹ bestehen; dort zieht eine reitende Dame vier Affen an Halsbändern hinter sich her (3. V. 15. Jh., Abb. Vizkelety 1971; Stewart 1977, S. 47ff.).
2 Koepplin/Falk 1976, S. 563ff.; Vizkelety 1971, Sp. 269; Stammler 1937.
3 Kat. Nürnberg 1976, Nr. 145.
4 Stammler 1937, Sp. 1028ff.; *Kindlers Literaturlexikon*, Stichwort »Aristoteles und Phyllis«.
5 Stammler 1937, Abb. 1–6; Kat. Amsterdam 1978, S. 56f.; Fuchs 1928, Beilage S. 62; Kahn 1907, Abb. 243.
6 Koepplin/Falk 1976, S. 563f.; Kat. Amsterdam 1978, S. 57ff.; Heinrich Röttinger, *Peter Flettner. Holzschnitte*, Straßburg 1916 (Studien zur deutschen Kunstgeschichte 86), Nr. 23; Kat. Nürnberg 1976, Nr. 144; *Hans Burgkmair. Holzschnitte, Zeichnungen, Holzstöcke*, Ausstellungskatalog Altes Museum Berlin 1974, Nr. 41. Siehe auch Böhmer 1980, S. 50, 71f.
7 Bericht des Magisters Andreas Meinhard von 1507, zit. nach Koepplin/Falk 1976, S. 563.
8 Mittelalterliche Darstellungen, die häufig an und in Kirchen plaziert waren, hatten allerdings noch vornehmlich abschreckende Funktion: »Die schädlichen Folgen der sündigen, sinnlichen Liebe sollten damit gekennzeichnet werden«, Stammler 1937, Sp. 1030f.
9 Stewart 1977, S. 11, passim. Auch viele der Abbildungen in Fuchs 1928 und Kahn 1907 passen in das Schema.

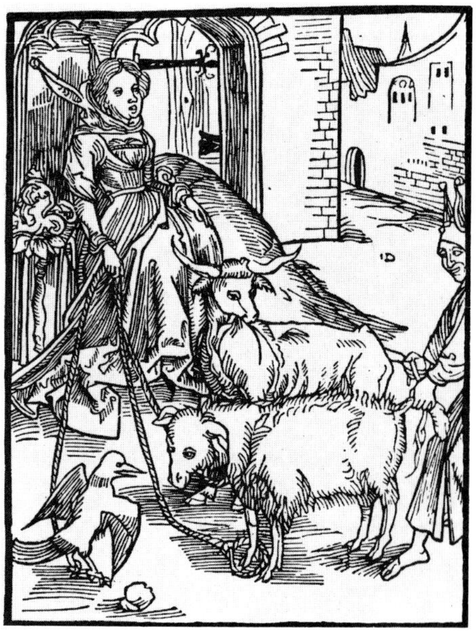

Abb. 180 Albrecht Dürer, *Die Wollust*, 1494

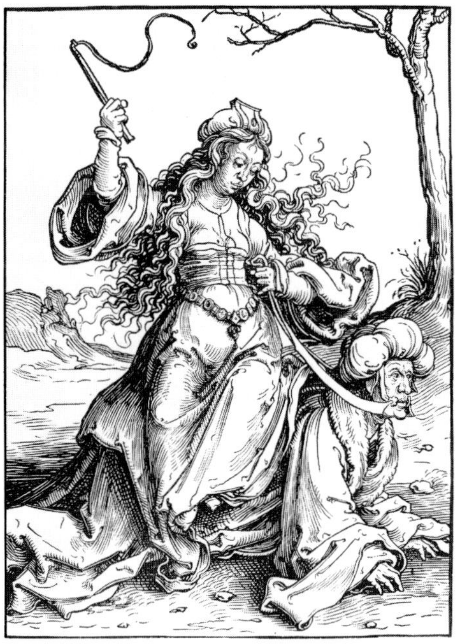

Abb. 181 Lucas van Leyden, *Aristoteles und Phyllis*, 1513

Philosophen Aristoteles, der in erniedrigender Weise einer Frau als Reittier dient. Die zugrundeliegende Geschichte ist indischen Ursprungs und wurde im 13. Jahrhundert im Abendland auf Aristoteles übertragen.[4] Der junge Alexander der Große ließ sich von dem wunderschönen Hoffräulein Phyllis vom Studium ablenken, so daß sich sein Lehrer Aristoteles beklagte und das Hoffräulein zurechtgewiesen wurde. Doch Phyllis rächte sich und kokettierte so lange mit dem Weisen, bis dieser sich närrisch in sie verliebte, sie im Garten auf seinem Rücken reiten ließ und zum Gespött des ganzen Hofes wurde. Aus Scham soll er anschließend seine Bücher zusammengepackt und auf einer Insel ein Buch über die Weiberlist geschrieben haben. Zahllose Darstellungen des 13.–19. Jahrhunderts zeigen den Ritt im Garten.[5] Peitschenschwingend und die Zügel fest in der Hand, triumphiert Phyllis über den alten Mann, der trotz seiner Weisheit der Weiberlist erlag (Abb. 181).

Die vier von Hans Sachs versammelten Paare – Simson und Delila, David und Bathseba, Salomos Götzendienst, Aristoteles und Phyllis – wurden nicht nur von Peter Flötner, der das Spruchgedicht des Nürnbergers illustrierte, zu einem bildlichen Zyklus vereint, sondern auch von Hans Burgkmair und Lucas van Leyden.[6] Die Darstellungen dienten der Warnung vor der weiblichen Verführungskunst und der Übermacht der Triebe, der auch die weisesten Männer erlagen. Lukas Cranach stattete das Schlafzimmer seines Fürsten Johann von Sachsen unter anderem mit diesen belehrenden Szenen aus. In einer zeitgenössischen Beschreibung hieß es: »Hier wird David, der auf dem Throne die Harfe spielt und Bathseba Schenkel und Füße waschen sieht, von Liebe ergriffen. Hier wird ein Liebhaber von einem Narren verspottet.« Auf dem Brautbett des Herzogs war auch Salomos Götzendienst dargestellt, ausdrücklich als Beispiel dafür, «daß einst Frauen alles vermochten«.[7] Im Schlafzimmer der Herzogin Sophie von Sachsen, der Gattin Johanns, befanden sich dagegen, wieder nach dem gleichen Bericht, »fast unzählige Geschichten von ehelicher Liebe, von der Treue der Frauen gegen die Männer, von Sittsamkeit, von Keuschheit und, um mit wenigen Worten alles zusammenzufassen, von fast allen Tugenden und Lastern überall in bildlicher Darstellung angebracht«. Während die Herzogin also zur Tugend und Treue angehalten wurde, hatte der Herzog die Mahnungen vor der Gefährlichkeit der Frauen vor Augen, die ihn allerdings gleichfalls auf einen sittsamen Pfad lenken sollten. Die Bilder hatten aber auch durchaus einen erotischen Charakter – Themen wie *Venus und Cupido* oder das *Urteil des Paris* waren darunter –, so daß hier neben die moralische Belehrung auch die aufreizende Unterhaltung trat.

Diese Motive der Weibermacht haben allerdings nur bedingt einen satirischen Charakter. Sie sind als ernstgemeinte Warnungen vor der Fleischeslust und ihrem vermeintlichen Verursacher, dem Weib, zu verstehen. Lediglich das Motiv *Aristoteles und Phyllis* stellt eine Ausnahme dar, denn hier überwiegt der Spott über den Weisen, den seine Verliebtheit zum Narren macht.[8]

»Alter schützt vor Torheit nicht« – dieses Sprichwort gilt nicht nur für Aristoteles, sondern auch für die zahlreichen Darstellungen *Ungleicher Liebespaare*. Meist ist es ein häßlicher, alter Mann, der sich die Gunst einer jungen Frau erkauft, aber auch die umgekehrte Konstellation ist nicht selten. Das Thema erfreut sich bis in unsere Zeit großer Beliebtheit,[9] wobei die anfänglich moralisierende und belehrende Tendenz spätestens in der englischen Karikatur um 1800 dem Hohn über die Torheit Platz macht.[10]

Ein weiteres vom 15. bis zum 19. Jahrhundert verbreitetes Thema behandelt ebenfalls die Weibermacht: *Der Kampf um die Hose*. Hier geht es jedoch weniger um den verführischen weiblichen Körper als um die Herrschsucht der Frau. Ein Kupferstich des Israhel van Meckenem zeigt ein junges Paar im Kampf um die am Boden liegende Hose, die hier als Attribut der Vorherrschaft in Haushalt und Ehe anzusehen ist. Der Mann ist bereits in die Knie gesunken und erwartet den nächsten Schlag mit dem Spinnrocken von seiner Frau, die durch den fliegenden Teufel oben Unterstützung erhält (Abb. 182).[11] Auf späteren Darstellungen des Themas prügeln sich zumeist sieben Frauen untereinander um die Hose. Diese Version geht auf den Propheten Jesaja zurück, der im dritten Kapitel über die Eitelkeit der Weiber herzieht und ihnen als Strafe prophezeit, daß ihre Männer im Krieg fallen

10 Kat. Göttingen 1975, Nr. 77f.; Paulson 1972, S. 71ff.
11 *Fifteenth Century Engravings of Northern Europe*, Ausstellungskatalog National Gallery of Art Washington 1968, Nr. 238, mit weiterer Literatur; siehe auch Fuchs 1928, Abb. 60, 70, Beilage S. 464; Coupe 1966, S. 195f.; Böhmer 1980, S. 78f.; *Bilderbogen. Deutsche populäre Druckgraphik des 19. Jahrhunderts*, Ausstellungskatalog Karlsruhe 1973, Nr. 87, Abb. 12.

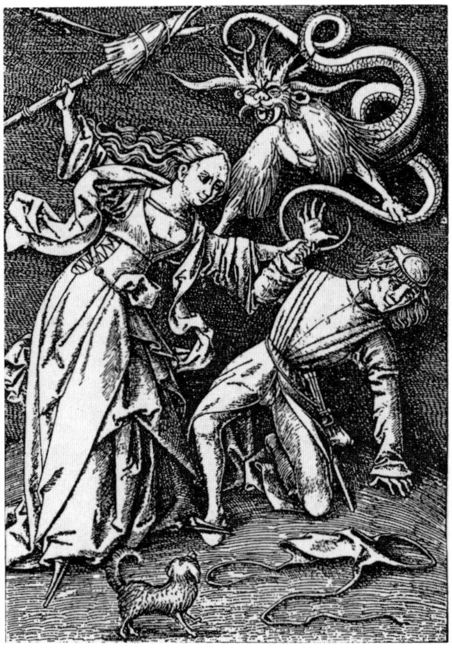

Abb. 182 Israhel van Meckenem, *Kampf um die Hose*, um 1500

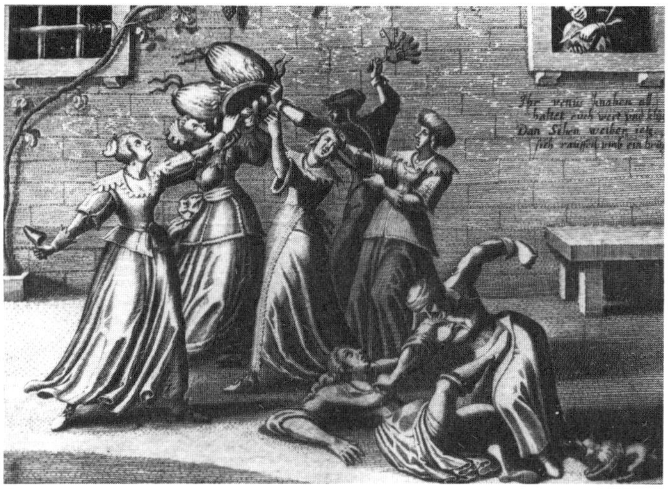

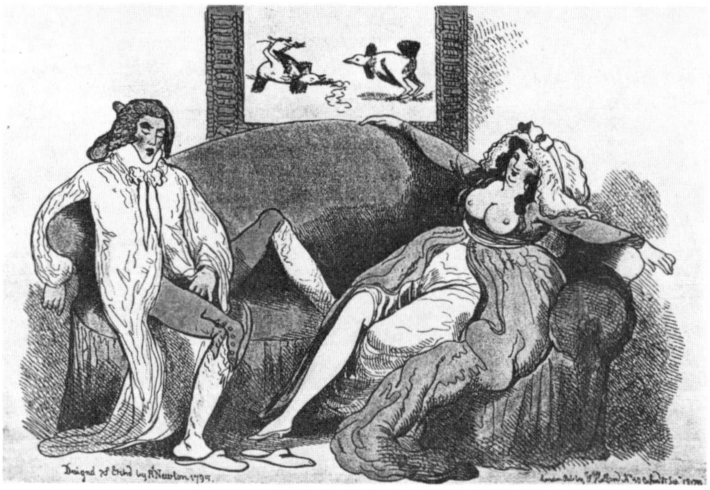

und sie anschließend zu siebt einem einzelnen Mann nachlaufen werden: »Sieben Weiber werden zu der Zeit einen Mann ergreifen und sprechen: Wir wollen uns selbst nähren und kleiden; laß uns nur nach deinem Namen heißen, daß unsere Schmach [ohne Mann zu sein] von uns genommen werde« (Jesaja 4, Vers 1). Auf einem Flugblatt des 17. Jahrhunderts, *Wie sich sieben böse Weiber umb ein paar stinckende Manns Buxen geschlagen / und dieselbige gleichwol zu sonderbarer Straff jhrer keine davon gebracht,* betrachtet ein Narr die streitenden Frauen. Cupido erklärt im beigegebenen Text die Ursache des Kampfes: Es handelt sich um zänkische Weiber, die ihre Ehemänner früh ins Grab brachten und nun keine neuen Gatten finden können (Abb. 183).[12] Sie streiten sich sogar um die leere Hose, zu der es in einem anderen Flugblatt heißt: »Wann sieben Weiber sich um ein paar hoßen schlagen / so schlügen 100 sich gewiß um einen Mann;/ lasst ihnen ihre freud! nur daß Sie die nicht tragen / was drinn verborgen ist steht ihnen besser an.«[13]

Das Thema der Weibermacht fand auch in den folgenden Jahrhunderten in zahllosen Variationen Verbreitung. Die moralisierende Verurteilung der zänkischen und triebbestimmten Frau bekam dabei zunehmend satirischen Charakter, wobei der Spott gleichermaßen dem Weib wie auch seinem Opfer, dem unterlegenen Mann, galt. Eine Radierung von Richard Newton verdeutlicht den Wandel (Abb. 184). Während sich die Frau frisch und unternehmungslustig räkelt, hat der schmächtige Mann bereits die Waffen gestreckt. Der Hahnenkampf im Hintergrund spiegelt den Zustand der ungleichen Partner.[14]

Hurendarstellungen, die im 16. und 17. Jahrhundert abschrecken und warnen sollten, (Kat. 236, 238), gaben seit der zweiten Hälfte des 18. Jahrhunderts Anlaß zu erotischen Schilderungen, in denen etwaige moralische Inhalte allenfalls als Deckmantel dienten (Kat. 239). An diesem Sachverhalt hat sich bis heute nicht viel geändert; die Käuflichkeit von Frauen wird von satirischen Zeichnern nach wie vor eher als erotisches Thema behandelt denn als soziales Problem aufgefaßt (Kat. 250, 251).

Im ›galanten Zeitalter‹, dem Rokoko, gehörte die Koketterie zum guten Ton der aristokratischen Gesellschaft (Abb. 185). »Die weibliche Koketterie ist die Sprache der Blicke, der Gesten, der Kleidung, kurz des gesamten Wesens, wodurch die Frau sich dem Manne in die Augen rückt, sich dem Manne auffällig macht, dafür sorgt, daß sie ›gefunden‹ werde, wodurch sie weiter ihre sinnlichen Wünsche offenbart, ihre Bereitwilligkeit gegenüber den erotischen Anträgen des Mannes ausdrückt.«[15]

Dieses Bild der koketten, willigen und sich selbst darbietenden Frau blieb bis ins 20. Jahrhundert in der satirischen Graphik vorherrschend. Einen letzten Höhepunkt erfuhr es in den großen satirischen Zeitschriften um 1900, die neben politischen und sozialkritischen Karikaturen regelmäßig leichtgekleidete Frauen in verfänglichen Situationen veröffentlichten. Im Münchner *Simplicissimus* war es vor allem Ferdinand von Reznicek, der mit seinen »zarten, verspielt und kokett aussehenden Frauengestalten in duftigen feinen Kleidern«[16] großen Publikumser-

Abb. 183 Deutsches Flugblatt, *Kampf um die Hose,* 1. Hälfte 17. Jh.

Abb. 184 Richard Newton, 1795

12 Coupe 1966, S. 196, weitere Darstellungen ebd. Anm. 212; Coupe 1967, Abb. 125; Marle 1931, Bd. II, Fig. 480; Fuchs 1928, Abb. 48, 62.

13 Fuchs 1928, Abb. 62. Zu anderen Motiven der ›Weibermacht‹ vgl. Coupe 1966, S. 47ff. Siehe auch Kat. 253. Alexandre 1892, S. 30 und öfter; Böhmer 1980, passim.

14 Vgl. Kat. Göttingen 1975, Nr. 81f. Siehe Kat. 24.

15 Fuchs 1928, S. 175. Doch Fuchs ist sich durchaus der Fragwürdigkeit eines bloßen Lobes auf die Koketterie bewußt. An anderer Stelle schreibt er: »Die junge Dame [der Aristokratie] muß also die offizielle Welt in einer Weise betreten, die dem jungfräulichen Schamgefühl durchaus widerspricht. Gleichviel, die Klassenmoral dekretiert es, also ist die wichtigste Aufgabe, die sie für diesen Tag zu lösen hat, die: sich zwar halbnackt, besser halb entkleidet, aber mit Würde und Anstand

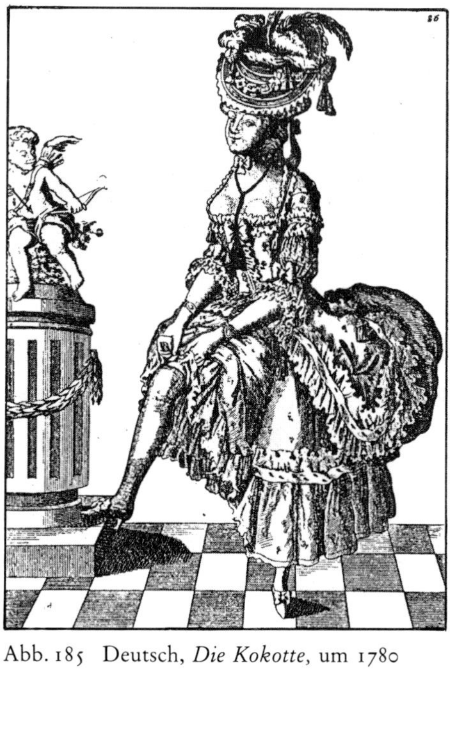

Abb. 185 Deutsch, *Die Kokotte,* um 1780

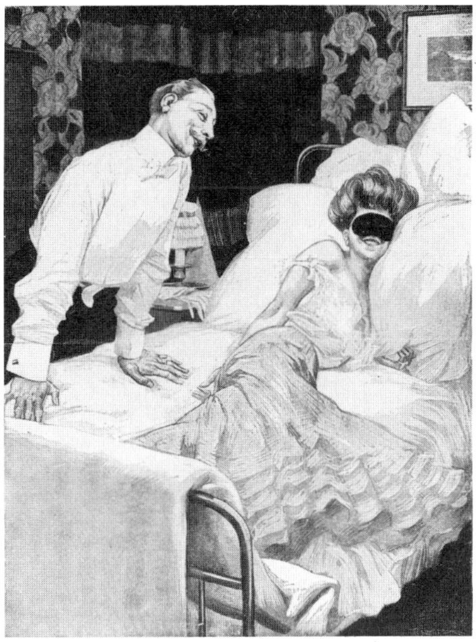

Abb. 186 Ferdinand von Reznicek, *Die G'schamige* – »Aber gnädiges Fräulein, jetzt könnten Sie sich doch wirklich demaskieren«, *Simplicissimus*, 1905

folg hatte (Abb. 186). »Akte hat er fast nie gezeichnet, wohl aber die zu ihrer Zeit so aufregende Unterwäsche, das Schnürkorsett wie das knisternde Frou-Frou, das verführerisch aus den Spitzen lugende Bein, den weißen, wie durch einen Zufall entblößten Busen«, schrieb Eugen Roth über Reznicek.[17] »Mehr als jedes andere Gebiet sind es die beiden Gebiete (. . .) der Koketterie und des Flirts, auf denen die Karikatur mit Vorliebe der Frau in ausgesprochener Weise huldigt. Indem sie ihre koketten Mittel und Methoden entlarvt, singt sie begeistert das Hohelied von der Schönheit des weiblichen Schöpfungswunders«, lobte Eduard Fuchs 1906[18] Zeichnungen von Künstlern wie Adolf Willette, Constantin Guys, Jean Louis Forain, Henri de Toulouse-Lautrec, Albert Guillaume und vielen anderen.

Die ›galanten‹, ›pikanten‹, ›koketten‹ Illustrationen der satirischen Zeitschriften um die Jahrhundertwende enthalten in der Tat wenig kritisches Potential, sondern sind eher der tendenzlosen Unterhaltung zuzuordnen. Sie rüttelten nicht an bürgerlichen Moralvorstellungen, die im 19. Jahrhundert zunehmend enger wurden, sondern befanden sich in stillschweigender Übereinstimmung mit einer Moral, die nach außen hin Zucht und Tugend propagierte, die aber zugleich mit unterschiedlichen Bewertungsmaßstäben an die Geschlechter heranging. Während weibliche Fehltritte unweigerlich zur moralischen und sozialen Verurteilung führten, wurden die ›verzeihlichen‹ Schwächen vor allem des Mannes aus den reichen Gesellschaftsschichten viel eher toleriert und sogar goutiert.

Zu Beginn des 20. Jahrhunderts erschienen mehrere reich illustrierte Bücher zum Thema *Das Weib in der Karikatur*, deren Texte selten aus mehr als Ansammlungen von ›Herrenwitzen‹, Anekdoten oder kritiklos wiedergegebenen, älteren Zitaten bestanden.[19] Das bereits mehrfach zitierte Werk des Kulturhistorikers Eduard Fuchs, *Die Frau in der Karikatur* von 1906, hebt sich positiv ab, wenngleich auch Fuchs aus der nüchternen Sittenschilderung häufig in einen Ton verfällt, der erheiternd und ›spritzig‹ gedacht war, der aber heute als diskrimierend empfunden wird. So beginnt er beispielsweise seine Einleitung mit dem Satz: »Der beste Witz, den der liebe Gott bei der Erschaffung der Welt gemacht hat, war die Erschaffung des Weibes.«

Wie eine späte Antwort auf derartige Bemerkungen könnte ein Spruch anmuten, der vor einigen Jahren von seiten der Frauen verbreitet wurde: »Als Gott den Mann schuf, übte sie nur.« Der selbstsichere Spruch zeugt von einem Wandel im Selbstverständnis der Frauen und ist ein Zeichen dafür, daß der männliche Spott über das ›schwache Geschlecht‹ seine Selbstverständlichkeit eingebüßt hat. Frauen befinden sich argumentatorisch auf dem Vormarsch. Bevor es zu dieser Entwicklung, die erst seit den späten sechziger Jahren stärker einsetzte, kommen konnte, bedurfte es einer langen Geschichte von Emanzipationsbestrebungen.

Nach der französischen Revolution 1789 kam es zu einer *Erklärung der Frauenrechte*, Frauenclubs wurden gebildet und die Beteiligung an vielen Debatten durchgesetzt. Als jedoch von Jakobinerinnen 1793 die Aufforderung erging, auch Männerkleidung zu tragen, wurde es dem Konvent zu bunt, er schloß die Frauenclubs und nahm den Frauen das Versammlungsrecht,[20] womit der Frauenbewegung ein vorläufiges Ende beschieden war. Nach den Revolutionen von 1830 und 1848 kam es zu erneuten Gleichberechtigungsforderungen von seiten der Frauen, doch längerlebige Frauenbewegungen konnten sich erst im letzten Drittel des 19. Jahrhunderts etablieren. Angestrebt wurde vor allem die juristische und politische Gleichberechtigung der Frau. Es fehlte natürlich nicht an heute sarkastisch anmutenden Kommentaren von männlicher Seite: »Wäre der Mensch geschlechtslos, gäbe es nicht Mann und Weib, dann könnte man träumen, daß die Völker der Erde zur Freiheit und Gleichheit berufen seyen. Indem aber Gott der Herr Mann und Weib schuf, hat er die Ungleichheit und Abhängigkeit als eine Grundlage aller menschlichen Entwicklung gesetzt.«[21] In *Meyers Konversationslexikon* hieß es noch 1905 unter dem Stichwort »Frauenfrage«: »Das auf politische Gleichberechtigung gerichtete Verlangen entspringt weniger einem praktischen Bedürfnis als einer theoretischen Anschauung von zweifelhaftem Werte. Die geistige Individualität der Frau sowie das bei ihr vorherrschende Gemütsleben lassen sie für eine tätige Teilnahme am öffentlichen Leben wenig geeignet erscheinen. Verwirft auch die moderne Kultur die grausame Knechtung der Frau, (. . .) so

zur Schau zu stellen. Um einen grotesken Vergleich heranzuziehen: sie hat das Kunststück zu lösen, im äußeren Auftreten Messaline, in Sprache, Miene und Benehmen Vestalin zu sein. Und dieses Doppelwesen muß ihr zur zweiten Natur werden.« (S. 193).

16 Kat. München 1977, S. 419. Über Reznicek läßt sich offenbar leicht urteilen, wie viele zum Teil abwertende Einschätzungen seiner Arbeiten belegen; er »besitzt etwas Leichtgeschürztes, eine gewisse bestechende Grazie, ist liebenswürdig und oberflächlich«, Hermann 1901, S. 120. Reznicek veröffentlichte mehrere Alben, deren Titel für sich sprechen: *Galante Welt* (1902), *Der Tanz* (1906), *Sie* (1907), *Unter vier Augen* (1908), *Verliebte Leute* (1909); Gerhard Flügge, *Ferdinand von Reznicek*, Berlin (DDR) (2) 1981, S. 108.

17 Eugen Roth, *Simplicissimus. Ein Rückblick auf die satirische Zeitschrift*, Hannover 1954, zit. nach Hollweck 1973, S. 179. Ludwig Thoma urteilte 1901 als junger *Simplicissimus*-Redakteur allerdings anders über Reznicek: »Mit einem Titelbild von Rez. ist die Nummer künstlerisch total verhunzt. Jeder, der von uns etwas erwartet, müßte die Achseln zucken. Glauben Sie nicht an Voreingenommenheit meinerseits. Das, was R. gibt, ist nicht Kunst, ist bloß glattgeschniegelte Afterkunst, langweilig, entsetzlich geistlos«; aus einem Brief an den Herausgeber Albert Langen; zit. nach Hollweck 1973, S. 179f.

18 Fuchs 1928, S. 228f.

19 Kahn 1907; John Grand-Carteret, *Images Galantes et Esprit de l'Etranger*, Paris 1907; von Grand-Carteret stammen auch Titel wie *Rire et Galanterie*, *Le Centre de l'Amour*, *Le Brévaire des Jolies Femmes*, alles Bücher, die aus kaum mehr als Anekdoten und entsprechenden Illustrationen bestanden. – Die zunächst einbändige, später auf drei Bände erweiterte *Geschichte der erotischen Kunst* (Fuchs 1908) von Eduard Fuchs ist diesem Bereich nur teilweise zuzurechnen.

20 Kat. Münster 1978, vor Nr. 166.

21 Wilhelm Heinrich Riehl, *Die Familie*, Stuttgard 1855, S. 3, zit. nach Herding/Otto 1980, S. 282, Anm. 9.

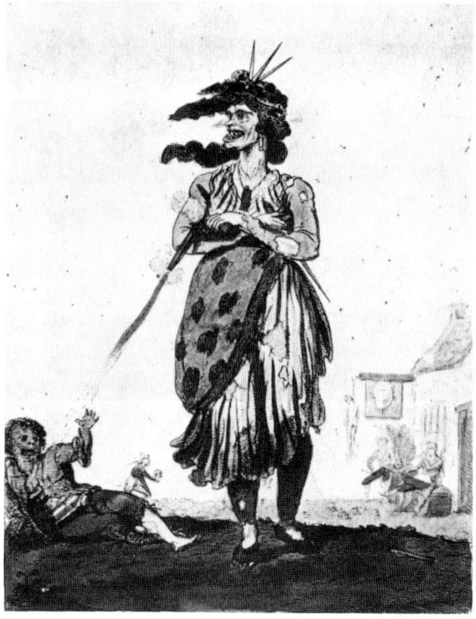

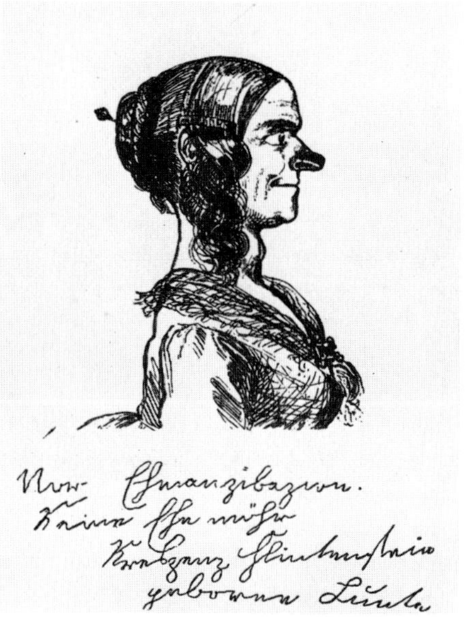

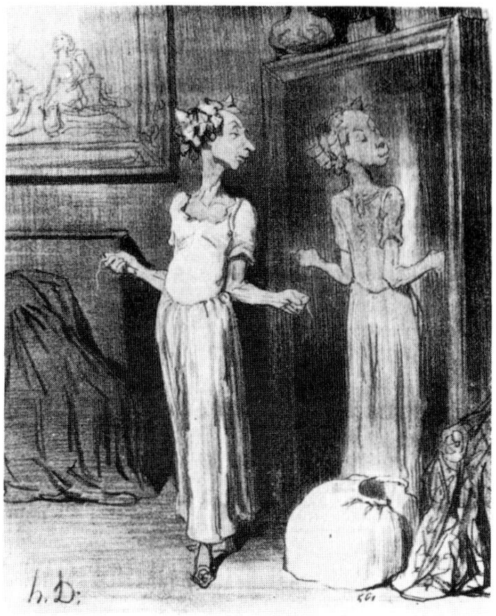

Abb. 187 Isaac Cruikshank, *A Republican Belle*, 1794

Abb. 188 Kaspar Braun, *Nur Ehmanzibazion, Keine Ehe möhr. Kreszenz Flintenstein geborne Lunte*, ›Fliegende Blätter‹, 1847

Abb. 189 Honoré Daumier, *Les Bas-bleus*, Nr. 1, 1844

will sie doch durch Anerkennung der idealisierten Geschlechtsverschiedenheit gerade dem Interesse echter Weiblichkeit dienen und der Frau zu einer würdigen Stellung und einem segensreichen Wirkungskreis verhelfen. Dem Mann der Staat, der Frau die Familie!«[22] Seit der Jahrhundertwende forderten die Frauenrechtlerinnen und Suffragetten, wie sie in England hießen, immer unüberhörbarer das Frauenwahlrecht, das schließlich in den Jahren um 1920 in den meisten Industriestaaten durchgesetzt werden konnte.[23]

Die Karikatur und Bildsatire reagierte mit Vehemenz auf die Emanzipationsbestrebungen. 1794 radierte Isaac Cruikshank *A Republican Belle*, der er alle Züge verpaßte, die die englische Karikatur auch dem männlichen Jakobiner zuwies: Häßlichkeit, Grausamkeit und zerlumpte Kleidung (Abb. 187).[24] Diese Eigenschaften, vor allem der kaltblütige Schuß auf das Kind, gaben bei einer Frau jedoch doppelten Anlaß zur Kritik. Sie verletzte nicht nur grob die Regeln der Menschlichkeit, sondern verstieß zudem gerade gegen die spezifisch weiblichen Tugenden – Mutterschaft, Sanftheit – und wurde damit zum geschlechtslosen Monstrum abgestempelt. Auch im 19. Jahrhundert blieb das marodierende oder »militärische Frauenzimmer«[25] eine der Schreckensvisionen der bürgerlichen Gesellschaft (Kat. 256). Abstoßende Häßlichkeit als Strafe für das Fehlverhalten des ›schönen Geschlechts‹ wurde in zahllosen satirischen Graphiken zum Kennzeichen von Frauenrechtlerinnen (Abb. 188). Daumiers Serie *Les bas-bleus* (Die Blaustrümpfe) von 1844 richtete sich gegen disputierende, schreibende und philosophierende Frauen, die den Haushalt vernachlässigten, sich selbst und die Kinder verkommen ließen und tranken. Auf der ersten Lithographie der *Blaustrümpfe* betrachtet sich ein hageres, häßliches Weib im Spiegel: »Es ist seltsam, wie dieser Spiegel meine Taille schlanker und die Brust kleiner erscheinen läßt! . . . Was macht mir das schon aus? (. . .) das Genie ist nicht ans Geschlecht gebunden.« (Abb. 189).[26] Die intellektuelle Frau ist häßlich, weil ›unweiblich‹, zudem kommt die Überzeugung zum Ausdruck, daß der Glaube der Frau an ihre Fähigkeiten nur Selbstbetrug sein kann. Auch als zu Beginn des 20. Jahrhunderts der Kampf um das Frauenwahlrecht seinen Höhepunkt hatte, war das Erscheinungsbild der Frauenrechtlerinnen von Häßlichkeit bestimmt. Auf Wahlplakaten wurde den abstoßenden Suffragetten die schöne und tugendhafte Ehefrau gegenübergestellt.[27]

Wenn in den jüngsten Jahren weibliche Cartoonisten und Karikaturisten wie Claire Bretécher, Franziska Becker oder Marie Marcks (Kat. 258) emanzipierte Frauen nicht gerade als Schönheiten darstellen, so geschieht dies aus einer gewandelten Grundeinstellung heraus. Schönheit wird nicht mehr als weibliche Tugend empfunden, sondern als Nebensächlichkeit angesehen. Auf einer Zeichnung von Claire Bretécher aus der vierten Folge der *Frustrés* (Die Frustrierten) sinnieren zwei feministische Vertreterinnen über die Widersprüche ihrer Kleidung:

22 Geradezu als Hohn mutet es an, daß in dieser noch heute geschätzten sechsten Auflage des *Meyer* direkt anschließend an dieses Zitat »Statistisches zur Erwerbstätigkeit der Frauen« folgt (Bd. VII, S. 40).

23 Ab 1913 durften Frauen in Norwegen wählen, ab 1915 in Dänemark, es folgten die Niederlande und die Sowjetunion 1917, Deutschland 1918, die USA 1920, Großbritannien 1928, Frankreich 1944.

24 Krumbhaar 1966, Nr. 986; BM VII, Nr. 8436.

25 Brückner 1975, S. 208, Kommentar zu Abb. 122, dort auch weitere Beispiele.

26 Kat. Münster 1978, Nr. 166; Delteil Nr. 1221. Zu Daumier und seiner Behandlung des Frauenthemas siehe auch Eva Krabbe, »Genrekarikatur – die ›Ehesitten‹«, Kat. Münster 1978, S. 26ff. – Auch berufstätige Frauen wurden mit Vorliebe als häßliche Jungfern dargestellt, siehe z.B. das Kapitel »Lehrerweiber« in Michael Klant, *Schulspott, Karikaturen aus 2500 Jahren Pädagogik*, Hannover 1983, S. 116ff.

27 Dazu Uta Gerz, Karin Glimm, Kathrin Wegener, »Von der Angst zur Offensive? Zum Streit um das Frauenwahlrecht«, Herding/Otto 1980, S. 261ff.

Abb. 190 Claire Bretécher, *Les Frustrés*, 1979

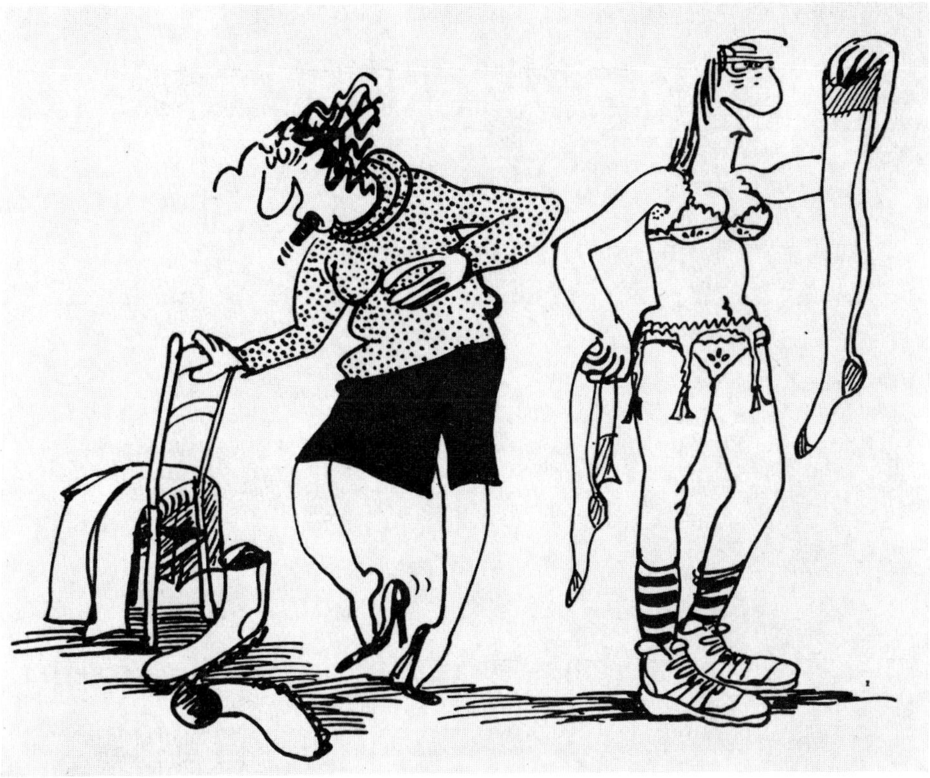

In altmodischem Rock, Pullover und Stöckelschuhen die eine, in ›femininer‹ Reizwäsche, aber dafür mit Turnschuhen, die andere (Abb. 190). Die Selbstverständlichkeit der Emanzipation, die hier vorausgesetzt wird, gestattet es, wieder die traditionelle, ›typisch weibliche‹ Torheit der Eitelkeit zu verspotten – ohne dabei die Persönlichkeit in ihrem Kern zu treffen – und gewissermaßen als einen ›Luxus der Emanze‹ zu tolerieren. J. D.

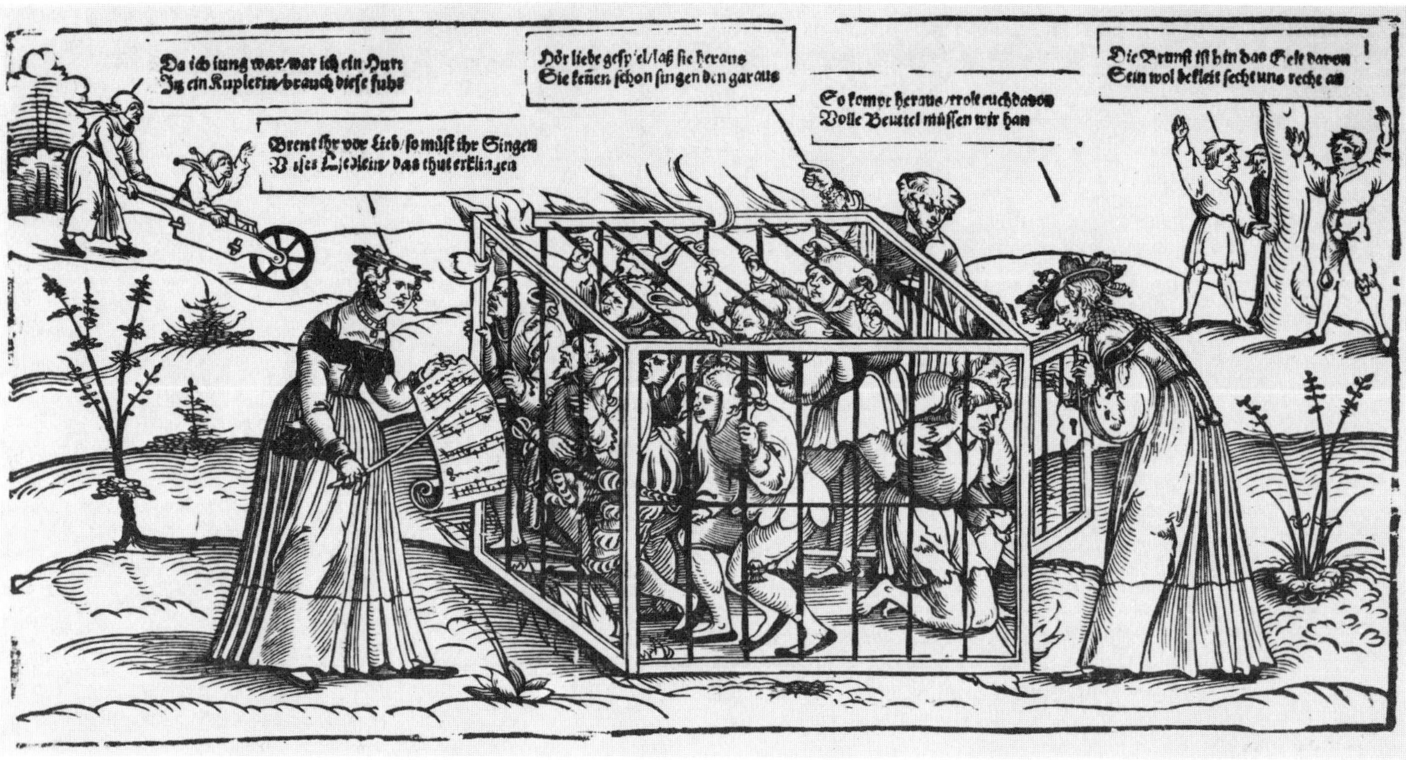

235
Erhard Schön (um 1491–1542)

Die Männerfalle, um 1530

Holzschnitt mit Letternsatz, 174 x 340
Germanisches Nationalmuseum, Nürnberg.

Verliebte Männer unterschiedlichen Alters und Standes sind von herausgeputzten Frauen in einen Käfig gesperrt worden. Kleine Flammen züngeln an seinem hölzernen Gestell, zum Zeichen, daß die Insassen vor Liebe entbrannt sind. Wie Tiere drängen sie gegen die Gitterstäbe und fixieren erwartungsvoll das begehrte Objekt: eine Buhlerin, die den Eingepferchten wie eine Schulmeisterin ein Notenblatt zum Absingen vorhält.[1] Zwei Männer an der Rückseite des Käfigs haben vom Gesang genug und halten sich die Ohren zu. Sie sind im Begriff, ihr Gefängnis durch ein Türchen zu verlassen, das ihnen von einer anderen Buhlerin und ihrem Gehilfen geöffnet wird.

Zwei Darstellungen im Hintergrund zeigen Anfang und Ende der Geschichte, deren szenischer Ablauf durch die umrahmten Verse oben im Bild erläutert wird. Auf einer Schubkarre fährt eine alte Kupplerin einen jungen Mann heran:[2] »Da ich jung war/ war ich ein Hurr/ Itz ein Kuplerin/ brauch diese fuhr.« Rechts hinten jammern drei ernüchterte Freier ihrem Geld nach. Bis aufs Hemd entkleidet, sagen sie selbstironisch, daß sie »wol« (gut, richtig) bekleidet seien, d.h. ihrem selbsterworbenen neuen Stand – Bettler und Lumpenvolk – entsprechend: »Die Brunst ist hin/ das Gelt davon/ Sein wol bekleit/ secht uns recht an.« Die Bild-Geschichte mit ihrem warnenden Appell an die Betrachter ist als Lehrstück anzusehen. Neben der Thematik erinnert sowohl die wörtliche Rede der handelnden Personen als auch die szenische Dreiteiligkeit des Bildes an zeitgleiche Fastnachtspiele, so daß man hier an die graphische Kurzfassung eines solchen denken könnte.[3]

Anders verhält es sich bei einem wenig bekannten kolorierten Holzschnitt des 16. Jahrhunderts, der dasselbe Thema behandelt (Abb. 191). Deutlicher ist das Motiv der gestellten Falle herausgehoben: In einer übergroßen Fischreuse sitzt ein nacktes Weib als Köder. Dem ersten liebestollen Mann, der in die Reuse klettern will, hält die Verführerin einladend ein Glas entgegen. Weitere angelockte Männer, die in schellenbesetzten Narrenkostümen die Reuse umlagern, halten erotisch-anzügliche Gegenstände des Narrenwesens in den Händen: Peitsche, Löffel und ein Ruder. E.Z.

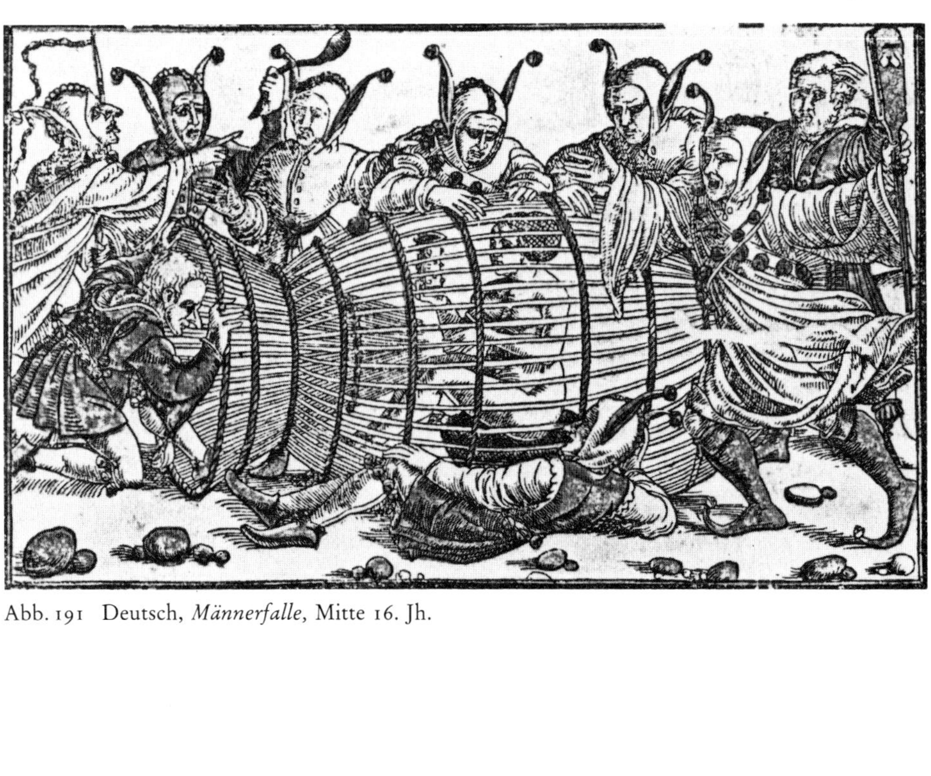

Abb. 191 Deutsch, *Männerfalle*, Mitte 16. Jh.

1 Vgl. Kat. 111 mit der Abbildung von *Luthers leibfal:* Thomas Murner als Gesanglehrer der kleinen ›Klosterkatzen‹, 1522.
2 Verkehrung eines in Jungbrunnen-Darstellungen geläufigen Motivs, wo ein Mann seine alte Frau in der Schubkarre zum Verjüngungsbad bringt. *Der Jungbrunnen* von Erhard Schön; Kat. Nürnberg 1976, Nr. 153; Röttinger 1925, Nr. 195.
3 Vgl. Anm. 4. – In Nürnberg ist ein Probeabzug ohne die in die ›Kästen‹ eingesetzten Lettern erhalten (Kapsel 1292, HB 2502); vgl. auch Geisberg Nr. 1312, wo Erhard Schön in verkürzter Form die *Männerfalle* auf einem Kartenspiel verwendet.
4 Kat. Michigan 1976, Nr. 21, Taf. 20 (zum Motiv der Reuse in Zusammenhang mit der Minne vgl. Brückner 1975, Abb. 18); das Blatt ist als mögliche Illustration einer späteren Ausgabe von Sebastian Brants *Narrenschiff* angesehen worden. – In der Erstausgabe des *Narrenschiffs* von 1494 (hrsg. v. M. Lemmer, Tübingen (2) 1968) – zeigen die Illustrationen der Kapitel »Von Wollust« und »Von Buhlschaft« Frauen, die »Wollust« bzw. »Frau Venus«, die den Männern durch Schlingenlegen Fallen stellen (vgl. Abb. 180). – Weitere Darstellungen fallenstellender Frauen von Niklas Stör: *Der Männerfang*, 1534 (?), Kat. Nürnberg 1976, Nr. 143, und in einer anderen Fassung Geisberg Nr. 1357; Röttinger 1925, Nr. 190. Illustration zu Hans Sachs' Fastnachtsspiel, *Der Buhlerinnen Vogelherd*, 1534.

Lit.: Geisberg Nr. 1134; Fuchs I, Abb. 44; Röttinger 1925, Nr. 191; Böhmer 1980, Nr. 24.

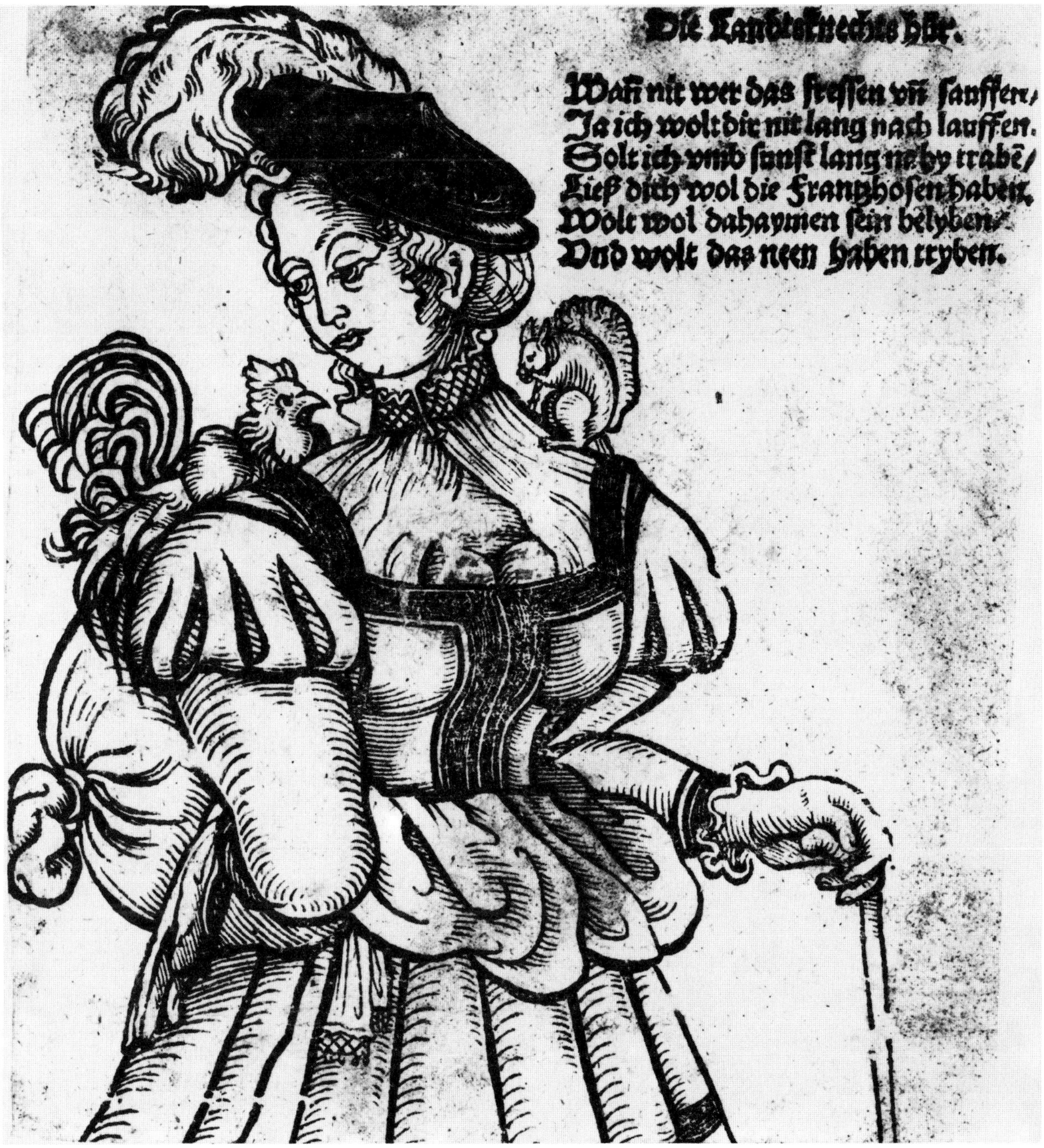

236

Nürnberg(?), um 1530

Die Landtsknechtshur

Kolorierter Holzschnitt mit Letternsatz, beschnitten, 180 x 150
Germanisches Nationalmuseum, Nürnberg.

Mit den geschlitzten Ärmeln, die das Unterkleid sichtbar machen, und der weißen Straußenfeder als Schmuck und Zeichen der Freiheit am Hut gleicht sich die Dargestellte in ihrer Kleidung der aufreizenden und farbenprächtigen Tracht der deutschen Landsknechte an (vgl. Kat. 19). In zeichnerisch ungeschickter Lösung stützt die *Landsknechtshur* mit dem rechten Arm den am Rücken befestigten Mantelsack. Dieser und der Gehstock weisen sie als ›Reisende‹ aus: Als Troßangehörige zieht sie mit den Soldaten durchs Land.

Über die Gesinnung der Schönen gibt ihr Brusttuch Auskunft, das am Hals zwar hochgeschlossen, über der Brust jedoch unzüchtig geöffnet ist.[1] Hahn und Eichhörnchen, die der Dargestellten zur sinnbildlichen Kennzeichnung auf den Schultern hocken, sind volkstümliche Symboltiere für Fruchtbarkeit, Wollust und Geilheit.[2] Wegen ihrer roten Farbe werden beide Tiere mit dem Feuer in Verbindung gebracht, womit hier jedoch, in Anspielung auf den Lebenswandel dieser Frau, das Entfachen sinnlicher Leidenschaft gemeint ist und sich das Blatt dem Motivkreis der ›Weibermacht‹ und verhängnisvollen Liebe einfügt.[3]

Die Verse ergänzen das Charakterbild der *Landsknechtshur*, die ihrem Landsknecht nur des »Fressens und Saufens« wegen folgt. Ihre Kopfwendung nach links sowie der an ein Gegenüber gerichtete Text sprechen für die mögliche Existenz eines als Gegenstück konzipierten zweiten Blattes, das den Landsknecht gezeigt haben wird.[4]

E. Z.

1 Zum Motiv vgl. Sebald Beham, *Ungleiche Liebe: Greis und Mädchen*; Kat. Nürnberg 1976, Nr. 223; Geisberg Nr. 901.

2 Hahn: Bächthold-Stäubli Bd. III, Sp. 1325–1336; lebend oder tot, als Essensvorrat, wird der Hahn oft auf Troßdarstellungen mit abgebildet, z.B. *Ein Troß zur Zeit des Türkenkrieges* (1532) von Erhard Schön, Kat. Nürnberg 1976, Nr. 120; Geisberg Nr. 1235–38. Siehe auch den rechten Alamodo-Narren auf Kat. 207. – Eichhörnchen: Bächthold-Stäubli Bd. II, Sp. 655–659; vgl. auch: Peter Flötner, Spielkarten (1535), *Herz-Karte*, Kat. Nürnberg 1976, Nr. 160/10; Geisberg Nr. 868–873.

3 ›Weibermacht‹; Koepplin/Falk 1976 Bd. 2, S. 562ff.; *Niklaus Manuel Deutsch. Maler, Dichter, Staatsmann, Ausstellungskatalog Bern 1979, Texte zu Nr. 169, 173; Abb. 97: Wappenhalterin mit Gängelband*, 1514/15, ebenfalls mit dem Motiv des offen drapierten Brusttuchs.

4 L. Cranach d.Ä., *Landsknecht mit Dame* (frühes Beispiel um 1505), Koepplin/Falk 1976, Nr. 21, Abb. 20; vgl. Kat. 19, *Landsknecht und Troßbube*, von Hans Weiditz, zu dem es ein weibliches Gegenpaar gibt. *Paare*: z.B. Erhard Schön, Geisberg Nr. 1146ff., Nr. 1158–61, *Folge von Landsknechten u. Troßangehörigen*: z.B. Niklas Stör, 1538, Geisberg Nr. 1316–27.

Lit.: Abgebildet bei Fuchs I, S. 397

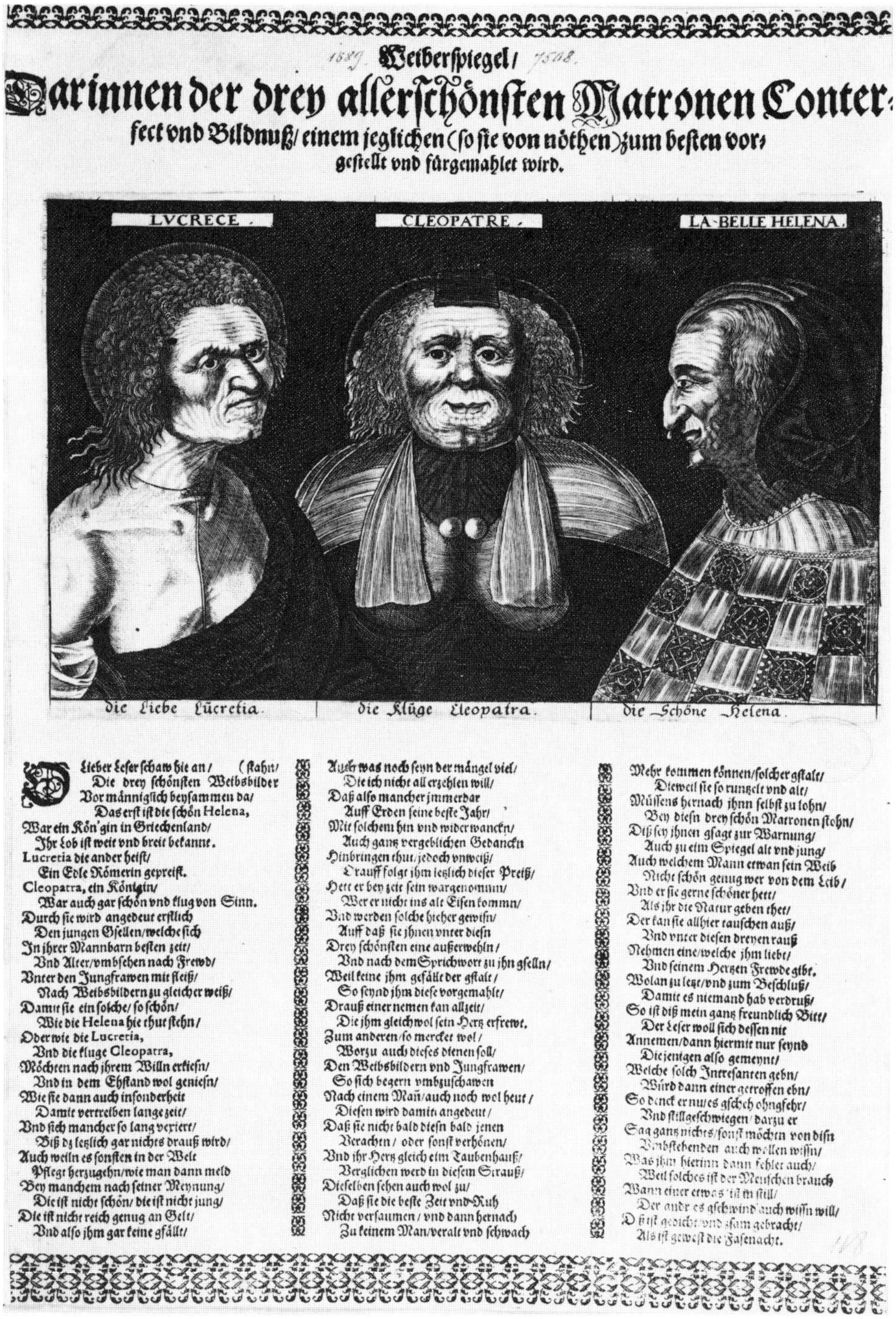

237
Deutsch, um 1650
Weiberspiegel
Radierung und Letternsatz, 350 x 240
Staatsbibliothek Preußischer Kulturbesitz, Berlin.

Im Bildnis vorgestellt werden die drei »allerschönsten Matronen« des Altertums – so jedenfalls verheißen Text und Titel, doch der Augenschein straft das Versprechen Lüge.

Während verbaler Anspruch und groteske Wirklichkeit auseinanderfallen und somit eine vordergründig witzige Spannung erzeugen, gibt der Text eine weitergehende Mahnung. Wer allzu anspruchsvoll in der Wahl seiner Ehefrau sei und immer denke: »Die ist nicht schön, die ist nicht jung, die ist nicht reich genug an Geld«, der werde schließlich als »Preiß« seiner »vergeblichen Gedanken« ledig bleiben müssen.

Die Abbildung ist nach einem französischen Flugblatt kopiert, dessen Text eine abweichende Auslegung gibt: Körperliche Schönheit vergeht, wie das Bild zeigt, und somit ist es töricht, auf sie zu bauen. Belegt wird diese Erfahrung am Beispiel der Helena, der Lukretia und der Kleopatra.[1]

Die wechselnden Auslegungen deuten an, daß Bild und Text nur locker aneinander gebunden sind. Zumal die dem deutschen Flugblatt beigegebene Mahnung zu entschlossener Gattenwahl wird durch das Exemplum längst verblichener ›Schönheiten‹ keineswegs begründet. Tatsächlich fügt sich das Bild statt in die Tradition der Ehesatire (Kat. 253)[2] eher in die Tradition der bildnerischen Mythen- und Geschichtstravestie. Bereits in den Malereien der sog. Phlyakenvasen Unteritaliens (4. Jh. v. Chr.) wurde in Anlehnung an burleske Schauspiele mit Aussehen und Taten von Göttern und Heroen Spott getrieben (Abb. 192).[3] Zwar können die Phlyakenvasen, die erst seit dem 18. Jahrhundert ergraben wurden, nicht als Anregung oder gar als unmittelbares Vorbild gedient haben, doch waren die literarischen Mythentravestien der Antike (Lukian, Petronius) in Mittelalter und früher Neuzeit zugänglich und beliebt. Sie fanden schließlich, vor allem in Frankreich, eigene Nachfolge. P. Scarrons *Le Virgile travesti*, 1648–51 erschienen und somit zeitgleich mit dem ausgestellten Blatt, gilt als erster Höhepunkt neuzeitlicher Antikentravestie.

Bildnerische Belege finden sich bereits im 16. und vielfach im 17. Jahrhundert. So versammelte Martino Rota vor 1583 olympische Götter und wegen ihrer Schönheit berühmte Menschen auf einer ›Musterkarte‹ häßlicher Fratzen (Abb. 60). Auch das in Abb. 5 vorgestellte »Faßwesen« aus den *Songes drolatiques* von 1565, dort als sinnfreier Bildspaß gemeint, wurde travestierend umgedeutet. Gabriel Bodenehr kopierte es für seine *Grotesche Capricciose* (Kat. 3), benannte es als Lukretia und legte die Selbsterdolchung der Römerin, die ihre Tugend rechtfertigen wollte, als unvernünftige Tat aus:

»Sollt alles Weiber-Volk auf gleiche weise büßen,
So wurd' ein Strom mit Blut in allen Stätten fließen.«[4]

G. U.

1 Coupe 1966, S. 47; Alexandre 1892, Abb. S. 70.
2 Coupe 1966, S. 47ff. (zur Ehesatire).
3 A. D. Trendall, *Phlyax Vases*, London 1959.
4 Zur Lukretia-Travestie vgl. ausführlicher Unverfehrt 1984 (im Druck).

Lit.: Coupe 1966, S. 47.

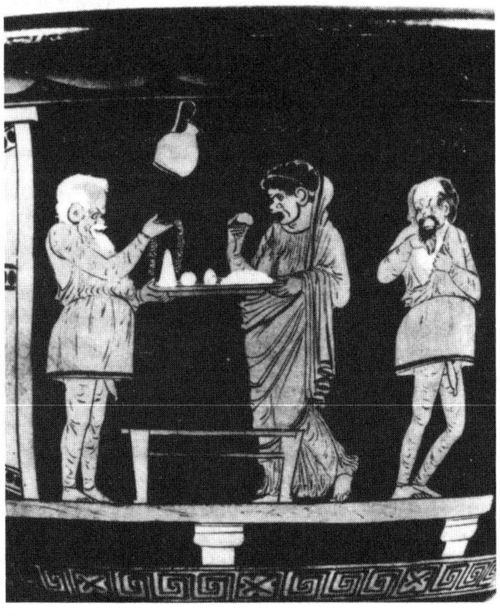

Abb. 192 Phlyakenvase, 4. Jh. v. Chr.

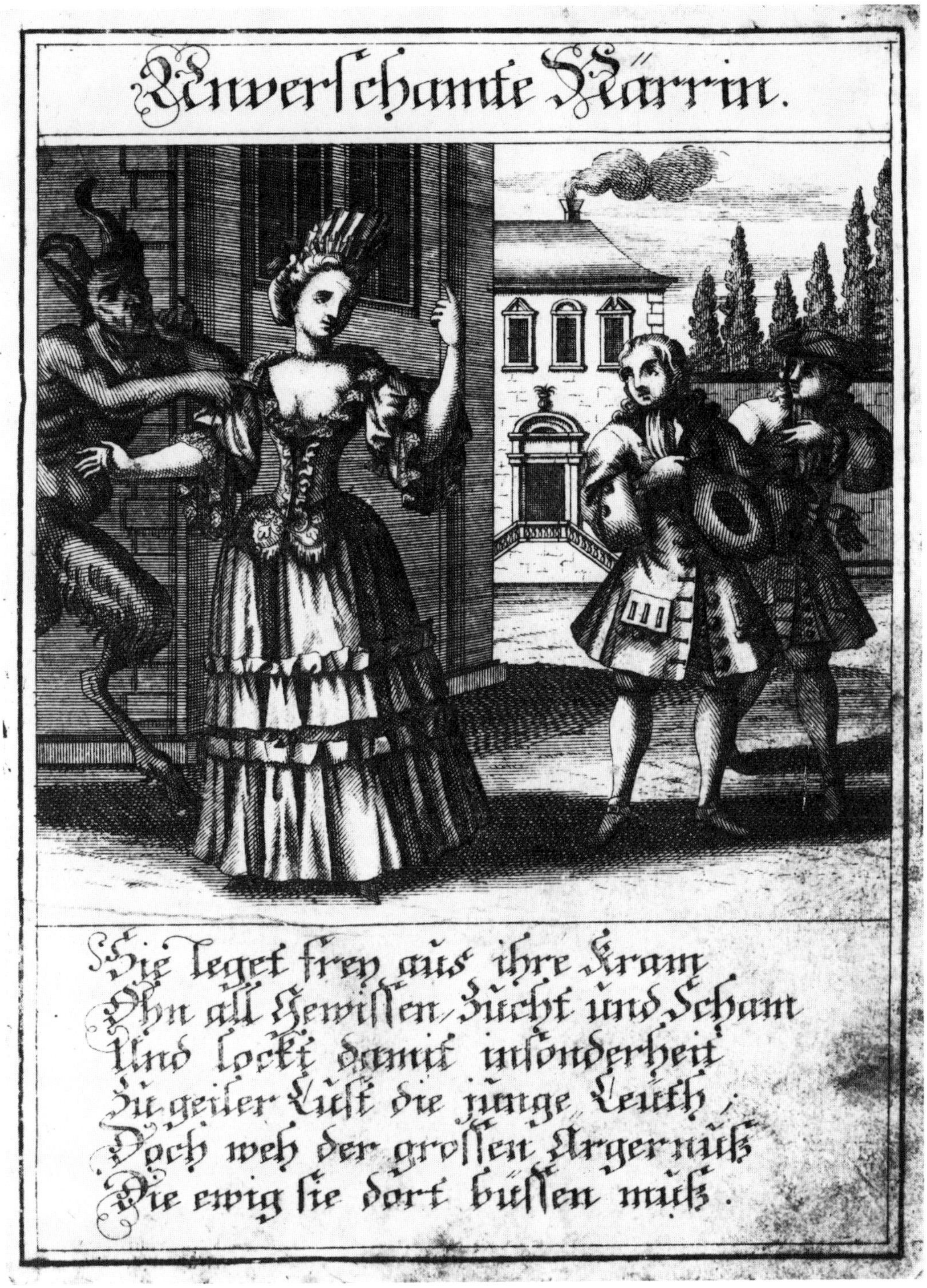

238

Johann Christoph Weigel (nach 1654–1726)

Unverschamte Närrin, um 1710

Kupferstich mit gravierten Versen, 171 x 121, unbezeichnet
Germanisches Nationalmuseum, Nürnberg.

Eine hübsche, modisch gekleidete Frau steht an einer Häuserecke und lockt mit erhobenem Arm zwei noch zögernde junge Höflinge. Der Flöte spielende Satyr links verkörpert mit seinen Hörnern, den spitzen Ohren und Bocksbeinen die fleischlichen Triebe und zeigt auf den tiefen Ausschnitt der Schönen. Die kurzen Verse unter der Darstellung verurteilen das Auftreten der Frau und prophezeien ihr dafür die ewige Verdammnis:

»Sie leget frey aus ihre Kram
Ohn all Gewissen, Zucht und Scham
Und lockt damit insonderheit
Zu geiler Lust die junge Leuth;
Doch weh der grossen Argernuß
Die ewig sie dort büssen muß.«

Die Kleidung entspricht mit der eng geschnürten Taille, dem großen Dekolleté und der hochaufgetürmten Frisur – einer sogenannten ›Fontange‹ – der neuen, vom Hof Ludwigs XIV. ausgehenden Mode. Deren Frivolität wird angeprangert, und ihre Trägerinnen sind als unzüchtige und die Moral gefährdende Huren hingestellt.

Weigel illustrierte u.a. 1709 die berühmte Narrensatire *Hundert Ausbündige Narren* von Abraham a Sancta Clara.[1] Um diese Zeit veröffentlichte er auch seine Kupferstichfolge *Ein Schock Phantasten in einem Kasten.*[2] Die vorliegende *Unverschamte Närrin* ist in diesen Narren-Sammlungen nicht enthalten, und die Bild und Text zusammenfassende Rahmung weicht konzeptionell etwas von ihnen ab. Doch besteht eine äußerst enge Verwandtschaft mit den *Ausbündigen Narren* und dem *Schock Phantasten*, die es nahelegt, Weigel als Urheber des Stiches und vielleicht auch den Wiener Augustinermönch Abraham a Sancta Clara (1644–1709) als den Verfasser der Verse anzusehen. J. D.

1 Abraham a Sancta Clara, *Centi-folium stultorum in quarto. Oder hundert Ausbündige Narren in Folio neu aufgewärmet*, Nürnberg 1709 (Reprint Dortmund 1978); Lanckorońska 1932, S. 94.
2 Johann Christoph Weigel, *Ein Schock Phantasten in einem Kasten*, Nürnberg o.J.; Lanckorońska 1932, S. 96, Abb. 34, 35; Kat. Hannover 1982, Nr. 266.

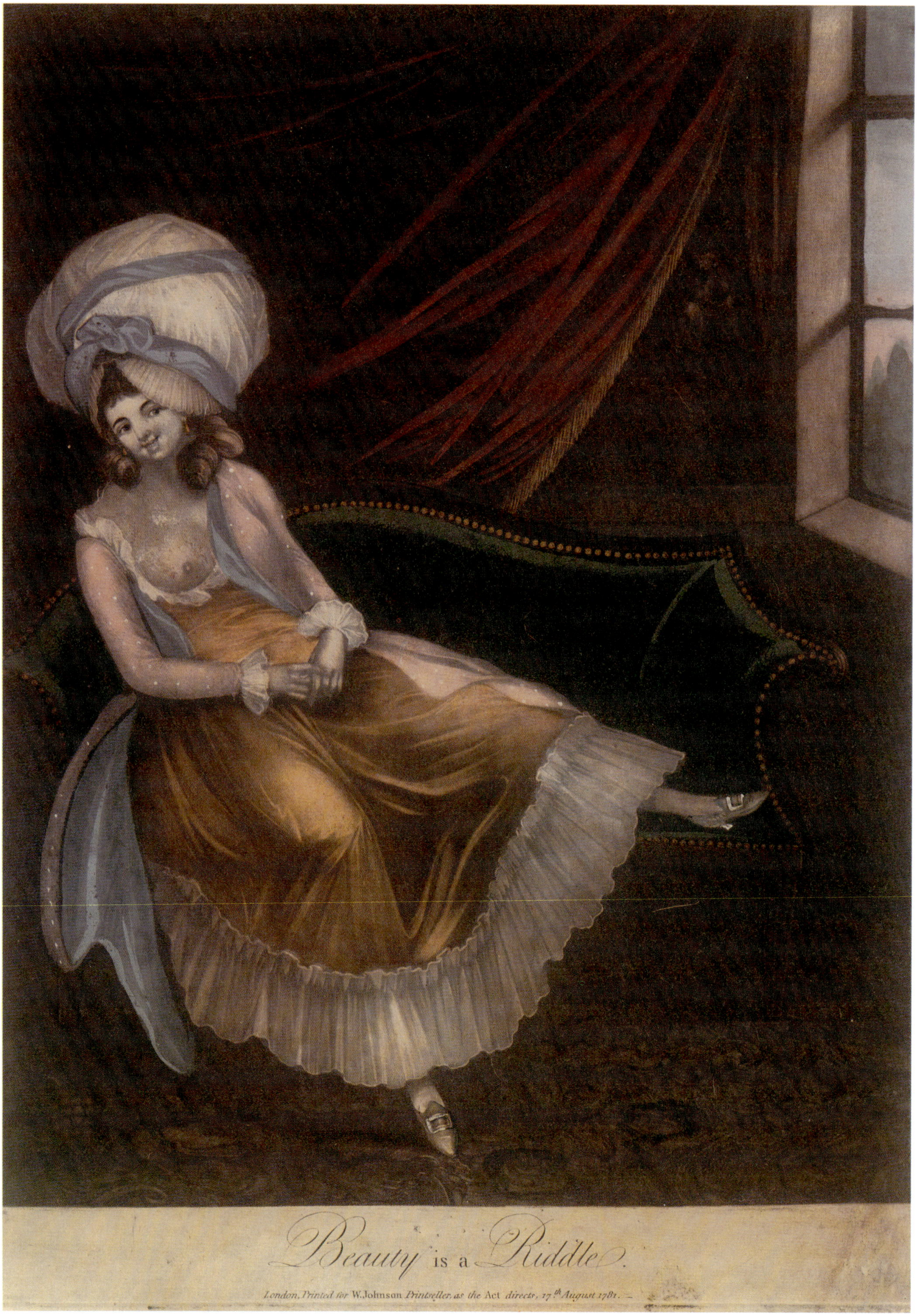
Beauty is a Riddle.
London, Printed for W. Johnson Printseller, as the Act directs, 17th August 1781.

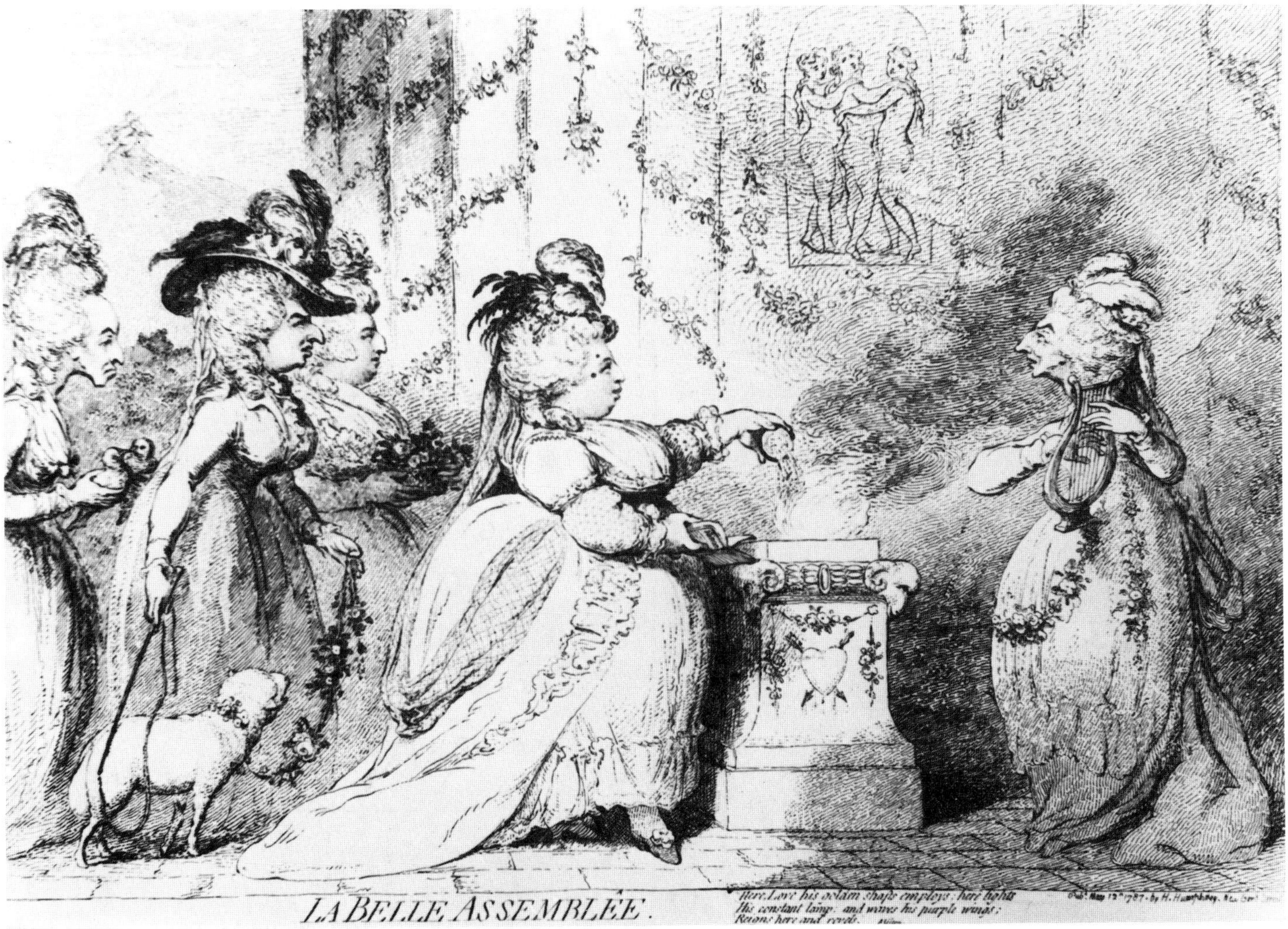

239
Englisch, 1781

Beauty is a Riddle – Schönheit ist ein Rätsel

Koloriertes Schabkunstblatt, 352 x 249, bezeichnet *London, Printed for W. Johnson Printseller, as the Act directs, 17th August 1781.*
Kunstbibliothek Preußischer Kulturbesitz, Berlin.

Laszív und verführerisch breitet sich die Schöne auf dem Sofa aus. Das eine Bein hat sie ausgestreckt und einladend hochgelegt; die Hände ruhen abwartend im Schoß. Die dünnen, hellen Kleiderstoffe lassen ihren wohlgeformten Körper gut zur Geltung kommen. Die einem Turban nahekommende Kopfbedeckung entspricht der aktuellen, von Paris ausgehenden Mode (vgl. Kat. 210–215). Der Ausschnitt ihres Kleides ist einseitig herabgezogen und gibt den Blick auf die pralle rechte Brust frei, die in ihrer Größe fast den Kopf übertrifft. Hierin dürfte auch das ›Rätsel der Schönheit‹ liegen: Der Ausdruck des zwar hübschen Gesichts wirkt mit der herabgezogenen Unterlippe eher dümmlich, so daß die geistigen Fähigkeiten der Dame in keinem Verhältnis zu ihrer üppigen körperlichen Ausstattung stehen. Hinzu kommt, daß die modische Aufmachung der Frau sie als eitle Törin herausstellt.

Es entspräche durchaus dem Charakter der englischen Karikatur, daß das Schabkunstblatt eine stadtbekannte und wahrscheinlich käufliche Schönheit darstellt. J. D.

240
James Gillray (1757–1815)

La Belle Assemblée – Die schöne Versammlung, 1787

Radierung, 250 x 353, bezeichnet *Pub.d May 12.th 1787. by H. Humphrey. New Bond Street*, Abzug von 1851 wie Kat. 41.
Privatbesitz.

Vier verblühte Damen der vornehmsten Londoner Gesellschaft bringen vor einem Altar nach antikem Muster ein Liebesopfer dar, während die fünfte, einer Priesterin gleich, hinter dem Altar singend die Leier schlägt.

Das Gelächter, das einst das Erkennen der Dargestellten auslöste, ist für immer verstummt. Doch die abgefeimte Bosheit, mit der Gillray diese häßlichen Schönen dem Gespött preisgab, tut noch seine Wirkung. Auf entstellende Übertreibungen hat Gillray im wesentlichen verzichtet. Der Witz liegt in der Szenerie, wie man feierlich mit betonter Würde auf den Altar zuschreitet, ohne die Unförmigkeit aus den Gestalten, aus den Gesichtern bannen zu können. Links, vom Bildrand überschnitten, die verhutzelte Lady Mount-Edgecumb mit einem Paar schnäbelnder Tauben in den Händen, vor ihr Lady Archer, eine unverwüstliche Draufgängerin bei der Jagd wie beim Glücksspiel. Sie dirigiert ihr Schäfchen am Rosenhalfter mit der Reitpeitsche. Von ihr halbverdeckt die dickliche Miss Jeffres mit einem Korb voller Rosen und als Anführerin im vollen Licht die unförmig dicke Mrs. Hobbarth. Sie streut Weihrauch in die Glut des Altars und bekennt sich mit dem Buch in ihrer Rechten freimütig als Verehrerin der bekannten Pariser Kurtisane Ninon de Lenclos. Dem Zug entgegen schwillt verzückt Cecilia Johnston, ob ihrer Musikliebe als Schutzheilige der Musik, als heilige Cecilia, verspottet (siehe auch Kat. 72). Die Anspielungen sind im wesentlichen auch heute noch verständlich. Die drei Grazien auf der Wand des heiligen Bezirks und, in der Ferne auf dem Berggipfel, Apollo im Lichte der aufgehenden Sonne tun ein Übriges, um das Absurde der Situation zu verdeutlichen. Höhnend setzte Gillray noch unter die Darstellung die überschwenglichen Verse Miltons: »Hier führt Liebe ihr goldenes Szepter;/ hier entfacht sie ihre immerwährende Flamme;/ und schwingt ihre purpurnen Flügel;/ hier regiert sie und schwelgt.«

Bei dieser Karikatur hat sich Gillray noch weitgehend auf die Wirkung der Radiernadel verlassen. Die Darstellung rechnet noch nicht in dem Maße wie die meisten seiner späteren Arbeiten mit der Unterstützung durch ein akzentuierendes Kolorit. M. H.

Lit.: BM VI, Nr. 7218; Kat. Göttingen 1975, Nr. 98.

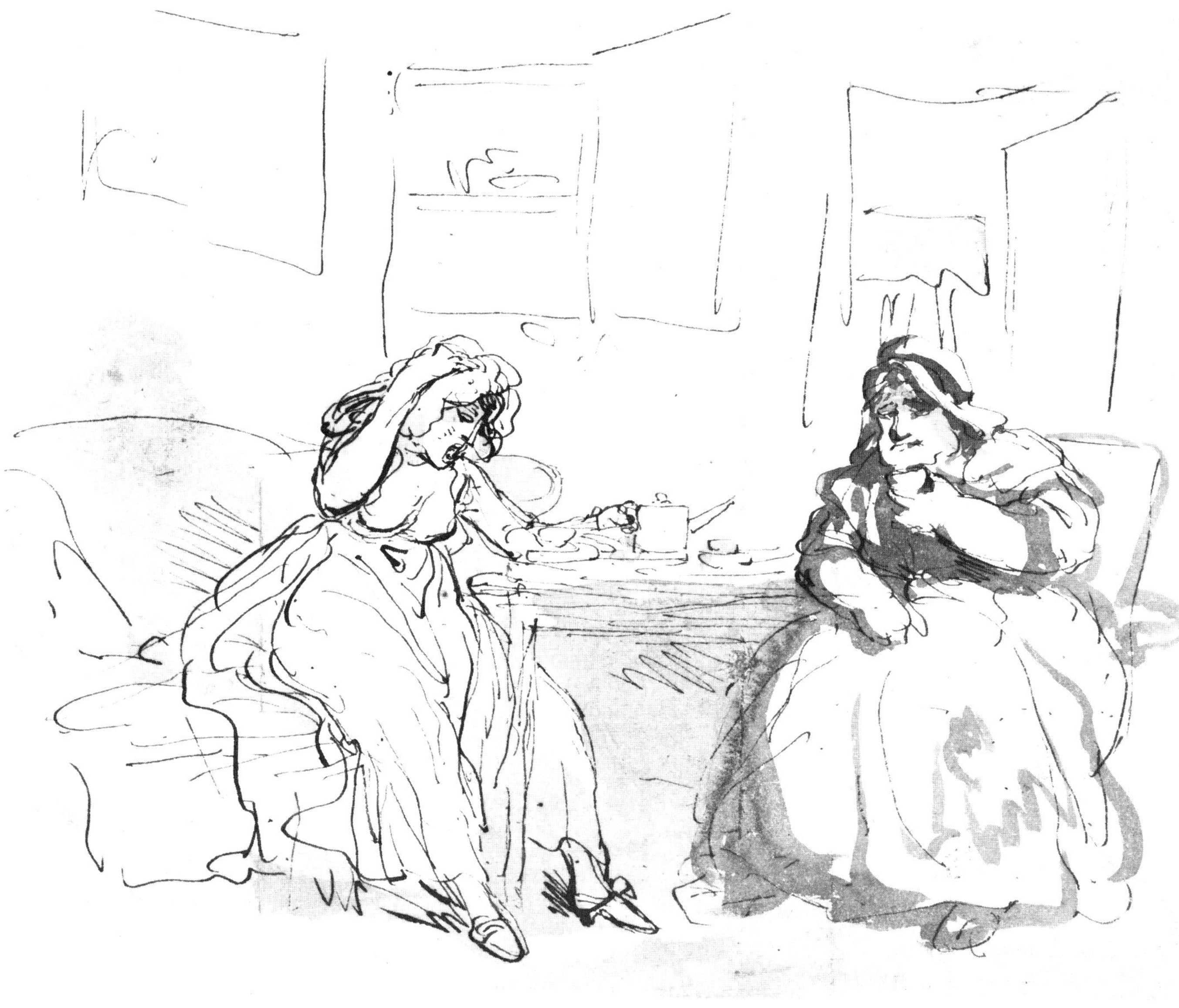

241
Thomas Rowlandson (1756–1827)

Tea-time, um 1790 (?)

Feder in Braun, grau laviert, 245 x 368
Sammlung Ensmann, München.

Eine dicke Frau sitzt behäbig am Tisch und führt ruhig die Tasse zum Mund, während ihr jüngeres Gegenüber sich offensichtlich nicht wohl fühlt. Sie gähnt oder stöhnt und preßt ein vielleicht feuchtes, kühlendes Tuch auf den gebeugten Kopf. Der tiefe Ausschnitt ihres Kleides und die gespreizten Beine mit dem Tischbein dazwischen deuten an, daß sie die Folgen einer ausschweifenden Nacht auszukurieren hat. Die unterschiedlichen Charakterisierungen der beiden werden durch den Zeichenstil noch hervorgehoben. Während die Dicke mit breitem, leichten Pinsel umrissen ist, betonen bei der Jüngeren die schnellen, nervösen Federstriche ihren unpäßlichen Zustand. Der Innenraum ist mit wenigen, fast flüchtigen Linien skizziert; Sofa, Bilderrahmen, offener Wandschrank und eine Tür sind angedeutet.

Die Zeichnung erscheint als eine weitgehend tendenzfreie Sittenschilderung, allerdings schließen die gegensätzlichen Frauentypen an traditionelle Charakterisierungen der Bildsatire an (vgl. Kapitel 1.2.). J. D.

242
Charles Williams
(tätig 1. Drittel 19. Jahrhundert)

A Cure for Love – A Recipé for Ladies, Anfang 19. Jahrhundert

Feder in Braun, grau laviert, 346 x 254, signiert *Williams*, auf der Rückseite eine vorbereitende Kompositionsskizze in Blei.
Sammlung Ensmann, München.

Das *Rezept gegen Liebeskummer für Damen* verordnet reichlich Brandy, und es scheint der alternden Schönheit auch zu helfen: »Ich glaube, das wird mich bald gesund machen – mir geht es schon besser.« Der Brandy bildet nicht nur im übertragenen Sinn die letzte Stütze der Frau, sondern sie lehnt sich auch mit ihrem Körper gegen das Faß und legt demonstrativ ihren linken Arm darüber. Ihre Gesichtszüge sind von abstoßender Häßlichkeit, sie ist nachlässig frisiert und gekleidet und von grobschlächtigem Körperbau. Die Trunksucht läßt die Frau verfallen und nimmt ihr ihre Weiblichkeit. Die acht Verszeilen unter der Zeichnung beginnen scherzhaft mit dem Ratschlag, sich ein Faß Brandy neben das Bett zu stellen und sich regelmäßig zu bedienen, sie enden aber mit der zynischen Bemerkung, daß Ertrinken oder das Seil keine sicheren Selbstmordmethoden darstellten. Die Trunksucht bildete eines der größten sozialen Probleme in London im 18. Jahrhundert und wurde in der satirischen Graphik häufig angegriffen – an erster Stelle ist hier Hogarth' Bildpaar *Gin Street* und *Beer Lane* zu nennen.[1] – Die häßliche Frau auf der Zeichnung von Charles Williams wird unten in Blei als Lady Dudley bezeichnet, über die jedoch nichts weiter bekannt ist. J. D.

1 Vgl. Berthold Hinz, *William Hogarth. Beer Street and Gin Lane*, Frankfurt 1984, S. 30ff. Wie häufig das Thema ist, verdeutlicht der »Index of Selected Subjects«, Stichwort »drinking to excess«, in den Bänden des British Museum Catalogue (BM).

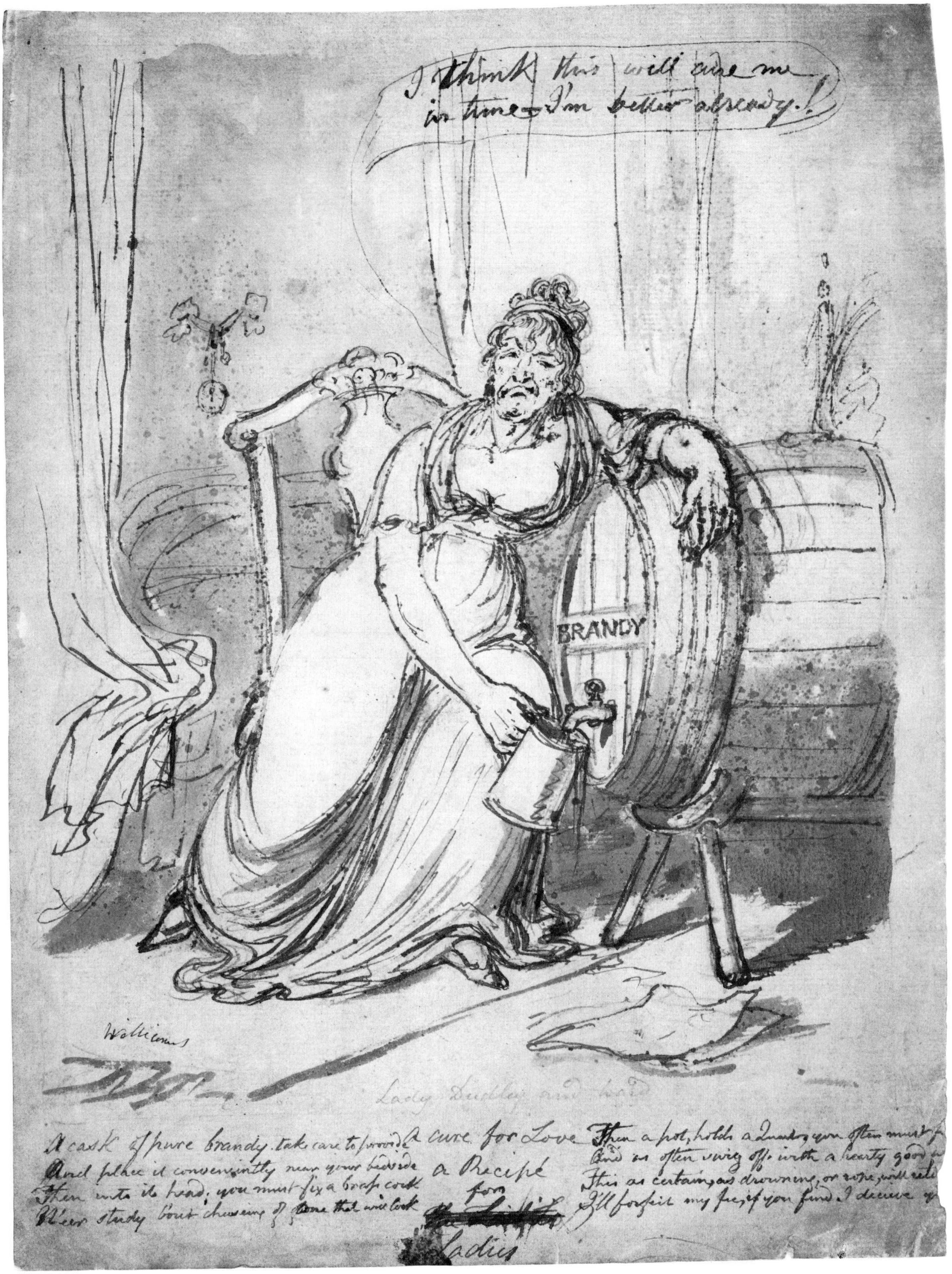
I think this will cure me in time – I'm better already!
BRANDY
Williams
Lady Dudley and
A cask of pure brandy take care to provide
And place it conveniently near your bedside
Then into its head, you must fix a brass cock
Ne'er study 'bout chusing of one that will lock
A cure for Love
A Recipe
for
Ladies
Then a pot, holds a Quart, you often must
And as often swig off, with a hearty good
This as certain as drowning, or rope, will
I'll forfeit my fees if you find I deceive

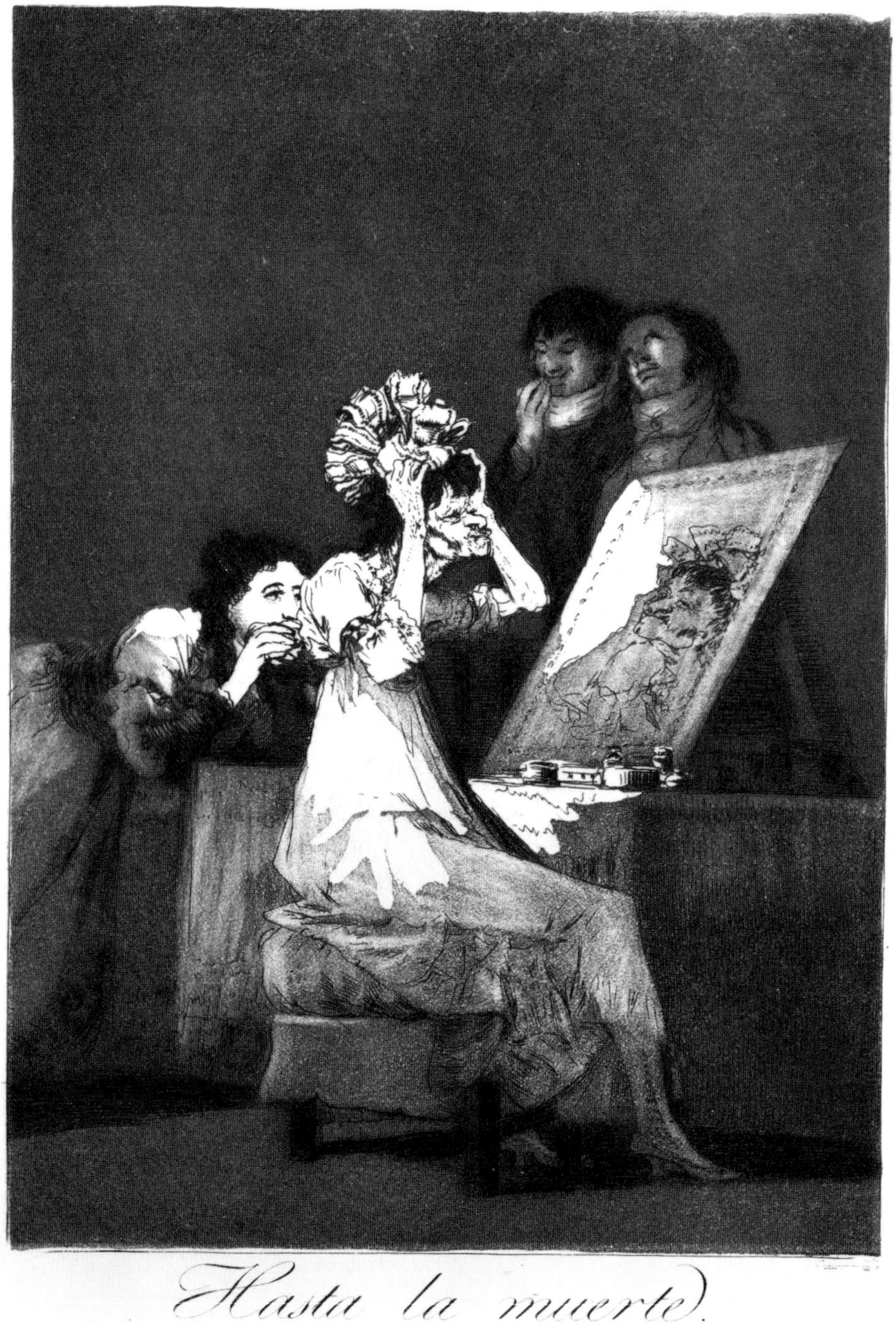

243
Francisco de Goya (1746–1828)
Hasta la muerte – Bis zum Tod, 1798
Radierung und Aquatinta, 218 x 152
Wilhelm-Busch-Museum, Hannover.

Eine hagere Alte putzt sich am Toilettentisch heraus. Sie trägt ein leichtes Chemisenkleid nach Art der seit 1797 von Paris ausgehenden »mode à la grecque« (vgl. Kat. 217, 218) und preßt mit beiden Händen eine mit Schleifen verzierte Haube auf ihr borstiges Haar.[1] Auch die beiden Stutzer hinter dem Spiegel sind mit den hoch drapierten Halstüchern und dem kurzen, struppigen Haarschnitt nach der neuesten französischen Mode aufgemacht (vgl. Kat. 216, 220, 221). Lediglich die Zofe links ist zurückhaltender gekleidet. Gespannt beobachtet sie die Alte im Spiegel und hält ein Tuch vor den Mund – wohl um ihr Lachen zu verbergen. Die eitle Alte bemerkt nicht den kaum versteckten Spott der drei jugendlichen Betrachter, und auch der Spiegel, der sie über das groteske Ergebnis ihrer Bemühungen aufklären könnte, vermag nicht, sie zur Vernunft zu bringen. Ihre Eitelkeit wird *Bis zum Tod* – so der Titel – andauern. In einem zeitgenössischen Kommentar heißt es: »Wenn eine Frau töricht ist, bleibt sie es bis zu ihrem Ende. Diese hier ist eine gewisse Herzogin, wie sie sich mit Häubchen und Schleifchen aufputzt, und es fehlen auch nicht die Speichellecker von der Sorte, die es auf die Kammermädchen abgesehen haben, um ihrer Scheußlichkeit zu versichern, wie göttlich es ihr steht.«[2] Höchstwahrscheinlich handelt es sich bei der »gewissen Herzogin« um eine bestimmte Person,[3] so daß sich in diesem Blatt, ähnlich wie in gleichzeitigen englischen und französischen Karikaturen, die Kritik an Mode und Eitelkeit mit dem Spott über bekannte Gesellschaftsgrößen verbindet (vgl. Kat. 215–219).

Die achtzig Blatt umfassende Serie der *Caprichos* ist die erste und bekannteste der vier Graphikfolgen des großen Spaniers. Sie entstand 1797/98 – das ausgestellte Blatt dürfte aufgrund der modischen Details zu den späteren gehören – und wurde im Februar 1799 im *Diario de Madrid* als »Sammlung von Graphiken mit eigensinnigen Gegenständen« (asuntos caprichosos) angekündigt. »Der Autor ist der Überzeugung«, hieß es in der Anzeige, »daß der Tadel menschlicher Irrtümer und Laster (bisher offenbar der Redekunst und der Poesie vorbehalten) auch das Objekt der Malerei sei; er hat als angemessene Gegenstände für sein Unternehmen aus der Vielzahl der Extravaganzen und Torheiten, die in jeder gesitteten Gesellschaft vorkommen, (...) jene ausgewählt, die ihm am geeignetsten erschienen, Anlaß für Spott zu liefern und die zugleich der Erfindungsgabe des Künstlers entgegenkamen.«[4] Die Mehrzahl der Radierungen geißelt die bekannten menschlichen Laster: Torheit, Eitelkeit, Hurerei, Geiz, die Völlerei der Mönche. Andere haben einen eher dämonischen Charakter. Sie zeigen Kobolde, Hexen- und Teufelsspuk, zielen aber gleichfalls auf den angestammten Themenkreis der Gesellschaftssatire.

Das ausgestellte Blatt greift in hohem Maß auf die traditionelle Ikonographie zurück. Der Spiegel erscheint als traditionelles Attribut der Superbia (Hoffart) seit dem 15. Jahrhundert auf Eitelkeitsallegorien.[5] Auch in der zeitgenössischen Karikatur findet *Capricho 55* motivisch und thematisch zahlreiche Parallelen,[6] von denen es sich jedoch durch die düstere Stimmung und durch die Betonung des Vanitas-Gedankens in der Bildunterschrift absetzt. J. D.

1 Pierre Gassier, *Francisco Goya. Die Zeichnungen*, Bd. II, Fribourg 1975, S. 149, spricht bei der Haube von »einem aus modischen Bändern gefertigten Kopfputz, nach der Schauspielerin, die ihn erfunden hat, *Caramba* genannt.« – Eine ganz ähnliche häßliche Alte, die sich ebenfalls vor dem Spiegel herausputzt, erscheint auf einem späteren Gemälde mit dem gleichen Titel; José Gudiol, *Goya. 1746–1828*, Bd. I, Barcelona 1971, Nr. 582.
2 Kommentar der Biblioteca Nacional in Madrid, zitiert nach Kat. Hamburg 1980, S. 100.
3 Alle drei zeitgenössischen Kommentare zu den *Caprichos* sprechen von einer bekannten Persönlichkeit. Im sogenannten Ayala-Kommentar wird die Herzogin von Osuna genannt, doch weist Edith Helman, *Trasmundo de Goya*, Madrid 1963, S. 57, dies zurück, da Goya mit der herzoglichen Familie befreundet war (allerdings gibt es in der Karikatur um 1800 auch Beispiele für Spott auf befreundete Personen). Auch die spanische Königin könnte gemeint sein, da sie trotz ihres nicht hohen Alters von 43 Jahren sehr viel älter aussah. Vgl. Kat. Hamburg 1980, Nr. 46; Kat. Providence 1971, Nr. 77.
4 Die Übersetzung ist weitgehend übernommen aus Kat. Göttingen 1976, S. 21.
5 Siehe Abb. 167. Zum Spiegelmotiv vgl. Kat. 224.
6 Z.B. Kat. Hamburg 1980, Abb. 40, S. 99; Kat. Göttingen 1976, Nr. 48; Fuchs 1928, Abb. 195; Wagner 1980, Tafel 5, 7, 28, 29; in diesem Katalog Abb. 168, Kat. 223, 244. Es erscheint falsch, ein bestimmtes Vorbild anzunehmen; das Thema war allgemein verbreitet.

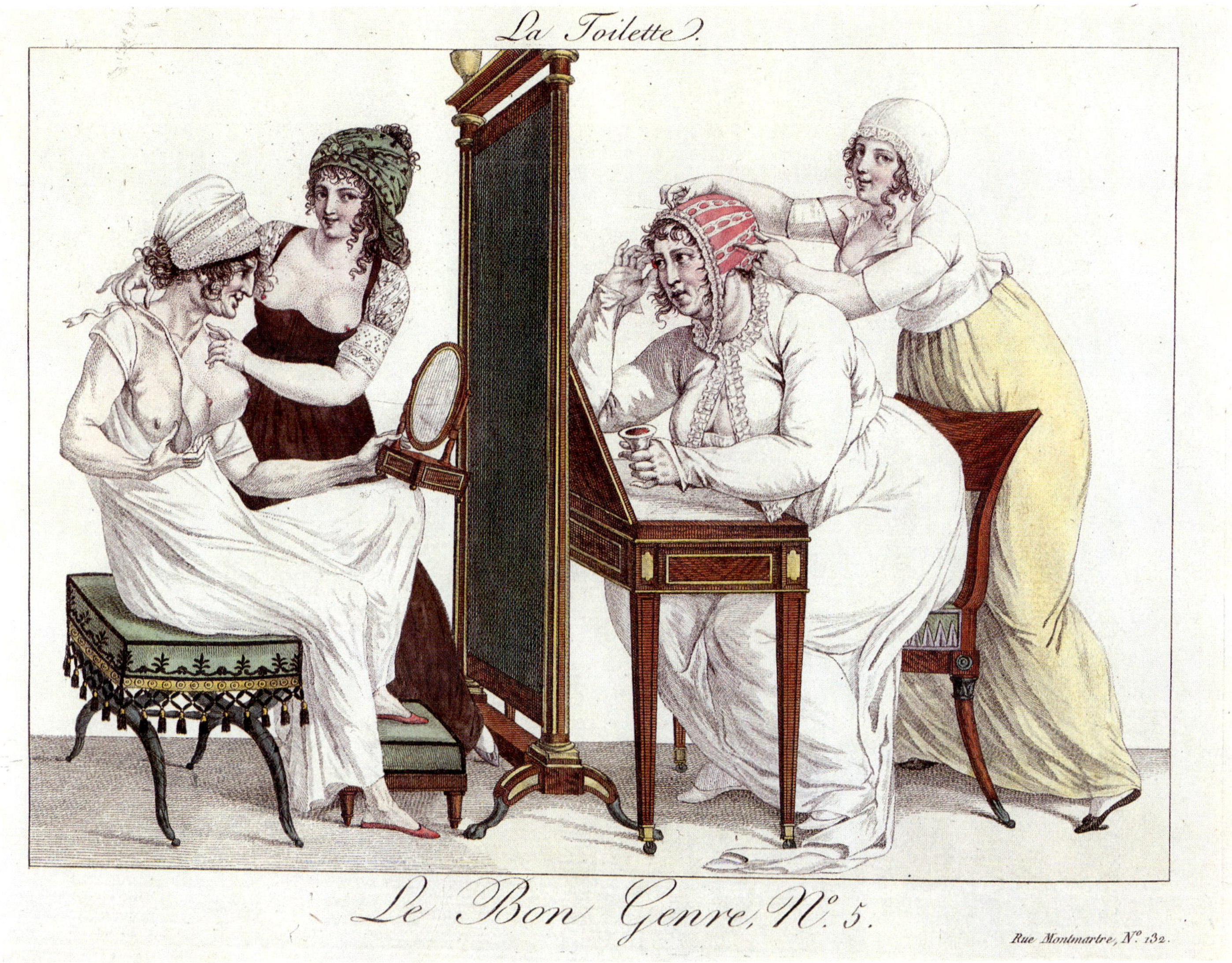

244
Jean Fulchran Harriet (1778–1805)

La Toilette, 1800

Kupferstich, aquarelliert, 200 x 250, bezeichnet mit der Adresse des Verlegers *Montmartre No. 132*.
Privatbesitz.

Blatt Nr. 5 der Folge *Le Bon Genre*. Links und rechts von einer Stellwand zwei nicht mehr ganz junge Damen bei der Toilette, unterstützt von ihren Zofen; die eine legt sich eben ihre künstlichen Brüste an, die andere nimmt am Auge eine Korrektur vor.

Im *Journal des Luxus und der Moden* werden 1801 die ersten sechs Blätter der Serie angezeigt. Nur die ersten neun Darstellungen wurden von einem unbekannten Stecher nach Aquarellen von Harriet ausgeführt.[1] Harriet hatte schon 1798/99 für die Serie *Sûpreme Bon Genre* einige Entwürfe geliefert. Als Schüler Davids folgte er einem streng klassizistischen Kanon, ordnete die Figuren fast unüberschnitten bildbeherrschend an.[2] Dabei stellte er das unnatürliche Gebaren der tonangebenden Herren und Damen heraus. In unserem Blatt geben sich die Damen, da sie sich unbeobachtet glauben, ungenierter. Kritisiert wurde der als unschicklich empfundene Versuch dieser Damen, sich wie junge Mädchen zurechtzumachen.

Als 1817 der ehemalige Abbé (bis 1789) und damalige Modekönig und Herausgeber der Serie, Mésangère, Kommentare zu den einzelnen Blättern verfaßte, war die Folge auf 104 Nummern angewachsen, 1822 auf 115. Dabei blieb es auch bei der dritten Auflage von 1827. Zwischen 1928 und 1931 erschien ein handkolorierter Nachdruck auf etwas dickerem Papier. M. H.

1 Eines dieser Aquarelle wurde 1829 im Pariser Kunsthandel unter dem nicht verwendeten Titel *Voilà le travail à la Mode c'était l'ancienne Méthode* angeboten.

2 Zu Harriet: *French Painting 1774–1830. The Age of Revolution*, Ausstellungskatalog Detroit, New York, Paris 1975, S. 483 f.

Lit.: *Le Bon Genre*, Réimpression du recueil de 1827, Préface Leon Moussinac, Paris 1928–31; Wagner 1980, Tafel 5.

MASQUES ET VISAGES

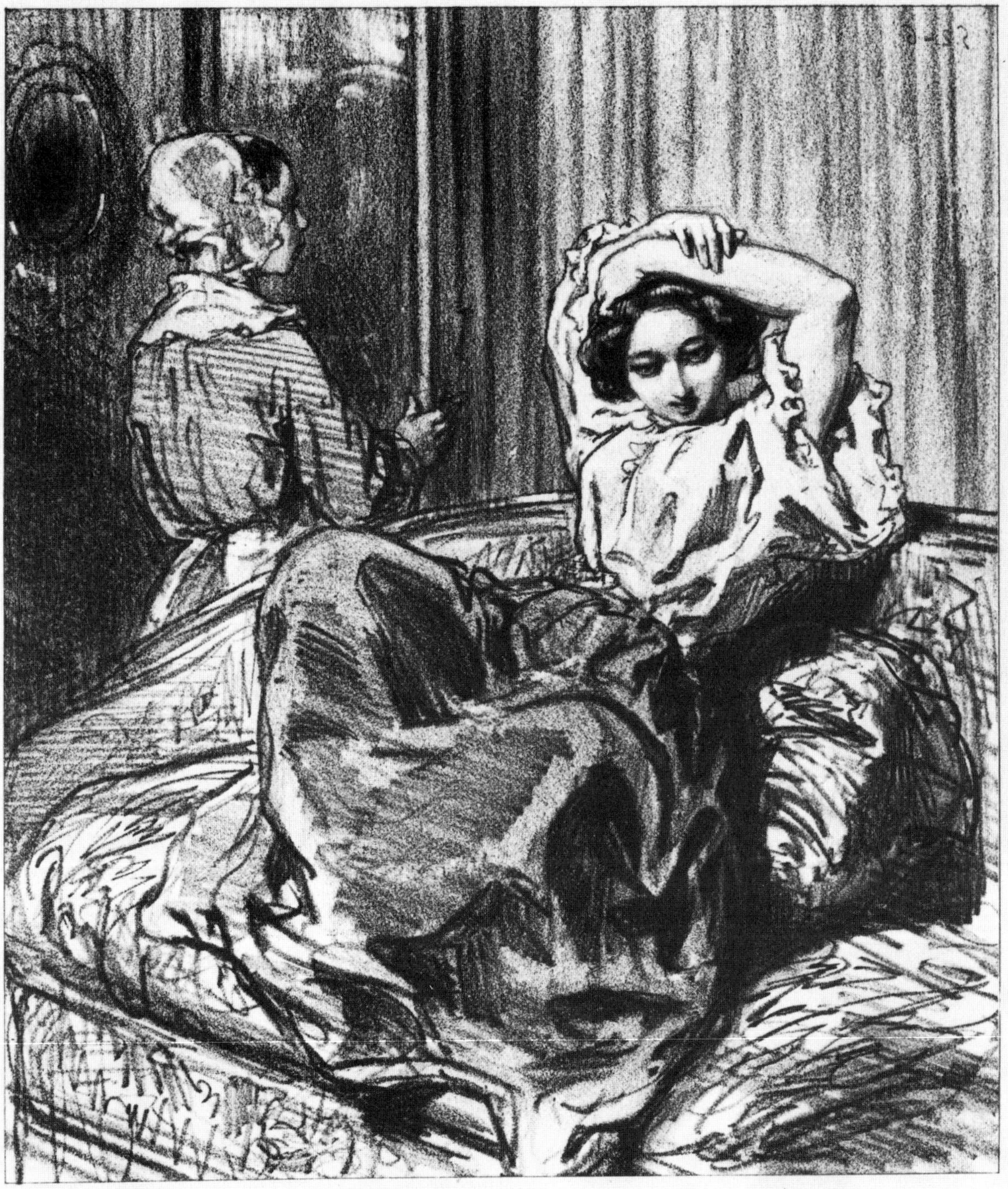

Par Gavarni

LES PARTAGEUSES

15.

l'Impératrice de toutes les roueries.

245

Gavarni (1804–1866)

L'Impératrice de toutes les roueries, 1853

Lithographie, 329 x 280, beschriftet *Masques et visages Par Gavarni / Les Partageuses 15. l'Impératrice de toutes les roueries.*
Wilhelm-Busch-Museum, Hannover.

Lässig zurückgelehnt, die Arme auf dem Kopf verschränkt, die Beine hochgezogen – so sitzt die *Herrscherin über alle Gerissenheiten* auf dem Sofa wie die Orientalin auf dem Diwan.[1] Die Situation bleibt im Ungewissen; es mag sich um das letzte Strecken nach einer angeregten Nacht handeln – das Kammermädchen im Hintergrund räumt schon auf –, um eine vertraute Unterhaltung mit einem unbekannt bleibenden Gegenüber oder, vielleicht noch am ehesten, der Moment vor dem Empfang des Liebhabers.

Gavarni arbeitet mit differenzierten stilistischen Mitteln. Breite, weiche Schraffungen stehen neben scharfen Umrißlinien, Gesicht und Arme sind sorgfältig in Grau modelliert, das Stoffmuster des Sofas dagegen nur mit unregelmäßigen Strichlagen angedeutet. Sicherlich verleiht dieser »ungezwungene Stil« der Lithographie allein noch keine »komische Wirkung«[2], doch trägt er dazu bei, gewisse Spannungen herauszuarbeiten und beispielsweise den Kontrast zwischen dem annähernd ideal-schönen Gesicht und der unzüchtigen, fast schamlosen Haltung zu pointieren. Der selbstbewußte und selbstgefällige Gesichtsausdruck gerät zusammen mit der Körperhaltung zu einer herausfordernden Zurschaustellung, die bürgerlichen Vorstellungen von jugendlicher Unschuld und Bescheidenheit Hohn spricht.

All dies macht aus der Lithographie noch lange keine ausdrückliche Karikatur. Der Schritt zur bloßen Sittenschilderung, zur tendenzlosen Darstellung einer schönen Frau ist nicht groß. Die Kritik äußert sich nicht in entstellender Häßlichkeit oder moralischer Ablehnung eines Hurenmilieus, sondern begnügt sich mit Andeutungen und kleinen Zwiespältigkeiten, die den Betrachter Distanz wahren lassen und gleichzeitig Bewunderung erlauben.

Das Leben und Lieben der Pariser Kokotten, Grisetten und leichtfertigen, hübschen Dienstmädchen gehörte zu den beliebtesten Themen des 19. Jahrhunderts und gab Anlaß zu zahllosen Darstellungen mit meist humorvollem Unterton, die als Serien, als Einzelblätter oder als Illustrationen in vielen Journalen erschienen.[3] Gavarni war einer der besten Schilderer dieses Milieus. Sein Zyklus *Masques et visages* von 1852/53 umfaßt insgesamt 329 Lithographien, darunter die Serie *Les Partageuses*,[4] deren vierzig Blatt sich dieses Themas in meist anekdotenhaft kommentierten Einzelszenen annehmen. J. D.

1 Die zurückgelehnte Körperhaltung mit den erhobenen Armen erscheint mehrfach bei den Odalisken und Haremsdamen von Ingres oder Delacroix.

2 So Melot 1975, S. 151; allerdings schreibt er zwei Seiten zuvor: »Viele seiner [Gavarnis] Zeichnungen wären ohne die unterstreichenden Texte harmlose Bildchen.«

3 Dazu Wendel 1928, S. 121ff; Grand-Carteret 1888, S. 335ff.

4 Béraldi VII, S. 73, Nr. 251. Die Lithographien sind zum großen Teil zuvor im Journal *Paris* als Illustration erschienen; vgl. Goncourt 1935, S. 262ff. Der Titel *Les Partageuses* ist kaum zu übersetzen. Piltz 1976, S. 125, verdeutscht wörtlich, aber wenig sinnvoll: »Die Teilhaberinnen«.

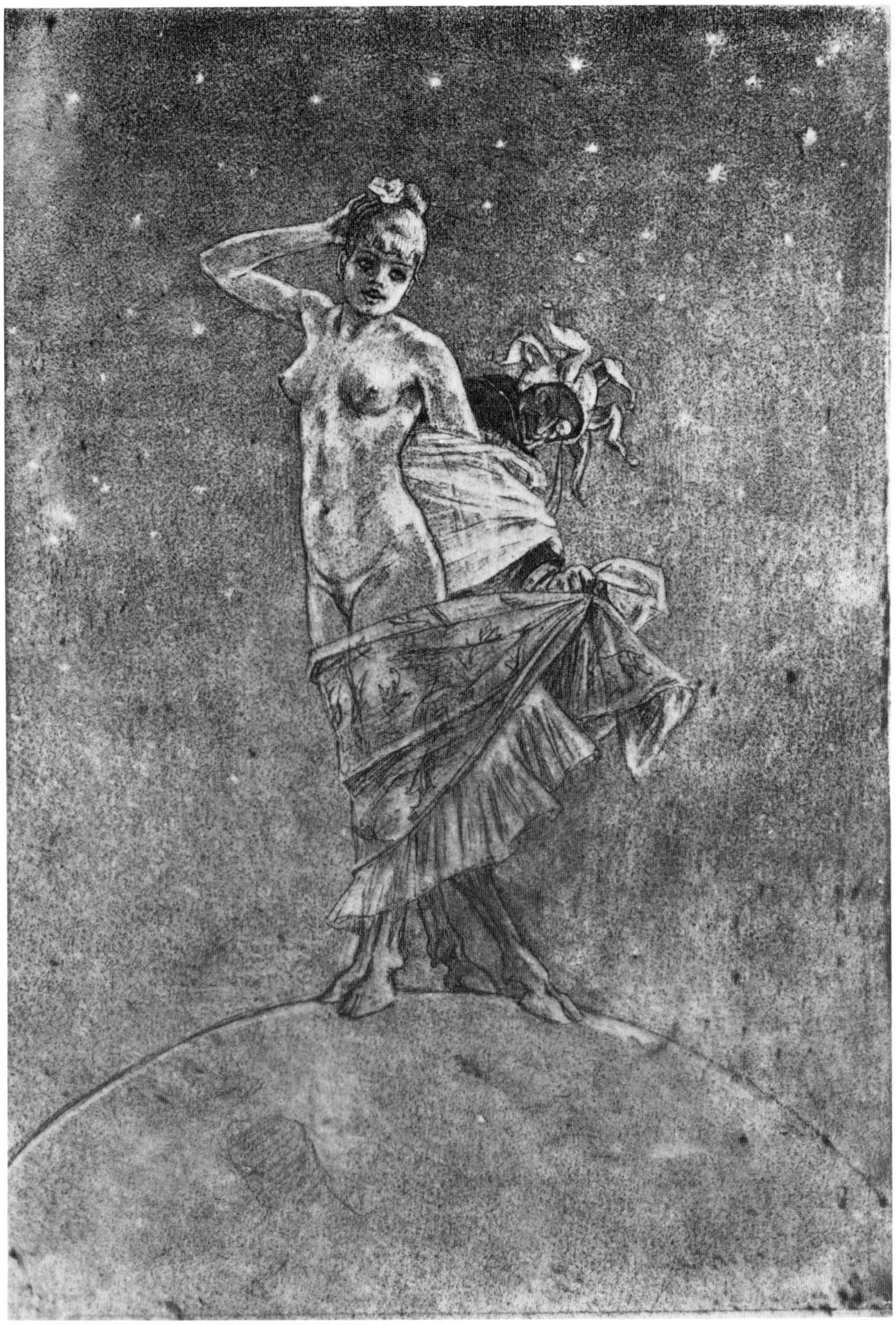

246

Félicien Rops (1833–1898)

La prostitution et la folie dominant le monde, um 1885

Radierung, 283 x 203
Hamburger Kunsthalle.

Die Prostitution und die Narrheit beherrschen die Welt – vor einem Sternenhimmel stehen die beiden Personfikationen auf der Weltkugel: die Prostitution als betörende, junge Frau und hinter ihr der hämisch grinsende Narr mit seiner Kappe, der der Frau das Gewand vom Körper zieht, so daß ihre entblößten Reize die Welt verführen können. Beide haben Bocksfüße. Der allegorische Charakter der Darstellung ist offensichtlich. Mit dem Motiv der von Sünden beherrschten Weltkugel schließt sie an traditionelle ikonographische Formen an (vgl. Kapitel 3.2., besonders Kat. 162). Eine zwiespältige Wirkung hinterläßt der naturalistisch gezeichnete Frauenakt, dessen jugendlich frischer Gesichtsausdruck und die modische, aber bescheidene Frisur nicht zu herkömmlichen Vorstellungen der Prostitution passen.

Eine kleinere Version der ausgestellten Radierung erschien 1886 zu *Les diaboliques* von Jules Barbey d'Aurevilly.[1] Etwa gleichzeitig dürfte auch die Radierung *Le vol et la prostitution dominant le monde* entstanden sein, die die Komposition übernimmt, dabei allerdings den Narren durch einen Bürger mit Zylinder ersetzt.[2] J. D.

1 Die Erstausgabe von d'Aurevillys Novellensammlung erschien bereits 1874. Zehn Radierungen von Rops sollten die Ausgabe von 1883 begleiten, erschienen allerdings erst drei Jahre später als Mappenwerk; vgl. Exsteens 1928, Nr. 512.

2 Exsteens 1928, Nr. 434; Abb. anderer Zustände bei Fuchs II, S. 439; Kahn 1907, Abb. 212, 431.

Lit.: Exsteens 1928, Nr. 433; Charles Brison, *Félicien Rops*, Hamburg 1970, S. 51f., Abb. 128.

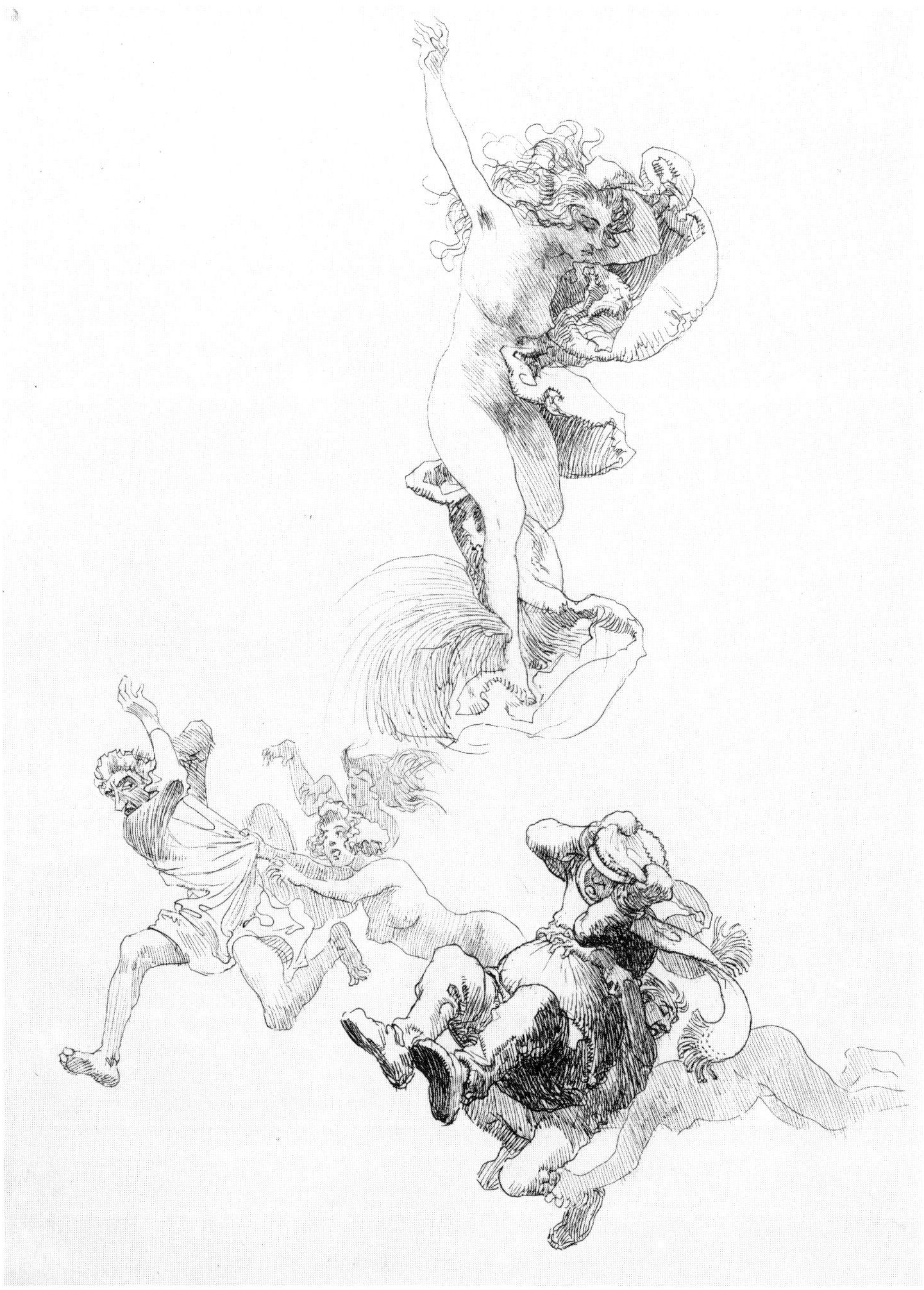

247
Heinrich Kley (1863–1945)
Triumph des Weibes, um 1910
Feder in Schwarz über Blei, 395 x 284
Sammlung Ensmann, München.

Hinterfangen von einer wehenden Draperie, schwebt eine große, nackte Frau über einer turbulenten Kampfszene. Rechts versucht ein Mann, zwei Verfolgerinnen zu entkommen, von denen die eine ihn am Gewand zurückzuhalten sucht, während er den Klauen der anderen bereits entronnen ist. Die fette, winterlich gekleidete Gestalt im Vordergrund, die sich ängstlich die Mütze auf den Kopf preßt, wird von einem kleinen Mann getragen, den eine von hinten herbeistürzende Frau zu Fall bringt. Wie ihre Gefährtin in der oberen Bildhälfte sind auch die Frauen unten von jugendlicher, nackter Schönheit und scheinen gleichfalls zu schweben oder zu fliegen.

Das Thema der Zeichnung ist nicht bekannt, doch bieten sich verschiedene allegorische Interpretationen an. Vielleicht ist es der Sieg des Frühlings, verkörpert durch die jungen Frauen, über den Winter, oder allgemein der Triumph des Weibes über den hilflosen Mann, ein Thema, das Heinrich Kley in zahlreichen Variationen gestaltete. J. D.

248
Walter Schnackenberg (1880–1961)
Die Virtuosin, 1949
Feder und Aquarell, 439 x 339, signiert *Schnackenberg 49*
Wilhelm-Busch-Museum, Hannover.

Der Blick führt von einer Seitenloge in eine von Vorhängen begrenzte Bühne, auf der die *Virtuosin* ihre Künste zeigt. Ihr mehr entblößter als verhüllter Körper ist grotesk verrenkt und verformt. Der hoch erhobene linke Unterschenkel läuft spitz und ohne Fuß aus und dient als Geigenersatz. Dieses absurde Motiv macht deutlich, daß die Attraktion des Auftritts weniger in der musikalischen Qualität liegt, trotz des hingerissenen, kleinen Dirigenten, sondern in der erotischen Schaustellung der riesigen Frau auf der Bühne. Drei weitere, halbtierische Figuren vervollständigen die groteske Szenerie: Hinten wartet ein weibliches Fischwesen auf seinen Auftritt, und in der Loge im Vordergrund unterhalten sich eine Frau mit Gänsekopf und ein stiernackiger Mann in grünem Anzug, dessen feiste Gestalt halb an ein Schaf und halb an ein Schwein erinnert.

Das Thema ist alt; so ließ beispielsweise 1796 Richard Newton zwei stadtbekannte alte Männer der Tänzerin Parisot unter den Rock gucken (Abb. 193).[1] Doch während die englische Radierung gezielt die Geilheit der beiden Alten angreift, verleiht Schnackenberg der Szene durch seine absurden Verfremdungen einen surrealen Charakter ohne konkrete Stoßrichtung. Ein kritischer Zeitbezug ist allenfalls durch das Entstehungsjahr 1949 gegeben, als nach der harten Nachkriegszeit Vergnügungssucht und Nachtleben wieder aufkamen, aber noch als unangebracht empfunden wurden. J. D.

1 BM VII, Nr. 8893; Fuchs 1928, Abb. S. 448.

Lit.: Kat. Hannover 1965, Nr. 17.

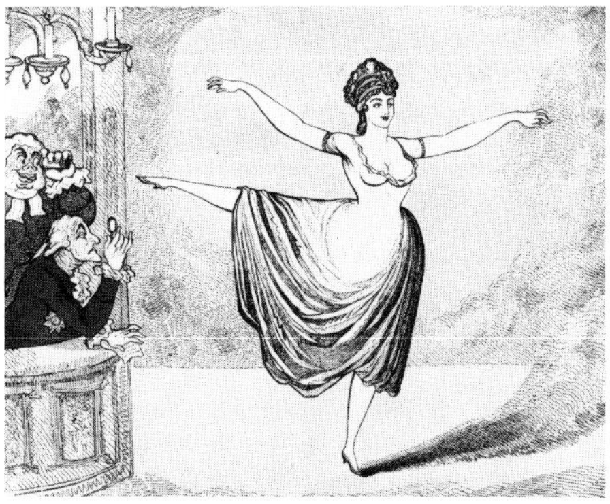

Abb. 193 Richard Newton, *Madamoiselle Parisot*, 1796

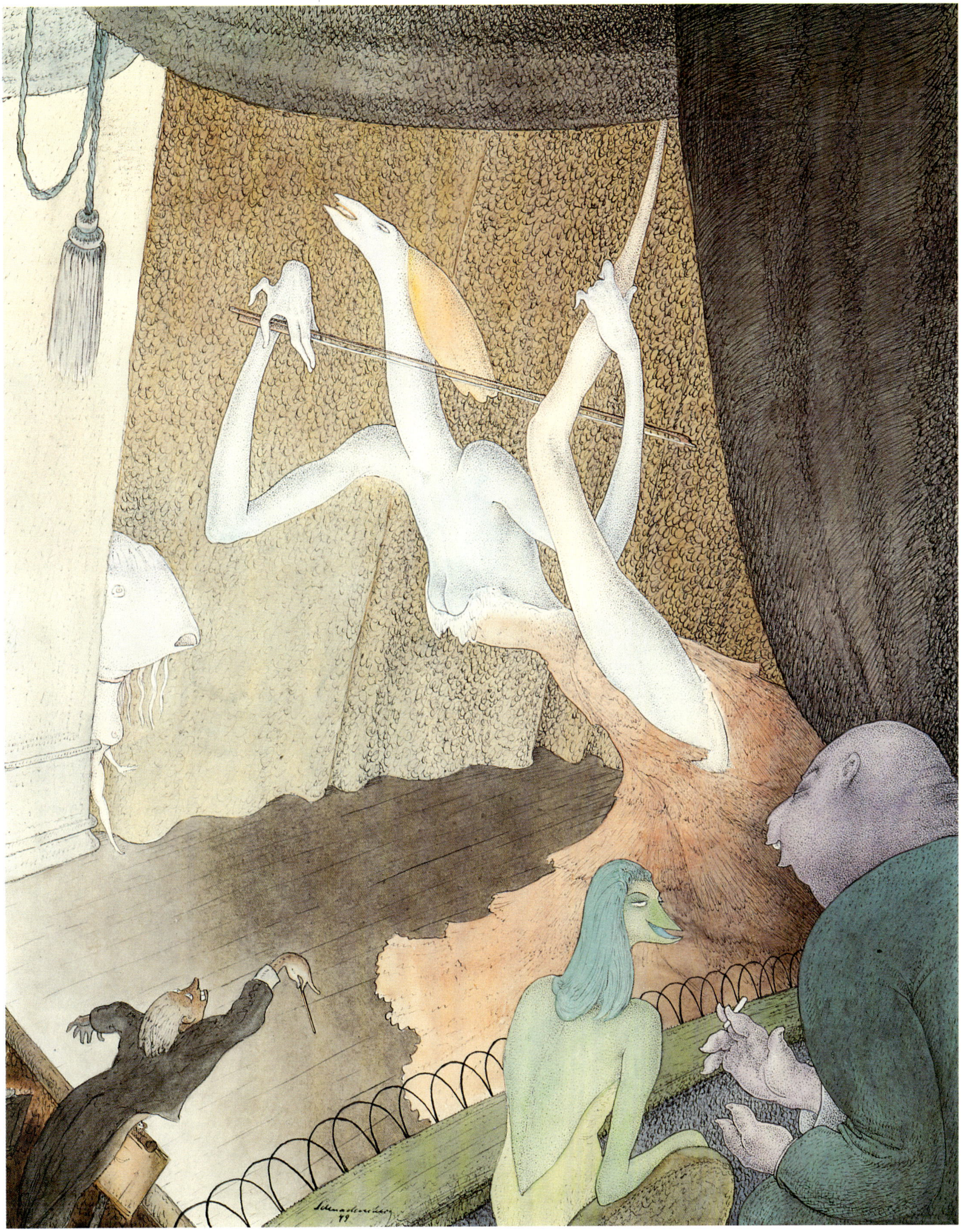

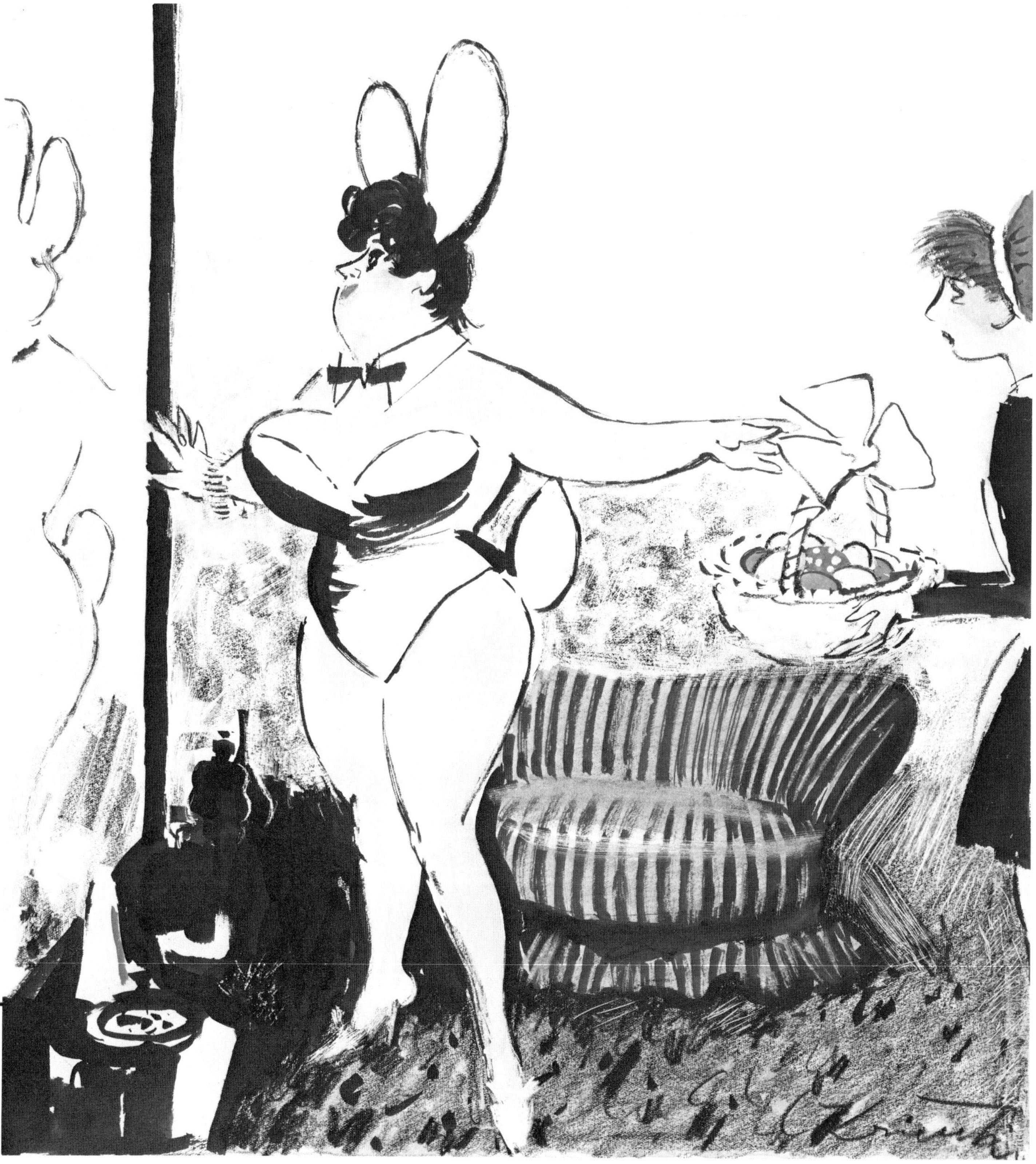

249

Rudolf Kriesch (geb. 1904)

Die Bunnywelle, 1964

Pinsel in Schwarz, Kohle, rot koloriert, 509 x 376, signiert *Kriesch*, unten in Blei Titel und Bildunterschrift.
Sammlung Ensmann, München.

Die Bunnys, zu deutsch Häschen, fungierten als Markenzeichen des amerikanischen ›Männermagazins‹ *Playboy*. In speziellen Clubs und natürlich für zahlreiche Photographen traten junge Frauen in knappen, schulterfreien Badeanzügen auf, die hinten mit kleinen Hasenschwänzen versehen waren. Als Halsband trugen sie schmale weiße Kragen mit schwarzer Fliege, und die Kopfzier bestand aus zwei hohen Hasenohren, die der gleichermaßen neckischen und aufreizenden Erscheinung ihren Namen gaben.

Hier versucht eine gestandene deutsche Ehefrau, den amerikanischen Vorbildern nachzueifern. Sie wirft einen letzten zufriedenen Blick in den Spiegel und gedenkt, sich dem wartenden Ehemann als Osterhase zu präsentieren: »Nun die Eier bitte, Käthe – und dann sagen Sie meinem Mann, gleich wird sein kleines Häschen zu ihm hineintrippeln.« Ihre äußerst üppige Figur, die das Kostüm fast zu sprengen droht, läßt allerdings vermuten, daß das Trippeln des »kleinen Häschens« ziemlich massive und gewichtige Formen annehmen wird.

Die Zeichnung erschien im *Simplicissimus* 1964, Nr. 7. J. D.

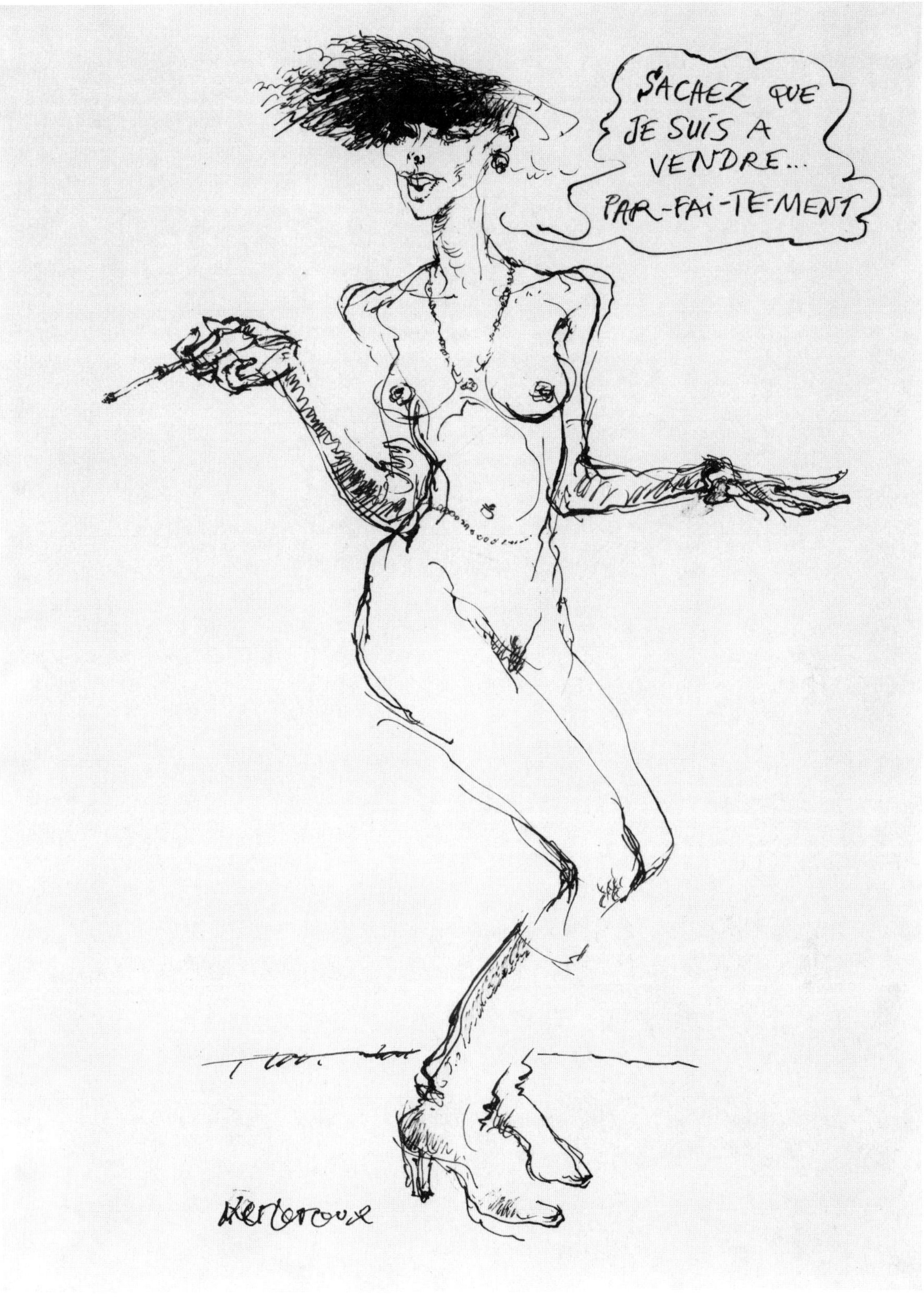

250
Jean-Marie Kerleroux (geb. 1936)
À vendre – käuflich, um 1980
Feder, 296 x 210, signiert *Kerleroux*.
Sammlung Ensmann, München.

Hager, nackt und nicht einmal schön, dafür aber käuflich – in gezierter Haltung steht die Frau wie auf einer Bühne und geht vor einem imaginären Publikum leicht in die Knie: »Sachez que je suis à vendre . . . par-fait-te-ment« (Sie müssen wissen, ich bin zu kaufen – gänzlich). Die hochhakkigen Stiefel, die langen Handschuhe, Zigarettenspitze und Kette verweisen attributiv auf ein Nachtlebenmilieu. Auch der skizzenhafte, fast flüchtige Zeichenstil scheint der ›losen‹ Geste zu entsprechen.

Der Zeichner übt nicht durch Verzerrung oder Mißgestalt Kritik, sondern schafft eine ironische Distanz zur Situation, die er mit der herausfordernden und ostentativen Schaustellung und dem überdeutlichen Zitat übertreibt und negativ charakterisiert. J. D.

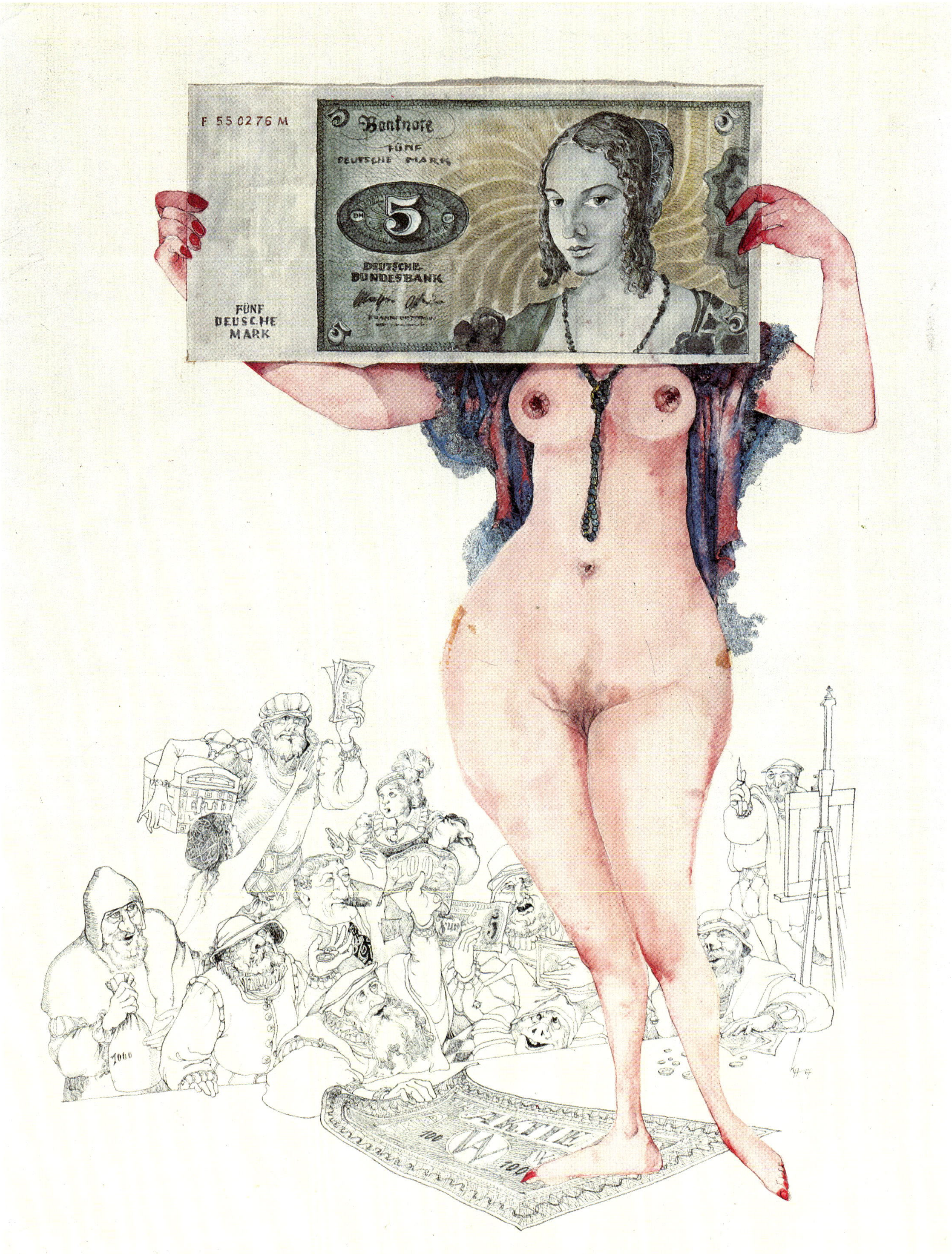
F 55 0276 M
Banknote
FÜNF
DEUTSCHE MARK
5
DEUTSCHE BUNDESBANK
FÜNF
DEUSCHE
MARK
1000
100

251
Kurt Halbritter (1924–1978)

Monetäre Dame, 1967

Feder und Aquarell, 713 x 571, monogrammiert *KH 67*.
Wilhelm-Busch-Museum, Hannover.

Groß, üppig und in herausfordernder Nacktheit hält die Frau mit beiden Händen einen riesigen Fünfmarkschein vor ihren Kopf, der sich in seiner dem Original entsprechenden grünen Kolorierung farblich stark von dem rosigen Fleisch darunter absetzt. Der Frauenkörper ist eine direkte Fortsetzung des Brustbildes auf dem Geldschein, dem *Bildnis einer jungen Venezianerin* von Albrecht Dürer. Die *monetäre Dame* steht auf einer großen Krupp-Aktie, die die Verbindung zu der anachronistischen Männergruppe hinter ihr herstellt. Ritter, Kaufleute und Gelehrte in historischen Kostümen, aber auch ein Geschäftsmann des 20. Jahrhunderts mit dicker Zigarre, drängen sich an die bühnenartige Erhebung heran und winken mit Geldscheinen und Aktien. Im Hintergrund versucht eine nackte Frau, einen siegesbewußt mit Geldtruhe und großen Scheinen herankommenden Mann für sich zu gewinnen, während eine zweite, bekleidete, auf ihn einredet. Rechts nimmt ein Maler hinter seiner Staffelei mit emporgehaltener Feder Maß. Die turbulente Szene ist mit schwarzer Feder gezeichnet und verleiht so der fleischfarbenen Attraktion im Vordergrund eine um so stärkere Wirkung. J. D.

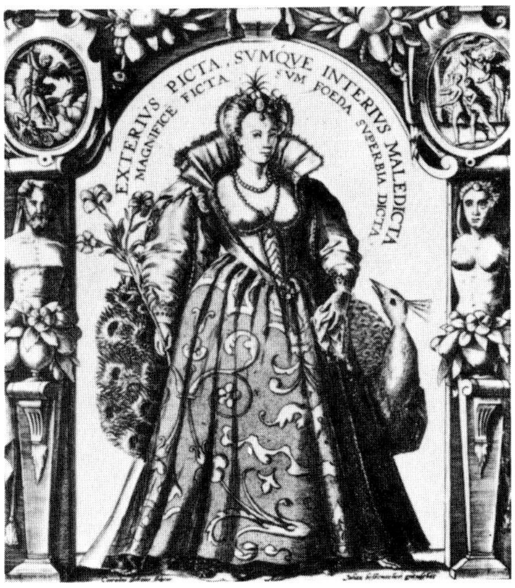

Abb. 194 Conrad Goltzius, *Superbia*, um 1600

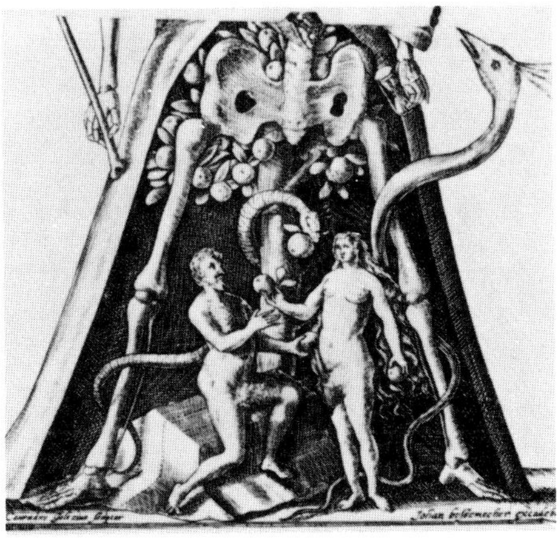

Abb. 195 Der Sündenfall unter dem Rock von Abb. 194

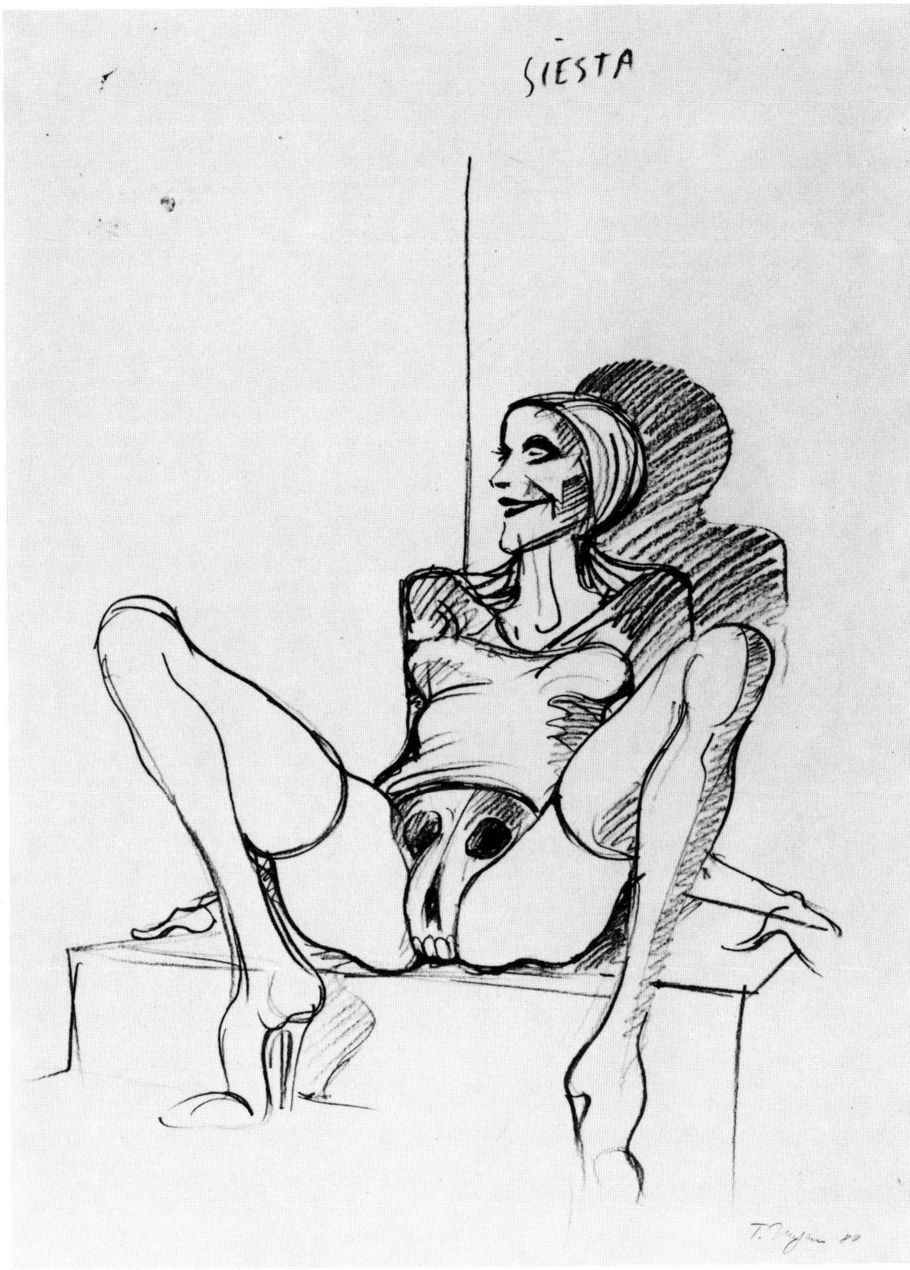

252
Tomi Ungerer (geb. 1931)

Siesta, 1980

Blei, 610 x 430, signiert *T. Ungerer 80* (auf der Rückseite ein Frauenkopf mit Sonnenbrille und großem Hut).
Wilhelm-Busch-Museum, Hannover.

Eine nur mit eng anliegendem Trikot bekleidete Frau sitzt auf einem flachen Podest, den Oberkörper zurückgelehnt. Zwischen den angewinkelten und gespreizten Beinen ist anstelle eines Slips ein Totenschädel gezeichnet. Er bildet den eigentlichen Mittelpunkt der Darstellung.

Präzise Umrißlinien und harte Schraffuren erwecken zunächst den Eindruck einer auf Plastizität angelegten Aktstudie, doch entrückt der zeichnerisch mühelos einbezogene Schädel das Thema der gewohnten Realität. Die äußerst einladende Haltung der Frau verkehrt sich in eine Konfrontation mit dem Tod. Das Schädelmotiv reiht die Zeichnung in die lange Tradition der Vanitasallegorik ein, wenngleich die obszöne Stellung in ihrer Drastik über ältere Darstellungen hinausreicht und die Plazierung des Schädels auch heutige Betrachter zu schockieren vermag.

Um 1590 stach Conrad Goltzius eine stattliche, reich gekleidete Frau als Personifikation der Hoffart, deren Kleid hochzuklappen ist, wodurch der Blick auf ihr Skelett freigegeben wird. Die kleine Darstellung des Sündenfalls zwischen ihren Beinknochen läßt keinen Zweifel an der Interpretation: Die Eitelkeit der Frau ist Sünde und führt in den Tod (Abb. 194, 195).[1]

Tomi Ungerers Verknüpfung von Sexualität und Tod geschieht in ähnlicher Weise, wenngleich seine Aussage weniger explizit und moralisierend auf die Vergänglichkeit alles Irdischen hinweist. Ungerer ist der Vorwurf gemacht worden, er würde in seinen erotischen Frauendarstellungen zu traditionell arbeiten.[2] Doch braucht eine in der Tradition verankerte Darstellungsform noch kein Zeichen von Ideenlosigkeit oder mangelnder Aussagekraft zu sein, wie das vorliegende Blatt belegt. J. D.

1 Christa Pieske, »Die Memento-mori-Klappbilder«, *Philobiblon*, 4. Jg. Heft 2, 1960, S. 127ff., Abb. 4, 6.
2 Hans Mentz, »Humor-Kritik«, *Titanic* 12/1979, S. 53f.

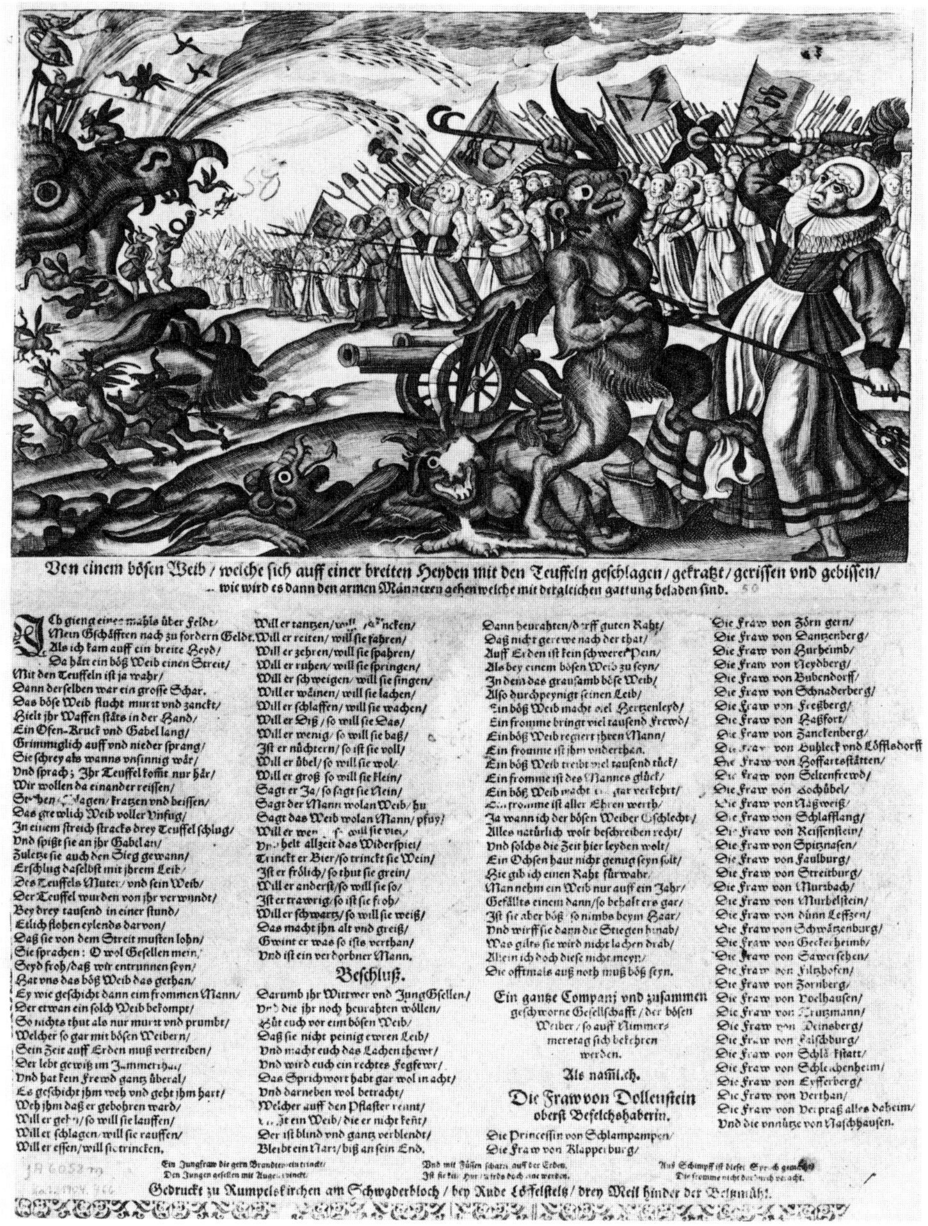

253

Augsburg, um 1620/30

Von einem bösen Weib

Radierung und Letternsatz, 370 x 265, mit fiktivem Druckvermerk.
Staatsbibliothek Preußischer Kulturbesitz, Berlin.

Eine Hausfrau, bewaffnet mit Spinnrocken und Ofengabel, ficht siegreich gegen den Teufel. Dessen Heerscharen nehmen Reißaus, soweit sie nicht schon zu Boden geworfen sind. Im Hintergrund ein kampfbereites Weiberheer.

Bild und Text variieren das alte Thema der ›Weibermacht‹. Zwar nicht durch die Fesseln der Liebe wird der Mann gefügig gemacht – wie Lucas van Leyden um 1515 am Beispiel der schönen Phyllis und des trotz seiner Weisheit törichten Aristoteles zeigte (Abb. 181).[1] Vielmehr überwindet hier das böse, das zänkische und lasterhafte Weib den Teufel, und natürlich erst recht, wie der Text sagt, regiert sie ihren Mann. Eine fromme Frau dagegen sei dem Gatten untertan.

Aus den ersten drei Jahrzehnten des 17. Jahrhunderts sind acht Flugblattfassungen mit identischem sowie zwei weitere mit abweichendem Text überliefert. Die Bilder unterscheiden sich jeweils.[2] Das beliebte Thema hat in einem Holzschnitt Barthel Behams zu einem Hans Sachs zugeschriebenen Flugblatt um 1530/32 seine erste bildliche Formulierung gefunden (Abb. 196).[3] Die literarische Vorstellung der über den Teufel triumphierenden Frau reicht dagegen zurück in die christliche Legendendichtung. In der *Legenda aurea* des Jacobus a Voragine (um 1270) wird erzählt, daß die hl. Margarethe im Gefängnis vom Teufel versucht wurde. Sie warf ihn jedoch zu Boden, trat ihn unter die Füße und gab ihn erst frei, als er um Gnade bat. Die Glaubensstärke der Heiligen wurde spätestens um 1500 profanisiert: Die Tolle Margarethe versinnbildlicht nun das jähzornige Weib, dem selbst der Teufel nicht zu widerstehen vermag.[4] Ihr ist in Pieter Bruegels Gemälde *Dulle Griet* (1563; Abb. 197) ein monumentales Denkmal gesetzt. Seine ›Heldin‹ ist mit den Lastern Jähzorn, Habgier und Völlerei behaftet – eben jenen Lastern, die das ausgestellte Flugblatt dem Heer böser Weiber zuschreibt.

Bruegels *Dulle Griet* ist kürzlich als politische Satire gedeutet worden.[5] Im Entstehungsjahr des Gemäldes, 1563, wurden vier europäische Staaten von Regentinnen geführt: Die Niederlande von Margarethe von Parma, Schottland von Maria Stuart, England von Elisabeth I. und Frankreich von Katharina de' Medici. Gegen dieses *Monstrouos Regiment of Women* (monströse Weiberherrschaft) – so der Titel einer Streitschrift von John Knox 1558 – mag sich auch Bruegels Spott gerichtet haben. Derartige aktuelle Bezüge fehlen dem ausgestellten Blatt ganz. Es verbildlicht vielmehr, ausgehend von der profanisierten Heiligenlegende und durch literarische wie bildnerische Tradition vorbereitet, den alten und immer neuen Herrschaftskampf der Geschlechter. G. U.

1 Kat. Amsterdam 1978, S. 57ff.
2 Vgl. Coupe 1967, Nr. 54 und 185–185e, sowie Alexander/Strauß 1977, S. 361, 438ff. Zu den abweichenden Textfassungen vgl. Coupe 1966, S. 53f.
3 Geisberg Nr. 161; Muller Nr. 118; Kat. Nürnberg 1976, Nr. 121.
4 Vgl. J. Grauls, *Volkstaal en volksleven in het werk van Pieter Bruegel*, Antwerpen/Amsterdam 1957, S. 19ff.
5 W.S. Gibson, »Bruegel, Dulle Griet, and sexist politics in the sixteenth century«, Simson/Winner 1979, S. 9ff.

Lit.: Coupe 1966, 52ff., 1967, Nr. 185d.

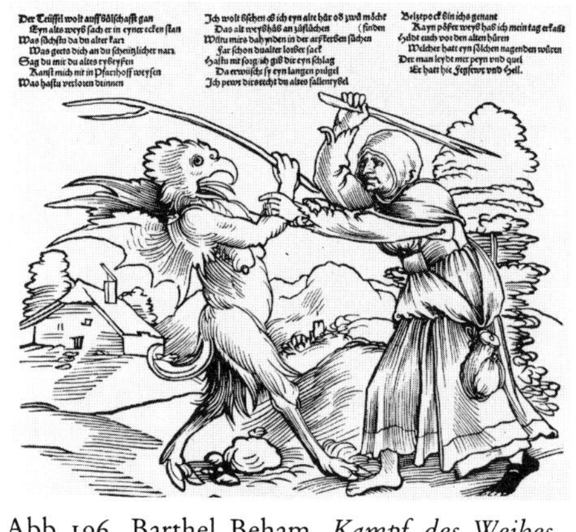

Abb. 196 Barthel Beham, *Kampf des Weibes gegen den Teufel*, 1530/32

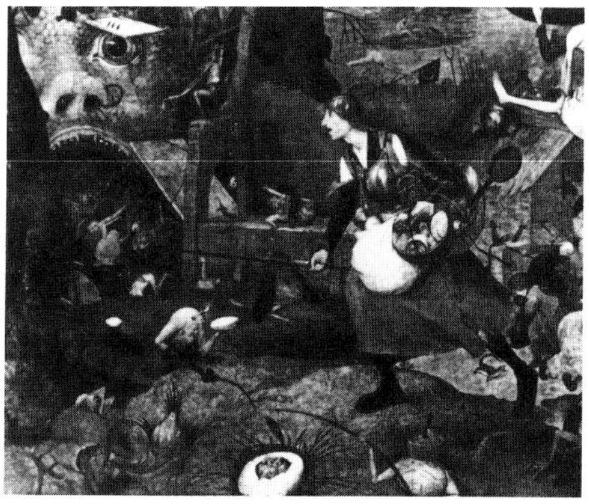

Abb. 197 Pieter Bruegel, *Dulle Griet* (Ausschnitt), 1563

254
Wien/Augsburg, um 1710

Walver Höllriglin Würthin und Zuchtmutter beym Hünerloch auff der Pastey, in einem verdrieslichen Haußprocess

Kupferstich, Plattengröße 169 x 110, des gesondert gedruckten Rahmens 275 x 174.
Niedersächsische Staats- und Universitätsbibliothek, Göttingen.

Nr. 32 der 50 Blatt umfassenden Folge *Il Callotto resuscitato oder Neu eingerichtes Zwerchen Cabinet.* Alle zehn Frauen der Serie sind solche ins Groteske verzerrte Weibsbilder. Allerdings sind die anderen Damen, Frauen und Mädchen mit sich selbst zufriedener als diese von einem Gast geprellte und beschimpfte Wirtin, die nun ihrerseits den »lausigen Halunken« herunterputzt und den Teufel herbeizitiert, damit er dem Unverschämten heimleuchte.

Zwerge galten immer als lächerlich. Der Normalgewachsene hatte sich stets spottend über sie erhoben. Schon im Altertum hatte man sich Zwerge zur allgemeinen Belustigung gehalten. Im Barock konnte manch hoher Herr nicht genug solcher komischen Mißgeburten um sich versammeln. In den *Gobbi* (Kat. 5) hat Callot eine ausgelassene Schar gnomenhafter Kobolde dargestellt. Im *Zwergenkabinett* sind die Akzente anders gesetzt. Die zwergenhafte Erscheinung soll die burleske Komik der Figuren erhöhen, doch angeprangert werden die verschiedenen Menschentypen in ihren eigentümlichen Schwächen. Aus belächelten Mißgeburten wurden Spottbilder auf eine sich normal dünkende Gesellschaft. Das verschaffte dem Zwerg einen festen Platz in der Karikatur. Schließlich mußten es sich sogar die Großen dieser Welt gefallen lassen, als Zwerge präsentiert zu werden (vgl. Kat. 9). M. H.

Lit.: Wie bei Kat. 9, dort auch Hinweise auf die Entstehung und die Herkunft der Folge.

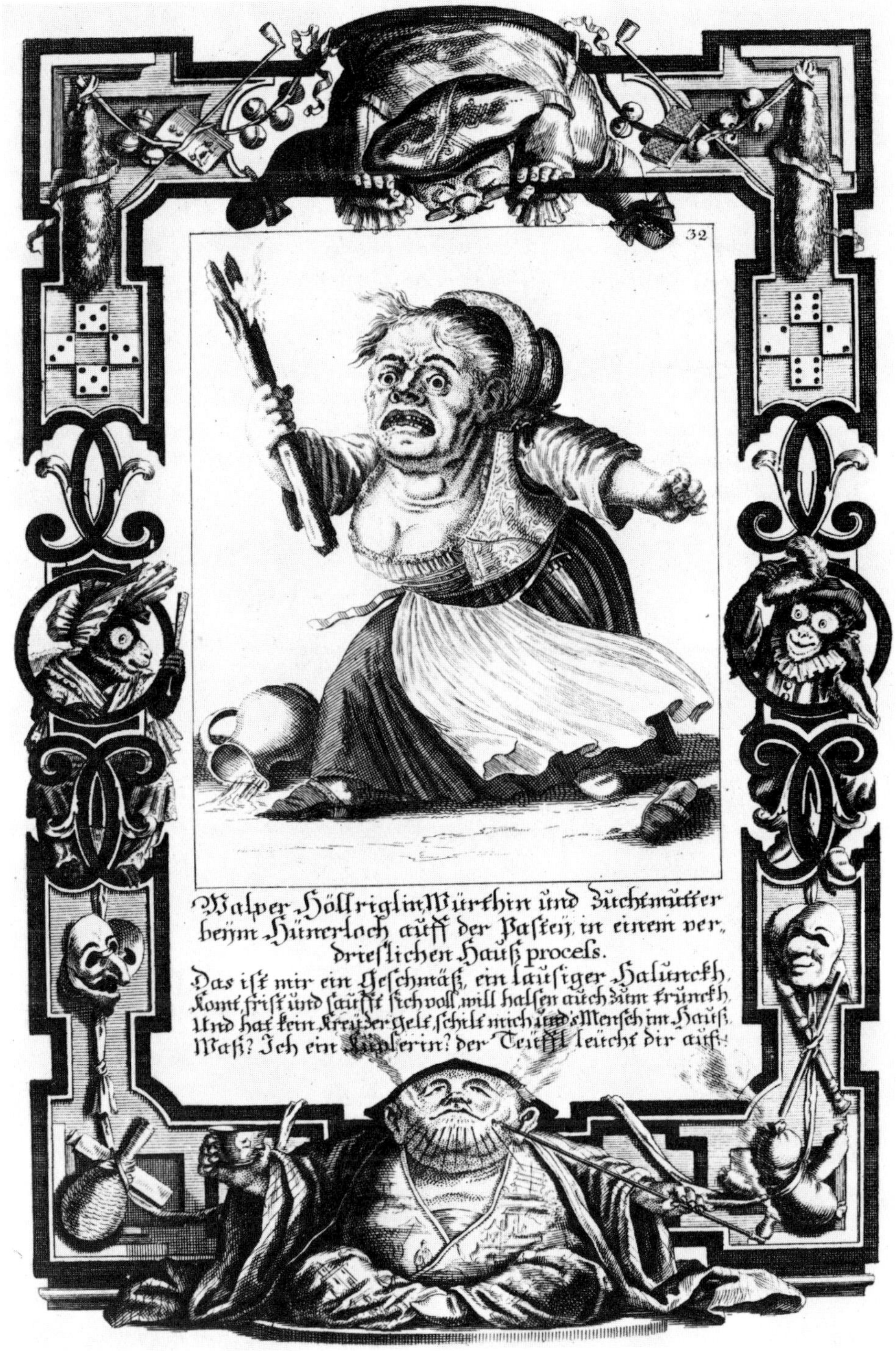

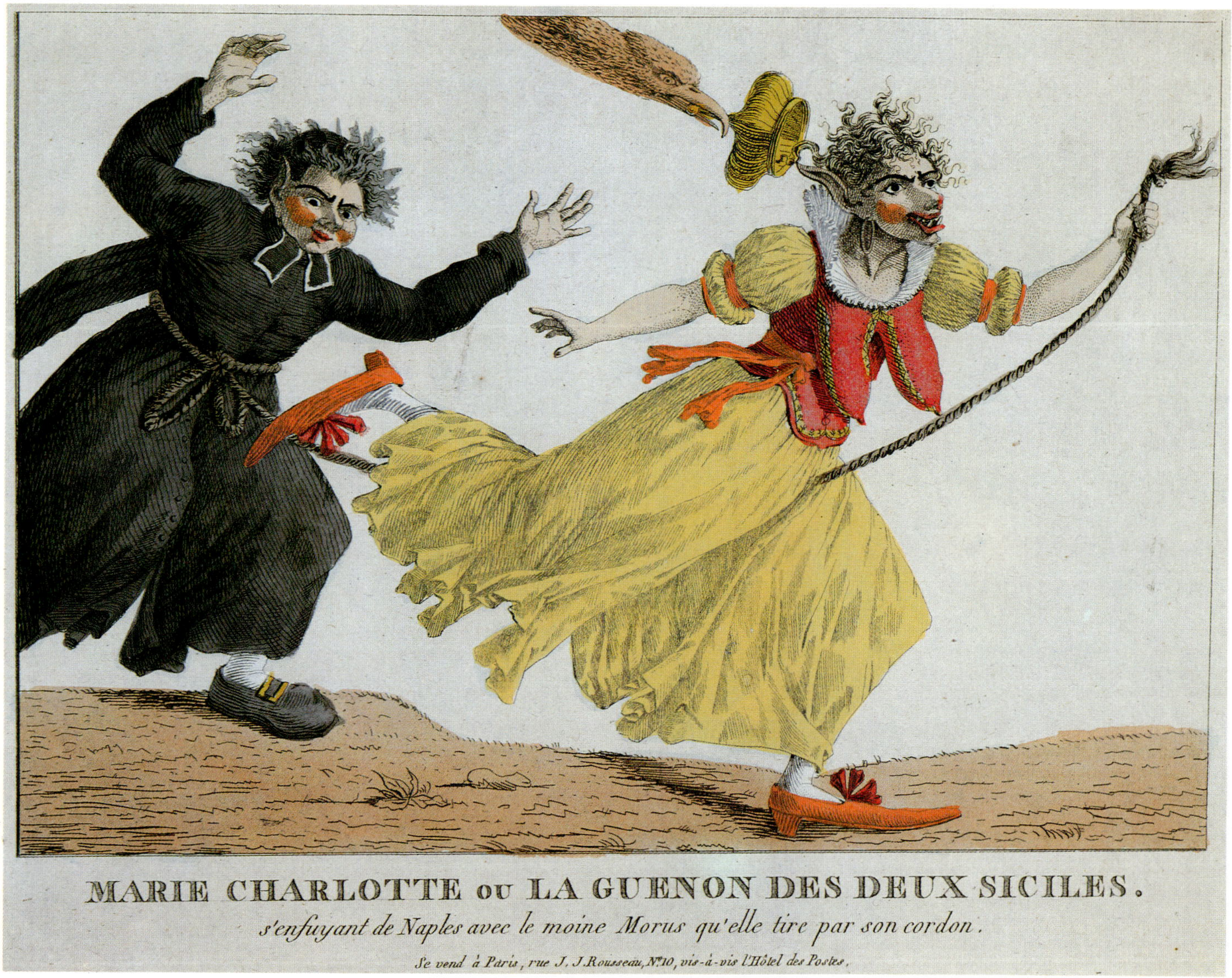

255
Paris, 1806

Marie Charlotte ou la Guenon des deux Siciles

Radierung auf bläulichem Papier, aquarelliert, 260 x 305, bezeichnet *Se vend à Paris, rue J. J. Rousseau, No. 10, vis-à-vis l'Hôtel des Postes.* Privatbesitz.

Die Königin von Neapel und beider Sizilien, Marie Caroline, hier irrtümlich Marie Charlotte genannt, auf der Flucht, einen Mönch hinter sich herziehend, während der napoleonische Adler ihr die Krone raubt.

Die Königin wird als ein erotisches Ungeheuer mit Teufelsohren, Hauern eines Vampirs und lang herunterhängenden, kostbar eingefaßten Brüsten dargestellt. Um die Sexbesessenheit dieses Weibstückes (Guenon) noch mehr zu betonen, ist das Seil, an dem sie ihren Liebhaber hinter sich herschleppt, zwischen ihren Schenkeln hindurchgeführt. Die Königin war eine Tochter Maria Theresias und eine Schwester Marie Antoinettes.

Die Vorstellung, die Königin von Neapel sei eine wildgewordene Sexhexe, geht auf den Marquis de Sade zurück. Als 1797 die französische Revolutionsarmee in Italien einfiel, nutzte der Marquis den Krieg, um seinen Roman *Nouvelle Justine* vor der Zensur zu schützen.[1] Den äußeren Feind zu verteufeln war durchaus erwünscht. De Sade unterstellte den Regenten jener Länder, die die Franzosen gerade besetzten, die unglaublichsten Perversitäten. Sogar den achtzigjährigen Papst Pius VI., Braschi, beschuldigte er zügellosester Ausschweifungen. Das Königsschloß in Neapel schilderte de Sade als ein mit allen Raffinessen ausgestattetes Bordell, in dem selbst der Lustmord zur alltäglichen Unterhaltung gehörte.

Auch unter Napoleon waren politische Karikaturen nur gestattet, wenn sie sich gegen den politischen Gegner richteten, und dann sogar erwünscht. Als der Korse 1806 Neapel eroberte, griff der Zeichner des Blattes auf die Schilderung de Sades zurück, der bereits die Königin fälschlich Marie Charlotte genannt hatte, und gab ihr die Züge jener besessenen Liebesdienerin, die de Sade in seinem Roman beschrieben hatte. Da im Roman alle Personen namentlich genannt waren, nahm man de Sades Darstellung nicht einfach als Phantasie, sondern als Wirklichkeit hin. Diese ungeheuerlichen Unterstellungen dürften es übrigens gewesen sein, die dazu geführt haben, daß unter veränderten Verhältnissen de Sade in eine Irrenanstalt eingesperrt wurde. M. H.

1 Der vollständige Titel: *La nouvelle Justine, ou les malheurs de la vertu, suivie de l'histoire de Juliette, sa sœur.* Der Roman erschien in einzelnen Lagen, so daß sich de Sade bei seinen Schilderungen an den Vormarsch der französischen Truppen halten konnte.

256
Dubois
Eine Brandstifterin – Ah! wenn das ihr Mann sieht, 1871

Kolorierter Holzstich, 375 x 261, beschriftet *Paris sous la Commune. Une pétroleuse. Ah! si son homme la voyait. / Dépôt central de l'Imagerie populaire (...) Paris, Imp. J. Moronval.*
Staatsbibliothek Preußischer Kulturbesitz, Berlin.

Une pétroleuse ist das 12. Blatt einer gegen die Kommune gerichteten Serie, die der Zeichner Dubois nach der blutigen Eroberung von Paris durch die Versailler Truppen schuf. Die Darstellung geht auf ein Gerücht zurück, demzufolge es im Laufe der Barrikadenkämpfe 1871 zu Sabotageakten von Frauen und Kindern gekommen sein soll, die in die Kellerfenster von großbürgerlichen Pariser Wohnhäusern brennende Petroleumflaschen geworfen haben sollen. Obwohl dies nie bewiesen werden konnte, wurden zahlreiche Frauen, die mit einer Flasche in der Hand gesehen wurden, erschossen.[1]

Dubois' häßliche *Pétroleuse* trägt in ihrer Linken die auffällig »Pétrol« beschriftete Flasche und hält mit der rechten Hand eine brennende Fackel in die Höhe. Die Häuserwand hinter ihr ist mit antipreußischen Parolen beschmiert: »Tod den Preußen« und »Kerzenfresser« steht unter zwei einschlägigen Kritzeleien.

Um das Gesicht der Frau als besonders häßlich herauszustellen, scheute der Zeichner offensichtlich nicht vor scheinbaren Ungeschicklichkeiten zurück. So wirkt die aufgeworfene Unterlippe mit den vorbleckenden Eckzähnen geradezu verzeichnet. Der Stil und die graphische Technik rücken das Blatt in die Tradition der »Imagerie populaire«, der populären Druckgraphik.

Das Schreckensbild des marodierenden »militärischen Frauenzimmers« ist seit dem 18. Jahrhundert ein Topos in der Karikatur. Isaac Cruikshank radierte 1794 *A Republican Belle,* die kaltblütig und mit entblößtem Gebiß grinsend ein am Boden liegendes Kind erschießt (Abb. 187).[2] Auch im deutschen Sprachraum verliehen Karikaturisten bewaffneten Frauen eine abstoßende Häßlichkeit.[3] J.D.

1 Kat. London 1871, Nr. 137. Das Thema erscheint mehrfach in der Karikatur; vgl. Kat. London 1971, Nr. 138; Kat. Stuttgart 1976, Einheit III, 4/1; Abb. auch in Fuchs 1928, S. 474; Kat. Münster 1983, Nr. 261.
2 Krumbhaar 1966, Nr. 986, mit Abb.
3 Brückner 1975, Abb. 122 (mit Kommentar auf S. 208, dort weitere Beispiele). Hierzu gehört auch die Titelvignette der 1848 erschienenen satirischen Zeitung *Tante Voss*, wo eine mit einem Besen Bewaffnete einen bezopften Kleriker zu Boden tritt (Fuchs 1928, S. 25).

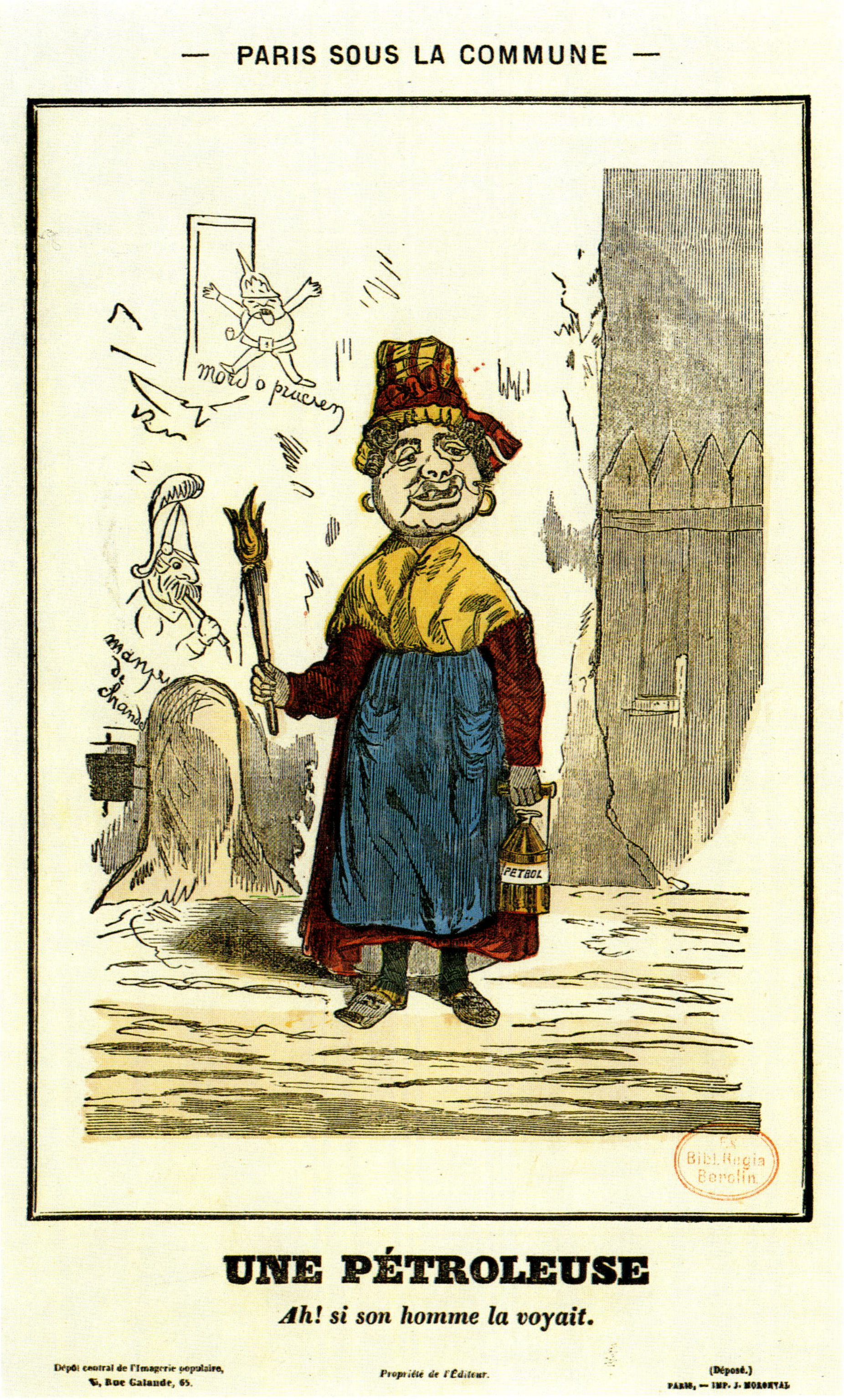

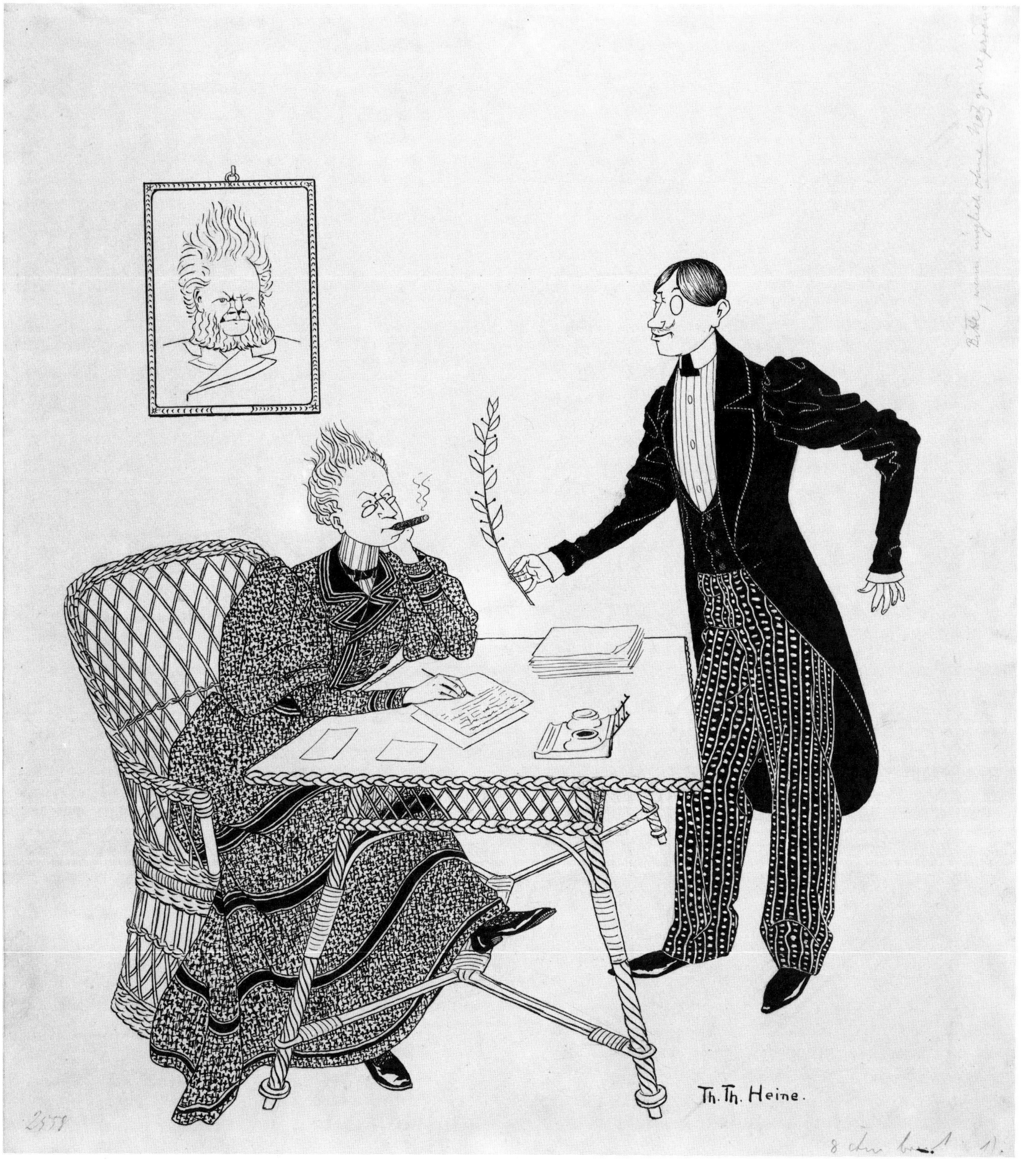

257
Thomas Theodor Heine (1867–1948)

Emanzipation, vor 1900

Feder und Pinsel in Schwarz, Deckweiß, 421 x 360, signiert *Th. Th. Heine.* Sammlung Ensmann, München.

Ein zeichnerisch weitgehend unbestimmt gelassener Raum ist Kulisse einer Darstellung, die Emanzipation lediglich als Rollentausch zu verstehen scheint. Die Frau, im Korbstuhl an einem Tisch sitzend und schreibend, hat die Rolle des Mannes an- und eingenommen, glossiert zudem durch die dicke Zigarre, die sie lässig zwischen den vorgeschobenen Lippen hält. In serviler Haltung reicht ihr ein Mann einen Ölzweig, den sie kaum zu beachten vorgibt. Mit diesem traditionellen Friedenssymbol zollt der Mann Respekt vor dem neuen, offensiven Selbstverständnis der Frauen und gesteht gleichzeitig seine unterlegene Rolle in dem gewandelten Kräfteverhältnis ein. Auf die emanzipierte Stellung der Frau wie auch auf das Motiv des Schreibens verweist das Bild des Dramatikers Henrik Ibsen an der Wand.

Karikaturen der Jahrhundertwende schwanken oft in der Beurteilung der Emanzipationsbestrebungen der Frauen seitens der Männer zwischen heimlicher Bewunderung und dem Gefühl einer zunehmend unheimlicher werdenden Gefährdung des überlieferten und bislang vor Veränderung gesicherten ›eigenen‹ Terrains. T. M.

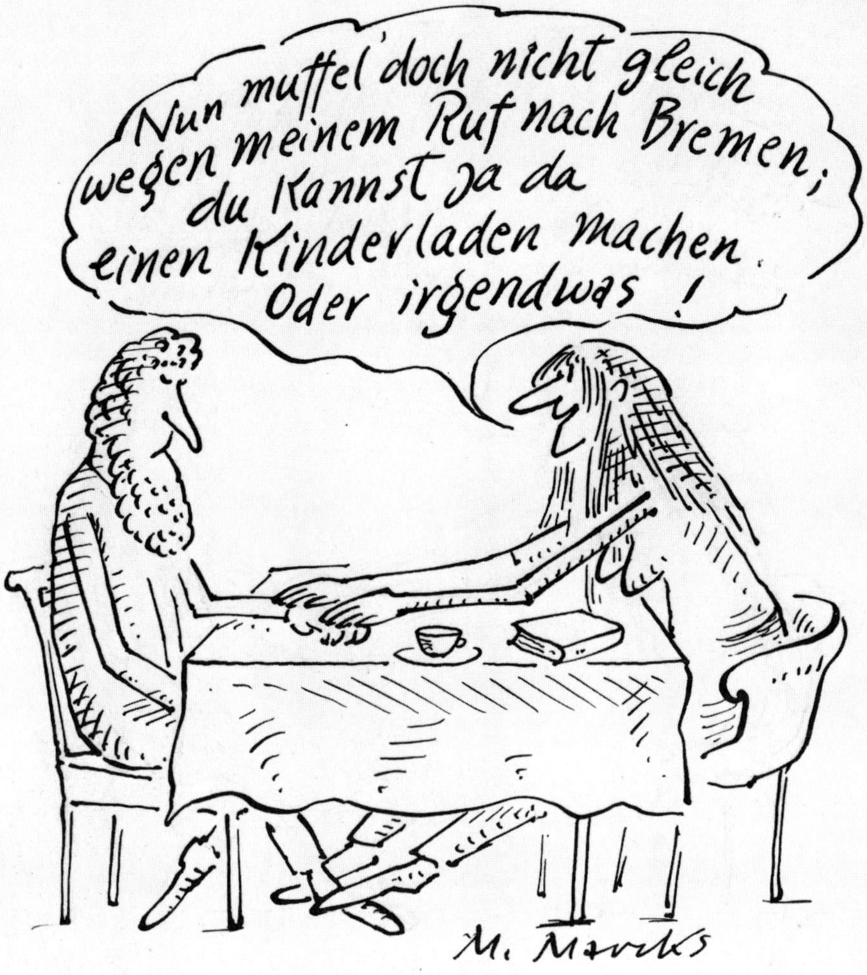

258
Marie Marcks (geb. 1922)

Der Ruf nach Bremen, 1973

Feder in Schwarz, 222 x 320, signiert *M. Marcks*, auf der Rückseite datiert *10.2.73 / Tübingen '77.* Sammlung Ensmann, München.

Bei dem jungen Paar am Tisch handelt es sich offensichtlich um Intellektuelle, wie die legere Kleidung, der lange Bart beim Mann und die strähnigen Haare der Frau anzeigen. Sie hat einen *Ruf nach Bremen* erhalten, vermutlich an die dortige fortschrittliche Universität, und tröstet nun ihren wohl arbeitslosen Mann: Er könne »ja da einen Kinderladen aufmachen. Oder irgendwas!«[1]

Der Rollentausch der Geschlechter scheint jedoch ihrem sichtlich betrübten Partner nicht leicht zu fallen, und so nimmt sie Hände und Füße zuhilfe, um ihn aufzumuntern. Ihr Vorschlag von der Tätigkeit im Kinderladen, einem traditionell weiblichen Arbeitsfeld, zeugt von wenig Verständnis für die männlichen Nöte, die um so größer sind, weil sie nicht laut artikuliert werden können, ohne die auch vom Mann prinzipiell angestrebte Gleichberechtigung in Frage zu stellen.

Die Situation ist mit wenigen, treffenden Federstrichen entworfen und mutet wie ein Ausschnitt aus einem Comicstrip an. Die typischen Charakterisierungen und der Text lassen Vorgeschichte und Fortgang der Handlung im Kopf des Betrachters entstehen. J. D.

1 In der Gerhard-Marcks-Stiftung in Bremen war 1983 eine leicht abweichende Version vom *Ruf nach Bremen* ausgestellt (»Nun muffel doch nich gleich wegen meinem Ruf nach Bremen – erstens hat's ja noch Zeit mit dem Umzug und zweitens warten da genug gesellschaftliche Aufgaben auf dich«).

Lit.: Veröffentlicht in Marie Marcks, *Weißt du, daß du schön bist?*, München 1974.

Gerd Unverfehrt

Karikatur – Zur Geschichte eines Begriffs

Es war zu lesen: *Während der Dirigent eine Karikatur seiner selbst bot, karikierte das Orchester Beethoven.* Wie das? Vertauschte der Maestro den Taktstock mit dem Zeichenstift? Strichelten die Musiker ein Bildnis Beethovens, statt nach seinen Noten zu streichen? Oder sind Worte nicht vielmehr wie elastische Behälter, in die wechselnde Inhalte gefüllt werden können? In unserem Beispiel fassen die ›Behälter‹ Karikatur und karikieren als Inhalt die besonders schlechte künstlerische Leistung, musikalischen Müll gleichsam. Ein zunächst wertfreier Gattungsbegriff der zeichnenden Künste dient nun als Schimpfwort.[1]

Der ›karikierte Beethoven‹ mag ein extremes Beispiel der Begriffserweiterung sein, aber er spiegelt die Beliebigkeit, mit der heute im alltäglichen Sprachgebrauch ebenso wie in dem der Wissenschaft allerlei Erzeugnisse der zeichnenden Künste als ›Karikaturen‹ gelten: Bildsatire und Cartoon, Comic Strip und verzerrtes Porträt, kaleidoskopische Augentäuschung und Witzzeichnung.[2] Bereits 1775 hatte Wieland das Schicksal des in seiner *Bedeutung schwankenden armen Wortes Caricatur* beklagt. 1862 mahnte Ebeling in seiner Neuausgabe von Flögels *Geschichte des Grotesk-Komischen* vor dem leichtfertigen Gebrauch des Begriffs ›Karikatur‹: *Unbedingt darf die Ausdehnung eines Begriffs nicht so weit gehen, daß darüber die ursprüngliche und etymologische Bedeutung des ihn schlechthin bezeichnenden Wortes total verschwindet; dies würde consequent zu allgemeiner Begriffsverwirrung führen.*[3] Und in neuester Zeit hat Atherton dargelegt, daß der unscharfe Gebrauch von ›Karikatur‹ sowohl die historische Entwicklung der Bildsatire als auch deren formales Repertoire verunklärt.[4]

Es soll und kann hier nicht darum gehen, die unterschiedlichen Formen des ›komischen Genres‹ zu definieren und gegeneinander abzugrenzen.[5] Die Besinnung auf Herkunft und Geschichte des Begriffs Karikatur mag allerdings zu einem genaueren Verständnis seines Inhaltes beitragen.

1 Das Wort

Karikatur ist ein Lehnwort aus dem Italienischen: Das Verb ›caricare‹ heißt ursprünglich und unabhängig von künstlerischen Phänomenen beladen, übertreiben.[6] Erst seit dem späten 16. Jahrhundert dienten ›caricatura‹ und ›ritrattini carichi‹ (übertriebene Bildnisse) als künstlerische Gattungsbegriffe.

2 Entstehung der Kunstform und des Begriffs Karikatur

1646 erschien in Rom eine Sammlung von 80 Radierungen Simon Guillains nach Zeichnungen Annibale Carraccis.[7] In einem ausführlichen Vorwort teilt der päpstliche Haushofmeister Giovanni Antonio Massani mit, daß Annibale Carracci die Begriffe *caricatura* und *ritrattini carichi* ersonnen habe. Zudem beschreibt er die so benannte Kunstform. Der nahezu vier Jahrzehnte nach Annibales Tod (gest. 1609) erschienene Text mag des zeitlichen Abstandes wegen als zweifelhafte Quelle erscheinen, doch versichert Massani ausdrücklich, daß er Annibale selbst über diese Dinge habe sprechen hören.[8] Auch war er mit dem Geistlichen und Kunstschriftsteller Giovanni Battista Agucchi (1570–1632) eng befreundet, der seinerseits mit dem bolognesischen Carracci-Kreis gut vertraut war und der

1 ›Karikatur‹ in übertragenem Sinne begegnet bereits im 18. Jahrhundert; vgl. etwa H. Schulz, *Deutsches Fremdwörterbuch*, Bd. I, Straßburg 1913, S. 333.
2 So in M. Melot, *Die Karikatur. Das Komische in der Kunst*, Stuttgart u.a. 1975. Die Originalausgabe erschien unter dem treffenden französischen Titel *L'Œil qui rit* (Fribourg 1975).
3 *Flögels Geschichte des Grotesk-Komischen.* Neu bearbeitet und erweitert von Dr. Friedrich W. Ebeling, Leipzig 1862. S. 407.
4 H. M. Atherton, *Political Prints in the Age of Hogarth*, Oxford 1974, S. 33f.
5 Vgl. etwa den tabellarischen Versuch im Züricher Karikatur-Katalog von 1972, neben S. 24.
6 Vgl. etwa die Belege bei N. Tomasseo/B. Bellini, *Dizionario della lingua italiana*, Bd. IV, Mailand 1977, S. 512ff.
7 DIVERSE FIGVRE (...) DA ANNIBALE CARRACCI (...) ROMA MDCXLVI. – Ein leicht erreichbarer, von A. Marabottini besorgter Nachdruck erschien bei Edizione dell'Elefante, Rom 1979.
8 Zit. n. D. Mahon, *Studies in Seicento Art Theory*, Westport 1971, S. 259.

Massani eigene Notizen und Manuskripte zur bolognesischen Kunst geschenkt hatte.[9] In doppelter Hinsicht werden wir also auf Annibale selbst zurückverwiesen. Die von Massani kommentierten Radierungen nach Annibale Carracci zeigen Hausierer, Handwerker, Artisten, Lastträger, Totengräber, Vogelfänger, Stühlevermieter und viele mehr (Abb. 1, 2), kurz: *Figuren, deren schlagende Ähnlichkeit mit Gestalten, die zu Annibales Zeiten in Bologna heimisch waren, euch nicht nur diejenigen bestätigen können, die sie dort selbst gekannt oder als stadtbekannte Erscheinungen geschildert bekommen haben. Ich bin der Meinung, daß davon* (nämlich von der genauen Naturbetrachtung) *auch euer eigenes Urteil euch überzeugen wird, wenn ihr diesen Reichtum in der Ausbildung der Gesichter, der Lebensalter, der Umrisse, der Trachten, der Haltungen und Stellungen und anderen Eigenarten, wie sie diesen Menschen eigentümlich sind und zukommen, selber betrachtet und erwägt. Dann werdet ihr, so meine ich, verstehen, daß dieser befähigte Künstler die Gegenstände gerade so, wie er sie in der Natur vorfand, in wunderbarer Weise nachgeahmt hat.*[10]

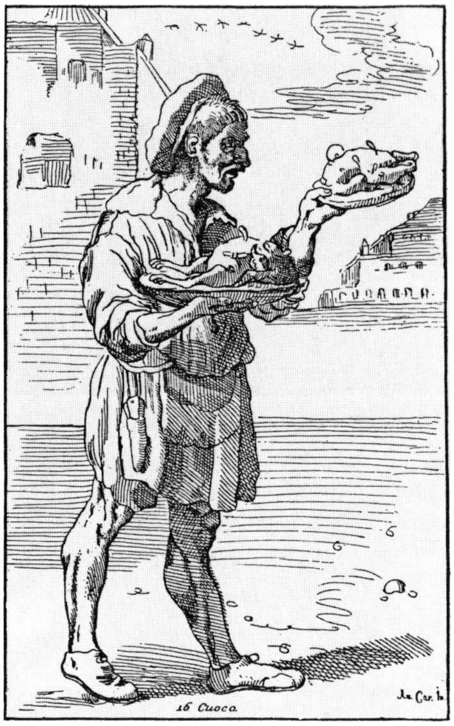

Abb. 1 Simon Guillain nach Annibale Carracci, *Der Koch*, aus ›Diverse figure‹, 1646

Vorausgestellt ist dieser Passage eine ausführliche Erörterung der idealen Schönheit, die Annibale in seinem malerischen Werk angestrebt und erreicht habe (Abb. 3). Daß er sich auch *niedrigen, minderwertigen und mit Mängeln behafteten Dingen* zuwandte, wie Massani die bolognesischen Figuren nennt, stellt ihn zwar in die alte Tradition grotesker Köpfe und Figuren (vgl. Kat. 1, 2, 16), doch Annibale zeichnete die *mit Mängeln behafteten Figuren nach der Natur,* statt – wie zu ergänzen ist – sie aus der Phantasie zu erschaffen. An die Erkenntnis, daß auch das Häßliche natürlich und wahr und kunstwürdig sei, knüpft sich eine weitere Überlegung: *Ich berichte euch also, daß Annibale über diese Art der Kunstübung* (die bolognesischen Figuren) *zu sagen pflegte,* (. . .) *daß auch die Natur, indem sie einen Gegenstand verändert und hier eine große Nase macht und dort einen großen Mund oder einen Buckel oder sonstwie einen Körperteil entstellt, auf eine gewisse Weise zu verstehen gibt, auch sie mache sich ein Vergnügen und einen Spaß mit diesem Gegenstand und lache selbst zu ihrer Erholung über diese Entstellung und Formlosigkeit. (. . .) Die Dinge, die auf die beschriebene Weise von der Natur hervorgebracht werden und schon deshalb zum Lachen sind, geben doppeltes Vergnügen, wenn sie von der Kunst gut nachgeahmt werden, weil der Betrachter zum einen großes Vergnügen an der besonderen Art und Weise dieser Gegenstände empfindet, die ihn zum Lachen reizen, und sich zum anderen an der künstlerischen Nachahmung erfreut. (. . .) Im Kreise der Carracci hießen solche Darstellungen ›ritrattini carichi‹. Ihre Grundlage, sagte Annibale, sei die erheiternde Kunst der ›caricatura‹. Gut gemacht, reize sie den Betrachter am stärksten zum Lachen.*[11]

Erstmals begegnen hier die Begriffe *ritrattini carichi* und *caricatura.* Wie die Natur sich zu ihrer Erholung Scherze leiste, so haben auch *ritrattini carichi* und *caricatura* die Aufgabe, den Betrachter zu erheitern. Zwar waren erfundene Grotesken schon bald nach Mitte des 16. Jahrhunderts als erholsamer Spaß angesehen worden (vgl. Kap. 1.1. und Kat. 1, 3), doch nun geht es um die Wiedergabe vorgefundener Wirklichkeit, deren Mängel die *Natur selbst hervorgebracht* hat. Da aber in der Natur weder die ideale Schönheit noch die perfekte Häßlichkeit vorzufinden ist, setzte Annibale *seine Überlegungen zu dieser Sache noch geistvoller und mit sicherem Kunsturteil fort. Er sagte, daß ein fähiger Maler, der ein gutes ›ritrattino carico‹ mache, sich wie Raffael und die anderen namhaften Künstler verhalte, die die Schönheit, nicht zufrieden mit der in der Natur vorgefundenen, aus vielen verschiedenen Gegenständen zusammensuchen oder den vollkommensten antiken Statuen abgewinnen, um ein in allen Teilen ganz vollendetes Werk zu schaffen. Ein ›ritrattino carico‹ zu machen bedeute nichts anderes, als die Absichten sehr gut zu erkennen, die die Natur mit der Verfertigung einer großen Nase oder eines breiten Mundes verband, damit man jenem Gegenstand zu schöner Mißgestalt verhelfen könne. Denn da die Natur selbst nicht dazu vorgedrungen sei, jene Nase, jenen Mund oder sonstigen Körperteil mit den Merkmalen perfekter Mißgestalt auszustatten, stelle der fähige Künstler, der der Natur nachzuhelfen verstehe, diese Formveränderung um einiges betonter dar und vergegenwärtige sie dem Betrachter im ›ritrattino carico‹ so, wie es der vollkommenen Mißgestalt angemessen sei.*[12]

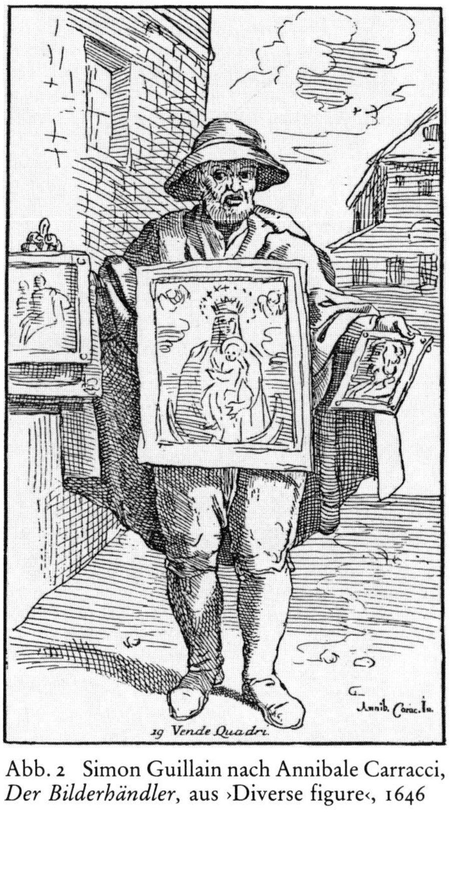

Abb. 2 Simon Guillain nach Annibale Carracci, *Der Bilderhändler*, aus ›Diverse figure‹, 1646

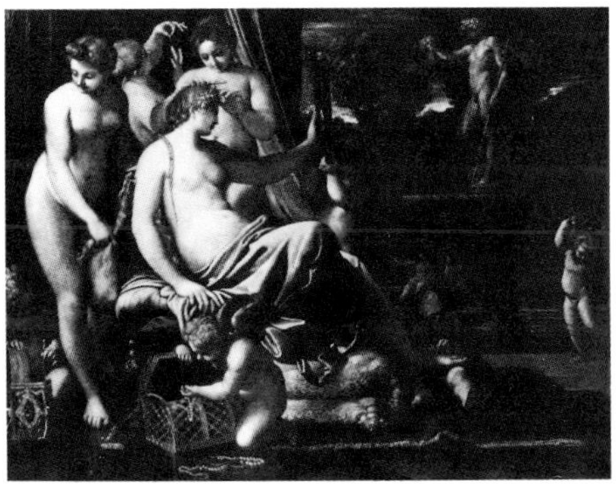

Abb. 3 Annibale Carracci, *Toilette der Venus*, um 1595

Annibales Grundgedanke lautet, daß nicht die Natur, sondern die Kunst *vollkommene Gegenstände*, d.h. vollkommene menschliche Körper und Physiognomien schaffe. Um, wie etwa Raffael, zu vollendeter Schönheit zu gelangen, muß der Künstler in Natur und Kunst vorgefundene schöne Einzelformen zu einem Ganzen kombinieren. Um dagegen ein Bildnis von perfekter Häßlichkeit zu erzeugen, sind die vorgefundenen Formen zu betonen, zu übertreiben oder, wörtlich, zu karikieren. In jedem Fall sind die unvollkommenen Ansätze der Natur mit den Mitteln der Kunst zu vollenden.

Welche Mittel Annibale nutzte, ist uns unbekannt. Zwar sind von der Hand seines Bruders Agostino einige Karikaturen überliefert (S. 19, Abb. 1); einschlägige Zeichnungen Annibales konnten bisher nicht nachgewiesen werden. Hilfreich mag daher die Nachricht des römischen Arztes und Kunstschriftstellers Giulio Mancini (1558–1630) sein: *Annibale hatte eine einzigartige Begabung, jemandes Abbild in der Zeichnung festzuhalten; denn bisweilen zeichnete er zum Scherz jemanden, der irgendwo etwas feilhielt* (man denke an die bolognesischen Figuren) *und äußerlich durch irgendein Merkmal ausgezeichnet war, in dieser seiner besonderen Art mit zwei Strichen, ganz zu schweigen von jenen lustigen Darstellungen, die die Mängel der Natur betonen.*[13]

Erneut wird Annibales Interesse an natürlicher Häßlichkeit betont, auch der scherzhafte Charakter seiner Karikaturen, die mit *zwei Strichen*, also geringem zeichnerischen Aufwand, festgehalten wurden. Die Sparsamkeit der Formangaben ist den Karikaturen des 17. Jahrhunderts grundsätzlich zu eigen (vgl. Kat. 36–38; S. 66, Abb. 41) und bestimmt auch dem One-line-Stil der letzten Jahrzehnte.[14]

3 Das 17. Jahrhundert: Karikatur als Porträt

War auch das Zeichnen übertriebener Bildnisse im 17. Jahrhundert eine beliebte Kunstübung, so sind Äußerungen über die Karikatur als einer eigenen künstlerischen Gattung eher selten. Stets klingt jedoch die von Massani vermittelte Definition Annibale Carraccis nach, Karikaturen seien Bildnisse, in denen die natürlichen Fehler durch den Künstler hervorgehoben statt gemildert werden. So überliefert Domenico Bernini in der 1713 erschienenen Biographie seines Vaters Gianlorenzo Bernini (1598–1680) dessen Auffassung: Gianlorenzo habe es unternommen, *Bildnisse zum Scherz zu deformieren, jedoch nur in jenen Teilen, wo die Natur selbst auf irgendeine Weise gefehlt hatte, und ohne seinem Vorbild die Ähnlichkeit zu nehmen, gab er es auf dem Papier sehr ähnlich und seinem innersten Wesen entsprechend wieder, obwohl man sah, daß er einen Teil bemerkenswert verändert und übertrieben hatte.*[15]

Neu gegenüber Annibale ist der Aspekt, daß Berninis Karikaturen auch das *innerste Wesen* der Karikierten freilegen. Mit der Absicht, über die äußere Erscheinung hinaus zeichnerische Charakterstudien zu geben, wurde dem ursprünglichen Bildscherz eine neue Aufgabe zugewiesen. Hierüber gibt Gianlorenzo Bernini selbst indirekte Nachricht.

Der berühmte Architekt und Bildhauer, der auch Karikaturen zeichnete, malte und dichtete, wurde 1665 an den Hof Ludwigs XIV. gerufen, um Entwürfe für den Bau des Louvre zu liefern. Berninis Louvre-Projekt blieb unausgeführt, doch während seines knapp fünfmonatigen Aufenthalts in Paris und Versailles entstand unter anderem die berühmte Marmorbüste Ludwigs XIV. Von einer der vorbereitenden Porträtsitzungen (19.8.1665) berichtet Paul Fréart, Sieur de Chantelou, königlicher Haushofmeister und während Berninis Aufenthalt in Frankreich dessen Begleiter und Dolmetscher: *Der Cavaliere* (Bernini) *fing damit an, die Nase* (des Königs) *zu formen, die bis dahin nur skizziert war. Als Herr von Créqui dazwischentrat und dem König etwas ins Ohr flüsterte, tadelte der Cavaliere in scherzhaftem Ton: »Die hohen Herren haben den König den ganzen Tag nach ihrem Belieben und wollen ihn mir nicht einmal eine halbe Stunde lassen! Ich bin in Versuchung, von einem der Herren eine Karikatur zu machen.« Niemand verstand, was gemeint war, und ich erlaubte mir, den König aufzuklären, Karikaturen seien Porträts, deren Ähnlichkeit im Häßlichen und Lächerlichen bestehe.*[16]

9 Mahon (Anm. 8), S. 114ff., 143ff.
10 Massani nach Mahon (Anm. 8), S. 259. – Für die Übersetzung dieser und der folgenden Massani-Stellen danke ich Jochen Wagner, Göttingen.
11 Massani nach Mahon (Anm. 8), S. 260f.
12 Massani nach Mahon (Anm. 8), S. 261f.
13 Mancini nach Mahon (Anm. 8), S. 259, Anm. 43.
14 Die artistische ›Schnellzeichnung‹ nannte auch Félibien 1676 als Charakteristikum der Karikatur (vgl. S. 348). Hogarth lehnte die (bewußte) Formverknappung dagegen als Dilettantismus ab (vgl. S. 349f.). – Lichtenberg schreibt am 26.1.1775 aus London, er wolle sich aus Angst vor dem Ergebnis nicht von Bunbury karikieren lassen, der »Leute mit vier Strichen treffen« könne (für den Hinweis auf den unveröffentlichten Brief danke ich Ulrich Joost, Göttingen).
15 Zit. n. H. Brauer/R. Wittkower, *Die Zeichnungen des Gianlorenzo Bernini*, Berlin 1931, S. 182.
16 Zit. n. H. Rose, *Tagebuch des Herrn von Chantelou über die Reise des Cavaliere Bernini nach Frankreich*, München 1919, S. 122. Vgl. auch Mahon (Anm. 8), S. 261, Anm. 45.

Chantelous Bericht ist doppelt aufschlußreich. Zum einen war 1665 in Frankreich weder der Begriff Karikatur bekannt (den Chantelou als *portrait chargé*, übertriebenes Bildnis, übersetzt) noch die Sache, die er bezeichnet – sonst hätte ohne weitere Erläuterung die Nennung des sinngleichen Begriffs genügt. Zum anderen kann die Ankündigung des in seiner Arbeit gestörten Bernini, eine Karikatur zeichnen zu wollen, nur als Drohung verstanden werden, gleichsam als Züchtigung durch das Bildnis. Daß aus gezeichnetem Scherz Ernst wurde, bestätigte wenig später Filippo Baldinucci in seinem *Vocabolario Toscano dell'Arte del Disegno* (1681). Er bestimmte Karikaturen als *ähnliche Bildnisse; aber aus Scherz und manchmal aus Hohn werden die Fehler der nachgeahmten Partien verschlimmert oder übersteigert.*[17]

Nicht das Prinzip, wohl aber die Aufgabe der Karikatur wandelt sich. Neben dankbar aufgenommene *Scherzi*, wie Ghezzi sie zeichnete (Kat. 64f.) tritt bildlicher Hohn, der den jeweiligen Gegner in seiner individuellen und unverwechselbaren Erscheinung trifft. Karikatur im engen Verständnis des übertriebenen Bildnisses wird nun zur Waffe im politischen Kampf. Gleich dem Rechtsbrauch der Executio in effigie, bei dem der flüchtige Verbrecher etwa durch sein an den Galgen gehängtes Bildnis stellvertretend hingerichtet wurde,[18] nimmt auch die Karikatur eine symbolische Exekution vor: Sie tötet durch Lächerlichkeit. Cornelis Dusarts *Helden der Liga* (1691; Kat. 61) stehen am Beginn dieser noch heute andauernden Tradition.

Gegen Ende des 18. Jahrhunderts wurde zugleich mit gezeichneten Karikaturen auch der Begriff außerhalb Italiens bekannt. André Félibien übersetzte 1676, wie Chantelou vor ihm, Karikatur als *portrait chargé* und vermerkte die schon bekannte stilistische Eigenheit, daß *Karikaturen mit drei oder vier Federstrichen gezeichnet* werden.[19]

In England ist der Begriff Karikatur bzw. *caricature* erstmals 1686 belegt. Und damit setzt eine Kette von Mißverständnissen ein.

4 Das 18. Jahrhundert: Mißverständnisse und Meinungsstreit

In Sir Thomas Brownes nachgelassener *Bibliotheca abscondita* (1686) findet sich die erste englische Definition der Karikatur: *Wenn menschliche Gesichter ähnlich den Köpfen von Tieren gezeichnet werden, so nennen die Italiener dies Karikatur.*[20] Da Brownes Auffassung weder durch die bildnerische Überlieferung noch durch die bisher zu Rate gezogene Kunstliteratur bestätigt wird, bleibt die Grundlage seiner Definition im dunkeln. Vermutlich aber griff er auf Massanis Vorwort zu den bolognesischen Figuren zurück. Massani teilt mit, daß unter Annibale Carraccis Karikaturen *am allerhöchsten die geschätzt werden, die er in der Art der sogenannten Physiognomiker gemacht hat, d.h. von jenen Leuten, die in manchem eine gewisse Ähnlichkeit mit unvernünftigen Tieren zeigen. Denn er zeichnete nur einen Hund, einen Ochsen oder ein anderes Tier, und dennoch erkannte man ganz deutlich, daß es das Porträt, das Verhalten und die ganze Gestalt desjenigen zeigte, den der Künstler darstellen wollte.*[21]

Annibale nutzte in seinen Karikaturen also die tierische Gestalt, aber doch so, wie Massani versichert, daß die individuellen Erscheinungen der Karikierten, ihr Porträt und ihre Gestalt, erkennbar blieben. Dies entspricht ganz Annibales überliefertem Verfahren, nämlich natürliche und ›steckengebliebene‹ physiognomische Eigenheiten durch zeichnerische Verstärkung freizulegen.

Bei Browne dagegen begegnet, abweichend von allen bekannten bildlichen und schriftlichen Quellen, Karikatur als willkürliche Vereinigung des Disparaten. Weiter noch ging Henry Fielding, der im Vorwort zu seinem Roman *Joseph Andrews* (1742) den Freund William Hogarth aus dem vermeintlichen Odium des Karikaturisten befreien wollte. *Das Ziel der Karikatur ist, Monster statt Menschen zu zeigen. Alle Deformationen und jegliche Übertreibung gehört zu ihrem Feld. (...) Wer etwa den geistreichen Hogarth einen Karikaturisten*[22] *nennt, würde ihm meiner Meinung nach wenig Ehre antun: Denn sicherlich ist es viel leichter und kann viel weniger der Gegenstand der Bewunderung sein, einen Mann mit einer*

17 Baldinucci nach Mahon (Anm. 8), S. 261, Anm. 45.
18 Vgl. hierzu W. Brückner, *Bildnis und Brauch. Studien zur Bildfunktion der Effigies*, Berlin 1966, S. 216ff.
19 Félibien nach Mahon (Anm. 8), S. 261, Anm. 45.
20 Vgl. W. Hofmann, in: *Encyclopedia of World Art*, Vol. III, New York u.a. 1960, Sp. 761. Ferner O. Baur, *Bestiarium Humanum, Mensch-Tier-Vergleich in der Karikatur*, Gräfelfing 1974, S. 65.
21 Massani nach Mahon (Anm. 8), S. 264f.
22 Fielding spricht an dieser Stelle von »burlesque painter«, hat jedoch kurz zuvor die literarische Burleske mit der zeichnerischen Karikatur gleichgesetzt; vgl. R. Paulson, *Hogarth: His Life, Art, and Times*, New Haven/London 1971, Bd. I, S. 469.

Schnauze oder ihn in einer anderen widernatürlichen Gestalt zu malen oder ihn in einer albernen oder unnatürlichen Haltung darzustellen, als auf der Leinwand die menschlichen Leidenschaften auszudrücken.[23]

Fielding bestimmte Karikatur als willkürliche Formkombination – Mann mit Schnauze – und als Erfindung widernatürlicher Gestalten. Hogarth wiederum verwies auf seinem Kupferstich mit *Characters & Caricaturas* (1743; Kat. 15) auf *Joseph Andrews;* er scheint also mit Fieldings Auffassung übereinzustimmen. Zudem vereinigt er unter dem Oberbegriff Karikatur im Bilde drei karikierte Porträts nach Ghezzi mit einer grotesken Erfindung Leonardos sowie einer angeblichen Kinderzeichnung, die in primitiver Manier einen beliebigen Profilkopf zeigt. Zumindest die Kinderzeichnung, aber auch Leonardos Groteske haben nichts mit dem Karikaturbegriff der italienischen Kunsttheorie zwischen Annibale Carracci und Baldinucci zu tun.

Klarer noch überschreitet Hogarth die Grenzen der bisher gültigen Karikatur-Definition in seiner Erläuterung zum *Gerichtshof* (1758). *Alles, was seit einigen Jahren mit dem Namen ›Karikatur‹ bezeichnet wird, entbehrt gänzlich und notwendig der Qualifikation, die eine gute Zeichnung ausmacht. Eher könnte man diese Gattung ein Liniengefüge nennen, das mehr durch den Zufall als durch die Kennerschaft bestimmt wird. So wird man denn auch an dem ersten Gekritzel eines Kindes, das nur andeutungsweise ein Menschengesicht wiedergibt, irgendeine Ähnlichkeit mit der einen oder anderen Person entdecken.*[24]

Wohl wahr, doch eben diese Ähnlichkeit mit irgendjemandem ist in jedem subtil erfundenen oder nach der Natur gezeichneten Kopf auch zu erkennen. Nicht die Erwartungshaltung des Betrachters läßt Kinderzeichnungen und Karikatur eins werden, sondern die Möglichkeiten und Absichten der Zeichner trennen sie: Das Kind kann nicht anders, als in formelhafter Abkürzung typisierte Gesichter zu erfinden, der Karikaturist dagegen nutzt die zeichnerische Verknappung, um individuelle Erscheinungen nach der Natur festzuhalten. Hogarth fährt fort: *All die humoristische Wirkung der eben behandelten Karikatur hängt nämlich hauptsächlich von der Überraschung des Betrachters ab, der gefangen wird von einer Ähnlichkeit in Gegenständen, welche ihrer Art nach völlig verschieden sind. Hierbei gilt auch die Beobachtung, je mehr diese Gegenstände in ihrem gewöhnlichen Erscheinungsbild verschieden sind, desto höher wird der Kunstwert dieser Stücke eingeschätzt. Als Beweis dieser Behauptung mag die bekannte Karikatur eines gewissen italienischen Sängers gelten, welche beim ersten Anblick Verblüffung auslöste: Sie bestand einzig aus einer geraden lotrechten Linie, mit einem Punkt darüber.*

Erneut trennt sich Hogarth von Theorie und Praxis der herkömmlichen Karikatur, die sich statt durch Verschiedenheit vom gewöhnlichen, d. h. natürlichen Erscheinungsbild gerade durch ihre *Ähnlichkeit* mit dem Vorbild auszeichnet. Ganz und gar nicht zur Gattung der Karikatur im bisherigen und späteren Verständnis gehört die beschriebene Zeichnung eines Sängers. Es handelt sich hierbei um eine heute als ›Drudel‹ fortlebende Form des Bilderrätsels, die Malvasia in seinen *Viten der bolognesischen Maler* 1681 als *ennimi o divinarelli pittorici* (als Rätsel oder zu erratende Bildchen) benannte und deren Erfindung er Agostino Carracci zuschrieb (Abb. 4).[25]

Nachdem Hogarth den Begriff Karikatur somit inhaltlich besetzt hat, bringt er einen neuen Terminus in die Diskussion: *Was man im Französischen ›outré‹ nennt,*

23 Fielding nach F. Antal, *Hogarth und seine Stellung in der europäischen Kunst,* Dresden 1966, S. 157. – Zur Interpretation des Textes vgl. Paulson (Anm. 22), Bd. I, S. 469, sowie J. Dobai, *Die Kunstliteratur des Klassizismus und der Romantik in England,* Bd. III, Bern 1975, S. 356ff.

24 Zit. n. dem Katalog der Hogarth-Ausstellung Berlin 1980, S. 170. Vgl. Paulson (Anm. 22), S. 286ff. Hogarth' Erläuterungen zum *Gerichtshof* wurden separat abgedruckt im *London Chronicle* vom 5./7. Sept. 1758 sowie in der *Monthly Review* vom Sept. 1758. In der *Monthly Review* vom September und Dezember 1758 wurde Hogarth' Karikaturenbegriff ferner diskutiert, wobei sich Zustimmung und Ablehnung die Waage halten. Auf jeden Fall wurde seine Auffassung so einer breiteren Öffentlichkeit bekannt. Vgl. hierzu Dobai (Anm. 23), S. 676 m. Anm. 155f.

25 Zu Malvasia und den »ennimi« vgl. W. Juynboll, *Het komische Genre (. . .),* Leiden 1934, S. 101f. sowie D. Posner, *Annibale Carracci,* London 1971, Bd. 1, S. 65, und E. H. Gombrich, *Kunst und Illusion,* Köln 1967, S. 239.

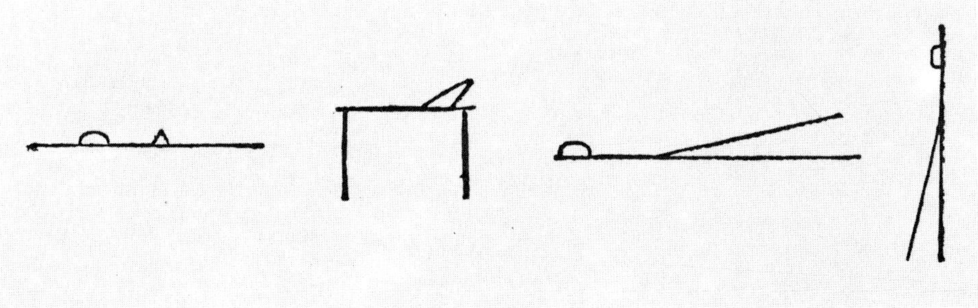

Abb. 4 Agostino Carracci, *Rätselbilder,* aus ›Malvasia‹, 1681
a) Kopf und Kelle eines Maurers, der hinter einer Mauer arbeitet.
b) Ein Kapuziner, der in der Kanzel ruht.
c) Ritter mit Lanze hinter einer Barriere.
d) Ein Blinder, mit Stock und Bettelschale, hinter einer Hausecke stehend.

ist von der eigentlichen Karikatur verschieden und bezeichnet nichts anderes als den übertriebenen Umriß einer Figur, deren einzelne Teile im übrigen eine vollkommene und naturgetreue Zeichnung bieten mögen. So kann man einen Riesen oder einen Zwerg einen ›outrierten‹ normalen Menschen nennen. Dieses Prädikat paßt für einen jeden Körperteil, eine Nase, ein Bein, das größer oder kleiner als nach Gebühr dargestellt ist.

Es ist leicht zu sehen, daß Hogarth *outré* (von franz. ›outrer‹, übertreiben) sinngleich mit dem italienischen und französischen Karikaturbegriff benutzt, daß er andererseits unter Karikatur ein Sammelsurium zeichnerischer Formen vereint, die mit der herkömmlichen Auffassung unvereinbar sind: Kinderzeichnungen, Bilderrätsel, willkürliche Formverzerrungen sowie Formkombinationen.[26] Gleichsam als Warnung vor Hogarth' Beliebigkeit im Umgang mit der Kunsttheorie mögen Christoph Martin Wielands Worte von 1775 verstanden sein: *Hüten wir uns, von einer schwankenden Bedeutung des Wortes Caricatur nicht verführt zu werden. Es pflegt diesem armen Wort ebenso zu ergehen, wie dem Wort Ideal, das seit einigen Jahren so sehr Mode geworden ist. Schimären werden häufig mit Idealen und Caricaturen verwechselt.*[27]

Auf dem Kontinent lebte während des 18. Jahrhunderts der italienische Karikaturbegriff fort, wie ihn Massani, Baldinucci und Domenico Bernini überliefert haben. So erläuterte d'Alembert in der gemeinsam mit Diderot herausgegebenen *Encyclopédie* (1751/53) *Caricature* und, sinngleich, *Charge* als *der Entspannung dienende Gestaltung grotesker Figuren und übertriebener Disproportionen, deren Wahrheit und Ähnlichkeit einzig zur Steigerung der Lächerlichkeit verändert wird.*[28] In diesem Sinne definierte auch Johann Rudolf Füßli in seinem *Künstlerlexikon* (1763) *Karikatur als einen Mahler-Ausdruck, worunter man ein Portrait oder eine Stellung versteht, deren natürliche Fehler noch übertrieben werden.* Auf den Porträtcharakter der Karikatur, aber auch auf die Mehrdeutigkeit des Begriffs verwies gleichfalls Johann Georg Krünitz in seiner *Oeconomischen Encyclopädie* (1776): *Carricatur, Caricatur, heißt bei den Mahlern ein Bild, worinn die natürlichen Fehler übertrieben sind, doch so, daß man noch die Aehnlichkeit der Person, die man zum Gelächter machen will, darinnen erkennt. Hannibal Carrache war darin vortrefflich. Zuweilen nennet man auch die grotesquen Figuren so.*[29]

Auf die britische Insel zurück führt der Geschichtsschreiber Johann Wilhelm von Archenholz, der in einem 1787 erschienenen Reisebericht über Londoner Bilderhandlungen mitteilte: *Viele dieser Läden sind bloß politischen Kupferstichen und Karikaturen gewidmet.*[30] Offenbar unterschied Archenholz zwischen der (Bildnis-)Karikatur und der komponierten Satire, eine durchaus ›kontinentale‹ Auffassung, die sich auch Francis Grose zu eigen machte. Grose gab 1788 in der Tradition akademischer Zeichenlehrbücher eine Zeichenschule für Karikaturen heraus: *Rules for Drawing Caricaturas: With an Essay on Comic Painting.* Im ersten, den *Caricaturas* gewidmeten Teil gibt Grose Anleitungen, wie aus der natürlichen Form eines Gesichtes *mittels leichter Abweichung durch Betonung der Eigenheiten Karikaturen* zu zeichnen seien (S. 70, Abb. 50). Wie Annibale Carracci, so sieht auch er das Streben nach idealer Schönheit – für das er statt Raffael die griechischen Bildhauer nennt – als prinzipiell verwandt an. Idealist und Karikaturist nehmen gleichermaßen die Natur zum Vorbild, und von ihr ausgehend finden sie jeweils die angestrebte künstlerische Form.[31] Im zweiten Teil seiner Zeichenschule behandelt Grose die szenisch angelegte, komponierte Satire. Und die nennt er bezeichnenderweise nicht Karikatur, sondern *comic painting*, komisches Bild, wobei ›comic‹ die Spannbreite von drollig bis spöttisch ausfüllt. Übrigens hatte auch Hogarth seine zeitpolitischen Satiren *comic history paintings* genannt und sie von jenen Produkten unterschieden, die seinem Verständnis nach Karikaturen waren.

Hogarth' ›offener‹ Karikaturbegriff repräsentiert eine zweite, von kontinentaler Auffassung abweichende, aber auch in England nicht unumstrittene Richtung. Er verstand Karikatur als groteske Erfindung statt als übertreibende Nachahmung der Natur, und allemal war Karikatur für ihn schlechte Kunst. Seine Definition, die nicht der wertfreien Eigenschaftsbeschreibung, sondern der Verurteilung einer Kunstform diente, rächte sich an ihm selbst: Johann Gottfried Herder wertete 1778

26 Weder der Text zum *Gerichtshof* noch Hogarth' theoretisches Hauptwerk, *The Analysis of Beauty*, geben Aufschluß über die Herkunft seines Karikatur-Begriffs. Er selbst nannte seine politischen Satiren »comic history painting«, die moralisierenden, allgemeines Fehlverhalten illustrierenden Bildfolgen wie *Der Weg einer Buhlerin* dagegen »modern moral subjects«.

27 Wieland im *Teutschen Merkur* 1775, 4, S. 62.

28 Diderot und d'Alembert, *Encyclopédie*, Bd. II, Paris 1751, S. 684 (Caricature); Bd. III, Paris 1753, S. 201f. (Charge).

29 Zitat Füßli: J. R. Füßli, *Allgemeines Künstlerlexikon*, Zürich 1763, S. 60. – Zitat Krünitz: J. G. Krünitz, *Oeconomische Encyclopädie oder allgemeines System der Land-, Haus- und Staatswirthschaft*, Bd. 7, Berlin 1776, S. 678. – Ähnlich, aber die erweiterte Bedeutung schon berücksichtigend, J. G. Sulzer, *Allgemeine Theorie der Schönen Künste*, Neue vermehrte zweyte Auflage, 1. Theil, Leipzig 1792, S. 450: *Carricatur. Eine Zeichnung, darinn das Besondre in der Bildung, die einzelne Personen charakterisirt, übertrieben und ins Possirliche übertragen worden. Diese ursprüngliche Bedeutung des Wortes ist hernach auch auf jede übertriebene Vorstellung des Possirlichen ausgedehnt worden.* – Der älteste mir bekannt gewordene Beleg für *Karikatur* im deutschsprachigen Raum, zwar in der italienischen Form *caricatura*, findet sich 1750 im Titel eines Albums mit 24 Radierungen nach Ghezzi: *Raccolta (Sammlung) di XXIV Caricature.* Das Album erschien 1750 in Dresden, die von Matthias Oesterreich radierten Kopien nach Ghezzi sind als Karikaturen im ursprünglichen Sinne anzusehen (vgl. *Caricature and its Role in Graphic Satire*, Kat. Providence 1971, Nr. 29).

30 Zit. n. Schulz (Anm. 1), S. 333.

31 F. Grose, *Rules for Drawing Caricaturas*, London 1788, Anm. S. 6.

die erfundenen Bildzyklen des Engländers als *meistens häßliche Carricatur.*[32] Wie wenig tauglich der wertende Karikaturbegriff ist – weil rasch wechselndem Geschmack unterworfen –, mag eine Bemerkung des Earl of Chesterfield 1751 belegen: *Ich liebe die schöne Natur (belle nature), Rembrandt malt Caricaturas,*[33] womit er nun jedes Abweichen vom raffaelischen Schönheitsideal meint; so gesehen, gehören allerdings auch Hogarth' Erfindungen zur Karikatur.

5 Das 19. Jahrhundert: Karikatur als Gegenstand der Geschichtsschreibung

Der von Hogarth theoretisch begründete ›offene‹ Karikaturbegriff hatte weitere Folgen, und zwar in der Geschichtsschreibung. 1813 erschien in London die erste, wenn auch schmale Gesamtdarstellung der Gattung Karikatur: *An Historical Sketch of the Art of Caricaturing.* Ihr Verfasser, J. P. Malcolm, unterschied – Bunbury, Gillray und andere vor Augen – zwischen der englischen und der kontinentalen Schule: *Die Karikaturen des Kontinents erscheinen alle als gekünstelt und unnatürlich und völlig entblößt von dem Feuer und der Freiheit der Erfindung, die in unseren klar ersichtlich sind.*[34] Mit der Bedeutungsverschiebung des Begriffs Karikatur von einer Kunstform der Naturnachahmung zu einer Kunstform der Erfindung war die Jagd offen auf alles, was irgendwie deformiert erschien, und so konnte auch Malcolm antike Gorgonen wie gotische Wasserspeier als Karikaturen versammeln.[35] Damit, und nicht erst – wie Melot meinte – mit Thomas Wrights *History of Caricature and Grotesque* (1865) und Champfleurys gleichzeitig erschienener *Histoire de la Caricature antique* beginnt die *Tradition eines Widersinns,* die es erlaubte, afrikanische Kultmasken und chinesische Buddhastatuen, Reformationssatire und Flugblätter des 17. Jahrhunderts, karikierte Bildnisse, groteske Köpfe, aber auch die unverzerrt elegant gezeichneten Typen Gavarnis oder Du Mauriers ›Träume‹ in den Sammelsack ›Karikatur‹ zu stopfen.[36]

Eine klare Gegenposition formulierte Eduard Fuchs in seiner bis heute umfangreichsten und unentbehrlichen Geschichte der *Karikatur der europäischen Völker,* die 1901 in erster Auflage erschien.[37] Er verstand Karikatur als eine *künstlerische Darstellung, bei der die natürliche Harmonie, das Gleichgewicht der einzelnen Teile aufgehoben und der eine oder andere Teil zu stark belastet, übertrieben, eben karikiert erscheint. Selbstverständlich kann nicht jede Verschiebung der natürlichen Verhältnisse als Karikatur bezeichnet werden und als solche auf künstlerischen Wert Anspruch machen. Wäre das der Fall, so könnte jeder Stümper kommen und die vorbeigelungenen Schöpfungen seines Stifts als Karikatur ausgeben.* Karikatur ist für Fuchs zuerst einmal ein künstlerisches Phänomen, als dessen Grundlage er die gewollte und gekonnte Übertreibung der *natürlichen Verhältnisse* nennt. Schließt Fuchs hiermit letztlich an Annibale Carraccis Auffassung an, so wendet er sich zugleich unausgesprochen gegen Hogarth: Kinderzeichnungen oder die *vorbeigelungenen Schöpfungen eines Stümpers* haben mit Karikatur nichts zu tun, denn *Karikieren heißt kurz zusammengefaßt: Bewußtes Hervorheben des Charakterisierenden einer Erscheinung, Abstrahieren von dem Nebensächlichen, dem Allgemeinen. (...) Nach dieser Festsetzung des Begriffs Karikatur darf man somit streng genommen nicht, so wie es gewöhnlich geschieht, jede mögliche durch Bild und Text unser Lachen erzeugende und satirisch wirken sollende Darstellung mit dem Namen Karikatur bezeichnen. Karikieren ist eine ganz bestimmt umgrenzte Art der Anwendung der zeichnerischen Mittel. Aber dieser Rahmen ist, wenn man auch alle anderen zeichnerischen Formen, deren sich die Satire bedient, ausschließen würde, doch nicht klein. Dieser Rahmen umfaßt eine endlos lange Skala des Ausdrucks, vom feinen geistreichen Pointieren eines einzelnen charakterisierenden Zuges bis zur grotesken Überladung, für die es scheinbar gar keine Grenze gibt. So weit der Rahmen der Groteske auch ist und so sehr er auch die wirkungsvollsten Effekte umschließt, so ist dies doch nicht die überwiegende Ausdrucksform der gezeichneten Satire. Nein, diese bedient sich des grotesken Stils heute sogar vielleicht ungleich weniger wie früher, sie bedient sich dagegen in nicht geringer Weise der Symbolik, der Allegorie und vornehmlich des Sittenbildes, aber noch*

32 Herder zit. n. Schulz (Anm. 1), S. 333. Dort weitere Belege für die Verwendung des Begriffs Karikatur im deutschen 18. Jahrhundert.

33 Earl of Chesterfield zit. n. Paulson (Anm. 22), Bd. I, S. 472. Zwar als Maler von *Waschfrauen und Torftreterinnen mit schlaffen Brüsten,* d.h. als Maler häßlicher Menschen von niederem Stand, wurde Rembrandt schon im 17. Jahrhundert kritisiert, jedoch nicht als Karikaturist bezeichnet. Das Zitat nach einem Gedicht des Andries Pels von 1681; vgl. C. Hofstede de Groot, *Urkunden über Rembrandt,* Den Haag 1906, Nr. 352.

34 Malcolm zit. n. S. Houfe, *A Dictionary of British Book Illustrators and Caricaturists 1800–1914,* Woodbridge 1981, S. 30.

35 Vgl. Melot (Anm. 2), S. 9

36 Melot (Anm. 2), S. 9

37 Fuchs ist hier zitiert nach der 4. Auflage, Berlin 1904. Die Texte sind seinen Seiten 2–8 im 1. Band entnommen.

mehr der charakteristischen Illustration eines Witzes, einer satirischen Glosse, eines Paradoxons usw. In der Zeichnung konzentriert sie sich hauptsächlich auf messerscharfes Herausarbeiten des Typischen, des Charakteristischen ohne Anwendung grotesker Mittel.

Fuchs bestimmt also *Karikieren als eine ganz bestimmt umgrenzte Art der Anwendung zeichnerischer Mittel.* Sodann folgt die bemerkenswerte Feststellung, daß Karikatur nur *eine Ausdrucksform der gezeichneten Satire unter anderen* sei. Karikatur als übertriebenes Bildnis, ferner Symbolik und Allegorie, bildliche Pointierung eines Witzes oder satirischen Textes gehören zur Grammatik dieser eigenartigen Sprache der Bildsatire, deren Untersuchung der vorliegende Katalog sich zum Ziel gesetzt hat.[38] Bildsatire also ist für Fuchs eine übergeordnete Gattung, deren Zeichner sich bei Bedarf der Karikatur bedienen können.[39] Die Verwendung von Karikaturen in der gezeichneten Satire ist vergleichbar der Verwendung von Bildnissen in Historiengemälden. Doch anders als dort – niemand würde ein solches Historienbild Porträt nennen – steht beim ›offenen‹ Karikaturbegriff ein nicht einmal zwingend notwendiger Teil (Karikatur) für das Ganze (Bildsatire).

6 Exkurs: Gab es Karikaturen vor der Karikatur?

Fuchs' Teilung in die übergeordnete Gattung *gezeichnete Satire* und das satirische Mittel der *Karikatur* – ähnlich Grose 1788 – nötigt in diesem Entwurf einer Begriffsgeschichte der Karikatur zu einer weiteren Überlegung.

Zum einen sind wir über die Entstehung des Begriffs Karikatur (bzw. ritrattini carichi) im späten 16. Jahrhundert sowie über seine ursprüngliche Bedeutung – übertriebenes Bildnis – recht gut unterrichtet. Zum anderen weichen die heutigen Zeitungskarikaturen auf politische Ereignisse zumeist vom ursprünglichen Karikaturbegriff ab.[40] Sie sind vielmehr aus den von Fuchs genannten sowie anderen Elementen komponiert; darunter können auch übertriebene Bildnisse sein. Die solcherart komponierte Satire ist nun keineswegs eine Errungenschaft unserer Tage; sie darf nach bisheriger Kenntnis vielmehr als die Urform der Bildsatire angesehen werden. Ein Vergleich zwischen Sebald Behams *Höllenfahrt des Papstes* (1524; Kat. 144) und Murschetz' *bundesrepublikanischer Staatskutsche* (1983; Kat. 156) mag dies belegen. Gemeinsam ist beiden Blättern die allegorische Verwendung eines ins Negative gekehrten Triumphalmotivs.[41] Abgesehen vom zeichnerischen Aufwand unterscheiden sie sich prinzipiell durch die Behandlung der Physiognomien: Während Murschetz seine ›Helden‹ übertrieben porträtiert, ihre Identität somit bewahrt und Karikatur als eines seiner bildnerischen Mittel nutzt, stellt Beham Typen vor, die nur durch Attribute und Beischriften zu identifizieren sind. Tatsächlich sind Karikaturen im ursprünglichen Sinne des übertriebenen Bildnisses der Reformationssatire völlig fremd, aber auch der politisch-satirischen Flugblattgraphik des 16. und 17. Jahrhunderts. Wenn auf satirischen Blättern dieser Zeit identifizierbare Bildnisse begegnen, so sind sie vielleicht ungeschickt, aber immer doch veristisch und ohne Übertreibungen gezeichnet (vgl. Kat. 57, 59, 60, 117).[42] Auf die entscheidende und folgenreiche Neuerung Cornelis Dusarts 1690 (Kat. 61) wurde bereits verwiesen.

Wie aber wurden jene ›vorkarikaturalen‹ Produkte der Bildsatire von ihren Künstlern, Verlegern und Rezipienten genannt? Eine Antwort, für die ich mich des unübersehbaren Materials wegen auf deutsche Quellen beschränke, mag Ansätze zu einer Ordnung innerhalb der Begriffsverwirrung bieten.

Begonnen sei mit dem Bericht über eine gemalte Satire aus dem Jahr 1377, der sich in Francesco Poggios *Facetien* (1438/52) findet und durch Johannes Pauli in *Schimpf und Ernst* (1522) ins Deutsche übertragen wurde: *Uf einmal het der Babst ein Krieg wider die Florentiner. Der hat ein Hauptmann, der was einer von Florentz, der thet den Florentinern grosen Schaden. Die Florentiner legten im zu, er wer ein Verreter, und liessen sein Bildung an die Thürn malen, als hieng er an dem Galgen, als hetten sie in gehenckt, und malten in nackent.* Nach dem Friedensschluß *musten sie ihr Gemeld abthun.*[43] Von auf Mauern und Türen gezeichneten

38 Der Ansatz von Fuchs wurde durch E. Gombrich aufgegriffen. Sein einschlägiger Aufsatz (»The Cartoonist's Armory«, 1963) ist in diesem Katalog auf S. 384ff. neu zugänglich gemacht. – Einen gut illustrierten Überblick über bildnerische Mittel der politischen Graphik gibt R. Philippe, *Political Graphics. Art as a Weapon*, London 1982.

39 Auch der Titel des vorzüglichen Ausstellungskataloges Providence 1971 scheint auf diesen Sachverhalt anzuspielen: Caricature and its Role in Graphic Satire – Karikatur und ihre *Rolle/Aufgabe* in der Bildsatire. Die Ausführungen sind jedoch stärker auf die Formentwicklung als auf die Untersuchung der Karikatur als satirisches Motiv unter anderen konzentriert.

40 Eine Ausnahme bildet etwa Ranan Lurie, der komponierte Satire und karikiertes Bildnis gleichermaßen beherrscht. Lurie nennt Karikatur »ein Porträt mit Ausrufezeichen« (R. Lurie, *So sieht es Lurie*, Hamburg 1980, S. 205).

41 Zum satirischen ›Triumphalmotiv‹ vgl. meinen Beitrag im vorliegenden Katalog, S. 203ff.

42 Vgl. den Beitrag von E. Ziechmann im vorliegenden Katalog, S. 149ff., sowie M. Bohatcová, die die Existenz von Porträts in Flugblättern des Dreißigjährigen Krieges generell bezweifelt *(Irrgarten der Schicksale*, Prag 1966, S. 13). Hiergegen steht freilich u.a. unsere Kat. Nr. 57.

Spottbildern ist insbesondere aus dem italienischen 14. und 15. Jahrhundert mehrfach berichtet.[44] Sie sind ebenso zerstört wie das erwähnte Beispiel, dessen zitierte Beschreibung jedoch eine ungefähre Vorstellung vermittelt. Obwohl die hier geübte Executio in effigie als aggressivste Form der Bildsatire gelten kann, ist die Benennung als *Bildung* (Bild) bzw. *Gemeld* (Poggio: pictura) wertfrei.

Gleiches gilt für die Namen, die Künstler oder Verleger gezeichneten und im Druck verbreiteten Satiren gegeben haben. So wurden die Illustrationen satirischer Flugblätter benannt als *Bild, wahrhaftige/kurze/eigentliche/wahre Abbildung, Emblem, Figur, Abriß, Contrafactur, Abconterfeyhung u. ä.*[45] Mit den gleichen Namen sind jedoch auch die Abbildungen sachlicher Nachrichtenblätter benannt;[46] es handelt sich bei ihnen also nicht um eine besondere Terminologie der Bildsatire, sondern um die Benennung als Bild schlechthin.

Der wohl früheste Beleg für eine spezifische Benennung satirischer Bilder stammt von etwa 1470. Peter Eschenloer, Stadtschreiber von Breslau, berichtet in seiner Breslauer Chronik unter dem Jahr 1464: *Viel ander schendliche Gemäle*[47] *liessen die Bürger zu Prage und in anderen ketzerischen Stäten in iren Häusern dem Girzik* (= Georg Podiebrad) *und Rokyczan zu Liebe malen, nämlich einen Baum, darauf nackete schöne Frauen wuchsen und reif abfielen, und unter dem Baume stünde gemalet der Babst, Cardinäle, Bischöfe, Praelaten, Münche, Pfaffen und ufhilden ire große Mentel und Kappen und fingen dorin die Frauen, die von dem Baume fielen.*[48]

Insbesondere aus Rechtsprechung und Gesetzgebung des 16. Jahrhunderts lassen sich spezielle Benennungen für satirische Bilder anführen, wobei die Nürnberger Quellen besonders reich sind, war doch Nürnberg ein Zentrum von Bildproduktion und -handel. 1520 wurde der Almanachverfasser Sebald Busch zu zwei Monaten Gefängnis verurteilt, weil er *eine ungeschickt gerissene und geschnittene Form und Figur, die päpstlicher Heiligkeit und geistlichem Stand zu Beschwerung, Unehr und Schmach gereichen,* verkauft hatte.[49] Vier Jahre später erging das Urteil gegen Hans Greiffenberger wegen seiner *Schandgemälde wider päpstliche Heiligkeit.*[50] Prozesse wegen *schändlich gedruckter Briefe* (= Flugblätter) und *schändlicher Brief und Form* (= Druckstöcke) folgten 1523 und 1524. Ebenfalls 1524 erging ein allgemeines Verbot, *Schmähgedichte und ungeschickte Gemälde* in Nürnberg zu verkaufen.[51] 1538 untersagte der Nürnberger Rat, *schändliche gedruckte und gemalte Briefe wider den Papst und andere herzubringen und feilzuhalten.*[52] *Ärgerliche Briefe oder Gemälde* (1558), *unzüchtige Bilder mit schandbaren Reimen, durch Hausierer ins Land geschickt* (1570), *gedruckte unzüchtige, schandbare Gemälde* (1581) waren ständiger Gegenstand von Prozessen.[53]

Doch die Abwehr *schändlicher Bilder* war nicht auf Nürnberg beschränkt. Ein Reichserlaß von 1567 bedrohte diejenigen mit Strafe, die *vielfältige Schmachschriften/ Gemähide/ und aufrührerische Tractätlein/ (. . .) / in offenen Truck ausgehen* ließen. 1570 wurde die Strafandrohung erneuert und nochmals 1577, da von den genannten *Satzungen gar nichts gehalten/ sondern daß solche schmähliche Bücher/ Schrifften/ Gemählde und Gemächte ie länger ie mehr geticht/getruckt/ feil gehabt und ausgebreitet werden.*[54]

Die Hintergründe der Zensurbestimmungen können hier außer Betracht bleiben. Von Interesse ist in unserem Zusammenhang, daß sich im 15. und vor allem im 16. Jahrhundert eine juristische Terminologie für satirische Bilder ausprägte. *Schand-* und *Schmähbilder* heißen dann die Erzeugnisse der politischen Bildsatire auch im 17. Jahrhundert, und noch Joachim Heinrich Campe nennt in seinem *Wörterbuch der Deutschen Sprache* (1807/11) die komponierte Satire *Schandbild* im Unterschied zur Karikatur, die er als *Zerrbild* übersetzt.[55]

7 Synthese und Ausblick ins 20. Jahrhundert

Wie gezeigt, verlief die Entwicklung des Begriffs Karikatur keineswegs geradlinig. Vielfach gebrochen, vereint er Gegensätzliches in sich: Karikatur im Sinne Annibale Carraccis meint die gelungene Zeichnung individueller Porträteigenheiten; Karikatur im Sinne Hogarth' meint die mißlungene Wiedergabe grotesker

43 Zit. n. Brückner (Anm. 18), S. 207.
44 Vgl. H. Keller, »Die Entstehung des Bildnisses am Ende des Hochmittelalters«, *Römisches Jahrbuch für Kunstgeschichte* 3/1939, S. 287ff.; G. Ortalli, »*. . . pingatur in palatino . . .*«, *La Pittura Infamante nei Secoli XIII–XVI,* Rom 1979; Brückner (Anm. 18), S. 205ff.
45 Die Beispiele nach W. Harms, *Deutsche illustrierte Flugblätter des 16. und 17. Jahrhunderts,* Bd. II: *Die Sammlung der Herzog August Bibliothek in Wolfenbüttel, Historica,* München 1980, passim (jeweils mehrfach).
46 Harms (Anm. 45), passim (jeweils mehrfach).
47 Gemäle (Gemälde) meint hier wohl tatsächlich das gemalte Bild, bezeichnet im 16. Jahrhundert aber auch graphische Bildwerke.
48 Eschenloer zit. n. H. Grisar/ F. Heege, *Luthers Kampfbilder,* 1: *Das Passional Christi und Antichristi,* Freiburg 1921, S. 3f.
49 Zit. n. K. Schottenloher, *Flugblatt und Zeitung,* Berlin 1922, S. 146.
50 Vgl. H. Zschelletzschky, *Die »Drei gottlosen Maler« von Nürnberg,* Leipzig 1975, S. 26.
51 Schottenloher (Anm. 49), S. 147.
52 Ebd., S. 144f.
53 Ebd., S. 149, 208, 224.
54 Zit. n. Harms (Anm. 45), Nr. 188.
55 Hierzu W. Pfaff, *Zum Kampf um deutsche Ersatzwörter,* Gießen 1933, S. 59f. – Lessing unterschied in einem Brief an Herder vom 10. 1. 1779 zwischen *einzelnen fliegenden Kupferstichen und Holzschnitten satyrisch-politischen und satyrisch-moralischen Inhalts;* gemeint waren Flugblätter des 16. und 17. Jahrhunderts.

Erfindungen; Karikatur im Sinne beider meint die Darstellung isolierter Figuren oder Köpfe; Karikatur im heute landläufigen deutschen Sprachgebrauch meint insbesondere die aus vielfältigen Elementen, darunter Karikaturen im Sinne Carraccis sowie Hogarth', komponierte satirisch-politische Pressezeichnung, aber auch manches andere. Zusätzlich kompliziert wird die Situation dadurch, daß der heutige Sprachgebrauch von Land zu Land wechselt. So unterscheiden die Niederländer zwischen *Karikatuur* und *Spotprent* (Spottbild), die Franzosen zwischen *Portrait chargé* und *Caricature*, die Engländer zwischen *Caricature* und *Cartoon*, wobei der jeweils zuerst genannte Begriff Karikatur im Sinne Annibale Carraccis, manchmal auch Hogarth', und der zweitgenannte die komponierte Bildsatire meint – außer in Deutschland, wo alles Karikatur heißt, es sei denn, es hieße gut angelsächsisch Cartoon, was hierzulande nicht etwa wie dort die Bildsatire benennt, sondern den gezeichneten Witz.

Historischer Längs- und zeitgenössischer Querschnitt ergeben mithin eine ›Karikatur‹ – nun im übertragenen Sinne gebraucht – der babylonischen Sprachverwirrung. Heben wir mit drei kräftigen Strichen, gleichsam karikierend, die entscheidenden historischen Charakteristika heraus, so lassen sich zuerst zwei getrennte bildnerische Traditionen feststellen:

1) Die als *Karikatur* (oder Spotprent, Cartoon, Caricature) benannten satirisch-politischen Zeitungsbilder unserer Tage stehen als komponierte Satiren bis in Einzelheiten der Bildsprache in der Tradition frühneuzeitlicher *Schmäh-* und *Schandbilder*, wie die Gattung von den Zeitgenossen genannt wurde.
2) Neben dieser älteren Tradition (die die Italiener *Pittura infamante*, also auch *Schandbild* nannten), entstand im späten 16. Jahrhundert als besondere und formal wie begrifflich von der *Pittura infamante* abgesetzte Spielart der Porträtkunst das (sogleich zu *Caricatura* verkürzte) *ritratto carico*. Es handelte sich hierbei um Bildnisse, in denen charakteristische Merkmale des Porträtierten durch zeichnerische Übertreibung betont wurden. Auch die *ritrattini carichi* besitzen als eigene Gattung eine bis heute ungebrochene Tradition. Ursprünglich zum Scherz gezeichnet, konnten derartige Bildnisse nach der Mitte des 17. Jahrhunderts auch der Verhöhnung dienen.
3) Bis um 1750 waren das in seinen Einzelheiten erfundene *Schandbild* und die nachahmende, wenn auch übertreibende *Karikatur* strikt getrennte Gattungen. Um die Jahrhundertmitte setzte in England eine Vermischung der Formen und zugleich eine Verwirrung der Begriffe ein. Daß das übertriebene, aber doch individuelle Bildnis gerade in England Teil des *Schandbildes* werden konnte – nach einigen Vorläufern in Holland (Kat. 61, 147) –, dürfte seine Ursache in der vergleichsweise liberalen Zensur haben, die die Verspottung des politischen Gegners auch im Bild erlaubte.[56] Die *Karikatur* als eines der satirischen Mittel gab der älteren Gattung des *Schandbildes*[57] schließlich den Namen, der umstritten blieb, der abgelehnt wurde, der aber bis heute als begriffliches Pars pro toto *Bildsatire* und allerlei weitere Formen ›humoristischer‹ Zeichnungen meint.

Geschichtsschreibung und Kunsttheorie des 20. Jahrhunderts haben, wie es scheinen könnte, wesentlichere Fragen aufgeworfen und zu beantworten versucht als die hier diskutierte Frage nach der Geschichte des Begriffs Karikatur. Untersucht wurde etwa die psychologische, zeichentheoretische, politische und publizistische Funktion der Gattung Karikatur. Übersehen wurde zumeist, daß es sich bei den Untersuchungsgegenständen um Kunstwerke handelt, zu deren Verständnis zuerst einmal die Regeln der Gestaltung und erst dann Wirkungsabsichten zu rekonstruieren sind. Regeln der Gestaltung aufzuzeigen, sie mögen vom Künstler selbst gesetzt worden sein, war das Anliegen dieses Beitrages, der eher als Schilderung einer Situation denn als sprachreformerisches Bemühen zu verstehen ist. Der Gebrauch des Wortes Karikatur sei in diesem Katalog durch Eduard Fuchs begründet und entschuldigt: *Wenn nun aber auch wir, genau so wie es im täglichen Sprachgebrauch geschieht, den Namen Karikatur auf alle diese zeichnerischen Ausdrucksmittel der Satire anwenden, so geschieht das, weil der moderne Sprachgebrauch das Wort in diesem weitfassenden Sinne angewandt, schon so stark sich zu eigen gemacht hat, daß eine Differenzierung und Richtigwertung vorerst nur Verwirrung stiften würde.*[58]

56 Vgl. Atherton (Anm. 4), S. 68ff.
57 In England im 17. Jahrhundert etwa *lying picture*, Lügenbild, genannt; vgl. Atherton (Anm. 4), passim, sowie Dorothy George, *English Political Caricature*, Bd. I, Oxford 1959, S. 48 und passim.
58 Fuchs (Anm. 37), S. 8.

Werner Hofmann

Die Karikatur – eine Gegenkunst*

Man sagt, es geschehen keine Wunder mehr, und unsere Philosophen sind dazu da, die übernatürlichen und unergründlichen Dinge alltäglich und trivial zu machen. Daher kommt es, daß wir mit Schrecknissen Scherz treiben und uns hinter unserer angeblichen Wissenschaft verschanzen, da wo wir uns vor einer unbekannten Welt fürchten sollten.

Shakespeare: Ende gut, alles gut. II., 3.

I

Die Vorstellung von dem, was ›Kunst‹ ist, wird seit der Romantik immer neu überlegt und mit neuem Umfang ausgestattet. Schönheit, Grazie und Ebenmaß galten noch dem 18. Jahrhundert als die höchsten Werte des Kunstwerkes. Als Ernst Moritz Arndt 1798 die Wiener Gemäldegalerien besuchte, berührte ihn am tiefsten »italiänische Zartheit und Grazie«, während er den auf die Wiedergabe der »traurigen Wirklichkeit« beschränkten Niederländern des 17. Jahrhunderts nur einen flüchtigen Blick widmete. Und noch am Ende des 19. Jahrhunderts schrieb Max Klinger der Malerei vor: »Sie hat die farbige Körperwelt in harmonischer Weise zum Ausdruck zu bringen, selbst der Ausdruck der Heftigkeit und Leidenschaft hat sich dieser Harmonie unterzuordnen.« Das Überphantastische ist ebenso zu vermeiden wie das Ungewöhnliche, dem keine innere Folgerichtigkeit zukommt. Kein Wunder, wenn diese Auffassung nur einen bestimmten, ausgewählten und idealisierten Aspekt der Welt im Kunstwerk wiedergegeben wissen wollte und mit unverhohlener Geringschätzung etwa auf die »idiotische und schwindsüchtige Asketengestalt« einer byzantinischen Christusfigur zurückblickte. Taine, dem wir diese Charakterisierung verdanken, ging so weit, daß er in diesen »Mißbildungen« eine Krankheit konstatierte, die das Menschengeschlecht während des ganzen Mittelalters lähmte.

Die Enge dieses Blickpunktes schloß die Würdigung aller jener Kunsträume aus, deren Schöpfungen nicht dem Regelgebäude des Idealschönen entsprachen. Sie stand auch einer Deutung der Karikatur und deren Verständnis im Wege, ging es doch hier um die Hervorhebung eines anderen, entgegengesetzten Weltaspektes, um den Protest gegen die Welt des Schönen, Sinnvollen und Geordneten; um eine demaskierende Hervorhebung von Schwächen und Gebrechen; um die tendenziöse Betonung des Scharfen, Harten und Schlechten, wie Klinger deutlich erkennt, deren kritischer Grundton sich gegen die Welt des schönen Scheines richtet. Wem die Welt als ein vernünftiger Sinnzusammenhang erscheint, in dem das Schöne die höchste Stelle einnimmt, der erlebt alles Niedrige als komisch, alles Alltägliche als grotesk – dem muß sich schließlich die Karikatur als gefährlicher Verstoß gegen die Regel und als provozierender Widerspruch darstellen, kurz: als eine »Art Ausschweifung der Einbildungskraft«, wie es in der *Encyclopédie* von 1751 heißt, mit der man nur zur Unterhaltung und Belustigung Umgang haben dürfe. Das Zerrbild wurde aus dem Weihebezirk der Kunst gedrängt, seine Bedrohung gebannt, indem man es auf das ›Komische‹ festlegte, wo es keinen Schaden zu stiften vermochte.

Erst im 19. Jahrhundert, als die Romantik, besonders in Frankreich, die Ausdruckskraft des Häßlichen und des Unscheinbaren nicht mehr als bloße

* Gekürzte Fassung der Einleitung meines Buches *Die Karikatur von Leonardo bis Picasso*, Wien 1956.

Kuriosität bewertet, sondern als Sinnbild einer bestimmten Daseinsstufe versteht, nimmt Baudelaire in der Karikatur einen diabolischen, tiefen und mysteriösen Wesenszug wahr. Er bereitet damit jener Entwicklung die Bahn, die eingangs beschrieben wurde: Die Karikatur, ursprünglich ›Gegenkunst‹ außerhalb des ästhetischen Verbandes, wird zum Kunstwerk, zur positiven, sinngebenden Ausdrucksleistung.

Ihrer Geschichtsschreibung, die einer Domestizierung gleichkommt, steht nun nichts mehr im Wege. Die ersten historiographischen Versuche verzichten freilich noch auf kunstkritische Apologien und beschränken sich auf die Zusammenstellung merkwürdiger Zeitdokumente. Wenngleich jeder künstlerischen Eigenart bar, fand die französische Revolutionskarikatur bereits 1792 in Boyer de Nîmes ihren selbstbewußten Chronisten, dem es darum ging, den Entrüstungsschrei der Unterdrückten dokumentarisch festzuhalten. Zehn Jahre später erschien in Paris die Übersetzung eines Traktates von Francis Grose, der die Grundlagen der Karikatur behandelte und in deren zeichnerischer Handhabung unterwies. 1838 veröffentlichte Jaime sein *Musée de la Caricature*, das in bunter Folge Beispiele der Bildsatire vom 14. bis zum 19. Jahrhundert enthielt. 1865 veröffentlichte Thomas Wright *A History of Caricature & Grotesque in Literature and Art*; im gleichen Jahr erschien in Frankreich der erste Band einer *Histoire de la Caricature* von Champfleury, dem Freund Courbets, die den ganzen Zeitraum von der Antike bis zu Daumier umspannen sollte. Champfleury war einer der Wegbereiter des Realismus in Malerei und Literatur; sein Interesse galt auch der Volkskunst und der Kinderzeichnung – er trat also für Ausdrucksbezirke ein, denen der Geschmack seiner Umwelt nicht die geringste Anziehungskraft abgewinnen konnte (vgl. Kat. 81).

Als Ergebnisse umsichtigen Sammeleifers entstanden knapp nach der Jahrhundertwende die umfänglichen Darstellungen von Eduard Fuchs. Diese Bücher gehen, wie zum Teil auch ihr Titel verrät, von einer literarisch-gegenständlichen, kulturhistorischen Auffassung aus. Das Bildpamphlet gilt als sittengeschichtliches Zeugnis und wird um seine künstlerischen Voraussetzungen nur selten befragt. Fuchs trat für ein Geschichtsbild der Karikatur ein, das in vieler Hinsicht revisionsbedürftig ist. Nicht nur wissen wir heute mehr von den geschichtlichen und psychologischen Voraussetzungen der Karikatur – wir kennen überdies eine Reihe von Werken, die früheren Forschern vorenthalten geblieben waren, und wir besitzen eine neue Einstellung zu den Grenzübergängen, welche die Karikatur mit anderen, verwandten Ausdruckszonen verbinden. Kurz: mit unserer Einstellung zu allen künstlerischen Gestaltungsfragen hat sich auch unser Urteil über die Karikatur gewandelt. An keinen klassischen Schönheitskanon gebunden, neigt unsere Auffassung heute eher dazu, die Karikatur begrifflich enger zu fassen als im 19. Jahrhundert, dessen Historiker ihr alle Erscheinungsformen des Grotesken, Komischen, Häßlichen und Burlesken unterschoben. In einem kaum mehr zu erweiternden Sinn mußte die Karikatur schließlich auch die ›Übertreibungen‹ sogenannter primitiver Kunst rechtfertigen, und Wright konnte schreiben: »Kunst ist, in ihren frühesten Formen, Karikatur.« Mit anderen Worten: Karikatur ist mit dem Groben, Unförmigen und Ungeschickten identisch; sie gehört in die Bezirke kindlichen Stammelns, ihr gebührt die Nachsicht, die man dem ungeübten Anfänger entgegenbringt. Dieses Urteil wird von der Geringschätzung eines Geschmacks diktiert, der die Kunst geradlinig nach dem Absolut-Schönen unterwegs glaubt. Sobald diese Geschmackskonvention ins Wanken geriet, mußte auch die Vorstellung von der Karikatur unsicher werden: Stürzte das Schöne vom beherrschenden Piedestal, so konnte die Stunde ihrer Rehabilitierung schlagen.

Dies geschah mit dem Ende des 19. Jahrhunderts. Und so wie man wenig vorher die frühesten Formen der Kunst mit der Karikatur gleichgesetzt hatte, so tat man es jetzt mit einer ihrer Spätformen, dem Expressionismus. Da nunmehr das Häßliche nicht mehr als abstoßend, sondern als expressiv galt, proklamierte man die Karikatur im doppelten Sinne als Vorläuferin: Indes die hohe Kunst sich der Darstellung erhabener Inhalte zuwandte, hatte die Karikatur die Zonen des Gewöhnlichen, Häßlichen und Charakteristischen durchstreift; darüber hinaus hatte ihre abstrahierende, zum Schnörkel und zur linearen Chiffre neigende

Handschrift auch jener neuen Gestaltungstendenz vorgearbeitet, die der Kunst die Aufgabe zuwies, Wirklichkeit in Formzeichen umzusetzen. Muther und Hofmannsthal haben im deutschen Sprachraum dieser neuen Vorstellung von der Karikatur Bahn gebrochen.

Dem Blick des Expressionisten, nach Zeugnissen elementarer Ausdrucksinbrunst suchend, ging es nicht um Sonderung und begriffliche Trennung, sondern um leidenschaftliche Vermischung. Die Karikatur wurde überhöht; was bis vor kurzem noch als lächerlich gegolten hatte, fand sich nun, Seite an Seite mit dem Teuflischen und Grotesken, in die Welt des Satanischen versetzt und mit dämonischer Gewalt versehen – so in dem Bildband *Das Teuflische und Groteske in der Kunst*, der 1911 bei Piper erschien. Die Zusammenstellung dieses Buches ist überaus lehrreich: Ihre Leitidee ist das Bekenntnis des Expressionismus, also seine Vorliebe für das Grelle und Wilde, für das Derbe und Unbeholfene, für graphische Halluzinationen . . . Seit das Pathos der Ausdruckskunst verebbt ist, hat man sich nach neuen Methoden zum Verständnis der Karikatur umgesehen. Ernst Kris und Ernst H. Gombrich haben in gemeinsamer Arbeit die Diskussion mit völlig neuen Gesichtspunkten versehen. Leider fanden ihre Forschungen nicht die geplante Zusammenfassung, und selbst ein kleines Bändchen, das 1940 in London erschien, ist heute (1956) kaum mehr aufzufinden.

Die im folgenden vertretene Auffassung sieht im 16. und im frühen 20. Jahrhundert die Grenzen der eigenständigen Entwicklung der Karikatur. Der kulturhistorische, illustrative und sittengeschichtliche Aspekt der Karikatur, ihre Bedeutung als ein Stimulans politischer oder gesellschaftlicher Konflikte, wird hier zugunsten des Versuches vernachlässigt, die Bedeutung der Karikatur für die Kunstgeschichte zu klären. Schon Baudelaire entschied sich in seinem *Essay über das Lachen* gegen jene Karikaturen, deren Wert einzig in den Ereignissen liegt, die sie darstellen, und für die andere Kategorie, in der etwas Bleibendes, Ewiges wirkt, das sie der Aufmerksamkeit des Künstlers und – wie wir hinzufügen wollen – des Kunsthistorikers empfiehlt.

2

Ein skeptischer Leser könnte nun meinen, dieser Text handle von einem schlechthin nicht faßbaren Gegenstand, dessen eindeutige Definition innerhalb unseres künstlerischen Inventars schon deshalb nicht gelingen könne, weil er dem Wandel von Sitte und Geschmack, Konvention und Lebensart unterworfen ist und in jeder Epoche zu anderen Bewertungen herausfordert.

Zu leugnen, daß die Grenzen der Karikatur fließend sind, brächte diese um einen wichtigen Wesenszug und unsere Darstellung um ihre Rechtfertigung. Eben weil die Karikatur in verschiedene Ausdrucksbezirke eingebettet ist und an mehreren ›Weltbildern‹ Anteil hat, gebührt ihr das Interesse form- bzw. geistesgeschichtlicher Forschung. Ob uns ein Zerrbild als komisch oder lächerlich, somit als ›karikiert‹ erscheint, wird an dem Widerspruch bemessen, der zwischen ihm und den anerkannten Leitbildern des Schönen und Wohlgeformten aufklafft. Wie alle Vorstellungen, an denen Denken und Fühlen beteiligt sind, hängt auch die des Lächerlichen von dessen Gegenbegriff, dem sinngebenden Lebensernst, ab, und beide entwickeln sich gemäß dem kurvenreichen Gang der Menschheitsgeschichte zu einem unausgesetzten Dialog, dem jede Zeit einen anderen Namen gibt.

Geschichtlich gesehen ist das Komische eines Zerrbildes vielfach ein Restbestand, der an den Dingen haften bleibt, sobald der ursprüngliche Symbolgehalt sich von ihnen abgelöst hat. Mit anderen Worten: wir lachen oft über Dinge, die wir nicht oder nicht mehr verstehen. Der Satyr der Antike, der Pulcinella der italienischen Komödie, die Drolerien und Wasserspeier gehören in diese Gruppe von Phänomenen, die ständigem Bedeutungswandel ausgesetzt sind (Abb. 1). Was Kinder in Schrecken versetzt, läßt den Erwachsenen lächeln. Riten und Maskentänze, in denen primitive Völker einen Beschwörungsakt erleben, werden von Außenstehenden nicht selten als erheiternd empfunden. Dieses schwankende, unsichere Bewußtsein offenbart sich nicht bloß dann, wenn wir dem ›Fremden‹

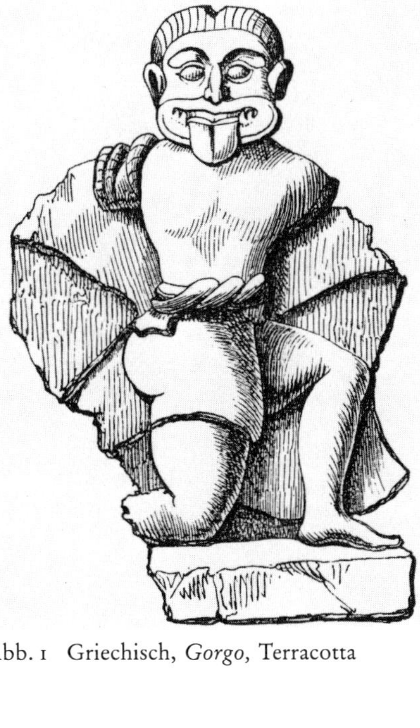

Abb. 1 Griechisch, *Gorgo*, Terracotta

gegenübertreten und unseren Komplex aus Überlegenheit und Verlegenheit im Lachen loswerden möchten, sondern auch in der Auseinandersetzung mit Schöpfungen des europäischen Kulturkreises. Don Quixote ist eine Gestalt, die man aus der Perspektive des Kinderbuches als eine Karikatur erlebt und die erst in den Bildern und Zeichnungen Daumiers zum Sinnbild tragischen, gescheiterten Menschentums wird.

Die Karikatur kann erst begriffen werden, wenn wir sie als Partner eines Dialoges betrachten, in dessen Verlauf sie die Rolle des Fragenden, des Behauptenden und des Provozierenden zu spielen hat. Dies bedeutet, daß ihr eine Sattelstellung eigentümlich ist. Als Zerrbild verstanden, bleibt sie stets einem Vorbild verpflichtet, setzt sie die anerkannte Regel voraus und bedarf des schönen Ideals, um überhaupt als Provokation, als Widerspruch spürbar zu werden. Darin steckt ein Paradoxon: Indem die Karikatur mit dem Schönheitskanon bricht, das als ›normal‹ anerkannte Vorbild entstellt und die Welt des Maßvollen disproportioniert, setzt sie einen subjektiven künstlerischen Befreiungsakt, zugleich aber verknüpft sie sich unlöslich mit dem Vorbild, das sie entthront. Der Karikaturist lebt, wie jeder Revolutionär, von dem System, das er angreift.

Die Karikatur im strengen Wortverstand ist eine Erfindung subjektiver Künstlerlaune. Ihre verhältnismäßig kurze Geschichte geht auf die Brüder Carracci zurück, deren öffentliches Wirken – von der Kunstgeschichte unter dem Schlagwort des Reformbarock zusammengefaßt – eine neue Epoche der europäischen Malerei einleitet. In Rom schufen sie um die Wende vom 16. zum 17. Jahrhundert einen neuen Stilentwurf, dessen Umriß das Schönheitsideal des Barock entscheidend beeinflussen sollte. Sie griffen auf die großen Meister der Renaissance – Raffael, Tizian, Correggio – zurück und versuchten, deren Kunst zum lehrbaren Ideal zu erheben. Mit der von ihnen begründeten ›Accademia degli Incamminati‹ bereiteten sie die Inthronisierung des akademischen Kunstideals vor. Diese Künstler, denen es gelang, auf eklektischem Wege die Stilpluralität des Manierismus abzulösen, sind zugleich die Schöpfer der Porträtkarikatur. Man macht sich von ihnen ein falsches Bild, wenn man glaubt, ihr künstlerisches Interesse habe sich nur auf die Gegenstände des Idealen und Erhabenen beschränkt. Aus dieser Sicht hat sie das 18. und 19. Jahrhundert verehrt und zu den Lehrvätern eines müden Klassizismus erhoben. Die Carracci haben das Leben ihrer Umwelt als Augenzeugen miterlebt, sie haben Genreszenen gezeichnet, und Agostino hat sogar eine Hinrichtung in sein Skizzenbuch notiert. Die Volkstypen, denen sie in Bologna begegneten, haben sie in einem Zyklus von achtzig Zeichnungen festgehalten, der 1646, gestochen von Guillain, herausgegeben wurde. Dieses Interesse am Alltäglichen und Gewöhnlichen hat sie auch zur Karikatur geführt (Abb. 2, 3). Nur von Agostino wissen wir mit Sicherheit, daß er Karikaturen zeichnete, von Annibale wird dies in verschiedenen kunsttheoretischen Traktaten des 17. Jahrhunderts zwar behauptet, doch hat sich noch kein Blatt gefunden, das seinen Namen trägt. Er soll auch den Begriff ›ritrattini carichi‹ für seine karikierten Porträtskizzen aufgebracht und im Gespräch erläutert haben. In Mosinis *Trattato* von 1646 findet sich seine Argumentation wiedergegeben. Die Natur selbst, meint Annibale, gefällt sich darin, die Züge des Menschen zu deformieren: Sie gibt dem einen eine dicke Nase, dem anderen einen großen Mund; wirken diese Unstimmigkeiten und Disproportionen in sich selbst bereits lächerlich, so vermag der Künstler, indem er sie nachahmt, diesen Eindruck noch zu verstärken und den Betrachter zum Lachen zu bringen. Darüber hinaus ist es jedoch dem Künstler gegeben, diese Mißbildungen der Natur, ohne das Prinzip der Ähnlichkeit außer acht zu lassen, zu verstärken, der Natur gleichsam nachzuhelfen und ›karikierte Bildnisse‹ zu schaffen. Ein Künstler, der so vorgeht, läßt Mosini seinen Gewährsmann Annibale sagen, verfährt wie Raffael und die anderen Künstler, die sich nicht mit der Schönheit begnügen, wie sie in der Natur vorgefunden wird, sondern diese aus verschiedenen Gegenständen und aus den besten Statuen auswählen, um so ein Werk von höchster Vollkommenheit zu gewinnen. Eine Karikatur zeichnen bedeutet darum, daß man um die Absichten weiß, die die Natur mit ihren Mißbildungen verfolgt, und sich dazu entschließt, diese steckengebliebenen Ansätze bis zur ›perfetta deformità‹, bis zur vollkommenen Mißbildung, weiterzuführen.

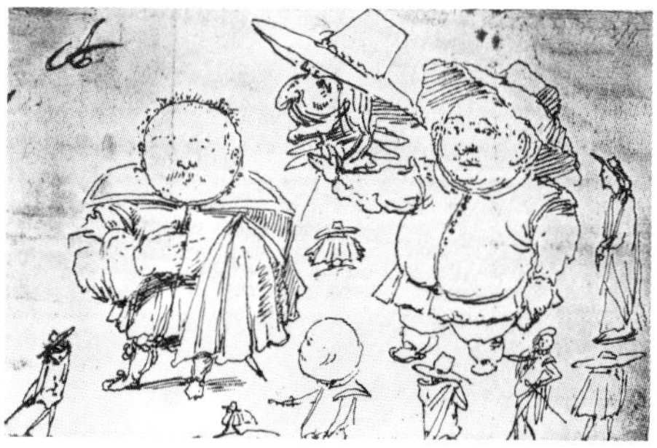

Abb. 2 Annibale (?) Carracci, *Skizzenblatt*

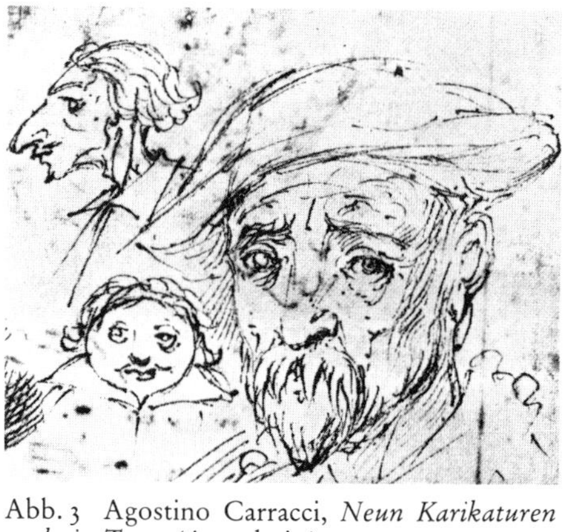

Abb. 3 Agostino Carracci, *Neun Karikaturen und ein Torso* (Ausschnitt)

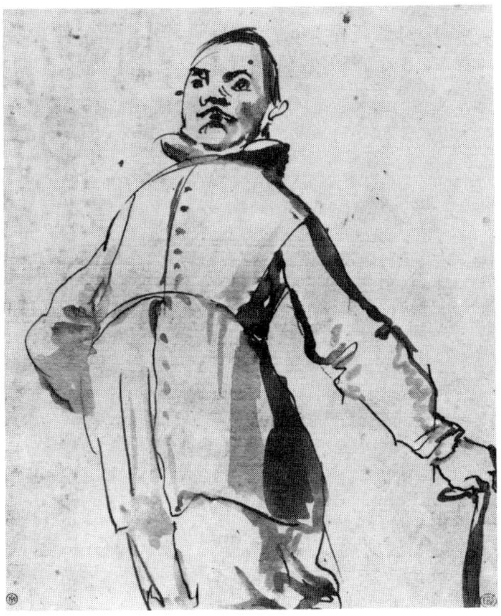

Abb. 4 Guercino, *Ein Schauspieler der Comédie Italienne*

So paradox diese Formulierungen anmuten, so enthalten sie doch eine sehr wichtige Einsicht: Die Karikatur ist der Gegenwurf des Ideal-Schönen, sie ist dessen vollkommene Verneinung und in ihrer Art ebenso eine Veränderung der Wirklichkeit (durch die subjektive Vorstellungskraft des Künstlers) wie deren Sublimierung und Idealisierung im Werke Raffaels. Hinter dieser spitzfindigen Überlegung verbirgt sich das Gedankengut einer Kunsttheorie, deren Thesen mit dazu beitrugen, daß die Karikatur gerade in diesem historischen Augenblick und in diesem Künstlerkreis entstehen konnte. Ehe wir uns dieser Frage zuwenden, um von ihr Aufschluß darüber zu erlangen, welche objektiven geistigen und künstlerischen Faktoren die ›Erfindung‹ der Karikatur voraussetzte, sei deren erste Entwicklungsphase angedeutet.

Das Beispiel der Carracci fand bald viele Nachahmer, und diese wieder riefen die Sammler auf den Plan, denen die neue künstlerische Mitteilungsform, zunächst wohl nur als Kuriosum, ins Auge stach. Künstler, deren Name gemeinhin mit klassischer Schönformigkeit identifiziert wird, widmeten sich der neuen Ausdrucksmöglichkeit. Von Domenichino wird berichtet, daß er Karikaturen zeichnete; von Guercino war noch im 18. Jahrhundert ein Album mit nahezu zweihundert Karikaturen erhalten (Abb. 4); auch Mola und Maratta haben sich in der Karikatur geübt (Abb. 5). Bernini, der größte Bildhauer des Barock, ist wohl der erste Künstler, der mit seinen Karikaturen bestimmte Persönlichkeiten der Nachwelt überlieferte (Abb. 6). Indes die Carracci sich in ihren Einfällen spielerisch mit einer Vielzahl von Gesichtszügen beschäftigten, begnügte er sich damit, auf ein Blatt jeweils nur einen Kopf zu zeichnen. Bernini soll auch Pier Leone Ghezzi zur Karikatur hingeführt haben.

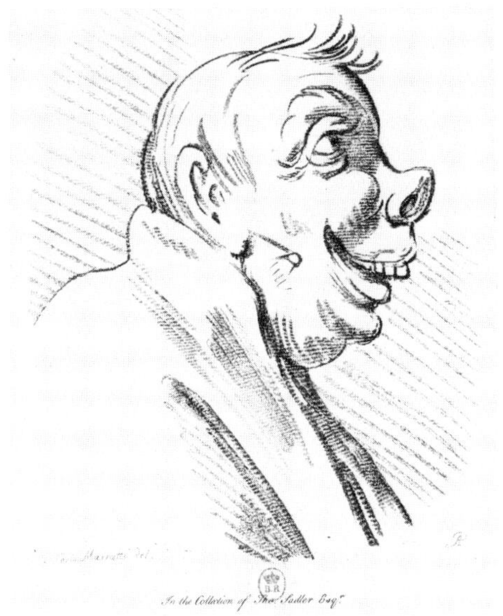

Abb. 5 Arthur Pond nach Carlo Maratta, 1747

Bis weit in das 17. Jahrhundert ist die Karikatur nahezu ausschließlich eine Angelegenheit der italienischen Kunst, und noch im 18. Jahrhundert, als Pond seine fünfundzwanzig Stiche nach Karikaturen herausgibt, überwiegen darin die Italiener: Annibale Carracci, Ghezzi, Guercino, Mola (Kat. 36) – dazu kommt der Franzose La Fage (Kat. 58) und Watteaus Bildnis des Docteur Misaubin (Kat. 63), dem jedoch das wichtigste Merkmal der Karikatur, die Übertreibung und Verzerrung, völlig abgeht.

Fand die Karikatur als spielerische Praxis des Zeichenstiftes rasche Verbreitung, so dauerte es ungleich länger, ehe der Begriff sich im Sprachgebrauch der europäischen Nationen einbürgerte. Das Zeitwort ›caricare‹ (beladen, übertreiben) wird erstmals bei Mosini zum Hauptwort ›caricatura‹ ausgeformt. Bernini führte den Begriff in Frankreich ein, wo er im Jahre 1665 noch unbekannt war. Thomas Browne verwendete ihn im 17. Jahrhundert zur Bezeichnung italienischer Kunstwerke, doch erst im 18. Jahrhundert findet er Eingang in die Wörterbücher und geht allmählich in die Umgangssprache über, in der er sich bis heute erhalten hat.

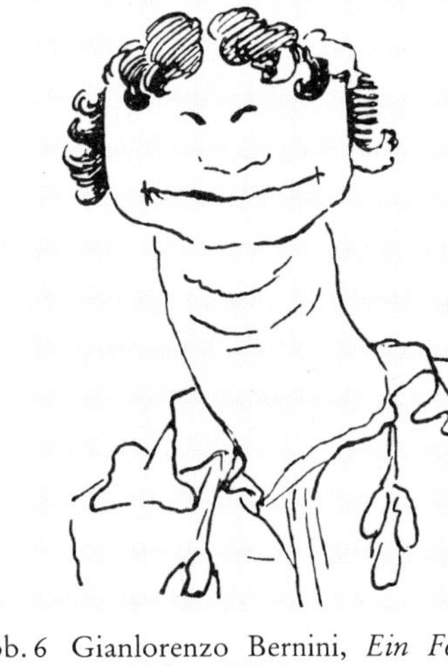

Abb. 6 Gianlorenzo Bernini, *Ein Feldhauptmann Papst Urbans VIII.*

3

Versteht man unter der Karikatur ein bestimmtes zeichnerisches Abkürzungsverfahren, so sind die Carracci ihre Väter. Oder besser: sie sind die letzten Glieder einer künstlerischen Ahnenreihe, die untersucht werden muß, wenn wir nicht bloß das Resultat, als wäre es der Retorte entsprungen, sondern auch dessen Vorstufen erkennen wollen.

Die Karikatur bezieht aus dem Verlauf der Kunstgeschichte ihre beiden Lebensbedingungen: objektive Beobachtung und subjektive Umsetzung der Wirklichkeit. Um die Mißbildungen wahrzunehmen, mit denen die Natur den Menschen ausgestattet hat, muß der Künstler das Natürliche, Alltägliche und Gewöhnliche in seinen Erlebnisradius einbeziehen. Bis zum Beginn unseres Jahrhunderts galt die Überzeugung, die Wirklichkeit der empirischen Welt sei der ausschließliche Gegenstand der Malerei und deren Nachahmung die Aufgabe des Künstlers. Hingegen vermögen wir heute auch Epochen zu würdigen, die sich – wie das Mittelalter bis etwa zum 12. Jahrhundert – um die Prägung abstrakter Typen, um rhythmisch-expressive Wirklichkeitsumsetzung bemühten und keinen Blick für die Züge des menschlichen Gesichtes oder die Vielfalt des Naturreiches besaßen. Eine Kunst, die keine Beziehung zur sinnlichen Welt und ihrer Mannigfaltigkeit besitzt, muß an deren reichgestufter Physiognomie vorbeigehen. Ist die visuelle Neugier für das Besondere und für das Allgemeine, also für die ungeheure Vielfalt unserer Sinneserfahrungen, eine unerläßliche Voraussetzung für das Entstehen der Karikatur, so reicht sie doch nicht aus, solange sie sich nicht mit einem anderen Moment verbindet. Es bedarf keines besonderen Hinweises auf die Beispiele gotischer Porträtplastik oder auf die ersten uns überlieferten Gemälde historischer Persönlichkeiten, die in das 14. Jahrhundert zurückreichen, um überzeugend darzutun, daß die Gotik, vom Typischen zum Individuellen schreitend, bereits die Wiederentdeckung und künstlerische Bewältigung der menschlichen Gesichtszüge eingeleitet hat. Dennoch hat sie, auch in ihrer spätesten, drastischen Phase, keine Karikaturen hervorgebracht. Die Gründe dafür sind einleuchtend. Max Dvořák hat das Wirklichkeitsverlangen der Gotik als individuell-rezeptiven Naturalismus bezeichnet, der wohl das Einzelne und Charakteristische an den Erfahrungsdaten zu erfassen und treu wiederzugeben vermochte, jedoch an der Aufgabe scheiterte, die Fülle des Wirklichen zu ordnen und zu objektiver Gesetzmäßigkeit zu gliedern. »Denn über der Welt der Sinne . . . stand überall noch die Offenbarung, die Sphäre einer überweltlichen religiösen Begrifflichkeit, ein Sein, das anderen als durch die Sinne erkennbaren, verstandesmäßig erfaßbaren Gesetzen folgte und nicht nach vergänglich-weltlichen Werten allein bemessen werden konnte.« Da der gotischen Kunst ein objektiver Kanon des Schönen und Wohlgeformten fehlte, vermochte sie dieses vom Häßlichen nur unscharf abzugrenzen und konnte die in der Sinnenwelt ausgeformte Antinomie von Schön und Häßlich weder begrifflich erkennen noch künstlerisch gestalten. Erst wenn sich die Schönheit zur Regel objektiviert, kann auch ihr Gegenwurf, die Karikatur, gesetzt werden. Ein Blick auf die Proportionslehre des Mittelalters und die der Renaissance mag dies erläutern. Das schematisierende Proportionssystem der Gotik besaß keinen Zusammenhang mit der organischen Körperstruktur: Es preßte die menschliche Gestalt in ein abstraktes Liniengefüge. Ähnlich schematisierend ging auch die Darstellung des Wirklichen vor: Sie begnügte sich – etwa in den ›Musterbüchern‹ der spätgotischen Zeichner – mit fertigen Typen nach fremden Vorlagen, also mit Wirklichkeit aus zweiter Hand. Erst die Renaissance besann sich der Maßbeziehungen des menschlichen Körpers und bemühte sich, auf dem Wege rationaler Beobachtung und wissenschaftlicher Voraussetzungslosigkeit, den Inbegriff des Schönen, den idealen Typus der menschlichen Gestalt ausfindig zu machen.

Leon Battista Alberti und Leonardo da Vinci haben dieser neuen ›Weltanschauung‹ das erste Lehrgebäude gegeben, ein Lehrgebäude, in dem die nüchterne Wirklichkeitserfassung die Grundlage, deren Idealisierung jedoch das Ziel der künstlerischen Tätigkeit bildet. Alle Anschauung soll zu Begriffen vordringen, und diese wieder sind nur aus dem Vergleich zu gewinnen. Damit ist nicht nur der Umfang der künstlerischen Erfahrungen abgesteckt – die Welt des Sichtbaren –, sondern auch die Methode angegeben, deren der Künstler bedarf, um die Unendlichkeit der Wirklichkeitsdaten einem Gesetz zu unterwerfen. Erst der Vergleich ordnet die Vielfalt der Erscheinungen zu einem zusammenhängenden Formenkosmos; er ermittelt die Norm des Ideal-Schönen, deren Abweichungen und deren Gegenpol: das Häßliche. Ist das Objektiv-Schöne als Wunschbild künstlerischen Gestaltens festgelegt, so ist die schöpferische Phantasie auch imstande, eine Gegenbewegung zu vollziehen und sich den idealen Typus der Mißgestalt, die Karikatur, zu erfinden. Die Wirklichkeitsbeobachtung mag noch so eindringlich, ihr künstlerisches Ergebnis noch so naturnah sein – beides reicht nicht aus, wenn dem Maler oder Zeichner die Einsicht in die dialektische Spannung zwischen dem Proportionierten und dem Disproportionierten abgeht. Nicht die der Wirklichkeit zugewandten Venezianer – man denke an die *Alte Frau* des Giorgione (Venedig, Accademia) – noch weniger die Nordländer mit ihrer Vorliebe für das Charakteristisch-Häßliche konnten die Karikatur ›erfinden‹, sondern ein künstlerisches Bewußtsein, das sowohl um die ideale Gesetzlichkeit der Erscheinungsformen als auch um deren Gegensatz wußte. Das Wissen um Regel und Kanon mußte deren bewußter Verletzung vorausgehen.

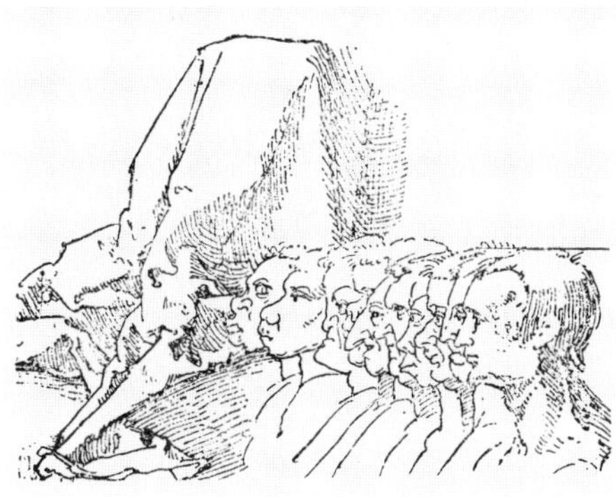

Abb. 7 Albrecht Dürer, *Kopfstudien,* um 1513

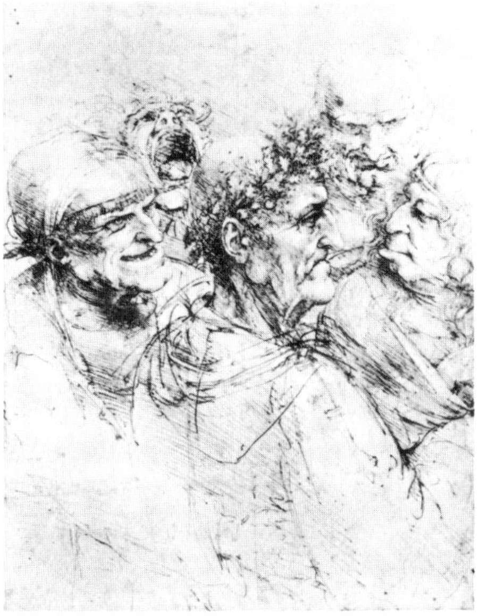

Abb. 8 Leonardo da Vinci, *Studienzeichnung mit fünf Köpfen,* 1494

Die Zeichnung Dürers mit den zehn Kopfstudien (Abb. 7) ist ein anschaulicher Kommentar zum empirischen Programm der Frührenaissance, in dem die Erforschung der Wirklichkeit mit deren Gestaltung Hand in Hand geht. Nimmt man die beiden Enden der Stufenfolge, das Schöne und das Mißgestaltete, für sich, so steht man zwei Formextremen gegenüber. Sofern man jedoch die Zwischenglieder mit einbezieht und daraus eine zusammenhängende Kette bildet, verwischt sich die Kluft zwischen dem Schönen und dem Häßlichen. Man erlebt einen gegliederten physiognomischen Tatbestand, nicht aber jenen schmerzhaften Kontrast, der in der Karikatur zwischen dem Schönen und dem Häßlichen mit der Unversöhnlichkeit einer ewigen Antinomie waltet. Das sachliche Interesse Dürers will nicht übertreiben, sondern feststellen: Menschen von dieser Vielfalt habe ich angetroffen. Diesem forschenden Ernst geht es nicht um die scherzhafte Übertreibung, sondern um »proportionales Ausproben« (Meder), um die objektive Ermittlung des physiognomischen Formenbestandes.

Ähnlich verhält es sich mit den Köpfen Leonardos (Abb. 8). Sie haben ihren Interpreten mannigfache Rätsel aufgegeben, doch war man sich stets darin einig, daß sie von ihrem Schöpfer nicht als bloße Scherzbilder oder als Verspottungen des Menschlichen angesehen wurden. Ein Künstler, in dem sich der Drang des Forschers mit der leidenschaftlichen Gestaltungskraft des schöpferischen Menschen paarte, trat dem Kosmos gleich einer Offenbarung entgegen: Alles an der ihn umgebenden Wirklichkeit schien ihm bedeutsam, Menschen und Dinge, Naturerscheinungen und Traumgesichte, technische Apparate und phantastische Lebewesen fanden zu einem ungeheuren, wirkenden Daseinsganzen zusammen, dessen Bildungen er mit unermüdlicher Gewissenhaftigkeit aufzeichnete. Wer Leonardos Studienblätter untersucht, trifft auf die Dokumente eines Geistes, der rastlos von einem Gegenstand zum andern überging, anatomische Studien mit seltsamen Erfindungen und diese wieder mit künstlerischen Entwürfen konfrontierte. Es scheint, als habe Leonardos Aufmerksamkeit in besonderem Maße dem mimischen Verhalten des Menschen gegolten. Er untersuchte das Zusammenwirken der Muskeln und spürte die Bahnen auf, in denen das Mienenspiel verläuft, denn er wußte, daß darin nichts Willkürliches, sondern ein organischer Lebensprozeß zur Entfaltung gelangt, der sich auf die ganze Gestalt überträgt: »Die Bewegungen und Stellungen der Figuren sollen just den Seelenzustand dessen, der sie ausführt, zeigen, derart, daß sie nichts anderes bedeuten können.« Und wenn Leonardo für die Gegenüberstellung des Schönen und des Häßlichen plädiert, so verspricht er sich davon eine Verdeutlichung zweier Gegensätze. Nichts deutet darauf hin, daß er dabei beim Betrachter den Eindruck des Komischen oder Lächerlichen provozieren wollte. In seinen Studienköpfen absonderlicher Gestalten spricht sich »der sachlich-objektivierende Drang des Renaissancekünstlers aus, das Leben auch in den von der Regel abweichenden Erscheinungen festzuhalten« (Brauer/Wittkower).

Leonardos Köpfe kamen bald in viele Hände; sie wurden in Stichen reproduziert und lieferten Generationen von Epigonen physiognomisches Anschauungsmaterial. Darüber blieb ein anderer Impuls verborgen, den Leonardo zur Entstehung der Karikatur gegeben hat und dessen Bedeutung erst eine Epoche erkennen konnte, die von den »Form-Enden« (Klee) zu den Anfängen des Formprozesses zurückgeht und ihr besonderes Interesse den ersten, tastenden Gestaltkeimen widmet. Um diesen Aspekt zu erläutern, schließen wir die Frage nach den physiognomischen Wurzeln der Karikatur ab und wenden uns der Untersuchung ihrer Formeigentümlichkeiten zu. Damit berührt die Darstellung die zweite der kunstgeschichtlichen Voraussetzungen, von denen eingangs die Rede war: die subjektive Umsetzung der beobachteten Wirklichkeit in einen Verband von Ausdruckszeichen.

In einer Philosophie des Schönen aus dem 19. Jahrhundert heißt es: »Die grotesken Naturformen im Tierreich, Pflanzenreich, Steinreich oder in Wolkengebilden sind an und für sich nicht komisch, werden es aber dadurch, daß sie unwillkürlich an verwandte Formgebilde in höheren Naturgebieten erinnern und nun als Karikaturen derselben gedeutet werden.« Diese Gedanken decken sich mit den ästhetischen Grundsätzen, die Leon Battista Alberti im 15. Jahrhundert entworfen hatte; in ihnen spiegelt sich die Werthierarchie der Renaissancephilosophie: Der Mensch steht im Zentrum des Kosmos, er ist das Maß aller Dinge und das höchste und vollendetste aller Schöpfungsgebilde. Die Proportionslehre macht ihn, auf Vitruv fußend, zum Symbol und zur rationalen Basis des neuen Schönheitskanons; die Zentralperspektive bezieht alles Geschehen auf ihn und seinen ordnenden Anschauungsakt. Schärfer als bei Leonardo wird bei Alberti die Welt der Formen in niedere und höhere Gebiete geschieden und gefordert, daß jeder Vergleich stets beim Menschen, dem Gipfelpunkt der Pyramide, seine letzte Instanz zu finden habe. Verweist Alberti einmal auf kuriose Naturgebilde, die menschliche Formen erahnen lassen, so weiß er mit dieser auf Plinius zurückgehenden Beobachtung in seinem ästhetischen Lehrgebäude nichts anzufangen. Hingegen empfiehlt Leonardo dem Künstler, die Anfangsstufen der Gestaltung den Wolken und Mauerflecken abzusehen und diese Anregungen »in gute und vollkommene Form« zu bringen. Dieser Rat zielt darauf ab, im Künstler die Kräfte der Phantasie zu wecken und seinen Geist anzuregen, in jedem Formanlaß den Keim künftiger Gebilde aufzuspüren: »Durch verworrene und unbestimmte Dinge wird der Geist zu neuen Erfindungen wach. Sorge aber vorher, daß du alle die Gliedmaßen der Dinge . . . gut zu machen vestehst.« Aus dieser Einsicht leitet Leonardo seine Vorschrift für das Komponieren ab: Man möge »aus dem Groben« anfangen und die Körpergliederungen nicht sofort mit scharfbegrenzten Linien ausführen, denn »obschon diese Flecken bezüglich der Einzelgliederung jeder Vollendung entbehren, so fehlt es ihnen doch nicht an Vollendung in den Bewegungen und sonstigen Gebärden«. Leonardo sieht noch nicht, wie der Philosoph des 19. Jahrhunderts, in den Naturformen eine Art von zurückgebliebenen Mißbildungen, sondern elementare Formkeime, die allmählich zu klareren, eindeutigeren Bildungen aufsteigen können. Er sieht die Beziehung walten, die alle Formen im Zustand der ersten Entfaltung miteinander verbindet: Form als Unfertiges, das anfangs noch vag und doppeldeutig ist, allmählich aber sich zu unmißverständlichen Prägungen läutert. Gombrich hat an Hand von Vergleichen nachgewiesen, daß die spielerisch-suchende Rhythmik der leonardesken Handschrift einen elementaren Formansatz zu verschiedenen gegenständlichen Endformen auszudeuten vermag.

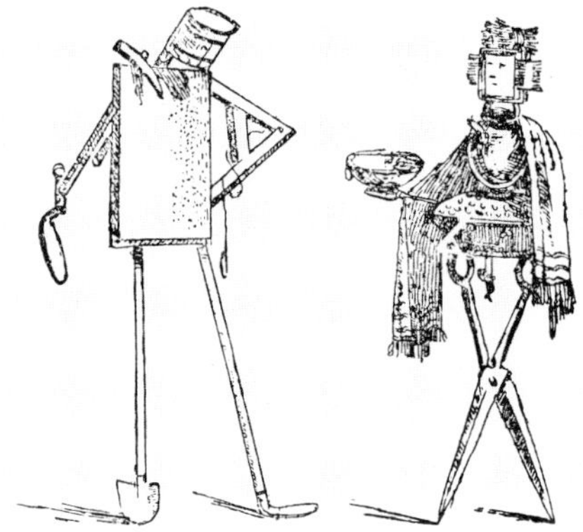

Abb. 9 Giovanni B. Bracelli, aus den *Bizarie*, 1624

Je weniger eine Form gegliedert ist, desto größer ist der Spielraum, den sie dem Deutenden läßt. Ein paar flüchtig hingeworfene Linien können ebenso einen Bergrücken wie ein menschliches Profil bedeuten. Diese Eigenschaft teilt die undifferenzierte Form der ersten Skizze (im Sinne Leonardos) mit jenem Gestaltungsverfahren, das wir unter dem Kennwort der Abstraktion zusammenfassen. Und damit fällt, nach einigen Umwegen, unser Blick wieder auf die Karikatur und die Mechanik ihres Formprozesses. Dieser verläuft nämlich durchaus in der Richtung auf Zusammenfassung, Verdichtung, kurz: Abstraktion der Formenwelt. Geht Leonardo von der unartikulierten Elementarform zu eindeutigen Gliederungen, so schlägt der Karikaturist den umgekehrten Weg ein: Er faßt die Vielfalt der Formen wieder zusammen, reduziert deren differenzierte Ausführlichkeit auf einige wenige Schlaglichter, auf lineare Zeichen, zu deren Eigenschaften es gehört, daß sie vieldeutig sind. Aus dieser Vieldeutigkeit bezieht die Karikatur ihre Überraschungsmomente: Eine Form, die verschiedentlich gelesen oder ausgedeutet werden kann, ist das geeignete Mittel eines Witzes, der sich, wie das Wortspiel, jedoch im Anschaulichen, darin gefällt, Verhältnisse umzukehren, Anspielungen zu verschlüsseln und den Betrachter vor einen Rebus zu führen, den sein visueller Spürsinn zu entwirren hat (Abb. 9). Dieser scherzhafte Aspekt, der überleitet zur Bilderschrift und zum Vexierbild, besitzt seine Wurzel in der neuen, von der Renaissanceästhetik konzedierten Freiheit und geistigen Beweglichkeit des künstlerischen Schaffensaktes: Der Künstler ist der Erfinder seiner Welt, er ist ein ›alter deus‹ (schon bei Alberti findet sich diese Vergöttlichung des schöpferischen Ingeniums), dem es freisteht, einen Gegenstand so wiederzugeben, wie er ihn in seiner subjektiven Vorstellung erschaut hat. Diese Proklamation der subjektiven Freiheit verdrängt allmählich die nüchterne Forderung der Frührenaissance nach genauer und sachlicher Wiedergabe des gesamten sichtbaren Formbestandes und steigert sich bei den Theoretikern des Manierismus (Lomazzo, Zuccaro) zu

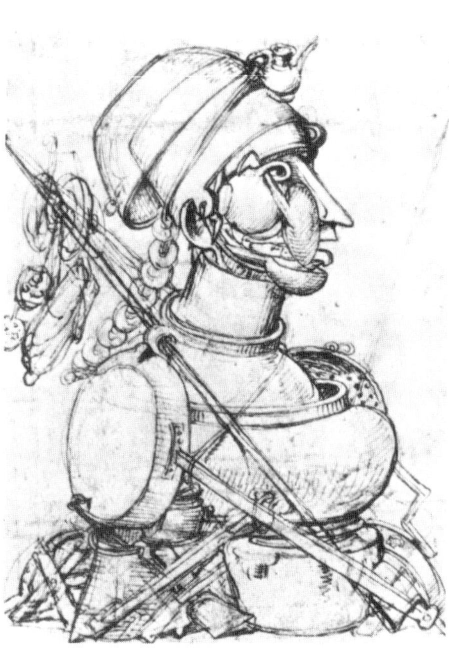

Abb. 10 Arcimboldo, *Der Koch*

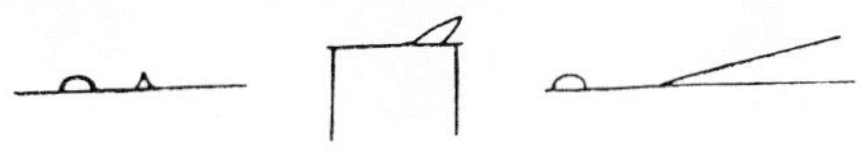

Abb. 11 Agostino Carracci, *Rätselbilder*, aus ›Malvasia‹, 1681

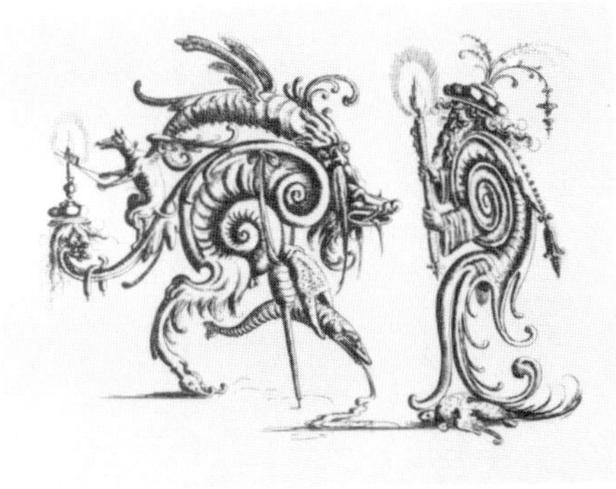

Abb. 12 Christoph Jamnitzer, *Zwei Männer* aus dem ›Neuw Grotteßken Buch‹, 1610

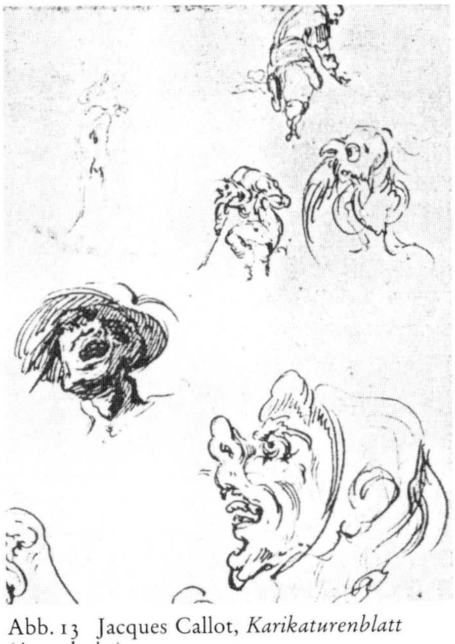

Abb. 13 Jacques Callot, *Karikaturenblatt* (Ausschnitt)

spitzfindigen Theoremen, die nachzuweisen suchen, daß nicht die sinnliche Wahrnehmung die Einbildungskraft auslöst, sondern umgekehrt die Phantasie erst die Wahrnehmung der Dinge bewirkt. Was der Maler sieht, empfängt er bereits von seiner inneren Vorstellung verändert.

Diese Einsicht, wonach der Künstler befähigt ist, nach seinem Gutdünken mit den Daten der sinnlichen Anschauung zu verfahren, hat zwar erst in der zweiten Hälfte des 16. Jahrhunderts ihre programmatische Verbreitung, doch schon bei Leonardo ihre Vorwegnahme gefunden. Sie führt im Zeitalter des Manierismus zu experimentellen Verwirklichungen, an denen schon das Verfahren der Karikatur abgelesen werden kann. Arcimboldo, dessen Werke heute in aller Munde sind, gehört zu den beflissensten Praktikern der Formvertauschung und Formverfremdung. Die Stufen seines Gestaltungsprozesses sind leicht abzulesen: Auf der Rückseite der Zeichnung in der Pariser École des Beaux-Arts (Abb. 10) befindet sich eine kleine Kopfstudie, eine Art Vorstufe zu dem *Koch* der Vorderseite. Die Formen des menschlichen Gesichtes sind auf dieser Skizze in ihre reinsten geometrischen Verhältnisse gebracht, so etwa, wie Dürer manchmal seine anatomischen Studien auf geometrische Schemata zurückführt. Bei Arcimboldo wird aus der Nase ein Dreieck, die Backen nehmen nahezu kreisrunde Form an. Zurückgeführt auf lineare Reduktionsformeln, setzt nun im Gesicht ein neuer Verwandlungsprozeß ein: Der Zeichner entdeckt, daß diese geometrischen Formen mit gewissen Gerätschaften verwandt sind, er rätselt an ihnen herum und vergegenständlicht sie zu einem Ensemble von Küchengeräten, von denen jedes formale Ambivalenz besitzt: Er bezeichnet sowohl sich selbst als auch ein bestimmtes Charakteristikum des Gesichtes. Der Künstler erfährt, daß es Formen gibt, die sich willkürlich interpretieren lassen. Auch von den Carracci wird berichtet, sie hätten sich an den rätselhaften Effekten ambivalenter Konturen vergnügt, so etwa auf kleinen ›divinarelli pittorici‹, Zeichenscherzen, wie sie noch heute gerne geübt werden (Abb. 11).

Auch der Manierismus des europäischen Nordens besann sich der Möglichkeiten linearer Verwandlung und Vertauschung, doch ging er nicht von rationalen Überlegungen aus. Jamnitzers Groteskgestalten (Abb. 12) verkörpern das lineare Pathos der deutschen Kunst und rufen deren eigenwillige, auf die Völkerwanderungszeit zurückreichende Linienornamentik wieder wach. Indes kann auch hier, wie später in der Karikatur, von einem Ansatz zum Zeichen, zur Chiffre gesprochen werden, wenngleich diese schäumende Formenphantasie der anderen Voraussetzung der Karikatur entbehrt: Sie besitzt wohl die spielerische Beweglichkeit, doch nicht die physiognomische Eindringlichkeit des Karikaturisten. Der Wille zur Abstraktion überspringt das Zerrbild, indem er die Verwandlung der Formen sofort in den Bereich neuer, visionär empfangener Phantasiegeschöpfe vortreibt. Die Einbildungskraft, die sich von der sinnlichen Wahrnehmung nur mehr den Anlaß leiht und diesen in rhythmischen Variationen umgestaltet, läßt die Grenzen der Karikatur hinter sich, da sie sich von ihrem Gegenstand zu weit entfernt. Dies gilt auch von den meisten Einfällen Jacques Callots, dessen Gestalten wohl sehr oft grimassenhafte Züge tragen, doch dabei eher an Masken als an Karikaturen erinnern, an Masken, in denen das Zerrbild zum Ornament wird. Mit Recht sagte Hebenstreit bereits vor mehr als hundert Jahren: »Die Fratzen Callots sind das Poetische in der Kunst selbst, sind das Unnatürliche des Natürlichen und liefern den Beweis, daß das Natürliche nicht das Höchste ist.« Erreicht der Abstraktionsprozeß der Karikatur den Punkt, an dem sich die abgekürzte Formel von den Gesichtszügen ablöst, die ihren Anlaß bilden, so wird die Formel eigenständig, sie erstarrt und weist nicht mehr auf den Karikierten zurück. Dieser Vorgang läßt sich auch auf dem berühmten Studienblatt der Uffizien (Abb. 13) nachweisen: Der nach links blickende Profilkopf ist eine Formel, die bei Callot immer wieder auftritt.

Überblickt man die Fakten, die hier zusammengestellt wurden, um den geschichtlichen Hintergrund der Karikatur zu erhellen, so liefen diese auf die Feststellung hinaus, daß der Realismus des Nordens, kraft seiner emotionellen Anteilnahme an den alltäglichen Vorgängen seiner Umwelt, es zwar keineswegs an Versuchen fehlen läßt, die menschlichen Gesichtszüge drastisch zu übersteigern

(Abb. 14) oder wirkungsvolle Gegensätze (Abb. 7) einander gegenüberzustellen, daß ihm jedoch die objektive Norm, das ästhetische Koordinatensystem des Südens fehlt, um die Karikatur zu ›erfinden‹ und zur bewußten antithetischen Formsetzung zu erheben. Überall dort, wo wir formale Ansätze zur Karikatur entdecken konnten – in den ›groben‹ Elementarformen Leonardos oder in den Ambivalenz-Bildern Arcimboldos –, begegneten wir Verstößen gegen die Regeln der Renaissance: Der Künstler verging sich gegen die Forderung nach Eindeutigkeit und Klarheit seiner Gebilde. Bei Arcimboldo gewinnt diese Haltung den Charakter einer Abkehr von den Bindungen der Renaissanceästhetik und wird zu dem beharrlichen Versuch, die Welt, von der man glaubte, sie sei nun von der Malerei (der Leonardo den Rang einer Wissenschaft gab) geklärt (oder besser: aufgeklärt) und durchforscht worden, wieder als etwas Rätselhaftes darzustellen. Formen, die zweideutig sind, Kombinationen von Gegenständen, die bald so, bald so gedeutet werden können, provozieren den Eindruck der Unsicherheit, der Fragwürdigkeit. Die Willkür des Künstlers erweckt im Betrachter Mißtrauen und Besorgnis: Die Gegenstände der Welt verfremden sich und spotten der Lehrsätze der Vernunft, die glaubte, man könne den Kosmos bis in seine rätselhaftesten Zusammenhänge entziffern und zu logischer Gesetzlichkeit aufgliedern. Die Utopien von Ratio, Maß und Vergleich hatten kaum das Pathos ihres Optimismus entfaltet, als bereits eine Gegenbewegung spürbar wurde, die sich auf die Mächte des Irrationalen berief und allmählich jenen erkenntnistheoretischen Skeptizismus entstehen ließ, der die zweite Hälfte des 16. Jahrhunderts kennzeichnet.

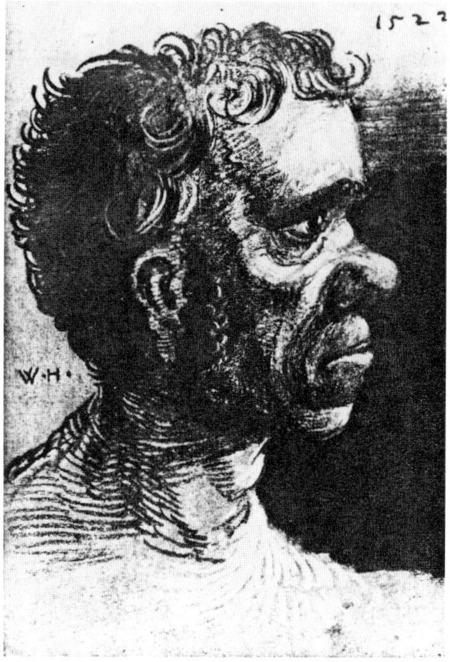

Abb. 14 nach Wolf Huber, *Kopf eines Mannes*, 1522

Skepsis und der Versuch, das objektive Gesetz subjektiv zu verschlüsseln, regten zu einer Reihe von Experimenten an, die an die Basis der neuen Bildvorstellung, die Zentralperspektive, rührten und diese buchstäblich verzerrten. In der Tat stellen diese anamorphischen Einfälle nichts anderes als den Versuch dar, das ausgewogene Bildgefüge mechanisch zu verzerren und zu verunklären, also für den Profanen, Nichteingeweihten unleserlich zu machen. Wieder treffen wir hier auf die Tendenz, die Formenwelt zu ›verschlüsseln‹. Das Verfahren läßt sich etwa so beschreiben: Indes die Zentralperspektive mit einem imaginären Betrachter rechnet, der sich frontal dem Bild nähert, so daß sich zwischen Auge und Bildfläche ein Winkel von 90° bildet, wendet sich das mit verzerrter Perspektive gemalte Bild an einen Beschauer, dessen Standort sich seitwärts von der Leinwand befindet, so daß seine Blickrichtung mit dieser einen spitzen Winkel bildet (Abb. 15). Erst aus dieser Schrägsicht werden die Vorgänge auf dem Bild erkennbar und nehmen normale Proportionen an. Dieses Mittel hat Holbein auf dem Bild der beiden Gesandten (London, National Gallery) bei der Wiedergabe des Totenschädels angewandt; Leonardo hat es in einem Kinderkopf verwendet, und Erhard Schön hat in dieser Technik einige Bildnisholzschnitte und Genreszenen wiedergegeben, bei denen Geschmacksrücksichten die Verschlüsselung nahelegten. In seinen *Anamorphoses* (Paris 1955) hat Baltrušaitis alle diese Beispiele der verzerrten Perspektive zusammengestellt und auch die Übergänge berücksichtigt, die zum Vexierbild und zu den Gegenstandskoppelungen Bracellis (Abb. 9) führen.

Alle diese Darstellungsmethoden setzten sich über das genormte Weltbild jener positivistischen Renaissanceästhetik hinweg, welche, vom Manierismus erstmals in Frage gestellt, im 17. Jahrhundert zur Grundlage des Klassizismus ausgerufen wurde und in einem bekannten Goethewort ihre lapidare Formulierung finden sollte: »Von der bildenden Kunst verlangt man deutliche, klare, bestimmte Darstellungen.« Jede Vermischung des Belebten mit dem Unbelebten, jede Vertauschung der menschlichen Form mit der eines toten Gegenstandes wird von dieser Kunstanschauung kategorisch zurückgewiesen.

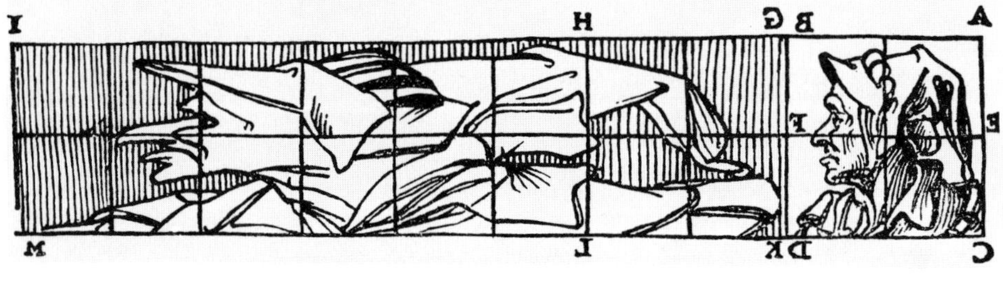

Abb. 15 Illustration aus *Le Due Regole della prospettiva pratica* von Vignola und Danti, 1583

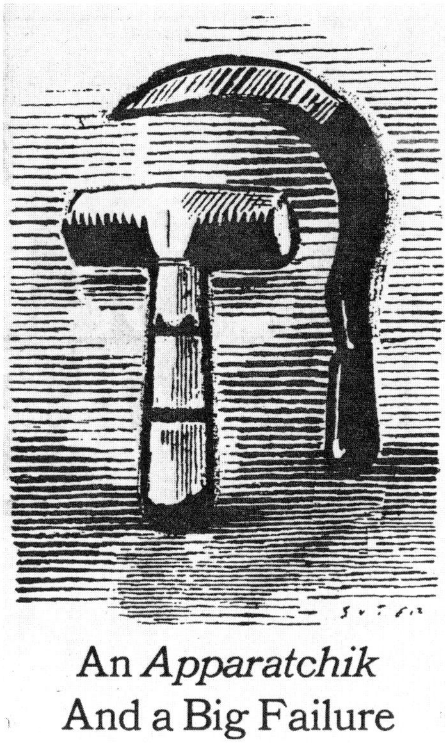

Abb. 16 Hugo Suter, *An Apparatchik And a Big Failure,* ›The New York Times‹, 12. 11. 1982

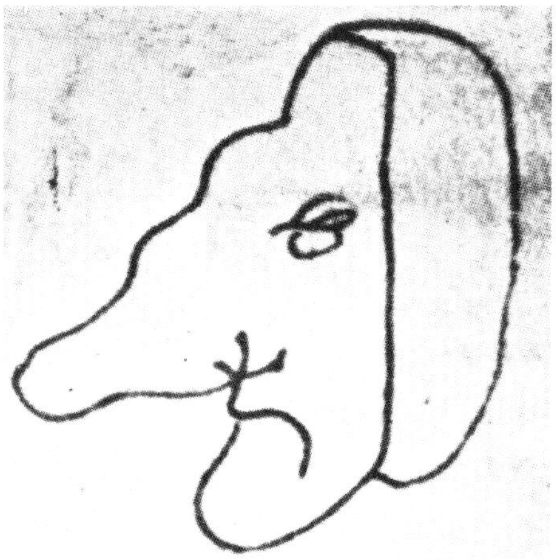
Abb. 17 Erasmus von Rotterdam, *Selbstkarikatur,* vor 1521

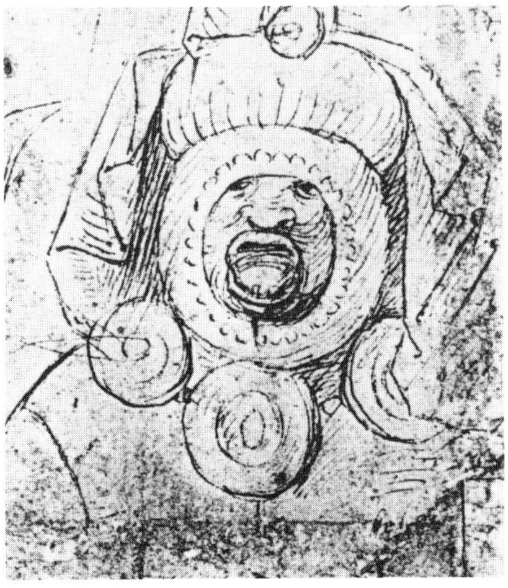
Abb. 18 Hieronymus Bosch, *Studienblatt mit Köpfen* (Ausschnitt)

Gerade dagegen rebelliert die Karikatur. Sie protestiert gegen die ideale Schönformigkeit und beansprucht für sich die Freiheit, die Welt nach dem Häßlichen umzubilden; sie verwahrt sich gegen das Dogma vom Edlen und Erhabenen, das allein kunstwürdig sei, indem sie einfache Menschen ebenso wie angesehene Würdenträger kritisch ins Auge faßt; sie duldet nicht die Aufspaltung der sichtbaren Welt in streng geschiedene Kategorien und behält sich das Recht vor, die menschlichen Gesichtszüge zu verwandeln, sei es selbst um den Preis der völligen Umformung in einen neuen Gegenstand (Abb. 16). Ihr lebhafter, unermüdlich vorgebrachter Widerspruch gilt nicht nur sozialen Mißständen, politischen Systemen, umstrittenen Glaubenssätzen oder ausgefallenen Sitten – er gilt einer Welt, die vorgibt, das Schöne sei mit dem Guten, das Sinnliche mit dem Sittlichen identisch, und dieses Schöne, zu steriler klassizistischer Idealität erhoben, sei dazu berufen, die Welt im Kunstwerk zur Illusion des Erhabenen zu verklären. Karikatur bedeutet Skepsis: Zweifel daran, daß Logik und Vernunft imstande seien, den Dingen dieser Welt eine erschöpfende Sinngebung zu leihen. Der Karikaturist erblickt unter der Oberfläche der Welt und hinter den Kulissen ihres Schauspiels die verwirrende Szenerie einer ›verkehrten Welt‹. Er hüllt sich in das Narrenkleid des Spötters, in dessen Scherzen sich der Unsinn in Tiefsinn verkehrt. Das tut auch Erasmus von Rotterdam (Abb. 17), wenn er seinen Zweifel an der Eindeutigkeit jeglicher Erscheinung als Gewinn bucht: »Was ist denn das menschliche Leben schon anderes als ein Schauspiel, in dem die einen vor den anderen in Masken auftreten und ihre Rolle spielen, bis der Regisseur sie von den Brettern abruft? Oft genug läßt er denselben Spieler in verschiedenen Rollen auftreten, so daß er bald als purpurgeschmückter König, bald als dürftig gekleideter Sklave erscheint.« (Erasmus von Rotterdam, *Das Lob der Torheit.*)

4

Diese verkehrte Welt ist viel älter als die Erfindung der Carracci. Jean Paul hat sie in seiner *Vorschule der Ästhetik* die »Sinnenwelt« genannt und ihr das Abstraktum der Ideenwelt gegenübergestellt: »Um göttlich Gericht zu halten«, wirft ein jüngster Tag die sinnliche Welt zu einem zweiten Chaos ineinander, indes der Verstand »nur in einem ordentlich eingerichteten Weltgebäude« seine Herrschaft entfalten kann. Die Sinnenwelt – das ist die Fülle des Inkommensurablen; die Ideenwelt – das ist die deduktive Anweisung der Vernunft, sich im Chaos des Wirklichen, Konkreten zurechtzufinden. Wie immer man diese beiden Weltbilder nennen mag, man wird in mannigfachen Metamorphosen ihrer Partnerschaft gewahr werden und in ihnen die Grundformeln eines ewigen Menschheitsgespräches entdecken.

Gemessen an der Welt des Schönen und Sinnvoll-Geordneten verkörpert die Karikatur eine Gegenbewegung ins Häßliche; verglichen jedoch mit der freien Gegenstandskombinatorik eines Phantasten (Abb. 9), die den Gliederbau des Menschen mit einem Konglomerat von Gegenständen vertauscht oder an dessen Stelle rhythmische Paraphrasen erfindet, gewinnt die Karikatur unversehens den Charakter des Vertrauten und rückt in die Nähe der konventionellen Darstellungsweisen. Dennoch gehört sie, als Ausläufer, auch der Welt des Grotesken und Phantastischen an. Verfolgt man ihren Protest, diesen frevlerischen Abfall von den unumstößlichen Dogmen der Ästhetik, bis in jene Räume, in denen er die Welt des Normalen nicht mehr verspottet, sondern eine Gegenwelt ausruft, so wird man Zeuge der allmählichen Umwandlung der Karikatur aus einer kritischen Randnotiz, aus einer Skizzenbucheintragung in visionäre Gebilde, die nichts mehr verzerren, da sie sich auf eine Gegenwelt des Alogischen berufen, in deren Bezirken weder die Vernunft noch die Schönheit Gesetzesmacht besitzen. Das in einem früheren Zusammenhang erwähnte Wort von der Sattelstellung der Karikatur wird nunmehr begreiflich. Heftet sich nämlich die Karikatur an ihren Anlaß, an das verzerrte und bloßgestellte Vorbild, so blickt sie doch zugleich in die entgegengesetzte Richtung, wo sich der Welt des Schönen und der Vernunft die ungegliederte Fülle reicherer Spannungen und unentwirrbarer Sinnbezüge entgegenstellt (Abb. 18).

Diese Welt ist die ursprünglichere; ihr gehören die ersten Versuche des Menschen an, sich mit den Kräften und Mächten des Kosmos zu verständigen; ihr beschwörendes Pathos geht dem Bestreben vorauf, die Welt als logischen Prozeß zu gliedern und als mechanischen Vollzug zu deuten. In diesen Frühzeiten der menschlichen Weltaneignung lag die gesamte Schöpfung unter dem Zauber der Allbedeutsamkeit. Pflanze und Tier, Waffe und Gerät waren Symbolträger, in deren Beseeltheit das Rätselhafte des Daseins benannt und gebannt werden sollte. Erst später trat an die Stelle des magischen Zeichens die Definition, wurde alles Geschehen nach Ursache und Wirkung beschrieben, verließen die Götter die unzähligen Wohnorte ihrer Allgegenwart, wurde das Unvertraute entbildlicht und in das physikalische Gesetz gezwungen. Die Welt wurde abstrakt. Dem klassifizierenden Verstand des antiken Menschen gelang der erste Vorstoß in Richtung auf eine Zusammenfassung, Wertung und Benennung des Weltganzen. Er entwarf das Maß des Schönen und gab der Norm die Hoheit des Ideals. Das Häßliche, in dessen Zügen die Menschheit die Boten des Schrecklichen und Bedrohlichen zu lesen gelernt hatte, verfiel dem Spott der Satire. Das Komische verblieb als sein Restbestand.

Die antike Kunstlehre ging noch einen Schritt weiter: Sie begründete die Lehre von den Höhenlagen des Stils, indem sie jedem Themenkreis eine bestimmte Ausdruckshöhe zuwies. Der hohe oder erhabene Sprachstil hatte der Darstellung des Hohen und Erhabenen zu dienen; der mittlere Stil war der Satire und Polemik vorbehalten, indes der komische Stil die Darstellung des Niedrigen und Gewöhnlichen zu besorgen hatte. Diese Vorschriften haben bald nach dem Zusammenbruch der antiken Welt ihren dogmatischen Rang eingebüßt und diesen erst wieder im 17. Jahrhundert wiedergewonnen. Die christliche Welt hatte kaum ihre Stimme gefunden, als sie mit dem stiltrennenden Prinzip der Antike brach und in der Darstellung der Inkarnation und Leidensgeschichte des Erlösers das Erhabene mit dem Gewöhnlichen zusammenführte und damit jene »Stilmischung« (Auerbach) gebar, die bis an die Wende zur Neuzeit der Ausdruckssprache des Abendlandes ihre eigentümliche Färbung gab.

Kein Wunder, daß dieses Weltbild nicht nur dem Gewöhnlichen, sondern auch dem Komischen Zutritt zu den Bezirken des Erhabenen gewährte. Das Mittel der Stilmischung fand auch in den kirchlichen Mysterien Anwendung, ja es nahm dort oft Formen an, in denen die Nähe des Possenhaften dem erhabenen Ernst der Passion kaum mehr zuträglich erscheint (Abb. 19). Man darf freilich das Nebeneinander von Burleske und Tragik nicht mit unseren Augen beurteilen, zum anderen aber auch nicht übersehen, daß bereits im 12. Jahrhundert Klage geführt wurde über gewisse Ausartungen, in denen die Stilmischung blasphemischer Schrankenlosigkeit den Weg bereitet hatte. Besser als viele Ausdeutungen erläutert ein Wort aus Jean Pauls *Ästhetik* die uns oft seltsam berührende Ursprünglichkeit dieses Weltbildes: »Gerade in die andächtigsten Zeiten fielen die Narren- und Eselsfeste, die Mysterienspiele und die Spaßpredigten am ersten Ostertage, bloß weil da das Ehrwürdige noch seinen weitesten Abstand von diesen Travestierungen behauptete . . . Späterhin verträgt die Zweideutigkeit des Ernstes nicht mehr die Annäherung des Scherzes, so wie nur Verwandte und Freunde, aber nicht Feinde einander vor den komischen Hohlspiegel führen dürfen.« Folgerichtig fügt sich daran der Satz eines modernen Forschers: »Der mittelalterliche Mensch konnte etwas profanieren und sich damit amüsieren, ohne es zu persiflieren. Die Parodisten spielen mehr leichtfertig als schändlich mit Hohem und Heiligem« (Paul Lehmann). Es gehört zu den Wesenszügen des Mittelalters, daß es, in einer alles umfassenden Doppelbewegung, »mit dem einen Atemzug die Welt verleugnet, mit dem zweiten brünstig begehrt« (Bühler). »Das Heiligste wird plötzlich durch abstoßende Züge verzerrt, dann wieder das Gemeine und Niedrige in eine hehre Sphäre gerückt.«

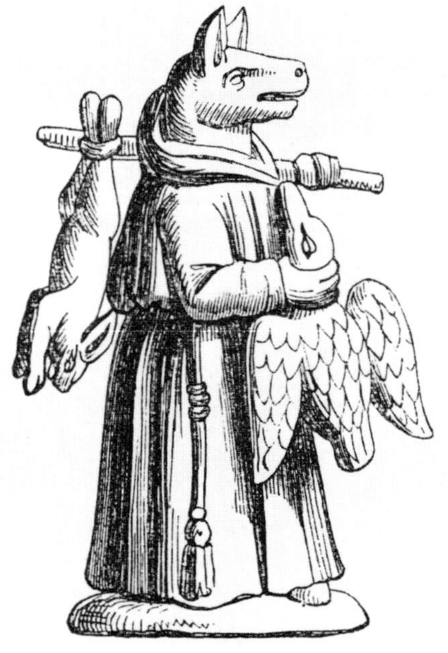

Abb. 19 *Der Fuchs als Mönch,* Skulptur

Die Zweideutigkeit des Ernstes, sagte Jean Paul. Das ist der Vorzug einer Weltzeit, der die letzten Dinge allgegenwärtig sind; diese Zweideutigkeit ist nichts anderes als die tiefe Beziehung, die jede Kreatur mit dem Ewigen verklammert hält. Es ist der immerwährende Ernst letzter Menschheitsrätsel, der gleich einer Falle jedes Wort, jeden Scherz, jede Handlung belauert, der dem Narren ein Bein stellt, sich dem Übermut unterwirft und den Menschen verkündet, daß alles eitel ist. Etwas von der Offenbarungsgewalt, die der mittelalterlichen Satire eignete, hat sich in den unerbittlichen Visionen der großen Meister der Karikatur erhalten: Bei Bruegel und Hogarth begegnet man dem bestürzenden Irrgarten einer verkehrten, heillos gewordenen Welt; bei Rowlandson findet sich inmitten gesellschaftskritischer Darstellungen ein Totentanzzyklus; die Einbildungskraft Goyas umkreist die Vorstellung der Hölle auf Erden; bei Daumier ahnt man den Satan in der Symbolgestalt des Robert Macaire und spürt die unausweichliche Drohung eines Jüngsten Tages in den letzten Lithographien; das Werk Ensors ist ein unausgesetztes Ringen mit Höllenfratzen und ein erschütterndes Dokument menschlicher Seelennot.

Die Stilmischung, von Erich Auerbach als wichtiges Gestaltungsmittel der abendländischen Literatur erkannt, darf auch als Charakteristikum der bildenden Kunst des Mittelalters herangezogen werden. Man kann sie an den drastischen Episoden romanischer und gotischer Kirchenkapitelle beobachten, ebenso an den Randleisten von Handschriften, in deren Gestaltenfülle der freien Erfindung keine Grenzen gesetzt sind. Auch hier ist oft das Erhabene dem Alltäglichen und Intimen benachbart; der derbe Scherz drängt sich in den sakralen Zusammenhang, und so wie sich das parodierende Wortspiel in den ausgefallensten Umkehrungen, stellenweise sogar in der Erfindung unverständlicher Wortbildungen gefiel, so werden auch in den bildenden Künsten Glieder verschiedener Herkunft miteinander gekoppelt und zur Bildung von Phantasiegeschöpfen berufen.

Das Transzendente und das Kreatürliche gleichermaßen bei sich aufnehmend, scheint uns diese Weltvorstellung von unvergleichlicher Vollständigkeit: Sie durchmißt alle Höhen und Tiefen des menschlichen Daseins, nichts geht ihrem Blick verloren, auch das Unscheinbarste und Geringste wird dem großen Ganzen eingebildet. Aus der Sicht der Renaissance gleicht diese Welt – mit all ihren groben Zügen, mit ihrem Spott und ihrer polternden Lustigkeit – einem Zustand der Unschuld und der Geborgenheit. Es liegt etwas Argloses in ihrer lärmenden Possenhaftigkeit – die Arglosigkeit eines frühen Menschheitszustandes, der mit der Welt und ihren Dingen ein wissend-unwissendes Spiel treibt.

Der Karikatur ist dieses Eingebettetsein in ein geschlossenes Weltbild versagt. Ihr erster Daseinsakt ist eine Herausforderung, ein bewußtes Verlassen der von Ästhetik und Vernunft beglaubigten und empfohlenen Formbezirke. Sie betreibt die Verzerrung als bewußten Protest, die spielerische Verwandlung der Formen als bewußte subjektive Gestaltungslaune. So wie es ein naives Nachahmen und ein bewußtes Kopieren gibt – Kleist hat darüber in seinem Aufsatz *Über das Marionettentheater* gehandelt –, so gibt es auch ein Verformen, in dem der Mensch arglos die Vielfalt und Unerschöpflichkeit der Formenwelt erprobt, und ein wissendes, von Reflexion und subjektiver Willkür gelenktes Verzerren, das sich bewußt gegen eine Norm richtet und diese zerstören will. Die mittelalterlichen ›Grotesken‹ (Abb. 20), die Drolerien und Mischbildungen, die kunstvoll verflochtenen Kapitellgruppen, die sprießenden Liniengewächse der Manuskripte bedeuten hingegen primär einen naiven, ungebrochenen Akt der Bereicherung und Erweiterung des Daseins.

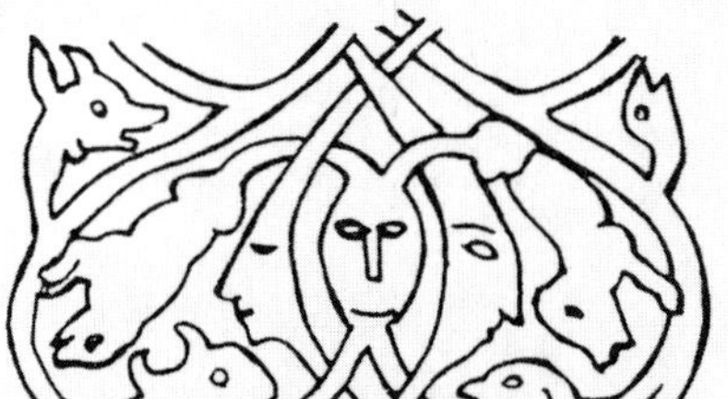

Abb. 20 Flechtornament, Bronze, 12.–13. Jh.

Erst die Festlegung der Koordinaten des Schönen und Häßlichen, des Erhabenen und Gewöhnlichen im 16. Jahrhundert bringt es mit sich, daß das Phantastische und Rätselhafte nun der Einbildungskraft des Einzelnen überlassen und das Zerrbild zur kritischen Manifestation einer künstlerischen Persönlichkeit wird. Wohl ist die künstlerische Handschrift vorerst auf Darstellungsmittel angewiesen, die sich bereits in der Gotik vorgebildet finden, doch besitzt die Zeichenwelt, die sie daraus errichtet, den Stempel des Willkürlichen, sie ist nicht mehr verankert im Ganzen, nicht mehr Spiegelung oder Brechung eines Höheren, sondern dessen bewußte Umkehrung, subjektiv gesetzte Gegenwelt, die nicht mehr allgemein verbindlich ist. Nun erst kann von ›Gegenkünsten‹ gesprochen werden, und nun erst kann das von der Norm Abweichende als Verstoß empfunden werden. Wieder tritt nun die antike Stiltrennung in ihr Recht und versieht das Regelwidrige mit der Lizenz des Komischen. Erst zu diesem Zeitpunkt kann das Komische der Form, also die Karikatur, zur künstlich-künstlerischen Gattung erhoben und zur bloßen

Belustigung, zum Bildwitz ausgerufen werden. Bislang war es mit dem Ernst unlösbar verbunden, war ein Teil seiner Welt und ein Glied aller irdischen Zusammenhänge. Es steckt eine tiefe Wahrheit in dem Gedanken Jean Pauls: »Der Scherz fehlt uns blos aus Mangel an Ernste, an dessen Stelle der Gleichmacher aller Dinge, der Witz, trat, welcher Tugend und Laster auslacht und aufhebt.« Nimmt man den ›Scherz‹ als integrierenden Bestandteil der mittelalterlichen Welt, als Hinweis auf Höheres, als notwendigen Partner des Erhabenen, so versah er in dieser die Rolle des Narren am Königshof und die des Possenreißers in den Kathedralen; er verband das Einfache, Einfältige mit dem Überirdischen, er drang in alle Daseinsbezirke ein und gab dem Welttheater die bunte Folie, vor der sich die Mahnung der letzten Dinge erhob.

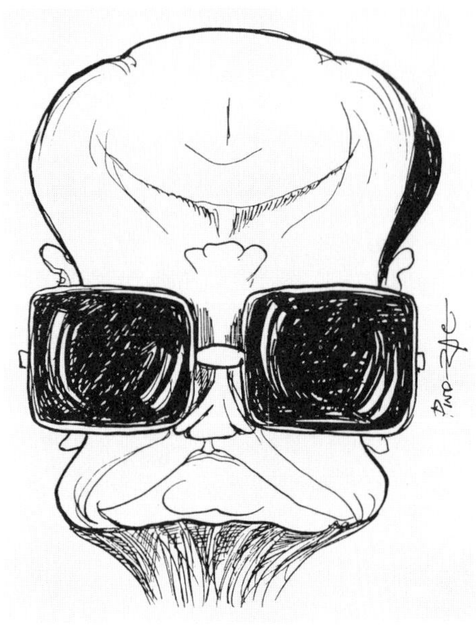

Abb. 21 *Jaruzelski – Pinochet – Wendekopf*, ›Le Canard enchaîné‹, 18. 5. 1983

Eine Epoche, die sich auf dem Wege zur restlosen Aufklärung aller Weltgeheimnisse glaubte, mußte das Abseitige, Rätselhafte, die Fassungskraft des logischen Verstandes Übersteigende zum Komischen degradieren, denn sie konnte nicht zulassen, daß sich hinter dem Gaukelspiel der Groteske und der Posse tiefe Einsichten in den Lauf der Dinge verbargen. In der *Encyclopédie* von 1751, in der das Zeitalter der Aufklärung sich selbst definiert, wird darum die Karikatur als eine Art »libertinage d'imagination« betrachtet, der man sich nur zum Vergnügen und zur Entspannung zu bedienen habe. Der Mensch, der sich die Vernunft zur Leitidee erwählt hat, gefällt sich darin, sie hie und da zu verspotten, so wie der Sittenstrenge sich an den vom gesellschaftlichen Anstand dazu reservierten Ort seiner Vorurteile begibt und einen Seitensprung wagt. Die Karikatur ist unterhaltend geworden, man hat sie vom Beunruhigenden befreit und im Revier des Bildwitzes untergebracht: Hier kann sie keinen Schaden mehr anrichten, ist sie als Koketterie der Einbildungskraft erkannt, darf sie ihr Dasein als Randglosse zubringen und den Spielraum der Vieldeutigkeit auskosten.

5

Dieser Prozeß entspricht der Ortsbestimmung der Karikatur seitens der Kunsttheorie des 17. und 18. Jahrhunderts. Dahinter steckt die Lehre von der Überlegenheit des Menschen, der sich – selbstbewußter als der Mensch des Mittelalters – an die Spitze der Schöpfungspyramide stellt und damit die Fäden durchschneidet, die ihn mit allem Kreatürlichen bislang verknüpften: Er isoliert sich. Auf dieser Isolierung beruht ein wesentliches Merkmal der Karikatur: ihre Überheblichkeit – ein Zug, den man vor der Renaissance vergeblich suchen wird.

Diese Überheblichkeit gibt der Karikatur das Wissende, die bewußt gesetzte Pointe, die versteckte Anspielung, die mit einem Beschauer rechnet, der auch flüchtige Andeutungen und hingeworfene Stenogramme zu lesen versteht. Die Karikatur rechnet mit einem wissenden Publikum, das an der Vertauschung ambivalenter Forminhalte sein Vergnügen hat (Abb. 21) und raffiniert genug ist, um die Verwandlung eines Tintenflecks in eine Gesichtspartie oder die sukzessive Differenzierung abstrakter Formen bzw. linearer Andeutungen zu gegenständlich bestimmbaren Komplexen als eine subtile Formoperation zu akklamieren, bei der dem Künstler die Rolle des Magiers, des Zauberers zufällt, dessen Fingerfertigkeit allein schon Lob und Anerkennung verdient.

Damit berühren wir die Frage nach der linearen, graphischen Mechanik der Karikatur. Wieder stehen wir vor einem Paradoxon: Aus dem bisher Gesagten konnte geschlossen werden, daß die Karikatur bewußte Setzung eines künstleri-

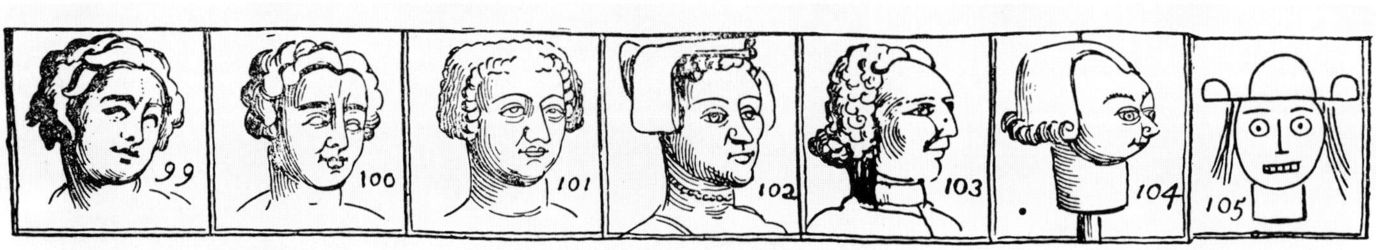

Abb. 22 William Hogarth, aus *The Analysis of Beauty*, 1753

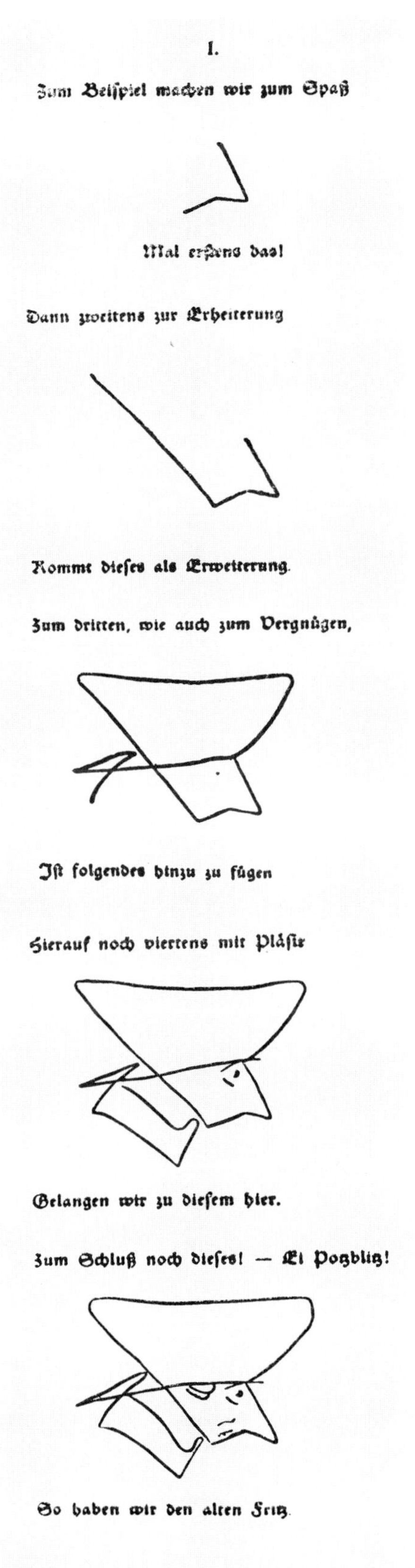

Abb. 23 Wilhelm Busch, *Der alte Fritz*

schen Subjekts ist; daß sie Erfahrung und Wissen voraussetzt und eine gewisse Handfertigkeit bedingt. Dem steht die Tatsache entgegen, daß es sich bei der Karikatur um die Setzung von Formeln handelt, welche, einmal erfunden, der Nachahmung zugänglich sind. Die Karikatur ist, wie die seit Jahrhunderten in Gebrauch stehenden Rezeptbücher beweisen, lehrbar. In seinem Lehrbuch des Zeichnens, das 1719 in Amsterdam erschien, gibt Gérard de Lairesse auch eine Einführung für Kinder, die gleichsam mit einem Zeichenalphabet beginnt. Die Hand soll zunächst nur gerade oder gekrümmte Linien setzen, später wird sie dazu angeleitet, diese zu geometrischen Grundformen zu verbinden. Ähnliche Resultate erzielt der Karikaturist, der von der Vielfalt des Anschaulichen abstrahiert und diese auf einige Strichformeln zurückführt, wie Hogarth in seiner *Analysis of Beauty* beim Charakterkopf beginnt und beim Strichmännchen endet (Abb. 22). Busch ist den umgekehrten Weg gegangen und hat gezeigt, wie einfachste Linien so konstelliert werden können, daß aus ihnen unversehens ein charakteristischer Gesichtsumriß hervorspringt (Abb. 23). Man sieht daraus: der Karikaturist bedient sich der Vereinfachung als eines Mittels der Übertreibung. Er kommt mit ganz wenigen Formen aus, und eben darum ist seine Kunst, sobald deren Verfahren aufgedeckt ist, ›entzaubert‹ und kann in Lehrbüchern kodifiziert werden. Widerspricht die Karikatur der Proklamation des Schönen und dessen Gesetzlichkeit, so bedeutet sie darum nicht Anarchie, sondern sie erfindet dem Protest eine Norm, in der ihre Formensprache mit einer verbindlichen Grammatik versehen wird.

Die Kunstphilosophie des 17. und 18. Jahrhunderts bemaß den Schönheitsanspruch der Dingwelt nach deren Verhältnis zur menschlichen Gestalt. Sie warnte die Maler vor alltäglichen Dingen oder vor zerklüfteten, unübersichtlichen Gegenständen, deren Gesamtform von einer Verwirrung der Teile verunklärt und entstellt wird. So gliedert man die Formenwelt in eine Stufenfolge: Landschaften und Stilleben, in denen willkürliche und regellose Formen vorherrschen, rangieren in ihrem künstlerischen Wert weit unterhalb des religiösen und mythologischen Historienbildes, dessen idealer Bedeutungsgehalt vom Menschen bestimmt wird. Auch das Porträt, die Wiedergabe einer einmaligen Erscheinung, genießt geringes Ansehen in der Hierarchie der Sujets. So gliedert man diese nach den Gesichtspunkten von Maß und Willkür, objektiver Gesetzmäßigkeit und subjektiver Regellosigkeit. Idealisierende Auswahl war erwünscht, wahllose Nachahmung verpönt. Wie sehr diese Vorstellungen noch heute selbst dort nachwirken, wo man sie kaum vermuten würde, lassen einige Bemerkungen erkennen, die Picasso über Rubens geäußert hat: »Sehen Sie sich Poussin an, wie der den Orpheus gemalt hat . . . Das ist erzählt! Alles, das kleinste Blatt erzählt. Dagegen bei Rubens . . . nicht einmal gemalt ist es. Alles ist gleich. Bei ihm ist ein Faltenwurf genau wie ein Busen, alles ist gleich.«

Picassos Unmut hängt mit der Forderung zusammen, die wir schon bei Alberti kennenlernten: Jede Form müsse klar und deutlich einen Gegenstand bezeichnen, sie dürfe nicht zweideutig, also für zwei verschiedene Gegenstände verwendbar sein. Der ›Expressionist‹ Rubens, dessen Temperament alles Gegenständliche mit seinem rollenden, schwellenden Formenrhythmus überdeckt und zur einheitlichen Ausdruckskurve rundet, derselbe Rubens, in dem der Zeichner Daumier sein großes Vorbild sah, wird leichtfertiger ›Gleichmacherei‹ geziehen und dem in Rom lebenden Franzosen gegenübergestellt, in dessen Schaffen das Kunstprogramm des Klassizismus seine Verwirklichung erfährt. Poussins Name mag darum hier stellvertretend stehen für die lange Reihe der Künstler des 16., 17. und 18. Jahrhunderts, die dem Lager des Idealismus angehören. Ihr Schaffen, von theoretisierender Spekulation befürwortet und gelenkt, wurde zum Dogma eines Publikumsgeschmacks, der noch heute weite Verbreitung besitzt.

Weiß der Betrachter bei den Klassizisten, was dargestellt ist, so gibt ein Künstler, bei dem, wie Picasso sagt, »alles gleich« ist, seinem Auge die Lösung gewisser Formprobleme auf und lenkt ihn vom Vergnügen am ›Wiedererkennen‹ vertrauter Dinge (einem Vergnügen, auf das sich der Kunstgenuß des breiten Publikums beschränkt) auf dessen eigentlichen künstlerischen Gehalt: die Formgestalt. Diese Eigentümlichkeit kennzeichnet alle jene Ausdrucksweisen, die dem Betrachter eine abstrakte Zeichensprache zumuten. Schon bei Rembrandt wird mißtrauisch, wer

Kunst als Nachahmung und Idealisierung der Wirklichkeit betrachtet: Manche Zeichnungen des niederländischen Meisters sind voll elementarer Chiffren, welche die Deutung erschweren (Abb. 24). Van Gogh erläutert in seinen Briefen die Absicht, die der Künstler mit dieser elementaren Gestaltungsweise verfolgt: Er bemüht sich, »kein Detail zu machen, denn sonst geht das Träumerische daran verloren«. Und auf die Frage: »Was ist das, Gras oder Kohl?« antwortet er: »Das freut mich, daß Ihr das nicht unterscheiden könnt.« Dieser Wesenszug trifft auch für alle sogenannte primitive Kunst zu, deren beschränktes Formenrepertoire dazu ausreichen muß, eine ganz Welt zu veranschaulichen. Und schließlich gilt er ganz besonders für jene Ausdrucksbereiche, die man, aus der Perspektive des klassischen Ideals, als ›Gegenkünste‹ bezeichnen kann. Denn in der von ihnen gedeuteten Welt ist alles mit allem vergleichbar, gibt es keine vom Anstand dekretierte Hierarchie, mischt sich das Banale mit dem Seltsamen, geht die Wirklichkeit des Tages in jene des Traumes über. Und jeder Gegenstand kann darum auch in jeden anderen übergeführt werden (Abb. 25). Das Privileg der Narrenfreiheit gestattet die Zote und die Gotteslästerung, die Umkehrung aller Werte und die Herrschaft des Sinnlosen: »Die Gestalt wird dann in eine Art von Wahnsinn hineingezogen und ihre festen Umrisse zu einem wilden Taumel aufgelöst. Die Tiergestalt wird mit der Menschengestalt vermischt, das Leben mit dem Unorganischen, technische Gegenstände erscheinen als Glieder des menschlichen Körpers, Tische und Stühle sprechen, der Teufel setzt sich rittlings auf das Dach eines Klosters und reitet davon, eine Nase wird zur zielend hinausragenden Flinte, läßt sich wie ein Perspektiv auseinanderziehen« (Vischer).

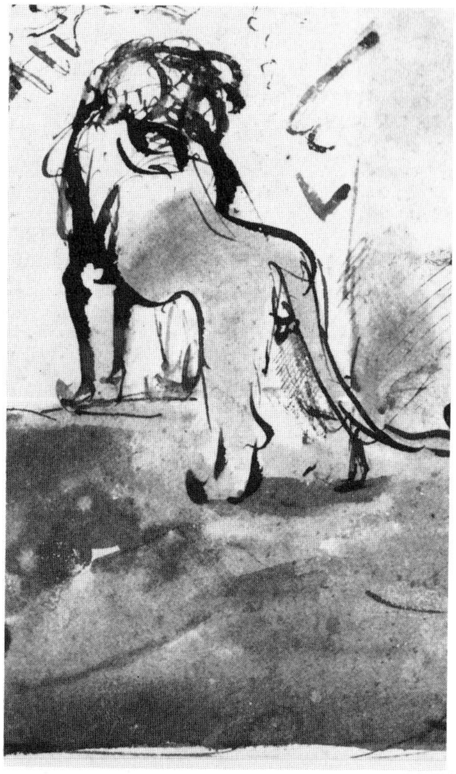

Abb. 24 Rembrandt, Löwe, Ausschnitt aus dem *Hl. Hieronymus, lesend in einer Landschaft*

Die gegenständliche Beweglichkeit dieses Weltzustandes mit seinen unzähligen Vertauschungen und Verwandlungen, Koppelungen und Umstülpungen rührt aus einer uralten Formerfahrung her, die jedoch erst im Zeitalter der Renaissance, in den Überlegungen Leonardos, als psychologische Einsicht in die Vieldeutigkeit der Formen formuliert wurde. Es ist dies die Erfahrung, daß jedem Formimpuls, den die Hand auf das Papier umsetzt, ursprünglich verschiedene gegenständliche Ausdeutungen zugeschrieben werden können, daß ›Form‹ nichts in seinen Ursprüngen bereits Distinktes ist, sondern zeichensetzender Wille, der sich erst allmählich mit bestimmten Gegenständen identifizieren läßt. In diesem Sinne wandelt sich auch der Formcharakter von Phase zu Phase, und Géricault konnte sagen: »Ich beginne, eine Frau zu zeichnen, und sobald ich sie beende, wird ein Löwe daraus.« Noch offenkundiger verwendet die gegenwärtige Malerei dieses Verfahren: Auf der Suche nach ihrer eigentlichen Bestimmung verändern die Formen ihren Zeichenwert. »Aus dem liegenden Körper wird ein Baum, aus der Brust eine Sonne . . .« (Bazaine; Abb. 26).

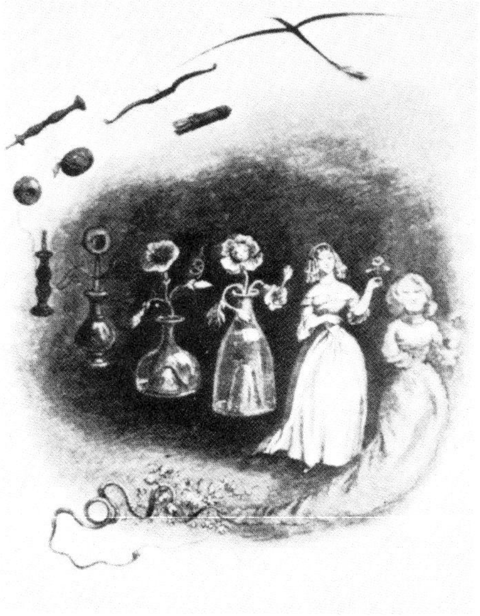

Abb. 25 Grandville, *Die Verwandlung des Schlafs*, 1844

Je einfacher und lapidarer ein Formzeichen, desto größer ist sein möglicher Bedeutungsumfang. Damit rechnet die Karikatur, und darin liegt das Faszinierende aller ›Gegenkünste‹: Sowohl ihr Unheimliches (wenn Gegenstände plötzlich in andere umkippen) als auch ihr frevelhafter Witz, wenn z. B. die Karikatur mit der formalen Mehrdeutigkeit gegenständlicher Analogien – Louis-Philippe als Birne (Abb. 27) – operiert. Jede Linie steht hier an der Naht zweier Bedeutungsinhalte: Sie bezeichnet den Umriß einer Birne und zugleich den des Bürgerkönigs oder – bei Arcimboldo – sowohl bestimmte Gegenstände als auch formelhafte physiognomische Kraftlinien. In der Ornamentik des Mittelalters, die unversehens aus abstrakter Linienführung phantastische Monstren gebären kann, in den aus Mensch und Tier zusammengepreßten Figurenalphabeten der Spätgotik, in den Vexierbildern des Manierismus und in den Zweideutigkeiten der erotischen Karikatur – überall stößt man in diesen ›Randbezirken‹ der ›hohen‹ Kunst auf eine transitorische Beweglichkeit und Vertauschbarkeit der Formen und Gegenstände, die das Weltbild der Vernunft dem Vorwurf der Eintönigkeit preisgibt.

Es ist an der Zeit, nach dem Ort zu fragen, den die Karikatur in diesem Geschehen einnimmt. Wir müssen versuchen, sie von den verschiedenen Spielarten der Groteske und der Phantastik abzugrenzen, indem wir zugleich auf die Fäden hinweisen, die sie mit diesen ›Gegenkünsten‹ verbinden. Das eben erläuterte spielerische Assoziieren von Formen und Gegenständen gehört wesentlich zur Optik des Karikaturisten, der imstande sein muß, in jeder Form verschiedene

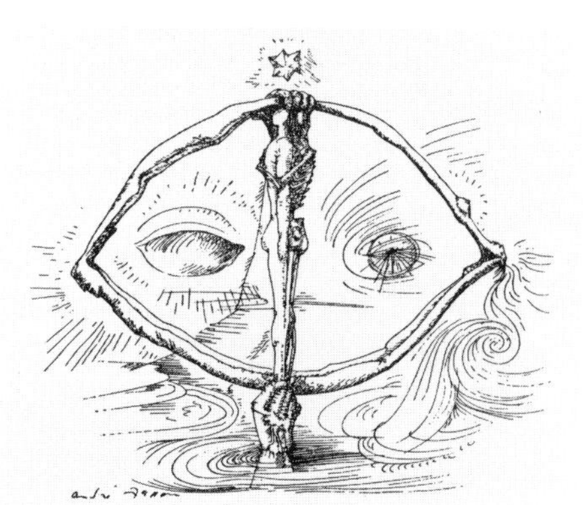

Abb. 26 André Masson, *Mythologie*

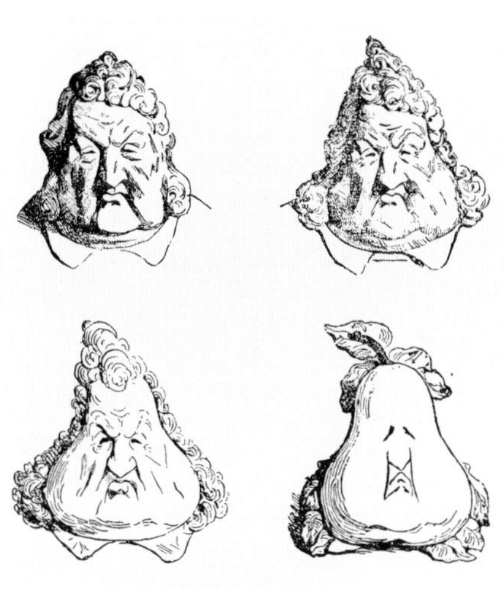

Abb. 27 Charles Philipon, *Die Birnen,* 1831/34

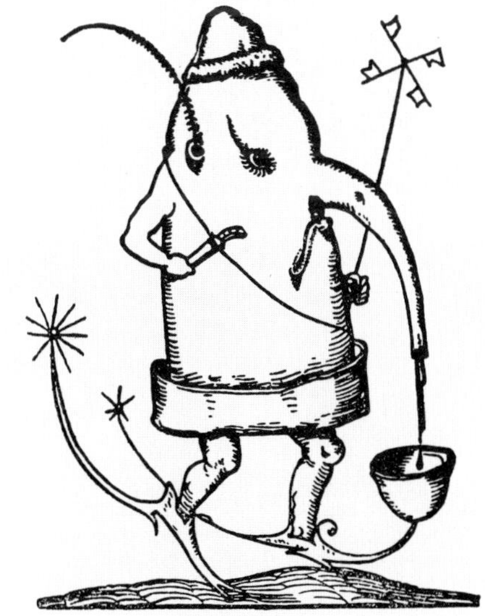

Abb. 28 François Desprez, Groteskfigur aus den *Songes drolatiques,* 1565

Gegenstände, zugleich aber auch in ein und demselben Gegenstand verschiedene Formkeime wahrzunehmen. Er muß, wenn er nicht ziellos von einer Form zur anderen schweifen will, diese transitorische Vielfalt nach bestimmten bevorzugten Typen und Formeln ordnen, denn er weiß, daß nur die Beschränkung auf einige wenige, immer wiederkehrende Formeln seinen Karikaturen die nötige Schlagkraft zu sichern vermag. Dennoch erlebt er Form als ein ständig Wandelbares, als spielerische Verlockung, die sich in jeder ihrer Stufen als veränderlich, fortsetzbar oder reduzierbar erweist. Wieder stellt uns dieses Verfahren vor ein Paradoxon: Der form-assoziierenden Phantasie des Karikaturisten sind keine Grenzen gesetzt, hingegen muß sich sein Gestaltungsverfahren auf die bündigsten, schlagkräftigsten Formverdichtungen beschränken, da es sonst in die Bereiche der Phantastik und der Groteske abschweift, denen es weniger um Formkonzentrate als um breit ausgestaltete ›Weltbilder‹ mit szenischem Apparat oder um Visionen des schier Unglaublichen geht.

Als Formkonzentrat verstanden, ist die Karikatur, obzwar mit skizzenhafter Spontaneität versehen, das Ergebnis sorgfältig auswählender Überlegung. Und insofern besteht die Definition zurecht, die den Karikaturisten mit Raffael vergleicht, sucht dieser doch die vollkommene Schönheit, jener hingegen deren vollkommenen Gegenwurf, die Entstellung, also ebenfalls eine Fiktion.

Die sich wandelnden und ineinander übergehenden Formen bilden ein konstitutives Sprachelement der Karikatur; sie geben ihrem Wesen etwas Diabolisches, das sich dem Zugriff des Kritikers entzieht. Als sich der französische Zeitungsherausgeber Philipon vor Gericht zu seiner Karikatur des Bürgerkönigs äußern mußte, hielt er dem Tribunal vier Zeichnungen vor (Abb. 27) und sagte zu seiner Verteidigung: »Die erste sieht Louis-Philippe ähnlich, die letzte ähnelt der ersten, jedoch diese letzte . . . ist eine Birne! Wo würden Sie einhalten? Würden Sie die erste Zeichnung verurteilen? Dann müßten Sie aber auch die letzte verurteilen, da sie der ersten und damit folgerichtig auch dem König gleicht! Sie müßten also alle Karikaturen verdammen, auf denen sich ein Kopf findet, der oben schmal und unten breit ist. Nun, da hätten Sie nicht wenig Arbeit, denn die Schalkhaftigkeit der Künstler würde sich darin gefallen, Ihnen diese Proportionen in einer Fülle der seltsamsten Dinge nachzuweisen.«

Folgt man dieser Argumentation, so steht die Karikatur am Anfang einer Kette von Formvertauschungen, an deren Enden die Fabelwesen Bruegels, die visionären Mondbewohner Hogarth', die Marionetten Bracellis (Abb. 9), die Kobolde Desprez' (Abb. 28) und die Zwitterwesen mittelalterlicher Phantastik stehen. Faßt man dieses Kontinuum als einen Protest gegen die ›hohe‹ Kunst und deren Prinzip der Stiltrennung auf, so merkt man, daß diese vielstimmige Opposition immer weiter von der verletzend-entstellenden Haltung abrückt, in wachsendem Maße die Kräfte der Phantasie zu Worte kommen läßt und endlich in einer Zone, in der das von der Vernunft Ausgegrenzte sich verselbständigt, eine neue Welt setzt, eine ›verkehrte‹ freilich, die jedoch vom Lächerlichen des Zerrbildes ebensoweit entfernt ist wie vom Protest der Satire – wir meinen jenen Kosmos ungeheuerlichster Phantastik und alogischer Weltanschauung, in dessen Betrachtung wir uns verlieren, als beträten wir einen neuen Planeten. In diesem Falle ist die Veranschaulichung des Ganz-Anderen gelungen, jene ›andere Seite‹, von der Alfred Kubins Roman handelt, und die nicht mehr die sogenannte normale Welt persifliert, umstürzt oder travestiert, sondern einen neuen, eigengesetzlichen Weltzusammenhang offenbart.

Wenn man sich also den Spürsinn künstlerischer Einbildungskraft auf einem Terrain beschäftigt denkt, das aus den Bezirken erhabener Idealität in die Fakten unserer Umwelt reicht und sich in den Visionen von ›Gegenwelten‹ verliert, so hält die Karikatur an einer wichtigen Grenzscheide: In der Welt des Ideal-Schönen genießt sie den Freibrief des Narren; als eine bestimmte Art der eindringlichen Wirklichkeitsanschauung verstanden, hält sie im Vorland des Realismus; als Ausdruckszeichen, das seinen Ursprung im Charakteristisch-Häßlichen hat, unterhält sie Beziehungen zum Expressionismus (die später zu erläutern sein werden); als Abkürzungsverfahren erhebt sie Anspruch darauf, unter die Wegbereiter der Abstraktion gerechnet zu werden (auch hierüber wird im folgenden zu reden sein); von allen ›Gegenkünsten‹ besitzt sie dennoch die geringste Bewegungsfreiheit, da sie ein Vorbild voraussetzt, das verzerrt werden soll. Dort wo es gilt, das Unvereinbare zu formen, tritt sie ihr Vermögen an die Groteske ab: Die formsprengende Einbildungskraft eines Rabelais, diese fortgesetzte Evokation von Ungeheuerlichkeiten, kann mit den Mitteln der Karikatur nicht mehr bewältigt werden; dort wo die Phantasie sich an der Begründung einer Welt des Traumhaft-Irrealen versucht und sich der Imagination alle Schranken öffnen, ist für die Karikatur kein Handlungsort mehr.

6

Drei europäische Kunsträume – Italien, England und Frankreich – teilen sich in die wichtigsten Entwicklungsphasen der Karikatur. In Italien wurde sie erfunden und bald zum wichtigen Lehrbehelf erhoben, an dem die Künstler ihre Beobachtungsschärfe und ihre zeichnerische Handfertigkeit, ihre Virtuosität zu erweisen hatten. In dieser ersten Phase ist sie Künstlerkarikatur, die in den Ateliers entsteht und in den Mappen der Sammler aufbewahrt wird. So verbreitet sie sich allmählich in Westeuropa und erlangt den Ruf einer Novität, eines artistischen Kuriosums. Im England des 18. Jahrhunderts verbindet sich in der Persönlichkeit William Hogarth' das Wissen um die artistischen Voraussetzungen der Karikatur mit einem Rückgriff auf die volkstümliche Tradition des Nordens in Gestalt des niederländischen Sittenbildes (vgl. Abb. 29).

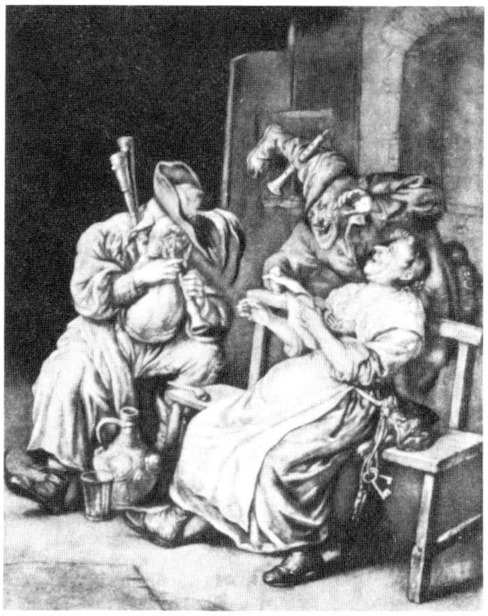

Abb. 29 Cornelis Dusart, *Das Gehör*

Sieht man von den wenigen früheren Versuchen ab, die Karikatur an bestimmten Tagesfragen zu erproben, so ist Hogarth ihr erster wahrhaft künstlerischer Interpret, der im Hohlspiegel des Zerrbildes die Vision der Lebenstotalität einfängt. Ihm gelingt es, das klassische Formwissen italienischer Provenienz mit einem Blick zu vereinen, der alle Krümmungen und Verwerfungen, alle matten und hohlen Stellen des menschlichen Daseins durchmißt und zur Ganzheit formt. Er sah die Welt als Schaubühne und gab sich selbst die Rolle eines Regisseurs. Hogarth' Realismus ist zwar mit Gestaltungselementen der Karikatur durchtränkt, doch hieße es seinen Ausdrucksumfang beschneiden, wollte man übersehen, daß sich in ihm die strenge Prophetenstimme eines Menschheitsrichters erhebt. Das verbindet sein Werk mit Bruegel, mit den volkstümlichen Moritaten und Laienspielen, die den sündigen Menschen unterweisen und durch eine anschauliche Zeichensprache auf den rechten Weg führen wollen.

Für den Forscher, der nach einer Ikonographie des modernen Menschen sucht, ist die Welt der Hogarthschen Erfindung schlechthin unerschöpflich. Ihm ist es gelungen, den Jedermann unseres Zeitalters zu erfinden. Seine *Vier Stufen der Grausamkeit* sind sowohl Illustration einer bestimmten verbrecherischen Lebenskurve als auch Moritat, Parabel von der menschlichen Kreatur . . . Hogarth hat den Menschen und seine Welt neu gesehen. Die Entschlossenheit Montaignes, das Dasein ›de minute en minute‹ zu beobachten, hat er verwirklicht. Sein Blick konnte sich nicht mit den Ereignissen begnügen, die den Menschen in selbstgefälliger Pose, zurecht gerückt und repräsentativ, dem Beobachter vorführen. Ohne sich von der hämischen Neugier dessen, der durch das Schlüsselloch späht, verführen zu lassen, heftete er seine Aufmerksamkeit auch dort auf den Menschen, wo dieser ›sich gehen läßt‹, wo er privat wird und sich unbeobachtet glaubt. Im Leben eines Wüstlings, in der *Mariage à la Mode*-Serie und in seinen anderen Zyklen hat Hogarth seine Helden in allen Wechselfällen ihres Lebens gezeigt und ihren Sturz mit der kundigen Hand eines Dramatikers, der um ›Grandeur et Misère‹ des Menschlichen weiß, von Szene zu Szene vorbereitet. Damit ist ihm die Erneuerung der mittelalterlichen Bilderzählung gelungen, und er darf, die verschiedenen Zwischenträger im 19. Jahrhundert in Rechnung gestellt, als einer der Vorfahren der filmischen Darstellungsweise angesprochen werden.

Hat Hogarth durch das Mittel der dramatischen Sukzession den Personen seiner Bildhandlung jene Anschaulichkeit zugesichert, die diesen erst den Rang von Symbolfiguren gewährt (deren Tun und Treiben heutzutage der Betrachter der ›comic strips‹ mit wachsender Neugier verfolgt), so hat seine Kunst auch im

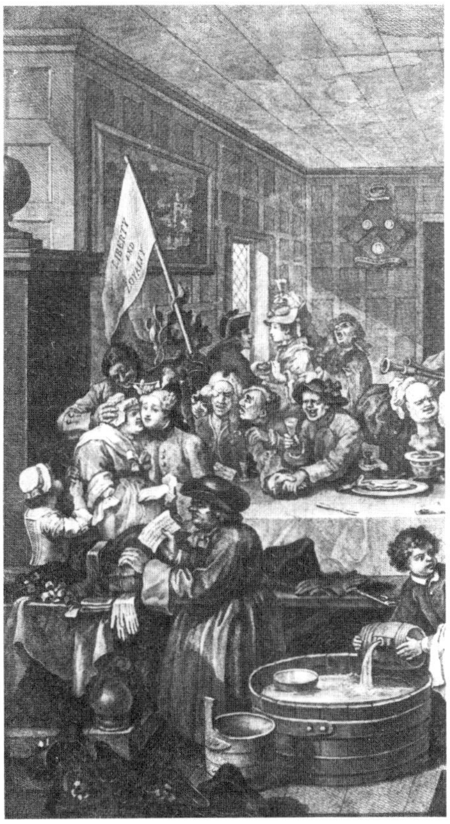

Abb. 30 William Hogarth, *Eine Wahlunterhaltung* (Ausschnitt), 1755

entgegengesetzten Sinne, im Hinblick auf eine räumliche Zusammenfassung, richtunggebend gewirkt (Abb. 30). Er hat wieder die Gleichzeitigkeit des Verschiedenartigen, Disparaten und Unvereinbaren entdeckt, die Fesseln der Handlungseinheit gesprengt und den Schauplatz des Geschehens mit Episoden bevölkert, die keinerlei narrativen Zusammenhang aufweisen – die eben wegen ihrer Zusammenhanglosigkeit einen nicht zu übersehenden Symbolwert besitzen. Wieder finden wir bei Jean Paul eine Stelle, die diesen Blickpunkt, zu globaler Vollständigkeit abgerundet, zur Diskussion stellt: »Man denke z.B., daß in dieser Minute ein französischer Akademist etwas über die Ästhetik vorliest und dabei Zuckerwasser trinkt – ich über die Ästhetik schreibe – zu gleicher Zeit vier Zuchthäusler in Nürnberg einen Selbstmörder zu Grabe tragen – ein Pole den andern Bruder nennt, wie sonst einander die Spanier – in Dessau ein Schauspiel angeht (weil's Sonntag ist) – auf Botany-Bay gleichfalls, wo die Entree eine Hammelkeule ist – auf der Insel Sinn ein Bezirk Landes bloß mit der Schürze vermessen wird und im Ritterschaftlichen ein junger Prediger Amt und Ehre antritt –: wird hier jemand bei solchen auf der ganzen Erde zugleich vorfallenden Zufälligkeiten – und wieviele wären noch zu nennen! – das Wort Zufall gebrauchen . . .?«

Unter Benutzung der volkstümlichen Tradition und des weitverbreiteten Bedürfnisses des Publikums nach Bildgeschichten eignete sich die englische Karikatur nach und nach alle Bereiche des öffentlichen und privaten Lebens an. Sie sprach ein Publikum an, das begierig war, sich in allen Phasen des Alltags wiedergegeben zu finden. Die stofflichen Anlässe waren unerschöpflich: Man stellte die täglichen Verrichtungen der einfachen Stände dar, verglich den Tagesablauf in der Stadt mit jenem auf dem Lande; man verspottete die Kunstkenner, die Gemäldehändler und deren ahnungslose Kundschaft; man verhöhnte die Torheiten der Mode, des Sports und des Theaters; man beobachtete mit Mißtrauen den wissenschaftlichen Fortschritt.

Schritt für Schritt wurde so die ganze Breite des Wirklichen, der »Sinnenwelt«, um mit Jean Paul zu sprechen, in den Darstellungsbereich der Karikatur einbezogen. Sujets, die die ›hohe‹ Kunst ob ihrer Geringfügigkeit verachtete, wurden von den Karikaturisten aufgegriffen und ihrem Repertoire eingegliedert. So erklärt es sich, daß die Karikatur gewisse Themen des Realismus des 19. Jahrhunderts vorwegnehmen konnte.

Hogarth, Rowlandson, Gillray und Cruikshank gaben der Karikatur sittenbildliche Breite, somit den Charakter eines Zeitdokumentes, und zugleich die Schlagkraft eines entstellenden Angriffs, der den Getroffenen tödlich verletzt. Die englische Karikatur, in den napoleonischen Kriegen zu greller Aggressivität erhitzt, hat mit oft erschreckender Deutlichkeit dargetan, daß der Akt des Karikierens – wie Kris und Gombrich nachgewiesen haben – auf eine physische Verletzung des Angegriffenen zurückgeht. Das Vorbild dieses Aktes, den die Karikatur auf die ästhetische Sphäre beschränkt, sind die Schand- und Spottbilder der Renaissance. Der Verurteilte, der sich dem Spruch zu entziehen wußte, wurde ›in effigie‹ hingerichtet, das Urteil an einem Bildwerk, etwa einer Puppe, vollzogen. Beschränkt sich die Karikatur darauf, ihren Gegenstand mit künstlerischen Mitteln zu ›verletzen‹, so wird das Schandbild dem öffentlichen Zugriff preisgegeben, indem man es beispielsweise verbrennt. Aus dieser Sphäre bezieht die Karikatur ihre anklagende Besessenheit: Sie ist Schaustellung und Bloßstellung in einem, Ankläger und Richter. Darüber hinaus erhebt sie ihre warnende Stimme. Keine Kundmachung und kein Aufruf vermögen hier mit ihrer Wirkung zu wetteifern. Bis in das 19. Jahrhundert bediente sich z.B. die chinesische Regierung der Bildmoritat, um der Bevölkerung die Gefahren des Opiumrauchens in allen seinen Phasen vor Augen zu führen. Noch heute benutzt man sie in unserer Welt als eine Art vereinfachende Bildsprache, als drastisches Anschauungssignal, das, eben weil es übertreibt, bestimmte Zusammenhänge besonders sinnfällig machen soll: Die Zeichenwelt unserer Plakate arbeitet, soweit sie im Gegenständlichen verharrt, häufig mit dem Mittel der karikierenden Übersteigerung. Ein letzter Rest primitiver, magischer Erfahrung ist noch immer in uns lebendig und bewirkt, daß unsere Einbildungskraft der Suggestion des Bildes bereitwilliger folgt als dem Appell des Wortes.

Mit dem 18. Jahrhundert beginnt die Karikatur in England sich ihrer gesellschaftlichen Funktion und Verpflichtung bewußt zu werden: Aus einem Ateliereinfall wird ein umfassendes Darstellungsmittel, in dem die Öffentlichkeit sich wiedergegeben, verspottet und erniedrigt findet, in dem sie aber gleichzeitig ihr eigenes Gewissen entdeckt, zu patriotischer Wachsamkeit ermutigt und zur Bewahrung ihrer Menschenwürde aufgerufen wird. Dieselben Menschen, die den Spott der Karikatur am eigenen Leib zu verspüren bekamen, erlebten es als Genugtuung, wenn dieser den anderen Stand oder die andere Nation traf und beschädigte. Die Entwicklungsgeschichte der Karikatur mit dem öffentlichen und privaten Geschehen der Gesellschaft verknüpft zu haben, ist die historische Leistung der englischen Karikatur. Auf englischem Boden wurde auch ihre Ausdruckssprache zu schlagkräftiger Eindringlichkeit geschärft. Kommt man von der Betrachtung französischer Karikaturen zu englischen Blättern, so muten die Stiche von Rowlandson und Gillray auf den ersten Blick wie widerliche Grobschlächtigkeiten an. Im Einzelfall kann man diese hemmungslose Drastik ablehnen, doch muß sie als wichtiges Entwicklungsstadium in Kauf genommen werden: Sie ist eine unerläßliche Phase der Ausdruckssuche, die sich erst ihrer Mittel versichern muß. Indem sie die derbe Eindeutigkeit der volkstümlichen Bilderbogen übernahmen, vervielfachten die Engländer die Lautstärke der Karikatur, die nun jedem, auch dem einfachsten Menschen, vernehmlich wurde. Auf ihren Schultern steht Daumier, der der englischen Drastik die monumentale künstlerische Artikulation gab und ihre wild quellende Tollheit zu bändigen verstand (Abb. 31, 32). Er bedurfte des englischen Beispiels der expressiven, rollenden Linie, um der Karikatur, die im 17. Jahrhundert als ein fragiles lineares Capriccio begonnen hatte, das Volumen des menschlichen Körpers zu gewinnen und aus einer Praxis der physiognomischen Übertreibung ein Mittel der totalen Gestaltumwandlung zu machen, das den Künstler dazu befähigt, die gesamte Erscheinung des Menschen, vom Scheitel bis zur Sohle, zu ›karikieren‹, d.h. in einen neuen Formrhythmus umzusetzen. Die Einsicht ist alt, man findet sie schon bei Leonardo, später bei Lavater, wo es heißt, alle Glieder des menschlichen Körpers müßten seiner Seelenbewegung entsprechen und zusammenstimmen. Erst bei Daumier findet sie Eingang in die Karikatur (Abb. 33).

Die Karikatur des 19. Jahrhunderts besitzt ihren Schwerpunkt in Frankreich. Verschiedene Umstände haben diese Entwicklung gefördert. Seit der Renaissance wurde das Bildbedürfnis der breiten Massen von einer kaum zu überblickenden Produktion an Bildchroniken gestillt. Anonyme Kupferstiche und Holzschnitte kommentierten die politischen Tagesereignisse, griffen in den Streit zwischen Katholiken und Protestanten ein, verspotteten Kirche und Adel, nahmen die Ausländer auf das Korn und fanden im Alltag des ›kleinen Mannes‹ ein unerschöpfliches Repertoire komisch-drastischer Situationen. Das Jahrhundert des Rabelais, in jeder Lebenslage dem Maßlosen und Gewaltigen zugewandt, entwarf sich das Komische und Lächerliche nach seinem Maß: dröhnend und polternd, in die ungeheuren Dimensionen der Groteske übersteigert. Eine wild wuchernde Phantastik griff um sich, deren Anregungen oft in Deutschland oder Flandern ihre Heimat hatten. In ihrem Gefolge kamen auch spätmittelalterliche Spukgestalten wieder zu Ehren, wie etwa in den Holzschnitten, die Desprez als Paraphrasen der drolatischen Träume des Pantagruel herausgegeben hat (Abb. 28). Dahinter steckt die Dämonenwelt Bruegels, die Desprez wahrscheinlich aus den rasch kursierenden Kupferstichen des flämischen Meisters kennengelernt hatte. Manche dieser skurrilen Geschöpfe verbergen in ihrem Habitus erotische Symbole, sie spielen auf eine Sphäre an, die, vom Anstand ausgegrenzt, in der ›hohen‹ Kunst nur indirekt, ins Allegorische übersetzt und somit entschärft, darstellungswürdig war. Im volkstümlichen Bereich, wo man auch bei diesen Dingen kein Blatt vor den Mund nimmt, war diese Sprache zugelassen. Dies erklärt den Zusammenhang, der sich immer wieder zwischen der Karikatur und dem erotischen Themenkreis feststellen läßt: Als eine Gattung, die von der Hierarchie der kunstwürdigen Sujets nichts weiß, blieb ihr auch das vorbehalten, worüber ›man nicht spricht‹.

Einen anderen Einfallsweg fand die Phantastik des Nordens im Werk Jacques Callots. Seine Stellung in der Geschichte der Karikatur wurde bereits an früherer

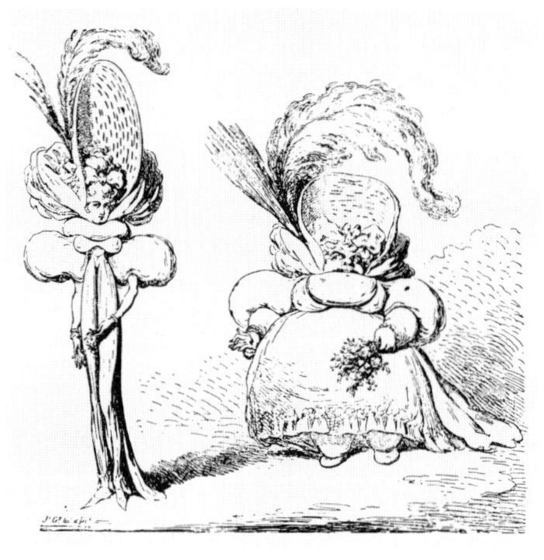

Abb. 31 James Gillray, *Following the Fashion*, 1794

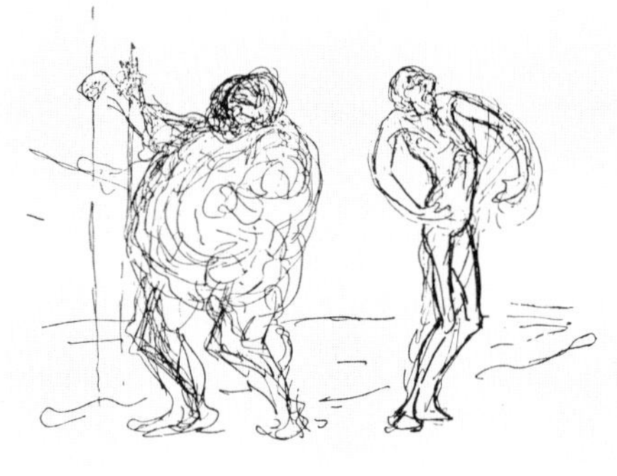

Abb. 32 Honoré Daumier, *Der Kontrast*

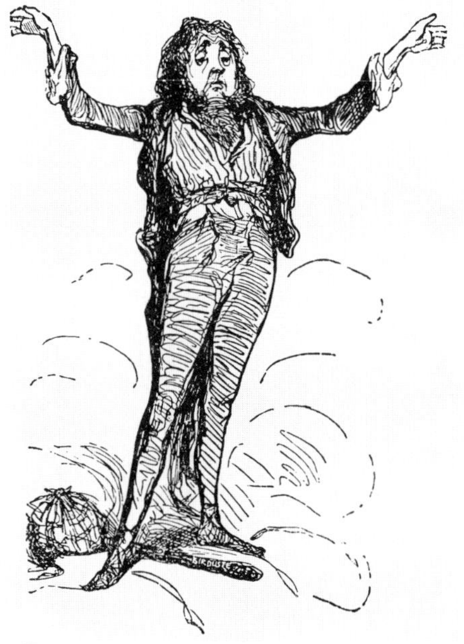

Abb. 33 nach Honoré Daumier, *Robert Macaire als Ausrufer* (nach Champfleury)

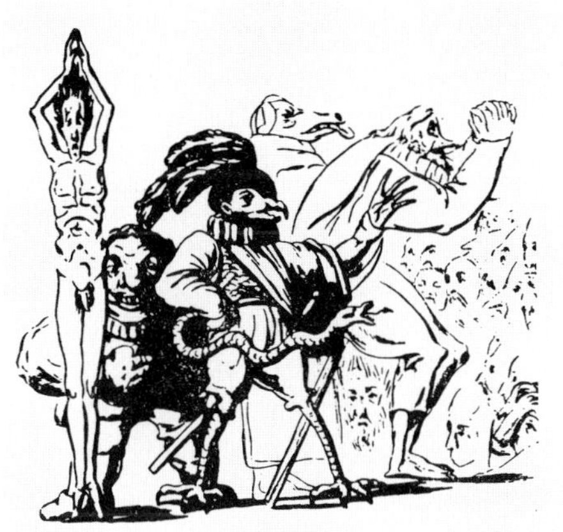

Abb. 34 E. T. A. Hoffmann, *Phantasiegestalten in der Art Callots*, um 1810

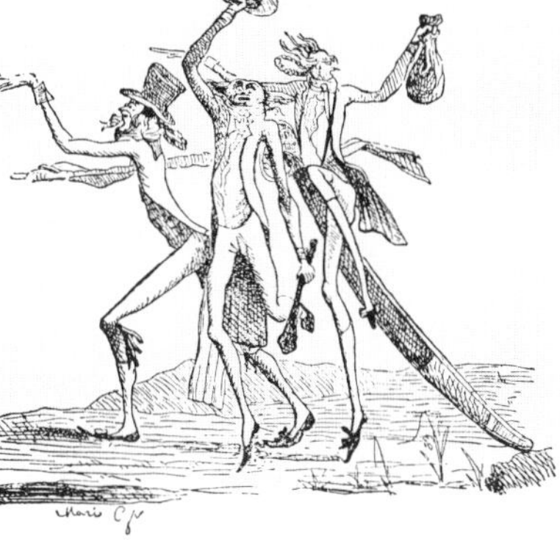

Abb. 35 Französisch, *Karikatur auf die Konterrevolutionäre*, 1795

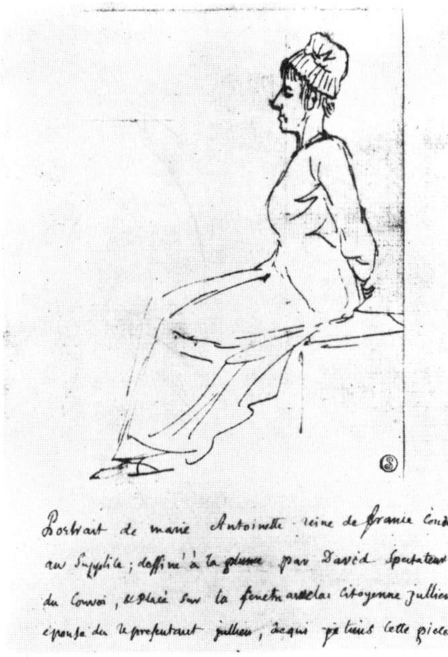

Abb. 36 Jacques-Louis David, *Marie-Antoinette wird zum Schafott gebracht*

Stelle umrissen; für die Tradition der populären Kupferstiche war er ein wichtiger Anreger, da sich seine Figurenwelt überall dort zur Nachahmung anbot, wo der gallische Geist, der überquellenden Groteske eines Rabelais müde, um deren elegantere, nervösere Artikulation bemüht war. Callot wird in der tänzerischen Leichtigkeit des Dix-huitième wieder lebendig, wo man ihn in den Groteskornamenten zu entdecken glaubt, er spukt in manchen der drolatischen Visionen Monniers, bei seinem Landsmann Grandville und bei dem deutschen Romantiker E.T.A. Hoffmann (Abb. 34).

Die breite Produktion der populären Bildsatire reißt auch im 17. Jahrhundert nicht ab, doch berührt sie nur am Rande die Entwicklungsgeschichte der Karikatur. Erwähnt zu werden verdient sie, da sich in ihrem Bereich der Stoffkreis vorbereitet, den später die Karikatur erfassen wird, und da sie die öffentliche Meinung bilden hilft, sich also dorthin wendet, wo dann die Karikatur ihr Publikum finden wird. Mit der Karikatur in dem von uns vorgeschlagenen und eingangs umschriebenen Wortverstand haben diese Bildsatiren jedoch nichts zu tun: Sie schauen, mit Luther zu reden, dem gemeinen Mann nach dem Maul, und wenn sie vergröbern oder vereinfachen, so haben sie damit kein künstlerisches Abkürzungsverfahren im Sinn, sondern tragen eben ihre Anliegen so vor, weil nur das Grobe und Einfache Aussicht hat, von der Masse verstanden zu werden.

Unabhängig von dieser volkstümlichen Bilderwelt drangen allmählich die Elemente der künstlerischen Karikatur, aus Italien kommend, in die ›hohe‹ Kunst ein. Eine wichtige Vermittlerrolle spielten dabei die physiognomischen Traktate, für die besonders im 18. Jahrhundert außerordentliches Interesse herrschte. Auf della Porta und Aristoteles fußend, entwickelte Lebrun, die angesehenste Persönlichkeit unter den Hofkünstlern Ludwigs XIV., eine Methode, die den Künstler zur Wiedergabe der menschlichen Leidenschaften anleiten sollte. Lebrun suchte paradigmatische Beispiele für den Ausdruck bestimmter, typischer Gefühle, wobei er gewisse physiognomische Analogien zwischen dem ›edlen‹ Menschen und dem ›edlen‹ Tier, zwischen dem ›gewöhnlichen‹ Menschen und dem ›gewöhnlichen‹ Tier feststellte. Lebruns Traktat erschien 1702, im Jahre 1730 bereicherten die Köpfe Leonardos, in einer Auswahl von Nachstichen des Grafen Caylus, die Diskussion (vgl. Kat. 13, 14), und im letzten Drittel des Jahrhunderts sollte diese durch Lavaters *Physiognomische Fragmente* eine bedeutsame Wendung erfahren: Lavater stürzte die Autorität des Aristoteles, die noch bei della Porta und Lebrun nachwirkte, und erhob das mimische Prinzip zur alleinigen Grundlage seiner wissenschaftlichen Physiognomik. Diese Überlegung hat in den Grimassen Boillys anschaulichen Niederschlag gefunden (Kat. 17).

Das Interesse an physiognomischen Fragen entsprach dem nüchternen, wissenschaftlichen Geist des Jahrhunderts und seinem Aufklärungsbedürfnis. Es hatte zur Folge, daß die Porträtmalerei, von der klassizistischen Ästhetik nur gering geschätzt, an Rang gewann, da die physiognomische Forschung im Bildnis das wichtigste ›document humain‹ erblickte. In dem Wort Lavaters, die Porträtmalerei sei »die natürlichste, menschlichste, edelste, nützlichste Kunst«, offenbart sich mit dieser Rangerhöhung auch ein vertieftes Interesse am Einzelnen und seiner einmaligen, unwiederholbaren Erscheinungsform.

Weder die anonyme Bildsatire noch der physiognomische Eifer der Künstlerateliers vermochten von sich aus die Karikatur zu breiter, öffentlicher Wirksamkeit zu führen. Frankreich besaß im 18. Jahrhundert keinen Hogarth, keine Persönlichkeit, die beide Impulse im Griff hatte. Der Volkskunst mangelte das Wissen um die künstlerische Problematik der Karikatur, indes die ›hohe‹ Kunst sich dieser wohl bemächtigte, aber kaum über die Grenzen eines künstlerischen Selbstgespräches hinausführte. Als die Revolution des dritten Standes ausbrach, fehlte es zwar nicht an rohen Bildpamphleten, doch fand sich kein einziges darunter, das auch nur entfernt dem künstlerischen Rang der gleichzeitigen englischen Karikatur verglichen werden könnte (Abb. 35). Die einzige ›Karikatur‹ dieser Jahre, die hohen Ausdrucksrang besitzt, ist Davids Zeichnung der Marie-Antoinette auf dem Weg zur Hinrichtung (Abb. 36).

Beide Äste der Entwicklung bedurften also eines dritten Elementes, unter dessen Mitwirkung sich erst die Karikatur entfalten konnte. Die Wirklichkeitsnähe der populären Bildpamphlete mußte verfeinert, die physiognomische Neigung der ›hohen‹ Kunst auf die unerschöpfliche Szenerie des Alltäglichen gelenkt werden. Hierbei erwies sich die traditionelle Vorliebe der französischen Kunst für Ereignisse der menschlichen Umwelt als ein wichtiges Ferment.

Sachliche Kühle und Wahrhaftigkeit kennzeichnen die Bilder der Brüder Le Nain, die bereits im 17. Jahrhundert das Landleben ohne jeden Anschein des Komischen schilderten. Präzise Wirklichkeitstreue gibt der französischen Porträtzeichnung von Clouet über Lagneau, Dumoustier, Mellan bis zu David und Ingres den Rang geschlossener Kontinuität. Die Meister der höfischen Schule von Fontainebleau übten sich bereits im 16. Jahrhundert in der Beschreibung der intimen Lebenssphäre. Früher als anderswo in Europa bildete sich in Frankreich eine geschlossene Gesellschaft, mußte der Künstler mit den Ansprüchen und Bedürfnissen eines ›Publikums‹ rechnen. Und dieses selbstkritische, von skeptischer Intelligenz erfüllte Publikum erwartete vom Künstler nicht nur theatralische Huldigungen, sondern Deutung des Profanen und Zeitgemäßen. In Frankreich begann die Selbstbespiegelung und Selbstbeobachtung des modernen Menschen, schätzte man die Porträtzeichnung als intimes Dokument und das Tagebuch als literarische Gattung.

Selbst das starre Reglement des Grand Siècle, das die Prinzipien der antiken Stiltrennung mit Machtanspruch ausstattete, konnte diese realistische Strömung der französischen Kunst nur verdrängen, doch nicht völlig unterbinden. Im 18. Jahrhundert tritt sie ungebrochen hervor, erweitert ihren Gegenstandsumfang und bereitet die voraussetzungslose Wirklichkeitserfassung des 19. Jahrhunderts vor. Dieses Dix-huitième, beim breiten Publikum ob seiner gefälligen Daseinsverklärung gepriesen, besitzt in den Tageskünsten einen sehr deutlich ausgeprägten Spürsinn für das Profane und die ungeschminkten Lebensumstände. Gerade daraus erschließt sich seine doppelte Struktur: Indes die offizielle Kunst des Hofes und der adeligen Salons mit leichter Hand die Verherrlichung einer mythologischen Welt betreibt und damit dem anderen Wesenszug der französischen Kunst, ihrer Neigung zu theatralischer Rhetorik und großartiger Repräsentation, ihren Tribut zollt, vollzieht sich, weithin unbeachtet, in den unteren Rängen, im Sittenbild, im volkstümlichen Bilderbogen, im Kupferstich und in der Zeichnung eine folgenreiche Hinwendung zu den alltäglichen Dingen, zum Tatsächlichen und Aktuellen, zur Bildchronik des Alltags.

Mag sein, daß dieser Vorgang von der Neugier eines blasierten, übersättigten Publikums angeregt wurde, das mit einem Male Geschmack am Gewöhnlichen fand, weil es darin die Reize des Pikanten und Pittoresken entdeckte. Das wachsende Interesse an den ebenso ungezwungenen wie unverhüllten Alltagsschilderungen der Niederländer dürfte aus ähnlichen psychologischen Motiven zu erklären sein. So griff das Interesse am Wirklichkeitsausschnitt um sich: Das raffinierteste Publikum des damaligen Europa, die aufgeklärteste und vorurteilsloseste Gesellschaft ihrer Zeit wollte sich nicht nur am Sublimen erfreuen, sondern zur Abwechslung auch einmal die »Wonnen des Gewöhnlichen« (Thomas Mann) genießen.

In der Reihe der Künstler, denen auch alltägliche Sujets nicht zu gering waren, findet man die bedeutendsten Namen des Jahrhunderts: Watteau zeichnete Bettler, Pilger und Soldaten; Boucher entdeckte das ›Natürliche‹ des Landlebens, den stillen Zauber der Hinterhöfe, das Leben und Treiben der einfachen Menschen; Fragonard zeichnete eine Chronik seiner Reise nach Italien und gab der künstlerischen Skizze den intimen Reiz einer Tagebucheintragung; Bouchardon, der große Bewunderer der Antike, schuf Hunderte von Zeichnungen zur Serie der *Cris de Paris*, die später gestochen wurden und ein nahezu vollständiges Inventar des Pariser Straßenlebens und seiner Typen darstellen.

Für die Geschichte der Karikatur besitzt dieser bürgerliche Realismus vorbereitenden Charakter. Nicht selten ist seine Sachlichkeit von einem gewissen sentimentalen Einschlag beengt, der etwa den Genreszenen eines Boilly oder Greuze einen peinlich melodramatischen Beigeschmack gibt. Bei Debucourt (Kat. 26) und Vernet (Kat. 218) begnügt sich die karikierende Tendenz mit einigen diskreten, doch scharf pointierten Lichtern, die der Wirklichkeitsnachahmung aufgesetzt

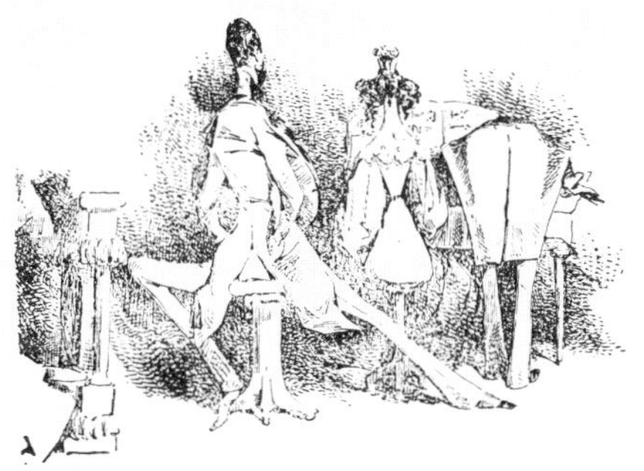

Abb. 37 Henry Monnier, *Harmonie*, um 1830

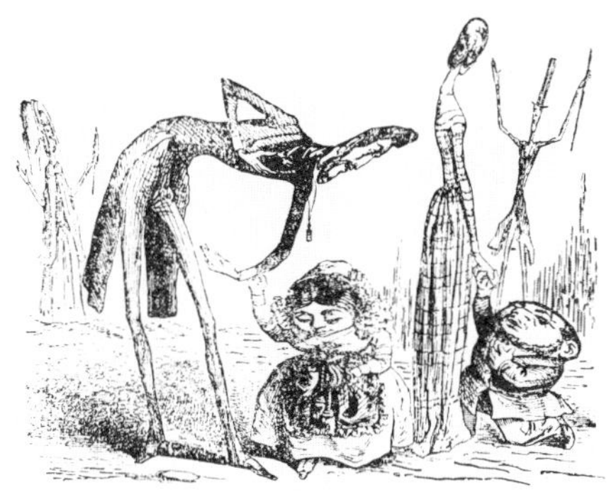

Abb. 38 Grandville, *Riesen und Zwerge*, 1846

sind. Bestimmend ist in diesen Jahrzehnten der Einfluß der englischen Karikatur, der noch lange nicht in seinem ganzen Umfang erforscht ist. Debucourts szenisch reich gegliederten Kompositionen haben sicherlich englische Stiche zur Anregung gedient, ebenso besitzen die Grimassen Boillys (Kat. 17) nicht nur in Lavater, sondern auch in Hogarth ihre künstlerischen Ahnen. Im Verkehr zwischen Frankreich und England war das Inselreich lange Zeit der gebende Teil, und erst im zweiten Drittel des 19. Jahrhunderts gingen wichtige Impulse von Frankreich über den Kanal zurück. Neben Daumier schuldet auch Monnier, der mit Cruikshank befreundet war, der englischen Bildsatire manche Anregung (Abb. 37). Thackeray, der sich in den dreißiger Jahren in Paris aufhielt, konnte überall den englischen Einfluß feststellen. Doch ebenso wie Géricault, der sich geraume Zeit in England aufhielt, und Delacroix, dem Constable und Bonington ein neues Landschaftserlebnis erschlossen, die empfangenen Anregungen zurückgaben, kam auch in der Karikatur bald eine rege Wechselbeziehung zustande. So erschienen Grandvilles *Métamorphoses du Jour* 1829 in Paris und bereits ein Jahr später in England. Seine Gulliver-Illustrationen erschienen 1838 gleichzeitig in den Hauptstädten beider Länder; der Pariser *Charivari* fand in der Zeitschrift *The London Charivari* einen Nachahmer. Grandville arbeitete gern mit gekoppelten Extremformen, so z. B. mit gedünnten und geblähten Körpern (Abb. 38).

Doch ehe die französische Karikatur der englischen ein gleichwertiger Partner wurde, der ihr schließlich den Rang ablaufen sollte, mußten die verschiedenen Entwicklungsimpulse, die wir aufgezählt haben, zusammenlaufen und in der Hand eines Mannes vereinigt werden. Diese Rolle, die im England des 18. Jahrhunderts Hogarth zu erfüllen hatte, fiel in Frankreich Daumier zu. Betrachtet man die primitiven Bildsatiren der französischen Revolution und die nicht minder rohen, unkünstlerischen Pamphlete der napoleonischen Jahrzehnte, so ermißt man die Leistung, die dieser in vielfacher Beziehung außergewöhnliche Künstler binnen kurzem vollbrachte. Als Daumier, von Philipon gewonnen, die Bühne der Bildpolemik betrat und im *Charivari* und in der *Caricature* zu zeichnen begann, fristete die Karikatur in den sittenbildlichen Glossen von Boilly, Vernet, Monnier, Charlet und Raffet ein bescheidenes Dasein. Von dem Augenblick an, da Daumier sich ihrer bedient, streift sie ihren kleinbürgerlichen Habitus ab. Indem sie sich erstmals einem genialen Künstler zur Verfügung stellt, widerfährt ihr das Schicksal dieser Begegnung: Sie wird radikalisiert. Daumier gibt ihr die inhaltliche Tiefe, die bekenntnishafte Entschlossenheit, er artikuliert ihren Protest und entwickelt ihre formalen Möglichkeiten, er entdeckt ihre Bereicherung durch die dreidimensionale Expansion der Skulptur und steigert sie bis in die Ausdrucksräume des Monumentalen. Balzac, an Philipons *Caricature* als Redakteur beschäftigt, hat Daumier mit Michelangelo verglichen. Baudelaire scheute sich nicht, ihn mit Delacroix und Ingres zu den besten Zeichnern des Jahrhunderts zu zählen. Alle diese Vergleiche umschreiten den Umfang seiner Persönlichkeit, ohne deren Zentrum zu treffen, doch lassen sie den zwingenden Widerhall erkennen, den Daumiers Auftreten unter seinen Zeitgenossen hervorrief.

Zwei Umstände unterstützen die durchschlagende Wirkung seiner Kunst: In der Lithographie, 1798 von Senefelder erfunden, fand seine Hand das adäquate technische Verfahren, in Charles Philipon begegnete er dem Unternehmer, der sein Talent entdeckte und ihm in seinen beiden Zeitschriften das geeignete Betätigungsfeld zur Verfügung stellte.

Nichts scheint schwieriger als der Versuch, die Bahn dieses Lebenswerkes, das mehr als viertausend Lithographien und Hunderte von Gemälden, Zeichnungen und Holzschnitten umfaßt, auf eine Formel zu bringen. Daumier hat mannigfache Wechselfälle der französischen Geschichte überlebt: Louis-Philippe und Napoleon III., die Revolutionen von 1830 und 1848, die Kommune und die Besatzungszeit von 1870. Als politischer Karikaturist steht er auf der Seite des Volkes und der demokratischen Freiheit im Kampf gegen die Dunkelmänner seiner Zeit. Man kann über den gegenständlichen Gehalt seines Werkes jedoch erst sprechen, wenn man dessen formale Substanz, also das eigentlich Künstlerische, behandelt hat. Daumiers graphisches Genie, diese Evokation barocker Lebensinbrunst, gipfelt in einer Ausdrucksverdichtung, die besonders für die Kunst unseres Jahrhunderts von großer Bedeutung sein sollte. Er faßt jede Erscheinung in ihrer Kernzone zusammen, er setzt Formen in Energiestöße um, er macht aus Dingen dynamische Gebilde und wirft die verschmelzende Erregungskurve seines Striches über jeden Körper. Bei ihm stimmt alles zusammen, nichts ist vereinzelt, jede Gestalt wie aus einem Guß. Das ist, andeutungsweise auf eine Formel gebracht, die visionäre Größe seiner Gestaltungskraft (Abb. 32).

Schon mit seinem Macaire überschreitet Daumier die landläufige Komik der Bilderzählung (Kat. 77 und S. 142, Abb. 76). Wenn er sich in späteren Jahren immer wieder der Deutung des Don Quixote zuwendet, so entzieht er damit diesen großen Mißverstandenen dem Bereich öffentlicher Belustigung und macht ihn zu einem der ergreifendsten Symbole menschlichen Suchens und Scheiterns. Jenseits der Karikatur, in einer neuen Ausdruckskunst, die man später Expressionismus nennen wird, findet Daumiers Schaffen seine Erfüllung.

Am populären Helden des 19. Jahrhunderts entwickelt sich allmählich eine neue Mythologie. Die alten Götter werden verlacht, neue synthetische Personifikationen nehmen ihren Platz ein. An ihrem Tun und Treiben befriedigt das indiskrete Auge des Zeitgenossen seine Gier nach dem Verborgenen, Privaten, von der Konvention Verhüllten, kurz nach allen jenen Lebensumständen, die ihm die öffentlich anerkannte, vom sogenannten guten Geschmack gebilligte Kunst vorenthält. In den Schurkenstreichen des Macaire, in der dummdreisten Allüre des Monsieur Prudhomme, in der Figur des 1815 erfundenen Herrn Biedermeier und in den *Thaten und Meinungen des Herrn Piepmeyer* (Abb. 39) begegnet der anonyme Bürger sich selbst und genießt die Verbildlichung, Erhöhung und Verewigung seiner eigenen Mittelmäßigkeit in der Sphäre des Kunstwerks. (So stark war dieses Verlangen nach Veranschaulichung, daß Daumiers Macaire-Zyklus dramatisiert wurde, wobei Frédérick Lemaître die Hauptrolle verkörperte.) Dies ist ein bedeutsamer Aspekt des nun heraufkommenden ›feuilletonistischen Zeitalters‹: Von nun an ist Popularität nur mehr um den Preis der Bloßstellung zu gewinnen. Von der unermüdlichen Praxis dieser Prostitution zehren die Lieblinge unserer Publizistik, die mit den komischen Helden des 19. Jahrhunderts die öffentliche Lebensführung gemein haben: Was sie sagen, wird als Bonmot registriert, was sie tragen, wird zur verbindlichen Modenorm erklärt; sie faszinieren die breiten Massen durch die selbstgefällige Mischung von privater Vertraulichkeit und mondänen Halbgott-Allüren. Eine tiefe Sehnsucht, in der wir ein aufschlußreiches Zivilisationssymptom vermuten, findet darin ihre Befriedigung: die Sehnsucht nach dem Übermenschen, dem Münchhausen aus unserer Mitte, der seiner Epoche den populären Mythos stiftet. Die Ursprünge dieser Entwicklung liegen im ›Helden‹ der Karikatur des 19. Jahrhunderts.

Daumier hat die Physiognomie der Großstadt und ihrer Menschen entdeckt. Wie Baudelaire erlebte er die kosmische Vielschichtigkeit, die in Paris nach

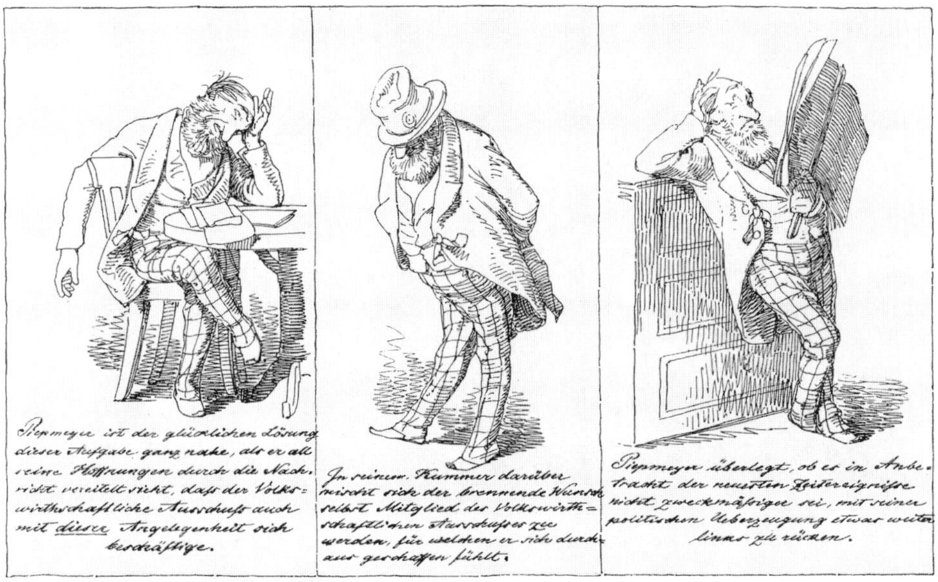

Abb. 39 Adolf Schrödter, *Thaten und Meinungen des Herrn Piepmeyer*, 1849

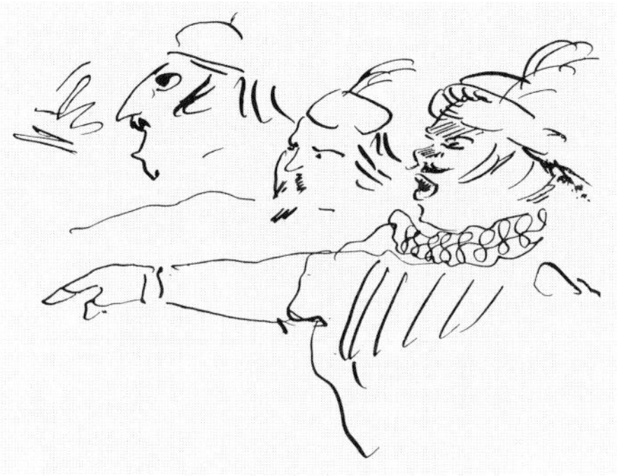

Abb. 40 Henri de Toulouse-Lautrec, *Die Statisten*

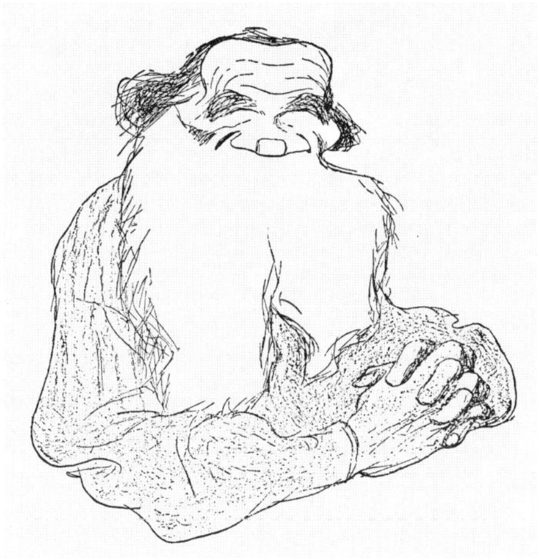

Abb. 41 Olaf Gulbransson, *Leo Tolstoi*, 1904

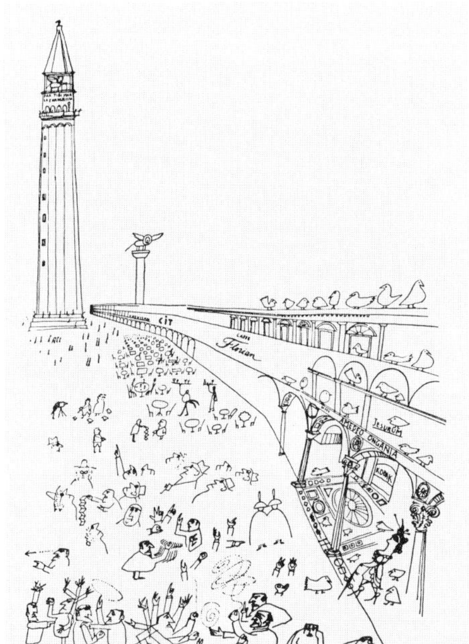

Abb. 42 Saul Steinberg, *Die Piazza San Marco*, 1954

künstlerischer Deutung verlangte: die schreckliche Poesie des Anonymen, den »Heroismus des modernen Lebens«, der die Helden der Ilias verblassen läßt (Baudelaire, Salon de 1846). Wo andere sich auf eine unterhaltsame Sittenchronik in der Art unserer Illustrierten beschränkten, drang sein Blick bis zu den Symptomen einer neuen Daseinsproblematik vor: Er las die Züge des heraufkommenden Massenzeitalters im Antlitz der menschlichen Kreatur, in den Postkutschen, in den Eisenbahnen, in den öffentlichen Bädern; er beschrieb die Verhäßlichung der Welt und, lange vor Dostojewski und Gorki, das Elend der Armenquartiere und Nachtasyle; er formte die leere Grimasse der anonymen Menge, die sich einem billigen Vergnügen hingibt; er gestaltete, ähnlich besessen wie vom Don-Quixote-Thema, den »Waggon III. Klasse«, dieses erschütternde Sinnbild der Leere und Ausweglosigkeit, in dem sich die Selbstentfremdung der Massengesellschaft deutlicher kundgibt als in den philosophischen Gesellschaftsanalysen des 19. Jahrhunderts.

Daumier hat die Karikatur zu ihrem Höhepunkt geführt und zu einem vollgültigen künstlerischen Gestaltungsmittel erhoben; er hat ihre Geschichte erfüllt und zugleich einer neuen Ausdruckssprache das erste Kapitel geschrieben. Nach ihm konnten nur Epigonen kommen, geschickte Zeichner von der Art Forains, Journalisten der Feder, die seine Errungenschaften auszumünzen wußten. Oder Künstler, die auf seinem Weg weitergingen und den Expressionismus einleiteten: Toulouse-Lautrec (Abb. 40), van Gogh (der Daumiers *Vier Trinker* kopierte), Rouault, Munch, Barlach und Käthe Kollwitz.

Als Daumier im Jahre 1879 starb, besaß die Karikatur weiteste Verbreitung. Dutzende von Witzblättern und Almanachen hatten sich ihrer angenommen und aus ihr ein neues Genre der Massenunterhaltung gemacht. War die Bilderzählung im Mittelalter dem des Lesens Unkundigen vorbehalten gewesen, so wurde sie nun dazu herangezogen, dem wachsenden Bildbedürfnis anschauliche Nahrung zu liefern. So entstand neben der sozialkritischen oder politischen Tendenzkarikatur die divertierende Gattung des amüsanten Bildfeuilletons, des zeichnerischen Bonmots, das sich wohl hütete, in das Pro und Contra der öffentlichen Meinung einzugreifen. Wilhelm Busch erweiterte den Publikumskreis der Bilderzählung, indem er sich auch des Kinderbuches annahm. In seinen Bilderbüchern führte er die Karikatur bis zu dem Punkt, an dem sich später die Zeichentrickfilme ihres Vorbildes bedienen konnten, deren dynamisches Prinzip der Formentstehung schon im *Alten Fritz* (Abb. 23) angedeutet ist. Diese eigentümlich deutsche Tradition der Bilderbücher, die sich von den gesellschaftlichen Selbstkommentaren der Franzosen durch ihre fabulierende Erzählfreude unterscheiden, haben Oberländer und Gulbransson bis in das 20. Jahrhundert weitergeführt (Abb. 41). Der gegenwärtige Meister des Genres, der in Amerika heimisch gewordene Saul Steinberg (Abb. 42), hat eine Synthese aus der Wirklichkeitsreportage der französischen ›Physiologies‹ und der expressiven Zeichenfreude der Deutschen gefunden. Ob Steinberg ein Karikaturist oder der Sittenschilderer par excellence unserer Epoche ist, soll hier nicht entschieden werden. Jedenfalls hat er die Wirklichkeit des gegenwärtigen Zivilisationsmoments wie kein anderer durchschaut. Er genießt die köstlichen Verkehrtheiten eines Zeitalters der Ratio und die skurrilen Wucherungen und Disziplinlosigkeiten der Technik. In all dem gewahrt er die stoische Maske des anonymen Zeitgenossen, der sich in dieser abenteuerlichen Welt zurechtfinden muß. Die Physiognomie des Massenmenschen, die Grosz zerschunden hat, wurde von Steinberg wiederentdeckt und teilnahmsvoll restauriert. Der Markusplatz, Irrgarten und Jahrmarkt der Eitelkeit, wird für ihn zum Bruegelschen Gleichnis: Gesten greifen in die Luft, Überredungskünste flattern über das Papier, aggressive Eitelkeit stolziert unter den Arkaden.

Faßt man diese Übersicht zusammen, in deren Verlauf sich die Karikatur vom Ateliereinfall zum Unterhaltungsmittel der Masse entwickelte, so fällt auf, daß der deutsche Sprachraum daran nur peripheren Anteil hat. Als einer der Gründe könnte die politische Zensur geltend gemacht werden, die auf Deutschland und Österreich lastete und die öffentliche Meinung der beiden Länder sorgsam kanalisierte. Völker, die ihr rasch reagierendes, nach Mitteilung drängendes Temperament nicht zu zügeln gewillt sind, hätten sich dieses Maulkorbes wohl rascher entledigt. Man darf darum annehmen, daß der Deutsche, dem Macht gerne imponiert, deren Symbole weniger leichtfertig antastet als der Romane. Karikatur – als ein Akt beständiger Revolte und Herabsetzung – bedurfte einer Bindung an die Aktualität des Wirklichen und einer kritischen urbanen Geistesgegenwart, die der Wesensart des Deutschen wenig entspricht. Ihm lag darum die andere Variante der Karikatur näher: die beschauliche Liebenswürdigkeit Töpffers, die biederen Scherze Hosemanns oder die ornamentale Paraphrase Menzels (Abb. 43), dessen Briefköpfe und Tischkarten dem gleichen Geist wie Jamnitzers Groteskmetamorphosen entspringen und den Weg zur »idealisierenden Komik« (Baudelaire) weisen. Die Neigung zur expressiven Linearität, die immer wieder an der deutschen Kunst hervorgehoben wird, begünstigte diesen Prozeß der Abkehr von den Tagesinhalten – die Flucht Menzels in die friderizianische Epoche! – in eine Welt spielerischer Phantastik. Als man in Deutschland begann, die Alltagsprobleme der satirischen Durchleuchtung würdig zu erachten, hatten diese längst den Bereich der Karikatur hinter sich gelassen: So entwickelte sich im deutschen Expressionismus ein linker Flügel, der mit leidenschaftlicher Stimme den Finger auf Wunden legte, die man Jahrzehnte hindurch nicht wahrhaben wollte. Der junge Barlach und George Grosz kennzeichnen diese Tendenz, indes Heinrich Zille eher als Lokalchronist und volkstümlicher Sittenschilderer hervortrat.

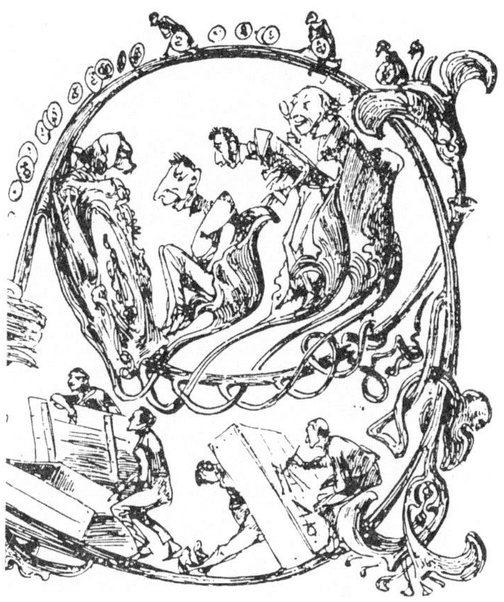

Abb. 43 Adolph von Menzel, Ornament für einen Briefkopf (Ausschnitt)

Dieser Überblick wäre unvollständig ohne einen Hinweis auf die Künstlerkarikatur, die im 19. Jahrhundert eine sehr beachtliche Reihe von Namen aufzuweisen hat. Zuvor wurde gesagt, Daumier habe die Karikatur endgültig auf die Höhe des künstlerischen Ausdrucksmittels gehoben. Ein Blick auf die Vielfalt der Gestaltungswege, die von der Karikatur im 19. Jahrhundert beschritten wurden, veranschaulicht, daß Daumiers Leistung exemplarischen Charakter besitzt: Als er die Karikatur zu künstlerischer Höhe ausformte und ihre Entwicklungsgeschichte mit jener der ›hohen‹ Kunst zusammenführte, hatte diese von sich aus nach der Karikatur gegriffen. Abseits von der öffentlichen Karikatur, die immer mehr nach ›Veröffentlichung‹ drängt, setzt eine künstlerische Auseinandersetzung mit den Problemen der Karikatur ein, wird diese dorthin zurückgeführt, von wo sie einst ihren Ausgang nahm: in die Künstlerateliers. Sie wird zu einem Instrument des künstlerischen Selbstgespräches, und es ist kein Zufall, daß sich gerade jene Künstler ihrer bedienen, deren Lebenswerk auch einen gewissen ›offiziellen‹ Klang hat. Der Österreicher Messerschmidt schuf neben seinen Porträtbüsten des Kaiserpaares seine grimmassierenden Köpfe, »Angstobjekte« (Kris) einer erschütterten Einbildungskraft; Goya, der Maler des spanischen Hofes, hinterließ in seinen ›Karikaturen‹ Bruchstücke der Monologe seiner Einbildungskraft (Abb. 44); Rodolphe Töpffer, der Genfer Professor, zeichnete anfangs seine Bilderhefte nur zum eigenen Vergnügen (Kat. 43); Géricault, in England von der Kunst Hogarth' berührt, durchmaß in seinen Zeichnungen die Spanne vom Charakterkopf bis zur improvisierten Karikatur; Puvis de Chavannes und Adolf von Hildebrand, sein geistesverwandter deutscher Zeitgenosse, fanden in der Karikatur ein wichtiges Ausdrucksventil (Abb. 45). Gemeinsam mit den professionellen Karikaturisten arbeiten diese ›Amateure‹, also die Vertreter der künstlerischen Karikatur, die sich an kein Publikum wendet, an der Differenzierung ihres Ausdrucksumfanges. In einem Jahrhundert, das die kunstgeschichtliche Entwicklung immer mehr dem einzelnen überträgt, gelingt es allmählich, die Karikatur zu einem Instrument subjektiven Ausdrucksverlangens zu machen. (Ebenso richtig wäre die Umkehrung dieses Satzes: Die Karikatur ist notwendig Instrument künstlerischer Willkür, somit dazu berufen, subjektiven Tendenzen in der Entwicklung der ›hohen‹ Kunst ihre Patenschaft zu leihen.)

Im 17. Jahrhundert widerspricht die Karikatur wohl der Schönheitsnorm, doch ist sie noch nicht subjektives Ausdruckszeichen. Die Karikaturen der Carracci und ihrer Nachfolger sind stilistisch nur gering differenziert. Dies gilt, wenn man von Hogarth absieht, auch für das englische 18. Jahrhundert, das bis zu Gillray und Cruikshank eine auffallende Homogenität bewahrt. Erst im 19. Jahrhundert differenzieren sich die Handschriften zu einem Gesamtbild von großer Vielfalt. Daumier, Gavarni und Doré entwickeln die unverwechselbaren Eigenheiten ihres Stils; nationale Besonderheiten erfahren ihre Akzentuierung; der Ausdrucks-

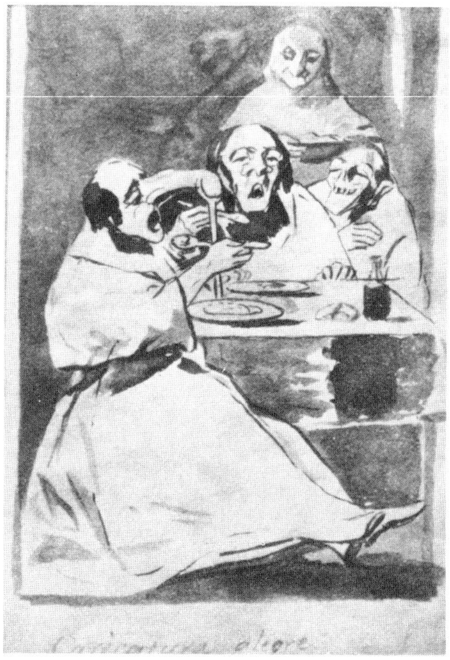

Abb. 44 Francisco de Goya, *Caricatura alegre*

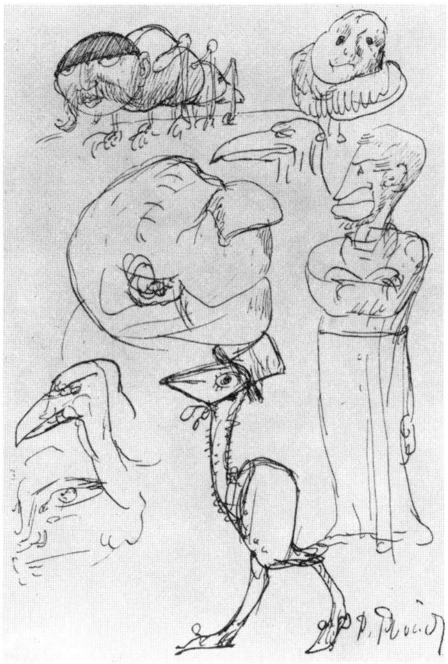

Abb. 45 Puvis de Chavannes, aus einem Skizzenbuch

umfang reicht vom Expressionismus Goyas zur kindlichen Naivität Töpffers, von der sprühenden, jagenden Strichführung Buschs (Kat. 46) zur starren linearen Stilisierung Beardsleys, von der flackernden Erregung Victor Hugos zur Spitzfindigkeit Monniers ...

In diesem späten Stadium der Karikatur, im Jahrhundert ihrer ersten Historiographen und ihrer Aufwertung zum Kunstwerk, treten mit besonderer Deutlichkeit einige der Wesenszüge hervor, an denen sich ihre bereits angedeutete bipolare Struktur offenbart.

Die Karikatur besitzt eine populäre und eine esoterische Zone. Sie, deren Mission im Sichtbarmachen, im öffentlichen Kundgeben zu liegen scheint, ist auch Tendenzen unterworfen, die zu einer rätselhaften Bilderschrift führen. Sie setzt beim Betrachter oft hohes Wissen um graphische Zusammenhänge und die Befähigung voraus, lineare Abkürzungen zu entziffern. Solcherart neigt sie bald zu drastischer Eindeutigkeit, bald zu verschlüsselter Vieldeutigkeit. Von ihren Erfindern als ein Akt gesetzt, der tiefe Einsicht in das Wirkliche und nicht geringes zeichnerisches Geschick voraussetzt, begegnet man ihr nicht selten in der Nähe der Kinderzeichnung. So strebt sie einmal zum Virtuosen, dann zur naiven Unbeholfenheit. Indem sie zum Lachen einlädt, will sie auch belehren. Geistesgeschichtlich eine Proklamation der Überlegenheit des Menschen, schützt sie uns vor mannigfachen Gefährdungen, verteidigt die Würde des Menschen und ist dennoch im Handumdrehen dazu bereit, die Fronten zu wechseln: Sie kann ebensogut uns beschützen wie uns verletzen. Ihr Ursprung ist die spielerische Beweglichkeit der graphischen Form, etwas Unscheinbares, Beiläufiges also – trotzdem kann ihre Wirkung tödlich sein. Noch mehr: sie scheint in manchen Fällen die Wirklichkeit zu fliehen, dann wieder wird sie zum untrüglichen Dokument, etwa in der physiognomischen Illustration oder wenn sich ein Augenzeuge ihrer bedient. (So z.B. Runge, der erzählt, er habe, gelegentlich eines Aufenthaltes in Kopenhagen, zwei Franzosen »en caricature« gezeichnet, die später, von der Polizei gesucht, an Hand seiner Zeichnung ausfindig gemacht werden konnten.)

Dieser Doppeldeutigkeit entspricht auch der Anteil des Privaten und Öffentlichen an der Karikatur. Subjektiven Ursprungs und Niederschlag einer Vision, ist sie mit allen Merkmalen spontanen Erfassens und skizzenhaften Festhaltens versehen. Im Augenblick ihrer Findung scheint sie unwiederholbar und ausschließliches Eigentum ihres Schöpfers. Und dennoch ist sie mittels ihrer vereinfachten Formstruktur dazu geeignet, zum Schlagwort, zum Signal, zum Plakat zu werden.

7

Als Courbet 1850 seine *Rückkehr vom Markt* ausstellte, wurde das Bild in einer Karikatur Bertalls (S. 67, Abb. 44) verspottet, die den ironischen Kommentar trug: »Auf diesem Bild ist alles naiv, glücklich und froh. Als er es malte, war Courbet achtzehn Monate alt.« Weitere Karikaturen dieser Art folgten (Abb. 46). Etwa zur gleichen Zeit warfen die Kritiker dem Programmatiker des Realismus vor, er sei unfähig zu komponieren, er entstelle die Gesichter und zerstöre jegliche Harmonie. Wenige Jahrzehnte später sprach van Gogh die Befürchtung aus, das Publikum würde seine Bilder für Karikaturen halten. Als man in Wien Anton Romakos *Tegetthoff bei Lissa* zu Gesicht bekam, beschrieb die Kritik das Bild als eine der »drastischesten Caricaturen«, an denen man sich je erheitert habe. Ähnlich war wenig später die Reaktion, die Gustav Klimt hervorrief.

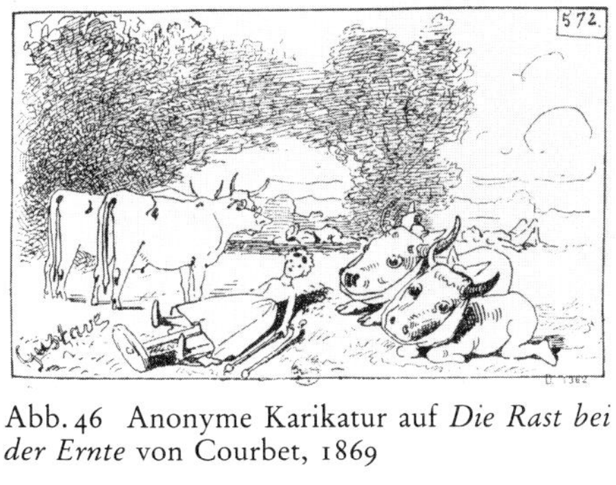

Abb. 46 Anonyme Karikatur auf *Die Rast bei der Ernte* von Courbet, 1869

In der abschätzigen Verurteilung des konservativen Publikums steckt dennoch eine richtige Beobachtung, die, allerdings mit umgekehrten Vorzeichen versehen, auch im Lager der ›Modernen‹ anzutreffen ist. Der bahnbrechenden Rolle Baudelaires in der Geschichte der künstlerischen Entdeckung der Karikatur wurde bereits einleitend gedacht; Champfleury, der Freund Courbets, interessierte sich sowohl für den neuen Realismus wie für die Karikatur, die Imagerie populaire und die Kinderzeichnung; 1884 erwähnt Pissarro in einem Brief an seinen Sohn, daß er Daumiers Lithographien bewundere, wenig später äußert sich van Gogh mit ähnlichen Worten; 1893 schreibt Hugo von Hofmannsthal eine Kritik über Richard Muthers *Geschichte der Malerei*, in der er die bedeutsame entwicklungsgeschichtliche Rolle der Karikatur hervorhebt. Muthers Werk mußte auf die Zeitgenossen befremdend wirken. Da fand der ehrfürchtige Kunstfreund »das lebendige Porträt neben der lebendigen Karikatur, Lenbach neben Wilhelm Busch ... die grelle, freche Straßenannonce des Chéret neben den frommen Bilderbüchern Ludwig Richters, das Makart-Bukett neben den ›Münchener Fliegenden‹«. Der Kritiker notiert befriedigt: »Ja, unsere Lieblinge, diese Parias, sitzen in der besten Gesellschaft auf den rotsamtenen Fauteuils der garantierten Unsterblichkeit. Ja, die ›Parodie des Kusses‹ von Oberländer thront so hoch wie die Medea des Feuerbach. Ja, Gavarni, Gavarni der Karikaturist, Gavarni der Herausgeber eines Modejournals sitzt höher als Cornelius, höher als der göttliche Cornelius, höher als Overbeck und Führich und Wilhelm Kaulbach, und viel, viel höher als sämtliche Pilotys der Welt.«

Hofmannsthal erkennt, worin die stimulierende Bedeutung der Karikatur liegt: » ... während sich die ›große‹ Malerei der ersten Hälfte des Jahrhunderts mehr und mehr dem lebendigen Leben entfremdet, im Kolorit alter Meister nach historischen Anekdoten leblose Puppen in schönkomponierten Gruppen darstellt, bemächtigt sich unscheinbar der Bleistift der Zeichner und Karikaturisten des wirklichen Lebens, hält seine Gebärden und Grimassen, seinen charakteristischen Ausdruck in Lust und Schmerz fest und zieht zuletzt das moderne Leben in den Kreis der Kunst.«

Erweist sich Hofmannsthal bei diesen Beobachtungen da und dort der französischen Kunstkritik verpflichtet, so geht er bei der Entdeckung des von der Karikatur ausgelösten neuen Formempfindens völlig neue Wege: Er ahnt, daß im Abkürzungsverfahren des Karikaturisten die elementare, reduzierte Formchiffre steckt, das Ausdrucksmittel eines neuen Kunstwollens, dessen Ziel die Verdichtung der Erscheinungswelt zur Ausdrucksformel sein wird. In seinem Aufsatz über Franz Stuck (1894) gibt er der Karikatur den Rang einer Vorschule, die den Künstler das »übereindringliche« Charakterisieren lehrt: Sie zeigt, wie das Lebendige ornamental und das Ornamentale lebendig zu verwenden ist. So lernt der Künstler, die »bloße Form«, den »reinen Formgehalt« wahrnehmen: »Indem der Künstler so die Formen ihres banalen Sinnes entkleidet, steht er wieder in seiner eigentlichen Lebensluft, ein Mythenbildner, inmitten der chaotischen, namenlosen, furchtbaren, leuchtenden Wirklichkeit.« Hofmannsthals Intuition nennt darum mit Recht die Fähigkeit, »die Dinge unbeschadet ihrer konventionellen Bedeutung als Form an sich zu erblicken«, eine »wichtige künstlerische Eroberung«.

Damit sind zwei der wichtigsten künstlerischen Erlebniskreise der ›Moderne‹ umschrieben, die der Karikatur entscheidende Anregungen verdanken: ›Lebensnähe‹ und ›Stilisierung‹ (Abb. 47). In diesen Begriffen entdecken wir wieder die beiden eben umrissenen entwicklungsgeschichtlichen Voraussetzungen der Karikatur, die deren Verlauf vom 17. bis zum 19. Jahrhundert bestimmten: das Wirkliche und dessen Umsetzung in die Chiffre.

Die politische Karikatur ist von einer Entwicklung überspielt worden, an deren Heraufkunft sie selbst beteiligt war. Ihr ursprünglich protestierendes, gegen die ›Regel‹ verstoßendes Ausdrucksverfahren ist heute, da keine Norm des Schönen mehr gültig ist, zur Umgangssprache geworden. Es fällt darum schwerer denn je, mit den Mitteln des Bildes aufzurütteln. In unserer immer flacher und bildloser werdenden Welt, die nur mehr optische Klischees (im Film und im Fernsehen) für den Massenkonsum produziert, hat das Bildzeichen viel von dem Kredit eingebüßt, den man ihm noch im 19. Jahrhundert einräumte. Es gibt Alpträume, wie Th. Th. Heines Zyklus vom Verhör eines Zeitungsredakteurs (Abb. 48), die man um die Jahrhundertwende noch in einem Witzblatt darstellen konnte und die inzwischen in der bestürzendsten Weise Wirklichkeit geworden sind. Die Schrekken des totalen Krieges und der totalen Diktatur haben jeglicher Satire Grenzen gesetzt. Eine so tief verzerrte Welt läßt sich nicht mehr ›verzerren‹ (Abb. 49). »Satiren, die der Zensor versteht, werden mit Recht verboten«, konnte Karl Kraus im Ersten Weltkrieg noch schreiben. Als Hitler kam, reichte es selbst bei ihm nur zu der Feststellung: »Das Wort entschlief, als jene Welt erwachte.«

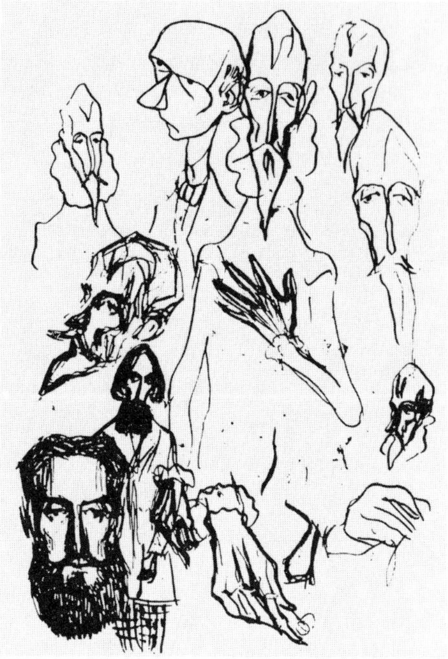

Abb. 47 Pablo Picasso, *Skizzenblatt*, 1898

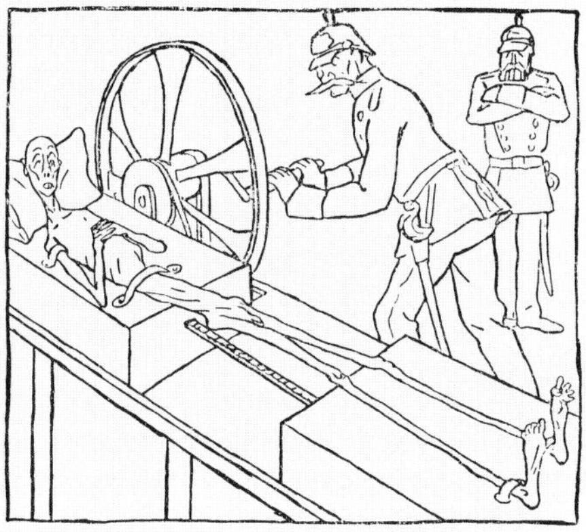

Abb. 48 Th. Th. Heine, aus der Folge *Der Alptraum eines Reporters*, um 1900

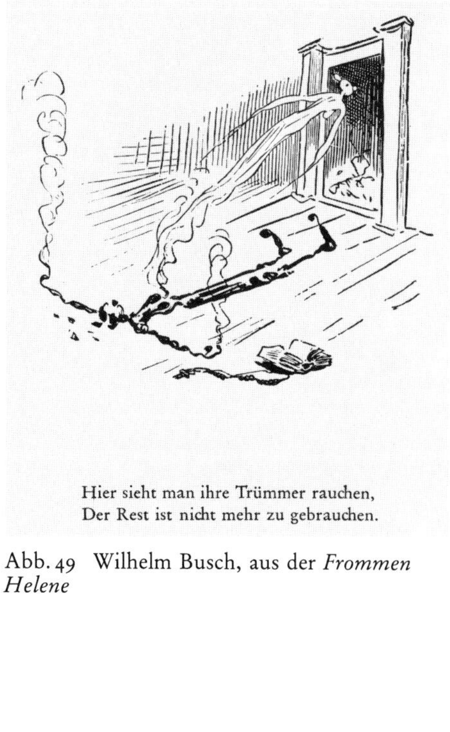

Abb. 49 Wilhelm Busch, aus der *Frommen Helene*

Es scheint, als hätten die Karikaturisten ihre Situation erkannt. Die verletzende Gewalt der politischen Karikatur hat an Wucht eingebüßt, und ein Element der Gutmütigkeit macht sich allenthalben überall bemerkbar, wo die Karikatur noch am Leben ist. Dieser Vorgang kam der Genre-Karikatur zugute, in der das Sittenbild – mit dem die moderne Malerei nichts mehr anzufangen weiß – seine Fortsetzung findet. Dahinter verbirgt sich eine tiefe Sehnsucht des konsumierenden Kollektivs. Die moderne Kunstentwicklung befriedigt nicht mehr das Bildbedürfnis breitester Schichten. Dieses hat sich in der Karikatur, der Bilderzählung und im Film eine Bilderwelt errichtet, die vom Banalen ins Erhabene reicht; sie befriedigt den Drang, die Dinge einmal in ihrer konkreten Situation, in ihrer Zuständlichkeit zu sehen. Man will Konflikte erleben, die dem Alltäglichen entspringen, man will Augenzeuge sein, man will Repliken wahrnehmen, die man vielleicht selbst gegeben hätte, man will die Bilderwelt des Hier und Jetzt, die konzentrierteste Tatsächlichkeit auskosten, eine Wirklichkeit, in der jeder sich selbst zu erkennen vermag. So gesehen stellt heute die Karikatur einen Akt der Versinnlichung dar, indem sie versucht, der Welt ihr ›mittleres Maß‹ der Anschaulichkeit wiederzugeben. Es darf in diesem Zusammenhang nicht übersehen werden, daß prominente Künstler unseres Jahrhunderts ihre Anfänge in der Unterhaltungskarikatur absolvierten: Feininger, Barlach, Slevogt, Corinth, Kupka, Villon, Marcoussis, Gris und Calder.

In den Jahrhunderten, die der Kunst die idealisierende Nachahmung der Wirklichkeit auftrugen, war die Karikatur die Platzhalterin der gewöhnlichen Wirklichkeit, der spielerischen, über Vernunftmaßstäbe sich hinwegsetzenden künstlerischen Improvisation und jener Erlebnisse des Ungewissen, die uns heute wieder überwältigen, war sie der Ort, wo mit Schrecknissen Scherz getrieben wurde, da man sich hinter den Versicherungen einer angeblichen Wissenschaft verschanzte, von der Shakespeare prophezeite, sie werde das Unergründliche alltäglich und trivial machen.

Es ist nur folgerichtig, wenn die Karikatur in diesem Weltbild ihre vermittelnde Funktion nun jenen Bereichen abtritt, die früher auf den Begriff der ›hohen‹ Kunst hörten. Die Frage Jacob Burckhardts – »Führte vielleicht der Weg von dem Schrecklichen in das Schöne bisweilen durch das Komische hindurch?« – können wir heute umkehren und als Feststellung an den Beginn einer neuen Ausdrucksepoche setzen: Der Weg vom Schönen zum Schrecklichen führt durch das Komische hindurch.

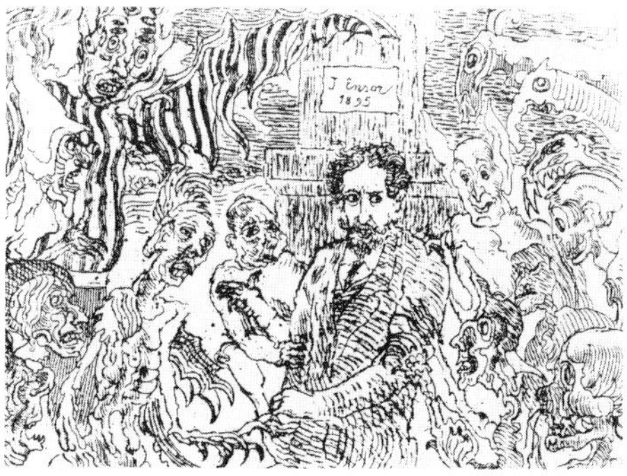

Abb. 50 James Ensor, *Dämonen verhöhnen mich*, 1895

Übrig bleibt ein Bündel Fragen, das zu denken gibt. Ob wir die Wiedererwekkung des Dämonischen bei Ensor (Abb. 50), die Beschwörung des Fratzenhaften bei Nolde, die Umkehrung aller gesichert geglaubten Werte im Surrealismus mit den Schauern erleben, die diese Zeichen einer unbekannten Welt in uns auslösen sollten? Ob unsere Museen und Ausstellungen imstande sind, die wiedergewonnenen Räume des Elementaren, Ungewissen und Schrecklichen mit echten Erlebnissen zu füllen? Oder ist es nicht vielmehr so, daß die ›moderne‹ Kunst uns gegenüber den elementaren Spannungen zwischen dem Schönen und Häßlichen indifferent gemacht hat, daß wir das Häßliche ästhetisch entschärft haben, indem wir in unserem Entdeckungseifer bekannten, unserem Jahrhundert sei »alles erlaubt« (Kandinsky)? Haben wir nicht damit bereits den Grundplan zu einer neuen Ästhetik entworfen, zu eben jenem ›Musée Imaginaire‹, das im Grunde nur die Konventionalisierung und Kodifizierung unseres revolutionären künstlerischen Weltbildes bedeutet? Sind wir noch imstande, in Picassos *Weinender Frau mit dem Taschentuch* nicht nur die Lösung eines künstlerischen Problems, sondern die ungeheure, elementare Verstümmelung und existentielle Gefährdung der menschlichen Kreatur wahrzunehmen und – frei von konservativen Geschmacksnormen – in ihr das schreckliche Medusenantlitz einer neuen Mythologie zu erleben? Eine Zeit, in der schlechthin alles als museumswürdig gilt, hebt den künstlerischen Protest auf, indem sie ihn nicht verbietet, sondern ästhetisiert.

Ernst H. Gombrich

Das Arsenal der Karikaturisten*

Mit Ausnahme der seltenen Fälle, in denen große Künstler wie etwa Daumier oder Goya sich dem graphischen Journalismus zuwenden mußten, hatte die offizielle Kunstgeschichte nicht viel Anlaß, sich mit der Flut von Propagandaschriften, Flugblättern und Karikaturen zu beschäftigen, die seit dem 16. Jahrhundert in stets wachsenden Mengen durch die Druckerpressen ging. Sie überläßt diese schwer verständlichen und oft wenig schönen Produkte ohne Neid der politischen Geschichte, die besser befähigt zu sein scheint, ihre versteckten Anspielungen auf längst vergessene Ereignisse und Konflikte zu enträtseln. Aber die Historiker ihrerseits sind meist überzeugt, daß Archivakten und Parlamentsdebatten für sie lohnendere und aufschlußreichere Dokumente darstellen, und sie sind daher geneigt, die alten Karikaturen und Flugblätter den Verfassern von populären illustrierten Geschichtswerken zu überlassen, wo man dann diese primitiven und oft unverständlichen Bilder in bunter Gemeinschaft mit Bildnissen, Landkarten und Darstellungen von Aufzügen und Attentaten findet. Ich will gewiß nicht undankbar erscheinen gegen Werke wie Roger Butterfields *The American Past*[1] oder Stephan Lorants *The Presidency*,[2] um nur zwei Beispiele zu nennen, die ich mit großem Gewinn konsultiert habe. Es liegt jedoch im Wesen der Sache, daß diese Bücher derartige Dinge ohne viel Nachdenken hinnehmen, nicht anders als wir es tun, wenn wir ihnen beim Zeitunglesen begegnen. Aber heute möchte ich Ihnen vorschlagen, eine solche bequeme Einstellung einmal fallenzulassen und diese sonderbaren Darstellungen mit forschender Neugierde zu betrachten; nicht so sehr, um festzustellen, was sie uns über historische Ereignisse sagen können, als vielmehr wegen der Einsichten, die sie uns über unsere eigenen psychologischen Vorgänge vermitteln können. Wenn wir Karikaturen und politische Zeichnungen studieren, studieren wir den Gebrauch von Symbolen in einem fest umschriebenen Zusammenhang. Das ist nun ein Gebiet, mit dem sich das Warburg-Institut seit jeher beschäftigt, wobei es weniger um die Lösung alter Bilderrätsel geht, als um die Rolle des Bildes im geistigen Haushalt des Menschen.

Die erste Illustration (Abb. 1) bezieht sich auf North Carolina. Diese primitive Darstellung, die für mich etwas Rührendes hat, erschien im Jahre 1787 im *Philadelphia Centinel*. Sie verherrlichte die Errichtung der elften Säule am großen Tempel der Nation, als der Staat New York schließlich die Verfassung der Vereinigten Staaten ratifiziert hatte und man hoffte, North Carolina würde nun bald seinem Beispiel folgen. Wir sehen eine Hand, die vom Himmel herunterreicht, um den Pfeiler, der die Aufschrift North Carolina trägt, an seine Stelle in der Reihe zu setzen, während der Pfeiler Rhode Islands noch recht gefährlich am Wanken zu sein scheint.

Das Gedicht darunter feiert das Gebäude des Bundesstaats:

»Der Sterne elf am Himmel sich erheben
Elf Säulen sieht man in die Höhe streben
Bald wölbt ein Kuppeldach sich hoch darüber fort
Der Stolz Columbias und der Freiheit Hort.«

Die Verse sind kaum sehr großartig oder einprägsam, wenn auch zweifellos tief empfunden. Woher kommt es also, daß die Zeichnung eindrucksvoller ist? Die Bilder sind schließlich alle auch in den Worten des Gedichts enthalten: das Gebäude, die Säulen, die die Kuppel tragen, unter der die Freiheit ihren Wohnsitz aufschlagen wird; derartige Metaphern kamen und kommen sicher in unzähligen

* Ein Vortrag, gehalten an der Duke University, North Carolina, am 22. März 1962. Übersetzt von Lisbeth Gombrich. Enthalten in: Ernst H. Gombrich, *Meditationen über ein Steckenpferd. Von den Wurzeln und Grenzen der Kunst*, Wien, München, Zürich 1973.

1 Roger Butterfield, *The American Past, a history of the United States from Concord to Hiroshima*, New York 1947.

2 Stefan Lorent, *The Presidency*, New York 1951.

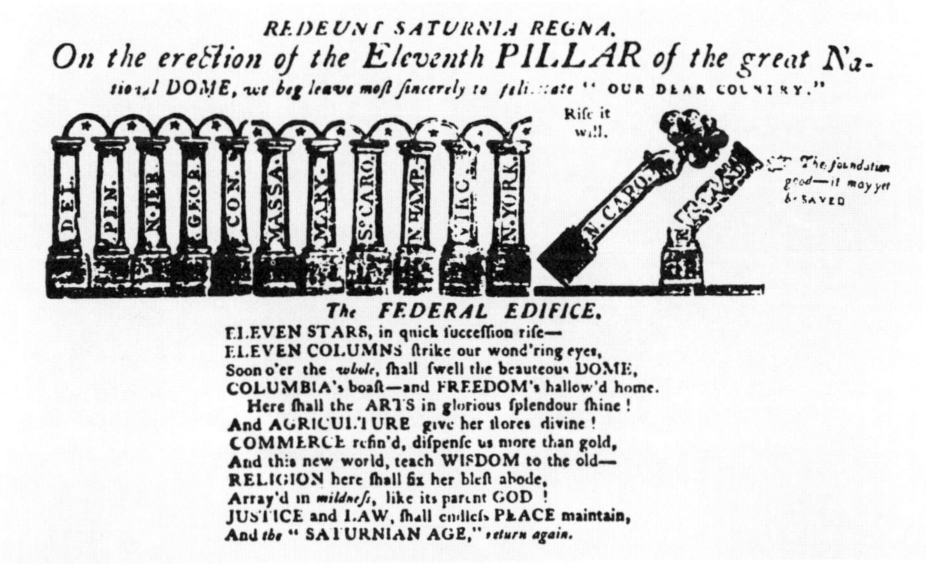

Abb. 1 *Der elfte Pfeiler am Dome der Nation,* ›Philadelphia Centinel‹, 1787

Reden und Leitartikeln vor, die wir überfliegen, aber kaum lesen. Aber irgendwie ist die Sache anders, wenn das Bild auf einmal Gestalt gewinnt und sich aus dem Flusse der Rede loslöst. Man sieht geradezu, wie sich North Carolina den andern zugesellt, und wird zum Zeugen der Entstehung des großen Baus. Ja, man kann es kaum erwarten, daß die letzte Säule auf ihren Platz zu stehen kommt. Die Metapher erwacht auf einmal zum Leben. Denn selbstverständlich ist ›das Gebäude des Bundesstaats‹ eine Metapher, und der Bundesstaat selbst ist eine Abstraktion, eine abgekürzte Ausdrucksweise für ein äußerst komplexes Beziehungsgefüge zwischen Menschen, die unter denselben Gesetzen leben. Als Abstraktion kann man ihn ebensowenig sehen, wie ich bei meinem Flug hierher von New York ›den Staat‹ North Carolina sehen konnte (zum Unterschied von seinen Flüssen, Feldern und Wäldern). Aber auf dem Bild steht er verkörpert vor uns, und wir können mit unseren Augen sehen, wie er sich dem Bau des Bundesstaats eingliedert. Wahrscheinlich könnten wir aus Staatspapieren entnehmen, was tatsächlich vor sich gegangen ist, die Debatten und Diskussionen, das Zweifeln und Zögern, die Argumente beider Parteien, den Konflikt der Interessen und den Zusammenprall der führenden Persönlichkeiten. Doch weder dem zeitgenössischen noch dem nachgeborenen Historiker ist es möglich, die unzähligen Überlegungen in den Köpfen aller Beteiligten zu notieren oder zu erklären, die schließlich zum Mehrheitsbeschluß zugunsten der Ratifizierung führten. Die Geschichte der Vergangenheit, nicht weniger als die Geschichte-im-Werden, die man Politik nennt, ist nicht nur schwer darstellbar, als Resultante von persönlichen Entscheidungen aller Beteiligten ist sie letztlich unfaßbar.

Dies gilt zweifellos für diejenigen unter uns, die man im Mittelalter mit einem philosophischen Ausdruck ›Nominalisten‹ genannt hätte. Es war das jene Partei der Scholastik, die behauptete, daß auf der Welt nur die einzelnen individuellen Dinge wirklich existieren. Die Worte, die wir gebrauchen, wenn wir diese Dinge zu Gruppen zusammenfassen und von Stühlen, von Pferden, von Völkern sprechen, die sogenannten Universalien, seien nichts als Geräusche, die wir hervorbringen, ein ›flatus vocis‹, ein Lufthauch, wie sie sagten. Die andere Partei, die im Mittelalter dominierte, war anderer Meinung. Sie bestand darauf, daß jedem existierenden Wort irgend etwas, ein Ding, eine Wesenheit, entsprechen müsse. Da es Worte gebe für Begriffe wie Stuhl, Hund oder Demokratie, müßten diese Universalien auch eine eigene Existenz besitzen; ja sie müßten dauernder und irgendwie sogar realer sein als die individuellen Einzeldinge, die wir mit unseren irdischen Sinnen wahrnehmen können. Diese Lehre sieht auf den ersten Blick recht abstrus aus; trotzdem sind wir alle geneigt, sie ohne viel Nachdenken zu akzeptieren und anzuwenden.

Wenn wir über Politik oder Geschichte schreiben oder auch nur nachdenken, verschwinden die Individuen mit ihren Konflikten, ihrem Schwanken, ihrer

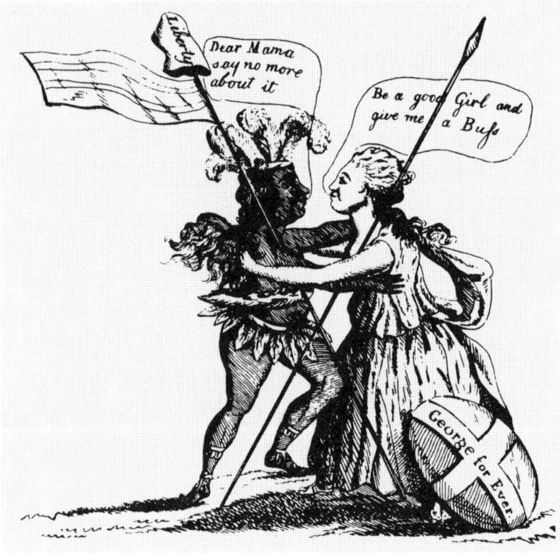

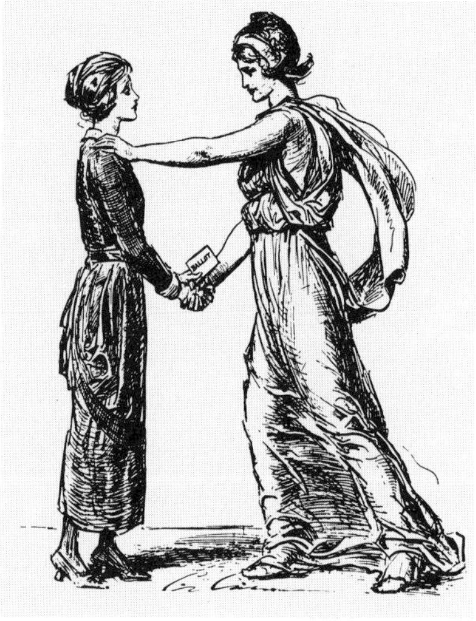

Abb. 2 Thomas Colley, *Die Versöhnung Britannias mit ihrer Tochter Amerika,* 1782

Abb. 3 *Das Frauenwahlrecht,* ›Life‹, 28. Oktober 1920

Sehnsucht, in Ruhe gelassen zu werden, unausweichlich hinter solchen Abstraktionen. Mit dem besten Willen können wir niemals strenge Nominalisten sein. In seinem Appell an diese Tendenz liegt sogleich die Stärke und die Gefährlichkeit des politischen Zeichners und Karikaturisten; er erleichtert es uns, mit Abstraktionen umzugehen, als wären sie greifbare Wirklichkeiten. Aber damit bekräftigt er nur, was in der Sprache schon vorgebildet war. Die Abstraktionen nehmen von unserem Geist Besitz: North Carolina muß und wird sich dem Gebäude des Bundesstaats eingliedern.

Es ergibt sich aus der Situation, daß in einem solchen feierlichen Bild religiöse und prophetische Obertöne mitschwingen. Die Lehren der Freimaurer, die im 18. Jahrhundert so einflußreich waren, mögen zu der Metapher einer heiligen Halle, in der die Freiheit ihre Zuflucht findet, mit beigetragen haben; und das Zitat aus der Vierten Ekloge Virgils, »Redeunt Saturnia Regia« (das Reich des Saturn kehrt zurück), bringt den festen Glauben zum Ausdruck, daß die einzelnen Individuen tatsächlich Akteure sind in einem gewaltigen Plan und daß sie damit die alte Prophezeiung von der Rückkehr des Goldenen Zeitalters Wirklichkeit werden lassen.

Was uns das Studium dieses Materials besonders deutlich vor Augen führen dürfte, ist der große Einfluß, den mythologische Vorstellungen auf unser politisches Denken und unsere politischen Entscheidungen haben. Historisch gesehen besteht kein Zweifel darüber, daß die sogenannten Personifikationen, ohne die die Karikaturisten ja meist nicht auskommen, direkte Nachkommen der olympischen Götter sind. Sowohl die naive Darstellung aus dem Jahre 1782, *Britannia reconciled* (Die Versöhnung Britannias), in der ein Indianermädchen Amerika verkörpert (Abb. 2), als auch die womöglich noch naivere Darstellung aus *Life* anläßlich der Einführung des Frauenwahlrechts in den Vereinigten Staaten (Abb. 3) sind typische Beispiele einer Überlieferung, die ungebrochen auf die mythologische Welt der Griechen und Römer zurückgeht. Die Neigung der Alten, abstrakte Begriffe zu personifizieren und zu beleben, hat ihre Wurzeln in einer ganz eigenartigen Beziehung des griechischen Denkens zur Sprache. Wir lernen in der Schule, daß Nike »die Göttin des Sieges« war, aber eine solche Formulierung umschreibt nur höchst unvollkommen die vieldeutig verschwommene mythologische Vorstellungswelt, mit der wir es hier zu tun haben. Nike oder Victoria war der Sieg selbst; der Sieg selbst ließ sich am Bug des Schlachtschiffs eines kühnen Eroberers nieder; der Ruhm, die Fama, war es, die seine Heldentaten der Welt verkündete, und die Verleumdung, Kalumnia, die sie zu verkleinern suchte. Soweit mir bekannt ist, ist die antike Kultur die einzige, in der man so leicht und ungezwungen von der Bezeichnung eines Abstraktums zur Vorstellung einer Realität hinübergleiten konnte, und die einzige, in der solche personifizierte Hauptwörter der Gemeinschaft der unsterblichen Götter zugesellt wurden. Der Sieg, Nike, hatte einen Tempel auf der Akropolis, Fortuna wurde in Rom verehrt; jede Stadt und jeder Staat wurde durch eine Gottheit verkörpert, die sowohl ein

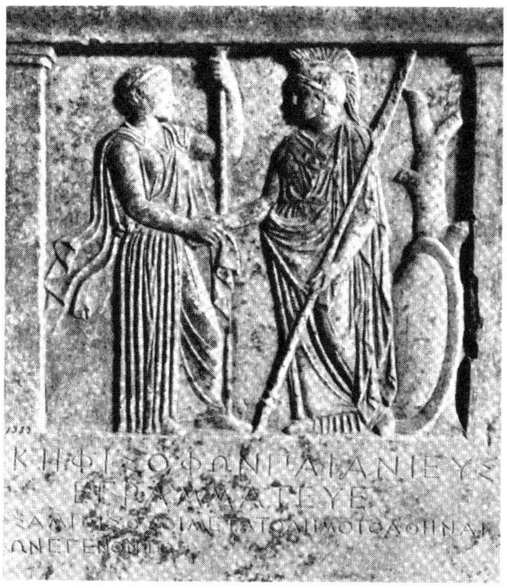

Abb. 4 Griechisches Relief, *Der Friedensvertrag zwischen Athen und Samos,* 4. Jh. v. Chr.

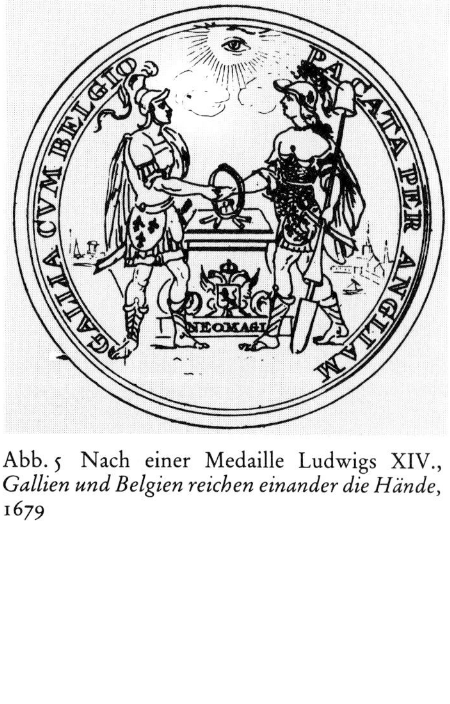

Abb. 5 Nach einer Medaille Ludwigs XIV., *Gallien und Belgien reichen einander die Hände,* 1679

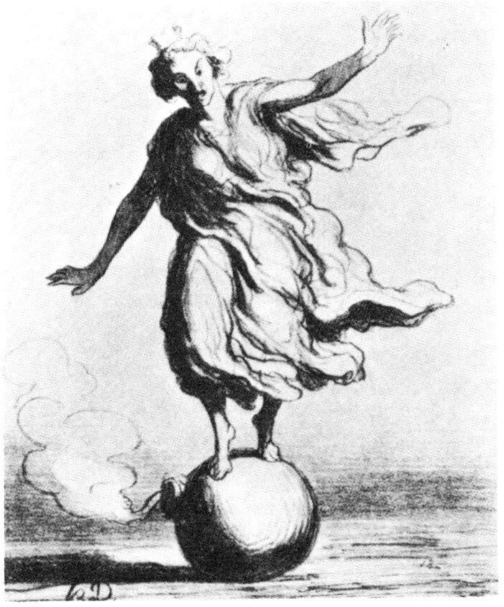

Abb. 6 Honoré Daumier, *Das europäische Gleichgewicht,* ›Charivari‹, 3. April 1867

Schutzgeist war wie auch ein abstrakter Begriff. Ein Denkmal aus dem vierten Jahrhundert vor Christi, dazu bestimmt, den Friedensvertrag zwischen Athen und Samos zu bezeugen und zu bekräftigen, zeigt uns, wie die beiden Schutzgöttinnen Athene und Hera sich die Hände reichen (Abb. 4) – genauso wie Gallien und Belgien auf einer Medaille Ludwigs XIV. (Abb. 5) oder unzählige andere Figuren in den politischen Zeichnungen unserer Tagespresse. Römische Münzen zeigen nicht selten Personifikationen von Ländern, die zur betreffenden Zeit der Schauplatz wichtiger Ereignisse waren. Zum Beispiel ließ Vespasian nach dem Fall von Jerusalem eine Münze prägen, auf der eine trauernde weibliche Gestalt, wie die Umschrift besagt, »Judaea capta« darstellt. Eine andere römische Münze, von Nerva im Jahre 97 geschlagen, zeigt eine Abstraktion oder Gottheit, deren Vitalität (das muß ich wohl nicht betonen) bis zum heutigen Tag nicht abgenommen hat: die personifizierte Gestalt der Freiheit.

Damit soll keineswegs gesagt sein, daß etwa alle alten Römer wirklich an die sozusagen körperliche Existenz dieser Wesen glaubten. Möglicherweise dachten sie über sie ebensowenig nach wie wir über die würdigen, aber recht blutleeren Matronen, die unsere Münzen oder Banknoten zieren. Aber wenn ein großer Karikaturist sich ihrer annimmt, werden sie plötzlich lebendig. Wie zum Beispiel in der großartigen Zeichnung Daumiers, *L'Equilibre Européen,* in der Europa, angsterfüllt, auf einer rauchenden Bombe balanciert (Abb. 6). Gleichzeitig ist hier auch eine andere Metapher, ein bildlicher Ausdruck, mit erschreckender Klarheit sichtbar gemacht worden.

Das Neue der politischen Karikatur besteht eben in der Möglichkeit, die Begriffe und schlagwortartigen Symbole unseres politischen Vokabulars auf solche metaphorische Situationen anzuwenden. Die Sprache der politischen Rhetorik war zu allen Zeiten reich an Bildern. Schon die alten Propheten sprachen von Ägypten als einem schwankenden Rohr und von Persien als einem Koloß mit tönernen Füßen, aber im Altertum würde man solche Vergleiche nicht illustriert haben. In dieser Beziehung leitet sich die politische Karikatur von der symbolischen Kunst des Mittelalters her, einer Zeit, in der die Kirche von didaktischen Darstellungen Gebrauch machte, um dem des Lesens unkundigen Laien die Lehren der Heiligen Schrift vorzuführen. Es ist hier nicht der Ort, der Entwicklung dieser Technik und ihrer allmählichen Übertragung ins Weltliche auf dem Weg über Sprichwortillustrationen und satirische Blätter im einzelnen nachzugehen. Für uns kommt es hauptsächlich auf die zunehmende Leichtigkeit an, mit der die bildliche Darstellung dem bilderreichen Stil der Rhetorik und der Predigt zu folgen vermochte.

Die Ausdrucksweise politischer Agitatoren und Redner gab und gibt der Phantasie des Karikaturisten reichlich Material an die Hand. Wir brauchen nur eine beliebige Zeitung aufzuschlagen, um zu lesen, daß jemand das Pferd am Schwanz aufzäumt, mit der Kirche ums Kreuz fährt, mit dem großen Prügel dreinhaut, seine Gegner mit Kot bewirft. Dazu kommen gewisse stereotyp gewordene Metaphern, wie die Gipfelkonferenz oder der Eiserne Vorhang. Weiter können wir (oder können wir nicht) für die ganze Welt den Polizisten spielen, im Schatten der Atombombe leben, unsere Segel nach dem Wind der Zeit richten, dieser Gruppe die Hände reichen oder jene überflügeln; der Weg, der vor uns liegt, ist natürlich steil, aber die Zukunft ebenso selbstverständlich strahlend, wenn es uns nur gelingt, Fallstricken auszuweichen, Abgründe zu vermeiden und ein Abgleiten zu verhindern. Es ist nicht ungefährlich, die Aufmerksamkeit des Lesers auf den Bilderreichtum der Sprache zu lenken; denn wer einmal auf diese vielen, man könnte sagen, ›schlafenden‹ Metaphern aufmerksam geworden ist, findet sie auf Schritt und Tritt. Sie sind, wenn ich mich selbst in dieser Form ausdrücken darf, Wasser auf die Mühle des politischen Karikaturisten, oder, wenn Ihnen das Bild, das ich in meinem Titel gebrauchte, lieber ist, Waffen in seinem Arsenal.

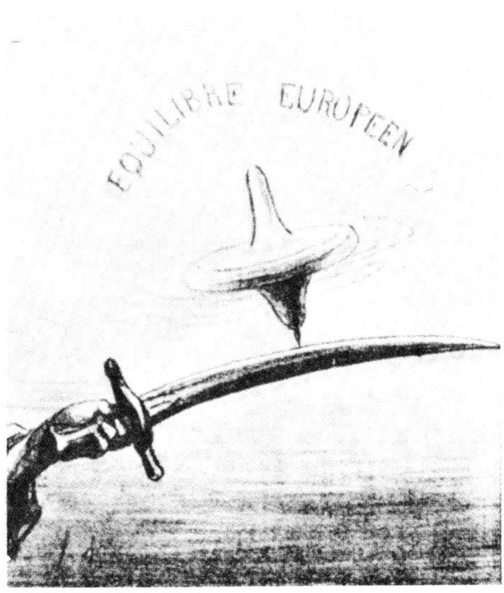

Abb. 7 Honoré Daumier, *Das europäische Gleichgewicht,* ›Charivari‹, 30. Dezember 1867

Verdichtung und Vergleich

Betrachten wir noch einmal das Bild des Balancierens, das Daumier hier erneut verwendet (Abb. 7), um das europäische Gleichgewicht zu charakterisieren. Er stellt einen Kreisel auf ein japanisches Schwert und bringt dadurch in meisterhafter Weise zum Ausdruck, daß im Jahre 1867 die Staaten Europas nur durch die Furcht vor der aufstrebenden Macht Japans davon abgehalten wurden, einander ›an die Gurgel zu fahren‹. Auf dieser Komprimierung eines komplizierten politischen Gedankengangs in ein überraschendes und einprägsames Bild beruht die unveränderte Wirkung dieses großartigen Blattes. Dieses Verdichten und Ineinanderschieben ganzer Vorstellungskomplexe zu einem ideenschwangeren Bild ist ja überhaupt das Wesentliche an Geist und Witz. Mein verstorbener Freund und Lehrer, Ernst Kris, der von der Kunstgeschichte zur Psychoanalyse hinüberwechselte, machte als erster darauf aufmerksam, wieviel man beim Studium politischer Zeichnungen und Karikaturen von Freuds Analyse des Wortwitzes profitieren könne. In seiner berühmten Abhandlung über den Witz und seine Beziehung zum Unbewußten lenkte Freud unsere Aufmerksamkeit auf die Ähnlichkeit zwischen den geistigen Mechanismen, deren der Witz sich bedient, und denen, die im Traum ihr tolles Wesen treiben. In beiden Fällen entsteht aus einer Fusion disparater Elemente eine befremdende und oft unheimliche Konfiguration, in der jedoch nicht selten viel tiefer Sinn verborgen liegt.

Beim ersten Hören des englischen Witzworts vom »Too much promised Land« (das zu viel verheißene Land), in der der biblische Ausdruck des Landes der Verheißung mit der Idee der widerspruchsvollen Zusagen, die die englische Politik während des Ersten Weltkriegs den Arabern und Juden machte, verschmolzen wird, stutzt man; die Zusammenstellung von »zu viel« und »verheißen« scheint absurd; aber sobald uns klar wird, wie elegant und knapp die Formulierung die Situation erfaßt, löst sich unser Befremden in schallende Heiterkeit auf. Ja, die Eleganz und Knappheit der Formulierung mag uns sogar daran hindern, darüber nachzudenken, ob das darin enthaltene Urteil wirklich ganz der Wahrheit entspricht, ob zum Beispiel der Vorwurf, daß widersprechende Zusagen gemacht worden seien, auch wirklich zu Recht besteht. Die komprimierten Bilder der Karikaturisten sind etwas Ähnliches. Betrachten wir eine moderne Darstellung jenes angsterregenden Gleichgewichtsproblems, Rube Goldbergs 1948 mit dem Pulitzerpreis ausgezeichnete Karikatur. In der Darstellung eines friedlichen Familienheims auf einer Atombombe, die jeden Augenblick in den Abgrund überzukippen droht (Abb. 8), sind alle unsere Ängste auf einen Punkt konzentriert. Für einen kurzen Augenblick scheint es uns, als sähen wir unsere tödliche Gefahr leibhaftig vor uns in dieser Zeichnung, die einem Alptraum die Überzeugungskraft der Realität verleiht. Das gleiche gilt wohl auch von H. M. Brockmanns Karikatur aus dem *Simplicissimus* (Abb. 9), in der die Bombe selbst die versammelten Diplomaten anspricht: »Es wird hier dauernd vom Frieden gesprochen. Meine Herren, der Friede bin ich.« Beide Karikaturen treffen den Nagel auf den Kopf – nur ist es nicht der gleiche Nagel.

Wenn man über politische Karikaturen spricht, besteht oft die Gefahr der Überbetonung der Elemente des Humors und der Propaganda auf Kosten der Befriedigung, die eine gelungene Karikatur uns einfach durch ihre elegante und pointierte Formulierung bereitet. Der Humor gehört nicht zu den unentbehrlichen Waffen des Karikaturisten. Ob er uns lachen macht oder nicht, wird meist vom Ernst des Gegenstands abhängen. Die Frage, inwieweit Karikaturen propagandawirksam sind und in welchem Maße sie unsere Meinungsbildung beeinflussen, ist leichter gestellt als beantwortet. Die Funktion der sogenannten redaktionellen Karikatur in unseren Tageszeitungen ist wohl hauptsächlich, unsere Aufmerksamkeit wenigstens für einen Augenblick auf das fragliche Problem zu konzentrieren. Eine Zeichnung im *Observer* (Abb. 10) illustriert weder besonders gut noch besonders schlecht den Rüstungswettlauf und seine unvermeidlichen Folgen, wenn er nicht gebremst wird. Die Darstellung ist humoristisch, der Gegenstand gewiß nicht. Die meisten Leser (mich inbegriffen) werden ihre Augen ein paar Sekunden darauf ruhen lassen und zustimmend mit dem Kopf nicken: »Ja, so ist's nun einmal –«. Gleich darauf werden sie sich aber, je nachdem, der Bücherseite, den Sportnachrichten oder dem Börsenbericht zuwenden.

Vielleicht sind wir alle in irgendeiner Weise wie Kinder, die man sehr leicht mit einer Antwort abspeisen kann. Jeder Vergleich, der uns das Fremdartige dadurch

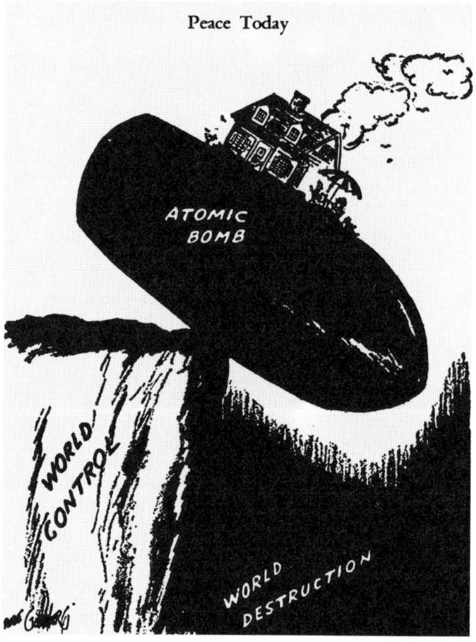

Abb. 8 Rube Goldberg, *Frieden heutzutage,* ›New York Sun‹, 22. Juli 1947

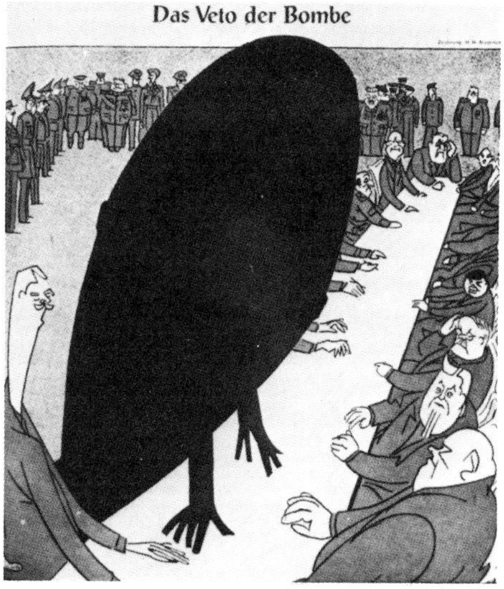

Abb. 9 Henry Meyer Brockmann, *Das Veto der Bombe,* ›Simplicissimus‹, 19. Mai 1956

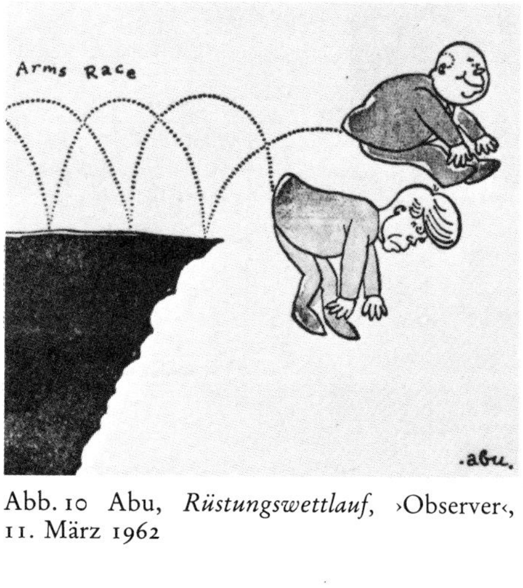

Abb. 10 Abu, *Rüstungswettlauf,* ›Observer‹, 11. März 1962

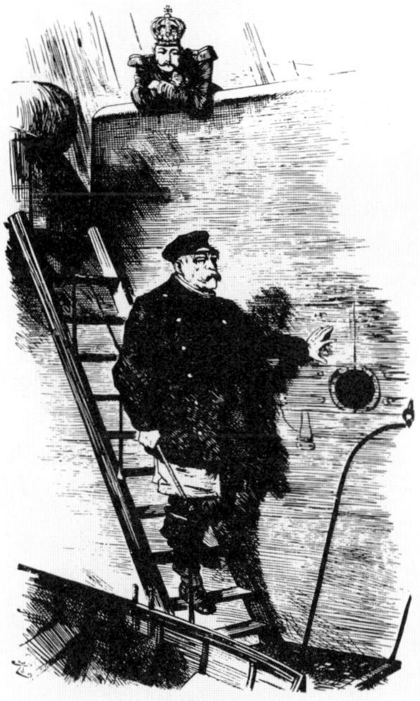

Abb. 11 John Tenniel, *Der Lotse geht von Bord,* ›Punch‹, 29. März 1890

näherbringt, daß er es in Beziehung setzt mit etwas Bekannterem, wird in uns das befriedigende Gefühl eines vermeintlich größeren Verständnisses auslösen – ganz abgesehen von anderen Gefühlen, die er vielleicht ebenfalls in uns wachruft. Aber haben wir hier nicht wieder das vor uns, was man die Funktion des Mythos nennen könnte? Der Primitive, der wissen will, warum die Sonne jeden Abend untergeht, gibt sich zufrieden mit der Erklärung, daß sie schlafen geht, und sogar Donner und Blitz sind leichter zu ertragen, wenn man uns vom Donnerkeil Jupiters erzählt oder auch von elektrischen Entladungen (was es ist, spielt kaum eine Rolle).

Einer der berühmtesten bildlichen Kommentare zu wichtigen politischen Ereignissen ist Tenniels Karikatur im *Punch* über die Entlassung Bismarcks durch Kaiser Wilhelm II., die die – irreführende – Unterschrift trägt: »Der Lotse geht von Bord« (Abb. 11). Man hat schon bald darauf aufmerksam gemacht, wie wenig glücklich die Analogie eigentlich ist. Ein Lotse verläßt freiwillig das Schiff, sobald er es aus dem Hafen auf hohe See geführt hat. Bismarck andererseits wollte bestimmt das Steuer nicht aus der Hand geben, als er so unversehens von Wilhelm II. entlassen wurde. Aber diese Handlung des jungen Kaisers muß den Engländern damals nicht nur ganz unerwartet, sondern auch so willkürlich und unverständlich erschienen sein, daß sie Tenniels' Huldigung für Bismarck als beruhigend empfanden.

Hier erhebt sich die Frage, ob man die Karikaturen, die ich soeben besprochen habe, als Illustrationen von Redensarten ansprechen kann. Die Grenze zwischen einfacher Metapher und ausgeführtem Vergleich ist selbstverständlich fließend. Die Worte »den Lotsen verabschieden« sind als bildliche Ausdrucksweise nicht gebräuchlich (auch im Englischen nicht), aber sie könnten es sein. Die Karikaturisten haben zu allen Zeiten für sich das Recht in Anspruch genommen, ihre eigenen Vergleiche und Metaphern zu erfinden und aktuelle Ereignisse durch einen Rückgriff auf vertraute Situationen zu erhellen, gleichgültig, ob der Sprachgebrauch ihnen vorangegangen war oder nicht. Wie überzeugend wirkt doch Daumier, wenn er im Jahre 1870 Thiers als einen Theatersouffleur darstellt, der, versteckt in seinem Kasten sitzend, der neuen Regierung ihre Rollen einbläst. Ebenso zwingend und auch heute aktuell ist sein Vergleich der Abrüstungsverhandlungen zwischen Frankreich und Preußen aus dem Jahre 1868 mit dem Gehaben zweier Offiziere, die einander den Vortritt lassen wollen (Abb. 12). Auch hier hat man an dem Bild selbst so viel Vergnügen, daß man dem Eindruck unterliegt, man verstehe jetzt die Situation, obwohl der Vergleich eigentlich gar nicht recht stimmt.

Porträt-Karikatur

Hiermit kommen wir zu einer der Hauptschwierigkeiten, die unserem Vergnügen an alten Karikaturen im Wege stehen. Die Analogien und Vergleiche, die sie anwenden und die zu ihrer Zeit aktuell und geistvoll waren, sind heute oft vergessen. Man braucht Erklärungen und Kommentare sozusagen für beide Seiten der Gleichung, und wenn wir schließlich so weit sind, die Pointe des Vergleichs zu begreifen, hat er seine Schlagkraft verloren – der Stoß geht ins Leere.

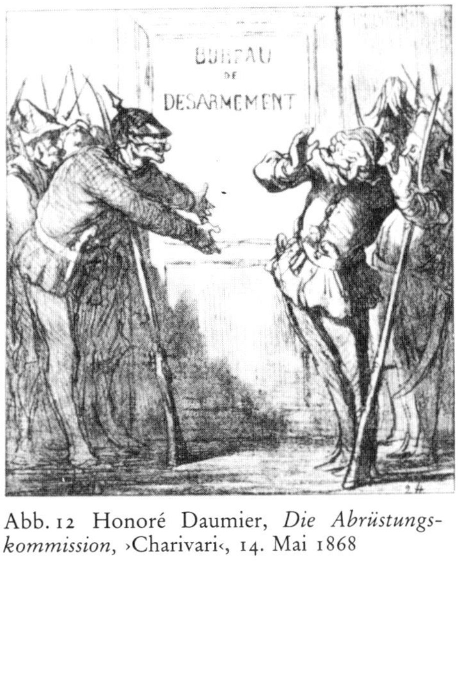

Abb. 12 Honoré Daumier, *Die Abrüstungskommission,* ›Charivari‹, 14. Mai 1868

Es fällt uns auch heute nicht schwer, eine Karikatur aus dem 18. Jahrhundert zu verstehen, die (im Jahre 1779) Amerika als ein Pferd darstellt, das seinen grausamen Reiter Georg III. abschüttelt (Abb. 13). Aber die Erklärung zu dem von Benjamin Franklin im Jahre 1765 entworfenen Blatt (Abb. 14) ist notgedrungen etwas umständlich. Daß die zerbrochene Statue Britannia darstellt, die von ihrem stolzen Sitz auf dem Erdball heruntergestürzt ist, verstehen wir allerdings leicht, da ja ihre abgebrochenen Gliedmaßen die Namen der amerikanischen Provinzen tragen. Aber wie erklären wir uns ihren Ausruf »Date obolum Belisario« (Schenkt dem armen Belisarius einen Groschen)? Heutzutage würde kein Karikaturist daran denken, seinen Figuren lateinische Sprüchlein in den Mund zu legen, und ebenso ausgeschlossen ist es, daß ein heutiger Redakteur, sei er selbst noch so gelehrt und gebildet, ihm eine Anspielung auf einen byzantinischen General des 6. Jahrhunderts durchgehen lassen würde. Im 18. Jahrhundert war allerdings die Geschichte

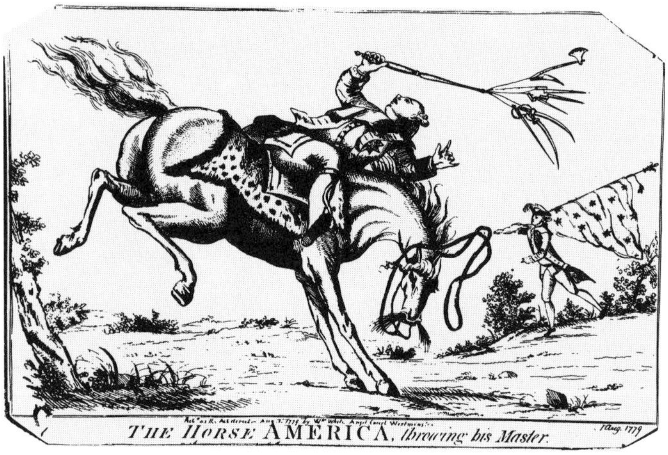

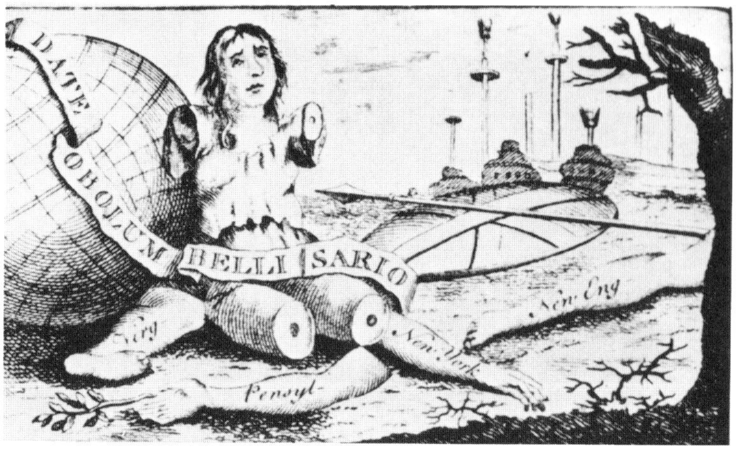

Abb. 13 *Das Pferd Amerika wirft seinen Reiter ab,* 1. August 1779

Abb. 14 Benjamin Franklin, *Der Fall der Kolonialmacht,* August 1765

des Belisarius, jenes Generals Justinians, der Italien für den Kaiser eroberte, daraufhin aber schmählich entlassen wurde und angeblich später in den Straßen Konstantinopels betteln mußte, dem Publikum aus Theaterstücken und romantischen Erzählungen viel vertrauter. Der Vergleich mit Belisarius war durchaus verständlich als ein Beispiel für den Sturz der Mächtigen und die Wankelmütigkeit des Glücks. Mit anderen Worten, der ausgemalte Vergleich geht hier in das große Gebiet literarischer Anspielungen über. Aber auch hier muß ich betonen, daß solche Unterscheidungen etwas Künstliches sind. Jede Kultur und jede Sprache verfügt über einen schier unerschöpflichen Schatz von überlieferten Vorstellungen aus Literatur und Sage, die jedermann zugänglich sind und deren Heranziehung nicht als literarische Anspielung empfunden wird, weil jeder sie unmittelbar versteht. Allerdings bestehen Unterschiede in der Verbreitung und Verständlichkeit solcher Ideen, je nach der Zugehörigkeit zu einer bestimmten Gruppe oder Schicht. Für manche gehören zum Beispiel Schlemihl oder Rübezahl einfach zur Alltagssprache, andere werden sie im Konversationslexikon nachschlagen müssen.

Ich bringe hier noch einen solchen Grenzfall: Raven Hill, einer der führenden Mitarbeiter am *Punch* während des Ersten Weltkriegs, stellte Admiral Tirpitz als den gespenstischen Bettler aus *Sindbad der Seefahrer* dar, der Kaiser Wilhelm auf dem Nacken sitzt (Abb. 15). Ich weiß nicht, wie weit die Geschichte von dem teuflischen Bettler, der seine Opfer bat, ihn über einen Fluß zu tragen und der sie dann nicht losließ, bis sie tot zusammenbrachen, heute noch bekannt ist. Auch nicht, ob man sich heute noch erinnert, daß die Engländer Admiral Tirpitz ganz besonders haßten, weil seine ambitiösen Pläne für die deutsche Flotte die Spannungen zwischen England und Deutschland sehr verschärften. Auch bin ich mir selbst durchaus nicht im klaren darüber, ob die Karikatur eine wahre Situation widerspiegelt, das heißt, ob man mit Recht behaupten konnte, Tirpitz habe die politische Handlungsfreiheit des Kaisers in den ersten Jahren des Weltkriegs stark eingeschränkt. Nach alledem werden Sie es kaum erstaunlich finden, daß sowohl gewöhnliche Geschichtsschreiber wie Kunsthistoriker den Karikaturen in weitem Bogen aus dem Weg gingen, und daß Bücher und Aufsätze, die sich mit graphischem Journalismus befassen, so sehr mit der schwierigen Aufgabe ihrer Erklärung beschäftigt sind, daß das Medium selbst und seine Geschichte noch weitgehend unerforscht ist.

Im Zusammenhang mit unserer gegenwärtigen Untersuchung interessieren uns diese ausgedehnten Analogien hauptsächlich deshalb, weil sie besonders geeignet sind, den Prozeß der Verdichtung zu illustrieren, der von jeher eines der Hauptziele des politischen Zeichners war. Ein symbolischer Stich aus dem Jahre 1577 verherrlicht Wilhelm von Oranien in der Gestalt des Heiligen Georg, der die edle Prinzessin Belgien und das Lamm der Religion vom Drachen der Tyrannei befreit (Abb. 16); er besitzt schon alle Merkmale späterer politischer Karikaturen. Aber zu jener frühen Zeit glaubte man, sich nicht auf das Bild allein verlassen zu können, sondern versah es mit einem detaillierten Schlüssel, um dem Leser und Betrachter seine allgemeine Anwendbarkeit im einzelnen zu erklären. Der Schild des Heiligen stellt den Glauben dar, der Kopf des Pferdes Gehorsam; sein Schweif

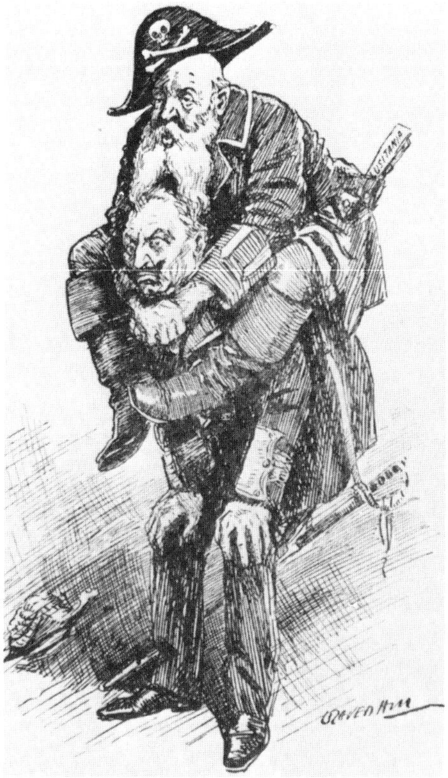

Abb. 15 Raven Hill, *The Old Man from the Sea (Der gespenstische Bettler aus Sindbad, der Seefahrer),* ›Punch‹, 1915

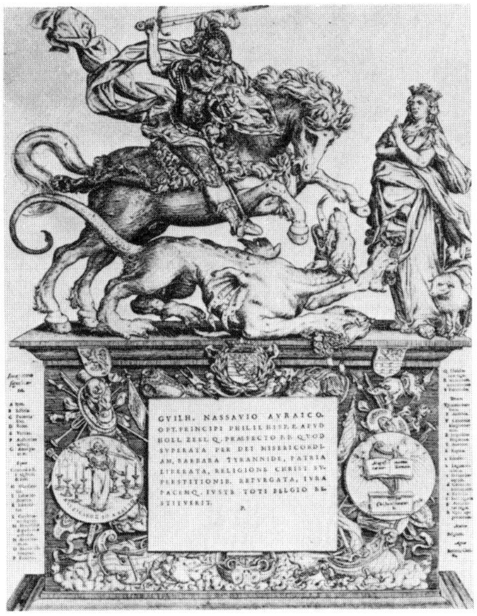

Abb. 16 Marcus Gheerardts I., *Wilhelm von Oranien als Heiliger Georg*, 1577

ist die Geißel der Missetäter; die Zunge des Drachen ist Gotteslästerung und seine Pranke die spanische Inquisition. Die Vorteile, die einem politischen Propagandisten aus solchen Gleichstellungen erwachsen, sind so selbstverständlich, daß man kaum darauf einzugehen braucht. Indem die alte Legende in eine bestimmte politische Situation hineinprojiziert wird, scheint alles auf einmal völlig klar und einfach. Der Betrachter ist nun womöglich noch mehr überzeugt als früher, wer die Mächte des Guten repräsentiert und wer die der Finsternis; da er überdies weiß, wie der Kampf zwischen Georg und dem Drachen ausgegangen ist, sieht er auch das künftige Schicksal der spanischen Herrschaft klar vor sich. Die Zukunft ist in der Gegenwart beschlossen.

Was solch ein frühes Beispiel symbolischer Propaganda von modernen Karikaturen unterscheidet, ist nicht so sehr ihr Zweck wie ihre Art, das Medium zu handhaben, und zwar besonders in zwei Punkten: der erste ist die eingehende, übertrieben ausführliche und pedantische Beschriftung. Der moderne Zeichner wendet sich meist an ein Publikum, das wenig Zeit hat und alles gern auf einen Blick verstehen möchte. Andererseits war der Zeichner der früheren Epoche nicht gezwungen, mit sensationellen Photographien und fettgedruckten Schlagzeilen um die Aufmerksamkeit des Lesers zu werben. Im 16. Jahrhundert war ein solches Blatt für den Käufer, der dafür (im Vergleich zu den damaligen Lebenskosten) ein ordentliches Stück Geld zahlen mußte, sicherlich ein Gegenstand ernsthaften Nachdenkens und eingehender Betrachtung, der für manchen langen Winterabend Gesprächsstoff zu liefern versprach; unter diesen Umständen waren die langwierigen Beschreibungen eine willkommene Bereicherung des Gebotenen. Aber der zweite Punkt, in dem sich dieser Druck von den meisten modernen politischen Zeichnungen unterscheidet, ist viel wesentlicher und viel aufschlußreicher. Die frühen Blätter enthalten nicht einmal andeutungsweise Karikaturen von Personen. Ein moderner Propagandist hätte wahrscheinlich Wilhelm von Oranien als strahlenden Helden dargestellt und dem Drachen vermutlich die fratzenhaft verzerrten Züge Herzog Albas geliehen, so wie Raven Hill dem Incubus des Kaisers die Züge von Admiral Tirpitz gab. In dem alten Flugblatt bleibt die Analogie zwischen der Legende und der rettenden Intervention Wilhelms durchwegs auf der intellektuellen Ebene. Die Beziehung zur bestimmten politischen Situation wirkt sich nur im beschreibenden Text aus. Mit einem andern Text würde dieselbe Zeichnung auch auf jede andere verwandte Situation anwendbar sein. Die Aktualität, die sich aus der Porträtkarikatur ergibt, gehört einer späteren Epoche an. In der Hand eines begabten Künstlers war sie ein Mittel, die beiden Seiten einer intellektuellen Gleichung optisch zu einer Einheit zu verschmelzen, und damit wurde sie zu einer der wirkungsvollsten Waffen in seinem Arsenal.

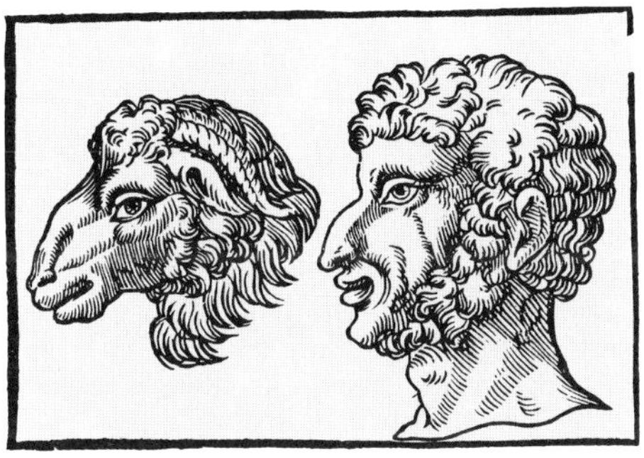

Abb. 17 Giambattista della Porta, *Physiognomischer Vergleich*, ›De humana Physiognomia‹, 1586

Die Porträtkarikatur im heutigen Sinn entstand jedoch nicht im Zusammenhang mit politischer Propaganda.[3] Ihre Erfinder waren hochangesehene akademische Künstler, die diese Zerrbilder schufen, um ihre Freunde zu amüsieren und mehr oder minder gutmütig zu hänseln. Sie griffen dabei vermutlich auf die vermeintliche Wissenschaft der Physiognomie zurück, die sich schon lange mit der Ähnlichkeit gewisser menschlicher Typen mit Tiergestalten befaßt hatte. Nach dieser Lehre wäre ein Mann mit einer Adlernase edel und einer mit einem Schafgesicht ein Schafskopf. Die ersten Illustrationen dieser alten Lehre erschienen im 16. Jahrhundert in einem Buch von della Porta (Abb. 17). Talentierte Künstler konnten daraus lernen, daß der Eindruck der Ähnlichkeit mit der genauen Nachbildung der einzelnen Züge des Modells nur sehr wenig zu tun hat. Es zeigte sich, daß es möglich war, mit ein paar geschickten Strichen den charakteristischen Ausdruck eines Menschen festzuhalten und ihn gleichzeitig in ein Tier zu verwandeln. Und gerade das soll der Bologneser Maler Annibale Carracci, der um das Jahr 1600 in Rom wirkte, zum Zeitvertreib getan haben. Nach Angabe seiner Biographen ist er der Erfinder der ›Caricatura‹, wörtlich: des ›geladenen‹ (oder belasteten) Porträts. Diese Überlieferung findet eine Stütze in einem Skizzenbuch aus der Schule Carraccis (Abb. 18), das vermutlich die frühesten uns erhaltenen Verwandlungen dieser Art enthält. Das verhältnismäßig späte Auftreten dieser Art von Scherzzeichnung – also der Karikatur – bedeutet freilich nicht, daß in früheren Bildsatiren Ansätze zu Porträts völlig fehlten. Es handelte sich jedoch damals meist um

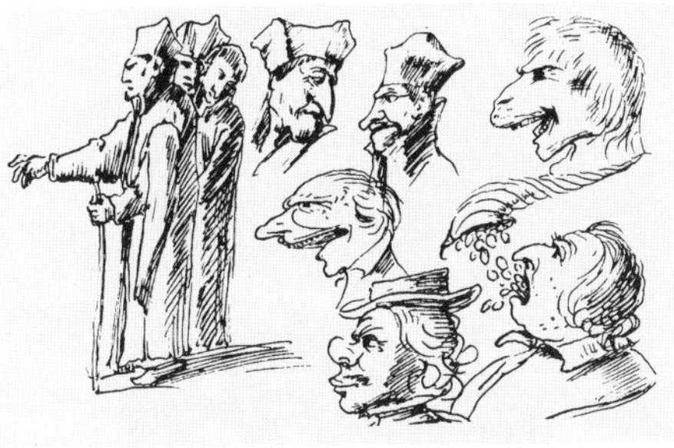

Abb. 18 Studienblatt mit Karikaturen, Bologna um 1630

3 Das Entstehen der Karikatur wurde von mir und Ernst Kris in einem Aufsatz besprochen, der in E. Kris, *Psychoanalytic Explorations in Art*, London 1952, aufgenommen ist.

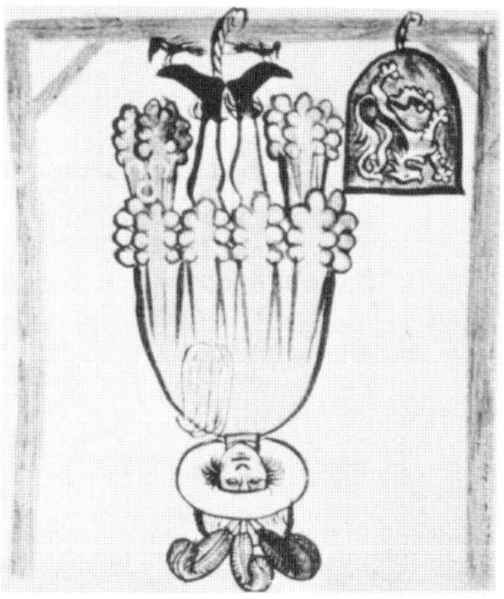

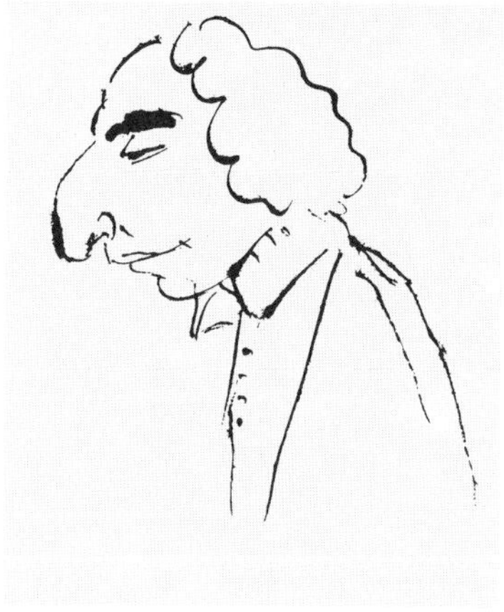

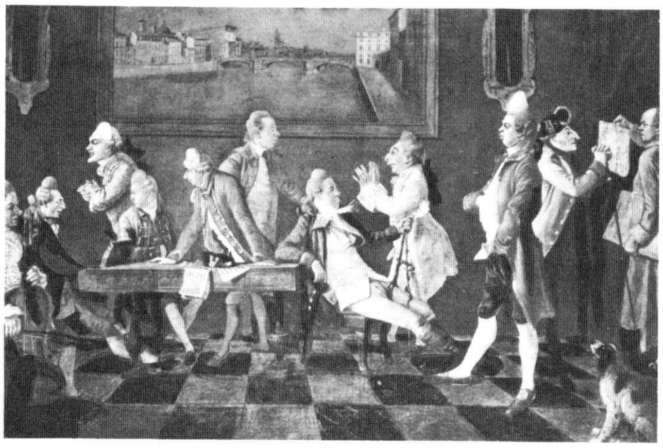

sogenannte Schandbilder, also rohe Beschimpfungen und nackte Aggression, nicht so sehr um witzige Vergleiche. Man malte den Feind, dessen man nicht habhaft werden konnte, am Galgen hängend an die Fassade des Rathauses. Aber wie Kris gezeigt hat, hatten derartige Racheakte am stellvertretenden Abbild viel mehr mit Bildzauber zu tun als mit Kunst. Ihr Zweck war, wenn auch nicht den Feind selbst, so doch seine Aura, das heißt, seine Ehre zu vernichten. Eine solche Ehrenschelte war so gefürchtet, daß sie sogar als Pfand für finanzielle Transaktionen benützt werden konnte. Der Gläubiger ließ sich vom Schuldner ein solches ›Schandbild‹ geben, das er zu veröffentlichen berechtigt war, wenn der Schuldner seinen Verpflichtungen nicht nachkam. Ein Beispiel aus dem späten Mittelalter zeigt einen an den Füßen aufgehängten Schuldner (Abb. 19); sein Wappenschild ist ebenfalls entehrt, und auch die Raben fehlen nicht.

Dagegen hatte es um die Wende des 17. Jahrhunderts nichts Entehrendes an sich, von einem Meister wie Pier Leone Ghezzi karikiert zu werden (Abb. 20). Im Gegenteil, diese witzigen Zerrbilder wurden von dem gebildeten internationalen Publikum, das man im 17. und 18. Jahrhundert in Italien antraf, sehr geschätzt. Thomas Patch, ein in Italien lebender Engländer, verfertigte sogar ganze Gruppenporträts dieser Touristen in ihrem Kreis, die man sich vermutlich gern als Erinnerung nach Hause nahm (Abb. 21).

Englische Aristokraten waren es auch, die um die Mitte des 18. Jahrhunderts die Möglichkeiten entdeckten, diese modische Kunstfertigkeit zur politischen Waffe zu machen.[4] George Marquess of Townshend soll als erster die Idee gehabt haben, ›caricatura‹-Porträts seiner politischen Kollegen und Rivalen in Umlauf zu setzen, sehr zum Ergötzen ihrer Freunde und Feinde; bald nach der Mitte des 18. Jahrhunderts erhielten seine Blätter durch die Druckerpresse eine weitere Verbreitung (Abb. 22). Manchmal gab es einen Anklang an die alte Form, und die Karikatur wurde unter einen Galgen gestellt (Abb. 23) – doch hat man auch in diesen Fällen mehr das Gefühl eines derben Scherzes als einer bösartigen Attacke. In seinen besten Karikaturen vereinigt Townshend Leichtigkeit der Zeichnung mit witziger Ironie. Ein hübsches Beispiel seiner Kunst ist das Blatt (Abb. 24), welches den

Abb. 19 Deutsch, *Ein an den Füßen aufgehängter Schuldner,* 1438

Abb. 20 Pier Leone Ghezzi, *Karikatur,* um 1700

Abb. 21 Thomas Patch, *Eine musikalische Unterhaltung, 1744*

4 M. Dorothy George, *English Political Caricature,* Oxford 1959.

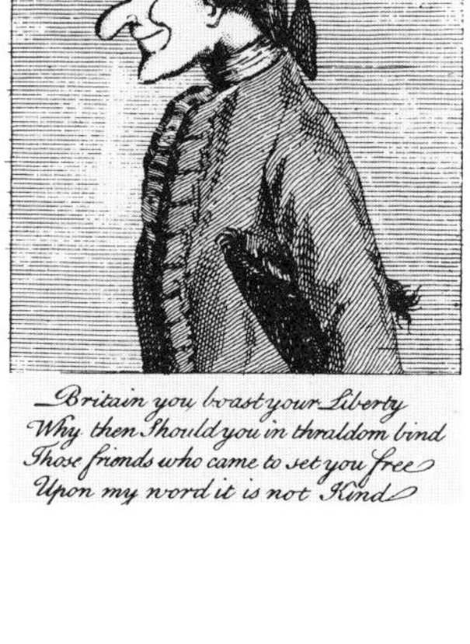

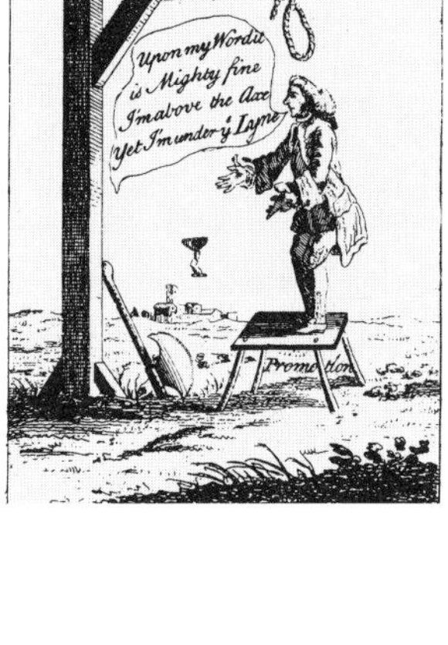

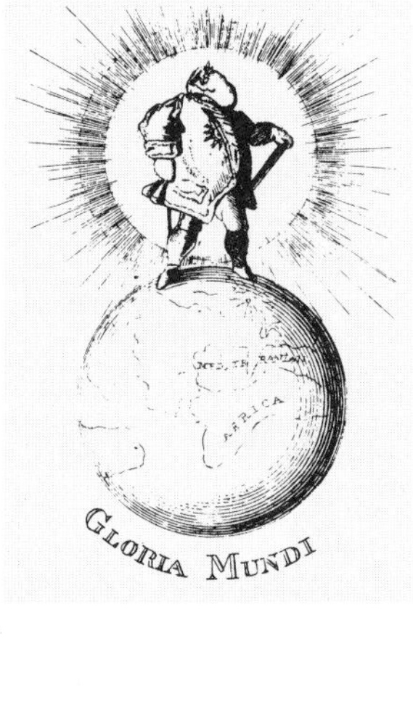

Abb. 22 George, Third Marquess of Townshend, *Porträtkarikatur von Lord Holdernesse,* 1756

Abb. 23 George, Third Marquess of Townshend, *Der Herzog von New Castle,* 1756

Abb. 24 George, Third Marquess of Townshend, *Der Herzog von Cumberland,* 1756

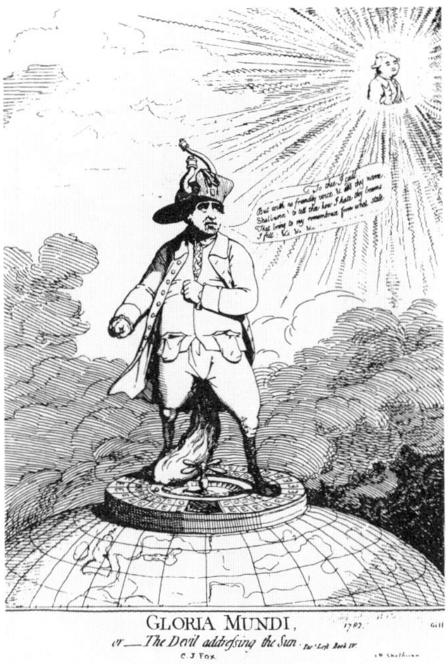

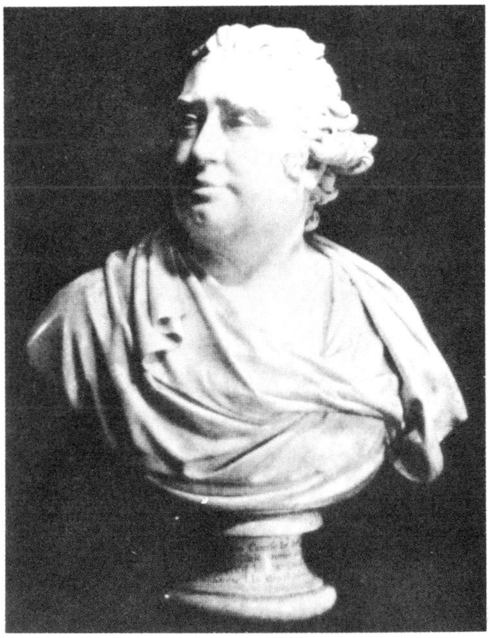

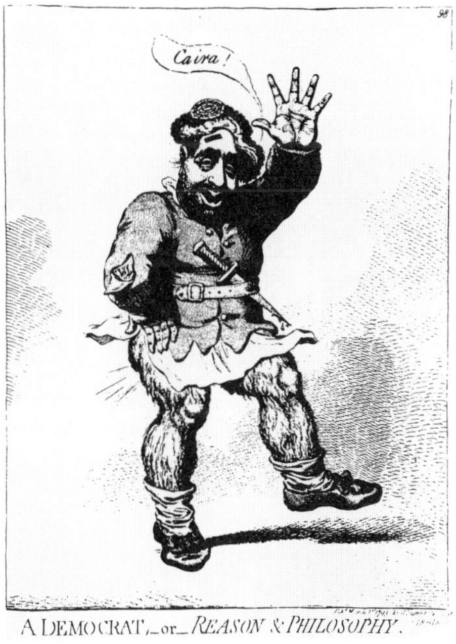

Abb. 25 James Gillray, *Charles James Fox*, 22. Juli 1782

Abb. 26 Joseph Nollekens, *Porträtbüste von Charles James Fox*

Abb. 27 James Gillray, *Fox als Sansculotte*, 3. März 1793

kleinen, dicken Herzog von Cumberland (kenntlich gemacht durch die geschickte Andeutung seines rundlichen Kinderkopfs) als *Gloria mundi* auf der Weltkugel darstellt.

Hier vollzieht sich also die Vereinigung zwischen dem symbolischen politischen Flugblatt und der neuen Kunst der Porträtkarikatur. Eine Generation später ist diese Kombination in den Werken des Engländers Gillray zur Selbstverständlichkeit geworden. Sie kommt sehr gut zum Ausdruck in seinem Angriff auf Charles James Fox, der ihn als einen gewissenlosen Spieler hinstellt, ja als einen Teufel, der Sherburne, dem edlen Premierminister, trotzt (Abb. 25). Die neue Kunst der Porträtkarikatur bot dem Zeichner politischer Satire zwei große Vorteile. Der eine war die Möglichkeit, durch Benutzung einer geschickt abgekürzten Formel für seine Züge einen bestimmten Politiker dem Publikum ständig in den verschiedensten symbolischen Rollen vor Augen zu halten. Wie ein Vergleich mit der Fox-Büste Nollekens (Abb. 26) zeigt, war Gillrays Formel mit den steilgestellten Augenbrauen und dem sinnlichen Mund tatsächlich sehr ähnlich. Und wie geschickt vermischt Gillray das Wahre mit dem Falschen in dem grotesken Zerrbild von Fox als Jakobiner und Sansculotte, um Verdacht gegen den großen Whig zu schüren (Abb. 27). Genauso einprägsam ist seine Karikatur William Pitts des Jüngeren, dessen spitze Nase und scharfe Zähne uns von vielen politischen Karikaturen aus der Zeit Napoleons vertraut sind – etwa der, die die Aufteilung der Welt zeigt, wobei Napoleon den kleineren Teil des Puddings erhält (Abb. 28).

Der Hauptvorteil, den die neue Waffe dem politischen Satiriker an die Hand gab, war jedoch die Möglichkeit, einen Vergleich geradezu bis zu einer Verdichtung zu treiben. Das berühmte Blatt Gillrays, in dem er Pitt als einen giftigen Pilz darstellt,

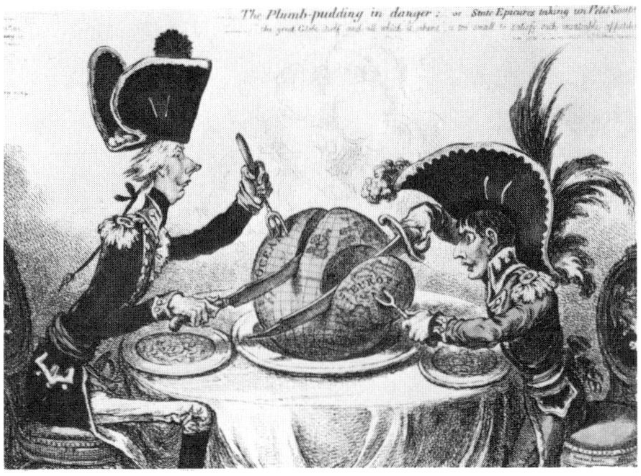

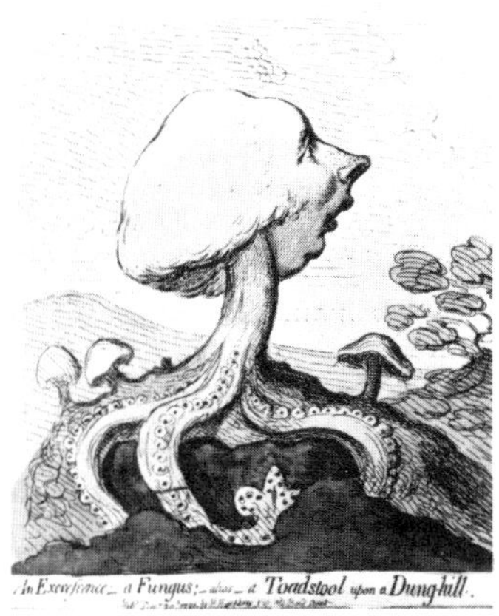

Abb. 28 James Gillray, *Der Plum-Pudding in Gefahr*, 26. Februar 1805

Abb. 29 James Gillray, *William Pitt als Schmarotzer*, 20. Dezember 1791

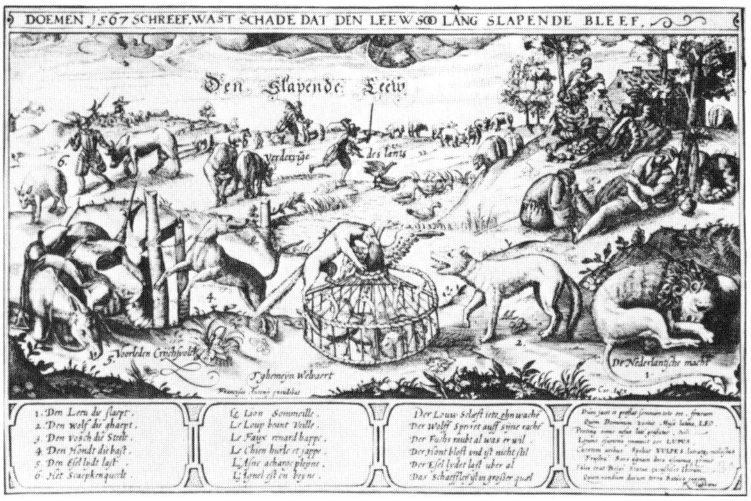

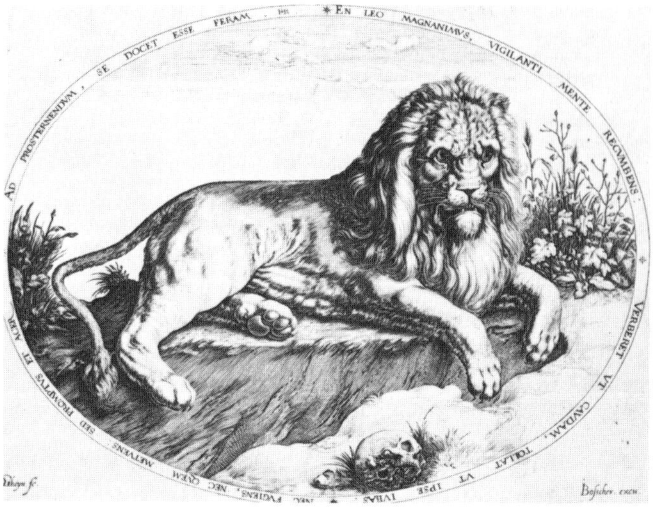

der aus der Krone herauswächst, zeigt besonders klar, was ich meine (Abb. 29). Zweifellos haben vor ihm schon unzählige Redner einen Minister einen Schmarotzer genannt. Aber es ist noch ganz etwas anderes, wenn einem diese Tatsache in dieser Form sichtbar vor Augen geführt wird.

Abb. 30 *Der Löwe der Niederlande schläft,* 1567

Abb. 31 Jacques de Gheyn, *Der belgische Löwe*

Die politische Menagerie

Diese Kunst des Sichtbarmachens verlangt allerdings eine vollkommene Beherrschung des Mediums in all seinen Aspekten, der Porträtkarikatur als auch aller andern Mittel der politischen Graphik – und nur einem Meister stehen sie zu Gebot. Man kann dies sehr gut an den Tieren aus der Menagerie des Karikaturisten studieren, die wohl zu den geläufigsten Symbolen seines Metiers gehören. Die Vorteile, denen diese Technik ihre Popularität verdankt, liegen auf der Hand. Dazu gehören vor allem die stereotypen Rollen, die man seit den Tagen Äsops und La Fontaines mit gewissen Tieren verbindet. Anspielungen auf diese Tierfabeln sind in allen Sprachen gebräuchlich. Wir nennen etwa einen Menschen einen schlauen Fuchs und leider auch einen Esel; Sir Winston Churchill soll einmal von einem Gegner gesagt haben, er sei »ein Schaf im Schafspelz«. Für den Karikaturisten verbinden sich nun diese allgemeinverständlichen Bedeutungen aus Legenden und Fabeln mit denen der Heraldik, also mit den Wappentieren adliger Geschlechter oder den symbolischen Emblemen von Staaten und Völkern. Der britische Löwe, der amerikanische Adler oder der russische Bär vertragen sich hier friedlich mit dem unschuldigen Lamm oder dem furchtsamen Hasen.

Schon ein Stich aus der Mitte des 16. Jahrhunderts zeigt diese ungezwungene Kombination von metaphorischer und konventioneller Bedeutung. Während der

Abb. 32 Francisco de Goya, *Der mörderische Geier,* ›Los Desastres de la Guerra‹, 1810/1820

Abb. 33 Joseph Nast, *In der Falle,* ›Harper's Weekly‹, 1874

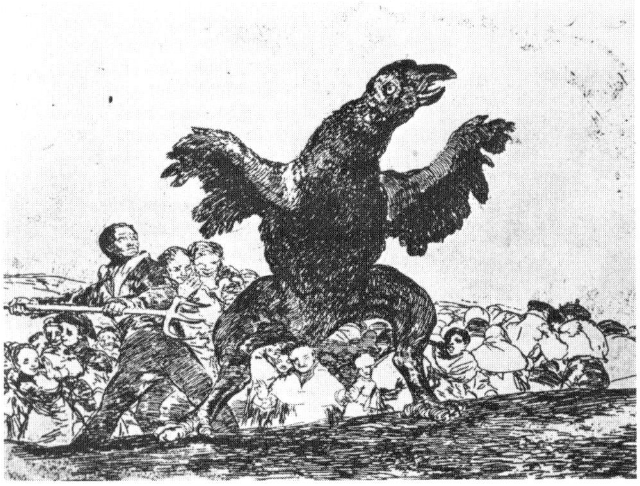

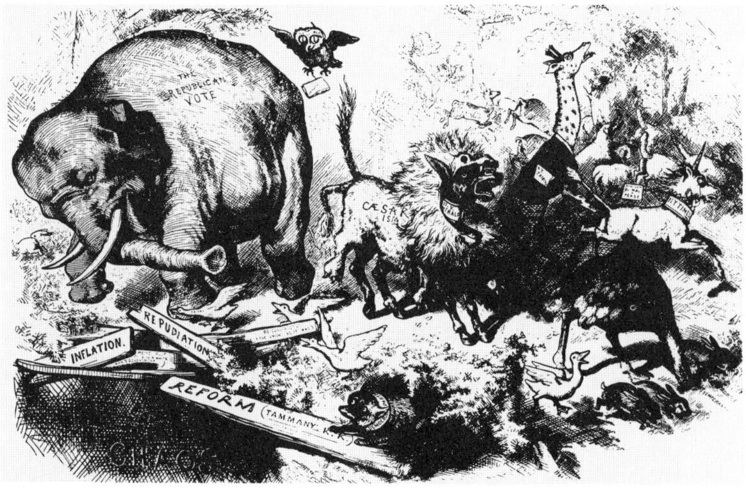

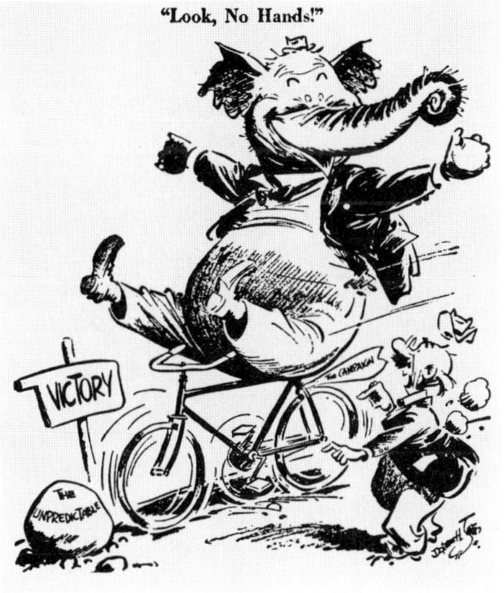

Abb. 34 Dorman Smith, *Hochmut kommt vor dem Fall,* 15. Oktober 1948

niederländische Löwe schläft, stiehlt ihm der Fuchs die Gänse, die die Provinzen symbolisieren (Abb. 30). Allerdings ist dieses Blatt, das noch eine Menge anderer Details enthält, seiner Natur nach noch völlig emblematisch, ganz so wie die gleichzeitige Verherrlichung Wilhelms von Oranien. Ich habe es hauptsächlich deshalb abgebildet, um es einem etwas späteren politischen Flugblatt gegenüberzustellen, das von dem hervorragenden Zeichner Jacques de Gheyn stammt. Sein belgischer Löwe (Abb. 31) ist mehr als ein heraldisches Emblem. Er drückt die Majestät und Macht der Nation aus, die er repräsentiert. Auch hier handelt es sich um eine souveräne Beherrschung der Physiognomik im weiteren Sinn: Der Künstler ist imstande, uns die Bedeutung, die das Symbol für ihn besitzt, nicht nur intellektuell begreifen, sondern auch unmittelbar sehen zu lassen.

Es gibt ungezählte Karikaturen, die mit heraldischen Emblemen operieren, aber nur in der Hand eines Meisters erwachen sie wirklich zum Leben. So wenn Goya in den gespenstischen Visionen seiner Serie *Los Desastres de la Guerra* uns den napoleonischen Adler zeigt (oder ist es ein Geier)?, der, zerzaust und arg hergerichtet, von den patriotischen Bauern Spaniens mit der Mistgabel aus dem Land vertrieben wird (Abb. 32).

Erst im 19. Jahrhundert gingen die Karikaturisten dazu über, ihre Zeichnungen mit ad hoc erfundenen Symbolen zu bevölkern, um sich auf diese Weise die Verständigung mit ihrem Publikum zu erleichtern. Alle Amerikaner kennen die Erfindung Joseph Nasts, den Elefanten als das Sinnbild der Republikanischen Partei. Diese symbolische Darstellung ihrer Wählermassen erschien zum erstenmal in *Harper's Weekly* im Jahre 1874: Sie zeigt den Elefanten, wie er im Begriff ist, in die Fallgrube des Third Term [Anm. des Übersetzers: der umstrittenen zweiten Wiederwahl] zu stürzen, während der in eine Löwenhaut gehüllte Esel mit der Aufschrift »New York Herald« laut über »Cäsarismus« schreit (Abb. 33). Etwa 74 Jahre später sehen wir dann in einer berühmten prophetischen Karikatur von Dorman Smith, einem der wenigen Publizisten, der die Situation vor dem völlig unerwarteten Wahlsieg Trumans im Jahre 1948 richtig erfaßt hatte, dasselbe Tier, noch immer jung und rüstig, voll Selbstvertrauen und unangebrachter Zuversicht vor dem unausweichlichen Fall (Abb. 34). Wieder können wir sehen, wie sehr das Bild durch des Künstlers meisterhafte Beherrschung des physiognomischen Ausdrucks an Wirkung gewinnt.

Aus solch souveräner Beherrschung entstand, wie wir schon gesehen haben, jene glückliche Vereinigung von politischer Satire und Porträtkarikatur, in der Symbol und Bildnis zu einem überzeugenden Phantasiebild von traumhafter Intensität verschmelzen konnten. In Kembles Karikatur aus einem früheren Wahlkampf (Abb. 35) beklagt sich der geschlagene verwundete Elefant über den großen amerikanischen Elch (das Symbol des Karikaturisten für Theodore Roosevelt, der

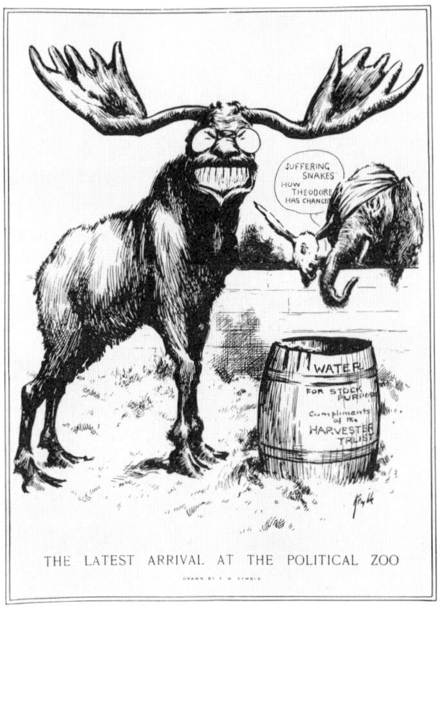

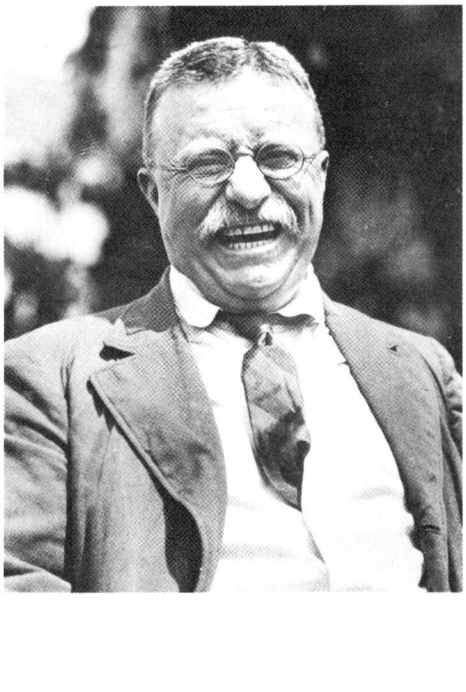

Abb. 35 Edward Windsor Kemble, *Die letzte Neuerwerbung der politischen Menagerie,* ›Harper's Weekly‹, 16. November 1912

Abb. 36 Charles Duprez, *Theodore Roosevelt,* Photographie

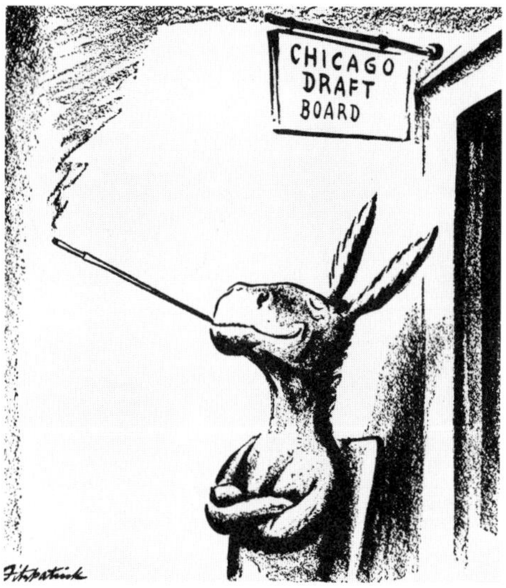

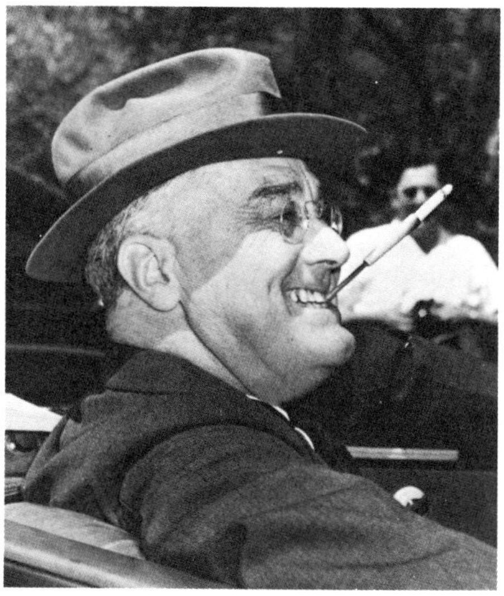

Abb. 37 Daniel R. Fitzpatrick, *Der nächste bitte!*, ›St. Louis Post-Despatch‹, 5. Juli 1944

Abb. 38 *Franklin D. Roosevelt*, Photographie

einmal erklärt hatte, er fühle sich so stark wie ein junger Elch). Dem Künstler ist es gelungen, die Augengläser und das joviale Grinsen, mit dem die Karikaturisten von jeher den Präsidenten zu charakterisieren pflegten, der Physiognomie des Tieres in überzeugender Weise einzuverleiben (Abb. 36). Noch gelungener, weil noch einfacher, ist die Verschmelzung von Porträt und Symbol in der Karikatur, mit der Fitzpatrick das Resultat der demokratischen Konvention (Kandidatenaufstellung) vom Jahre 1944 vorwegnahm (Abb. 37), wo die Zigarettenspitze den Kandidaten Franklin Roosevelt und das überlegene Lächeln sein zuversichtliches Selbstvertrauen darstellt (Abb. 38). Hier sind wir jener Kondensierung von bildhaften Vorstellungen, die, wie Freud nachgewiesen hat, zum Witz genauso wie zum Traum gehören, noch um einen ganzen Schritt nähergekommen. Ganz wie im Traum kann jeder Teil das Ganze repräsentieren. Die Zigarettenspitze oder die beim Lachen blitzenden Zähne erweisen sich als die physiognomisch markantesten Details und können ohne weiteres für den ganzen Mann einstehen.

Es ist übrigens ganz unvorhersehbar, was die Phantasie des Volkes zur Charakterisierung herausgreifen wird, sei es mit, sei es ohne Zutun geschickter Manipulanten der öffentlichen Meinung. Tracht und Kleidungsstücke waren immer naheliegende Kennzeichen, die in jedem Kulturbereich ihre besondere Aura und Bedeutung gewannen. Wir haben alle in der Schule gelernt, daß Peter der Große den Russen die Bärte stutzte. Im englischen Bürgerkrieg nannte man eine Partei die ›Roundheads‹, weil sie die langen Haare der Aristokraten verschmähten, in der Französischen Revolution hießen die Gegner der Aristokraten die ›Sansculottes‹, und im Vorkriegsdeutschland bezeichnete der Stahlhelm eine paramilitärische Organisation.

Die Assoziationen, die sich mit dem Stahlhelm des Soldaten und dem Zylinder des Diplomaten verbinden, werden von einer anderen, mit dem Pulitzerpreis ausgezeichneten Karikatur nicht ohne Bitterkeit ausgespielt (Abb. 39). So wirksam der Kontrast auch ist, darf man hier doch zu bedenken geben, daß nur durch erfolgreiche Bemühungen der Köpfe unter den Zylinderhüten der Bedarf an Stahlhelmen – und Kreuzen – abnehmen kann.

All diese mit Assoziationen geladenen Kleidungsstücke und Abzeichen können in den verschiedensten Kombinationen und Kondensationen aufscheinen. Betrachten Sie zum Beispiel Daumiers Darstellung der Überfahrt Napoleons III. von England nach Frankreich im Jahre 1848 (Abb. 40); sein Schiff ist der napoleonische Dreispitz, der von einem napoleonischen Adler gezogen wird (er hatte tatsächlich bei einem früheren mißglückten Landungsversuch einen lebendigen Adler mitgenommen). Fast noch überzeugender als diese meisterhafte Karikatur ist Daumiers Charakterisierung der Typen, deren sich Napoleon III. als Wegbereiter und Gefolgsmannschaft bediente: die Desperados und verkrachten Existenzen, die mit dem Dreispitz in der Hand hausieren gehen (Abb. 41). Wieder erkennen wir in dieser Szene die beiden Waffen des Karikaturisten, die sich

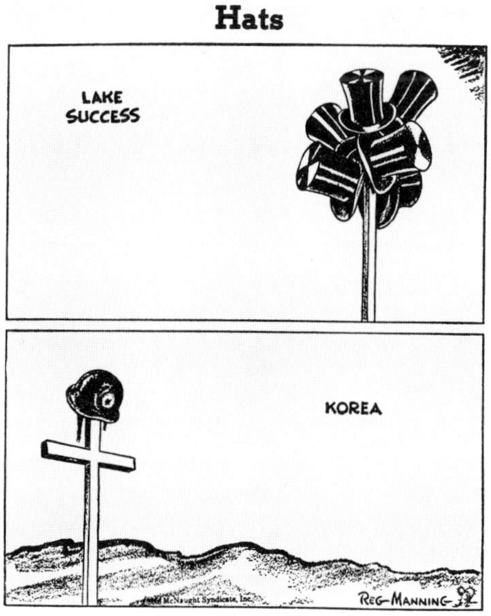

Abb. 39 Reg Manning, *Kopfbedeckungen*, 14. Dezember 1950

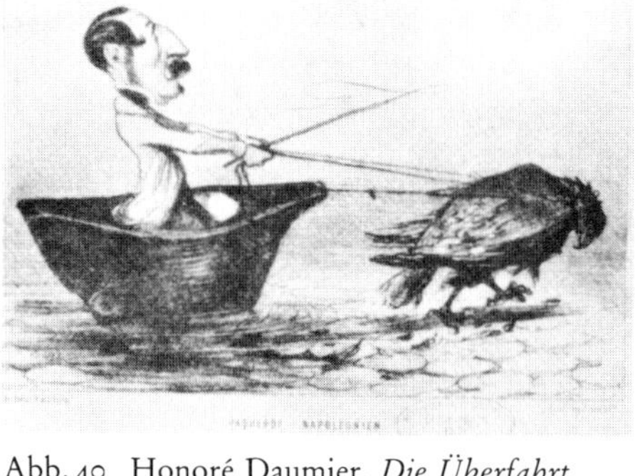

Abb. 40 Honoré Daumier, *Die Überfahrt*, ›Charivari‹, 2. Dezember 1848

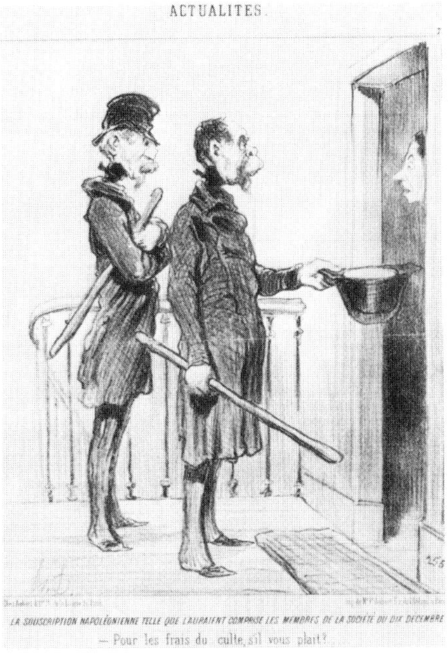

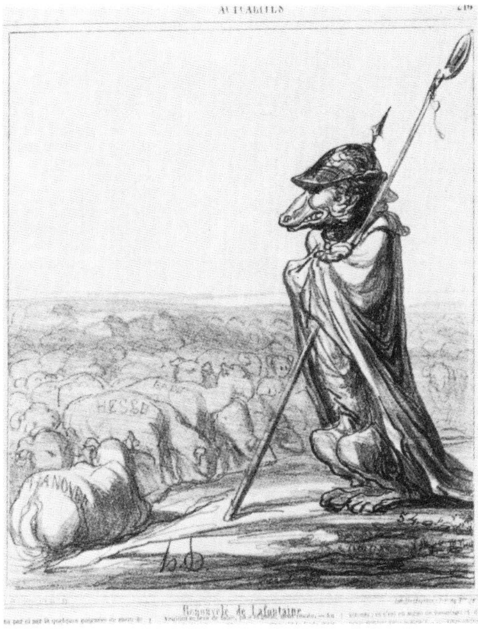

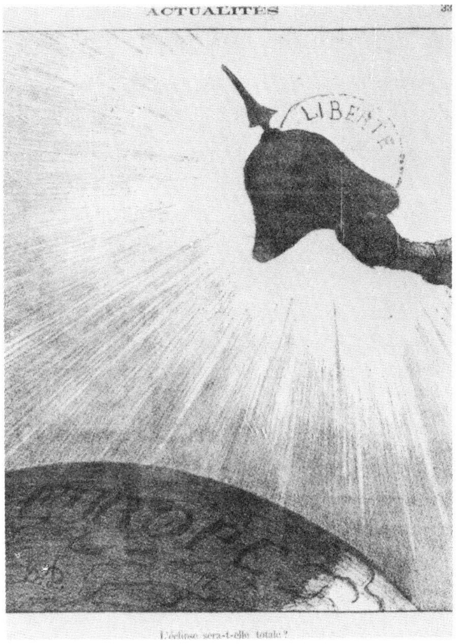

Abb. 41 Honoré Daumier, *Beiträge für den Kult,* ›Charivari‹, 26. Februar 1851

Abb. 42 Honoré Daumier, *Der neue La Fontaine,* ›Charivari‹, 10. Oktober 1867

Abb. 43 Honoré Daumier, *Sonnenfinsternis der Freiheit,* ›Charivari‹, 17. März 1871

gegenseitig ergänzen: das Aktuelle und das Zeitlose, die flüchtige Anspielung und die dauernde Charakterisierung.

Es handelt sich dabei eigentlich um die beiden Enden eines ganzen Spektrums mit ungezählten Zwischenstufen. Selbst wenn man von der Vorgeschichte des Second Empire keine Ahnung hat und die Bedeutung des Dreispitzes nicht erraten kann, wird man verstehen, daß Daumier von diesen Leuten nicht gerade eine sehr hohe Meinung hat. Auch ohne genaue Kenntnis der Stelle in La Fontaine, wo der Wolf als Schäfer beschrieben ist, ja sogar, wenn man den typischen Preußenhelm, den der Wolf aufhat, nicht erkennt, wird man über das Schicksal der Schafe ziemlich besorgt sein (Abb. 42). Und wenn Daumier schließlich in einem Blatt von großartiger Einfachheit, einem der letzten seiner langen Laufbahn, uns denselben Preußenhelm vor Augen führt, der die Sonne der Freiheit verfinstert (Abb. 43), weiß man, auch ohne die Beschriftung zu lesen oder den Helm zu erkennen, daß etwas Schreckliches und Düsteres vor sich geht.

Natürliche Metaphern

In der Kunst wie in der Sprache gibt es Metaphern, die so weit verbreitet sind, daß man sie universelle oder natürliche Metaphern nennen kann. Als erstes denkt man dabei wohl an den Gegensatz von Licht und Finsternis als Symbol für den Gegensatz von Gut und Böse. Man kann sich schwer eine Sprache vorstellen, in der eine helle Zukunft düster oder eine düstere Stimmung hell genannt würde. Die Idee des Lichts als des sichtbaren Symbols des Guten durchdringt sowohl die Philosophie von Platon bis zur ›Aufklärung‹ als auch die christliche Tradition. Der Übergang vom religiösen zum politischen Symbolismus ergibt sich dabei ganz von selbst. Es gibt ungezählte barocke Darstellungen der allegorischen Apotheose von Herrschern wie Heiligen im strahlenden Glanz des Himmels, umgeben von Engeln oder personifizierten Tugenden, die Scharen von Ungeheuern, die das Böse verkörpern, in den finstern Abgrund schleudern. Andrea Pozzos Deckengemälde in der Jesuitenkirche zum hl. Ignatius, das die Berufung des Heiligen verherrlicht, ist ein religiöses Beispiel, Rubens' Apotheose James' I. ein politisches.

Ich glaube nicht, der Bedeutung des Wortes ›physiognomisch‹ Gewalt anzutun, wenn ich es auch auf solche ausdruckswirksame Farben und Formen ausdehne. Wir reagieren auf sie ebenso intuitiv und unmittelbar wie auf den Ausdruck von Lebewesen in unserer Umwelt. Jede riesige dunkle Gestalt ist selbstverständlich schreckenerregend und ›böse‹. Das geht aus einer Unzahl von Hetzbildern hervor, wie etwa Robinsons antideutscher Karikatur aus dem Ersten Weltkrieg *The Goth returns* (Abb. 44) oder Raemakers' Darstellung Frankreichs als einer würdigen, wenn auch erzürnten Matrone, die der deutschen Bestie die Maske vom Gesicht reißt (Abb. 45).

Ich bin überzeugt, daß diese Ausnützung unserer spontanen physiognomischen Reaktionen die wirksamste und wahrscheinlich die gefährlichste Waffe des Karikaturisten darstellt. Denn die Zusammengehörigkeit gewisser äußerer Eindrücke mit inneren Eigenschaften und Gefühlshaltungen ist uns allen so selbstverständlich, daß wir uns ihres metaphorischen oder symbolischen Charakters kaum bewußt sind. Die Propaganda des Rassenhasses hat zu allen Zeiten diese unbewußte Verschmelzung ausgenützt, wie diese abscheulichen Karikaturen aus dem *Stürmer,* dem antisemitischen Hetzblatt der Nationalsozialisten, bezeugen (Abb. 46, 47). Hitler und Goebbels waren nicht einmal physisch Lichtgestalten. Aber im Kern des nationalsozialistischen Mythos stand der Kampf der großen blonden Siegfriedgestalt gegen das dunkle, häßliche, mörderische jüdische Ungeheuer. In dieser Welt floß das typische Bild des Juden mit der überlieferten Teufelsfratze in eins – über die Folgen zu reden, erlassen Sie mir.

Ich hätte dieses pathologische Beispiel gerne vermieden, aber ich glaube, wir haben die Pflicht, uns Rechenschaft zu geben über die psychologischen Lehren, die sich aus dem Studium solcher Karikaturen ergeben. Vielleicht darf ich sie in eine abgekürzte Formel zusammenfassen: *Der Karikaturist ›mythologisiert‹ die Politik, indem er sie ›physiognomisiert‹.* Aus der Vermischung von Mythos und Realität schafft er eine Substanz, eine Droge, auf die der emotionelle Teil unserer Psyche unwiderstehlich mit Überzeugung reagiert.

Erinnern Sie sich noch einmal an den spanischen Drachen im emblematischen Flugblatt über die Befreiung der Niederlande durch Wilhelm von Oranien (Abb. 16). In einer erbärmlichen Karikatur, auch aus dem *Stürmer,* ist Spanien jetzt umgekehrt das Opfer des Drachens, aber der Drache ist nun nicht mehr ein bloßes Emblem. Er ist ›physiognomisiert‹ und trägt die abstoßend karikierten Züge eines Juden (Abb. 46). In einem andern Bild ist derselbe Typus, wenn auch in einer etwas weniger outrierten Form, die bis zu einem gewissen Grad an wirkliche Personen, die man kennt, erinnert, ins mythologisch Riesenhafte vergrößert, so daß er die Sonne verdunkelt und seinen teuflischen Schatten über den Erdball wirft (Abb. 47). Mag der Karikaturist auch künstlerisch noch so unbedeutend sein, sein Einfluß in einer solchen Hetzkampagne dürfte immer noch größer sein als der des Agitators oder Journalisten. Schon Goethe wußte um die besondere Kraft dessen, was wir mit Augen sehen:

»Dummes Zeug kann man viel reden,
Kann es auch schreiben,
Wird weder Leib noch Seele töten,
Es wird alles beim Alten bleiben.
Dummes aber, vors Auge gestellt,
Hat ein magisches Recht:
Weil es die Sinne gefesselt hält,
Bleibt der Geist ein Knecht.«
(Zahme Xenien, II.)

Die Neigung zum Mythologisieren ist in uns allen latent. Sie muß nur geweckt werden. Ich behaupte natürlich nicht, daß diese Karikaturen den Mythos des Nationalsozialismus geschaffen hätten; aber sie sind sein greifbarster Ausdruck. Wir tragen alle das psychologische Rüstzeug des Karikaturisten mit uns herum. Im Zustand der Angst und der Ratlosigkeit haben wir alle die Neigung, uns auf ein primitives physiognomisches Bild der Welt zurückzuziehen, das von der Realität des Lebens nichts weiß oder wissen will und das in allem, was geschieht, den Ausfluß überirdischer Mächte sieht.

Das Koordinatensystem, in dem wir all diesen Mächten und Ereignissen ihren Platz anweisen, ist sozusagen ein vorgebildeter Teil unseres psychischen Apparats (davon haben wir früher schon gesprochen). Könnten doch die Gegensätze von licht und dunkel, schön und häßlich, groß und klein, die die Koordinaten der mythischen Welt der Karikaturisten ausmachen, niemals so wirksam sein, wären

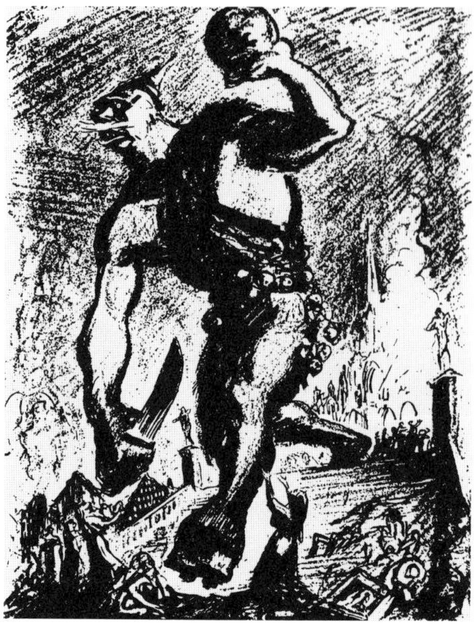

Abb. 44 Boardman Robinson, *The Goth returns,* ›New York Herald Tribune‹, 1914

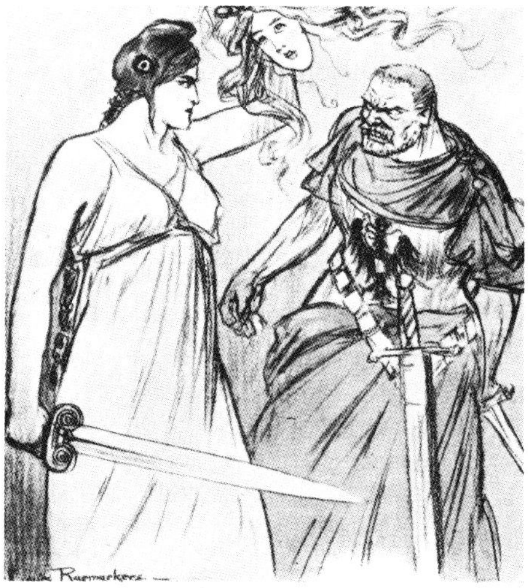

Abb. 45 Louis Raemakers, *Frankreich reißt Deutschland die Maske vom Gesicht,* um 1915

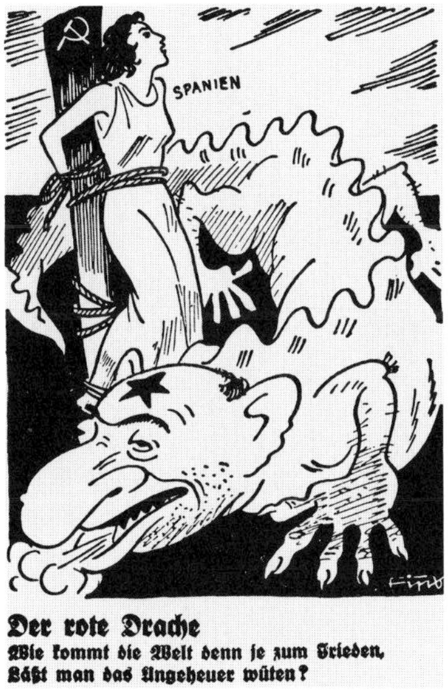

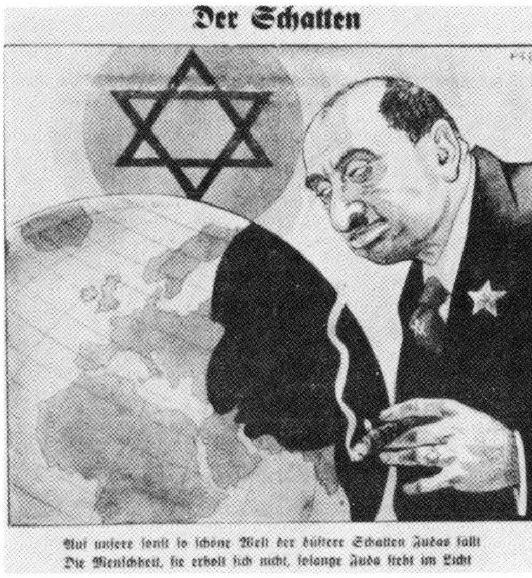

Abb. 46 *Der rote Drache,* ›Stürmer‹, Nr. 4, 1937

Abb. 47 *Der Schatten,* ›Stürmer‹, Nr. 10, 1937

wir nicht alle von Natur aus darauf eingestellt, unsere Umwelt nach den Gesichtspunkten solcher grundlegender Metaphern zu registrieren und zu klassifizieren.

In seinem Buch *The measurement of Meaning* (Bedeutungsmessung) versuchte Charles Osgood eine Methode zu entwickeln, diese ursprünglichsten Ordnungssysteme unserer Psyche näher zu untersuchen. Er stellte an seine Versuchspersonen scheinbar sinnlose Fragen, zum Beispiel, ob ihnen ›Republik‹ mehr dunkel oder hell, mehr groß oder klein, mehr glatt oder rauh, mehr süß oder sauer vorkomme. Wenn ich ihn richtig verstehe, kommt er zu dem Resultat (ich vereinfache hier bewußt seine Ergebnisse), daß im großen und ganzen die Antworten sich zu gewissen emotionellen Synonymen gruppieren lassen, so daß, was licht erscheint, auch gut zu sein scheint, was groß, auch stark und was rauh, auch aktiv. Er wählte daher diese drei Gegensatzpaare zur Charakterisierung dessen, was er unseren »semantischen Raum« nennt. Ich habe an anderer Stelle zu zeigen versucht, wie fruchtbar diese Methode für das Studium künstlerischer Symbolik sein könnte. In unserem jetzigen Zusammenhang fügt es sich sehr gut, daß Osgood und seine Mitarbeiter diese Reaktionen auch zur Untersuchung politischer Meinungsbildung angewendet haben (Abb. 48).

Im wesentlichen gingen sie dabei so vor: Während der Präsidentenwahlen des Jahres 1952 baten sie die Anhänger zweier republikanischer Kandidaten, Taft und Eisenhower, und eines demokratischen Kandidaten, Adlai Stevenson, zwanzig verschiedene Begriffe, Personen oder Ideen nach verschiedenen Gesichtspunkten zu ordnen. Sie wurden zum Beispiel gefragt, ob Preiskontrollen (Nr. 12) stark oder schwach, fair oder unfair, aktiv oder passiv seien, und aufgefordert, ihre Antworten in eine Skala einzustufen, die, von der Mitte ausgehend, drei Grade aufwies, also von sehr stark, ziemlich stark, eher stark über eher schwach, ziemlich schwach bis sehr schwach reichte und entsprechend von besonders fair zu

Abb. 48 Modelle der semantischen Räume für drei Wählergruppen. Die 20 Nummern entsprechen den unten aufgeschlüsselten Begriffen. Der Schnittpunkt der Linien mit der Ebene zeigt die Einstufung der Begriffe auf der Skala fair – unfair und stark – schwach an. Die Länge der Linien gibt den Bewertungsgrad auf der aktiv-passiv-Skala an, wobei eine durchgezogene Linie für den aktiven Bereich steht, eine unterbrochene für den passiven.

1 Taft
2 UMT
3 Stevenson
4 Chinapolitik
5 Churchill
6 Öffentliche Ausgaben
7 MacArthur
8 Sozialismus
9 Kefauver
10 Angestellte des öffentl. Dienstes
11 Stalin
12 Preiskontrollen
13 Truman
14 Europahilfe
15 Eisenhower
16 Gewerkschaften
17 Roosevelt
18 Atombombe
19 McCarthy
20 Vereinte Nationen

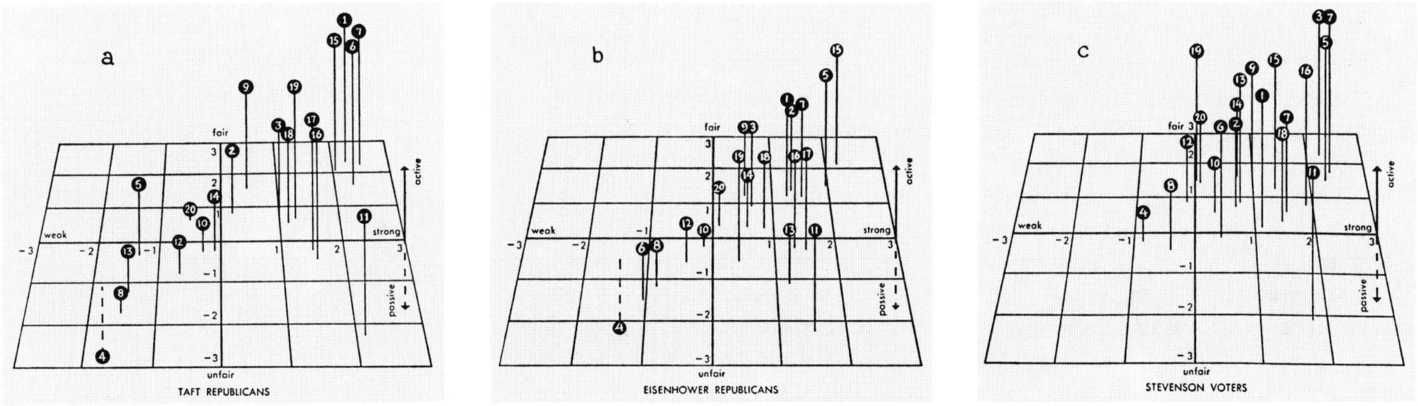

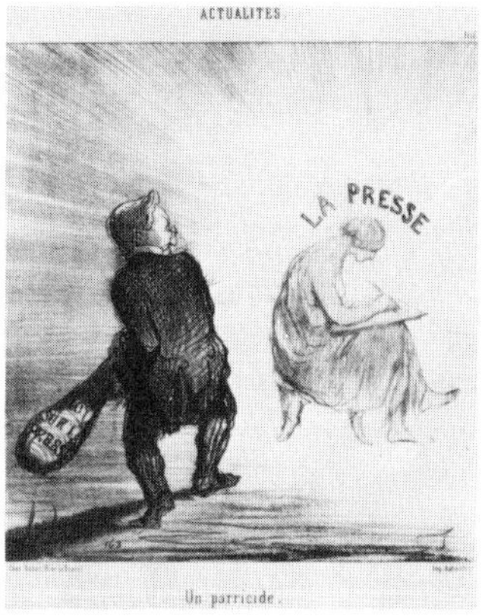

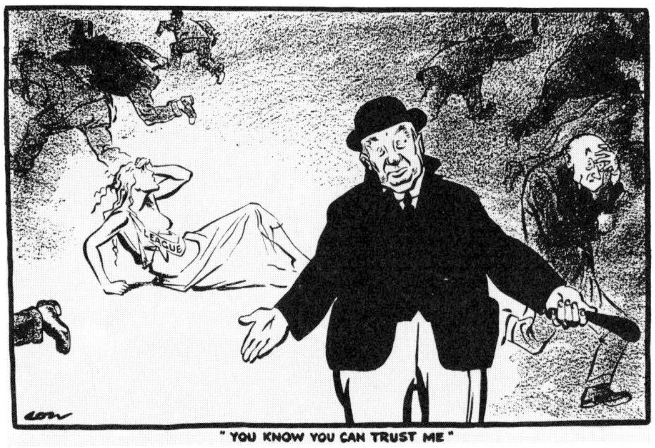

Abb. 49 Honoré Daumier, *Thiers als Mörder*, ›Charivari‹, 16. April 1850

Abb. 50 Sir David Low, *Ihr wißt, Ihr könnt mir vertrauen!*, ›Evening Standard‹, 20. Dezember 1935

besonders unfair und von sehr aktiv bis sehr passiv. Für die Anhänger Tafts war eine solche Maßnahme eher fair, eher schwach, und nur wenig aktiv; die Anhänger Eisenhowers dachten ebenso, während die Demokraten, wie zu erwarten, die Idee als eher fair und um einen Grad aktiver, aber immer noch als schwach einstuften. Selbstverständlich, sozusagen definitionsgemäß, stehen die Führer der betreffenden Gruppen (Taft Nr. 1, Eisenhower Nr. 15, und Stevenson Nr. 3) auf dem aktiven, stärksten und fairsten Platz. Stalin (Nr. 11) erschien den Anhängern Tafts als ebenso stark und aktiv, aber am anderen Ende der Fairneß-Skala, während die beiden andern Gruppen ihn zwar ebenso unfair fanden, aber etwas weniger stark. Senator McCarthy (Nr. 19) galt den Anhängern Tafts als eher fair, ziemlich stark und sehr aktiv, während er für die Stevensonianer etwas fairer, ebenso aktiv, aber weniger stark war und die Eisenhowergruppe ihn für ebenso stark hielt wie die Taftgruppe, aber für weniger aktiv und sogar für etwas unfair. Die passive Hälfte des semantischen Raums blieb, mit einer einzigen Ausnahme, der Chinapolitik Amerikas, völlig leer: aber das hing wohl mit den Fragen zusammen, die man an die Versuchspersonen stellte.

Im großen und ganzen dürften aber Osgoods Ergebnisse auf das Studium der Karikatur anwendbar sein. Wenn Daumier im Jahre 1850 Thiers als einen bösartigen Zwerg darstellt, der im Begriff ist, die Pressefreiheit mit dem Knüppel niederzuschlagen (Abb. 49), denkt er ganz selbstverständlich in den Gegensätzen Schwarz und Weiß, Licht und Finsternis, Häßlichkeit und ideale Schönheit. Diese Entsprechungen sind so automatisch, daß kein Grund zu der Annahme besteht, David Low habe sie von Daumier entlehnt, als er mehr als achtzig Jahre später den englischen Premierminister Baldwin darstellte, der gerade den Völkerbund, auch eine strahlende Lichtgestalt, niedergeknüppelt hat und nun beteuert: »Ihr wißt, Ihr könnt mir vertrauen!« (Abb. 50).

Die Wirkung des Gegensatzes

Diese mythischen Personifikationen wie ›die Pressefreiheit‹ oder ›der Friede‹ haben noch eine weitere, weniger selbstverständliche Funktion: Sie können dazu gebraucht werden, jene ideale Welt gottähnlicher Abstraktionen der düsteren und armseligen Menschenwelt scharf gegenüberzustellen. Wieder ist es Daumier, der diesem konventionellen Kunstgriff die größte künstlerische Kraft verleiht.

Seine Französische Republik sieht mit trauriger Gelassenheit zu, wie die Politiker, einschließlich Thiers und Napoleon III., nicht ablassen, sie anzugreifen. Auf einem andern Blatt zeigt er, wie der Wagen der Republik, deren Hand auf der Wahlurne ruht, unaufhaltsam vorwärts rollt, trotz aller Versuche Thiers' und anderer häßlicher Pygmäen, ihm Knüppel zwischen die Speichen zu schieben, um ihn aufzuhalten.

Zu den universell verständlichen Metaphern gehört selbstverständlich die Verschiedenheit der Maßstäbe. Jonathan Swift, einer der größten Satiriker aller Zeiten, hat uns gezeigt, welch unerschöpfliche Möglichkeiten sich hier bieten. Er machte bekanntlich unsere Welt einfach dadurch lächerlich, daß er sie uns erst aus der

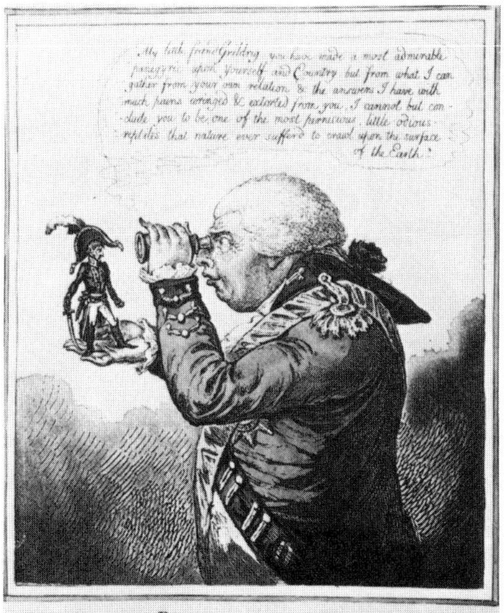

Abb. 51 James Gillray, *George III. und Napoleon*, 26. Juni 1803

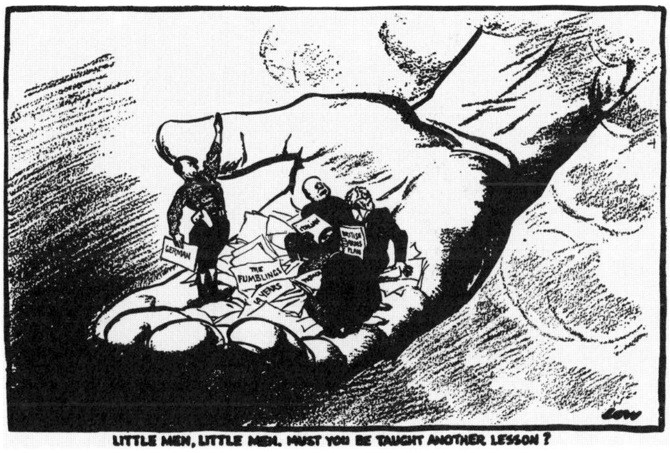

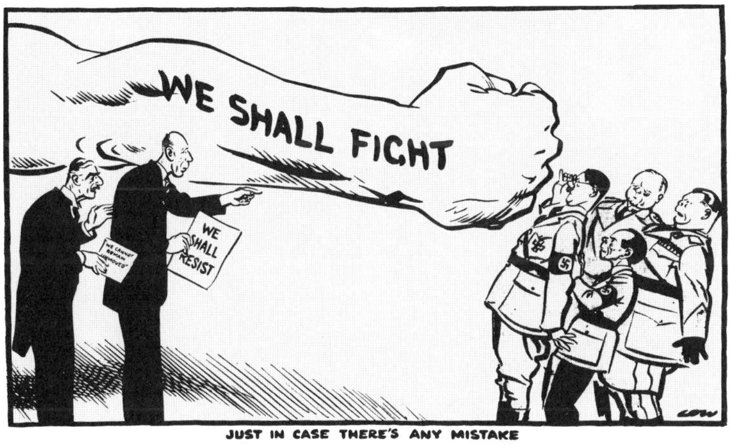

Abb. 52 Sir David Low, *Menschlein, Menschlein, muß man Euch nochmals eine Lektion erteilen?*, ›Evening Standard‹, 15. Mai 1933

Abb. 53 Sir David Low, *Nur damit kein Mißverständnis entsteht*, ›Evening Standard‹, 3. Juli 1939

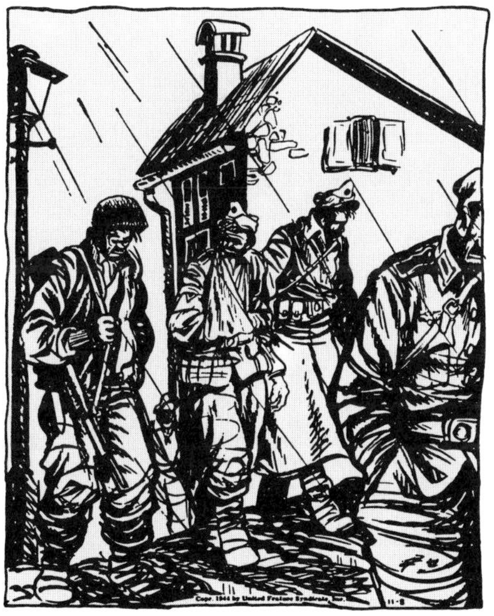

Abb. 54 Bill Mauldin, *Frische amerikanische Truppen . . .*, 1944

Perspektive Gullivers unter den Liliputanern zeigt und dann aus der des Riesenkönigs von Brobdingnag, für den umgekehrt Gulliver nur ein komisches Insekt ist. Gillray benützte diese Episode höchst wirkungsvoll für ein Blatt, auf dem Georg III. einen diminutiven Napoleon durch ein Vergrößerungsglas betrachtet und ihn mit den Worten des Königs der Riesen an Gulliver apostrophiert (Abb. 51). Vielleicht noch eindrucksvoller und dem Geiste Swifts noch näher zeigt uns David Low eine Gruppe gestikulierender Politiker in der hohlen Hand des Allmächtigen (Abb. 52). Beim Gedanken an das Datum – 15. Mai 1933 – läuft es mir noch immer kalt über den Rücken, denn darunter steht geschrieben: »Menschlein, Menschlein, muß man Euch nochmals eine Lektion erteilen?« Die traurige Antwort auf diese Frage ist in den Geschichtsbüchern zu lesen.

Derselbe David Low benützte jedoch ein andermal den gleichen Kunstgriff der verschiedenen Maßstäbe und der Riesenhand nicht weniger überzeugend, um in seiner Kampagne gegen Hitler klarzumachen, daß Abrüstung kein Allheilmittel sei (Abb. 53). Aber ich darf mich nicht verleiten lassen, über den Inhalt zu diskutieren. Ich bin mir ebensowenig wie Low im klaren darüber, ob Abrüstung immer das Richtige ist. Eines weiß ich jedoch: auf keinen Fall würde ich wünschen, daß die Karikaturisten entwaffnet würden. Die Waffen, die ihr Arsenal enthält, können für das Gute wie für das Böse eingesetzt werden. Der Karikaturist kann die Welt mythologisieren, oder er kann versuchen, gefährliche Illusionen unschädlich zu machen. Er kann gedankenlos Phrasen so groß aufblasen, daß sie zur Wirklichkeit werden, oder er kann sie zum Platzen bringen, indem er ihre hohle Rhetorik der nackten Wirklichkeit gegenüberstellt. Nicht umsonst erhielt Bill Mauldin, damals ein junger Karikaturist von 23 Jahren, den Pulitzerpreis von 1945 für eine ganz und gar nicht symbolische Zeichnung (Abb. 54), die die Unterschrift trägt: »Frische amerikanische Truppen, die Brust vom Siege geschwellt, eskortieren Tausende müder, abgekämpfter Kriegsgefangener.« Unvermittelt sehen wir die nominalistische Realität hinter der Phrase.

Gerd Unverfehrt

Große Fische fressen kleine Fische*

Zu Entstehung und Gebrauch eines satirischen Motivs

I

1971 erschien im Münchner Boulevardblatt *tz* eine Karikatur mit dem Titel *usw. usw.* (Kat. 196, Abb. 1). Die Zeichnung zeigt die Mäuler von fünf Fischen, die jeweils – mit Ausnahme des kleinsten – einen kleineren verschlingen. Der Kleinste schließlich reißt einen Angler mit sich ins Wasser.[1] Acht Jahre später wurde an gleicher Stelle die Zeichnung *Marx' Tierleben* veröffentlicht (Abb. 2): Drei Fische, von denen wiederum der größere den kleineren und dieser den kleinsten in sich hineinfrißt; ein vierter, sie alle an Größe überbietender Fisch folgt dem Zug, zum Zuschnappen bereit.[2]

Offensichtlich gibt der Zeichner – in beiden Fällen ist es Horst Haitzinger – zwei Variationen ein und desselben Motivs, das sich als ›Große Fische fressen kleine‹ benennen läßt. Ebenso offensichtlich rücken die Inschriften die gezeichneten Ausschnitte aus dem Tierleben in den Bereich der politischen Bildsatire. Im ersten Fall sind die Fische als »Lohn« oder »Preis« ausgewiesen. Ihr wechselseitiges Verschlingen verbildlicht nichts anderes als einen ökonomischen Grundsatz, der auch als »Lohn-Preis-Spirale« in den alltäglich metaphorischen Sprachschatz eingegangen ist: Die Erhöhung des einen führt zur Steigerung des anderen, *usw. usw.* Das zweite Beispiel illustriert einen außenpolitischen Konflikt zu Anfang 1979. Vietnamesische Truppen waren in Kambodscha einmarschiert und hielten große Teile des Landes besetzt. Zur Vergeltung stießen Kommandos der mit Kambodscha verbündeten Chinesen in den Norden Vietnams vor, dem seinerseits die UdSSR Militärhilfe leistete. Die Sowjetunion konnte somit den Chinesen als Bedrohung oder, in der Bildsprache des Karikaturisten, als freßbereiter Fisch erscheinen.

Ein und dasselbe Motiv eignet sich also zur Darstellung solch unterschiedlicher Themen wie des verwickelten Kräftespiels von Tarifautonomie und marktwirtschaftlicher Kalkulation einerseits, der ideologischen und militärischen Auseinandersetzung in Südostasien andererseits. Erst die jeweiligen erläuternden Inschriften rücken das mehrdeutige Bild in seinen eindeutigen politischen Kontext.

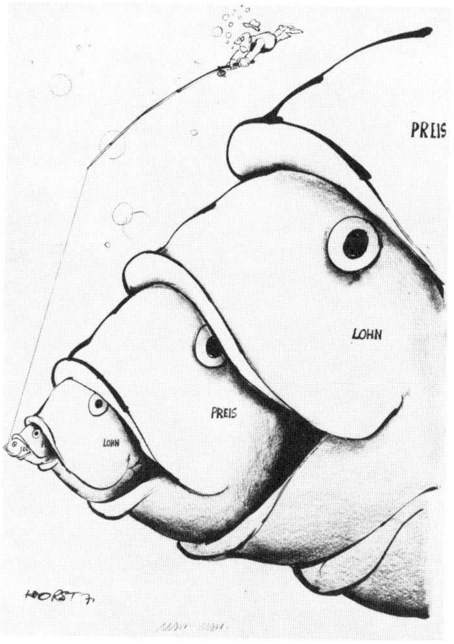

Abb. 1 Horst Haitzinger, *usw. usw.*, 1971

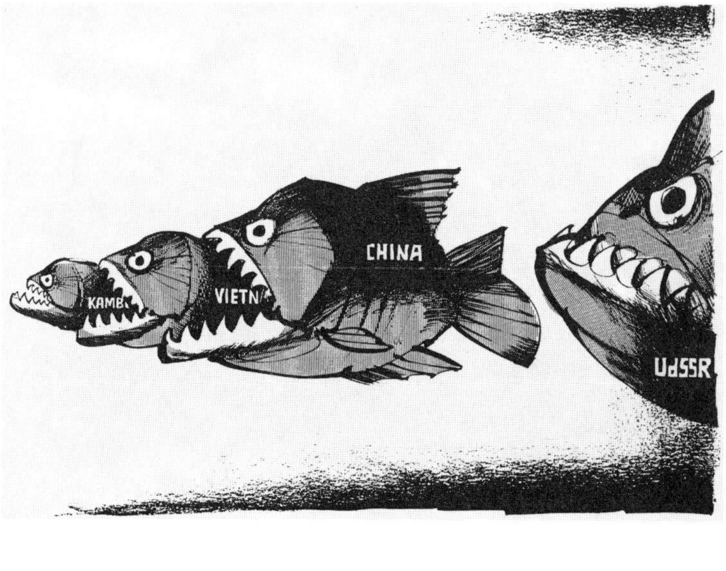

Abb. 2 Horst Haitzinger, *Marx' Tierleben*, 1979

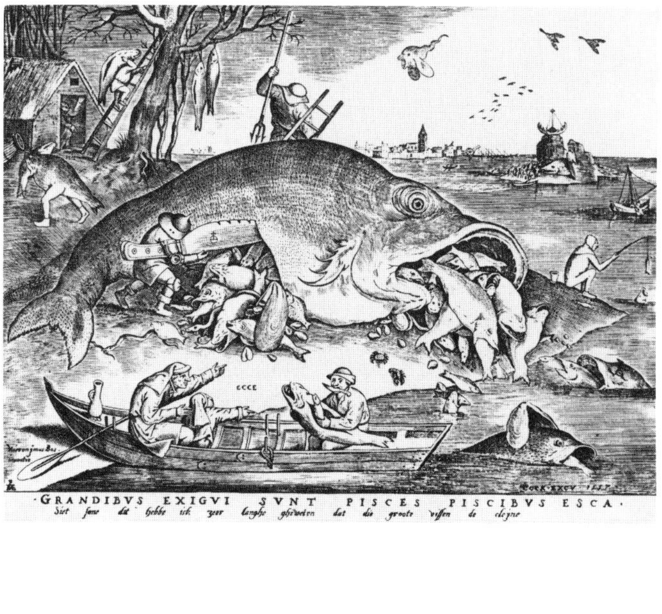

Abb. 3 Pieter Bruegel d. Ä., *Große Fische fressen kleine Fische*, 1556/57

2

Das satirische Motiv der großen Fische, die kleine fressen, hat eine mehr als vierhundertjährige Geschichte, in deren Verlauf es mit stets aktualisierten Inhalten gefüllt wurde. Auch Haitzinger steht, bewußt oder unbewußt, in einer bildnerischen Tradition und nutzt zudem das schon in der Reformationssatire beliebte Gestaltungsprinzip, neue Sachverhalte, Einsichten und Meinungen in altvertrautem Gewande vorzutragen.

Die bekannteste, ungezählte Male reproduzierte und damit leicht zugängliche Fassung des Themas ›Große Fische fressen kleine‹ stammt von Pieter Bruegel dem Älteren. Seine in der Albertina aufbewahrte Zeichnung trägt die eigenhändige Signatur sowie die Jahreszahl 1556.[3] Ein Jahr später gab der Antwerpener Verleger Hieronymus Cock die Komposition im Druck heraus (Abb. 3, Kat. 194).[4] Das von Pieter van der Heyden gestochene Blatt ist statt mit der authentischen Signatur Bruegels mit der fiktiven Erfinderangabe »Hieronymus Bos inventor« versehen. Ferner ist dem Kupferstich ein zweisprachiger Kommentar, lateinisch und niederländisch, beigegeben sowie die in das Bildfeld einbezogene Inschrift »Ecce«.

Zeichnung und Stich sind wesentlich nur durch die drucktechnisch bedingte Seitenverkehrung sowie die Inschriften voneinander unterschieden. Erste Aufmerksamkeit verlangt die Verschleierung von Bruegels Urheberschaft. Auf die verschiedentlich geäußerte Vermutung, der 1516 verstorbene und somit 1557 nicht mehr belangbare Bosch sei wegen einer politischen Brisanz des Blattes vorgeschoben worden, ist später einzugehen. Naheliegender scheint die Annahme, dies sei vorweggenommen, daß der geschäftstüchtige Verleger Hieronymus Cock die fiktive Erfinderangabe in verkaufsfördernder Absicht anbringen ließ, war doch der Ruhm Boschs ungebrochen, Bruegel dagegen 1557 ein noch wenig bekannter Künstler.[5]

Die Signatur »Hieronymus Bos inventor« hat jedoch eine gewisse Berechtigung, denn mehrere Motive Bruegels sind in Werken des älteren Meisters vorgegeben. Genannt sei das übergroße schartige Messer vom Wiener *Gerichtsaltar* und vom *Garten der Lüste* (Abb. 4). Auf dem Wiener Gemälde sowie auf den beiden Fassungen des *Heuwagens* findet sich jeweils ein Fisch mit Menschenbeinen (Abb. 5), ähnlich dem Wesen im linken Mittelgrund des Bruegelstichs. Die bei Bruegel vielfach wiederkehrenden großen Fische, aus deren Maul kleinere herausragen, haben in einer Szene vom linken Flügel des Lissaboner *Antoniusaltars* ein entferntes Vorbild (Abb. 6). Bruegel zitiert oder imitiert auch in weiteren Einzelheiten Erfindungen Boschs und nutzt so ein Motivrepertoire, das ursprünglich an religiöse Stoffe aus Bibel und Heiligenlegende oder aber an christliche Allegorien gebunden war. Zu fragen ist, in welchen Sinnzusammenhang die Entlehnungen bei Bruegel gestellt sind.

Um zu einer Antwort zu gelangen, sei von der niederländischen Inschrift des Stiches ausgegangen: »Siet sone dit hebbe ick zeer langhe gheweten / dat die groote

* Der vorstehende Beitrag greift Überlegungen auf, die ich 1981 während des Kölner Kolloquiums *Wort und Bild in der niederländischen Kunst und Literatur* vorgetragen habe (Anm. 6). Sie sind hier im einzelnen ergänzt und in den größeren motivgeschichtlichen Zusammenhang gestellt worden.

1 Ausgestellt ist die Tuschzeichnung im Wilhelm-Busch-Museum, Hannover.

2 Vgl. *Politische Karikaturen* von Horst Haitzinger, München 1979, unpag. (S. 25).

3 Ch. de Tolnay, *The Drawings of Pieter Bruegel the Elder,* London 1952, Nr. 44. – L. Münz, *Bruegel. Zeichnungen,* Köln 1962, Nr. 128.

4 L. Lebeer, *Catalogue raisonné des estampes de Bruegel l'Ancien,* Katalog der Bibliothèque Royale Albert Ier, Brüssel 1969, Nr. 16.

5 Für eine Fiktion aus juristischen Gründen sprechen sich u. a. aus: *Hieronymus Bosch en Pieter Bruegel in de prentkunst,* Katalog der Ausstellung Rotterdam 1949, Nr. 57; G. Langemeyer/R. Schleier, *Bilder nach Bildern,* Katalog der Ausstellung Münster 1976, S. 22; G. W Menzel, *Pieter Bruegel der Ältere,* Leipzig 1966, S. 38f. – Zur »Werbewirksamkeit« des Namens Bosch vgl. Tolnay (Anm. 3), Nr. 44, und G. Unverfehrt, *Hieronymus Bosch. Die Rezeption seiner Kunst im frühen 16. Jahrhundert,* Berlin 1980, S. 49 und passim.

6 Es fehlt jede Information, ob der Künstler, der Verleger oder ein Dritter für die Auswahl bzw. Formulierung der Inschriften verantwortlich zeichnet. Dies gilt auch für die übrigen Bruegel-Stiche. Vgl. ausführlicher G. Unverfehrt, »Christliches Exempel und profane Allegorie. Zum Verhältnis von Wort und Bild in der Graphik der Boschnachfolge«, H. Vekeman/ J. Müller Hofstede (Hrsg.), *Wort und Bild in der Niederländischen Kunst und Literatur des siebzehnten Jahrhunderts,* Erftstadt 1984 (im Druck).

7 Vgl. P. J. Harrebomé, *Spreekwoordenboek der Nederlandsche Taal,* Utrecht 1858–70, Bd. 2, S. 384, Bd. 3, S. 352. – Weitere sprichwörtliche Wendungen bei Tolnay (Anm. 3), Nr. 44, und Münz (Anm. 3), Nr. 128.

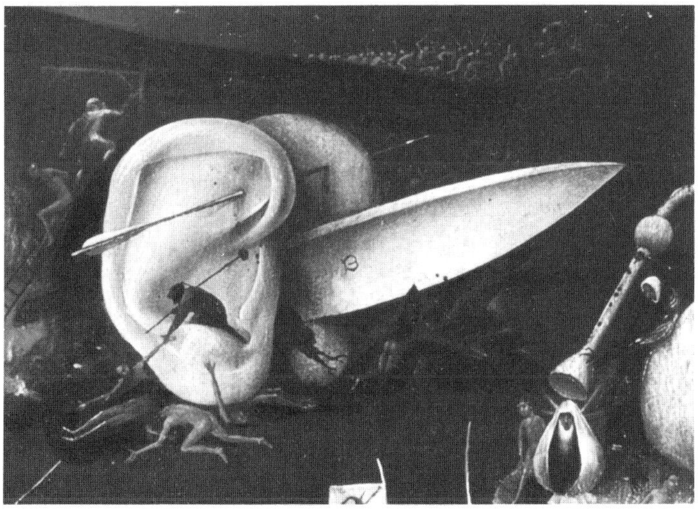

Abb. 4 Hieronymus Bosch, *Garten der Lüste* (Detail), um 1500

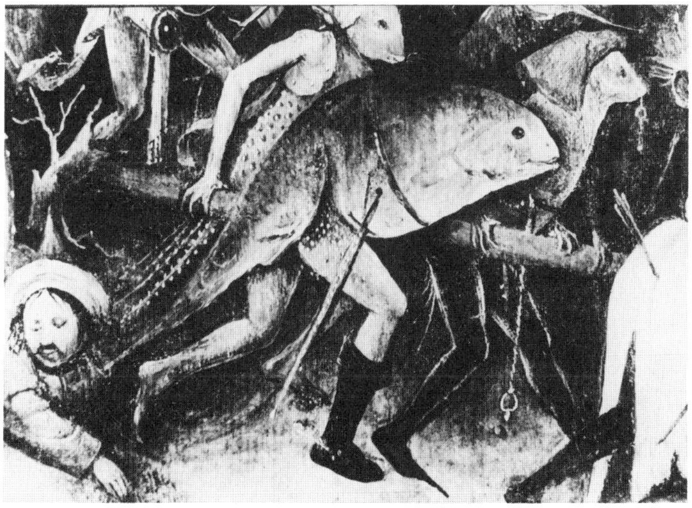

Abb. 5 Hieronymus Bosch, *Heuwagen* (Detail), um 1490

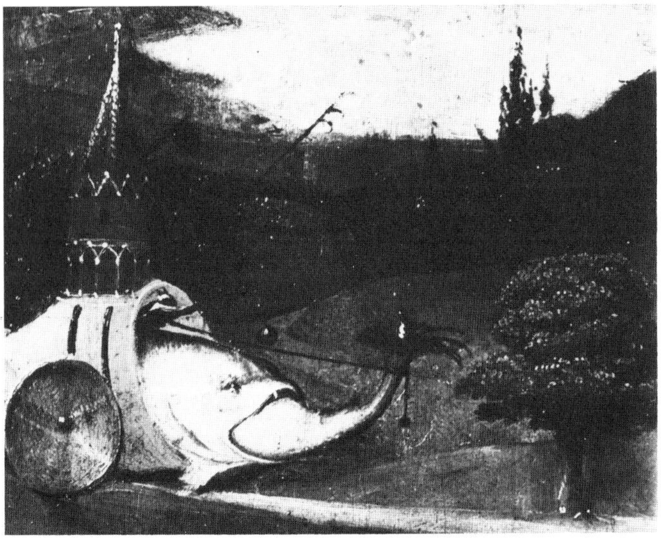

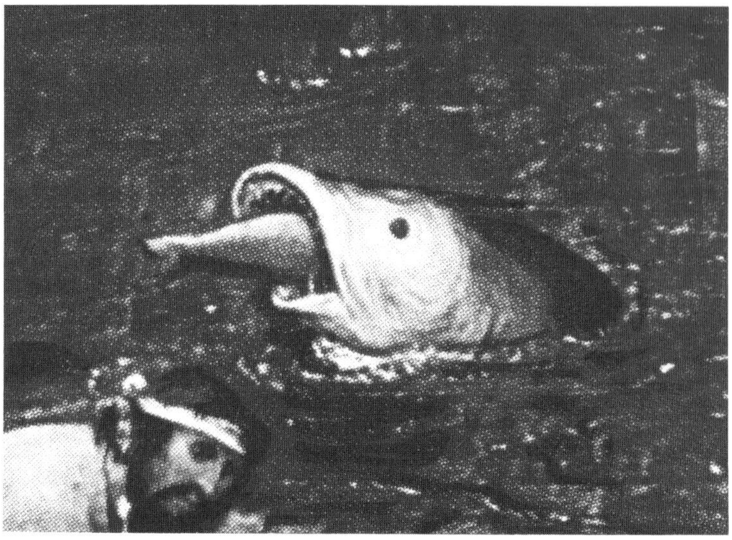

Abb. 6 Hieronymus Bosch, *Versuchung des hl. Antonius* (Detail), um 1510

Abb. 7 Pieter Bruegel d. Ä., *Die niederländischen Sprichwörter* (Detail), 1559

vissen de cleijne eten.«[6] Es dürften damit die Worte gemeint sein, die der Alte im Bug des Bootes mit einer weisenden Geste zu dem das Geschehen an Land betrachtenden Knaben spricht: »Siehe mein Sohn, ich weiß seit langem, daß die großen Fische die kleinen fressen.« Als sprichwörtliche Wendung ist die Inschrift aus dem niederländischen 16. und 17. Jahrhundert bezeugt, etwa in der Form: »Sie kint! dit heb ick langh gheweten, dat groote vissen kleinen eten«, oder »Het is een zaeck bij elck gheweten, dat groote vissen kleinen eten«.[7] Bruegel selbst hat das Motiv in sein 1559 datiertes Gemälde der *Niederländischen Sprichwörter* aufgenommen (Abb. 7).[8]

Die im volkstümlich niederländischen Spruchgut enthaltene Erfahrung begegnet bereits in der antiken Naturlehre – Aristoteles und Plinius sind zu nennen –, und sie wurde in poetischen Schriften und wissenschaftlichen Traktaten neuzeitlicher Autoren aufgegriffen.[9] Auf diese Quellen, und nicht etwa auf niederländische Sprichwörter, gehen die emblematischen Beispiele des 17. Jahrhunderts zurück, wie Nr. 88 in Sebastián de Covarrubias *Emblemas morales* von 1610 (Abb. 8) oder Nr. 12 in den 1617 erschienenen *Emblemata politica* (Abb. 9), einer kommentierten Buchausgabe der 32 emblematischen Gemälde, die ehemals die Fenstergewände im großen Saal des Nürnberger Rathauses schmückten.[10] In diesen Beispielen lösen die kommentierenden Inschriften den Sinn des emblematisch verschlüsselten Fischfressens auf: Der Mächtige und Reiche unterdrückt – bildlich: verschluckt – den Schwachen und Armen.[11] Die subscriptio des Nürnberger Emblems gibt mit dem marginalen Verweis auf Aristoteles' *De historia animalium* nicht nur den naturgeschichtlichen Ursprung der lakonischen inscriptio »Minor esca maioris« (Die Kleinen sind Nahrung der Großen) an, sondern verwirft das in Bild und Text geschilderte Verhalten mit dem weiteren Hinweis auf Jacobus 2, 6 ausdrücklich als unchristliches Handeln. Bei Jacobus, ich werde darauf zurückkommen, ist die Rede von der Unterdrückung der Armen durch die Reichen.

Insgesamt bilden die *Emblemata politica,* deren gemalte Vorbilder an prominenter Stelle des Nürnberger Rathauses angebracht waren, »einen Katalog ratsherrlicher und republikanischer Tugenden« sowie die Mahnung an die städtischen Regenten, nicht eigennützig zu handeln, sondern das öffentliche Wohl zu fördern.[12] Das Nürnberger Emblem mit den großen Fischen, die die kleinen fressen, ist mithin ein Bild der schlechten Regentschaft.

Auch Bruegels Komposition ist, wie eingangs gesagt, gelegentlich als politische Allegorie verstanden worden, und zwar als eine mit den Mitteln des Mensch-Tier-Vergleichs gearbeitete, verschlüsselte Personalsatire. Gerhard Menzel bot 1966 zwei Deutungen an: Entweder spiele das Blatt auf die Eintreibung von Geldern zur Begleichung der Kriegsschulden an, die Heinrich II. bis 1555 im Kampf gegen Spanien entstanden waren – eine Maßnahme, die besonders die Armen traf – oder aber auf die 1556 aufgelegten Obligationen Philipps II., die die Käufer um ihr Geld brachten.[13] Der zweiten Deutung stimmte 1976 Reinhart Schleier zu. Schleier

8 Berlin-Dahlem, Staatliche Museen Preußischer Kulturbesitz, Gemäldegalerie. Eine ausführliche Analyse der Einzelszenen gibt J. Grauls, *Volkstaal en volksleven in het werk van Pieter Bruegel,* Antwerpen/Amsterdam 1957, S. 77ff. Die diskutierte Szene S. 106, Nr. 54.

9 Zur literarischen Verwendung des Motivs vor Bruegel vgl. die Hinweise bei A. Henkel/ A. Schöne, *Emblemata. Handbuch zur Sinnbildkunst des XVI. und XVII. Jahrhunderts,* Stuttgart 1967, Sp. 678f.

10 Zu Covarrubia: Henkel/Schöne (Anm. 9), S. 678. – Zu den Nürnberger Ratssaalemblemen: K. H. Schreyl (Hrsg.), *Emblemata politica,* Nürnberg 1980, Nr. 12. – Sieben Darstellungen der 1617 erschienenen *Emblemata politica,* darunter auch Nr. 12, wurden in die Raumausstattung von Schloß Ludwigsburg übernommen; vgl. M. Schilling, »Die literarischen Vorbilder der Ludwigsburger und Gaarzer Embleme«, W. Harms/H. Freytag (Hrsg.), *Außerliterarische Wirkungen barocker Emblembücher,* München 1975, S. 45f., 178 m. Nr. L 73, Abb. 38.

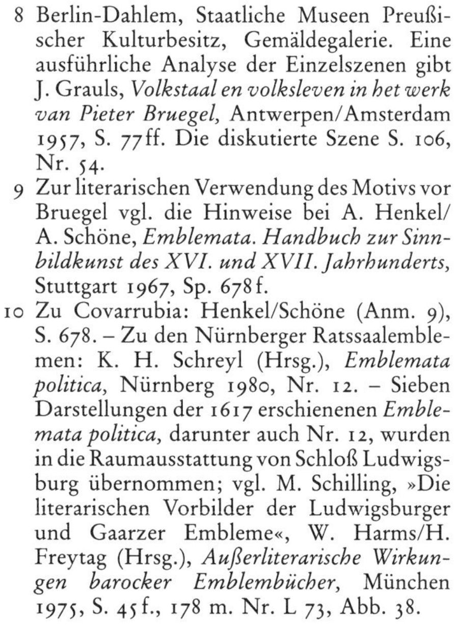

Abb. 8 Sebastián de Covarrubia, *Emblemas morales Nr. 88,* 1610

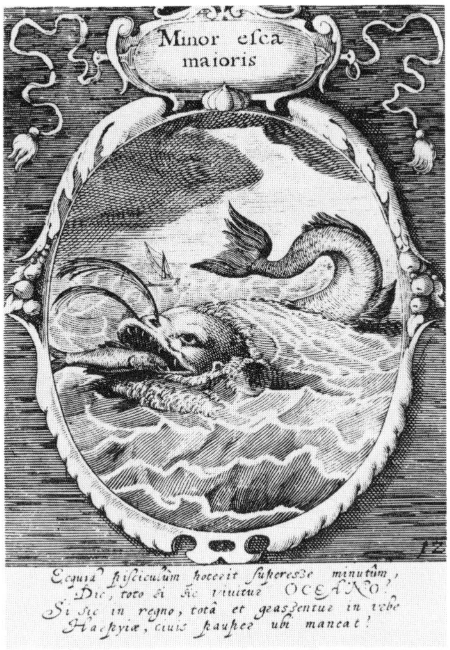

Abb. 9 *Emblemata politica Nr. 12*, Nürnberg 1617

verwies als besonderes Argument für die politisch aktuelle Allegorie auf den ›Reichsapfel‹, der das von einem Soldaten geführte Messer als Mittel kaiserlicher Gewalt oder doch zumindest weltlicher Macht auszeichne.[14] In einem allgemeineren Sinne verstanden Adriaan Barnouw 1947 und Arthur Klein 1963 Bruegels Komposition als Sinnbild der zerstörerischen Möglichkeiten politischer und ökonomischer Macht,[15] während Georg Piltz 1980 in dem Blatt ein klassenkämpferisches Exemplum für das »Wolfsgesetz des Kapitalismus« erkennen wollte und dabei – wie die bisherige Forschung auch – die grundsätzlich christliche Disposition des Themas nach Jacobus 2,6 übersah.[16]

Daß Bruegel satirische Blätter gegen zeitgenössische Personen und Zustände gezeichnet hat, wird durch seinen Biographen Karel van Mander 1604 glaubhaft bestätigt. Er berichtet, daß der Künstler auf dem Totenbett angeordnet habe, eine Serie eigener Zeichnungen zu verbrennen, »da diese zum Teil allzu scharf oder bissig waren. Er tat dies entweder aus Reue oder aus Furcht, daß seine Frau wegen der Zeichnungen in Schwierigkeiten käme oder zur Verantwortung gezogen werden könnte.«[17] Van Mander zufolge enthielten also etliche Bruegel-Zeichnungen Angriffe, die bei Bekanntwerden zu Verfolgung und Strafe hätten führen können. Die Zeichnung mit den großen Fischen, die die kleinen fressen, ist dem Autodafé entgangen – sei es, daß sie sich 1569 nicht mehr in Bruegels Besitz befand, sei es, daß sie keine konkrete oder gar personalisierte Anklage enthält.[18]

Lebeer hat bereits 1969 in seinem Katalog der Bruegel-Graphik die auf das Finanzgebaren bestimmter Herrscher gerichtete Deutung Menzels als zu eingeengt bezweifelt.[19] Ich möchte einen Schritt weiter gehen und weise, gestützt auf die Anschaulichkeit des Bildes, den Gedanken an eine aus aktuellem Anlaß entstandene politische Satire ganz zurück. Denn es ist offensichtlich, daß nicht nur der Mächtige, sei es Heinrich II., Philipp II. oder ein anderer, jeweils vertreten durch Soldaten, seinen Vorteil aus dem Schwächeren zieht. Gleichermaßen ›frißt‹ auch der namenlose Schwache, vertreten durch den Fischer rechts im Boot, den noch Schwächeren. Das einzig politisch signifikante Symbol des Blattes, der Reichsapfel als eines der Reichskleinodien und Zeichen kaiserlicher Gewalt, widerspricht dieser Auffassung nicht. Im Gegenteil: Die mit einem Kreuz bekrönte Sphäre ist ein verbreitetes Symbol der betrügerischen Welt oder falschen menschlichen Handelns, das auch bei Bruegel mehrfach in diesem Sinne begegnet.[20]

Bruegel stellt also eine allgemeingültige, weder an ein bestimmtes historisches Ereignis noch an eine Person gebundene Lebenserfahrung und ein Exempel falschen Handelns zugleich vor Augen: Der Stärkere nutzt den Schwächeren aus, das ist der Lauf der Welt. Betont wird die Allgemeingültigkeit der Darstellung durch die in den linken Vordergrund gesetzte Inschrift »Ecce«. Es liegt nahe, hierin eine Anspielung auf die Worte des Pilatus (Johannes 19, 5) zu vermuten und »Ecce homines«, Siehe die Menschen, zu ergänzen. Trifft diese Auffassung zu, so wäre das in eine einprägsame Allegorie gefaßte Streben nach weltlichem Besitz als Gegenbild zur Passion Christi und damit als Gegenbild zur bewußten Hingabe menschlichen Lebens zu verstehen.

Zu bedenken ist weiterhin, daß der große Fisch nicht, wie auf den vorgestellten emblematischen Beispielen, im freien Meere schwimmt, sondern gestrandet ist. Im rechten Hintergrund, auf einer felsigen Insel, ist ein zweiter Riesenfisch an Land geworfen.

Auch das Bild des gestrandeten Fischungetüms ist durch Naturbeobachtung oder doch zumindest durch die Kenntnis natürlichen Geschehens angeregt. Wiederholt waren an der niederländischen Nordseeküste Wale gestrandet.[21] Dürer reiste im Dezember 1520 von Antwerpen nach dem seeländischen Zierikzee, um den dort vom Sturmwind an Land geworfenen Wal zu sehen. »Das volck sehe gern«, notierte er in sein Tagebuch, »das er weg were, dan sie forchten den grosen gestanck. Dann er ist so gar groß, das sie mainen, man könn jn (in) ein halben jahr nit auffhauen und öhl von ihm sieden«.[22] Anders als der wißbegierige Dürer und die – nach heutigen Begriffen – umweltbewußten Seeländer sah Luther zwei Jahre später, 1522, einen bei Haarlem gestrandeten Wal als ein Wunder an, das göttlichen Zorn anzeige. Gemeint ist wohl der Zorn Gottes über die Verfolgung der Protestanten.[23]

11 Shakespeare nutzte die gleiche Metapher zur Schilderung der »infirmities of men« *(Pericles, Prince of Tyre,* 2. Akt, 1. Szene):
»*Third Fisherman:* Master, I marvel how the fishes live in the sea.
First Fisherman: Why, as men do a-land: the great ones eat up the little ones. I can compare our rich misers to nothing so fitly as to a whale: a' plays and tumbles, driving the poor fry before him, and at last devours them all at a mouthful. Such whales I have heard on o' the land who never leave gaping till they've swallowed the whole parish, church, steeple, bells, and all.«

12 Schreyl (Anm. 10), S. 95.

13 Menzel (Anm. 5), S. 39.

14 Langemeyer/Schleier (Anm. 5), S. 20.

15 A. Barnouw, *The Fantasy of Pieter Bruegel,* New York 1947, S. 40. A. Klein, *Graphic Worlds of Peter Bruegel the Elder,* New York 1963, S. 138.

16 G. Piltz, *Geschichte der europäischen Karikatur,* Berlin 1980, S. 49f. – Das gleiche gilt auch für die ebd. behandelten Gegenstücke Bruegels, *Die fette und die magere Küche* (Lebeer [Anm. 4], Nr. 55, 56), deren Interpretation als »zur Norm erhobenes wölfisches Verhalten der Reichen« im Gegensatz zur »Menschlichkeit der Armen« schwerlich überzeugt. Vielmehr handelt es sich um die Sünde ›Gula‹ einerseits, die Tugend ›Caritas‹ andererseits, beide eingekleidet in Genreszenen.

17 C. van Mander, *Das Leben der niederländischen und deutschen Maler,* übers. und komm. durch H. Floerke, München/Leipzig 1906, Bd. 1, S. 260f. – Florente le Comtes Nachricht von 1799/1800 geht wahrscheinlich auf van Mander zurück: Bruegel habe es gewagt, »reichlich zweideutige Sinnbilder auf den Zustand der öffentlichen Angelegenheiten und auf die wichtigsten Taten der Großen zu machen« (zit. n. H.-W. von Löhneysen, *Die ältere niederländische Malerei. Künstler und Kritiker,* Eisenach/Kassel 1956, S. 148).

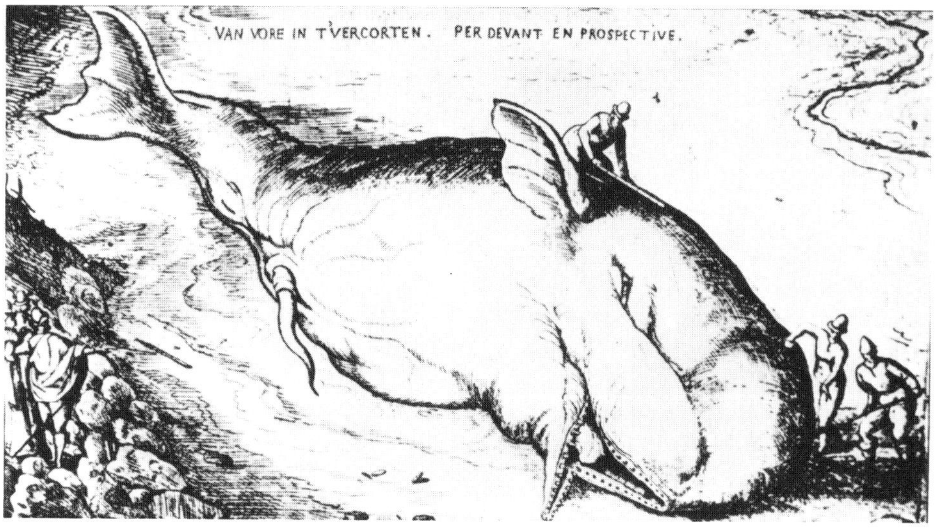

Abb. 10 Niederländisch, *Gestrandeter Wal,* 1577

Von weiteren Walstrandungen an der niederländischen Küste wird in der Folge fortwährend berichtet.[24] Erstmals im authentischen Bild festgehalten ist der Wal, der am 2. Juli 1577 in der Scheldemündung nahe Antwerpen an Land geworfen wurde. Eine anonyme niederländische Radierung zeigt das Tier »van vore in t'vercorten«, von unten und in Verkürzung (Abb. 10).[25] Diese Naturaufnahme diente einem Flugblatt des Augsburger Formschneiders Hans Rogel d.Ä. sowie zwei Nürnberger Flugblättern als Vorbild, und zwar einer Radierung Hans Sibmachers und einem von Hans Weigel verlegten Holzschnitt (Abb. 11).[26] In diesen Fällen wird der »erschroecklich und wunderbarlich« anzusehende Fisch als ein bedeutungsvolles Wunderzeichen verstanden, von Sibmacher gar als göttliche Warnung vor nahem Kriege. Die ersten Bilder eines gestrandeten Wales stehen also in einer zumindest bis auf Luther zurückreichenden Tradition böser Omen.

Als bedeutungsvolles Bild wurde der gestrandete Fisch auch von den Emblematikern benutzt. Das erste Beispiel findet sich in Andreas Alciatus' *Emblematum libellus* von 1531 (Abb. 12).[27] Alciatus erklärt das Bild als Exempel für die unbarmherzige Vernichtung durch seinesgleichen, denn der Fisch, obwohl ein Diener Neptuns, wird vom Meer an Land geworfen, wo er stirbt.

Hatte Alciatus seine Lehre in das Bild eines Delphins gekleidet, der schuldlos zu Tode kommt,[28] so begegnet der gestrandete Wal später als Opfer eigenen Fehlverhaltens, wie etwa Joachim Camerarius in seinen Fisch-Emblemata von 1604 erläutert (Abb. 13): »Mir hat meine eigene Größe bitteren Tod gebracht. So möge jeder zugrunde gehen, der trotzig auf seine Kraft vertraut.«[29]

Die von Camerarius vorgetragene Deutung des gestrandeten Wales ist zwar erst ein halbes Jahrhundert nach Bruegels Zeichnung veröffentlicht worden. Ihr Grundgedanke jedoch – Größe, Kraft, Macht zerstören sich selbst – scheint den

18 Gegen eine konkrete Personalsatire spricht auch die Tatsache, daß der offenbar vorsichtige Verleger Hieronymus Cock das Blatt im Kupferstich herausgab, obwohl er in einem anderen Fall ein womöglich verfängliches Motiv tilgen ließ: Bruegels *Luxuria*-Zeichnung von 1557 (Münz [Anm. 3], Nr. 133) zeigt im linken Mittelgrund einen nackten Reiter mit Mitra, an der ein Schandbrief befestigt ist. Auf der von Pieter van der Heyden ausgeführten und von Hieronymus Cock verlegten Stichfassung (Lebeer [Anm. 4], Nr. 24) ist die Mitra durch eine profane Kappe ersetzt.

19 Lebeer (Anm. 4), S. 60.

20 Vgl. die Bruegel-Stiche *Ira, Avaritia* und *Elck* (Lebeer [Anm. 4], Nr. 18, 21, 26) sowie die Gemälde *Die niederländischen Sprichwörter* und *Die Treulosigkeit der Welt* (F. Grossmann, *Pieter Bruegel. Die Gemälde,* Köln 1955, Tf. 13, 146). – Zum Motiv der Weltkugel bei Bruegel vgl. C. G. Stridbeck, *Bruegelstudien,* Stockholm 1956, S. 57, 87, 103, 178. – Vgl. ferner L. Möller, »Die Kugel als Vanitassymbol. Bildgeschichtliche Studien zu Stammbuchbildern«, Teil 2, *Jahrbuch der Hamburger Kunstsammlungen* 2/1952, S. 157ff.

21 Vgl. A. B. van Deinse, »Over de potvissen in Nederland gestrand tussen de jaren 1531–1788«, *Zoologische Mededelingen, Rijksmuseum van Natuurlijke Historie te Leiden* 4/1918, S. 22ff. – *Wale und Walfang in historischen Darstellungen,* Katalog der Ausstellung Altonaer Museum Hamburg 1975. – W. Timm, »Der gestrandete Wal. Eine motivkundliche Studie«, *Staatliche Museen zu Berlin, Forschungen und Berichte* 3-4/1961, S. 76ff.

22 H. Rupprich, *Dürers schriftlicher Nachlaß,* Bd. 1, Berlin 1956, S. 162. – *Albrecht Dürer aux Pays-Bas,* Katalog der Ausstellung Palais des Beaux-Arts Brüssel 1977, Nr. 321ff.

23 *Martin Luthers Werke,* Weimarer Ausgabe, Briefe Bd. 2, Nr. 509. Vgl. auch Timm (Anm. 21), S. 82.

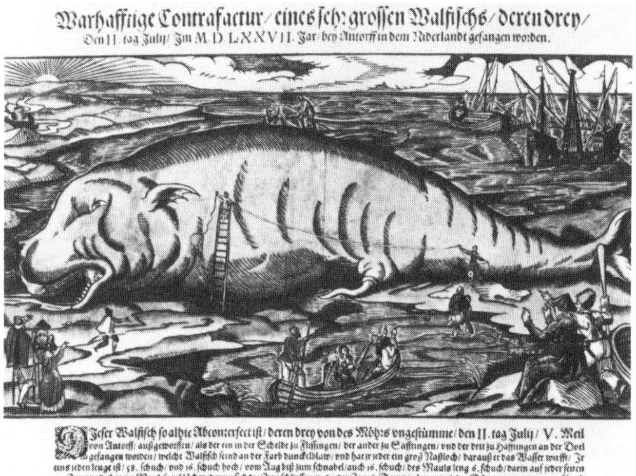

Abb. 11 Hans Weigel, *Gestrandeter Wal,* 1577

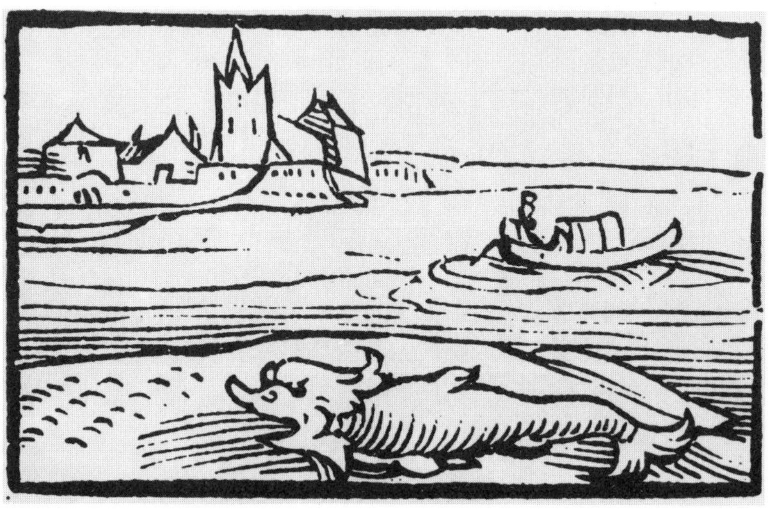

Abb. 12 Andreas Alciatus, *Gestrandeter Delphin,* aus ›Emblematum libellus‹, 1531

Sinn von Bruegels Blatt zu treffen. Ähnliche Vorstellungen wie die des Camerarius mögen also um die Mitte des 16. Jahrhunderts bereits lebendig gewesen sein. Dies ist um so mehr anzunehmen, als der Strandung großer Meerestiere seit dem frühen 16. Jahrhundert wechselhaft geheimnisvoller Sinn beigemessen wurde. Geradezu aber wie eine Deutung von Bruegels an Land geworfenem Riesenfisch mutet die sinnbildliche Auslegung an, die der gestrandete Wal 1733 in Zedlers Unviersallexikon erfahren hat:

»Der Wallfisch, in dem er aus Fürwitz dem Strande zu nahe kommt, oder denen kleinen Fischen allzu eiferig nach jaget, und darüber auf dem Grunde sitzen bleibet, ist ein Sinnbild eines, der durch eigene Schuld sich in Unglück bringet.«[30]

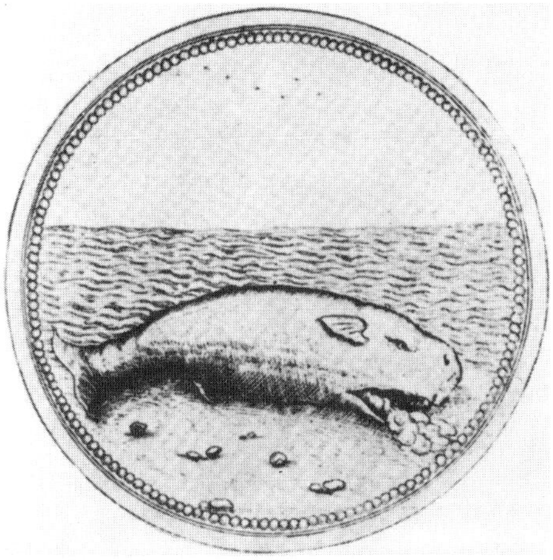

Abb. 13 Joachim Camerarius, *Gestrandeter Wal,* aus ›Symbolorum et Emblematum IV‹, 1605

3

Bruegels Fassung des Themas ›Große Fische fressen kleine Fische‹ ist somit als eine Allegorie auf die allen Menschen innewohnende Habgier zu entschlüsseln, die zu Unglück und Untergang führt. Die einprägsame Formulierung eines dem Betrachter vertrauten Sachverhaltes hat offenbar die Beliebtheit der Komposition begründet. Insgesamt sind neun Varianten des Bruegel-Stiches bekannt, von denen sechs in Bild und Text mit dem Vorbild übereinstimmen und lediglich geänderte Verlegeradressen aufweisen.[31] Den drei weiteren Blättern sind neue Kommentare beigegeben und somit auch neue Deutungen unterlegt worden. Ihnen muß nähere Aufmerksamkeit gelten.

Ich beginne mit dem Blatt, das Bruegel am fernsten steht, einem um 1600 durch Jan Thiel verlegten, das Fisch-Motiv inflatorisch ausbeutenden Kupferstich (Abb. 14, Kat. 195).[32] Eine scheinbar verwirrende Fülle figürlicher Motive wird vor dem Betrachter ausgebreitet, doch das kleinteilige Geschehen schließt sich zu fester kompositorischer Ordnung zusammen: Um den in das Bildzentrum gestellten Tisch legt sich ein weiter Kranz einzelner Szenen zum Thema der großen Fische, die die kleinen fressen. Vorn ist der Kranz durch zwei der vertikalen Bildachse symmetrisch zugeordnete, einander zugewandte Fischriesen geschlossen. Daß es sich bei diesem Blatt, vom allgemeinen Thema abgesehen, um eine Variante des Bruegelschen Stiches handelt, belegt der Fisch links vorn als nur wenig verändertes Zitat zweifelsfrei. Auf seinem aufgebrochenen Rücken haben die beiden älteren Bootsinsassen Platz gefunden, und links eilt Bruegels menschenbeiniger Fisch herbei statt davon. Das freie Schalten mit Motiven des Stiches von 1557,

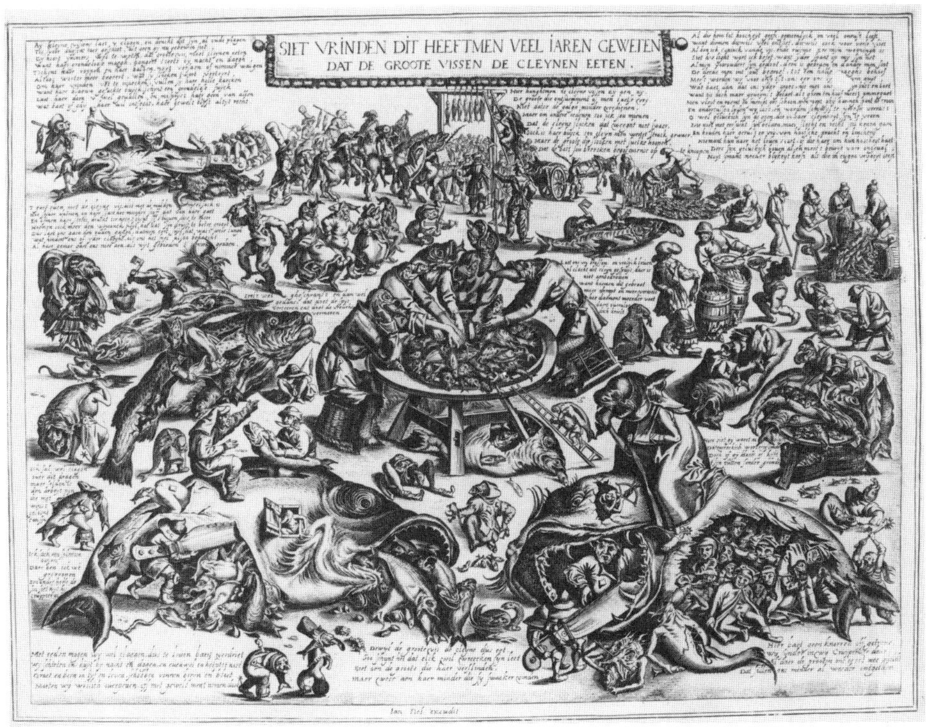

Abb. 14 Jan Thiel, *Große Fische fressen kleine Fische,* um 1600

24 Vgl. van Deinse (Anm. 21), passim.

25 Van Deinse (Anm. 21), Tf. 2 und 3. – Vgl. ferner Timm (Anm. 21), S. 85.

26 Zu Sibmacher: F. Muller, *De Nederlandsche Geschiedenis in Platen,* 4 Bde, Amsterdam 1863–82, Nr. 738. – Vgl. auch Timm (Anm. 21), S. 85. – Zu Weigel: W. L. Strauss, *The German Single-Leaf Woodcut 1550–1600,* Bd. 3, New York 1975, S. 1140, sowie Timm (Anm. 21), S. 85. – Zu Rogel: Strauss, Bd. 2, S. 875.

27 Henkel/Schöne (Anm. 9), Sp. 684f. Timm (Anm. 21), S. 80f., nennt weitere Beispiele dieses Typs.

28 Timm (Anm. 21) bildet auf S. 80 ein anonymes Emblem des 17. Jahrhunderts ab, das den gestrandeten Fisch, der »zum Wasser zappelt hin«, als Sinnbild der Gottessehnsucht auslegt.

29 Henkel/Schöne (Anm. 9), Sp. 681f. – Die Emblemsammlung des Camerarius enthält auch das Bild eines großen Hechtes, der einen kleineren frißt, als Beispiel, wie die Menschen einander quälen (Henkel/Schöne, Sp. 698).

30 *Zedlers Universallexikon,* Bd. 3, Halle und Leipzig 1733, S. 175 (zit. n. Timm [Anm. 21], S. 80).

31 Die Varianten sind verzeichnet bei F. W. H. Hollstein, *Dutch and Flemish Etchings, Woodcuts and Engravings,* Amsterdam o. J., Bd. 3, Bosch Nr. 22-24, Bruegel Nr. 139-141; Lebeer (Anm. 4), Nr. 16 III; W. Harms (Hrsg.), *Deutsche illustrierte Flugblätter des 16. und 17. Jahrhunderts,* Bd. II; *Die Sammlung der Herzog August Bibliothek in Wolfenbüttel,* Bd. 2 (Historica), München 1980, Nr. II 136.

32 G. van Rijn, *Atlas van Stolk, Catalogus der Historie-, Spot-en Zinneprenten,* Teil 1, Amsterdam 1895, Nr. 292. R. van Bastelaer, *Les Estampes de Pieter Bruegel l'Ancien,* Brüssel 1908, Nr. 141. Hollstein (Anm. 31), Bd. 3, Bosch Nr. 22. Vgl. ausführlich *Illustrierte Flugblätter aus den Jahrhunderten der Reformation und der Glaubenskämpfe,* Katalog der Ausstellung Veste Coburg 1983, Nr. 145.

das diese Gruppe auszeichnet, charakterisiert die Darstellung insgesamt, die sich wie eine Musterkarte Bruegelscher Graphik liest: Der zentrale Tisch hat sein Vorbild in der *Mageren Küche;* die *Todsündenfolge* hat mehrere Motive angeregt, darunter aus der Darstellung des *Zornes* den monumentalen Fischverschlinger rechts unten, dessen leviathanisches Reittier zu Teilen dem Höllenmaul des *Jüngsten Gerichts* von 1558 nachgebildet ist. Anderes läßt sich nicht als Zitat erweisen, ist aber – wie der Tanz im linken Hintergrund – als Bruegelsche Erfindung denkbar. Die übernommenen menschlichen und dämonischen Figuren sind auf Thiels Blatt in Fischgestalt gegeben, oder anders: Ein Teil der handelnden Fische, zumal der großen, erscheint nun in anthropomorpher Gestalt. Deutlich wird vor Augen geführt, daß die Menschenwelt gemeint ist und nicht etwa die reale Ernährungsweise von Seegetier, worauf immerhin das wenig später entstandene Nürnberger Emblem Nr. 12 (Abb. 9) unter Verweis auf Aristoteles noch anspielt. Zudem vollziehen wiederum die größeren Fische menschlich unmenschliche Handlungen. Im mittleren Hintergrund wird gehenkt, und zwar nach dem Motto:

> »Hier henght men de cleyne vissen zy aen zy,
> De groote die ontsuemment of men laetse vry.«[33]

Rechts daneben ist eine Rede des »coninck van de vis«, des Königs der Fische, wiedergegeben, der vor höfisch-politischem Ehrgeiz warnt, denn Ehrgeiz führe zu Macht und Macht zu Laster. Glücklich sei nur der Kleine.

Doch Hof- und Regentenkritik sind nur Teil einer weiter gefaßten und ständeübergreifenden Satire. Denn von dem geschilderten Treiben ist niemand ausgenommen, weder Groß noch Klein, Arm noch Reich, Stark noch Schwach, wie der Vierzeiler in der unteren Bildmitte bekundet:

> »Dewyl de groote vis de cleyne dus eet,
> Soo schynt het dat elck wil wreecken syn leet.
> Niet aen de groote die haer verslinden,
> Maer weer aen haer minder die sy swacker vinden.«[34]

Deutlich ist hier jener gleichsam naturgesetzliche, durch alle Stände wirksame Mechanismus des Fressens und Gefressenwerdens beschrieben, den ich gegenüber Bruegels Blatt zu erschließen versucht habe.

4

Während der von Jan Thiel verlegte Stich eine geradezu schwatzhafte Bildsprache führt, ergänzt die bei Joan Galle um 1640 erschienene Neuauflage der alten Platte (Abb. 15)[35] Bruegels Komposition nur um eine am oberen Bildrand über drei Kolumnen laufende, dreisprachige Inschrift – lateinisch, französisch, niederländisch –, deren lateinische Fassung zitiert sei:

> »OPPRESSIO PAVPERVM.
> Divites per potentiam
> Opprimunt vos.«

Dazu die Quellenangabe »Iacob. 2.6.«: Unterdrückung der Armen. Die Reichen unterdrücken euch mit Gewalt. Es handelt sich bei dem Nachsatz um ein wörtliches Zitat aus dem 2. Kapitel des Jacobusbriefes, Vers 6. Jacobus polemisiert in diesem 2. Kapitel gegen den Eigennutz der Reichen und mahnt dazu, gute Werke zu tun, denn der Glaube allein vermöge nicht selig zu machen (2, 17). Das 2. Kapitel des Jacobusbriefes war Grundlage der seit den Kirchenvätern vielfach diskutierten, durch Luther und Calvin entschieden abgelehnten Lehre von der Heilsnotwendigkeit der ›Guten Werke‹. Die katholische Tradition mündete in einen Beschluß des Tridentinischen Konzils (1545–63), mit dem die Leistung Guter Werke als Verdienst des Menschen und als Rechtfertigung vor Gott zum Dogma erhoben wurde.[36] ›Bona opera‹ gehören seither zum festen Bestandteil katholischer Ethik und Gnadenlehre.

Verlagsort und Entstehungszeit – um 1640 in Antwerpen, dem gegenreformatorischen Zentrum der südlichen Niederlande – lassen gegenüber dem von Galle

33 Hier hängt man die kleinen Fische Seit an Seit, Die großen entschwimmen, oder man läßt sie frei.
34 Weil die großen Fische die kleinen fressen, will ein jeder sein Leid rächen. Doch sie tun dies nicht an den großen, die sie verschlukken, sondern an den noch kleineren, die schwächer sind.
35 Muller (Anm. 26), Nr. 1364; Hollstein (Anm. 31), Bd. 3, Bosch Nr. 23 II; Lebeer (Anm. 4), Nr. 16 III; Harms (Anm. 31), Nr. II 136b. – Kat. 194 zeigt den Zustand der Platte vor den Inschriften.
36 Vgl. H. D. Denzinger, *Enchiridion symbolorum*, Freiburg (34) 1967, Nr. 842.

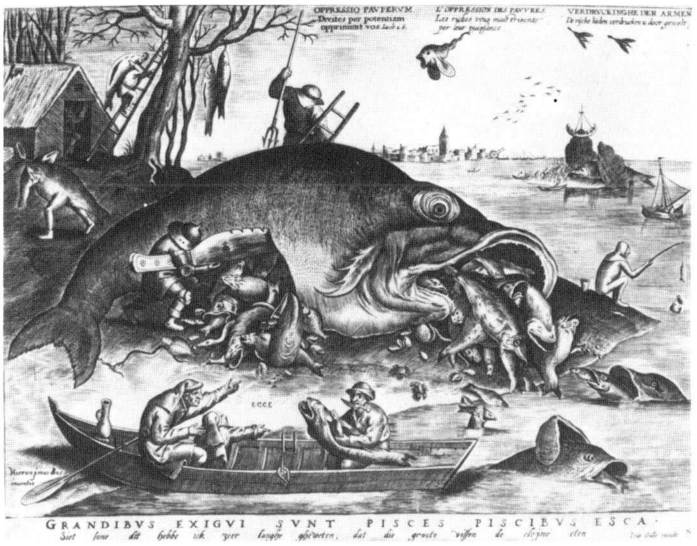

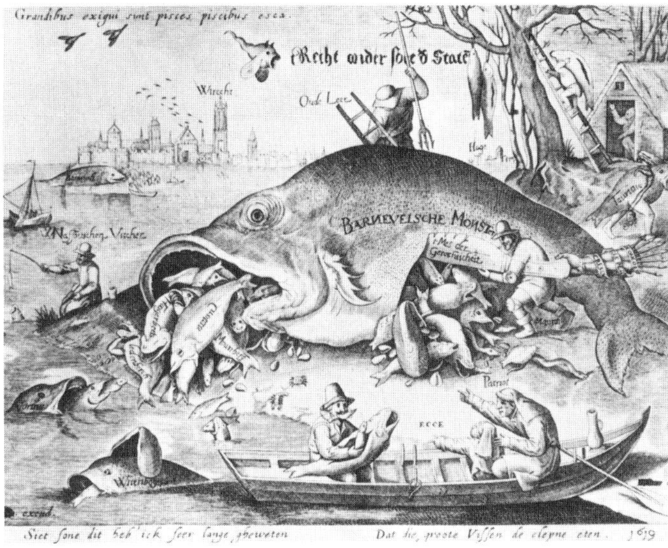

Abb. 15 Joan Galle, *Große Fische fressen kleine Fische,* um 1640

Abb. 16 Holländisch, *Spottblatt gegen Oldenbarnevelt,* 1619

herausgegebenen Stich an eine gegenreformatorische Allegorie der Werkgerechtigkeit denken. Ohne weitere Belege ist diese Auffassung jedoch nicht zwingend. Festzuhalten ist dagegen, daß ein und dieselbe Komposition, nämlich der Bruegel-Stich und die von Galle verlegte Kopie, durch ihre Inschriften unterschiedliche Deutungen erhalten haben. Dem Pragmatismus Bruegels, der ohne ausdrückliche Wertung menschliche Verhaltensweisen beschreibt, steht die biblisch begründete Auffassung gegenüber, Barmherzigkeit zu üben.

5

Eine weitere seitenverkehrte, ansonsten unveränderte Kopie des Bruegel-Stiches gab Hendrick Hondius zu Beginn des 17. Jahrhunderts in Den Haag heraus.[37] Hondius' Druckplatte wurde 1619 für eine neue Auflage verwandt und zu diesem Zweck überarbeitet (Abb. 16).[38] Die Überarbeitungen betreffen ausschließlich Tilgungen und Zufügungen von Inschriften. Getilgt durch dichte Schraffenlagen sind das Monogramm des Verlegers sowie der Name des Erfinders (Bosch). Das Blatt wird somit vollständig in die Anonymität gerückt. Hinzugefügt sind außer der Jahreszahl 1619 eine Reihe von Inschriften, die einzelne Personen und Gegenstände benennen.

Vor der Silhouette zweier Städte, bezeichnet als »Wtrecht« und »Hage« (Den Haag), ist ein riesiger Fisch, das »BARNEVELSCHE MONSTer«, gestrandet. Sein Leib wird von »Mauriti(us)« mit dem »Mes der Gerechticheit« aufgeschnitten, dessen Griff zusätzlich von einer großen Hand geführt wird, aus deren mit einem Spruchband umwickelten Armstumpf sieben Pfeile herausragen. Das Spruchband trägt die Devise »CONCORD(IA) RES PAR(VAE) CRESCV(NT)«. Ein zweiter Angreifer, mit Dreizack hinter dem Rücken des Fisches auf einer Leiter stehend, ist als »Oude Leer« (Alte Lehre) bezeichnet. Während der geöffnete Leib des Barnevelschen Monsters unbenannte kleinere Fische und Muscheln enthält, entquellen seinem Maul mit Namen bezeichnete Fische: »Grotius«, »Hoogerbeets«, »Ledenberch«, »Moursberg«. Links davor, im Wasser, die Fische »Vortius« und »Wttenbogaert«; im rechten Mittelgrund der menschenbeinige Fisch »Taurinius«, der einen Beutel »Vergift« (Gift) bei sich trägt. Am linken Ufer sitzt der »Nassousche Vischer«, darüber, vor der Kulisse Utrechts, ein weiterer gestrandeter Fisch namens »Barnevelt«. Auf das Geschehen weist, vorn im Boot, der als »Patriot« bezeichnete Alte. Was geht hier vor?

Der Schlüssel zum Verständnis der neuen Bedeutung, die Bruegels Komposition erhalten hat, liegt in den Inschriften begründet, zumal in der Angabe der Jahreszahl 1619 sowie dem doppelt genannten Namen Barnevelt.[39]

Johann van Oldenbarnevelt, das »Barnevelsche Monster«, wurde am 13. Mai 1619 auf dem Binnenhof in Den Haag enthauptet. Oldenbarnevelt, 1547 geboren,

37 Hollstein (Anm. 31), Bd. 3, Bosch Nr. 24 I; Lebeer (Anm. 4), S. 56; Harms (Anm. 31), Nr. II 136c (fälschlich als Hieronymus Hondius).

38 Bastelaer (Anm. 32), Nr. 140 II; Muller (Anm. 26), Nr. 1364 (vgl. auch 1363); Hollstein (Anm. 31), Bd. 3, Bosch Nr. 24 II; Lebeer (Anm. 4), S. 58; Harms (Anm. 31), Nr. II 136.

39 Die bei Harms (Anm. 31), Nr. II 136, gegebene Interpretation des Blattes ist zwar insgesamt zutreffend, erfaßt jedoch nur einige Aspekte und läßt die komplexe politische Situation in den Niederlanden als Voraussetzung der Benutzung von Bruegels Blatt außer Betracht. – Eine gekürzte Textfassung in *Illustrierte Flugblätter des Barock. Eine Auswahl,* Tübingen 1983, Nr. 40.

war seit 1586 als Ratspensionär der Provinz Holland der höchste Beamte der holländischen Landstände.[40] Seine politischen Bestrebungen zielten zum einen auf die Einheit der sieben nordniederländischen Provinzen unter der Führung eines starken Statthalters, und zwar Moritz von Oraniens, eben jenes Mauritius, der dem Barnevelschen Monster mit dem Messer der Gerechtigkeit den Leib aufschneidet und der als Nassauischer Fischer »Auff solche Fisch gibt fleissig acht / Daß sies Wasser nicht trueben mehr«, wie es in einer als Flugblatt vertriebenen deutschen *Außlegung dises Wallfischs* heißt.[41] Tatsächlich war Moritz von Oranien 1590 auf Betreiben Oldenbarnevelts der Oberbefehl über die Nordprovinzen verliehen worden. Das anfänglich gute Einvernehmen zwischen Statthalter und Ratspensionär wurde jedoch durch ihre gegensätzliche Auffassung über innen- und außenpolitische Notwendigkeiten gestört.[42] Während Moritz die militärische Annexion der südlichen, spanischen, Niederlande beabsichtigte, betrieb Oldenbarnevelt eine Politik des Ausgleichs und einer auf friedliches Zusammenleben gestützten nationalen Stärke. Die Gründung der Ostindischen Handelskompanie 1602 sowie der Waffenstillstand mit Spanien 1609, beides von Oldenbarnevelt vorangetrieben, war ursächlich für die Blüte der Nordprovinzen im 17. Jahrhundert.

Zum Streit über die den Nordprovinzen dienliche Außenpolitik kamen innere Konflikte.[43] Mit Schärfe wurden Auseinandersetzungen über kirchenpolitische und theologische Fragen geführt. Zwar war die reformierte Kirche keine Staatskirche, doch hielt sie besondere Privilegien. Vergeblich versuchte Oldenbarnevelt, gegen den Willen des Statthalters ein Toleranzedikt durchzusetzen.[44] Mehr noch: Er griff gemeinsam mit Johannes Uyttenbogaert, dem Hofprediger des Statthalters, und Hugo Grotius, dem Begründer des neuzeitlichen Völkerrechts, dogmatische Grundsätze der alten calvinistischen Lehre (der »Oude Leer«) an. In einer 1610 veröffentlichten Remonstratie, einem Bekenntnis, bestritten sie die Gültigkeit der calvinistischen Prädestinationslehre, der sie die Entscheidungsfreiheit des Menschen entgegenstellten.[45]

Was als theologischer Streit zwischen orthodoxen Calvinisten und der remonstrantischen Opposition erscheinen könnte, erschütterte jedoch die innere Stabilität der Nordprovinzen.[46] Die mit Förderung des Statthalters 1618 einberufene Dordrechter Synode verwarf am 6. Mai 1619 die Artikel der *Remonstratie* als Irrlehren. Gleichzeitig führte ein von den Generalstaaten eingesetzter Gerichtshof Prozeß gegen Oldenbarnevelt und seine Anhänger. Der aus Vertretern der sieben Nordprovinzen gebildete Gerichtshof wird im Bild durch die sieben Pfeile symbolisiert, die aus dem das Messer der Gerechtigkeit führenden Armstumpf herausragen. Das um ihn gewundene Spruchband enthält die Devise der Vereinigten Niederlande. Der Angriff auf das Barnevelsche Monster erfolgt also sowohl von Seiten der staatlichen als auch der kirchlichen Gewalt. Dies entspricht der Anklage gegen Oldenbarnevelt und seine remonstrantischen Freunde, die Wehrhaftigkeit sowie die politische und religiöse Harmonie der Nordprovinzen zerstört zu haben. Der Gerichtshof fand Oldenbarnevelt des Hochverrats für schuldig.[47] Seine prominenten und in den Stichinschriften genannten Parteigänger wurden, mit Ausnahme der zuvor verstorbenen Taurinus und Ledenberg, zu lebenslangem Kerker verurteilt, Oldenbarnevelt selbst am 13. Mai 1619 in Den Haag enthauptet.

Das nach Bruegels Erfindung kopierte Blatt gibt also Auskunft über das Ende Oldenbarnevelts und seiner wichtigsten Parteigänger, eingekleidet in das Thema des verendeten großen Fisches, der sich von kleinen ernährt hat. Die bereits erwähnte deutsche *Außlegung dises Wallfischs* fügt eingangs dem Fisch-Motiv eine Variante hinzu[48]:

»Die Gelehrten sagen/ daß kein Trach/
Kan werden/ hab dann vor vnd nach
Geschlungen viel der Schlaenglein ein/
Dann wachsen ihm die Fluegel fein/
Dann fangt er an zu herrschen recht
Vnter dem schnoeden Schlangen Geschlecht.«

Die hier vorgetragene Aussage der Gelehrten, daß der Drache (Oldenbarnevelt) sich von Schlangen (seine Anhänger) ernährt und durch sie stark und mächtig wird,

40 Zu Oldenbarnevelt vgl. ausführlich J. den Tex, *Oldenbarnevelt,* 4 Bde., Haarlem 1960–70.

41 Das Flugblatt ist abgebildet bei Harms (Anm. 31), S. 241. Es enthält in 139 Knittelversen eine Zusammenstellung der gegen Oldenbarnevelt und seine Anhänger erhobenen Vorwürfe sowie ein Lob der patriotischen Oranier.

42 Vgl. etwa die Aufstellung »Mauritis contra Oldenbarnevelt« bei den Tex (Anm. 40), Bd. 4, S. 122ff.

43 Hierzu zählt der Streit um die Utrechter Waardgelders, die in der *Außlegung* (vgl. Anm. 41) ausdrücklich erwähnt sind. Es handelt sich bei ihnen um dem Befehl des Statthalters entzogene Söldner im Dienste der Stadt Utrecht, deren Rekrutierung Oldenbarnevelt befürwortete (vgl. den Tex [Anm. 40], Bd. 4, S. 210ff.). Der Konflikt um die Waardgelders fand in einem verwandten Blatt gegen Oldenbarnevelt seinen Niederschlag: Unter dem Titel »Den groten visch van Hollandt« ist wiederum Oldenbarnevelt als großer Fisch zu sehen, der kleine frißt; die Utrechter Waardgelders scheidet er als Kot aus (Muller [Anm. 26], Nr. 1363).

44 Den Tex (Anm. 40), Bd. 3, S. 220ff., 402ff., 437ff.

45 Zu den wichtigsten Anhängern Oldenbarnevelts zählten ferner die auf dem Blatt genannten »Fische« Rombout Hoogerbeets, 1561–1625, Jurist und Politiker; Gilles van Ledenberg, um 1548–1618, Politiker; Bartholomäus van de Waal van Moersbergen, gest. 1625; Jacobus Taurinus, 1576–1618, Prediger; Conradus Vortius, 1569–1622, Theologe.

46 Vgl. den Tex (Anm. 40), Bd. 3, S. 157ff.

47 Zum Prozeß vgl. den Tex (Anm. 40), Bd. 4, S. 242ff., sowie H. J. Raupp, »Trucidata Innocentia. Die Verurteilung des Oldenbarnevelt bei Joost van den Vondel und Cornelis Saftleven«, H. Vekeman/J. Müller Hofstede (Anm. 6).

48 Vgl. Anm. 41.

49 Vgl. die Belege bei Henkel/Schöne (Anm. 9), Sp. 626.

50 Henkel/Schöne (Anm. 9), Sp. 625f.

51 Die *Außlegung* (Anm. 41) fährt unter Hinweis auf reales Geschehen an der holländischen Küste damit fort, den großen Fisch mit einem Wal zu vergleichen, »der mit Macht/ ist worden an das Landt gejacht« und dort zur Beute der patriotischen Fischer wurde. Zu Bild und Sinn des gestrandeten Wales/ Fisches vgl. oben S. 405ff.

52 Zur künstlerisch-didaktischen Umsetzung von Naturbeobachtung vgl. die anregende Studie von L. Dittrich, »Emblematische Weisheit und naturwissenschaftliche Realität«, *Die Sprache der Bilder,* Katalog der Ausstellung Herzog Anton Ulrich-Museum Braunschweig 1978, S. 21ff.

53 E. H. Gombrich, »Das Arsenal der Karikaturisten«, *Meditationen über ein Steckenpferd,* Frankfurt 1978, S. 242f. (suhrkamp taschenbuch wissenschaft 237). Erneut abgedruckt auf S. 384–401 dieses Kataloges.

54 Henkel/Schöne (Anm. 9), Sp. 1111f.

55 Henkel/Schöne (Anm. 9), Sp. 718.

56 *Neue Osnabrücker Zeitung* vom 31. 3. 1984; vgl. *Pressedienst Karikatur* 1984, Heft 15, S. 2.

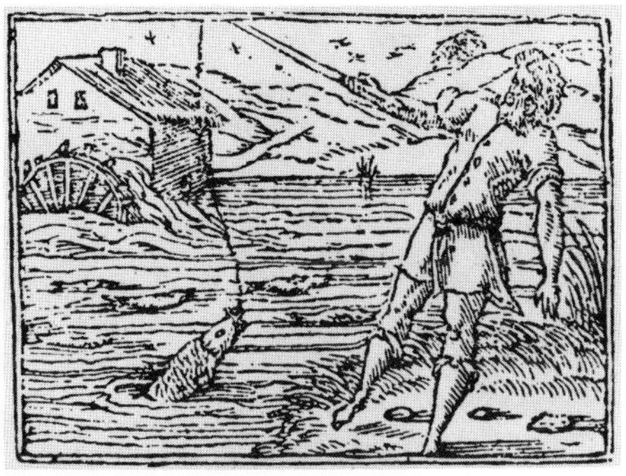

Abb. 17 Barptolomaeus Anulus, *Tödliche Gier,* aus ›Picta Poesis‹, 1552

ist wiederum der antiken Naturlehre entlehnt und kann etwa durch Erasmus von Rotterdams erstmals 1508 erschienener Sammlung von Sprichwörtern, *Adagiorum Chiliades tres,* ins 16. Jahrhundert vermittelt worden sein.[49] Camerarius und Covarrubia nutzten das Motiv in ihren Emblembüchern von 1604 bzw. 1610 sinngleich mit dem Bild der großen Fische, die die kleinen fressen, nämlich als Unterdrückung der Unschuldigen durch die Mächtigen sowie als Bereicherung auf Kosten anderer.[50] Der Sinn des Bildes scheint so doppelt bestätigt zu sein, doch variiert die *Außlegung* die traditionelle Deutung des Drachen-Motivs insofern, als sie die Gefressenen zum »schnoeden Schlangen Geschlecht« und somit zu einer verachtenswert bösen Gattung werden läßt. Nicht schuldlos Schwache entquellen dem Leib des Riesenfisches, sondern Mitschuldige an seiner Größe.[51]

Das anonyme Blatt ist zwar im bildlichen Bestand eine genaue Kopie des Bruegel-Stiches von 1557. Die zugefügten Inschriften engen jedoch die Aussage Bruegels, der eine für alle Zeiten und alle Stände gültige Lebenserfahrung mitteilt, auf eine einmalige historische Situation ein. Bei beibehaltener Komposition verändern die zugefügten Inschriften die Funktion des Werkes. Das Bildztitat wird zur satirischen Stellungnahme im Mensch-Tier-Vergleich, die Allegorie menschlichen Lebens zum tagespolitischen Kampfbild.

6

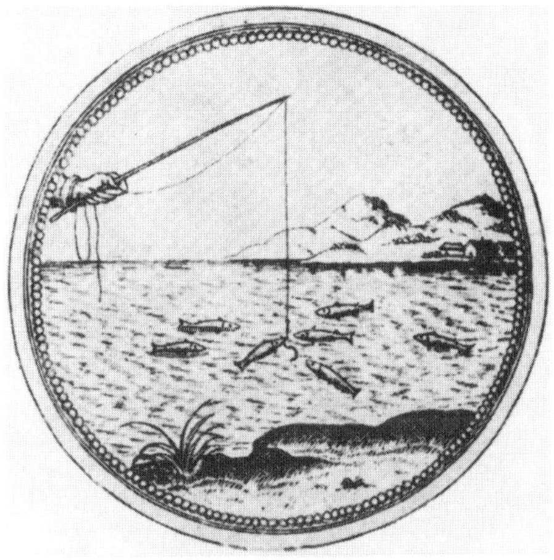

Abb. 18 Joachim Camerarius, *Gefangenschaft,* aus ›Symbolorum et Emblamatum IV‹, 1605

Bruegels Zeichnung mit den großen Fischen, die die kleinen fressen, sowie Pieter van der Heydens Nachstich haben nahezu ein Jahrhundert ein beliebtes und für unterschiedliche Zwecke genutztes Kompositionsmotiv abgegeben. Bei abgewandelter bildnerischer Gestaltung im Einzelnen konnte die aus Naturbeobachtung gewonnene Erkenntnis, daß größere Fische sich von kleineren ernähren,[52] in die Gegensatzpaare Groß und Klein, Stark und Schwach, Arm und Reich gefaßt und auf gesellschaftliche und politische Verhältnisse übertragen werden. Einschlägige Beispiele für diesen Vorgang bieten die eingangs vorgestellten Karikaturen Horst Haitzingers (Abb. 1, 2), in denen das antithetische Grundmuster Groß-Klein weitere Variationen erfahren hat und mit neuen Inhalten (Lohn-Preis- Verhältnis; politische Situation in Südostasien) unterlegt wurde. Gombrich nannte diese Kategorie satirischer Gestaltung, die ohne Kenntnis bildnerischer und literarischer Traditionen die künstlerische Registrierung und Klassifizierung der Umwelt erlaubt, »natürliche Metaphern«.[53] Als natürliche Metapher fand das einprägsame Bild von den großen Fischen, die die kleinen fressen, in der Bildsatire der letzten Jahre vielfach Anwendung, wobei sich drei ikonographische Typen unterscheiden lassen:

1. Der kleine Fisch an der Angel dient als Köder des großen;
2. Die Begegnung eines großen Fisches mit einem oder mehreren kleinen Artgenossen;
3. Die gleichförmige Reihung stetig an Größe abnehmender, jeweils den kleineren bedrohender Fische.

Für den ersten Typus bietet bereits der Bruegel-Stich ein Vorbild (Abb. 3). Dort sitzt rechts am Ende der ins Bild ragenden Landzunge ein Angler, der als Köder einen kleinen Fisch benutzt, nach dem ein großer schnappt. Abermals mag ein Emblem auf den Sinn des Motivs führen. Barptolomaeus Anulus veröffentlichte in seiner Emblemsammlung *Picta Poesis* 1552 das Bild eines Anglers, der einen Fisch am Haken hält (Abb. 17), dazu die Erklärung, daß der gierig heruntergeschlungene Köder zum Tode führe.[54] An seiner Gier also geht der größere Fisch zugrunde – wie auch der gestrandete Riesen(Wal)Fisch als Sinnbild selbstverschuldeten Unglücks gilt. Der Weise dagegen umgeht die listig gestellte Falle, wie der wiederholt zu Rate gezogene Camerarius zeigt (Abb. 18) und erläutert.[55]

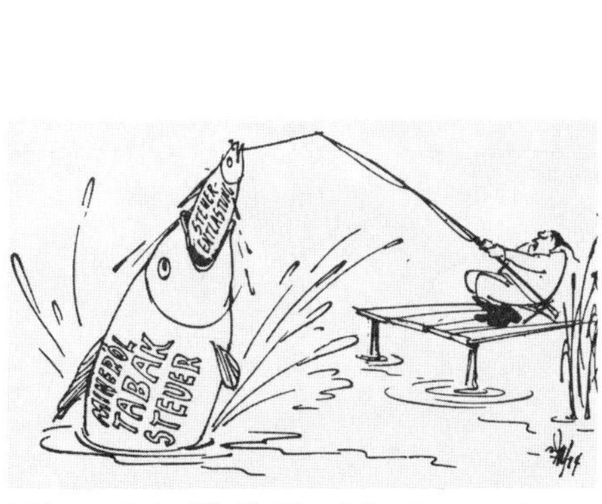

Abb. 19 Fritz Wolf, *Ein doller Fang,* 1984

Die heutigen Lösungen des Angler-Motivs scheinen weniger verwickelt; sie sind vor allem durch ihre Beischriften enträtselt. Wenn der zum deutschen Michel staffierte Angler auf Wolfs Karikatur (Abb. 19)[56] sich den kleinen Fisch »Steuererleichterung« einfängt, der sogleich vom großen Fisch »Steuererhöhung« gefressen wird, so ist die derzeit diskutierte Finanzierung einer geplanten Steuerreform sinnfällig kommentiert: Belastung statt Entlastung. Ebenso wird auf Haitzingers Zeichnung von 1971 (Abb. 1) der vom Angler soeben erhaschte kleine Lohnvorteil durch den größeren Preis aufgezehrt, *usw. usw.*, bis schließlich der Angler selbst zum Opfer tarif- und preispolitischer Gefräßigkeit wird.[57]

Auch der zweite Typus ist emblematisch vorbereitet. Die Bildidee z.B. von Gabor Benedeks Zeichnung (Abb. 20)[58] stimmt grundsätzlich mit den Fisch-Emblemata bei Covarrubia und in Nürnberg überein (Abb. 8, 9): Kleine Fische schwimmen in das weit geöffnete Maul eines großen Fisches. Geändert jedoch ist die Auslegung. Benedek verbildlicht statt der allgemeingültigen und zeitlosen Erfahrung, daß Groß Klein unterdrückt, die Reaktionen auf ein bestimmtes Ereignis, nämlich auf den Abschuß eines südkoreanischen Passagierflugzeuges durch die sowjetische Luftwaffe: Übermächtig die Angst, vor der Vergeltungswünsche, Empörung und Trauer nur noch ›kleine Fische‹ sind.

Kleine Fische aber können relativ groß sein. Basilios Mitropoulos zeichnete 1975 einen Fisch, der mit weit geöffnetem und scharfzahnigem Maul freßbereit hinter einem mächtigen Hai herjagt (Abb. 21).[59] Der Hai wiederum ist nach dem Formprinzip der Arcimboldeske (vgl. Kat. 126), aus einer Vielzahl kleiner Fische gebildet. Vielleicht meint er das Abbild einer aus zahlreichen Individuen gefügten Gesellschaft, deren Ordnung durch zwar kleine, aber aggressive Außenseiter gestört werden kann. Doch der aus vielen schwachen Individuen gefügte große Fisch zieht ruhig und ungestört seine Bahn, als verbildliche er die Devise: Eintracht macht stark. Dieser Gedanke jedenfalls liegt einem Bilderbuch Leo Lionnis zugrunde.[60] Dessen Titelheld, ein Fischlein namens Swimmy, erlebt, daß seine ungeordnet das Wasser durchziehenden Artgenossen von großen Fischen gefressen werden (Abb. 22). Zur Abwehr formiert er den Schwarm kleiner Fische zu einem Riesenfisch aus Fischen, vor dem selbst die Größten Reißaus nehmen (Abb. 23).

Der gleiche Gedanke, nun aber ins aktuell Politische gewandt und auf die Lage in Nicaragua bezogen, ist auf einem Flugblatt vom August 1983 derb wiederholt[61]: Ein großer Fisch, durch Zylinder mit Sternenbanner als ›Uncle Sam‹ und damit sinnbildlich als Regierung der Vereinigten Staaten ausgewiesen, will die kleinen nicaraguanischen Fische fressen (Abb. 24), die sich jedoch zu einem noch größeren Fisch zusammenfinden und ›Uncle Sam‹ in die Flucht schlagen (Abb. 25).

Fische mit Hut gehören zweifellos zu den Seltenheiten. Deshalb sei an den Beginn der Beispiele vom dritten Typ – der gleichförmigen Reihung – eine Zeichnung Edmondo Bigantis von 1975 gestellt, auf der gleich fünf Exemplare dieser raren Spezies zu finden sind (Abb. 26).[62] Außer durch ihre Kopfbedeckungen sind die in gleichmäßiger Reihung hintereinander schwimmenden Fische durch ihre von links nach rechts kontinuierlich abnehmende Größe voneinander unterschieden. Hier ist zu bedenken, daß Kopfbedeckungen in der Karikatur oftmals im Sinne typisierender Standesabzeichen begegnen. So bezeichnen Zylinder und Melone vielfach Vertreter des Großkapitals, der Herrenhut meint das Bürgertum, die Mütze die Arbeiterschaft. Trotz dieser gleichsam klassenspezifischen Merk-

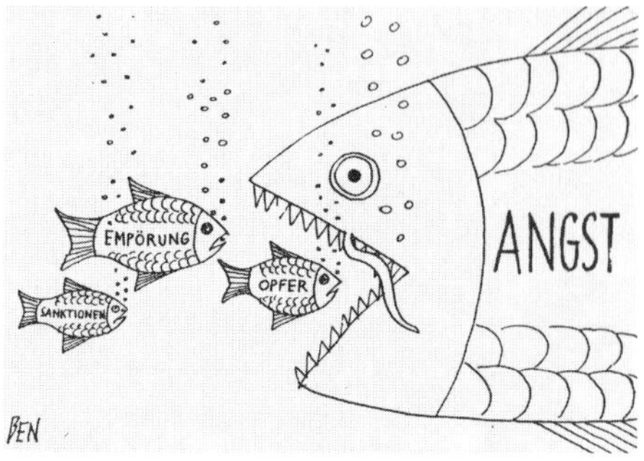

Abb. 20 Gabor Benedek, *Prioritäten*, 1983

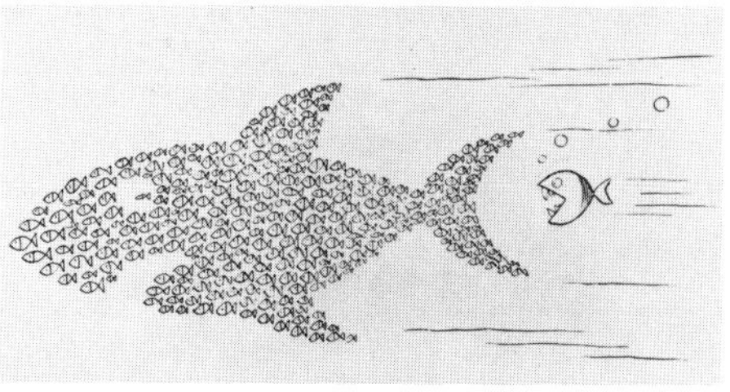

Abb. 21 Basilios Mitropoulos, *Kleiner Fisch frißt großen*, 1975

57 In einer strengen Typenlehre einander fressender Fische wäre Haitzingers Zeichnung als Mischform von Typ I (Angel) und Typ II (gleichförmige Reihung) anzusehen.
58 *Süddeutsche Zeitung* vom 6. 9. 1983; vgl. *Pressedienst Karikatur* 1983, Heft 37, S. 13.
59 Zu Mitropoulos vgl. *Cartoon 75*, Katalog der Ausstellung Berlin 1975.
60 Leo Lionni, *Swimmy*, Köln (21) 1982.
61 *Herbstmanöver Extra. Aktionsinfo gegen die Raketenstationierung*, verteilt in Göttingen August 1983.
62 Zu Biganti vgl. *Cartoon 77*, Katalog der Ausstellung Berlin 1977.
63 *Frankfurter Rundschau* vom 5. 4. 1984; vgl. *Pressedienst Karikatur* 1984, Heft 15, S. 15.
64 *ötv-magazin* 1978, Heft 8, äußere Umschlagseiten.
65 Ebenda, S. 3.

Abb. 22 und 23 Leo Lionni, *Swimmy*, 1963

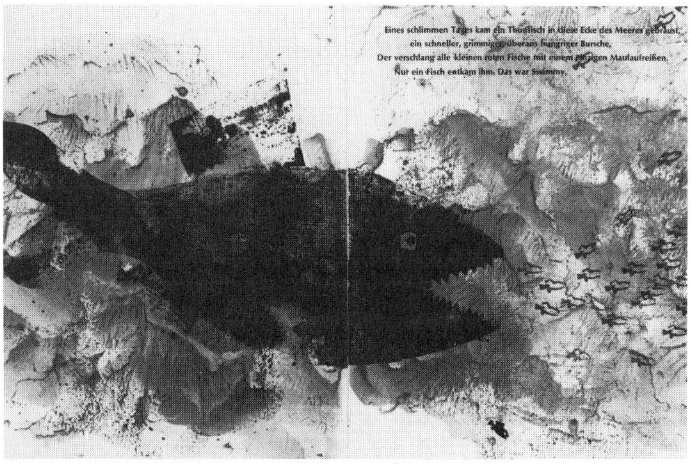

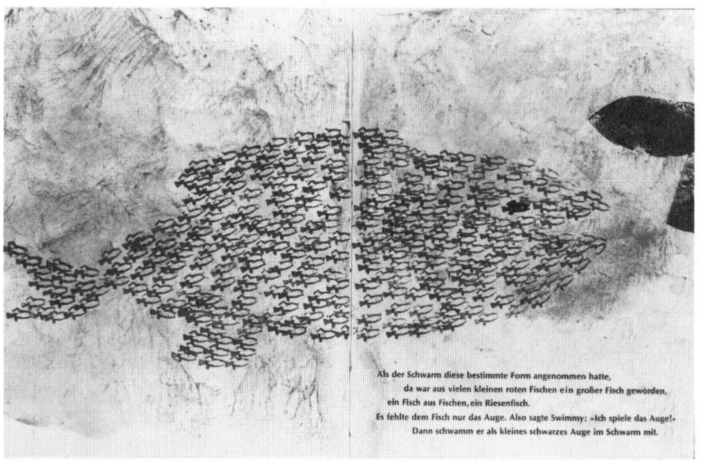

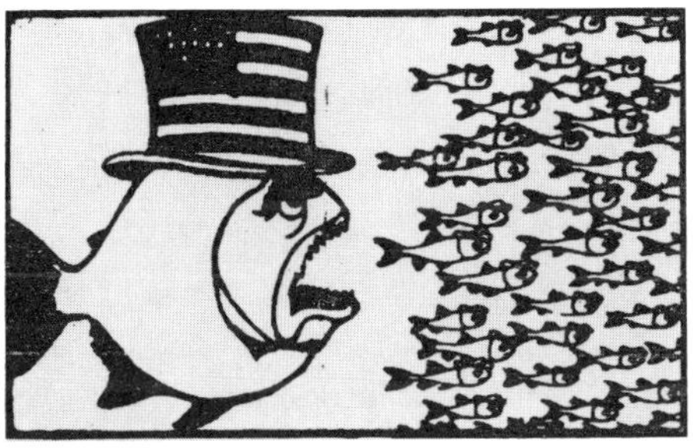

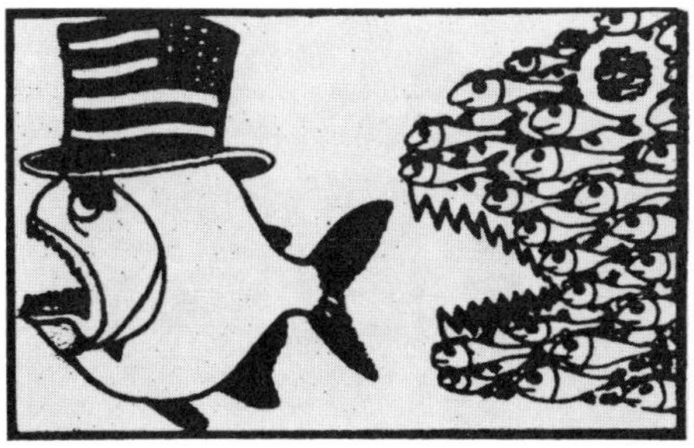

Abb. 24 und 25 *Nicaragua-Flugblatt* (Details), Göttingen 1983

male der fressenden Fische gibt Biganti keineswegs eine satirische Denunziation bestimmter gesellschaftlicher Gruppen. Er verbildlicht vielmehr eine Erkenntnis in Bruegelschem Sinne: Jeder Stärkere zieht seinen Nutzen aus dem Schwächeren, und es bedarf schon des Zustandes der Heiligkeit, sich diesem wie naturgesetzlich ablaufenden, universellen Vorgang zu entziehen.

Doch nicht nur die vermittelte Erkenntnis, auch das Formprinzip der Reihung gefräßiger Fische ist in Bruegelschem Sinne erfunden (Abb. 27), wenn auch zeichnerisch stilisiert. Gleiches gilt für die weiteren Beispiele dieses Typs, aus denen neben Haitzingers Zeichnungen (Abb. 1, 2) noch Mussils *Killersatelliten* (Abb. 28)[63] und ein Zeitschriftenumschlag Kurt Heinemanns (Abb. 29)[64] vorgestellt seien. Gemeinsam ist allen Darstellungen einschließlich derjenigen Bruegels, daß die Körper der jeweils größten Fische zu Teilen im Verborgenen liegen, überschnitten von der Wasseroberfläche oder vom Bildrand. Es bleibt unklar, was mit ihnen geschieht. Der Betrachter mag das seriell angelegte Geschehen ›Größer frißt Kleiner‹ daher über beliebig viele Stationen fortdenken.

Nähere Aufmerksamkeit verlangen die von Kurt Heinemann entworfenen äußeren Umschlagseiten des *ötv-magazin* vom August 1978. Hier ist die Sechserserie einander verschlingender Fische, deren Körper aus Magnetbändern gebildet sind, in einen größeren Textzusammenhang gestellt. Das Umschlagbild, die Schlagzeile des Titelblattes (»Konzentration in der Wirtschaft: die Großen werden immer größer, weil sie die Kleinen fressen«) sowie der Kommentar im Innern des Heftes bilden eine inhaltliche Einheit: »Die Großen werden immer größer. Mit ungezügeltem Appetit verspeisen sie die Kleinen. Den größten Hunger unter den ganz Großen hatte im vergangenen Jahr der Versorgungsriese Rheinisch-Westfälisches Elektrizitätswerk AG (RWE). Der Hecht, in dessen Gewässern kaum noch Karpfen gedeihen, geschweige denn kleine Fische, beteiligte sich am Erwerb von 42 Unternehmen. Fusion heißt diese Gefräßigkeit in der Terminologie des Bundeskartellamtes.«[65] Für sich betrachtet, hat Heinemanns Bild gefräßiger Fische keine über den Augenschein – Groß frißt Klein – hinausgehende spezifische Bedeutung. Wie dargelegt, wurde das Motiv für mancherlei Aussagen benutzt. Erst die hinzutretende Schlagzeile ordnet dem Bild einen genaueren Sinn zu: Die Gefräßigkeit der Fische entspricht wirtschaftlicher Konzentration. Diesem allgemeinen Bildsinn fügt der zugehörige Kommentar die besondere Auslegung hinzu und verstärkt zudem das Bild der gefräßigen Großen durch die dem gleichen Motivkreis entnommene sprichwörtlich-metaphorische Wendung vom räuberischen Hecht im friedlichen Karpfenteich. Schlagzeile und Kommentar sind mithin für das Verständnis des Bildes unentbehrlich, das seinerseits den Vorgang wirtschaftlicher Fusion durch das Fischfressen anschaulich werden läßt.

Bild, Schlagzeile und Kommentar bedingen einander und legen sich gegenseitig aus. Die gleiche einander bedingende und erläuternde Dreiheit von Bild (pictura), Schlagzeile (inscriptio) und Kommentar (subscriptio) zeichnet auch den emblema-

Abb. 26 Edmondo Biganti, *Große Fische fressen kleine Fische,* 1975

Abb. 27 Pieter Bruegel d. Ä., *Große Fische fressen kleine Fische* (Detail), 1556/57

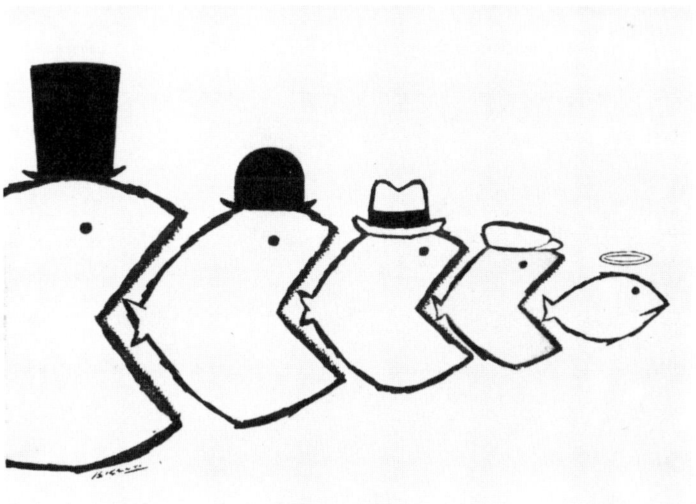

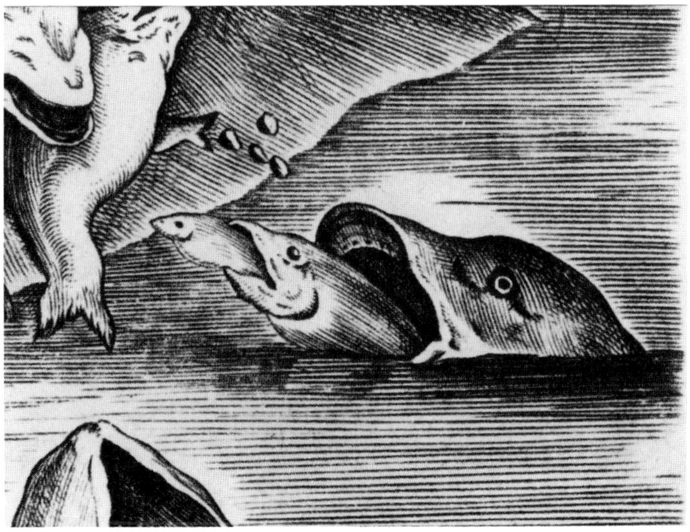

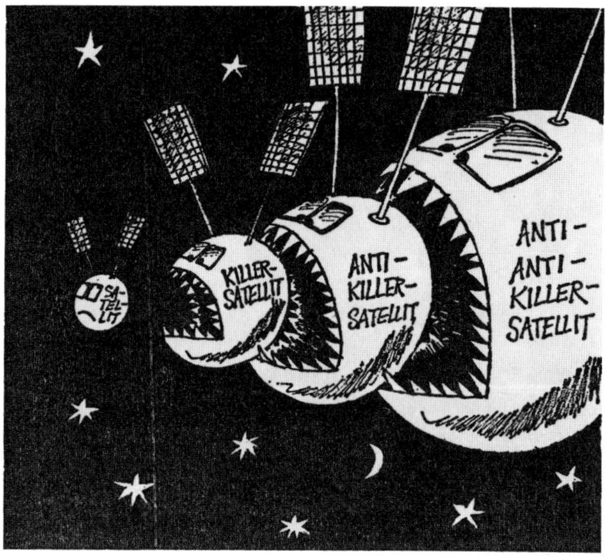

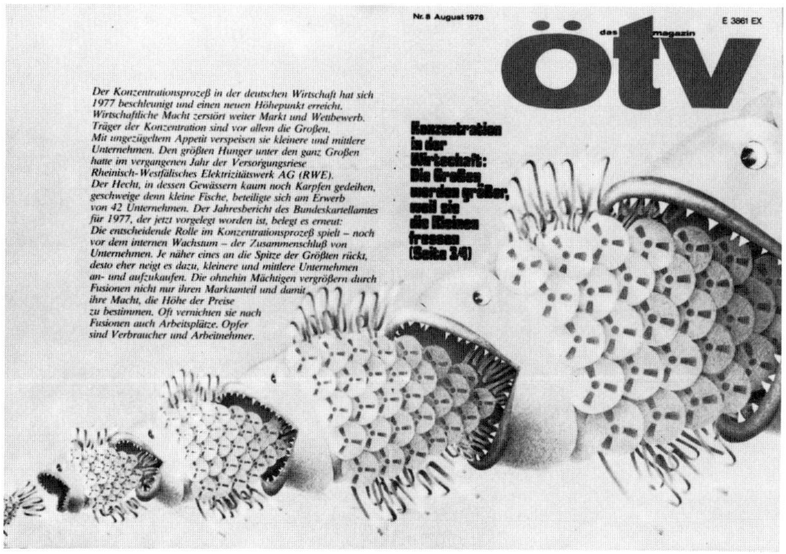

Abb. 28 Felix Mussil, *Killersatelliten*, 1984

Abb. 29 Kurt Heinemann, Umschlag des *ötv-magazin* 8/1978

tischen Bild-Text-Verbund aus, für den das oben besprochene Nürnberger Emblem Nr. 12 (Abb. 9) beispielhaft genannt sei. Heinemann ordnet also das alte Motiv mit neuem Inhalt in eine ausgeprägte emblematische Struktur.

7

Der Fischzug durch die Geschichte eines satirischen Motivs erbringt als Beute die Erkenntnis, daß Bruegels Komposition sowie lehrhafte Emblembilder die heutigen Lösungen des Themas ›Große Fische fressen kleine Fische‹ vorweggenommen haben. Ohne daß ein bewußter Rückgriff auf Vorläufer des 16. und 17. Jahrhunderts zu erweisen wäre, so belegen doch die neueren Beispiele ein Prinzip satirischer Gestaltung, nämlich die Kritik an neuen Sachverhalten in herkömmlichen, den Sehgewohnheiten oder Erfahrungsbereichen des Betrachters vertrauten Erzählmustern zu vermitteln.

Kurt Koszyk

Deutsche Karikatur im Vormärz und in der Märzrevolution 1848/49

I

Die Karikatur im 19. Jahrhundert ist ein Kind der Lithographie. Die neue raschere Reproduktionstechnik, die den Kupferstich ablöste, ermöglichte es der gezeichneten Satire, wie Walter Benjamin schreibt[1], »den Alltag illustrativ zu begleiten«, d. h. auch, aktuell zu kommentieren. Sie war ein neues Mittel des öffentlichen Räsonnements. Es ist müßig, in diesem Zusammenhang der Frage nachzugehen, ob der Münchner Dechant Simon Schmid (1760–1840) oder der aus Prag stammende Bühnenautor Alois Senefelder (1771–1834), der früh nach München gekommen war, den Steindruck erfunden hat. Tatsächlich gab es Vorläufer des Verfahrens schon im 16. Jahrhundert. Aber wie immer gebührt jenem der Ruhm, der eine Technik vervollkommnet und ihr zum Durchbruch verhilft. Das war Senefelder, der sich seit 1796 auf die Vervielfältigung von Texten und Noten konzentrierte, während Schmid in seinem bescheideneren Werk vornehmlich Abbildungen hinterließ.[2]

Der Steindruck diente auch der Reproduktion künstlerischer Zeichnungen und Gemälde oder der Illustration von Lehrwerken zur schulischen Unterweisung. Senefelder hat 1808 erstmals Zeichnungen von Dürer mit großem Erfolg lithographisch nachgedruckt und damit den Weg zu wohlfeiler Massenverbreitung von Kunst gewiesen. Dies ist um so mehr hervorzuheben, als viele der fürstlichen Sammlungen seit 1789 nur langsam öffentlich zugänglich wurden und das Reisen damals kostspielig und beschwerlich war.[3]

Kronprinz Ludwig von Bayern (1786–1868), der 1848 als bayerischer König nicht zuletzt wegen der Karikaturen über seine Beziehungen zu Lola Montez stürzte, schrieb 1808 nichtsahnend und begeistert: »Die Erfindung der chemischen Druckerei bringt dem Jahrhundert Ehre, in dem sie erstand.« Ihm wurde das gleiche Schicksal zuteil wie Napoleon I., der 1802 begann, die Lithographie aus Deutschland nach Paris einzuführen, wo sie seit 1812 ein wichtiges Mittel zur Herstellung antinapoleonischer Karikaturen sein sollte.[4]

Wann und wie geschah nun der Übergang von der bloßen Wiedergabe klassischer Kunstwerke und vom lithographierten Porträt zu der originären Kunstform der »frechen« Karikaturen, »denen die nachträglichen Verbote nichts mehr anhaben konnten«, wie Heinrich von Treitschke konstatiert?[5] Das Verdienst, die neue graphische Technik zu »lebendigen volkstümlichen Darstellungen« gebraucht zu haben, gebührt dem Wiener Lithographen Josef Lanzedelly d. Ä. (1774–1832), der seit 1818 *Wiener Szenen* mit »köstlichen Karikaturen« und *Wiener Tagesbegebenheiten* (1825) ganz im biedermeierlichen Geiste erscheinen ließ.[6]

Es gab im späten 18. Jahrhundert Vorläufer, die sich allerdings noch des Kupferstichs und der Radierung bedienten. Erinnert sei an den Göttinger Universitätskupferstecher Ernst Ludwig Riepenhausen (1765–1840), der seit 1789 die Karikaturen von William Hogarth (1697–1764) für den Göttinger Almanach kopierte und dem Lichtenberg 1794/99 seine berühmten Erklärungen lieferte. Der Radierer Daniel Nikolaus Chodowiecki (1726–1801) und sein Nachfolger als guter Illustrator mit Sinn für Satire und Humor, Johann Heinrich Ramberg (1763–1840), sind hier ebenso zu erwähnen wie Johann Michael Voltz (1748–1858), der 1819/20 recht ›ausgewogen‹ erst den Adel als eselhaften *Anti-Zeitgeist* und dann den *Zeitgeist* als revolutionär-terroristisch denunzierte (Abb. 1). Sie orientierten sich stilistisch an englischen Vorbildern, so an Thomas

1 Walter Benjamin, *Das Kunstwerk im Zeitalter seiner technischen Reproduzierbarkeit*, Frankfurt a.M. 1966, S. 10. Der Text erschien ursprünglich in einer französischen Übersetzung in der *Zeitschrift für Sozialforschung*, Paris, 5. Jg., 1936. Man vgl. auch Jürgen Habermas, *Strukturwandel der Öffentlichkeit*, Neuwied 1962 u.ö.

2 Wilhelm Weber, *Saxa loquuntur*, Heidelberg 1961, S. 24ff. Vgl. auch *Alois Senefelder, ein Druckpionier*, Raubling 1971. Weber erwähnt als Dritten im Bunde Hermann Joseph Mitterer und sein lithographisches Institut bei der polytechnischen Central-Feiertagsschule in München. Vgl. auch Elke Hielscher, *Der Bilderbogen im 19. Jahrhundert*, München 1977, S. 34f.

3 Weber 1961 (wie Anm. 2), S. 32f., weist darauf hin, daß 1803 ein »Zeichnungsbuch für Zöglinge der Kunst« Stiche nach Raffael-Bildern als Vorlageblätter enthielt. Vgl. auch Richard Friedenthal, *Karl Marx*, München 1983 (S. 144 und 282), der erwähnt, daß Raffael, »von der Romantik zum Abgott erklärt«, dementsprechend von Marx in der *Deutschen Ideologie* (1845) unter Bezugnahme auf Max Stirner als Beispiel gewählt wird. Vielfach haben Maler, etwa Géricault (Weber, S. 69), die Lithographie als eine Art sozialer Reportage eingesetzt – mit beträchtlichem geschäftlichen Erfolg.

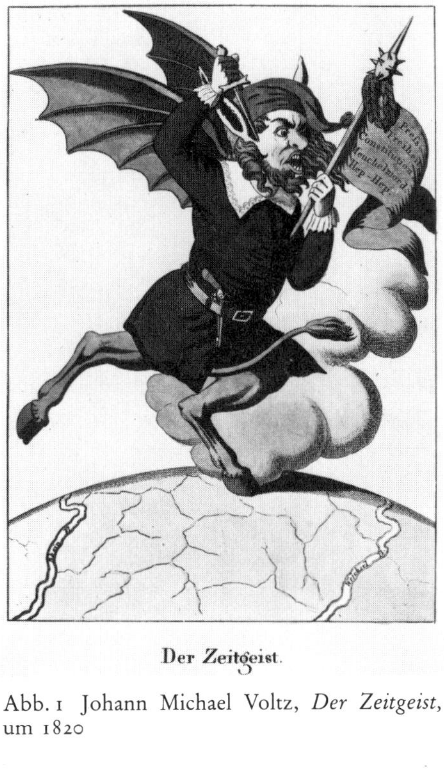

Abb. 1 Johann Michael Voltz, *Der Zeitgeist*, um 1820

Rowlandson (1756–1827).[7] Die künstlerischen Möglichkeiten der Karikatur ließen in dieser Epoche die satirischen Skizzen von Johann Gottfried Schadow (1764–1850) ahnen.[8]

Natürlich verblaßt die deutsche Karikatur zunächst vor dem gewaltigen Œuvre Honoré Daumiers (1808–1879), des Glaserssohns aus Marseille, der als 14jähriger seine ersten Lithographien veröffentlichte.[9] In Deutschland mit seinen fast 40 Territorien wütete die Zensur, und zwar nicht erst seit den Karlsbader Beschlüssen der deutschen Bundesstaaten vom 20. September 1819. Das Pressegesetz von 1819 machte die Zensur für alle Schriften verbindlich, die nicht über 20 Bogen im Druck stark waren. Sie galt also nicht zuletzt für Karikaturen[10], deren Verbreitung besonders schwer zu kontrollieren war, wenn der Hersteller, wie es oft geschah, gegen die Impressumspflicht verstieß.

Als das Pressegesetz am 16. August 1824 auf unbestimmte Zeit verlängert wurde, wegen der »unermüdeten Tätigkeit der demagogischen Friedensstörer«, klang das wie ein Eingeständnis, daß die Zensur versagt hatte. Die französische Julirevolution von 1830 mit ihren gravierenden Folgen für einige deutsche Territorien[11], wie Braunschweig, Hessen, Sachsen, Bayern und Hannover, scheint so etwas wie einen neuen Boom unerwünschter Drucke ausgelöst zu haben. Jedenfalls forderte der Deutsche Bund am 21. Oktober 1830 die Zensoren zur Strenge auf. Am 10. November 1831 gab es einen wiederholten Bundesbeschluß zur Zensur, die nach weiteren Ermahnungen im Mai und Juni 1832 am 29. November desselben Jahres ausdrücklich auf lithographierte Schriften ausgedehnt wurde.

2

Einen bedeutenden Anteil an der Entwicklung der Karikatur in Deutschland hatten die lithographischen Anstalten, die durchweg eigene Zeichner beschäftigten. Charakteristisch dafür war das 1815 von Heinrich und Joseph Arnz mit dem Lithographen Johann Christian Winckelmann in Düsseldorf gegründete Unternehmen, in dem seit 1822 der junge Brandenburger Theodor Hosemann (1807–1875), Schüler der Düsseldorfer Kunstakademie, als jüngster Zeichner für 200 Thaler Jahresgehalt arbeitete.[12] 1828 ging Hosemann nach Berlin, wo sich inzwischen Winckelmann als Lithograph selbständig gemacht hatte, der dem 21jährigen 400 Thaler bieten konnte. Wenn auch die Masse der nicht merkantilen, künstlerischen Produktion auf die (bei Arnz fast 250) Bilderbogen sowie illustrierte Kinder- und Jugendbücher entfiel, so können die leider relativ wenigen heute noch nachweisbaren humoristisch-satirischen Genrezeichnungen doch als wichtige Vorstufe der politischen Karikatur gelten. Nicht zufällig ist es ein Franzose gewesen, John Grand-Carteret, dem wir die früheste Studie zur deutschen Karikatur verdanken. Auf seinem Werk fußen Georg Hermann und vor allem Eduard Fuchs, die offenbar unabhängig voneinander 1901 im Gewicht sehr unterschiedliche Arbeiten zur Karikatur veröffentlichten.[13] Beide betrachten die politische Satire aus der Perspektive der Märzrevolution von 1848 und des ihr unmittelbar vorausgehenden Jahrzehnts. So entsteht der Eindruck, als sei die deutsche Karikatur erst nach 1840 oder gar erst in der Revolution zum Durchbruch gekommen.

Aber wie stets hat sich auch in diesem Falle die politische Publizistik das Medium gewählt, das ihr unter den herrschenden Verhältnissen zugänglich war. Die Kritik am Spießbürgertum des Biedermeier und damit an der sich mit dem Spätfeudalismus arrangierenden Gesellschaft geschah dabei in der unter der Zensur jeweils noch erlaubten Form. Die Grenzen wurden also offenbar nicht durch künstlerische Mängel oder fehlendes Bewußtsein gesetzt, wie die wenigen von Fuchs und Grand-Carteret abgebildeten Beispiele belegen.[14] Vielfach wich selbst die konservative Kritik in Tierkarikaturen aus; so eine Illustration zu der 1823 von einem Dr. von Wagemann in Ulm herausgebrachten Schrift *Die konstitutionelle Monarchie der Thiere.* 1824 wurde im selben Verlag (Ebner) anonym als Antwort *Der Esel an den frevelhaften Verfasser der Schrift: Die konstitutionelle Monarchie der Thiere* veröffentlicht. Ihr Motto ist verräterisch genug:

4 John Grand-Carteret, *Napoleon I. in der Caricatur,* Leipzig 1899, S. 87ff., gibt einige recht hölzerne deutsche Beispiele wieder. Weber 1961 (wie Anm. 2), S. 49 und 53f.

5 Heinrich von Treitschke, *Deutsche Geschichte im Neunzehnten Jahrhundert,* Leipzig 1927 (1894), 5. Teil, S. 194.

6 Weber 1961 (wie Anm. 2), S. 8 (Abb.) und 47.

7 Vgl. John Grand-Carteret, *Les Mœurs et la Caricature en Allemagne, en Autriche, en Suisse,* Paris 1885, S. 95-144. – Eduard Fuchs, *Die Karikatur der europäischen Völker,* 2 Bde., 1901–1903. Zu Voltz, ebda, 1. Bd., S. 240ff.

8 Grand-Carteret 1885 (wie Anm. 7), S. 69, und Georg Hermann, *Die deutsche Karikatur im 19. Jahrhundert,* Bielefeld 1901, S. 14f. und 27f. Einige Biographien bei Hermann Leopold Köster, *Geschichte der deutschen Jugendliteratur,* München-Pullach 1972 (1. Aufl. 1906), S. 16ff.

9 Juerg Albrecht, *Honoré Daumier mit Selbstzeugnissen und Bilddokumenten,* Reinbek 1984, S. 14f. Vgl. die abweichende Darstellung bei Weber 1961 (wie Anm. 2), S. 79. Weber vernachlässigt die deutsche Karikatur der ersten Hälfte des 19. Jahrhunderts völlig.

10 Vgl. K. Koszyk, *Deutsche Presse im 19. Jahrhundert,* Berlin 1966, S. 54ff. Vgl. auch Hielscher 1977 (wie Anm. 2), S. 190ff.

11 Koszyk 1966 (wie Anm. 10), S. 66ff. Treitschke 1927 (wie Anm. 5), 4. Teil, S. 110ff. Vgl. zwei Beispiele bei Eduard Fuchs I (wie Anm. 7), S. 390 und 392.

12 Elsbet Colmi, »Glanz und Elend einer Lithographischen Anstalt. Arnz & Comp. Düsseldorf 1815–1858«, *Bibliothekarische Nebenstunden,* Düsseldorf 1964, S. 57. Hosemanns Vater hatte als preußischer Offizier bis 1820 nur etwa 17 Thaler monatlich verdient.

13 Vgl. Anm. 7. Vgl. auch Walter Benjamin, »Eduard Fuchs, der Sammler und der Historiker«, (wie Anm. 1), S. 67-107. Auch das Stichwort »Karikatur« im *Handbuch der Zeitungswissenschaft* (Leipzig 1941, Sp. 2223-2302) wird der Karikatur im Vormärz nicht gerecht. (Sp. 2230 und 2254).

14 Vgl. auch Georg Piltz, *Geschichte der europäischen Karikatur,* Berlin (DDR) 1976, S. 156f.

Quilibet est censor, qui publica scripta recenset,
Iam[15] nunc (nil mirum est) censor asellus erit.

Die von Wagemann beigefügte Karikatur zeigt Tiere, darunter Löwen und Esel, um einen Tisch, auf diesem einen Band mit der Aufschrift »Constitution« und auf einem kleinen Ständer eine Narrenkappe. Es fällt dem heutigen Betrachter zunächst schwer zu entscheiden, wer sich von der Zeichnung getroffen fühlen sollte. In Verbindung mit dem Motto Wagemanns bekommt alles aber doch eine deutliche Tendenz gegen den Konstitutionalismus:

Unus sceptra gerat, Regnum florebit in uno,
Non est in multis invenienda salus.

Dies wiederum geißelt der Anonymus als eine Eselei (Abb. 2). Ihm fehlt leider die seinem Text gemäße Karikatur. So bleibt die Auseinandersetzung bei allem Witz akademisch wie das in bester Tradition zeichnerisch perfekte Blatt zu Wagemanns Schrift. Der Karikaturist ist an den klassischen Vorbildern geschult. An sich nicht karikierte Gegenstände erhalten erst durch ihre Zuordnung und die Gruppierung um den Band der Verfassung mit der Narrenkappe satirische Bedeutung.

Es gab aber bereits Ende der zwanziger Jahre Zeichner, denen der karikierende Strich durchaus zu Gebote stand, so etwa Theodor Hosemann in der volkstümlichen Folge *Berliner Witze und Anekdoten* (1828/29). Einen kongenialen Autor traf Hosemann 1834 in dem um drei Jahre jüngeren Berliner Volksschriftsteller Adolf Glaßbrenner (1810–1876). Beide dürfen als früheste Überlieferer des vielgerühmten Berliner Humors gelten, obwohl sie vermutlich von dem 1823 aus Livland in die preußische Hauptstadt gekommenen Franz Burchard Dörbeck (1799–1835) gelernt hatten[16], von dem auch der junge Breslauer Adolph von Menzel (1815–1905) angeregt wurde. Die aktuellen Periodika lieferte in Berlin der aus Ungarn stammende Moritz Gottlieb Saphir (1795–1858) 1826–29 mit der *Berliner Schnellpost*, dem *Berliner Courier* und dem *Berliner Theateralmanach auf das Jahr 1828*. Für seinen bissigen Spott mußte er in der Festungshaft büßen, bevor er Preußen verließ. Saphirs Stil führte Eduard Maria Öttinger mit dem *Berliner Eulenspiegel* fort, für den Glaßbrenner als Adolf Brennglas zwei Jahre lang schrieb bis zum Verbot der Zeitschrift Ende September 1831. Öttinger konnte danach kurze Zeit in Frankfurt am Main *Das schwarze Gespenst* herausbringen – ohne Karikaturen, versteht sich.

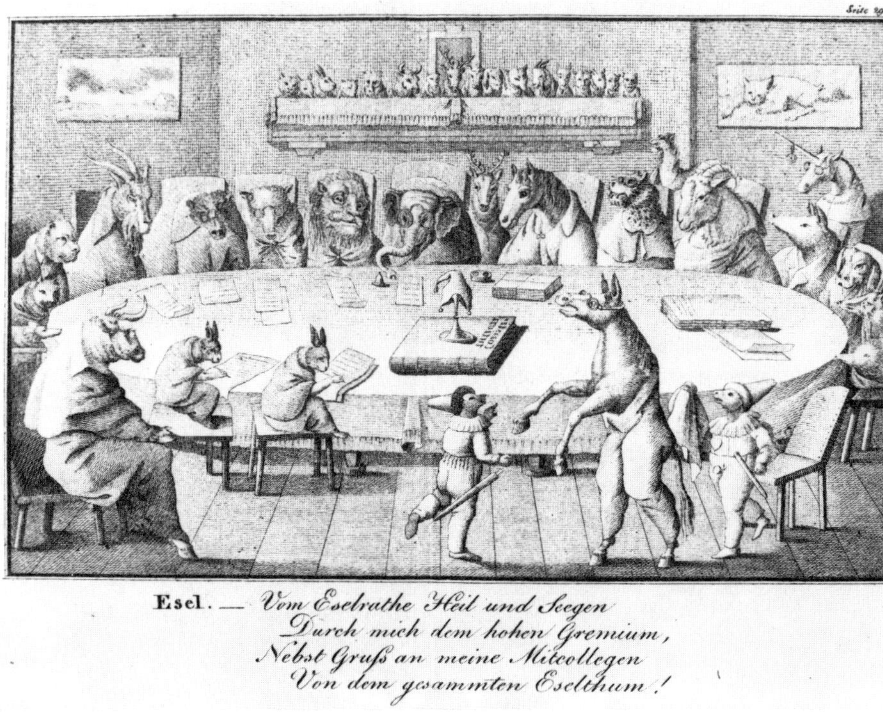

Abb. 2 Anonymes deutsches Blatt gegen den Konstitutionalismus, 1823

15 Man beachte das lautmalerisch in »iam« enthaltene Eselsgeschrei. Da die Karikatur in dem Exemplar im Institut für Zeitungsforschung der Stadt Dortmund zwischen beide Schriften eingebunden ist, fällt es nicht leicht festzustellen, zu welcher der beiden Schriften sie gehört. Die antikonstitutionelle Tendenz ist ein Anhaltspunkt. Es handelt sich bei dem Autor vermutlich um den Vertreter Österreichs in der Frankfurter Bundeszentralbehörde, den Juristen Friedrich Moritz von Wagemann. Vgl. Frank Thomas Hoefer, *Pressepolitik und Polizeistaat Metternichs*, München 1983, S. 79f., auch Treitschke 1927 (wie Anm. 5), 4. Bd., S. 296.

16 Vgl. Hermann 1901 (wie Anm. 8), S. 24ff. und 32, und Piltz 1976 (wie Anm. 14), S. 156f., ferner Fuchs I (wie Anm. 7), S. 406, der Doerbeck und Hosemann leichthin einen in Stoff und Lösung gleich liederlichen Dilettantismus nachsagt. Ferner Horst Denkler u. a. (Hrsg.), *Adolf Glaßbrenner, Unterrichtung der Nation*, 3 Bde., Frankfurt a. M. 1982. Vgl. auch Ingrid Heinrich-Jost, *Literarische Publizistik Adolf Glaßbrenners (1810–1876)*, München 1980, S. 25ff.

Nach Unterdrückung seines nur 22 Monate lang (1832/33) geduldeten *Berliner Don Quixote* erhielt Glaßbrenner fünf Jahre Berufsverbot, das ihn aber nicht darin hinderte, außerhalb Preußens weiter zu publizieren. In dieser Phase begegnet er Hosemann, dessen zeichnerischer Witz Glaßbrenners Texten eine neue Dimension erschließt, die ihn noch populärer macht. Bei aller polemischen Kraft sind die Texte Glaßbrenners dennoch harmlos, verglichen mit denen, die Philipp Jakob Siebenpfeiffer (1789–1845) für den Preß- und Vaterlands-Verein 1832 in seinem Zweibrücker *Westboten* abzudrucken wagte.[17]

Die herrschenden Verhältnisse machten diese Ansätze einer demokratischen Publizistik zur Episode. Viele Journalisten und Zeichner resignierten vor der Zensur, die nicht einmal vor den Harmlosigkeiten rheinischer Karnevalszeitungen haltmachte.[18] Der Zensur-Druck mag auch die Künstler veranlaßt haben, den eigentlichen Witz einer Zeichnung unter allzu vielen Details zu verbergen, was die Qualität einer Karikatur eher mindert.

Den knapp verzerrenden Strich, den später Wilhelm Busch (1832–1908) sowie die Zeichner des *Simplicissimus* (seit 1896) oder auch Hosemann und sein Schüler Heinrich Zille (1858–1929) meisterhaft beherrschten, finden wir im Vormärz vor allem bei Schweizer Künstlern, wie Martin Disteli (1802–1844) sowie bei dem Genfer Adam Töpffer (1766–1847) und seinem Sohn Rodolphe (1799–1846).[19]

Was am Ende der napoleonischen Ära und auch schon früher gang und gäbe gewesen war, die internationale Verbreitung von Karikaturen, erlaubte die Repression im Deutschen Bund nicht. Die deutsche Opposition sah sich gezwungen, in Paris und in der Schweiz (oft nur unter preußischem Protest mißtrauisch toleriert) ein Schattendasein zu fristen.[20] Soweit sich in Deutschland noch Witz regen durfte, war er kleinbürgerlich-behaglich oder reaktionär, zumal bei Themen, die sich um die Rolle der Frau oder die Juden drehten. Auch wenn es gegen den Katholizismus ging, besonders während der Kölner Wirren um 1837 und bei der Ausstellung des Heiligen Rocks 1844 zu Trier, war die preußische Zensur auffallend nachsichtig.

3

In den vierziger Jahren erlaubten zeitweilige Lockerungen nach der Thronbesteigung Friedrich Wilhelm IV. zaghafte kritische Regungen. Am 24. Dezember 1841 gestattete Preußen der Presse eine »bescheidende Untersuchung der Wahrheit«. Fünf Monate später wurden Lithographien und Kupferstiche von der Zensur befreit. In dieser Phase entstand die liberale Kölner *Rheinische Zeitung*, deren Chefredakteur der 24jährige Karl Marx im Oktober 1842 wurde, der dem Blatt in wenigen Monaten zu einer in Deutschland beispiellosen Auflagensteigerung um das Vierfache auf 3 400 Abonnenten verhalf. Diese Wirkung rief die Zensur auf den Plan, die der *Rheinischen Zeitung* zum 31. März 1843 den Garaus machte. Ein halbes Jahr zuvor waren die Oberpräsidenten angewiesen worden, »den schlechten Teil der Presse zu zügeln«, und am 3. Februar 1843 wurden die Karikaturen wieder unter Zensur gestellt.

Diesem Vorgehen verdanken wir drei Karikaturen, die auf sehr unterschiedliche Weise den Untergang der *Rheinischen Zeitung* beklagten.[21] Obwohl dem preußischen Königshaus eng verbunden, hat der Berliner Historiker Heinrich von Treitschke die damalige Situation treffend geschildert: »Es war der Fluch des persönlichen Regiments, daß die Satire ihre giftigsten Pfeile gegen den Monarchen selber richten mußte; seine Räte kamen glimpflicher davon, nur der vielverleumdete Kultusminister [Eichhorn, K. K.] wurde als Eichhörnchen in mannigfachen Verzerrungen dargestellt.« Tatsächlich erscheinen der preußische König und Kultusminister Eichhorn auf jeweils zwei Karikaturen (Abb. 3). Alle drei Blätter sind Beispiele für die damaligen Stilarten der deutschen Karikatur.

Die dilettantischste Ausführung ist in Aachen erschienen.[22] Die Szene zeigt die Beisetzung der *Rheinischen Zeitung*. Im Vordergrund sieht man (zwei davon mit Tierköpfen) drei Totengräber bei der Arbeit: den Kultusminister Eichhorn, den Justizminister Mühler und den Innenminister von Arnim. Am Grabe stehen Vertreter der entmündigten Wissenschaft und des oppositionellen Journalismus

17 Vgl. Wilhelm Herzberg, *Das Hambacher Fest,* Ludwigshafen 1908 (Nachdruck Leipzig 1974), S. 30ff. Treitschke 1927 (wie Anm. 5), 4. Teil, S. 247, nennt (1889) Siebenpfeiffer einen »Rabulisten gemeinen Schlages«. Was heute als frühes Beispiel eines polemischen demokratischen Journalismus in Deutschland zu bewerten ist, waren für den preußischen Historiographen »kleine Brandartikel«. Noch 1852 wurde Siebenpfeiffers und J.G.A. Wirths publizistische Leistung im Jahrbuch *Germania* (Leipzig) als der des Journalismus von 1848 ebenbürtig gewürdigt.

18 Piltz 1976 (wie Anm. 14), S. 155.

19 Ebd., auch Fuchs I (wie Anm. 7), S. 409ff. R. Töpffer zeichnete einen von vielen Besuchern aus verschiedenen Ständen umlagerten Karikaturenladen in Genf. (Fuchs I, S. 411)

20 Koszyk 1966 (wie Anm. 10), S. 78ff., und Erich Gruner, *Die Arbeiter in der Schweiz im 19. Jahrhundert,* Bern 1968, S. 424ff. Zum Antiklerikalismus ein Blatt aus dem Jahre 1835 von Menzel bei Fuchs I (wie Anm. 7), zwischen S. 408 und 409, ein anonymes von 1845 ebd., nach S. 392.

21 Wegen der schlechten Aktenlage ist nichts über die Reihenfolge des Entstehens der Blätter und über die Zeichner bekannt. Vgl. auch Treitschke 1927 (wie Anm. 5), 5. Bd., S. 194.

22 Karl Bittel, *Die journalistischen Arbeiten von Karl Marx,* Berlin (DDR) 1954, S. 68. Das dazu gehörende Aktenstück bei Wilhelm Klutentreter, *Die Rheinische Zeitung 1842/43,* Bd. 2, Dortmund 1968, S. 244ff. Schon 1842 erscheint Friedrich Wilhelm IV. auf einem Blatt mit Sektflasche und Glas, wie er trunken im Schnee hinter Friedrich II. herstapft und immer die Spur verfehlt. Fuchs I (wie Anm. 7), S. 395. Dazu Treitschke 1927 (wie Anm. 5), 5. Bd., S. 194f.

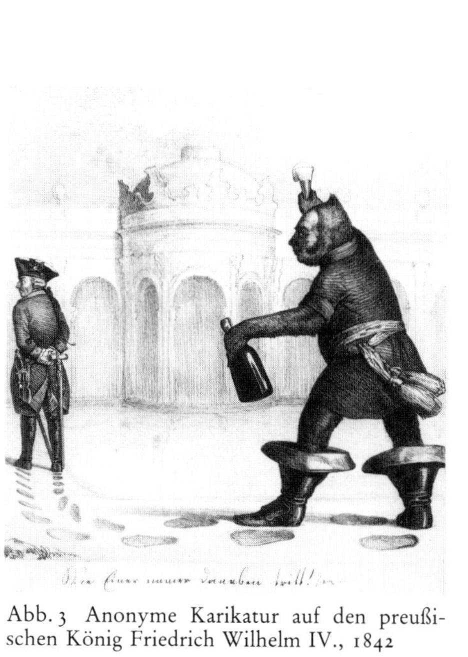

Abb. 3 Anonyme Karikatur auf den preußischen König Friedrich Wilhelm IV., 1842

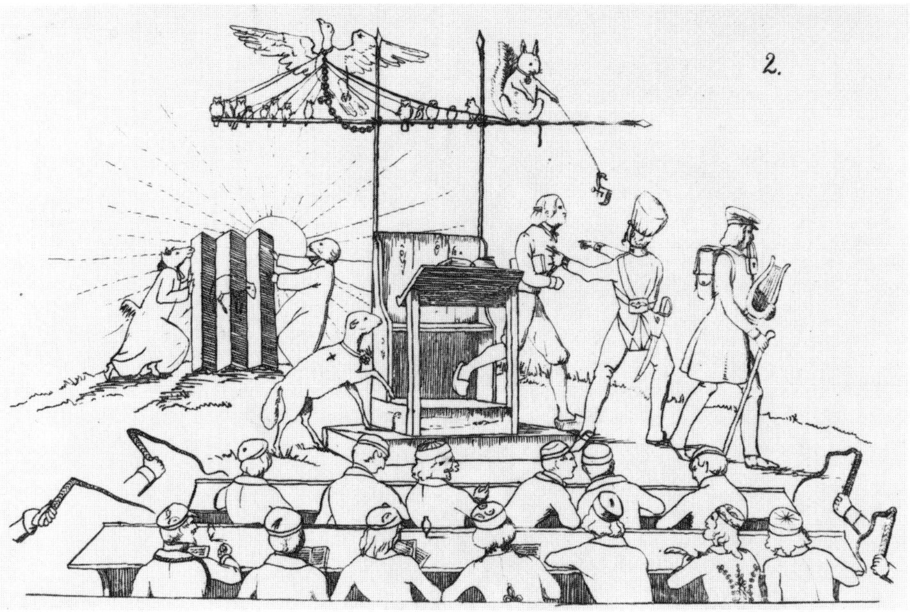

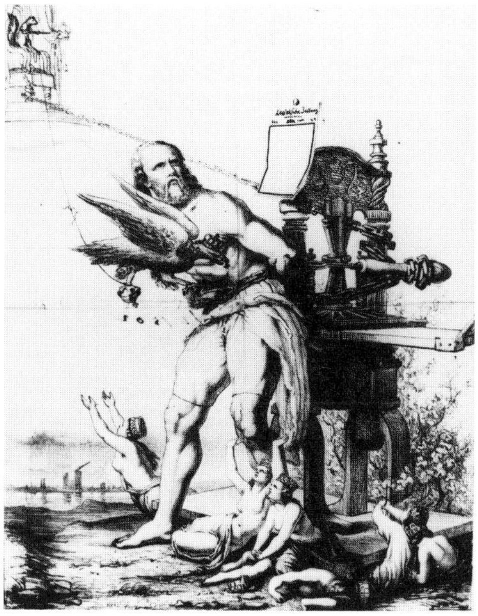

Abb. 4 *Knebelung der Wissenschaft durch Kultusminister Eichhorn und die Zensur,* um 1843

Abb. 5 *Die Unterdrückung der ›Rheinischen Zeitung‹,* 1843

23 Bittel 1954 (wie Anm. 22), S. 62.
24 Wilhelm Klutentreter (wie Anm. 22), S. 175. Originale im Hauptstaatsarchiv Düsseldorf, wo das zugehörige Aktenstück vor 1945 kassiert wurde, und (leicht lädiert) im Institut für Zeitungsforschung der Stadt Dortmund (Nachlaß d'Ester).
25 Vgl. Bernd Grote, *Der deutsche Michel,* Dortmund 1967, S. 52ff. Grote vertritt die Ansicht, eine deutende politische Karikatur habe zu dieser Zeit wohl nur die Schweiz hervorgebracht.

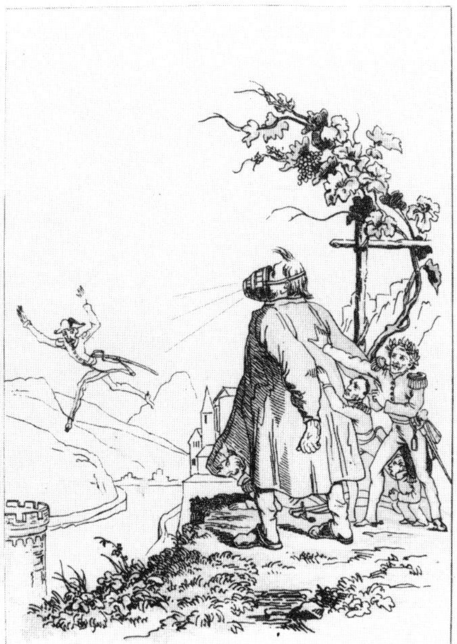

Abb. 6 Martin Disteli, aus der Folge *Michel und seine Schwestern,* 1843

mit Maulkörben und Handschellen. Im Hintergrund in einer Aureole Friedrich der Große, während sein Nachkomme auf den Stufen unter ihm dem gefesselten preußischen Adler die Flügel stutzt und die Vertreter der katholischen Kirche, unter deren Einfluß Friedrich Wilhelm IV. angeblich stand, eine Augenbinde bereithalten. Rechts bewacht ein Gendarm eine versiegelte Druckpresse.

Das zweite Blatt wurde Innenminister von Armin durch den Kölner Regierungspräsidenten am 14. Februar 1843 zugeleitet (Abb. 4). Es verschwand in den Akten, da der Sachbearbeiter ihm seiner »nicht großen Verständlichkeit wegen keine besondere Beachtung« schenken zu müssen meinte. Mit vielen Gegenständen überladen, zeigt es den König als launisches Kind in einem großen Weinglas, aus dem Seifenblasen aufsteigen. Der größten Blase entschwebt die *Rheinische Zeitung* vor den Augen eines bebrillten Raben, des Zensors, der auf dem Brandenburger Tor sitzt. An das Tor gefesselt ist die *Kölnische Zeitung,* deren Verleger Dumont einem Gendarmen offensichtlich erfreut die Hand schüttelt. Den unteren Rand des Blattes schmückt eine große, von Zensoren getragene Schachtel Streichhölzer mit der Jahreszahl 1843 – Anspielung auf das Streichen der Zensur.[23]

Ebenso wie diese Karikatur zeigt das dritte Blatt im Hintergrund den unvollendeten Kölner Dom. Eine halbnackte Figur mit Marx-Kopf steht an eine Druckerpresse gefesselt, an der eine Titelseite der *Rheinischen Zeitung* hängt. Ein preußischer Adler, an der Schnur von einem Eichhörnchen geführt, hackt in der Herzgegend von Marx, zu dessen Füßen die rheinischen Städte als Rheintöchter wehklagen. Stilistisch gehört diese Zeichnung zum akademischen Klassizismus und strahlt deshalb mehr heroischen Ernst als Witz aus, den praktisch nur das in die obere Ecke verdrängte abgegriffene Motiv des Eichhörnchens verrät (Abb. 5).[24]

Vermutlich hat die letztgenannte Karikatur die größte Verbreitung gefunden. In der romantischen Grundhaltung kommen ihr stilistisch am nächsten die sechs Bilder von Martin Disteli zu der 1843 von Wilhelm Schulz im Literarischen Comptoir Zürich und Winterthur herausgegebenen Schrift *Die wahrhaftige Geschichte vom deutschen Michel und seinen Schwestern.*[25] Die getönten Lithographien Distelis zeigen den deutschen Michel als angehenden und hoffnungsvollen Gassenbuben neben dem Kaiser und seiner Frau, als Kriegsfreiwilligen 1813, der den deutschen »Blamagewagen mit Kaiser, Königen und Fürsten« ohne seine Absicht in das alte Gleis bringt, als deutschen Burschen, der sich beim Blick in den Spiegel vornimmt, die Geduld zu verlieren, aber durch neue Schlafmittel – die Bundesbeschlüsse von 1832 – wieder beruhigt werden soll. Auf einem weiteren Bild sieht man, wie Michel, der von deutschen Fürsten gehalten wird, durch einen Maulkorb »Freiheit und Vaterland!« brüllen muß, während über den Rhein ein fliehender Franzose hüpft. Im letzten Bild sitzt Michel am Spinnrad unter einem gotischen Spitzbogen, in dem ein Maulkorb hängt und an deren Seiten ein Ritter

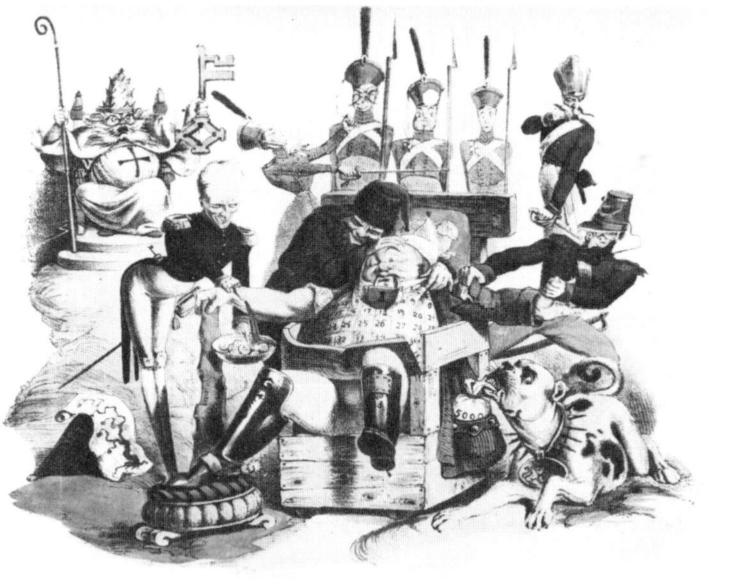

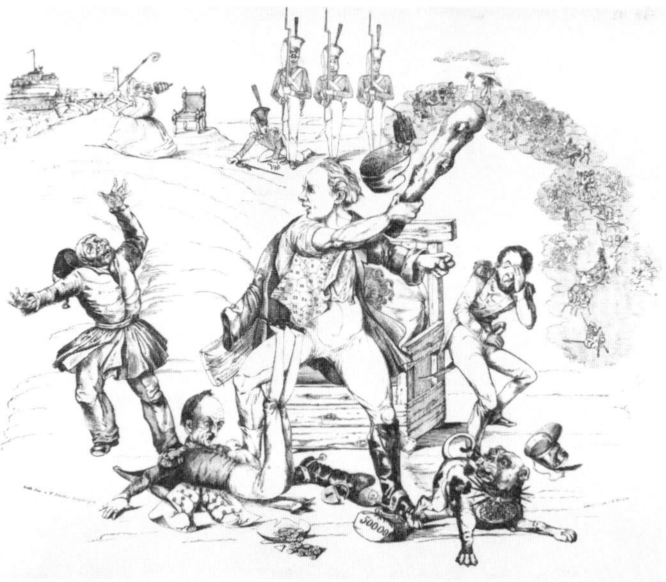

und ein Soldat über ihn wachen. Disteli arbeitet also vornehmlich mit realen, nicht verzerrten Gegenständen, die durch ihre Konnotation erst im Sinne einer Allegorie karikaturistische Bedeutung erhalten (Abb. 6).

Überhaupt hat die Figur des deutschen Michel 1842 Einzug in die Karikatur gehalten. Er gewinnt dadurch bildhafte Statur, wie vor ihm die französische Marianne und der britische John Bull. Das korpulente Männchen mit der Schlafmütze liebt offensichtlich seine Ruhe, während alle möglichen bösen Leute ihn in seiner Beschaulichkeit ausbeuten und zur Ader lassen.

Alle diese Elemente sind in einem Blatt enthalten, das Karl Friedrich Köppen (1808–1863) in seiner 1843 anonym in Leipzig erschienen Schrift *Der deutsche Michel* schildert.[26] Der beleibte Michel ruht unter einem Wall von Büchern und Pergamenten in einem Kinderstuhl. Seinen Bauch umspannt eine Weste mit 38 Mustern der deutschen Territorien. In der Hand hält Michel eine Eichenkeule, aber seinen Mund versperrt ein Schloß. Die englische Bulldogge zerrt ihm den Geldbeutel aus der Tasche, der Franzose reißt ihm den linken Ärmel aus der Jacke, und der Russe legt ihm prüfend die Hand auf seine Stirn. Während ihn der preußische Adler schröpft, wacht im Hintergrund der Papst, damit es immer Nacht bleibe (Abb. 7).

Die Darstellung erzählt in epischer Breite. Es gibt viel zu sehen. Die Wirkung stellt sich nicht auf den ersten Blick ein, sondern erst bei geruhsamen Hinschauen. Bei aller Schärfe im Detail strahlt diese Karikatur biedermeierliches Behagen aus. Offenbar sollte so die Zensur milde gestimmt werden (Abb. 8).

Abb. 7 *Michel und seine Ausbeuter,* 1843

Abb. 8 W. Winckler, *Michel erwacht,* Königsberg 1848

26 Ebda, S. 55f. Ein Original dieser Lithographie im Institut für Zeitungsforschung der Stadt Dortmund. Ebenso das damit korrespondierende Blatt aus dem Jahre 1848, das den erwachenden Michel zeigt, wie er die Quälgeister von sich stößt. Abb. bei Hermann Wäscher, *Das deutsche illustrierte Flugblatt,* Dresden 1956, S. 32. Zu Köppen vgl. Klutentreter (wie Anm. 22), S. 257, der mit Marx seit dessen Berliner Studienzeit befreundet war, vgl. auch das analoge französische Beispiel aus dem Jahre 1834 bei Albrecht 1984 (wie Anm. 9), S. 38.

Abb. 9 *Nutznießer des Bankhauses Rothschild,* 1844

Abb. 10 August Friedrich Pecht, *Die politischen Parteien nach dem Charakter der Bärte,* 1848

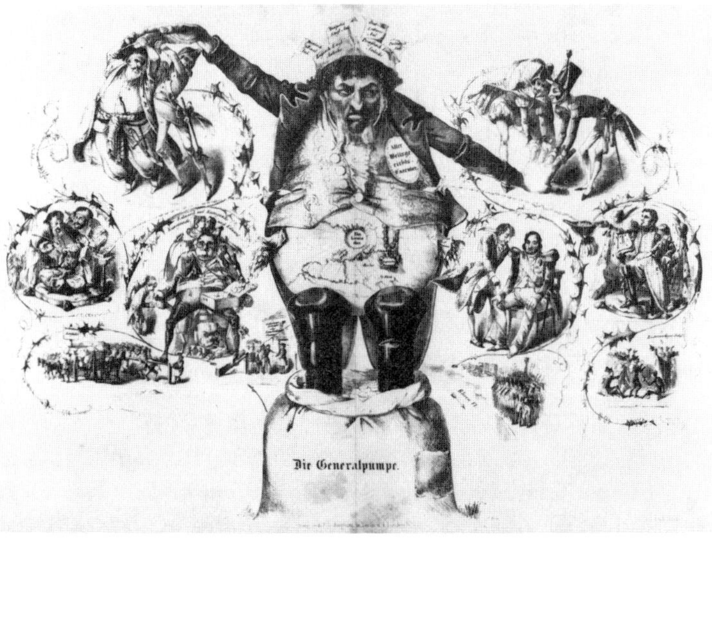

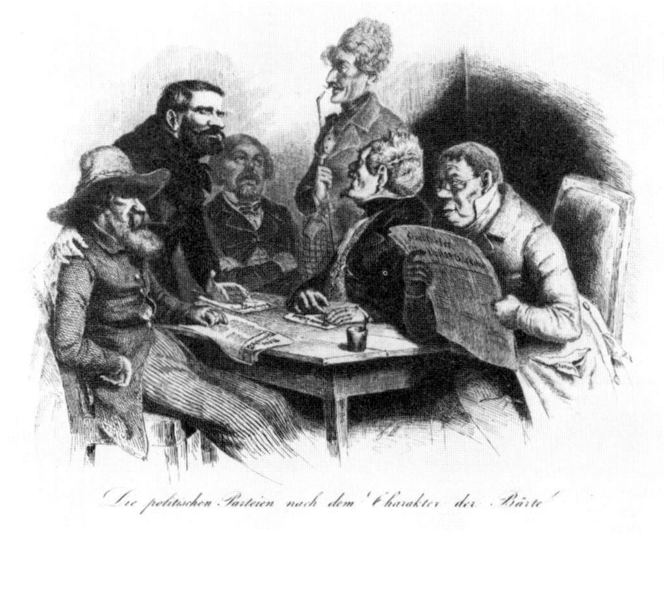

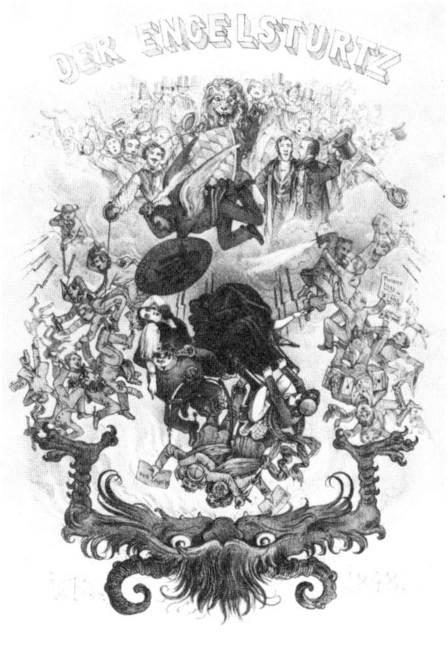

Abb. 11 *Der Sturz von Lola Montez und ihres Anhangs,* München 1848

Solche Blätter scheinen sehr populär gewesen zu sein. Der hannoversche Advokat Johann Hermann Detmold (1807–1856) erwähnt in seinen ironischen *Randzeichnungen,* die 1844 bei Vieweg in Braunschweig herauskamen, daß der fiktive Präsident des »Kunst-Clubs von Flachsenfingen«, Hofrat Ameyer, ein eifriger Kunstfreund, »ein halbes Dutzend großer Mappen voll Kupferstiche und Lithographien« besitze, »diejenigen ungerechnet, welche eingerahmt an den Wänden seiner Zimmer hingen«.

4

Ein anderes Motiv war die Auseinandersetzung mit dem Kapitalismus, die sich auch bei Daumier findet[27], in Deutschland aber antijüdische Tendenz entwickelt. James Rothschild (1792–1868) erscheint dabei als *europäische Generalpumpe,* als Finanzier des Absolutismus. Mit hohen Stulpenstiefeln steht er, Geld verteilend, in einem Sack. Die Nutznießer sind die Fürsten und ihre Armeen[28] (Abb. 9). Ähnlich persifliert ein Blatt von 1844 die Huldigung der Kunst an die rapide Industrieentwicklung.[29] Der proletarische Revolutionär, wild und abgerissen, taucht erstmals 1830 in deutschen Karikaturen auf. Seit 1845 gehört zum deutschen Jakobiner der Vollbart, dem August Friedrich Pecht 1848 die geradezu klassische Karikatur *Die politischen Parteien nach dem Charakter der Bärte* (Abb. 10) gewidmet hat.[30] Der Konstanzer Pecht (1814–1903) lernte nach Studien an der Münchner Akademie bei dem Lithographen Franz Seraph Hanfstaengl (1804–1877), der sein Unternehmen 1834 gründete, und hielt sich 1839–1841 in Paris auf. Mit der Gründung der *Fliegenden Blätter* (1844–1944) durch den aus Aschaffenburg stammenden Caspar Braun (1807–1877) und den Münchner Buchhändler Friedrich Schneider (1815–1864) kam so etwas wie Kontinuität in die deutsche Satire.[31]

In München wurde seit 1846 die Beziehung Ludwigs I. zu der Tänzerin Lola Montez (1818–1861) ein Thema der internationalen Karikatur (Abb. 11). Eduard Fuchs zählt nicht weniger als 57 Einzelbeispiele auf – ohne die im Pariser *Charivari,* im Londoner *Punch,* in den Münchener *Leuchtkugeln,* den *Fliegenden Blättern,* dem *Eulenspiegel,* den *Freien Blättern* und dem *Kladderadatsch* nachweisbaren Zeichnungen. Dazu gab es mehr als ein Dutzend Flugschriften und Pamphlete. Die Affäre erreichte so eine für den bayerischen Monarchen fatale Publizität. Daneben verblaßten die Genrezeichnungen Caspar Brauns über die Erlebnisse des Barons Eisele und seines Hofmeisters Dr. Beisele, des Wühlhuber und des Heulmayer oder Franz von Poccis (1807–1876) *Staatshämorrhoidarius,* das Porträt eines beleibten, ordensgeschmückten und lorbeergekrönten Hofbeamten. Unter den Mitarbeitern der *Fliegenden Blätter* finden wir seit 1847 auch den

27 Vgl. Albrecht 1984 (wie Anm. 9), S. 43ff. Daumier stellte den Betrüger Robert Macaire dar.
28 Fuchs I (wie Anm. 7), zwischen S. 400 und 401 ein Blatt von 1843; ähnlich eine Karikatur von 1845 in Eduard Fuchs, *Die Juden in der Karikatur,* München 1921, S. 120f.
29 Fuchs I (wie Anm. 7), S. 397.
30 Vgl. A. F. Pecht, *Aus meiner Zeit,* München 1894. – K. Koszyk, »Das Bild des Demagogen im Berliner tollen Jahr 1848«, *Publizistik 1960,* Festschrift für Emil Dovifat, nach S. 160. Pechts *Parlamentsschaukel* von 1848 bei Hermann 1901 (wie Anm. 8), S. 61. Vgl. auch Fuchs I (wie Anm. 7), S. 394, eine Karikatur auf den Kommunisten aus den *Fliegenden Blättern* von 1846. Das Motiv wird vom *Handbüchlein für Wühler* (Leipzig 1848) auf der Titelseite fortgeführt und mit einer Keule angereichert, ein frühes Zerrbild des Terroristen, der Zepter zerbricht und alle Merkmale des Kommunisten und Gesellschaftsfeindes (Peter Struwwel-Gustav Struve) trägt. (Verf. vermutlich Heinrich Hoffmann, der Autor des Struwwelpeters).
31 Die Bewertung von Piltz 1976 (wie Anm. 14), S. 159, daß die *Fliegenden Blätter* sich nicht an der Lola-Montez-Kampagne beteiligt hätten, ist falsch. Vgl. Eduard Fuchs, *Ein vormärzliches Tanzidyll,* Berlin o.J., S. 44ff. Ferner Walter Flemmer, *Verlage in Bayern,* Pullach 1974, S. 123f.
32 Beispiele von Pocci und Schwind bei Piltz (wie Anm. 14), S. 158f.

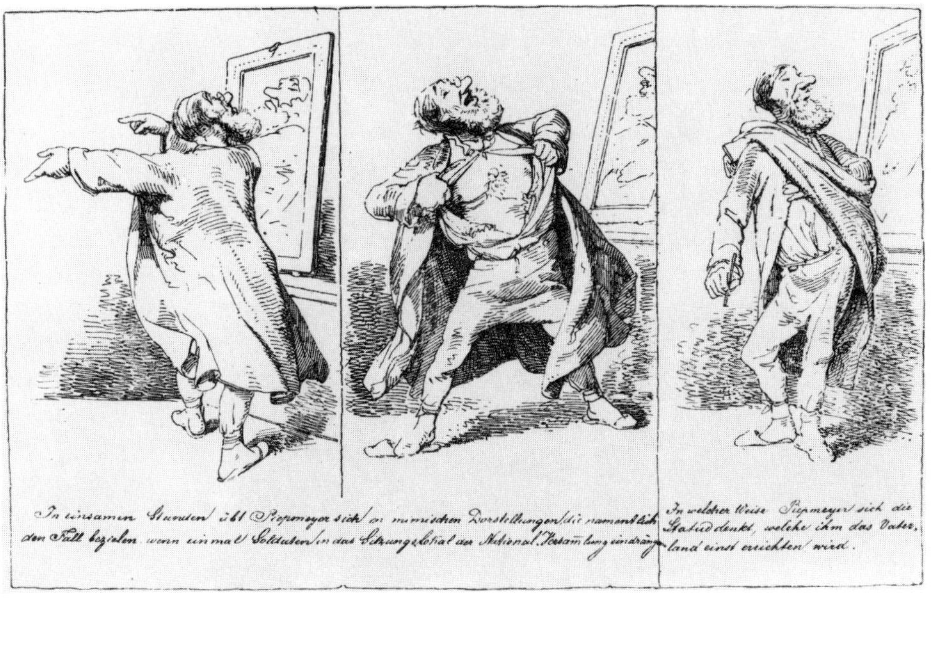

Abb. 12 Adolf Schrödter, *Piepmeyer probt seinen Auftritt im Parlament,* 1849

Wiener Moritz von Schwind (1804–1871), der bereits 1826 Krähwinkeliaden gezeichnet hatte.[32]

Die geschlossenste karikaturistische Leistung bieten seit 1847 zweifellos die bei Arnz verlegten *Düsseldorfer Monatshefte*, die sich bis 1860 halten konnten.[33] Von Anfang an plädierte die mutige Redaktion unter Lorenz Clasen (1812–1899) für Presse- und Gewissensfreiheit, für Fortschritt und Judenemanzipation. Die Gründung der Monatshefte, die nicht kautionspflichtig waren, aber der Zensur unterlagen, fiel in die kurze Periode des Vereinigten Landtags, der vom 10. April bis 26. Juni 1847 in Berlin tagte. Theodor Hosemann ironisierte das parlamentarische Treiben in *Herr Fischer auf dem vereinigten Landtag*, offensichtlich Vorbild für die *Thaten und Meinungen des Herrn Piepmeyer* (Abb. 12), die Johann Hermann Detmold 1849 beschrieb und Adolf Schrödter (1805–1875) mit 40 Lithographien illustrierte.[34] Schrödter hatte schon 1832 parodistische Ölbilder geschaffen, wie *Die betrübten Lohgerber*, mit denen er das *Trauernde Königspaar* von Karl Friedrich Lessing persiflierte.

Die Herausgeber der *Düsseldorfer Monatshefte* ließen die Behörden über den Charakter ihrer Publikation lange im unklaren, indem sie diese als zwanglose Folge von Heften definierten. Erst 1854 gelang es der Zensur, das Blatt um seinen kritischen Geist zu bringen. Wichtigste Mitarbeiter waren die Schüler und Lehrer der Düsseldorfer Kunstakademie: Lorenz Clasen, der von Schadow zum Historienmaler ausgebildet worden war und 1850 nach Berlin übersiedelte, ferner Schrödter, Andreas Achenbach (1815–1910), Wilhelm Camphausen (1818–1885), Ferdinand Schröder (1818–1859; Abb. 13) und der aus Kanada stammende Henry Ritter (1816–1853). Sie pflegten besonders die Militärkarikatur; bis 1857 erschienen jährlich mehr als fünfzehn solcher Karikaturen in den *Düsseldorfer Monatsheften*, was die *Preußische Wehr-Zeitung* am 30. Juni 1853 veranlaßte, von einer »öffentlichen Verhöhnung unserer Armee« zu schreiben. Den Zorn hatte eine Zeichnung August von Willes (1829–1887) ausgelöst, der den von dem Offizier geforderten stupiden Gehorsam eines preußischen Jägerbataillons bei der Durchquerung eines Gewässers aufspießte. In gleicher Weise richtete die Zeitschrift ihren boshaften bürgerlichen Humor gegen die Arbeiter und unterschrieb im April 1848 eine schriftliche Petition an den Stadtrat mit »Bumelines, Arbeit. a. D.«.

33 Vgl. K. Koszyk: »Die Düsseldorfer Monatshefte zwischen Revolution und Reaktion«, *Düsseldorfer Jahrbuch* 51/1963, S. 198–209. Der letzte Band von 1860 erschien als Neue Folge im Verlag des lithographischen Instituts des Kölners Levy Elkan (1808–1865).

34 Zur Karikatur über die Frankfurter Nationalversammlung vgl. Franz Preißmann, *Die satirische Publizistik in der Freien Stadt Frankfurt a. M. (1816–1866)*, Würzburg-Aumühle 1939, S. 50–57. Vgl. Fuchs II (wie Anm. 7), nach S. 76. Hosemann ließ 1849 acht Federzeichnungen »Herr Fischer als Deputierter zur preußischen Nationalversammlung« folgen. Vgl. Veit Valentin, *Geschichte der deutschen Revolution von 1848–1849*, 2 Bde., Berlin 1930f. Nach Piltz 1976 (wie Anm. 14), S. 161, mauserte sich Lessing bis 1844 zum Sozialkritiker.

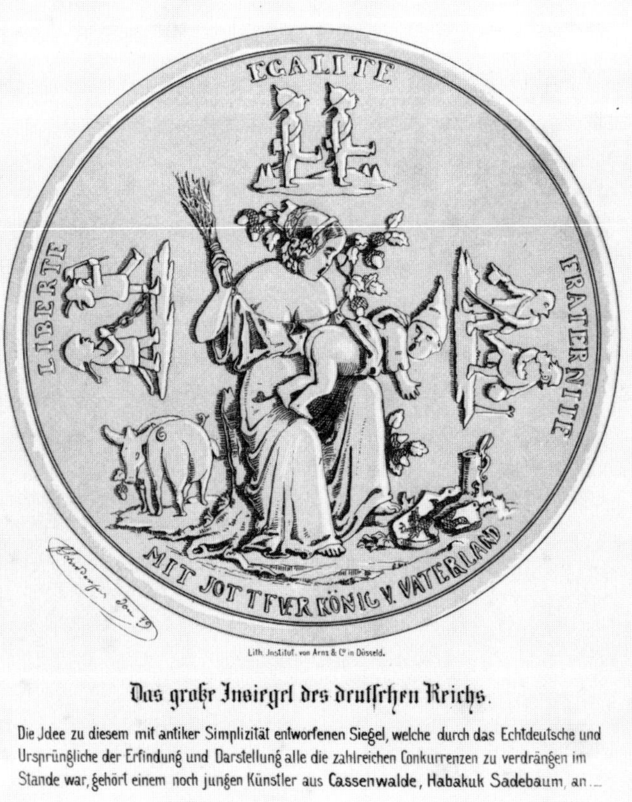

Abb. 13 Ferdinand Schröder, *Germania verbleut Michel*, Beilage zu den ›Düsseldorfer Monatsheften‹, 1849

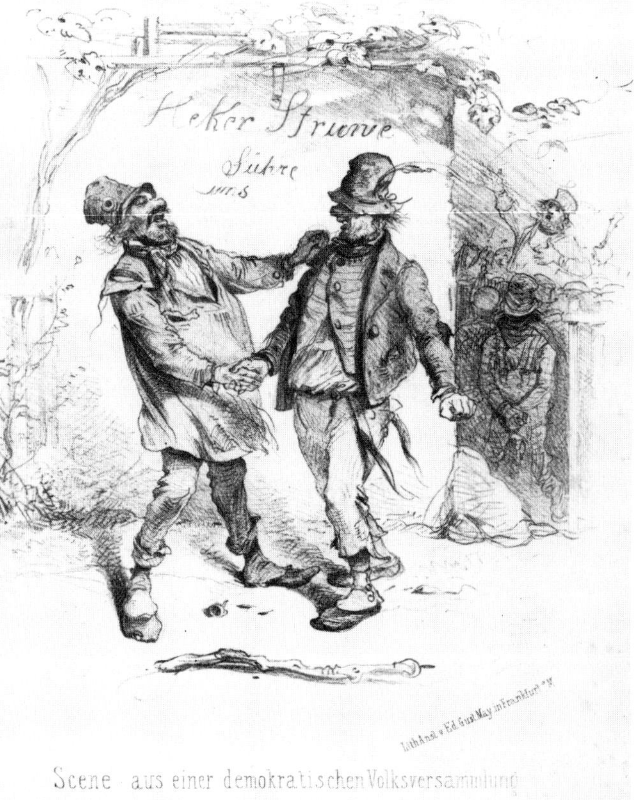

Abb. 14 *Alkoholisierte Revolutionäre*, Frankfurt 1849

Im Mai 1848 gründete der Berliner Humorist David Kalisch (1820–1872) den *Kladderadatsch, Organ für und von Bummler,* das im Laufe seiner langen Existenz bis 1944 viele ideologische Wandlungen durchmachte.[35] Wilhelm Scholz (1824–1893) gab dem Blatt, für das auch Theodor Hosemann zeichnete, sein national-liberales Profil.

Nur vereinzelt illustriert und schon vor dem Einsetzen der Reaktion wieder verschwunden waren *Der Berliner Krakehler* des Druckers Ernst Litfaß (1816–1874), der 1855 die erste Plakatsäule aufstellen ließ, *Tante Voß mit dem Besen,* das *Berliner Großmaul,* der *Berliner Charivari,* die *Ewige Lampe* u.a., die ebenso wie die zahllosen Flugblätter und Maueranschläge Ausdruck eines kessen Berliner Witzes sind.[36] Unermüdlich ließen die Literaten Adalbert Cohnfeld und Albert Hopf ihre erfundenen Figuren Ullo Bomhammel, Aujust Buddelmeyer und Nante kleinbürgerlichen Unsinn treiben und illustrieren.

5

Kaum einer der in Frankfurt, Berlin, Wien oder bei den südwestdeutschen Aufständen agierenden Führer der Revolution entging der karikaturistischen Verspottung (Abb. 14). Die Zeichner erwiesen sich dabei als eher unpolitisch-wahllos, wenn sie bedeutende Pesönlichkeiten und Demagogen kleineren Formats unterschiedslos ihrem Hohn auslieferten. Als Prototyp kann dabei der wendige Berliner Agitator Friedrich Wilhelm Held (1813–1872) gelten, dem alle Attribute des Volkstribuns angeheftet wurden.[37] Dem indifferenten Bourgeois wurde auf diese Weise die Furcht genommen, die ihn anfänglich vor dem Umsturz befallen haben mag. Die zumeist unpolitischen Künstler nahmen mit ihren harmlos-gefälligen oder bissigen Werkchen dem Zeitgeschehen den revolutionären Ernst. Sie konnten so mit ihren Produkten rasch in die restaurative Unverbindlichkeit des Nachmärz überwechseln und fanden in Blättern wie dem Leipziger *Dorfbarbier* (seit 1851) oder der *Gartenlaube* (seit 1853) ein ständig aufnahmefähiges Betätigungsfeld. Der Biß der Karikatur von 1848/49 ging dabei weitgehend verloren. Es sollte jedoch nur wenig mehr als ein Jahrzehnt dauern, bevor mit der *Frankfurter Latern* (seit 1860)[38] und den *Berliner Wespen* (seit 1862) neue kritische Versuche unternommen wurden. Sie erreichten aber nicht das künstlerische Niveau, das erst seit 1896 mit dem *Simplicissimus* zum Durchbruch kam.

35 Faksimile der Nr. 1 vom 7.5.1848 in Hans Blum, *Die deutsche Revolution 1848–49,* Leipzig 1898 (reich illustriert). Vgl. auch Piltz 1976 (wie Anm. 14), S. 161, vermerkt, Kalisch sowie seine Mitarbeiter Rudolf Löwenstein und Ernst Dohm (vgl. Heinrich-Jost 1980 [wie Anm. 16], S. 155 und 205) seien nach 1848 beim Polizeirat Wilhelm Stieber ein- und ausgegangen, der sich bei seinen Erkundungsreisen als Landschaftsmaler Wilhelm Schmidt tarnte. Vgl. Richard Friedenthal, *Karl Marx,* München 1983, S. 389-401. Wilhelm Scholz schuf auch den sehr stark dem englischen *Punch* (seit 1841) nachempfundenen Titel (vgl. auch Fuchs II [wie Anm. 7], S. 68). Er war später ein eifriger Parteigänger Bismarcks und versorgte die Zeitschrift mit vielen Zeichnungen gegen Napoleon III. Vgl. auch *Der Kladderadatsch und seine Leute,* Berlin 1898.

36 Vgl. Eduard Fuchs, *1848,* München 1898; ders., *Die Karikatur,* 2. Bd., München 1908; *Illustrierte Geschichte der deutschen Revolution 1848/49,* Berlin (DDR) 1973. Vgl. auch Heinrich-Jost 1980 (wie Anm. 16), S. 110ff. und 356ff.

37 Koszyk, »Das Bild des Demagogen« (wie Anm. 30).

38 Preißmann 1939 (wie Anm. 34), S. 66ff., nennt Friedrich Stoltze (1816–1891) den »überragenden Meister« des Frankfurter Humors.

Max Hasse

Die Träume des Georges Du Maurier oder der gestrenge *Punch* auf Abwegen

Als sich im zweiten Drittel des 19. Jahrhunderts mehr und mehr eine wirklichkeitsnahe Kunst durchsetzte, kamen die Karikaturisten leicht in Verlegenheit. Konnte man jetzt noch, ohne Anstoß zu erregen, wie gewohnt die Welt anhand drastisch übertriebener Darstellungen ins Lächerliche ziehen? Zu den besonderen Kunstmitteln der Karikaturisten gehörte eine radikale Vereinfachung. Waren derartige Abkürzungen noch erlaubt, wo die Maler in Details schwelgten? In dieser Situation kamen entscheidende Impulse von Außenseitern, von Leuten, die zunächst nicht daran gedacht hatten, ihre Werke zu veröffentlichen, die jenseits des üblichen Kunstbetriebes aus Lust am Spaß oder um den Kindern eine Freude zu bereiten, ihre Fantasien zu Papier gebracht hatten. Im Ausdruck sehr lebendig waren noch die Bilderromane Rodolphe Töpffers gewesen (1833ff.; Kat. 43). Die beiden speziell für die Kinder entworfenen Bände, Heinrich Hoffmanns *Struwwelpeter* (1845)[1] und Edward Lears *A Book of Nonsense* (1846; Kat. 45) bedienten sich einer noch weiter reduzierten Bildsprache. In einem Kinderbuch nahm man solche Vereinfachung hin, offenbar im Glauben, für Kinder müsse man wie Kinder zeichnen. Darüber hinaus eröffnete Lewis Carroll mit *Alice im Wunderland* (1865) der Phantasie neue Bereiche. Auch diese Geschichte war ursprünglich nicht für die Öffentlichkeit bestimmt gewesen. Allen diesen Büchern gemeinsam ist ein wundersam im Unwirklichen sich verlierendes Geschehen, wobei die beiden englischen Beiträge über das, was die anderen sich erlaubten, weit hinausgingen.

Der *Punch or the London Charivari* hatte sich entschiedener als die satirischen Zeitschriften des Kontinents auf eine realistische Darstellungsweise eingestellt und hat an dieser Auffassung immer festgehalten.[2] Der Witz lag weniger in der Zeichnung als in der Unterschrift. Natürlich läßt sich Situationskomik auch mit realistischen Mitteln im Bilde festhalten, doch sind solche Situationen nicht so alltäglich, daß man Woche für Woche eine Zeitschrift wie den *Punch* damit füllen könnte. Aber auch der *Punch* gestattete für eine kurze Zeit wenigstens einem seiner Mitarbeiter, nämlich Georges Du Maurier, sich ungewohnter Ausdrucksweisen zu bedienen. Der eigentliche Anlaß war der Erfolg der Nonsens-Literatur. Die Holzschnittausgabe von 1862 hatte Edward Lears *A Book of Nonsense* zum Durchbruch verholfen.[3] Mit dem Erscheinen von Lewis Carolls *Alice in Wonderland* war 1865 der Spaß am Spiel mit dem Absurden so allgemein geworden, daß auch der gestrenge *Punch* glaubte, sich dem Trend nicht mehr entziehen zu können. Hatte doch der führende Zeichner des *Punch*, John Tenniel, *Alice in Wonderland* illustriert. Doch nicht der im Grunde nüchterne Tenniel lieh seine Hand solchen Ausflügen in eine unwirkliche Welt, sondern Georges Du Maurier.

Nach dem Tode John Leechs war 1864 Du Maurier in den streng abgesicherten Kreis der ständigen Mitarbeiter des *Punch*, aufgenommen worden.[4] Als Chronist der eleganten Welt des victorianischen Zeitalters ist Du Maurier in die Geschichte des *Punch* eingegangen. Er war kein böser Spötter. Mit leiser Ironie hat er verfolgt, was es in den Salons an kleinen Zwischenfällen gab, an Eifersüchteleien, an gezielten Bosheiten und komischen Mißverständnissen. Auch das gefühlsselige, ästhetisierende Gehabe dieser Menschen entging seiner Kritik nicht. Insbesondere fühlte er sich den Kindern verbunden, die in aller Unschuld die Erwachsenen, mißverstehend oder nachäffend, in Verlegenheit brachten. In späterer Zeit, als Henry James spöttelte, er mache aus jeder Hausfrau eine Juno und aus jedem Hausmädchen eine Hebe, waren seine Typen bereits festgeschrieben.[5] In den sechziger Jahren und auch noch zu Anfang der siebziger Jahre war er noch nicht so

1 Eine englische Übersetzung erschien bereits 1848.
2 R.G.G. Price, *A History of Punch*, London 1957.
3 Siehe Kat. 45.
4 Zu Du Maurier: Leonée Ormand, *Georges Du Maurier*, London 1969; zu den Zeichnern aus dem Umkreis der Präraffaeliten: Forest Reid, *Illustrators of the Eighteen Sexties*, New York 1975; zu den englischen Illustratoren des 19. Jahrhunderts: Gordon N. Ray, *The Illustrator and the Book in England from 1790 to 1914*, New York 1976.
5 Bezeichnenderweise wurden zunächst nur diese hochgeschätzten Arbeiten aus dem *Punch* auch gesammelt herausgegeben, 1880 unter dem Titel *English Society at Home* und 1893 unter dem Titel *Society Pictures*.

ausschließlich auf die Salonatmosphäre festgelegt, verließ sich noch auf das, was er unmittelbar beobachtete, konfrontierte auch gern seine Idealgestalten mit kraftvollen Volkstypen und verlor sich nicht selten in eine Traumwelt, die seinen Kollegen verschlossen war.

Schon in den Jahren, in denen er nicht fest dem *Punch* verbunden war, fiel er 1863 durch seine phantasievollen Illustrationen zu F. C. Burnands *Monkeana or the White Witness* auf. 1866 veröffentlichte er, der sich auch als Schriftsteller betätigte, *A Legend of Camelot* im *Punch*, eine Parodie auf die Präraffaeliten.[6] Als Stilparodie dürfte sie kaum ihresgleichen haben. Sie konnte ihm nur so vollkommen gelingen, weil er sich selbst vollständig mit diesen Künstlern identifizierte. Zu gern wäre er Maler geworden, doch ein Augenfehler zwang ihn, sich mit Schwarzweiß-Illustrationen zu begnügen. Lange blieben die Präraffaeliten, vor allem Dante Gabriel Rossetti, sein Vorbild. Doch seine Mitarbeit am *Punch* hatte ihn genötigt, sich mit einem lockereren Zeichenstil den besonderen Bedingungen des Blattes anzupassen.

In *A Legend of Camelot* hielt er sich noch einmal an den Zeichenstil der Präraffaeliten.[7] Mit seiner Ballade greift er ein Lieblingsthema der Maler auf, die Artussage. Camelot ist der sagenhafte Sitz des Königs Artus und seiner Tafelrunde. Als Dante Gabriel Rossetti zusammen mit seinen Freunden 1857–59 die spätere Oxford-Union mit Fresken aus der Artussage ausmalte, konnte er sich an eine spätmittelalterliche Fassung halten, in der die Sage mit der Gralssuche verbunden war. Dieser Roman war 1841 neu ediert worden.[8] 1842 hatte Tennyson eine Nachdichtung der Sage herausgebracht. Schon zehn Jahre zuvor hatte er sich mit diesem Stoff in der Ballade *The Lady of Shalott* beschäftigt. Diese Erzählung von der Dame, die die Welt nur im Spiegel betrachten darf, hatte die Präraffaeliten mehrfach zu Bildern angeregt. Die Lady, vor einem Webstuhl in einem Turm eingesperrt, sollte dem Tode verfallen sein, sobald sie zum Fenster hinausblickte. Als ein Ritter der Tafelrunde, Sir Lanzelot, vorbeiritt, konnte sie sich nicht mehr bezwingen, sah zum Fenster hinaus, stürzte daraufhin ins Wasser und starb singend, den Fluß gegen Camelot-Schloß zutreibend. Du Maurier wandelt diese Fabel in fünf Bildern und Texten ab. Seine Schöne hat es in ihrem Gemach nicht mehr ausgehalten und ist, nach Erlebnissen dürstend, nur mit einem Hemd und ihrem langwallenden Haar bekleidet, auf die Straße gestürzt. Sie begegnet dort einigen Rittern der Tafelrunde, wird aber von Gauwaine, dem sie sich verlobt glaubt, verleugnet. Die Ritter lassen ihr langes, wildes Haar zu einem Kleid verweben, in das sie nun eingeschlossen ist. Als ein Jude in der zweiten Szene das Kleid erwerben will, erschlägt ihn Gauwaine. Die Schöne trägt den Toten fort und

6 Als gesonderte Publikation erst nach dem Tode Du Mauriers 1898 herausgebracht.
7 Insbesondere J. E. Millais, der sich mehr als die anderen Präraffaeliten als Illustrator betätigte.
8 Zu den Daten: *Präraffaeliten*, Ausstellungskatalog Baden-Baden 1974.

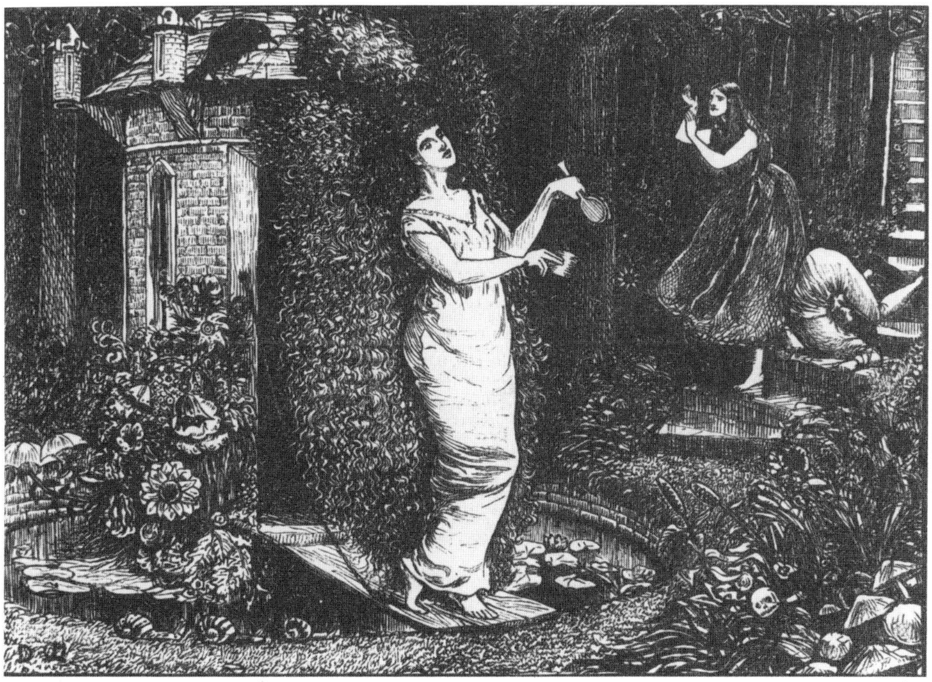

Abb. 1 Du Maurier, *A Legend of Camelot 3*, ›Punch‹, 17.3.1866

begegnet im dritten Bild (Abb. 1) einer zweiten Jungfrau, die traumverloren ihren Geliebten, Gauwaine, herbeisehnt. Als die andere dies vernimmt, läßt sie vor Schreck den toten Juden fallen. Die beiden Schönen singen schließlich gemeinsam ein Lied auf ihren fernen Geliebten und versinken im Moor. Auch hier wird wieder auf ein beliebtes Motiv der Präraffaeliten angespielt, auf die Sage von den Doppelgängern, die, wenn sie sich begegnen, sterben müssen. In dem vierten Bild taucht, gleich einem bösen Zwerg, der tote Jude über den »halbtoten-halbträumenden« Köpfen der beiden Jungfrauen auf, schneidet ihnen ihr schönes Haar ab und trollt sich davon. In der Schlußszene versammeln sich die Ritter der Tafelrunde an einem Ort, der in Camelot-Schloß wie im Totenreich liegen könnte. Der elegische Grundton der Präraffaeliten spricht aus allen Gesichtern. In der Mitte des Raumes hockt, von Dornengestrüpp umgeben, der tote Jude. Links vor ihm sitzt Gauwaine mit Rosen im Schoß zwischen den beiden Schönen, die ihn zum Witwer machten. Alle Ritter werden, als wären sie Bigamisten wie Gauwaine, von zwei »dyseptic Damsels« begleitet. Damit wird, wie aus einer hier später zitierten Satire von Solon Smith hervorgeht, auf eine damals beliebte Romangattung angespielt. Die Dreiergruppe im Vordergrund mag durch die damals in Arbeit befindliche Komposition Rossettis *Rosa Triplex* bestimmt worden sein. Der Frauentypus Rossettis ist nicht zu verkennen. Aber auch an Werke von Hunt und Burne-Jones erinnert Du Maurier in seinen ironisch gemeinten Imitationen. Der Text persifliert die an mittelalterliche Sprachgewohnheiten angelehnte Dichtkunst von William Morris, weist aber auch auf den sentimentalen Überschwang in den Balladen Tennysons hin. Bei allen Seitenhieben auf Dichter und Maler läßt das einzigartige Werk keinen Zweifel darüber aufkommen, daß sich Du Maurier hier in einer Welt bewegte, die ihm zutiefst verwandt war, die ihm erlaubte, Fantasien zu entwickeln, die weitgehend von seinen traumartigen Geschichten bestimmt waren.

Mit *A Legend of Camelot* erzielte Du Maurier beim ›Stuff‹ des *Punch* allgemeine Anerkennung. Durch den Erfolg ermuntert, ließ er unter dem Namen Chatoullard im Dezember eine weitere derartige Parodie folgen *The Ballad of Blunders,* illustriert nur durch eine witzige Initiale.

Im Jahre 1867 tauchten im *Punch* die ersten als Träume gekennzeichneten Phantasien Du Mauriers auf. Von seinen Reiseerlebnissen berichtete er damals als Mr. Titwillow. 1866 hatte er sich als Titwillow noch damit begnügt, die kleinen Aufregungen zu schildern, die eine Badereise mit Frau, Kindern und Nurse mit sich brachte. Als das Ehepaar Du Maurier 1867 in Urlaub fuhr, fliegen sie in der Illustration des *Punch,* mit Riesenflügeln ausgestattet, über den Dächern von London davon. Etwas später besuchte Du Maurier mit einem Freund die Weltausstellung in Paris. In einem Traum ist die Reise gespiegelt. Herr Titwillow und Onkel Pip begegnen in Paris drei französischen Soldaten, Herren von Adel, aber arm. Natürlich sind die Franzosen viel kleiner als die beiden Engländer. Schließlich gehen in unsere Träume auch unsere Vorurteile ein. Die Engländer schließen mit den Franzosen Freundschaft und halten sie beim Besuch der Weltausstellung aus, was sich die Franzosen auch gern gefallen lassen. Nach einem reichlichen Abendessen trägt Titwillow eine eigene Ballade vor, ›Der Engländer in Paris‹. Einige für die Franzosen wenig schmeichelhafte Passagen bringen die Franzosen auf, es kommt zu einer Schlägerei und zu Beleidigungen, die nach Ansicht der Franzosen nur mit Blut gesühnt werden können. Titwillow, der noch nie einen Säbel in der Hand gehabt hat, läßt als Sekundanten Freunde aus London kommen. Natürlich sind auch diese Freunde alle riesengroß. Als Onkel Pip vor dem Duell Titwillow einen Zylinder aufsetzt, kommt es zu einem abstrusen Wortwechsel, wie er nur im Traum möglich ist. Bevor Titwillow zum entscheidenden Schlag ausholt, stülpt er sich den Zylinder über den Kopf, stürzt blindlings auf den Gegner zu (Abb. 2) – und erwacht auf seinem Sofa.

Die Schlägerei stellt sich im Bild als eine gewöhnliche Alltagsszene dar. Das Duell dagegen weist einen für Träume bezeichnenden Verlust an anerzogener Haltung auf. Die Franzosen geben sich siegesbewußt, die Engländer dagegen verdutzt und erschrocken, als sich Titwillow den Zylinder über den Kopf zieht. Eben weil die Engländer sich hier so anders verhalten, als man gemeinhin von ihnen erwartet, wirken sie komisch.

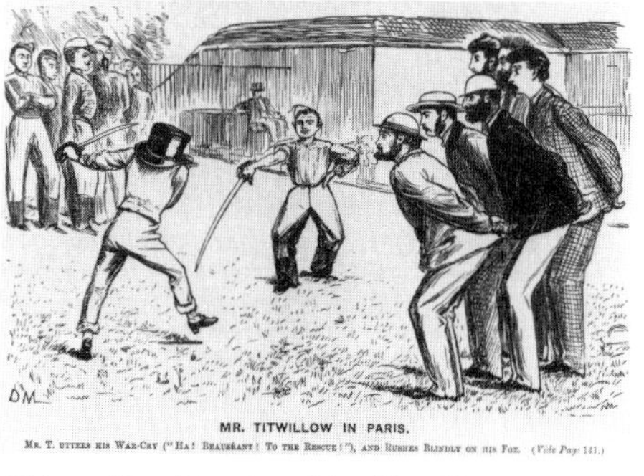

Abb. 2 Du Maurier, *Mr. Titwillow in Paris,* ›Punch‹, 5. 10. 1867

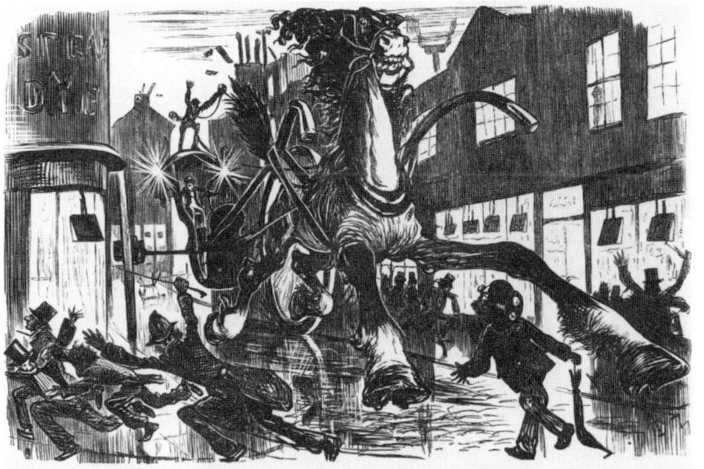

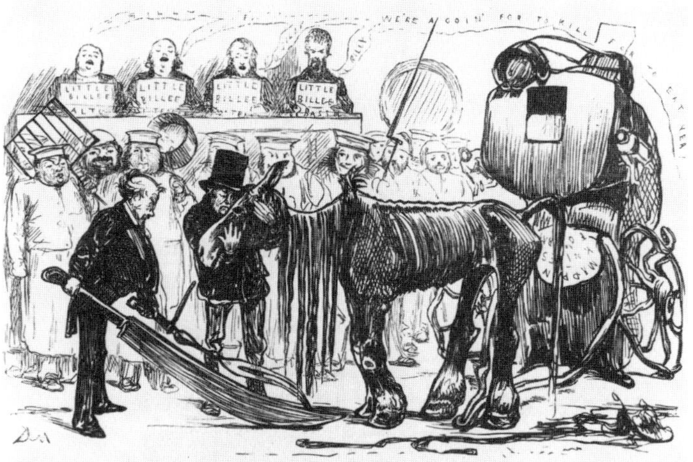

Abb. 3 Du Maurier, *Der Traum von Mr. Jenkins,* ›Punch‹, 15.2.1868

Abb. 4 Du Maurier, *Der Traum von Mr. Jenkins,* ›Punch‹ 29.2.1868

1868 konnte Du Maurier dann mit der Darstellung eines Traumerlebnisses sogar einen außergewöhnlichen Erfolg erzielen.[9] Ein modischer Zweisitzer war wegen der Mißhelligkeiten, die er mit sich brachte, für die Zeichner des Punch ein unerschöpfliches Thema. Dieses Gefährt, Hansom genannt, wurde von einem Kutscher bedient, der hinter dem Verdeck stand. Bei Du Maurier endet ein mißglückter Versuch, ein solches Gefährt zu besteigen, mit einem Angsttraum. Als Mr. Jenkins sich einen Hansom nehmen will, verliert das Pferd das Gleichgewicht, stürzt hin und Mr. Jenkins darüber. In der nächsten Nacht rast Jenkins im Traum mit einem Hansom, davor ein riesengroßes Pferd, durch die Oxford-Street (Abb. 3). Alle fliehen entsetzt. Da auch im Traum eine Straße keine unendliche Bahn ist, landen Pferd und Wagen, sich überschlagend, in einem Haus. Im letzten Bild (Abb. 4) steht der zügellose Gaul vor dem hohen Gericht und soll mit einem riesigen Messer hingerichtet werden. Die drei Traumbilder gehören zu den expressivsten Visionen des 19. Jahrhunderts. Da durchgehende Pferde als Motiv schon immer bei den englischen Karikaturisten beliebt waren, nahm man die Darstellungen Du Mauriers offenbar ohne Widerspruch hin. Ihr Erfolg hat wohl in der Redaktion diejenigen unterstützt, die es gern einmal mit einer Nonsens-Geschichte im *Punch* versucht hätten.

Jedenfalls kündigt der *Punch* bereits in der nächsten Nummer vom 7. März an, man habe eine ›Novel Company‹ gegründet und so begabte Autoren verpflichten können, wie die von *Doras Vampir*, der *Frau ohne Namen* usw. Alle Autoren, etwa 20 an der Zahl, wollen gemeinsam eine Geschichte schreiben, einen sensationellen Roman. Auf langatmige Beschreibungen wolle man verzichten und sich ausschließlich auf Aktionen und Dialoge konzentrieren. Den Autoren wird volle Freiheit zugestanden, doch sei dem Herausgeber, den Direktoren und den Autoren gestattet, zustimmende oder ablehnende Meinungen in Anmerkungen darzulegen. Damit ist zusätzlich eine Rahmengeschichte konzipiert. Diese wird gleich eingeleitet mit dem Kampf um den Titel. Von den 15 Vorschlägen der Autoren konnte keiner eine Mehrheit erzielen. So einigte man sich schließlich auf den Vorschlag des Herausgebers: *Chikkin Hazard* (Hühnchenspiel).[10]

Der Nonsens, mit dem man hier aufwartete, hatte nichts von den heiteren und hintersinnigen Dialogen Carrolls, wo etwa die vernünftige Alice die Unvernunft ins Verhör nimmt und die Vernunft in Verlegenheit kommt, weil der Augenschein gegen sie spricht. Im Vorspiel überschlägt sich der Nonsens. Job und sein Vater Michael stehen sich in einer Höhle gegenüber. Michael will seinen Sohn mit der Axt erschlagen, dieser rettet sich mit einem Trick, den er den Ringern abgeschaut hat, springt auf seinen Vater hinauf und drückt ihm den Kopf in den Leib hinein. Dabei wird er von Schreckbildern gepeinigt. Da naht donnernd die Flut. Der Vater schlägt dem Sohn vor, ihn in die Türöffnung zu stopfen, damit er mit seinen Poren das Wasser aufsauge. Als Job seinen Vater in die Öffnung gepfercht hat, bittet er ihn flehentlich um Verzeihung. Nun gerät die Decke in Bewegung und droht

9 Erst die weltweite Anerkennung des Expressionismus hat das Abenteuer des Mr. Jenkins wieder ans Licht gebracht, so finden sich Abbildungen der Serie in den beiden in Anm. 15 genannten Publikationen.
10 Frau Ursel Harksen war so freundlich, mir *Chikkin Hazard* zu übersetzen.

einzustürzen. Job erspäht durch eine Ritze einen eisernen Greifarm, faßt ihn und wird von ihm aus der Höhle gerettet. In diesem Moment kommt ihm ein Luftballon entgegen, er schwingt sich in die Gondel und wirft die beiden Insassen ins Meer, findet die Gondel angefüllt mit Schätzen, verliert darüber den Verstand und zündet den Ballon an, erhält plötzlich seinen Verstand wieder zurück, öffnet den Fallschirm, ergreift zwei vorüberfliegende Möven und wird von diesen auf einer fernen Insel abgesetzt. Dort wird er von einem Fischer und seiner Tochter aufgenommen.

Die eigentliche Geschichte spielt 16 Jahre nach diesem Ereignis. Nun folgt nicht mehr eine unglaubhafte Aktion auf die andere, sondern der Nonsens ist in die Geschichte wie ein Ornament eingewoben und trägt nur noch mit dem Vulkanausbruch zum Fortgang der Geschichte bei. So verfügt etwa ein vierzehn Monate altes Kind über die Fähigkeiten eines sechzehn Jahre alten Knaben, ein Zauberer weiß sich, wenn auch auf recht umständliche Weise, alles zu verschaffen, was er benötigt, und man begegnet merkwürdigen Pflanzen und Tieren.

Die Erzählung selbst wird getragen von den komplizierten Verhältnissen des geldgierigen Job zu verschiedenen Frauen. Job, der sich als Reverend Piel Dornton auf der Insel einen Namen gemacht hat, ist verheiratet. Doch das hat sich nicht herumgesprochen. Er liebt Bess, die Tochter des Fischers, der ihn bei seiner Ankunft auf der Insel aufgenommen hatte. Doch Bess liebt Joseph. Dornton hält um Grace an, die mit dem riesigen Vermögen ihres Onkels, des Leutnants, rechnen kann. Als er in dem komfortablen Haus des Leutnants den Heiratskontrakt unterschreiben will, bricht der Vulkan, auf dem das Haus errichtet ist, aus, schleudert das Haus mit dem Leutnant, Grace und dem Diener Boomerang alias Nutt aufs Meer hinaus. Dornton landet mit dem Heiratskontrakt in der Hand auf dem Rasen, setzt im Namen des Leutnants ein Testament zu seinen eigenen Gunsten auf, läßt Grace und den Leutnant für tot erklären, bemächtigt sich des großen Vermögens, entführt Bess und zieht sich nach London zurück. Natürlich zeichnen sich diese Zusammenhänge erst nach und nach ab.

Der Leutnant, Grace und der Diener Nutt treiben in ihrem »Hausboot« auf dem Meer. Durch die Geschicklichkeit Nutts und durch seine Hexereien überleben Grace und Nutt, während man den Leutnant für tot im Meer versenkt. Schließlich landen Nutt und Grace wieder auf der Insel, jedoch an einem einsamen Gestade. Mit Hilfe von Zaubertricks verschafft sich Nutt die notwendige Nahrung und baut ein Haus. Grace betrachtet Nutt mit gesteigerter Sympathie. Sie laden schließlich die gesamte Welt ein, sie auf ihrem Wohnsitz zu besuchen und vertrauen die Einladung einem Vogel an, der jedoch von einem anderen Vogel verschluckt wird.

Das Ende der Erzählung wurde offenbar ziemlich gewaltsam herbeigeführt. Der Roman hatte wohl nicht die gewünschte Wirkung erzielt und wird also ohne viel Nonsens als Persiflage auf die Happy-end-Romane überraschend beendet. Joseph befreit Bess. Der Leutnant taucht wieder auf, erkennt in dem Fischer seinen Bruder und in Bess seine Tochter, Bess heiratet Joseph und Grace Nutt, alle entdecken, daß sie hochgeboren sind, und wer nicht schon von Adel ist, wird geadelt. Der Schurke Dorton erhält von seiner Frau Gift.

Du Maurier, der sich in seinen Begleitbriefen Gaston de Malaoil nennt, steuert Illustrationen bei, die die Geschichte sehr eigenwillig auslegen und Szenen wiedergeben, die nicht beschrieben sind, wie eine Morgentoilette von Grace im Hausboot. Den Diener Boomerang alias Nutt stellt er als Schimpansen dar. Als die Autoren dagegen protestieren, erklärt er, die Geschichte sei nicht zu illustrieren und begnügt sich mit einer Reihe von Affenstudien. Später hat Du Maurier Nutt menschliche Züge zugebilligt, doch macht er dabei aus einem Wunderbaum, der Nutt und Grace Getränke spendet, einen riesigen, mit Geschenken behängten Weihnachtsbaum. Bei seinen Illustrationen hatte Du Maurier Mühe, seinen Gestalten jene Schwerelosigkeit mitzugeben, die dieser jenseits aller Wirklichkeit angesiedelten Erzählung angemessen wäre. Am 16. Mai überrascht er dann aber mit einer Illustration, die im *Punch* des 19. Jahrhunderts nicht ihresgleichen haben sollte: »Nutt und Grace fliegen einander in die Arme, während im Hintergrund Piel Dornton auf einem Schaukelpferd reitet.« Diese Szene im Stile Edward Lears (siehe Kat. 45) dürfte tatsächlich der Vater der Nonsens-Literatur entworfen

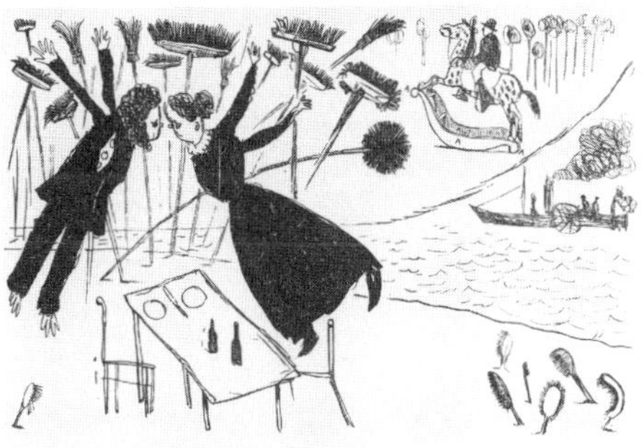

Abb. 5 Lear (?) / Du Maurier, Illustration zu *Chikkin Hazard*, ›Punch‹, 16.5.1868

haben. Du Maurier sagt in seinem Begleitbrief, nicht er, sondern ein Mr. ---- habe das Blatt gezeichnet, er habe nur das Bürstengestrüpp im Vordergrund und den Scheuerbesenwald im Hintergrund hinzugefügt und dem Schaukelpferd eine leichte Struktur gegeben (Abb. 5).[11]

Derartige Kühnheiten, die man nur in einem Kinderbuch hinzunehmen bereit war, scheinen die Leser des *Punch* verärgert zu haben. Hatte man sich noch am 25. April mit Nonsens-Epigrammen zum Nonsens bekannt, so durfte am 6. Juni ein Solon Smith mit *Novels without Nonsense* seinen Groll zum Ausdruck bringen. In dieser wütenden Attacke gegen die oberflächliche Bildung der höheren Töchter fordert Smith, die jungen Mädchen sollten sich lieber, anstatt französische Romane, Sensationsgeschichten und Erzählungen über Bigamisten zu lesen, an die Romane Walter Scotts halten. Wie die Überschrift zeigt, richtete sich sein Zorn auch gegen die Nonsens-Geschichten. Die Autoren von *Chikkin Hazard* rächten sich, indem sie schnell noch einen Schurken namens Smith in die Geschichte einführten.

Auch der Herausgeber hatte offenbar die Lust an dem Unternehmen verloren und stöhnte in derselben Nummer, er hoffe, daß die Autoren dem Ende näher kämen. Als die Erzählung am 27. Juni abgeschlossen wurde, merkt der Herausgeber an: »Dem Himmel sei gedankt, es ist beendet«, und distanziert sich von den Autoren, die versucht hätten, sich in die Rechte des Herausgebers einzumischen.

Letzlich ist der Versuch des *Punch*, sich im Nonsens einzuüben, gescheitert, nicht zuletzt durch das Ungeschick der Autoren. Aber auch eine phantasievollere Geschichte hätte sich bei den Lesern des *Punch* nicht durchsetzen lassen. Diese Episode beweist einmal mehr, daß das 19. Jahrhundert wesentlich gerade in seinen Widersprüchen begriffen werden kann.

Der Mißerfolg schränkte natürlich auch die Freiheiten ein, die man Du Maurier vorübergehend zugestanden hatte. Doch er verstand es, sich gewisse Freiräume zu sichern. Mit *A little Christmas Dream* gelang ihm zu Weihnachten 1868 sogar in seinem Traumland noch einmal ein außergewöhnlicher Erfolg (Abb. 6). Auf einer breiten, verschneiten Straße verfolgt ein mammutartiges Ungeheuer, dessen Rüssel in einem gierig zuschnappenden Drachenkopf endet, einen kleinen Jungen. Des Knaben Flucht wird durch die Schneeballen gehindert, die sich an seinen Füßen festgesetzt haben. Ein typisches Traumerlebnis: man will fliehen, doch die Beine werden schwerer und schwerer. Das Untier gehört wohl doch einer uns vertrauten Fabelwelt an, obwohl die Unterschrift unterstellt, dieser Traum sei das Ergebnis einer einseitig naturwissenschaftlichen Erziehung, die dazu geführt habe, daß der Junge Nacht für Nacht von vorsintflutlichen Ungeheuern bedrängt werde.

11 Die Hinzufügungen Du Mauriers dürften durch Grandville angeregt worden sein. In *Un autre Monde*, Paris 1844, kommt ähnliches vor: »Plantes marines une reproduction exacte des dentelles, brosses, pompons toupets et gazons.« Zieht man diese Zutaten ab, so erhalten wir eine typische Zeichnung Lears. Besonders charakteristisch ist die fliegende Bewegung der beiden Hauptfiguren.

Abb. 6 Du Maurier, *A little Christmas Dream*, ›Punch‹, 26.12.1868

Abb. 7 Du Maurier, *Athletics*, ›Punch‹, 4.9.1869

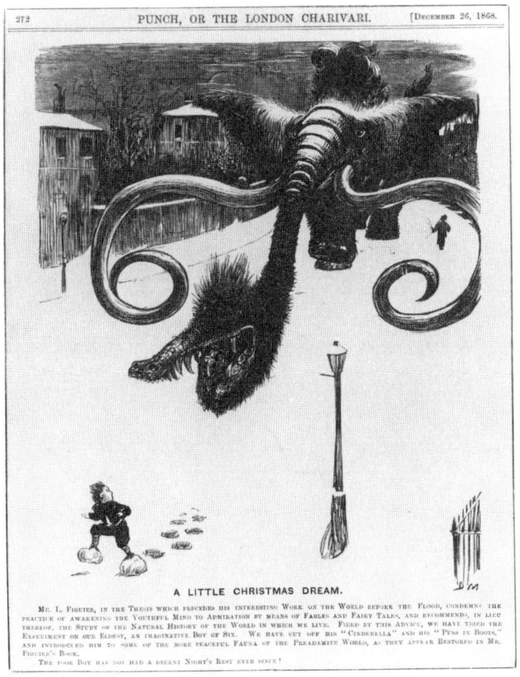

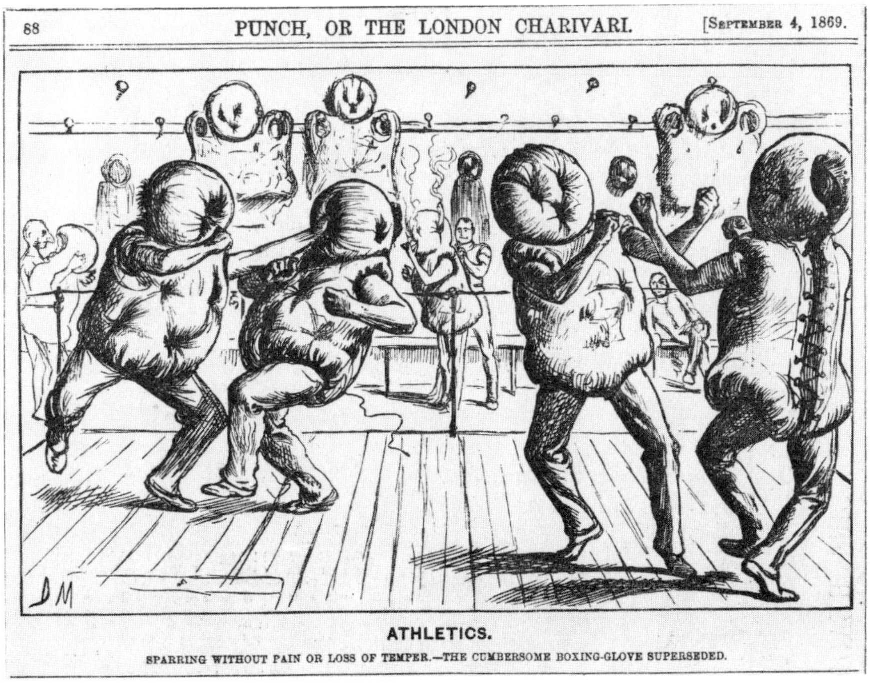

Gelegentlich wartet Du Maurier noch mit überraschend verfremdeten Ansichten auf, etwa mit einem Blick auf eine belebte Straße aus der Vogelperspektive oder mit einer Darstellung eines Boxtrainings, in der die Boxer, ähnlich wie die Imker auf der berühmten Zeichnung Pieter Bruegels, durch einen riesigen Kopfschutz in merkwürdige Wesen einer anderen Welt verwandelt zu sein scheinen (Abb. 7). In seinen phantasievollen Warnungen vor dem Nikotin werden die Gefahren des Rauchens so hochgespielt, daß man eher an Opium als an Nikotin denkt.[12]

1869 und 1870 veröffentlichte Du Maurier im *Punch* eine Reihe von Bildergeschichten. Der *Punch* hatte in den sechziger Jahren solche Bildseiten, in denen in vier, sechs oder acht Darstellungen eine Geschichte erzählt wurde, von den satirischen Zeitschriften des Kontinents übernommen. Diese Kleinbildfolgen nahm man nicht so ernst, daher durfte man sich hier auch mehr erlauben als in den Großformaten. Besonders geglückt sind zwei Folgen, die offenbar durch Bildergeschichten Wilhelm Buschs angeregt wurden, und zwar durch *Die Enten und der Frosch* von 1861 und den *Hahnenkampf* von 1862. In diesen Geschichten konnte Du Maurier auf eine sehr englische Weise seinen Spaß am Nonsens ausleben.[13] Zunächst erschien *The Egg-Poacher,* die Geschichte eines Frosches, der gierig auf Enteneier ist. An seinem ersten Entenei wäre er fast erstickt. Um sich von dem Ei zu befreien, läßt er sich von einer Schnecke auf einen Baum heraufziehen, von dem er sich dann herunterfallen lassen will. Wie der Frosch gleich einem Spiegelei mit Froschgesicht unter dem Baum liegt, wie er sich mit dem zerschlagenen Ei im Bauch davonschleppt, das sind Bilderfindungen von unwiderstehlicher Komik (Abb. 8). Dank dieser Gewaltkur gesundet, raucht der Frosch – wie bei Busch – schließlich sein Pfeifchen. Der Frosch kann das Eierfressen jedoch nicht lassen. Als er wieder ein Entenei verschlungen hat, wird er von der Ente gestellt. Sie legt den Dieb auf den Rücken und brütet so das Küken aus. Zum Schluß verlassen die Ente im Brautschleier, das Küken und der Frosch gemeinsam die Szene.

Im Anschluß daran erschien die zweite Tiergroteske: *John Brown and the Cid.* Der Kampfhahn Cid gilt als unbesiegbar. Um den Hahn um seinen Ruhm zu bringen und um sich dabei am Wettgeld zu bereichern, stutzen drei Gauner den Adler ›John Brown‹ zurecht. Als es zum Kampf kommt, verschlingt der Adler den Hahn. Die komisch herausgestellte Mimik der Tiere – insbesondere des aufgeblasenen Adlers – wie auch die der Menschen ist wieder treffend.

1870 folgt eine dritte Tiergeschichte. Ein Käfer sucht ein Cello zu meistern, wird aber schließlich von dem Instrument erschlagen. Das ist eines der wenigen Beispiele schwarzen Humors, die im *Punch* Platz fanden. Aber schließlich ging es hier ja nur um einen Käfer!

In einer anderen Bildergeschichte des Jahres 1869 kombinierte Du Maurier nach der Art Edward Lears Tiere mit gebräuchlichen Instrumenten: *Specimens not yet included in the collection at Regent's Park* (zwei Folgen). Wie auch in *Punch's Alphabet* und anderen Bildergeschichten dieser Zeit steht hier Gelungenes neben erschreckend Banalem. Du Maurier kann es nicht lassen, neben sprechende Charakterstudien seine blassen Frauentypen zu stellen. Im Laufe der siebziger Jahre wird er immer genügsamer, hält sich im wesentlichen an seine erfolgreichen Klischees.[14]

Du Maurier hat die ihn bedrängenden Traumphantasien später in Romanen festgehalten. Das Ende des Jahrhunderts kam solchen halluzinatorischen Vorstellungen verständnisvoller entgegen. Mit seinen Romanen *Peter Ibbetson* (1891) und *Trilby* (1894) griff er die Themen wieder auf, die er in den sechziger Jahren als Zeichner zu bewältigen versucht hatte.

Man spielt heute gern Charles Keene, der zu Lebzeiten immer im Schatten Du Mauriers stand, gegen Du Maurier aus.[15] Keene, ein Verehrer Menzels, war zweifellos der bessere Zeichner, doch fehlte ihm jede über Alltagserfahrungen hinausgehende Phantasie. Mit seinen besten Leistungen lag Du Maurier über dem sehr gleichmäßigen Niveau Keenes, mit der Masse seiner Blätter jedoch darunter. Seine Traumphantasien der sechziger Jahre, eingeschlossen der Beitrag Edward Lears, sind sogar die einzigen über ihre Zeit hinausweisenden Entwürfe, die der *Punch* in seiner langen Geschichte veröffentlichte.

12 Häufig abgebildet, so auch in den in Anm. 15 genannten Publikationen.

13 Gerade diese Tiergeschichten wirken im *Punch* wie ein Fremdkörper, daher wurden sie bisher auch stets übergangen.

14 Du Maurier hat auch später gelegentlich seine Illustrationen als Träume bezeichnet, doch vermied er dabei traumhafte Veränderungen, gab etwa eine sommerliche Landschaft, wenn sie im Winter erst erschien, als Traum aus.

15 In den populären Bildbänden wird neuerdings wieder Du Maurier der Vorzug gegeben, so in der Dover-Publikation über den *Punch*, New York 1981, sowie in dem Band der Bibliophilen Taschenbücher über den *Punch*, Dortmund 1982.

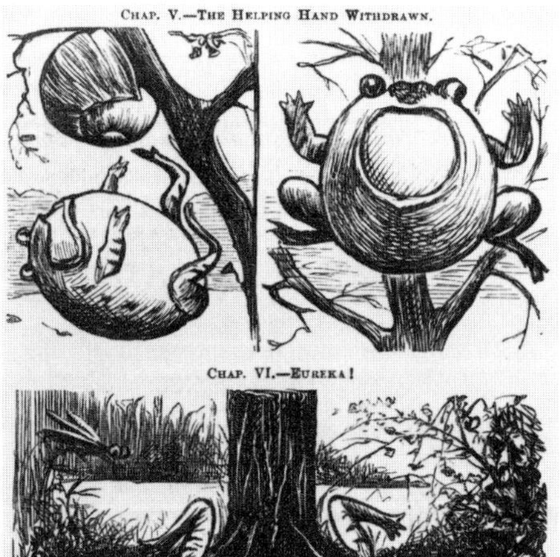

Abb. 8 Du Maurier, *The Egg-Poacher II* (rechte Hälfte), ›Punch‹, 24.6.1869

Monika Arndt

Ehre, wem Ehre gebührt?

Karikaturen zur ›Denkmalsinflation‹ der wilhelminischen Zeit

Unabhängig von ihrer künstlerischen Qualität stellen Bildsatiren Dokumente von historischem und kulturgeschichtlichem Wert dar: in ihnen spiegeln sich – naturgemäß meist in parteiisch überspitzter Weise – die kontroversen Standpunkte einer Epoche wider. Das gilt auch für die zahlreichen, vor allem in humoristisch-satirischen Schriften (wie dem *Kladderadatsch*, dem *Simplicissimus*, der *Jugend* und den *Fliegenden Blättern*) erschienenen Karikaturen zur wilhelminischen Denkmalskunst. Als die graphischen Parallelen zur gleichzeitigen literarischen Denkmalskritik brachten sie – in spöttischer Brechung – das wachsende Unbehagen fortschrittlich gesonnener Künstler und Kunstinteressierter an der herrschenden »Denkmalswut« (Max Schasler) zum Ausdruck.

Dabei griffen die Karikaturisten mit ihrem Recht auf Übertreibung verschiedene, inzwischen klar zutage getretene Übelstände an. So ironisierten sie etwa die Wahllosigkeit moderner Denkmalssetzungen mit grotesken Entwürfen, die ein ›Metzger-Monument‹ zeigen, vom »ehrsamen Schlächtergewerk . . . seinem Oberinnungsmeister nach Schlachtung des zehntausendsten Ochsen« gesetzt (Abb. 1), oder die einen ›Schwammerlfreund-Gedenkturm‹ darstellen, ein sezessionistisches Pilz-Monument mit flankierenden Pilz-Postamenten zu seiten des Eingangs und lodernden Pfifferling-Flammenbecken sowie einer bekrönenden Bovist-Kugel auf dem Dach (Abb. 2).[1] Aber auch die vielfach in der Kunstkritik beklagte Phrasenhaftigkeit und Geschmacklosigkeit mancher zeitgenössischer Denkmalsskulpturen traf der Hohn – dazu sei auf einige der nachfolgenden Karikaturen (Abb. 9–13) verwiesen.

Vor allem jedoch wurde aufs Korn genommen, was mit den Stichworten ›Wahllosigkeit‹ und ›Phrasenhaftigkeit‹ schon berührt war: die stetig steigende Denkmälerflut. Dabei hatte man nicht zufällig gerade Preußen und speziell die

1 Das unsignierte, vermutlich von Gustav Brandt gezeichnete ›Schlachter-Denkmal‹ in: Beiblatt zum *Kladderadatsch* 1904, Nr. 50. Im Hinblick auf den Knochenhügel mag der Karikaturist durch die *Apotheose des Krieges* (1871/2 von Wassili Wassilewitsch Wereschtagin geschaffen) oder auch von dem Blatt *Macht* aus der sog. ›Weber-Mappe‹ Alfred Kubins, München 1903, Bl. 6, angeregt worden sein. – Das ›Schwammerlfreund-Monument‹ in: *Jugend* 1906, S. 177. Hinter dem Monogramm PM verbirgt sich der als Mitarbeiter der *Jugend* bekannte Pepi Metzger.

Abb. 1 Gustav Brandt (?), *Ehre, dem Ehre gebührt*, ›Kladderadatsch‹, 1904

Abb. 2 Pepi Metzger, *Denkmal für einen Schwammerlfreund*, ›Jugend‹, 1906

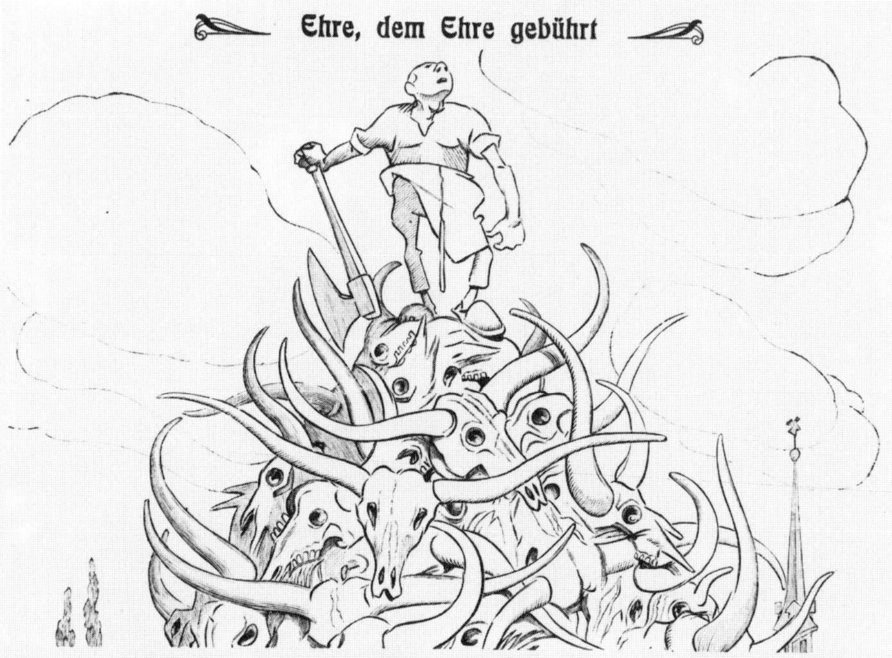

Das ehrsame Schlächtergewerk beschließt seinem Oberinnungsmeister nach Schlachtung des zehntausendsten Ochsen ein Denkmal zu setzen.

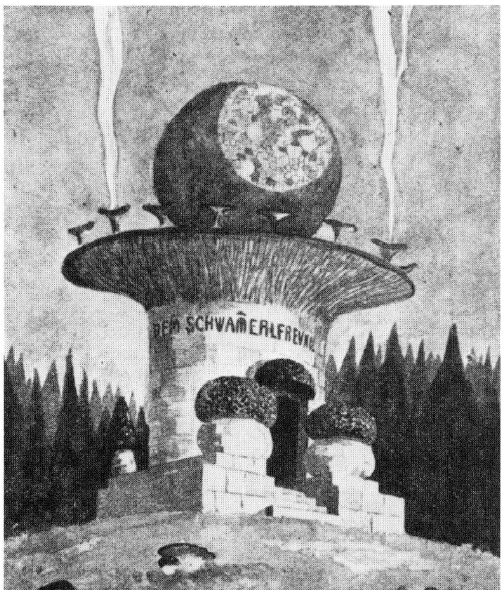

Denkmal für einen Schwammerlfreund

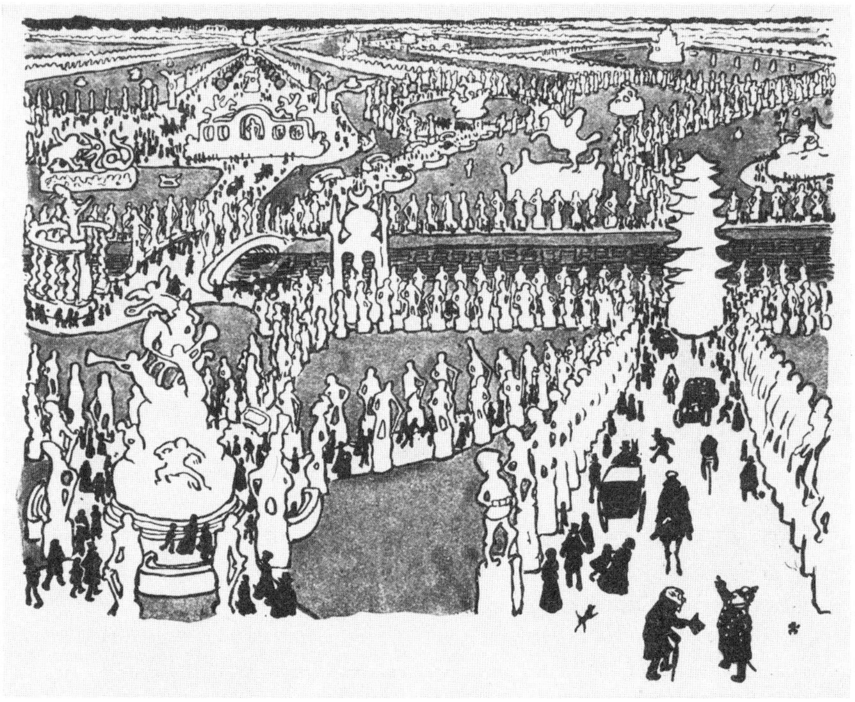

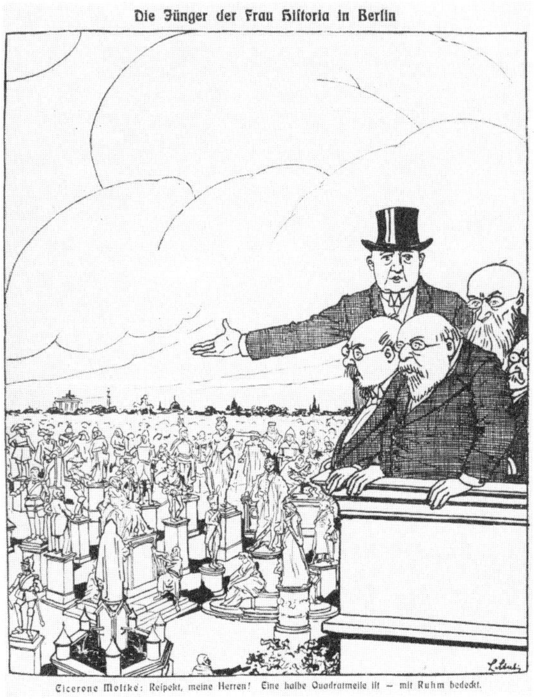

Abb. 3 Arpad Schmidhammer, *Der Thiergarten im Jahre 1915*, ›Jugend‹, 1906

Abb. 4 Ludwig Stutz, *Die Jünger der Frau Historia in Berlin*, ›Kladderadatsch‹, 1908

preußische Hauptstadt im Visier. Dort grassierte die »Denkmalseuche« (Richard Muther 1914), schlimmer als im übrigen Deutschland; dort war ein Beispiel gegeben, an dem sich die Folgen allzu ambitionierter fürstlicher, staatlicher und kommunaler Kunstpolitik unmittelbar aufzeigen ließen. Die im folgenden besprochenen Karikaturen und Satiren zielten auf die Überschwemmung Berlins mit Denkmälern aller Art; in ihnen drückte sich ebenso wie in der literarischen Denkmalskritik der Überdruß an dieser damals so vielen Menschen entwertet erscheinenden Kunstaufgabe aus.

Übertreibung der Wirklichkeit ist ein grundlegender Wesenszug der Bildsatire. Daher wird am Schluß die Frage nach dem Realitätsgehalt der hier genannten Denkmalskarikaturen zu stellen sein.[2] Erweisen sie sich bei einem Vergleich mit den tatsächlichen Verhältnissen als groteske Verfälschungen, als pure Fiktionen, oder zeigen sie sich als unterschiedlich stark verzerrte, dennoch die Tendenzen der Zeit wiedergebende Spiegelbilder der Realität – ja, können sie vielleicht sogar als Prophezeiungen von Zuständen gelten, die nur durch den Ausbruch des Ersten Weltkrieges verhindert wurden?

1906 veröffentlichte die *Jugend* eine Karikatur Arpad Schmidhammers, eine Vision vom Berliner *Thiergarten im Jahre 1915*, wie ihr Titel besagt (Abb. 3).[3] Am Rande dieses Parks erkundigt sich ein ortsfremder Passant nach dem Weg zur Bellevue-Straße, nach einem Weg, der durch den vegetationslosen, mit marmorweißen und schemenhaft verwechselbaren Statuen, mit Säulen, Triumphtoren und Pagodentürmen, mit Reitergruppen und endlosen ›Siegesalleen‹ zugepflanzten Tiergarten führen muß. Ein Polizist gibt bereitwillig Auskunft: »Erst gehen Sie hier die Südwestafrikanische Siegesallee hinunter, dann links über den Großen Chinesischen Ruhmes-Stern zu der Marokkanischen Gloria-Straße, biegen bei der Coligny-Ehrenhalle rechts in den Oranier-Prinzen-Steg und überschreiten den Brandenburg-Preußischen Helden-Damm an der Groß-Admirals-Wiese, bei der 23. Ruhmesbank lassen Sie die Kaiser-Sieger-Gruppe links liegen und gehen einfach über den Ehren-Lorbeer-Platz. Dort wo Sie die grünen Bäume hinter dem Civilisten Wagner sehen, ist die Bellevue-Straße!«

Schmidhammer karikierte die Berliner Denkmalswut also nicht nur mit dem Bild eines dichten Marmorwaldes, sondern auch mit einer volltönenden Wegbeschreibung: der grenzenlosen, auf Ruhmsucht hinauslaufenden Freude an Denkmalssetzungen entspreche – so wollte er unterstreichen – die Lust an bramarbasierenden Platz- und Straßen-Benennungen. Spöttisch gemeint ist ein Name wie »Großer Chinesischer Ruhmes-Stern«: Er bezieht sich auf die China-Expedition internationaler Truppen unter dem Oberbefehl des preußischen Generalfeldmarschalls Graf Waldersee anläßlich des Boxer-Aufstandes, während der militärische Lorbeeren eben nicht geerntet werden konnten; spöttisch gemeint ist auch die Bezeichnung »Marokkanische Gloria-Straße«, denn in der ersten Marokko-Krise, auf die hier angespielt wird, hatte Deutschland tatsächlich eine schwere politische Niederlage erlitten. Wenn diese Benennungen den historischen Tatsachen hohnsprachen – so der dem Betrachter nahegelegte Schluß –, erwiesen sich dann die übrigen Namen nicht ebenfalls als leerer Schall?

Der Tiergarten als ein baum- und strauchloser Marmorforst: auch ein ›amtlicher‹ Bericht des *Kladderadatsch* über die »Königliche Oberdenkmalerei des Reviers Thiergarten« beschwört dieses Bild.[4] Nachdem der abgeholzte Park nun ausschließlich für Monumente reserviert sei, könne endlich an eine geregelte Marmorwirtschaft gedacht werden. »Im Interesse der Bestandsverjüngung sind Jahresschläge eingerichtet; der hiebreife Bestand der Denkmäler wird in jedem Frühjahr durch Anschlag mit dem Denkmalshammer bezeichnet; nach erfolgtem Kahlhieb werden selbstverständlich die ausgemarmorten Flächen mit neuen Denkmalsbeständen angesamt. Auf die Pflege der jungen Denkmalsschonungen wird die größte Sorgfalt verwendet; sämtliche Raff- und Lesemarmorberechtigungen sind abgelöst; jeder Marmorfrevel wird streng bestraft, und die dem Wind- und Schneebruch zum Opfer gefallenen Marmortheile verbleiben dem Walde, so daß dessen Boden durch Selbstdüngung denkmalsreicher wird und die Jungwüchse schnell enthüllungsreif werden . . .« Vorschläge von Naturschwärmern, vereinzelt Bäume zu pflanzen oder durch »Ausmarmorungen« für Blickschneisen zu sorgen, seien zurückzuweisen: »Gerade das dichte Denkmalsgestrüpp verleiht dem Tiergarten sein charakteristisches Aussehen«. Übrigens hätte der *Kladderadatsch* seiner Reportage den Hinweis hinzufügen können, daß von ihm schon fünfzehn Jahre zuvor eine konsequentere Kunstpolitik gefordert worden war! Die »öden Baumreihen« des Tiergartens – »eben doch nur Naturproducte« ohne wahren Kunstwert – sollten durch prächtige Säulenhallen aus Zement ersetzt werden, hatte man da lesen können. Bei der Errichtung neuer Denkmäler »reißt (man) einfach ein Dutzend Säulen nieder und pflanzt das Monument in die Lücke, dann steht es immer in einer würdigen Umgebung.«[5]

Ebenfalls auf die Überfüllung der preußischen Hauptstadt mit Denkmälern aller Art zielte eine von Ludwig Stutz 1908 gezeichnete Karikatur mit der Überschrift *Die Jünger der Frau Historia in Berlin* (Abb. 4).[6] Den äußeren Anlaß hatte dem Künstler der Internationale Kongreß für historische Wissenschaften in Berlin geboten, dessen Teilnehmer auch von Seiten der Regierung feierlich begrüßt worden waren.[7] Mit weitausholender Geste und den Worten »Respekt, meine Herren! Eine halbe Quadratmeile ist – mit Ruhm bedeckt« führt in dieser Darstellung »Cicerone« Moltke (der preußische Innenminister Friedrich von Moltke) einer Gruppe von verblüfften Historikern die Produkte preußischen Nationalstolzes vor Augen. Schauplatz soll – wie im Hintergrund das Motiv des Brandenburger Tores verrät – der Tiergarten sein. Dicht an dicht gedrängt erscheinen hier anstelle der »öden Baumreihen« viele (doch keineswegs alle!) Denkmäler der preußischen Residenz zusammengefaßt: der Rolandbrunnen, die Statue Wrangels, das Luisen-Monument und das Stein-Denkmal neben dem Goethe-Standbild, die Statuen des jungen Prinzen Wilhelm, Colignys und Wagners, die Figur der Berolina sowie die Standbilder Waldecks und Brandenburgs, ergänzt durch Statuen aus der Siegesallee in den Lücken.[8]

Bezogen sich die bisher vorgestellten Karikaturen und Satiren ausschließlich auf die preußische Landes- und Reichshauptstadt und speziell auf den Berliner Tiergarten, so hatte eine 1908 veröffentlichte Darstellung Gustav Brandts die Situation im gesamten Einflußbereich des Kaisers zum Thema (Abb. 5).[9] Die Abbildung trägt eine doppeldeutige Unterschrift: *Erstes Auftauchen von ›Kaiser-Wilhelms-Land‹*. Gemeint war Nord-Neuguinea (seit 1885 unter dem Namen ›Kaiser-Wilhelms-Land‹ deutsche Kolonie), gemeint waren aber zweifellos zugleich auch das von Wilhelm II. geprägte deutsche Reich und Preußen selbst. Der exotische Schauplatz stellt sich bis auf die wenigen Palmen im Vordergrund als getreues Spiegelbild Deutschlands dar: schnurgerade ›Siegesalleen‹ durchschneiden

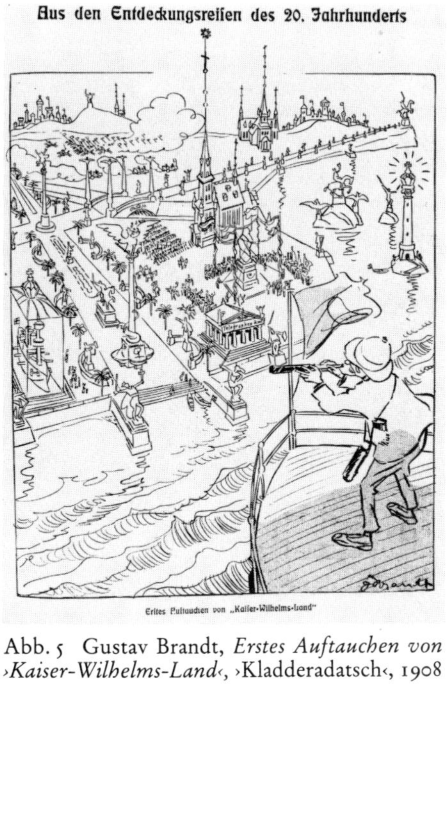

Abb. 5 Gustav Brandt, *Erstes Auftauchen von ›Kaiser-Wilhelms-Land‹*, ›Kladderadatsch‹, 1908

2 Auf ihre künstlerischen Qualitäten soll in diesem Rahmen nicht eingegangen werden.
3 S. 176. Der Maler und Illustrator A. Schmidhammer (1857–1912) war seit 1896 Mitarbeiter der *Jugend*.
4 *Kladderadatsch* 1904, S. 11; auch in: *Zeitschrift für bildende Kunst* NF 15, 1904, *Kunstchronik* Sp. 221 f. – Vgl. im übrigen das ähnliche Bild in: *Zukunft* 26, 1899, S. 274ff.
5 *Kladderadatsch* 1889, S. 186. Vgl. a. die Satiren in: *Kladderadatsch* 1899, S. 2, und in: *Kladderadatsch* vom 1.3.1908, 2. Beiblatt.
6 2. Beiblatt zum *Kladderadatsch* 1908, Nr. 34. L. Stutz (1865–1917) war mehr als 20 Jahre für diese Zeitschrift tätig gewesen.
7 Er hatte vom 6.-12.8.1908 in Berlin stattgefunden: *Historische Vierteljahresschrift* 11, 1908, 3. Heft, S. 417ff.
8 Es handelt sich hier um die verschiedensten Denkmäler im Zentrum Berlins wie im Tiergarten selbst.
9 *Kladderadatsch* 1908, Nr. 21, 1. Beiblatt. Der Zeichner Gustav Brandt (1861–1919) war Mitarbeiter des *Kladderadatsch*.

das Land, Adler- und Siegessäulen feiern dessen Ruhm, Reiterstandbilder und andere Denkmäler haben selbst winzige Inseln besetzt, und ein Leuchtturm mit der Kaiserkrone auf seiner Spitze ist zum richtungweisenden Reichssymbol geworden. Als Denkmal der Flottenpolitik Wilhelms II. sieht man am linken Bildrand ein Schlachtschiff auf hohem Sockel unter einem Baldachin, den die Reichskrone ziert. Schließlich sollen die am Horizont hinter zwei ›Gedächtniskirchen‹ sichtbaren Burgsilhouetten zweifellos auf die durch den Kaiser nachdrücklich geförderten Restaurierungen mittelalterlicher Burgen verweisen, die Wilhelm II. als Symbol alter deutscher Kaiserherrlichkeit und damit als werbende Kraft für die neue Monarchie zu gesteigerter ›Präsenz‹ ausgebaut wissen wollte. Zum Zeichen, daß dies nicht alles sei: die nächste Denkmalsenthüllung (genau in der Bildmitte) läßt nicht auf sich warten. Das einzuweihende Monument erhebt sich in der Nachbarschaft des Telegraphen-Amtes, eines die wilhelminische Architektur in ihrer anspruchsvollen Haltung treffend charakterisierenden Tempelbaues.

›Kaiser-Wilhelms-Land‹: eine Kopie Deutschlands, für das – so Arpad Schmidhammer in einer 1903 veröffentlichten Karikatur (Abb. 6) – die Begradigung des Rheins nur eine Frage der Zeit sei, und das die Errichtung so bedeutender Denkmäler wie Sekt-, Karnevals- und Katzen-Monumente am Rheinufer – in Abständen von 100 Metern! – ins Auge gefaßt habe.[10]

Alle hier genannten Bildsatiren wurden im ersten Jahrzehnt des 20. Jahrhunderts gezeichnet und publiziert. Auslösendes Moment für diese ironischen Angriffe auf die Denkmalfreudigkeit der Zeit ist ohne Zweifel die Vollendung der ›Siegesallee‹ im Berliner Tiergarten gewesen, die augenfälligste Vermehrung der ohnehin zahlreichen Denkmäler in der preußischen Hauptstadt. 1895 hatte Wilhelm II. ›seiner‹ Residenz ein großes Geschenk versprochen: »Als Zeichen Meiner Anerkennung für die Stadt und zur Erinnerung an die ruhmreiche Vergangenheit unseres Vaterlandes will Ich ... einen bleibenden Ehrenschmuck für Meine Haupt- und Residenzstadt Berlin stiften, welcher die Entwicklung der vaterländischen Geschichte von der Begründung der Mark Brandenburg bis zur Wiederaufrichtung des Reichs darstellen soll. Mein Plan geht dahin, in der Sieges-Allee die Marmor-Standbilder der Fürsten Brandenburgs und Preußens, beginnend mit dem Markgrafen Albrecht dem Bären und schließend mit dem Kaiser und König Wilhelm I., und neben ihnen die Bildwerke je eines für seine Zeit besonders charakteristischen Mannes, sei er Soldat, Staatsmann oder Bürger, in fortlaufender Reihe errichten zu lassen.«[11]

Schon 1901 war dieses ehrgeizige Denkmalsunternehmen abgeschlossen: insgesamt 32 Marmorgruppen (jeweils eine Regentenstatue, umgeben von einer halbrunden Marmorbank mit zwei Büsten) säumten nun die rund 500 Meter lange Allee (Abb. 7, 8). Wo es möglich gewesen war, nach authentischen Porträts zu arbeiten, hatte man dies getan. Fehlten jedoch solche Vorbilder – wie selbstverständlich für die mittelalterlichen Fürsten aus dem Hause der Askanier, Wittelsbacher und Luxemburger –, dann waren von den Künstlern Phantasie-Bildnisse geschaffen

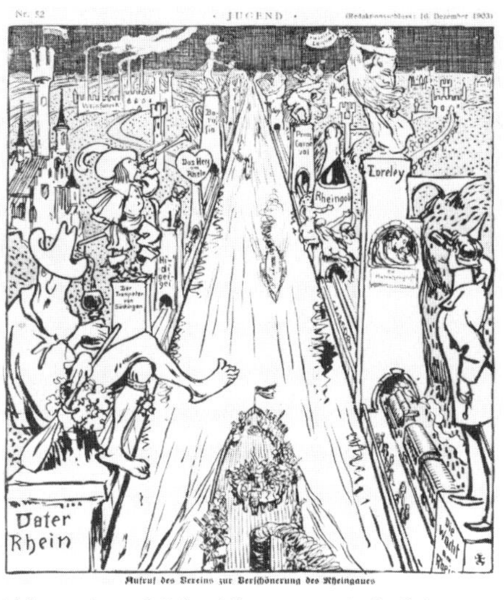

Abb. 6 Arpad Schmidhammer, *Aufruf des Vereins zur Verschönerung des Rheingaues*, ›Jugend‹, 1903

10 In: *Jugend* 1903, II, S. 970.

11 *Zentrales Staatsarchiv Merseburg, Hist. Abt. II*, 2.2.1. Nr. 31799, Bl. 57, 59, 60; der Wortlaut des Erlasses in der zeitgen. Literatur mehrfach abgedruckt. Im Unterschied zu diesem Plan wurden bei der Ausführung jeweils *zwei* Zeitgenossen des betreffenden Fürsten dargestellt.

12 Walter Schott, *Ein Künstlerleben und gesellschaftliche Erinnerungen aus kaiserlicher Zeit*, Dresden 1930, S. 127ff.

13 Cornelius Gurlitt, *Die deutsche Kunst des 19. Jahrhunderts*, Berlin 1899, S. 414f. Zu dem zit. Witz: Victor Laverrenz, *Neue Denkmalswitze*, Berlin 1898, S. 27f.

14 Titelblatt zur *Jugend* 1906, Nr. 9. – Der Zeichner und Kunstgewerbler Julius Diez (1870–1957) war seit Gründung der *Jugend* deren Mitarbeiter. Zum Vorwurf der Beliebigkeit, der einige Siegesallee-Denkmäler traf, vgl. *Kunst-Halle* 3, 1897, S. 203; und: Wilhelm Holzamer, *Die Siegesallee. Kunst-Briefe an den deutschen Michel*, Leipzig 1902, S. 26, 30.

Abb. 7 Ewald Thiel, *Die Berliner Siegesallee*, ›Illustrierte Zeitung‹, 1901

Abb. 8 Johannes Boese, *Gruppe Albrechts II. mit Hermann von Salza und Eike von Repgow*, Berlin, Siegesallee

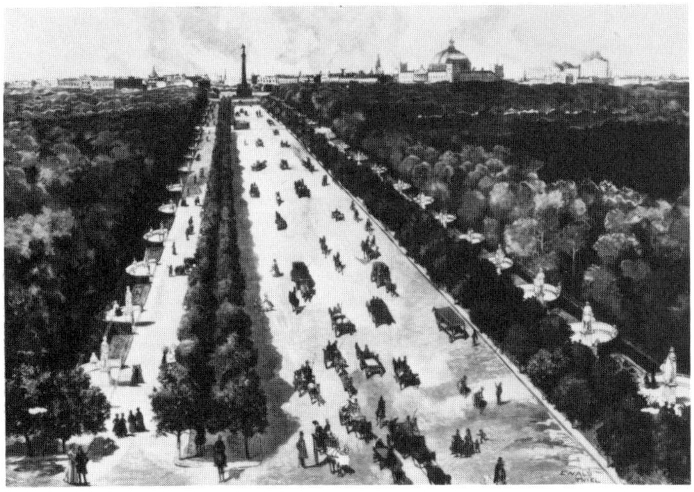

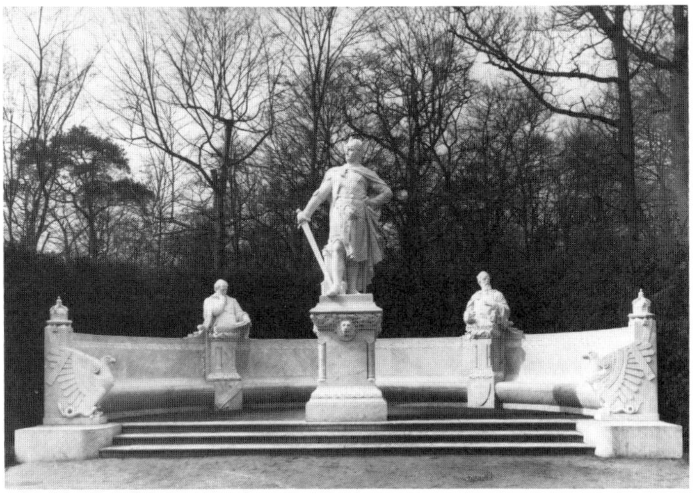

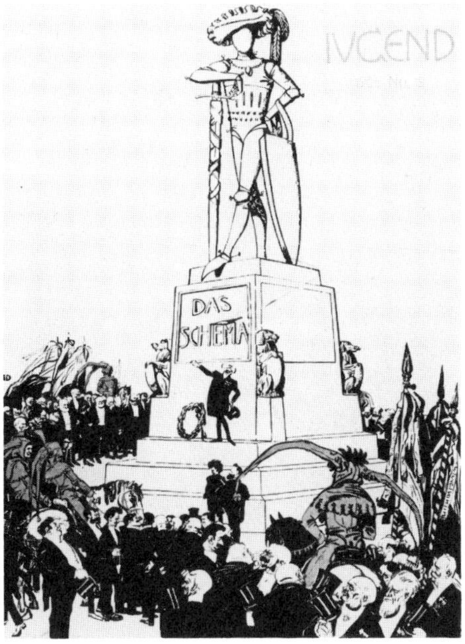

Abb. 9 Julius Diez, *Das Schema*, ›Jugend‹, 1906

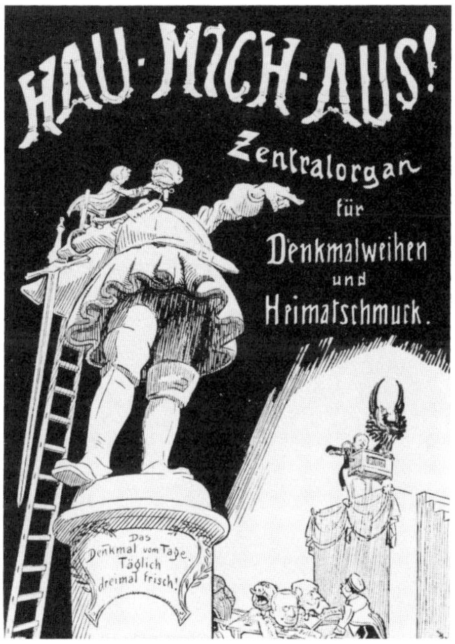

Abb. 10 *Hau-Mich-Aus!*, Titelbild eines Flugblattes von 1904

worden. So erinnerte sich Walter Schott, der die Gruppe Albrechts des Bären mit den Bischöfen Wiger von Brandenburg und Otto von Bamberg zu modellieren hatte, in aller Freimütigkeit: »Da von Otto von Bamberg sowohl wie von Wiger von Brandenburg gar nichts, von Albrecht dem Bären nur ein Siegel existierte, das ebensogut ein Pfund Wurst wie ein Gesicht darstellen konnte, so habe ich bei Albrecht dem Bären ein ganz klein bißchen in den Spiegel geguckt und meinen Kopf verwandt. Von Wiger von Brandenburg hatte ich mir die Vorstellung gemacht, daß es ein ganz magerer, halbverhungerter Priester gewesen sein müßte, da ja der Name schon so trocken und hart klingt und es in der Mark Brandenburg auch nicht so viel zu essen gegeben hat. Da der Name Otto von Bamberg schon so rund und behäbig klingt, er auch im Erzbistum Bamberg eine gute Futterstelle gehabt, habe ich mir von diesem die Vorstellung gebildet, daß er sehr behäbig und rund ausgesehen haben müsse.«[12]

Wie berechtigt erscheint da die Kritik Cornelius Gurlitts, der 1899 die Phrasenhaftigkeit der meisten Siegesallee-Gruppen und anderer Monumente beklagte: »Der Ausdruck der Köpfe kann nicht wirklich empfunden, die Bewegung der Körper muß gespreizt sein. Was stellt denn der vor? frag der Berliner Bummler. Siehst Du's denn nicht? Das linke Bein! lautet die Antwort.«[13] Als Kritik in diesem Sinne muß die Darstellung einer feierlichen Denkmalsenthüllung gesehen werden, die Julius Diez 1906 zeichnete (Abb. 9).[14] Den Zeitgenossen und kommenden Geschlechtern als Vorbild anempfohlen, erhebt sich in gestelzter Pose, gesichtslos und daher auswechselbar, das *Schema* auf seinem Podest – eine historisch verkleidete Ritterpuppe, wie man sie ähnlich in der Siegesallee sehen konnte. Als Nachempfindungen traditioneller Sockelfiguren erkennt man an den Ecken des Postaments wappenhaltende Affen – die geläufigen Sinnbilder ängstlicher Nachahmerei –, und auch die anwesenden Reiter im Narrenkostüm lassen keinen Zweifel am Überdruß des Karikaturisten angesichts der Stereotypie moderner Denkmalssetzungen.

Das Standbild ist zur leeren Formel geworden, zu einer beliebigen Figur, auf die nach Bedarf und »täglich dreimal frisch!« neue Köpfe geschraubt werden können, wie das Titelbild einer 1904 verbreiteten Flugschrift behauptete (Abb. 10).[15] Dieses ›Zentralorgan für Denkmalsweihen und Heimatschmuck‹ mit dem Titel *Hau-Mich-Aus!* zeigte auf seinem Umschlag eine monumentale kopflose Statue, in historischem Waffenkleid und mit gezücktem Schwert, die Linke befehlend ausgestreckt. Ein Bediensteter hat die Figur erklommen, um ihr das eben aktuelle, durch ein Namensschildchen bezeichnete Haupt zu verpassen: für die nächsten Stunden den Kopf des Herzogs von Arenberg, eines Freundes Wilhelms II.! Danach werden es die Häupter des Freiherrn von Mirbach – Kammerherrn Wilhelms II. und Oberhofmeisters der Kaiserin –, des Grafen von Pückler – Obermundschenks am Hofe – oder Albert Ballins sein, des Hamburger Reeders, der ebenfalls in engen Beziehungen zum Kaiser stand.[16] Doch in diesem Augenblick werden sie noch nicht gebraucht: zwei Lakaien schaffen sie auf einer Trage fort. Und was auch kommt: immer dreht im Hintergrund auf hohem Podium der Festredner seine Leier, auf der sich der stolzgeblähte Reichsadler niedergelassen hat. Im übrigen sind die Buchstaben des Flugblatt-Titels aus abenteuerlich verdrehten Beinpaaren gebildet – eine den Zeitgenossen sofort verständliche Anspielung auf das Aufsatz-Thema ›Die Beinstellung der Denkmäler in der Siegesallee‹, das 1901 Primanern des Berliner Joachimsthalschen Gymnasiums in allem Ernst gegeben worden war und alsbald in der Öffentlichkeit für Gelächter gesorgt hatte! Diese ohnehin schon als eine Karikatur sich darstellende, ›Byzantinismus‹ in hohem Maße verratende Angelegenheit hatte man in satirischen Schriften sofort aufs Korn genommen. Als Beispiel sei auf eine Parodie in der *Jugend* hingewiesen, wo fünf groteske Beinpaare der Siegesallee als Illustrationen zu darunter abgedruckten, benoteten »Schüleraufsätzen« zu sehen sind (Abb. 11).[17] Sie stehen für fünf Hohenzollernfürsten, die in diesen Texten – Parodien auf die tatsächlich geschriebenen Arbeiten – durch ironische Bein-Interpretationen verhöhnt werden.

Phrasenhaftigkeit, Banalität und Einfallslosigkeit wurden den Gruppen der Siegesallee mehr als einmal vorgeworfen: Emil Heilbut, Karl Scheffler und Ferdinand Avenarius mögen hier als Zeugen genannt sein.[18] Parallel dazu erschie-

15 Abgebildet bei: Friedrich Wendel, *Wilhelm II. in der Karikatur*, Dresden 1928, S. 43. Die Flugschrift wurde von der Sozialdemokratischen Partei verbreitet. Sie ist mir leider nur durch diese Abbildung bei Wendel bekannt geworden.

16 Vermutlich waren mit den hier zu lesenden Namen ›Pückler‹, ›Ballin‹, ›v. Mirbach‹ und ›v. Arenberg‹ eben diese Persönlichkeiten gemeint. Sollte diese Annahme richtig sein, dann wäre mit der Zeichnung zugleich auch der oft beklagte (s.u.) ›byzantinische‹ Zug vieler Monumente ironisiert worden.

17 In: *Jugend* 1901, II, S. 600. – Am Rande sei erwähnt, daß Wilhelm II. vier dieser Arbeiten durchgesehen und – ernsthaft! – kommentiert hat. R. E. Hardt (d.i. Rudolf Herrnstadt) entdeckte diese Schülerarbeiten und gab sie in dem Band *Die Beine der Hohenzollern*, Berlin 1960, heraus.

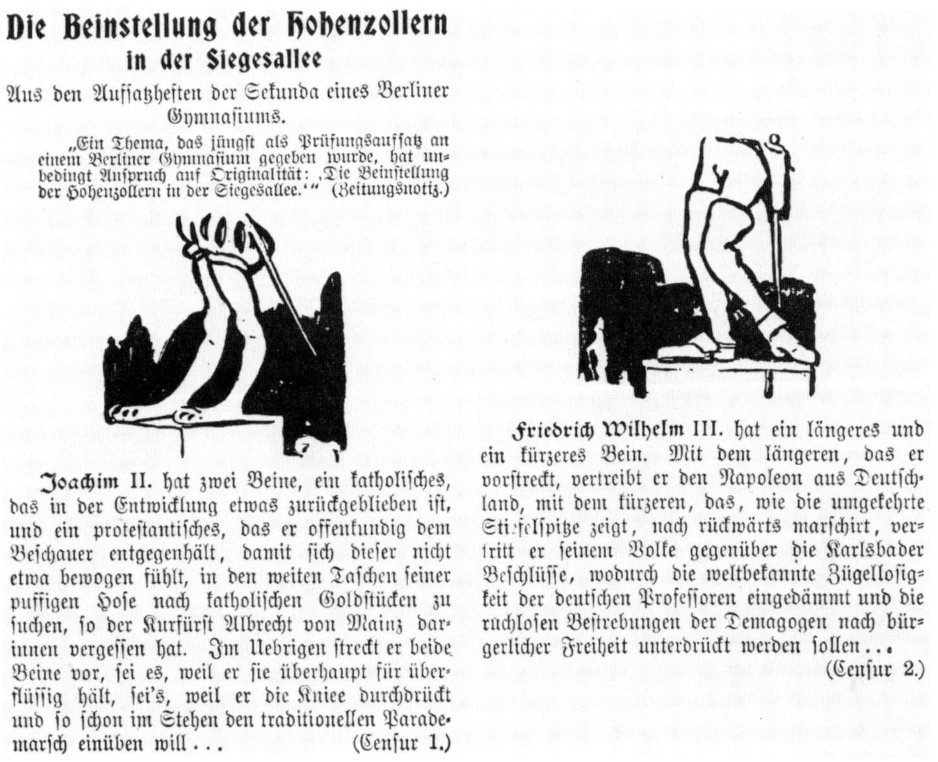
Die Beinstellung der Hohenzollern in der Siegesallee

Aus den Aufsatzheften der Sekunda eines Berliner Gymnasiums.

„Ein Thema, das jüngst als Prüfungsaufsatz an einem Berliner Gymnasium gegeben wurde, hat unbedingt Anspruch auf Originalität: ‚Die Beinstellung der Hohenzollern in der Siegesallee.'" (Zeitungsnotiz.)

Joachim II. hat zwei Beine, ein katholisches, das in der Entwicklung etwas zurückgeblieben ist, und ein protestantisches, das er offenkundig dem Beschauer entgegenhält, damit sich dieser nicht etwa bewogen fühlt, in den weiten Taschen seiner puffigen Hose nach katholischen Goldstücken zu suchen, so der Kurfürst Albrecht von Mainz darinnen vergessen hat. Im Uebrigen streckt er beide Beine vor, sei es, weil er sie überhaupt für überflüssig hält, sei's, weil er die Kniee durchdrückt und so schon im Stehen den traditionellen Parademarsch einüben will . . . (Censur 1.)

Friedrich Wilhelm III. hat ein längeres und ein kürzeres Bein. Mit dem längeren, das er vorstreckt, vertreibt er den Napoleon aus Deutschland, mit dem kürzeren, das, wie die umgekehrte Stiefelspitze zeigt, nach rückwärts marschirt, vertritt er seinem Volke gegenüber die Karlsbader Beschlüsse, wodurch die weltbekannte Zügellosigkeit der deutschen Professoren eingedämmt und die ruchlosen Bestrebungen der Demagogen nach bürgerlicher Freiheit unterdrückt werden sollen . . . (Censur 2.)

Abb. 11 *Die Beinstellung der Hohenzollern in der Siegesallee*, ›Jugend‹, 1901

nen Karikaturen, Glossen und gereimte Satiren, darunter die Mahnung der »Kunst an einige Berliner Bildhauer«:

»Nun steht der Letzte eurer Wadenhelden,
Als hätt ihn ein Konditor aufgepappt,
Und fertig ist, wie mir die Blätter melden,
Jetzt die Allee. Genehmigt und berappt.

Mich hat beim Anblick der frisierten Heerde
Ein stiller Ärger ab und zu gepackt,
Doch wußt' am Anfang ich, was daraus werde;
›Mal wieder theatralisch abgeschmackt.‹

Ich hab geschwiegen, ob Ihr auch gesündigt,
Und ob es täglich auch noch schlimmer kam,
Ich sah ja deutlich, wie man euch entmündigt'
Und noch das bißchen, was ihr hattet, nahm.

Doch eines muß ich ernstlich mir verbitten,
Daß m e i n e n Namen ihr mit Pathos nennt!
Gesteht es ehrlich, daß in eurer Mitten
Nicht einer sitzt, der mich persönlich kennt.

Ihr neuen Angelos in Gänsefüßchen,
Wenn ihr die Großen meines Reichs beschwört
Für eure Siegespüppchen, Kitschchen, Süßchen,
Will ich euch sagen, daß sich's nicht gehört.

Das duld' ich nicht. Sonst lebt gesund und heiter
Und wie bis dato ohne einen Dunst!
Und patzt und kitscht in Gottes Namen weiter!
Nur mich – verstanden? – laßt mit Ruh

Die Kunst!«[19]

Ähnlich eine Karikatur in der *Jugend*, die eine schwangere Frau beim Anblick zweier Statuen der Siegesallee zeigt und unter dem Titel *Unsere Zukunft liegt – in der Siegesallee* die folgende Erläuterung gibt (Abb. 12): »Im alten Athen betrachte-

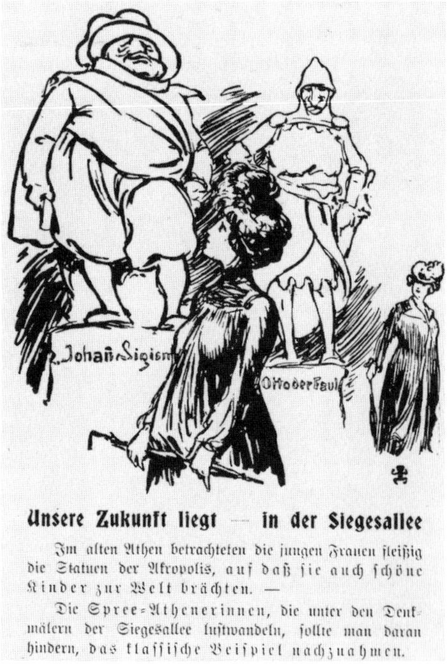

Abb. 12 Arpad Schmidhammer, *Unsere Zukunft liegt – in der Siegesallee*, ›Jugend‹, 1901

18 Emil Heilbut, »Die neuen Denkmäler«, *Kunst und Künstler 2*, 1903/4, S. 85 ff. – Karl Scheffler, *Berlin. Ein Stadtschicksal*, Berlin (3) 1910, S. 167, 196. – Ders., *Moderne Baukunst*, Berlin (2) 1907, S. 143 f. – Ders., »Die neue Kunst und die Siegesallee«, *Deutsche Bauhütte* 5, 1910, S. 109 ff. – Ferdinand Avenarius, »Hofkunst und andere Kunst«, *Der Kunstwart* 15, 1901/2, S. 85 ff., bes. S. 87. – Vgl. auch Paul Nathan, »Kunst und patriotische Erziehung«, *Die Nation* 17, 1899/1900, S. 365 ff. – Helene von Schweinitz, »Die Berliner Siegesallee«, *Die Gesellschaft* 14, 1898, III, S. 155 ff., bes. S. 158 ff.

19 In *Simplicissimus 6*, 1901/2, S. 331. Vgl. a.: *Simplicissimus* 6, 1901/2, S. 77; ebd., 1908, Titel zu Nr. 29; *Jugend* 1902, I, S. 18; ebd., 1902, II, S. 542; ebd., 1905, I, S. 420.

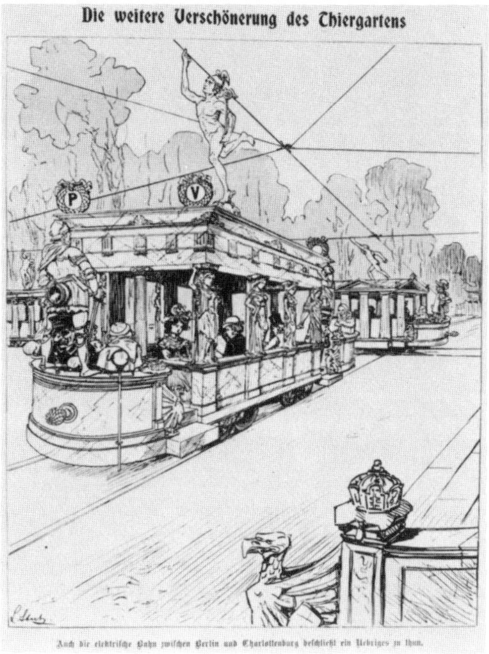

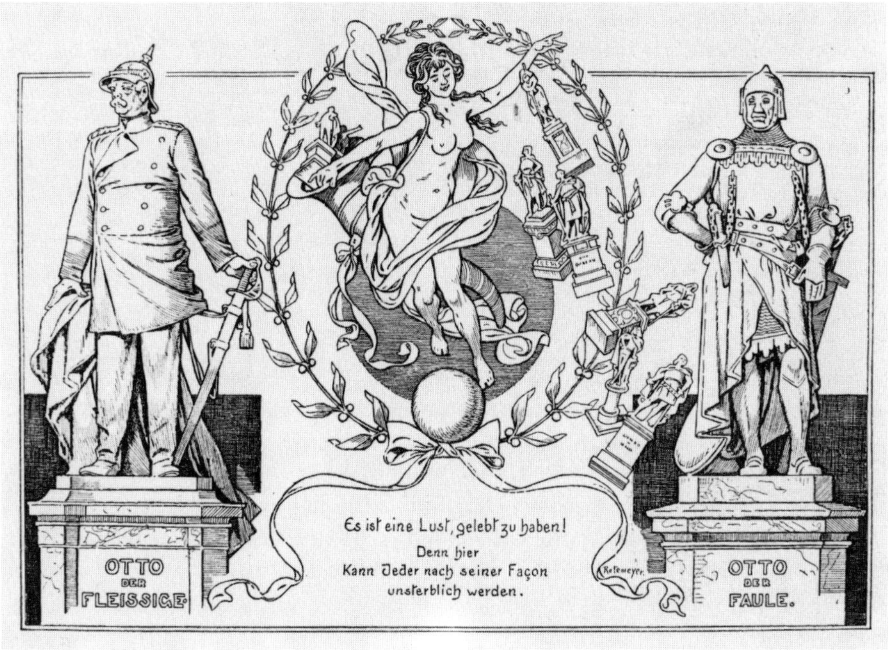

Abb. 13 Ludwig Stutz, *Die weitere Verschönerung des Thiergartens,* ›Kladdererdatsch‹, 1903

Abb. 14 Retemeyer, *Otto der Fleißige und Otto der Faule,* ›Kladderadatsch‹, 1901

ten die jungen Frauen fleißig die Statuen der Akropolis, auf daß sie auch schöne Kinder zur Welt brächten. – Die Spree-Athenerinnen, die unter den Denkmälern der Siegesallee lustwandeln, sollte man daran hindern, das klassische Beispiel nachzuahmen.«[20]

Hinter diesem eher vordergründigen Witz verbarg sich die von vielen geteilte Sorge um die Zukunft der deutschen Skulptur angesichts der Entwicklung der offiziellen, vom Kaiser protegierten Bildhauerkunst. Am 18. Dezember 1901 hatte Wilhelm II. die an der Siegesallee beteiligten Künstler zu einem Festmahl geladen und sich bei dieser Gelegenheit über den Wert und die Aufgabe dieses eben vollendeten Werkes geäußert. In scharfer Wendung gegen die ›Moderne‹ hatte er die Standbilder der Siegesallee als Zeugnis dafür gefeiert, daß die »Berliner Bildhauerschule auf einer Höhe steht, wie sie wohl kaum je in der Renaissancezeit schöner hätte stehen können«. Verbunden damit war seine nachdrückliche Forderung, auch in Zukunft die Renaissance und die Antike als Vorbilder zu achten. Noch sei die deutsche Bildhauerei »zum größten Teil rein geblieben von den sogenannten modernen Richtungen und Strömungen, noch (stehe) sie hoch und hehr da«. Diese »großen Grundsätze« dürfe man niemals aufgeben – denn »eine Kunst, die sich über die von Mir bezeichneten Gesetze und Schranken hinwegsetzt, ist keine Kunst mehr . . .«.[21]

Wie sich den kritischeren Zeitgenossen das Kunstideal Wilhelms II. und der tonangebenden Kreise darstellte, zeigte Ludwig Stutz 1903 mit der ›Enthüllung‹ von Plänen zur *weiteren Verschönerung des Thiergartens* (Abb. 13).[22] Als ihren Beitrag zur konsequenten Fortführung des Parkprogramms werde die Berlin-Charlottenburger Bahn neue Wagen einstellen: rollende Tempel, deren Dach von Karyatiden getragen und vom stromabnehmenden Hermes bekrönt wird und deren halbrunde Brüstungen Ritterfiguren mit flankierenden Büsten nach dem Muster der Siegesallee schmücken. Weitere Zierden sind stoßdämpfende Pinienzapfen, Reichsadler und Siegerkränze. Rechts im Vordergrund sieht man eine Haltestelle: auch sie eine ›Kopie‹ der Marmorbänke in der Siegesallee, wie der preußische Adler und die Krone auf den Seitenwangen der Sitzbank zu erkennen geben.

Doch zurück zum eigentlichen Thema: zu den Spottbildern über die preußische »Denkmalsmanie«, die »Krankheit . . . unserer Tage«.[23] 1901, im Jahr der Einweihung der Siegesallee, veröffentlichte der *Kladderadatsch* eine Zeichnung Retemeyers, die die Standbilder *Ottos des Faulen* (d.i. die erkennbar zitierte, von Adolf Brütt geschaffene Statue in der Siegesallee) und *Ottos des Fleißigen* (d.i. das ebenfalls genau wiedergegebene, 1901 von Reinhold Begas modellierte Bismarck-

20 In: *Jugend* 1901, II, S. 785; geschaffen von Arpad Schmidhammer (vgl. die »Frosch«-Signatur, die so auch in Abb. 3, 6 begegnet).
21 Die Ansprache Wilhelms II. abgedruckt bei Ernst Johann (Hrsg.), *Reden des Kaisers,* München 1966, S. 99ff.
22 *Kladderadatsch* 1903, Nr. 7, Beiblatt.
23 Karl Scheffler, *Berlin. Ein Stadtschicksal,* Berlin (3) 1910, S. 197.
24 *Kladderadatsch* 1901, Nr. 22, Beiblatt. – Über die Denkmälerflut speziell im Berliner Tiergarten stellte auch Viktor Laverrenz in seinem Büchlein: *Neueste Berliner Denkmals-Witze,* Berlin o.J., »humoristisch-satirische Betrachtungen« an.

Nationaldenkmal auf dem Berliner Königsplatz) zeigt (Abb. 14).[24] Beide Monumente rahmen eine Abundantia im Lorbeerkranz, die aus ihrem Füllhorn großzügig weitere Siegesallee-Denkmäler übers Land streut: »Es ist eine Lust, gelebt zu haben! Denn hier kann Jeder nach seiner Façon unsterblich werden« – wilhelminisierende Worte frei nach Friedrich dem Großen!

Die Aufstellung von fünf Bronzestatuen oranischer Fürsten des 16. und 17. Jahrhunderts auf der Terrasse des Berliner Schlosses (1907) bildete den Hintergrund zu der im selben Jahr gezeichneten Karikatur des Münchner Künstlers Erich Wilke (Abb. 15).[25] Während der Enthüllungsfeier dieser ebenfalls von Wilhelm II. gestifteten, ja, von ihm selbst entworfenen Denkmäler (zu identifizieren sind bei Wilke die Statuen Friedrich Heinrichs und Wilhelms III., von Adolf Brütt und Heinrich Baucke ausgeführt) hört man den Dialog zwischen einem hochdekorierten Preußen und einem fremden, in preußische Gepflogenheiten offenbar nicht eingeweihten Gast: »Was, gleich f ü n f e ?« – »Na, wegen e e n e m lassen wir'n Cylinder n i c h uffbügeln!« Und Albert Weisgerber ließ 1908 den Kaiser seinen »betrübten Sohn« vor dem Hintergrund eines Statuenwaldes fragen: »Warum bist Du so traurig, mein Sohn?« – »Ach, ich sehe, daß dereinst für m i c h kein Marmor mehr übrig bleiben wird!« (Abb. 16) – Worte, die deutlich auf eine angebliche Äußerung Alexanders des Großen anspielen! »Wenn die Nachricht einlief«, so Plutarch, »Philipp habe wieder einmal eine berühmte Stadt erobert oder einen glorreichen Sieg errungen, so vernahm (Alexander) sie mit finsterer Miene und sagte zu seinen Freunden: ›Alles wird mein Vater noch erobern, ehe ich so weit bin. Mir wird er nichts übriglassen, mit euch zusammen der Welt noch eine Heldentat zu zeigen‹.«[26]

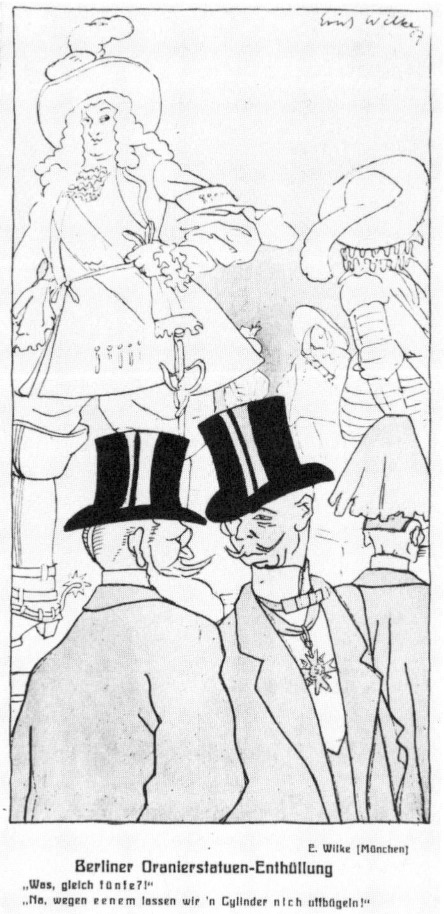

Abb. 15 Erich Wilke, *Berliner Oranierstatuen-Enthüllung*, ›Jugend‹, 1907

Nirgendwo sonst im Reich waren die Bildhauer damals tatsächlich so beschäftigt wie in Preußen und besonders in Berlin: so sah Olaf Gulbransson 1903 Anlaß, den Inhaber einer »Kunst-Bildhauerei mit Dampf-Betrieb« bei der Annahme einer telephonischen Denkmalsbestellung zu zeigen (Abb. 17).[27] »Zu Befehl! Also noch fünf Friedrich der Große, drei Kurfürsten und fünfzig Zentner Reichsadler. Danke alleruntertthänigst. Gehorsamsten Schluß!« Im Atelier des Künstlers lagern in Reihen viele Kopien von Statuen Wilhelms I. und Friedrichs III., auf einem Modellierbock sieht man den Entwurf zu einem Denkmal Friedrichs des Großen, und auch der Reichsadler fehlt nicht. Wort und Bild fügen sich hier zu einer unmittelbar anschaulichen Satire zusammen. Auf den problematischen Charakter des modernen und – wie manche meinten – zur Dutzendware herabgesunkenen Denkmals verweist nicht nur die geschilderte Situation, die die Auftragserteilung an den Künstler als einen per Telephon zu erledigenden, rein geschäftsmäßigen Vorgang erscheinen läßt. Darauf deuten ebenso die Charakterisierung der ›Ware‹ selbst als eines abholbereiten Massenartikels und die Bezeichnung des Ateliers als eines Dampf-Betriebs. In diesem Falle scheint Gulbransson übrigens an eine ganz bestimmte »Kunst-Bildhauerei« gedacht zu haben: die Gesichtszüge des telephonierenden Künstlers erinnern unmittelbar an Reinhold Begas, der von Wilhelm II. geschätzt und durch viele Denkmalsaufträge für Berlin ausgezeichnet wurde.[28]

Deutlich spiegeln sich in diesen Bildsatiren Klagen, wie sie auch von Kunstkritikern und Kunsthistorikern vorgebracht worden waren: »Ganz Deutschland ist übersät mit den allerlangweiligsten Königen, Generälen, Kirchenfürsten, Staatsmännern, Dichtern, Gelehrten und Künstlern, um die sich im Grunde von dem Augenblick an, in dem die Bildsäule enthüllt ist, kein Mensch mehr kümmert . . . Die Nation hat wie ein Fürst gewirtschaftet, der mit seinen Orden oder Titeln zu freigebig ist; sie hat ihre Ehrungen im Wert heruntergebracht«, stellte Cornelius Gurlitt 1899 mit Bitterkeit fest.[29]

Was die Nation, genauer: Teile der Nation, bewogen hat, in so großem Umfang Denkmäler zu setzen, kann hier nicht im einzelnen dargelegt werden. Hinzuweisen wäre in diesem Zusammenhang etwa auf Richard Muther, der byzantinistisches Strebertum konservativer Kreise am Werke sah und scharf verurteilte, oder auf Karl Scheffler, der die Rivalität zwischen Krone und Bürgertum als Ursache für die Denkmalsflut bezeichnete: »Das Straßendenkmal als Selbstzweck existiert erst – wenn man von wenigen Beispielen der Renaissance, die sich aber auch politisch erklären lassen, absieht –, seitdem der Absolutismus durch demokratische Regie-

25 *Jugend* 1907, I, S. 523. Erich Wilke (1879–1936) war ständiger Mitarbeiter der *Jugend*, des *Simplicissimus* und der *Lustigen Blätter*. – Zu den Oranier-Statuen vgl. Paul Seidel, *Der Kaiser und die Kunst*, Berlin 1907, S. 171 ff.

26 *Jugend* 1908, I, S. 600. Der Maler Albert Weisgerber (1878–1915) war Mitarbeiter der *Jugend*. Die Äußerung Alexanders: Plutarch, *Griechische Heldenleben*, hrsg. und übertr. von Wilhelm Ax, Stuttgart 1953, S. 173. Vgl. a.: Plutarch, *Große Griechen und Römer*, eingeleitet und übersetzt von Konrat Ziegler, Bd. 5, Zürich/Stuttgart 1960, S. 11.

27 *Simplicissimus* 1903/4, Nr. 10, als Kontrastbild zu einer Münchner Atelierszene. Gulbransson (1873–1958) war seit 1902 als Mitarbeiter des *Simplicissimus* tätig.

28 Man denke etwa an die Monumente für Alexander v. Humboldt (1877/83), für Bismarck (1896/1901), für Wilhelm I. (1892/97), sowie an zwei Gruppen der Siegesallee, für deren künstlerische Konzeption Begas verantwortlich gewesen war.

29 Cornelius Gurlitt, *Die deutsche Kunst des 19. Jahrhunderts*, Berlin 1899, S. 406 f., ähnlich S. 411. – S.a.: Ferdinand Avenarius, »Denkmäler«, *Der Kunstwart* 15, 1901/2, S. 317 ff. – Zur literarischen Denkmalskritik: Hans-Ernst Mittig, »Über Denkmalkritik«, H.E. Mittig und V. Plagemann (Hrsg.), *Denkmäler im 19. Jahrhundert* (Studien zur Kunst des 19. Jahrhunderts Bd. 20), München 1972, S. 283 ff., bes. S. 287 f.

rungsformen verdrängt worden ist, seit die Fürsten trotzig Ahnenbilder ihrer Geschlechter den Bürgern vor Augen stellen und die Bürger diese Herausforderung durch die Denkmalsverherrlichung ihrer politischen und geistigen Führer erwidern. In diesem Wetteifer bleibt nicht der kleinste Platz frei. Der Gedanke des Straßendenkmals ist nicht ein Produkt von Kunsterwägungen, sondern von pädagogischen Tendenzen im Dienste irgendwelcher Parteien.«[30] Zweifellos sind Muther und Scheffler jeder zu einem Teil im Recht gewesen, und in gleichem Maß, wie die Denkmalssetzungen selbst als politische Demonstrationen zu verstehen sind, müssen auch deren bildsatirische Beurteilungen als mehr oder weniger verschleierte politische Angriffe betrachtet werden. In unserem Zusammenhang sollen jedoch die politisch und ästhetisch begründeten Denkmalskarikaturen nicht auf ihre Berechtigung hin untersucht werden. Von Interesse ist hier allein die Frage, ob der höhnische Vorwurf einer »Denkmalsinflation« mit Recht erhoben werden konnte. Müssen Zeichnungen wie die eingangs vorgestellte Vision vom *Thiergarten im Jahre 1915* (Abb. 3) als groteske Zerrbilder, als durch und durch tendenziöse Gegenpropaganda angesehen werden, oder spiegelt sich in ihnen – mit gewissen pointierenden Übertreibungen – die Wirklichkeit?

Schon ein Blick über den damaligen Denkmälerbestand des Tiergartens zeigt, daß der Spott wohl keineswegs unbegründet gewesen ist. 1910 konnte das Berliner Publikum in dem etwa 230 Hektar großen Park ungefähr sechzig Monumente besichtigen: Statuen von Hohenzollernfürsten und deren Frauen, von Musikern, Dichtern und Philosophen, von Staatsmännern und Militärs, sowie Gedenksteine und Brunnen, allegorische und mythologische Gruppen – nicht eingerechnet die 32 Denkmalsbänke der Siegesallee mit ihren 96 Figuren bzw. Büsten![31] Überdies spazierten sie auf Wegen und über Plätze, die durch ihre Benennungen ebenfalls zu Denkmälern geworden waren: man denke an den ›Großfürsten‹- und den ›Kurfürsten‹-Platz, den ›Alsen‹- und den ›Königs‹-Platz, an die ›Rousseau‹- und die ›Luisen‹-Insel, an die ›Bismarck‹-, ›Moltke‹-, ›Roon‹-, ›Herwarth‹- und ›Alsen‹-Straße, an das ›Kronprinzen-Ufer‹, die ›Sieges‹- und die ›Friedens‹-Allee.

Darüber hinaus sind aber auch die vielen in der Öffentlichkeit lebhaft diskutierten Pläne zu berücksichtigen, die eine monumentale Ausgestaltung des Tiergartens

30 Karl Scheffler, *Moderne Baukunst*, Berlin (2) 1907, S. 128. – Richard Muther, »Die Denkmalseuche«, ders., *Aufsätze über bildende Kunst*, II, Berlin 1914, S. 59ff. – Vgl.a.: Graf E. Reventlow, *Kaiser Wilhelm II. und die Byzantiner*, München (2) 1906, S. 167. – *Unser Kaiser und sein Volk. Deutsche Sorgen. Von einem Schwarzseher*, Freiburg/Leipzig (4) 1906, S. 143. – Mittig (wie Anm. 29), S. 287.

31 Die Zahl der Tiergarten-Monumente ergibt sich aus den Übersichten bei: Ferdinand Meyer, »Der Berliner Tiergarten«, *Der Bär* 18, 1892, S. 187ff. – Hermann Müller-Bohn, *Die Denkmäler Berlins in Wort und Bild*, Berlin 1905. – Irmgard Wirth, *Die Bauwerke und Kunstdenkmäler von Berlin: Tiergarten*, Berlin 1955, S. 198ff.

Abb. 16 Albert Weisgerber, *Der betrübte Sohn*, ›Jugend‹, 1908

Abb. 17 Olaf Gulbransson, *Zu Berlin*, ›Simplicissimus‹, 1903

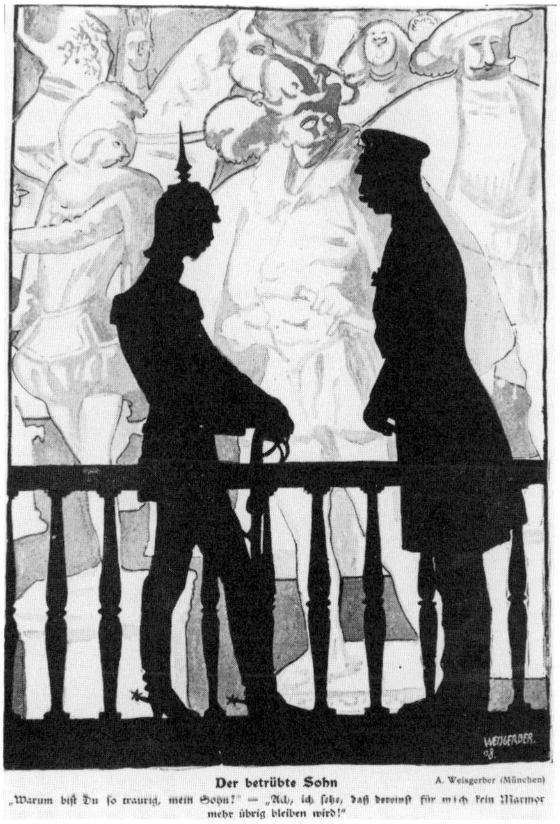

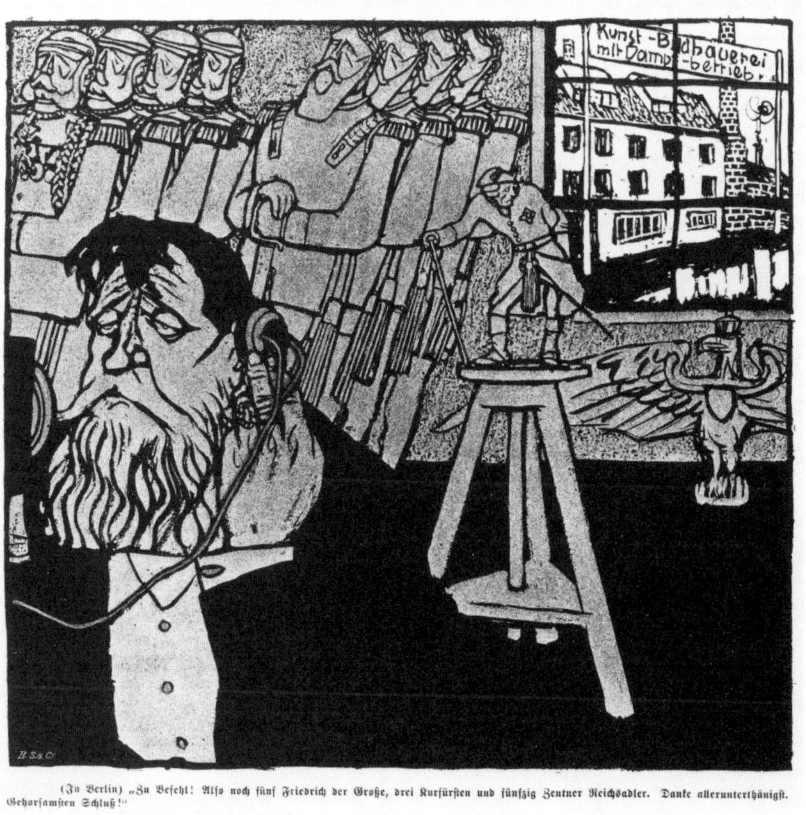

und des Königsplatzes zum Gegenstand gehabt haben. Es waren hochfliegende, die Grenzen des Phantastischen streifende oder schon hinter sich lassende Bauentwürfe darunter, aus den verschiedensten Anlässen seit den siebziger Jahren des 19. Jahrhunderts geschaffen. Nationale Forumsanlagen sollten nicht nur in Verbindung mit dem projektierten Bau des Reichstages (ab 1871), sondern auch im Zusammenhang mit der geplanten Errichtung des Nationaldenkmals für Wilhelm I. (ab 1888) angelegt werden. Zu nennen wäre etwa als ein Beispiel von vielen der 1888 von dem Bildhauer Otto Lessing entwickelte Vorschlag, »aus dem ganzen zwischen dem Großen Stern und dem Brandenburger Tor liegenden Tiergartenteil einen durch monumentale Kunstwerke zu schmückenden Nationalpark zu machen, in dessen Mitte – an der Kreuzung der Charlottenburger Chaussee mit der Siegesallee – ein domartiges Pantheon, als Stätte künftiger nationaler Feierlichkeiten sich erheben soll.[32]

Solche Ideen übertraf ein Konzept des Bildhauers, Malers und Dichters Gustav Eberlein.[33] Seine Vision eines Berlin im 21. Jahrhundert war zweifellos im Zusammenhang mit der Einweihung der Siegesallee entstanden, für die er selbst zwei Gruppen (Friedrich Wilhelm III. und Friedrich I./III.) beigesteuert hatte. Den gesamten Tiergarten wollte Eberlein in einen Denkmalspark umwandeln. Dabei plante er im einzelnen, auf dem Königsplatz – als Pendant zum Reichstagsgebäude – eine ›Akropolis‹ zu errichten, gebildet aus einem Museum, einem Mausoleum des Kaiserhauses, vielen Brunnen, Säulenhallen und einer Unzahl von Denkmälern. Die Siegesallee sollte an ihrem Wendepunkt beim Kemperplatz von zwei monumentalen Denkmalsnischen flankiert und an ihrem Schnittpunkt mit der Charlottenburger Chaussee von einem mächtigen Triumphbogen unterbrochen werden. Am Großen Stern wollte der Künstler das triumphbogenartige Monument für Wihelm II. errichtet wissen; darüber hinaus war an eine beträchtliche Erweiterung des ohnehin schon so umfangreichen Denkmälerprogramms im Tiergarten gedacht. »Tabularien« (also wohl Archive für Staatsurkunden), Mausoleen und Kapellen, Büsten sowie Statuen von Schopenhauer, Nietzsche, Helmholtz, Siemens, Röntgen, Ranke, Menzel, Böcklin und weiteren Persönlichkeiten der Wissenschaft, Kunst und Industrie, sowie schließlich ein Tempel mit dem Bildnis Mommsens sollten von der Verehrung des dankbaren Vaterlandes zeugen. Daß der Bildhauer in allem Ernst auf eine Verwirklichung seiner Imagination gehofft zu haben scheint, zeigen die bruchstückhaft erhaltenen, sorgfältig durchgearbeiteten Gipsmodelle einzelner dieser Monumente.[34]

Vor diesem Hintergrund erweist sich die Vision Arpad Schmidhammers (Abb. 3) doch nicht mehr als das groteske, wirklichkeitsferne Zerrbild, als das sie sich auf den ersten Blick darzustellen scheint: Am Beispiel des Berliner Tiergartens konnte am überzeugendsten vor den Auswüchsen des modernen Denkmalskultes gewarnt werden, weil diese Auswüchse hier am deutlichsten als Realität bzw. als ernsthafte Denkbarkeit vor Augen standen. Es zeigt sich an dieser Bildsatire pars pro toto, daß Karikatur niemals auf eine völlig phantastische Übertreibung aus gewesen ist und aus sein darf. Was sich in ihr offenbart, sind die scharf zu Ende gedachten Möglichkeiten einer Epoche, einer Situation, eines Menschen – je nachdem. Verhielte es sich anders, so hätten die jeweiligen Zeitgenossen ohne jede Betroffenheit immer nur gelacht.

32 *Deutsche Bauzeitung* 1888, S. 162. Ferner zum Plan Lessings: *Der Bär* 1888, S. 370; *Wochenblatt für Baukunde* 1888, S. 27 f. – Zum Bau einer Forumsanlage im Zusammenhang mit dem Reichstagsbau vgl. den 1876 entworfenen Plan von F. O. Kuhn: *Zeitschrift für bildende Kunst* 12, 1877, S. 156ff., und: *Deutsche Bauzeitung* 1876, S. 289. – Hinzuweisen ist aber auch auf Projekte für den 1908 ausgeschriebenen Wettbewerb zur Erlangung eines Grundlinienplanes für Groß-Berlin, unter denen der Entwurf eines Reichsforums von Möhring/Eberstadt/Petersen herausragte: *Deutsche Bauzeitung* 1910, S. 171ff., *Der Städtebau* 1911, S. 19; ebda 1913, S. 6ff.; *Der Profanbau* 1910, S. 298 und Abb. S. 307; *Zentralblatt der Bauverwaltung* 1910, S. 275f.

33 Veröffentlicht in: Gustav Eberlein, *Michelangelo*, o.O., o.J. (1905), S. 165ff. – Sarkastisch besprochen in: *Zukunft* 38, 1902, S. 261f.

34 Im Depot des Stadtmuseums Hannoversch-Münden. Einzelne Modelle abgeb. in Eberleins genanntem Werk (Anm. 33), S. 187 bis 189, sowie in: Adolf Rosenberg, *Eberlein*, Bielefeld/Leipzig 1903, Abb. 92. – Ob Eberlein den ebenfalls fiktiven ›Spaziergang von der Kaiser-Wilhelm-Brücke bis zur Weltausstellung‹, dargestellt in Briefen eines Anonymus, gekannt hat? Dort war offenbar in allem Ernst von einer ähnlich umfangreichen Ausgestaltung des Tiergartens und Königsplatzes mit Ruhmeshalle, Denkmaldom, architektonischen und plastischen Monumenten phantasiert worden (erschienen in Berlin 1889, S. 15ff.).

Gertrud Vowinckel-Textor

Der *New Yorker* und seine Bedeutung für die moderne humoristische Zeichnung, den Cartoon

»There is something consecutive about the drawings in the *New Yorker*, like salted almonds. You finish with one and you must go right on to the next just as quickly as possible.«

Robert Benchley, *The Fourth New Yorker Album*, 1931

I

Im Februar des Jahres 1925 erschien die erste Nummer des Wochenmagazins *The New Yorker* mit dem Titelbild eines Dandy (Eustace Tilley darstellend). Begründer der Zeitschrift war Harold Ross[1], der bis zu seinem Tod maßgeblicher Redakteur war. Die Konzeption und der Tenor der Publikationen wurden sehr weitgehend von ihm bestimmt und von seinem Nachfolger William Shawn seit 1951 modifiziert beibehalten.

Autor des Titelbildes und der Titelvignette (Abb. 1), die als eine Art Schutzmarke des *New Yorker* fungiert, war Rea Irvin, ein Zeichner der ersten Generation von Mitarbeitern.

Harold Ross hatte den *New Yorker* gegründet, um mit ihm ein kulturelles, kritisches Presseorgan zu schaffen. Der damalige innere Aufbau der Zeitschrift wurde bis zum gegenwärtigen Zeitpunkt kaum verändert:

Das Titelbild (Cover) ist farbig und wird von einem der Karikaturisten entworfen, die als feste oder freie Mitarbeiter für den *New Yorker* tätig sind.

»Goings on about Town« soll ein kommentiertes Kalendarium der wichtigsten Ereignisse in New York sein. Kleinere vignettenartige Zeichnungen, zum Teil humoristischer Art, sind locker zwischen die Spalten eingefügt. Getrennt aufgeführt werden: Theater, Nachtleben (Clubs, Diskotheken, Restaurants etc.), Kunst (Galerien, Museen, Ausstellungen) Musik, Sport, Verschiedenes, Film.

Mit »The Talk of the Town« kommentiert man ausführlicher einzelne Ereignisse. Die eingefügten humoristischen Zeichnungen sind ohne inhaltlichen Bezug zum Text.

In lockerer Anordnung ineinandergreifend folgen Textbeiträge, Gedichte und Zeichnungen der verschiedenen Autoren, die nur zum Teil als feste Mitarbeiter für den *New Yorker* arbeiten.[2] Nur in Ausnahmefällen fungieren die Zeichnungen hier als Illustration zu den Texten.[3]

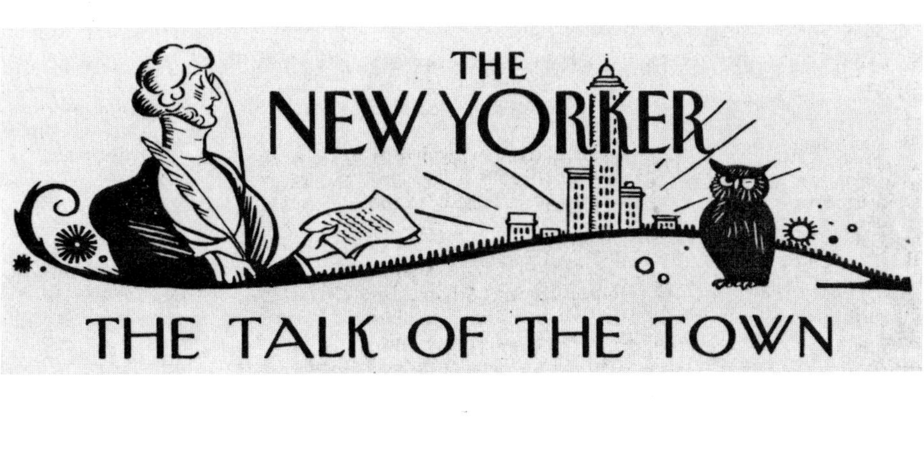

Abb. 1 Rea Irvin, *The Talk of the Town*, Signet des ›New Yorker‹, 1925

1 Harold Wallace Ross (1892–1951), Herausgeber von *Stars and Stripes* (1917–19), *American Legion Weekly* (1919–23) und *Judge* (1924). Über die wohl außergewöhnliche Persönlichkeit des Chefredakteurs hat sehr persönlich sein Mitarbeiter in der Redaktion und Autor James Thurber in dem Buch *The Years with Ross*, Boston, Toronto 1959, berichtet. Zum 50. Geburtstag des *New Yorker* erschien: Brendan Gill, *Here at the New Yorker*, New York 1975. Eine Dissertation über den *New Yorker* von Reinhard Wagner wurde 1983 als abgeschlossen angekündigt.

2 An dieser Stelle konnten eine Reihe später berühmt gewordener Schriftsteller Texte und Gedichte sowie Essays erstmalig veröffentlichen: z.B. Truman Capote, Vladimir Nabokov, J.D. Salinger, John Updike, John Cheever, Rachel Carson, James Baldwin, Hannah Arendt u.a. Feste Mitarbeiter waren über Jahre hin Autoren wie Robert Benchley, Alexander Woollcott, Ogden Nash, Dorothy Parker u.a.

3 Vgl. Clarence Day, *Scenes from the Mesozoic*, frühe 30er Jahre, *The New Yorker Album* (1925–50), New York 1951.

4 Zuständig für »The Talk of the Town« war E.B. White, für Kunstkritiken Harold Rosenberg, für die »Letters from Wahington« Richard Rovere, für Literaturkritik Edmund Wilson etc.

5 Eine Folge von Artikeln über den Kunsthändler Duveen von S.N. Behrman erschien 1951/52 im *New Yorker* und wurde begleitet durch Zeichnungen von Saul Steinberg. (In Buchform *Duveen by S.N. Behrmann*, New York 1952).
Als Zeichner wurde z.B. Saul Steinberg *A Reporter at Large* 1944/45 für die Kriegsschauplätze in Europa und Asien, später 1946 Kommentator des Nachkriegsdeutschlands und der Nürnberger Prozesse.

Die Rubriken »A Reporter at Large«, »The Current Cinema«, »The Art World«, »Letter from ...«, »The Race Track«, »The Sporting Scene«, »On and off the Avenue« und »Books« sind wiederum Beiträge, die als kritische Berichterstattung zu den jeweiligen Bereichen verstanden werden. Sie sind regelmäßiger Bestandteil der Zeitschrift und werden von einem festen Mitarbeiterstab verfaßt.[4] Auch hier sind im Ablauf der Texte immer wieder humoristische Zeichnungen oder Vignetten eingestreut.

In den »Profiles« werden bekannte Persönlichkeiten aus Kultur und Gesellschaft porträtiert und vor allem karikiert (Abb. 2). Wie unter anderem auch in der Rubrik »A Reporter at Large« werden hierzu Literaten und Zeichner gleichrangig herangezogen.[5]

In der Geschichte des *New Yorker*, der sich erst in den letzten Jahren mehr mit politischen Ereignissen auseinandersetzte, hat es nur eine Nummer gegeben, in der dieses Grundkonzept negiert wurde: Es war die Augustnummer des Jahres 1946, in der John Hershey die amerikanische Öffentlichkeit über die Vorgänge in Hiroshima erstmalig und genau informierte. Dafür konnte er ein ganzes Heft in Anspruch nehmen.[6]

2

Bei einer Charakterisierung der Zeitschrift *The New Yorker* und seiner Konzeption als humoristisches und kulturelles Wochenblatt zugleich soll hier zunächst auf die Zielsetzung und gesellschaftliche Funktion zur Zeit ihrer Gründung im Jahre 1925 eingegangen werden.

Wenn der *New Yorker* bis zum gegenwärtigen Zeitpunkt als ein Presseorgan der städtisch-industriellen Gesellschaft und insbesondere der gehobenen Einkommensklassen und Bildungsschichten bezeichnet werden kann, so ist dies auch als Fortführung einer in der Gründungszeit aktuell gesellschaftspolitisch motivierten Konzeption zu begreifen. Denn bereits die Gründung einer derartigen Zeitschrift ist Resultat eines Prozesses gesellschaftlicher Auseinandersetzung im Amerika der zwanziger Jahre, die als »Auseinandersetzung zwischen der ländlichen, angelsächsisch-protestantischen Bevölkerung und der städtisch-industriellen unter Führung von Intellektuellen, Technikern und Wirtschaftlern« in einer Ära des ›Big-Business‹ charakterisiert wurde.[7]

Das weitestgehend unpolitische Magazin bestätigte das Selbstverständnis dieser neuen Gesellschaftsschicht und war andererseits Produkt einer neuen Generation, die, als ›Lost Generation‹ bezeichnet, in enger Verbindung zum *New Yorker* stand. William Murrell charakterisiert diese Generation und macht sie allein verantwortlich für die thematischen Schwerpunkte und die Art der humoristischen Interpretation im *New Yorker*.[8]

Auch im Gesamtzusammenhang der Kunstentwicklung in den USA kommt die Gründung der Zeitschrift *New Yorker* und ihre spezifische Tendenz dem Bedürfnis nach einem neuen Selbstbewußtsein entgegen. Nach dem Eklat, den die Armory Show im Jahre 1913 ausgelöst hatte, war der Weg zu einer Neureflexion des eigenen Standpunktes bereitet. In der Gruppe der Künstler und Literaten, die für den *New Yorker* arbeiteten, wurde die Tendenz zur Loslösung von der europäisch geprägten, akademistischen Tradition durch Auswahlprinzip und Niveauanspruch der Zeitschrift unterstützt und gefördert.

Zugleich wurde mit einzelnen Künstlerpersönlichkeiten die unmittelbare Beziehung zu den progressiven Kunstströmungen der Zeit hergestellt. So wird Al Frueh (Abb. 2), der die Titelzeichnung zu Marcel Duchamps Zeitschrift *The Blindman* lieferte, zum ständigen Mitarbeiter des *New Yorker*.[9]

Andere Zeichner gehören der seit ca. 1909 aktiven Gruppe realistischer und sozial engagierter Künstler an, deren Interesse den bildnerischen Möglichkeiten des städtischen Lebens galt. Auch bei ihnen mischte sich Ironie zur Kritik.[10]

Eine enge Beziehung des *New Yorker* mit dieser Kunstströmung wird offenkundig, wenn man die engagierten Beiträge von Reginald Marsh betrachtet. Stilistisch wie auch mit abgeschwächter Tendenz inhaltlich stehen Peter Arno und William

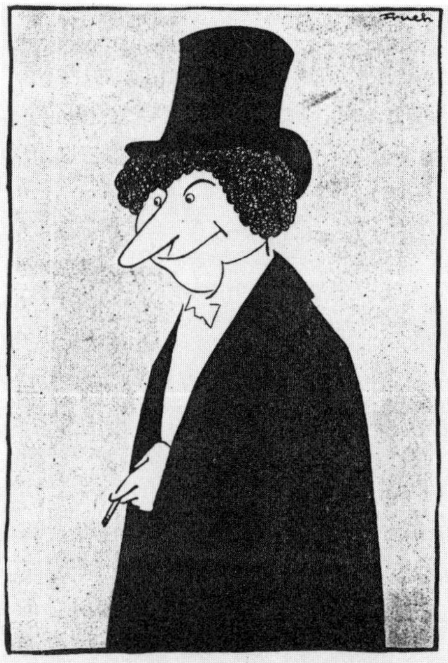

"ANIMAL CRACKERS"
The superbly turned out gentleman pictured above is the Marx called Harpo, the silent one of that remarkable family of clowns whose current idiocies are on exhibition at the Forty-fourth Street Theatre.

Abb. 2 Al Frueh, *Harpo Marx*, frühe dreißiger Jahre

6 1952/53 berichtete Richard Rovere in den »Letters from Washington« über die McCarthy Hearings, 1963 erschien Hannah Arendts Essay-Serie »Eichmann in Jerusalem«.
Über die Vorgänge im Vietnam-Krieg berichteten und kommentierten Autoren wie Robert Shaplen, Daniel Lang, Jonathan Shell und Frances Fitzgerald (»Fire in the Lake«).

7 Zitat aus *dtv Atlas zur Weltgeschichte*, Bd. 2, (6) 1971, S. 145.

8 William Murrell, *History of American Graphic Humor*, Bd. II, New York 1938, S. 200ff. Wesentliche Charakteristika in der Darstellung Murrells bezüglich der redaktionellen Tendenz und Zielgruppe des *New Yorker*: Die leicht banalisierende Kritik bei hohem intellektuellem Anspruch und die politische wie gesellschaftliche Verhältnisse einseitig negierende Tendenz in Themenwahl und humoristischer Pointierung werden von anderen Autoren wie u.a. Stephen Becker und E.E. Herbert/Winslow Ames bestätigt. Sie relativieren zugleich die bei Murrell untergründig anklingenden Bewertungsmaßstäbe. – Stephen Becker, *Comic Art in America*, New York 1959, S. 123ff. und E.F. Herbert/Winslow Ames, »Caricature and Cartoon«, *Encyclopaedia Britannica* (1968), Bd. 4, S. 905–15, S. 912. – Auch in gegenwärtiger Beurteilung der Zeitschrift als humoristisch-kritisches Magazin im Vergleich zu anderen satirischen Presseorganen kann nicht geleugnet werden, daß der *New Yorker* eine unter den gewandelten Verhältnissen modifizierte, aber bestätigende Rolle für die entsprechende Gesellschaftsschicht einnimmt.

Steig, sowie John Held, Ralph Barton, Carl Rose und andere dieser Bewegung nahe.

Positiv in heutiger Sicht muß das kulturelle Engagement und die liberale Haltung des *New Yorker* bewertet werden, die Einfluß und Wert dieser Zeitschrift auch gegenwärtig ausmachen.[11]

Der intellektuell anspruchsvollen Konzeption im literarischen Journalismus der Zeitschrift versuchte man durch ein entsprechendes Auswahlprinzip für die graphischen Beiträge gerecht zu werden. Die Künstler des *New Yorker* zeichneten sich dementsprechend durch Originalität der einzelkünstlerischen Inhalte und künstlerisch-technische Qualität aus.[12] Die Kontinuität, mit der diese einmal herangezogenen Künstler zur Mitarbeit aufgefordert wurden, machte es möglich, daß eine für den *New Yorker* typische Form humoristischer Kunst sich herausbilden konnte, deren Einfluß in Amerika unmittelbar, in Europa wesentlich erst nach dem Zweiten Weltkrieg spürbar wurde.[13]

Der allgemeine Erfolg des *New Yorker* brachte es mit sich, daß auch andere Zeitschriften sich den Bestrebungen im Bereich der humoristischen Zeichnung anschlossen. Rein humoristische Zeitschriften wie *Punch, Judge* und *Life* erlebten eine Krise, da ihre Karikaturen mehr und mehr nur noch Illustrationen zu mehrzeiligen Dialogen geworden waren. Zudem war der Anspruch, den man an Karikatur und Unterhaltungsgraphik stellte, auch von Seiten der Kunstentwicklung in Frage gestellt worden. Denn Dada und Surrealismus hatten als Bewegung und in ihren künstlerischen Äußerungen die Funktionen der humoristischen Presse für ihre Ziele fruchtbar gemacht.

3 Die Zeichner des *New Yorker*

Zu unterscheiden sind Künstler, die, bevor der *New Yorker* gegründet wurde, in anderen humoristischen Zeitungen wie *Life* (gegr. 1894) und *Judge* (gegr. 1894) veröffentlicht hatten und als ständige Mitarbeiter das Bild des graphischen Teils der Zeitschrift wesentlich geprägt haben, gegenüber der Gruppe von jüngeren, durch den *New Yorker* geförderten Künstler, die den Schritt zu neuen Bildformen vollziehen konnten.

Was den Zeichenstil und die Technik der humoristischen Zeichnung im *New Yorker* insgesamt betrifft, so kann man keineswegs von einer Dominanz des ›one-line cartoon‹ oder des ›Ohne Worte Witzes‹ sprechen.[14] In den ersten Jahren wie auch später haben sich die Künstler der unterschiedlichsten Stilarten und Methoden bedient. Während die einen sich auf einen ganz bestimmten ›Strich‹, ein Formenrepertoire oder einen Darstellungsstil festlegten und dies mit einer bestimmten, mehr oder weniger begrenzten Thematik und Aussagequalität verbanden, konnten sie sich eine Art Erkennungsmarke verschaffen.

Andere Künstler wiederum arbeiteten mit einem variablen Stilprinzip und in verschiedener technischer Version, um so den inhaltlichen Aspekt ihrer Zeichnungen zu einem großen Prozentsatz miteinbringen zu können.

Bei der ersten Generation von Künstlern kommt Peter Arno (1904–1968), dem ältesten Mitarbeiter, eine Sonderrolle zu, vor allem wegen seiner dem Gesamtbild des *New Yorker* entgegenkommenden Thematik. Die von ihm behandelten Themen aus dem Leben der Snobs und seine spezifische Art humoristischer Pointierung wurden für einen großen Teil der übrigen Zeichner maßgeblich (Abb. 3, Kat. 50). Von einem anderen, ebenso aus der oben beschriebenen Zeitsituation resultierenden Aspekt wegweisend wurde Rea Irvin (Abb. 6) in Bezug auf Stil und zeichnerische Methodik, die m.E. den formalen Ausgangspunkt für die einlinige Witzzeichnung und den Witz ohne Worte darstellen.

In beiden Generationen gibt es eine Gruppe von Zeichnern, die stilistisch und methodisch an der traditionellen Illustrationstechnik des 19. Jahrhunderts festhalten und bis zum gegenwärtigen Zeitpunkt einen breiten Raum innerhalb der Zeitschrift beanspruchen. Wenn heute immer wieder betont wird, daß der *New Yorker* für die Entwicklung des ›one-line cartoon‹ und den Witz ohne Worte verantwortlich ist, so muß auf die ganz entscheidende Rolle von James Thurber

9 Nr. 1, 10. April 1917, Abb. und nähere Angaben siehe Arturo Schwarz, *The complete Work of Marcel Duchamp,* New York 1969, S. 584.

10 Siehe Samuel Green, *American Art, A Historical Survey,* New York 1966, S. 522, 521–29. Es handelt sich hier um die Gruppe von Künstlern, die mit der Ausstellung ›the eight‹ 1909 in New York gezeigt wurden. Zu ihnen gehörte u.a. George Luks, John Sloan.

11 Z.B. Einfluß der Kunstkritiken auf den Kunsthandel, hierzu siehe: Bernard Rosenberg/Norris Fliegel, »The Artist and his Public«, S. 913/14, *The Sociology of Art and Literature – A Reader –,* ed. M.C. Albrecht, J.H. Barnett, M.G. Riff, London 1970, S. 599–518.

12 Neben Ross verantwortlich für die Auswahl der graphischen Beiträge war von 1939 bis 1972 James Geraghty. – Beinahe alle wichtigen Karikaturisten des anglo-amerikanischen Raumes haben im *New Yorker* Zeichnungen publiziert. Das Jubiläumsalbum des Jahres 1975 *The New Yorker Album of Drawings 1925–1975,* New York 1975, versammelt eine Auswahl von ca. 100 verschiedenen Zeichnern. Neben den weiter unten behandelten Zeichnern seien hier Namen wie Abe Birnbaum, Sam Cobean, Whitney Darrow, Richard Decker, Alan Dunn, Alfred Frueh, Syd Hoff, Helen Hokinson, David Langdon, Frank Modell, Mary Petty, Al Ross, Charles Saxon, Ronald Searle, James Stevenson, Richard Taylor genannt.

13 Vgl. hierzu u.a. Jacques Sternberg, »De la caricature considérée comme l'un des Beaux-Arts«, *Arts* Nr. 586–590, S. 5, 1956.

14 Die Begriffe ›one-line cartoon‹ und ›Ohne Worte Witz‹ tauchen in allen Abhandlungen über die Karikatur des 20. Jahrhunderts im Zusammenhang mit dem *New Yorker* auf. Da im Folgenden eine eigene Analyse des damit gemeinten neuen Zeichentypus versucht werden soll, verzichten wir an dieser Stelle auf eine genauere Definition des Terminus ›Cartoon‹.

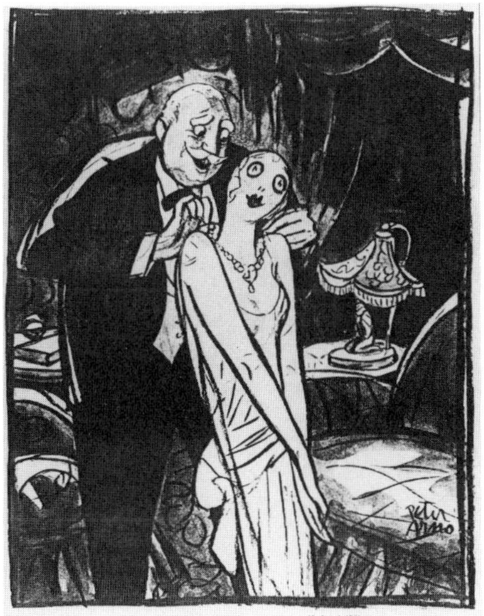

Abb. 3 Peter Arno, frühe dreißger Jahre

einerseits und Saul Steinberg andererseits verwiesen werden. James Thurber (Abb. 10, 11, Kat. 48) kommt hierbei in sehr verschiedener Hinsicht eine Mittlerrolle zu: Er gehört mit zu den ersten Mitarbeitern, seit 1930. Er beginnt eigentlich als Schriftsteller, fügt seine Zeichnungen mehr oder weniger zufällig als Illustrationen hinzu und begreift sich im Bereich des Zeichnerischen als Laie. Außerdem ist er auch in die redaktionelle Verantwortung miteinbezogen.[15]

Saul Steinberg (geb. 1914), seit 1942 Mitarbeiter des *New Yorker*, kommt im Unterschied dazu persönlich und künstlerisch ganz von der Außenseiterposition. Er nimmt sehr bald eine herausragende Rolle innerhalb der Zeichnergruppe des *New Yorker* ein und bleibt bis zum gegenwärtigen Zeitpunkt in dieser Sonderposition.[16]

Peter Arno findet trotz zahlreicher Veröffentlichungen in *Life* vor 1925 erst durch seine Mitarbeit am *New Yorker* seinen typischen Stil, den er aus einer ausgeprägt aggressiven Thematik und Pointierung entwickelt. Eine im engeren Sinne satirische Anwendung von Linie ist in seinen der illusionistischen Technik verpflichteten Zeichnungen nicht gegeben. William Murrell charakterisiert seinen Zeichenstil als »clever, powerful, cynical, sophisticated«, im Kern aber nicht humoristisch.[17] Vielmehr basiert die humoristische Pointe in der größten Anzahl seiner Zeichnungen auf der geschilderten Situation selbst und dem Titel bzw. dem beigefügten Dialog. Dies entspricht der Methode, die in der Karikatur bis zu diesem Zeitpunkt vornehmlich angewandt wurde. Peter Arnos Einfluß liegt darum stärker in Darstellungsinhalten, wie sie die Szenerie des New York der zwanziger Jahre und der sogenannten ›Lost Generation‹ anbieten konnten.[18] Peter Arnos Stil der starken Helldunkel-Kontraste entspricht seiner engagierten Einstellung und der hintergründig aggressiven Interpretation der ausgewählten Thematik.

Einen ähnlich engagierten, realistisch orientierten Stil finden wir in der ersten Generation von Mitarbeitern sehr ausgeprägt auch bei Künstlern wie Reginald Marsh, Carl Rose, Ralph Barton und John Held. Eine stilistische und inhaltliche Beeinflussung der jüngeren Generation von Zeichnern ist ebenso deutlich. William Steig wendet einen sehr verwandten Stil der Helldunkel-Kontraste, verbunden mit starken Konturen und runden Formen auf die ihm eigene Themenstellung an (Abb. 4). In überzeugender Weise stellt William Steig den Aspekt der Verlassenheit, des Unvermögens und der Verwirrung des Menschen in seiner Umwelt dar. Besonders beim Kind beobachtet er auf eine scheinbar liebenswürdige Art die Problematik bei der Konfrontation von Unbewußtem und Realität, um nur eines der Themen zu benennen.

Charles (Chas) Addams (geb. 1912) fand erst allmählich zu dem heute für ihn typischen Stil. Anders als bei William Steig und Peter Arno ergab sich bei diesem Künstler im Laufe seiner Mitarbeit beim *New Yorker* die Festlegung auf den Stil einer stimmungshaft-düsteren Helldunkel-Zeichnung aus der ihm spezifischen Art humoristischer Pointierung und Thematik. Zugleich überschreitet Chas Addams von vornherein den Rahmen der Realität und konnte so einen ganz eigenen Stil des sogenannten ›Schwarzen Humors‹ entwickeln (Abb. 5).[19] Insgesamt behandelt Chas Addams eine von aktuellen Bedingungen unabhängige Problemstellung, die sich ähnlich der von William Steig und vieler Zeichner des *New Yorker* auf die menschliche Psyche bezieht. Sein Schwerpunkt, die ins Unterbewußtsein verdrängten Aggressionen des Menschen, führten ihn schließlich zu seiner besonderen Methode absurd-humoristischer Pointierung. Ihre Synthese mit einem stimmungsmäßig düsteren Zeichenstil setzte einen über Peter Arno und William Steig hinausgehenden Maßstab humoristischer Zeichnung im *New Yorker*. Sprachliche Zusätze nämlich wurden immer weniger bedeutsam und konnten unter Umständen ganz wegfallen.

Unabhängig vom Stil der reinen linearen Zeichnung finden wir hier einen Entwicklungsstrang zum ›Ohne Worte Witz‹ und indirekt zum ›one-line cartoon‹ eingeleitet.

Ein weiterer in diesem Zusammenhang zu charakterisierender Künstler der älteren Generation ist der schon erwähnte Rea Irvin, der die erste Covergestaltung des *Dandy* 1925 übernahm. In seinen Zeichnungen ist die Bindung an den damals vorherrschenden Stil in der Nachfolge des Art Nouveau und Beardsley's oder des

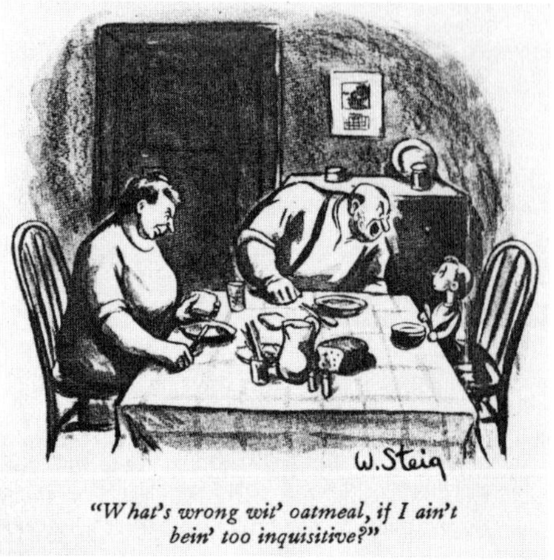

Abb. 4 William Steig, frühe dreißiger Jahre

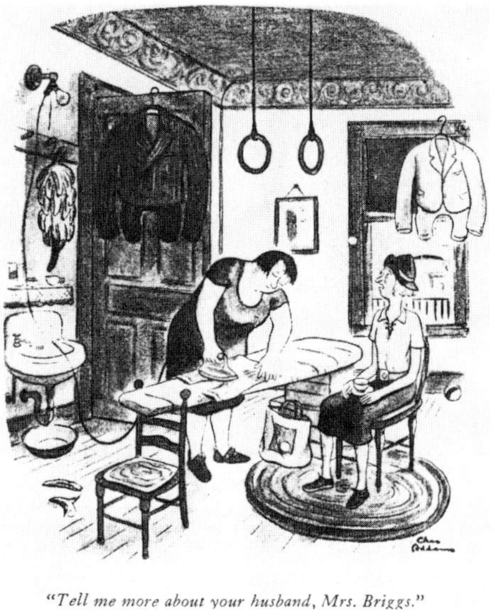

Abb. 5 Chas Addams, frühe dreißiger Jahre

15 Zu James Thurber siehe R. Morsberger, *James Thurber*, New Haven, Connecticut 1964. – J. Thurber war seit 1917 journalistisch tätig und wurde 1927 Mitarbeiter beim *New Yorker*, wo er maßgeblich auch in der Redaktion tätig wurde. Seine erste veröffentlichte Zeichnung erschien 1931 im *New Yorker*.

16 Zu Saul Steinberg siehe u. a. *Saul Steinberg; Zeichnungen, Aquarelle, Collagen, Gemälde, Reliefs, 1963–1974*, bearbeitet von Gertrud Textor, Ausstellungskatalog Kölnischer Kunstverein, Köln 1974/1975; Harold Rosenberg, *Saul Steinberg*, und Katalog der Ausstellung im Whitney Museum, New York 1978. – Saul Steinberg war ausgebildeter Architekt. In Rumänien aufgewachsen, studierte er in Mailand und emigrierte 1941 von dort nach Amerika, wo er 1942 in die US-Navy eintrat. Seine erste publizierte Karikatur erschien 1936 in Mailand in *Bertoldo*, seit 1941 arbeitete er regelmäßig für den *New Yorker* und *PM*.

17 William Murrell (Anm. 8), S. 205.

18 Ebd., S. 205: »Arno's (subject matter) became, with few exceptions, the graphic content of the New Yorker. Park Avenue, night clubs, hotels, boudoirs, and theatre lobbies are the settings for the generally alcoholic antics of the ›vacuous men‹ and ›vicarous women‹ who crowd the illustrations of New York's smartest magazine.«

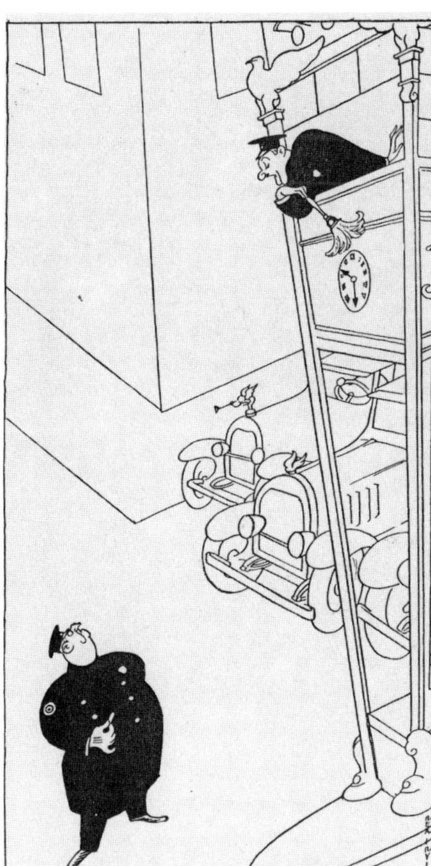

Abb. 6 Rea Irvin, frühe dreißiger Jahre

Simplicissimus eindeutig. Charakteristisch für Rea Irvin und eine Anzahl anderer Künstler (wie z. B. Gluyas Williams oder Gardner Rea) derselben Generation ist dementsprechend die Festlegung auf einen flächigen, streng graphisch stilisierenden Linearstil, der von vornherein Schwerpunkte auf den formalen Aspekt in der humoristischen Aussage setzt.

In seinen frühen Zeichnungen im *New Yorker* setzt Rea Irvin ein ausdrucksneutrales Liniengefüge in Kontrast zu Schwarzflächen und bindet die Darstellung insgesamt in ein Bildfeld, das durch eine sehr feine Linie hergestellt wird (Abb. 6). Auch hier finden wir bereits Ansätze zu einer Methode humoristischer Pointierung, wie sie für den späteren ›one-line cartoon‹ charakteristisch ist. Die humoristische Zeichnung erhält ihre besondere Wirkung nicht allein durch die enge Verquickung von Form und Inhalt, sondern auf Grund des zeichenhaft stilisierenden Charakters der Darstellungsform. Ganzheitlich überwiegen die Flächenwirkung und die abstrakte Linearität der Zeichnung dadurch, daß die Identität der Linie auf allen darstellerischen Ebenen – Rahmung der Bildfläche, abstrakte Raumbildung, Figurenbildung – gewahrt bleibt.

Rea Irvin definiert Linie als darstellerisches Mittel von vornherein als ausdrucksneutrales, in sich einheitliches Element, dem er im Verhältnis zum Gegenstand eine abstrahierende Rolle, im Verhältnis zur Bildfläche eine strukturierende Rolle beimißt. Das Verhältnis zum Gegenstand der Darstellung, vom Aspekt humoristischer Darstellungsweise, bleibt unentschieden, da der Künstler zu einem Ausgleich zwischen abstrakt stilisierender und inhaltlich interpretierender Darstellungsweise tendiert. Konzeptionell besteht bei Rea Irvin m. E. ein Widerspruch zwischen dem angewandten Prinzip der Vereinfachung und Pointierung eines Inhaltes, bzw. einer komischen Situation, und seinem Prinzip künstlerischer Durchdringung mit Hilfe abstrakt-künstlerischer Darstellungsmittel.

4

Ein weiterer Schritt hin zur Konzeption des ›one-line cartoon‹ geschah denn auch im Vermeiden dieses Konflikts. Auf der Grundlage von Formstilisierung und Vereinfachung inhaltlicher Zusammenhänge gelingt es bereits in den dreißiger Jahren, die neue Methode humoristischer Zeichnung zu präzisieren. Wir nehmen als Beispiel eine Zeichnung des Künstlers Daniel Alain, die in den frühen dreißiger Jahren entstand (Abb. 7). Die Dialog-Unterschrift lautet: »I don't like this holier-than-thou attitude«. Dargestellt sind drei Kleriker in einer Halle. Zwei von ihnen stehen im Hintergrund vor einer Säule und blicken auf eine in den Vordergrund schreitende dritte Person. Die Bildunterschrift bezieht sich, als Aussage des einen im Hintergrund Stehenden, auf die ausgeprägte Haltung und Gestik einer zur Schau getragenen Kontemplation beim Vorderen.

Der Zeichner unterscheidet darstellerisch eindeutig zwischen Hintergrundzeichnung bzw. Raumsituation und Figurenzeichnung. Eine offene, fast illuministisch wirkende, bewußt unvollständige Linienzeichnung tritt in jeder Beziehung hinter der vornehmlich auf den Farbflächen von homogenem Schwarz und Weiß aufbauenden, im Umriß geschlossenen Figurenbildung zurück. Die handelnden Personen werden so und mit Hilfe der Figurenperspektive in ein räumlich-plastisches Verhältnis zueinander gesetzt. Eine gesamtbildnerische Einheit wird gewährleistet durch die Einheitlichkeit des linearen Stils und ihrer Anwendung sowohl für den Hintergrund als auch für die Figurenzeichnung. Verbindend wirkt hier die Hauptfigur einerseits durch die lineare Form des Kopfes, andererseits durch die Geschlossenheit des Gesamtumrisses der Figur und die starke Farb- und Flächenwirkung der Kleidung. Der eindeutige Bezug zwischen Form und Inhalt bleibt somit ungestört.

Daniel Alain nutzt also die Möglichkeiten der Stilisierung zugunsten des humorisitischen Gehaltes einer Situation aus und weist ihnen durch den vereinfachten Bezug zum dargestellten Gegenstand darüberhinaus eine interpretierende Rolle zu. Die Vereinfachung führt hier im Unterschied zum Darstellungsstil Rea Irvins nicht in eine abstraktere Ebene der Interpretation.

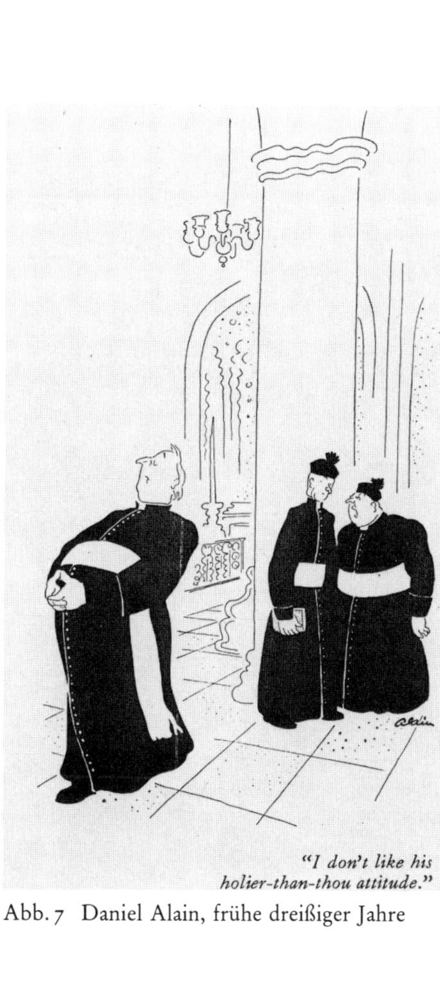

Abb. 7 Daniel Alain, frühe dreißiger Jahre

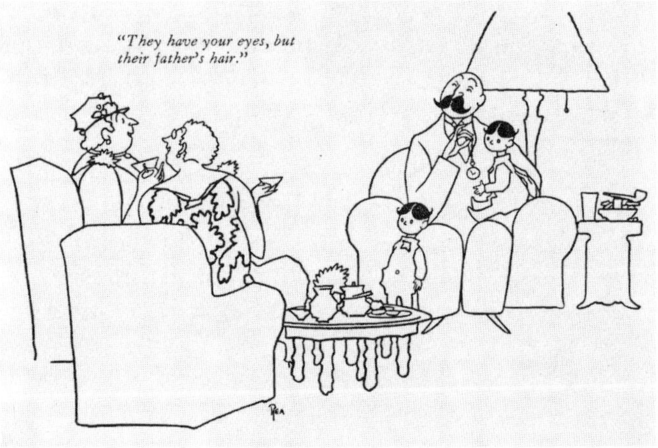

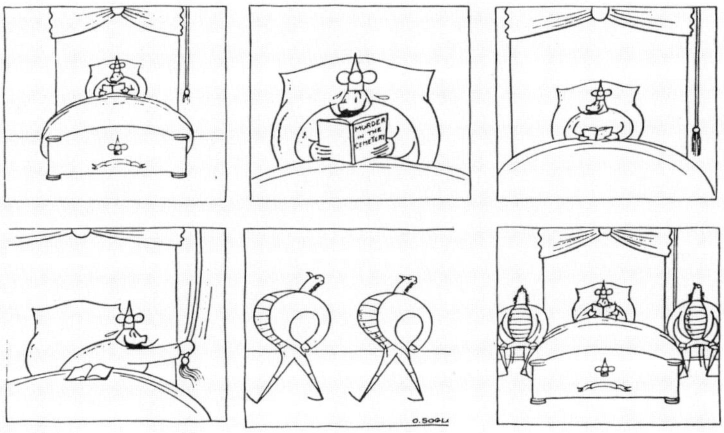

Abb. 8 Gardner Rea, frühe dreißiger Jahre

Abb. 9 Otto Soglow, aus *Der kleine König*, frühe dreißiger Jahre

Daniel Alain weist der Linie als darstellerischem Mittel eine untergeordnete Rolle zu. Eigentlicher Träger der humoristischen Aussage ist, wie auch andere Zeichnungen des Künstlers zeigen, die Kombination von homogenen Einzelflächen in geschlossenen Umrissen und der Farb-Flächenkontrast bei der Figurenbildung. Hierbei wird der Fläche ein größerer Abstraktionsgehalt beigemessen, während der Ausdruckswert und die dynamischen Qualitäten der Linie betont werden. Beide Formelemente stehen jedoch nie für sich und treten ganz in den Dienst der humoristischen Pointierung einer dargestellten Situation.

Zum eigentlichen Träger des humoristischen Gehaltes werden die Stilmittel der vom Jugendstil beeinflußten Farb-Flächenkontraste bei einem anderen Zeichner der ersten Generation, Gardner Rea. Zur Verdeutlichung soll hier eine Zeichnung aus den frühen dreißiger Jahren herangezogen werden (Abb. 8). Die Dialog-Unterschrift lautet: »They have your eyes, but their father's hair«. Dargestellt ist eine Familie, der Vater im Hintergrund mit zwei Kindern, die Mutter im Vordergrund im Gespräch mit einer anderen Frau. Handlungsraum ist ein Wohnraum. Figuren und Gegenstände werden vom Zeichner gleichwertig behandelt. Eine breite, gleichmäßig und weich geführte Linie umschreibt die Gegenstände in flächenhaften Umrißformen, die ungegliedert bleiben. Das eindeutig flächenbezogene Liniensystem wird durchbrochen durch den beschränkten Einsatz von homogenen Schwarzflächen bei der Figur des Vaters und den Kindern.

Das rein lineare, eindeutig flächenbezogene Darstellungsprinzip dient der Vereinheitlichung des Dargestellten. Innerhalb dieses Prinzips tritt akzentuierend ein zweites, von der Linie unabhängiges Mittel auf: Bei der Gruppe des Mannes mit den Kindern wird im Unterschied zu den Frauen das Motiv des Haares mit homogenen Schwarzflächen gestaltet. Da beide Stilmittel auf den Gegenstand Haar bezogen bleiben, handelt es sich um eine Methode der inhaltlichen Pointierung.

Bezogen auf die dargestellte Situation bedeutet dies eine Akzentuierung des Handlungsmomentes, das ohne die bildnerische Darstellung nicht bereits komisch ist, denn die im Titel wiedergegebene Aussage betrifft ein visuelles Phänomen, das in der Realität anders als in der Abbildung erfahrbar ist. Die festgestellte Ähnlichkeit der Kinder mit den Eltern – erfahrungsgemäß auf einem sehr subjektiven Vergleich äußerer Erscheinungsformen basierend – wird in der Zeichnung von Gardner Rea zu einer Identität von Formen zugespitzt. Eine humoristische Pointe erhält dieser Tatbestand jedoch dadurch, daß nicht das Kopfhaar, sondern das Barthaar des Vaters mit dem Haar der Kinder identisch sein soll.

Wenn im Zusammenhang mit dem *New Yorker* von der Erfindung des ›one-line cartoon‹ gesprochen wird, so taucht meist auch der Begriff des ›Witzes ohne Worte‹ auf. Wenn man von ›Cartoon‹ ohne diese beiden Unterscheidungen spricht, dann meint man eigentlich die Form neuer humoristischer Zeichnung, bei der die Übergänge fließend sind. Denn: die Vereinfachung der Stilmittel, wie wir sie bei den oben gezeigten Beispielen als Kriterium der humoristischen Pointierung herausstellen konnten, ist Voraussetzung zu einer noch weitergehenden Verdichtung des humoristischen Gehaltes auf die innerbildlichen Vorgänge. Sprachliche Elemente oder Titel werden dann immer knapper und fallen ganz weg.

19 Die Bezeichnung ›Schwarzer Humor‹ entstammt dem künstlerischen Umfeld der Surrealismus-Bewegung. Vgl. hierzu André Breton, *Anthologie de l'humour noir*, Paris 1950. Genauer betrachtet, ist damit immer eine Form humoristischer Pointierung gemeint, bei der eine phantastische Situation in sich logisch aufgebaut wird. Aus der Verbindung der verschiedenen Realitätsebenen ergibt sich eine Absurdität, die humoristisch verwertet wird. Chas Addams hat eine Art absurde oder gruselige Familie, die *Addams Family*, erfunden, die u.a. auch als Fernsehserie großen Erfolg hatte.

20 Auch andere Künstler wie z.B. Helen Hokinson, Al Frueh, Rea Irvin, Daniel Alain wenden zu diesem frühen Zeitpunkt das Prinzip der Bildgeschichte an. In der Konsequenz wie Otto Soglow verzichtet jedoch keiner auf die sprachliche Ergänzung.

Die genauere Beobachtung der Entwicklung der humoristischen Zeichnungen im *New Yorker* zeigt, daß die Kriterien für die in diesem Sinne auf eine humoristische Pointe innerhalb der Zeichnung verdichtete Zeichnung weder die Reduktion der Mittel auf die Einlinigkeit noch der Verzicht auf sprachliche Elemente allein sind. Vielmehr sind die Tendenzen in beiden Richtungen und die Versuche, sich der knappsten Form anzunähern, eine Leistung der Gesamtheit der Zeichner, die in den dreißiger und vierziger Jahren für den *New Yorker* gearbeitet haben. Jeder hat eine für sich selbst bestmögliche Methodik der bildnerischen Vereinfachung auf eine humoristische Pointe hin versucht. Das Stilmittel der Einlinigkeit bleibt dabei eine der möglichen Varianten.

5

Eine andere Gruppe von Künstlern konnte in methodischer Hinsicht eine Verdichtung des humoristischen Gehaltes im Bildnerischen durch neue Ansätze vorantreiben. In Anknüpfung an den Stil des Art Nouveau bewegt sich der Zeichner Otto Soglow (geb. 1900) auf den ›Witz ohne Worte‹ hin. Soglow verarbeitet die Methode der Bilderzählung, wie wir sie beim Comic-strip, im Bereich der Karikatur aber bereits von den Zeichnern des *Simplicissimus* angewandt finden (Abb. 9). Otto Soglow geht jedoch über Gulbransson, Heine und andere hinaus, indem er eine feste Figur, »den kleinen König«, als Akteur vergleichbar einem Comic-Strip-Helden, einführt. Im Unterschied zum Comic-Strip aber verzichtet er auf die Sprechblase und geht auch über die *Simplicissimus*-Zeichner hinaus, indem er absolut auf die sprachliche Komponente verzichtet.[20]

War es bei den oben genauer beschriebenen Zeichnungen die Verdichtung auf eine Situation, so ist hier die Verdichtung einer Handlung, durch den Verzicht auf sprachliche Zusätze, ganz auf die darstellerische Ebene hin gelungen. Ein sehr wesentliches Hilfsmittel ist hier die Erfindung eines Handlungstyps, des kleinen Königs, der neben einzelnen im *New Yorker* erscheinenden Zeichnungen quasi als Erkennungsmarke für Otto Soglow fungiert.

6

Den Charakter des Erkennungszeichens übernimmt demgegenüber die Form bei einer anderen Gruppe von Zeichnern, die mehr oder weniger ausschließlich mit der Linie arbeiten, aber im Unterschied zu den oben genannten Zeichnern vom Linearstil des Art Nouveau unabhängiger sind. Diesen Erkennungswert hat sogar im Kontrast dazu der Ausdrucksgehalt von Linie und Formgebung. Die Stilisierung ist hier einer Art Typisierung von Ausdrucksformen gewichen. Anstelle der abstrahierenden Konturen sind amorphe, ausdrucksintensive Umrisse getreten.

Den Einstieg zu dieser Art von ›one-line cartoon‹, der auch hier wohl besser mit der allgemeineren Bezeichnung ›Cartoon‹ charakterisiert wird, stellen die Zeichnungen von James Thurber dar. Im strengen Sinne sind die Zeichnungen von James Thurber (Abb. 10, 11) Illustrationen zu Texten oder Variationen zu einem Thema. Thurber benutzt dabei das Medium Zeichnung in einem sehr laienhaften Sinne und

Abb. 10 und 11 James Thurber, frühe dreißiger Jahre

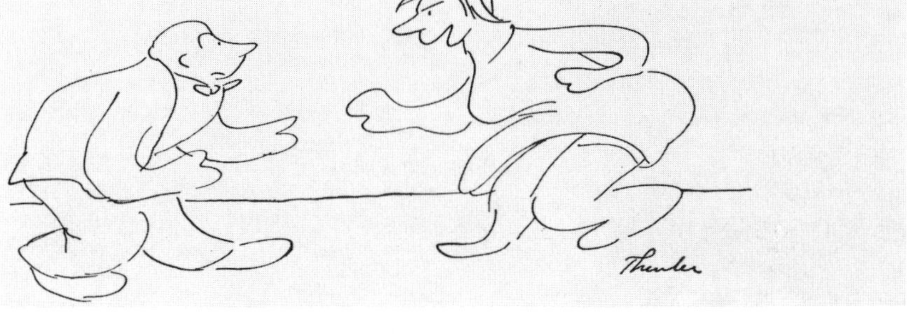

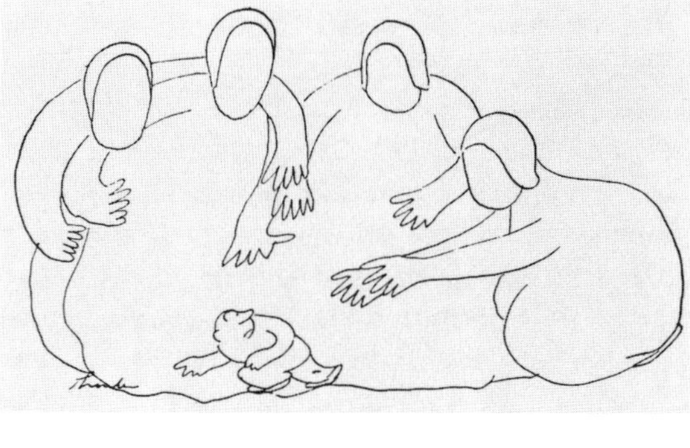

scheinbar dann, wenn ihm die sprachlichen Ausdrucksmöglichkeiten ungenügend erscheinen.

Das Frappierende an den Zeichnungen von James Thurber ist, daß sie in höchstem Maße unvollkommen und unverhohlen laienhaft bleiben. Da sie aber gerade die Hilflosigkeit des Menschen und der Tiere, die in den unterschiedlichsten Situationen dargestellt werden, aufzeichnen sollen, sind der Zeichenstil, der Ausdrucksgehalt von Linie und Figur mit dem dargestellten Inhalt oder Thema auf eigenartige Weise absolut identisch.

In dieser Ausprägung bleibt James Thurber ein Einzelfall innerhalb der Zeichner des *New Yorker.* Um so mehr ist sein Einfluß auf eine große Anzahl von Zeichnern humoristischer Graphik zu bewerten.

Was den Ausdrucksgehalt der Linie und der Formgebung im einzelnen betrifft, so finden wir eine Anzahl von Künstlern, die ähnlich wie Thurber einen ganz bestimmten Tenor mit einer bestimmten Personengruppe oder menschlichen Typen zu verbinden wissen. So ist zum Beispiel der hakenreiche dünne Strich ein Erkennungszeichen für George Price (geb. 1901) und seine schrulligen Alten mit ihren Falten und Häkchen (Abb. 12).

Ganz allgemein betrachtet, wird durch die Art der Behandlung der Darstellungsmittel durch Thurber eine Möglichkeit der Verquickung von Form und Inhalt im Bereich der humoristischen Zeichnung aufgedeckt, die den Zeichnern des *New Yorker* den Weg von der strengen Bindung an die stilisierte Linienzeichnung weg zu einer Vielfalt an möglichen Darstellungsmitteln wiedereröffnet. Wichtig ist hierbei nur das einmal in diesem Kreis von Künstlern erarbeitete Prinzip der humoristischen Pointierung, das die Bezeichnung ›Cartoon‹ ja wohl meint: die Verdichtung der humoristischen Aussage auf die weitestmögliche Identität von Stil und Inhalt, bzw. Stilisierung und Pointierung, die sich gegenseitig ergänzen oder sogar bedingen.

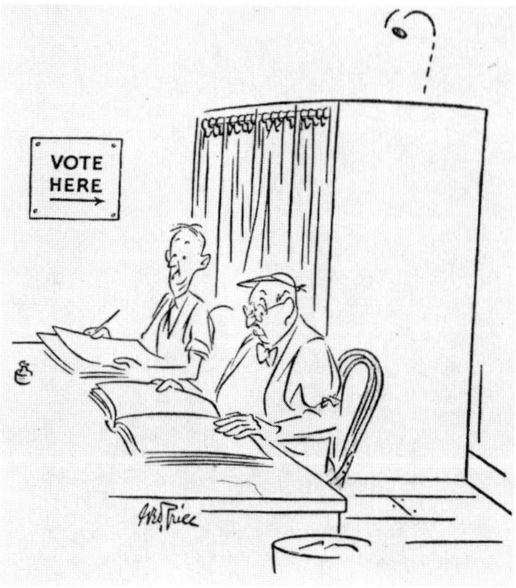

Abb. 12 George Price, frühe dreißiger Jahre

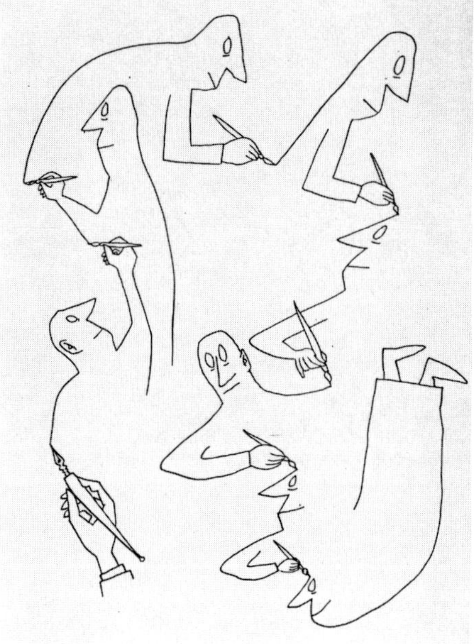

Abb. 13 Saul Steinberg, aus *All in Line,* 1945

7

Der wohl prominenteste Künstler des *New Yorker* nach Peter Arno und James Thurber wird in den vierziger Jahren Saul Steinberg. Er publizierte seit 1941 bis Ende der sechziger Jahre zahlreiche Zeichnungen und Covers im *New Yorker*, die einen entscheidenden Einfluß auf die jüngere Generation von Karikaturisten in Europa nach dem Zweiten Weltkrieg genommen haben.[21]

Saul Steinberg, ausgebildeter Architekt, steht wie Thurber in seinen Anfängen ganz bewußt zur Laienhaftigkeit im Medium der humoristischen Zeichnung. Wie auch Thurber ist Steinberg ein Künstler, der nur schwer auf ein Medium festlegbar ist, da er sich in vielfacher Hinsicht immer wieder zwischen den Grenzen der unterschiedlichen Medien bewegt. Da er aber im Unterschied zu Thurber auf das Medium Zeichnung konzentriert bleibt, verändert sich sehr bald der laienhafte Stil zu einem höchst künstlerischen Zeichenstil (Abb. 13, 14, Kat. 49). Das literarische Moment im Werk von Thurber taucht bei Steinberg in die Ebene des Bildnerischen ein und führt hier zu den für Steinberg berühmten Neuschöpfungen humoristischer Zeichnung.

Während Thurber in konventioneller Weise einen komplexen Inhalt durch eine zwar schlagend einfache Zeichnung illustriert, nimmt Steinberg den erzählerischen Ablauf in die Zeichnung selbst hinein.[22]

Die letzte Konsequenz vollzieht Steinberg dann, indem er nicht nur den Buchstaben und die Zahl, sondern darüber hinaus die Welt der Begriffszeichen – Ziffer, Wort, geometrischer Körper, Chiffren und Zitate der unterschiedlichsten Art – zu Akteuren in seinen Zeichnungen macht.[23] Sprache wird von Steinberg auf eine Art und Weise graphisch und figürlich visualisiert, wie sie in der Geschichte der humoristischen Zeichnung bis dahin nur in Ansätzen möglich war.

Wie Steinberg zu dieser Form der humoristischen Zeichnung finden konnte, kann hier nur zusammenfassend dargestellt werden. Vieles in der Entwicklung Steinbergs läßt sich von der Position des Außenseiters begreifen, als der er sich von vornherein begreifen mußte, später in vieler Hinsicht begreifen wollte. Als

21 Die wichtigsten äußeren Daten hierzu sind auch: die Publikation des Zeichenbandes *Steinberg's Umgang mit Menschen,* Hamburg 1954, und die Ausstellung *American Caricatures,* die die American Federation of Arts 1953 für Europa zusammenstellte.

22 Vgl. die 1944 entstandenen Titelzeichnungen für den Sammelband *All in Line* und die vergleichbaren ›Linienzeichnungen‹ aus den späten fünfziger Jahren in *The Labyrinth,* New York 1960, S. 1–7.

23 Die ›Begriffszeichnung‹ wird in den sechziger Jahren zum Hauptthema, vgl. den Sammelband *The New World,* New York 1965. Näheres zur Entwicklung Saul Steinbergs in Harold Rosenberg (Anm. 16) und Ausstellungskatalog *Saul Steinberg,* Köln 1974.

24 Steinbergs Frau, Hedda Sterne, gehört zu dieser Gruppe von Künstlern, die z.B. auf einem Gemälde von Richard Lindner (*The Meeting,* 1953) festgehalten sind.

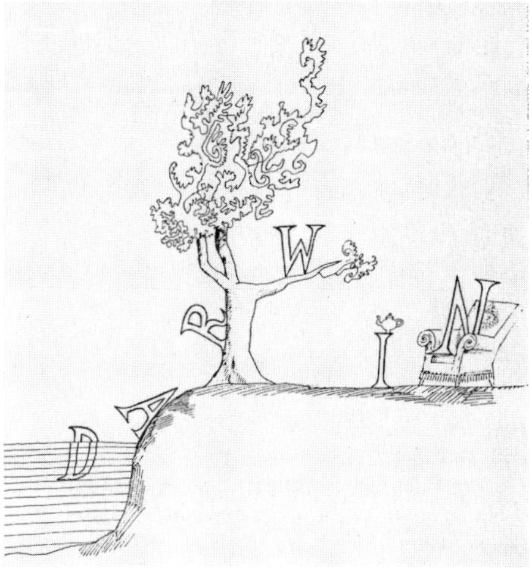

Abb. 14 Saul Steinberg, ohne Titel, 1964

rumänischer Einwanderer konnte Steinberg im Zusammenhang eines amerikanischen Magazins die Rolle des Beobachters auf eine sehr förderliche Weise einbringen, zumal die humoristische Kommentierung eine solche Distanz erfordert. Auch innerhalb der Gruppe von Zeichnern, die regelmäßig für den *New Yorker* arbeiteten, nimmt Steinberg sehr bald eine Sonderrolle ein. Über seine besondere Thematik, die, wie oben dargestellt, eine der charakteristischen Kriterien für einen Karikaturisten sein sollten, eröffnet sich für Steinberg ein Feld unerschöpflicher Möglichkeiten zu neuen Bildideen und humoristischen Techniken. Steinbergs Thema ist seit der Rückkehr in die USA in der zweiten Hälfte der vierziger Jahre die Kunst. Er behandelt dabei alle Ebenen, wo Kunst ihren Niederschlag findet, wo sie sich indirekt oder direkt abspielt. Eine sehr wichtige Tatsache für seine Entwicklung zur künstlerischen Auseinandersetzung mit dem Medium der humoristischen Zeichnung ist auch der Umstand, daß Steinberg schon seit Anfang der vierziger Jahre mit den damals progressiven Künstlern des abstrakten Expressionismus um die Galeristin Betty Parsons Freundschaften pflegte.[24]

Steinberg hat auf diesem Wege sein eigentliches Medium, die humoristische Zeichnung, um viele Aspekte erweitern können. Die Grenze zur freien Zeichnung wird dabei immer wieder berührt, da Steinberg sich so profund wie etwa Klee und Picasso – beide sind Vorbilder – mit grundsätzlichen Fragestellungen der Kunst auseinandersetzt. Die Ernsthaftigkeit der inhaltlichen Aussage sollte jedoch nicht dazu verleiten, die Zeichnungen Steinbergs darum nicht witzig zu empfinden. (Diese Tendenz ist häufig und führt zu unsinnigen Diskussionen über die Einordnung der Zeichnungen Steinbergs in die verschiedenen Gattungen und Wertungen.)

Die künstlerische Entwicklung Saul Steinbergs verbindet sich bei aller herausragenden Leistung der Person dennoch ganz ursächlich mit dem *New Yorker*. Seine Konzeption als Magazin, das die kulturellen Ereignisse kommentieren und fördern will, das Kritik auf einer Ebene führen will, die nicht satirisch zerstörerisch, sondern humoristisch sympathisierend sein soll, ist Grundlage für einen Künstler geworden, dessen Interesse sehr verwandt war. Dadurch, daß sich der Anspruch und die Thematik des *New Yorker* über die vielen Jahre seines Erscheinens treu blieben, konnten sie einem Künstler wie Steinberg die Basis dafür bieten, sich auf der Ebene der humoristischen Zeichnung mit höchst intellektuellen Problemen auseinanderzusetzen. Die Verbindung dieser sonst so voneinander getrennt existierenden Ebenen ist das Charakteristikum des *New Yorker* und der Zeichenkunst von Saul Steinberg.

Literatur

William Murrell, *A History of American Graphic Humor (1865–1938)*, New York 1938, S. 201/3.
Stephen Becker, *Comic Art in America*, New York 1959, Kap. »From Corny Almanacks to the New Yorker«, S. 125 ff.
Winslow Ames/E.F. Herbert, »Caricature and Cartoon«, *Encyclopaedia Britannica* (1968), Bd. 4, S. 905–15.
John Geipel, *The Cartoon, A Short History of Graphic Comedy and Satire*, London 1972.
Michel Melot, *Die Karikatur, Das Komische in der Kunst*, Stuttgart, Berlin, Köln, Mainz 1975.
Wolfgang Clasen, »Cartoons aus dem Amerika von heute«, *Kunst und Humor*, Sondernummer der Zeitschrift *Das Kunstwerk*, Baden-Baden 1954, S. 43–51.
Elodie Courter, *Amerikanische Karikaturen*, Ausstellungskatalog 1953 (Ameri68), Bd. 4, S. 905–15.
Reinhard Wagner, »Cartoon – keine Kunst?«, *Das Kunstwerk* 1, XXXIV, 1981, S. 3–4, 40–41.

Literaturverzeichnis

AdB
Allgemeine deutsche Biographie, hrsg. durch die Historische Commission bei der königlichen Akademie der Wissenschaften München, 56 Bde., München 1875–1912 (unveränderter Nachdruck Berlin 1967–71)

Adhémar 1954
Jean Adhémar, *Honoré Daumier,* Paris 1954

Adhémar 1968
Jean Adhémar, *Populäre Druckgraphik Europas. Frankreich,* München 1968

Alexander/Strauss 1977
Dorothy Alexander, Walter L. Strauss, *The German Single-Leaf Woodcut 1600–1700,* 2 Bde., New York 1977

Alexandre 1892
Arsène Alexandre, *L'art du rire et de la caricature,* Paris 1892

Antal 1962
Frederick Antal, *Hogarth and his Place in European Art,* London 1962

Arnet 1958
Edwin Arnet, »Pioniere, Boten und Richter der Mode«, *Die Mode in der menschlichen Gesellschaft,* hrsg. von René König und Peter W. Schuppisser, Zürich 1958

Arnold 1977
Karl Arnold. Leben und Werk, hrsg. von Fritz Arnold, München 1977

Ashton 1884
John Ashton, *English Caricature and Satire on Napoleon I.,* 2 Bde., London 1884

Atherton 1974
Herbert M. Atherton, *Political Prints in the Age of Hogarth. A Study of the Ideographic Representation of Politics,* Oxford 1974

Avenarius 1916
Ferdinand Avenarius, *Das Bild als Verleumder. Beispiele und Bemerkungen zur Technik der Völker-Verhetzung,* München 1916 (151. Flugschrift des Dürerbundes)

Avenarius 1918
Ferdinand Avenarius, *Das Bild als Narr. Die Karikatur in der Völkerverhetzung. Was sie aussagt und was sie verrät,* München 1918

Bächthold-Stäubli I–X
Hanns Bächthold-Stäubli, *Handwörterbuch des deutschen Aberglaubens,* 10 Bde., Berlin und Leipzig 1927–42

Balzer 1965
Wolfgang Balzer, *Der junge Daumier und seine Kampfgefährten. Politische Karikatur in Frankreich,* Dresden 1965

Bauer 1982
Jens-Heiner Bauer, *Daniel Nikolaus Chodowiecki. Das druckgraphische Werk,* Hannover 1982

Baur 1974
Otto Baur, *Bestiarium humanum. Mensch-Tier-Vergleich in Kunst und Karikatur,* Gräfelfing 1974

Béraldi I–XII
Henri Béraldi, *Les graveurs du XIX*[e] *siècle. Guide de l'amateur d'estampes modernes,* Paris 1885–92

Berleux 1890
Jean Berleux, *La Caricature Politique en France pendant la guerre, le siège de Paris et la Commune (1870–1871),* Paris 1890

Bernhard 1972
Marianne Bernhard (Hrsg.), *Lukas Cranach d. Ä., Das gesamte graphische Werk,* München 1972

Bernini 1713
Domenico Bernini, *Vita del Cavalier Gio. Lorenzo Bernino,* Rom 1713

Bisanz 1977
Hans Bisanz, *Kubin. Zeichner, Schriftsteller, Philosoph,* München und Salzburg 1977

BM I–XI
Catalogue of Prints and Drawings in the British Museum, Division I: Political and Personal Satires, 11 Bde., London 1870–1954

Boeck 1954
Wilhelm Boeck, »Die bolognesischen Meister des Karikaturenbandes der Münchner Graphischen Sammlung«, *Münchner Jahrbuch der bildenden Kunst* 1954, S. 154–173

Boeck 1968
Wilhelm Boeck, *Inkunabeln der Bildniskarikatur bei Bologneser Zeichnern des 17. Jahrhunderts,* Stuttgart 1968

Bohatcová 1966
Mirjam Bohatcová, *Irrgarten der Schicksale, Einblattdrucke vom Anfang des Dreißigjährigen Krieges,* Prag 1966

Böhmer 1974
L'humeur dans l'imagerie populaire allemande/Deutscher Humor im Spiegel der populären Graphik. Sammlung Günter Böhmer, Ausstellungskatalog Centre Culturel Allemand, Goethe-Institut Paris 1974

Böhmer 1980
Günter Böhmer, *Emanzipation,* Ausstellung des Goethe-Instituts in Amsterdam, Brüssel und Paris 1980

Böhmer 1981
Günter Böhmer, *Die Welt des Biedermeier,* Eltville (2) 1981

Bohn 1851
H. G. Bohn (Hrsg.), *The Works of James Gillray, 582 Plates and a Supplement Containing the 45 So-called »Suppressed Plates«,* London 1851 (Reprint New York 1968)

Bohne 1959
Friedrich Bohne (Hrsg.), *Wilhelm Busch. Historisch-kritische Gesamtausgabe,* 4 Bde., Hamburg 1959

Bornemann 1974
Bernd Bornemann, *La Caricature. Art et manifeste, du XVI*[e] *siècle à nos jours,* Genf 1974

Boschloo 1974
A. W. A. Boschloo, *Annibale Carracci in Bologna. Visible Reality in Art After the Council of Trent,* 2 Bde., Den Haag 1974

Bracker 1982
Jörgen Bracker und andere, *Frieden für das Welttheater. Goethe – ein Mitwirkender, Beobachter und Vermittler zwischen Welt und Theater, Politik und Geschichte,* Museum für Hamburgische Geschichte 1982

Brauer/Wittkower 1931
Heinrich Brauer, Rudolf Wittkower, *Die Zeichnungen des Gianlorenzo Bernini,* Berlin 1931 (Nachdruck New York)

Bringéus 1982
Nils-Arvid Bringéus, *Volkstümliche Bilderkunde,* München 1982

Broadley I, II
Alexandre Meyrink Broadley, *Napoleon in Caricature 1795–1821,* 2 Bde., London und New York 1911

Brockhaus 1977
Christoph Brockhaus, *Alfred Kubin. Das zeichnerische Frühwerk bis 1904,* Ausstellungskatalog Kunsthalle Baden-Baden 1977

Brückner 1966
Wolfgang Brückner, *Bildnis und Brauch. Studien zur Bildfunktion der Effigies,* Berlin 1966

Brückner 1975
Wolfgang Brückner, *Populäre Druckgraphik Europas. Deutschland vom 15. bis zum 20. Jahrhundert,* München (2) 1975

Busch 1977
Werner Busch, *Nachahmung als bürgerliches Kunstprinzip. Ikonographische Zitate bei Hogarth und in seiner Nachfolge,* Hildesheim 1977

Champfleury 1889
Champfleury, *Henry Monnier, sa vie, son œuvre, avec un catalogue complet de l'œuvre,* Paris 1889

Chapeaurouge 1974
Donat de Chapeaurouge, *Wandel und Konstanz in der Bedeutung entlehnter Motive,* Wiesbaden 1974

Corson 1965
Richard Corson, *Fashions in Hair,* London 1965

Coupe 1966, 1967
William A. Coupe, *The German Illustrated Broadsheet in the Seventeenth Century. Historical and Iconographical Studies,* Bd. I: Text, Baden-Baden 1966, Bd. II: Katalog, ebd. 1967 (*Bibliotheca bibliographica Aureliana* 17, 20)

Coupe 1967 II
William A. Coupe, »The German Cartoon and the Revolution of 1848«, *Comparative Studies in Society and History,* 9, 1967, S. 137–167

Czygan 1909
Paul Czygan, *Zur Geschichte der Tagesliteratur während der Freiheitskriege,* Bd. 2, Leipzig 1909

Dayot 1895
Armand Dayot, *Napoléon raconté par l'image,* Paris 1895

Delteil
Loys Delteil, *Le Peintre-graveur illustré,* Bd. 20–29. *Honoré Daumier,* Paris 1925/26

Drews 1905
Paul Drews, *Der evangelische Geistliche in der deutschen Vergangenheit,* Jena 1905 (*Monographien zur deutschen Kulturgeschichte* Bd. XII)

Ducatel 1973
Paul Ducatel, *Histoire de la Commune et du siège de Paris, Vue à travers l'imagerie populaire,* Paris 1973

Duchartre 1944
Pierre-Louis Duchartre und René Saulnier, *L'imagerie Parisienne. L'imagerie de la rue Saint-Jacques,* Paris 1944

Dückers 1979
Alexander Dückers, *George Grosz. Das druckgraphische Werk,* Frankfurt u.a. 1979

Exsteens 1928
Maurice Exsteens, *L'Œuvre gravé et lithographié de Félicien Rops,* Paris 1928

Feaver 1981
William Feaver, *Masters of Caricature from Hogarth and Gillray to Scarfe and Levine,* New York 1981

Fecht 1974
Thomas Fecht (Hrsg.), *Politische Karikatur in der BRD,* Reinbek bei Hamburg 1974

Fehr 1924
Hans Fehr, *Massenkunst im 16. Jahrhundert. Flugblätter aus der Sammlung Wickiana,* Berlin 1924

Fenaille 1899
Maurice Fenaille, *Catalogue de l'œuvre gravé de Louis Philibert Debucourt,* 1899

Flögel 1862
Karl Friedrich Flögel, *Geschichte des Grotesk-Komischen,* bearbeitet von Friedrich W. Ebeling, Leipzig 1862 (Nachdruck Dortmund 1978)

Forster-Hahn 1963
Franziska Forster-Hahn, »Johann Heinrich Ramberg als Karikaturist und Satiriker«, *Hannoversche Geschichtsblätter,* N.F. 17, 1963, S. 1–235

Fuchs I, II
Eduard Fuchs, *Die Karikatur der europäischen Völker,* Bd. I: *Vom Altertum bis zum Jahre 1848,* Bd. II: *Vom Jahre 1848 bis zur Gegenwart,* Berlin 1901–03, München (4) 1921

Fuchs 1908
Eduard Fuchs, *Geschichte der erotischen Kunst,* Berlin 1908 (Nachdruck Berlin 1977)

Fuchs 1921
Eduard Fuchs, *Die Juden in der Karikatur,* München 1921

Fuchs 1928
Eduard Fuchs, *Die Frau in der Karikatur,* München (3) 1928

Geisberg
Max Geisberg, *The German Single-leaf Woodcut 1500–1550,* rev. and ed. by Walter L. Strauss, 4 Bde., New York 1974

George 1959
Mary Dorothy George, *English Political Caricature. A Study of Opinion and Propaganda,* Bd. I: *To 1792,* Bd. II: *1793–1832,* Oxford 1959

George 1967
Mary Dorothy George, *Hogarth to Cruikshank: Social Change in Graphic Satire,* London 1967

Gobin 1952
Maurice Gobin, *Daumier Sculpteur, 1808–1879,* Genf 1952

Goer 1981
Michael Goer, *›Gelt ist also ein kostlich Werth‹. Monetäre Thematik, Kommunikative Funktion und Gestaltungsmittel illustrierter Flugblätter im 30jährigen Krieg,* Diss. Tübingen 1981

Gombrich 1962
Ernst H. Gombrich, »Das Arsenal der Karikaturisten«, Vortrag gehalten 1962 an der Duke University, North Carolina; zit. nach der deutschen Übersetzung in: E. H. Gombrich, *Meditationen über ein Steckenpferd,* Frankfurt 1978

Gombrich 1976
Ernst H. Gombrich, »Leonardo da Vinci's Method of Analysis and Permutation. The Grotesque Heads«, *The Heritage of Apelles. Studies in the Art of the Renaissance,* Oxford 1976, S. 57–75 (erste Fassung bereits 1952)

Gombrich 1977
Ernst H. Gombrich, »Maske und Gesicht«, ders. u.a., *Kunst, Wahrnehmung und Wirklichkeit,* Frankfurt 1977

Goncourt 1935
E. und J. Goncourt, *Gavarni, der Mensch und das Werk,* Berlin o.J. (um 1935)

Grand-Carteret 1885
John Grand-Carteret, *Les mœurs et la caricature en Allemagne, en Autriche, en Suisse,* Paris 1885

Grand-Carteret 1888
John Grand-Carteret, *Les mœurs et la caricature en France,* Paris 1888

Grand-Carteret 1899
John Grand-Carteret, *Napoleon I. in der Caricatur,* Leipzig 1899

Grand-Carteret 1905
John Grand-Carteret, *»Lui« devant l'Objectif Caricatural,* Paris 1905

Grego 1880
Joseph Grego, *Rowlandson the Caricaturist,* 2 Bde., London 1880 (Reprint New York 1970)

Grisar/Heege I–IV
Hartmann Grisar und Franz Heege, *Luthers Kampfbilder,* Freiburg i.Br. 1921–23
Bd. I: Passional Christi und Antichristi, 1921 (*Lutherstudien* 2)
Bd. II: Der Bilderkampf in der deutschen Bibel, 1922 (*Lutherstudien* 3)
Bd. III: Der Bilderkampf in den Schriften von 1523 bis 1545, 1923 (*Lutherstudien* 5)
Bd. IV: Die »Abbildung des Papsttums« und andere Kampfbilder 1538 bis 1545, 1923 (*Lutherstudien* 6)

Grünewald 1979
Dietrich Grünewald, *Karikatur im Unterricht. Geschichte–Analysen–Schulpraxis,* Weinheim und Basel 1979

Hagen 1863
Karl Hagen, *Johann Michael Voltz,* Stuttgart 1863

Hake 1922
Henry M. Hake, »Pond's and Knapton's Imitations of Drawings«, *Print Collectors Quarterley* 9, 1922, S. 325–349

Hanitzsch 1978
Dieter Hanitzsch, *Ich, Franz Josef,* München 1978

Harms II
Wolfgang Harms (Hrsg.), *Deutsche illustrierte Flugblätter des 16. und 17. Jahrhunderts,* Bd. II, Die Sammlung der Herzog August-Bibliothek in Wolfenbüttel, Bd. 2 (Historica), München 1980

Harms 1983
Wolfgang Harms, John Roger Paas, Michael Schilling und Andreas Wang, *Illustrierte Flugblätter des Barock. Eine Auswahl,* Tübingen 1983 (*Deutsche Neudrucke: Reihe Barock,* Bd. 30)

Harris 1974
Eileen Harris, *The Townshend Album,* National Portrait Gallery London 1974

Heller 1981
Steven Heller (Hrsg.), *Man Bites Man. Two Decades of Satiric Art,* London u.a. 1981

Henkel/Schöne 1967
Arthur Henkel und Albrecht Schöne, *Emblemata. Handbuch zur Sinnbildkunst des 16. und 17. Jahrhunderts,* Stuttgart 1967

Herding 1980
Klaus Herding, »Karikaturen-Perspektiven«, Herding/Otto 1980, S. 353ff.

Herding/Otto 1980
Klaus Herding und Gunter Otto (Hrsg.), *Nervöse Auffassungsorgane des inneren und äußeren Lebens: Karikaturen,* Gießen 1980

Herles 1984
Helmut Herles, ohne Titel (kurzer Artikel in der Rubrik »über Leute«), *Frankfurter Allgemeine-Magazin* vom 10.2.1984

Hermann 1901
Georg Hermann, *Die deutsche Karikatur im 19. Jahrhundert,* Bielefeld und Leipzig 1901

***Hetzkarikaturen* 1915**
Anonym, *Hetzkarikaturen. Zur Psychologie der Entente,* Berlin (um 1915)

Hill 1965
Draper Hill, *Mr. Gillray. The Caricaturist. A Biography,* London 1965

Hill 1976
Draper Hill, *The Satirical Etchings of James Gillray,* New York 1976

Hillebrand 1877
Karl Hillebrand, *Geschichte Frankreichs 1830–1871,* Bd. I, Gotha 1877

Hoffmann 1978
Konrad Hoffmann, »Typologie, Exemplarik und reformatorische Bildsatire«, J. Nolte, H. Tompert, C. Windhorst (Hrsg.), *Spätmittelalter und frühe Neuzeit. Kontinuität und Umbruch,* 1978 (Tübinger Beiträge zur Geschichtsforschung 2)

Hofmann 1956
Werner Hofmann, *Die Karikatur von Leonardo bis Picasso,* Wien 1956

Hofmann, *Daumier,* 1956
Werner Hofmann, »Zu Daumiers graphischer Gestaltungsweise«, *Jahrbuch der Kunsthistorischen Sammlungen Wien* 52, 1956, S. 147–181

Hollstein
F. W. H. Hollstein (Hrsg.), *Dutch and Flemish Etchings, Engravings and Woodcuts. Ca. 1450–1700,* Amsterdam 1949ff.

Hollstein
F. W. H. Hollstein (Hrsg.), *German Engravings, Etchings and Woodcuts. Ca. 1400–1700,* Amsterdam 1954ff.

Hollweck 1973
Ludwig Hollweck, *Karikaturen von den Fliegenden Blättern bis zum Simplicissimus 1844–1914,* München 1973

Houfe 1978
Simon Houfe, *The Dictionary of British Book-Illustrators and Caricaturists 1800–1914,* Woodbridge/Suffolk 1978

Humann 1980
Klaus Humann (Hrsg.), *Mit Hammer und Säge. Strauß und seine Karikaturen,* Reinbek bei Hamburg 1980

Ireland 1794, 1799
Samuel Ireland, *Graphic Illustrations of Hogarth,* 2 Bde., London 1794, 1799

Jöcher 1751
Christian Gottlieb Jöcher, *Allgemeines Gelehrtenlexikon,* 4 Bde., Leipzig 1751 (Nachdruck Hildesheim 1961)

Juynboll 1934
W. R. Juynboll, *Het Komische Genre in de Italienische Schilderkunst gedurende de Seventiende en de Achttiende Eeuw,* Leiden 1934

Kahn 1907
Gustave Kahn, *Das Weib in der Karikatur Frankreichs,* Stuttgart 1907

Kaiser 1955
Konrad Kaiser, *Gottfried Schadow als Karikaturist,* Dresden 1955

Kindermann 1975
Heinz Kindermann, »Die Karikatur als Quelle der Publikumsforschung«, *Sitzungsberichte der österreichischen Akademie der Wissenschaften, philosophisch-historische Klasse,* 301. Band, Wien 1975, S. 1–41

Klingender 1945
F. D. Klingender, *Hogarth and English Caricature,* London/New York (2) 1945

Koepplin/Falk 1974, 1976
Dieter Koepplin, Tilman Falk, *Lukas Cranach. Gemälde, Zeichnungen, Druckgraphik,* Ausstellungskatalog Kunstmuseum Basel 1974, Bd. II 1976

König/Schuppisser 1958
René König, Peter W. Schuppisser, *Die Mode in der menschlichen Gesellschaft,* Zürich 1958

Krüger 1981
Herbert Krüger, Werner Krüger, *Geschichte in Karikaturen. Von 1848 bis zur Gegenwart,* Stuttgart 1981

Krumbhaar 1966
E. B. Krumbhaar, *Isaac Cruikshank. A Catalogue Raisonné with a Sketch of his Life and Work,* Philadelphia 1966

Kunzle 1973
David Kunzle, *The Early Comic Strip,* Los Angeles und London 1973

Lanckorońska 1932
Maria Lanckorońska, Richard Oehler, *Die Buchillustration des XVIII. Jahrhunderts in Deutschland, Österreich und der Schweiz. Erster Teil: Die deutsche Buchillustration des Spätbarock und Rokoko,* Leipzig 1932

Landwehr 1970
John Landwehr, *Romeyn de Hooghe as Book Illustrator. A Bibliography,* Amsterdam 1970

Landwehr 1973
John Landwehr, *Romeyn de Hooghe the Etcher,* Leiden 1973

Lang 1974
Elisabeth Constanze Lang, *Friedrich V., Tilly und Gustav Adolf im Flugblatt des Dreißigjährigen Krieges,* Diss. Austin/Texas 1974

Langemeyer 1973
Gerhard Langemeyer, *Aesopus in Europa. Bemerkungen zur politisch-satirischen Graphik des Romeyn de Hooghe,* Diss. Münster 1973

Langemeyer 1982
Gerhard Langemeyer, »Tiere wie Menschen«, Kat. Hannover 1982, S. 123–127

Lankheit 1980
Klaus Lankheit, »Die Leiden der Freiheit«, Kat. Göttingen 1980, S. 15ff.

Laube/Steinmetz 1974
Adolf Laube, Max Steinmetz, Günter Vogler, *Illustrierte Geschichte der deutschen frühbürgerlichen Revolution,* Berlin (DDR) 1974

Laver 1972
James Laver, *Populäre Druckgraphik Europas. England,* München 1972

Lavin 1981
Irving Lavin, »Bernini and the Art of Social Satire«, *Drawings by Gianlorenzo Bernini from the Museum der bildenden Künste,* Ausstellungskatalog Princeton University Art Museum 1981, S. 27–54

Lehmann/Riemer 1978
Evelyn Lehmann und Elke Riemer, *Die Kaulbachs. Eine Künstlerfamilie aus Arolsen,* Arolsen 1978

Lethève 1961
Jacques Lethève, *La caricature et la presse sous la 3e République,* Paris 1961

Lucie-Smith 1981
Edward Lucie-Smith, *Die Kunst der Karikatur,* Weingarten 1981

Lurie 1980
Ranan R. Lurie, *So sieht es Lurie. 1970–1980,* Berlin und Hamburg 1980

Mackowsky 1915
Hans Mackowsky, »Schadows Napoleonkarikaturen«, *Zeitschrift für Bildende Kunst,* N.F. 26, Leipzig 1915, Heft 3, S. 53–68

Mackowsky 1936
Hans Mackowsky, *Schadows Graphik,* Potsdam und Berlin 1936

Mahon 1971
Denis Mahon, »Agucchis Trattato: Annotaded Reprint of Mosini's Preface of 1646 Containing the Surviving Fragment of the Treatise«, *Studies in Seicento Art and Theory,* Westport/Ct. (2) 1971, S. 231–275

Maison 1968
K. E. Maison, *Honoré Daumier. Catalogue raisonné of the Paintings. Watercolours and Drawings,* 2 Bde., London 1968

Malhotra 1980
Ruth Malhotra, *Horror-Galerie. Ein Bestiarium der Dritten Französischen Republik,* Dortmund 1980

Marle 1931
Raimond van Marle, *Iconographie de l'art profane au Moyen-Age et à la Renaissance,* 2 Bde., La Haye 1931 (Reprint New York 1971)

Melot 1975
Michel Melot, *Die Karikatur. Das Komische in der Kunst,* Stuttgart 1975

Meuche/Neumeister 1975
Hermann Meuche, Ingeburg Neumeister, *Flugblätter der Reformation und des Bauernkrieges.*

50 Blätter aus der Sammlung des Schloßmuseums Gotha, Textband und Tafelmappe, Leipzig 1975/76

Meyer 1970
Maurits de Meyer, *Populäre Druckgraphik Europas. Niederlande,* München 1970

Möller 1952
Lieselotte Möller, »Bildgeschichtliche Studien zu Stammbuchbildern II. Die Kugel als Vanitassymbol«, *Jahrbuch der Hamburger Kunstsammlungen 2,* 1952

Mulatier 1983
Jean Mulatier, Patrice Ricord, Claude Morchoisne, *Le livre d'or des Grandes Gueules,* Paris 1983

Muller
Frederik Muller, *De Nederlandse Geschiedenis in Platen,* 4 Bde., Amsterdam 1863–1882

Nagler 1858–1879
Georg Kaspar Nagler, *Die Monogrammisten,* 5 Bde., München 1858–1879

Oppé 1948
Adolf Paul Oppé, *The Drawings of William Hogarth,* London 1948

Pampalone 1979
Catalogue of Caricature Drawings by Pier Leone Ghezzi, Sotheby's Auktionskatalog, 10.12.1979 (Katalog von Antonella Pampalone)

Parker/Mathey 1957
K. T. Parker und J. Mathey, *Antoine Watteau. Catalogue complet de son œuvre dessiné,* Bd. II, Paris 1957

Paulson 1965, 1970
Ronald Paulson, *Hogarth's Graphic Works,* New Haven und London 1965, 2. korrigierte Aufl. 1970

Paulson 1971
Ronald Paulson, *Hogarth. His Life, Art and Times,* 2 Bde., New Haven und London 1971

Paulson 1972
Ronald Paulson, *Rowlandson. A New Interpretation,* London 1972

Pauw-De Veen 1979
Lydia De Pauw-De Veen, »Das Brüsseler Blatt mit Bettlern und Krüppeln: Bosch oder Bruegel?«, Otto von Simson, Matthias Winner (Hrsg.), *Pieter Bruegel und seine Welt,* Berlin 1979, S. 149–158

Philippe 1982
Robert Philippe, *Political Graphics. Art as a Weapon,* Oxford 1982

Piltz 1976
Georg Piltz, *Geschichte der europäischen Karikatur,* Berlin 1976

Plagemann 1967
Volker Plagemann, »Eselsritt«, *Reallexikon zur deutschen Kunstgeschichte,* Bd. V, 1967, Sp. 1529ff.

Pohlmann 1983
Alfred Pohlmann, »Bildüberlieferung in der politischen Ereigniskarikatur«, *Ereigniskarikaturen,* Ausstellungskatalog Münster 1983, S. 39ff.

Posner 1971
Donald Posner, *Annibale Carracci. A Study in the Reform of Italian Painting Around 1590,* 2 Bde., London und New York 1971

Ramus 1968
Charles F. Ramus, *Daumier: 120 Great Lithographs,* New York 1968

RDK
Reallexikon zur deutschen Kunstgeschichte, begründet von Otto Schmitt, Stuttgart 1937ff.

Reinhardt 1980
Georg Reinhardt (Hrsg.), *A. Paul Weber. Das Graphische Werk 1930–1978,* München 1980 (erweiterte Buchhandelsausgabe des Kataloges zur gleichnamigen Ausstellung 1978/79 in Bonn und Münster)

Reumann 1966
Kurt Reumann, *Das antithetische Kampfbild, Beiträge zur Bestimmung seines Wesens und seiner Wirkung,* Diss. Berlin 1966

Reynst 1962
Elisabeth Reynst, *Friedrich Campe und sein Bilderbogen-Verlag,* Nürnberg 1962

Rose 1911
J. Holland Rose, »Introduction«, A. M. Broadley, *Napoleon in Caricature,* London und New York 1911, Bd. I, S. XVII–LXVII

Rosenberg 1899
Adolf Rosenberg, *Lenbach,* Bielefeld und Leipzig 1899 (Künstlermonographien Bd. 34)

Rosenberg 1910
Adolf Rosenberg, *Friedrich August von Kaulbach,* Bielefeld und Leipzig 1910 (Künstlermonographien Bd. 48)

Röttinger 1925
Heinrich Röttinger, *Erhard Schön und Niklas Stör, der Pseudo-Schön,* Straßburg 1925 (Studien zur deutschen Kunstgeschichte, Heft 229)

Schade 1974
Werner Schade, *Die Malerfamilie Cranach,* Dresden 1974

Scheible 1850
J. Scheible, *Die fliegenden Blätter des XVI. und XVII. Jahrhunderts, in sogenannten Einblattdrucken (...)* Stuttgart 1850 (Reprint Hildesheim 1972)

Scholz 1890
Bismark-Album des Kladderadatsch. Mit 300 Zeichnungen von Wilhelm Scholz, Berlin 1890

Schottenloher 1922
Karl Schottenloher, *Flugblatt und Zeitung. Ein Wegweiser durch das gedruckte Tagesschrifttum,* Berlin 1922

Schramm 1958
Percy Ernst Schramm, *Sphaira, Globus, Reichsapfel. Wanderung und Wandlung eines Herrschaftszeichens von Caesar bis zu Elisabeth II.,* Stuttgart 1958

Schreckenbach/Neubert 1916
Paul Schreckenbach und Franz Neubert, *Martin Luther. Ein Bild seines Lebens und Wirkens,* Leipzig 1916

Schrenk 1976
Klaus Schrenk, *Die republikanisch-demokratischen Tendenzen in der französischen Druckgraphik zwischen 1830 und 1852,* Diss. Marburg 1976

Schrenk 1978
Klaus Schrenk, *Auf den Barrikaden von Paris. Alltag der Pariser Kommune,* Berlin 1978

Schulze 1916
Friedrich Schulze, *Die deutsche Napolenkarikatur,* Weimar 1916

Scribner 1981
R. W. Scribner, *For the Sake of Simple Folk. Popular Propaganda for the German Reformation,* Cambridge 1981 (Cambridge Studies in Oral and Literate Culture 2)

Sello 1972
Gottfried Sello, *Grandville. Das gesamte Werk,* 2 Bde., München 1972

Siegert 1980
Stefan Siegert, »Warum einem Karikaturisten der Abschied von Franz Josef Strauß so schwer fällt«, *Titanic* Nr. 6, Juni 1980, S. 38

Simson/Winner 1979
Otto von Simson, Matthias Winner (Hrsg.), *Pieter Bruegel und seine Welt,* Berlin 1979

Spahn 1898
Martin Spahn, *Johann Cochläus. Ein Lebensbild aus der Zeit der Kirchenspaltung,* Berlin 1898

Spies 1973
Gerd Spies, *Rudolf Wilke (1873–1908). Ein Zeichner des Simplicissimus,* Ausstellungskatalog des Städtischen Museums Braunschweig 1973

Staeck/Karst 1973
Klaus Staeck, Ingeborg Karst, *Plakate abreißen verboten. Politische Plakate im Bundestagswahlkampf 1972,* Göttingen 1973

Stammler 1937
Wolfgang Stammler, »Aristoteles«, *Reallexikon zur deutschen Kunstgeschichte,* Bd. I, 1937, Sp. 1028–1040.

Stevenson 1976
Sara Stevenson, *A Face for Any Occasion. Some Aspects of Portrait Engraving,* hrsg. von der Scottish National Portrait Gallery, Glasgow 1976

Stewart 1977
Alison G. Stewart, *Unequal Lovers. A Study of Unequal Couples in Northern Art,* New York 1977

Stoll 1974
André Stoll, *Asterix. Das Trivialepos Frankreichs. Bild- und Sprachartistik eines Bestseller-Comics,* Köln 1974

Stopp 1965
Frederick Stopp, »Der religiös-polemische Einblattdruck ›Ecclesia militans‹ (1569)«, *Deutsche Vierteljahrszeitschrift für Literaturwissenschaft und Geistesgeschichte* 39, 1965, S. 588ff.

Strauss 1975
Walter L. Strauss, *The German Single-leaf Woodcut 1550–1600,* 3 Bde., New York 1975

Strauß – nein Danke 1980
Strauß – nein Danke, buntbuch Verlag: Hamburg 1980

Telsnig-Langer 1980
Elisabeth Telsnig-Langer, »E. T. A. Hoffmanns antinapoleonische Karikaturen«, *Alte und moderne Kunst* 176, 1980, S. 18–24

Thiel 1963, 1980
Erika Thiel, *Geschichte des Kostüms,* Berlin 1963, (5)1980

Thieme/Becker
Ulrich Thieme, Felix Becker, *Allgemeines Lexikon der bildenden Künstler von der Antike bis zur Gegenwart,* 37 Bde., Leipzig 1907–1950

Thulin 1967
Oskar Thulin, *Reformation in Europa,* Berlin (DDR) 1967

Thureau-Dangin 1897
Paul Thureau-Dangin, *Histoire de la Monarchie de Juillet,* Bd. II, Paris 1897

Tietze-Conrat 1957
E. Tietze-Conrat, *Dwarfs and Jesters in Art,* New York 1957

Traeger, *Heuwagen,* 1970
Jörg Traeger, »Der ›Heuwagen‹ des Hieronymus Bosch und der eschatologische Adventus des Papstes«, *Zeitschrift für Kunstgeschichte* 33, 1970, S. 298ff.

Traeger, *Papst,* 1970
Jörg Traeger, *Der reitende Papst. Ein Beitrag zur Ikonographie des Papsttums,* München und Zürich 1970

Van Rijn
G. van Rijn, *Atlas van Stolk. Katalogus der historie-, spot- en zinneprenten betrekkerlijk de geschiedenis van Nederland,* 11 Bde., Amsterdam 1895–1933

Unverfehrt 1980
Gerd Unverfehrt, *Hieronymus Bosch. Die Rezeption seiner Kunst im frühen 16. Jahrhundert,* Berlin 1980

Unverfehrt 1982
Gerd Unverfehrt, »›Physiognomische Fragmente.‹ Stationen der Bildniskarikatur und der physiognomischen Verzerrung«, Kat. Hannover 1982, S. 137–161

Unverfehrt 1984
Gerd Unverfehrt, »Christliches Exempel und profane Allegorik. Zum Verhältnis von Wort und Bild in der Graphik der Boschnachfolge«, H. Vekeman, J. Müller-Hofstede, *Wort und Bild in der Niederländischen Kunst und Literatur des siebzehnten Jahrhunderts,* Erfstadt 1984 (im Druck)

Villa 1979
Nicole Villa, *La Révolution de 1830 et la Monarchie de Juillet = Un siècle d'histoire de France par l'estampe 1770–1871. Collection de Vinck, Inventaire analytique,* Bd. VII, Paris 1979

Vischer 1845
Friedrich Theodor Vischer, *R. Toepffer's komische Bilderromane,* Vorwort, Genf (Librairie allemand de J. Kessmann) 1845/47

Vizkelety 1971
Andreas Vizkelety, »Minnesklaven«, *Lexikon der christlichen Ikonographie,* Bd. III, Freiburg 1971

Volland 1979
Ernst Volland. Plakate, Montagen, Zeichnungen, Karikaturen 1964–1979, hrsg. von Peter Wippermann, Berlin 1979

Wagner 1980
Aus besten Kreisen. 110 satirische Bilder aus dem Empire, nach den kolorierten Kupferstichen des »Bon Genre«, mit einem Nachwort von Gretel Wagner, Dortmund 1980 (Bibliophile Taschenbücher 202)

Warncke 1979
Carsten Peter Warncke, *Die ornamentale Groteske in Deutschland 1500–1650,* 2 Bde., Berlin 1979

Warnke 1984
Martin Warnke, *Cranachs Luther. Entwürfe für ein Image,* Frankfurt/M. 1984

Wäscher 1955, 1956
Hermann Wäscher, *Das deutsche illustrierte Flugblatt,* Bd. I: *Von den Anfängen bis zu den Befreiungskriegen,* Bd. II: *Von der Restauration bis zur Gegenwart,* Dresden 1955/56

Wassermann 1969
Jeanne L. Wassermann, *Daumier Sculpture. A critical and Comparative Study,* Ausstellungskatalog Fogg Art Museum, Harvard University, Cambridge 1969

Wendel 1925
Friedrich Wendel, *Das neunzehnte Jahrhundert in der Karikatur,* Berlin 1925

Wendel 1928
Friedrich Wendel, *Die Mode in der Karikatur,* Dresden 1928

Williams 1952
Iolo Aneurin Williams, *Early English Watercolours and Some Cognate Drawings by Artists Born not Later than 1785,* London 1952

Wittkower 1952
Rudolf Wittkower, *The Drawings of the Carracci at Windsor Castle,* London 1952

Wolf 1982
Sylvia Wolf, *Politische Karikaturen in Deutschland 1848/49,* Diss. München 1982

Wright 1851
Thomas Wright, *The Works of James Gillray. The Caricaturist with a Story of his Life and Times,* London 1851 (Reprint Amsterdam 1970)

Wustmann 1912
Gustav Wustmann, *C. G. H. Geißler, der Zeichner der Leipziger Völkerschlacht,* Leipzig 1912

Zschelletzschky 1975
Herbert Zschelletzschky, *Die »drei gottlosen Maler« von Nürnberg,* Leipzig 1975

Ausstellungskataloge

Kat. Amsterdam 1978
Lucas van Leyden – grafiek, Rijksmuseum Amsterdam 1978

Kat. Berlin 1972
Kunst der bürgerlichen Gesellschaft von 1830 bis 1848/49, Ausstellungskatalog Neue Gesellschaft für Bildende Kunst, Berlin 1972, 3. verbesserte Auflage 1973

Kat. Berlin 1974
Honoré Daumier und die ungelösten Probleme der bürgerlichen Gesellschaft, Ausstellungskatalog Neue Gesellschaft für Bildende Kunst, Berlin 1974

Kat. Berlin 1978
Théophile Alexandre Steinlen, Ausstellungskatalog Staatliche Kunsthalle Berlin 1978

Kat. Berlin 1979
Hans Mielke, *Manierismus in Holland um 1600,* Ausstellungskatalog Staatliche Museen Preußischer Kulturbesitz, Kupferstichkabinett, Berlin 1979

Kat. Berlin 1980
William Hogarth, Ausstellungskatalog Neue Gesellschaft für Bildende Kunst, Staatliche Kunsthalle Berlin 1980

Kat. Berlin 1983
Heide Nixdorf, Heidi Müller, *Weiße Westen – Rote Roben,* Ausstellungskatalog Museum für Völkerkunde und Musem für Deutsche Volkskunde, Berlin 1983

Kat. Braunschweig 1978
Die Sprache der Bilder. Realität und Bedeutung in der niederländischen Malerei des 17. Jahrhunderts, Ausstellungskatalog Herzog Anton Ulrich-Museum, Braunschweig 1978

Kat. Celle 1982
Wilhelm Busch und die Folgen. Bildergeschichten nach 1945, Ausstellungskatalog Bormann-Museum Celle 1982

Kat. Coburg 1983
Illustrierte Flugblätter aus den Jahrhunderten der Reformation und der Glaubenskämpfe, Ausstellungskatalog Kunstsammlungen der Veste Coburg 1983

Kat. Darmstadt 1980
Rainer Schoch u.a., *Politische Plakate der Weimarer Republik, 1918–1933,* Ausstellungskatalog Hessisches Landesmuseum, Darmstadt 1980

Kat. Dortmund 1983
Museumshandbuch Teil 1. Von Funden der Steinzeit bis zu Gemälden des 19. Jahrhunderts, hrsg. von Gerhard Langemeyer, Museum für Kunst und Kulturgeschichte der Stadt Dortmund 1983

Kat. Frankfurt 1976
Ein Krieg wird ausgestellt. Die Weltkriegssammlung des Historischen Museums (1914–1918), Frankfurt 1976

Kat. Frankfurt 1980
Klaus Staeck – Rückblick in Sachen Politik, Ausstellungskatalog Frankfurter Kunstverein 1978, 2. erweiterte Auflage 1980

Kat. Göttingen 1974
William Hogarth. Das graphische Werk, Ausstellungskatalog Kunstsammlung der Universität Göttingen 1974

Kat. Göttingen 1975
Ladies, Lords und Lumpenpack, Englische Karikaturen 1780–1830 aus der Sammlung Boeddinghaus, Ausstellungskatalog Kunstsammlung der Universität Göttingen 1975

Kat. Göttingen 1976
Francisco de Goya. Radierungen, Ausstellungskatalog Kunstsammlung der Universität Göttingen 1976

Kat. Göttingen *Kubin*
Alfred Kubin, Ausstellungskatalog Kunstsammlung der Universität Göttingen 1980

Kat. Göttingen 1980
La Caricature. Bildsatire in Frankreich 1830–1835 aus der Sammlung von Kritter, Ausstellungskatalog Münster und Göttingen 1980

Kat. Hamburg 1980
Goya. Das Zeitalter der Revolutionen 1789–1830, Ausstellungskatalog Hamburger Kunsthalle 1980/81

Kat. Hamburg 1983
Köpfe der Lutherzeit, Ausstellungskatalog Hamburger Kunsthalle 1983

Kat. Hamburg 1984
Luther und die Folgen für die Kunst, Ausstellungskatalog Hamburger Kunsthalle 1983/84

Kat. Hannover 1965
Walter Schnackenberg, Ausstellungskatalog Wilhelm-Busch-Museum, Hannover 1965

Kat. Hannover 1978
Bizarr, grotesk, monströs. Karikaturen der Zeitgenossen, Ausstellungskatalog Kestner-Gesellschaft, Hannover 1978

Kat. Hannover 1979
Nachbilder. Vom Nutzen und Nachteil des Zitierens für die Kunst, Ausstellungskatalog Kunstverein Hannover 1979

Kat. Hannover 1982
Wilhelm Busch. Die Bildergeschichte zwischen Flugblatt und Cartoon. Niedersächsische Landesausstellung zur 150jährigen Wiederkehr des Geburtstages von Wilhelm Busch, Hannover 1982

Kat. Hannover 1983
George Cruikshank. Karikaturist, Ausstellungskatalog Wilhelm-Busch-Museum, Hannover 1983

Kat. Hannover 1984
Paul Flora. Zeichnungen, Ausstellungskatalog des Wilhelm-Busch-Museums, Hannover und der Kunstsammlung der Universität Göttingen 1984

Kat. Karlsruhe 1984
Politische Karikaturen des Vormärz (1815–1848), Ausstellungskatalog von Remigius Brückmann, Badischer Kunstverein Karlsruhe 1984

Kat. Kleve 1983
Peter Joerißen, Cornelia Will, *Die Lebenstreppe. Bilder der menschlichen Lebensalter,* Ausstellungskatalog Städtisches Museum Hans Koekkoek, Kleve 1983

Kat. Leiden 1970
Ijdelheid der ijdelheden. Hollandse Vanitasvoorstellingen uit de zeventiende eeuw, Ausstellungskatalog Stedelijk Museum »De Lakenhal«, Leiden 1970

Kat. London 1971
The Franco-Prussian War and the Commune in Caricature 1870–71, Ausstellungskatalog Victoria and Albert-Museum, London 1971

Kat. London 1973
George Melly und J. R. Glaves-Smith, *A Child of Six could do it! Cartoons about Modern Art,* Ausstellungskatalog The Tate Gallery, London 1973

Kat. Mannheim 1983
Heinrich Sintzenich (1752–1830). Druckgraphische Werke, Ausstellungskatalog Städtisches Reiss-Museum, Mannheim 1983

Kat. Michigan 1976
Images of Love and Death in Late Medieval and Renaissance Art, Ausstellungskatalog Museum of Art, The University of Michigan 1976

Kat. München 1977
Simplicissimus. Eine satirische Zeitschrift. München 1896–1944, Ausstellungskatalog Haus der Kunst München 1977/78

Kat. München 1978
Plakate in München 1840–1940, Ausstellungskatalog Münchner Stadtmuseum 1976, 2. veränderte Auflage 1978

Kat. Münster 1976
Bilder nach Bildern. Druckgraphik und die Vermittlung von Kunst, Ausstellungskatalog Westfälisches Landesmuseum Münster 1976

Kat. Münster 1978
Honoré Daumier 1808–1879. Bildwitz und Zeitkritik, Ausstellungskatalog Westfälisches Landesmuseum Münster 1978

Kat. Münster 1983
Ereignis-Karikaturen, Ausstellungskatalog Westfälisches Landesmuseum Münster 1983

Kat. Nürnberg 1976
Die Welt des Hans Sachs, Ausstellungskatalog Stadtgeschichtliche Museen Nürnberg 1973

Kat. Nürnberg 1979
Reformation in Nürnberg. Umbruch und Bewahrung, Ausstellungskatalog zum Evangelischen Kirchentag im Germanischen Nationalmuseum, Nürnberg 1979

Kat. Nürnberg 1983
Martin Luther und die Reformation in Deutschland, Ausstellungskatalog Germanisches Nationalmuseum, Nürnberg 1983

Kat. Paris 1975
Napoleon. Caricatures et dessins humoristiques de 1800 à nos jours, Ausstellungskatalog Bibliothèque Marmottan, Paris 1975

Kat. Paris 1977
L'Art de l'estampe et la Révolution Française, Ausstellungskatalog Musée Carnavalet, Paris 1977

Kat. Paris 1982
La Révolution Française – Le premier Empire. Dessins du musée Carnavalet, Ausstellungskatalog Musée Carnavalet, Paris 1982

Kat. Providence 1971
Caricature and it's Role in Graphic Satire, Ausstellungskatalog Museum of Art, Rhode Island School of Design, Providence 1971

Kat. Stuttgart 1976
Die politische Lithographie im Kampf um die Pariser Kommune, Ausstellungskatalog Württembergischer Kunstverein, Stuttgart 1976

Kat. Wolfenbüttel 1983
Fabula docet – Illustrierte Fabelbücher aus sechs Jahrhunderten, Ausstellungskatalog Herzog August-Bibliothek Wolfenbüttel 1983

Kat. Zürich 1972
Karikaturen – Karikaturen? Ausstellungskatalog Kunsthaus Zürich 1972

Künstlerregister

Kursive Seitenzahlen verweisen auf eine Abbildung, solche mit einem Stern auf eine Katalognummer.

Metzger, Pepi
Mitarbeiter der *Jugend* um 1900. *431*

Mitelli, Giuseppe Maria (1643–1718)
Norditalienischer Barockmaler und Radierer. Karikaturen im Stil der Carracci, szenische Bildsatiren. *275**

Mitropoulos, Basilios (geb. 1936)
Athener Karikaturist. Veröffentlichungen in zahlreichen Zeitschriften, u. a. in Schweden, den USA, der Bundesrepublik. *412*

Mola, Pier Francesco (1612–1666)
Norditalienischer Maler religiöser und mythologischer Themen. Karikaturenzeichnungen im Stil der Carracci. *70**

Monnier, Henry (1805–1877)
Pariser Illustrator, Schriftsteller und Lithograph. Mitarbeiter verschiedener Zeitschriften. *54**, *377*

Monogrammist HS mit dem Kreuz
Sächsischer (?) Formschneider oder Zeichner. Tätig 1. Hälfte 16. Jh. Vielleicht identisch mit Heinrich Steiner aus Augsburg. *162**

Monogrammist PAR
Süddeutscher Formschneider. Tätig 2. Hälfte 16. Jh. *154*

Monogrammist TR oder TK
Süddeutscher Holzschneider oder Zeichner aus der 2. Hälfte des 16. Jhs. *164f.**

Morchoisne, Claude (geb. 1944)
siehe Ricord 190

Moreau, Jean Michel le jeune (1741–1814)
Zeichner, Radierer und Maler in Paris. 292

Mulatier, Jean (geb. 1947)
siehe Ricord 190, *191*

Muller, Johann (1571–1628)
Radierer und Zeichner in Amsterdam. Steht den holländischen Manieristen nahe. *303*

Murner, Thomas (um 1475–1537)
Satirischer Dichter der Reformationszeit. Antilutherisch eingestellt. Entwarf viele seine Holzschnittillustrationen selbst. *15f.*, 150, *157**, *267*

Murschetz, Luis (geb. 1936)
Münchner Zeichner. Politische Karikaturen u. a. für die *Süddeutsche Zeitung, Die Zeit.* 10, *220**

Musil, eigentlich Felix Mussil (geb. 1921)
Politischer Karikaturist seit 1948, seit 1955 in Frankfurt. Mitarbeiter der *Frankfurter Rundschau.* *413f.*

Nadar, eigentlich Gaspard Félix Tournachon (1820–1910)
Pariser Photograph. Schuf zahlreiche Porträtkarikaturen u. a. für *Le Charivari.* *68*

Nast, Joseph (1840–1902)
Führender amerikanischer Karikaturist seiner Zeit. *394*, 395

Neumann, Arnold (tätig 2. Hälfte 19. Jh.)
Figuren- und Bildnismaler in Berlin. Lithograph. *232f.**

Newton, Richard (1777–1798)
Ideenreicher Londoner Karikaturist. Politische Satiren in betont grobem Stil. 67, *113**, *212**, *316*, *332*

Nollekens, Joseph (1737–1823)
Englischer klassizistischer Bildhauer. Porträtbüsten. *393*

Oberländer, Adolf (1845–1923)
Süddeutscher Maler und Zeichner, bedeutender Humorist. Tätig für die *Fliegenden Blätter* und die *Münchner Bilderbogen.* 82

Österreich, Matthias (1716–1778)
Maler, Radierer und Kunstschriftsteller. Direktor der Gemäldegalerie in Dresden. 67

Papan, eigentlich Manfred von Papen (geb. 1945)
Illustrator, satirischer Zeichner u. a. für den *Stern.* Lebt in München. 90

Patch, Thomas (um 1720–1782)
Englischer Maler und Graphiker, tätig in Rom und Florenz. *392*

Paul, Bruno (1874–1968)
1896–1907 fester Mitarbeiter des *Simplicissimus,* danach Tätigkeiten auf dem Gebiet des Kunstgewerbes in München und Berlin. *148**, 181, 285

Pecht, Friedrich August (1814–1903)
Historien- und Porträtmaler in München. Lithograph und Kunstschriftsteller. *420f.*

Pencz, Georg (1500–1550)
Nürnberger Kupferstecher und Maler. Gehört zu den sogenannten Kleinmeistern. 149

Philipon, Charles (1806–1866)
Trat zunächst als Lithograph von harmlosen Gesellschaftssatiren in Erscheinung. Ab 1830 engagierter republikanischer Publizist in Paris. Herausgeber und Gründer von u. a. *La Caricature, Le Charivari.* Lieferte zahllose Anregungen für Daumier oder Grandville. *115**, 117, 121, 142, *195*, 216, *302f.**, 370f., *371*, 377

Picasso, Pablo (1881–1973)
369, *382*, 383

Pilotell, eigentlich Georges Labadie (1844–1918)
Pariser Karikaturist und Verleger. Politische Karikaturen für verschiedene Zeitschriften, vor allem 1870/71. *252*

Pissarro, Camille (1830–1903)
Maler und Graphiker in Paris. Impressionist. 391

Place, Francis (1647–1728)
Englischer Graphiker. Wohl Schüler von Wenzel Hollar. *38*

Pocci, Franz von (1807–1876)
Dichter, Musiker, humoristischer Zeichner in München. Karikaturen für die *Fliegenden Blätter.* 421

Pollock, Jackson (1912–1956)
Hauptmeister des amerikanischen abstrakten Expressionismus. 84

Pond, Arthur (1705–1858)
Londoner Bildnismaler und Graphiker. Radierte um 1740 eine Folge von 25 Karikaturen nach italienischen und französischen Vorlagen. *98**, *103**

Porta, Giovanni Battista della (1535–1615)
Norditalienischer Arzt und Naturkundler. Physiognomiker. *21*, *70*, *391*

Poth, Chlodwig (geb. 1936)
Werbegraphiker, Illustrator, Cartoonist. Kurze Bildergeschichten für *Pardon, Titanic* u. a. 90

Price, George (geb. 1901)
Mitarbeiter des *New Yorker.* *448*

Puvis de Chavannes, Pierre (1824–1898)
Hauptmeister der französischen Monumentalmalerei. Fresken im Pantheon in Paris. 380, *381*

Raemakers, Louis (1869–1956)
Holländischer Zeichner und Karikaturist. Internationaler Erfolg mit kraftvollen, antideutschen Kreidezeichnungen während des 1. Weltkriegs. *398*

Raffael, eigentlich Raffello Santi (1483–1520)
Hauptmeister der italienischen Hochrenaissance. 39, 358f.

Ramberg, Johann Heinrich (1763–1840)
Maler und Radierer. Lernte an der Londoner Kunstakademie und empfing viele Anregungen von der englischen Karikatur. Seit 1792 Hofmaler in Hannover. *66*, *67*, *110**, *177*, 415

Rauch, Hans Georg (geb. 1939)
Satirischer Zeichner. Arbeiten für *Die Zeit,* den *Nebelspalter* u. a. 15, *64*

Rauschenbach, Erich (geb. 1946)
Satirischer Zeichner in Berlin. 90

Raven-Hill, Leonard (1867–1942)
Englischer Graphiker. Illustrationen, Cartoons und politische Karikaturen für den *Punch* und andere Zeitschriften. *390*, 391

Rea, Gardner
Mitarbeiter des *New Yorker* seit um 1930. *446*

Redon, Odilon (1840–1916)
Französischer Maler und Lithograph. Symbolist. *240*

Rembrandt, Harmensz. van Rijn (1606–1669)
98, 369f., *370*

Renard, Jules, Pseudonym: Draner (1833–1898)
Pariser Karikaturist. Autodidakt. Seit 1866 Arbeiten für den *Charivari* und andere satirische Zeitschriften. *226**

Retemeyer
Mitarbeiter des *Kladderadatsch* um 1900. *437*

Reynolds, Frank (1879–1953)
Londoner Illustrator und Karikaturist. Redakteur des *Punch* 1920–32. *250*

Reznicek, Ferdinand von (1868–1909)
Seit 1896 ständiger Mitarbeiter des *Simplicissimus,* spezialisiert auf ›galante‹ Darstellungen. *316f.*

Ricord, Patrice (geb. 1947)
Arbeitet mit Jean Mulatier und Claude Morchoisne in einer Ateliergemeinschaft in Paris. Die Künstler sind auf sorgfältig durchgezeichnete Porträtkarikaturen von Politiken und Showgrößen spezialisiert. 190, *196**

Rieth, Paul (1871–1925)
Zeichner und Maler in München. Mitarbeiter bei der *Jugend.* *310**

Rigaud, Hyacinthe (1659–1743)
Höfischer Bildnismaler der Zeit Ludwigs XIV. *102*

Anonyme

Photonachweis

Herausgeber und Verlag danken den Besitzern der abgebildeten Werke für die Überlassung der Abbildungsvorlagen; ferner folgenden Photographen:

A. C. L., Brüssel
Akropolis Museum, Athen
Graphische Sammlung, Albertina, Wien
Amsterdam, Graphische Sammlung
Jörg P. Anders, Berlin
Ashmolean Museum Oxford
Museum Boymans, Rotterdam
British Museum, London
Sammlung des Earl of Ilchester
Sammlung Ensmann, München
Germanisches Nationalmuseum, Nürnberg
Sigi Grunow
Sammlung des Herzogs von Roxburgh
Ralph Kleinhempel, Hamburg
Kunstbibliothek Preußischer Kulturbesitz, Berlin
Landesbildstelle Berlin
Münchner Stadtmuseum
Niedersächsische Staats- und Universitätsbibliothek, Göttingen
Patrice Ricord, Paris
Kunsthandlung Sachse & Co, Berlin
Service de Documentation Photographique; Réunion des Musées Nationaux, Paris
Staatliche Graphische Sammlung, München
Staatliche Museen Preußischer Kulturbesitz, Kupferstichkabinett, Berlin
Staatsbibliothek Preußischer Kulturbesitz, Berlin
Stadtarchiv Worms
Steidl-Verlag, Göttingen
Atlas van Stolk, Rotterdam
Rösle E. Tigges, Göttingen
Kunstsammlung der Universität Göttingen
Kunstsammlungen der Veste Coburg
Westfälisches Landesmuseum für Kunst und Kulturgeschichte, Münster

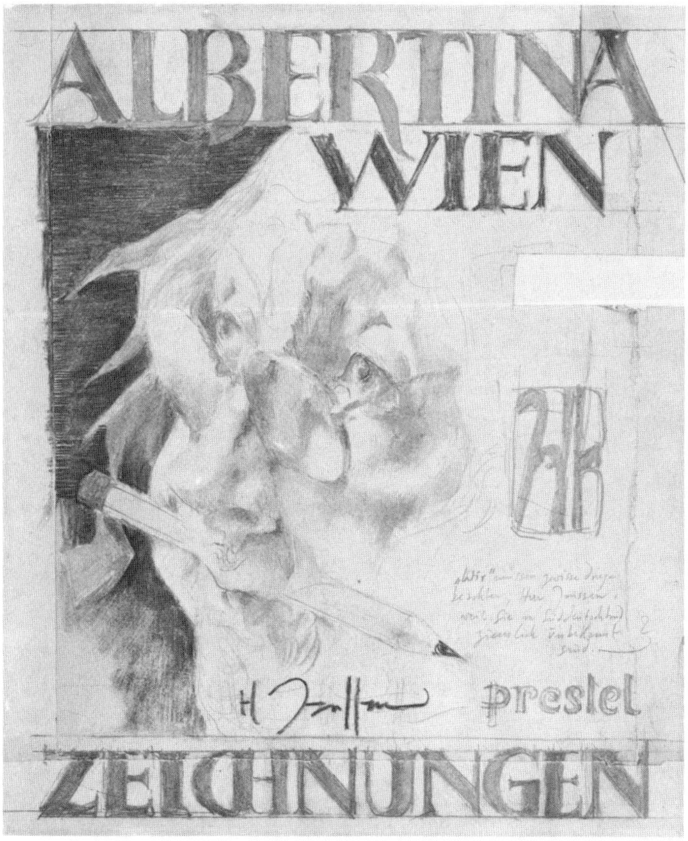

Horst Janssen – Zeichnungen

Katalog der Ausstellung in der Albertina Wien, 1982.
Herausgegeben von Walter Koschatzky.
Mit einem Essay von Wolfgang Hildesheimer und zwei Texten von Horst Janssen. 3., erweiterte Auflage 1984.
192 Seiten mit 77 direkt nach den Originalen reproduzierten Farbtafeln und 76 einfarbigen Abbildungen.
ISBN 3-7913-0671-5. Gebunden.

»›Maler kann man werden‹, meinte Degas, ›zum Zeichner muß man geboren sein‹. Innerhalb der deutschen Nachkriegskunst behauptet sich Horst Janssen, Jahrgang 1929, als der ursprünglichste, originellste und produktivste Beweis jenes Aperçu. In dem Band des Prestel-Verlags wird Horst Janssen in einem repräsentativen Querschnitt seiner linearen Sisyphus-Tätigkeit seit 1970 sichtbar.«

Frankfurter Allgemeine Zeitung

»Was im Werk von Horst Janssen bei flüchtigem Hinsehen wie Randglossen wirken könnte, sind in Wahrheit Nadelstiche. Wenn hier von ›Phantasie‹ die Rede sein kann, dann nur im Sinne von Goya. Der Katalog der Wiener Ausstellung enthält eine großartige Auswahl von Arbeiten Janssens.«

Süddeutsche Zeitung

Menzel – der Beobachter

Katalog der Ausstellung in der Hamburger Kunsthalle, 1982.
Herausgegeben von Werner Hofmann.
320 Seiten mit 46 Farbtafeln
und 331 einfarbigen Abbildungen.
ISBN 3-7913-0587-5. Leinen.

»Er zeichnete, wo er ging und stand, seine Manteltaschen waren vollgestopft mit Skizzenbüchern. Adolph Menzel war ein zupackender Realist, der überall anschauliche Wirklichkeit auflas und den ›ungewöhnlichen Anblick gewöhnlicher Dinge‹ herausfand. Vor allem als Zeichner brachte Menzel das Bild einer in Einzelheiten zerfallenden Welt zu Papier. Der Katalog wartet mit etlichen Entdeckungen auf.«

Der Spiegel

»*Menzel – der Beobachter* heißt der Katalog, der ein Thema des 19. Jahrhunderts mit den Mitteln und Augen des zwanzigsten zubereitet, sorgfältig bis herab ins geringste Detail. Er führt anhand vorzüglich gedruckter Abbildungen intensiv in die Beobachtungsgabe des großen Zeichners Menzel ein.«

Der Tagesspiegel/Berlin

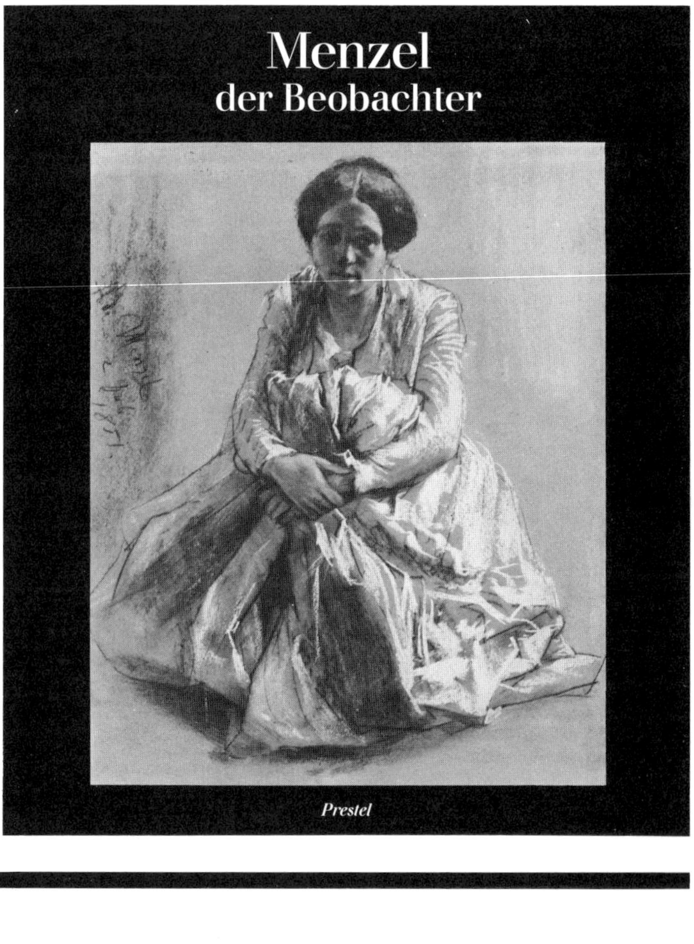